Michel Winock
Das Jahrhundert der Intellektuellen

édition discours

Klassische und zeitgenössische Texte
der französischsprachigen Humanwissenschaften

Herausgegeben von Franz Schultheis
und Louis Pinto

Band 28

Michel Winock

Das Jahrhundert der Intellektuellen

Aus dem Französischen von Judith Klein

UVK Verlagsgesellschaft mbH

Ouvrage publié avec l'aide du Ministère Français chargé de la Culture et de l'Ambassade de France en République Fédérale d'Allemagne

Veröffentlicht mit Unterstützung
– des Französischen Ministeriums für Kultur
– der Französischen Botschaft in Berlin
– der Robert-Bosch-Stiftung

Bibliografische Information der Deutschen Bibliothek
Die Deutsche Bibliothek verzeichnet diese Publikation in der Deutschen Nationalbibliografie; detaillierte bibliografische Daten sind im Internet über <http://dnb.ddb.de> abrufbar.

ISSN 0943-9021
ISBN 3-89669-948-2

Titel der Originalausgabe:
Le siècle des intellectuels
© Editions du Seuil 1997 et 1999

© Deutsche Ausgabe: UVK Verlagsgesellschaft mbH,
Konstanz 2003
Einbandgestaltung: Annette Maucher, Konstanz
Satz und Layout: Dieter Heise, Konstanz
Druck: Legoprint, Lavis

UVK Verlagsgesellschaft mbH
Schützenstr. 24 · D-78462 Konstanz
Tel. 07531-9053-0 · Fax 07531-9053-98
www.uvk.de

Inhalt

Vorwort (von Ingrid Galster) 7

Vorbemerkung und Danksagung 13

Die Ära Barrès 15
  1 Besuch bei Barrès 17
  2 »J'accuse ...« 26
  3 Der Zola-Prozess 38
  4 Nach dem Prozess 47
  5 Die Welt der Salons und der Ligen 59
  6 Der unvollendete Sieg 71
  7 Anatole France sagt Émile Zola Adieu 83
  8 Die ersten Schritte der Action française 91
  9 Die »Boutique« der Cahiers 102
10 Die Anziehungskraft des Sozialismus 113
11 Die schlechten Lehrmeister 123
12 Wieder Péguy, doch nur für kurz 132
13 Die Geburt der NRF 142
14 Martin du Gard betritt die Bühne 153
15 Union sacrée – »Heiliges Bündnis« 166
16 Der Tod von Barrès 179

Die Ära Gide 199
17 André Gide, der »Dämonische« 201
18 Jaurès, Lenin oder ... Gandhi? 212
19 Die surrealistische Revolution 224
20 Rom gegen die Action française 237
21 La trahison des clercs – »Der Verrat der Intellektuellen« 248
22 Zornige junge Leute 258
23 Im Dienst der Revolution 269
24 Gide und die Verführung durch den Kommunismus 282
25 Drieu La Rochelle und die faschistische Versuchung 294
26 Antifaschistische Wachsamkeit 308
27 Der Schriftstellerkongress von 1935 321
28 An der äthiopischen Front 331
29 Vendredi 341
30 Malraux in Spanien 352
31 André Gide im Land der Sowjets 363
32 Die Großen Friedhöfe unter dem Mond 375
33 Martin du Gard, Nobelpreisträger 386

34	Die Tagundnachtgleiche des September 398
35	Die Rechte und das Küchenmesser 410
36	Der große Absturz 422
37	Was tun? Der Fall Mounier 434
38	Die »göttliche Überraschung« von Charles Maurras 446
39	Die NRF unter der Gewaltherrschaft 457
40	Die Schriftsteller der Nacht 469
41	Verzeihen und Strafen 483

Die Ära Sartre 503

42	Von André Gide zu Jean-Paul Sartre 505
43	Die Kämpfe von Camus 518
44	Die Partei der Erschossenen 531
45	Die Rückkehr der Katholiken 543
46	1948: Raymond Aron, Prophet des Großen Schismas 555
47	Le Deuxième sexe – »Das andere Geschlecht« 566
48	Feldzug gegen Tito 576
49	Kravtschenko: die zerbrochenen Fensterscheiben der Revolution 589
50	Gegen die engagierte Literatur 602
51	Der intellektuelle Antikommunismus 614
52	Sartre, der Weggefährte 626
53	1956, der große Bruch 639
54	Der schöne Herbst von François Mauriac 651
55	Eine neue Republik 667
56	Algerien am Ende des Alptraums 679
57	Der Krieg ist aus 695
58	Der arabisch-israelische Konflikt 707
59	68: Sartre ist begeistert, Aron entnervt 718
60	Die heiße Phase des Gauchismus – von Jean-Paul Sartre zu Michel Foucault 729
61	Die Rechten bäumen sich auf 745
62	Die verlorenen Paradiese 756

Epilog: Das Ende der Intellektuellen? 779

Anhang 797

I.	Charles Péguy, gefallen auf dem Feld der Ehre (1914) 799
II.	Manifest der Intellektuellen für den Frieden in Europa und die Verteidigung des Westens (1935) 802
III.	Erklärungen André Gides 805
IV.	Die Intellektuellen und die herrschende Macht 808
	Zeittafel 813
	Glossar 855
	Personenregister...861
	Bildnachweis 885

Vorwort

Als Anfang der achtziger Jahre Jean-Paul Sartre, Raymond Aron, Michel Foucault und andere von der Pariser Bühne abtraten und gleichzeitig das Ende der Intellektuellen verkündet wurde, schien die Zeit gekommen zu sein, Bilanz zu ziehen. Niemand hat dies so intensiv und umfassend getan wie Michel Winock in der vorliegenden Darstellung, die 1997, als sie in Frankreich erschien, den renommierten Prix Médicis für die Gattung »Essay« erhalten hat: Der Preis wurde damit zum ersten Mal für ein historisches Werk vergeben. Michel Winock, Professor für Zeitgeschichte am prestigeträchtigen Institut d'études politiques, das sich vor allem der Ausbildung von Führungskräften für den öffentlichen Dienst widmet, war bereits 1975 auf dem Gebiet der damals quasi inexistenten Intellektuellenforschung mit einer stark beachteten Monographie zur Geschichte der linkskatholischen und zunehmend pluralistischen Zeitschrift *Esprit* hervorgetreten. Es schlossen sich zahlreiche Publikationen zur politischen Ideengeschichte des 19. und 20. Jahrhunderts an. Über die Grenzen des Hexagons hinaus bekannt wurde vor allem der 1996 zusammen mit Jacques Julliard herausgegebene *Dictionnaire des intellectuels français*, ein Nachschlagewerk, das sich inzwischen für viele als unverzichtbar erwiesen hat. Als Herausgeber mehrerer Reihen beim Pariser Verlag Le Seuil – darunter die Reihe »Points histoire«, die von ihm lanciert wurde – überblickt er außerdem seit mehr als drei Jahrzehnten die einschlägige Produktion, der er als akademischer Lehrer auch wichtige Impulse gibt, so dass der Kasseler Politologe Hans-Manfred Bock ihn zu Recht als einen der »Schrittmacher der französischen Intellektuellen-Historiographie« bezeichnen konnte.

Es war wohl vor allem seine Tätigkeit als Herausgeber, die ihn für die Kluft zwischen trockener Wissenschaft, wie sie von vielen Historikern betrieben wird, und deren populärer Aufbereitung für breite Leserschichten, häufig von nicht-wissenschaftlichen Autoren, sensibel machte. Winock setzte sich früh zum Ziel, diese Kluft zu überwinden, etwa durch die Gründung der Monatszeitschrift *L'Histoire*, in der namhafte Fachwissenschaftlerinnen und Fachwissenschaftler die Ergebnisse ihrer Forschung einem nichtspezialisierten Publikum so vermitteln, dass die Lektüre zum Genuss wird. Auch die hier präsentierte Geschichte der französischen Intellektuellen im 20. Jahrhundert wendet sich an ein breites Publikum, obwohl auch Spezialisten großen Nutzen aus ihr ziehen können. In 62 locker aneinander gereihten Kapiteln, die selten mehr als 10 Seiten umfassen, wirft Winock Schlaglichter auf repräsentative Exemplare des von ihm ins Auge gefassten Sozialtyps, auf Situationen, denen er besondere Aussagekraft für die Art der intellektuellen Interventionen in das öffentliche Leben beimisst. Die erzählende Darstellung beginnt – wie könnte es anders sein – mit der Dreyfus-Affäre und Zolas »J'accuse«. Sie endet mit dem Tode Sartres. Die Zeit zwischen diesen beiden Daten gliedert Winock in drei Blöcke, die durch die Weltkriege voneinander geschieden werden. Jede der drei Phasen sieht er von einer Figur dominiert: Den Barrès-Jahren folgen die Gide- und die Sartre-Jahre. Der große Einfluss Sartres auf mehrere Generationen nach dem Zweiten Weltkrieg ist bekannt; wie entscheidend die Wirkung von Gide und Barrès auf die Generationen zuvor war, wird überzeugend gezeigt.

Aber Winock argumentiert nicht nur, er verdichtet das Geschehen auch narrativ-literarisch, und dies ist die Besonderheit seiner Geschichte exemplarischer Vertreter eines Mikromilieus innerhalb der großen historischen Entwicklungen. Das Projekt schwebte ihm seit langem vor, aber ihm fehlte das Rezept für die Realisierung. »Das Problem bestand darin«, so äußerte er sich in einem Interview, »eine narrative Geschichte zu schreiben, die sich nicht in der schieren Ereignishaftigkeit erschöpft, zahlreiche Plots um eine zentrale Achse zu gruppieren, die Personen lebendig zu machen, ohne die allgemeine Entwicklung über dem rein Anekdotischen in Vergessenheit geraten zu lassen.« Als er mehrfach von *Le Monde* gebeten wurde, über bestimmte historische Themen Chroniken in fortlaufenden Lieferungen zu schreiben, hatte er die Lösung. Man kann die kurzen Kapitel seiner Intellektuellengeschichte, die auf einen Akteur oder ein Ereignis konzentriert sind, unabhängig voneinander lesen, aber dennoch sind sie durch lose Fäden innerhalb der Chronologie miteinander verbunden: ein luftiges Netzwerk von Prosastücken, die trotz ihrer guten Lesbarkeit den Garantiestempel verbürgten Wissens und kluger Deutung tragen.

Worauf legt Winock den Akzent? Mit einer erfrischenden Unabhängigkeit gegenüber intellektuellen Moden, die gerade von Paris ausgingen und gerne den Tod des Subjekts proklamierten, fragt der Historiker häufig nach den Motivationen, die den Stellungnahmen seiner Protagonisten zugrunde liegen. Warum setzt sich Zola für den zu Unrecht verurteilten jüdischen Hauptmann Dreyfus ein? Warum klagt der bis dahin weitgehend unpolitische Gide plötzlich die koloniale Ausbeutung in Schwarzafrika an? Warum hält Sartre 1960, als viele Intellektuelle sich längst vom Kommunismus distanziert haben, den Marxismus immer noch für das konkurrenzlose und unüberholbare Welterklärungssystem? Winock weiß, dass rationale Entscheidungen häufig im Irrationalen wurzeln, aber monokausale Herleitungen sind nicht seine Sache. Die Motivationslagen, die er häufig anhand von Tagebüchern und Briefen rekonstruiert, sind vielmehr immer komplex und tragen vor allem dem historischen Horizont Rechnung, den Optionen, die die Akteure besaßen oder zu besitzen glaubten. Dieses Vorgehen kommt vor allem der Zeit des Kalten Krieges zugute, der Epoche, der heute bevorzugt die Hexenjagd gilt. Winock ist zwar weit davon entfernt, die Intellektuellen zu rechtfertigen, die trotz der Kenntnis der Gulags ihre Hoffnung weiter auf die sozialistische Utopie setzten, aber man versteht ihr Handeln, weil man sieht, welches Bild ihnen der Antikommunismus damals als Alternative bot. Die politischen Interventionen der Intellektuellen werden im Übrigen fast immer in ihr privates Ambiente eingebettet: die *Histoire* mit Majuskel wird begleitet von der *petite histoire*, dem Sitz im Leben von Texten, die Generationen prägten, wie Gides öffentliches Bekenntnis zu seiner Homosexualität oder Beauvoirs *Deuxième Sexe*.

Mehr noch als die sachkundige Fundierung der Darstellung, die auf ausgiebiger Quellenlektüre, dem aktuellen Forschungsstand und zahlreichen unveröffentlichten Arbeiten von Studierenden der »Sciences po« beruht, besticht die literarische Aufbereitung. Von der Makrostruktur war bereits die Rede. Innerhalb der kurzen Sequenzen lässt Winock häufig Erzählung und Zitat alternieren. Der Originalton vermittelt auf besondere Weise die Eigenart der Personen, denen der Erzähler sich mit der richtigen Mischung aus Empathie und Distanz nähert, und zwar prinzipiell gleichbleibend für Akteure aller Couleurs. Winocks Haltung ist unaufdringlich, aber hin und wieder dennoch spürbar, so etwa, wenn er ironisch von den »Wohltaten der Ungleichheit« schreibt, die der rechtsextreme Ideologe Charles Maurras als solche empfand. In Paris wird der parteilose Winock links verortet, aber links ohne die Utopien, deren Verlust spätestens ab Mitte der siebziger Jahre so viele Intellektuelle zu exzessiver Trauerarbeit trieb. Er selbst nennt sich in einer Formel, die zunächst widersprüchlich erscheint, einen »aronien de gauche« – der Bezug auf Raymond Aron steht für Realitätssinn und Bodenhaftung. Dieser Position ist wohl zu verdanken, dass er sich nicht jenen anschließt, die pauschal das Ende der Intellektuellen verkünden; er konstatiert vielmehr eine Wandlung der Figur. Die Zeit der überragenden Einzelkämpfer ist vorbei, was mit einer globalen Umwälzung zu tun hat. Bis zu Sartre rekrutierten sich die Intellektuellen fast nur aus der Gruppe der Schriftsteller, aber die Medien haben die Schrift durch das Bild ersetzt. Die Akteure, die auf den Fernsehschirmen erscheinen, haben nicht die Werke von Rang hinter sich, die Barrès, Gide und Sartre bei ihren Zeitgenossen Gehör verschafften[1]. Die Funktion der Intellektuellen hat sich heute von einigen wenigen auf viele verlagert, sie ist »demokratisiert« worden[2]. Winock

---

1 Das Beispiel par excellence ist Bernard-Henri Lévy, was vom deutschen Feuilleton kaum erkannt wird, wie die Rezeption seines Sartre-Buches im Herbst 2002 zeigte.
2 »La fin des intellectuels? Entretien avec Jacques Julliard et Michel Winock«, *Esprit*, mars-avril 2000 (Sondernummer »Splendeurs et misères de la vie intellectuelle (I)«, S. 106–119).

plädiert dafür, dass die Intellektuellen ihre Aufgabe nicht nur in Kritik und Protest sehen, sondern auch als beständige Arbeit an der Demokratie, die nie garantiert ist. So endet sein eher verhaltenes Buch fast mit einem gewissen Pathos[3].

Zweifellos ist dieser Ton ungewohnt für deutsche Leser, die aus Frankreich immer noch jargonbeladene Theorie oder postmodernen Zynismus erwarten. Die Pariser Debatte wird hierzulande nur in Teilausschnitten rezipiert: nicht selten übrigens über US-amerikanische Vermittlung. Winocks Buch schließt daher nicht nur eine Informationslücke; die Haltung, in der es verfasst wurde, und die Gattung, die der Autor gewählt hat, zeigen auch eine weniger bekannte Facette der französischen Wissenschaftskultur. Es enthält im Übrigen Kapitel, die uns Deutsche besonders angehen: Die Auseinandersetzung der Intellektuellen mit dem Ersten Weltkrieg, die antifaschistischen Aktionen der dreißiger Jahre, die Reaktion der Intellektuellen auf das Münchner Abkommen, den Zweiten Weltkrieg und die Okkupation. Die Engagementtheorie, die sich nach der Befreiung anschickte, zu einem weltweit dominierenden Paradigma zu werden, fand auch in Westdeutschland Widerhall: zunächst bei der Gruppe 47, spätestens ab 1968 dann als für alle Intellektuelle verbindliche Pflicht zur Einmischung[4]. Die Skepsis, die ihr seit Mitte der siebziger Jahre folgte, wurde ebenfalls hierzulande rezipiert, wenn auch mit zeitlicher Verzögerung.

Wie im Einzelnen die zweigleisig laufende deutsche Debatte der französischen Debatte folgte oder nicht folgte, wird zweifellos einer der Gegenstände vergleichender Intellektuellenforschung sein. Hans-Manfred Bock, der auf deutscher Seite maßgeblich diese noch in den Kinderschuhen befindliche komparatistische Richtung betreibt, hält vor allem die Biographien von Intellektuellen beider Länder für eine unverzichtbare Voraussetzung, die erst systematische Vergleiche ermöglicht[5]. Neben dem von Winock mitherausgegebenen *Dictionnaire des intellectuels* enthält die vorliegende Darstellung eine gro-

---

3   Siehe auch die auf der Frankreichforscher-Konferenz im Juni 1997 vorgetragene Synthese, die (deutsch übersetzt) im *Frankreich-Jahrbuch* 1998 (Opladen 1998) enthalten ist.
4   Wie nichtkommunistisches Linksengagement von orthodoxen DDR-Kadern beurteilt wurde, lässt sich beispielhaft bei Vincent v. Wroblewsky nachlesen (*Jean-Paul Sartre. Theorie und Praxis eines Engagements*. Frankfurt a.M. 1977, Verlag Marxistische Blätter, Reihe »Zur Kritik der bürgerlichen Ideologie«). Ähnlich wie Wroblewsky heute macht sich auch der ehemalige SED-Parteisekretär Wolfgang Klein in seiner Osnabrücker Antrittsvorlesung (2001) zum mutigen Verteidiger Sartres, freilich gegen imaginäre Gegner, wenn er mit einem amputierten Zitat »philologisch« zu belegen vorgibt, dass J. Julliard und M. Winock im Vorwort ihres Intellektuellen-Lexikons bei der Exegese von Sartres *Plädoyer für die Intellektuellen* »verfälschend gearbeitet« hätten (*Lendemains* Nr. 105–106 (2002), S. 194).
5   H. M. Bock, *Der Intellektuelle und der Mandarin? Zur Rolle der Intellektuellen in Frankreich und Deutschland*. Ibid. S. 43. Für einen summarischen Vergleich siehe seine Darstellung »Intellektuelle« in Robert Picht u.a. (Hrsg.), *Fremde Freunde. Deutsche und Franzosen vor dem 21. Jahrhundert*. München 1997, Piper, S. 72–84.

ße Zahl von Portraits, die diesem Zweck dienen können. In Deutschland lässt die wissenschaftliche Aufarbeitung der Intellektuellengeschichte noch auf sich warten; Jutta Schlich zufolge hat sie bislang eher essayistisch-feuilletonistischen Charakter[6]. Sie bezieht sich überdies weniger auf das konkrete Denken und Handeln der Akteure als auf die Debatte um den Begriff des Intellektuellen, der bekanntlich in Westdeutschland lange nicht gut beleumundet war: Einen »Pinscher« nannte Ludwig Erhard den engagierten Dramatiker Rolf Hochhuth, Brecht wurde vom Außenminister von Brentano als zweiter Goebbels tituliert, und die Gruppe 47 durfte sich als Reinkarnation der Reichsschrifttumskammer bezeichnen lassen. Welches wären über diese immer wieder bemühten Anekdoten hinaus mögliche Akteure und Situationen, die eine Geschichte der deutschen Intellektuellen analog jener Michel Winocks beispielhaft vorführen müsste? Gab es in Deutschland wie in Frankreich große Intellektuelle wie Barrès, Gide und Sartre, die ihrer Epoche ihren Stempel aufdrückten? Wo sind die *tertia comparationis* für einen deutsch-französischen Vergleich?

Ulrike Ackermann, die, soweit zu sehen, die bisher einzige größere Darstellung geliefert hat, untersucht die Reaktion von Intellektuellen beider Länder auf den Totalitarismus, den Jugoslawienkrieg und den Historikerstreit, der auch nach Frankreich ausstrahlte. Sie findet erstaunliche Divergenzen[7]. Von grundsätzlicherer Art ist die Frage nach der jeweiligen Rekrutierung. Die französischen Intellektuellen sind häufig Absolventen der Elitehochschulen, sie haben ein Trainingsprogramm durchlaufen, in dem die Rhetorik einen hohen Stellenwert einnimmt. Ist das Verhältnis der deutschen Intellektuellen zur Sprache vergleichbar? Und hat die Ablösung der Schrift- durch die Medienkultur in beiden Ländern ähnlichen Einfluss auf die Sozialfigur gehabt? Wo liegen Gemeinsamkeiten und Unterschiede zwischen Medienintellektuellen wie Bernard-Henri Lévy und Norbert Bolz?

Für weitere Fragen einer deutsch-französischen Intellektuellen-Komparatistik sei erneut auf Hans-Manfred Bock verwiesen. Den Zweck, den er einem Schwerpunktheft des Frankreich-Jahrbuchs 1998 zu Intellektuellen in der französischen Gesellschaft zugewiesen hat, kann auch das vorliegende Buch erfüllen. Es ist zu wünschen, dass es ein interessiertes deutsches Lesepublikum auf angenehme Weise mit einem der meistdiskutierten Schwerpunkte der zeitgeschichtlichen Forschung der letzten beiden Jahrzehnte vertraut macht und den Dialog zwischen einschlägig arbeitenden französischen und deutschen Forschern stimuliert. Vielleicht trägt es sogar dazu bei, dass Intel-

---

6   Siehe das von ihr herausgegebene Forschungsreferat *Intellektuelle im 20. Jahrhundert in Deutschland.* Tübingen 2000, Max Niemeyer Verlag.
7   Ulrike Ackermann, *Sündenfall der Intellektuellen. Ein deutsch-französischer Streit von 1945 bis heute.* Klett-Cotta, 2000.

lektuelle beider Länder ins Gespräch kommen, ein Gespräch, das nach Régis Debrays Beobachtung viel zu selten geführt wird[8]?

Als Initiatorin dieser Übersetzung möchte ich der Robert Bosch Stiftung und der Französischen Botschaft, insbesondere Dr. Gabriele Lorenz, für ihre großzügige Unterstützung danken. Weiterhin wurde das Projekt vom französischen Kultur-Ministerium gefördert. Dr. Judith Klein, die das Buch kompetent übersetzt und zahlreiche Erläuterungen beigegeben hat, sei Dank für ihr Engagement ebenso wie Prof. Franz Schultheis für die Aufnahme des Buches in seine Reihe.

Ingrid Galster
Paderborn, im April 2003

---

8   *Die Zeit*, 15.2.2001, p. 11. Debray äußerte sich so auf einer vom Kanzleramt in Berlin ausgerichteten Diskussion, die dazu bestimmt war, diesem Mangel abzuhelfen.

Vorbemerkung und Danksagung

Dieses Werk versucht, die Geschichte der Intellektuellen – in der Bedeutung, die das Wort 1898 während der Dreyfus-Affäre angenommen hat – nachzuzeichnen. Es enthält also keine Ideengeschichte – es sei denn indirekt; und noch weniger eine Darstellung der kulturellen Leistungen der letzten hundert Jahre. Dagegen wird man hier die Beschreibung der politischen Auseinandersetzungen zwischen Schriftstellern, Philosophen, Künstlern, Wissenschaftlern ... finden. Unter ihnen sind es die »Männer der Feder«, die am häufigsten öffentlich eingreifen. Drei Namen scheinen mir drei Perioden zu symbolisieren: Maurice Barrès die Zeit von der Dreyfus-Affäre bis zum Ersten Weltkrieg; André Gide die Zwischenkriegszeit; Jean-Paul Sartre die Jahre nach der Libération[1]. Alle drei wurden bewundert, gehasst, nachgeahmt; alle drei haben mehrere Generationen lang einen nachhaltigen Einfluss auf ihre Epoche ausgeübt.

Jede historische Darstellung verlangt eine Auswahl. Da es unmöglich ist, alle Szenen des intellektuellen Kampfes im Detail nachzuzeichnen, habe ich die ausgewählt, die mir am sinnfälligsten erschienen – auf Kosten vieler Episoden und zahlreicher Akteure, die diese Geschichte belebten. Der diesem oder jenem Protagonisten zugemessene Platz ist nicht von der Bedeutung seiner Werke abhängig, sondern von der Rolle, die er auf der öffentlichen Bühne spielte, oder vom Grad seiner Repräsentativität.

Diesem Werk kam der Gedankenaustausch im Rahmen eines Seminars zugute, das ich in den Sciences po[2] (DEA »Geschichte des 20. Jahrhunderts«) zunächst zusammen mit Jean-Pierre Azéma, dann mit Alain-Gérard Slama geleitet habe. Daraus gingen zahlreiche wissenschaftliche Untersuchungen hervor: alle Arbeiten, die für dieses Buch benutzt wurden, sind selbstver-

---

1 **Anmerkung der Übersetzerin** *(Anm. d. Ü.)*: Die französischen Buchtitel wurden bei der *ersten* Erwähnung durch eine Klammer ergänzt: sie enthält entweder die wörtliche Übersetzung des Titels in »Anführungszeichen« oder aber – falls das Buch in deutscher Übersetzung erschienen ist und der übersetzte Titel ermittelt werden konnte – *kursiv* den entsprechenden Titel .

Anm. d. Ü: Libération: »Befreiung« bezeichnet sowohl die Befreiung Frankreichs von der deutschen Besatzung und vom Vichy-Regime als auch das politische und kulturelle Klima der Nachkriegsperiode.

2 *Anm. d. Ü.:* Sciences po: gängige Bezeichnung für das Institut d'études politiques (IEP, »Institut politischer Studien«); vor 1945: École libre des sciences politiques. DEA (Diplôme d'études approfondies) »Diplom über vertiefte Studien«.

Vorbemerkung und Danksagung

ständlich in den Anmerkungen erwähnt. Mein Dank gilt meinen beiden Kollegen und Freunden sowie all unseren Studenten.

Er gilt auch denen – zum Teil sind es ehemalige Studenten –, die bereit waren, das gesamte Manuskript oder einen Teil, ein Kapitel zu lesen: Annie François, Valérie Hannin, Séverine Nikel, Anne Simonin, Stéphane Khémis, Christophe Prochasson. Für ihre wertvollen Bemerkungen und Ratschläge spreche ich ihnen meinen freundschaftlichen Dank aus. Und wie man zu sagen pflegt: für den Inhalt dieses Buches jedoch bin ich allein verantwortlich.

Schließlich danke ich Catherine Rambaud, Monique Lulin, Éric Delbecque und Thomas Winock für ihre Hilfe bei der Endredaktion.

ERSTER TEIL

Die Ära Barrès

Wenn Barrès nicht gelebt, wenn er nicht geschrieben hätte, wäre seine Epoche eine andere, wären wir andere. Ich kenne in Frankreich zurzeit niemanden, der durch die Literatur einen so starken oder auch nur einen vergleichbaren Einfluss ausgeübt hätte. Ich weiß, dass sich dieser Einfluss kaum durch eine Doktrin, ja nicht einmal durch eine Formel ausdrücken lässt. Doch nicht immer übt man auf seine Zeit die stärkste Wirkung durch eine Doktrin aus. Gibt es bei Voltaire eine Philosophie? Gibt es im Werk Chateaubriands eine Philosophie? Genau wie sie hat Barrès nicht das provisorische Gerüst eines Systems geschaffen und der Welt übergeben, sondern etwas, was unser Leben grundsätzlicher angeht: eine neue Haltung, eine bis dahin unbekannte geistige Einstellung, eine neue Art der Sensibilität.

Léon Blum, *La Revue blanche*, 15. November 1897

1
Besuch bei Barrès

Anfang Dezember 1897 empfängt Maurice Barrès, der seit einem Jahr seine Villa am Boulevard Maillot in Neuilly bewohnt, den Besuch von Léon Blum. Mit seinen fünfunddreißig Jahren ist Barrès ein anerkannter Schriftsteller. Blum, »eine schlanke, bleiche, durch und durch intelligent wirkende Gestalt«[1], ist zehn Jahre jünger; er hat die École normale supérieure absolviert, ist seit kurzem Auditeur[2] im Conseil d'État und hat bisher bloß literaturkritische Artikel und Theaterberichte veröffentlicht, vor allem in *La Revue blanche*, einer Zeitschrift der Avantgarde, in der man den Autor von *Le Culte du moi* (»Der Ich-Kult«) sehr schätzt.

Zusammen mit seinen Freunden sammelt Léon Blum damals Unterschriften für eine Petition, die die Revision des Prozesses vom Dezember 1894 fordert, in dem der Hauptmann Alfred Dreyfus wegen Spionage zu lebenslanger Verbannung verurteilt worden war; er war degradiert und auf die Teufelsinsel Cayenne (Französisch-Guayana) deportiert worden. Die Familie Dreyfus, vor allem Mathieu, der Bruder des Hauptmanns, bemühte sich, seine Unschuld zu beweisen, und beauftragte einen Schriftsteller, Bernard-Lazare, damit, die Beweise dafür zusammenzustellen; im Herbst 1897 galt es als erwiesen, dass ein Justizirrtum vorlag. Einige Personen wurden davon in Kenntnis gesetzt, der Senator Auguste Scheurer-Kestner, Georges Clemenceau, Universitätsangehörige wie Lucien Lévy-Bruhl, Lucien Herr, der Bibliothekar der École normale der Rue d'Ulm, der Jean Jaurès, damals sozialistischer Abgeordneter, von der Sache überzeugte und schließlich die jungen Schriftsteller der *Revue blanche*, unter ihnen Léon Blum.

Léon Blum erklärte sich bereit, bei Barrès vorzusprechen. Zunächst einmal bewundert er ihn. Sein erster Artikel, den er als Zwanzigjähriger in der *Revue blanche* veröffentlichte, ist Barrès gewidmet[3]. Und dann kennt er ihn. Es liegt erst einige Jahre zurück, da verbrachte Blum seine Ferien bei einem

---
1 E. Natanson, zit. nach I. Greilsammer, *Blum*, Flammarion, 1996, S. 102.
   Anm. d. Ü.: Wenn der Erscheinungsort nicht ausdrücklich angegeben ist, handelt es sich um Paris.
2 *Anm. d. Ü:* Auditeur: erste Stufe der Beamtenlaufbahn u.a. im Conseil d'État (Staatsrat, Oberstes Verwaltungsgericht u. gleichzeitig Beratungsorgan der Regierung in Fragen der Gesetz- und Verordnungsgebung). École normale supérieure, auch École normale de la rue d'Ulm, Normale sup usw.: Hochschule zur Ausbildung von Lehrern an Höheren Schulen. Normaliens: Studenten und Absolventen der École normale.

alten Onkel in Charmes, einem Dorf in den Vogesen, wo Barrès' Eltern wohnten.

»Zum ersten Mal empfing er mich in seinem Elternhaus – er noch ein junger Mann, ich ein Jugendlicher. Doch wie oft hatte ich seitdem morgens bei ihm in der Rue Caroline, ganz in der Nähe der Place Clichy, geklopft. Ich fand ihn ganz oben in seinem kleinen Malerhaus, im Atelier, das er in eine Bibliothek umgewandelt hatte. Ich platzte mitten in den Fechtunterricht, den er sich jeden Morgen auferlegte und den zu unterbrechen er hoch erfreut war. Er sagte zum Fechtlehrer: ›Nun, bis morgen ...‹ und zu mir: ›Gut, setzen Sie sich, was haben Sie diese Woche getan?‹[4].«

Aus der zeitlichen Entfernung kommt uns diese Vertrautheit zwischen dem, der sich gerade anschickt, der große Schriftsteller des französischen Nationalismus zu werden, und dem, der an der Spitze der sozialistischen Partei Ministerpräsident (man sagte damals: Président du Conseil, »Präsident des Ministerrates«) der Volksfront werden sollte, seltsam vor. Die Ideologien sind nicht immer ausschlaggebend. Barrès blieb, nachdem er in die Rolle geschlüpft war, in der die Nachwelt ihn festhielt – die Augen auf die blaue Bergkette der Vogesen gerichtet, das Kinn nach vorn gestreckt –, empfänglich für alles, was bei einem Gegner nach einem ästhetischen Wert aussah. Er war ebenso des Lobes voll für Léon Blum wie für Jaurès: der eine wie der andere »gibt der Gaunerei eine gehobenere Note und den brutalen Forderungen eine Wendung ins Kulturelle. Es sind ebenso sehr Männer der Zivilisation wie Zerstörer[5]«.

Léon Blum, ein »schüchterner Anfänger«, ist fasziniert von dem eleganten Mann mit dem anliegenden Haar und dem »natürlichen Adel«, der ihn wie ein älterer Bruder empfängt. Vor allem aber ist Barrès für Blum wie für so viele andere Schriftsteller seiner Generation eine Leitfigur: »Wir bildeten um ihn eine Schule, fast einen Hof.« Denn »eine ganze Generation atmete, verführt oder erobert, diese betäubende Mischung aus überwältigender Aktivität, Philosophie und Sinnlichkeit ein[6]«. Zum »Prinzen der Jugend« gekürt, hört Barrès nicht auf zu blenden. Trotz der letzten Werke von Barrès, vor allem trotz *Les Déracinés* (»Die Entwurzelten«), die gerade herausgekommen sind – zunächst im Feuilleton der *Revue de Paris*, dann als Buch bei Fasquelle –, ahnt

---

3   Siehe A.B. Jackson, *»La Revue blanche« 1889–1903*, Lettres modernes 1960. Der literarische Einfluss von Barrès zeigt sich in einer Reihe von Erzählungen, die *La Revue blanche* in den Jahren 1893 und 1894 veröffentlichte.
4   L. Blum, *Souvenirs sur l'Affaire*, Gallimard,1981, S. 83.
5   M. Barrès, *Mes Cahiers 1896–1923*, Plon,1994, S. 851.
6   L. Blum, *Gil Blas*, 28. März 1903, zit. bei I. Greilsammer, *op. cit.*, S. 58.

Léon Blum nicht, wie unpassend sein Besuch ist. Das sagt viel über das Prestige, das die Literatur an diesem Fin-de-siècle genießt – ein vollkommenes Missverständnis.

Barrès hatte seit den achtziger Jahren ein junges Publikum für sich eingenommen, das von seinen antikonformistischen Werken mit den provozierenden Titeln entzückt war: »Der Ich-Kult«, »Der Feind der Gesetze« ... »Ein freier Mann«, ein Werk, das 1887 erschienen war und den beständigen Überschwang, die Kontrolle und Analyse der Empfindungen preist, galt als eine Art Traktat des Egotismus, das die etablierte Kritik empörte und die jungen Leute, die sich gegen den Herdeninstinkt und die aufgezwungenen Normen auflehnten, begeisterte. Verkündete der zukünftige Verächter der Entwurzelung und zukünftige Dichter der Scholle und der Toten in diesem Buch nicht:

> »Ich gehe so weit anzunehmen, dass es eine gute Lebensform wäre, kein Zuhause zu haben, irgendwo in der Welt zu wohnen. Ein Heim ist wie eine Verlängerung der Vergangenheit; die Gefühle von gestern schmücken es aus. Indem ich ständig die Brücken hinter mir abbreche, möchte ich, dass mir jeden Morgen das Leben neu erscheint und alles für mich ein Beginn ist.«

Später schwächte Barrès die Wirkungen seiner ersten Bücher ab. »Ich suchte mich«, erklärte er. Inzwischen war er durch mehrere Phasen gegangen. Von der Erforschung des »individuellen Ichs« war er nach und nach zur Entdeckung des »sozialen Ichs« gelangt; er glaubte zu verstehen, dass die Gesellschaft selbst der beste Schutz des Individuums ist, und das führte ihn zum Nationalismus. Um sich nicht zu verleugnen, betrachtete Barrès seine Jugendwerke im Grunde als Ergebnis einer Propädeutik des wahren Denkens, das in der Relativierung der individuellen Autonomie bestehe: »Es gibt keine persönlichen Gedanken; selbst die ausgefallensten Ideen, die abstraktesten Urteile, die Sophismen der selbstsichersten Metaphysik sind allgemeine Formen des Empfindens und treten notwendig bei allen Gliedern desselben Organismus auf, die von denselben Bildern belagert werden. Unsere Vernunft, diese angekettete Königin, zwingt uns, in die Fußstapfen unserer Vorgänger zu treten.«[7]

Von dieser kleinen kopernikanischen Wende ahnte Léon Blum noch nichts. Wenn er doch nur den letzten Roman von Barrès, *Les Déracinés*, gelesen hätte ... Die These war offensichtlich. Sieben Lycéens[8] aus Nancy folgen

---

[7] M. Barrès, *Un homme libre*, Appendix der Ausgabe von 1904, Plon, S. 249.
[8] *Anm. d. Ü:* Lycéens: Schüler und Schülerinnen eines Lycée. Lycée: bis zur gaullistischen Schulreform von 1959 traditionelle siebenjährige Sekundarstufe des Schulwesens, vergleichbar dem Gymnasium; seither Bezeichnung für die dreijährige Sekundarstufe II. Das französische Lycée schließt mit dem Baccalaureat ab.

ihrem Philosophielehrer, Bouteiller, nach Paris, wohin Gambetta[9] ihn zur Übernahme politischer und kultureller Aufgaben gerufen hat. Bouteiller hat sie in der Philosophie Kants ausgebildet, das heißt in der Abstraktion – auf Kosten des konkreten Lebens. Das Ergebnis: fern von ihrer Heimat und voll gestopft mit abseitigen Ideen, sind die jungen Leute allen möglichen Versuchungen ausgesetzt. Die Schwächeren fallen ihnen zum Opfer, wie Racadot, der als Mörder unter der Guillotine endet – genau in dem Augenblick, in dem der schlechte Lehrer, Bouteiller, zum Abgeordneten gewählt wird.

Ja, das ideologische Gewicht des Romans – der erste Teil einer angekündigten Trilogie, *Le Roman de l'énergie nationale* (»Der Roman der nationalen Energie«) – hätte die kritische Aufmerksamkeit Léon Blums wecken müssen. Der »freie Mann«, in dessen Phantasie es einst ein Glück war, keinerlei festen Wohnsitz zu haben, trichtert seinen Lesern jetzt ein: »Ihr seid dazu geboren, wie Lothringer, wie Auvergnats, wie Provenzalen, wie Bretonen ... zu empfinden. Hört nicht auf die Verfechter des Universellen.« Er, der gestern noch den Ich-Kult gepredigt hat, erstickt nun das Individuum, das individuelle Bewusstsein im sozialen Ganzen.

Barrès, ein genialer Erfinder, hat in diesem Roman eine Szene geschaffen, die in die Geschichte einging und seine ganze Gesellschaftsmoral zusammenfasst: die Allegorie von Monsieur Taine[10] bei der Platane. Einer der Helden des Romans, Rœmerspacher, will den berühmten, von ihm bewunderten Autor von *Les Origines de la France contemporaine* (*Die Entstehung des modernen Frankreich. Revolutionen und Kaiserreich*) – nach Albert Thibaudet »das große Buch der französischen Reaktion« – treffen. Er ist der gelehrige Schüler von Barrès: ein Entwurzelter, der wieder Wurzeln finden wird. Er verpasst den großen Mann, der ihn schließlich selbst in seinem unordentlichen Zimmer im Hotel Cujas aufsucht. Sie diskutieren miteinander, dann führt Taine seinen jungen Bewunderer zum Square des Invalides bis zur Platane. Und nun deutet Hippolyte Taine Rœmerspacher den Baum – eine Lehre, die der junge Mann sich gut einprägen soll: »Jeder bemüht sich, seine kleine Rolle zu spielen, und regt und bewegt sich dabei, wie jedes Blatt der Platane zittert; doch wäre es schön und edel, gleichsam von göttlicher Noblesse und Anmut, wenn die Blätter einsähen, dass sie von der Platane abhängen, wenn sie verstünden, wie das Schicksal der Platane ihr Einzelschicksal fördert und begrenzt, begründet und umschließt.«

Das Ganze ist wichtiger als die Teile. Nichts wäre vergeblicher und gefährlicher, als das Blatt gegen den Baum zu verteidigen, als Dreyfus gegen die Gesellschaft zu verteidigen.

---

9 *Anm. d. Ü:* Léon Gambetta (1838–1882): unter dem Second Empire radikaler Wortführer der Republikanhänger; patriotischer Gegner des Waffenstillstands im deutsch-französischen Krieg (1870/71), später opportunistischer Staatsmann.
10 *Anm. d. Ü:* Hippolyte Taine (1828–1893): Historiker, Kritiker und Philosoph.

Auf die Bitte Léon Blums gibt Maurice Barrès keine Antwort. Oder vielmehr: er antwortet ausweichend. Er teilt ihm mit, er habe in der letzten Zeit häufig Zola getroffen. In der Tat, seine Tagebücher bezeugen es: Barrès trifft sich damals mit Émile Zola, Paul Bourget, Anatole France, den beiden Daudets und Victor Cherbuliez zum Mittagessen. Zola hat gerade seinen ersten Artikel zugunsten von Dreyfus geschrieben; Barrès hält den Artikel für »absurd« – kein Hinderungsgrund für ein weiteres Essen mit Zola, France und Bourget am 1. Dezember 1897. »Ich war unter der Bedingung hingegangen«, schreibt er, »dass man nicht über die Dreyfus-Affäre reden würde.« Sechs Tage später trifft man sich wieder. Man redet über Taine, Sainte-Beuve und am Ende sogar über Dreyfus. Barrès und Zola geraten aneinander. »Bei jedem Satz fürchtet man, wir würden bei dieser aufregenden Geschichte, die uns entzweit, zu scharf im Ton werden; doch es geht alles gut. Er ist ein ehrenwerter Mann.«

Barrès gesteht Blum seine Bewunderung für Zola, den *Le Figaro* gerade dankend verabschiedet hat, weil sein Plädoyer für Dreyfus Abonnenten zu verprellen droht. »Das ist ein Mann«, sagt Barrès. Nun? Wird er unterzeichnen? fragt sich Blum. »Nein, nein ... ich bin verwirrt und möchte mir die Sache nochmal durch den Kopf gehen lassen. Ich schreibe Ihnen ...« Barrès hält Wort. Ein paar Tage später schreibt er Blum. Er wiederholt seine Wertschätzung Zolas, meint jedoch, in dieser Affäre Dreyfus sei nichts bewiesen. Und im Zweifel folge er »dem nationalen Instinkt«.

Er hat gewählt, es ist aus: der endgültige, unerbittliche, unversöhnliche Bruch zwischen Léon Blum, seinen Freunden, alle Bewunderern von *Un homme libre* (»Ein freier Mann«), und Barrès ist vollzogen. Von diesem Tag an ist Barrès endgültig ins Lager der »Antidreyfusards« geschwenkt, das für ihn keine Partei, sondern Frankreich selbst darstellt. Tatsächlich bilden Ende 1897 diejenigen, die es wagen zu behaupten, Dreyfus sei Opfer eines Justizirrtums, ein winziges Grüppchen. Fast alle schreiben in *La Revue blanche*.

Diese Zeitschrift, die von den Brüdern Alexandre, Alfred und Thadée Natanson gegründet wurde, ist belgischen Ursprungs; ihre erste Nummer erscheint 1889 in Brüssel; zwei Jahre später lässt sie sich in Paris nieder und bringt bald darauf Stéphane Mallarmé, Paul Verlaine, Henri de Régnier, Jean Lorrain, Tristan Bernard heraus – und Léon Blum, der Romane und Werke über die soziale Frage bespricht und sich im Übrigen bemüht, den Sportteil und die Rubrik über Pferderennen reizvoller zu gestalten. Nach und nach arbeiten zahlreiche Schriftsteller und Künstler der Avantgarde an der Zeitschrift mit; Félix Fénéon wird ihr Redaktionssekretär und – nach Jean Paulhans Worten – ihr tatsächlicher »Herausgeber«. André Gide übernimmt, nach Léon Blum, für ein Jahr die Literaturkritik; ein Fragment seines Werks *Paludes* (*Sümpfe*) erscheint hier 1895. Der Name von Barrès erscheint im Inhaltsverzeichnis einmal, im Mai 1897; er hat an einer dieser Umfragen teilgenommen, auf die die Epoche so erpicht ist. Seit 1895 bringt die Zeitschrift auch Illustrationen und reproduziert Bilder und Zeichnungen von Manet, Sisley, Monet, Bonnard, Renoir, Vuillard, Vallotton, Lautrec, Seurat und vielen anderen. Der Kreis um die *Revue blanche*, der schnell des Snobismus bezichtigt wird, vereinigt, was Frankreich in Kunst und Literatur an Avantgarde zu bieten hat. Auch Alfred Jarry (*Ubu roi, König Ubu*, hat am 10. Dezember 1896 einen Skandal ausgelöst), Saint-Pol Roux, Jules Renard, Julien Benda, Marcel Proust, Fernand Gregh, Charles Péguy gehen nicht an ihm vorbei.

Schnell kommt man hier zur Überzeugung, dass Dreyfus unschuldig ist: Bernard-Lazare, der die Unterlagen zusammengestellt hat, hat hier Freunde; Thadée Natanson steht Joseph Reinach nahe, ein »Dreyfusiste« der ersten Stunde; Léon Blum wird von Lucien Herr »aufgeklärt« ... Kurz, auf der Grundlage verschiedener Quellen kommt man schnell zu einer »leidenschaftlichen Gewissheit«. Die Räume der Zeitschrift werden zu einer Hochburg der militanten Dreyfusards. Als bekannt wird, dass Léon Blum bei Maurice Barrès keinen Erfolg hatte, als sich dieser mit seiner in *Le Journal* veröffentlichten Replik auf Zolas »J'accuse ...« endgültig für das Lager der Antidreyfusards entscheidet und gegen die Anmaßung der »Intellektuellen« wettert – der Begriff setzt sich jetzt allmählich durch –, betraut der Redaktionsstab der Zeitschrift Lucien Herr mit der Aufgabe, dem das Maul zu stopfen, für den man – wie Blum – immer noch Zärtlichkeit empfindet.

Lucien Herr, Bibliothekar auf Lebenszeit an der École Normale, die sich zu einem überaus engagierten Zentrum des »Dreyfusismus« entwickelte, spielte eine sehr aktive, wenn auch kaum sichtbare Rolle sowohl beim Aufbau des dreyfusistischen Lagers als auch beim Entstehen des intellektuellen Sozialismus in Frankreich. Lucien Herr – 1864 in Altkirch als Sohn eines elsässischen Lehrers geboren, der sich nach dem Vertrag von Frankfurt (1871) für Frankreich entschied – tritt 1883 in die École normale supérieure ein und macht 1886 die Agrégation[11] in Philosophie. 1887 kandidiert er mit Erfolg für den Posten des Bibliothekars und tritt 1888 nach der Sommerpause sein Amt an, das er bis zu seinem Tod 1926 innehat. Diese lange Amtszeit gestattet es ihm – zweifellos eher als einem Hochschullehrer –, mehrere Generationen von Normaliens kennen zu lernen und auf sie dank seiner natürlichen Zurückhaltung und seiner legendären Selbstlosigkeit einen ebenso diskreten wie nachhaltigen Einfluss auszuüben. Wissbegierig und gelehrt, Germanist und Slavist, ist er Mitarbeiter bei mehreren Zeitschriften, schließt jedoch die beiden Werke, an denen er arbeitet, nie ab: das eine über die Interpretationen Platons, das andere mit dem stolzen Titel *Le Progrès intellectuel et l'Affranchis-*

---

11 *Anm. d. Ü:* Agrégation: Staatsprüfung im Auswahlverfahren (Concours), die Zugang zum Lehramt auf den Sekundarstufen und an den Hochschulen gibt; Agrégé: der entsprechende Titel.

sement de l'Humanité (»Der geistige Fortschritt und die Befreiung der Menschheit«). Er engagiert sich auch praktisch: er tritt dem Parti ouvrier socialiste révolutionnaire (»Revolutionäre sozialistische Arbeiterpartei«) bei, dessen treibende Kraft Jean Allemane ist, und schreibt unter dem Pseudonym Pierre Breton für dessen Zeitung. Viel besucht, gehört und bewundert, wird Herr während der Dreyfus-Affäre für Jean Jaurès und einige andere zum Vordenker, der im Hintergrund bleibt. Schon sehr früh durch seinen Freund Lévy-Bruhl, einen Verwandten der Familie Dreyfus, von der Unschuld des Hauptmanns in Kenntnis gesetzt, macht er sich daran, seine Freunde – Sozialisten und Normaliens – von der Notwendigkeit des Kampfes für die Revision des Prozesses von 1894 zu überzeugen.

Herr versucht nicht, die jungen Normaliens zu indoktrinieren. Das ist nicht notwendig: sie bewundern ihn, kennen seine Gedanken, lesen seine Artikel. Unter ihnen gefällt ihm ein junger Mann aus Orléans besonders gut, Charles Péguy, der durch seine Überzeugungskraft und seine natürliche Autorität zur zentralen Figur des Dreyfusismus in der École Normale wird. Zwischen Herr und Péguy entsteht ein vertrauensvolles Verhältnis. Es zerbricht zwar später, doch während der »Affäre« macht es die École Normale nach den Worten Charles Andlers, des Biographen und ehemaligen Schülers Herrs, »zum glühenden Mittelpunkt des nationalen Gewissens«. Eine Glut, die Herr beständig schürt.

»Herr«, schreibt Charles Andler, »stellte die erste Unterschriftenliste zusammen, mit der wir das Parlament auffordern, die Regierung unter Druck zu setzen; dabei beriefen wir uns auf das durch die Verfassung verbürgte Petitionsrecht und auf den Status nicht etwa von Amtsträgern, sondern von einfachen Agrégés. Wir brauchten vollständige Klärung, und durch die Klärung die Revision des Prozesses[12].«

Es ist also Lucien Herr, der von seinen Freunden der *Revue blanche* damit betraut wird, Barrès zu antworten. Obwohl auch er für die »heimliche Musik«, für »die seltsame Magie seiner ersten Bücher« empfänglich gewesen war, erklärt er in seinem Artikel, der den Titel »An Monsieur Maurice Barrès« trägt und in der Ausgabe vom 15. Februar 1898 erscheint, gleich zu Anfang: »Rechnen Sie nicht mehr mit der Gunst der Herzen, die Ihnen auch noch bei den unerträglichsten Einfällen nachsichtig entgegenschlugen.«

Herr wirft Barrès vor, sich keinen Deut um das Schicksal von Dreyfus zu kümmern. Schuldig oder unschuldig, diese Frage ist für Barrès in der Tat bedeutungslos; er verkündet, dass »die französische Seele, die französische Integrität heute zu Gunsten ausländischer Mächte durch die schändlichen Machenschaften anderer Ausländer und dank der Komplizenschaft von Halb-

---

12 Ch. Andler, *Vie de Lucien Herr,* Rieder, 1932, S. 117.

intellektuellen, die durch ihre Halbbildung keine echten Franzosen mehr sind, beleidigt und kompromittiert wird«. Der Elsässer bezichtigt den Lothringer, von der »Idee der Rasse«, von einer »ethnischen Metaphysik« geblendet zu sein: »Der Mann, der in Ihnen die Juden und die Menschen jenseits der Vogesen hasst, ist – seien Sie dessen sicher – der brutale Rohling des 12. und der Barbar des 17. Jahrhunderts.«

In diesem Pamphlet trifft Lucien Herr den Kern dessen, worum es in der Affäre ethisch geht; er schreibt: »Gegen Sie stehen zugleich das echte Volk und die Menschen, die nachdenken, die Entwurzelten oder, wenn Sie wollen, die Uneigennützigen, die Mehrheit derer, für die das Recht und das Ideal der Gerechtigkeit wichtiger ist als ihre eigene Person, ihre natürlichen Instinkte und ihr Gruppenegoismus.«

Der französischen Rasse, die nach Barrès geschützt werden muss – und sei es um den Preis einer Ungerechtigkeit – stellt Herr die französische Seele entgegen, die »nur in den Stunden wirklich groß und stark war, in denen sie zugleich nahm und gab. Sie wollen sie in der starren Verkrampfung begraben, in die sie der Hass und die Ranküne getrieben haben.«

Herr und Barrès kennen sich. Schon als *Les Déracinés* erschien, warf jener dem Autor seinen Nationalismus vor. Barrès reagiert darauf in seinen *Cahiers* (»Hefte«), in denen er Herr als Gegner der »Kollektivität« bezeichnet, weil er die »Idee«, die »Gerechtigkeit« verfechte. Er beschuldigt ihn der »Abstraktion«. Damit sind wir in eine alte philosophische Schlacht zurückversetzt, in die Zeit des Engländers Edmund Burke, der die Französische Revolution wegen ihrer »metaphysischen Abstraktionen« verdammte und gegen sie die Traditionen, die Vorurteile, die Überlieferungen ins Feld führte. Bei Maurice Barrès hat sich der Gedanke festgesetzt, dass sich die republikanische Idee, wie die öffentlichen Schulen sie lehren, von der Wirklichkeit, vom Konkreten abgewendet hat. Als er in *Les Déracinés* Bouteiller auf die Anklagebank setzt, denkt er an seinen eigenen Lehrer, Burdeau, der Kant und den abstrakten Universalismus propagiert und damit die Besonderheiten des Fleisches und des Blutes leugnet.

Gerechtigkeit ist für Barrès ganz offensichtlich eine dieser abstrakten Ideen. Was in seinen Augen zählt, ist nicht die Verwirklichung und Achtung der Gerechtigkeit, sondern das Fortbestehen, das Überleben und das Bewahren der Gemeinschaft, der er angehört, gegen alle Widrigkeiten. Dieser Einstellung gibt er einen Namen: »Erhaltung der Gesellschaft[13]«.

François Mauriac, der 1910 von Barrès lanciert wurde und weder mit Dank noch Hochachtung sparte, durchschaute sehr wohl die Verachtung, die

---

13 »Von Gerechtigkeit reden, wenn ein Mensch einen anderen Menschen verurteilt! Beschränken wir uns darauf, von Erhaltung der Gesellschaft zu reden«, M. Barrès, *Mes Cahiers*, 1, *1896–1898*, Plon, 1929, S. 263.

sein Förderer dem Menschengeschlecht gegenüber hatte. In Anspielung auf einen Satz der *Cahiers*, in dem Barrès von der »unergründlichen Schändlichkeit« der Menschen spricht, schreibt Mauriac: »Diese Verachtung geht 1897 bei gewissen Personen so weit, dass sie meinen, die Unschuldsvermutung bei einem wegen Hochverrats Verurteilten dürfe weniger ins Gewicht fallen als die höheren Interessen, die es erfordern, seine Verurteilung aufrechtzuerhalten[14].«

Wahrscheinlich zweifelt Barrès damals so wenig wie die meisten Franzosen an der Schuld von Dreyfus. Doch da liegt für ihn nicht das Problem. Wahrheit? Gerechtigkeit? Abstraktionen ...

Wahrheit? Gerechtigkeit? Genau da liegt das Problem für Émile Zola.

---

14 F. Mauriac, *Mémoires intérieurs*, in *Œuvres autobiographiques*, Gallimard, »La Pléiade«, 1990, S. 466.

2
»J'accuse ...«

Seit Herbst 1897 wurde das Urteil, das das Pariser Kriegsgericht am 22. Dezember 1894 über Dreyfus gefällt hatte, öffentlich in Frage gestellt. Der Vizepräsident des Senats, Scheurer-Kestner, veröffentlichte in *Le Temps* vom 14. November einen Offenen Brief an den Senator Ranc, in dem er die Revision des Prozesses forderte. Von da an wird in den Redaktionsräumen und in den Salons nur noch von Dreyfus und den »Révisionistes«, den Verfechtern einer Revision, geredet. Am 16. geht Mathieu Dreyfus noch einen Schritt weiter: während Scheurer-Kestner sich auf die Feststellung beschränkt hatte, der wahre Schuldige sei bekannt, nennt Mathieu ihn in einem von *Le Figaro* veröffentlichten Brief an den Kriegsminister, General Billot, mit Namen: es sei der Major Esterhazy, Bataillonskommandeur der Infanterie, dessen Beziehungen zum Militärattaché der deutschen Botschaft, Schwarzkoppen, Oberst Picquart aufgedeckt hatte; Esterhazy habe den Bordereau[15], das belastende Schriftstück, verfasst, »die einzige Grundlage der gegen den Hauptmann Dreyfus 1894 gerichteten Anklage«. Damit ist die Affäre ins Rollen gebracht. Émile Zola wird zum ersten Mal eingreifen.

Zola nimmt im literarischen Leben der damaligen Zeit eine ganz besondere Stellung ein. Zunächst ist er ein Schriftsteller, der Erfolg hat. Und was für einen Erfolg! Gegen Ende des Second Empire, hat er den Plan gefasst, eine breit angelegte Familiengeschichte nachzuzeichnen, die Geschichte der Rougon-Macquart. Balzac war der Soziologe der Gesellschaft seiner Epoche gewesen – er würde der Physiologe einer Familie sein. Beeinflusst vom szientistischen Geist seiner Zeit, benutzt er die damaligen Forschungen zur Vererbung (insbesondere das sehr anfechtbare Buch von Dr. Prosper Lucas, *Traité de l'hérédité naturelle*, »Traktat über die natürliche Vererbung«), um zu zeigen, wie sie die Menschen derselben Ahnenreihe für immer prägt. Nach bescheidenen Anfängen, die ihn zwingen, den Verlag zu wechseln – von Albert Lacroix geht er zu Georges Charpentier –, findet er mit *Le Ventre de Paris* (*Der Bauch von Paris*), dessen erste Auflage in einem Monat vergriffen ist, und dann 1877 mit *L'Assommoir* (*Die Schnapsbude*) ein breites Echo; der triumphale Erfolg dieses Werks trägt jetzt alle vorausgegangenen mit. Von nun

---

15 *Anm. d. Ü*: Bordereau: ein »Schriftstück«, das die Sendung geheimer Dokumente ankündigte, war aus der deutschen Botschaft in die Hände des französischen Geheimdienstes gelangt.

an eilt er von Triumph zu Triumph; 1880 stellt *Nana* eine neue Etappe auf seinem Weg zum Gipfel dar. Dreizehn Jahre später schließt er die Saga der *Rougon-Macquart* mit einem letzten, das Ganze gewissermaßen zusammenfassenden Band ab, *Le Docteur Pascal* (»Doktor Pascal«).

Mit seiner ungeheuren Schaffenskraft als Schriftsteller und Journalist wird Zola zum Haupt des Naturalismus. Die Société des gens de lettres[16], macht ihn 1895 zu ihrem Präsidenten. Nach einer Jugend voller Entbehrungen – der Vater, François Zola, war früh gestorben – kommt Zola zu Ruhm und zu Reichtum und zieht sich damit den Neid vieler seiner Kollegen zu – angefangen bei dem sehr neidischen Edmond de Goncourt, der berühmten Klatschbase der französischen Literatur, dessen Tagebuch von perfiden Bemerkungen über ihn nur so strotzt. Doch Émile Zola leidet an einer geheimen Wunde. Von den wohlanständigen Bürgern gehasst, von der bürgerlichen Kritik als ein obszöner Autor verschrieen (eine »Gosse für jeden Dreck«, eine »Kloake«), von der katholischen Presse als antiklerikaler Kämpfer gebrandmarkt, scheitert seine seit 1889 regelmäßig erneuerte Kandidatur für einen Sitz in der Académie française. Seine Trilogie *Les Trois Villes* (*Drei Städte*), *Lourdes* (1894), *Rom* (1896), *Paris* (1898), verschlimmert in der konservativen öffentlichen Meinung seinen Fall noch. Der Erfolg Zolas ändert an seiner Randstellung nichts. Er bleibt ein geächteter Autor. Und eine geächtete Person. Auch sein Privatleben ist antikonformistisch. Während er weiterhin mit seiner Ehefrau Alexandrine lebt, verliebt er sich in die junge Wäscherin der Familie, Jeanne Rozerot, mit der er zwei Kinder hat und in eheähnlichen Verhältnissen lebt – vor den Augen der Einwohner von Médan, wo die Zolas seit 1878 wohnen.

Die Kühnheit, die der große Romancier während der Dreyfus-Affäre an den Tag legt, ist zum Teil aus dieser ambivalenten Situation heraus zu erklären: reich und berühmt zu sein und doch vom Establishment ausgeschlossen zu bleiben.

Zweifellos spielt noch anderes mit. Seit seiner Kindheit ist Zola von einem leidenschaftlichen Gerechtigkeitssinn durchdrungen, eine Folge des Unrechts, das die »gute Gesellschaft« dem Andenken seines Vaters und damit auch seiner Mutter zugefügt hatte. Auf den Ingenieur François Zola gingen die Arbeiten zur Trinkwasserversorgung von Aix-en-Provence, seiner Wahlheimat, zurück. Man hatte eine Gesellschaft gegründet. Nach dem Tod des Ingenieurs hatte der Hauptaktionär sich geweigert, die Rechte der Witwe, Émilie Zola, anzuerkennen. Ein Prozess folgte auf den anderen. Die Kindheit und Jugend Zolas hingen an der Hoffnung, dass sich das Recht durchsetzen würde. Vergeblich. Er bedurfte der Vergeltung für diese Ungerechtigkeit. Der

---

16 *Anm. d. Ü:* Société des gens de lettres (SGDL): »Verein der Literaten«, Schriftstellerverband.

Ruhm hatte sie ihm zum Teil gegeben, doch mit dieser undankbaren und blinden Gesellschaft, dessen neues beispielhaftes Opfer für ihn ohne jeden Zweifel der Hauptmann Dreyfus war, hatte er noch eine alte Rechnung zu begleichen. Manche Autoren haben vermutet, dass die Dreyfus-Affäre für einen Schriftsteller, dessen Schaffenskraft nach der Vollendung seines großen Werks zu versiegen drohte, eine einzigartige Gelegenheit war, Publizität zu gewinnen. Eine entsprechende Neigung ist in der Tat offensichtlich. Die Ursachen der heroischsten Taten sind keineswegs immer so einfach zu bestimmen. Wie dem auch sei, Zola begeistert sich 1897 für den Fall Dreyfus[17].

Auguste Scheurer-Kestner lädt ihn am 13. November zum Mittagessen ein, denn es scheint ihm nützlich, einflussreiche Schriftsteller für die Sache zu gewinnen. Zusammen mit Zola lädt er Marcel Prévost ein, den Autor von *Les Demi-Vierges* (»Die Halbjungfrauen«). Der Anwalt von Picquart, Maître Leblois, resümiert die Fakten. Zola ist von seinem Bericht begeistert und endgültig von Dreyfus' Unschuld überzeugt.

»Als wir mit der Darstellung der Fakten fertig waren, sagte Zola, Monsieur Scheurer-Kestner müsse sich endlich an die Öffentlichkeit, die breite Öffentlichkeit wenden. Er müsse die Menge aufrütteln, indem er ihr in einfachen, doch unmissverständlichen Worten mitteile, was er unternommen habe und noch zu unternehmen gedenke. Es sei höchste Zeit[18].«

Am 14. November 1897 also veröffentlicht *Le Temps* den Brief von Scheurer-Kestner an Ranc. Der Vorgang löst einen Skandal aus. Zola bereitet seine Waffen vor. Am 25. November druckt *Le Figaro* einen Artikel von ihm mit dem einfachen Titel »Monsieur Scheurer-Kestner«. Der Romancier dramatisiert auf seine Weise den betrüblichen Fall, auf den er die öffentliche Meinung aufmerksam machen will: »Was für ein herzzerreißendes Drama und welch überragende Personen! Diese tragisch-schönen Zeugnisse, die das Leben uns liefert, lassen mein Schriftsteller-Herz vor leidenschaftlicher Bewunderung höher schlagen. Ich kenne nichts, was die Seele mehr erheben würde.« Er schrieb, er wolle nicht über die »Affäre« sprechen, sondern nur von einigen Personen, insbesondere von Scheurer-Kestner, den er gerade getroffen habe: ein über jeden Verdacht erhabener Mann, den ein entsetzlicher Zweifel plage, der zur Gewissheit geworden sei, welche ihm, kaum habe er sie ausgesprochen, üble Beleidigungen einbringe: »Ich kenne nichts von einer solch erhabenen Schönheit wie das Schweigen Monsieur Scheurer-Kestners seit diesen

---

17 F. Brown, *Zola, une vie*, Belfond, 1996, insbesondere S. 762. Vgl. auch H. Mitterand, *Zola journaliste*, Armand Colin, 1962.
18 A. Scheurer-Kestner, *Mémoires d'un sénateur dreyfusard*, Strasbourg, Bueb et Reumaux, 1988, S. 180.

drei Wochen, in denen ein ganzes aufgebrachtes Volk ihn verdächtigt und beschimpft. Romanciers, beschreibt diese Person und ihr werdet einen Helden haben!«

Auf diesem Umweg kommt Zola zum Kern des Problems:

»Ein Justizirrtum ist eine beklagenswerte, jedoch nie auszuschließende Möglichkeit. Richter irren sich, das Militär kann sich irren. Inwiefern steht da die Ehre der Armee auf dem Spiel? Wenn es einen Irrtum gab, ist die einzige schöne Haltung die, ihn wieder gutzumachen; das Vergehen existiert erst von dem Tag an, an dem man sich – selbst angesichts überzeugender Beweise – darauf versteift, sich nicht geirrt zu haben.«

Der Artikel endet mit einem Satz, dem vergönnt war, in die Geschichte einzugehen: »Die Wahrheit ist auf dem Vormarsch, und nichts wird sie aufhalten.«

Graf Walsin Esterhazy beginnt für die Presse interessant zu werden. Der Kriegsminister hat bereits am 17. November den Militärgouverneur von Paris, General Saussier, aufgefordert, eine Untersuchung gegen Esterhazy einzuleiten; mit ihr wird General Pellieux betraut. Sei es aus Inkompetenz, sei es, dass er bewusst Partei ergreift, innerhalb von drei Tagen kommt Pellieux zu dem Schluss, Esterhazy sei zu entlasten. Dieser kann sich jedoch nicht vor einem unerwarteten Schlag schützen, den ihm eine seiner früheren Mätressen versetzt, Madame de Boulancy, die ihrem Anwalt, Maître Jullemier, alte Briefe des forschen Offiziers anvertraut hat. Am 28. November veröffentlicht *Le Figaro* Auszüge aus diesen Briefen, in denen Esterhazy gegen »die schöne französische Armee«, »unsere großen feigen und ahnungslosen Führer«, wettert und geradewegs verkündet: »Wenn man mir heute Abend sagen würde, dass ich morgen als Ulan beim Abschlachten von Franzosen getötet würde, wäre ich zweifellos vollkommen glücklich«, oder »Ich würde keinem Hund etwas zu Leide tun, doch mit Vergnügen hunderttausend Franzosen umbringen.«

Am nächsten und übernächsten Tag veröffentlicht *Le Figaro* Fotos von Briefen Esterhazys sowie vom Bordereau. Der Vergleich ist für den Major niederschmetternd; doch er findet Anhänger in der nationalistischen und antisemitischen Presse, die – allen Beweisen zum Trotz – die Schuld Dreyfus' und damit die Unschuld Esterhazys vertritt und weiterhin vertreten wird. Diese Presse erfindet einen Begriff, der die Verfechter der Revision treffen soll, diese schlechten, von den Juden gedungenen Franzosen: das Syndikat. Am 1. Dezember reagiert Émile Zola mit einem weiteren Artikel, der den Titel »Le Syndicat« trägt und nicht mehr im lockeren Ton des Liebhabers interessanter »Personen« geschrieben ist. Diesmal steigt Zola in die Arena, um die Dummheit der Antisemiten zu entlarven:

»Da haben wir die schwarze Seele [Dreyfus], die verabscheuenswerte Gestalt, die Schande der Armee, den Banditen, der seine Brüder verkauft, wie Judas seinen Gott verkauft hat. Und da er Jude ist, ist alles ganz einfach: die Juden, die reich und mächtig sind und im Übrigen kein Vaterland haben, werden mit ihren Millionen heimlich versuchen, ihn aus der misslichen Affäre herauszuholen; dafür werden sie manch ein Gewissen kaufen und Frankreich in ein widerliches Komplott verstricken, um die Rehabilitierung des Schuldigen zu erreichen, selbst wenn man einen Unschuldigen an seine Stelle setzen muss. Die Familie des Verurteilten, natürlich auch jüdisch, tritt auf den Plan und beteiligt sich an diesem Geschäft – denn es ist wirklich ein Geschäft; es handelt sich darum, mit Riesensummen die Justiz zu entehren, dem Land die Lüge aufzuzwingen und ein ganzes Volk mit einer an Unverschämtheit nicht zu überbietenden Kampagne in den Schmutz zu ziehen. Und all das, um einen Juden vor der Schande zu retten und an seine Stelle einen Christen zu setzen.
Es wird also ein Syndikat gebildet[19].«

Nachdem er die Wahnvorstellungen der Antisemiten verspottet hat, beendet Zola seinen Artikel in Form eines Manifests:

»Ein Syndikat, um auf die öffentliche Meinung einzuwirken, um sie von dem Wahn zu befreien, in den die niederträchtige Presse sie gestürzt hat, und um sie zu ihrem jahrhundertealten Stolz und Edelmut zurückzuführen. Ein Syndikat, um jeden Morgen wiederholen zu lassen, dass unsere diplomatischen Beziehungen nicht auf dem Spiel stehen, dass die Ehre der Armee nicht in Frage steht, dass lediglich einzelne Personen kompromittiert sein können. Ein Syndikat, um zu zeigen, dass jeder Justizirrtum bereinigt werden kann und dass der grässlichste Starrsinn, der schrecklichste Unfehlbarkeitswahn darin besteht, auf einem derartigen Irrtum zu beharren – unter dem Vorwand, dass ein Kriegsgericht sich nicht irren kann. Ein Syndikat, um so lange einen Feldzug zu führen, bis die Wahrheit anerkannt, bis die Gerechtigkeit durchgesetzt ist – durch alle Hindernisse hindurch, selbst wenn noch Jahre des Kampfes nötig sind.
Oh! ja, ich gehöre zu diesem Syndikat und hoffe, dass alle rechtschaffenen Menschen in Frankreich dazu gehören!«

---

19   Die Gesamtheit der Artikel von Zola sind in Zola, *L'Affaire Dreyfus. La Vérité en marche*, Garnier-Flammarion, 1969, enthalten. Hier findet man auch ein Zeugnis für das erste Eintreten des Autors für die Juden: »Pour les Juifs«, *Le Figaro* v. 16. Mai 1896, in dem von der Dreyfus-Affäre noch nicht die Rede ist.

Dieser Artikel bringt einen großen Teil der Leser des *Figaro* in Rage; nicht anders als die breite öffentliche Meinung weigern sie sich, das Urteil des Kriegsgerichts von 1894 in Frage zu stellen. Der Herausgeber der Zeitung, Fernand de Rodays, der – mit Zola in der Sache einer Meinung – ihm sein Blatt zur Verfügung stellt, wird mit Protestbriefen bombardiert, und zahlreiche Leser drohen damit, ihr Abonnement zu kündigen. Er setzt Zola davon in Kenntnis, gewährt ihm jedoch einen letzten Artikel, »Protokoll«; er erscheint am 5. Dezember in *Le Figaro*.

Die Ereignisse haben sich überstürzt. Am 4. Dezember hat General Saussier eine Untersuchung gegen den Major Esterhazy angeordnet. Dieser verlangt, vor ein Militärgericht gestellt zu werden. Die Nachricht löst in der Abgeordnetenkammer heftige Reaktionen aus. Der Ministerpräsident, der gemäßigte Republikaner Jules Méline, verkündet feierlich: »Es gibt keine Affäre Dreyfus.« Kurz darauf rüttelt der Abgeordnete der Rechten Albert de Mun seine Kollegen mit einer wohldosierten patriotischen Rede auf:

»Oh! Sie baten darum, Herr Ministerpräsident, man möge von politischen Anfragen absehen. Nein, es gibt keine; es gibt weder Freunde noch Feinde des Kabinetts: es gibt nur Franzosen, die das unversehrt bewahren möchten, was ihnen am kostbarsten ist, was inmitten unserer Kämpfe und Zwistigkeiten der gemeinsame Nenner unserer unerschütterlichen Hoffnungen bleibt: die Ehre der Armee!« Die Abgeordneten spenden dröhnenden Beifall. Der Kriegsminister versichert aufs Neue: »Was mich angeht, so glaube ich nach bestem Wissen und Gewissen, als Soldat, als Oberbefehlshaber der Armee, dass Dreyfus schuldig ist.«

Am Tag nach dieser denkwürdigen Sitzung, bei der die große Mehrheit der Abgeordneten ihr Vertrauen in das »gefällte Urteil« bekräftigen, veröffentlicht also Zola – der öffentlichen Meinung trotzend – seinen letzten Artikel in *Le Figaro*. Er macht sich zum Ankläger gegen die großen Zeitungen, die Esterhazy verteidigen: »Die niederträchtige Presse hat die Nation verschlungen, und ein Anfall von Perversion wirft ein helles Licht auf das Geschwür der Korruptheit, in die sie sie gestürzt hat.« Ein weiteres Mal attackiert er den Antisemitismus:

»Das Gift ist im Volk, wenn nicht das ganze Volk vergiftet ist. Der Antisemitismus trägt die Schuld an der gefährlichen Virulenz, die der Panamaskandal[20] bei uns angenommen hat. Und die ganze Dreyfus-Affä-

---

20 *Anm. d. Ü:* Panamaskandal, Panama-Affäre: einer der größten Finanzskandale der 3. Republik im Zusammenhang mit dem Projekt des Baus des Panamakanals; »der Panamaskandal war die Generalprobe der Antisemiten für die Dreyfus-Affäre« (J. Ritte).

re sein Werk: er allein hat den Justizirrtum ermöglicht, er allein macht die Masse heute kopflos und verhindert, dass man den Irrtum ruhig und würdevoll anerkennt ...«

Zumindest wird Esterhazy dem Kriegsgericht vorgeführt werden: »Ich sagte, die Wahrheit sei auf dem Vormarsch, nichts könne sie aufhalten. Ein erster Schritt ist getan, ein weiterer folgt und dann der entscheidende. Das vollzieht sich mit mathematischer Sicherheit.«

Der Optimismus Zolas flaut bald ab. Doch nachdem er sich einmal in diesem Kampf engagiert hat, gibt er nicht mehr auf. Bevor der Prozess Esterhazys beginnt, verfasst er – da die Spalten des *Figaro* ihm nun versperrt sind – eine Broschüre, die seit dem 14. Dezember 1897 unter dem Titel *Lettre à la Jeunesse* (»Brief an die Jugend«) verkauft wird – ein mitreißender Appell »an die Menschlichkeit, die Wahrheit, die Gerechtigkeit«. Er erneuert den Appell am 6. Januar 1898 – diesmal mit einem »Brief an Frankreich«: »Ich beschwöre dich, Frankreich, sei wieder das große Frankreich, finde zu dir zurück, finde dich wieder.«

Zola zieht den Bannstrahl der antisemitischen und nationalistischen Presse auf sich, während in den Salons sein Zorn mit der »außerordentlichen Selbstgefälligkeit der Person[21]« erklärt wird. Währenddessen erscheint Esterhazy am 10. und 11. Januar vor dem Kriegsgericht; die meisten Sitzungen finden unter Ausschluss der Öffentlichkeit statt. Die Beratung ist schnell abgeschlossen: nach fünf Minuten wird einstimmig der Freispruch beschlossen. Esterhazy verlässt die Sitzung als Sieger: »Hut ab vor dem Märtyrer der Juden«, schreit die Menge. »Es lebe die Armee!«, »Tod den Juden!«, »Tod dem Syndikat!«

Oberst Picquart, der seit 1896 von der Schuld Esterhazys überzeugt ist, seine Vorgesetzten jedoch davon nicht überzeugen konnte, wird der Fälschung beschuldigt, verhaftet und zur Festung des Mont-Valérien gebracht. Am 13. Januar wird er zu sechzig Tagen Festungshaft verurteilt; dann wird sich eine Untersuchungskommission seiner annehmen. Scheurer-Kestner seinerseits wird am selben Tag als Vizepräsident des Senats abgesetzt. Wird man die Dreyfusards, wie sie von nun an höhnisch genannt werden, endgültig mundtot machen? In diesem Augenblick, am Tag nach dem skandalösen Urteil, das Esterhazy freisprach, entschließt sich Zola zu einer unglaublichen Geste: der heroischen Entlarvung all jener, die sich in seinen Augen zu Komplizen der Ungerechtigkeit gemacht haben. Bei dieser Gelegenheit kann er auf einen der wenigen Politiker setzen, der dem kleinen Kreis der Dreyfusards angehört: Georges Clemenceau.

---

21 Ausdruck von Eugène Melchior de Vogüé, zit. nach M. Paléologue, *Journal de l'affaire Dreyfus*, Plon, 1955, S. 84.

Auch er hat noch Vergeltung zu üben. In der Panama-Affäre kompromittiert, hatte er die Wahlen von 1893 verloren. Seitdem setzt er seinen politischen Kampf im Journalismus fort, zuerst in *La Justice*, dann – seit dem 19. Oktober 1897 – in *L'Aurore*, der von einem früheren Mitarbeiter Rocheforts, Ernest Vaughan, gegründeten Zeitung. Clemenceau schließt sich im Herbst 1897 der Sache der Dreyfusards an, nachdem er Bernard-Lazare kennen gelernt und zu seinem Freund Scheurer-Kestner die Verbindung wieder aufgenommen hat.

Es war nicht *a priori* selbstverständlich, dass Clemenceau gleich zu Beginn an der vordersten Front der Dreyfusards stehen würde. Léon Blum weist darauf hin:

> »Dieser Jakobiner war in erster Linie eine Verkörperung der Staatsräson, der Sache der Mächtigen, der kollektiven Ordnung, der Vorrang vor dem Recht gebühre. [...] Er war eine seltsame Persönlichkeit, die die Misanthropie bis zu einem grausamen Zynismus trieb; er glaubte weder an die Reinheit noch an die Wirksamkeit irgendeiner menschlichen Handlung und doch war das Handeln für ihn eine unbedingte Notwendigkeit, ein vitales Bedürfnis[22].«

Was heißt das? Blum ist der Meinung: wenn sich Clemenceau gegen seine eigene Neigung in der Dreyfus-Affäre engagiert, so, weil er selbst innerlich an der Wunde einer Ungerechtigkeit leidet; war er nicht selbst während des Panamaskandals Opfer eines Justizirrtums geworden, und zwar auf der Grundlage eines anklägerischen Schriftstücks? Doch das Porträt, das Léon Blum zeichnet, ist ungerecht. Man trifft bei Clemenceau auf eine Sensibilität, einen Gerechtigkeitssinn, die jener »Verwundung« vorausgehen. Warum wäre dieser Zyniker sonst gegen die Todesstrafe und gegen den Kolonialismus zu Felde gezogen? Er hat viel Zartgefühl für die Frauen und ist auch ein Freund der Künstler und Intellektuellen; er versucht sich selbst als Schriftsteller[23] und veröffentlicht in jenem bewegten Jahr 1898 seinen Roman *Les Plus Forts* (»Die Stärksten«). Léon Daudet, der ihn gut kannte und – obwohl Mitglied der Action française – bewunderte, erinnert in einem seiner Bücher an folgenden Ausspruch Clemenceaus: »Die schlimmste Krankheit der Seele ist die Kälte[24].« Er ist ein Mann voller Widersprüche; doch das macht alle großen Männer aus. Wie dem auch sei, Clemenceau erweist sich als eine der Säulen der Dreyfusards: er bleibt standhaft in diesem Kampf und schreibt

---

22 L. Blum, *op. cit.*, S. 81.
23 Vgl. J. Julliard, »Clemenceau et les intellectuels«, Actes du Colloque *Clemenceau et la justice*, Publications de la Sorbonne, 1983.
24 L. Daudet, *Flammes*, Grasset, 1930, S. 190.

mit einer ungewöhnlichen Hartnäckigkeit Tag für Tag Artikel zu Gunsten der Revision[25].

Als Zola mit seinem Offenen Brief an den Präsidenten Félix Faure in den Räumen von *L'Aurore* erscheint, sieht Clemenceau sofort, dass er Dynamit in den Händen hält. Er begrüßt Zolas Anklage enthusiastisch. Von ihm stammt der Titel »J'accuse ...« (»Ich klage an ...«), der im ganzen Land und jenseits der Grenzen den eigentlichen Anfang der Affäre darstellt. Nichts kann die Worte eines Zeugen ersetzen – die Léon Blums:

> »*L'Aurore* hatte *J'accuse* ... von Zola veröffentlicht. Ich wohnte damals in einer Parterre-Wohnung im oberen Teil der Rue du Luxembourg, auf der Höhe der Platanenallee, die zur Rue d'Assas führt. Nicht weit vom Parkgitter stand die Bretterbude eines Zeitungsverkäufers, des alten Granet. Bis dahin wusste ich nicht, dass mein Zeitungshändler genau wie mein Zahnarzt Dreyfusard war, doch ich erinnere mich genau an jenen Wintermorgen, an dem Granet von außen an meinen Fensterladen klopfte, mich weckte und rief: ›Schnell, Monsieur, lesen Sie das ... Ein Artikel von Zola in *L'Aurore*.‹ Ich machte eilig mein Fenster auf und ergriff die Zeitung, die mir Granet entgegenhielt. Je weiter ich beim Lesen kam, umso mehr hatte ich das Gefühl, ein herzstärkendes Mittel zu nehmen; ich spürte, wie ich wieder Vertrauen und Mut gewann. Na, also! es war noch nicht alles vorbei; die erlittene Niederlage war noch nicht das letzte Wort; es hatte noch Sinn zu kämpfen, der Sieg war noch möglich[26].«

Alle, die zum Grüppchen der Dreyfusards der ersten Stunde gehören und wegen des ungerechten Freispruchs Esterhazys vom 11. Januar niedergeschlagen sind, atmen am 13. nach Zolas »J'accuse ...« plötzlich wieder auf. Charles Péguy schreibt zwei Jahre später:

> »Das Kriegsgericht, das am 10. zusammengetreten war, sprach Esterhazy am 11. Januar frei. Das war ein schwerer Schlag für die Gerechtigkeit. Einige fragten sich, ob der Unschuldige jemals sein Recht bekommen würde. Zola wich nicht zurück: ›Wo wir doch Recht haben!‹ wiederholte er, während er in den Räumen von *L'Aurore* saß. Am nächsten Tag schrieb er seine *Lettre au président de la République* (›Brief an den Präsidenten der Republik‹). Er erschien am übernächsten Tag,

---

25 G. Clemenceau fasste ab 1899 seine beinahe täglich erscheinenden Artikel in sieben Bänden zusammen. Der erste Band trägt den Titel *L'Iniquité* (»Die Ungerechtigkeit«), er erschien bei Stock, dem engagierten Verleger der Affäre.
26 L. Blum, *op. cit.*, S. 117–118.

Donnerstag morgen. Er enthüllt den eigentlich Verantwortlichen. Es war ein Schock. Die Schlacht konnte von Neuem beginnen. Den ganzen Tag über riefen die Straßenverkäufer mit heiserer Stimme *L'Aurore* aus, rannten mit dicken Packen *L'Aurore* unter dem Arm herum, verteilten *L'Aurore* an die eiligen Käufer. Der schöne Name der Zeitung schwebte – der Heiserkeit Widerstand leistend – wie ein Surren über der fieberhaften Geschäftigkeit der Straßen. Der Schock war so gewaltig, dass Paris fast umgefallen wäre.«[27]

Der Offene Brief Zolas, der den gesamten Generalstab, den Kriegsminister, das Kriegsgericht, die Schriftsachverständigen, kurz alle, die an der Verurteilung von Dreyfus und am Freispruch Esterhazys mitgewirkt hatten, belastete, löst einen ungeheuren Skandal aus. Die Dreyfus-Affäre wird zur Affäre Zola. Am Nachmittag des Tages, an dem Zola die Komplizen brandmarkt, findet in der Abgeordnetenkammer eine weitere erregte Sitzung statt. Albert de Mun, Jules Méline und General Billot drücken nacheinander ihre Entrüstung über den Schriftsteller aus. Der Kriegsminister reicht am 18. beim Justizminister Klage ein. Der Generalstaatsanwalt lässt Émile Zola und Perrenx, den Geschäftsführer von *L'Aurore*, vorladen. Die Sache soll im Februar vor das Assisengericht[28] kommen.

Auguste Scheurer-Kestner ist persönlich nicht davon überzeugt, dass Zolas anklägerischer Artikel opportun ist. In seinen Augen wäre es wichtiger gewesen, die von der nationalistischen und antisemitischen Presse beeinflusste öffentliche Meinung zu gewinnen: »Ich fürchtete sofort«, schreibt er, »sein Brief könnte den Erfolg unserer Kampagne gefährden[29].« Hatte Zola unvorsichtig gehandelt?

De facto löst die Unerschrockenheit des Schriftstellers im ganzen Land zahlreiche Reaktionen aus. In der Mehrzahl der großen Städte finden in dieser zweiten Hälfte des Januar 1898 lautstarke Kundgebungen statt, auf denen man Zola und die Juden verhöhnt. In Algier kommt es zu regelrechten Pogromen. In den Pariser Salons redet man nur noch von Zola und Dreyfus. Maurice Paléologue erzählt in seinem *Journal de l'affaire Dreyfus* (»Tagebuch der Dreyfus-Affäre«) vom Abend des 15. Januar, den er bei Madame Aubernon verbringt, bei der sich Schriftsteller und Hochschullehrer gegenseitig zerfleischen. Man redet über die *Intellektuellen*. Ferdinand Brunetière, Herausgeber von *La Revue des deux mondes*, ist besonders beredt:

---

27 Ch. Péguy, *Œuvres en prose complètes*, Gallimard, »La Pléiade«, 1987, 1, S. 244.
28 *Anm. d. Ü:* Assisengericht: Schwurgericht.
29 A. Scheurer-Kestner, *op. cit.*, S. 254.

»Und diese Petition, die man unter den *Intellektuellen* in Umlauf bringt – allein die Tatsache, dass man kürzlich dieses Wort *Intellektuelle* gebildet hat, um die Leute, die in den Laboratorien und den Bibliotheken leben, wie eine Art Adelskaste zu bezeichnen, allein diese Tatsache legt einen der lächerlichsten Irrtümer unserer Zeit bloß, ich meine das Bestreben, die Schriftsteller, die Gelehrten, die Professoren, die Philologen in den Rang von Übermenschen zu erheben. Die intellektuellen Fähigkeiten, die ich gewiss nicht verachte, haben nur einen relativen Wert. Ich selbst schätze in der gesellschaftlichen Ordnung die Willenskraft, die Charakterstärke, die Sicherheit des Urteils, die praktische Erfahrung viel höher ein. So zögere ich nicht, diesen oder jenen mir bekannten Bauer oder Händler viel höher einzuschätzen als diesen oder jenen Gelehrten oder Biologen oder Mathematiker, den ich nicht nennen möchte[30] ...«

Am selben Tag veröffentlicht *Le Temps* eine erste Protestliste, mit den Namen von Hochschullehrern, Literaten, Krankenhausärzten, Anwälten und Studenten, die die Revision des Prozesses gegen Dreyfus fordern. Unter den ersten Unterzeichnern befinden sich Émile Zola, Anatole France, Émile Duclaux, Direktor des Institut Pasteur, Fernand Gregh, Daniel Halévy, Félix Fénéon, Marcel Proust, Victor Bérard, Lucien Herr, Charles Andler, Céleste Bouglé, Élie Halévy, François Simiand, Georges Sorel ... In den folgenden Tagen verlängert sich die Liste: Claude Monet, Jules Renard, der Pastor Théodore Monod, Émile Durkheim ... Eine weitere Petition wird lanciert, die die Abgeordnetenkammer auffordert, »den gesetzlichen Schutz der Bürger vor jeder Willkür aufrechtzuerhalten«. In dem Augenblick, in dem die Straßen von antisemitischen Schreien, vom Gebrüll gegen Zola und vom Applaus für die Armee erfüllt sind, offenbart die Presse, dass eine neue Kraft im Entstehen begriffen ist, die der »Intellektuellen«.

Diese Hochschullehrer, diese Forscher, Männer der Feder oder der Laboratorien, forderten Gerechtigkeit; sie standen hinter Zola und erhoben sich gegen die Verstocktheit einer Führungsschicht, die unfähig war, das »gefällte Urteil« in Frage zu stellen, und gegen die Wut einer nationalistischen und antisemitischen öffentlichen Meinung, die es nicht fassen konnte, dass man das Wort der Repräsentanten der Armee, des Generalstabs, des Kriegsministers, des Kriegsgerichts und die Unschuldsbeteuerungen eines kleinen jüdischen Offiziers überhaupt gegeneinander halten konnte. Georges Clemenceau begrüßte sie am 23. Januar in *L'Aurore*:

---

30 M. Paléologue, *op. cit.*, S. 90–91.

»Ist das kein Zeichen, all diese Intellektuellen aus allen Himmelsrichtungen, die sich um eine Idee scharen und unerschütterlich daran festhalten? [...] Was mich angeht, so möchte ich darin den Beginn einer meinungsbildenden Bewegung sehen, die über allen unterschiedlichen Interessen steht; und auf diese friedliche Revolte des französischen Geistes möchte ich in dieser Stunde, in der es uns an allem fehlt, meine Zukunftshoffnungen setzen.«

Wer sind diese Intellektuellen aus allen Himmelsrichtungen? In ihrer Petition zählte man die Namen von 261 Professoren und Lehrern höherer Schulen bei 230 Namen von Literaten und Journalisten[31], was den obersten Antisemiten Édouard Drumont veranlasste, »die Konstitution einer unmoralischen und eingebildeten, anmaßenden und grotesken Oligarchie von Graduierten« anzuprangern, »von Diplomierten, Agrégés, Doktoren, die neben die Illustren, die Hochberühmten, die Kandidaten, die Würdenträger treten[32]«.

Auch Maurice Barrès konnte dem Auftreten dieser angeblichen Intellektuellen gegenüber, die kollektiv so schön verkörperten, was er in der Person seines Bouteiller bloßgestellt hatte, nicht gleichgültig bleiben. Um ihre Anmaßung zu geißeln, veröffentlicht er am 1. Februar 1898 in *Le Journal* einen Artikel, »Der Protest der Intellektuellen«:

»Eine Halbkultur zerstört den Instinkt, ohne ihn durch ein Gewissen zu ersetzen. All diese Aristokraten des Denkens legen einen besonderen Wert darauf, herauszukehren, dass sie nicht wie die gemeine Masse denken. Man sieht es nur allzu gut. Sie fühlen sich nicht mehr spontan im Einklang mit ihrer natürlichen Gruppe und sie gelangen nicht bis zu einer Hellsichtigkeit, die ihnen ein reflektiertes Einverständnis mit der Masse zurückgeben würde[33].«

Seitdem ist der Antiintellektualismus ein Lieblingsthema der rechten Intellektuellen, die diese Bezeichnung, die sich auf Grund der Zeitgeschichte und dank Clemenceau durchsetzt, noch nicht akzeptieren. Man spricht den Intellektuellen nicht nur jegliche spezifische Berufung dazu ab, in die öffentliche Auseinandersetzung einzugreifen, sondern – und das geht viel weiter – man bezeichnet sie als die schlechten Franzosen, die gegen den vitalen Instinkt der Nation denken. Diese Beschuldigung sollte Geschichte machen.

---

31 Chr. Charle, *Naissance des »intellectuels«, 1880–1900*, Éd. de Minuit, 1990, S. 70.
32 Zit. nach Chr. Charle, *ibid.*, S. 170.
33 Abgedruckt in M. Barrès, *Scènes et Doctrines du nationalisme*, Plon, 1925, 1, S. 49.

3
Der Zola-Prozess

Der Protest der Intellektuellen, der den Aufschrei Zolas begleitet, ist vom Willen geprägt, unabhängig von allen politischen Erwägungen zu handeln. Das heißt, das Engagement dieser Schriftsteller, dieser Hochschullehrer, dieser Künstler ist von keinerlei Partei abhängig. Im Januar 1898 ist die politische Linke nicht für Dreyfus, abgesehen von einigen Persönlichkeiten, von denen Clemenceau und Jaurès neben Scheurer-Kestner die herausragendsten sind. Die Sozialisten sind keineswegs dazu entschlossen, sich an der Auseinandersetzung zu beteiligen. Am 13. Januar, dem Tag von »J'accuse ...«, hat sich ihre Parlamentsfraktion versammelt; die Mehrheit ist nicht gewillt, sich einige Monate vor den nächsten Parlamentswahlen durch Unterstützung Zolas, der doch nur ein bürgerlicher Schriftsteller ist, mit der öffentlichen Meinung anzulegen. Obwohl Jules Guesde den Offenen Brief Zolas als »revolutionärste Tat der Epoche« bezeichnet hat, unterzeichnen die sozialistischen Abgeordneten am 19. eine Resolution, in der sie sich von den beiden »rivalisierenden Fraktionen der Bourgeoisie« distanzieren: einerseits den »Klerikalen«, andererseits den »jüdischen Kapitalisten«. Die Schlussfolgerung ist eindeutig:

»In der erregten Auseinandersetzung der beiden rivalisierenden bürgerlichen Fraktionen ist alles Heuchelei, alles Lüge. Proletarier, schließt euch keinem der beiden Clans des bourgeoisen Bürgerkriegs an! Liefert euch nicht an diese Besitzenden aus, die sich nur einen Tag lang bekriegen, die dieselben Privilegien genießen – erhitzte und gierige Gäste, die sich heute auf dem Bankett in die Haare kriegen und sich morgen auf eure Kosten versöhnen, wenn ihr euch gewaltsam Zugang zum Festsaal verschaffen wollt! Bewahrt euch zwischen Reinach und de Mun eure volle Freiheit!«

Man könnte sich darüber wundern, dass Jaurès diese von einer kompromisslosen Auffassung des Klassenkampfs und vom Antimilitarismus inspirierte Resolution unterzeichnet hat. Die äußerste Linke ist damals keineswegs frei von Antisemitismus, viele kleine Leute, viele Arbeiter – irregeführt von dem Demagogen Henri Rochefort, einem ehemals geächteten Kommunarden, der dann ein Verbündeter Drumonts und damit ein Judenhasser wurde – akzeptieren ihn; zudem hat der Panamaskandal, in den gewisse jüdische Namen verwickelt sind, die Vorurteile verstärkt. Die Demagogen haben das Zusammenspiel zwischen der »jüdischen Finanz« und der »Republik der Gemäßigten« angeprangert. Die Dreyfus-Affäre ist für sie ein gefundenes Fressen: sie bestätigt die Vergehen der »Judenclique« in Frankreich. Die Sozialisten sind gegen den Antisemitismus noch nicht gewappnet; es widerstrebt ihnen, das Spiel der »Opportunisten« zu spielen, von denen, wie sie meinen, so viele Namen mit den »Panamisten«[34] verbunden sind. In erster Linie der von Reinach: ist Joseph Reinach, der glühende Dreyfusard, nicht der Neffe und Schwiegersohn des Barons Jacques, eines der Hauptangeklagten in der Panama-Affäre? Dreyfus zu verteidigen, heißt das nicht, die rührigen Republikanhänger, deren Sprachrohr *Le Siècle* ist, zu unterstützen[35]? In einer Antwort an Zola hatte Jaurès im Dezember geschrieben: »Auf der einen Seite die Opportunisten, wenn Dreyfus rehabilitiert wird, auf der anderen Seite die klerikalen Reaktionäre. Das ist die gesellschaftliche Bedeutung des derzeitigen Kampfes[36].«

Am 22. Januar bringt ein Artikel von Jaurès in *La Petite République* die sozialistischen Vorbehalte zum Ausdruck:

»Ich bewundere die Kühnheit Zolas. Es mag sein, dass er sich im Kern täuscht. Solange unter Ausschluss der Öffentlichkeit verhandelt wird, werden wir es nicht wissen, können wir es nicht wissen. Doch als er seine Gedanken zum Ausdruck brachte, handelte er in vollem Sinn wie ein Mensch; indem er die höchsten Autoritäten der Armee, das ganze System der hohen Militärs, die Macht ihrer Methoden – List, Lüge und Unterdrückung – angriff, handelte er wie ein Revolutionär. Nur schlichte Gemüter werden ihm dafür kein Lob zollen.

Doch er möge mir die folgende Bemerkung gestatten. Er kann seine Handlung nicht von dem sozialen Milieu trennen, in dem sie sich vollzieht. Hinter ihm, hinter seiner kühnen und edlen Initiative steht – heimtückisch und gierig – die ganze verdächtige Bande der jüdischen Schmarotzer und erwartet von ihm irgendwie eine indirekte Rehabilitierung, die neue Vergehen begünstigen wird. Hinter dem Sämann mit der großmütigen Geste stürzen sich die Raubvögel herab und ziehen aus der Saat der Gerechtigkeit, noch bevor sie aufgeht, ihren Profit. Und durch eine eigenartige Rückwirkung der Dinge läuft Zola Gefahr,

---

34 *Anm. d. Ü:* Panamisten: die in den Panamaskandal verwickelten Personen. »Panamiste wurde zum Synonym für Betrüger« (J. Ritte).
35 Vgl. die Analyse von Madeleine Rebérioux, »Zola, Jaurès et France: trois intellectuels devant l'Affaire«, *Cahiers naturalistes*, Nr. 54, 1980.
36 *La Petite République*, 11. Dezember 1897.

Die Ära Barrès

einen Teil der Mächte der Ausbeutung dadurch zu stärken, dass er einen Teil der Mächte der Unterdrückung niederringt[37].«

Am Tag darauf, Sonntag, den 23. Januar, bringt *L'Aurore* den »Brief an Émile Zola«, den Charles Péguy im Namen seiner Freunde der École Normale und in seinem eigenen Namen verfasst hat:

»Da mehrere so genannte sozialistische Parlamentarier sich weigern, einen geraden Weg zu gehen, wollen wir, die jungen Sozialisten, das sozialistische Ideal retten.
Die Sozialisten müssen sich – wenn sie ihren Niedergang vermeiden wollen – für jede gerechte Sache einsetzen. Sie haben nicht darauf zu achten, wem die Verwirklichung der Gerechtigkeit nutzt, denn sie sind entweder uneigennützig oder sie sind nicht.«

Dieser Brief trägt das Datum von Freitag, dem 21. Januar. Am Samstag, den 22., antwortet Jaurès auf das Bekenntnis des jungen Péguy und seiner Freunde. Der Abgeordnete aus Carmaux schickt sich an, einer der herausragendsten Vorkämpfer des Dreyfusismus zu werden. Anfang 1898 haben ihm Péguy und dessen Freund Jérôme Tharaud einen Besuch abgestattet und ihn gedrängt, sich an die Spitze der Dreyfusards zu stellen. Jaurès vertraut ihnen an, wie sehr ihn die internen Spaltungen der sozialistischen Parlamentsfraktion und der Widerstand aufbringen, den seine Gegner innerhalb der Fraktion gegen seine geplante Intervention ausüben. Am Samstag, den 22. Januar, ergreift der sozialistische Tribun also die Gelegenheit, in der Abgeordnetenkammer zu intervenieren und sich den Verfechtern der Neutralität innerhalb der sozialistischen Fraktion entgegenzustellen. Ministerpräsident Méline, den der Abgeordnete Cavaignac auffordert, endlich die Beweise für die Schuld von Dreyfus vorzulegen, um der öffentlichen Agitation ein Ende zu setzen, zieht sich durch eine heftig applaudierte Invektive gegen die Dreyfusards aus der Affäre, worauf Cavaignac seine parlamentarische Anfrage zurückzieht. Jaurès, zutiefst getroffen, dass er angegriffen wurde, beschuldigt Méline, den Feinden der Republik in die Hände zu arbeiten, und setzt seine Rede inmitten des Lärms fort. Er hört die Stimme des rechten Abgeordneten Bernis:

» – Sie gehören zum Syndikat!
— Was haben Sie gesagt, Monsieur de Bernis?
— Ich sagte, dass Sie bestimmt zum Syndikat gehören, dass Sie wahrscheinlich der Anwalt des Syndikats sind!

---

37 J. Jaurès, »La Révolution«, *La Petite République*, 22. Januar 1898.

– Monsieur de Bernis, brüllt Jaurès, aufs Höchste erregt, Sie sind ein elender Mensch und ein Feigling!«

Diese Worte explodieren wie das Signal zu einem allgemeinen Krawall; der entsetzte Vorsitzende der Abgeordnetenkammer, Brisson, greift hilflos zur Glocke. Nachdem sich Jaurès am folgenden Tag erneut zu Wort gemeldet hat, wird Méline mit 360 Stimmen gegen 126 das Vertrauen ausgesprochen. Die Abgeordneten sind noch nicht bereit, die Revision des Dreyfus-Prozesses zu akzeptieren: doch wenigstens hat Jaurès den Gesinnungswandel der Sozialisten beschleunigt. Am 29. Januar veröffentlicht *Le Parti ouvrier*, das Organ des allemanistischen Flügels[38] der sozialistischen Bewegung, das bereits für die Sache Dreyfus' gewonnen ist und die Resolution der sozialistischen Abgeordneten vom 19. Januar kritisiert hat, einen von Maurice Charnay unterzeichneten Offenen Brief »An den Bürger Jaurès«: »Das war das Wort der Sozialisten, auf das wir gewartet haben.« Es sind noch nicht alle Sozialisten überzeugt, doch Jaurès hat die Brücken hinter sich abgebrochen. Im Zola-Prozess wird er einer der herausragenden Zeugen sein.

Zola ist Zielscheibe der niederträchtigsten Attacken, doch Glückwunschbotschaften und Unterstützungszusagen treffen ebenfalls zahlreich bei ihm ein. Am 2. Februar veröffentlicht *L'Aurore* eine »Mitteilung an Émile Zola«, die von Octave Mirbeau, Laurent Tailhade, Pierre Quillard und Georges Courteline mitunterzeichnet ist:

»Die Unterzeichner, die der Welt der Kunst, der Wissenschaft und der Literatur angehören, beglückwünschen Émile Zola für seine edle engagierte Haltung, die er in dieser düsteren Affäre Dreyfus eingenommen hat, die von Ungesetzlichkeiten – wenn nicht von Ungerechtigkeit – überschattet ist und die durch das kürzlich gefällte Urteil des Kriegsgerichts noch weiter verdüstert wurde. Im Namen der Gerechtigkeit und der Wahrheit solidarisieren sie sich voll und ganz mit ihm.«

Damit sind die beiden entscheidenden Worte gefallen, die den intellektuellen Kampf in der Affäre bestimmen: Gerechtigkeit und Wahrheit. Die Antidreyfusards setzen ihnen ganz wie Barrès die Erhaltung der Gesellschaft, die Verteidigung der Nation, die übergeordnete Staatsraison entgegen. Universelle Werte gegen partikulare Werte. Es ist jedoch auffällig, dass die von Mirbeau lancierte Petition, was die Wahrheit betrifft, so vorsichtig formuliert ist. In der Tat sind am Vorabend des Prozesses gegen Zola viele von denen, die den Romancier unterstützen, noch nicht von Dreyfus' Unschuld überzeugt.

Die erste Sitzung des Prozesses findet am 7. Februar 1898 vor dem Assisengericht des Département Seine unter dem Vorsitz des Richters Delegorgue

---

38 *Anm. d. Ü:* Allemanistischer oder ouvriéristischer Flügel: so genannt nach Jean Allemane, Spiritus rector des Parti ouvrier socialiste révolutionnaire.

statt, während der Staat durch den Staatsanwalt Van Cassel vertreten wird. Zola wird von Maître Labori verteidigt, während Albert Clemenceau und sein Bruder Georges dem Geschäftsführer von *L'Aurore*, Perrenx, zur Seite stehen. Der Saal des Pariser Justizpalastes ist überfüllt; draußen jubeln die Banden Drumonts den Generälen zu, die ein- und ausgehen, und verhöhnen die Dreyfusards. Im Land gärt es, denn die öffentliche Meinung – durch die Massenblätter und die nationalistische Presse, *La Libre Parole*, *La Croix*, *Le Pèlerin*, *L'Intransigeant*, konditioniert – ist davon überzeugt, dass es im Zola-Prozess bei der Verteidigung der durch den Schriftsteller beleidigten Armee um nichts weniger als um die Verteidigung des Vaterlandes geht. Die Dreyfusards wollen den Prozess dazu benutzen, ihre Sache voranzutreiben, während die Richter sich bemühen, den Fall Zola von dem Fall Dreyfus zu trennen, da dieser für sie ein für alle Mal entschieden ist: die Zeugen dürfen sich nur zu »dem Tatbestand, zu dem sie geladen sind«, äußern.

Der Prozess geht über fünfzehn Sitzungen und endet am Mittwoch, den 23. Februar. Jeden Tag finden – die Polizei ist am Anfang kaum zu sehen – Krawalle am Eingang des Justizpalastes statt, wo der Polemiker Henri Rochefort, den sein Gebrüll schon von weitem ankündigt, die großen Skandalartikel seines *Intransigeant* am Ort des Geschehens vorbereitet. Im Sitzungssaal verkündet der Vorsitzende, bleich in seiner roten Robe, vergeblich, er werde bei der geringsten Äußerung des Publikums den Saal räumen lassen; es gelingt ihm nicht ein einziges Mal, den Applaus der zahlreichen Militärs in Zivil, die sich dort eingefunden haben, zu unterbrechen. Während des ganzen Prozesses muss Zola, um den Justizpalast betreten oder verlassen zu können, einen Seiteneingang des Quai des Orfèvres benutzen. Für den Weg zum Gericht oder nach Hause muss er sich jeden Tag eine neue Route einfallen lassen; er wird von einigen Freunden begleitet, unter denen Octave Mirbeau die Rolle eines Leibwächters spielt. Wenn er zu Hause ist – Rue de Bruxelles –, brüllen wütende Leute vor den Fenstern, während ihm durch die Post Todesdrohungen zugestellt werden.

In einem kleinen Warteraum lösen sich die Zeugen ab. Scheurer-Kestner, der gerade die Bekanntschaft von Madame Lucie Dreyfus gemacht hat, wechselt mit Picquart Worte auf Elsässisch, um von der Umgebung nicht verstanden zu werden. Picquart, vom Mont-Valérien ins Gericht gebracht, macht auf eigenen Wunsch hin eine Zeugenaussage, doch der Vorsitzende versteht es, ihn zum Schweigen zu bringen.

Die anderen vorgeladenen Militärs – Mercier, Boisdeffre, du Paty de Clam, Gonse, Henry, Lauth, Pellieux – fahren fort, Picquart zu verunglimpfen, und berufen sich – unterstützt vom Schriftsachverständigen Bertillon (»ein Mensch mit Wahnvorstellungen, ein Verrückter«, sagt Paléologue, empört über seinen »psychotischen Deutungswahn«) – auf die Schuld Dreyfus' als einer evidenten Tatsache, ohne dass der Vorsitzende Delegorgue dagegen protestiert. Der Höhepunkt wird für die elfte Sitzung erwartet, zu der Esterhazy geladen ist. Dieser beginnt sofort mit einer feierlichen Erklärung, in der er sich als Opfer eines Komplotts aufspielt und die Prozessteilnehmer darauf vorbereitet, dass er auf die Fragen der Ankläger nicht antworten werde. Tatsächlich gelingt es ihnen nicht, ihm auch nur die winzigste Erklärung zu entreißen; doch sie überschütten ihn wenigstens mit einem Schwall von Fragen, ohne dabei Auszüge aus seinen Briefen an Madame de Boulancy zu vergessen. Der tapfere »Ulan« schweigt unerschütterlich, insgeheim gedeckt von dem Vorsitzenden, dem daran liegt, gewisse Fragen der Verteidiger Zolas zu verhindern.

»– Wie ist es zu erklären, fragt Maître Clemenceau, dass man in einer ordentlichen Gerichtsverhandlung nicht über die Tat eines französischen Offiziers reden darf?
– Weil es etwas gibt, das darüber steht: die Ehre und die Sicherheit des Landes!«

Diese Antwort, die über die Einstellung des Gerichts Aufschluss gibt, löst unter dem Publikum enthusiastischen Applaus aus. Der Vorsitzende, der doch versprochen hatte, Unterbrechungen dieser Art nicht mehr zuzulassen, lässt gewähren. Esterhazy braucht sich nicht zu beklagen, als er den Saal verlässt: er hat den Mund nicht aufmachen müssen. Beim Verlassen des Gebäudes wird er von antisemitischen Banden umjubelt, die später die Gegendemonstranten unter »Es lebe die Armee«-Gebrüll mit Spazierstöcken zusammenschlagen.

Die Geschworenen sind ständigem Druck ausgesetzt: im Gerichtssaal, wo das Publikum sich bereits eine Meinung gebildet hat; in der Presse, die nicht zögert, ihre Namen und ihre Adressen preiszugeben; an ihrem Wohnsitz, wo manch einer Drohbriefe erhält. Scheurer-Kestner erzählt in seinen Memoiren, einer der Geschworenen habe es vorgezogen – unter dem Vorwand, er sei krank – zurückzutreten, nachdem er in der Öffentlichkeit mit Esterhazy aneinander geraten war.

Einer der Höhepunkte der Verhandlungen wird am 17. Februar mit der zweiten Aussage von General de Pellieux erreicht. Dieser erklärt, der Generalstab verfüge seit 1896 über einen formellen Beweis der Schuld von Dreyfus; es handele sich um einen Brief, den der Militärattaché einer auswärtigen Macht an einen ausländischen Kollegen gerichtet habe und der besage: »Wie ich höre, wird es in der Abgeordnetenkammer eine Anfrage zum Fall Dreyfus geben. Sprechen Sie niemals von der Beziehung, die wir zu diesem Juden unterhalten haben ...« Nachdem sich der Lärm, den diese Erklärung auslöste, gelegt hat, fordert der Anwalt von Dreyfus, Maître Labori, Pellieux auf, das Dokument vorzulegen. Die Geschworenen wissen nicht, dass es sich um eine Fälschung Henrys handelt. General Gonse weiß es; er beruft sich auf die Staatsräson. Dann fordert Pellieux, man solle die Zeugenaussage von General Boisdeffre, Chef des Generalstabs, hören: »Was würde er wohl sagen? Was es auch sein mochte, Frankreich würde ihm auf der Stelle folgen«, schreibt Proust über ihn[39]. Am folgenden Tag erscheint Boisdeffre: mit Zylinder; sehr ruhig, sehr würdevoll, sehr geachtet (»Wo er vorüberkam, nahmen die Männer die Hüte ab, und er grüßte sehr höflich wie ein Mann von ganz überragendem Rang ...«[40]), gefolgt von seinem Adjutanten; er bestätigt die Aussage von Pellieux: »Sie sind das Gericht, Sie sind die Nation; wenn die Nation den Führern ihrer Armee kein Vertrauen schenkt, jenen also, die für die Verteidigung der Nation verantwortlich sind, so sind diese bereit, anderen ihre schwere Last zu überlassen; Sie brauchen nur zu reden. Ich werde kein einziges Wort mehr sagen.« Die Wirkung ist beträchtlich. Als Boisdeffre – in den Augen der militaristisch gesinnten Menge ein leibhaftiger Gott – die Treppe des Justizpalastes wieder hinunterschreitet, gibt es tosenden Beifall.

Proust, der die Szene schildert und sich als Dreyfusard wohl nicht vom Weihrauch, den das Militär im damaligen Frankreich umgibt, täuschen lässt, bezeugt besser als jeder andere die leidenschaftliche Verehrung der Militärführer, ohne die die Dreyfus-Affäre nicht vollständig erklärt werden kann.

Auch Léon Blum, der sich Labori als Jurist zur Verfügung gestellt hat und mit ihm während des ganzen Prozesses diskret zusammenarbeitet, erinnert sich an dieses »grandiose, dramatische Schauspiel«, an diese permanente Spannung, in der die Akteure und die Zuschauer – bereit, übereinander herzufallen – leben.

Am 21. hat Zola das Wort. Er war nie ein guter Redner. Seine Stimme zittert, als er seinen vorbereiteten Text liest, während ihm aus allen Ecken des Saales Beleidigungen entgegengeschleudert werden. Er wiederholt, dass er von Dreyfus' Unschuld überzeugt ist: »Meine Werke mögen untergehen, wenn Dreyfus nicht unschuldig ist! Er ist unschuldig.« Er schließt mit den Worten: »Alles scheint gegen mich zu sein, die beiden Kammern, die Zivilgewalt, die Militärgewalt, die Massenblätter, die öffentliche Meinung, die sie vergiftet haben. Mir bleibt nur die Idee, das Ideal der Wahrheit und Gerechtigkeit. Ich fühle mich sehr ruhig, ich werde siegen. Ich wollte nicht, dass mein Land länger in der Lüge und der Ungerechtigkeit lebt. Hier kann man mir einen Schlag versetzen. Aber eines Tages wird Frankreich mir dafür dankbar sein, dass ich dazu beigetragen habe, seine Ehre zu retten.«

In den Fluren hält Déroulède eine Rede, und vor den Toren des Justizpa-

---

39 M. Proust, *Jean Santeuil*, Band 1, Übers. v. E. Rechel-Mertens, Suhrkamp, Frankfurt, 1965, S. 479.
40 *Ibid.*, S. 482.

lastes droht und tobt die Menge, bereit zur Lynchjustiz, falls es zu einem Freispruch kommt. Nach Labori, der trotz der höhnischen Schreie aus dem Publikum die Fassung nicht verliert, ergreift Clemenceau das Wort. Maurice Barrès, der dieser letzten Sitzung für den *Figaro* beiwohnt, beschreibt ihn, den Verlierer im Panamaskandal und den Anwalt von *L'Aurore*, ohne Nachsicht. Doch angesichts der Feindseligkeit des Publikums – nach seinen Worten eine »aufgeregte Meute«, die der Verteidigung Beleidigungen, ja Grobheiten entgegenschleudert und bei den geringsten Erklärungen des Staatsanwalts in Begeisterungsstürme ausbricht – fragt er sich, naiv oder zynisch, wie die Geschworenen »andere Gefühle als diese fiebernde Menge hier im Gerichtssaal empfinden könnten, die mit der Menge in den Fluren und mit den Massen draußen in inniger Verbindung steht[41]«.

Am 23. Februar 1898 wird Émile Zola von der Mehrheit der Geschworenen zur Höchststrafe verurteilt: zu einem Jahr Gefängnis und 1000 Francs Geldstrafe. Offiziere umarmen sich bei der Verkündung des Urteils, übermütige Frauen steigen auf die Bänke. Das Volk auf den Straßen, sofort unterrichtet, ist außer sich vor Freude. Augenzeugen sind der Meinung, ein Freispruch würde einen Aufruhr ausgelöst haben: »Die Erregung des Publikums, die Aufgebrachtheit der vor dem Justizpalast zusammengeströmten Menge«, schreibt der Antidreyfusard Arthur Meyer, Herausgeber des *Gaulois*, »waren so heftig, dass man, falls die Geschworenen Zola freigesprochen hätten, die schlimmsten Ausschreitungen hätte befürchten müssen[42].« Der Geschäftsführer von *L'Aurore*, Perrenx, erhält vier Monate Gefängnis und dieselbe Geldstrafe. Oberst Picquart wird kurz darauf wegen Dienstunfähigkeit entlassen. Méline kann am Tag nach der Urteilsverkündung vor der Abgeordnetenkammer seine Genugtuung ausdrücken: »Im Augenblick gibt es weder einen Prozess Zola noch einen Prozess Dreyfus; es gibt überhaupt keinen Prozess mehr ...«

Jules Renard, eng mit *La Revue blanche* verbunden und ein glühender Verteidiger Zolas, schreibt in seinem Tagebuch, er sei »angeekelt« von dessen Verurteilung:

> »Seit heute Abend liegt mir die Republik besonders am Herzen; sie flößt mir eine Achtung, eine Zärtlichkeit ein, wie ich sie bisher nicht kannte. Für mich ist das Wort Gerechtigkeit das schönste der menschlichen Sprache, und man muss weinen, wenn die Menschen es nicht mehr verstehen[43].«

---

41 M. Barrès, »Impressions d'audience«, *Le Figaro*, 24. Februar 1898.
42 A. Meyer, *Ce que mes yeux ont vu*, Plon, 1912, S. 149.
43 J. Renard, *Journal 1887–1910*, Gallimard, 1965, S. 472.

Der Prozess gegen Zola ist keine erneute Niederlage für die Dreyfusards, weit gefehlt. Gegen den Willen des Vorsitzenden Delegorgue war die Akte Dreyfus sehr wohl wieder geöffnet worden, und zwar von den Militärs selbst, an erster Stelle Pellieux. Das ungesetzliche Verfahren von 1894 – die Verurteilung von Dreyfus auf Grund eines geheimen Aktenstücks, das der Verteidigung vorenthalten wurde – ist nun belegt. Die Wahrheit ist weiterhin »auf dem Vormarsch«. Vor dem Prozess hat man Zola kaum eine Beleidigung erspart; nun wird er mit Glückwunschbriefen und -telegrammen überschüttet. Unter den Schreibern ist Stéphane Mallarmé, der bekennt, »von der Erhabenheit [seiner] Handlung zutiefst durchdrungen«[44] zu sein.

Zola legt beim Kassationsgerichtshof Berufung ein, der am 2. April 1898 das Urteil des Assisengerichts mit der Begründung aufhebt, dass »das Kriegsgericht und nicht der Kriegsminister hätte Klage erheben müssen«. Das Kriegsgericht erhebt nun seinerseits Klage. Ein neuer Prozess beginnt am 18. Juli vor dem Assisengericht in Versailles, zuständig für das Département Seine-et-Oise. Unterstützt von den Brüdern Clemenceau, gibt Labori Zola den Rat, das Ende der Verhandlungen nicht abzuwarten, sondern ins Exil zu gehen, so dass ihm eine Verurteilung in Abwesenheit gestatte, einen erneuten Prozess anzustrengen und so zu verhindern, dass die Akte Dreyfus definitiv geschlossen werde. Zola begibt sich in Begleitung seiner Frau Alexandrine zur Gare du Nord; er hat nur ganz wenig Gepäck bei sich, um bei den Polizisten, die in der Rue de Bruxelles patrouillieren, keinen Verdacht zu erregen. In Calais schifft er sich nach England ein, wo er fast ein ganzes Jahr bleibt und unter falschem Namen von Domizil zu Domizil irrt, ohne ein Wort Englisch zu können. Vom Gericht in Versailles wird er zur selben Gefängnisstrafe wie im Februar verurteilt, doch die Geldstrafe beläuft sich jetzt auf 3.000 Francs. Am 26. Juli wird ihm der Titel eines Offiziers der Ehrenlegion entzogen.

---

44 F. Brown, *op. cit.*, S. 779.

4
Nach dem Prozess

Mehr noch als die Dreyfus-Affäre bewirkt im Laufe des Jahres 1898 die Affäre Zola eine Umgruppierung der intellektuellen Kräfte in zwei sich befehdende Lager. Wenn der Verfasser der *Rougon-Macquart* auch als Leitfigur der Dreyfusards erscheint, so drängen ihn seine Verurteilung und sein Exil doch für einige Zeit an den Rand. Andere betreten den Vordergrund der Bühne, angefangen bei Jaurès, der im August eine Reihe von Artikeln in *La Petite République* veröffentlicht, aus denen dann *Les Preuves* (»Die Beweise«) hervorgeht, eins der berühmtesten Werke über die Affäre. Der Gegenangriff konnte indessen nicht nur von einzelnen Individuen ausgehen, so angesehen sie auch waren. Wie die Petitionen vom Januar zu einer gewissen Gruppenbildung geführt hatten, so schickten sich jetzt einige an, einen Rahmen zu schaffen, in dem die Ideale, die sie zum Ausdruck gebracht hatten, auch über die Dreyfus-Affäre hinaus verteidigt werden konnten. Hier liegt – kurz nach dem Zola-Prozess – der Ursprung der Ligue pour la défense des droits de l'homme (»Liga für die Verteidigung der Menschenrechte«). Die Idee basiert auf Gesprächen zwischen dem ehemaligen Justizminister, dem Senator Ludovic Trarieux, dem Journalisten Yves Guyot von *Le Siècle* und dem katholischen Juristen Paul Viollet. Die Initiatoren der Liga sind vor allem Intellektuelle: Paul Desjardins, der Philosoph Gabriel Séailles, Lucien Herr, Paul Reclus, Émile Duclaux, Biochemiker und Direktor des Institut Pasteur … Dieser legt seine Beurteilung des Falles in *Le Temps* vom 18. Januar dar und gibt einem Gefühl Ausdruck, das in wissenschaftlichen Kreisen weithin geteilt wird:

> »Der Prozess, der unter Bedingungen stattfand, die für die Rechtsprechung äußerst ungünstig sind, war mir von Anfang an suspekt. Darüber hinaus stelle ich fest, dass man uns seither keinen Beweis, kein durchschlagendes Argument für die Schuld geliefert hat, und ich sage mir – sogar ohne zu wissen, ob Herr Scheurer-Kestner Akten hat oder nicht, und ohne irgendeines der Beweisstücke, die Herr Zola haben mag, prüfen zu wollen –, dass ein Urteil, das in einer so unruhigen Zeit, nach einer derartigen Pressekampagne und ohne dass es danach durch irgendeinen Tatbestand bestätigt worden wäre, gefällt wurde, prinzipiell möglicherweise regelwidrig, falsch oder schuldhaft

ist. Es befriedigt mein Verlangen nach Gerechtigkeit und Wahrheit nicht.«

Während der Gründungssitzung bei Trarieux verliest man bewegt die berühmte Menschenrechtserklärung von 1789 und Viollet und Trarieux werden damit beauftragt, die Statuten der neuen Vereinigung aufzusetzen, die am 4. Juni 1898 offiziell eingetragen wird. Ihr Ziel ist es, die Grundsätze der Erklärung der Menschen- und Bürgerrechte, Präambel der Verfassung von 1791 und Charta des republikanischen Geistes, überall zu verteidigen. Ihr erstes Zentralkomitee zählt 7 Politiker, 13 Hochschullehrer, 5 Literaten und 3 Persönlichkeiten aus verschiedenen Berufen. In ihrem ersten Manifest vom 4. Juli 1898 erklärt das Zentralkomitee der Liga, sie werde »jedem Menschen, dessen Freiheit bedroht oder dessen Recht verletzt wird«, beistehen.

Dieses Wiederanknüpfen an die Ethik der Menschenrechte wird die Linke dazu zwingen, sich von ihren antisemitischen Vorurteilen zu befreien. Bis zur Dreyfus-Affäre waren – wir sagten es bereits – weder die Schriften noch die Parolen der Sozialisten frei von solchen Vorurteilen; und sie waren in den Rängen der radikalen und gemäßigten Republikanhänger nicht selten. Die Linke erteilt dem Antisemitismus jedoch in dem Moment eine Absage, als er zu einem wesentlichen Element des Nationalismus wird und dieser sich zu einem Lehrgebäude entwickelt. Die Lockmittel, mit denen Drumont, seine Zeitung und seine Freunde die Sozialisten zu gewinnen suchen, sind definitiv zum Scheitern verurteilt. Zwar gibt es auch weiterhin antisemitische linke Aktivisten. So wählt Robert Louzon für seinen Artikel in *Le Mouvement socialiste*, in dem er das vom Kassationsgerichtshof 1906 zugunsten von Dreyfus gefällte Urteil kommentiert, die Überschrift: »Der Bankrott des Dreyfusismus und der Triumph der jüdischen Partei«. Andere Beispiele belegen, dass sich bei bestimmten revolutionären Syndikalisten der CGT[45] ein mehr oder weniger versteckter Antisemitismus hält. Ingesamt aber fühlen sich die republikanischen Organisationen gehalten, den Antisemitismus, den sie zu den Klischees der Reaktion zählen, abzulehnen.

Unter den Gründern der »Liga für die Verteidigung der Menschenrechte« haben wir Paul Viollet erwähnt. Er ist einer der wenigen katholischen Intellektuellen, die gegen den Strom des Antidreyfusismus der französischen Katholiken schwimmen. Léon Chaine, für den dasselbe gilt, schreibt 1904: »Wir wurden enttäuscht, verkannt, verlassen und oft von denen geschmäht, die wir unsere Brüder nannten. Die Ungläubigen reichten uns die Hand, die

---

45 *Anm. d. Ü:* CGT (Confédération générale du travail): »Allgemeiner Arbeitsbund«, größte französische Gewerkschaft, gegründet 1895. Die sog. revolutionären Syndikalisten versuchten, den Klassenkampf unmittelbar im ökonomischen Bereich (durch direkte Aktion wie Generalstreik, Sabotage, Fabrikbesetzung usw.) zu führen.

Gläubigen verweigerten sie uns[46].« Viollet geht es darum, einen Trennungsstrich zu ziehen zwischen Kirche und Katholizismus einerseits und einem einfach gefährlichen oder zügellosen Antidreyfusismus andererseits, wie ihn etwa die Presse der Assumptionisten[47] *(La Croix, Le Pèlerin)* zum Ausdruck bringt; es ist ihm wichtig, einer anderen katholischen Stimme Gehör zu verschaffen. Viollet legt den Grundstein zum Comité catholique pour la Défense du droit (»Katholisches Komitee für die Verteidigung des Rechts«), als er mit den übrigen Mitgliedern der Liga in der Frage der Unterrichtsfreiheit nicht übereinstimmt und es für geraten hält, aus dem Komitee der »Liga für die Verteidigung der Menschenrechte« auszutreten. Es ist im Übrigen bemerkenswert, dass im Comité catholique kein großer Name des liberalen Katholizismus vertreten ist. Anatole Leroy-Beaulieu, der doch gegen den Antisemitismus geschrieben und im Laufe der Affäre seine »revisionistischen« Überzeugungen zum Ausdruck gebracht hat, fühlt sich nicht gehalten, daran teilzunehmen. Bezeichnender noch ist die Haltung eines Denys Cochin, einer anderen Gestalt des liberalen französischen Katholizismus. Obwohl er Dreyfus gegenüber nicht feindselig eingestellt ist und sich in der Frage des Antisemitismus nie kompromittiert hat, betrachtet er den Dreyfusismus doch als eine gegen die Armee, das Vaterland, die Religion gerichtete Kampfstrategie[48]. Diese Haltung zeigt, dass es sich empfiehlt, die Wesenszüge der Lager, die sich während des Zola-Prozesses und danach ausbilden, nicht zu simplifizieren. Unabhängig von jedem Antisemitismus kam es vor, dass Menschen voller Gerechtigkeitssinn oder Patrioten, die die Exzesse gewisser antimilitaristischer Reden verbitterten, über die Gefahren beunruhigt waren, die die Kampagne der Dreyfusards in ihren Augen für die Armee nach sich zog.

Die Agitation der »Revisionisten«, der Verfasser von Petitionen, der Artikelschreiber, die Zola verteidigen, führt im Gegenzug zur allmählichen Herausbildung eines Lagers der Antidreyfusards, zu dessen markantester Figur nach und nach Barrès wird. Im nationalistischen Kampf hatten die rechten Intellektuellen noch nicht die Führung übernommen. Dieser Kampf wurde zunächst entweder durch Journalisten vom Schlage eines Édouard Drumont oder eines Henri Rochefort oder durch Ligen-Führer wie Jules Guérin – einem Aufschneider der Ligue antisémitique (»Antisemitische Liga«) – oder aber Paul Déroulède, dem Führer der Ligue des patriotes (»Liga der Patrioten«) angeführt. Gerade die Dreyfus-Affäre und der Zola-Prozess werden zum Ausgangspunkt eines besonders durch Maurice Barrès und Charles Maurras »intellektualisierten« Nationalismus.

---

46   L. Chaine, *Les Catholiques français et leurs difficultés actuelles devant l'opinion*, A. Storck et Cie, 1903.
47   *Anm. d. Ü:* Assumptionisten: 1845 gegründete Kongregation nach der Augustinerregel.
48   Siehe J.-M. Mayeur, »Les catholiques dreyfusards«, *Revue historique*, CCLXI/2.

Im Frühjahr 1898 schreibt Barrès die Fortsetzung der *Déracinés*: *L'Appel au soldat* (»Der Ruf an den Soldaten«), eine romanhafte Rekonstruktion der Geschichte des Boulangismus[49], an dem er aktiv teilgenommen hatte und dem er im Jahre 1889 sein Abgeordnetenmandat verdankte. Während der Legislaturperiode 1889–93 hatte er Positionen vertreten, die wir als konfus bezeichnen dürfen; er saß auf der extremen Linken, unterstützte Gesetzesvorhaben der wenigen sozialistischen Abgeordneten und gab dabei doch antisemitischen Überzeugungen Ausdruck. Wissenschaftliche Legitimation holte er sich bei Jules Soury, der an der École pratique des hautes études[50] Geschichte der Theorien der physiologischen Psychologie, insbesondere der Lokalisationstheorie lehrte. Soury war fasziniert vom wissenschaftlichen Pessimismus und vom Gedankengut der Dekadenz und der »Entartung«; die Wiederaufrichtung der Nation erwartete er vom Krieg.

Allgemein wird angenommen, Barrès habe das Wort »nationaliste« (nationalistisch), wenn schon nicht erfunden, so doch in den Sprachgebrauch eingeführt. Dieses Synonym von »patriote« (patriotisch) war zur Zeit der Revolution gebildet worden und dann in Vergessenheit geraten, bis Barrès am 4. Juli 1892 in *Le Figaro* einen Artikel mit dem Titel veröffentlichte: »Der Streit zwischen Nationalisten und Kosmopoliten.« Dabei ging es um eine Debatte, in der sich die leidenschaftlichen Anhänger der »ausländischen Literatur« (Ibsen, Dostojewski, Tolstoi usw.) und die Verteidiger der »nationalen Literatur« gegenüberstanden. Damals hält es Barrès keineswegs für geraten, für die *Nationalisten* – er unterstreicht diesen ungewöhnlichen Terminus selbst – Partei zu ergreifen:

»Die ausländischen Literaturen«, schreibt er, »geben uns die exotischen Leckerbissen, die die französischen Literaten – des überreichlich gedeckten nationalen Tisches überdrüssig – so dringend brauchen. Es lebe Frankreich! Frankreich ist vollkommen! Aber es lebe besonders Europa! Es hat für uns das Verdienst, noch ein wenig neuartig zu sein. Es stimuliert uns durch Pfeffer und neue Gewürze. Unsere großen französischen Schriftsteller sind Gewürzhändler, deren Vorräte wir erschöpft haben.«

Im selben Jahr 1892 veröffentlicht Barrès *L'Ennemi des lois* (»Der Feind der Gesetze«). Als acht Jahre später *L'Appel au soldat* erscheint, hat der Kritiker

---

49 *Anm. d. Ü:* Boulangismus : nach General Boulanger (1838–1891) benannte nationalistische, republikfeindliche Bewegung.
50 *Anm. d. Ü:* École pratique des hautes études : 1868 gegründete forschungsorientierte Hochschule – abgekürzt auch »Hautes études« genannt –, die den universitätsunabhängigen Forschern eine Heimstatt geben sollte. Ursprünglich umfasste sie vier, später sechs Abteilungen; aus der sechsten ging 1974 die École des hautes études en sciences sociales (Sozialwissenschaften) hervor.

René Doumic leichtes Spiel mit der Bemerkung, Barrès, der »in seinen ersten Büchern so rasch damit bei der Hand ist, den gesunden Menschenverstand herauszufordern«, bemühe sich in seinem letzten, »alle Altäre, die er zerstört hatte, wieder aufzubauen«. Diese Einschätzung seiner Entwicklung findet bei Barrès wenig Anklang; er erklärt die Wandlungen seines Werkes durch »die höhere Logik eines Baumes, der nach Licht strebt und seiner höheren Notwendigkeit folgt[51]«.

Er nimmt das Recht auf notwendige Entwicklungsphasen für sich in Anspruch. Wenn er im Übrigen früher ein »Individualist« gewesen ist, dann hat er, wie er präzisiert, schon 1894 in der Zeitung *La Cocarde* das ganze Programm des »Nationalismus« entworfen. Seitdem hat Barrès auf das persönliche Denken verzichtet, hat entdeckt, dass man demütig sein und zugestehen muss, dass wir lediglich »die Fortsetzung unserer Eltern sind«: »Das alles ist ein Wirbel, in dem sich das Individuum verliert, um sich in der Familie, in der Rasse, in der Nation wieder zu finden[52].«

Natürlich weiß Barrès sehr gut, dass es keine französische »Rasse« gibt, »hélas!«: »Wir sind keineswegs eine Rasse, sondern eine Nation.« Aber wir leben nur durch die nationale Solidarität; wir fühlen, denken, handeln nur durch »sehr alte physiologische Dispositionen« eines Gesamtorganismus, durch den wir determiniert sind. Barrès drückt die Kontinuität, die jeden von uns bestimmt, noch poetischer aus: es ist die Kontinuität der Erde und der Toten. »Wir sind das Ergebnis einer Gemeinschaft, die durch uns spricht. Wenn der Einfluss unserer Vorfahren dauerhaft ist, dann werden die Söhne kraftvoll und aufrecht sein und die Nation eins[53].« Die Dreyfus-Affäre und die Affäre Zola geben Barrès Gelegenheit, seine Theorie vom Nationalismus auszuformulieren; zur gleichen Zeit stürzen sie ihn wieder in einen politischen Kampf, der von ihm zunächst verlangt, bei den Parlamentswahlen von Mai 1898 erneut zu kandidieren.

Für Barrès ist Zola kein Franzose: »Er denkt auf ganz natürliche Weise wie ein entwurzelter Venetianer[54].« Andererseits ist Zola ein »Intellektueller«, das heißt jemand, der sich wie alle Intellektuellen einbildet, die Gesellschaft müsse in der Logik begründet sein, während sie doch auf Notwendigkeiten beruht, die der Vernunft oft fremd sind. Der Intellektuelle weiß nicht, was Instinkt ist, Tradition, Liebe zur Scholle, alles, was eine Nation aus Fleisch und Blut ausmacht. Er meint, man gelange über Ideen zur Einheit. Keineswegs! Oder vielmehr: zu den Ideen muss »die Kraft des mit ihnen verbundenen Gefühls« hinzukommen. Dasselbe gilt für die Juden, nach Barrès ebenfalls Ent-

---

51 M. Barrès, *Scènes et Doctrines ...*, op. cit., S. 14.
52 *Ibid.*, S. 19.
53 *Ibid.*, S. 96.
54 *Ibid.*, S. 44.

wurzelte: »Die Juden haben kein Vaterland in dem Sinn, wie wir es verstehen. Für uns ist das Vaterland der Boden und die Vorfahren, die Erde unserer Toten. Für sie ist es der Ort, an dem sie ihren größten Vorteil finden.« Und, mehr als das, die Juden sind Angehörige der semitischen Rasse, die seit ewigen Zeiten der arischen Rasse gegenübersteht. Im Prozess von Rennes sagt dann Barrès über Dreyfus: »Wir verlangen von diesem Kinde Sems die schönen Züge der indo-europäischen Rasse. Er ist überhaupt nicht empfänglich für all die Gefühle, die unsere Erde, unsere Vorfahren, unsere Fahne, das Wort ›Ehre‹ in uns hervorrufen[55]«. Eine weitere Gruppe schließlich ist in den Augen von Barrès antinational: die Protestanten. Nicht, dass er ein glühender Katholik wäre, doch der Katholizismus ist die Religion seiner Vorfahren: »Die Bücher von Barrès«, schrieb Tharaud, »sind katholisch – bis auf den Glauben[56].« Die Theologie, die Frage, welches die richtige Religion ist – das spielt kaum eine Rolle; es genügt, vom eminent französischen Charakter des Katholizismus und vom eminent fremden Charakter des Protestantismus überzeugt zu sein, um diesem feindlich gegenüberzustehen. Der Antiprotestantismus hat in der Formulierung der nationalistischen Lehre bei Barrès und Maurras denselben Stellenwert wie der Antisemitismus. Dabei ist allerdings der Antisemitismus das bessere Instrument der Massenmobilisierung; er ist die damals vorherrschende Leidenschaft, auf die alle Demagogen setzen. Gleich nach dem Zola-Prozess schreibt Clemenceau ohne alle Umschweife: »Es handelt sich sehr wohl um Antisemitismus, ein jeder kann das sehen. Wenn das Gesetz für Dreyfus nicht gilt, dann deswegen, weil er Jude ist, das ist alles[57].«

Barrès verkörpert jedoch den Antidreyfusismus nicht allein, und der Antisemitismus ist nicht dessen einzige Triebfeder. Ein weiterer Literat vertritt nach dem Zola-Prozess ganz offen, was man einen gemäßigten, von Rassismus und Antisemitismus losgelösten Nationalismus nennen könnte: Ferdinand Brunetière.

Als die Affäre ausbricht, steht dieser angesehene Literaturkritiker auf dem Gipfel seines Ruhms. Sein *Manuel d'histoire de la littérature française* (»Lehrbuch der französischen Literaturgeschichte«) verschafft ihm 1898 – genau im Jahr der großen Auseinandersetzung – allseitige Anerkennung. Seit 1893 ist er Herausgeber von *La Revue des deux mondes*, einer maßgeblichen Zeitschrift in den Reihen des liberalen Konservatismus. Obwohl er keine universitären Titel besaß, genoss er dort großes Ansehen, das noch gestützt wurde durch seine Dozentur an der École normale supérieure, wo er nicht ohne Erfolg versuchte, die Evolutionslehre Darwins in die Literaturgeschichte einzuführen.

---

55 *Ibid.*, S. 153.
56 J. Tharaud, *Mes années chez Barrès*, Plon, 1928, S. 229.
57 G. Clemenceau, »Vainqueurs et vaincus«, *L'Aurore*, 25. Februar 1898.

Seine Aufnahme in die Académie française im Juni 1893 bestätigte seinen Einfluss. Es ist vielleicht nicht unangebracht, darauf hinzuweisen, dass er gegen den unglücklichen Zola gewählt wurde, an dessen Werk er kein gutes Haar ließ. Der richtige Mann am richtigen Ort. Er war zwar damals durch und durch Agnostiker, hatte aber 1894 dem Papst einen Besuch abgestattet und verteidigte, unabhängig vom Glauben, das Prinzip einer starken katholischen Kirche als Gegenmittel gegen den Zerfall der Gesellschaft, den er anprangerte. Fügen wir schließlich noch hinzu, dass Brunetière im Herbst 1897 eine Vortragsreise durch die amerikanischen Universitäten gemacht hatte, über die die *New York Times* mit Lobeshymnen berichtete, die ihn in seinen Ideen nur bestärken konnten, vor allem in seiner negativen Einstellung zu den Romanen Émile Zolas. Bei seiner Rückkehr aus New York stellte er fest, dass dieser dabei war, zum intellektuellen Protagonisten der Dreyfus-Affäre zu werden[58].

Wenn Brunetière schon vor Barrès nicht nur als entschlossener Gegner Zolas auftritt, sondern auch als Gegner aller Ansprüche der »Intellektuellen«, sich in Dinge einzumischen, die sie nichts angehen (oder nicht mehr angehen als die gewöhnlichen Bürger), so ist er deswegen noch kein Antisemit. Vielleicht – oder sogar zweifellos – teilt er den Juden gegenüber einige Vorurteile seiner Zeit, aber er lehnt übereilte Verallgemeinerungen ab und ist kein Rassist. So gehörte er insbesondere zu denen, die Drumonts Buch *La France juive* (»Das jüdische Frankreich«) bei seinem Erscheinen 1886 verurteilten. Das hinderte ihn nicht daran, am 25. März in *La Revue des deux mondes* einen Artikel zu schreiben, der bald unter dem Titel »Après le procès« (»Nach dem Prozess«) auch als Broschüre erschien und ihn zu einem führenden Vertreter der antiintellektuellen Reaktion machte.

Zunächst weist er den Antisemitismus zurück: dieser ist seiner Meinung nach den Wissenschaftlern zur Last zu legen, die im Namen ihrer Wissenschaft »wirklich animalische Hassgefühle, physiologische Hassgefühle, einen blutigen Hass« schüren; dann lenkt er seine Gedanken auf die Intellektuellen, die sich in der Dreyfus-Affäre und in der Affäre Zola als neue aristokratische Kaste konstituiert haben, die über alles und jedes von ihrer Inkompetenz aus urteilen und denen es vor allem darum geht, sich von der Masse abzusetzen. Er wirft ihnen ihren *Individualismus* vor, ihre Unfähigkeit, sich zu einem Verständnis der Erfordernisse der Gesellschaft aufzuschwingen, was sich in ihrem Antimilitarismus ausdrückt. Dabei ist die Armee doch »Frankreich selbst«; ohne sie »wäre die Demokratie in Gefahr, zu Grunde zu gehen«.

Für Brunetière ist die Dreyfus-Affäre keine jüdische, sondern eine militärische Affäre. Das Urteil eines Kriegsgerichts in Zweifel zu ziehen – außer den

---

58 A. Compagnon, *Connaissez-vous Brunetière?*, Seuil, 1997.

Richtern ist dazu niemand befugt – heißt, die notwendige Solidarität der Nation mit ihrer Armee zu vergessen, welche doch nur ihr Spiegel und ihr Schutz ist.

Der Streit wird so zugleich auf die Ebene der Intellektuellen und die des Individualismus gerückt. Der von den Intellektuellen verfochtene Individualismus ist ein Element der Zersetzung der nationalen Einheit. Brunetière löst bei gewissen Petitionisten, die er kritisiert hat, Reaktionen aus. So bei Darlu, dem Philosophielehrer Marcel Prousts mit dem starken Bordelaiser Akzent, der dann an der École normale supérieure von Sèvres lehrte. In der *Revue de métaphysique et de morale*, die er 1893 mit ehemaligen Schülern gegründet hatte, legt er sich mit Brunetière an. Darlu verteidigt den Individualismus, doch nicht jeden beliebigen, denn Individuum und Gesellschaft können nicht getrennt werden. Er definiert das »individualistische Prinzip« und rechtfertigt es, indem er unterstreicht, dass »es zum Ziel hat, den Einzelnen von jeder äußeren Autorität zu befreien«. Und er erinnert an die Geschichte, die sich Frankreich zugute hält:

> »Diese allmähliche Emanzipation des menschlichen Individuums – ist das nicht die ganze Geschichte? Und sind die Etappen der Freiheit nicht die glorreichsten Ereignisse der Vergangenheit? Das griechische Gemeinwesen befreit den Bürger; das römische Recht befreit das Kind und den Fremden; das Christentum befreit die Seele; die Reformation befreit das religiöse Gewissen …; der englische Parlamentarismus befreit den Untertan; die französische Revolution vollendet all diese Eroberungen und verleiht ihnen Anerkennung, indem sie die Menschenrechte verkündet. Man täte gut daran, all dies zu bedenken, wenn man eine Art Bilanz des Individualismus ziehen will.«

Mit anderen Worten, Darlu richtet sich nicht gegen die notwendige Einheit im nationalen Rahmen, doch er vertritt den Grundgedanken, dass diese Einheit eine Frucht der Freiheit, der Verbindung des Willens von Individuen ist – und nicht das Ergebnis der äußeren Autorität, der uralten von oben kommenden Autorität. Der Weg zu diesem Ziel wird zweifellos lang sein. Doch die Würde der Menschen und Bürger gebietet es, an dieser Einheit in Freiheit gegen die aufgezwungene Einheit zu arbeiten. Dagegen vertritt Brunetière das Konzept der Unterordnung des Individuums unter die Gesellschaft. Worum der Meinungsstreit geht, ist klar. Abgesehen vom Antisemitismus, denkt Brunetière wie Barrès: das Band der Gesellschaft, das Überleben der Nation setzt den Vorrang der Institutionen voraus, deren Aufgabe es ist, das kollektive Überleben zu sichern – wenn nötig zu Lasten der Rechte des Einzelnen. Das Individuum existiert nur durch die Gesellschaft; deren Verteidigung erfordert unter Umständen, das Individuum zu opfern.

Ebenfalls von Brunetières Artikel irritiert, meldet sich Émile Durkheim zu Wort. Das Haupt der jungen französischen soziologischen Schule fühlt sich auf seinem eigenen Terrain herausgefordert, dem der Beziehungen zwischen autonomem Individuum und gesellschaftlicher Ordnung. Durkheim ist auf seine Weise ebenfalls ein Antiindividualist, dem es um die Prozesse der gesellschaftlichen Integration, wir würden sagen, um die Sozialisation geht. Manche seiner Schriften lassen eine Neigung zu holistischen oder organizistischen Konzeptionen erkennen, an denen Nationalisten wie Barrès ihren Gefallen finden[59]. Durkheim hält es also für angebracht, seine Meinung zum Ausdruck zu bringen, umso mehr, als er für die Revision des Dreyfus-Prozesses ist, auch wenn er keine der Petitionen der Intellektuellen unterschrieben hat. Die *Revue bleue* bringt seinen Artikel »Der Individualismus und die Intellektuellen« in ihrer Nummer vom 2. Juli 1898. Für ihn ist ein Gemeinschaftsleben nur möglich, wenn es Interessen gibt, die den individuellen Interessen übergeordnet sind. Ein Individualismus, der das leugnen würde, ist zu verurteilen. Aber es existiert, wie Durkheim in Erinnerung ruft, auch ein anderer Individualismus: der von Rousseau, von Kant, der, den die Erklärung der Menschenrechte zum Ausdruck bringt. »Es gibt keine Staatsräson, die einen Anschlag gegen die Person rechtfertigen könnte, wenn die Rechte des Einzelnen über dem Staat stehen.« Auf dieses unantastbare Prinzip zu verzichten, es nicht ernst zu nehmen heißt, »unsere gesamte moralische Ordnung« in Frage zu stellen. Durkheim hat stets den Zusammenhalt der Gesellschaft im Auge. Dieser aber muss auf einer gemeinsamen Überzeugung gegründet sein, die ihren Ausdruck findet in »der Sympathie für alles, was der Mensch ist, in einem weitherzigeren Gefühl für alles Leiden, für alles menschliche Elend, in einem leidenschaftlicheren Verlangen, dagegen anzugehen, es zu mildern, in einem stärkeren Bedürfnis nach Gerechtigkeit«. So ist der Individualismus – nicht im anarchistischen Sinn, sondern im Sinn der Menschenrechte – »von nun an das einzige Glaubenssystem«, schreibt Durkheim, »das die moralische Einheit des Landes gewährleisten kann[60]«.

Während sich die Auseinandersetzung zuspitzt, gehen die Politiker, die sich in ihrer übergroßen Mehrheit noch weigern, an dieser Schlacht mit ungewissem Ausgang teilzunehmen und fast durchweg die Position Mélines und das Urteil von 1894 für angemessen halten, in den Wahlkampf für die Parlamentswahlen von 1898. Wenn man die damaligen Zeitungen durchgeht, fällt auf, dass die Dreyfus-Affäre nicht im Mittelpunkt der Themen der Kandidaten steht. Die Lektüre von *La Petite République*, der Tageszeitung der Sozialisten, ist in dieser Hinsicht aufschlussreich: in den Wochen vor dem ersten Wahlgang vom 8. und dem zweiten vom 22. Mai hat die »Affäre« auf der ers-

---

59 M. Winock, »Barrès, Durkheim, et la mort des lycéens«, *L'Histoire*, Nr. 189, Juni 1995.
60 Aufgen. in É. Durkheim, *La Science sociale et l'Action*, PUF, 1987, S. 255–278.

ten Seite keinen Platz mehr. Insofern beweist die Niederlage von Jaurès in Carmaux, seiner Hochburg, nicht viel – auch wenn der Gewinner, der Marquis de Solages, in Jaurès den Vorkämpfer des Antiklerikalismus, den Freund der Juden und der Freimaurer kritisiert hat. Jules Guesde, der nicht an der Spitze des Kampfes der Dreyfusards gestanden hatte, erleidet in Roubaix ebenfalls eine Niederlage. Was Maurice Barrès angeht, so erlebt er seine dritte Wahlschlappe seit 1893. Dagegen haben die von der Affäre ausgelösten Leidenschaften ohne Zweifel die Ziele Drumonts begünstigt; er kandidiert in Algier, wo sich seit Januar die antisemitischen Ausschreitungen, organisiert von dem Agitator Max Régis, häufen. Dieser Abenteurer hat den Herausgeber von *La Libre Parole* ermuntert, in Algier zu kandidieren. Drumont wird dort in seiner Eigenschaft als Antisemit gewählt, genauso wie drei weitere der sechs Abgeordneten Algeriens. Die Gemäßigten behalten die relative Mehrheit in der Kammer, doch zum ersten Mal wird eine antisemitische parlamentarische Fraktion gebildet.

Diese Wahlen, die für die Dreyfusards eine Enttäuschung sind, geben ihrer Sache dennoch einen unerwarteten Auftrieb. Dem neuen Kabinett unter Henri Brisson gehört Godefroy Cavaignac als Kriegsminister an. Als Nachfahre einer republikanischen »Dynastie«, Sohn des Oberhaupts der provisorischen Regierung der Zweiten Republik und Enkel eines Königsmörders, hatte er unter dem Second Empire dadurch von sich reden gemacht, dass er lieber auf seinen Preis im Concours général[61] verzichtete, als ihn aus den Händen des Sohnes von Napoléon III. entgegenzunehmen. Er war Polytechnicien[62], stand dem Generalstab sehr nahe und war ein Mann von Charakter; es ärgerte ihn, dass die Regierung Méline unfähig war, dem »revisionistischen« Lager den Garaus zu machen. Zu diesem Zweck müssen seiner Meinung nach die Beweise für die Schuld des jüdischen Hauptmanns vor den Augen der Freunde Zolas ein für alle Mal offen gelegt werden. Eben darum beschließt Cavaignac, in der Sitzung der Abgeordnetenkammer vom 7. Juli 1898 auf eine Anfrage hin drei Geheimdokumente vorzulegen – seiner Meinung nach niederschmetternde Beweise gegen Dreyfus. Der Unglückliche weiß nicht, dass von diesen drei Beweisstücken zwei nichts mit der Dreyfus-Affäre zu tun haben und das dritte dem Eifer und der geschickten Hand des Obersten Henry zu verdanken ist. Die Rede Cavaignacs wirkt überzeugend; die Abgeordneten spenden ihm stehend enthusiastischen Beifall; mit 572 Stimmen beschließt die Kammer, die Rede öffentlich aushängen zu lassen. Eugène Melchior de Vogüé kann abends im engeren Kreis zu seinem Freund

---

61 *Anm. d. Ü:* Concours général: jährlicher Leistungswettbewerb der besten Lycéens der Abschlussklassen.

62 *Anm. d. Ü:* Polytechnicien: Student oder Absolvent der École polytechnique; ursprünglich Ingenieurhochschule, bildet heute »Polytechnique« Kader für Wirtschaft und Staat aus.

Paléologue sagen: »Die widerliche Affäre ist jetzt begraben! Dreyfus ist nun bis zu seinem Tod an seinen Felsen geschmiedet!«

In Wirklichkeit hat Cavaignac gerade offiziell anerkannt, dass die Aktenstücke, die den Richtern zur Urteilsfindung dienten, den Verteidigern von Dreyfus vorenthalten wurden. Wie Clemenceau in *L'Aurore* vom 8. Juli betont, wurde das Gesetz »formal verletzt. Seit Beginn dieser Affäre verkünde ich das in alle Himmelsrichtungen.« Das Gesuch von Lucie Dreyfus, die Verurteilung ihres Mannes zu annullieren, muss also für zulässig erklärt, der Prozess wieder aufgerollt werden. Allerdings wird es noch bis zum 27. September 1898 dauern, bis der Justizminister endlich die Revision des Prozesses von 1894 beantragt. In der Zwischenzeit befehden sich die beiden Lager heftig, bis man Ende August erfährt, dass Oberstleutnant Henry der Urheber jener Fälschung ist, die Dreyfus belastet.

Oberst Picquart hatte dem Ministerpräsident am 8. Juli angeboten, vor Gericht zu beweisen, dass das Aktenstück, in dem der Name Dreyfus genannt wurde, eine Fälschung war. Seine entsprechende Erklärung, die *Le Temps* veröffentlichte, brachte ihm Gefängnishaft ein (elf Monate). Am 13. August entdeckt indessen der Hauptmann Cuignet, Attaché im Kriegsministerium, seinerseits die »Fälschung Henry«: das Dokument besteht aus zwei zusammengeklebten Teilen. Cuignet hatte das Dokument unter einer Lampe abgeleuchtet und dabei die unterschiedliche Herkunft der beiden Teile entdeckt. Im Kriegsministerium gesteht Henry, der Urheber des Briefes vom Oktober 1896 zu sein, in dem Dreyfus namentlich genannt wird. Henry wird verhaftet und auf die Festung des Mont-Valérien gebracht; er begeht am 31. August Selbstmord, indem er sich mit dem Rasiermesser die Kehle aufschneidet.

Die Nachricht schlägt ein wie ein Blitz. Es ist die Wende in der Dreyfus-Affäre. Dieses Mal kann das erneut dem Justizminister vorgelegte Gesuch von Lucie Dreyfus, gegen das Urteil vom 22. Dezember 1894 den Kassationsgerichtshof mit der Revision des Prozesses zu befassen, nicht mehr zurückgewiesen werden.

Am 3. September tritt Cavaignac zurück. Ein Teil der öffentlichen Meinung kippt um: ist der Selbstmord Henrys nicht der Beweis für ein illegales Vorgehen? Belegt die Entlarvung des Fälschers nicht die These von Dreyfus' Unschuld? Die »Antirevisionisten« gehen in die Defensive, geben sich aber nicht geschlagen. Am 6. September veröffentlicht *La Gazette de France* einen hymnischen Nachruf auf Henry – aus der Feder von Charles Maurras, der die politische Bühne betritt. Der junge Publizist setzt sich als »einer der führenden Meinungsmacher«[63] durch. Henry, ein Fälscher? Nein, ein Held, schreibt Maurras:

---

63 V. Nguyen, *Aux origines de l'Action française*, Fayard, 1991, S. 905.

> »Während die Anhänger der Dreyfus-Partei auf Schritt und Tritt obszöne Genugtuung an den Tag legten, schnitten viele Patrioten aus den Zeitungen von Mittwoch und Donnerstag das Porträt des Obersten Henry aus und brachten diese rasch angefertigte, heilige Skizze in ihrer Wohnung an einem gut sichtbaren Platz an. Bis die Justiz ihm die verdiente öffentliche Ehre erweist, verehren die Franzosen diesen ehrenwerten Bürger, diesen tapferen Soldaten, diesen heroischen Diener der hohen Staatsinteressen in einem häuslichen Kult.«

Die Unschuld von Dreyfus war für Maurras, für Leitartikler wie Ernest Judet von *L'Eclair* durch die Tat Henrys keineswegs bewiesen. Dieser hatte die »absolute Wahrheit« durch eine notwendige Fälschung, eine strategische Fälschung – eine Fälschung aus Notwehr[64] – retten wollen. Er hatte nur in einem Unrecht: sich erwischen zu lassen. Für Maurras gab es in der Tat etwas Höheres als Gerechtigkeit, als Wahrheit, nämlich das, was er die »nationale Sicherheit« nannte. *Erhaltung der Gesellschaft* hatte Barrès gesagt; *nationale Sicherheit*, sagt Maurras. Zwei Formeln für einen Gedanken: die Staatsräson, die das Überleben des französischen Gemeinwesens zum Ziel hatte, rechtfertigte die notwendigen Lügen, Fälschungen, Strategien. Man durfte diese Staatsräson denen gegenüber, die dabei waren, das »Land zu zersetzen« nicht aushöhlen; Maurras sah die Juden und die Protestanten am Werk: »Vom Judentum durchdrungen, wird der wahre Protestant als Staatsfeind und Anhänger der individuellen Revolte geboren[65].« Jene Leute hätten eine *metaphysische* Vorstellung vom Recht, während man doch eine *physische* Auffassung haben müsse: es sei relativ und nicht absolut; man verwirkliche es, um den Ruin des Vaterlandes zu verhindern. Mitten in der durch die Affäre hervorgerufenen Unordnung glaubt Maurras zu begreifen, woher das Übel rührt und woher die Rettung kommen wird: das Übel sei die Republik – ein Synonym für die ewigen Gruppenkämpfe. Das Gute, die Rettung, werde die Wiederherstellung der Monarchie sein.

Wie dem auch sei, der Kassationsgerichtshof fällt am 29. Oktober 1898 sein Urteil: das Revisionsgesuch von Madame Lucie Dreyfus wird für zulässig erklärt.

---

64 V. Nguyen bemerkt nebenbei, dass der Ausdruck »patriotische Fälschung«, der Maurras zugeschrieben wird, nicht von diesem stammt. Ob er nun apokryph ist oder nicht, er fasst Maurras' Nachruf auf Henry ausgezeichnet zusammen.
65 Zit. nach V. Nguyen, *op. cit.*, S. 909.

5
Die Welt der Salons und der Ligen

Der ganze Tumult des Jahres 1898 hatte zahlreiche Literaten, die sich in den so genannten »Intellektuellen« nicht wieder erkannten, irritiert, verärgert, ja empört. Ferdinand Brunetière hatte versucht, sie zum Schweigen zu bringen; er hatte nur anmaßende Gegenangriffe ausgelöst. Man musste darauf ein für alle Male reagieren; der öffentlichen Meinung zeigen, dass die Welt der Gelehrten, der Literaten und Künstler nicht nur aus Petitionen verfassenden Dreyfusards bestand und die Mehrheit von ihnen den patriotischen Werten und der Achtung vor der Armee verbunden geblieben war.

Diese Schriftsteller frequentieren ebenso wie die Politiker die Pariser Salons, die nach wie vor sehr geschätzt werden. Wir haben schon den Salon von Madame Aubernon in der Rue d'Astorg erwähnt, von dem Maurice Paléologue spricht. Diese kleine autoritäre Dame, eine Nichte des Bankiers Laffitte, die von ihrem Mann, einem Mitglied des Staatsrats, getrennt lebte, gab Dîners, die sich nicht so sehr durch köstliche Speisen als durch köstliche Unterhaltung mit auserlesenen Gästen auszeichneten. Madame Aubernon scheute sich nicht, auf ihren Einladungskarten das Thema der vorgesehenen Unterhaltung anzugeben, und sobald die Debatte eröffnet war, erteilte oder entzog sie ihren Gästen gebieterisch das Wort. Nach Alexandre Dumas d. J. und Ernest Renan war Ferdinand Brunetière einer der aufgehenden Sterne dieser Abende, doch die Dreyfusards – etwa der Chirurg Pozzi (bei Proust Vorbild für den Doktor Cottard) oder der Theaterschriftsteller Porto-Riche – verkehrten ebenfalls dort.

Eine Abtrünnige dieses Tempels, Léontine Arman de Caillavet, hatte in der Avenue de la Reine-Hortense einen Konkurrenz-Salon gegründet, dessen höchste Zierde Anatole France war, der mit Wissen ihres Mannes auch ihr Geliebter wurde. In diesem Salon, der Proust als Vorbild für den Salon der Madame Verdurin diente, stand man den Dreyfusards näher als anderswo: die politische Auslese hielt die einen – Jules Lemaître, Charles Maurras – fern und zog die anderen – Georges Clemenceau, Jean Jaurès – an. Zu den Hochburgen des »Revisionismus« zählte auch der Salon der Madame Strauss, der Witwe Bizets. Ihr Sohn Jacques Bizet, die Halévys und Proust hatten dort die erste in *L'Aurore* erschienene Petition konzipiert. Jules Lemaître, einer der Stammgäste, zieht sich während der Affäre zurück, während Joseph Reinach, ein unglücklicher Verehrer der Hausherrin, zusammen mit dem Doktor Pozzi einer der eifrigsten Gäste ist, mit denen Marcel Proust nach dem Essen gern über die Affäre plaudert: »Ihr Zigarrenrauch ist für mein Asthma schrecklich, doch es lohnt sich[66].« Es gab weitere dreyfusistische Salons, den von Madame Ménard-Dorian, den von Madame de Saint-Victor – »unsere Heilige Frau der Revision« genannt – und vor allem den der Marquise Arconati-Visconti, die 1912 von *L'Action française* als »Millionärin, die alles beschützt, was die französische Gesellschaft und Intelligenz zersetzt und auflöst«[67], bezeichnet wurde.

Im gegnerischen Lager war der berühmteste Salon der von Madame de Loynes, »die Dame mit den Veilchen« genannt. Von bescheidener Herkunft, uneheliche Tochter einer Textilarbeiterin aus Reims, machte sie sich daran, ausgestattet mit ihren weiblichen Reizen und einer wachen Intelligenz, Paris zu erobern, wo sie unter dem Namen Madame de Tourbay in den Genuss der gönnerhaften Zärtlichkeiten einiger berühmter Männer kam – unter ihnen Prinz Napoléon, Dumas d. J. und Sainte-Beuve, der ihr Pygmalion wurde. Pro forma heiratete sie einen Grafen de Loynes, der so klug war, sich zurückzuziehen, nachdem er ihr den Adelstitel einer Gräfin hinterlassen oder verkauft hatte. Sie eröffnet einen der brillantesten Salons des Fin-de-siècle in der Rue de l'Arcade und dann auf den Champs-Élysées. Sie empfängt täglich zwischen fünf und sieben Uhr in einem Ambiente im Stil Napoléon III., und gibt freitags bis sonntags für Persönlichkeiten mit besonderen Verdiensten – ein üppiges, wohlschmeckendes Dîner (François Coppée, immer gut gelaunt, hat dort Anspruch auf eine ganz spezielle Karotten-Brühe). Unter ihren Gästen sind Renan, Flaubert, Daudet (Alphonse), Maupassant ... Anatole France hatte 1887 den Debütanten Maurice Barrès eingeführt. Auch Clemenceau ließ sich sehen, zumindest bis zum Boulangismus: Madame de Loynes schlug sich voll und ganz auf die Seite des Generals. Ihr Salon – schon zuvor das berühmteste Vorzimmer zur Académie – ist von nun an eine mondäne Festung des Nationalismus, in der ihr offizieller Geliebter, Jules Lemaître, thront, dessen Karriere und Engagement im Antidreyfusismus weitgehend auf sie zurückgeht[68].

Dieser Mann von fünfundvierzig Jahren, der einer der führenden Köpfe des Nationalismus werden wird, ist ebenfalls von bescheidener Herkunft und

---

66 G. D. Painter, *Marcel Proust 1871–1903: les années de jeunesse*, Mercure de France, 1966, 1, S. 294.
67 Zit. bei G. Baal, »Le capitaine chez Madame Verdurin«, *L'Histoire*, Nr. 173, Januar 1994 (Sondernr. zur Dreyfus-Affäre).
68 Vgl. P. Ory, » Le salon«, in J.-F. Sirinelli (Hrsg.), *Histoire des droites en France*, Gallimard, 1992, Band 2, S. 113–127.

als Sohn eines Grundschullehrers aus dem Loiret ein Beispiel für die republikanische Meritokratie. In die École normale supérieure aufgenommen, unterrichtet er in den achtziger Jahren an einem Lycée Französisch, bis ihn der Tod seiner Frau veranlasst, sowohl die Provinz als auch das Unterrichten aufzugeben und sich 1884 in Paris niederzulassen. Er wird durch seine literaturkritischen Arbeiten in der *Revue bleue* bekannt und liiert sich mit der Comtesse de Loynes, die seine Gönnerin wird. Er hat einigen Erfolg im Theater und wird im *Journal des débats* und in *La Revue des deux mondes* zu einer Autorität in der Theaterkritik. Seit 1896 – er ist dreiundvierzig Jahre alt – ist er dank Madame de Loynes Mitglied der Académie française, wo er auf seinen Freund und Rivalen Brunetière trifft. Ebenso engagiert wie dieser die Wissenschaftlichkeit der Literaturkritik und der Literaturgeschichte verficht, wählt Lemaître ganz bewusst eine subjektive Kritik – die des Geschmacks; sie schließt beißende Schärfe keineswegs aus, was einige Autoren zu spüren bekommen. Er ist nicht ohne Talent. Neben Anatole France, Pierre Loti und Maurice Barrès ist er einer der vier noch lebenden Lieblingsautoren von Jules Renard[69]. Lemaître, der geachtete und auch ein wenig gefürchtete Kritiker ist im Begriff, der Vorsitzende der Vereinigung von Literaten, Hochschullehrern und anderen Gelehrten zu werden, die die »Intellektuellen« in Schach halten soll. Es handelt sich um die Ligue de la Patrie française (»Liga des französischen Vaterlandes«), eine »Gegen-Liga« zur Liga für Menschenrechte.

Ein Ereignis, das die patriotische öffentliche Meinung stark erschüttert und die Schwächung der französischen Militärmacht zu belegen scheint, ist der Rückzug aus Faschoda. Im Juli 1898 musste die Militärmission unter Marchand, die mit der britischen Mission unter Kitchener konkurrierte, auf Grund eines britischen Ultimatums und einer Entscheidung des Außenministers Delcassé Faschoda am oberen Nil verlassen – eine nationale Demütigung, die sehr dazu angetan war, den nationalistischen Reden über Dekadenz und Verrat neue Nahrung zu geben: man muss sich unbedingt gegen das »Syndikat«, das ein Komplott gegen Frankreich schmiedet, zur Wehr setzen; und dies umso mehr, als die Dreyfusards weiter an Boden gewinnen. Diese bringen, als Picquart im November 1898 vor Gericht gestellt wird, eine Petition in Umlauf, um den »heroischen Vorkämpfer für die Revision« zu unterstützen; mit Hilfe von *L'Aurore, Droits de l'homme, Rappel* kommen bald 15.000 Unterschriften zusammen. Der Prozess gegen Picquart wird verschoben.

Die Nationalisten und Antisemiten bleiben nicht untätig. Drumont eröffnet im Dezember 1898 in *La Libre Parole* eine Spendenliste zu Gunsten der Witwe des Obersten Henry, die gegen Joseph Reinach eine Verleumdungsklage anstrengt. Es folgen nacheinander achtzehn Listen, wobei die Spenden-

---

69 J. Renard, *op. cit.*, S. 409.

beträge von meist grob antijüdischen Kommentaren begleitet sind[70]. Die Unterschrift des jungen Dichters Paul Valéry[71] steht dort – hinter der von »drei Angestellten des Kaufhauses Printemps« – und überzeugt bald seinen Freund Pierre Louÿs, seinem Beispiel zu folgen. Dasselbe gilt für einen seiner anderen Freunde, Paul Léautaud; doch dieser, ein eher »vehementer« Dreyfusard, wollte sich mit seinem Kommentar nur über die »Antirevisionisten« lustig machen: »Für die Ordnung, gegen Gerechtigkeit und Wahrheit.« Von diesem Fall abgesehen, genügt die Lektüre dieser schmutzigen Litaneien, um die durch die Affäre Dreyfus entfesselte Leidenschaft zu ermessen, in der sich der Judenhass, die Verteidigung des gedemütigten Vaterlandes, die Verehrung der Armee, der Klerikalismus der Landpfarrer und der Hass auf das parlamentarische und »freimaurerische« System miteinander verbinden.

Im Übrigen hätte man glauben können, das Frankreich der Intelligenz stünde der Meinung der Volksmassen entgegen. Die Nationalisten wollten daher zeigen, dass die Universität, die Welt des Denkens, die Schönen Künste und die Literatur nicht dem Dreyfusismus verfallen waren. Diesen Wunsch hatten ein Französischlehrer des Collège Stanislas, Louis Dausset, und Gabriel Syvetot konzipiert, der in Reims eine Stelle als Agrégé für Geschichte innehatte, jedoch wegen Krankheit beurlaubt war. Beide hatten Beziehungen zur Presse, schrieben manchmal für Zeitungen und äußerten sich republikanisch im Sinne Déroulèdes. Unterstützt von einem ihrer Freunde, dem Philosophen Henri Vaugeois, lancieren sie Ende Oktober 1898 ein antidreyfusistisches Protestschreiben, das in den Pariser Lycées die Runde macht. Zufrieden über den ersten Erfolg, wenden sie sich an bekannte Leute. Maurras ermutigt sie und stellt sie Barrès vor. Allmählich schart sich um den Kern der ersten Parteigänger eine ganze Anzahl bekannter Persönlichkeiten, unter ihnen – ermuntert von Madame de Loynes – Jules Lemaître, der Dichter François Coppée, Ferdinand Brunetière, der Geograph Marcel Dubois ...

In dessen Haus schlägt Barrès am 20. Dezember 1898 vor, eine Ligue de la Patrie française (»Liga des französischen Vaterlandes«) zu gründen, für die er sich öffentlich in *Le Journal* einsetzt: »Man wird nicht mehr sagen können, dass die Intelligenz und *die Intellektuellen* – um dieses schlechte Französisch zu benutzen – zum selben Lager gehören.« Er fügt hinzu: »Der Fall Dreyfus

---

70　P. Quillard stellt sie zusammen und veröffentlicht sie im folgenden Jahr, um die Heftigkeit der nationalistischen Leidenschaften zu verdeutlichen, unter dem Titel: *Le Monument Henry*. Vgl. R. Girardet, *Le Nationalisme français 1871–1914*, Seuil, »Points Histoire«, 1983.

71　Valéry war darüber erbost, dass sein Freund Gide die Petition der Intellektuellen unterschrieben hatte. In einem Brief vom 31. Januar 1898, in dem er seine Position erklären und Gide zur Vernunft bringen möchte, präzisiert er, er sei kein Antisemit, und wettert doch gegen Anatole France, »der öffentlich einer Jüdin auf der Tasche liegt und in dem Milieu israelitischer Literaturdamen lebt, das man sich unschwer ausmalen kann ...«. Vgl. M. Thomas, »Le cas Valéry«, in G. Leroy (Hrsg.), *Les Écrivains et l'Affaire Dreyfus*, PUF, »Université d'Orléans«, 1983.

Die Welt der Salons und der Ligen

ist an sich unbedeutend. Schlimm ist, dass man Dreyfus erfunden hat und ihn dazu benutzt, im Sinne antimilitärischer und internationalistischer Lehren zu handeln. Dagegen wollen wir vorgehen.«

Barrès erklärt also die Initiative mit dem Wunsch, die Armee zu verteidigen. Es geht um Solidarität. Doch drückt Barrès bereits eine Meinungsverschiedenheit gegenüber den Gründern aus, als er ein Gespräch mit Brunetière kritisiert, das am 1. Januar 1899 in *Le Temps* erschienen ist und in dem das »herausragende Akademie-Mitglied« verlauten lässt: »Wir lehnen die antisemitische Doktrin und die nationalistische Doktrin aufs Heftigste ab. Wir sind nicht die ›Liga der Patrioten‹; wir bilden eine Liga von Patrioten. Trotzdem nehmen wir die Antisemiten und die Anhänger von Monsieur Déroulède bei uns auf.« Barrès weist den ersten Satz dieses Zitats zurück: »Was mich angeht, interessiert mich nur eins: die nationalistische Doktrin, und ich werde der ›Liga des französischen Vaterlandes‹ in dem Maße angehören, wie sie von diesem Nationalismus durchdrungen sein wird.« Zwei Arten des Antidreyfusismus segeln also unter derselben Flagge: ein gemäßigter, den Brunetière verficht, der den »revisionistischen« Intellektuellen feindlich gegenübersteht, jedoch den antisemitischen Nationalismus ablehnt; und ein anderer, den Barrès, der Freund Déroulèdes, verficht, der aus der Liga eine richtige nationalistische Partei machen will. Unter diesem Gegensatz leidet die »Liga des französischen Vaterlandes«, bevor sie einige Jahre später zerfällt.

Immerhin sind die unter dem Appell stehenden Unterschriften von Rang. Man stößt auf die Namen von 22 Akademie-Mitgliedern (darunter François Coppée, Ferdinand Brunetière, José Maria de Heredia, Albert Sorel, Paul Bourget, Jules Lemaître), von Mitgliedern des Institut de France[72] (darunter Émile Faguet), auf große Namen von Hochschullehrern, Anwälten, Journalisten, Literaten, Künstlern[73] (darunter Caran d'Ache, Forain, Degas, Renoir, d'Indy, Mistral, Louÿs, Sarcey, Verne, Gyp, Barrès, Doumic, Daudet, Maurras ...).

Jules Lemaître, von Natur aus versöhnlich und gutmütig, hat nichts von einem Kriegshelden. Julien Benda, der seit kurzem durch Vermittlung der Journalistin Séverine in *La Revue blanche* schreibt, charakterisiert ihn mit harten Worten: »Als melancholischer Hüter des Serails der Ideen wird er sein Leben damit zugebracht haben, sie mit zarten Küssen zu bedecken, ohne auch nur eine einzige jemals zu umfassen oder zu befruchten[74].« Trotzdem wird Lemaître auf Betreiben von Madame de Loynes zum Vorsitzenden der »Liga des französischen Vaterlandes« gemacht. Er wird sich dort in öffentlichen Re-

---

72 *Anm. d. Ü:* Institut de France: aus den fünf Akademien gebildete oberste Körperschaft für Wissenschaft und Kunst.
73 J.-P. Rioux, *Nationalisme et Conservatisme. La Ligue de la Patrie française 1899–1904*, Beauchesne, 1977, S. 11.
74 J. Benda, *La Revue blanche*, 1. April 1899.

den verausgaben, die den kompromisslosen Nationalisten sehr milde vorkommen. Diese sind jedoch – wie der Briefwechsel zwischen Maurras und Barrès bezeugt – nicht darüber ungehalten, »Gemäßigte« in ihre Reihen aufgenommen zu haben, die sich wie Lemaître bemühen, allgemeine und patriotische Ideen mit Takt zu vertreten. Am 19. Januar 1899 findet die erste öffentliche Sitzung der Liga in der Salle des Horticulteurs (»Saal der Gärtner«) in der Rue de Grenelle statt. Der Vorsitzende Lemaître wirft den Dreyfusards ihren »naiven intellektuellen Hochmut« vor: »Die Eitelkeit darüber, dass sie Dinge erfassen und sehen, die der gemeinen Masse entgehen, hat sie gleichsam trunken gemacht.« Was die Armee angehe, so sei sie die Nation selbst, und die Nation könne sich der Nation gegenüber nicht unsolidarisch verhalten. All das ist noch von einem dezenten Republikanismus, von Respekt vor Recht und Moral durchdrungen.

Lemaître vertieft jedoch die Fragestellung und gelangt dann ziemlich schnell zu einer Wahnvorstellung: die Verschwörung als Deutungsmuster der Geschichte; er ist überzeugt, dass die Verfechter der Revision von drei miteinander verschworenen Minderheiten manipuliert werden: den Juden, den Protestanten und den Freimauerern: »Grob gesagt, gibt es auf der einen Seite die riesige Masse der Franzosen ohne Epitheton – Gläubige und Freidenker, überzeugte oder resignierte Republikanhänger – und auf der anderen Seite, fest miteinander verbunden, die Gruppe der Israeliten und die der Protestanten; sie wurden einst verfolgt und erinnern sich unwillkürlich daran. Es fällt ihnen schwer, dem Vaterland gegenüber das ganz naive und spontane Gefühl zu entwickeln, das wir ihm gegenüber empfinden (denn sie haben ihm zu vieles aus der Vergangenheit vorzuwerfen). Und schließlich lassen sie uns jetzt, vielleicht ohne es zu wollen, für die Grausamkeit büßen, mit der einige unserer Ahnen die Ihren behandelt haben.

Kurz, Frankreich scheint durch etwas Älteres und weniger Zufälliges als den Prozess des Ex-Hauptmanns gespalten. Frankreich ist gegenwärtig auf Grund seiner Vergangenheit zerrissen. Es gibt nichts Traurigeres.

Und was die Dinge noch komplizierter macht: diese drei miteinander verbundenen und äußerst aktiven Minderheiten (Juden, Protestanten, Freimaurer) sind, proportional gesehen, viel einflussreicher und viel stärker im öffentlichen Leben vertreten als die träge und apathische Mehrheit unseres Landes; denn die Koalition dieser drei Minderheiten hat seit zwanzig Jahren direkt oder indirekt die Macht ausgeübt und ›Frankreich regiert‹[75] ...«

So stehen sich Anfang 1899 zwei intellektuelle Lager gegenüber. Man kann versuchen, sie zu charakterisieren. Die Erklärung Lemaîtres zur Kluft zwischen der Masse der katholischen Bevölkerung und den rührigen antika-

---

75 J. Lemaître, *La Franc-Maçonnerie,* Bibliothèque populaire antimaçonnique, 1899.

tholischen Minderheiten verdient eine genauere Analyse. Sie könnte im Briefwechsel von Gide und Valéry eine Bestätigung finden: hat Valéry, der aus einer katholischen Familie stammt, nicht für die Witwe Henrys sein Scherflein beigetragen? Hat sein Freund Gide, der protestantischer Herkunft ist, nicht die Petition von *L'Aurore* unterzeichnet? Steht zwischen Léon Blum und Maurice Barrès nicht alles, was Judentum und Katholizismus angeblich trennt? In Wirklichkeit sind die Trennungslinien nicht so deutlich. Wenn auch einige Protestanten illustre Dreyfusards waren – Scheurer-Kestner, Monod, Leblois, Trarieux ..., so haben sich viele andere vehement dagegen verwahrt. Bereits am 15. Januar 1898 hielt Drumont es für angebracht, die Protestanten in einem Artikel in *La Libre Parole* – »Calvin in den Zelten Sems« – anzugreifen. Daraufhin sah sich die antisemitische Zeitung genötigt, die empörte Reaktion zahlreicher protestantischer Leser bekannt zu geben. Davon abgesehen drückten die Wortführer des Protestantismus in ihrer Mehrheit in den Jahren 1898 und 1899 ihren Abscheu vor dem Antisemitismus aus. So etwa Eugène Réveillaud in *Le Temps*, Pastor Frank Puaux in *Le Signal* und in der *Revue chrétienne*, Pastor Émile Bertrand in *L'Evangéliste*. Von Einstimmigkeit kann nicht die Rede sein; doch im Wesentlichen befürworteten die Protestanten ohne Zweifel die Revision. Der Selbstmord Henrys überzeugte schließlich auch die Zurückhaltenden[76].

In jüdischen Kreisen herrschte dagegen weniger Homogenität. In Frankreich gab es damals ungefähr 80.000 Juden. Sie bildeten also eine kleine, doch ziemlich geballt in bestimmten Orten, vor allem in Paris, lebende Gruppe. Sie waren seit 1791 rechtlich emanzipiert und völlig gleichberechtigte Bürger der Republik; ihre Repräsentanten strebten die definitive Assimilation an, wenn es sein musste, sogar auf Kosten ihrer Konfession. Die Zunahme des Antisemitismus in den achtziger und neunziger Jahren des neunzehnten Jahrhunderts entsprach de facto der sichtbaren jüdischen Präsenz in den Institutionen der endlich errichteten Republik. So lancierte *La Libre Parole* im Jahre 1892 eine wütende Kampagne gegen die »jüdische Invasion« in der Armee – eine Kampagne, die zu einem Duell zwischen dem Marquis de Morès, einem antisemitischen Bandenführer, und dem Hauptmann Armand Mayer führte, der dabei den Tod fand. Diese finstere Geschichte schadete im Übrigen dem Antisemitismus, denn die von den Volksmassen gelesene Presse, empört gegen die Kampagne der Zeitung Drumonts, würdigte den jüdischen Hauptmann, und seine Beerdigung wurde zu einem wichtigen Datum der nationalen Einheit. Der Oberrabbiner Zadoc Kahn erwähnte den Antisemitismus in seiner Trauerrede jedoch mit keinem Wort. Die meisten Juden hielten es für geraten, sich als patriotische Franzosen zu geben; sie legten Wert

---

76 A. Encrevé, »Quelques réactions protestantes«, in *L'Affaire Dreyfus 1894–1910*, Musée d'histoire contemporaine-BDIC, 1994.

auf definitive Assimilation und nahmen die republikanischen Gesetze sehr ernst. Dieses Vertrauen in den republikanischen Staat schwächte ohne Zweifel ihren Selbstverteidigungswillen. Als bester Schutz erschien ihnen der Gehorsam gegenüber dem Gesetz und die Achtung der Armee: »Die Juden hatten immer die Tendenz, sich auf die herrschende Autorität zu berufen[77].« Die Dreyfus-Affäre stiftete Verwirrung unter ihnen; im antisemitischen Klima, das sich in Frankreich ausbreitete, fühlten sie sich zwischen ihrem Assimilationswillen, der Treue gegenüber den republikanischen Institutionen und der Solidarität mit Dreyfus zerrissen.

Bernard-Lazare, den Péguy zitiert, beklagte sich über ihren Immobilismus. Anderen Beobachtern zufolge verstärkte die Affäre im Gegenteil den Zusammenhalt unter den französischen Juden. Es ist jedoch wahrscheinlich, dass – abgesehen von einer tatkräftigen Minderheit: Bernard-Lazare, die Brüder Halévy, Joseph Reinach ... – die »vorherrschende Reaktion« die der Passivität war[78]. Léon Blum schreibt dazu:

»Wenn man unter sich war, sprach man nicht von der Affäre; weit davon entfernt, das Thema anzuschneiden, wich man ihm aus. Ein großes Unglück war über Israel hereingebrochen. Man erduldete es wortlos, in der Hoffnung, die Zeit und das Schweigen werde seine Auswirkungen auslöschen [...]. Die Juden wollten nicht den Eindruck erwecken, Dreyfus zu verteidigen, weil Dreyfus Jude war[79].«

Die Einschätzung Jules Lemaîtres beruht also auf der Beobachtung nur einer kleinen Zahl von Juden, die – um die Familie Dreyfus geschart – sehr bald zu »Revisionisten« werden, während die Mehrheit der Juden die Entwicklung der allgemeinen öffentlichen Meinung in Frankreich mitmacht: sie sind zunächst von der Schuld des Hauptmanns überzeugt, bis der Selbstmord Henrys sie daran zweifeln lässt. Einige schließen sich jedoch ostentativ dem Lager der Antidreyfusards an, wie Arthur Meyer, Herausgeber von *Le Gaulois*, oder Gaston Pollonnais, Herausgeber von *Le Soir*, der die »entsetzliche konfessionelle Solidarität« anprangert: weil der Dreyfusismus der Juden ihre Loyalität in Frage stelle, gebe er dem Antisemitismus neue Nahrung. Meyer und Pollonnais treten allerdings noch vor dem Ende der Affäre zum Katholizismus über. Ihr Beispiel gestattet es jedoch, zu begreifen, welch schmerzliche Implikationen die Haltung der Juden besaß: etliche übersteigerten den französischen Nationalismus, damit ihre Daseinsberechtigung anerkannt würde. Der Antisemitismus wirkte also auf viele einschüchternd. Das spielte eine Rolle

---

77   M.R. Marrus, *Les Juifs de France à l'époque de l'affaire Dreyfus,* Calmann-Lévy, 1972, S. 235.
78   *Ibid.*, S. 237.
79   L. Blum, *op. cit.*, S. 42.

bei der Entstehung des Zionismus: weil sie keine voll anerkannten »französischen Bürger jüdischer Herkunft« sein durften, sahen einige eine Lösung in der Idee eines jüdischen Staates, in dem sie anerkannte Bürger sein würden.

Wenn die religiösen Trennungslinien die Gegensätze, zu denen die Affäre führte, nur teilweise widerspiegeln – welche Rolle spielen die sozialen Trennungslinien? Weil Mitglieder der Académie française in der »Liga des französischen Vaterlandes« sehr stark vertreten waren – nur ein Akademiemitglied[80], Anatole France, war in den Reihen der Dreyfusards aktiv –, neigen wir dazu, das literarische *Establishment* von den »Intellektuellen« zu unterscheiden, die eher aus den Kreisen der Hochschullehrer kamen. Natürlich ist eine solche Abgrenzung nur annäherungsweise zutreffend; man hat beispielsweise darauf hingewiesen, dass die großen literarischen und politischen Salons in der Mehrzahl eher den Dreyfusards nahe standen. Eine Überlegung des Baron de Charlus, der Figur von Proust, könnte uns sogar dazu verleiten, ein Zusammenfallen der politischen und der sozialen Abgrenzungen zurückzuweisen:

»Diese ganze Dreyfus-Affäre [...] hat nur eine Schattenseite, nämlich dass sie die Ordnung der Gesellschaft auflöst [...] durch den Zustrom aller dieser Herren und Damen Kamelski, von Kamelienburg und Kamelienstein, kurz und gut, ganz unbekannter Leute, die ich neuerdings sogar bei meinen Kusinen antreffe, weil sie der ›Ligue de la Patrie française‹ angehören, die antijüdisch oder so etwas ist, ganz als ob eine politische Überzeugung die Grundlage für eine soziale Rangzugehörigkeit bieten könnte[81].«

Die Entscheidung für oder gegen Dreyfus hängt von zahlreichen Bedingungen ab: Gesellschaftsschicht, familiäres Umfeld, soziokulturelles Milieu, religiöse Überzeugungen, persönlicher Ehrgeiz, Wahlverwandtschaften, Freundschaften ... Den allgemeinen Beobachtungen stehen also immer die Ausnahmen entgegen – sogar der Widerstand gegen die sozialen Determinanten kann zu einer bestimmten Haltung führen. Ein hoch gestellter und bekannter Professor, Spross einer berühmten Familie, dem jegliche Protektion sicher ist, kann sich als Dreyfusard bekennen; ein anderer in derselben Position wählt das entgegengesetzte Lager. In beiden Fällen kann man behaupten, maßgebend für den Antikonformismus oder für den Konformismus des Einzelnen sei das Milieu. In Wirklichkeit hat man so überhaupt nichts erklärt[82]. Man

---

80 *Anm. d. Ü:* Akademiemitglied: Mitglied der Académie française.
81 M. Proust, *Auf der Suche nach der verlorenen Zeit. 2. Die Welt der Guermantes.* Übers. v. E. Rechel-Mertens, Suhrkamp, Frankfurt, 1955, S. 1638–1639.
82 Vgl. meine Einwände gegen die im Übrigen bemerkenswerten Arbeiten von Chr. Charle in »Une question de principe«, in P. Birnbaum (Hrsg.), *La France de l'affaire Dreyfus*, Gallimard, 1994.

kann zwar *grosso modo* sagen, dass die Antidreyfusards vor allem aus dem katholischen Bürgertum, aus der Académie und aus der *Revue des deux mondes* stammten und sich unter den Konformisten und arrivierten Leuten rekrutierten; dass die Dreyfusards jünger waren und eher aus den kleinen Zeitschriften, aus der Avantgarde, aus den freidenkerischen Kreisen der Universität und aus den unteren Rängen der beruflichen Hierarchie kamen ...; dass die einen aus den höheren Schichten, die anderen aus bescheideneren Verhältnissen stammten – doch nur unter der Bedingung, dass man besonders aufmerksam auf die Nuancen achtet, denn Entscheidungen stellen oft einen besonderen Fall dar, der sich nicht auf eine einfache Erklärung zurückführen lässt.

Es ist interessant festzustellen, dass einige Beteiligte eine soziologische Theorie der Polarität Dreyfusismus/Antidreyfusismus entwickeln wollen, zum Beispiel Paul Bourget. Er ist, ohne Aktivist zu sein, Mitglied der »Liga des französischen Vaterlandes« und nimmt die Affäre zum Anlass, den Roman *L'Etape* (»Die Etappe«)[83] zu schreiben. Darin beschreibt er zwei Familien mit ihren Oberhäuptern, Victor Ferrand und Joseph Monneron, die beide Professoren an der Sorbonne sind; der eine ist jedoch Sohn von Großgrundbesitzern aus dem Anjou, der andere Sohn einfacher Bauern aus der Ardèche. Bourget will damit zeigen, dass die Scheidelinie nicht zwischen Funktionen verläuft – beide Protagonisten sind Hochschullehrer –, sondern zwischen Herkunftsbedingungen, sozialen Milieus, Traditionen. Er legt den Gedanken nahe, während der Dreyfus-Affäre hätten Parvenüs der Kultur wie Monneron dank der Concours[84] den Aufstieg geschafft und sich gleichsam »nach oben hin« »deklassiert«. Zu schneller sozialer Aufstieg, Meritokratie durch Bildung, Demokratisierung der beruflichen Positionen – das seien die Gefahren. Denn der entwurzelte Intellektuelle verteidige nicht mehr die »bodenständige Rasse«, aus der er stamme: er lebe »in der Luft, haltlos, ohne eine wahre Atmosphäre, ohne Gewissheiten«. Zugleich werde er Anhänger abstrakter Ideen, des radikalen und freidenkerischen Jakobinismus, an dem Frankreich nach wie vor leide. Das ganze Übel komme von den »falschen Dogmen« von 1789, darunter die schlimmsten: »absolute Gerechtigkeit und allgemeines Glück[85]«. Und Bourget kommt zu dem Schluss, Tradition, Kontinuität, Religion, Verwurzelung seien ein Segen; der gesellschaftliche Wandel dürfe sich nur langsam – in *Etappen* – vollziehen.

Eine bestimmte zeitgenössische Soziologie legt uns nahe, die Auseinandersetzungen innerhalb des »literarischen Feldes« neu zu überdenken: nuancier-

---

83 Chr. Charle, »La lutte des classes en littérature: *L'Etape* de Paul Bourget et *Vérité* d'Émile Zola«, in *Les Écrivains et l'Affaire Dreyfus, op. cit.*
84 *Anm. d. Ü:* Concours: auf allen Ebenen des öffentlichen Dienstes sowie im Schul- und Hochschulwesen praktizierte einheitliche, anonyme Wettbewerbsprüfung.
85 P. Bourget, *L'Étape*, Plon, 1902, S. 125.

Die Welt der Salons und der Ligen

ter und unter dem Gesichtspunkt der Interessen und Strategien jedes Einzelnen. Der ideologische Standort sei nichts anderes als eine Spiegelung der Beziehungen zwischen »Herrschenden« und »Beherrschten« und der Inhalt der Diskurse sei für jeden letztlich nur die Rechtfertigung seines sozialen Standorts im untersuchten »Feld«. Diese Methode hat ihre Verdienste, insofern sie hinter den proklamierten Idealen das Karriere- und Aufstiegsstreben oder die Suche nach Vorteilen sichtbar macht. Die Schwäche der Methode liegt darin, dass sie die Unmotiviertheit und Zweckfreiheit von Handlungen, die Wirkungen des Zufalls, die Aufrichtigkeit von Verhaltensweisen ausschließt. Nun, das Engagement der Intellektuellen ist – wir werden noch Gelegenheit haben, es festzustellen – Ergebnis einer Vielzahl von Ursachen; in ein- und derselben Person können Erhabenheit und Eitelkeit, Mut und Gier, das Bedürfnis zu glauben und der Wille zur Macht nebeneinander bestehen[86]. Émile Zola ist dafür ein gutes Beispiel. Wenn man seine Motive näher betrachtet, wird der Wunsch nach Ruhm und Revanche sichtbar. Was bedeutet das schon? »J'accuse ...« wird immer eine der großen Taten in der Geschichte des menschlichen Gewissens bleiben.

Eine Petition zu unterzeichnen stellt weniger Ansprüche. Auch dabei können prosaische Motive eine Rolle spielen: Werbung für die eigene Person, soziale Anpassung, Mimikry, Konformismus ... Doch diese öffentliche Selbstinszenierung ist nie ohne Risiko, denn man lenkt die Aufmerksamkeit der Gegner auf sich, wird in eine mögliche Auseinandersetzung verwickelt; es schließen sich ebenso viele Türen vor einem, wie sich Türen öffnen, und man stößt seine besten Freunde vor den Kopf, wie André Gide gegenüber Paul Valéry gesteht[87]. Vorsicht rät zur Zurückhaltung; doch Intellektuelle sind keine vorsichtigen Leute.

Julien Benda hat eine Theorie der zwei Lager entwickelt, der »zwei moralischen Rassen«, und präzisiert, dass die Dreyfus-Affäre, noch bevor sie eine Frage der Moral ist, »eine Frage der Biologie, die Manifestation von Lebenstüchtigkeit oder -untüchtigkeit ist ...«[88]. Er kommt auf die Unterscheidung an anderer Stelle noch einmal zurück und spricht vom »Kampf zweier moralischer Rassen«, die in allen Krisen der Geschichte aufeinander stoßen[89]. Die Neigung zu freiwilliger Knechtschaft, wie La Boétie es ausdrückt, war charakteristisch für Anhänger der gesellschaftlichen Homogenität; Freiheitsliebe zeichnete ihre Gegner aus, denen es weniger um die Verteidigung des Men-

---

86   »Comment sont-ils devenus dreyfusards ou antidreyfusards?«, *Mil neuf cent. Revue d'histoire intellectuelle*, Nr. 11, 1993.
87   M. Thomas, *op. cit.*
88   J. Benda, »L'affaire Dreyfus et le principe d'Autorité«, *La Revue blanche*, 1. Oktober 1899.
89   J. Benda, *La Jeunesse d'un clerc*, suivi de *Un régulier dans le siècle* et de *Exercice d'un enterré vif*, Gallimard, 1968, S. 143.

schengeschlechts als um die Autonomie der Person ging. Für die ersten – Barrès, Maurras, Bourget – musste immer wieder der Vorrang der Gesellschaft vor dem Individuum betont werden, für die zweiten, für Benda, gab es eine menschenwürdige Gesellschaft nur dann, wenn die einzelnen Individuen, die die Gesellschaft bildeten, geachtet wurden. In Wirklichkeit wurde diese Debatte, die die Dreyfus-Affäre dramatisch veranschaulichte, spätestens seit dem 18. Jahrhundert unterschwellig geführt; im 20. Jahrhundert sollte aus ihr eine blutige Auseinandersetzung werden.

6
Der unvollendete Sieg

1898 war das Jahr der Intellektuellen, 1899 ist das der Politiker. Die Dreyfusards erringen einen beachtlichen Erfolg: die Revision des Dreyfus-Prozesses, für die sie gekämpft haben. Doch der Sieg bleibt unvollständig, da der Prozess von Rennes am 9. September mit einer erneuten Verurteilung des jüdischen Hauptmanns endet. Die Affäre ist jedoch in eine zweite Phase eingetreten. Es handelt sich nicht mehr um den Kampf zwischen den Anhängern der Revision und den Verteidigern der Armee. Die Antidreyfusards haben die Auseinandersetzung auf das Terrain der Politik gerückt und stellen für das republikanische System eine Gefahr dar. Das Jahr 1899 lässt sich durch drei Tendenzen charakterisieren: den Machtgewinn des Nationalismus, den Stillstand des Dreyfusismus, die siegreiche Verteidigung der Republik – ein »Triptychon«, vor dem sich die gerichtliche Fortsetzung der Affäre Dreyfus abspielt.

Dieses Jahr ist auch das Jahr von Maurice Barrès, der sich als Vordenker der nationalistischen Bewegung durchsetzt. Im Januar erläutert er den Lesern von *Le Journal* die Ziele der »Liga des französischen Vaterlandes«: die »patriotische Gemeinschaft« und die »Versöhnung« der Menschen guten Willens, die in einigen grundlegenden Prinzipien übereinstimmen[90]. Er plädiert für die Einheit der Katholiken und der Positivisten, der Patrioten um Déroulède und der Antisemiten ... In den folgenden Monaten will er seine Doktrin weiter ausarbeiten, doch da drängt ihn ein Ereignis zum Handeln: der Putschversuch von Paul Déroulède während der Trauerfeierlichkeiten für den Präsidenten der Republik, Félix Faure, am 23. Februar.

Auf seine Art ist auch Déroulède ein Intellektueller. Er ist Kriegsteilnehmer von 1870/71, in den Grundschulen ein anerkannter Dichter – die Schüler können »Le Clairon« (»Das Signalhorn«) und andere »Soldatenlieder« auswendig – und auch Autor von Theaterstücken, etwa von *Messire Duguesclin*, einem Versdrama in fünf Akten, das im Oktober 1895 im Théâtre de la Porte Saint-Martin aufgeführt wird und Alexandre Dumas d. J. zu dem Kommentar anregt: »Es ist eine patriotische Messe.« Vor allem war Déroulède, der hagere Tribun der Volksbühnen, der Spiritus rector der »Liga der Patrioten« seit ihrer Gründung im Jahre 1882. Sein Ziel: die Revanche vorbereiten – daher

---

90 M. Barrès, »Ce que nous entendons par conciliation«, *Le Journal*, 3. Februar 1899.

Schieß- und Militärübungen, Pflege der Erinnerung an die »verlorenen Provinzen« ... Zunächst politisch neutral und sogar entschieden republikanisch, gambettistisch, orientiert, geht die Liga hinter der hoch gewachsenen Gestalt Déroulèdes zum Boulangismus über: um die Revanche herbeizuführen, muss man den Staat wiederherstellen, *ergo* ein anderes Regime errichten. Déroulède bleibt republikanisch, er beruft sich auf die großen Ahnherren der Revolution; doch er hasst den Parlamentarismus, Ursache allen Übels. Die Leute seiner Liga sind militante Vorkämpfer des Boulangismus. Als dieser besiegt ist, setzt Déroulède seinen Kampf im Parlament fort. Zur Zeit der Panama-Affäre ist er Abgeordneter und bringt im Parlament eine schreckliche Anklage gegen Clemenceau vor: er habe zum Kreis der »Chéquards«, der bestochenen Politiker, gehört. Es kommt zum Duell zwischen den beiden Männern – ohne Ergebnis. Oder doch mit einem Ergebnis: Clemenceau ist erledigt, und Déroulède kann sich dessen Niederlage bei den Wahlen von 1893 zugute halten. Einige Jahre lang widmet sich Déroulède der Schriftstellerei – 1897 kommt sein neues Stück, *La Mort de Hoche* (»Der Tod von Hoche«) auf die Bühne – und wird dann durch die Dreyfus-Affäre wieder auf die politische Bühne katapultiert. Die »Liga der Patrioten« formiert sich neu, und *Le Drapeau*, ihr Presseorgan, erscheint wieder. Ab Januar 1898 kann man darin glühende Leitartikel zu Gunsten der – »verunglimpften, geopferten« – Armee und ihrer Befehlshaber lesen, die »aller möglichen Niederträchtigkeiten beschuldigt werden«. Um den Dreyfusards entgegenzutreten, hat die Liga ihre kämpferische Tätigkeit wieder aufgenommen, ihre Reihen wieder geschlossen, Meetings organisiert ... Als die »Liga des französischen Vaterlandes« gegründet wird, unterstützt Déroulède sie mit 1000 Francs und mit Aufmunterungen. Jules Lemaître, der dem Populismus des Agitators eher abgeneigt ist, widersetzt sich. Barrès dagegen schätzt Déroulède. Er hält die beiden Ligen für komplementär, so wie Theorie und Praxis. Die »Liga des französischen Vaterlandes« wird dem Nationalismus die Gedanken, die Doktrin liefern; die »Liga der Patrioten« wird in den Versammlungen und auf der Straße seine eiserne Garde sein[91]. Doch bevor die Doktrin steht, stürzt sich Déroulède in die Aktion.

Der Tod von Félix Faure in den Armen einer Dame der Halbwelt – ein dramatisches elysäisches Vaudeville, berühmter als sein Leben – fällt auf den 16. Februar 1899. Die Nationalisten sind bestürzt, die Normaliens erheitert – sie veranstalten in den Fluren der École sogleich eine »Schweige-Farandole«[92]. Zwei Tage danach wird der Präsident des Senats, Émile Loubet, ein gemäßigter Republikaner, gleich im ersten Wahlgang zum Präsidenten der Republik gewählt. Dieser ehemalige Anwalt, ein Bauernsohn aus dem Département

---

91 M. Barrès, »Les deux ligues«, *Le Journal*, 29. Juli 1899.
92 Ch. Andler, *op. cit.*, S. 142.

Drôme, vormals Ministerpräsident, bis dahin in der Dreyfus-Affäre sehr zurückhaltend, gilt als Befürworter einer Revision des Dreyfus-Prozesses – ganz im Gegensatz zu seinem Vorgänger. In den Ohren der Antidreyfusards klingt die Nachricht wie eine Provokation. In Versailles, wo der Kongress für die Wahl zusammengetreten ist, finden sofort Demonstrationen statt; Loubet – ein »von den Juden Gewählter« – wird verhöhnt. Am 23. Februar findet die Beerdigung Faures statt. Diesen Tag wählt Déroulède, um seinen Gewaltstreich zu versuchen.

Der Grundgedanke ist einfach. Durch eine Verfassungsänderung soll die Exekutive – gestützt auf allgemeine Wahlen – gestärkt werden. Déroulède will eine »plebiszitäre Republik«. Er weiß, dass er die Verfassungsänderung nicht über gesetzliche Verfahren herbeiführen kann, d.h. nicht über den Kongress, denn dessen Mitglieder haben nur die Verteidigung ihrer Pfründen im Sinn. Es geht also nicht ohne illegale Aktion. Die Methode? Ein Bündnis zwischen Volk und Armee. Ein Putsch? Ja, aber ein Putsch des Volkes. Es kommt darauf an, einen fest entschlossenen Soldaten zu finden. Er wird die Menge hinter sich haben.

Genau in diesem Jahr 1899 veröffentlicht Barrès *L'Appel au soldat*, die in einen Roman über die Umtriebe seiner »Entwurzelten« gekleidete, bearbeitete und berichtete Geschichte seines boulangistischen Engagements. Was Boulanger nicht wagte, obwohl er die Gunst der Straße genoss, will Déroulède ausführen: auf den Elysée-Palast marschieren und die neue Republik errichten. Die Umstände sind günstig. Die Dreyfus-Affäre hat die öffentliche Meinung in Paris auf den Siedepunkt gebracht. Kein Zweifel: die Generäle werden der Initiative des großen Agitators, der die Armee geradezu kultisch verehrt, folgen.

Déroulède postiert seine Leute an verschiedenen strategischen Punkten der Stadt – um die Place de la Bastille, die Place de l'Hôtel-de-Ville und die Place de la Nation – und versucht dann, den ersten General, der vorbeikommt, für seine Sache zu gewinnen:

»Er meinte«, erläutert Barrès, »dass allein seine Präsenz nach all den Diensten, die er der Armee erwiesen hatte, überzeugen und man ihn verstehen werde, obwohl er sich mit den Offizieren nicht abgesprochen hatte. Er bildete sich ein, dass jeder beliebige General – entrüstet über die Beleidigungen, die man der Armee zugefügt, und an dem Unrecht leidend, das man der französischen Nation angetan hatte – verstehen und sich durch seinen Appell, durch die leidenschaftliche Begeisterung der Menge, durch die Möglichkeit eines militärischen Vierten September[93] und einer ›nationalen Befreiung‹ mitreißen lassen würde[94].«

Die Ära Barrès

Der Ausgang dieser Episode ist bekannt: ein Fiasko. Déroulède findet sich im Hof der Kaserne von Reuilly wieder, hinter einem General Roget, der dem Ungehorsam abhold ist; bevor er verhaftet wird, verbrennt er die Proklamation[95], die er vorbereitet hatte. Wie reagierte Barrès auf diese Episode?

Der Autor von *L'Appel au soldat* unterstützt den Putschisten Déroulède ebenso wie Maurras den Fälscher Henry unterstützt hatte: beide Männer haben nach Barrès »ein Verbrechen aus Liebe, aus Liebe zur Nation« begangen. Auf den vielen Seiten, die er Déroulède in seinen *Scènes et Doctrines du nationalisme* (»Szenen und Lehren des Nationalismus«) widmet, erzählt Barrès vom Mut seines Helden, der einem von den Anarchisten organisierten Meeting für Dreyfus beiwohnt, um Sébastien Faure Paroli zu bieten. Er beschließt seinen Bericht mit der Diagnose: »Zwei Revolutionen sind gegen die ohnmächtigen Machthaber im Gange: die eine, um alles umzustürzen, die andere, um alles wiederherzustellen.« Es gibt nur noch zwei sich gegenüberstehende Parteien: diejenigen, die in den öffentlichen Versammlungen ›Nieder mit dem Vaterland!‹, und diejenigen, die ›Es lebe die Armee!‹ schreien. Es gehört zu allen Krisen, die Extreme zu begünstigen.

In diese Bürgerkriegsatmosphäre, sagt Barrès, fügt sich der Versuch Déroulèdes ein. Und er gesteht, dass er, Barrès, den Weg des Ligen-Führers fast bis ans Ende mitging. »Ich schließe mich Ihrer Unternehmung an«, sagt er ihm, »weil ich sicher bin, dass wir sie wiederholen werden, wenn sie fehlschlägt[96].« Barrès hebt in seinem Bericht Déroulèdes republikanische Gesinnung hervor, der ein neuer Cromwell, keineswegs ein General Monk, Neubegründer der englischen Monarchie, habe sein wollen. Wenn der Duc d'Orléans nach einem gelungenen Putsch über die Grenze gekommen wäre, hätte ihn Déroulède persönlich »am Kragen gepackt«. Die Absicht Déroulèdes, eine mögliche Unterstützung durch die Führer der Royalisten zurückzuweisen, musste indessen bei Charles Maurras auf Ablehnung stoßen; er setzt Barrès davon in Kenntnis: er, Maurras, werde Déroulède von nun an bekämpfen. Zurzeit versucht er, seine eigene Zeitung zu lancieren, und bittet Barrès, ihn dabei zu unterstützen. Doch zwischen den beiden Freunden, die den sich entwickelnden Nationalismus immer stärker beeinflussen, gibt es einen Streitpunkt.

Ende Mai erscheinen Paul Déroulède und seine Gefolgsleute vor dem As-

---

93 *Anm. d. Ü:* Vierter September: am vierten September (1870) wurde in Frankreich nach der Niederlage bei Sedan und nach dem Ausbruch eines Arbeiteraufstands die Dritte Republik ausgerufen. Der »militärische Vierte September« steht hier für den Putsch des Militärs.
94 M. Barrès, *Le Journal*, 9. April 1899.
95 Ihren Wortlaut enthält M. Barrès, *Scènes et Doctrines ...*, *op. cit.*, S. 259. Sie beginnt mit: »Die usurpatorische Verfassung von 1875 ist außer Kraft gesetzt«, und endet mit: »Es lebe die plebiszitäre Republik!«
96 *Ibid.*, S. 249.

sisengericht des Département Seine ... wegen eines Pressedelikts. Schlimmer als der Putschversuch, der von den Zeitungen ins Lächerliche gezogen wird, ist vielleicht der Freispruch, den die Geschworenen beschließen. Der Ligen-Führer hat die Stirn zu verkünden: »Wenn Sie mich verurteilen, werden Sie die Stunde des Erwachens nur hinausschieben; wenn Sie mich freilassen, werde ich wieder dasselbe machen.« Der freigelassene Déroulède wird im Triumph zum Ausgang des Justizpalastes getragen. Die Bedrohlichkeit der Lage wird offensichtlich. Am nächsten Tag bereiten die Nationalisten dem Kommandanten Marchand, der aus Fachoda zurück ist, einen spektakulären Empfang. In *L'Aurore* vom 2. Juli wettert Clemenceau gegen den »lächerlichen« Prozess, gegen die »Feigheiten« der Macht, gegen die gestikulierenden »Cäsarianer«.

Barrès, der über den Freispruch seines Freundes erfreut ist, hat mit der Ausformulierung der Leitgedanken seiner Lehre begonnen. Er nimmt einen Vortrag, den er im Rahmen der »Liga des französischen Vaterlandes« hält, zum Anlass, um sie darzulegen. Für ihn ist die Dreyfus-Affäre nur das »tragische Zeichen« der allgemeinen Schwächung des Landes. Das Übel liegt in der Spaltung, der Zersplitterung des Bewusstseins und des Willens der Menschen. Die moralische Einheit Frankreichs muss wiederhergestellt werden. Mit welchen Mitteln? Durch die Wiederherstellung der Monarchie? Frankreich will von ihr nichts mehr wissen. Durch das Bewusstsein, einer Rasse anzugehören? »Hélas!«, es gibt keine französische Rasse, sondern ein französisches Volk, eine französische Nation, das heißt eine politisch geformte Gemeinschaft.« Nur der Nationalismus kann uns retten. Der Nationalismus, der »jedes Problem im Hinblick auf Frankreich zu lösen« weiß – »dieses gespaltene und ungeistig gewordene Frankreich«. Und wie Frankreich vor der drohenden Anarchie retten? Durch das nationale Bewusstsein, das es zu entwickeln gilt. Nicht nur mit Hilfe von Ideen: »Zu ihnen muss die Kraft des mit ihnen verbundenen Gefühls kommen. Alles wurzelt in einer bestimmten Weise zu fühlen.« Geweckt von der »Stimme der Vorfahren«, von der »Lehre der Erde«: »Unsere Erde erlegt uns eine Disziplin auf, und wir sind die Fortsetzung unserer Toten. Auf dieser Wirklichkeit müssen wir aufbauen.« Darum ist keine Einbürgerung möglich, wir sind das »Produkt einer Gemeinschaft, die aus uns spricht«. Man muss den »allzu neuen« Franzosen misstrauen, das Einbürgerungsgesetz muss geändert werden[97].

Unmerklich ist Barrès von einer Definition der Nation als »politischer Formation« zu einer Theorie von der Erde und von den Toten übergegangen, die diejenigen von der Staatsbürgerschaft ausschließt, die das Recht des Blutes nicht in Anspruch nehmen können. Es gibt keine französische Rasse? Nun

---

97 M. Barrès, *Scènes et Doctrines ...*, op. cit., S. 84–101.

denn! Einige Monate später entwirft Barrès – in dem Wunsch, die Arbeiten seines augenblicklichen Lehrmeisters, Jules Soury, dessen Kurse er in der École pratique des hautes études besucht, einem breiteren Kreis nahe zu bringen – das, was man eine Neorasse oder eine ungefähre Rasse, jedenfalls aber eine französische Rasse nennen könnte:

> »Was auch immer die ursprünglichen Bestandteile des französischen Blutes sein mögen, heutzutage gibt es eine Durchschnittsformel für dieses Blut, die sich von der Durchschnittsformel für das germanische Blut, das spanische Blut, das italienische Blut oder das sächsische Blut unterscheidet und sich in äußeren Strukturähnlichkeiten manifestiert. Es gibt also in einer Nation – auf Grund der Gemeinsamkeit der Rasse und des Blutes – eine Gemeinsamkeit der Nervenstruktur; und eben deswegen gemeinsame Reaktionen auf Reize; und deswegen eine gemeinsame Seele[98].«

Der französische Nationalismus definiert sich also – jenseits des Antiparlamentarismus – durch eine gemeinsame Zugehörigkeit, deren zwei Säulen die Verwurzelung und die Herkunft sind. Die Juden, die Fremden, die Eingebürgerten sind nur Pseudo-Franzosen, die *nolens volens* an der Zersetzung des nationalen Bewusstseins arbeiten.

Ein unvorhergesehenes Ereignis wird die Theorie von Barrès entschärfen: seine Begegnung mit Anna de Noailles im Mai 1899 bei einem gemeinsamen Freund, Paul Mariéton. Sie stammt von einem hohen rumänischen Adelsgeschlecht ab, ist in Paris geboren und mit dem Grafen Mathieu de Noailles verheiratet; sie ist eine außerordentliche Schönheit und hat bereits mit dreiundzwanzig Jahren Gedichte in der *Revue de Paris* veröffentlicht. Kurz: mit ihrer Schwester Hélène ist sie der Glanz mehrerer Salons. Barrès ist überwältigt. Nun gehört Anna jedoch zum Kreis der Dreyfusards. Amüsiert erwähnt er diese Meinungsverschiedenheit in seinen *Cahiers*. Wie dem auch sei, er ist hingerissen. Er, der den Vorrang des Gefühls, des Instinkts und der Triebe über die Vernunft verficht, wird gewissermaßen Opfer seiner eigenen Theorie: was interessiert Dreyfus, was seine eigene Vorstellung von den Rassen! Eine unwiderstehliche Kraft zieht ihn zu dieser Quasi-»Eingebürgerten« aus der Walachei hin. Wenn er den Namen Annas in seinen Aufzeichnungen des Jahres 1899 auch nur ein Mal erwähnt, so lässt ihn doch diese aufkeimende Liebe menschlicher werden; seine theoretischen Konstruktionen werden seinen Leidenschaften gegenüber niemals sehr stark ins Gewicht fallen.

Während Barrès die Anfänge dessen auskostet, was sich zu einer großen

---

98 M. Barrès, »L'Éducation nationale«, *Le Journal*, 30. Oktober 1899.

romantischen Liebe entwickeln wird[99], nimmt in diesem Jahr 1899 noch ein anderer Nationalismus Gestalt an: der von Maurras. Die erste Nummer seiner Zeitschrift *L'Action française* erscheint Anfang August 1899. Der Aufschwung der nationalistischen Bewegung ist also nicht zu übersehen: Déroulède wird vor ein Assisengericht gestellt und freigesprochen; die »Liga des französischen Vaterlandes« hat ihre ersten Erfolge; sie organisiert immer mehr Veranstaltungen und verzeichnet den Zulauf Tausender neuer Mitglieder; und schließlich ist ein radikaler Neomonarchismus im Entstehen begriffen, zu dessen Theoretiker Maurras wird.

Diejenigen, die den Nationalisten gegenüberstehen, die für Dreyfus eintretenden Intellektuellen, erleben am 3. Juni 1899 einen denkwürdigen Tag. Der Kassationsgerichtshof hat mit allen seinen Kammern seine Entscheidung gefällt und das Revisionsgesuch angenommen. Ein neuer Prozess des Hauptmanns Dreyfus steht bevor: er wird ab dem 8. August in Rennes stattfinden. Der Beschluss erregt den Zorn der Nationalisten. Am Tag darauf, dem 4. Juni, wird der Präsident Loubet auf dem Rennplatz von Auteuil tätlich angegriffen. Noch immer droht ein Bürgerkrieg, doch die Dreyfusards haben ihren ersten glänzenden Sieg davongetragen: die Ungesetzlichkeit des ersten Prozesses ist anerkannt worden. Émile Zola beschließt daraufhin, nach Frankreich zurückzukehren. Am 5. Juni ist er in Paris. An demselben Tag erscheint in *L'Aurore* sein Artikel »Justice« (»Gerechtigkeit«):

> »Vor nahezu elf Monaten habe ich Frankreich verlassen. Elf Monate lang habe ich mir das strengste Exil, den einsamsten Rückzug, das absoluteste Schweigen auferlegt. Ich war wie ein freiwilliger Toter, der in der Erwartung der Wahrheit und der Gerechtigkeit in einem heimlichen Grab liegt. Nachdem heute die Wahrheit gesiegt hat und endlich Gerechtigkeit herrscht, lebe ich auf, kehre zurück und nehme wieder meinen Platz auf der Erde Frankreichs ein.«

Er schließt seinen langen Artikel, indem er sich an den Generalstaatsanwalt wendet: er möge ihm das Urteil des Assisengerichts von Versailles zustellen – und er, Zola, sei bereit, vor einem neuen Gericht zu erscheinen. Die Justiz verschiebt den Fall Zola auf November. Entscheidend ist nun der Prozess von Rennes; von ihm hängt alles ab. Am 1. Juli geht der Ex-Hauptmann Dreyfus in Frankreich an Land – in der Hoffnung, vollständig rehabilitiert zu werden.

Der zweite Prozess des Hauptmanns Dreyfus wird am 8. August eröffnet; er wird einen vollen Monat dauern. Die Regierung hat ihn nach Rennes verlegt, fern vom Pariser Tumult, in ein während der Schulferien freies Gymna-

---

99 A. de Noailles, M. Barrès, *Correspondance 1901–1923*, L'Inventaire, 1994.

sium. In *Le Journal* und in seinen kommenden Büchern wird sich Barrès als Geschichtsschreiber dieses Prozesses betätigen. Für Dreyfus hat er zunächst nur Verachtung übrig: »ein elendig heruntergekommener Mensch«, »ein gehetztes Tier«, mit der »Arroganz eines Parvenü«. Doch er erbarmt sich: »Ich fühlte, dass dieser verhasste Name Dreyfus ein lebendiger und gequälter Mensch aus Fleisch und Blut war.« Doch er fasst sich rasch: es geht nicht um einen Menschen, es geht um Frankreich! Als er Dreyfus anschaut, macht er ihn – wir haben darauf hingewiesen – zu einem »Kinde Sems«, dem die »schönen Züge der indo-europäischen Rasse« abgehen. Er äußert den sein Andenken so belastenden Satz: »Dass Dreyfus zum Verrat fähig ist, schließe ich aus seiner Rasse.« Dem fügt Barrès, wie Jules Soury, hinzu, Dreyfus könne des »Verrats« nicht schuldig sein, denn er gehöre nicht »zu unserer Nation«.

Ein Mal stellt er sich die Frage nach der eventuellen Unschuld von Dreyfus. Eine nebensächliche, anekdotische Frage! Es genügt, sich die Freunde von Dreyfus genauer anzusehen: sie, diese Antipatrioten, diese Feinde der Gesellschaft, diese Anarchisten sind der beste Beweis für den Verrat. Um den Angeklagten herum bilden sie »die Partei des Auslands«. Am 9. September 1899 fällt das Kriegsgericht das Urteil. Der Rest ist bekannt: Dreyfus wird wieder schuldig gesprochen – mit fünf gegen zwei Stimmen. Kurioserweise billigt das Urteil Dreyfus mildernde Umstände zu; so wird er zu zehn Jahren Festungshaft verurteilt. Barrès jubelt: »Freuen wir uns in aller Vorurteilslosigkeit. Frankreich wurde ein Dienst erwiesen.«

Dass die Strafe auf zehn Jahre gesenkt wird, bekümmert Barrès nicht. Der entscheidende Punkt liegt woanders. Das Urteil bestätigt die Entscheidung des ersten Kriegsgerichts. Das ist ein nationaler Sieg! Die wahren Schuldigen sind – unabhängig von Dreyfus – die »Intellektuellen«, die »Anarchisten der Tribünen«, die »Metaphysiker der Soziologie«. Die »dunklen Willenskräfte der Massen« haben erneut über die Vernünfteleien der großen Geister gesiegt. »Der Gerechtigkeit und Frankreich ist Genugtuung widerfahren[100].«

Der Dreyfusismus, dem die Entscheidung des Kassationsgerichtshofes, eine erneute Untersuchung des Falles Dreyfus zuzulassen, Auftrieb gegeben hatte, erlebt wieder einen Rückschlag. Die Dreyfusards üben nun Druck auf den Staatspräsidenten Loubet aus, Dreyfus zu begnadigen. Waldeck-Rousseau, seit dem 22. Juni Ministerpräsident, bemüht sich persönlich darum. Am 19. September – dem Tag, an dem einer der ersten Helden dieser Geschichte, Scheurer-Kestner, stirbt – wird Alfred Dreyfus vom Präsidenten der Republik begnadigt, endlich in die Freiheit entlassen und den Seinen zurückgegeben. Während einer dramatischen Sitzung, die der Entscheidung des Staatspräsidenten vorausgegangen war, hatte sich Clemenceau gegen eine Be-

---

100 M. Barrès, *Le Journal*, 10. September 1899.

gnadigung ausgesprochen: die Annahme der Begnadigung käme dem Eingeständnis einer Schuld gleich. Aus Gründen der Menschlichkeit hatten Jaurès und die anderen den Wunsch von Mathieu Dreyfus unterstützt. Die Freilassung von Dreyfus ist nur ein unvollkommener Sieg, ein unvollständiger Akt der Gerechtigkeit. Die Affäre ist nicht beendet; man wird noch darum kämpfen müssen, die vollständige Rehabilitierung des Hauptmanns und seine Wiederaufnahme in die Armee zu erreichen.

Seit einigen Monaten hatte sich jedoch, wie wir wissen, der Kampfplatz verschoben. Nicht mehr das Schicksal von Dreyfus beschäftigt die Geister in erster Linie, sondern das Schicksal der Republik. Nach dem Putschversuch Déroulèdes, seiner Freisprechung durch das Assisengericht, dem Attentat gegen Émile Loubet in Auteuil und den erneuten Gewalttätigkeiten der Antisemiten ahnen zahlreiche Republikanhänger, die Dreyfus gegenüber lange gleichgültig gewesen waren und die »abgeurteilte Sache« akzeptiert hatten, die Gefahr. Am 11. Juni versammeln sich die Verteidiger der Republik – von den Gemäßigten bis zu den revolutionären Sozialisten – zu einer ersten großen Kundgebung in Longchamp. In dieser äußerst angespannten Atmosphäre erhält Waldeck-Rousseau am 22. Juni – knapp – die parlamentarische Investitur. Dieser etwas kühle und steife Geschäftsanwalt hat eine Formel erfunden, die Geschichte machte und die seine Geistesverfassung getreu wiedergibt: er bezeichnet sich als »gemäßigten Republikaner, doch nicht mäßig republikanisch«. Davon überzeugt, dass die Nationalisten eine Bedrohung für die Institutionen darstellen, will er eine Regierung der »Verteidigung der Republik« auf der Basis eines breiten Bündnisses führen, das die linke Mitte, der er angehört, die Radikalen und die extreme sozialistische Linke umfasst. Um diesem Willen Ausdruck zu verleihen, hat er den Mut, den Sozialisten Alexandre Millerand in sein Kabinett zu berufen – es ist eine Premiere – ebenso wie den General de Galliffet, der als einer der Schlächter der Pariser Commune von 1871 bei allen Sozialisten verhasst ist. Diese Entscheidung spaltet die sozialistische Bewegung: Jules Guesde und Édouard Vaillant widersetzen sich einer solch abenteuerlichen und auf der symbolischen Ebene katastrophalen Beteiligung, doch Jean Jaurès und Jean Allemane, ebenfalls Führer der Sozialisten, stimmen schließlich zu[101]; Lucien Herr gibt erneut den klugen Ratgeber ab.

Waldeck-Rousseau zeigt den Aufwieglern, was eine eiserne republikani-

---

101 Am 24. Juni 1899 schreibt Jaurès in *La Petite République*: »Was mich und meinen Verantwortungsbereich angeht, bin ich damit einverstanden, dass Millerand ein Ministerium in diesem Kampfkabinett übernommen hat. Dass die bürgerliche Republik in dieser Stunde, in der sie sich gegen die sie umgebende militärische Verschwörung wehrt, selbst verkündet, dass sie die sozialistische Energie braucht, ist eine große Sache; was auch immer der unmittelbare Ausgang sein wird, es handelt sich um ein großes historisches Ereignis; und eine mutige, offensive Partei darf meiner Meinung nach diese Rufe des Schicksals, diese Perspektiven der Geschichte nicht missachten.«

Die Ära Barrès

sche Faust vermag, wenn die Republik in Gefahr ist. Ohne übertriebene Skrupel hinsichtlich der Gesetzmäßigkeit beschließt dieser Jurist, Déroulède und seine Gehilfen vor die Haute Cour[102] zu bringen, obwohl sie ein Assisengericht freigesprochen hatte. Entschlossen, die Aufwiegler zur Vernunft zu bringen, lässt er Verhaftungen durchführen, die Jules Guérin, dem Vorsitzenden der Ligue antisémitique, Angst einjagen: er schließt sich mit den Seinen in seiner Residenz in der Rue Chabrol ein. Statt zu versuchen, die »Festung Chabrol« im Sturm zu nehmen, führt die Polizei des Präfekten Lépine eine wirksame Blockade durch, und nach einigen Wochen legen Guérin und seine Haudegen die Waffen nieder. Man beginnt aufzuatmen. Der Senat, als Haute Cour zusammengekommen, verkündet am 4. Januar 1900 die Verurteilung Déroulèdes zu zehn Jahren Verbannung. Dieser zieht sich nach Saint-Sébastien zurück; von dort setzt er seinen Kampf über Maurice Barrès fort, der Chefredakteur von *Le Drapeau* – von Mai 1901 an eine Tageszeitung – geworden ist.

Zu dieser Zeit – an diesem Jahresende 1899 – ist der Sieg weniger ein Sieg der Dreyfusisten, die sich an die Hoffnung auf Rehabilitierung klammern, als ein Sieg der Republik. Am Sonntag, den 19. November 1899, dem »großen Sonntag«, wie Péguy schreibt, erschallen in den Straßen von Paris volkstümliche Parolen und Lieder. *La Petite République*, eine Tageszeitung der sozialistischen Bewegung, hat zu dieser Kundgebung aufgerufen, um den *Triumph der Republik* zu feiern, ein Werk des Bildhauers Dalou, das auf der Place de la Nation eingeweiht wird. Péguy gibt in der ersten Nummer seiner *Cahiers de la Quinzaine* vom 5. Januar 1900 eine äußerst farbige Darstellung von den Festlichkeiten. Er folgt dem spöttisch-ausgelassenen Umzug der Pariser, die in die Rufe *Vive Jaurès! Es lebe Jaurès!* und *Es lebe Zola!* miteinstimmen, und schreibt dann:

> »Einige wollten sich noch weiter vorwagen und begannen zu rufen: *Vive Dreyfus! Es lebe Dreyfus!* – ein Ruf, der nicht einmal bei den geschlossenen Kundgebungen der Dreyfusards oft erklungen ist. Es war beeindruckend. Die Menge empfing wahrhaftig einen Stoß, sie zuckte zusammen. Sie rührte sich nicht; sie wusste genau, dass wir Recht hatten, dass es eben darum ging. Sie war sogar einverstanden; doch es hatte erst eines vermittelnden Nachdenkens bedurft, einer Anerkennung durch die Vernunft. In dem Zug gab es ein leichtes Zögern. Selbst die, die den Ruf ausgestoßen hatten, fühlten dunkel, dass er ein Wagnis, eine Provokation gewesen war. Dann machten wir entschlossen weiter, denn wir wollten reagieren, demonstrieren und fühlten plötzlich, dass

---

102 *Anm. d. Ü:* Haute Cour de justice: Hoher politischer Gerichtshof; in der 3. Republik konnte sich der Senat als Haute Cour konstituieren.

der Ruf des Namens Dreyfus, der öffentliche, heftige, provozierende Ruf, die größte Neuigkeit des Tages war, die größte Revolution in dieser Krise, vielleicht der größte Bruch, die größte Abkehr von diesem Jahrhundert. Kein Schrei, kein Lied, keine Musik war so geladen mit der endlich losbrechenden Revolte wie dieses *Vive Dreyfus!*[103]

Der Dreyfusismus war mit der Verteidigung der Republik eins geworden; von nun an war er ihr moralischer Bezugspunkt. Die Krise hatte jedoch zwei intellektuelle Lager konfrontiert, deren Auseinandersetzungen mit Sicherheit noch nicht zu Ende waren. Zum einen ging es um das Ideal der Autonomie des Einzelnen, der Unantastbarkeit der Person, das auf die Menschenrechtserklärung und auf die bereits von der Aufklärung verkündete Regel zurückging, nach der eine Gesellschaft ihre Existenz nicht auf die Rechtsverweigerung, die öffentliche Lüge und die Staatsräson gründen kann. Zum anderen verkündeten die Nationalisten gegen die »individualistische« Philosophie die Notwendigkeit des Überlebens der Gattung und der Nation und die unabdingbare Verteidigung der Institutionen, die, wie Armee und Kirche, ihre Säulen bildeten – und sei es um den Preis von Fälschungen und »Verbrechen aus Liebe«.

Diese Debatte entbehrt nicht der Würde, und beide Lager hatten ihre Argumente. Sie beschränkte sich nicht immer auf diesen philosophischen Streit – weit gefehlt! Auf Seiten der Dreyfusards gab die Krise der antimilitaristischen, ja antipatriotischen Leidenschaft Auftrieb, was den Nationalisten nur entgegenkam. Auf Seiten der Nationalisten schlug der Antiindividualismus in Hass gegen die Juden, gegen die Ausländer und gegen das bestehende republikanische Regime um. Die höfliche Kontroverse, in der sich Brunetière und Duclaux in einem bürgerlichen Salon gegenüberstehen konnten, wurde zu einem Austausch von Beleidigungen und Faustschlägen auf der Straße und in öffentlichen Räumen. Doch darf man die Kämpfer nicht gleichermaßen verurteilen. Ungeachtet seiner Schwächen bekannte sich der Dreyfusismus zur Universalität des Moralgesetzes: in jedem einzelnen Menschen war der Mensch schlechthin, das Menschengeschlecht zu achten. Der Nationalismus wies diese Universalität im Namen der Gruppe, der Nation, des Stammes zurück; er trug den Rassenhass, den Fremdenhass in sich, der im Antisemitismus seinen gewaltsamen Ausdruck fand.

Zahlreiche Intellektuelle lehnten eine Dichotomie ab, die sie als Bedrohung für die Gemeinschaft auffassten. Als Dreyfusards verrieten sie ihre Vaterlandsliebe nicht. Als Antidreyfusards konnten sie die Lehren des Hasses,

---

103 Ch. Péguy, *op. cit.*, 309–310.

des Rassismus und die Vergötterung des Militärs ablehnen. Es gilt festzustellen, dass es Ersteren weniger schwer fiel, ihr Ideal mit dem der Republik in Einklang zu bringen, und dass Letztere von den Exzessen ihres eigenen Lagers überrollt, in den Hintergrund gedrängt und marginalisiert wurden. Die Kämpfe der Dreyfus-Affäre haben schließlich auch die Ausweglosigkeit einer gemäßigten Haltung gezeigt, wenn die Grundsätze, auf denen der Wille zum Zusammenleben gründet, mit Füßen getreten werden.

7
Anatole France sagt Émile Zola Adieu

Die Académie française hatte geschlossen gegen Dreyfus Stellung bezogen. Diejenigen Mitglieder, die an dem Urteil des Kriegsgerichts von 1894 Zweifel hatten, behielten diese für sich. Außer einem: Anatole France. Im Januar 1898 konnte man auf der Petition der Intellektuellen seine Unterschrift direkt hinter der Émile Zolas lesen. Manche wunderten sich darüber. France war ein Skeptiker. Barrès, der ihn schätzte und mit ihm verkehrte, gibt in seinen *Cahiers* eine Äußerung von ihm vom Dezember 1897 wieder, die sein Engagement nicht ahnen lässt:

> »Was mich immer mehr beeindruckt, ist die Dummheit der Männer der Revolution ... Robespierre! Ihn verabscheue ich am meisten. Er wollte gemäß der Moral regieren. Alle, die diesen Anspruch hatten, haben größten Schaden angerichtet. Moral ist eine künstliche Regel. Politik nach einer Regel zu betreiben, die nicht ihre eigene ist, bedeutet, sie mit einer fremden Schwierigkeit zu belasten[104].«

Diese Sentenz ist geeignet, den politischen Realismus von Maurras zu stützen, der im Übrigen ein Bewunderer von France ist – eine Bewunderung, die auf Gegenseitigkeit beruht. Alles scheint France als einen potenziellen Gegner von Dreyfus auszuweisen. In *L'Orme du mail* (*Die Ulme am Wall*), dem ersten Band seiner 1895 begonnenen *Histoire contemporaine* (*Die Romane der Gegenwart*) hatte France in der Umgebung seines Helden oder Anti-Helden, M. Bergeret, die Figur eines jüdischen Präfekten geschaffen, Worms-Clavelin, der mit »seinen großen kugelförmigen Augen« und im Rauch seiner Zigarre nichts weniger als sympathisch war. In seiner Antrittsrede in der Académie im Jahre 1896 hatte France auch die Panamisten – Zielscheibe eines nicht versiegenden Hasses der nationalistischen Schreiberlinge – an den Pranger gestellt. Léon Blum gesteht, dass er mit der Unterschrift von Anatole France im Jahre 1898 nicht gerechnet hatte: »Als ich erfuhr, dass er Dreyfusard war, war ich

---

104 M. Barrès, *Mes Cahiers, Ausgabe v. 1994, op. cit.*, S. 96.

erfreut, doch überrascht.« Und er fügt hinzu: »Schien es nicht so, dass die Vollkommenheit seiner Bildung und seines Berufes, die Universalität seines Skeptizismus und seine freiwillige Zurückgezogenheit ihn von vornherein von jeder Aktion fern hielten[105]?« In der Tat darf man nicht annehmen, Anatole France sei von einem Tag auf den anderen »bekehrt« worden[106]. Oder sollte man seine Haltung – wie es seine nationalistischen Bewunderer tun – durch »den Einfluss des jüdischen Milieus erklären, in dem er sich zur Zeit der Affäre bewegte«, wie Léon Daudet[107] schreibt?

Zunächst ist der Verfasser von *Thaïs* (*Thais*) seit seiner Zeit im Collège Stanislas gegen den Klerikalismus. Seine unglückliche Jugendliebe zu Élisa Rauline, die ins Kloster eintrat, hat seine Aversion gegen den Katholizismus noch verstärkt. Während der Dreyfus-Affäre sieht er auf Anhieb, wo seine Feinde stehen. In *Les Opinions de M. Jérôme Coignard* (»Die Meinungen des Monsieur Jérôme Coignard«) prangert er die Existenz der Militärjustiz an:

> »Diese Soldatentribunale, deren Auswirkungen man tagtäglich sieht, sind von einer abscheulichen Grausamkeit, und die Menschen, sollten sie sich jemals zivilisieren, werden nicht glauben, dass es einst mitten im Frieden Kriegsgerichte gab, die die Würde von Korporalen und Sergeanten mit dem Tod eines Mannes rächten.«

Eine Stellungnahme aus dem Jahr 1893. Vorher hatte France am 2. Mai 1886 auf die Veröffentlichung von Édouard Drumonts *La France juive* mit einem Artikel in *Le Temps* reagiert, einem beschwörenden Aufruf gegen den Antisemitismus. Aus seiner zur Schau gestellten Skepsis gegenüber der menschlichen Natur zieht er nicht die Schlussfolgerung, ein Schriftsteller habe zu den Dingen der Welt nichts zu sagen: im März 1897 äußert er sich öffentlich zu Gunsten der Armenier, die von den Türken massakriert werden, während das offizielle Frankreich gleichgültig bleibt. Mit zeitlichem Abstand beurteilt Léon Blum schließlich das Engagement von France während der Affäre als logische Folge seines Rationalismus:

> »Mir ist jetzt klar, dass France, wie er es im Übrigen selbst gesagt hat, seit jeher zutiefst vom ›Glauben an die Ratio‹ geprägt war, dass seine universelle Skepsis der methodische Zweifel Montaignes, Descartes', ja der Positivisten war und es im Endeffekt zwischen dem Abbé Jérôme

---

105 L. Blum, *op. cit.*, S. 77.
106 Wir folgen hier den erhellenden Arbeiten von M.-C. Bancquart, insbesondere ihrem Werk *Anatole France. Un sceptique passionné*, Calmann-Lévy, *1984*, sowie ihren Einleitungen und Anmerkungen zu den *Œuvres* von A. France in der »Pléiade«, Gallimard, 1991.
107 L. Daudet, *Souvenirs et Polémiques*, Robert Laffont, »Bouquins«, *1992, S. 540.*

Coignard und M. Bergeret keinen so großen Unterschied gibt. France war Dreyfusard, weil für ihn das methodische und wissenschaftliche Vorgehen der Intelligenz die einzige sichere Wirklichkeit darstellte[108].«

Dieser Bergeret – an der geisteswissenschaftlichen Fakultät einer Provinzuniversität Dozent für lateinische Literatur, ein liebenswerter Gesprächspartner der Notabeln der nordfranzösischen Stadt, in der er wohnt, ein gebildeter Humanist, Agnostiker in der Politik wie in der Religion, ohne Illusionen über die Menschheit, doch den Menschen gegenüber nachsichtig – macht unter dem Schock der Dreyfus-Affäre eine psychologische Wandlung durch. Sein kritischer Geist und seine Freiheitsliebe führen ihn sehr rasch an die Seite der Verfechter der Revision. Dank einiger Pariser Freunde wird Bergeret Professor an der Sorbonne. Das fällt gerade in die Zeit, als der Selbstmord des Obersten Henry der Affäre eine Wendung zu Gunsten der Dreyfusards gibt. Bis dahin sehr pessimistisch in Bezug auf die Entwicklung der Affäre und durch die Siege der »Herde« über die Intelligenz verbittert, setzt Bergeret von nun an seine Hoffnung auf das Bündnis des Geistes mit der öffentlichen Meinung. Der Skeptiker im Sinne Voltaires wird ein Linksintellektueller, der nun an den Segen der Wissenschaft und des Sozialismus glaubt.

Diese Entwicklung ist in hohem Maße die von Anatole France während der Dreyfus-Affäre, die ihn fast ein halbes Jahrhundert vor Sartre zu einem Musterbeispiel des engagierten Schriftstellers macht. Er hat keinen physischen Mut und ist auch nur ein mittelmäßiger Redner, doch er überwindet seine Furcht. Seine Feinde, für die er nur »Anatole Prusse« ist, regen ihn zu einem neuen Wort in der französischen Sprache an, *trublions*[109], »Unruhestifter« – so genannt, »weil sie einem Befehlshaber namens *trublion* dienten, der zwar von hohem Adel abstammte, doch wenig Wissen und große, jugendliche Unerfahrenheit besaß[110]«. Anatole France gehört nach wie vor zu den Getreuen des Salons von Madame de Caillavet, für die seine Begeisterung in ein anderes Stadium getreten war; er trifft dort regelmäßig Jean Jaurès, Georges Clemenceau, Pierre Quillard, den jungen Léon Blum, Anna de Noailles und viele andere begeisterte Dreyfusards. Er nimmt an den Versammlungen teil, die in der École Normale mit Lucien Herr, Charles Péguy, Gabriel Monod stattfinden ...

Aber all das genügt ihm nicht. Er hat das Bedürfnis zu handeln. Er wird also politisch aktiv, ein Mann der politischen Versammlungen, der es wagt, den Massen gegenüberzutreten. Er lehnt es ab, seine Rosette der Ehrenlegion

---

108 L. Blum, *op. cit.*, S. 78.
109 *Anm. d. Ü:* Der Duc d'Orléans besaß den Spitznamen *gamelle* (Napf), lat. *trublium*; in Verbindung mit *troubler* (stören, Unruhe stiften) wurde daraus *trublions*.
110 A. France, *L'Anneau d'améthyste*, Gallimard, »La Pléiade«, S. 231–235.

zu tragen, seitdem Zola aus dieser ausgeschlossen worden war. Und seit Februar 1900 geht er nicht mehr zu den Sitzungen der Académie. Er ist Mitglied der Ligue des droits de l'homme (»Liga der Menschenrechte«), in der er als Bürger des 16. Arrondissement den Vorsitz der Sektion der Porte Dauphine führt; er reiht Rede an Rede, Artikel an Artikel, Versammlung an Versammlung und wird während der Abwesenheit Zolas zum exponiertesten dreyfusistischen Schriftsteller: Versammlung zu Gunsten von Picquart am 28. November und am 3. Dezember 1898; Rede auf dem Bankett für Pressefreiheit am 6. April 1899; Einweihungsfeier der Volksuniversität des 15. Arrondissement am 21. November 1899; Fest der Arbeiterabende in Montreuil am 7. Januar 1900; Bürgerfest in der Salle Wagram am 29. Juli 1900 ... Sein politischer Eifer kennt keine Ruhepause mehr. Sein Leben gehört von nun an der Politik.

Im Januar 1899 geifert *La Libre Parole* in einem »Gallus« unterzeichneten Artikel gegen sein Werk: »Seine Bücher sind das Lieblingsbrevier der geschiedenen Frauen, das Gesangbuch der Jüdinnen des Quartier de l'Étoile und das vertraute Messbuch, in dem die Töchter der Schweinehändler von Chicago blättern.« Am Tag nach dem Einzug von Émile Loubet in den Élysée-Palast wird eine Bearbeitung seines Romans *Le Lys rouge* (»Die rote Lilie«), die am Vorabend im Vaudeville – inmitten von nationalistischen Demonstrationen – aufgeführt wurde, von der antidreyfusistischen Kritik verrissen. Nach *L'Anneau d'améthyste* (*Der Amethystring*), der bereits im *Écho de Paris* als Artikelserie erschienen war, verlässt er diese antidreyfusistische Zeitung und wechselt zum *Figaro*, der zwar sozial noch konservativer ist, doch für die Dreyfusards sehr viel Sympathie hegt – angefangen bei seinem Chefredakteur Fernand de Rodays; er veröffentlicht dort die Artikel, die dann *M. Bergeret à Paris* (*Professor Bergeret in Paris*) bilden werden, ein Buch, das im Februar 1901 herauskommt. Zur Zeit des Prozesses von Rennes ist er im Ausland auf Reisen; da er – anders als im Zola-Prozess – nicht als Zeuge auftreten kann, schickt er dem *Figaro* seine dreyfusistischen Artikel. Nach der zweiten Verurteilung des Hauptmanns veröffentlicht die Zeitung am 13. September 1899 seinen »Brief aus Holland an M. Bergeret«, der seine Bestürzung, seine Trauer, seinen Schmerz ausdrückt und seine nächsten Kämpfe ankündigt:

> »Der Antisemitismus ist ein barbarisches Vorurteil. Ich glaube nicht, dass er in Frankreich, in einer toleranten und höflichen Gesellschaft, die von der Vernunft beherrscht wird, von Dauer sein wird. Diese wilde Leidenschaft, diese barbarische Besessenheit hat die Menschen schon zu sehr aufgewiegelt. Seine Anhänger, deren Politik Herr Méline diente, und die Liga-Mönche von *La Croix* haben den Hass, den wir aus einem anderen Zeitalter kennen, wieder geschürt und den alten Fanatismus wieder belebt. Dieser unglückliche Dreyfus ist ihr Opfer.

Sie werden über ein Urteil triumphieren, das nur einen Moment dieser Affäre darstellt und nichts abschließt. Und da mich meine Gedanken zu diesem Urteil zurückführen, das weder die Gerechtigkeit noch die Vernunft akzeptiert, vermerke ich mit Freude, dass es in Rennes zwei Soldaten, zwei Männer gab, die, als sie den Unschuldigen sahen, den Mut hatten zu sagen: ›Er ist unschuldig!‹ Im Namen des menschlichen Gewissens sei diesen beiden Gerechten ein Glückwunsch ausgesprochen.«

Émile Zola, seit Anfang Juni zurück in Paris, hat kurz zuvor in *L'Aurore* vom 12. September derselben Entrüstung Ausdruck gegeben. Weder der eine noch der andere hat die Waffen gestreckt, auch nicht nach der Begnadigung, die Dreyfus von Loubet gewährt wurde. Es handelt sich für beide darum, der Wahrheit und der Gerechtigkeit zum Sieg zu verhelfen oder sie doch wenigstens ein Stück voranzubringen; das führt sie zu einem republikanischen Sozialismus, der ihre neuen Werke durchzieht.

Zola wird jetzt von der Justiz nicht mehr behelligt; ihm kommt im Dezember 1900 das Gesetz zur Amnestie für alle mit der Dreyfus-Affäre zusammenhängenden Tatbestände zugute. Inzwischen hat er seinen gewohnten Lebensstil wieder aufgenommen, zwischen Alexandrine, seiner Ehefrau, und Jeanne Rozerot, der Mutter seiner beiden Kinder, zwischen seinem Wohnsitz in Médan und seinem Pariser Haus in der Rue de Bruxelles. Bevor die Affäre ihn 1897 in Beschlag nahm, dachte er an ein neues Fresko, *Les Quatre Evangiles* (*Die vier Evangelien*), eine Roman-Tetralogie. Zunächst *Fécondité* (*Fruchtbarkeit*) (»das Wimmeln der Familie um den Mann, eine große Eiche«); dann *Travail* (*Arbeit*) (die »Stadt der Zukunft« ankündigend); danach *Vérité* (*Wahrheit*) (zu Gunsten der Wissenschaft); schließlich *Justice* (*Gerechtigkeit*).

Das erste dieser Werke ist aktuell, denn die Demographen sind vom Geburtenrückgang in Frankreich beunruhigt, während die Bevölkerung Deutschlands in beängstigender Form zunimmt. Schon 1896 hatte Zola in *Le Figaro* einen Artikel über »Bevölkerungsrückgang« geschrieben, in dem er die Warnungen derer aufgreift, die sich für eine Bevölkerungszunahme einsetzen. Als er im Juli 1898 ins Exil nach England geht, folgt ihm ein Koffer, der mit der inzwischen angehäuften Dokumentation voll gestopft ist. Am 15. Mai 1899 beginnt *L'Aurore* mit der Veröffentlichung des neuen Romans von Zola im Feuilleton, im Oktober erscheint das Werk bei Fasquelle.

Fécondité, ein Thesenroman, lyrisch und naiv, manichäisch und reichlich melodramatisch, wird von der Kritik ziemlich schlecht aufgenommen. Nicht nur die Nationalisten finden ein boshaftes Vergnügen daran, ein Werk zu verreißen, das sicherlich nicht das Niveau der *Rougon-Macquart* hat, auch die Kritik der Linken ist von ungeteilter Begeisterung weit entfernt. In den beiden Nummern der *Revue blanche* vom November 1899 widmet Charles Péguy den »Neuen Werken« Zolas einen langen Essay. Nachdem der junge Schriftsteller dem Verfasser von »J'accuse ...« seine Bewunderung ausgesprochen hat, hebt er seinen Grundgedanken hervor: »Zola war kein Sozialist geworden.« In der Tat opfern die Helden des Buchs, das Ehepaar Froment, Erzeuger von zwölf Kindern, ihre Kinderschar für die Eroberungen in Afrika. Vom Dreyfusismus zum Kolonialismus, ein seltsamer Weg!

Das Buch hat im Übrigen bei weitem nicht den Erfolg der anderen Romane Zolas: in vier Jahren nur 99.000 verkaufte Exemplare! Aber der Autor fordert, man solle die Fortsetzung abwarten, die der Organisation der Arbeit gewidmet ist. Einer der Söhne von Mathieu Froment, Luc, ist im zweiten Band der *Evangelien* in der Tat der positive Held einer Industriegeschichte, in der die Genossenschaft, die er mehr oder weniger im Sinne von Fourier gründet, das kapitalistische Konkurrenzunternehmen der Stadt Beauclair zu Grunde richtet. Also hat Zola diesmal doch für einen Sozialismus der Selbstverwaltung optiert? Jaurès spricht sich über das Buch zwar lobend aus, doch macht er Zola darauf aufmerksam, dass man diese Formen eines genossenschaftlichen Kommunismus, die »die Gesamtheit der politischen und revolutionären Bewegung«[111] ignorieren, überwunden hat.

Émile Zola lässt sich von seinem Ziel nicht abbringen. Zu einem geistigen Haupt der Nation avanciert, hält er Predigten. 1901 macht er sich an den dritten Teil, *Vérité*; er beendet ihn am 7. August 1902 in Médan. Ein paar Tage später kommen die Charpentiers; die beiden Familien wollen die Ferien gemeinsam verbringen. Nach einem verregneten Sommer auf dem Land kommen die Zolas am 28. September nach Paris zurück. Im Haus in der Rue de Bruxelles ist es kalt; man macht im Kamin des Schlafzimmers Feuer. In der Nacht wird es Alexandrine übel; sie geht ins Badezimmer und will einen Diener rufen. Zola hält sie davon ab, es ist nur eine kleine Magenverstimmung. Um neun Uhr morgens klopft der Kammerdiener, beunruhigt darüber, seine Herrschaften nicht zu sehen, an ihre Tür, die von innen verriegelt ist. Sie muss aufgebrochen werden. Der Diener findet Alexandrine völlig lethargisch vor und Zola auf dem Boden, den Kopf an das Bettgestell aus Holz gelehnt. Nach einer Stunde erscheinen die Ärzte und versuchen ihn wieder zu beleben – vergeblich. Kurz darauf erholt sich Alexandrine in einer Klinik von Neuilly – nicht, ohne Jeanne Rozerot benachrichtigt zu haben. Diese schreit außer sich vor Schmerz, man habe Zola ermordet.

Stimmt das? Die Blutuntersuchung ergab, dass Zola an einer Vergiftung durch Kohlenmonoxid gestorben war. Es folgte eine offizielle Untersuchung – ohne Ergebnis. Zog es der Beamte der Kriminalpolizei, persönlich oder auf

---

111 Zit. nach F. Brown, op. cit., S. 827.

Anordnung, vor, seine Nachforschungen nicht allzu weit zu treiben, aus Furcht, den Bürgerkrieg wieder anzufachen? 1953 veröffentlichte die Zeitung *Libération* den Brief eines ihrer Leser, Monsieur Hacquin, der behauptete, das Rätsel dieses Todes zu kennen. Ihm zufolge war Zola das Opfer eines Mordes. Der Mörder, ein Heizer und leidenschaftlicher Antidreyfusard, war mit ihm, Hacquin, befreundet gewesen; er hatte ihm 1927 auf dem Sterbebett dieses Geständnis gemacht: er habe den Kamin der Wohnung verstopfen können dank eines regen Betriebs zwischen dem Nachbarhaus, wo man das Dach reparierte, und dem Hause Zolas. Nachdem das Verbrechen begangen war, hatten er und seine Komplizen am frühen Morgen incognito den Kamin wieder freigelegt. Diese Aussage ist nicht nachprüfbar; die Todesursache bleibt ungeklärt.

Um es Alexandrine, die nach wie vor in der Klinik war, zu ermöglichen, ihren Mann ein letztes Mal zu sehen, balsamierte man den Körper Zolas ein und bahrte ihn in seinem Arbeitszimmer in einem offenen, von Blumen umgebenen Sarg auf. Seine Freunde wechselten sich bei der Totenwache ab. Unter ihnen Alfred Dreyfus und Georges Picquart. Am Donnerstag, den 2. Oktober, kam Alexandrine in tiefster Trauer nach Hause zurück. Schluchzend und aufgewühlt, küsste sie ihren Mann und fiel dann vor dem Sarg für einen langen Augenblick auf die Knie.

Am 5. Oktober 1902 wird Émile Zola auf dem Cimetière Montmartre beerdigt. Einige zehntausend Menschen, unter ihnen Alfred Dreyfus, Oberst Picquart und Bernard-Lazare, geben ihm das letzte Geleit. Die Polizei fürchtet Unruhen – ohne jeden Grund. Doch der Hauptmann Ollivier, Kommandant einer Kompanie des 28. Infanterieregiments, die von der Regierung abgeordnet ist, um dem Schriftsteller die letzte Ehre zu erweisen, wird bei seiner Rückkehr in die Kaserne von einem anderen Offizier geohrfeigt. Die unvermeidbare Folge: ein Duell. Die Wunden der Dreyfus-Affäre sind noch nicht verheilt.

Anatole France ergreift als Dritter das Wort – nach dem Unterrichtsminister Chaumié und nach Hermant, der im Namen der Société des gens de lettres spricht; seine Trauerrede wird zu wiederholten Malen von Beifall unterbrochen und bleibt im Gedächtnis der Menschen haften. Sie kreist um das unauslöschliche »J'accuse ...«:

> »Es gibt nur ein Land auf der Welt, in dem sich diese großen Dinge ereignen konnten. Wie wunderbar ist doch der Geist unseres Vaterlandes! Wie schön ist die Seele Frankreichs, die in den vergangenen Jahrhunderten Europa und die Welt das Recht lehrte. Frankreich ist das Land der Zierde der Vernunft und der wohlwollenden Gedanken, das Land der gerechten Richter und der menschlich gesinnten Philoso-

phen, das Vaterland von Turgot, Voltaire und Malesherbes. Zola ist dieses Vaterlandes würdig, denn er verzweifelte nicht an der Gerechtigkeit in Frankreich.Bedauern wir ihn nicht, dass er Schweres ertragen und gelitten hat. Beneiden wir ihn. Sein Ruhm erhebt sich auf dem gewaltigsten Berg von Beleidigungen, den die Dummheit, die Ignoranz und die Bosheit jemals aufgeschichtet haben, und gewinnt so eine unerreichbare Höhe. Beneiden wir ihn: er hat sein Vaterland und die Welt durch ein ungeheures Werk und eine großartige Handlung beehrt. Beneiden wir ihn: sein Schicksal und sein Herz gewährten ihm das beste Los: er war einen Moment lang das Gewissen der Menschheit.«

Am 12. Juli 1906 tragen Zola – posthum – und die »Intellektuellen« der Affäre einen definitiven Sieg davon. An diesem Tag annulliert der Kassationsgerichtshof das Urteil von Rennes ohne Berufungsmöglichkeit. Der Hauptmann wird rehabilitiert und in die Armee reintegriert, Picquart als Brigadegeneral. Während Dreyfus am 21. Juli die Insignien eines Ritters der Ehrenlegion in eben dem Hof der Militärschule erhält, wo er im Januar 1895 das düstere Zeremoniell seiner Degradierung über sich ergehen lassen musste, wird General Picquart am 29. Oktober 1906 von Georges Clemenceau zum Kriegsminister ernannt. Den Dreyfusards ist Gerechtigkeit widerfahren. Sie sind jetzt an der Macht. *La Libre Parole* gibt das durch den Titel wieder, der am 13. Juli 1906 quer über die Titelseite geht: »Der Triumph der Juden.«

Am 19. März 1908 – Clemenceau ist nach wie vor Regierungschef – beschließt die Abgeordnetenkammer einen Kredit von 35 000 Francs für die Überführung der sterblichen Überreste Émile Zolas ins Panthéon. Der Abgeordnete Maurice Barrès hat dagegen gestimmt. Am 5. Juni findet die Zeremonie statt; die Nationalisten demonstrieren und werden gewalttätig. Einer von ihnen, der Journalist Gregori, feuert zwei Revolverschüsse auf Dreyfus ab; er wird jedoch nur leicht verletzt. Am 15. September, dem Vorabend des Prozesses gegen den Kriminellen, verteidigt ihn Barrès in *Paris-Revue*: »Gregori wird freigesprochen werden, weil kein nationales Bewusstsein eine Tat verurteilen kann, der genau dieses Bewusstsein zu Grunde liegt.« Das ist richtig gesehen: man lässt Gregori auf freiem Fuß. Das nationalistische, antidreyfusistische, antisemitische Frankreich hat sein letztes Wort noch nicht gesprochen.

8
Die ersten Schritte der Action française

Die Dreyfus-Affäre schenkte den Nationalisten ein Oberhaupt: Charles Maurras. Fast ein halbes Jahrhundert lang besaß er eine überragende moralische und geistige Autorität, die noch darüber hinaus viele Menschen faszinierte und dauerhaft prägte.

Diese Rolle hätte Maurice Barrès spielen können, der – ein Verbündeter von Maurras – älter war; doch Barrès war nicht wie Maurras von dem unmäßigen Trieb besessen, bei jeder Gelegenheit seine Vorstellung von Wahrheit zu verkünden. Er war nicht sektiererisch oder fanatisch genug, um sich nicht gleich nach einer Auseinandersetzung oder nach einem flammenden Artikel das Vergnügen zu gönnen, alles stehen und liegen zu lassen, an irgendeinen italienischen See zu fahren, sich dort seinen Träumen zu überlassen und in eine Welt zu tauchen, die frei von den Leidenschaften war, die er zu entfachen verstanden hatte. Und dann besaß Barrès zu viel Sensibilität, zu viel Achtung für den Gegner, nicht genug Hass. Und schließlich war bei ihm der Patriotismus bei weitem wichtiger als der Antidemokratismus, der die eigentliche Leidenschaft von Maurras war.

Dieser war 1885 aus der Provence, wo er geboren war, nach Paris gekommen. Wie er selbst erzählt, hatte er damals schlagartig drei Erleuchtungen – oder Erschütterungen –, die für sein weiteres Engagement bestimmend sein sollten[112]. Den ersten Schock löste die Entdeckung der ungeheuren Zahl fremdländisch wirkender Schilder aus, die an den Pariser Häusern vom Parterre bis zum Giebel zu sehen waren: »Namen mit K, W, Z, die unsere Drucker witzig die jüdischen Buchstaben nennen.« Kurz: »waren die Franzosen in Frankreich noch bei sich zu Hause?« Diese so beunruhigende wie naive Frage liegt seiner ganzen Lehre zu Grunde: die Phobie vor dem Fremden, und *fremd* ist für ihn alles, was nicht zu seiner romanisch-provenzalischen Kultur gehört. Paris, das stellt er mit Schrecken fest, ist nicht Martigues: das katholische und lateinische Frankreich scheint ihm vom Anti-Frankreich der Protestanten, der Juden und der Einwanderer bedroht.

---

112 Ch. Maurras, *Au signe de Flore, Georges Célestin*, »Les œuvres représentatives«, 1931.

Die zweite Erschütterung hängt mit der Gefährdung der französischen Zivilisation, wie er sie versteht, zusammen. Wenn er die Museen besucht, sich die Denkmäler anschaut, ist er über die ererbten kulturellen Schätze Frankreichs erstaunt; doch er stellt sich die Frage nach ihrer *Dauer*: »Mein Recht auf die Dauer und auf die Erhaltung so vieler Schätze schien mir das erste aller Rechte.« Das Land ist in großer Gefahr, überrannt, korrumpiert, eingeschnürt zu werden. Maurras' Haltung ist von vornherein defensiv. Das Gefühl, dass der Tod die französische Nation überschattet, wird ihn nicht mehr verlassen. Überleben, überleben gegen all diese todbringenden Mächte, die gegen das Vaterland wirken!

Und schließlich merkt Maurras in Paris, weit von seiner Provence entfernt, wie sehr er seiner Heimat verbunden ist. Bevor er sich voll und ganz in die Politik stürzt, wird er ein Anhänger des Félibrige[113]. Bei seinen Aufenthalten in Martigues verbringt er seine Zeit in den Stadtarchiven, macht sich mit dem lokalen und regionalen Leben vertraut und entdeckt die Freiheiten, die hier vor der Revolution herrschten. Wegen Meinungsverschiedenheiten in dieser Frage bricht er mit den Bewunderern von Mistral und anderen Anhängern des Félibrige aus Paris, um mit einigen Freunden eine »Pariser Schule des Félibrige« zu gründen, die ihre Versammlungen im Café Procope abhält, während die anderen weiterhin ihre Sitzungen nicht weit davon im Café Voltaire, Place de l'Odéon, abhalten und Maurras und die Seinen als »Reaktionäre« bezeichnen.

Fremdenfeindlichkeit, Gefühl der Dekadenz, Wille zur Dezentralisierung – das sind bereits einige Grundgedanken, aus denen Maurras nach und nach seine Lehre schmiedet. Als ihm Barrès Mitte der neunziger Jahre vorschlägt, an seiner *Cocarde* mitzuarbeiten, verficht Maurras nachdrücklich den Gedanken der Dezentralisierung, wobei er gegen die eingewanderten Ausländer wettert, die er in Anspielung auf die Fremden von Athen »Métèques«, Metöken, nennt. Zu dieser Zeit war Maurras noch kein Monarchist, doch er war bereits ein Reaktionär.

Familieneinflüsse waren nicht unbeteiligt, auch wenn sein Vater dem Empire und dann Monsieur Thiers[114] positiv gegenübergestanden hatte. Der entscheidende Einfluss ist in der Familie seiner Mutter zu suchen. »Äußerst streng in religiösen Fragen, war meine Mutter im Abscheu vor der Revolution erzogen worden.« Geprägt von seinem Großvater mütterlicherseits, einem leidenschaftlichen Legitimisten, war der junge Charles in den Jahren,

---

113 *Anm. d. Ü*: Félibrige: provenzalische literarische Bewegung, gegr. 1854 durch den Dichter Frédéric Mistral; Dichterkreis zur Pflege und Erneuerung der provenzalischen Sprache und Literatur.

114 *Anm. d. Ü*: Adolphe Thiers: gemäßigter Orléanist, dann Anhänger einer konservativen Republik und erster Regierungschef der 3. Republik; sein Name steht als Symbol für das Bürgertum und die Gegnerschaft gegen die Pariser Commune.

die auf den Krieg 1870/71 folgten, für die Rückkehr von Henri V eingetreten. Dann hatte er – er war damals etwa dreizehn Jahre alt – seine »royalistische Schwärmerei« aufgegeben, nachdem er die *Paroles d'un croyant* (»Worte eines Gläubigen«) von Lamennais gelesen hatte, die bei ihm wie »ein Blitz« einschlugen. So vernarrt er sich eine Zeit lang in die »revolutionäre Theokratie«, bevor er schließlich zwischen dem siebzehnten und einundzwanzigsten Lebensjahr allem Politischen gegenüber gleichgültig wird. In dieser lernbegierigen Jugendphase verschlingt er jedoch auch die Literatur, die in Zukunft seinem Abscheu Nahrung geben wird: Le Play, Taine, de Maistre, Bossuet, Comte, Renan; jeder von diesen berühmten Autoren überzeugt ihn auf seine Weise von den Wohltaten der Ungleichheit. Zu Beginn seines intellektuellen Lebens weist er ein für alle Mal die Prinzipien und Mythen der Demokratie zurück.

1889 – er wohnt damals in der Rue Cujas im Quartier Latin – wählt er zum ersten Mal: Man befindet sich mitten in der Auseinandersetzung mit dem Boulangismus. Trotz bestimmter demagogischer Aspekte dieser Bewegung folgt Maurras schließlich Boulanger. Bei diesen Wahlen, so sagt er uns, entschließt er sich dazu, »eine ziemlich dicke Kröte zu schlucken«, nämlich trotz seines Antisemitismus seine erste Wahlstimme dem »Juden Naquet« zu geben – aus Disziplin (Naquet war Boulangist). Maurras ist damals de facto, wenn nicht der Überzeugung nach Republikaner; er bleibt es bis 1896 – ein Jahr, bevor die Dreyfus-Affäre ausbricht. Im selben Jahr macht er eine Reise nach Griechenland, die ihn auf Grund der geographischen Entfernung und der fremden Blicke den ganzen Umfang von Frankreichs Verfall erkennen lässt – eines Verfalls, den er schließlich auf das Jahr 1789 datiert. Dagegen gibt es nur ein politisches Mittel: die Wiederherstellung der Monarchie. Denn was Frankreich vor allem fehlt, ist die Verkörperung der Macht, »ein lebendiges und bewusstes, verantwortliches und legitimiertes Ich«. Im November 1897 schreibt er einen Artikel mit dem Titel: »Wozu würde ein Monarch gut sein?« Anschließend hat er das Glück, die Botschaft des Duc d'Orléans zu lesen – später Manifest von San Remo genannt –, mit der der Thronprätendent dem französischen Volk seine Ansprüche ins Gedächtnis ruft.

Als die Dreyfus-Affäre ausbricht, ist für Maurras, der an der royalistischen *Gazette de France* mitarbeitet, in dem, was vorgeht und was ihn schockiert, sofort die Hand der Juden sichtbar. Ja, sichtbar. Er hat Drumont gelesen, den er bewundert und der einen Anspruch auf seine unermessliche Anerkennung hat. Und Drumont hat geschrieben: Die Juden beherrschen Paris, wie Paris Frankreich beherrscht:

»Paris schaute sich in den Spiegel: die jüdischen Salons waren seine Herren. Die Zeitungen, die es aufschlug, waren jüdische Zeitungen.

Die Ära Barrès

Man bildete sich ein, die Judenclique besäße vor allen Dingen Geld. Das Geld hatte ihr alles ausgeliefert: einen bedeutenden Teil der Universität, einen ebenso bedeutenden Teil der Justizverwaltung, einen weniger umfangreichen, aber beträchtlichen Teil der Armee, der Spitze der Armee. Im Generalstab hatten die Juden im Informationsbüro ihren Mann, den Oberst Picquart, der zwar schnell enttarnt wurde, aber so gut platziert war, dass er alles erreichen sollte.«

Dieses erste Element des Komplotts stützte sich nach Maurras dann auf eine andere – rachgierige – Gruppe, die der »alten republikanischen Partei«, die der Panamaskandal aus den Ämtern entfernt hatte und die darauf brannte, zurückzukehren, während die der Republik verbundenen Katholiken dabei waren, die »offiziellen Krippen« zu erobern: »Man wollte«, schreibt Maurras, »die Neuankömmlinge ausschalten, indem man die Republik mit dem jüdischen Aufstand [sic] und mit der Landbevölkerung gegen die Armee zu verbinden suchte[115] ...«

Die Vorstellung von der Politik variiert unter Maurras' Feder wenig: es handelt sich immer um ein Komplott, um Machenschaften, um eine Verschwörung, die ein realer oder implizit gegebener Pakt zwischen Franzosen, die regelrechte »Verräter« sind, und Fremden, Juden, die in ihrem Interesse an der Zerstörung Frankreichs arbeiten, besiegelt.

Im Februar 1898 drückt Maurras Barrès gegenüber den Ekel aus, den bei ihm die Petition der Intellektuellen hervorruft: »Haben Sie den *Protest* dieses Gesindels von Juden, Hugenotten und Neukantianern gelesen? Denn es sind doch der Kantianismus und die kritizistische Universität, die die Intellektuellen zusammenkitten[116] ...« Weiter unten in seinem Brief legt Maurras – der Journalist der so katholischen *Gazette de France* – dem »Geist des Christentums« das Unglück des Landes zur Last:

> »Hätte man etwas Muße, wäre ein *Traktat* über die intellektuelle Dekadenz zu schreiben, die begründet liegt 1.) im Geist des Christentums, der das römische Reich zerstört hat, 2.) im Geist des Christentums, der im 16. Jahrhundert die katholische Zivilisation durch die Bibellektüre in der Muttersprache zersetzt hat, 3.) im Geist des Christentums, der Rousseau und die Revolution hervorgebracht und die Moral zur Würde einer Über-Wissenschaft, einer Über-Politik – beide metaphysisch – erhoben hat, 4.) im Geist des Christentums, der uns

---

115 Dieses Zitat und die vorausgehenden sind demselben Werk entnommen: *Au signe de Flore, op. cit.*, S. 58.
116 M. Barrès-Ch. Maurras, *La République ou le Roi. Correspondance inédite. 1888–1923*, Plon, 1970, S. 173.

heutzutage eine Theologie des Individuums, eine Theologie der reinen Anarchie beschert[117].«

Die Gegenüberstellung von Katholizismus und Christentum – sie wird zu seiner späteren Verurteilung durch Rom führen – ist einer der Pfeiler des sich herausbildenden politischen Denkens von Maurras. Der Katholizismus ist lateinisch, hierarchisch und dogmatisch: er ist die Ordnung in der Gesellschaft wie in den Köpfen. Das Christentum, besonders in seiner protestantischen Form, ist schweizerisch, individualistisch und anarchistisch: es gestattet jedem, sich seine eigene Religion zu bilden, sein eigener Priester zu sein und die heiligen Schriften direkt, ohne Filter, ohne Kommentar, ohne weitere Betreuung zu lesen. Das Mitleid mit Dreyfus gehört zum Geist des Christentums, der für das Überleben der Gesellschaft überhaupt keinen Sinn hat; der Antidreyfusismus kann sich mit dem Katholizismus verbünden, der die gesellschaftlichen Erfordernisse nie aus dem Auge verliert.

Im Laufe des ersten Halbjahres 1898 suchen Maurras, Barrès und die Nationalisten einander – aus dem Wunsch heraus, der anschwellenden Strömung der Intellektuellen einen Damm entgegenzusetzen. Sie sind davon überzeugt, dass ihnen die Provinz folgen wird, und träumen von einer neuen Partei, von einer »nationalistischen Gesinnung«. Sie treten auf der Stelle. Paradoxerweise gibt der Selbstmord des Obersten Henry, der das nationalistische Lager im Hochsommer in Verzweiflung stürzt, Maurras die Gelegenheit, sich als kühner Wortführer des Antidreyfusismus zu behaupten, und zwar dank der Veröffentlichung seiner »Das erste Blut« betitelten Artikel in *La Gazette de France*, in denen er Henry huldigt. Indem er ihn von der Schuld freispricht, ein Fälscher zu sein – seine »Montage« sei ja erst nach dem Urteil von 1894 erfolgt –, gibt er der einen Augenblick lang wankenden nationalistischen Bewegung neuen Schwung:

»Einer der ersten tragischen Skandale der Dreyfus-Affäre – die Festnahme und der Selbstmord eines französischen Offiziers, der gegen die jüdische Revolution kämpfte – führte in meinem Leben zu einem vollkommenen Umbruch. Man hatte versucht, diesen Helden zu entehren; ich hatte das Glück, ihn zu decken, seinen Namen zu retten, die Ehre wiederherzustellen, die man seinem edlen Andenken schuldig war; und dieser erste Dienst, den ich dem Lande erwies, weckte in mir den Gedanken, dass ich ihm weitere Dienste erweisen könnte [...]. Ich war in die Politik eingetreten, wie man in die Religion eintritt[118].«

---

117 *Ibid., S. 174.*
118 Ch. Maurras, *Les Vergers sur la mer, zit. nach M. Barrès-Ch. Maurras, S. 196.*

Daneben muss Maurras auch seinen Lebensunterhalt verdienen: abgesehen von seiner Mitarbeit an *La Gazette de France,* schickt er jede Woche, was er seine »unbedeutende Brotschnitte« nennt, an *Le Soleil* – eine Zeitung, die er auf Grund der dort erscheinenden dreyfusfreundlichen Stellungnahmen bald verlässt – und rezensiert für die *Revue encyclopédique* eine ganze Reihe von Büchern. Trotzdem findet er Zeit, nach seiner Begegnung mit Gabriel Syveton und Louis Dausset, dann mit Henri Vaugeois und Maurice Pujo an der Formierung der »Liga des französischen Vaterlandes« teilzunehmen.

Wie wir sahen, hatten Syveton und Dausset, beide Lehrer an Lycées, den Einfall gehabt, eine »antirevisionistische« Gegenpetition zu lancieren. Was Vaugeois und Pujo angeht – der eine war Philosophielehrer, der andere Journalist –, so hatten sie zunächst der Union pour l'action morale (»Union für die moralische Aktion«) von Paul Desjardins angehört, sich dann aber wegen dessen dreyfusistischer Haltung 1898 zurückgezogen. Im April hatten sie ein Comité d'Action française (»Komitee der französischen Aktion«) gebildet, das die Aufgabe hatte, während der Wahlkampagne zu den Parlamentswahlen die »Antirevisionisten« zu unterstützen. Im Dezember 1898 hatte Pujo einen Artikel veröffentlicht – Ergebnis seiner Überlegungen mit Henri Vaugeois –, der »Action française« betitelt war und in dem man insbesondere las:

> »Was die gegenwärtige Stunde fordert, ist, FRANKREICH ALS GESELLSCHAFT WIEDERHERZUSTELLEN, den Gedanken des Vaterlandes wieder zu erwecken, die Verbindung mit unserer Tradition wieder aufzunehmen, indem wir sie fortführen und den Bedingungen unserer Zeit anpassen, und AUS DEM REPUBLIKANISCHEN UND FREIEN FRANKREICH wieder einen im Inneren organisierten Staat zu machen, der NACH AUSSEN SO STARK IST, WIE ER ES UNTER DEM ANCIEN RÉGIME WAR[119].«

Den jungen Leuten wird sehr schnell klar, dass die »Liga des französischen Vaterlandes« in dem groß angelegten moralischen und intellektuellen Unternehmen, das sie sich zum Ziel gesetzt haben, auf Grund ihres bürgerlichen und konservativen Charakters nicht die Speerspitze sein kann. Anfang 1899 treffen sich Maurras und seine neuen Freunde regelmäßig mit dem Ziel, eine Morgenzeitung »zu einem Sou« zu gründen, eine täglich erscheinende Zeitung der nationalen Opposition mit folgendem Programm: »*Antisemitismus – Antiparlamentarismus – französischer Traditionalismus*«[120]. Auf Grund fehlender finanzieller Mittel wird nichts aus dem Projekt. Doch wenigstens läuft das Comité d'Action française ein Jahr nach dem ersten Komitee im April 1899 erfolgreich wieder an. Am 20. Juni verkündet eine öffentliche Ver-

---

119 M. Pujo, »Action française«, *L'Éclair, 19. Dezember 1898.*
120 M. Barrès-Ch. Maurras, *op. cit.,* S. 230.

sammlung in der Rue d'Athènes seine Gründung, und am 10. Juli erscheint die erste Nummer einer kleinen grauen Zeitschrift, die den bescheidenen Titel *Bulletin de l'Action française* trägt und die Rede bringt, die Henri Vaugeois in der Rue d'Athènes gehalten hatte.

Die Action française wird als ein Trupp von Freischützen vorgestellt, eine Handvoll von Freunden, die sich in ihrer Vaterlandsliebe verletzt fühlen und den Untergang des parlamentarischen Systems, das ihnen »zutiefst fremd« ist, betreiben. Es verdient Beachtung, dass Vaugeois bereits in seiner Antrittsrede drei der »vier konföderierten Stände« (Protestanten-Freimaurer-Juden-Metöken) brandmarkt, deren Theorie Maurras bald entwerfen wird; die »drei unseren Sitten auf verschiedene Weise feindlichen Mächte« sind der Geist der Freimaurer, der Geist der Protestanten und der Geist der Juden. Demgegenüber rühmt Vaugeois »die übergroße Weisheit des Katholizismus, dieses vom weitherzigen Geist Frankreichs durchtränkten, gemilderten Christentums ...« Es fehlt nur noch der Beitrag, den Maurras zum Gedankengut der jungen Mannschaft beisteuern wird: die neoroyalistische Lehre. In dieser Phase unterstreicht Vaugeois jedoch sein Vertrauen in die Republik, das vom Nationalgefühl untrennbar sei. Nicht irgendeine anonyme Republik, ohne führenden Kopf: »Man braucht einen Kopf«, sagt Vaugeois, »selbst, wenn man ihn von Zeit zu Zeit abschlagen muss.« In der folgenden Nummer scheut sich Vaugeois nicht, seinem Artikel den Titel »Reaktion zuerst!« zu geben.

Die Zeitschrift ist lanciert. Sie erscheint am 1. und am 15. jeden Monats. Henri Vaugeois ist ihr politischer Leiter. Rechtlich gesehen ist die Action française eine stille Gesellschaft, ein vom Handelsgesetzbuch autorisierter Handelsverein. Ihr Ziel ist es, auf der Grundlage des Antidreyfusismus eine neue Partei zu gründen. Charles Maurras, dessen Name von der zweiten Nummer an im Inhaltsverzeichnis der Zeitschrift steht, setzt sich in kurzer Zeit als der wahre politische Theoretiker der Gruppe durch. Ohne Unterlass verkündet und erläutert er seine monarchistischen Grundsätze. Am 6. Mai 1899 legt er in *La Gazette de France* in großen Linien sein Gedankengebäude dar: »Fügen Sie zur erblichen Institution der *Familie* die permanenten Regierungseinheiten der *Gemeinde* und der *Provinz* und die Institution, die durch Begründung der *Autorität* ausgleichend wirkt, hinzu, dann haben Sie die Formel für die Monarchie.« Kurze Zeit später – die Regierung beginnt gerade, gegen die Nationalisten und die Royalisten vorzugehen – veröffentlicht Maurras ein Manifest: »Diktator und König«, in dem er das Programm des wieder an die Macht gelangten Monarchen präzisiert: »Zunächst die zur Rechenschaft ziehen, die sich Verbrechen gegen den Staat haben zu Schulden kommen lassen; dann beginnen, das Land wieder aufzubauen und zu regieren[121].«

---

121 Zit. nach E. Weber, *L'Action française, Fayard, 1985,* Neuaufl. Livre de Poche/»Pluriel«, 1988, S. 38.

Dieser Text erschüttert Pujos republikanische Überzeugungen. Um einige Zeugenberichte, insbesondere die der Royalisten im Exil, Buffet und Lur-Saluces, erweitert, wird der Text im Jahre 1900 unter dem Titel *Enquête sur la Monarchie* (»Untersuchung zur Monarchie«) veröffentlicht. Dieses Kultbuch der Action française wird 1909 ergänzt und neu herausgegeben. Charles Maurras tritt aus seiner Isolierung heraus. 1901 gewinnt er nach Pujo auch Henri Vaugeois, den begabtesten, den enthusiastischsten unter seinen Kameraden, für seine monarchistischen Ideen.

Es gelingt Maurras indessen nicht, Barrès von der Überlegenheit des Royalismus zu überzeugen. Auf seine Argumente antwortet der Autor der *Déracinés*:

> »Ich bin es leid, dass über die Revolution voreingenommen gesprochen und geschrieben wird. Sie ist nicht von den Revolutionären im Sturm auf Versailles, sondern von den Besitzenden von Versailles gemacht worden. Robespierre ist weniger schuldig, weniger verantwortlich – ach, lassen wir diese Worte –, er ist weniger aktiv als Marie-Antoinette und Leute wie Polignac. Ich gehe noch weiter. Wenn ein Danton, ein Marat Gauner sind, so ist Robespierre keiner und Versailles voll von Gaunern. Frankreich ist 1789 gestorben. Es ist nicht an 1789 oder 1793 gestorben, sondern es ist an diesem Datum zu Ende gegangen[122].«

Trotz Barrès' Absage in diesem Punkt gelingt es Maurras' Action française in wenigen Jahren, die geistige Vorherrschaft über den französischen Nationalismus zu gewinnen. Maurras hat es verstanden, das rationale Denken und die Politik der Restauration, die vor ihm eine Sache des Gefühls war, miteinander zu verbinden. Er versichert, der Nationalismus – der integrale Nationalismus – laufe auf den Willen der Wiederherstellung der Monarchie hinaus. Diese Idee nimmt ihren Lauf. Einige Mitglieder der »Liga des französischen Vaterlandes«, und nicht die geringsten, ein Paul Bourget, ein Jules Lemaître, schließen sich ihr an. Schon am 19. August 1900 schreibt Bourget an Maurras, dass »die monarchische Lösung die einzige ist, die den neuesten Lehren der Wissenschaft gemäß ist[123]«. Worauf Maurras noch weiter geht:

> »Man kann die Notwendigkeit der Monarchie wie ein Theorem demonstrieren. Setzt man den Willen, unser französisches Vaterland zu bewahren, einmal als Postulat an, dann greift eins ins andere, dann folgt alles aus einer unweigerlichen Gedankenbewegung. Die Phantasie, selbst die Entscheidungsfreiheit haben daran keinen Anteil: wenn

---

122 M. Barrès-Ch. Maurras, *op. cit.*, S. XXVII.
123 Ch. Maurras, *Enquête sur la Monarchie*, Nouvelle Librairie nationale, 1909, S. 113.

Sie sich einmal entschieden haben, Patriot zu sein, dann werden Sie zwangsläufig Royalist sein[124].«

Der Action française kommt auch das Scheitern der »Liga des französischen Vaterlandes« zugute, die nie sehr kämpferisch war; nach den ersten enthusiastischen Versammlungen zerfällt sie. Die Affäre Syveton gibt ihr den Gnadenstoß.

Gabriel Syveton, ein ehemaliger Lehrer, der ein Herold der nationalistischen Sache geworden war und sogar Jules Lemaître in den Schatten stellte, galt als der wahre Führer der »Liga des französischen Vaterlandes«. Er hatte einen großen Skandal provoziert: am 4. November 1904 ohrfeigte er in der Abgeordnetenkammer den Kriegsminister, den General André. Diesen hatte die Opposition bezichtigt, die Freimaurer damit beauftragt zu haben, Akten über die Offiziere anzulegen. Am Vorabend des Prozesses, der am 9. Dezember stattfinden soll, nimmt sich Syveton das Leben. Seine nationalistischen Freunde, besonders Maurras und Léon Daudet, schließen unverzüglich auf Mord, »wahrscheinlich durch Freimaurer«. Syvetons Beerdigung wird zum Anlass für einen der großen Demonstrationszüge, für die die Straßen von Paris – von der Kirche Saint-Pierre in Neuilly bis zum Friedhof Montparnasse – schon tausende von Malen die Bühne abgegeben haben. Die Rufe »Es lebe Lemaître!«, »Es lebe Coppée!«, »Es lebe Rochefort!«, »Es lebe Drumont!« begleiten den Toten, und manche träumen schon von der Möglichkeit eines neuen Gewaltstreichs, unter ihnen Léon de Montesquiou, den man prompt aufspürt, festnimmt und auf die Polizeiwache bringt. In den folgenden Tagen kommt so nach und nach die Wahrheit über Syvetons Tod ans Licht – dank gewisser, vielleicht nicht so ganz uneigennütziger Indiskretionen. So erfährt man, der glühende Nationalist, der eine Belgierin – schön wie ein Bild von Rubens, so Léon Daudet, und Mutter einer charmanten Marguerite – geheiratet hatte, habe seine Stieftochter »missbraucht«. In der Angst, dass mitten im Prozess seine familiären Schändlichkeiten herauskommen könnten, habe er es vorgezogen, seinem Leben ein Ende zu setzen. Dass die Sicherheitspolizei, die die Akten kannte, auf Syveton Druck ausübte, ist anzunehmen. Spekulierten die Nationalisten nicht darauf, dass sein Prozess ihnen Gelegenheit zu einer gewaltigen Bloßstellung der Regierung Combes und zu einer leidenschaftlichen Wiederaufnahme des Antidreyfusismus geben würde? Der Syveton-Skandal richtete jedenfalls vollends zu Grunde, was der »Liga des französischen Vaterlandes« noch an Kraft geblieben war; sie machte das Feld frei für die Action française.

Dieser fehlte jedoch ein talentierter Redner: Vaugeois war ein Nervenbün-

---

124 *Ibid., S. 116.*

del, Pujo stotterte, Maurras war taub und seine Stimme trug nicht ... Der neue kämpferische Stentor tauchte unter den plumpen Zügen von Léon Daudet auf, dem Sohn von Alphonse, den seine Frau Martha – genannt Pampille – zum Katholizismus zurückgeführt und zum Royalismus bekehrt hatte. Léon Daudet hatte indessen nichts von einem Mann, der Trübsal bläst. Er hatte ein lockeres Mundwerk, brachte die anderen gern zum Lachen und schätzte es, in den öffentlichen Versammlungen herumzubrüllen, so wie er gutes Essen, guten Wein und Frauen schätzte. Bevor er Journalist wurde, hatte er Medizin studiert und sich dabei einen medizinischen Wortschatz angeeignet, aus dem er schöpfte, um seine Schmähreden mit klinischen und anatomischen Metaphern anzureichern. Er war ein eifriger Besucher des Salons von Madame de Loynes und Mitarbeiter bei der Zeitung *La Libre Parole*, für die er ein Mal in der Woche einen Beitrag schrieb, der in der Sonntagsausgabe erschien. In Drumonts Zeitung hatte er für Syveton Partei ergriffen, der übrigens sein Mitschüler im Lycée Louis-le-Grand gewesen war.

1906 war Daudet – ein paar Jahre jünger als Maurras – 39 Jahre alt. Von diesem Jahr an nimmt er regelmäßig an den Zusammenkünften teil, die Maurras in seiner kleinen Wohnung in der Rue de Verneuil abhält; dort befreundet er sich mit Jacques Bainville, Léon de Montesquiou, Lucien Moreau – einem der Getreuen von Maurras seit dessen flammendem Artikel nach dem Selbstmord von Henry –, Marcel Pujo und einigen anderen, die den engeren Kreis um den Meister bilden. Man diskutiert dort ganz besonders über die Notwendigkeit einer eigenen täglich erscheinenden Zeitung. Unter der Federführung von Maurras hatte sich die Action française bereits im Februar 1906 ein »Institut« zugelegt, das eine Art Kaderschule des Neoroyalismus war. Auftrieb erhielt die Maurras-Bewegung, die, wie man weiß, wenig christlich, doch ausdrücklich katholisch ausgerichtet war, auch durch den antiklerikalen Kampf der Regierung Combes, der gegen die ursprüngliche Absicht zum Gesetz der Trennung von Staat und Kirche geführt hatte (seine Verabschiedung im Dezember 1905 hatte den so genannten Inventurstreit hervorgerufen, der in den Gemeinden für Verwirrung sorgte).

Für Maurras war es ganz entscheidend, bevor man auch nur irgendetwas unternahm, die Öffentlichkeit zu erobern. »Einer unserer ständigen Refrains bei unseren Zusammenkünften im *Flore* lautete: *wir arbeiten für 1950*, was uns in keinster Weise von allen möglichen Unternehmungen und Hoffnungen für den nächsten Morgen abhielt[125].« Bei dieser Strategie à la Gramsci – »ein Gramscismus von rechts« avant la lettre – war es unbedingt nötig, über eine Tageszeitung zu verfügen. Der erste Gedanke war, sich der Zeitung *La Libre Parole* zu bemächtigen. Drumont war nicht abgeneigt, doch sein rech-

---

125 Ch. Maurras, *Au signe de Flore, op. cit.*, S. XV.

ter Arm, Gaston Méry, ein nationalistischer republikanischer Stadtrat, war dagegen.

Nachdem dieses Projekt fehlgeschlagen war, entschloss sich Maurras, über die Zeitschrift eine Subskription zu eröffnen. Das war kühn, doch die Subskription, zu der noch eine Unterstützung von Léon und Marthe Daudet kam – sie hatten von der Comtesse de Loynes vor deren Tod die stattliche Summe von 200.000 Francs als Geschenk erhalten –, erbrachte das notwendige Startkapital. Die erste Nummer der Tageszeitung *L'Action française* verließ die Druckerei in der Rue du Croissant 19 am 21. März 1908 und trug als Motto den Spruch des Duc d'Orléans: »Alles, was national ist, ist Unser.« Zwölf Namen bürgten für das Unternehmen: Henri Vaugeois, Léon Daudet, Charles Maurras, Léon de Montesquiou, Lucien Moreau, Jacques Bainville, Louis Dimier, Bernard de Vesins, Robert de Boisfleury, Paul Robain, Frédéric Delbecque und Maurice Pujo. Ein Interview mit Jules Lemaître erschien an herausragender Stelle: der ehemalige Präsident der »Liga des französischen Vaterlandes« erklärte, warum er sich dem Royalismus anschloss. Auf Anregung von Lucien Moreau, einem Parteigänger voller Initiative, rief man kurze Zeit später, im November, die Camelots du Roi (»Zeitungsverkäufer des Königs«) ins Leben – Leute, die auf der Straße mit lauten Rufen die Zeitung vertrieben und gelegentlich als Ordnungsdienst der Liga fungierten. Angeworben unter den Jugendlichen und zu jeder Handgreiflichkeit bereit, gaben sie dem Quartier Latin und manchmal auch dem Friedhof Père Lachaise eine gewalttätige Note im Stil der Action française. 1910 wurde das Ganze durch die mit bleibeschlagenen Stöcken bewaffneten »Kommissare« gekrönt; das verlieh der »AF« einen militärischen Charakter und erhöhte bei den Randalierern ihre Anziehungskraft.

Das Abenteuer fand erst mit dem Ende des Vichy-Regimes, 1944, seinen Abschluss. In all diesen Jahren verwandelte die Action française die intellektuelle Auseinandersetzung in ein Manöverfeld. Maurras, der zur Gewaltanwendung antrieb, war deswegen noch kein Mann der Tat. Er arbeitete für eine ferne Zukunft und verschob den Gewaltstreich, den er für notwendig hielt, um die königliche Diktatur zu errichten, immer wieder auf den Sankt-Nimmerleins-Tag. Doch seine Slogans, seine auf den Bruch setzende Strategie, sein in theoretische Formeln gegossener Hass lieferten den ungeduldigen Geistern Waffen gegen das herrschende Regime. Mit ihm war der Kampf der Ideen kein vergnügliches Wortgefecht mehr, sondern Krieg. Bis zum Schluss nährte Maurras die Kultur des Bürgerkrieges, die in unserem öffentlichen Leben immer noch nachwirkt.

9
Die »Boutique« der *Cahiers*

Während Charles Maurras die Action française vorantreibt, findet ein anderer Schriftsteller, Charles Péguy, fünf Jahre jünger als jener, ebenfalls durch die Dreyfus-Affäre seine Bestimmung. Diese beiden Männer, die man manchmal unterschiedslos in ein und derselben nationalistischen Strömung unterbringt, standen sich fremd gegenüber, obwohl Maurras, wie wir sehen werden, einen Augenblick glaubte, Péguy für seine Gedanken gewinnen zu können.

Seit seiner Kindheit in Orléans hat Péguy an der laizistischen und an der katholischen Kultur teil; bei all seinen Wandlungen wird er doch bis zum Ende seines Lebens sowohl den Bildern des christlichen Frankreich als auch den Lehren des revolutionären Frankreich verbunden bleiben. Er ist 1873 geboren, hat seinen Vater, der vor seiner Geburt starb, nicht gekannt und wird von zwei Frauen erzogen: seiner Großmutter mütterlicherseits, einer Bäuerin, einer Analphabetin, und seiner Mutter, einer Korbflechterin, die es mit harter Arbeit und eisernem Sparen zu Besitz bringt.

Im Katechismusunterricht wird Péguy vom Pfarrer von Saint-Aignan sehr geschätzt, der ihn gern aufs Priesterseminar geschickt hätte; vor allem aber ist Péguy ein ausgezeichneter Schüler in der Schule, die der École normale primaire du Loiret[126] angegliedert ist und in der er die berühmten »schwarzen Husaren der Republik« als Lehrer hat, in Uniform gezwängte Lehrer, die noch in der Ausbildung sind. Seine Intelligenz und sein Fleiß bringen ihm ein Stipendium für das Lycée in Orléans ein. Nach dem Baccalauréat[127] kann er sich – weiterhin als Stipendiat – auf dem Lycée Lakanal in Sceaux in die Klasse Rhétorique supérieure[128] einschreiben, um die École normale supérieure vorzubereiten. Bei der Aufnahmeprüfung – einem Concours – hat er einen halben Punkt zu wenig und fällt durch. Er beschließt, seinen Militär-

---

126 *Anm. d. Ü:* École normale primaire du Loiret: Ausbildungsstätte für Grundschullehrer im Département Loiret.
127 *Anm. d. Ü:* Baccalauréat: französisches Abitur in Form einer anonymen, für ganz Frankreich einheitlichen Prüfung. Das Französischexamen wird bereits am Ende des vorletzten Oberstufenjahres abgelegt.
128 *Anm. d. Ü:* Rhétorique supérieure oder Khâgne*: die zweite der beiden – an bestimmte Lycées angeschlossenenen, aber dem postsekundären Unterricht zugehörigen – Vorbereitungsklassen für den Concours zur Aufnahme in die École(s) normales(s) supérieure(s).

dienst um ein Jahr vorzuziehen; danach wird er in die Khâgne* des Lycée Louis-le-Grand und in die Pension Sainte-Barbe aufgenommen – zwei Einrichtungen jenes Quartier Latin, das Péguy in der Zeit der dreyfusistischen Schlachten mit seinem Feldgeschrei erfüllen wird. Im Hof von Sainte-Barbe befreundet sich Péguy mit den Brüdern Tharaud, mit François Porché, Joseph Lotte und Marcel Baudouin, dessen Schwester er heiraten wird. Auf sie alle übt er eine natürliche Autorität aus; er flößt ihnen mit seinem mächtigen Kopf, seinen kräftigen Schultern, seiner entschlossenen Miene, ja sogar mit seinem Schweigen Respekt ein ...

Schon damals setzt er sich für den Sozialismus ein. Schon damals treibt er für die Streikenden Geld auf (»Es gab immer irgendwo einen Streik, und Péguy brauchte immer Geld«, schreiben die Tharauds). 1894 wird er in die École Normale aufgenommen, in etwa zu der Zeit, als man den Hauptmann Dreyfus festnimmt. In der Rue d'Ulm schließt er einige neue Freundschaften, so mit dem späteren Historiker der Revolution Albert Mathiez, mit Albert Lévy und Georges Weulersse, mit denen er die »turne«, die Bude »Utopie« teilt. Vor allem aber lernt er Lucien Herr kennen, der seit 1888 Bibliothekar an der École Normale ist. Wie alle seine Mitschüler, so bewundert auch Péguy Herrs moralische und geistige Strenge; er hört auf seine Ratschläge und liest, wenn sich die Gelegenheit bietet, die Arbeiten, mit denen die ehemaligen Normaliens Lucien Herr ihre Dankbarkeit ausdrücken. Beide sind Sozialisten. Doch Herr hatte sich dem am stärksten »ouvriéristischen« Flügel angeschlossen, dem Parti ouvrier socialiste révolutionnaire (»Revolutionäre sozialistische Arbeiterpartei«) von Jean Allemane, einem ehemaligen Kommunarden, der einst nach Neu-Kaledonien deportiert worden war und nun eine Zeitung, *Le Parti ouvrier*, herausgibt.

Es verdient hervorgehoben zu werden, dass Herr dort unter seinem üblichen Pseudonym Pierre Breton Jeanne d'Arc einen Artikel gewidmet hat. Zu einer Zeit, als die Katholiken und die zukünftigen Nationalisten aus der »guten Lothringerin« das Wahrzeichen eines antilaizistischen Frankreich machen wollen, verteidigt Lucien Herr das populäre Bild von der Jungfrau als Opfer der Mächtigen und der Inquisition. Zu Beginn des neuen Studienjahres im Herbst 1895 hatte Péguy den Direktor der École Normale um Beurlaubung für ein Jahr gebeten, um sein erstes großes Werk, seine erste *Jeanne d'Arc*, über die er seit Sainte-Barbe nachdachte, schreiben zu können.

Diese *Jeanne d'Arc*, die er im Juni 1897 beendet, versöhnt die Jeanne Michelets, die aus dem Volk hervorgegangen ist und das Volk verkörpert, mit der christlichen Jeanne, der zukünftigen Heiligen. Denn wenn Péguy zu dieser Zeit auch nicht mehr gläubig ist, so verleugnet er deswegen doch nicht sein doppeltes Erbe. Die Widmung dieser dramatischen Dichtung schließt mit den Worten: »All den Frauen und Männern gewidmet, die einen menschlichen Tod sterben werden für die Errichtung der universellen sozialistischen Republik.«

Zurück in der École Normale, gründet er im Mai 1897 einen Cercle d'études et de propagande socialistes (»Sozialistischer Studien- und Propagandakreis«). Er treibt aufs Neue Geld für die gute Sache auf, aber zögert auch nicht, seine Kommilitonen aufzufordern, etwas für die Veröffentlichung seiner *Jeanne d'Arc* aufzutreiben. Man kann ihm nichts abschlagen: »Wenn Péguy einen um etwas bat, erhob man keinen Einwand«, schreibt Tharaud. Péguys Stück kommt im Dezember 1897 heraus. Es ist höchste Zeit, denn schon im Oktober ist die Dreyfus-Affäre ausgebrochen, und Péguy setzt all seine Kraft für sie ein. Gleichzeitig teilt er dem Direktor der École Normale mit, er habe sich entschieden, die Schule zu verlassen, und legt ihm seine Pläne dar: die Agrégation, gewiss!, aber auch heiraten und eine sozialistische Buchhandlung gründen. Am 28. Oktober 1897 heiratet Péguy (ohne religiöse Zeremonie) Charlotte Baudouin, mit der er in die Rue de l'Estrapade zieht. Im folgenden Sommer fällt er bei der Agrégation in Philosophie durch.

Dieser Misserfolg führt zu seinem Bruch mit der Universität – ein Bruch, den er weitgehend selbst vorbereitet hatte, indem er die Rue d'Ulm, die École Normale, verließ, um sich in die Gründung einer Buchhandlung in der Rue Cujas zu stürzen, mitten im Quartier Latin, ganz nah an der Sorbonne und der Montagne Sainte-Geneviève. Zu diesem Zweck hatte er mit Zustimmung der Familie seiner Frau deren Mitgift von etwa vierzigtausend Francs verwendet. Später bedauert es Péguy, stattdessen nicht die *Cahiers de la Quinzaine* lanciert zu haben. »Ich sündigte durch Bescheidenheit«, wird er sagen ... »Ich traute mir selbst nicht genug zu.«

Die Buchhandlung, die im Mai 1898 eröffnet und – da Péguy für dieses Agrégations-Jahr noch Stipendiat ist – unter dem Namen von Georges Bellais geführt wird, läuft miserabel. Die Geschäftsführung hatte man Bernard Lavaud, einem bärtigen Mann mit Kneifer, anvertraut, der keinerlei Kompetenz besitzt und inmitten der Bücher so deplatziert wirkt wie ein Zierkürbis in einem Obstsalat. Dessen ungeachtet ist die »Boutique« ständig voll. Man kauft dort nichts, aber diskutiert über alles. Die Librairie Bellais, die sich auch verlegerisch betätigt, veröffentlicht einen Roman der Brüder Tharaud, von Péguy selbst *Marcel, premier dialogue de la Cité harmonieuse* (»Marcel, erster Dialog der harmonischen Stadt«), dann *Les Loups* (»Die Wölfe«) von Romain Rolland ... Alles Verlustgeschäfte. Doch die Buchhandlung wird zum Hauptquartier der dreyfusistischen Bewegung; Péguy gehört zu denen, die in der vordersten Reihe kämpfen: »Péguys Buchhandlung war der Wachposten einer Miliz«, schreibt Daniel Halévy. »In diesen Jahren 1898 und 1899 gab es hundert Schritte weiter in den Gängen der Sorbonne häufig Schlägereien. Péguy war beständig bereit einzugreifen, seine Freunde in den Kampf zu werfen. Eine Stimme rief: ›Durkheim wird angegriffen, Seignobos wird überfallen!‹ – ›Sammeln!‹ antwortete Péguy, der stets militärische Ausdrücke bevorzugte. Befand er sich im Augenblick des Signals in der École Normale, rannte er sofort durch die Gänge, von Bude zu Bude, riss überall die Türen auf und rief auf jeder Schwelle: ›Sammeln!‹ Alle stürzten sich auf ihre Stöcke und rannten mit ihm zur Sorbonne. *Ça ira, ça ira* (›es wird geh'n, es wird gehen‹)[129], summte Péguy vor sich hin, der kein anderes Lied kannte, und Tharaud lief an seiner Seite den Hang hinunter. Péguys Stock war ein starker Knüppel, den er in der Mitte festhielt und mit ausgestrecktem Arm balancierte. In der Sorbonne kommandierte er das Manöver: ›die und die Gruppe über die Treppe! die und die Gruppe über den Flur!‹ Es gab Siege und es gab Niederlagen. Eines Tages verprügelten ihn die Polizisten. Welcher Anführer hätte keine Rückschläge erlitten? ›Der große Anführer ist nicht der, der niemals geschlagen wird‹, wird er fünfzehn Jahre später schreiben, ›sondern der, der sich immer schlägt.‹ Péguy war ein solcher Anführer[130].«

Péguy hatte sich eine moralische Definition des Sozialismus zurechtgelegt. Dieser – kaum marxistisch beeinflusst – fußte auf der sehr französischen *Revue socialiste*, die 1885 von Benoît Malon gegründet worden war (und an der Péguy mitarbeitete), sowie – damals noch – auf Reden und Artikeln von Jaurès: Péguy hatte ihn 1897 kennen gelernt, als er ihn im Namen der sozialistischen Studenten der École Normale dazu drängte, sich für Dreyfus einzusetzen. Für ihn wie für Jaurès – und im Gegensatz zu Jules Guesdes »Klassen«-Position – war der Dreyfusismus, der die Wahrheit und das Recht verteidigte, etwas ganz Selbstverständliches, genau so wie der Sozialismus. Dass Dreyfus ein Offizier war, ein »Bourgeois«, war unwichtig: zunächst einmal war er das Opfer einer Lüge, einer Ungerechtigkeit, einer vom Staat ausgehenden Gewalt. Im Gegensatz zu bestimmten anarchistischen, antimilitaristischen oder durch und durch rationalistischen Dreyfusards verband Péguy den Dreyfusismus mit der Vaterlandsliebe: das Heer hatte über jedem Verdacht zu stehen, also hatte es seine Irrtümer zuzugeben. Frankreichs Bild durfte nicht durch Ungerechtigkeit getrübt werden: für Dreyfus zu kämpfen hieß aus der Sicht Péguys, für die Republik zu kämpfen, für eine zivile Gewalt, frei von Einmischungen des Militärs, für den Rechtsstaat.

Gegenüber den üblichen Positionen der sozialistischen Bewegung aufs Neue die ethischen Motive des Sozialismus unterstreichen: das ist einer der Gründe, die ihn dazu bewegen, eine Zeitschrift zu gründen. Leider pfeift die Librairie Bellais auf dem letzten Loch. Péguy glaubt, die Dinge durch die Veröffentlichung von *L'Action socialiste* (»Die sozialistische Aktion«), einem Band mit Artikeln von Jaurès, wieder ins Lot bringen zu können. Er lässt

---

129 *Anm. d. Ü:* Ça ira, ça ira: Ah! ça ira, revolutionäres Pariser Volkslied von 1790.
130 D. Halévy, *Péguy*, Neuaufl. bei Hachette, »Pluriel«, 1979, S. 135.

10.000 Exemplare drucken. Lediglich 2.000 werden verkauft, hélas!, 8.000 sind reif für die Makulatur: ein Abgrund[131]! Trotzdem ist es für Péguy und Jaurès eine Gelegenheit, sich oft zu treffen – so, wenn sie Seite an Seite zur Druckerei in Suresnes gehen oder von dort zurückkommen. Péguy hat erzählt, wie der poesiebesessene Jaurès unterwegs Racine, Corneille, Hugo, Vigny und viele andere oder die lateinischen und griechischen Dichter rezitierte. Doch all das ändert nichts an der Tatsache, dass Péguy ausgelaugt ist. Hin- und hergerissen zwischen seiner Vorbereitung für die Agrégation, seinen Pflichten als Familienvater (am 10. September 1898 wurde sein Sohn Marcel geboren) und seinen Artikeln für *La Revue blanche*, ist er alles andere als ein umsichtiger Verwalter. Am Sommeranfang des Jahres 1899 wendet er sich an seine Freunde, die für die Buchhandlung die Schirmherrschaft übernommen haben, Lucien Herr an erster Stelle.

Im Laufe des Monats August findet man eine neue Formel, die Société nouvelle de librairie et d'édition (»Neue Buchhandels- und Verlagsgesellschaft«), eine Aktiengesellschaft, deren fünf Gesellschafter Léon Blum, Hubert Bourgin, Lucien Herr, Mario Roques und François Simiand sind. Die finanzielle Regelung hat böse Folgen. Péguy, der in die Gründung der Librairie Bellais 40.000 Francs eingebracht hatte, wird im Kapital der neuen Buchhandlung nur die Hälfte dieser Summe angerechnet. Nach Meinung Herrs und seiner Freunde ist das schon viel angesichts der Tatsache, dass Péguys Geschäft quasi bankrott ist; in Péguys Augen handelt es sich um eine Rechtsverweigerung, zumindest aber um das Ergebnis eines Kuhhandels, der des kommunistischen Ideals, das sie angeblich alle teilen, unwürdig ist. Péguys unnachgiebiger Charakter erleichtert nichts: im Dezember 1899 tritt er zurück; er ist von nun an weder Aktionär der Gesellschaft noch vertritt er den Verlag. Ungeachtet der Gesetze verlangt Péguy die Auszahlung seiner Anteile in Geld. Der Streit eskaliert und geht zwei Jahre später bis ans Handelsgericht.

Hinter diesen Finanzstreitigkeiten lag etwas anderes. Immer weniger vertrug Péguy den Dogmatismus, der sich seiner Meinung nach innerhalb der sozialistischen Gruppen entwickelte. Diese waren im Begriff, sich auf die Gefahr hin, ihre Grundsätze aufzugeben, zu vereinigen. Am Kongress der sozialistischen Organisationen, der vom 3. bis 8. Dezember 1899 in der Pariser Salle Japy stattfand, nahm Péguy als Delegierter einer Gruppe für soziale Studien ehemaliger Schüler des Gymnasium von Orléans teil. Guesde und Jaurès stimmten in der Frage der Teilnahme eines Sozialisten – Alexandre Millerand – an einer bürgerlichen Regierung nicht überein. Der Sieg von Guesde, der Parteigeist, der autoritäre Beschluss zur sozialistischen Presse, dieser ganze

---

131 G. Leroy, *Péguy entre l'ordre et la révolution*, PFNSP, 1981, S. 111.

Kongress enttäuschte Péguy. Im Namen der Einheit – die erst 1905 mit der SFIO[132] verwirklicht werden sollte – empfahl der Kongress denen, die in der Presse schrieben, sich aller persönlichen Angriffe auf Genossen zu enthalten. Péguy, der sich mit Guesde angelegt hatte, lehnte eine solche Disziplin ab. Herr machte ihm das zum Vorwurf und bezeichnete ihn als »Anarchisten«.

In dem damaligen Briefwechsel zwischen den beiden Männern bemüht sich Péguy, die Freundschaft zu retten. »Ich glaube, ich verlange nicht zu viel, wenn ich darum bitte, dass ich weiterhin als Freund in die Buchhandlung kommen kann, um Sie dort zu treffen, dort zu telefonieren und Bücher zu bestellen[133].« Nach Jules Isaac, der an dem Unternehmen der *Cahiers* von Anfang an beteiligt war, geht der definitive Bruch auf Lucien Herr zurück:

> »Wie Péguy auf seiner freundschaftlichen, friedlichen Haltung bestand, so bestand Herr im Namen der fünf auf seiner feindseligen Haltung, wenn er auch ›liebenswürdige‹ Formeln dabei benutzte ... Wenn also die Initiative, sich zu entfernen, von Péguy ausgegangen war, so geht die Initiative zum Bruch, d.h. die größere Verantwortung für die Trennung, auf die fünf zurück[134].«

Ganz anders klingt das in Lucien Herrs Biographie von Charles Andler: nach seiner Darstellung begünstigte die Lösung, die der Bibliothekar der Rue d'Ulm und seine Freunde gefunden hatten, Péguy. Herr selbst hatte persönliche Ersparnisse eingebracht: »Man will heute aus Péguy einen Heiligen machen«, schreibt Andler, »während er nur ein Held und ein Genie war. Doch in seinem knorrigen Charakter gab es viel mehr von dem Bauern der Beauce, der herb, schwierig und durchtrieben ist[135].« In seinen Augen war Péguy – vom Ingrimm besessen, niemandem etwas zu schulden – Lucien Herr gegenüber, der ihn vor dem Ruin gerettet hatte, unglaublich undankbar.

Péguy gibt nicht auf: er lanciert seine Zeitschrift, seine *Cahiers* (»Hefte«), wie er sie nennt. Ihm kommen alte Freundschaften aus Sainte-Barbe und aus dem Lycée von Orléans zugute, die der Tharauds und die von André Poisson. Sie geben ihm eine Adresse – die eines Zimmers in der Rue des Fossés-Saint-Jacques 19, das sie mieten. Ein Betrag von 1000 Francs, den ihm die Mutter eines Freundes, Charles Lucas de Peslouan, schenkt, gestattet es ihm, am 5. Januar 1900 die erste Nummer der *Cahiers de la Quinzaine* zu lancieren. Kur-

---

132 *Anm. d. Ü:* SFIO (Section française de l'internationale ouvrière): »Französische Sektion der Arbeiterinternationale«, 1905 gegründete sozialistische Partei. Auf dem Kongress von Tours (1920) konstituierte sich die Mehrheit als Parti communiste français; die reformistische Minderheit behielt die Bezeichnung SFIO bei.
133 *Feuillets mensuels de l'Amitié Charles Péguy, Nr. 11, April 1950.*
134 J. Isaac, *Péguy, Calmann-Lévy, 1959, S. 216–217.*
135 Ch. Andler, *op. cit., S. 155.*

ze Zeit später wird die Zeitschrift in der Rue de la Sorbonne 16 untergebracht – dank des Entgegenkommens von Dick May (Jeanne Weil), die dort ihre École des hautes études sociales untergebracht hat. Im September 1901 kann Péguy endlich seine *Cahiers* in derselben Rue de la Sorbonne im Haus Nr. 8 unterbringen.

In dieser ersten Nummer kam der ethische Sozialismus Péguys, der sehr weit vom Parteisozialismus entfernt war, wie er sich auf den Kongressen und in der Presse der Bewegung entfaltete, ausgiebig zum Ausdruck. Der Guesdismus mit seinem Vulgärmarxismus war der Feind Nummer eins. Die Dreyfus-Affäre hatte seine Gedankenarmut aufgedeckt und sein moralisches Defizit hervorgehoben. Viel zu abhängig von der deutschen Sozialdemokratie, die die Lehre von Marx hochhielt, eine mächtige durchorganisierte Klassenpartei war und sich alle anderen Arbeiterorganisationen, angefangen bei den Gewerkschaftsorganisationen, unterordnete, hatte Guesde den Dreyfusismus als »bürgerliche Ideologie« verachtet, dabei unterstützt von Wilhelm Liebknecht, dem Führer der deutschen Sozialdemokratie. In der ersten Nummer der *Cahiers* legt Péguy Wert darauf, die Übersetzung eines Textes von Liebknecht zu veröffentlichen, in dem der deutsche Sozialist zeigt, wie wenig er von den Dreyfusards hält, und Bernard-Lazare sowie Émile Zola verhöhnt. Damit geht Péguy sowohl zum Guesdismus als auch zur deutschen Sozialdemokratie auf Distanz.

In der zweiten Nummer geißelt Péguy seine Kritiker, die seine Polemik gegen Guesde schockiert hatte. »Ich habe im Sozialismus den Guesdismus gefunden« sagt er, »wie ich im Christentum das Jesuitentum gefunden habe.« Er vertritt aufs Neue den Gedanken, den er mit Jaurès teilt, dass das Proletariat die Menschheit als ganze in sich trägt, dass ihm alle menschlichen Interessen aufgetragen sind. Zu dieser Zeit fühlt sich Péguy Jaurès sehr nahe. In dem dritten seiner *Cahiers* überhäuft er ihn mit Lob: »Die, die ihn einmal gehört hatten, konnten ihn nicht vergessen.« Und er zitiert mehrere Sätze von Jaurès, der einen Sozialismus ohne Sektierertum vertrete.

Gleich zu Beginn dieses Abenteuers mit den *Cahiers* erkrankt Péguy an einer Grippe und ist lange ans Bett gefesselt. Der Unzerstörbare ist niedergeworfen. Der Gedanke an den Tod verfolgt ihn ein paar Tage. Doch er schlägt aus allem Gewinn und veröffentlicht in mehreren Nummern seine Meditationen unter dem Titel *De la grippe* (»Von der Grippe«) – in Form eines Dialogs mit dem Arzt, der ihn behandelt. Dem Text fehlt es weder an Originalität noch an Tiefe, er verbindet Gedanken zur Dreyfus-Affäre mit Reflexionen über die allgemeine Gleichgültigkeit, in der sich das Massaker an den Armeniern abspielt. Er, der ostentativ erklärt: »Ich bin kein Christ«, zeigt hier seine christliche Gesinnung[136].

Kann diese ungewöhnliche, persönliche, nicht klassifizierbare Literatur ein Publikum erreichen, von dem das Unternehmen leben kann? Abonnements treffen nur tröpfchenweise ein. Die beiden ersten *Cahiers* haben eine Auflage von 1300 Exemplaren, das dritte von 800, beim vierten *Cahier* gibt es nur 116 Abonnenten, beim zehnten erreicht man 263. Das ist mehr als bescheiden: ungenügend. Péguy muss vier Jahre warten, bis die Schwelle der tausend Abonnenten überschritten wird. Unter ihnen sind einige, die ihn treu unterstützen, so sein Schwager, der seine Ersparnisse angreift, um das Unternehmen wieder flott zu machen, oder Romain Rolland, der ihm schreibt:

> »Ich kenne Männer der Revolution – besonders einen ...: er heißt Charles Péguy. Es ist ein junger Mann von 26, 27 Jahren, ein glühender und begeisterter Sozialist, der sich gerade schroff von der Sozialistischen Partei getrennt hat, weil er sie zu despotisch und fanatisch findet; in seinen Überzeugungen ist er deswegen übrigens keineswegs schwankend geworden, weit gefehlt; sie sind jetzt noch leidenschaftlicher und reiner. Ganz allein hat er eine Zeitschrift gegründet, in der er [...] allen Mächtigen, welcher Partei sie auch angehören, die kühnsten Wahrheiten zu sagen wagt. Er hat sich zur Aufgabe gemacht, das öffentliche Empfinden zu reinigen und die soziale Revolution auf eine Reform der Sitten und der Intelligenz zu gründen – ganz wie Mazzini und die großen Revolutionäre[137].«

Der Mann lässt sich nicht unterkriegen. Das mäßige Ergebnis seiner Werbekampagnen für Abonnenten entmutigt ihn nicht. Er bettelt, unternimmt alle möglichen Schritte, lanciert einen Appell nach dem andern. Sein unternehmerischer Sinn ist durch und durch intellektueller Natur, allen geschäftlichen Erfordernissen fremd, wie es sein Scheitern als Buchhändler und Verleger schon gezeigt hatte. Doch er bleibt hartnäckig. Und er erfreut sich solider Freundschaften, besonders der seines ehemaligen Mitschülers André Bourgeois, des neuen Gesellschafters, der mit einem ungeheuren Arbeitsaufwand den Verkauf der *Cahiers* steuert.

Péguy verfolgt die Entwicklung der sozialistischen Bewegung und ihre Kongresse, über die er regelmäßig Berichte veröffentlicht, weiterhin aufmerksam; der antiklerikalen Politik, die die sozialistischen Abgeordneten betreiben, steht er immer kritischer gegenüber. Im Januar 1901 greift er Jaurès, der den Atheismus von Édouard Vaillant gelobt hat, persönlich an. Für Péguy ist nichts schlimmer, als die katholische Dogmatik durch eine ebenso dogmati-

---

136 F. Laichter, *Péguy et ses Cahiers de la Quinzaine,* Éditions de la Maison des sciences de l'homme, 1985, S. 23.
137 Zitiert nach F. Laichter, *ibid.,* S. 28.

sche »laizistische Vorsehung« zu ersetzen – eine Strömung, die sich mit der Regierung Combes, die aus den Wahlen des Jahres 1902 hervorgeht, noch verstärken wird. Péguy wird ihr entschiedener Gegner sein.

Die »Boutique« in der Rue de la Sorbonne wurde zu einem bevorzugten Versammlungsort des kritisch-kämpferischen Sozialismus, was Charles Guieysse, dem Herausgeber der *Pages libres*, nicht missfiel. Die beiden Zeitschriften entstanden am selben Ort und vertraten denselben Geist – wenn man davon absieht, dass die Zeitschrift Péguys sich zur Zeitschrift von Guieysse verhielt wie die Universität zur Grundschule, was für die *Pages libres* die Aussicht auf weit mehr Abonnenten mit sich brachte. Péguy empfing donnerstags. Während er irgendwelche Formalitäten erledigte, blieben seine Getreuen im Allgemeinen aus Mangel an Platz vor ihm stehen. Für Georges Sorel – »Monsieur Sorel« – den geachteten Älteren, den »neuen Sokrates«, wie Halévy schreibt, der auf die Sechzig zuging, reservierte man allerdings einen Stuhl. Sorel, auf den wir noch zurückkommen werden, freute sich eher über den Bruch zwischen Péguy und den anderen Sozialisten, die er verachtete. Er galt als einer der besten Kenner des marxschen Denkens. Péguy bewunderte sein Wissen, seinen Antikonformismus; Sorel schätzte bei Péguy die Kraft und die jugendliche Vermessenheit. Er hatte überhaupt viel für starke Charaktere übrig und in diesem jungen Herausgeber einen außergewöhnlichen Charakter erkannt. Freitags machte man sich mit der ganzen Gruppe auf, um die Vorlesung von Bergson um fünf Uhr im Collège de France[138] zu besuchen. Der Philosoph war damals noch nicht von den Damen der hohen Gesellschaft belagert, die aus seinen Vorlesungen ein Pariser *Muss* machten. Bei Bergson holten sich Männer wie Péguy, Guieysse, Sorel die Grundsätze für ihre Kritik am Szientismus und am Positivismus, für die Revanche der Intuition, des Instinkts, der Dynamik, des Undefinierbaren gegen die herrschende rationalistische Ideologie. Péguy machte sich bei Jaurès dafür stark.

»Eines Tages sagte ich ihm dummerweise, dass wir sehr regelmäßig die Vorlesungen von Monsieur Bergson im Collège de France besuchten, zumindest die Freitagsveranstaltung. Ich war unvorsichtig und gab ihm zu verstehen, man müsse diese Vorlesung besuchen, um ein wenig zu begreifen, was los ist. Auf der Stelle hielt er mir in weniger als dreizehn Minuten einen ganzen Vortrag über die Philosophie von Bergson, von der er nicht die geringste Ahnung hatte und von der er kein einziges Wort verstanden hätte. Da fehlte nichts. Er war in der ehemaligen École Normale – der höheren[139] – in derselben Jahrgangsstufe

---

138 *Anm. d. Ü:* Collège de France: renommierte Lehranstalt in Paris, deren Vorlesungen von jedem besucht werden können, die aber keine Diplome o.ä. vergibt.
139 *Anm. d. Ü:* École normale supérieure: s.o., wörtlich: »höhere École Normale«.

wie Bergson gewesen. Das genügte ihm. In solchen Momenten begann er mich zu beunruhigen[140].«

Die Wahlen vom Mai 1902, die zum Triumph des Linksblocks und zur Bildung der Regierung Émile Combes führen, bringen die *Cahiers de la Quinzaine* in eine Oppositionshaltung, die sie von der offiziellen sozialistischen Bewegung noch weiter isoliert. Da sich Jaurès – Führer der Linksgruppen in der Abgeordnetenkammer – als eine unfehlbare Stütze des Combismus[141] erweist, ist der Bruch zwischen Péguy und Jaurès nicht mehr aufzuhalten.

Achtung, Bewunderung, Solidarität – alles, was Péguy Jaurès entgegengebracht hatte, wurde durch die Episode des Combismus vernichtet. Dabei hatte niemand Jaurès treuer unterstützt. Noch im Jahr zuvor war Péguy dem Führer der Sozialisten in einer ziemlich lächerlichen Episode zu Hilfe geeilt: die feierliche Kommunion seiner Tochter Madeleine – Madame Jaurès legte Wert darauf, der gemeinsamen Tochter eine religiöse Erziehung zu geben – brachte ihn in Gegensatz zu seinen dogmatischsten Genossen. Jaurès' Gegner innerhalb der Bewegung, die ihn bei seinem Verrat am Materialismus auf frischer Tat zu ertappen glaubten, machten sich die Gelegenheit zu Nutze, um ihn, den Abgeordneten von Carmaux, an den Pranger zu stellen. Im *Cahier* vom 23. Juli 1901 verteidigte Péguy Jaurès; er argumentierte, das private geistige Leben sei zu achten, und verurteilte den »Terror der Bloßstellung«. Angesichts dieses Freundschaftsbeweises war der Bruch von 1902 umso grausamer. Noch 1905 brach die Nostalgie der bewundernden Freundschaft bei Péguy durch:

> »Wer hätte sich ihm nicht verbunden gefühlt? Und wer wäre, ihm einmal verbunden, ihm nicht verbunden geblieben? Sein früherer echter Ruhm in der einstigen Dreyfus-Affäre, der seinen noch früheren und nicht weniger echten sozialistischen Ruhm noch verstärkte, verdoppelte, umgab ihn noch immer mit einem Glanz von Güte. Es war die Zeit, in der für jeden feststand, dass Jaurès gut war[142].«

Jaurès' Eintreten für den Combismus löste diese Bindungen. Combes leitete eine Regierung, die entschlossen war, gegen die Ansprüche der katholischen Kirche, deren Gläubige die Reihen der nationalistischen Reaktion bevölkert hatten, anzugehen. Mit aller Schärfe wandte er das Vereinsgesetz an, das un-

---

140 Ch. Péguy, »Courrier de Russie«, *op. cit.*, 1988, S. 75–76.
141 *Anm. d. Ü:* Combismus: die von Émile Combes (1835–1921) vertretene Politik. Combes leitete als Ministerpräsident (1902–1905), gestützt auf den linksgerichteten, republikanisch-laizistischen Block, die Trennung von Kirche und Staat ein.
142 *Ibid.*, S. 74.

ter seinem Vorgänger Waldeck-Rousseau 1901 verabschiedet worden war – mit dem Ziel, das Schulwesen der religiösen Orden auf französischem Boden zu beseitigen. Empört über diese Intoleranz und über die Unterstützung, die ihr die Sozialistische Partei – mit Jaurès an der Spitze – gibt, bittet Péguy Bernard-Lazare darum, in den *Cahiers* zu intervenieren, was dieser mit seinem »Offenen Brief« vom 6. August 1902 auch tut. Aus der Sicht Bernard-Lazares wie Péguys entehrt man sich, wenn man gegen die römische Kirche auf Vorgehensweisen zurückgreift, die anzuwenden man ihr einst zum Vorwurf gemacht hat: »Mehr denn je müssen wir uns an die Freiheit halten ... Wir wollen nicht die Kirche verteidigen, wir bekämpfen sie, da wir – es sei noch einmal betont – für die Gerechtigkeit und die Freiheit eintreten. Doch gerade deshalb ist es uns unmöglich, die gegenwärtigen Maßnahmen zu billigen.« Maßnahmen, die Jaurès in *La Petite République* vom 3. August 1902 billigt.

Péguy erwidert, indem er auf dem Einband des einundzwanzigsten *Cahier* dieses Treuegelöbnis für den Dreyfusismus, zugleich Kriegserklärung an den Combismus, veröffentlicht:

> »Da wir zu den Anfangszeiten der Affäre zurückkommen, da man wie damals seinen Teil an Beleidigungen abzubekommen hat, müssen wir schon heute erklären, dass wir keine moralische, politische oder soziale Verantwortung für die Umtriebe der gegenwärtigen Regierung übernehmen.«

Die Einheit des Dreyfusismus ist zerbrochen. Péguy hat sich darum nicht der Kirche angenähert. Nach wie vor hält er die klerikalen Antidreyfusards für »widerwärtig«; doch er lehnt jeden Staatskatechismus ab. So trägt der Combismus dazu bei, dass sich Péguy vom offiziellen Sozialismus entfernt und mit Jaurès bricht. Der Begründer der *Cahiers de la Quinzaine* gehört zur Sippe der Spielverderber, der Unangepassten, der unversöhnlichen Rebellen. Viele Züge seines Charakters sind unerträglich, und oft ist er in seinen Vorwürfen ungerecht; trotzdem gibt er das Musterbeispiel eines Widerspenstigen ab, wie es in der Geschichte unserer Intellektuellen nicht allzu häufig anzutreffen ist.

10
Die Anziehungskraft des Sozialismus

Die Schriftsteller, die Wissenschaftler, die Künstler, die Hochschullehrer, die sich für Dreyfus engagiert hatten, nahmen zum größten Teil ihre normale Arbeit wieder auf, und die Pariser Weltausstellung von 1900 schien der Phase ihrer Militanz ein Ende zu setzen. Eine Minderheit unter ihnen – disponibler oder von der Affäre stärker geprägt – wollte jedoch den Kampf, den man geführt hatte, fortsetzen: der Sozialismus kam ihnen wie eine Krönung des Dreyfusismus vor. Und dieser wirkte auf Menschen, die bereits von der Arbeiterbewegung angezogen waren, wie ein Auslöser oder Beschleuniger; die Mobilisierung für die Revision war eine Art Versuchsgalopp gewesen.

So hatte man 1898 die Geburt der Volksuniversitäten erlebt. Die Idee dazu stammte von Georges Deherme, einem nicht einmal dreißig Jahre alten Holzschnitzer, Arbeiter, Autodidakt, der sich für die libertäre Strömung begeisterte, bevor er mit Paul Desjardins, dem zukünftigen »Erfinder« der Dekaden von Pontigny – wir kommen darauf noch zurück –, die Union pour l'action morale[kursiv?] gründete. Zur Zeit der Dreyfus-Affäre ist er von einer Notwendigkeit fest überzeugt: der Volkserziehung. Neben der Gewerkschafts- und Genossenschaftsarbeit hatte man die Erziehung zu sehr vernachlässigt. Diese Lücke galt es zu schließen.

Deherme eröffnet also mit einigen Freunden im April 1898 die erste Volksuniversität in einem kleinen Raum der Rue Paul-Bert im 11. Arrondissement, das damals noch weitgehend ein Arbeiterviertel war. Ihr Ziel ist es, die zukünftigen Kader der Gewerkschafts- und Genossenschaftsbewegung, »des lebendigen Kerns der zukünftigen Gesellschaft«, auszubilden. Man appelliert an sympathisierende Intellektuelle, um sie dafür zu gewinnen, unentgeltlich Vorlesungen zu halten. Nachdem diese Universität in den Faubourg Saint-Antoine umgesiedelt ist, wird sie zur Coopération des idées (»Kooperation der Ideen«), was bereits der Titel einer Zeitung war, die Deherme 1894 gegründet hatte (1902 wurde sie zur Zeitschrift).

Die Initiative gewinnt bald an Breite; Deherme gründet eine Société des universités populaires (»Gesellschaft der Volksuniversitäten«), deren Vorsitz Gabriel Séailles, Philosophieprofessor an der Sorbonne, übernimmt und deren Generalsekretär Charles Guieysse wird. Dieser – ein ehemaliger Offizier, der auf Grund seiner dreyfusistischen Überzeugungen die Armee verlassen hatte – gehörte dem Pariser Kreis der Ligue de l'enseignement (»Liga für den Unterricht«) an, bevor er sich begeistert in das Abenteuer der Volksuniversitäten stürzt. Dabei begegnet er Maurice Kahn, Georges Moreau und Daniel Halévy, mit dem er *Pages libres* lanciert. Als Betreiber von Restaurants, die den Exzess bekämpfen, und Verfechter der Schulhilfsvereine verbringt er 1900 zusammen mit Gabriel Séailles drei Tage in Belgien, wo er vor allem die *Maison du Peuple* (»Volkshaus«) in Brüssel besucht. Bei seiner Rückkehr schreibt er an seine Freunde : »Ich bin durch und durch Sozialist[143].«

1901 verlässt Deherme die Société und gründet eine Fédération des universités populaires (»Föderation der Volksuniversitäten«), denn die Bewegung hat sich ausgeweitet dank der Hilfe von Lehrern, Professoren und Intellektuellen, die in Paris, in den Pariser Vororten und in der Provinz auf die Nachfrage der Arbeiter reagieren[144]. Anatole France initiiert in Montreuil »Arbeiterabende« und im 1. und 2. Pariser Arrondissement »Das Erwachen«. Von nun an »ist es erlaubt, Utopien zu bauen«, sagte sein Held in *L'Histoire contemporaine, M. Bergeret*.

Diese Bewegung der Volksuniversitäten, die nicht nur die Erziehung, sondern auch die Annäherung von Intellektuellen und Arbeitern im Auge hat, wird von der Rechten sehr kritisch beurteilt. In *L'Étape* (»Die Etappe«) von Paul Bourget entwickeln sich die Personen zur »Tolstoi-Union«, ein fiktives Beispiel dieser Volksuniversitäten, »inkohärente und ephemere Schöpfungen«, die vom »Geist der Anarchie« beseelt sind und dem »Kult des monströsen Idols, des Volks-Molochs« huldigen, »dem Gebildete und Ungebildete, Wissende und Unwissende, Reiche und Arme – alle von demselben Delirium ergriffen – in dem fatalen Jahr 1789 Frankreich und die Zivilisation als Sühneopfer dargebracht haben; und ihre Urenkel sind nur allzu bereit, von neuem damit zu beginnen[145]«. Die Beschreibung der »Tolstoi-Union« erlaubt es Bourget, »die Übermacht« zu beklagen, »die die Berufsphilosophen zu Beginn des 20. Jahrhunderts in der Führung des französischen Sozialismus erlangt haben[146]«.

Der Eintritt der Intellektuellen in die Arbeiterbewegung und in die sozialistischen Organisationen, der, wie wir sehen werden, auch Gegenstand einer Kritik von links sein wird, hat sich auf vielfältige Weise vollzogen. Die

---

143 Zit. nach J. Maitron (Hrsg.), *Dictionnaire biographique du Mouvement ouvrier français, Editions ouvrières, 1975, Bd. 13, S. 9.*
144 L. Mercier, *Les Universités populaires. 1899–1914. Éducation ouvrière et mouvement ouvrier au début du siècle, Éditions ouvrières, 1986.*
145 P. Bourget, *op. cit., S. 147.*
146 *Ibid., S. 159.*

Volksuniversitäten, die für viele Aktivisten ein Teil der Genossenschaftsbewegung waren (einer ihrer militanten Theoretiker war der später berühmte Marcel Mauss, Soziologe und Neffe von Durkheim), schienen ihnen am Rande des politischen Sozialismus zu stehen. Dagegen spielten Lucien Herr und seine Freunde von der Société nouvelle de librairie et d'édition, die Jaurès sehr nahe standen, eine Rolle, die sich mit der Politik der Sozialistischen Partei kurz vor der Vereinigung besser vertrug.

In der Buchhandlung in der Rue Cujas setzten sie ihre Verlagstätigkeit dank der Stunden, die ihr Mario Roques, François Simiand und Léon Blum opferten, fort. Unter der Federführung von Lucien Herr veröffentlichten sie eine *Bibliothèque socialiste* (»Sozialistische Bibliothek«), in der sie Texte von Émile Vandervelde, Alexandre Millerand, Anatole France, Léon Blum herausbrachten. Die erweiterte Gruppe bildete den Groupe de l'Unité socialiste (»Gruppe der sozialistischen Einheit«) und schloss sich der Sozialistischen Partei von Jaurès an. Der Kreis um Lucien Herr, der sich aus ehemaligen Normaliens und Schriftstellern zusammensetzte, verfolgte ebenfalls die Arbeiterbildung als Hauptziel, was zur Gründung der Écoles socialistes (»Sozialistische Schulen«) führte. Die erste Schule wurde im Dezember 1899 in einem Gebäude der Rue Mouffetard eingeweiht, das bereits Sitz der »Volksuniversität« des 5. Arrondissement war. Dort hielt Léon Blum eine Vorlesung über die sozialistischen Lehren in Frankreich. Diese erste »Sozialistische Schule«, die mehr Studenten als Arbeiter anzog, war zwei Jahre in Betrieb. 1908 und 1909 traten weitere die Nachfolge an[147]. Doch der Société nouvelle de librairie et d'édition drohte, hélas! plötzlich eine Katastrophe: ein neuer Geschäftsführer war mit der Kasse nach Amerika geflohen. Da ein Auslieferungsverfahren für die kleine Gruppe um Lucien Herr zu teuer gewesen wäre, musste man darauf verzichten. Man fand eine juristische Lösung, die es erlaubte, den Bankrott zu vermeiden: das Haus Cornély übernahm den Buchhandel und ließ das Verlagsunternehmen weiterarbeiten; es ging dann allerdings ziemlich rasch ein. Herr, der seine Ersparnisse in die Sache gesteckt hatte, entging zumindest Prozessen und Beschlagnahmungen.

Die »Gruppe der sozialistischen Einheit« nimmt dann an einem Unternehmen von ganz anderer Größenordnung teil: der Gründung von *L'Humanité*. *La Petite République*, in der Jaurès seine dreyfusistische Kampagne durchgeführt hatte, wird seit 1903 in der Tat von Geschäftsleuten geführt, die es für verfehlt halten, weiterhin einer sozialistischen Linie zu folgen. Lucien Herr und Léon Blum drängen daher Jaurès, eine neue Tageszeitung zu gründen. Zunächst denken sie daran, Geld zu sammeln, um *La Petite République* aufzukaufen. Der Journalist Albert Gérault-Richard, eine ganz wesent-

---

147 Chr. Prochasson, *Les Intellectuels, le Socialisme et la Guerre 1900–1938*, Seuil, 1993, S. 61–66.

liche Stütze der Zeitung, dient als Mittler zwischen Jaurès, Herr und ihren Freunden einerseits und den Aktionären der Zeitung andererseits. Der Plan scheitert. Man muss also eine Zeitung *ex nihilo* gründen. Die Finanzierung kommt vor allem mit Hilfe des großzügigen Soziologen Lucien Lévy-Bruhl zustande, der an der Sorbonne lehrt und vermögend ist. Lucien Herr, heißt es, findet den Titel: *L'Humanité*. Zahlreiche Intellektuelle machen mit: Herr und Jaurès rühmen sich der Mitarbeit von siebzehn Agrégés, was Aristide Briand zu der ironischen Bemerkung verleitet: »Was wird dann aus mir, der ich nur ein Licencié bin?« Agrégés oder nicht, der Stab der Mitarbeiter, mit dem sich Jaurès umgibt, macht sich gut: Anatole France, Jules Renard, Léon Blum, Lucien Herr, Charles Andler, Abel Hermant, Henry de Jouvenel, Daniel Halévy, Marcel Mauss, von Jean Allemane, von Aristide Briand und Francis de Pressensé ganz zu schweigen. Die erste Nummer verlässt am 18. April 1904 die Druckerpresse. Die neue Zeitung hat kaum Erfolg: es werden täglich nur 12 000 Exemplare verkauft. 1905 sind die Kassen leer, die Gruppe ist gespalten. Es gilt also, die Orientierung der Zeitung noch einmal zu überdenken, den doktrinären Aspekt abzuschwächen, ein richtiges Informationsblatt daraus zu machen und es unter eine direktere Kontrolle der SFIO zu stellen. Das ist der Preis, den *L'Humanité* zahlt, um zu überleben.

Charles Péguy ist nicht mit von der Partie. Seit 1902 hat er Jaurès nicht verziehen, was er »seine Kapitulation vor der combistischen Demagogie und bald seine Komplizenschaft mit der combistischen Demagogie«[148] nennt. Jaurès und Péguy sehen sich jedoch ein letztes Mal wieder, kurz bevor *L'Humanité* lanciert wird. Im Jahre 1904 hört Péguy eines Tages von seinen Druckern, Jaurès sei während seiner Abwesenheit vorbeigekommen. Dem Herausgeber der *Cahiers de la Quinzaine* lässt dieser Besuch von Jaurès, der für ihn doch ein Gegner geworden ist, den es zu bekämpfen gilt, keine Ruhe. Aus Höflichkeit, in Erinnerung an die Tage, die sie als Freunde miteinander verbracht haben, und aus Achtung dem Älteren gegenüber findet sich Péguy am nächsten Tag bei Jaurès ein:

> »Ich dachte, er hätte mir etwas zu sagen. Nichts. Er war ein völlig verwandelter Mensch. Gealtert, wer weiß wie verändert. Diese letzte Begegnung war düster. [...] Er musste weg. Doch ich begleitete ihn. Wir gingen zu Fuß. Er brachte Briefe oder Telegramme zur Post. Wir gingen und gingen durch diese kalten Straßen des 16. Arrondissements. Bei der Statue von La Fayette angekommen oder fast angekommen, hielt er einen Wagen an; er hatte etwas zu erledigen. Als wir uns verabschiedeten, fühlte ich, dass es das letzte Mal war. Ich war tief bewegt,

---

148 Ch. Péguy, »Courrier de Russie«, *op. cit.*, S. 77.

hatte fast Gewissensbisse: so konnte ich ihn nicht verlassen. Als ich ihm also zum letzten Mal die Hand drückte, griff ich auf, was ich seit dem Vorabend und vom Beginn meines Besuches an dachte, und sagte zu ihm: ›Ich glaubte, Sie hätten mich gestern in der Druckerei besucht, um mit mir über Ihre Zeitung zu sprechen.‹ – Er, ein bisschen hastig: ›Nein.‹ – Einige Augenblicke vorher hatte er in erschöpftem Ton zu mir gesagt: ›Ich mache Besorgungen, unternehme Schritte.‹ – Er war müde und sah müde aus. – ›Die Leute bewegen sich nicht. Die Leute sind müde. Die Leute taugen nicht viel.‹ Er war matt, gebeugt, verhärmt. Ich habe nie jemanden oder etwas gesehen, der oder das so traurig, so enttäuschend, so enttäuscht gewesen wäre wie dieser offizielle Optimist[149].«

Wie viel Ressentiment, wie viel Polemik sind hier im Spiel? Was wollte Jaurès bei Péguy, der ihn in seinen *Cahiers* nicht schonte. Warum war er am nächsten Tag nicht in der Lage, den Grund für sein Kommen anzugeben? Lag ihrem Bruch nur die combistische Politik zu Grunde? Häufig mischen sich auch persönliche Fragen in politische Auseinandersetzungen, Groll, Neid, Frustrationsgefühle. Wie stark die psychologische Seite in dieser Sache auch sein mag, an diesem Tag ist die Spaltung im Dreyfusismus endgültig vollzogen, eine Spaltung zwischen Menschen, die sich doch alle auf das sozialistische Ideal berufen und die ihm alle auf ihre Weise dienen wollen.

Péguy verband seinen Namen mit nicht weniger als drei Zeitschriften. Abgesehen von den *Cahiers* hatte er zunächst in der Librairie Bellais *Le Mouvement socialiste* herausgegeben; später befanden sich, wir haben es erwähnt, die *Cahiers de la Quinzaine* und die *Pages libres* von Charles Guieysse in der Rue de la Sorbonne unter einem Dach. Diese drei Zeitschriften kritisierten jede auf ihre Weise den Combismus, in den Jaurès ihrer Meinung nach die sozialistische »Partei« hineinmanövriert hatte.

Le Mouvement socialiste war von Hubert Lagardelle gegründet worden, einem ehemaligen Mitglied der guesdistischen Partei, mit der er während der Affäre gebrochen hatte; Sekretär und Geschäftsführer war Jean Longuet, ein Enkel von Karl Marx. Die erste Nummer erschien im Januar 1899 mit einem Artikel von Jaurès, der mit von der Partie war. Der geheime Spiritus rector der Zeitschrift war kein anderer als Georges Sorel. Ein Jahr später kamen die *Cahiers de la Quinzaine*, dann die *Pages libres* heraus. Eine Zeit lang herrschte zwischen den drei Zeitschriften ein gegenseitiges Geben und Nehmen: die Adressen der Abonnenten gingen von einer zur andern, die Autoren wechselten von einer zur andern, und alle kamen donnerstags in die »Boutique« von

---

149 *Ibid., S. 78.*

Péguy, um Monsieur Sorel zuzuhören. Diese guten Verbindungen hörten von 1902 an auf; Péguy war der Meinung, *Le Mouvement socialiste* lehne sich zu stark an den Guesdismus an. In einem Artikel über »Die Wahlen« hatte er Lagardelle und seine Wahlreden angegriffen und geschrieben: »Lagardelle, der vom Dreyfusismus niemals eine tiefe, reale, moralische Auffassung gehabt, der den Dreyfusismus nie anders gesehen hat als politisch und utilitaristisch-marxistisch, ist nicht berechtigt, von Jaurès Rechenschaft zu fordern[150].«

André Morizet wurde mit der Erwiderung beauftragt:

»Ich versichere Dir, Péguy, Du beunruhigst mich. Du fragst Dich, was in fünfzehn oder sechzehn Jahren aus uns geworden sein wird? Es ist sehr wahrscheinlich, dass wir Sozialisten sein werden. Aber Du, Péguy, wo wirst Du stehen? Du wirst das sein, was Du heute bist, Péguyste[151].«

Wenn auch getrennt, so sind *Le Mouvement socialiste* und die *Cahiers de la Quinzaine* die Organe, in denen nach den Wahlen von 1902 der Sozial-Combismus kritisiert wird. Péguy gibt sich als leidenschaftlicher Verteidiger des »wahren Dreyfusismus«, dieser dreyfusistischen *Mystik*, die sich im Parlament langsam in *Politik* auflöst[152]. Von April bis Juni 1903 konzentriert Péguy seine Gedanken auf die parlamentarischen Debatten vom 6. und 7. April, in deren Verlauf Jaurès für die Rehabilitierung von Dreyfus kämpft. Von der Mehrheit des Linksblocks umjubelt, von der nationalistischen Rechten verhöhnt, muss Jaurès bei der Schlussabstimmung feststellen, dass ihm die Radikalsozialisten trotz lauter Beifallskundgebungen nicht gefolgt sind: Sie haben mit der Rechten gestimmt und die Wiedereröffnung des Dreyfus-Prozesses abgelehnt. In ihrer Zeitung, *La Dépêche de Toulouse*, erklärt Henry Bérenger am 11. April 1903 die Haltung der Radikalen:

»Das Ende der Sitzungsperiode war gleichzeitig das Ende der ›Wiederaufnahme‹ der Dreyfus-Affäre [...]. Politisch stand zu befürchten, dass man mit einer solchen Wiederaufnahme versuchen würde, erneut die Armee und die Republik zu spalten [...]. Der Moment schien ziemlich schlecht gewählt ... Nun, die Kammer hat sich mit einer übergroßen Mehrheit gegen die politische Wiederaufnahme der Affäre ausgesprochen ...«

---

150 Ch. Péguy, *op. cit.*, 1, S. 978.
151 Zit. nach Chr. Prochasson, *op. cit.*, S. 52.
152 Péguy formulierte später in *Notre jeunesse* den berühmten Satz, wonach »alles als Mystik beginnt und als Politik endet« (s. unten Kap. 12).

So verbündet sich Jaurès mit Combes, um eine antiklerikale Politik zu machen, eine antireligiöse Politik, eine Politik, die sich gegen die Gewissensfreiheit richtet, wie Péguy im Wesentlichen sagt. Jaurès ist also der Dumme in einer Allianz, die nichts anderes ist als ein Verrat am Dreyfusismus:

»Wir waren von der ersten Stunde an bereit und haben nie aufgehört, bereit zu sein. Nach Einsichtnahme in unsere Listen versichere ich, dass unsere Abonnenten – was ihre Zahl und ihre Eigenschaften, ihre Namen und ihre Lage, ihre Berufe, ihre Person, ihren Geist, ihr Bewusstsein angeht – unter allen Zeitschriften, die es zurzeit gibt, am treuesten und am genauesten den alten, bewährten und wahrhaften Dreyfusismus repräsentieren. Der dreyfusistische Generalstab hat uns wie alle Generalstäbe sehr hart behandelt; aber die kleinen Leute, die die Seele des Dreyfusismus gewesen sind und ihn als Einzige im Gedächtnis behalten haben, täuschten sich darin nicht; sie schenkten uns weiterhin ihr Gehör, ihre Arbeit und oft ihre Hilfe. Die uns verlassen haben, verließen uns nicht als Unwürdige zu Gunsten eines gerechteren oder tiefer verstandenen Dreyfusismus; diese früheren Freunde verließen uns für Ehren, für Macht, für die zeitlichen Güter der Parteien und des Staates, für die parlamentarischen politischen Lügen, um Befehlsgewalt auszuüben, als das alte Haus des Dreyfusismus bescheiden, altersschwach und moosbewachsen geworden war. Sie haben uns für die Ungerechtigkeit und die Lüge verlassen. Gelassen haben sie uns die Gerechtigkeit und die Wahrheit, die wieder bettelarm geworden ist[153].«

Diese von Péguy ausgelöste Kritik an den Intellektuellen, die von den »Futterkrippen« des parlamentarischen Sozialismus verführt werden, wird von Charles Guieysse und seinen *Pages libres* geteilt und von *Le Mouvement socialiste* in starkem Maße aufgegriffen. Im Übrigen übertrifft die Zeitschrift von Lagardelle, die revolutionären syndikalistischen Kreisen nahe steht und stark von Sorel beeinflusst ist, noch Péguys Widerstand gegen den Combismus; nachdem Clemenceau zunächst Innenminister und dann 1906 Ministerpräsident geworden ist, greift sie die »Dreyfusisten an der Macht« an und überträgt die Kritik gleichsam auf den Dreyfusismus selbst. Daraus ergibt sich ein gewisses Abgleiten in den Antisemitismus.

Der in dieser Hinsicht erstaunlichste Artikel erscheint am 15. Juli 1906 unter dem Titel »Der Bankrott des Dreyfusismus und der Triumph der jüdischen Partei« und geht auf Robert Louzon zurück. Dieser aus wohlhabender

---

153 Ch. Péguy, »Reprise politique parlementaire«, *op. cit.*, 1, S. 1188.

Familie stammende Bergwerksingenieur hatte der CGT finanziell dabei geholfen, ihren Verwaltungssitz in der Rue de la Grange-aux-Belles in Paris zu erwerben. Als Theoretiker des Sozialismus lehnt er den Eintritt von Intellektuellen in die Partei strikt ab und will die Arbeiter zur Dreyfus-Affäre auf Distanz gehen lassen. Ganz wie die Action française protestiert er gegen die vom Kassationsgerichtshof beschlossene Annullierung des Dreyfus-Prozesses ohne Berufungsmöglichkeit, die er für »illegal« erklärt. In seinem Resümee der Affäre nimmt er eine bekannte Litanei des Guesdismus wieder auf: das Bürgertum ist in zwei Lager gespalten, in das des Pfarrers und das des Juden:

> »Die Arbeiterklasse hat auf einer solchen Galeere nichts zu suchen; wenn es ihr darum geht, sich selbst treu zu bleiben, wenn sie ihre Unabhängigkeit bewahren will, ihre besonderen Eigenschaften, die allein es ihr gestatten werden, eine neue Welt zu bauen, dann darf sie weder jüdisch noch jesuitisch sein.«

Der Ouvriérismus von Louzon – in Einklang mit dem der CGT – wird damals von Georges Sorel und Hubert Lagardelle geteilt. Dieser bemüht sich in *Le Mouvement socialiste* vom Februar 1907 darum, die Funktion der Intellektuellen theoretisch darzulegen. Er versichert hier aufs Neue, dass der Sozialismus eine »Philosophie von Produzenten« ist und dass die Intellektuellen in der Arbeiterbewegung nur eine *Hilfs*-Rolle spielen können. Und dies auch nur unter der Bedingung, dass sie die Vorstellung von ihrer Überlegenheit aufgeben:

> »Die Süffisanz und die Intoleranz des gebildeten Federfuchsers sind sprichwörtlich. Gern betrachtet er sich als Inhaber der Weltweisheit. Es ist eine Erfahrungstatsache: die meisten Intellektuellen verachten die Handarbeiter mehr oder weniger stark; sie glauben einfach, sie seien am begabtesten, um alles zu verstehen, am fähigsten, um über alles zu regieren, und am würdigsten, um alles zu lenken. ›Die Arbeit den Arbeitern, die Macht den *gebildeten Menschen!*‹ So verstehen sie die *soziale Hierarchie*[154].«

Unmerklich gelangt die dem revolutionären Syndikalismus nahe stehende Linke dahin, die Dreyfus-Affäre mit anderen Augen zu sehen: während Péguy den Verrat am Dreyfusismus durch die an der Macht interessierten Sozialisten geißelt, gelangen Louzon, Lagardelle und *Le Mouvement socialiste* zu einer veränderten Auffassung von der Affäre: In ihren Augen war sie nur eine Gele-

---

154 H. Lagardelle, »Les intellectuels et le socialisme ouvrier«, *Le Mouvement socialiste*, Nr. 183, Februar 1907.

genheit für die Intellektuellen, ihre Beherrschung der Arbeiterbewegung zu beschleunigen. Der Paukenschlag in diesem Umschwung kommt von Georges Sorel; 1909 veröffentlicht er eine Broschüre mit dem Titel *La Révolution dreyfusienne* (»Die dreyfusistische Revolution«), in der er alle Argumente des linken Antidreyfusismus zusammenfasst.

Sorels Text trägt das Siegel der Verachtung: Die Protagonisten der Affäre sind in seinen Augen nur noch »kleinliche« Leute. Keiner wird geschont, nicht einmal Picquart. Anatole France, der »Eitelkeit« überführt, findet nur Ruhe, wenn ihm applaudiert wird. Zola, »ein Repräsentant der Narrenpossen der Dreyfusards«, »ein sehr kleiner Geist«, hat lediglich das begriffen, was ein Schreiberling begreift. Ein Gemetzel. Pressensé, Clemenceau, Jaurès usw. sind alle verdächtig, in ihrem Engagement entsetzlich eigennützig gewesen zu sein; es fängt bei den Leuten der Feder an: »Die Literaten«, schreibt Sorel, »glauben im Allgemeinen nicht an den Eigenwert der Ideen; sie schätzen lediglich den Erfolg, der ihnen winkt, wenn sie eine vorgefasste Meinung ausschlachten. Aus diesem Grunde sind sie in der Lage, unvorhergesehene Haltungen einzunehmen und so die öffentliche Ordnung völlig zu verwirren[155].« Im Jahr darauf geht Sorel noch einen Schritt weiter. In einem an *L'Action française* gerichteten Brief mokiert er sich über die »Profis des Dreyfusismus«; er geht dabei so weit, die Unschuld von Dreyfus in Frage zu stellen: »[Ich müsste] jetzt eine Broschüre über die Gründe schreiben, die für die verräterischen Handlungen von Herrn Alfred Dreyfus sprechen[156].«

Anfang 1914 erscheint bei Marcel Rivière ein Buch, dessen Titel all die Beschwerden resümiert, die die ouvriéristische Linke gegen den Parteisozialismus angehäuft hatte: *Les Méfaits des intellectuels* (»Die Missetaten der Intellektuellen«)[157]. Der Autor, Édouard Berth, ist ein Freund und Schüler von Sorel, der das Vorwort verfasst hat. Sorel bringt die Hoffnung zum Ausdruck, die er auf die neue Generation setzt, indem er sich auf den Bergsonismus bezieht – eine Philosophie der Befreiung, die den intellektualistischen Konstruktionen entgegengesetzt sei, die Frankreich seit Descartes verwüsteten – und auf Pascal verweist, der den Franzosen aufs Neue das Gefühl für die Tragik in der Politik und in der Geschichte beigebracht habe. Berth schließt den letzten Artikel seines Bandes mit den Worten:

»[Eine] ganz von Liebe und Zartgefühl durchdrungene Menschheit – es handelt sich dabei übrigens durchweg um Epochen von großer Korruptheit – wird zerfallen; es ist daher unerlässlich, dass Gewalt und

---

155 G. Sorel, *La Révolution dreyfusienne*, Marcel Rivière, 1909, S. 24.
156 Zit. nach Eric Cahm, *Péguy et le nationalisme français*, Cahiers de l'Amitié Charles Péguy, 1972, S. 180–181.
157 Es basierte auf Artikeln, die insbesondere in *Le Mouvement socialiste* erschienen waren.

> Krieg sie zu einem gesunderen und männlicheren Gefühl von Wirklichkeit zurückbringen. Sorel zufolge muss die syndikalistische Gewalt gegenüber unserer modernen Welt diese Rolle spielen; doch die Gewalt ruft nach Ordnung, so wie das Erhabene nach dem Schönen ruft; Apollo muss das Werk des Dionysos vollenden. Deswegen haben wir zur großen Bestürzung der Kleingeister – nicht etwa *obgleich*, sondern *weil* wir Gewerkschafter sind – in Maurras und in *L'Action française* Verbündete erkennen können. Die Intellektuellen der Demokratie können ›Skandal‹ schreien und die Entrüsteten spielen: sie zählen nicht mehr; ihre Herrschaft ist zu Ende; Sokrates und Descartes sind besiegt, das 18. Jahrhundert ist endgültig überwunden, und der Sieg Pascals kündigt sich endlich als ein vollständiger Sieg an[158].«

Der Kreis ist geschlossen. Die Feinde von gestern bilden sich ein, angesichts eines gemeinsamen Feindes – der Demokratie und ihrer Helfershelfer, der Intellektuellen – Verbündete zu sein. 1910 tauschen Sorel und Maurras miteinander Schmeicheleien aus. Das ist nur ein *Intermezzo* in der Geschichte des Ouvriérismus. Doch zumindest weiß man von nun an, dass der Aufstieg der Intellektuellen in der Dreyfus-Affäre zwei Typen von Gegnern hat: eine extreme Rechte und eine extreme Linke, die gegebenenfalls gemeinsam gegen die demokratischen Institutionen marschieren. Die Konvergenz geht kaum über einige Bücher hinaus, einige Broschüren oder ein Zeitschriftenprojekt: *La Cité française* (»Das französische Gemeinwesen«), mit dem der Name Georges Valois verbunden ist. Der Autor des 1910 erschienenen Buches *La Monarchie et la Classe ouvrière* (»Die Monarchie und die Arbeiterklasse«) träumt davon, den Syndikalismus mit dem Neoroyalismus zu verbinden. Diese Bewegung nährt indessen eine Geisteshaltung, die nur auf eine Gelegenheit wartet, um sich zu entfalten.

---

158 E. Berth, *Les Méfaits des intellectuels*, Marcel Rivière, 1914, S. 329.

11
Die schlechten Lehrmeister

Der Gedanke Paul Bourgets, wonach sich die »Berufsphilosophen« die »Vorherrschaft« über den Sozialismus gesichert hatten, geht auf ein Klischee der traditionalistischen und nationalistischen Rechten zurück, die die angeblich verheerende Rolle des Philosophieunterrichts im öffentlichen Unterrichtswesen Frankreichs anprangert. In der Tat gehört in anderen Ländern die Philosophie nicht zum regulären Lehrplan der Höheren Schulen. In Frankreich absolvieren seit der Reform von 1874 alle Kandidaten für das Baccalauréat einen ersten Teil des Examens am Ende der Unterprima (»la rhétorique« genannt), und dann einen zweiten Teil nach dem Besuch der obligatorischen Abschlussklasse, in der Philosophie unterrichtet wird und die die eigentliche Abschlussklasse des literarischen Zweigs bildet. Damit übt der Philosophielehrer auf seine Schüler einen von anderen Lehrern kaum erreichten Einfluss aus, und sei es nur auf Grund der Anzahl der zusammen verbrachten Stunden. Während man unter der Monarchie oder im Kaiserreich über die Lehrer eine strenge Kontrolle ausübte, lässt ihnen die Republik viel Freiheit. Die Gefahr ist für die Traditionalisten umso offensichtlicher, als sich der Aufstieg der »Agrégés de philo« auf Kosten der Priester vollzogen hat.

Es sei daran erinnert, dass die Einführung der Agrégation auf die Regierungszeit Ludwigs XV. zurückgeht und dass es ihr Ziel war, nach der Ausweisung der Jesuiten, zu deren Haupttätigkeit es gehört hatte, die Höheren Schulen – wie das berühmte Collège Louis-le-Grand in Paris – zu leiten, laizistische Lehrer zu rekrutieren. Ein Edikt von 1766 kündigte die Bildung eines Korps von 60 Agrégés an; ein Drittel war für den Unterricht in Literatur, ein Drittel für die Grammatik, ein Drittel für die Philosophie bestimmt. Da es Mitgliedern der Orden verboten wurde, sich an den Concours zu beteiligen, war die Laizisierung des Unterrichtswesens gewährleistet, das bis dahin den von den theologischen Fakultäten ausgebildeten Priestern unterstanden hatte.

Man kann sagen, dass die Philosophie-Agrégation, die im Laufe der aufeinander folgenden politischen Regime allerhand Wandlungen durchmacht, in ihrer modernen Form eigentlich auf das Jahr 1830 zurückgeht, das Jahr, in dem Victor Cousin die Dinge in die Hand nimmt. Worum es damals ideologisch und politisch geht, ist offensichtlich: Cousin bemüht sich, Agrégés zu rekrutieren, die Anhänger der offiziellen Lehre, des Spiritualismus, sind, dessen Hoherpriester er selbst ist. 1848 weht für kurze Zeit ein freier Wind über dem Concours. Ihm verdankt Ernest Renan es vielleicht, dass er im Jahr der Februarrevolution als Bester aus der Prüfung hervorgeht; Hippolyte Taine dagegen fällt im Jahre 1851 durch, obwohl er als der Intelligenteste seines Jahrgangs an der École Normale gilt. Die Konservativen hatten wieder die Macht übernommen. Nach dem Staatsstreich entscheidet der neue Unterrichtsminister, Hippolyte Fortoul, zu zwei Agrégations zurückzukehren – einer geisteswissenschaftlichen und einer naturwissenschaftlichen; im Übrigen handelt es sich nicht mehr um Concours, sondern um einfache Examina, die auf dem Lehrplan der Lycées fußen. Die Philosophie-Agrégation wird abgeschafft, ebenso wie die Geschichts-Agrégation; der Unterricht in Philosophie selbst wird auf die Logik beschränkt; die protestantischen und jüdischen Lehrer sind davon ausgeschlossen.

Die Dinge ändern sich dann wieder: zuerst unter dem liberalen Empire mit Victor Duruy, danach unter der siegreichen Dritten Republik. Damals nimmt die französische Universität ihren Aufschwung. Das napoleonische Frankreich hatte den Grandes Écoles[159] die Ausbildung der Eliten anvertraut; die Republik, die sich des Rückstands Frankreichs bewusst ist, richtet in den Geistes- und Naturwissenschaften ein wirklich universitäres Unterrichtswesen ein, dessen Symbol die neue Sorbonne wird. Die geisteswissenschaftliche Fakultät bereitet jetzt also auf den Concours der Philosophie vor, der 1863 wieder eingeführt wird. Die Rolle des Philosophielehrers gewinnt während der achtziger Jahre – der Jahre der Laizisierung des Unterrichtswesens – ihre Konturen. Die Dritte Republik wird von der katholischen Rechten beschuldigt, Gott aus den Schulen zu vertreiben: die jungen Menschen würden diesem gefährlichen Vertreter der materialistischen Philosophien, dem Lehrer der Abschlussklasse, dem neuen Kleriker, womöglich Guru, ausgeliefert.

Den ersten regelrechten Angriff gegen die verheerenden Einflüsse der modernen Philosophie auf das Denken der jungen Leute führt in einem rasch berühmt gewordenen, 1889 veröffentlichten Roman, *Le Disciple* (»Der Schüler«), der Schriftsteller Paul Bourget, der die Demokratie in immer schärferen Tönen kritisiert. Dieser Roman schildert einen Fait divers aus der guten Gesellschaft: ein junger Mann, Robert Greslou, voll gepfropft mit den Werken von Adrien Sixte, einem materialistischen Philosophen, der jenseits von Gut und Böse steht und die allgemeine Moral sowie die Religion ablehnt, wird angeklagt, eine junge Gutsherrin aus der Auvergne ermordet zu haben. Man erfährt schließlich, dass das von Greslou verführte Mädchen sich selbst das Leben genommen hat. Greslou ist somit entlastet, bleibt aber moralisch ver-

---

159 *Anm. d. Ü:* Grandes Écoles: Sammelbezeichnung für die von den Universitäten und untereinander unabhängigen öffentlichen und privaten (elitären) Hochschulen für bestimmte Fachrichtungen.

antwortlich; er wird auf freien Fuß gesetzt, entkommt aber nicht der gerechten Rache des älteren Bruders des Opfers, eines aktiven Offiziers, der ihn mit einem Revolverschuss ins Jenseits befördert. Dies alles, um Adrien Sixte zum Nachdenken zu bringen: »In seiner großartigen Aufrichtigkeit gab der Philosoph zu: der schon von Natur aus gefährliche Charakter von Robert Greslou hatte in seinen Lehren gleichsam einen Boden gefunden, auf dem er sich im Sinne seiner schlimmsten Instinkte entwickeln konnte ...« Dreißig Jahre Gelehrtenleben und am Ende dieser Schlamassel. Dank Paul Bourget wurde sich Sixte der »durch sein Werk verursachten Verheerungen« bewusst.

Der ganze Roman ist eine Anklage gegen den »demokratischen Irrtum«, gegen das allgemeine Wahlrecht, gegen eine moderne Welt, die den Traditionen den Rücken kehrt, und er verficht gegen den herrschenden Szientismus die Rückkehr zum Spiritualismus. Dem zeitgenössischen Anarchismus, den Lehrern der systematischen Negation, stellt er den »Vorrang der Rasse« gegenüber, das heißt die lange Kette der ererbten Charakterzüge. Bei Paul Bourget triumphiert immer die Moral, und Sixte, »der große Negierer«, bricht am Bett seines Schülers zusammen, während er sich an das einzige Gebet, das ihm aus seiner Kindheit geblieben ist, erinnert: »Vater Unser, der Du bist im Himmel ...« *Quod erat demonstrandum.*

Der Philosophielehrer, der manchmal selbst Philosoph ist, führt die Schüler in die Welt des Denkens ein. Keiner hat besser als Marcel Proust die innere Bewegung des neuen Philosophieschülers beschrieben, der auf seinen Lehrer wartet, »Monsieur Beulier« aus *Jean Santeuil*, eine romanhafte Nachbildung von Alphonse Darlu, Philosophielehrer des Schriftstellers und zukünftiger Gründer der *Revue de métaphysique et de morale*, der zu den allerersten Dreyfusards gehören wird:

»[Jean] wusste, dass der Professor, Monsieur Beulier, in dessen Abteilung er erst nicht hatte kommen sollen – ›Wir fürchten, hatte Madame Santeuil gesagt, dieser Mann bringt ihn noch um den letzten Rest von Vernunft‹ – ein großer Philosoph war, der tiefste Geist, den die klügsten seiner Kameraden jemals kennen gelernt hatten; er versuchte daraufhin vergeblich, in leidenschaftlicher Erwartung [...], sich den großen Mann vorzustellen, der so lange zu kommen verzog[160].«

Welch eine Enttäuschung dann beim Anblick dieses rothaarigen Mannes, der mehr als schlecht gekleidet und außer Atem ist und mit äußerst starkem Bordelaiser Akzent spricht ... »Er sprach mit einer Flüssigkeit, an die Jean so wenig gewöhnt war, dass er sie als ermüdend empfand und nach fünf Minuten

---

160 M. Proust, *Jean Santeuil,. op.cit.,* S. 242.

bereits dem Vortrag nicht mehr folgte.« Doch nachdem die erste Enttäuschung vorbei ist, nimmt Jean Santeuil »die Meinungen Monsieur Beuliers über alle Dinge mit achtungsvollem Eifer«[161] auf. Später, lange nach dem Abschlussjahr, wird Santeuil/Proust Beulier/Darlu einen Besuch abstatten – er ist »ein wenig gealtert«, aber nach wie vor lustig, warmherzig, selbstlos, ein wahrer Lehrer der Menschlichkeit.

Sogar die lichtvolle Gestalt von Beulier/Darlu zeugt nach Meinung Bourgets von dem furchtbaren Einfluss dieser Denk- und Lehrmeister des öffentlichen Unterrichtswesens. Im Übrigen, wenn Proust Dreyfusard ist, so ist das doch zum Teil dem Unterricht dieses Lehrers zu verdanken, der bei dem ersten Angriff Ferdinand Brunetières gegen die Intellektuellen im Jahre 1898 eilends ein kleines Buch, eine Broschüre mit dem Titel *Monsieur Brunetière et l'individualisme* (»Herr Brunetière und der Individualismus«) veröffentlicht, eine wahre Hymne auf die Demokratie, die Gerechtigkeit und die Vernunft:

> »Die Demokratie«, sagte er, »hat tausend Fehler; sie stürzt uns in tausenderlei Gefahren, sie leidet an tausend Unzulänglichkeiten; sie ist neidisch, undiszipliniert, gleichmacherisch; sagen wir, wenn es sein muss, individualistisch; sie ist flach und mürrisch, wie Taine es gern immer wieder sagte: doch wir haben ihr unser Herz geschenkt, und was auch geschieht, wir werden es ihr nicht wieder wegnehmen, denn sie hat für alle Menschen Rechtsgleichheit verkündet; sie hat es als verbrecherisch verboten, ein menschliches Leben dem Ruhm oder dem Glück einiger Weniger zu opfern; sie hat die christliche Brüderlichkeit vom Himmel auf die Erde herabsteigen lassen; um von Renan ein treffendes Wort zu übernehmen: sie ›hat an die Stelle der egoistischen Ziele das große göttliche Ziel gesetzt: Vervollkommnung und Leben für alle‹. Und aus diesem Grund ist die Definition von Monsieur Brunetière völlig hinfällig und wird die Verwirrung sichtbar, die sich darin verbirgt. Der Individualismus, der die Freiheit für *alle* Individuen fordert, lehrt nicht den Egoismus, sondern die Gerechtigkeit[162].«

Die schärfste Attacke gegen den Philosophielehrer wird damals gerade veröffentlicht; sie durchzieht die drei Bände des *Roman de l'énergie nationale* von Barrès; die ersten Schläge waren 1897 in *Les Déracinés* ausgeteilt worden, gerade bevor die Dreyfus-Affäre ausbrach. Es sei daran erinnert, dass Barrès' Vorbild, Auguste Burdeau, im Lycée von Nancy sein Lehrer gewesen war, bevor er Abgeordneter wurde. Die Romanfigur Paul Bouteiller hat ungefähr

---

161 *Ibid., S. 341.*
162 A. Darlu, *M. Brunetière et l'individualisme*, Armand Colin et Cie 1898, S. 33.

denselben Lebensweg. Sie ist, wie Thibaudet es formulierte, die Summe der Antipathien von Barrès: der Feind.

Genau wie Beulier auf Jean Santeuil übt Bouteiller auf seine Schüler eine starke Faszination aus, doch es ist eine negative Faszination. Als Arbeiterkind ist er ein reines Produkt der republikanischen Meritokratie, in der die École normale supérieure eine unerlässliche Etappe auf dem Weg zum Ruhm ist. Von seiner Familie, von seinen Wurzeln getrennt, ist der junge Bouteiller nichts als ein »Sohn der Vernunft«, d.h. soviel wie ein »abstrakter Geist, der die lokalen und familiären Gewohnheiten nicht kennt, ein reines »pädagogisches Produkt«, das im Leeren schwebt. Auf der Suche nach einem Halt, stößt er auf Kant, den deutschen Philosophen, der gleichsam der offizielle Philosoph der Dritten Republik wird. Von diesem »organischen« Intellektuellen, wie man heute sagen würde, schreibt Barrès: »Er hält sich streng an seine Rolle, wie an eine Weisung des Staates. Er ist der ausbildende Offizier, der seinen Rekruten die von oben festgelegte Theorie vermittelt[163].« Dieser Philosoph und Nomade ist darüber hinaus ein Spitzel, der seine denunziatorischen Bemerkungen zur Gesinnung der Beamten direkt an die Regierung der Republik schickt, was eine gewisse Zahl von Entlassungen nach sich zieht. Sein Gewissen bleibt rein: Das Verhalten des Lehrers gründet sich auf die Regel Kants, die Bouteiller so formuliert: »Ich muss immer so handeln, dass ich wollen kann, dass meine Handlung als universelle Regel dient.«

Die Trilogie von Barrès ist noch expliziter als der Roman Bourgets in der Darstellung des Schadens, den die Lehre Kants, diese offizielle Philosophie, anrichtet. Erster Beweis: Bouteiller selbst. Der brillante Philosophielehrer unterrichtet zuerst in einem großen Pariser Lycée, bevor er dank des Geldes der Geschäftemacher der Compagnie de Panama, die seine Wahlkampagne finanzieren, 1885 in Nancy zum Abgeordneten gewählt wird. Schließlich wird der kantianische Philosoph, korrumpiert durch das parlamentarische System, selbst einer der Bestochenen des Panamaskandals.

Zweiter Beweis: die Schüler des Meisters. Bouteillers Unterricht hat in der Tat auf seine Schüler eine verheerende Wirkung. Wie er lösen auch sie sich von ihren Wurzeln, um ihr Glück in Paris zu suchen. Ihr Schicksal ist unterschiedlich; doch alle sind durch ein tief sitzendes Übel verstört: das Verlassen der heimatlichen Scholle, Lothringens. Zwei von ihnen, Racadot und Mouchefrin, arme Dorfkinder, die in ihrer heimatlichen Atmosphäre geistig und seelisch gesund geblieben wären, werden in eine Justizaffäre verwickelt. Mouchefrin, unterstützt von seinen Freunden, kommt ungeschoren davon; Racadot, des Mordes überführt, endet unter dem Fallbeil – in einem Kapitel von mathematischer Knappheit: »Entwurzelt, Enthauptet.« *Quod erat demonstrandum.*

---

163 M. Barrès, *Les Déracinés*, 1897, Livre de Poche/Hachette, 1967, S. 29.

Von den *Déracinés* an stehen die Grundsätze seines Antidreyfusismus fest, sind die Gegner ausgemacht: eben die Intellektuellen, die sich, durchdrungen von kantischem Geist und ohne Sinn für die Relativität der Dinge, in die Abstraktionen des Universalismus geflüchtet haben, in deren Namen sie das Urteil eines Kriegsgerichts – Symbol für die nationale Verteidigung, für die Disziplin der Armee und Instrument der allgemeinen Sicherheit, die eine absolute Solidarität der Bürger erfordert – anzuzweifeln wagen. Die Philosophen und die, die ihre Lehre unter die Leute bringen, die Burdeaus, die Lévy-Bruhls, die Darlus, konzipieren den Menschen nur »an sich«, ohne sich um den konkreten Menschen zu kümmern, der in einem bestimmten Boden verwurzelt, durch mehrere Generationen geformt ist und in Gefahr steht, die Orientierung zu verlieren, wenn das Band zu seinem Milieu, seiner »Rasse«, seiner Familie erst einmal gerissen ist.

Immer wieder wird Barrès die Philosophie der republikanischen Lycées und ihre schlechten Lehrmeister geißeln. Seit 1906 erneut Abgeordneter, scheut er sich nicht, sich eines Fait divers zu bedienen – des Selbstmords eines Lycéen aus Clermont-Ferrand im Mai 1909 –, um in einer Rede in der Abgeordnetenkammer am 21. Juni das öffentliche Unterrichtswesen in Frage zu stellen. Natürlich, sagt er im Kern, kann man der Meinung sein, dass der Selbstmord Personen betrifft, die dazu »prädisponiert« sind, doch »ein prädisponierter Mensch ist nicht zur Tat verdammt«; es bedarf einer besonderen Konditionierung, damit es zur Tat kommt, und diese Konditionierung liefert die französische Universität, die sich von den moralischen Traditionen gelöst hat und nicht in der Lage ist, den jungen Leuten die Orientierung zu geben, die für die Herausbildung ihres seelischen Gleichgewichts unerlässlich ist. Im Gegensatz zu den früher an der Universität ausgebildeten Lehrern haben die neuen Lehrer, die von der neuen Sorbonne kommen, die Fähigkeit verloren, »den Kindern von ihrem Zuhause, vom Grab ihrer Vorfahren, von der Ehre ihres Namens, von der Religion und all den ehrwürdigen Dingen Frankreichs zu sprechen«. Die Rechte in der Abgeordnetenkammer applaudiert, und Barrès fährt fort:

Die Lehrer von heute wenden sich nur an die Intelligenz und verachten die »ewigen Wahrheiten«. Der Lehrer genießt ein intellektuelles Prestige, mit dem der Familienvater nicht rivalisieren kann. Auf seine Schüler übt er eine »außerordentliche Wirkung« aus. Er könnte ihnen den Unterschied zwischen Gut und Böse beibringen, aber er zieht es vor, sich an ihren Verstand zu wenden. Nun ist die reine Intelligenz ohne die Sperre einer jahrhundertealten Moral »wie ein Automobil, bei dem man die Leistungskraft erhöht und die Bremskraft vermindert«.

Um den Amoralismus der neuen Universität zu belegen, entrüstet sich Barrès, dem jedes Mittel recht ist, darüber, dass man einem Lycée den Namen

Fragonard gegeben hat. Ist es in Ordnung, eine Schule nach dem Namen eines Malers zu benennen, der ein Libertin war? Der Unterrichtsminister, Gaston Doumergue, bestreitet die Information: nein, es gibt kein Lycée Fragonard und es wird nie eins geben! Die Linke entgegnet: war Henri IV etwa kein Libertin? Und Louis le Grand? Die Debatte wird frivol. Barrès versucht, sie auf den Kern des Problems zurückzuführen: früher gab es eine Moral, die in der Schule gelehrt wurde; es gibt sie nicht mehr. Man spricht zwar von einer neuen Moral, aber man wartet nach wie vor auf sie. Zum Beweis: kein Lehrbuch, das auf dem Lycée benutzt wird, behandelt das Problem des Selbstmords. Tatsache ist, wiederholt Barrès, dass die Lehrer es heute nicht mehr verstehen, den Kindern vom Vaterland, von der Familie oder gar von der Religion zu sprechen.

Für Barrès – und er wird hierin von den konservativen Abgeordneten unterstützt – kann es ohne Religion keinen gesellschaftlichen Zusammenhalt geben; ohne Religion kann die Zukunft der Gesellschaft und der Zivilisation nicht gesichert werden. Geschickt zitiert er eine Quelle, die die republikanische Linke nicht zurückweisen kann, Émile Durkheim, Professor der Sozialwissenschaften an der Sorbonne, dessen Arbeit über den Selbstmord ein intellektuelles Ereignis war. Nun, was sagt Durkheim, der dreyfusistische Soziologe? »Die Religion übt auf den Selbstmord zweifellos eine prophylaktische Wirkung aus.«

Ebenso gut hätte Barrès eine andere Stelle aus *Le Suicide* (*Der Selbstmord*) zitieren können, wo Durkheim schreibt: »Wenn in den gebildeten Schichten die Tendenz zum Selbstmord zunimmt, dann geht das, wie wir gezeigt haben, auf die Schwächung des traditionellen Glaubens und auf den moralischen Individualismus, der daraus entsteht, zurück.« Die Tatsache, dass sich Barrès auf Durkheim bezieht, ist also mehr als eine opportunistische Strategie. Es gibt in der Tat einen Berührungspunkt. Durkheim ist besessen vom Gebot der Sozialisation und behauptet genau wie der Nationalist Barrès den Primat der Gesellschaft über das Individuum – flüchtige Begegnung des Theoretikers des Bodens und der Toten mit dem Soziologen von *La Division du travail social* (*Über soziale Arbeitsteilung*), der Dreyfusard war.

Für Barrès, der sich bald für die Restaurierung der gefährdeten französischen Kirchen einsetzen wird, liegt der Kern des Problems im Angriff der Universität, die »die Intelligenz im rein Abstrakten, losgelöst von aller Realität, funktionieren lässt«, auf die traditionelle Religion. Antiintellektualismus ist die Basis dieser traditionalistischen Strömung, die auch Paul Bourget in seinen Romanen mit fruchtbarer Feder zum Ausdruck bringt.

Doch das Pikante an dieser Affäre von Clermont-Ferrand und an der Rede von Maurice Barrès liegt in der Art und Weise, wie die nationalistische Mythologie die wissenschaftliche Unterstützung durch die Soziologie in Anspruch nimmt. Darin besteht auch das Quiproquo: Für den Nationalismus wie für die soziologische Schule ist der Selbstmord zweifellos eine sehr ernste Frage. Doch für die Durkheimianer fällt die scheinbare Einzigartigkeit des Selbstmords unter die Gesetze der Kausalität; wenn man beweist, dass der Selbstmord nicht einfach ein individueller Akt ist, dann beweist man, dass die Soziologie existiert. Für Barrès und die Verteidiger der »Verwurzelung« legt der Selbstmord die Pathologie der industriellen und säkularisierten Gesellschaft bloß – einer offenen Gesellschaft, die ihre Traditionen verschmäht. Er greift den Fait divers des Lycée von Clermont-Ferrand als ein weiteres Beweisstück auf, das er zu den Akten des Antiintellektualismus nimmt.

Die Geschichte ist damit nicht zu Ende; sie findet eine tragische Fortsetzung: im Juli 1909 erhält Barrès – er schreibt gerade eine Erwiderung auf den Senator Delpech, der sich während einer Preisverleihung mit seiner in der Abgeordnetenkammer gehaltenen Rede über die Selbstmörder auseinandergesetzt hatte – eine Nachricht, die ihm einen Schock versetzt: sein Neffe, der junge und viel versprechende Schriftsteller Charles Demange, hat sich in einem Zimmer des Grand Hôtel in Épinal eine Kugel durch den Kopf geschossen.

In seinen *Cahiers* widmet Barrès diesem Drama und dem jungen Mann, der diese Verzweiflungstat begangen hat, lange Seiten. Müsste er jetzt nicht davon überzeugt sein, dass seine frühere politische Erklärung lächerlich war? Man nimmt es zunächst an, so sehr ist der Fall Demange nur Demange zuzurechnen. Doch nein. Am Ende seines Trauergesangs stellt Barrès – ein Gefangener seiner ideologischen Vorannahmen – den Selbstmord seines Neffen mit dem des Schülers aus Clermont auf eine Ebene:

»Im Tod meines geliebten Neffen Charles Demange haben sich die Kraft und die Richtigkeit der Kritik bewahrheitet, die ich gegen unsere Universitätsausbildung richte. Demange war ein brillanter Schüler des Lycée und der Sorbonne. Sie waren für ihn ein ungutes Milieu. Ich kann also wiederholen, was ich gesagt habe; all diese Sätze lassen sich auf seinen Fall anwenden[164].«

Die vorgefasste Meinung ist hier stärker als die Reflexion: der nationalistische Führer muss um jeden Preis – sogar mitten in der Trauer über den Tod eines geliebten Menschen – beweisen, dass seine Angriffe auf das öffentliche Unterrichtswesen wohl begründet sind. Der Nationalismus, geboren aus der Dreyfus-Affäre, genährt von ihrem Auf und Ab und bestätigt durch die Schlussfolgerungen, die Barrès daraus zieht, hat seine Vorstellungskraft für lange Zeit dahingehend fixiert, dass das öffentliche Unterrichtswesen und besonders die

---

164 M. Barrès, *Mes Cahiers, op. cit.,* Plon, *1963,* S. *486.*

dort explizit oder implizit herrschende Philosophie für die Misere verantwortlich sind. Angesichts des französischen »Niedergangs« gibt man vor allem dem Kantianismus die Schuld. Barrès hat seine Gründe.

Als Gambetta mitten im Krieg von 1870 ein republikanisches Handbuch verfassen lassen wollte, wandte er sich an einen ehemaligen Verbannten, den Philosophen Jules Barni, Übersetzer der Werke Kants. Auf der Suche nach einer vom Katholizismus unabhängigen Moral und staatsbürgerlichen Gesinnung waren die Gründer der Dritten Republik bei Kant fündig geworden. Schon 1848 hatte Charles Renouvier auf Bitten des nur sehr kurz amtierenden Unterrichtsministers Hippolyte Carnot ein erstes republikanisches Handbuch verfasst, das von kantischem Geist erfüllt war und die christliche Moral im protestantischen Sinne eines allem Fatalismus entgegengesetzten Individualismus abwandelte. Gleich nach der Niederlage von 1871 zeugten andere französische Philosophen vom Einfluss Kants: Jules Lachelier, Émile Boutroux, Désiré Nolen ... Lucien Lévy-Bruhl (der 1885 den verhassten Burdeau im Lycée Louis-le-Grand abgelöst hatte) war im Vorjahr mit seiner von Kant inspirierten Arbeit über *L'Idée de responsabilité* (»Die Idee der Verantwortlichkeit«) bekannt geworden. Der nationalistischen Opposition erschien der Kantianismus wie eine zweite germanische Invasion, zu deren Komplizen sich die Anhänger der Republik machten[165].

Seltsamerweise wurde der Streit um den Kantianismus von Ideologen geführt, deren Pessimismus durch einen anderen deutschen Philosophen genährt wurde: durch Schopenhauer, dessen Ruhm zwischen dem Ende des Krieges von 1870/71 und dem Beginn des Zweiten Weltkrieg mit dem Kants rivalisierte. F. Brunetière und J. Lemaître, ehrwürdige Gestalten des Französischen Vaterlandes[166], waren schon vor Barrès von ihm geprägt. Die Anhänger der Republik machten dem schopenhauerschen Pessimismus, der eigentlichen Philosophie ihrer antirepublikanischen Gegner, den Prozess[167]. Etliche Demographen – etwa René Gonnard in seinem Werk *Dépopulation de la France* (»Entvölkerung Frankreichs«) – führten sogar den Rückgang der Geburtenzahlen in Frankreich auf die Lektüre Schopenhauers zurück. Kant, Schopenhauer ... Es gab eine Symmetrie der schlechten Lehrmeister: jeder geißelte den des Gegners. Die beiden Lager waren sich wenigstens in der Frage einig, woher der Wind des Geistes wehte: er kam aus dem germanischen Hochdruckgebiet.

---

165 C. Digeon, *La Crise allemande de la pensée française*, PUF, 1959, S. 336.
166 Anm. d. Ü: »Französisches Vaterland«: gemeint ist auch die Ligue de la Patrie française (»Liga des französischen Vaterlandes«).
167 Vgl. die Kampagne von D. Ordinaire, *La Revue bleue, 6. Juni 1885.*

12
Wieder Péguy, doch nur für kurz

Im Februar 1906 versammelt sich in Versailles der Kongress, um den Nachfolger von Émile Loubet an der Spitze der Republik zu wählen. Maurice Barrès, nach wie vor mit Politik beschäftigt (bei den Wahlen im folgenden Mai wird er in Paris einen Abgeordnetensitz erringen) und erpicht darauf, an dieser alle sieben Jahre stattfindenden Sitzung im Schloss von Versailles teilzunehmen, schaut bei Charles Lucas de Pesloüan vorbei, einem Verwandten, der in Versailles wohnt. Als man ihn hereinführt, sind Charles Lucas und Péguy gerade beim Essen. Barrès und Péguy sehen sich so zum ersten Mal, ganz unvermutet; es ist eine Begegnung, die eine seltsame Freundschaft begründen wird – nicht ohne Zweideutigkeiten übrigens. Denn aus der Distanz betrachtet, scheint Péguy damals die Position, die er seit der École Normale und der Dreyfus-Affäre eingenommen hatte, diesen sehr persönlichen libertären Sozialismus, aufzugeben; und zwar unter dem Einfluss einer zweifachen »Konversion« zum Nationalismus und zum Katholizismus. Ist Barrès jetzt nicht der Freund, den er braucht?

Die Dinge sind nicht so einfach. Doch ist nicht zu bestreiten, dass Péguys Entwicklung zwischen 1905 und 1910 – er weist das Wort »Konversion« zurück – ein Beleg dafür ist, dass gegen Ende des Combismus die Karten neu gemischt werden und dass Péguy selbst für die nationalistischen Intellektuellen zu einer Symbolfigur wird. Da sie immer auf Hegemonie aus sind, käme es ihnen nicht ungelegen, wenn sie diesen originellen Rekruten aus dem feindlichen Lager in ihre eigenen Reihen aufnehmen könnten.

Als Barrès Péguy kennen lernt, weiß er nicht so richtig, was der Jüngere geschrieben hat; flüchtig kennt er seine Artikel aus den *Cahiers* – für ihn eine Zeitschrift alter Studenten. Er weiß zwar von Péguys militanter Vergangenheit im Dreyfusismus; doch das erregt bei ihm weniger Feindseligkeit als Gleichgültigkeit, wenn er sich auch mehr oder weniger gut daran erinnert, dass dieser zufällige Tischgenosse, diese seltsame Persönlichkeit, die er bisher in keinem einzigen Salon angetroffen hat, ihn in *La Revue blanche* früher einmal als »verschimmelten Tartüff« bezeichnet hat. Darüber regt sich Barrès nicht auf. Er hat die Beleidigung vergessen, wenn er überhaupt jemals davon

Notiz genommen hat. Gegensätze im Denken bringen ihn nicht aus der Fassung. Er kann einen Gegner sogar offen bewundern. Er schätzt Persönlichkeiten, Charaktere; er ist froh, wenn er bei denen, deren gewöhnliches Gerede er verabscheut, das erkennt, was er den *Elan* nennt. Péguy – ein urwüchsiger Künstler, ein Handwerker, der sich nichts vormachen lässt, unermüdlicher Herausgeber einer Zeitschrift, deren Erscheinen beständig an einem seidenen Faden hängt, ein stolzer Mann, frei, ungerecht, unbedingt, autoritär, sensibel – gehört zu den Persönlichkeiten, an denen Barrès Interesse finden kann. In einem Interview, das er 1909 dem *Écho de Paris* gibt, sagt er:

»Gehen Sie ins Quartier Latin, in diese bescheidene ›Boutique‹ der *Cahiers de la Quinzaine* ... Da finden Sie überschwängliche Seelen. Sie reden von einer Schwächung des Denkens und der Charaktere. Doch ich zeige Ihnen Gruppen von Männern, die ein Ideal haben – beachten Sie: ein Ideal, das ihr Schicksal bestimmt. Das ist bei Péguy so schön[168].«

Bei dem unvorhergesehenen Zusammentreffen in Versailles weiß Barrès zweifellos nicht, was sich seit 1905 im Kopf von Péguy abgespielt hat; nicht das ist also die Ursache dafür, dass er dem Herausgeber der *Cahiers de la Quinzaine* Beachtung schenkt. Doch sobald er ahnt, dass Péguy seine Energie, seine Hartnäckigkeit, sein Talent in den Dienst der nationalistischen Sache stellen könnte, tut Barrès alles, um ihn zu gewinnen.

Im März 1905 hat sich Wilhelm II. bei einem Besuch in Tanger als Beschützer Marokkos aufgespielt – eine Herausforderung für die Kolonialpolitik Frankreichs. Der Zwischenfall führt zu einer ernsten internationalen Krise. Die Aggressivität des Kaisers wird in Frankreich als ein Zeichen drohender Kriegsgefahr gedeutet. Ministerpräsident Maurice Rouvier gibt der Erpressung Deutschlands nach und stimmt dem Rücktritt seines Außenministers zu. Auf der Konferenz von Algésiras Anfang 1906, die die Krise beendet, wird Frankreich von Großbritannien, Russland, Italien und sogar den USA unterstützt. Seine Politik der Präsenz in Marokko wird bestätigt. Nichtsdestoweniger hat Deutschland bei der Aufteilung des »kolonialen Kuchens« einen furchterregenden Machtwillen bewiesen. Von nun an ist die »deutsche Obsession« im französischen politischen Denken ständig gegenwärtig. Das Reich Wilhelms II., dessen Wirtschaft und Demografie die französische Öffentlichkeit permanent beunruhigen, nimmt wieder die Eigenschaften eines Erbfeindes an.

---

168 Zit. nach E. Cahm, *op. cit.* S. 51.

»Sein oder Nichtsein«, schreibt Clemenceau in *L'Aurore*, »das ist das Problem, vor das wir seit dem Hundertjährigen Krieg zum ersten Mal wieder durch einen unerbittlichen Willen zur Vorherrschaft gestellt werden. Wir schulden es unseren Müttern, unseren Vätern und unseren Kindern, alle Möglichkeiten auszuschöpfen, um das reiche französische Leben zu retten, das wir von denen, die vor uns da waren, übernommen haben und für das wir denen, die nach uns kommen, Rechenschaft schuldig sind[169].«

Péguy hat ähnlich reagiert. Nicht sofort. Er wartet bis Juni 1905, bis die deutsche Bedrohung deutlicher wird: »Alle Welt erfuhr im selben Augenblick, dass eine deutsche Invasion drohte, dass ihre Verwirklichung bevorstand[170].« Kurz vor Sommeranfang glaubt er, der Krieg stehe unmittelbar bevor, und sagt, sein Leben habe eine andere Wendung genommen. Am 16. Juni macht er sich – begleitet von seiner Frau – sogar zum Kaufhaus Bon Marché auf, um einige Dinge zu kaufen, die für einen eifrigen Krieger unverzichtbar sind. In dem *Cahier*, das am 22. Oktober 1905 erscheint, veröffentlicht er einen seiner für die Nachwelt bestimmten Texte, *Notre Patrie* (»Unser Vaterland«) – eine direkte Antwort auf ein Buch von Gustave Hervé, einem antimilitaristischen Sozialisten, *Leur Patrie* (»Ihr Vaterland«). Hervé ist Mitglied der SFIO und steht den revolutionären und anarchistischen syndikalistischen Kreisen nahe; seit 1905 verficht er in den Arbeiterversammlungen mit Erfolg einen radikalen Antipatriotismus. Der Hervéismus, wie man damals sagt, nimmt sogar innerhalb der SFIO an Bedeutung zu: er bedeutet ein »Nein« gegen den Krieg, auch gegen den Verteidigungskrieg, ganz gleich, wer der Angreifer ist. Jaurès, der mit Hervés Doktrin nicht übereinstimmt, wird von Péguy beschuldigt, ihn zu schonen, und zwar wegen seines großen Einflusses innerhalb der revolutionären Bewegung. Nachdem sich Jaurès auf den Combismus eingelassen habe, wolle er jetzt den Hervéismus schonen: eine weiterer Grund für die Entfremdung zwischen Péguy und dem Sozialistenführer.

Péguys Nationalismus lässt sich zu dieser Zeit noch als Linksnationalismus bezeichnen (dem Clemenceaus nicht unähnlich); in dessen Namen wird Jaurès der Nachgiebigkeit beschuldigt – zunächst Gustave Hervé gegenüber und bald auch der deutschen Sozialdemokratie gegenüber, deren nationalistische, ja militaristische Grundlage er nicht verstanden habe. Die Diatriben gegen Jaurès endeten erst mit seinem Tod.

Unabhängig von allen politischen Ereignissen gibt es einen weiteren Grund dafür, dass Péguy sich den rechten Nationalisten anzunähern scheint

---

169 Zit. nach R. Girardet, *op. cit.*, S. 224.
170 Ch. Péguy, *Notre Patrie*, OPC, *op. cit.*, 2, S. 60.

und sich ihnen nach und nach auch tatsächlich annähert: seine Rückkehr zum Katholizismus, für die *Le Mystère de la charité de Jeanne d'Arc* (*Das Mysterium der Erbarmung*) ein beredtes Zeugnis ist. Barrès entgeht das nicht.

Barrès, wieder Abgeordneter und seit 1906 Mitglied der Académie française, zeichnet sich auf der nationalistischen Rechten durch seinen politischen und literarischen Ruhm aus; doch seine vielseitigen Verbindungen, seine Ausstrahlung und der Einfluss eines nach wie vor fruchtbaren Werkes gehen weit über den engen Kreis der nationalistischen Rechten hinaus. Und nun wird dieser Péguy, dieser Dreyfusard, den er vor vier Jahren getroffen hat, Autor eines Werks, das er für zutiefst christlich, katholisch und national hält! Es handelt sich – über den literarischen Bereich hinaus – um ein politisches Ereignis, wenn sich ein Dreyfusard vom Zuschnitt Péguys entschließt, zum Ruhme der Lothringerin Jeanne eine Dichtung zu schreiben, die ganz von christlichem Geist beseelt ist; man wohnt also zweifellos einer Wendung nach rechts bei. Das verdient Anerkennung. *Le Mystère* erscheint am 16. Januar 1910; am 28. Februar widmet Barrès ihm in *L'Écho de Paris* einen großen Artikel.

»Am meisten ist Péguys Einsicht zu bewundern, dass man, um eine Figur wie Jeanne d'Arc zu erschaffen, etwas anderes braucht als Instinkt, als einen dunklen Lebenstrieb. Jeanne d'Arc ist nicht einer Laune gefolgt; sie hat beratschlagt wie ein Held von Corneille; sie kannte die Gesetze der Kirche und fragte sich, ob sich ihre Begeisterung mit der Disziplin dieser Gesetze vertrug. Man sieht bei ihr etwas anderes am Werk als die schöne Unordnung der Natur, etwas ganz anderes als eine Laune: die Kraft einer mächtigen Tradition.«

In dieser Lobeshymne staunt Barrès über das Wunder: Péguy verwandelt seinen sterilen Dreyfusismus und dessen Zerstörungskraft und stellt sie in den Rahmen einer »traditionellen Disziplin«: »Oh Wunder! Das Evangelium ist jetzt wieder mit dem Leben eines jungen Scholaren der Sorbonne verbunden.« Der verlorene Intellektuelle ist voller Reue ins Haus des Vaters zurückgekehrt.

Ein Geschenk – dieser Artikel! Péguy, bisher außerhalb des engen Kreises seiner Getreuen ein unbekannter und verkannter Mann, ist von einem Tag auf den andern ein anerkannter Schriftsteller. Ja, ein Geschenk – doch ein vergiftetes Geschenk. Denn der »Barrès-Effekt« lässt nicht auf sich warten: auf der Linken ein fast vollkommenes Schweigen; in der nationalistischen Presse eine Serie begeisterter Artikel. Péguy, der kein Heiliger ist, kann dem Gunstbeweis des großen Schriftstellers gegenüber nicht gleichgültig bleiben. Doch was soll er von dessen Mitstreitern halten? Am 14. März widmet

Édouard Drumont, der Prophet des Antisemitismus, in seiner Zeitung *La Libre parole* dem *Mystère* höchstpersönlich einen großen Artikel unter dem Titel: »Die Jeanne d'Arc eines ehemaligen Dreyfusard«. Barrès hatte noch vom »Dreyfusard« Péguy gesprochen; für den obersten Antisemiten ist er nur noch ein »*ehemaliger* Dreyfusard«. Das Lob erlaubt es ihm, am Ende Revanche zu nehmen: »Es verdrießt einen selbst nicht wenig, diesen Enttäuschten und von ihrer Enttäuschung Geplagten zu sagen: ›Nun, ihr Guten, haben wir euch nicht früh genug vorhergesagt, was geschehen würde? Hatten wir nicht Recht?‹« Die Vereinnahmung macht Fortschritte.

Acht Tage später, am 22. März, ergeht sich Pierre Lasserre in *L'Action française* in Lobeshymnen:

»Péguy ist das, was man ›repräsentativ‹ nennt. Er arbeitet auf seine Weise an einer philosophischen, literarischen und politischen Gegenbewegung mit, die unter der Elite der jüngeren französischen Generationen immer mehr Verbreitung findet – übrigens in sehr verschiedenen und äußerst ungleichwertigen Formen. Eine berechtigte Gegenbewegung, gewiss, die sich gegen einen schrecklichen Wust von falschen Ideen, falschem Geschmack, barbarischen und negativen Methoden richtet.« Lasserre wirft Péguy jedoch vor, seine ehemaligen Freunde des Verrats am Dreyfusismus beschuldigt zu haben: »Das dreyfusistische Unternehmen war von Geburt an niedrig, wirr und korrupt.« Diesmal fordert man Péguy auf, seine gesunde Entwicklung bis zu Ende zu gehen, seiner Vergangenheit abzuschwören und den Dreyfusismus seiner Jugend zu verdammen.

L'Action française geht noch weiter. Die Zeitung von Maurras veröffentlicht am 14. April einen Artikel von Georges Sorel, der bereits in *La Voce*, der Zeitschrift von Giuseppe Prezzolini, in Florenz erschienen war. Eine geschickte Perfidie, die mit der Ambivalenz der Gefühle spielt. Sorel ist trotz seiner *Révolution dreyfusienne*, seiner Annäherung an die nationalistische Rechte und seiner eindeutigen Tendenzen zum Antisemitismus nach wie vor ein Freund von Péguy – wenn die Argumente Sorels donnerstags in der »Boutique« der *Cahiers* Péguy auch manchmal dazu bringen, auf die Straße zu gehen. Sorel hatte Péguys Abneigung gegen die postdreyfusistischen Intellektuellen, seine Verurteilung von Jaurès, seine Verachtung der parlamentarischen Politik geteilt. Er hatte eine Zeit lang auch große Hoffnungen auf den Syndikalismus der direkten Aktion gesetzt und die großen Streiks von 1906–1909 mit seinen *Réflexions sur la violence* (*Über die Gewalt*) begleitet. Danach war Sorel ernüchtert, wie Péguy: der Syndikalismus wurde bürokratisch, es war nichts mehr von ihm zu erwarten. Doch während Péguy seinem republikanischen Ideal tief verbunden blieb, fühlte sich Sorel immer stärker von den Aktivisten der Action française angezogen, wo er – ohne ein Anhänger der neoroyalistischen Lehre von Maurras zu sein – die neue Verkörperung seiner heroischen Gesellschaftsmoral zu finden glaubte. So nimmt Sorel 1910 an der informellen Verschwörung der Nationalisten teil, die Péguy nach rechts drängen wollen, so weit nach rechts wie möglich.

Der arme Péguy weiß eine Zeit lang nicht, wo ihm der Kopf steht. Er, der unbekannte Arbeiter, der Schriftsteller in der Wüste, der immer auf der Suche nach Abonnenten war, um durchzukommen, er wird plötzlich ins Rampenlicht gestoßen. Kann man da widerstehen? Zunächst gelingt es ihm kaum. Er dankt denen, die ihn gelobt haben, ohne etwas gegen ihre Argumente zu sagen. Er geht so weit, einen Brief an Édouard Drumont zu schreiben ... Dankbarkeit eines einsamen Menschen denen gegenüber, die ihn aus seiner Einsamkeit reißen! Nach Jahren und Jahren unbeachteter Mühsal, nach Tausenden voll beschriebener Seiten, nach Jahren, die er am Hungertuch genagt hatte, wird Charles Péguy endlich ein Schriftstellername ...

Aber wie werden die Abonnenten der *Cahiers* reagieren? Die Abonnenten der ersten Stunde, die Dreyfus gehörte? Georges Sorel glaubt, dass die Juden, die das Gros der Getreuen bilden, ihr Abonnement aufgeben werden; er hofft, dass die Katholiken Péguy unterstützen. Er denkt sogar daran, sich bei Albert de Mun, dem Führer der katholischen Partei, für ihn einzusetzen[171]. Im Grunde möchte Sorel, dass Péguy mit seiner Vergangenheit als Dreyfusard eindeutig bricht, wie er selbst es getan hat, dass er sich entscheidet, auf welcher Seite er steht, dass er sich öffentlich als Katholik bekennt, dass er sich Maurras und der Action française annähert. Jean Variot, der Péguy über Sorels Anliegen informiert, bekommt zur Antwort: »Ich möchte nichts von meiner Vergangenheit verleugnen[172].«

Sorel ist verärgert, als er erfährt, dass Péguy in den *Cahiers* einen Text von Daniel Halévy, *Apologie pour notre passé* (»Apologie für unsere Vergangenheit«), veröffentlichen wird. Bevor der Artikel erscheint, glaubt er, es handele sich um eine Entgegnung auf seine *Révolution dreyfusienne*: »Péguy hat eine Klientel von 300 Juden, mit denen er es sich nicht verderben darf[173].« Ein völliges Missverständnis! Der Text ist weit davon entfernt, Péguy zu gefallen, ja er führt zu einem Bruch zwischen ihm und Halévy. Als Herausgeber hat Péguy den Text, ohne eine Miene zu verziehen, veröffentlicht; doch in dem Porträt des Dreyfusisten, das Halévy zeichnet, hat er sich nicht wiedererkannt. Halévy hat die geistige Größe des Dreyfusismus aus den Augen verloren, er redet jetzt wie ein aufgeklärter Konservativer, wie ein patriotischer

---

171 Siehe E. Cahm, *op. cit.*, S. 63–64.
172 *Propos de Georges Sorel recueillis par Jean Variot*, Gallimard, 1935, S. 259.
173 Brief von Sorel an Berth, 1. April 1910, zit. nach E. Cahm, *op. cit.*, S. 68.

Großbürger. Als er die Fahnen nochmal durchliest, fühlt der Herausgeber Péguy eine »dumpfe Revolte« in sich aufsteigen. Überall wird der Geist des Dreyfusismus verleugnet, vergessen, verspottet. Da muss man reagieren.

Seinen neuen Bewunderern Barrès, Maurras, Drumont, seinen Freunden Sorel und Halévy erwidert Péguy mit einem seiner schönsten dreyfusistischen Glaubensbekenntnisse, *Notre jeunesse* (»Unsere Jugend«; *Der Antisemitismus entehrt ein Volk*), den Tharauds zufolge sein Meisterstück, das am 17. Juli 1910, drei Monate nach dem Artikel von Daniel Halévy, erscheint. Ich war, ich bin, ich bleibe Dreyfusard – das antwortet Péguy allen, die glaubten oder wünschten, er werde seine Vergangenheit verleugnen. Zwölf Jahre nach der Affäre spiegelt die Deutung, die Péguy von ihr gibt, allerdings seine eigene Entwicklung wider: sein Retro-Dreyfusismus ist von christlichem Geist erfüllt, wie er nicht im Zentrum des historischen Dreyfusismus stand. In dem Wunsch, die Unveränderlichkeit seiner von spiritueller Ethik bestimmten Haltung zu belegen, tendiert er dazu, die Gegensätze zwischen dem Péguy von 1898 und dem Péguy von 1910 zu verwischen. Zugleich ist diese Rekonstruktion Ausdruck der Syntheseleistung Péguys: der Verbindung der laizistischen Republik und des christlichen Frankreich im Patriotismus.

»Sie sprechen von republikanischem Niedergang«, schreibt er an seine royalistischen Gegner gewandt, »genau genommen heißt das: vom Abstieg der republikanischen Mystik zur republikanischen Politik. Hat es nicht andere Formen des Niedergangs gegeben? Und gibt es nicht andere Formen? Alles beginnt als Mystik und endet als Politik. Alles beginnt mit *der* Mystik, mit einer Mystik, mit seiner (eigenen) Mystik und endet mit *der* Politik. Das entscheidende Problem [...] ist nicht, dass diese oder jene Politik über diese oder jene andere Politik siegt, und nicht, dass man weiß, welche von allen Politiken siegen wird. Das Problem, das Entscheidende, das Wesentliche ist, dass *in jeder Ordnung, in jedem System* die Mystik nicht von der Politik verschlungen wird, die sie hervorgebracht hat[174].«

Zu dieser »unsterblichen Dreyfus-Affäre«, die zunächst eine Mystik war, bevor sie als Politik zu Grunde ging, schreibt er noch: »Es gibt keinen Zweifel, dass für uns die dreyfusistische Mystik nicht nur ein besonderer Fall war, sie war ein herausragender Fall ...« Und er präzisiert: »Die Affäre Dreyfus, der Dreyfusismus, die Mystik, der dreyfusistische Mystizismus war ein Höhepunkt, ein Kulminationspunkt, in dem sich wenigstens drei Mystizismen trafen: der jüdische, christliche, französische.« Was die jüdische Mystik angeht,

---

174 Ch. Péguy, *Notre jeunesse*, OPC, *op. cit.*, 3, S. 20.

so zeichnet Péguy die Skizze eines Porträts, einer Biographie von Bernard-Lazare, den er als »einen der größten unter den Propheten Israels« ansieht.

Und dann sagt Péguy seinem Freund Halévy, dass er sich in dem Porträt des Dreyfusisten, das dieser gezeichnet hat, absolut nicht wiedererkennt; dass er, Péguy, sich keineswegs wie »ein geschlagener Hund« fühlt; dass er nichts bedauert, dass er sich rühmt, das gewesen zu sein, was er war: »Wir haben nichts zu bedauern und nichts zu bereuen.«

Diese Antwort Péguys, der Halévys Erinnerungen mehrere Male ins Visier nimmt, setzt der langjährigen Freundschaft zwischen den beiden Männern ein Ende. Am 23. Oktober 1910 kommt Péguy in *Victor-Marie, comte Hugo* darauf zurück. Auf einer sehr schönen Seite vergegenwärtigt er sich noch einmal die Freundschaft zwischen ihnen beiden, »Nachbarn auf dem Land, wie man in der Bretagne Nachbar ist, das heißt in drei oder vier Meilen Entfernung«; lange Spaziergänge Seite an Seite, »wobei der eine den anderen begleitet und zurückbegleitet«: »Wenn ich ihn besuche, wenn er mich besucht, bei jedem Wetter – und jedes Wetter ist gut –, dann haben wir im Regen, in der Sonne, drei oder vier Meilen dieser wunderbaren Landschaft zu durchqueren ...« Es ist ein Bekenntnis. Péguy evoziert die Klassenunterschiede zwischen ihm, der es nie verstand, sich richtig in einen Sessel zu setzen, und Halévy, der aus einer großbürgerlichen Familie kommt. Mit Zartgefühl spricht er von seiner Großmutter, die Kühe hütete und nicht lesen konnte, und er gesteht, dass er ein Landmann geblieben ist, dass er davon träumte, Distinktion, Feinheit, Eleganz auszustrahlen, diese jedoch vor ihm flohen ... Ein erstaunlicher Text, in dem der Autor die Synonyme ausschöpft, scheinbar hundert Mal um das Thema kreist, seine Furchen immer wieder neu zieht und mit der Kraft seines Wortes seine Gefühle bloßlegt und zu dem anderen sagt: Komm zu mir. Dieses Zerwürfnis, dieser Kommentar zu einem Zerwürfnis sind auch noch Nachklänge der Dreyfus-Affäre.

Den neuen Bewunderern Péguys gefällt *Notre jeunesse* nicht besonders. Seine Lobrede auf Bernard-Lazare entrüstet die nationalistische Presse; *L'Action française* fühlt sich blamiert. Sorel ist verdutzt über die »dreyfusistische Lehrpredigt«. Péguy ist nicht zu helfen. Im Gegensatz zur verärgerten *Action française*, die Péguy in ihrem Ärger verreißt, sagt Barrès kein Wort und bewahrt Péguy seine Freundschaft. Er beglückwünscht ihn sogar zu seinem *Victor-Marie, comte Hugo*, in dem Péguy ihn freilich lang und breit zitiert.

Barrès tut sogar noch mehr. Er will sich dafür einsetzen, dass der Jüngere den Großen Literaturpreis der Académie française bekommt – nicht für sein ganzes Werk, denn es enthält zu viel Polemik, sondern für seine *Jeanne d'Arc*, ergänzt um eine Auswahl von Schriften. Die Sache ist nicht leicht: Péguy steht in der Académie nicht gerade im Ruf, ein Heiliger zu sein – weder auf der Linken, die durch Mitglieder der Universität repräsentiert ist, dieser »intellektuellen Partei«, die der Kandidat ständig geschmäht hat, noch auf der Rechten, für die er nichts anderes als ein Dreyfusard ist. Aber Barrès glaubt an die Sache. Er unterstützt den Autor von *Le Mystère de la charité de Jeanne d'Arc*, ohne ihm wegen *Notre jeunesse* zu grollen. Als Barrès die *Œuvres choisies* (»Ausgewählte Werke«), um die er Péguy gebeten hatte, in Augenschein nimmt, wird ihm klar, dass seine Aufgabe dadurch nicht leichter geworden ist, denn Péguy hat keine Konzessionen gemacht. Am Tag der Abstimmung hört Barrès einige interessante Bemerkungen: »Péguy?«, sagt Ernest Lavisse, Repräsentant des universitären Establishments, »der hat es verstanden, Weihwasser in sein Commune-Öl zu gießen.«[175] »Ein Bohemien des Quartier Latin«, kommentiert Émile Ollivier. Schließlich wird Péguy der Große Preis nicht zuerkannt, doch dafür erhält er den Estrade-Delcros-Preis, der mit 8.000 Francs dotiert ist. Das erlaubt den *Cahiers de la Quinzaine*, noch einmal zu überleben.

Die Reaktion der Académie, dieses Zusammenspiel der doppelten Opposition der intellektuellen Linken und der katholischen Rechten, wirkt sich auch in den folgenden Monaten zu Lasten Péguys aus. Die Angriffe werden stärker: er wird von der Linken abgelehnt und von der katholischen Kritik, die ihn für einen Häretiker hält, mit dem Bann belegt, besonders von der Rechten Maurras'. Er selbst ist aufs Tiefste verletzt. 1912 bricht er mit Sorel: »In allem, was gegen die *Cahiers* unternommen wird, erkenne ich Ihre Hand. Ich bitte Sie, in Zukunft donnerstags nicht mehr zu erscheinen.« Péguy hat alle Bande, die ihn mit der Linken, mit der Arbeiterbewegung, mit dem Sozialismus seiner Jugend verknüpften, gelöst. Doch er hat sich deswegen nicht dem von Sorel unterstützten Nationalismus der Antisemiten und Neoroyalisten angeschlossen.

Der konservative Republikanismus Poincarés sagt ihm zu, was ihn nicht hindert, gegen die Bourgeoisie zu wettern. Er stimmt ein Loblied auf die französische Kolonialpolitik an, insbesondere auf den Offizier Ernest Psichari, Befehlshaber in Mauretanien. Als man über das Gesetz der drei Jahre (Militärdienst) debattiert, ist Péguy dafür – gegen die Koalition der Linken. Es ist eine erneute Gelegenheit für ihn, gegen Jaurès zu Felde zu ziehen, diesen Pangermanisten, der sich in seinem Pazifismus blenden lässt von »diesem Volk von Untergebenen und Gehorsamen«, das Deutschland ist, das die deutsche Sozialdemokratie ist, auf die Jaurès zu setzen wagt, um den Krieg zu verhindern. Er brandmarkt die Bundesgenossen von Jaurès, die »intellektuelle Partei«, Herr, Pressensé, Hervé, Seignobos, Lavisse – »offizielle« Intellektuelle, die sich mit den Anhängern einer Verständigung mit Deutschland verbünden

---

175 *Anm. d. Ü:* Abwandlung der idiomatischen Wendung: mettre de l'eau dans son vin (»Wasser in seinen Wein gießen«, »zurückstecken«); Péguy wird hier vorgeworfen, die Sympathie für die Commune – die revolutionäre Pariser Stadtversammlung von 1871 – aufgegeben zu haben

und die Niederlage vorbereiten. Der wachsende Bellizismus Péguys beruft sich jedoch immer wieder und bis zum Schluss auf die republikanischen Wurzeln:

»In Friedenszeiten läuft natürlich alles gut. Alles läuft auf öffentliche Bekanntmachungen, auf Versammlungen und auf Reden im Parlament hinaus. Aber in Kriegszeiten gibt es in der Republik nur noch die Politik des Nationalkonvents[176]. Ich bin für die Politik des Nationalkonvents gegen die Politik der Versammlung von Bordeaux, ich bin für die Pariser gegen die Landleute, ich bin für die Pariser Commune, für die eine wie für die andere Commune, gegen den Frieden, ich bin für die Commune gegen die Kapitulation, ich bin für die Politik Proudhons und die Politik Blanquis gegen den schrecklichen kleinen Thiers[177].«

Péguys republikanischer Nationalismus ist keine Spezialität eines originellen Schriftstellers. Er spiegelt das neue intellektuelle Klima in den Vorkriegsjahren wider. Während der Dreyfus-Affäre und zumindest bis 1905 hatte sich der Nationalismus durch seinen inneren Feind definiert, durch Anti-Frankreich, wie Maurras sagte, das in der parlamentarischen Republik institutionell verankert war. Die äußere Krise, 1905 durch Wilhelm II. in Tanger ausgelöst und durch die Krisen verstärkt, die sich seit 1911 in den internationalen Beziehungen ablösen – Krise von Agadir, italienisch-türkischer Krieg, Balkankriege ... –, führt zu einer politischen Spannung, in der angesichts der deutschen Gefahr ein anderer, nach außen gerichteter Nationalismus entsteht, dem sich Radikale wie Clemenceau und gemäßigte Republikaner wie Poincaré anschließen und der einen Teil der Schul- und Universitätsjugend anzieht. In *L'Argent (suite)* (»Das Geld. Fortsetzung«) von 1913 ist Péguy nicht nur derjenige, der entschlossen auf den Eindringling wartet; er ist auch derjenige, der ihn ankündigt, der davon träumt, mit ihm abzurechnen, zum Ruhme Frankreichs, das die Ehre der zivilisierten Welt verteidigt.

Charles Péguy verkörpert nicht nur diesen republikanischen Nationalismus, sondern auch die katholische Erneuerung, die zu Beginn des Jahrhunderts zu so vielen Konversionen führt. Ein völlig neues intellektuelles und moralisches Klima charakterisiert diese Vorkriegsjahre, in denen das Erwachen des religiösen Glaubens und die kriegerischen Impulse dem Pazifismus gegenüberstehen, der von Jaurès und der Arbeiterbewegung angeführt wird.

---

176 *Anm. d. Ü:* Nationalkonvent: die Convention nationale wurde 1792 nach dem Aufstand der Massen gewählt, die – während der beginnenden Revolutionskriege – eine Verschwörung des Königs mit den auswärtigen Mächten zur Konterrevolution fürchteten; der Nationalkonvent schaffte das Königtum ab.
177 Ch. Péguy, *L'Argent, OPC, op. cit.,*3 , S. 924–925.

13
Die Geburt der *NRF*

Nicht alle Bewunderer von Péguys *Mystère de la charité de Jeanne d'Arc* sind Nationalisten, die sich mit einem Überläufer schmücken wollen. Es gibt noch den kleinen Kreis um André Gide, der 1909 *La Nouvelle Revue française* lanciert hat. »Erschüttert, aufgewühlt, aus der Fassung gebracht durch die *Jeanne d'Arc* von Péguy ...«: mit diesen Worten teilt Gide, aus seiner ländlichen Zurückgezogenheit in Cuverville in der Normandie, seinen Enthusiasmus Jean Schlumberger mit, der sich in Paris um die Zeitschrift kümmert. Da er diesem Thema seine nächste »Chronik«, das »Tagebuch ohne Datum«, widmen will, kauft er etwa zehn Exemplare der *Jeanne d'Arc* und schenkt sie seinen Freunden, Paul Claudel, Francis Jammes, Émile Verhaeren und anderen; er setzt Péguy davon in Kenntnis und vergisst nicht, ihn um »etwas Schönes« für die *NRF* zu bitten.

Es war nicht das erste Mal, dass Gides junge Zeitschrift Charles Péguy huldigte. Schon im Jahr davor hatte Michel Arnauld – Pseudonym von Marcel Drouin – einen Artikel geschrieben, der ganz von Sympathie für »Die *Cahiers* von Charles Péguy« erfüllt war, und seinen Stil erläutert, der dem von Montesquieu empfohlenen genau entgegengesetzt sei: »Um gut zu schreiben, muss man die ›Zwischengedanken‹ überspringen[178]«; das sollte der Bewunderung jedoch keinen Abbruch tun.

Als Gide 1909 die *NRF* gründet, ist er noch nicht sehr bekannt. Von seinem 1897 erschienenen Werk *Les Nourritures terrestres* (*Uns nährt die Erde*), das nach dem Ersten Weltkrieg für mehrere Generationen zur Bibel wird, sind erst einige hundert Exemplare verkauft. Nichtsdestoweniger übt Gide eine starke Anziehungskraft auf einige glühende Bewunderer aus, ohne die die berühmteste literarische Zeitschrift Frankreichs nie das Licht der Welt erblickt hätte. Im Gegensatz zu Péguy, der sich sehr früh in das Herausgeberabenteuer gestürzt hat, ist Gide, der ein paar Jahre älter ist (er ist 1869 geboren), viel zu unbeständig, um das, wovon er doch seit langem träumt, auf die Beine zu stellen, seine »zukünftige Zeitschrift«, wie er sie nennt – und zwar aus Mangel an Energie, an Hartnäckigkeit, an, wie man zweifellos sagen müsste, Besessenheit, Eigenschaften, die für ein solches Unternehmen not-

---

178 A. Anglès, *André Gide et le premier groupe de* La Nouvelle Revue française. *La formation du groupe et les années d'apprentissage 1890–1910*, Gallimard, 1978, S. 212.

wendig sind. Man hat die *NRF* die Zeitschrift Gides genannt; sie ist vor allem die Zeitschrift einer kleinen Gruppe, in der allerdings Gide die beherrschende Rolle spielt.

Bis zu diesem Jahr 1909 hatte André Gide all seine Bücher »auf eigene Kosten« veröffentlicht. Er gehörte zu den Schriftstellern – bis zum Zweiten Weltkrieg waren sie noch zahlreich –, die ein ausreichendes Vermögen besaßen, um sich voll und ganz ihrem Werk zu widmen und deren erster Wurf die Druckerpresse auf ihre eigenen Kosten verließ. Er war der einzige Sohn von Paul Gide, einem Juraprofessor, und von Juliette Rondeaux, die aus einer begüterten Familie aus Rouen stammte – beide aus protestantischem Milieu. Unter dem Schein des Dilettantismus (er interessierte sich für alles, insbesondere für das Klavierspiel) war sich Gide sehr früh bewusst, dass er ein Werk in sich trug; schon im Alter von einundzwanzig Jahren schrieb er *Les Cahiers d'André Walter* (*Die Skizzenblätter André Walters*) und veröffentlichte in den kleinen literarischen Zeitschriften von damals Gedichte.

Als er 1895 seine Cousine Madeleine heiratet, hat er bereits – zwei Jahre zuvor – in Tunesien seine erste homosexuelle Erfahrung gemacht. Ein Arzt, den er aufsucht, erklärt ihm, die Heirat werde seine »schlechten Neigungen« zum Verschwinden bringen. Die Verbindung, in der Normandie im Rathaus von Cuverville (wo seine Frau ein Landhaus besitzt) und in der protestantischen Kirche von Étretat geschlossen, wird nicht vollzogen. »Ich wundere mich heute«, schreibt Gide 1939 nach dem Tod Madeleines, »über die Verirrung, die mich glauben ließ, meine Liebe wäre ihrer umso würdiger, je ätherischer sie wäre, wobei ich all die Jahre hindurch zu naiv war, um mich jemals zu fragen, ob eine völlig unkörperliche Liebe sie befriedigen würde[179].« Gide führt seitdem ein Doppelleben, ohne Wissen der Frau, die er geheiratet hat (zumindest etwa zwanzig Jahre lang ist sie nicht im Bilde); er wechselt zwischen einem bürgerlichen Konformismus, der von tiefer Zuneigung zu seiner Frau begleitet ist, und einem nächtlichen Vagabundendasein, das von der Sittenpolizei überwacht wird. Er führt dieses halb geheime Leben bald im Hochgefühl des Vergnügens, bald im Ekel. Zerrissenheit steht im Zentrum seines Lebens wie seines Werks, das sich davon nährt. Wenigstens teilweise wird er sich durch das öffentliche Geständnis seines Geheimnisses davon befreien, als er 1924 *Corydon* veröffentlicht.

In den Jahren, die auf das Erscheinen der *Nourritures terrestres* im Mercure de France 1897 folgen, zieht André Gide unweigerlich die Aufmerksamkeit und die Bewunderung einiger Schriftsteller auf sich, die seine Freunde werden; unter ihnen sind auch die, die den Zirkel der Gründer der *NRF* bilden.

---

179 A. Gide, *Et Nunc Manet in Te. Journal 1939–1949. Souvenirs*, Gallimard, »La Pléiade«, 1954, S. 1128.

Marcel Drouin und André Gide hatten schon 1890 einen Briefwechsel miteinander begonnen. Drouin, Normalien und Philosophie-Agrégé, heiratet im Jahre 1897 die Schwester Madeleines, Jeanne Rondeaux, und wird so Gides Schwager. Er ist Lehrer am Lycée in Alençon, als die Dreyfus-Affäre ausbricht; ohne sich zu schonen, engagiert er sich im Gefolge von Péguy, Charles Andler und Lucien Herr. Er verstößt gegen die Pflicht der Beamten, sich zurückzuhalten, und schreibt in *L'Avenir de l'Orne* gehässige Artikel gegen *La Croix de Flers*[180]. Kurz bevor der Schulrat Jules Lachelier der Schule einen Besuch abstattet, notiert der Direktor für ihn: »Monsieur Drouin hat während der Affären Dreyfus-Zola eine kleine Unvorsichtigkeit begangen, indem er eine der Petitionen von *L'Aurore* unterzeichnet hat. Zum Glück wird diese Zeitung in Alençon, der Heimat von Monsieur de Boisdeffre, der das beste Andenken an seine ehemalige Schule bewahrt hat, wenig gelesen[181].« Als er dann an die Militärschule von La Flèche versetzt wird, legt sich Drouin das Pseudonym Michel Arnauld zu, um in *L'Ermitage* und *La Revue blanche* zu schreiben, wo er von Gide eingeführt wird.

André Ruyters war Bankangestellter in Brüssel und in seinen Mußestunden Dichter. Hingerissen von *Le Voyage d'Urien* (1893, *Die Reise Urians*), hatte er Gide ein Bändchen mit seinen Versen geschickt, und dann ein zweites, das ihm gewidmet war. Daraus entwickelte sich eine Freundschaft. Ruyters war Gide endgültig verbunden, nachdem er seine *Nourritures terrestres* gelesen hatte, die so stark auf die Sinnlichkeit des jungen Belgiers wirkten. Da er praktisch veranlagt war, stellte man seine Fähigkeiten bei der Lancierung der *NRF* auf die Probe. 1905 konnte er sich in Paris niederlassen: er hatte bei der Djibouti-Eisenbahngesellschaft eine Stelle gefunden, am Sitz der Banque de l'Indochine.

Ein anderer Gründer der zukünftigen Zeitschrift und Bewunderer Gides war Henri Ghéon, der eigentlich Henri Vangeon hieß. Wie Ruyters war er sechs Jahre jünger als Gide, wie Ruyters hatten auch ihn die *Nourritures terrestres* fasziniert und dazu veranlasst, dem Autor seine Bewunderung auszudrücken – Beginn einer umso unbefangeneren Freundschaft und Komplizenschaft, als Vangeon (inzwischen Ghéon) wie Gide homosexuell war. Er geht in den Badeanstalten und Dampfbädern von Rochechouart und Oberkampf ein und aus und ist nichtsdestoweniger Landarzt in Bray-sur-Seine im Verwaltungsbezirk Provins. Dort widmet er sich der Malerei, der Musik, der Literatur, ohne – im Gegensatz zu Gide – aus seiner sexuellen »Abweichung« ein großes Geheimnis zu machen; das ist nicht gerade dazu angetan, ihm die Treue einer Kundschaft zu sichern, die er in einem ratternden Auto besucht,

---

180 A. Anglès, *op. cit.*, S. 29.
181 Zit. nach M. Drouin, *Hommage à Marcel Drouin (1871–1943), Bulletin des Amis d'André Gide*, 1994, S. 9.

eingehüllt in ein Ziegenfell, die Augen hinter einer riesigen Brille verborgen und über die dauernden Motorpannen schimpfend. Bevor er im Jahre 1901 beginnt, den Arztberuf in Bray (er wird dort bis 1909 bleiben) auszuüben, ist dieser romantisch anmutende Mediziner ebenfalls ein überzeugter Dreyfusard gewesen. Er besaß, könnte man sagen, eine linke Einstellung, einen Sinn für das »Soziale«: er träumte davon, Paris mit einer »volkstümlichen Tragödie« zu erobern.

Der Clan – oder nach ihrer eigenen Bezeichnung der »Zirkel« – konstituierte sich endgültig in den Jahren 1903–1904. Jean Schlumberger kam aus einer protestantischen Industriellenfamilie, die sich nach der Niederlage von 1871 zwischen Frankreich und Deutschland entscheiden musste. Seine Mutter, die zu den Nachfahren von Guizot[182] zählte, besaß ein Anwesen in Le Val-Richer, nicht weit von dem Gut La Roque, das der Mutter von André Gide gehörte. Als Kind hatte Jean Schlumberger – er war acht Jahre jünger als Gide – erlebt, wie sein munterer Nachbar zu seinen Eltern zu Besuch kam. Später wurden diese guten nachbarschaftlichen Beziehungen mit Diskussionen in La Roque gewürzt, bei denen Schlumberger Gide und Marcel Drouin über Philosophie sprechen konnten. Obwohl er zu Beginn des Jahres 1898 noch minderjährig war, setzte er seinen Namen unter die Petition für Dreyfus, nahm wie viele an der Bewegung der Volksuniversitäten teil, insbesondere an der Seite von André Siegfried, einem anderen Spross einer großen protestantischen Familie, und abonnierte von Anfang an die *Cahiers de la Quinzaine*. Dann hatte er sich einem ersten Roman gewidmet, direkt nach seiner Heirat, die ihn zu *Le Mur de verre* (»Die Glaswand«) inspirierte. Er hatte all seinen Mut zusammengenommen und Gide Gedichte gebracht, die dieser bereitwillig las und die 1903 im Mercure de France in einem Gide gewidmeten Band erschienen, auf Kosten des Autors, wie man sich denken kann. Auch er hatte ein ausreichendes Vermögen, um sich ohne materielle Sorgen in die Schriftstellerlaufbahn zu stürzen.

Das letzte und jüngste Mitglied der Runde war Jacques Copeau, bereits leidenschaftlicher Theateranhänger und Verfasser eines Dramas; auch er war von den *Nourritures terrestres* begeistert. Dieser Pariser aus dem Faubourg Saint-Denis hatte eine Dänin geheiratet, und aus Dänemark, wo er seinen Lebensunterhalt mit Französischunterricht verdiente, hatte er Gide von seiner Bewunderung geschrieben. Daraus ergab sich ein Briefwechsel, der zu Besuchen führte, nachdem Copeau nach Paris zurückgekehrt war. Copeau

---

182 *Anm. d. Ü*: François P. G. Guizot (1787–1874): französischer Historiker und Politiker, bekämpfte als konstitutioneller Monarchist das reaktionäre Regime Karls X. (1824–1830). Unter dem Bürgerkönig Louis Philippe (1830–1848) stieg er als führender Vertreter des »Juste-milieu« vom Innen- und Erziehungsministerium zum Außenministerium (1840–1848) auf und war 1847/48 Ministerpräsident.

musste dann jedoch die Hauptstadt verlassen, um sich in den Ardennen um ein kleines Familienunternehmen zu kümmern, die »Allgemeine Schnallen- und Hakenmanufaktur für Schneider und Kleidergeschäfte«. Auf Empfehlung von Gide begann er in der Literaturzeitschrift *L'Ermitage* über dramatische Kunst zu schreiben. Zurück in Paris, handelte er eine Zeit lang mit Gemälden und organisierte Bilderausstellungen.

Die Gruppe mit Gide im Zentrum wuchs nach und nach zusammen. »Familie, soziale Verpflichtungen, materielle Notwendigkeiten, alles tendiert dazu, uns zu schwächen«, schrieb Copeau, »und wenn wir uns als Gefährten gewählt haben, dann, um einen Zirkel voller Leidenschaften zu gründen, für den jeder von uns persönlich verantwortlich ist[183].« Die neue Ausgabe von *L'Ermitage*, die Anfang 1905 herauskam, schien einen Augenblick der Ort ihrer Verbindung zu werden; doch das Projekt einer eigenen Zeitschrift ging den sechs Gefährten nicht aus dem Kopf. Eine Zeit lang hatten sie den Gedanken, die Zeitschrift *L'Ermitage*, die in Schwierigkeiten steckte, zu übernehmen. In diesem Zusammenhang schlug Ruyters eine Fusion von *L'Ermitage* mit *Antée*, einer belgischen Zeitschrift, vor. Schließlich schien ihnen eine andere Lösung sicherer, nämlich, eine neue Zeitschrift in Zusammenarbeit mit Eugène Montfort zu gründen, einem Autor ohne großen Ehrgeiz, doch mit Geschick und praktischer Erfahrung, der bereits die Zeitschrift *Les Marges* leitete. Man suchte nach einem Titel und einigte sich schließlich auf *La Nouvelle Revue française* »für Literatur und Kritik«, die sich als Organ einer »neuen Generation« ausgab, obwohl Gide 1908 bereits neununddreißig Jahre alt war. Die erste Nummer sollte am 15. November erscheinen.

Als sie Gide, der die Dinge nur von Ferne verfolgt hatte, in die Hände fiel, war er verdutzt: die Liste der »Mitarbeiter« – ein bunt zusammengewürfeltes Ensemble, das ein »usw.« beschloss – unterstrich noch das Durcheinander einer Gruppe ohne Einheit und ohne wirklich gemeinsames Projekt. Nach reiflicher Überlegung trennten sich Gide und die Seinen gütlich von Montfort, der zu seinen *Marges* zurückkehrte. Der »Zirkel« übernahm aufs Neue die Leitung der *Nouvelle Revue française* und überdachte die Konzeption. Man entschied sich zu einer neuen Nummer 1 für Februar 1909.

André Gide, der gerade *La Porte étroite* (*Die enge Pforte*) beendet hatte, entschloss sich, an diesem Gründungswerk aktiv teilzunehmen. Sein Name sollte jedoch nicht offiziell in der Leitung der Zeitschrift erscheinen, die einem aus Jean Schlumberger, Jacques Copeau und André Ruyters zusammengesetzten Direktionskomitee übertragen wurde. Als Adresse gab die Zeitschrift die von Schlumberger an: Rue d'Assas 78; man fand ein provisorisches Verkaufsdepot bei einem Kunstliebhaber in der Rue du Faubourg-Saint-

---

183 A. Anglès, *op. cit.*, S. 76.

Honoré 8. Die Gruppe betraute Schlumberger mit der Aufgabe, nicht ein Manifest (diese Schriftsteller wollten keine Schule gründen), sondern einige einfache »Betrachtungen« zu verfassen, die von den übrigen fünf Mitgliedern der Gruppe diskutiert und gebilligt wurden und die dann die erste Nummer eröffneten. Gide tat nicht nur sein Möglichstes, um Abonnenten und Mitarbeiter (unter ihnen Paul Claudel und Francis Jammes) zu finden, sondern entschloss sich auch, *La Porte étroite* in der neuen Zeitschrift zu veröffentlichen; außerdem stockte er aus seinem Geldbeutel die Einlagen Schlumbergers auf.

Die Gruppe tat alles, um die Zeitschrift pünktlich erscheinen zu lassen. Jeder hatte das Recht zum Einblick in alle Artikel und zum Veto. Da noch niemand Telefon besaß, musste man dauernd herumfahren, was umso beschwerlicher war, als man nicht in denselben Vierteln wohnte; Gide selbst hatte sich im fernen Auteuil niedergelassen. Die neue Nummer 1, die in demselben gepflegten Einband wie die vorhergehende erschien, war in der Tat Anfang Februar 1909 im Handel.

Die *NRF*, so sagten wir, wollte keine neue Schule sein; sie gruppierte sich zwar um den Kern einer freundschaftlich verbundenen Sechsergruppe, erklärte sich aber für die unterschiedlichen Strömungen der zeitgenössischen Literatur offen; allerdings wurden dabei eine gewisse Würde und eine gewisse Haltung vorausgesetzt, die sie eher in die Nähe der Klassik als der Avantgarde rückten. Die »Betrachtungen« Schlumbergers definierten ihre geistige Orientierung, die sich auf das Programm von Du Bellay: *Défense et illustration de la langue française* (»Verteidigung und Rühmung der französischen Sprache«) bezog, doch ohne jede Missachtung der Gegenwart:

> »Um der Noblesse willen haben gewisse Künstler gemeint, der Graben, der ihre Kunst vom täglichen Leben trennt, könne nicht tief genug sein: eine achtenswerte Haltung, die jedoch Gefahr läuft, zu siechen, blutarmen Werken zu führen, die das Leben verweigern, statt es zu beherrschen. – Ein solcher Pessimismus simplifiziert. Im Leben ist nichts zu vernachlässigen. Die Künstler sind keineswegs unschuldige und nomadische Gaukler. Alles, was das öffentliche Leben ausmacht, stellt an sie Anforderungen, und ihre Phantasie – sogar wenn sie frivol ist – findet nie genug Nahrung. Doch die täglichen Ereignisse bieten ihnen keineswegs eine leichte Ernte: eher steinige Früchte, die man unter dem Mühlstein zermalmen muss, eine Ernte von rohen Stengeln, deren Fasern man nur geröstet und zerrieben verwenden kann.«

Das heißt, man will mitten im Jahrhundert stehen, auch wenn man den »Journalismus« zurückweist. Ohne Voreingenommenheit, ohne Parteilichkeit. Man kann also in der *NRF* Werke von Schriftstellern, die links stehen, sowie von Schriftstellern, die rechts stehen, »verteidigen und rühmen«, sofern sie an derselben religiösen Verehrung der Kunst teilhaben. Allerdings entgehen die Nummern aus der Zeit vor 1914 nicht den bleiernen Tendenzen der damaligen Zeit. Vier der sechs Gründer hatten Petitionen für Dreyfus unterzeichnet; alle sechs bringen dann die neue Sensibilität der Epoche für das Religiöse und den Patriotismus zum Ausdruck – mit ihrer eigenen Feder oder durch die gemeinsame Billigung der veröffenlichten Texte. Sie gehen zwar nicht denselben Weg wie Péguy, der zum Katholizismus zurückkehrt und in seinem letzten Lebensjahr einen gleichsam bellizistischen republikanischen Nationalismus vertritt; nichtsdestoweniger sind sie von einer gewissen Religiosität durchdrungen, die zugleich christlich und französisch ist.

La Porte étroite, in den ersten Nummern der *NRF* erschienen, hatte Claudel gefallen. Die protestantische Ader darin schätzte er zwar nicht, doch es schien ihm offenkundig, dass Gide, den die Gnade nicht losließ, einer der Bekehrten werden konnte, die er sich im Wald der Literatur und anderswo zurechtstutzte, seitdem er selbst den Glauben wieder gefunden hatte. Gide schrieb am 30. Mai 1910 in sein Tagebuch:

> »Wenn protestantisch sein heißt, christlich zu sein, ohne katholisch zu sein, so bin ich protestantisch. Als Orthodoxie kann ich aber keine andere anerkennen als die römische, und wenn mir der Protestantismus, der lutherische oder der calvinistische, die seinige aufdrängen wollte, so wandte ich mich sofort der römischen zu, als der einzigen. ›Protestantische Orthodoxie‹ diese Worte haben für mich keinen Sinn. Ich erkenne keinerlei *Autorität* an; würde ich es aber tun, so wäre es diejenige Roms.
> Aber mein Christentum leitet sich von Christus her. Zwischen ihm und mir errichten Calvin oder Paulus die gleiche verhängnisvolle Scheidewand[184].«

So fern dieses Glaubensbekenntnis auch von einer simplen Konversion ist, so bezeichnend ist es doch: Gide sagt von sich, er sei »Christ«. Ein Christ ohne Kirche, sicherlich, ein Christ, der jeder Orthodoxie abhold ist, doch nicht ohne Zustimmung zur römischen Orthodoxie.

Zwölf Jahre zuvor hatte Gide *Les nourritures terrestres* veröffentlicht, einen Aufruf zur Sinnlichkeit, zur Befreiung von Verboten, zum Immoralismus (»Lieben, ohne sich darum zu kümmern, ob es gut oder böse ist«), zur Befreiung des Individuums (»Gebote Gottes, ihr habt meine Seele mit Schmerz er-

---

184 A. Gide, *Tagebuch 1889–1939*. Band 1. Übers. v. M. Schaefer-Rümelin, Deutsche Verlags-Anstalt, Stuttgart, 1950–1954, S. 365.

füllt«), eine pantheistische Hymne (»Hege nicht den Wunsch, Nathanaël, Gott anderswo als überall zu finden«). Dass er nun ein Glaubensbekenntnis ablegen kann, zeugt von einer christlichen Durchdringung, die die zwischenzeitliche Eskapade von Corydon nicht ahnen ließ und die Claudel – von Bekehrungswut besessen – als ein Taufversprechen empfindet.

Die *NRF* veröffentlicht von ihrem ersten Jahrgang an Texte, die offen katholisch sind – besonders die Gedichte von Francis Jammes und Paul Claudel, darunter eine *Hymne au Saint-Sacrement* (»Hymne ans Heilige Sakrament«). Parallel dazu fehlt es nicht an Artikeln, die den Antiklerikalismus verurteilen. Gide legt sich als erster mit Remy de Gourmont an, der ihm eine Ungläubigkeit zu verkörpern scheint, die blind macht. Wir haben von der Bewunderung gesprochen, die Gide und seine Freunde für Péguys *Jeanne d'Arc* empfinden. Das alles sind Zeichen für eine diskrete Pietät. Manche wagen den Schritt und folgen Claudel auf dem Weg nach Damaskus. Das trifft zwar nicht gerade für die Gründungsväter der *NRF* zu, doch Gide wird sich mit Claudel nie besser verstehen als in diesen Anfangsjahren. Die große Zahl der Mitarbeiter, denen die religiöse Frage keine Ruhe lässt, ist ein Zug der Epoche – wir werden darauf zurückkommen –, dem die neue Zeitschrift nicht entgeht und den sie auf ihre Weise veranschaulicht, wobei sie immer um ein Gleichgewicht zwischen den Überzeugungen, den Parteien und den Glaubensrichtungen bemüht ist.

Eine andere Tendenz ist ihr unterschwelliger Nationalismus. Zwar versucht Gide von den ersten Nummern an, dem literarischen »Nationalismus« gegenüber auf Distanz zu gehen; doch die neue Zeitschrift, die sich als *französisch* bezeichnet und ihre Entschlossenheit verkündet, die *französische* Sprache zu »verteidigen und zu rühmen«, schwelgt in einem Gefühl patriotischer Selbstgenügsamkeit, das ihr die Sympathie der Action française einbringt. In beiden »Gemeinden« gibt es eine Neigung zum Klassizismus: doktrinär in der Schule von Maurras, subtiler im Clan Gides. Dieser interessiert sich sehr für die Doktorarbeit über die französische Romantik, *Le Romantisme français*, die Pierre Lasserre, ein Anhänger von Maurras, an der Sorbonne »verteidigt« hatte. Man erregt sich zwar darüber, doch man verspürt auch Genugtuung. Gide schreibt dazu:

»Zwar pflichte ich dem Buch von Monsieur Lasserre bei, doch deswegen, weil ich persönlich die Romantik und den Anarchismus in der Kunst immer verabscheut habe. Etwa auf Grund ihres kaum französischen Charakters? Mir genügt, dass es auf Grund ihres unästhetischen Charakters ist, denn der widerstrebt meinem Hirn, dem Hirn eines Franzosen[185].«

Eine subtile Nuance. Einer Haltung bleiben die Gründer der Zeitschrift immer treu: dem Misstrauen gegenüber jedem Parteigeist. Das hindert sie jedoch nicht, an der Aufwertung des Patriotismus in der französischen Literatur teilzunehmen. Sie tun das auf verschiedene Weise. Jean Schlumberger scheut sich nicht, einige Werke wie *La Carte au liséré vert* (»Die Karte mit der grünen Borte«) von G. Delahache, die dem von der Zeitschrift proklamierten hochliterarischen Anliegen widersprechen, freundlich zu rezensieren: unter dem Vorwand, dass sie patriotische Gefühle wecken. Ghéon versorgt die Zeitschrift mit Gedichten, von denen einige eines Paul Déroulède würdig sind. Was Gide betrifft, so attackiert er zwar in einer Reihe von Artikeln über »Nationalismus und Literatur« die sterile Lehre der Verwurzelung, wie sie Barrès am Herzen liegt, und erhebt Einwände gegen Henri Clouard, den Redaktionssekretär der *Revue des idées et des livres* aus dem Umkreis von Maurras; doch er kann sich nicht enthalten, darauf hinzuweisen, »welch verderblich antisoziale Komponenten das jüdische Theater hat, das seit zehn Jahren die französische Bühne überschwemmt« – ein bedeutendes Zugeständnis an die »Verwurzelten«, gegen die er protestiert. Gleichsam um ihm Recht zu geben, machen die Aktivisten der Action française im Jahre 1911 gegen den Juden und »Deserteur« Bernstein mobil, um zu erreichen, dass sein Stück *Après moi* (»Nach mir«) abgesetzt wird.

Im Übrigen spielen die Verantwortlichen der *NRF*, die von dem großen nationalen und religiösen Erwachen der Jahre vor dem Ersten Weltkrieg erfasst sind, ihre Partitur *moderato*. Im Vergleich zu den Konservativen und den Reaktionären, denen der Wind kräftig in die Segel bläst, wirken sie wie gemäßigte Geister, die in ihren Optionen und Sympathien schwanken – wie Gide selbst, der von widersprüchlichen Wünschen hin und hergerissen wird und von dem bald wonnevollen, bald schmerzhaften Dämon der Unruhe besessen ist.

Ende 1910 haben sich die Erwartungen der Gründer erfüllt. Die Zeitschrift hat einen großen Teil der besten und viel versprechendsten Vertreter der französischen Literatur an sich gezogen: Charles-Louis Philippe, gerade noch vor seinem Tod, Valéry Larbaud, Jean Giraudoux, Paul Claudel, Émile Verhaeren, den zukünftigen Saint-John Perse, Jules Romains, Francis Jammes, Jacques Rivière, André Suarès, Léon-Paul Fargue, Edmond Jaloux, Francis Carco, Paul Valéry, Alain-Fournier[186] ... Die finanzielle Situation ist nicht ausgeglichen, doch die Abonnenten werden immer zahlreicher, und die Vermögen von Jean Schlumberger und André Gide decken die Defizite. 1911 wird die Geschäftsführung des Unternehmens dem Verleger Marcel Rivière anvertraut.

---

185 Zit. nach A. Anglès, *ibid.*, S. 201.
186 Vgl. *L'Esprit NRF 1908–1940*, hrsg. v. P. Hebey, Gallimard 1990.

Es gilt, mehr zu tun: um die Ausstrahlung der Zeitschrift zu vergrößern, fasst man den Plan, eine Verlagsgesellschaft zu gründen. Man sucht sehr sorgfältig und einigt sich auf den Namen eines Geschäftsführers: Gaston Gallimard. Er ist der Sohn des Besitzers des Théâtre des Variétés – nicht deshalb entscheidet man sich für ihn, denn das Boulevardtheater ist nicht gerade die Gattung, die man pflegt –, literaturbegeistert und ein großer Bewunderer der *NRF;* Pierre Lanux, der kurze Zeit Redaktionssekretär ist, führt ihn ein. Bis dahin ein Dilettant, schickt Gallimard sich an, ohne es zu wissen, größter französischer Verleger zu werden[187]. Ein im Mai 1911 unterzeichneter Vertrag bindet ihn an Schlumberger und an Gide. Jeder der drei Teilhaber bringt 20.000 Francs ein. Gallimard, mit seinem Vater überworfen, erhält den Betrag von seinem Onkel Duché. Kaum ist er Geschäftsführer der *Éditions de la NRF* – einer »Filiale« der Zeitschrift – geworden, macht er sich in alle nur denkbaren Richtungen auf die Jagd nach Autoren. Seine ersten drei Bücher kommen aus dem Mutterstall: *L'Otage* (*Der Bürge*) von Paul Claudel, *La Mère et l'Enfant* (»Die Mutter und das Kind«) von Charles-Louis Philippe und die Erzählung *Isabelle* von André Gide. Die Beute ist reich: Jean-Richard Bloch, Alain und viele andere – bis auf den Schnitzer der berühmten Ablehnung des Manuskripts von Marcel Proust, *Du côté de chez Swann* (*In der Welt Swanns*), wobei allerdings die Nachlässigkeit Gides eine Rolle spielte, der diesem Roman »voller Herzoginnen« wenig Aufmerksamkeit schenkte. Das Buch wird also auf Kosten des Autors bei Grasset veröffentlicht, und Gaston Gallimard wird nicht ruhen, ehe er das Werk Prousts für die *NRF* zurückgewonnen hat, was ihm auch gelingt. Auch diesmal mit der Billigung Gides, der seinen Irrtum einsieht und an Proust schreibt: »Die Ablehnung dieses Buchs wird der größte Fehler der *NRF* bleiben und (denn ich schäme mich, weitgehend dafür verantwortlich zu sein) einer der stechendsten Schmerzen und Gewissensbisse meines Lebens[188].«

Wie dem auch sei, die Verbindung *NRF*-Gallimard stellt eine der fruchtbarsten Unternehmungen, ja die ergiebigste, in der Geschichte des französischen Verlagswesens dar. Auch die »NRF-Geisteshaltung« wird dem jungen Verleger äußerst viel zu verdanken haben, dem das Pontifikat des französischen Verlagswesens winkt und dem es mehr darum geht, die besten Talente an sich zu ziehen, als mit seiner Tätigkeit den Kanon einer Schule zu repräsentieren. Mit ihm triumphieren der Wille zur Öffnung, der von den ersten Nummern der Zeitschrift an klar definiert worden war, die Ablehnung aller Cliquen und der Sieg der Göttin Literatur. Der dreyfusistische Schmelztiegel, aus dem die Gründungsväter kamen, hatte eine weitere Strömung hervorgebracht: nicht die des intellektuellen Sozialismus und auch nicht die des

---

187 P. Assouline, *Gaston Gallimard*, Balland, 1984.
188 L.-P. Quint, *Proust et la stratégie littéraire*, Corrêa, 1954.

christlichen Postdreyfusismus à la Péguy, sondern die eines schöpferischen Willens, der sich bewusst über den Parteien oder am Rande der Parteien bewegt. Die *NRF* befand sich noch in ihren eher bescheidenen Anfängen, doch sie forderte bereits laut und vernehmlich die Autonomie der Literatur in Bezug auf politische, moralische und religiöse Fragen. Trotzdem hätte sie nicht einen so lebendigen Einfluss ausüben können, wenn sie nicht, wie wir sahen, wenigstens am Rande die Schwingungen, die Launen und die tiefen Tendenzen ihrer Zeit widergespiegelt hätte – und das tat sie bis 1940.

14
Martin du Gard betritt die Bühne

Im Juni 1913 hat ein regelmäßiger Leser der *NRF*, Roger Martin du Gard, gerade einen Roman in Dialogform beendet, den er provisorisch *S'affranchir* (»Sich befreien«), nennt, bevor er ihm den endgültigen Titel *Jean Barois* gibt. Das Manuskript wird Bernard Grasset vorgelegt, der dem Autor antwortet: »Ihr Buch ist völlig misslungen[189].« Daraufhin schickt Martin du Gard seinen Text an Gaston Gallimard. Dieser ist gerade nicht in Paris, und Jean Schlumberger bestätigt den Empfang; er liest das Manuskript, ist begeistert und schreibt dem Autor, die Lektüre habe ihm »sehr große Freude bereitet«:

»Wenn man wie ich eine sehr religiöse Kindheit gehabt hat, wenn man sich nur sehr schwer davon befreit hat, wenn man in den Kämpfen der Dreyfus-Affäre und in den Gruppierungen der Volksuniversitäten herangereift ist, entdeckt man nicht ohne Anteilnahme ein Buch, das die Geschichte unseres Geistes und unseres Herzens so treffend wiedergibt.«

Auch André Gide nimmt Kenntnis von dem Text Martin du Gards und schreibt Schlumberger folgenden Brief, den sein Empfänger dann an den unbekannten Autor weiterleitet:

»Lieber Freund. Ich warte nicht länger und teile Ihnen mit, wie sehr mich das Manuskript, das Sie mir geschickt haben, beeindruckt. Ich nahm es zunächst wie eine unangenehme Last auf und begann die Lektüre ein wenig grollend; aber dann wurde ich von den ersten Seiten an so davon ergriffen, dass ich erst Luft holte, nachdem ich die ersten fünf Hefte verschlungen hatte – ohne eine einzige Zeile auszulassen. [...] Aber wer ist dieser Martin du Gard, von dem Sie mir nie erzählt haben? Ist es möglich, dass man gleich beim ersten Versuch ein derart weises, reifes, auf intelligente Weise aufgeklärtes Werk schreibt?«

---

189 R. Martin du Gard, *Journal*, 1, *Textes autobiographiques 1892–1919*, Gallimard, 1992, S. 410.

Die Ära Barrès

Dieser Martin du Gard, der einer der treuesten Freunde Gides wird, ist damals zweiunddreißig Jahre alt. Sein Gesicht ist nicht sehr ausdrucksvoll, er ist schüchtern, scheu und misstraut der Welt. Er kommt jedoch aus einer Familie von hohen Beamten und Finanzleuten, die es ihm erlaubt – auch ihm –, von seinen Einkünften zu leben. Er ist zwar nicht überreich, doch abgesichert und kann sich ganz dem Schreiben widmen; er verfügt auch über genügend Geld, um seine ersten Werke auf eigene Kosten zu veröffentlichen. 1905 hat er die École des chartes[190] abgeschlossen und ein Jahr später Hélène Foucault geheiratet, von der er eine Tochter hat, Christiane. Er beginnt dann mehrere Romane, die er nicht zu Ende führt – außer *Devenir* (»Werden«), den er bei Ollendorf herausbringt und der unbeachtet bleibt. 1910 stürzt er sich in die Arbeit an seinem zukünftigen *Jean Barois*, den die *NRF* im November 1913 veröffentlicht.

Wenn Martin du Gard sein Manuskript nicht sofort an Gallimard geschickt hat, so vielleicht, weil er sich mit der Gruppe um Gide nicht völlig in Einklang fühlt. In einem Brief an seinen Freund und späteren Schwiegersohn Marcel Coppet schreibt er, sie »befremde« ihn, und fügt hinzu: »Man ist dort unbestreitbar von etwas Neuem erfüllt. Ein Bedürfnis nach Disziplin, eine sehr tiefe Reaktion der Sensibilität gegen den Verstand, die häufig zu einer mystischen Haltung führt; eine eindeutige Sympathie (und oft mehr) für den Katholizismus, denn man ist dort die eitlen Fragen der Wissenschaft und das Fehlen einer Moral außerhalb dogmatischer Autoritäten leid und beständig vom Durst nach Ordnung und Regeln getrieben; tiefe Unzufriedenheit mit den gegenwärtigen Verhältnissen, mit dem allgemeinen Fehlen dessen, was man Gewissen nennt, mit der intellektuellen Anarchie usw.; Verherrlichung der Sensibilität, absolutes Vertrauen in ihre Intuitionen und in die dumpfe Macht, die uns treibt, obwohl wir sie uns zu unterwerfen glauben[191].« Martin du Gard beobachtet in der *NRF* sogar Analogien zur Action française, »in dem, was sie an Bestem hat«.

Wie sein Briefwechsel[192] belegt, hat Roger Martin du Gard nach langem Nachdenken über die religiöse Frage mit dem Katholizismus seiner Kindheit, der ihm durch eine »sehr fromme« Mutter eingeimpft worden war, gebrochen. Seitdem ist er ein entschiedener Freidenker. François Mauriac wird später sagen, zwischen ihm und Martin du Gard habe es immer einen »Religionskrieg« gegeben. Seine »Befreiung« erweist sich jedoch als schmerzhaft wegen seiner Frau, Hélène, deren nach außen getragener Katholizismus ihn unaufhörlich quält. In einem Brief vom 10. Mai 1911 vertraut er sich Coppet

---

190 *Anm. d. Ü*: École des chartes: eine der Grandes Écoles (s.o.); Hochschule zur Ausbildung von Archivaren, Bibliothekaren und Paläographen.
191 *Ibid.*, S. 370.
192 R. Martin du Gard, *Correspondance générale*, 1, *1896–1918*, Gallimard, 1980.

an. Er schreibt: »Kannst Du Dir die Lüge vorstellen, die mein Leben vergiftet; kannst Du Dir vorstellen, wie ich leide, wenn ich höre, wie Hélène Christiane beibringt, dass Gott sie sieht, dass er im Himmel ist, dass er sie liebt, dass er sie bestrafen wird, wenn sie nicht brav ist ...« Sein Urteil ist definitiv: »absurder Glaube«, »unsagbarer Schwindel«. Und wenn sich der Vater dagegen wehrt, dass man sein vierjähriges Kind ins Hochamt führt, wird das ein »schrecklicher Konflikt«. »Du kannst Dir Hélène vorstellen, wie sie wie eine Tigerin verteidigt, was ihr gehört, die Seele ihres Kindes, und bereit ist, auf ihr Glück, auf das Eheleben, auf alles zu verzichten, um DIE SEELE IHRES KINDES zu retten[193].«

Dieses Drama steht im Mittelpunkt von *Jean Barois*. Man folgt darin der Emanzipation eines jungen Mannes, der mit der Religion seiner Kindheit bricht und die historischen Quellen des christlichen Glaubens in Frage stellt (1903 wurden die exegetischen Arbeiten von Alfred Loisy, die den »Modernismus« begründet hatten, von Rom verurteilt; schlimmer noch, 1908 wurde Loisy von Papst Pius X. exkommuniziert); der junge Mann gelangt darüber zu einer »definitiven Verneinung«; anschließend heiratet er. Er kommt vom Regen in die Traufe: von den gelehrten Kontroversen mit den Theologen in den Streit über die abergläubischen Praktiken seiner Frau, die ihn in eine beschämende Defensive drängen. Nichtsdestoweniger wird Barois als Christ sterben, mit dem Gott seiner Kindheit versöhnt. Martin du Gard wollte sein Werk in der Tat anthropologisch anlegen, d.h. über den besonderen Fall seines Helden hinausgehen und das veranschaulichen, was er in einem weiteren Brief an Coppet, »den Bogen« nennt, d.h. die drei Phasen des Lebens eines Mannes: 1. das Jünglingsalter, die Phase der religiösen Krise; 2. das Alter der Kraft, der Reife, das auch das Alter ist, »in dem man sich überhaupt nicht mehr um religiöse Fragen kümmert«; 3. das Alter des »unmerklichen Verfalls«, die Rückkehr zu den Illusionen, die den physischen Verfall und das Herannahen des Todes begleitet[194]. Da er das weiß, kommt Barois in dem Testament, das er »in voller geistiger Kraft und in voller geistiger Ausgeglichenheit« verfasst, den Seinen zuvor und verwahrt sich gegen jede Konversion im letzten Augenblick: »Ich habe es verdient, aufrecht zu sterben, so wie ich gelebt habe; ohne zu kapitulieren, ohne eitle Hoffnungen zu suchen[195] ...«

Jean Barois' schließliche Konversion ist also kein Zeichen der Zeit – der Zeit der zahlreichen Konversionen in der literarischen Welt und unter der studierenden Jugend –, sondern eine Konstante der conditio humana, gegen die man mit der ganzen Kraft der Vernunft anzugehen hat. Die Obsession

---

193 *Journal, op. cit.*, 1, S. 340–341.
194 *Ibid.*, S. 294–295.
195 R. Martin du Gard, *Jean Barois*, Gallimard, »La Pléiade«, 1955, S. 558.

der religiösen Frage, die endlosen Diskussionen des jungen Martin du Gard über die Wahrheit des Glaubens und sein Ehekonflikt sind nichtsdestoweniger aufschlussreich für eine Epoche, in der die Gewissheiten und insbesondere der Positivismus der intellektuellen Kreise schwinden. Die Rückkehr zur »Sensibilität« gegen die räsonierende Vernunft, die Martin du Gard in der Gruppe der *NRF* feststellt, erfüllt ihn mit Misstrauen. Er fürchtet sie; doch das hindert ihn nicht, sich der jungen Zeitschrift von Gide, in der es keinerlei Orthodoxie gibt, anzunähern.

Im Oktober 1913 gibt Martin du Gard seine ländliche Zurückgezogenheit vorübergehend auf, um das Erscheinen von *Jean Barois* mitzuerleben. Zwei Auszüge sind bereits erschienen, einer in *L'Effort libre* von April/Mai, der Zeitschrift von Jean-Richard Bloch, ein weiterer in *La Nouvelle Revue française* vom 1. Oktober. In Paris hat Martin du Gard die Freude, von Gide und den Seinen empfangen zu werden; mit Vergnügen nimmt er an der Generalprobe eines Stücks von Schlumberger, *Les Fils Louverné* (»Die Söhne Louverné«), im Théâtre du Vieux-Colombier teil. Im November ist *Jean Barois* im Handel. In seinem Tagebuch vermerkt er zwei Reaktionen im Zusammenhang mit der religiösen Frage: die seines Freundes Gustave Valmont, der ihm vorwirft, die Argumente seines Helden »armseligen Betschwestern« gegenüberzustellen; die von Romain Rolland, der ihm schreibt:

> »Ich kenne kaum ein französisches Werk, das das Bewusstsein einer christlichen Generation oder einer, die es war, mit einer derart bewegenden Genauigkeit widerspiegelt«, und dann hinzufügt: »Erlauben Sie mir lediglich eine Bemerkung zu einer wesentlichen Sache: meine persönliche Erfahrung hat mich gelehrt, dass man ein glühender Katholik gewesen sein, den Glauben verloren haben und den jähen Tod auf sich zukommen sehen kann, ohne dass ein *Ave Maria* in einem aufsteigt[196].«

Unabhängig von der religiösen Frage ist das Werk auch ein Widerhall der geistigen Entwicklung seit der Dreyfus-Affäre. *Jean Barois* ist in der Tat ein Dreyfus-Roman, ein retrospektiver Dreyfus-Roman. Sein Held, der eine Zeitung, *Le Semeur*, herausgibt, kämpft für Dreyfus und wird von den Aufrührern angegriffen, die mit Steinen bewaffnet seine Arbeitsräume stürmen und die Fensterscheiben zertrümmern.

Der Zola-Prozess nimmt sogar ein ganzes Kapitel ein. Nach dem zweiten Dreyfus-Prozess in Rennes stellt sich Ernüchterung – Péguy bringt sie sehr gut zum Ausdruck – darüber ein, dass diese hochmoralische Angelegenheit zu

---

196 *Journal, op. cit.*, 1, S. 438.

einem Trittbrett des politischen Ehrgeizes oder zur willkommenen Gelegenheit eines unzeitgemäßen Antipatriotismus wird. Eine der Personen des Romans erklärt: »Wir waren eine Handvoll *Dreyfusisten*; und jetzt sind *sie* eine Armee von *Dreyfusards* ...« So inspiriert die Dreyfus-Affäre im Jahre 1913 einen Schriftsteller zu einem eindrucksvollen Werk, von dem die Gruppe der *NRF* begeistert ist. Martin du Gard, der zu jung gewesen war, um zum Lager der Verfechter der Revision zu gehören – er war 1898 17 Jahre alt –, drückt nachträglich seine Zustimmung aus, und dies zu einer Zeit, da so viele andere wie Georges Sorel oder Daniel Halévy ihre Zustimmung mehr oder weniger zurücknehmen oder relativieren. Ganz bewusst grenzt sich der Autor von *Jean Barois* gegen Barrès, gegen den Barrésismus und gegen die aktuelle Erneuerung des Nationalismus ab:

»Ich hatte Gelegenheit, Barrès' ganze Haltung während der Affäre kennen zu lernen, ich hatte sie nie richtig wahrgenommen«, schreibt er am 28. Juni 1912 an seinen Freund Valmont. »Mir ist schließlich klar geworden, was es zwischen ihm und mir an wesentlichen Unvereinbarkeiten gibt; wir gehören in der Tat zwei feindlichen Sippen an, und alles, was ihn anzieht, was er begeistert preist, ist mir von Natur aus unsympathisch[197].«

Es ist Martin du Gard jedoch bewusst, dass die Ideen von Barrès und von Maurras von nun an einen Teil der neuen Generation von Intellektuellen prägen. Eine Szene aus *Jean Barois* zeugt von dieser Entwicklung. Der Herausgeber von *Le Semeur* empfängt zwei junge Leute, einen Jura-Studenten und einen Normalien, die ihm einen Brief geschickt haben, mit dem sie auf eine Untersuchung über die Jugend antworten. Sie legen ihm ihre Haltung dar: Frankreich ist heute von intellektueller und moralischer Anarchie bedroht, der der Generation von Barois. Sie dagegen, die Repräsentanten der neuen Generation, sprechen von »Disziplin«, von »Heldentum«, von »Wiedergeburt«, von »nationalem Geist«, von »Nationalismus«, von »Klassik« ... Barois bäumt sich auf:

»Verdient es die Generation, die die Dreyfus-Affäre durchlebt hat, als *untätig* bezeichnet zu werden? Seit der Revolution musste keine Generation mehr als die unsere kämpfen und sich persönlich einsetzen. Viele von uns sind Helden gewesen! Wenn Sie das nicht wissen, dann lernen Sie endlich Ihre Zeitgeschichte. Unsere Neigung zur Analyse war etwas anderes als ein steriler Dilettantismus, und unsere Leidenschaft

---

[197] *Ibid.*, S. 376.

für gewisse Worte, die Ihnen heute wohltönend und hohl vorkommen, wie *Wahrheit* und *Gerechtigkeit*, hat damals zum Handeln motivieren können!«

Dieses lange Gespräch erinnert an eine ganz reale Untersuchung, die Henri Massis und Alfred de Tarde unter dem gemeinsamen Pseudonym Agathon ebenfalls im Jahr 1913 veröffentlicht hatten, *Les Jeunes Gens d'aujourd'hui* (»Die jungen Leute von heute«); die aufeinander folgenden Teile der Untersuchung waren vorher in der Zeitung *L'Opinion* erschienen. Es handelte sich um eine Studie zur Geistesverfassung der Schul- und Universitätsjugend, die alles andere als objektiv war. Sie wurde unter einem ausgewählten Publikum durchgeführt und war mit Sicherheit nicht für die französische Jugend im Allgemeinen, ja nicht einmal für die studentische Jugend im Besonderen repräsentativ[198]. Doch so parteiisch das Dokument auch ist, es hat seinen Wert als Zeugnis für eine deutliche Tendenz, für Vorstellungen, die zumindest in einem gewissen Teil der öffentlichen Meinung verbreitet sind; im Übrigen bestätigt es weitere – insbesondere in *Le Temps* oder *Le Gaulois* erschienene – Untersuchungen und Reportagen. Nach Agathon setzt sich eine neue Generation durch; sie ist um 1890 geboren und sucht ihre Identität dadurch zu finden, dass sie sich von der vorangehenden Generation, die der Dreyfus-Affäre, abgrenzt, von den Lehrern der Sorbonne, die beschuldigt werden, die französische Kultur zu Gunsten der deutschen zu verraten, als da sind: Gustave Lanson, Charles Seignobos, Alphonse Aulard, diese ganze »intellektuelle Partei« (die bereits Péguy kritisiert, ohne auf das Erscheinen dieser »jungen Leute« gewartet zu haben).

Die Gliederung des Werks gibt einen guten Eindruck von den zu Grunde liegenden Überzeugungen: 1. Vorliebe für die Aktion. 2. Patriotischer Glaube. 3. Moralisches Leben. 4. Katholische Renaissance. 5. Politischer Realismus. In den letzten Abschnitten heißt es:

»Das, was nach unserer Auffassung heute Vorrang hat vor allem anderen, ist der Gedanke der nationalen Erhebung. Unsere aufmerksamen Leser werden diesen Gedanken unterschwellig in jeder Zeile dieses Buchs erkannt haben. Nichts darf dieses durchdringende und tiefe Gefühl für das gedemütigte und geschwächte Vaterland, dessen lebendige Kräfte bedroht sind, verdrängen. Von allen Seiten fühlt man, wie sich diese ›Wiedergeburt des französischen Stolzes‹ durchsetzt [...]
Und da für die Erneuerung des Landes nichts nützlicher ist als eine sportliche, realistische, wenig ideologische, keusche und zum wirt-

---

198 Siehe das Vorwort von J.-J. Becker zur letzten Auflage der *Jeunes Gens d'aujourd'hui*, Imprimerie nationale, 1995.

schaftlichen Kampf fähige Generation, da nichts das Wiederaufleben und das Heil der Rasse besser sichern kann, müssen wir ihren Hoffnungen vertrauen, diesem so geheimnisvollen Gefühl, das sie von ihrer Kühnheit und ihrem Triumph hat, und mit ihr eins sein in dem Glauben, der sie beseelt, einem durch und durch französischen Glauben, einem vor allem französischen Glauben[199].«

Dieses Werk, das in der Zwischenkriegszeit als vorausschauender Ausdruck einer Generation des »Feuers« berühmt geworden ist, die entschlossen die bewaffnete Explosion erwartete, drückt nur eine Tendenz aus. Doch es zeugt von einer neuen »moralischen Atmosphäre«, an der auch *Jean Barois* teilhat. Eine Paralleluntersuchung, die von Jean Texcier, einem Anhänger der sozialistischen Jugend, durchgeführt und von Gustave Hervés *La guerre sociale* veröffentlicht wurde, bestätigt Agathon zum Teil: die Studenten der Khâgnes werden als »reaktionär« beurteilt, der Katholizismus ist maßgebend; an der École normale supérieure triumphieren Klerikalismus und Militarismus[200] ... Es wäre jedoch verfehlt, die jungen Leute, die um 1912/13 das Erwachsenenalter erreichen, isoliert zu betrachten: die gesamte intellektuelle (besonders literarische) Elite – wir haben es bereits im Zusammenhang mit der *NRF* gesehen – ist von dieser patriotischen (ja nationalistischen) und religiösen, d.h. katholischen Erneuerungsbewegung geprägt. Davon zeugt auch ein anderes, gleichsam emblematisches Werk, *L'Appel des armes* (»Der Ruf der Waffen«) von Ernest Psichari, der 1913 dreißig Jahre alt ist.

Die Hinwendung zum Katholizismus und militärischen Nationalismus ist umso erstaunlicher, als Psichari ein Enkel von Ernest Renan ist und von seinem Vater, dem Philologen Jean Psichari, laizistisch, republikanisch und wissenschaftlich erzogen wurde. In Übereinstimmung mit seiner dreyfusistischen Familie nimmt er an der Bewegung der Volksuniversitäten teil. Seine Freundschaft mit Charles Péguy führt ihn indessen auch zur Kritik am politischen Postdreyfusismus. Die Lehre Bergsons bildet eine weitere Etappe in seiner intellektuellen Entwicklung; sie beschleunigt eine schwere moralische Krise (er war dem Selbstmord nahe) und bringt ihn dazu, sich 1903 zum Militärdienst zu melden. Seine Unterstützung der kolonialen Sache im Kongo und in Mauretanien setzt den Schlussstrich unter eine Entwicklung, in der sich katholischer Glaube und überschwenglicher Patriotismus verbinden. In seinem Roman *L'Appel des armes* stößt man auf einen Generationenkonflikt, wenn es auch nicht genau der ist, den Agathon darlegt: ein junger Soldat, Maurice Vincent, sieht sich mit der Weltanschauung seines Vaters, eines pazifistischen Lehrers, konfrontiert.

---

199 *Ibid.*, S. 144–145.
200 J. Texcier, »La Jeunesse des Écoles est-elle réactionnaire? «, *La Guerre sociale*, 21.–27. Januar 1913.

Sein Soldatengebet ist ausdrucksvoll:

> »Oh, mein Gott, verleihe mir Mut und Tapferkeit, und verleihe mir die Anmut, die unbeschwerte Eleganz meines Hauptmanns, wenn er zu Pferd in unserem Kasernenhof erscheint. Verleihe mir die Kraft des Körpers und die Geduld der Seele. Gib, dass ich schön finde, was anderen Menschen als kleinlich erscheint, und gib, dass ich den Glauben der Soldaten habe, Gott der Armeen! Ach! wenn Du wirklich in dieser Hostie gegenwärtig bist, dann, bitte, sieh, dass ich nicht schlecht und dass auch ich würdig bin, für eine Idee zu sterben. Schicke mich in die fernen Länder der Ungläubigen, auf sonnenbeschienene Schlachtfelder und schenke mir den ruhigen Heldenmut der alten Soldaten. Gib, dass ich stark bin und viele Feinde töte und danach auf Kamelen durch die Wüsten reite, unter einem dauernden Leuchten des Lichts. Wenn Du es willst, mein Herrgott, schenke mir die Gnade, in einem großen Sieg zu sterben, und gib dann, dass ich Deinen Glanz im Himmel sehe[201]!«

Das Schicksal des Autors – wie Péguy gehört er zu den ersten Gefallenen des Ersten Weltkriegs – gibt diesem Buch, das eine große Zahl von Menschen prägte, eine prophetische Dimension. Psichari, der darauf wartet, sein Leben zu opfern, will in dem Dialog zwischen seinem Helden Maurice und dessen Vater, Sébastien Vincent, die Kraft seiner neuen Überzeugungen dokumentieren.

Als Maurice Urlaub hat und seinen Vater im Schulhaus besucht, kommt ihm die Erziehung, die ihm sein Vater gegeben hat, vollkommen fremd vor. Die beiden Männer fühlen sich in der Gegenwart des anderen verlegen und fürchten sich voreinander. Vergeblich macht der Vater eine Flasche auf, um die Ankunft des Sohnes zu feiern – sie kommen schnell zu dem, was sie scheidet, und Maurice wird klar, dass ihn von nun an eine Mauer des Unverständnisses von den Seinen trennt. Die ganze Rede, die ihm sein Vater hält, scheint ihm veraltet, ohne jeden Bezug zur Wirklichkeit. Die Diskussion kommt ihm sehr schnell eitel vor: »Wozu soll das gut sein?«:

> »Wozu das alles«, sagt er langsam, »worauf willst du hinaus? Ich bin es leid. Ich gehe. Ich will von deinem Haus nichts mehr wissen. Ich habe da draußen Führer und Lehrmeister; nur auf sie höre ich. Und sie sagen mir das, und du hast keine Gewalt über mich und kannst jetzt nichts mehr verhindern.«

---

201 E. Psichari, *L'Appel des armes,* Neuausg., Louis Conard, 1915, S. 106–107.

Das Unverständnis, das zwischen Maurice und seinem Vater herrscht, ist allzu schmerzlich. Sébastien lässt seinen Sohn ziehen, unfähig, ihn auf den rechten Weg zurückzubringen:

> »Nun geh, mein Sohn. Aber höre, was ich dir sage! So lange du in deinem Irrtum verharrst, werde ich dich nicht kennen und dir nicht helfen. Geh nur, ich bin sicher, dass du deinen Vater irgendwann brauchst.«

Der 1913 erschienene Roman wird ein großer Erfolg. Der Autor tritt kurz vor Ausbruch des Krieges im August 1914 in den Orden der Frères prêcheurs, der Predigerbrüder, ein. Manche werden sagen, dass Psicharis Buch ohne den Weltkrieg und ohne seinen Tod an der Front nicht die Beweiskraft gehabt hätte, die man ihm zugesprochen hat. Gide hält die »Erzeugnisse« Psicharis für »armselig«[202]. In der Tat gehört *L'Appel des armes* nicht zu den Meisterwerken der französischen Literatur, auch wenn Péguy seinen Freund für »einen großen Schriftsteller«[203] hält. Doch als Dokument hat der Roman seinen Wert. Die Ähnlichkeit der Einstellungen Psicharis und Péguys und die Parallelität ihrer Entwicklung, die sie zur Verherrlichung des religiösen Glaubens und zur Glorifizierung des Krieges führt, belegen, dass wir nicht vor einem Einzelfall stehen. Zweifellos sind es Grenzfälle, denn wenige Neonationalisten von 1913 wünschen die bewaffnete Konfrontation so sehr wie diese beiden, doch sie dokumentieren die Tendenz einer bestimmten Elite. Die beiden Meisterdenker des Nationalismus, Barrès und Maurras, geben sich darüber keiner Täuschung hin. Ihr Einfluss ist weitreichend, besonders der der Action française, die seit 1905 als Liga fungiert und seit 1908 über eine Tageszeitung verfügt. Maurras kann zwar keinen Anspruch auf intellektuelle Vorherrschaft erheben; doch gilt es festzustellen, dass seine Schriften langsam, aber sicher – und sei es indirekt – auf viele Menschen einen starken Einfluss ausüben. Er bringt seine Leser zwar nicht unbedingt dazu, seine neoroyalistischen Folgerungen zu teilen, doch setzt er eine ganze Reihe von Themen in Umlauf, an denen ihm gelegen ist, angefangen beim Antidemokratismus und beim Kult des Klassizismus.

Maurice Barrès, der das Nationalgefühl mit seinem Buch *Colette Baudoche* (1909) noch verstärkt hat, setzt sich für die Verleihung eines Romanpreises der Académie française an Ernest Psichari ein. Maurras seinerseits schickt dem Autor von *L'Appel des armes* sein Buch *L'Action française et la Religion catholique* (»Die Action française und die katholische Religion«). Und Psichari antwortet dem, der von sich sagt, er fühle sich »tief katholisch«, aber nur »in der Soziologie«:

---

202 A. Gide, *Journal 1889–1939,* Gallimard, »La Pléiade«, 1, S. 521.
203 Ch. Péguy, *OPC, op. cit.*, 3, S. 899.

»Natürlich bitten wir Gott von ganzem Herzen, dass Er Ihnen das kleine Licht des Glaubens schenkt, zunächst, weil Sie mehr als jeder andere diesen glücklichen Frieden verdienen, den nur dieses Licht schenken kann, und dann, weil Sie mit Sicherheit ein unvergleichlicher Verteidiger dieses Glaubens sein werden. Aber wir müssen auch sagen, dass die Kirche von dieser starken Strömung gesunder und kräftiger Ideen, deren Quelle *L'Action française* ist, nur Nutzen haben kann[204].«

Die Konvergenz zwischen ehemaligen Dreyfusisten und Nationalisten konnte auch konkretere Formen annehmen, wie es der Fall war bei der zwei Mal im Monat erscheinenden Zeitschrift *L'Indépendance*, deren erste Nummer am 1. März 1911 herauskam und die mit der *NRF* rivalisieren sollte. Jean Variot, ein Freund von Péguy, der mit der Action française sympathisierte, hatte Georges Sorel dazu überredet, diese Zeitschrift mit ihm zusammen zu gründen, die darauf abhob, im kulturellen Bereich »Unordnung nicht mit Freiheit zu verwechseln«. Georges Sorel erklärt in seinem »Manifest«: »Diese Zeitschrift wendet sich an die Menschen der Vernunft, die sich vom dummen Stolz der Demokratie, von den humanitären Albernheiten, von den aus dem Ausland stammenden Moden angewidert fühlen; die daran mitarbeiten wollen, dem französischen Geist seine Unabhängigkeit wiederzugeben; die entschlossen sind, um dieses Ziel zu erreichen, den edlen Bahnen zu folgen, die die Meister des nationalen Denkens eröffnet haben[205].« Die Brüder Tharaud, mit Péguy befreundet, gehören zum Redaktionskomitee, an dem sich auch der Musiker Vincent d'Indy, ein antidreyfusistischer Katholik, beteiligt. Im Februar 1912 konstituiert sich das Komitee neu, so dass Maurice Barrès, Paul Bourget, Francis Jammes ... hinzukommen können. Neben anderen politischen Aufgaben setzt sich die Zeitschrift zum Ziel, eine Kampagne gegen die antimilitaristischen Lehrer zu führen. Sie verschwindet zwar im August 1913

---

204 M. Barrès-Ch. Maurras, *op. cit.*, S. 516.
205 Das Manifest wird vollständig zitiert von P. Andreu, *Notre maître M. Sorel,* Grasset, 1953, S. 329. Vor der Gründung von *L'Indépendance* war G. Sorel von Georges Valois, einem ehemaligen Anarchisten, der zur Action française übergelaufen war, zur Unterstützung einer Zeitschrift, *La Cité française,* aufgefordert worden, die dann doch nicht gegründet wurde. In dem Manifest, das sie verfassten, hieß es insbesondere: »Die Gründer von *La Cité française* stellen unterschiedliche Kräfte der öffentlichen Meinung dar, doch in einem sind sie sich vollkommen einig: wenn man die Fragen, die sich in der modernen Welt stellen, in einem für die Zivilisation positiven Sinn lösen will, ist es absolut notwendig, die demokratischen Institutionen zu zerstören« (zit. nach Chr. Prochasson und A. Rasmussen, *Au nom de la patrie. Les intellectuels et la Première Guerre mondiale 1910–1919,* La Découverte, 1996, S. 20). Eine andere Spur dieser antidemokratischen Konvergenz hinterließ der Cercle Proudhon, der im Dezember 1911 gegründet wurde und die *Cahiers du Cercle Proudhon* veröffentlichte, in denen Édouard Berth vertreten war – neben Intellektuellen der extremen Rechten, unter ihnen Georges Valois. Ein kurzlebiger Versuch oder eine »unmögliche Synthese«, so G. Poumarède, *Le Cercle Proudhon: une synthèse impossible? 1911–1914,* Magisterarbeit, Paris-1, 1992.

wieder, doch sie war ein Zeichen für das neue intellektuelle und politische Klima der Jahre vor dem Ersten Weltkrieg, als nicht wenige Intellektuelle glaubten, gegen die »demokratischen Deklamationen« vorgehen zu müssen.

In gewissem Sinn, ja in seiner Grundlage, widersetzte sich *Jean-Christophe* (*Johann Christof. Die Geschichte einer Generation*) von Romain Rolland dieser Entwicklung. Der siebzehnte und letzte Faszikel dieses Fortsetzungsromans war 1912 in den *Cahiers de la Quinzaine* erschienen. Wenn die Philosophie des Buches auch vom europäischen und pazifistischen Denken seines Autors durchdrungen ist, so bilden die pessimistisch stimmenden Tatsachen darin doch ein Gegengewicht zum Optimismus der Ideale, denn der Krieg scheint unausweichlich. Die größte Schuld hat nach diesem Roman das Deutschland Wilhelms II., das seiner Vergangenheit unwürdig ist. Aber auch Frankreich, das unser rheinischer Held entdeckt, wird scharf verurteilt wegen seiner Leichtlebigkeit, seines Parlamentarismus, seiner republikanischen Anarchie, die nur die Kehrseite der freimaurerischen Diktatur, ihrer humanistischen Ideologien und ... des jüdischen Einflusses im Paris des »degenerierten Kosmopolitismus«[206] ist. Das Fresko endet mit einer Botschaft der Hoffnung und der Versöhnung zwischen den Völkern, doch der allgemeine Ton ist von alarmierendem Trübsinn. Im Übrigen lehnt es Rolland ab, die nationalistische Entwicklung Péguys, der Teile des Werks veröffentlicht, mitzumachen; er weiß ihm Dank für seine liberale Gesinnung: »Nie werde ich die Toleranz genügend bewundern können, mit der Péguy, ohne ein Wort des Vorwurfs oder der Beanstandung, die letzten Bücher des *Jean-Christophe* veröffentlichte, die der neuesten Entwicklung des französischen Denkens den Prozess machten, an der er mit der Gruppe Agathons beteiligt war – diesem fieberhaften Anstieg des kriegerischen und religiösen Nationalismus[207].« Nichtsdestoweniger erhielt Romain Rolland 1913 den Großen Preis der Académie française, unterstützt von Ernest Lavisse – und trotz Barrès.

Gewiss war Frankreich nicht ausschließlich einem revanchistischen und bellizistischen Nationalismus verfallen; diese Tendenz war nur eine Tendenz, auch wenn sie sich als mächtig erwies. Tatsache ist, dass die während der Dreyfus-Affäre so klare Scheidung der Geister einer größeren Verwirrung Platz machte. Die internationale Konstellation spielte dabei seit 1905 eine

---

206 R. Rolland, »Der Jahrmarkt«, Johann Christof. Übers. v. E. u. O. Grautoff. Band 1, Rütten u. Loening Verlag, Frankfurt, 1927, S. 795–1024. Gewisse Passagen dieses Teils des Buches erinnern an Drumont. Beispiel: »Bisweilen aber erwachte die wahre Natur dieser jüdischen Schriftsteller und stieg aus den Tiefen ihres Wesens empor, wenn irgendein Wort ein rätselhaftes Echo in ihnen erweckt hatte. Dann entstand eine sonderbare Verquickung von Jahrhunderten und von Rassen; ein Wüstenhauch trug übers Meer herüber in die Pariser Alkoven den muffigen Geruch türkischer Bazare, das Flimmern des Sandes, Halluzinationen, trunkene Sinnlichkeit, gewaltige Schmähreden, rasende Nervenzustände, fast Krämpfe, tolle Zerstörungswut ...« (S. 878)

207 Zit. nach *F. Laichter, op. cit.*, S. 253.

Rolle. Der Krieg ist wieder möglich geworden. Frankreich ist aufs Neue bedroht. Der Appell an die Disziplin, an den Patriotismus, an die unerlässliche Ordnung verbindet sich bei vielen mit der Anziehungskraft einer neuen Spiritualität. In die alten positivistischen und szientistischen Dogmen wird eine Bresche geschlagen; insbesondere unterliegen sie dem wachsenden Einfluss der Philosophie Bergsons – einer eleganten Vorstufe des Antiintellektualismus. Die Sterblichen entfachen ein Kesseltreiben gegen die Göttin Vernunft:

»Und siehe da«, wird Romain Rolland schreiben, »auf dem Höhepunkt dieser herrschaftlichen Vernunft, zur Stunde, da sich ihre Herrschaft, die so lange das Privileg einer Elite gewesen war, auf die Massen auszudehnen schien und ›Recht und Gerechtigkeit‹, wie Parmenides, der ihr Geheimnis für sich reserviert zu haben glaubte, stolz formulierte, ›die ausgetretenen Pfade der Menschen‹ betraten – genau zu dieser Stunde erlebte ihre Elite die ersten Erschütterungen, die ihre eitle Sicherheit bedrohten. Die Schwelle zum Jahr 1900 war kaum überschritten, da brachte Max Planck das erste Grundprinzip der Physik ins Wanken, das Konzept der Kontinuität. Fünf Jahre später schuf Einstein die Grundlagen der Relativitätstheorie. Der Boden erzitterte, und sein Erzittern teilte sich dem Geist mit. Die Philosophie erwachte fieberhaft aus ihrem schwerfälligen Dogmatismus. Eine neue Gedankenwelt brach sich Bahn. Sie wurde von einem mystischen Elan emporgetragen; und sie entfaltete sich explosionsartig in einer Atmosphäre der Begeisterung und des Kampfes[208].«

Ausbruch des Irrationalen, Apologie der Aktion um der Aktion willen, Verherrlichung des Instinkts, Vorliebe für das Abenteuer und das Mysterium, Entdeckung des Unbewussten – all diese Merkmale der Jahre nach 1900 gehen mit einer Reihe außerordentlicher technischer Erfindungen einher: Telefon, Auto, Kino, Flugzeug ..., die die Welt in eine neue Ära eintreten lassen. Die industrielle Rationalität triumphiert; doch die zeitgenössische Philosophie schlägt in den Rationalismus eine Bresche. Diese Antithese kann zu einer explosiven Mischung führen – der Technik und des Machtwillens –, deren Instrument der Krieg sein wird.

Mehr als *Jean-Christophe* von Rolland war *Jean Barois* von Martin du Gard ein Gegengewicht zum Totengesang des religiösen Nationalismus. Er trug dem Autor eine Menge Kritik ein – auch von alten Freunden wie Gustave Valmont, seinem ehemaligen Mitschüler aus der École des chartes, mit dem er in einem freundschaftlichen Briefwechsel stand und den er als Sozia-

---

208 R. Rolland, *Péguy*, Albin Michel, 1944, 1, S. 17–18.

listen kennen gelernt hatte. Im Juni 1914 stößt sich Martin du Gard daran, dass Valmont – völlig dem Einfluss von Barrès und Maurras erlegen – sein Fenster in der Rue de Solférino mit blau-weißen Fahnen beflaggt hat, die »durch einen breiten, mit dem Wappen der Kirche bemalten Schild zusammengehalten werden«; das ganze zu Ehren von Jeanne d'Arc, die kurze Zeit vorher von Rom selig gesprochen worden war. Augenblicklich verlässt ihn der »Mut«, an der Tür seines Freundes anzuklopfen, der ein Anhänger der »neuen Heiligen der katholischen Kirche«[209] geworden ist. Als Martin du Gard vom Tod Valmonts erfährt, der wie Péguy und Psichari 1914 gefallen war, sagt er: »Seine Lebenskurve ist die einer ganzen Generation, die zunächst den *Mercure* und dann nur noch die Zeitschrift der *Action française* las[210].« Trotz seiner Freundschaft zu Martin du Gard hatte Valmont *Jean Barois* nur mäßig geschätzt – ein Werk, das sich als ein Schwerpunkt des Widerstandes gegen die intellektuellen und emotionalen Tendenzen einer Belle Époque erweist, die von den Predigern des triumphierenden Antidreyfusismus zutiefst beeinflusst war.

Seinem Freund André Fernet, der den Militärdienst bei der Marine absolviert und ihm Anfang Juli 1914 vom »Agathonismus« der Seeleute der *Jeanne d'Arc*, den er selbst erlebt habe, berichtet, antwortet Martin du Gard, die Marine sei traditionell reaktionär, und zur Lage Frankreichs fügt er hinzu:

> »Lassen wir uns nicht durch das Individuelle verblenden. Es gibt eine starke reaktionäre Strömung, aber sie ist partiell und lokal gebunden. Mit jedem Tag – insbesondere seit zwei Jahren – gewinnt der Sozialismus an Boden; seine treuesten Anhänger glaubten nicht, so schnell voranzukommen. Auch das ist eine unabweisbare Realität[211].«

Die Ereignisse scheinen ihm Recht zu geben. Trotz des unleugbaren Aufschwungs des Nationalismus in den Kreisen der Intellektuellen seit den Jahren 1910/11 gewinnt in der Tat die Linke im Frühjahr die Parlamentswahlen.

---

209 R. Martin du Gard, *Journal, op. cit.,* 1, S. 493.
210 R. Martin du Gard, *Correspondance générale, op. cit.,* 2, S. 40.
211 *Ibid.,* S. 28.

15
Union sacrée –
»Heiliges Bündnis«

Am Abend des 31. Juli 1914 wird Jean Jaurès – er ist gerade aus Brüssel zurückgekommen, wo er eine letzte öffentliche Versammlung für den Frieden abgehalten hatte – von einem Nationalisten namens Raoul Villain im Café Croissant in der Rue Montmartre ermordet. Maurice Barrès erfährt davon und begibt sich am nächsten Morgen zum Haus des sozialistischen Tribuns, dessen Gegner er zwar stets gewesen war, den er jedoch immer geachtet hatte:

> »Ich habe mich früh am Morgen aufgemacht, um seiner Tochter einen Brief zu bringen. Eine Villen-Cité in Passy, einige Polizisten am Eingangsgitter des Geländes. Ich gehe zu dem Haus, einem kleinen Haus mit einem Vorgarten von zwei Metern, in dem sich zwei Parteiaktivisten aufhalten. Ich steige vier Stufen hinauf und betrete einen Flur; im Hintergrund gibt es eine Treppe, zu beiden Seiten zwei Türen, zweifellos der Salon und das Esszimmer. In diesem engen Flur ein Tisch mit den Kondolenzlisten, auf denen ich mich eintrage. In dem Zimmer links, das ganz offen steht, Léon Blum. Ich drücke ihm die Hand, ich reiche ihm meinen Brief. ›Sie können ihn ihr selbst geben.‹ Sie ist in dem kahlen Salon, einem Besuchszimmer. Eine prachtvolle junge Frau, wie eine Statue der Place de la Concorde. Ich sage ihr, dass ich ihren Vater gern hatte, dass ich immer daran gelitten habe, von ihm getrennt sein zu müssen. Sie ist ruhig, von natürlicher Noblesse und sieht sehr menschlich und sympathisch aus. Man bietet mir an hinaufzugehen, um Jaurès zu sehen. Ich nehme ohne Zögern an und sehe, dass ich damit Freude bereite. [...]
> Ich verneige mich vor Jaurès und gehe die Treppe wieder hinunter. Unten Jaurès' Tochter mit meinem geöffneten Brief in der Hand, Tränen in den Augen; sie dankt mir mit einer großen natürlichen Vornehmheit, einer bewegenden Schlichtheit und Zurückhaltung. Im Garten drücke ich den beiden Parteiaktivisten die Hand. Auf dem Bürgersteig vor dem Gelände grüßen mich die vier Polizisten, die die Cité bewachen. Welch eine Einsamkeit um den Mann, von dem ich

sehr wohl weiß, dass er trotz seiner Fehler ein nobler Mann, ja gewiss, ein großer Mann war: Adieu Jaurès! Ich hätte gewünscht, ihn frei lieben zu können[212]!«

Die beiden Männer hatten sich in der Abgeordnetenkammer bekämpft, seitdem Jaurès ein Apostel des Friedens geworden war. Hatte er durch Optimismus gesündigt? Hatte er sich durch seine internationalistischen Überzeugungen blenden lassen – durch das, was Barrès das »deutsche Denken« nannte? Auf dem internationalen Kongress von Basel hatte er 1912 in der protestantischen Kathedrale, deren Glockengeläute in den Ohren der Teilnehmer wie eine Friedenshymne klang, eine fast heilige Beredsamkeit unter Beweis gestellt, die seine Verleumder als blinde Phrasendrescherei verspotteten. Im Januar 1913 war Poincaré zum Staatspräsidenten gewählt worden – »ein Sieg der nationalen Idee«, hieß es in *Le Journal*. In der Tat erklärte der neue Präsident einen Monat später: »Es ist einer Nation nur dann möglich, in Frieden zu leben, wenn sie immer für den Krieg bereit ist.« Ministerpräsident Louis Barthou bemühte sich mit derselben Bestimmtheit, im Parlament das »Gesetz der drei Jahre« (Militärdienst) durchzubringen, das es erlaubte, genügend große Kontingente unter den Fahnen zu halten, um Deutschland die Stirn zu bieten – Deutschland, das 850.000 Soldaten, während Frankreich nur 480.00 hatte. Jaurès trieb die Linke gegen die Gesetzesvorlage an, die er als »Verbrechen gegen die Republik« bezeichnete. Auch als Verfechter des Friedens verlor er die nationale Verteidigung nicht aus den Augen, doch hielt er das Gesetz für kostspielig und unwirksam. Seit 1910 vertrat er das Prinzip der ausschließlich im Hinblick auf einen Verteidigungskrieg bewaffneten, sich auf Reservisten stützenden Nation, wie er 1911 in *L'Armée nouvelle* erläuterte. Die Sozialisten, die von zahlreichen pazifistischen Radikalen unterstützt wurden, verloren den Kampf. Das Gesetz ging durch. Aber die Friedensbewegung weitete sich aus. Am 25. Mai, kurz vor der Abstimmung, steigerte Jaurès in Le Pré-Saint-Gervais vor einer riesigen Menschenansammlung im Freien noch seine Beredsamkeit. Die Wahlen von 1914 brachten den Sieg der Linken: der Sozialisten hinter Jaurès, der Radikalen hinter Caillaux. Die einen wie die anderen waren entschlossen, das »Gesetz der drei Jahre« aufzuheben. Die sich überstürzenden Ereignisse verhinderten es.

Mit seiner leidenschaftliche Kampagne – in Frankreich und bei den Treffen der Sozialistischen Internationale – zog Jaurès den Hass der Nationalisten und die Feindschaft all derer auf sich, die seinem angeborenen Optimismus misstrauten. Für Maurras und *L'Action française* war er zum Feind geworden, den es niederzuschlagen galt. Léon Daudet verwahrt sich in seinen *Souvenirs*

---

212 M. Barrès, *Mes Cahiers, op. cit.*, 1963, S. 735–736.

(»Erinnerungen«) dagegen, den Tod von Jaurès gewollt zu haben; nichtsdestoweniger hatte er am 23. Juli 1913 in *L'Action française* geschrieben: »Wir möchten niemanden zu einem politischen Mord bewegen, aber Monsieur Jaurès sollte zittern.« Wie Barrès machte Daudet aus Jaurès ein Opfer des »deutschen Denkens«:

> »Jaurès' Verblendung [...] war etwas Ungeheuerliches. Das lag, glaube ich, an der prodeutschen philosophischen Bildung, die er wie alle in unserer Generation mitbekommen hatte; bei ihm jedoch hatte sie sich verheerender ausgewirkt als bei irgendjemandem sonst. Es ist sogar erstaunlich, dass dieser Lateiner von der schwerfälligsten und verwirrendsten Metaphysik, die es auf der Welt gibt, derart durchdrungen war[213].«

Eines der schwersten Geschütze gegen Jaurès während der Debatten um das »Gesetz der drei Jahre« fährt Péguy in *L'Argent (suite)* von Ende April 1913 auf. Jaurès wird darin nicht nur der Verblendung bezichtigt (wie kann er sich einbilden, die deutsche Sozialdemokratie könne den Krieg verhindern?), sondern auch des Verrats, denn er ist ein »Agent der deutschen Partei« geworden. Und Péguy fährt fort:

> »Ich bin ein guter Republikaner, ich bin ein alter Revolutionär. Doch in Kriegszeiten gibt es nur noch eine Politik, und das ist die Politik des Nationalkonvents. Aber man darf sich nicht verhehlen: die Politik des Nationalkonvents läuft darauf hinaus, dass Jaurès in einem Karren sitzt und sich Trommelwirbel über seine große Stimme legt.«[214]

Sogar in den Reihen der Sozialistischen Partei wurde Jaurès' Optimismus bekämpft. Ende 1912 hatte Charles Andler, Professor an der Sorbonne, Elsässer und Germanist, zwei Artikel über die deutschen Sozialdemokraten veröffentlicht, die seiner Meinung nach unfähig waren, die Entwicklung zum Krieg aufzuhalten. Diese Artikel, die Jaurès für *L'Humanité* abgelehnt hatte, waren in der radikalen Zeitschrift *L'Action nationale* gedruckt worden und dann unter dem Titel *Le Socialisme impérialiste dans l'Allemagne contemporaine* (»Der imperialistische Sozialismus im zeitgenössischen Deutschland«) als Broschüre erschienen[215].

---

213 L. Daudet, *Souvenirs et Polémiques, op. cit.*, S. 745.
214 *Anm. d. Ü:* Karren, Trommelwirbel: Anspielung auf die Terrorherrschaft während der Französischen Revolution, als die zum Tode Verurteilten im Karren zur Guillotine gefahren wurden.
215 Siehe C. Prochasson, »L'affaire Andler/Jaurès. Une analyse de controverse«, *Jean Jaurès Cahiers trimestriels*, Nr. 145, Juli–September 1997.

Der politische Kampf um das »Gesetz der drei Jahre« hatte seine Spuren hinterlassen. Bis zuletzt hatte Jaurès gehofft, eine Verständigung zwischen den französischen und den deutschen Sozialisten, ein vorbeugender, simultaner Generalstreik in beiden Ländern könnte den Frieden retten. Dieser Voluntarismus, der sich von Friedensliebe wie von Illusionen nährte, trug ihm die Ermordung durch einen von der nationalistischen Presse indoktrinierten Mann ein. Drei Tage später erklärte Deutschland Frankreich den Krieg.

Die letzte Ehre, die Barrès genau an dem Tag, an dem die allgemeine Mobilmachung angeordnet wird, Jaurès auf seinem Totenbett erweist, nimmt die Union sacrée (»Heiliges Bündnis«) vorweg – ein Ausdruck, den Raymond Poincaré zum ersten Mal am 4. August 1914 in einer Botschaft ans Parlament gebraucht. Nach Jahren des Kampfes für den Frieden entscheidet sich die französische Arbeiterbewegung – die CGT und die SFIO – für die nationale Verteidigung. Am 2. August ruft der ehemalige Communarde Édouard Vaillant bei einer Versammlung in der Salle Wagram aus: »Angesichts der Aggression werden die Sozialisten ihre ganze Pflicht für das Vaterland, für die Republik und die Revolution erfüllen.« Tags darauf: »Die Ströme von Blut, die auf den Ebenen der Maas zu fließen begonnen haben«, schreibt *La Bataille syndicaliste*, »mögen auf das Haupt Wilhelms II. und der Pangermanisten kommen!« Am Grab von Jaurès drückt der Generalsekretär der CGT, Léon Jouhaux, am 4. August seinen »Hass auf den deutschen Imperialismus« aus. An demselben Tag folgen die Sozialisten dem Beispiel der Sozialdemokratie in Berlin und stimmen im Parlament für die Kriegskredite. Ende des Monats treten zwei Sozialisten in die Regierung Viviani ein: Jules Guesde als Staatsminister und Marcel Sembat als Minister für Öffentliche Arbeiten. Ihnen folgt Albert Thomas als Rüstungsminister. Gegen den »germanischen« Aggressor gibt es in Frankreich nur noch eine Stimme.

Anlässlich des Todes von Albert de Mun, einer der großen Gestalten der »katholischen Partei«, schreibt Vaillant, früher sein unversöhnlicher Feind, kurz nach dem Sieg an der Marne in *L'Humanité*: »Aber heute [...] handelt es sich nicht mehr um die politische Geschichte der Parteien, sondern um die nationale Verteidigung. Um sie sorgte sich Albert de Mun leidenschaftlich in den letzten Tagen seines Lebens – mehr als um alles andere[216].«

Die Union sacrée, die sich unter den Politikern so schnell durchsetzte, verbreitete sich auch bei den Intellektuellen sehr rasch. Die Kriegserklärung war in gewisser Weise eine Revanche des antidreyfusistischen Nationalismus: die Armee wurde wieder heilig, der Kult der Nation bedeutete eindeutig, den antideutschen Hass zu schüren; die Jagd auf (echte oder unechte) Spione war erlaubt ... Die Dreyfusards wollten nicht nachstehen. Diejenigen, die, alt

---

216 Zit. nach G. Lefranc, *Le Mouvement socialiste sous la Troisième République (1875–1940)*, Payot, 1963, S. 200.

oder krank, vom Militärdienst befreit waren, fühlten sich – da sie schon das Gewehr nicht in die Hand nahmen – wenigstens moralisch verpflichtet. Montherlant erzählt in diesem Zusammenhang eine Anekdote über Barrès:

>»'Ich verpflichte mich ...', sagte Barrès im August 1914. Der Beifall übertönte den Rest des Satzes, den man nicht mehr hörte und der lautete: 'Ich verpflichte mich, während des ganzen Krieges für *L'Écho de Paris* einen Artikel pro Tag zu schreiben.' Daraus ergab sich ein lang anhaltendes Missverständnis.«

Und Montherlant erläutert dann, was es mit Barrès' Versprechen auf sich hatte:

>»Sein Entschluss, täglich einen Artikel zu schreiben, hatte zwei Gründe. 1. Eitelkeit: der Wunsch, ohne Unterlass präsent zu sein und nach und nach mit der nationalen Sache eins zu werden, und 2. aufrichtige Liebe zu dieser nationalen Sache, wobei er es vorzog, im Tagesgeschäft zu dienen – das schien ihm dringlicher –, als zurückgezogen dauerhaftere Werke zu schaffen[217].«

All diese Artikel werden am Ende des Krieges die vierzehn Bände seiner *Chronique de la Grande Guerre* (»Chronik des Weltkrieges«) bilden. Zwischen 1914 und 1918 reiht Barrès Tätigkeit an Tätigkeit, Initiative an Initiative, Besuch an Besuch. Er gedenkt, rühmt, präsidiert, weiht ein und beerdigt; er lanciert Appelle zu Gunsten der Kriegsinvaliden, er fordert, dass man einen besonderen Tapferkeitsorden stiftet (im Jahre 1915 wird dann das »Kriegskreuz« geschaffen); er übertönt mit seinen Reden das Donnern der Kanonen, die Paris bedrohen ... Wenn er sich mit seinen zweiundfünfzig Jahren auch nicht freiwillig zum Kriegsdienst gemeldet hat, so legt er doch während des ganzen Konflikts keinen Augenblick die Waffen im moralischen und ideologischen Krieg nieder.

Sein Nationalismus nimmt eine neue Wendung. Von nun an vertritt er keinen exklusiven antisemitischen Antidreyfusismus mehr, auf der Suche nach einer hypothetischen französischen Rasse, sondern einen Nationalismus der Versöhnung, einen Nationalismus der Union sacrée, wie ihn seine 1917 erschienenen *Diverses Familles spirituelles de la France* (»Verschiedene geistige Familien Frankreichs«) überschwänglich darstellen.

>»Der Geist Frankreichs schlummerte auf einem Kopfkissen voller Nattern. Es schien, als wolle er in den widerlichen Verschlingungen des

---

217 H. de Montherlant, *Carnets. Années 1930 à 1944*, Gallimard, 1957, S. 264–265.

Bürgerkriegs ersticken. Aber die Glocken läuten Sturm, und siehe da, der Schläfer erwacht mit einem Elan der Liebe. Katholiken, Protestanten, Israeliten, Sozialisten, Traditionalisten denken plötzlich nicht mehr an ihre Klagen. Wie durch ein Wunder verschwinden die Messer des Hasses. Die unzähligen Streitereien schweigen unter dem fahlen Himmel. Jeder sagt: ›Ich werde mich keiner Sache entgegenstellen – und sei es nur durch einen heimlichen Gedanken –, die zum Heil des Vaterlandes wirkt‹[218].«

Maurras und *L'Action française* nutzten den Krieg, um auch außerhalb der Reihen ihrer Getreuen ihre politische Legitimität durchzusetzen. Von Beginn des europäischen Konflikts an spezialisierte sich Léon Daudet darauf, die Spione, die inneren Feinde, die Ausländer, die naturalisierten deutschen Juden zu brandmarken. Trotzdem erschien *L'Action française* manchen ihrer Leser in Sachen Union sacrée zu gemäßigt, fast »regierungsamtlich«[219]. André Gide, plötzlich voller Bewunderung, beschloss, die Zeitung von Maurras zu abonnieren; auch Proust und Apollinaire schätzten sie; *Le Figaro, L'Écho de Paris, La Croix* und unzählige Provinzblätter wiederholen ihre schärfsten Durchhalteparolen. Der Weltkrieg war für die Bewegung von Maurras eine Gelegenheit, einen Sprung nach vorn zu tun. Indem sie Poincaré und Clemenceau unterstützte, sicherte sich *L'Action française* die Anerkennung eines ganzen Sektors des französischen Nationalismus, der *a priori* kaum geneigt war, dem Dogmatiker des integralen Nationalismus zu folgen; aus dem Krieg trat dieser stärker denn je hervor.

Weniger vorhersehbar war die Zustimmung der linken Intelligenzija zur Union sacrée; doch nur wenige Namen versagten sich dem Ruf. Ende 1914 muss Paul Léautaud betrübt miterleben, wie Remy de Gourmont, der alte Kritiker des Chauvinismus, die Trompete an den Mund setzt:

»Gourmont hat ›*Das Spielzeug Patriotismus*‹[220] verleugnet, wie ich in *L'Action française* und in *L'Écho de Paris* lese, die die Rückkehr des verlorenen Sohnes feiern. Ich besuche ihn lieber nicht. Ich könnte nicht an mich halten und würde ihm sagen, was ich von dieser Verleugnung halte, wo doch jener Artikel niemals sinnvoller war als jetzt[221].«

Gourmont, ein Ausbund an Antiklerikalismus und Antimilitarismus, früher

---

218 M. Barrès, *Les Diverses Familles spirituelles de la France,* Émile-Paul Frères, 1917.
219 Siehe E. Weber, *op. cit.,* 1985, S. 113.
220 Titel eines Artikels von R. de Gourmont, der am 25. März 1891 in *Le Mercure de France* erschienen war und Gourmont seine Stelle an der Bibliothèque Nationale kostete.
221 P. Léautaud, *Journal littéraire, 1, 1893–1928,* Mercure de France, 1986, S. 957.

von Gides Zeitschrift scharf kritisiert, kehrte – wie sein Freund Léautaud sagt – »zur Herde« zurück. Woher kam dieser Patriotismus, dieser Nationalismus, in den sich oft antideutscher Hass mischte und den so viele Linksintellektuelle bald teilten? Handelte es sich um eine Rückkehr des Verdrängten? Um einen alten Stammesfundus, der nur oberflächlich durch eine Zivilisationsschicht verdeckt worden war? De facto gab es immer einen republikanischen Nationalismus, jene Haltung, die Péguy, indem er an den Nationalkonvent erinnerte, nur früher ausgedrückt hatte als die anderen linken Intellektuellen. Der Gedanke, dass Frankreich das Allerheiligste der Revolution war, ein Heiliges Land der Freiheit, das es gegen die germanische Barbarei zu verteidigen galt, war weit verbreitet. In diese Perspektive der Wiederbelebung des Jahres II[222], die Léon Jouhaux am Grabe von Jaurès heraufbeschwor, brachten dann die Historiker ihr Wissen und ihre Leidenschaft ein.

Den ganzen Krieg hindurch hört Alphonse Aulard, Inhaber des Lehrstuhls für die Geschichte der Französischen Revolution an der Sorbonne, nicht auf, die Verbindung zwischen den Patrioten von 1793 und den neuen Frontsoldaten zu erläutern. Aulard war ein Radikaler und Anhänger Dantons. Albert Mathiez, ehemaliger Budengenosse Péguys aus Studententagen und ebenfalls ein Spezialist der Französischen Revolution, war Sozialist und Bewunderer von Robespierre. Im Februar 1914 war er noch Pazifist und einer der Unterzeichner einer Petition gewesen, die an die französische Regierung appellierte, auf den Anspruch auf Elsass-Lothringen zu verzichten[223]. Doch nachdem der Krieg erklärt ist, setzt er seinen Eifer und seine Kenntnisse für die Verteidigung der Union sacrée ein; insbesondere veröffentlicht er in *Le Rappel* eine Reihe von Artikeln, aus denen *La Victoire en l'an II* (»Der Sieg im Jahre II«) hervorgeht, ein Buch, das er seinen Studenten, »die auf dem Felde der Ehre gefallen sind«, widmet und das in *L'Humanité* lobend kommentiert wird. Ein anderer Historiker, Hubert Bourgin, ein Gefährte von Mathiez, Mitglied der Sozialistischen Partei, Vorkämpfer der Volksuniversitäten und gestern noch Gegner des »Gesetzes der drei Jahre«, veröffentlicht in *L'Humanité* kriegerische Artikel, die er mit »der Bürgersoldat« unterzeichnet. Der Krieg, den die Franzosen führten, sei ein Krieg des Rechts und der Freiheit gegen die deutsche Barbarei. Für die intellektuelle Linke wurde 1914 zu einer neuen Phase der Revolutionskriege von 1792/93 gegen den Despotismus.

Schriftsteller der Linken, Schriftsteller der Rechten – die einen wie die anderen nahmen munter an der »Gehirnwäsche« teil. Es ist bemerkenswert, wie

---

222 *Anm. d. Ü:* Das Jahr II: der Nationalkonvent führte 1792 einen republikanischen Kalender ein; Jahr I begann am 22. September 1792, dem 1. Tag der Republik. Das Jahr II steht auch für die Revolutionskriege und die Terrorherrschaft.
223 Siehe S. Luzzatto, *L'Impôt du sang. La gauche française à l'épreuve de la guerre mondiale (1900–1945)*, Presses universitaires de Lyon, 1996, S. 26.

Gustave Hervé, der Antipatriot und Antimilitarist, früher von Péguy aufs Schärfste kritisiert, zu einem der Prediger von *La Victoire* wird – so der neue Titel seiner ehemaligen *Guerre Sociale* –, deren erste Nummer am 1. Januar 1916 verkündet: »Die Marne, das ist Valmy, ein riesiges Valmy«[224]. An Hervés Zeitung arbeiten der libertäre Sänger Montéhus, Séverine, Victor Basch, Präsident der Ligue des droits de l'homme, mit.

Anatole France bekam einigen Ärger, weil er geschrieben hatte, die Franzosen sollten nach ihrem Sieg den besiegten Feind als Freund behandeln; was ihm hämische Briefe und einige Steinwürfe gegen die Fensterläden seines Hauses einbrachte[225]. Aber der Autor von *L'Ile aux Pingouins* (*Insel der Pinguine*) fasste sich schnell, schrieb für *Le Petit Parisien* Artikel, die die Union Sacrée keineswegs verrieten, und stellte den »Barbaren« aus Deutschland die tapferen französischen Soldaten, »voller Mut und Weisheit«, gegenüber. Léon Bloy, dessen Tagebuch die von den Deutschen auf französischem Territorium – tatsächlich oder vermeintlich – begangenen Scheußlichkeiten ausbreitet, schreibt seinem Freund Philippe Raoux am 20. Dezember 1914, was damals so mancher Intellektuelle empfindet:

> »Die Wahrheit, die Evidenz, die ins Auge sticht, ist die, dass der Deutsche aller Schichten ein abscheulich hasserfüllter und neidischer Schurke ist, der uns unsere tausendjährige Überlegenheit nie verzeihen wird; denn trotz seiner pedantischen und sklavischen ›Kultur‹[226] weiß er sehr gut und fühlt es voller Wut, dass diese keine andere Existenzberechtigung, keine andere Lebensgrundlage hat, als sich von unseren Brotkrumen zu ernähren, und keine andere Funktion, als unser Nachtgeschirr auszuspülen[227].«

Eine Revanche der französischen Zivilisation gegen die deutsche Kultur bringt auch Henri Bergson in seinen Vorträgen, wenn auch in gepflegterer Sprache, zum Ausdruck:

> »Der Kampf, der gegen Deutschland geführt wird, ist der Kampf der Zivilisation gegen die Barbarei. Alle Welt fühlt das, aber unsere Académie [des sciences morales et politiques][228] besitzt wohl besondere Autorität, das auszusprechen. Da sie sich zum großen Teil dem Studium

---

224 *Anm. d. Ü*: Valmy: die Kanonade von Valmy (1792) brachte eine Wende zugunsten des französischen Revolutionsheeres; Rückzug der preußischen Truppen.
225 M.-C. Bancquart, *op. cit.*, S. 345–34.
226 *Anm. d. Ü*: Im Orig. deutsch.
227 L. Bloy, *Au seuil de l'Apocalypse*, Mercure de France, 1963, S. 127.
228 *Anm. d. Ü*: Académie des sciences morales et politiques: eine der fünf Akademien, die das Institut de France bilden.

psychologischer, moralischer und sozialer Fragen widmet, erfüllt sie eine ganz schlichte wissenschaftliche Pflicht, wenn sie feststellt, dass die Brutalität und der Zynismus Deutschlands, seine Verachtung aller Gerechtigkeit und aller Wahrheit einen Rückschritt in die Barbarei bedeuten[229].«

Wer hatte die Kraft, dem Ruf zur Union sacrée zu widerstehen? Es gab Menschen, die schwiegen, Menschen, die ihren Militärdienst leisteten, wenn sie in dem Alter waren, dies zu tun, doch ohne in Kriegsrausch zu verfallen. Roger Martin du Gard ist dafür ein gutes Beispiel. Zum Fahrzeugdienst eingezogen, widersteht er, wie sein Briefwechsel und seine unregelmäßigen Tagebuchnotizen zeigen, der kollektiven Leidenschaft; er hat seine Freude daran, das »patriotische Gefühl« zu entmystifizieren. Seinem Freund Pierre Margaritis schreibt er am 26. Dezember 1914:

»Du liest *L'Écho de Paris*, nicht wahr? Die einzige offizielle Zeitung, die von der Zensur respektiert wird ... Barrès, Bourget, ›Soldatenweihnacht‹, ›Soldatentrikot‹, ›Wo sind unsere lieben Gefallenen?‹. Mir kommt es bei dieser Zeitung immer hoch, und es ist mir eine bittere Freude, mich in mir selbst so gefestigt zu fühlen, so wenig verwirrt durch die Ereignisse, so sicher in Bezug auf die Wahrheit, so hellsichtig ihren unbewussten hasserfüllten Gaukeleien gegenüber. Im Übrigen bin ich über die ganze Presse empört, *ich kann keine Zeitung lesen*, keine Hirngespinste. Wie ist es möglich, dass diejenigen, deren Funktion es ist, zu reden oder zu schreiben, nicht fühlen, dass sie zurzeit einem schicksalhaften Geschehen beiwohnen, das sie übersteigt und zum Schweigen nötigt[230]?«

Léautauds *Journal littéraire* (»Literarisches Tagebuch«) zeugt von demselben stummen Widerstand: »Der Krieg«, heißt es am 3. Januar 1916, »ist der legale Rückfall in den Zustand der Wildheit.« Der Abbé Mugnier, ein gebildeter Priester und Freund der Schriftsteller, der ebenfalls Tagebuch führt, stellt verzweifelt fest, dass der Patriotismus über die Humanität, über die Religion gestellt wird: »Denn der Patriotismus erlaubt den Hass, nicht die Humanität. Man will verabscheuen, hassen können. Man ist Franzose gegen diejenigen, die es nicht sind. Das Evangelium erfährt aufs Neue einen Rückschlag. Und die Kirche hat dabei nichts zu gewinnen[231].«

Kühner war der Widerstand Romain Rollands, der – bei Kriegsbeginn in

---

229 Zit. nach Chr. Prochasson u. A. Rasmussen, *op. cit.*, S. 131.
230 R. Martin du Gard, *Journal, op. cit.*, 1, S. 585.
231 *Journal de l'abbé Mugnier (1879–1939)*, Mercure de France, 1985, S. 293.

die Schweiz geflüchtet – in *Le Journal de Genève* zwischen August und Dezember 1914 acht Artikel veröffentlichte, aus denen die berühmte Broschüre *Au-dessus de la mêlée* (*Über dem Schlachtgetümmel*) werden sollte. Der Autor des *Jean-Christophe* bekannte sich darin zwar nicht zum Antipatriotismus, doch er verteidigte die Rechte des Geistes und der Kultur angesichts der Dämonen des nationalen Egoismus. Ob seine Artikel nun schlecht gelesen oder absichtlich entstellt wurden, Rolland wurde zum Sündenbock der Nationalisten, zum hassenswerten Vorkämpfer des Pazifismus. Henri Massis schrieb einen Artikel »Romain Rolland gegen Frankreich«, der im *Mercure* veröffentlicht wurde, was Léautaud, der dort arbeitete, in Wut versetzte. Aulard legte sich in *L'Information* mit seinem ehemaligen Kollegen an der Sorbonne an; er beschuldigte ihn, als Historiker »Entschuldigungen für den Mörder« zu suchen, für dieses Deutschland, das versuche, Frankreich zu vernichten.

Dem Beispiel Romain Rollands folgen von 1915 an jedoch einige pazifistische Zeitschriften, die dem grassierenden Chauvinismus zu entkommen suchen: *Franchise, La Caravane, L'École de la fédération, Les Cahiers idéalistes français*; sie alle sind Rolland dankbar, einem »der intellektuellen und moralischen Autoritäten, die Frankreich noch brauchen wird[232]«. Unter den Initiatoren dieser Zeitschriften tritt einer sehr deutlich hervor: Henri Guilbeaux mit seiner Zeitschrift *Demain*, die zur Zielscheibe von Alphonse Aulard wird: »Romain Rolland«, schreibt Guilbeaux, »ist eine der seltenen intellektuellen Leitfiguren, die das hell strahlende und klare Licht des Glaubens bewahrt und nicht auf ihr unerschütterliches Ideal verzichtet haben.«

Eine andere Form des Protestes gegen den Krieg verkörpert Alain. Er heißt eigentlich Émile Chartier, ist Philosophielehrer in Rouen, überzeugter Combist[233] und Gegner des »Gesetzes der drei Jahre«. Trotz seines Pazifismus meldet er sich 1914 freiwillig. Gerade weil er Pazifist ist und nicht für feige gehalten werden möchte, will er die Dinge von innen sehen und das moralische Recht haben, darüber zu urteilen: »Ich fliehe zur Armee«, sagt er, »weil ich lieber mit dem Körper ein Sklave bin als mit dem Geist.« Mitten unter den Soldaten verfasst er zwischen 18. Januar und 17. April 1916, von dem ausgehend, was er erlebt, *Mars ou la guerre jugée* (»Mars oder das Urteil über den Krieg«), dessen definitive Version 1921 erscheinen wird. In demselben Jahr lässt er – nach Verdun – heimlich seinen Brief *Au peuple allemand* (»An das deutsche Volk«) zirkulieren, in dem er schreibt: »Jedenfalls brauchen wir für die Zukunft, für die Gerechtigkeit, für das Recht einen ehrenhaften Frieden[234].«

---

232 Chr. Prochasson u. A. Rasmussen, *op. cit.*, S. 149–151.
233 *Anm. d. Ü*: Combist: Anhänger der Politik der Regierung Émile Combes' nach dem Sieg des Linksblocks (1902), die entschieden antiklerikale Maßnahmen durchsetzte (s.o. Kap. 9).
234 Zit. nach A. Sernin, *Alain. Un sage dans la Cité*, Robert Laffont, 1985, S. 183.

Am 10. Mai 1917 schreibt Roger Martin du Gard an seinen Freund Margaritis:

»Ich habe [...] eine ziemlich großartige Zeitung entdeckt, zwei Nummern schon, *La Tranchée républicaine*; Mitarbeiter: Barbusse, Romain Rolland; auch sie ist voll von diesen großen Worten, an die sich die Hoffnung der unverbesserlichen Ideologen klammert, doch von einem Oppositionsgeist und einem Bedürfnis nach internationalem Frieden beseelt, deren Mischung für meine Nase heute einen guten Duft hat. Besorg Dir das – Rue Grange-Batelière 5. Mittwochs. Zehn Centimes[235].«

Henri Barbusse hatte im Herbst zuvor – zunächst als Fortsetzungsroman im Feuilleton von *L'Œuvre*, dann im Dezember in Buchform – *Le Feu, journal d'une escouade* (*Das Feuer. Tagebuch einer Korporalschaft*) veröffentlicht, das ihm 1916 trotz der demonstrativen kämpferischen Feindseligkeit eines der Mitglieder der Jury, Léon Daudet (»ein schändliches, niedriges und zersetzendes Buch, das nur dem Feind nutzen kann«), den Prix Goncourt eingebracht hatte. Dieser Roman brach eindeutig mit dem Hurrapatriotismus, der damals grassierte, und war eine der eindrucksvollsten Darstellungen der Realität des Krieges; die Zensur verbot den Roman nicht, da er auch zu Ehren der Soldaten geschrieben war, die dem täglichen Grauen ausgeliefert waren. Der Autor, 1873 geboren, gehörte der Generation der Gründer der *NRF* an. Er entstammte einer protestantischen Familie aus den Cevennen, von der er zwar nicht den religiösen Glauben, doch das republikanische Ideal geerbt hatte. Vor dem Krieg Journalist, hatte er Gedichte und Erzählungen geschrieben und mit seinem Roman *L'Enfer* (»Die Hölle«) eine gewisse Berühmtheit erlangt. Pazifistisch eingestellt, war er Redaktionssekretär der Zeitschrift *La Paix par le droit*, die von der Société française pour l'arbitrage entre les nations (»Französischen Gesellschaft für die Schlichtung zwischen den Nationen«) herausgegeben wurde. Wie Alain meldet er sich 1914 trotz seines Alters und seines Gesundheitszustands freiwillig und bleibt etwa anderthalb Jahre als einfacher Soldat an der Front. Diese Erfahrung, die ihn das ungeheure Leid der Frontsoldaten entdecken lässt, liefert ihm den Stoff seines Romans *Le Feu*, der im Großen und Ganzen sehr wohlwollend rezensiert wird; sein Realismus scheint eine doppelte Bedeutung zu haben: Huldigung an die Soldaten, die im Dreck stecken, und Bloßstellung des Krieges; beides widerspricht sich nicht; die nationalistische Kritik gibt sich darüber keiner Täuschung hin und scheut sich nicht, Barbusse des Defätismus zu beschuldigen:

---

235 R. Martin du Gard, *Journal, op. cit.*, I, S. 796.

»Das Buch von Monsieur Barbusse«, schreibt Maurras, »besitzt denselben Wert wie die sozialistischen Blätter, die einem im Schützengraben die Laune verderben[236].« Der Autor ist von nun an dem Kampf für den Frieden verpflichtet; sein Name hat sich durchgesetzt.

André Gide verzieht ein wenig das Gesicht, als er *Le Feu* liest: »Ausgezeichnet«, schreibt er am 7. März 1917 in sein Tagebuch, »solange er nicht den Anspruch erhebt, intelligent zu sein; unausstehlich in den letzten Kapiteln, wo er vorgibt nachzudenken und die Dialoge zu Schlüssen treibt, die sich mit seinen Schlussfolgerungen über den Krieg decken.« Einige Monate später, am 9. Dezember, notiert er, er habe Maurras geschrieben »wegen eines bemerkenswerten Briefes zum Buch von Barbusse, der in *L'Action française* erschienen ist«. Martin du Gard – immer wachsam – schreibt am 24. Dezember an Margaritis, er glaube, in einem in der Tageszeitung von Maurras am 21. veröffentlichten anonymen Brief die Feder Gides wiedererkannt zu haben. Er fährt fort:

»[Ich] bin sehr bedrückt über diesen ›Vertrauensvorschuss‹, denn er führt dazu, dass ich mich in der NRF niemals voll und ganz heimisch fühlen werde. Gide hat über politische Fragen niemals nachgedacht. Er ist ein Träumer, ein Dilettant, der vierzig Jahre gelebt hat, ohne eine Zeitung zu lesen. Ziemlich spät macht nun das gesellschaftliche Leben so viel Lärm um seine Abgeschiedenheit herum, dass er schließlich seine Nase nach draußen steckt. Doch in diesem ganzen Rummel verirrt er sich. *L'Action française* bietet ihm das Wahnbild einer gewissen logischen Ordnung, die durch und durch intellektuell ist. [...] Der Fall Gide ist symptomatisch; er ist heute nicht selten. Doch *L'Action française* repräsentiert – sieht man die Dinge genau – nichts, fast nichts[237].«

Nichtsdestoweniger zogen die Zeitung und das Denken Maurras' aus dem geistigen und moralischen Klima des Krieges ihren Nutzen. Da Maurras und seine Mitarbeiter – vor allem mit dem Krieg und der Nation befasst – ihren Neoroyalismus dämpften, erschienen sie nach dem Ende des Konflikts als die großen Sieger der intellektuellen Auseinandersetzung. Das war zweifellos paradox, denn Maurras hatte stets behauptet, das republikanische Regime sei unfähig, einen Krieg zu führen und zu gewinnen, was nicht gerade für seine Hellsichtigkeit sprach. Wie dem auch sei, *L'Action française*, eine Bannerträgerin des patriotischen Glaubens, hatte durch ihre Intransigenz für sich eingenommen; 1918 erlebte sie ihren ersten Höhepunkt[238].

---

236 Zit. nach A.-L. Chain, *Les Prix Goncourt de la Première Guerre mondiale 1914–1918,* Diplomarbeit DEA, IEP Paris, 1996, S. 133.
237 R. Martin du Gard, *Journal, op. cit.*, 1, S. 866–867.

Auch Maurice Barrès war während des Konflikts allgegenwärtig – im Parlament, in der Académie, auf der ersten Seite von *L'Écho de Paris*, in den Kirchen und auf den Friedhöfen ... –, doch er blieb ein isolierter Schriftsteller. 1918 zieht er folgende hochmütige Bilanz:

> »Die Politiker haben diesen Krieg nicht durchdacht. Er überstieg jedes Denkvermögen, das von Briand, das von Lloyd George. Sie haben ihn nicht gelenkt. [...] Nun, der Bankrott der Intellektuellen war nicht geringer. A. France – Schweigen. Bourget schweigt nach einigen Monaten des Nachdenkens. Sie haben nicht versucht, Leitgedanken zu entwickeln. Ein einziger, Romain Rolland, hatte den Mut dazu. Er sündigte aus Stolz, die anderen aus Demut.
> Seltsame Sünde; wenn ich mich über meinen eigenen Fall befrage, sehe ich sehr wohl, dass ich sie begangen habe. Mir ging es nur darum zu dienen. Ständig habe ich untergeordnete Aufgaben übernommen. Es war gut, jeden Tag die Moral der Leute hochzuhalten. Doch bin ich in diesem Übermaß an Arbeit nicht ertrunken[239]?«

Aus seiner Sicht hatte es im Grunde nur den Pazifisten Romain Rolland und den Patrioten Maurice Barrès gegeben, die die Ehre der französischen Literatur retteten. Wenn sich Barrès als edler Vater des Sieges ausgab, weil er seinem täglichen Rendezvous mit seinen Lesern von *L'Écho de Paris* nie untreu geworden war, so war das nichts als eine verkürzte, für ihn vorteilhafte Darstellung. Wahr ist, dass auf der Gegenseite die Kriegssituation, die Mobilmachung, die Zensur, die Furcht, der eigenen Bürgerpflicht nicht nachzukommen, den Protest gegen die Schlächterei zum Schweigen gebracht hatten.

Inzwischen hatte der Weltkrieg ein weiteres Monstrum geboren – in Moskau, in Petrograd, wo die russische Revolution begann, das Gesicht der Welt zu verändern.

---

238 Siehe P. Nora, »Les deux apogées de l'Action française«, *Les Annales,* Jan.-Febr. 1964.
239 M. Barrès, *Mes Cahiers, op. cit.*, 1963, S. 803.

16
Der Tod von Barrès

Der Weltkrieg und die aus ihm hervorgegangene bolschewistische Revolution haben die tiefgreifenden Veränderungen, die sich in den Jahren um 1910 ankündigten, beschleunigt. Wer konnte auf den Ruinen noch sein Vertrauen in die Wissenschaft, »die Wohltäterin der Menschheit«, äußern, wie es einst Renan in *L'Avenir de la Science* (»Die Zukunft der Wissenschaft«) oder noch kurz zuvor der Chemiker Marcelin Berthelot[240] getan hatte? War »Wissenschaft« früher ein Synonym für »Zivilisation«, so wurde sie nun von vielen mit Zerstörung in Zusammenhang gebracht. Sie hatte den Kriegstechniken eine Macht ohnegleichen gegeben, doch den Fragen der conditio humana gegenüber blieb sie stumm.

Der Krieg und die russische Revolution hatten auch die Ansprüche des Instinkts, das Wirken des Unbewussten und die Notwendigkeit des Handelns neu bestätigt. Tod und Heldentum hatten sich gut miteinander vertragen. Man zählte die Märtyrer: Deutschland war zwar besiegt, aber Frankreich war ausgeblutet. Die Schriftsteller waren nicht verschont worden: schon 1914 waren Charles Péguy, Alain-Fournier, Ernest Psichari auf dem »Feld der Ehre« gefallen ... Die Schlächterei ermutigte die meisten zum Pazifismus, doch entwaffnete sie keineswegs den Nationalismus, der sich vom Blut der Soldaten genährt hatte. Vom Ende des Konflikts an verdeutlicht sich die Trennungslinie zwischen den Verfechtern eines gerechten, auf das Recht und den Völkerbund gegründeten Friedens und denen, die das nationale Territorium um den Preis einer übertriebenen Unversöhnlichkeit gegenüber der jungen Weimarer Republik schützen wollen.

In Russland hatte Lenins Voluntarismus über die Vertreter des wissenschaftlichen Marxismus gesiegt. An der Spitze seiner Partei hatte er es verstanden, die Widersprüche, die die aus der Februarrevolution hervorgegangene provisorische Regierung untergruben, auszunutzen, um zunächst den Gewaltakt des Oktober und dann nach und nach die uneingeschränkte Macht der bolschewistischen Partei durchzusetzen.

Das ganze Jahr 1919 hindurch wird Europa vom Gespenst der revolutionären Ansteckung heimgesucht, deren erstes Opfer Deutschland zu sein

---

240 M. Berthelot, *Science et Éducation*, 1903, und *Science et Libre Pensée*, 1906.

scheint. Im März legt Lenin die Grundlagen zur Kommunistischen Internationale, die auf dem ganzen Kontinent die Hoffnung von Millionen von Revolutionären, die der Krieg angewidert hat, wieder steigen lässt. Streiks und Meutereien breiten sich in Italien, in Portugal, in Frankreich ... aus. In München wird eine Räterepublik errichtet; in Budapest führt Bela Kun zwischen März und Juli 1919 ein kommunistisches Regime ... Die große, vom Osten heranrollende Flutwelle löst in einer Art Kettenreaktion eine Sturmflut nach der anderen aus, bis sie Anfang der zwanziger Jahre wieder in sich zusammenfällt. Die Alliierten führen Expeditionen gegen die Roten in Russland durch; sie unterstützen Polen, das einen russischen Angriff abwehrt. An den Ufern der Ostsee beginnen versprengte Soldaten des ehemaligen Reichs – um einige Kondottiere gescharte »Ausgestoßene« – aufs Neue zu kämpfen, diesmal gegen die Bolschewiken. In Italien bringt die soziale und politische Nachkriegskrise im Oktober 1922 nach dem mythischen »Marsch auf Rom« Mussolini, einen Dissidenten der Sozialistischen Partei, an die Macht. Kurze Zeit danach gründet Pilsudski in Polen ein autoritäres Regime. Im folgenden Jahr errichtet Primo de Rivera in Spanien seine Diktatur. In Deutschland bewaffnen sich in aller Heimlichkeit die nationalistischen und gegenrevolutionären Bewegungen ...

Die Ereignisse in Russland wurden in Frankreich von Georges Sorel begrüßt; er war sich sicher, dort die Werte des Heldentums zu erkennen, an die er gegen den Rationalismus und den Szientismus der Demokratie appellierte. In seinem *Pour Lénine* (»Für Lenin«) stellt er im September 1919 die Demokratien an den Pranger, die alles daransetzten, das revolutionäre Russland zu ersticken: »Verflucht seien die plutokratischen Demokratien, die Russland aushungern. Ich bin nur ein Greis, dessen Leben von den winzigsten Zufällen abhängt; aber könnte ich doch, bevor ich ins Grab hinabsteige, diese stolzen bürgerlichen Demokratien, die heute zynisch triumphieren, noch gedemütigt sehen[241].« Im März 1921 schreibt er dem italienischen Historiker Guglielmo Ferrero: »Ein Heil sehe ich nur noch in der russischen Revolution, und ich klammere mich verzweifelt an diesen einzigen Rettungsanker[242].« Nach dem revolutionären Syndikalismus setzte Sorel seine Hoffnungen auf die Sowjets.

Mussolinis Machtantritt wird von *L'Action française* am 31. Oktober 1922 begrüßt: »Der Aufstieg des *fascio* ist in der Tat – was auch immer seine Zukunft sein wird, die von der Kraft und Weisheit seines Führers abhängt – das hervorstechende Symptom eines Aufschwungs der Rechten, den man in einer ganzen Reihe von Ländern, besonders in den romanischen Ländern, beobachtet.« Gustave Hervé, der seinen Antipatriotismus der Vorkriegszeit endgültig aufgegeben hat, zollt am 3. November in *La Victoire* dem Beispiel Itali-

---

241 Zit. nach P. Andreu, *op. cit.*, S. 103.
242 Zit. nach Sh. Sand, *L'Illusion du politique*, La Découverte, 1984, S. 21.

ens, der nationalen »Wiederaufrichtung«, die sich dort gerade vollzogen habe und der die französischen Patrioten nacheifern sollten, ebenfalls Beifall.

In dieser bewegten, chaotischen, von Hoffnung und Furcht erfüllten Nachkriegszeit verbringt Maurice Barrès seine letzten Lebensjahre als offizielle Persönlichkeit. Als Prediger der Union sacrée – »Nachtigall des Gemetzels«, wie Romain Rolland ihn nennt – nimmt er an allen Siegesfeiern teil. Bald ist er in Metz, »der noblen Stadt, die davon berauscht ist, ihr Glück wieder gefunden zu haben«; bald im befreiten Colmar; bald in Straßburg, das wieder zur Hauptstadt des französischen Elsass geworden ist, und hört dort im Münster ein *Te Deum*. Er will, dass der Sieg seine Früchte trägt, und wie viele andere vertritt er den Gedanken einer sich dem preußischen System entziehenden rheinischen Republik. Am 28. Juni 1919 nimmt er an der Seite Barthous im Spiegelsaal von Versailles an der Unterzeichnung des Friedensvertrages teil. Am 14. Juli sitzt er beim Siegesumzug in Paris auf der offiziellen Tribüne.

Im November finden Parlamentswahlen statt – eine Listenwahl mit zwei Wahlgängen. Zusammen mit Alexandre Millerand, der sich endgültig vom Sozialismus losgesagt hat, führt er im zweiten Sektor von Paris die Liste des Nationalen Blocks an. Dem Pakt zwischen den beiden Männern liegt ein Kompromiss zu Grunde: Millerand stimmt der Wiederaufnahme der Beziehungen mit dem Vatikan zu; Barrès akzeptiert ohne Einschränkung das laizistische Prinzip und das Gesetz der Trennung von Staat und Kirche. Sein Mandat wird erneuert – in einer Abgeordnetenkammer, die »bleuhorizon«[243] genannt wird. Im Jahre 1920 – dem Jahr, in dem er seine Trilogie über »Die Bastionen des Ostens« (*Les Bastions de l'Est*) mit *Le Génie du Rhin* (»Der Geist des Rheins«) abschließt – hat er die Freude, eine seiner Lieblingsideen verwirklicht zu sehen: die Kammer stimmt der Einführung eines jährlichen Festes zu Ehren von Jeanne d'Arc zu, das am zweiten Sonntag im Mai als Fest des Patriotismus stattfinden soll. Noch im Jahre 1920 beendet er die vierzehn Bände seiner *Chronique de la Grande Guerre* (»Chronik des Weltkrieges«), die bei Plon erscheinen.

Nachdem er den ganzen Krieg hindurch damit beschäftigt war, die Moral der Truppen zu heben, fungiert er nun als organischer Intellektueller des Nationalen Blocks; doch der »patriotische Aufwiegler« ist vom Akademismus, vom Hang zum Pomp und vom Konformismus bedroht. Einige verhöhnen mit Wortspielen diesen »littérateur du territoire«[244]. Eine Gruppe junger Schriftsteller, empört über die Massaker des Krieges, sehen in dem Leitartik-

---

243 *Anm. d. Ü:* Bleuhorizon: horizont-blau, nach der Farbe der französischen Uniformen im Ersten Weltkrieg.
244 *Anm. d. Ü:* »Littérateur du territoire«: Anspielung auf Adolphe Thiers, der 1873 »libérateur du territoire« genannt wurde.

ler von *L'Écho de Paris* die Verkörperung all dessen, was sie verabscheuen. Die Dada-Bewegung, die Tristan Tzara während des Krieges in Zürich gegründet hat, beschließt sogar, ihm einen öffentlichen Prozess zu machen, den die Zeitschrift *Littérature* für Freitag, den 13. Mai 1921, in der Salle des Sociétés savantes, in der Rue Serpente, nicht weit von der Metrostation Odéon, ankündigt. Es handelt sich um mehr als eine Maskerade: es geht um die Selbstbehauptung einer neuen Generation, die am Krieg teilgenommen hat und bald zur Revolution aufrufen wird. André Breton und Louis Aragon sind seine eigentlichen Initiatoren:

»Das Problem, um das es geht und das im Grunde ethischer Natur ist«, schreibt Breton, »kann manche unter uns als Individuen zweifellos interessieren; doch Dada hat auf Grund seiner erklärten Indifferenz damit absolut nichts zu schaffen. Wir müssen klären, ob ein Mann für schuldig gehalten werden kann, den sein Machtwille zum Vorkämpfer konformistischer Ideen macht, die denen seiner Jugend völlig entgegengesetzt sind. Weitere Fragen: wie konnte aus dem Autor von *Un homme libre* der Propagandist von *L'Écho de Paris* werden? Falls Verrat vorliegt, was steckt dahinter? Und was dagegen tun[245]?«

Das Tribunal – sein Vorsitzender ist André Breton, der ein rotes Barett trägt – setzt sich insbesondere aus Georges Ribemont-Dessaignes, Louis Aragon und Philippe Soupault zusammen; unter den Zeugen befinden sich Rachilde, Tristan Tzara, Benjamin Péret, Pierre Drieu La Rochelle sowie einige andere. Eine Holzpuppe auf der Anklagebank stellt Barrès dar, dem der Prozess gemacht wird wegen »Verbrechen gegen die Sicherheit des Geistes«. Tzara beschuldigt Barrès, »der größte Schurke«, »das größte Schwein«, »die größte Kanaille« zu sein, die er jemals getroffen habe; doch zum großen Verdruss des Vorsitzenden Breton, der vor Wut schnaubt, fügt er hinzu: »Wir sind alle nur eine Bande von Schweinehunden [...], folglich spielen die kleinen Unterschiede – kleinere oder größere Schweinehunde – nicht die geringste Rolle«[246]. Die Aussage Drieus hebt sich von der der anderen ab. Dieser ehemalige Soldat von fünfundzwanzig Jahren, der an den Schlachten von Charleroi und von Verdun teilgenommen hat, überblickt mit seinen 1,85 Metern und seiner aristokratischen Haltung den ganzen Saal; bisher ist er ein Unbekannter. Trotz seiner vorübergehenden Sympathie für Breton, Aragon *et al.*, die von Dada zum Surrealismus überwechseln werden, lehnt es Drieu, der in seiner Jugend die Werke von Barrès verschlungen hat, ab, als Belastungszeuge zu fungieren.

---

245 A. Breton, *Entretiens*, Gallimard, 1969, S. 73.
246 Zit. nach P. Daix, *Aragon*, Flammarion, 1994, S. 139.

Im Jahre 1922 löst Barrès mit der Veröffentlichung von *Un jardin sur l'Oronte* (»Ein Garten am Oronte«) einen neuen Skandal aus. Zur Literatur zurückgekehrt nach so vielen Jahren, die er der nationalen Sache gewidmet hat, erzählt er – im Syrien des 13. Jahrhunderts – die leidenschaftliche Liebe eines christlichen Ritters, Sire Guillaume, und einer jungen Sarazenin, Oriante, die viele Züge mit Anna de Noailles gemeinsam hat. 1922 schreibt Barrès im Alter von sechzig Jahren vielleicht seine schönsten Liebesbriefe. So im April:

> »Ich sage Ihnen Folgendes, hören Sie mir gut zu: ich liebe Sie wegen etwas Heiligem, das Sie in sich tragen, das ich geistig und physisch suche, durch physische und geistige Mittel – etwas rein Seelisches, einen Geist, eine Fähigkeit, die in Ihnen ruht. Das liebe ich an Ihnen, in Ihrem Wesen; Sie erweitern und vertiefen für mich die Welt der Träume. Ich achte und liebe an Ihnen die Fähigkeit, mit der ewigen Tiefe zu kommunizieren; Sie sind ihr Zeuge unter uns und eine große Hoffnung mitten in allem, was begrenzt[247].«

De facto hatten Barrès und Anna de Noailles ihre chaotische Beziehung im Jahre 1907 abgebrochen. 1914 hatten sie sich wiedergetroffen: zum Zeitpunkt der Kriegserklärung hatte ihm die Dichterin vorgeschlagen, ihr ins Baskenland zum Zufluchtsort von Edmond Rostand zu folgen. Aus patriotischem Pflichtgefühl lehnte er ab. 1917 nehmen sie ihren Briefkontakt wieder auf. Später, im Mai 1921, gesteht ihm Anna eine Beziehung mit Edmond Rostand zu Beginn des Krieges. Barrès, gekränkt, transponiert seine eigene Liebesgeschichte in seinen orientalischen Roman. Guillaume sagt zu Oriante, bevor er stirbt:

> »Nicht Sie liebe ich, und ich hasse sogar vieles an Ihnen; doch Sie haben mir auf Erden die Vorstellung vom Himmel geschenkt, und ich liebe diesen unsichtbaren Engel, der Ihnen gleicht, aber vollkommen ist, und der an der Seite Ihrer unvollkommenen Menschennatur steht. Adieu, Sie, die Sie besser sind als ich, der Sie so scharf verurteilt und liebt ...«

Der Roman von Barrès wird im Sommer 1922 von der katholischen Presse scharf kritisiert; sie empört sich über das, was der Autor selbst das »Wollüstig-Pathetische« seines Werks nennt. Am 9. Juli prangert *La Croix* – unter dem Namen von José Vincent – das Buch als eine Beleidigung der christlichen

---

247 A. de Noailles, M. Barrès, *op. cit.*, S. 751.

Moral an. Barrès antwortet in *L'Écho de Paris*: »Ich stimme der katholischen Kritik zu: die Moral, das ist die christliche Moral. Aber heißt das, dass der Künstler nur erbauliche Situationen kennen und schildern darf[248]?« Kurze Zeit später gibt Robert Vallery-Radot seinen Tadel in einem »Offenen Brief an Maurice Barrès« in der *Revue hebdomadaire* zum Besten. Auch Henri Massis, einer seiner Schüler, ermahnt ihn in *La Revue des jeunes*: »Es ist zu wünschen, dass Monsieur Barrès endlich der tiefen Stimme nachgibt, die seinen Aufstieg zum Licht fordert und auf geheimnisvolle Weise sein Leben wieder zu erneuern sucht.« Henri Ghéon klagt in *L'Action française*, Barrès sei in *L'Oronte* zum Dilettantismus zurückgekehrt. Der »Streit um *Un jardin sur l'Oronte*«, über den Barrès sichtlich betroffen ist, füllt mehrere Seiten seiner Tagebücher: »Ich nehme das Recht für mich in Anspruch«, schreibt er, »etwas anderes als ein Seminarist zu sein. Ich will nicht, dass man mir sagt: Ach! Wenn Sie die Kirchen nicht verteidigen, sind ihre Bücher weniger gut. Genau dann verteidige ich sie weiter.«

Sowohl der Dada-Prozess von 1921 als auch der »Streit um Oronte« von 1922 belegen, dass Barrès noch voller Leben steckt – trotz der Pflichten, die er sich auferlegt und die ihn zu einem Staatsliteraten erstarren lassen, und trotz der Rolle des »anerkannten Meisters« – so sein eigener Ausdruck –, auf die ihn seine andächtigen Bewunderer reduzieren oder beschränken wollen. In der Abgeordnetenkammer betritt er nur selten die Rednertribüne, doch in den Kommissionen setzt er sich für verschiedene Angelegenheiten ein, die ihm am Herzen liegen, insbesondere für die Forschung (auf den Gedanken hat ihn Charles Moureu, Professor am Collège de France gebracht) und die Missionsgesellschaften. Er steht Poincaré nahe, der wieder Ministerpräsident ist, und unterstützt dessen Außenpolitik bzw. die Intervention der französischen Armee im Ruhrgebiet, die Deutschland dazu zwingen soll, seine »Reparationen« zu zahlen. Im Oktober 1923 fährt er nach Aachen, nach Trier, in jene rheinische Republik, die gerade ausgerufen worden ist und deren Autonomie innerhalb Deutschlands er verficht. Er will gegen jede »Verzichtspolitik« gegenüber Deutschland wachsam sein. Eine Woche vor seinem Tod veröffentlicht er seine *Enquête aux pays du Levant* (»Untersuchung in den Ländern des Ostens«).

Am 4. Dezember isst Barrès mit einigen Mitgliedern des Direktionskomitees der »Liga der Patrioten« zu Mittag. Er ist dem Andenken an Déroulède treu geblieben, der 1914 vor der Kriegserklärung gestorben war. Am Nachmittag arbeitet er zu Hause in Neuilly an seinen Memoiren. Am Abend fühlt er – an der Seite seiner Frau, Paule, und ihrer Nichte, Poucette, einer Waisen, die seit einiger Zeit bei ihnen lebt – einen Schmerz im Arm. Seine Frau ist

---

248 Zit. nach F. Broche, *Maurice Barrès*, J.-C. Lattès, S. 523.

beunruhigt und will einen Arzt rufen, doch auf Grund der späten Stunde ist er dagegen. Kurze Zeit später stirbt er an einem Herzinfarkt.

Die Regierung beschließt wie für Victor Hugo im Jahre 1885 ein Staatsbegräbnis, das am 8. Dezember 1923 stattfindet. Der riesige Zug hinter dem Leichenwagen, der von zehn schwarzen Pferden gezogen wird und dem mehrere Wagen mit Kränzen und Blumengebinden folgen, hält ein erstes Mal vor der Statue von Straßburg auf der Place de la Concorde, wo dem großen Patrioten die militärischen Ehren erwiesen werden; dann hält er ein zweites Mal vor der Statue von Jeanne d'Arc auf der Place des Pyramides und kommt schließlich vor Notre-Dame an. Die religiöse Zeremonie findet in Anwesenheit des Staatspräsidenten, Alexandre Millerand, des Ministerpräsidenten und Generals Foch statt. Draußen drängt sich die Menge im Regen. Der Präsident der Anwaltskammer, Chenu, spricht im Namen der »Liga der Patrioten«, dann Jules Cambon für die Académie und schließlich der Unterrichtsminister, Léon Bérard.

Einen Augenblick dachte man ans Panthéon, doch Maurice Barrès hatte seinem Sohn seinen letzten Willen anvertraut: »Nach meinem Tod, Philippe, soll man mich im Schatten des Kirchturms von Sion begraben, und Du darfst nicht traurig sein, denn mein Glück wird vollkommen sein, wenn ich mit dieser vom Fortbestand Lothringens erfüllten Erde verschmelze.« Der Friedhof von Charmes nimmt also – seinem Wunsch gemäß – seine sterbliche Hülle auf, nach einer Absolution durch den Bischof von Saint-Dié und einer letzten Leichenrede von Maréchal Lyautey.

Mit Maurice Barrès starb einer der einflussreichsten Schriftsteller des damaligen Frankreich. Nur wenige junge Menschen, die eine literarische Karriere anstrebten, konnten sich zwischen dem Ende der achtziger Jahre des 19. Jahrhunderts und dem heraufziehenden Ersten Weltkrieg seiner Verführungskraft entziehen.

Zunächst faszinierte er durch seine Prosa, seinen Stil. *Le Culte du moi*, seine erste Trilogie, begonnen mit *Sous l'œil des barbares* (»Unter den Augen der Barbaren«), fortgesetzt mit *Un homme libre* und abgeschlossen mit *Le Jardin de Bérénice* (»Der Garten von Bérénice«), hatte aus ihm einen »Prinzen der Jugend« gemacht. Er unterstreicht in dieser Trilogie das Recht der Person gegen alles, was sie bedroht und einschränkt, und erhebt Anspruch auf den »kleinen Schatz an Gefühlen, der [ihr] ganzes Ich ist«: »An bestimmten Tagen interessieren sie mich viel mehr als die Nomenklatur der Reiche, die zusammenbrechen[249].« An anderen Tagen kehrt er zu den Dingen der Welt zurück. In der Tat bekennt er sich zum Wechsel der Gefühle und der Haltungen: »Ich habe mich in viele Seelen aufgespalten. Keine davon ist misstrauisch; sie ge-

---

249 M. Barrès, *Un homme libre, op. cit.*, 1904, S. 23.

ben sich allen Gefühlen hin, die sie durchdringen. Die einen gehen in die Kirche, die anderen in verrufene Häuser. Es erfüllt mich nicht mit Abscheu, wenn Teile von mir sich manchmal erniedrigen ...«

Eklektizismus, Egotismus, Suche nach »neuen Schaudern« – Barrès fand Formeln, die alle Ästheten in Entzücken versetzten: »Das Verlangen, die Inbrunst, das Sehnen ist alles; das Ziel nichts.« Und der spätere Dogmatiker der Erde und der Toten, der in seiner Reifezeit die Verwurzelung als das eigentliche Gesetz des sozialen Lebens predigte, schrieb noch 1889, wie wir sahen, eine Apologie des Nomaden, schrieb von dem Wunsch, »ganz gleich wo in der Welt zu wohnen[250]«.

Als Barrès zehn Jahre später seine Trilogie *Le Roman de l'énergie nationale* begann, musste man feststellen – und zwar schon 1897 bei *Les Déracinés* –, dass der Mann seine Leier nun auf der anderen Schulter trug. Doch Barrès ärgerte sich, wenn man ihm das vorhielt. Als René Doumic, ein nationalistischer Kritiker, sich in *La Revue des deux mondes* hocherfreut darüber zeigte, dass Barrès Schluss gemacht hatte mit dem Dilettantismus seiner ersten Bücher, in denen er »so eifrig [...] den gesunden Menschenverstand provozierte«, protestierte er und versuchte das zu erklären, was Maurras seine »dauernde Metamorphose[251]« nannte. Seine ersten Werke waren eine Selbstbefreiung gewesen; er musste der Enge des Collège entrinnen: er musste zuerst sein individuelles Ich befreien, bevor er entdeckte, dass es »nur das vergängliche Produkt« der Gesellschaft war. Im Grunde war seine erste Trilogie nur ein Lehrlingswerk. Zwischen dem anarchisierenden Individualismus und dem Nationalismus hatte es keinen Bruch, sondern eine in sich schlüssige Vertiefung gegeben.

Ganz gleich, wie man die Frage beantwortet, die André Breton 1921 stellte (wie konnte der Autor von *Un homme libre* der Leitartikler von *L'Écho de Paris* werden?), Maurice Barrès übte abwechselnd auf unterschiedliche Teile des Publikums einen beherrschenden Einfluss aus. Zunächst auf Menschen seiner eigenen Generation wie Léon Blum; später dann auf eine neue Generation, beispielsweise auf Raymond Radiguet, der ihm, bevor er mit zwanzig Jahren im selben Jahr wie Barrès stirbt, sein *Le Diable au corps* (*Den Teufel im Leib*) mit der Widmung schickt: »Für Monsieur Maurice Barrès – sein Bewunderer und vielleicht sein Schüler.«

In den neunziger Jahren hat sich das Denken von Barrès gewandelt: weniger im Kontext seines boulangistischen Engagements (denn genau 1889, als er als Boulangist in die Abgeordnetenkammer gewählt wird, veröffentlicht er *Un homme libre*, ein Buch, das sich so gut wie nicht um französische Politik kümmert) als vielmehr zu dem Zeitpunkt, als er, bei den Wahlen von 1893

---

250 *Ibid.*, S. 237.
251 Ch. Maurras, »Notes sur Maurice Barrès«, *Revue encyclopédique*, 1. April 1894.

unterlegen, seine Zeitung *La Cocarde* lanciert und leitet. Er beginnt, seine nationalistische Doktrin zu formulieren, die sich im Übrigen während der Dreyfus-Affäre erneut verändert: sie wird eindeutig konservativ, bewahrend und protektionistisch. Schließlich ist bemerkenswert, dass der Barrès von früher, der Déroulède und Maurras nahe stand, vom Ersten Weltkrieg an die Perspektive wechselt: er steht jetzt zum republikanischen System, so wie es ist oder unter der Autorität von Leuten wie Poincaré und Clemenceau werden wird. Während der Wahlen von 1919 weckt er bei seinen katholischen Wählern sogar Ängste, weil er die laizistischen Gesetze und die Trennung von Staat und Kirche offen akzeptiert: entscheidend ist seiner Meinung nach der Geist, in dem sie angewandt werden. Die Union sacrée des Ersten Weltkrieges ist sein Ziel geblieben; der Sieg hat ihn mit der parlamentarischen Demokratie versöhnt. Versöhnt oder resigniert schreibt er am 19. Dezember 1921 an Maurras:

»Ich verstehe Ihre Frage sehr gut: ›Ein Bündnis der Denkenden gegen die Schwätzer.‹ Lässt sich etwas tun, um es zu verwirklichen? Ein Manifest würde unseren Lehren nichts hinzufügen. Man müsste schon die Macht übernehmen wollen. Nach den Wahlen war das möglich; es bleibt möglich. Aber ich will davon nichts wissen. Ich glaube nicht, dass Ihr Royalisten jemals an die Macht gebracht werdet. Ich glaube nach wie vor nicht an eine Restauration. Wenn wir also die Möglichkeit der direkten Aktion ausklammern, dann bleibt uns nur unsere geistige Macht, unser Wert als Erzieher. Es gibt Augenblicke, in denen Sie auf untadelige und großartige Weise der Ratgeber der Republik sind. Es gibt andere Augenblicke, die mir weniger lieb sind, in denen Sie wieder zu einem Parteigänger werden. Sie werden mir sagen, das sei dasselbe Geschäft; ich diskutiere nicht; ich sage: ›wir wollen Ratgeber der Macht sein; Sie als weiser Gegner; ich von dem Wunsch beseelt, nicht mehr tadeln zu müssen – das ist unsere nützliche Rolle‹[252].«

Barrès' Nationalismus hatte seine Gezeiten: aus dem Antisemiten, dem Fremdenhasser, dem Putschisten von 1899 war ein Musiker der Union sacrée geworden, wobei die Fanfare mit der Kammermusik abwechselte, ein Dichter der »verschiedenen geistigen Familien Frankreichs«: er wollte eingliedern, sammeln, verschmelzen, wo sein Freund Charles Maurras lichten, abschlagen, wegschneiden wollte.

Barrès verstand es, geistig zu prägen, indem er die verschiedenen Seiten seiner vielfältigen Seele zur Geltung brachte. Wenn man ihn nicht mehr lieb-

---

252 M. Barrès-Ch. Maurras, *op. cit.*, S. 591.

te, hasste man ihn, und auch das hieß noch, ihm zu huldigen. Die Tatsache, dass er an unserem Fin-de-siècle in Ungnade gefallen ist, hängt zweifellos damit zusammen, dass sein Name, mit dem von Maurras assoziiert, an etwas erinnert, das die maßgebliche politische Kultur nicht mehr akzeptieren kann: den übersteigerten, von Fremdenhass erfüllten, antisemitischen Nationalismus. Hier liegt vielleicht auch einer der Gründe, die das Tor der Bibliothèque de la Pléiade[253] vor Barrès' Werk verschließen, während Gobineau und Céline dort doch Einlass fanden. Oder könnte Barrès' Prosa inzwischen unlesbar geworden sein? Sollte sich das bewahrheiten, dürfen wir doch nicht vergessen, wie groß der Genuss seiner Leser war, wie stark der berühmteste Schriftsteller der damaligen Jahrhundertwende seine Zeit geprägt hat. Man erlebte, wenn man sich darauf einließ, gleichsam »einen der großen *Momente* der französischen Prosa«[254] mit, wie Charles Du Bos sagte. Sein nerviger Stil entzückte; seine unterschiedlichen moralischen und politischen Haltungen wurden zu gegensätzlichen Mustern stilisiert – bewunderns- oder hassenswert.

Sogar die, die ihn während des Dada-Tribunals verspotteten, gaben zu, dass Barrès sie beim Erwachen ihrer Gefühle und bei ihrem eigenen Werk inspiriert hatte. Selbst Bretons Frage war eine Huldigung. Weder Aragon noch Drieu La Rochelle leugneten seinen Einfluss.

Am Ende der Sexta hatte der junge Louis Aragon als Französisch-Preis die *Vingt-Cinq Années de littérature* (»Fünfundzwanzig Jahre Literatur«) des Abbé Brémond bekommen, eine Anthologie mit Kommentaren von Barrès. »In diesem Buch«, sagt Aragon, »habe ich eine Reihe von Dingen entdeckt, die das Schreiben angehen, und unabhängig von den Problemen, die das Schreiben aufwirft, habe ich eine Art Leidenschaft für Barrès empfunden, der bei meiner intellektuellen Entwicklung eine nicht zu bestreitende Rolle gespielt hat. Ich habe ihn später nie verleugnet[255].«

Drieu las Barrès immer und immer wieder. Bei einer Umfrage von 1924 antwortet er: »Soll ich den Namen von Barrès wiederholen? [...] Barrès ist natürlich der Prinz der zeitgenössischen Literatur[256] ...« In *Genève ou Moscou* (»Genf oder Moskau«) kommt er 1928 auf *Un homme libre* zurück:

>»Dieses Meisterwerk, das unsere Epoche mit der Epoche Montaignes und Pascals auf eine Ebene rückt, ist in der Tat der Schlüssel, wenn man das Ende des 19. Jahrhunderts verstehen will. Es ist ein Handbuch des Exklusiven, das sich in seiner eigenen Logik abkapselt; insge-

---

253 *Anm. d. Ü:* Bibliothèque de la Pléiade: bedeutende kritische Ausgabe der großen Werke der französischen Literatur im Verlag Gallimard.
254 Ch. Du Bos, *Journal 1921–1923*, Corrêa, 1946, S. 33.
255 Zit. nach P. Daix, *op. cit.*, S. 53.
256 Zit. nach J.-P. Maxence, *Histoire de dix ans, 1927–1937*, Gallimard, 1939, S. 41.

heim ist es ein Gedicht, unheimlich reizvoll. Dieses Buch war zwanzig Jahre lang ein ausgezeichnetes Buch; heute müssen wir es verbrennen.«

Drieu zog diesem Buch dann die Werke von Barrès vor, die seinen neuen Glauben an den Faschismus unmittelbarer stützen konnten.

Barrès, ein eklektischer Autor, hatte Bewunderer auf allen Seiten; darunter François Mauriac, der – Abbé Mugnier zufolge – »Barrès ähnlich schien, doch ohne dessen Blick oder Lächeln«, und der wie der Autor von *Un jardin sur l'Oronte* unter der Prüderie der katholischen Kritik zu leiden hatte. In dem Erinnerungstext »Begegnung mit Barrès«, der 1945 in der Zeitschrift *La Table ronde* erschien, erkennt er den Einfluss an, den der große Mann auf ihn hatte: »Barrès hat viel mehr für mich getan, als die Aufmerksamkeit des Publikums auf mein erstes Buch zu lenken. Seine Größe war für mich eine Lektion, ein stiller Vorwurf[257].«

Henry de Montherlant, auf den Barrès ebenfalls beträchtlichen Einfluss ausübte, war 1914 als untauglich ausgemustert worden, bevor er 1917 dann doch eingezogen wurde. Er suchte den Ruhm, doch hatte er lange Zeit Frondienste zu leisten, die keinen Ruhm brachten – bis er eines Tages an die Front konnte und die Vorsehung es wollte, dass ihn sieben Granatsplitter trafen, die ihm, ohne sein Leben auch nur einen Augenblick zu gefährden, die Gelegenheit eröffneten, als authentischer Kämpfer zu gelten[258]. Als er nach dem Krieg auf eigene Kosten sein erstes Buch veröffentlichte, *La Relève du matin* (»Die Ablösung am Morgen«), widmete er es Barrès mit den Worten: »Dem Meister Maurice Barrès, damit dieses Wort *Meister* einmal aufrichtig gebraucht werden kann.«

Von Massis bis Aragon, von Maurras bis Mauriac waren Barrès' Bewunderer und Schüler Legion. Sein größter Ruhm nach seinem Tod bestand vielleicht darin, dass er jenseits des literarischen Milieus Einfluss ausübte, dass er insbesondere einer der Inspiratoren von Charles de Gaulle war. Als dieser seine *Mémoires de guerre* (»Kriegsmemoiren«) mit dem berühmten Satz begann: »Ich habe mir immer von Frankreich eine bestimmte Vorstellung gemacht«, gebrauchte er, vielleicht unbewusst, eine für Barrès typische Formel[259]. In der Tat schrieb Barrès 1920 in seinen *Cahiers*: »Von Frankreich eine bestimmte Vorstellung zu vermitteln bedeutet für uns die Möglichkeit, eine bestimmte Rolle zu spielen.« Und er fügte diese Sätze, über die de Gaulle vielleicht hat nachdenken können, hinzu:

---

257 F. Mauriac, *Œuvres autobiographiques, op. cit.*, S. 204.
258 P. Sipriot, *Montherlant sans masque. Biographie*, Laffont/Livre de Poche, 1992, S. 61–144. Im März 1918 bittet Montherlant seine Großmutter brieflich, sie möge in Paris um sich herum verbreiten, er gehöre der 7. Division, der »Division Lothringen«, an: »Es klingt sehr gut, sehr nach Barrès. Das ist ein großer Trumpf, ich sage das im Ernst, im Hinblick auf die zukünftigen Biographen des nationalistischen Schriftstellers ...«
259 Diese Beobachtung stammt von A. Peyrefitte, *C'était de Gaulle*, Fayard, 1994, S. 279.

»Gewisse Menschen stellen ein glückliches Ereignis für ihr Land dar. Inmitten aller soziologischen Notwendigkeiten sind sie es, die unerwartet eingreifen; sie handeln; ihr individuelles Bewusstsein gleicht aus, verzögert, beschleunigt, verändert die Gesamtheit gesellschaftlicher Tatsachen[260].«

Im Gedächtnis der Allgemeinheit spielt Maurice Barrès die Rolle der Koryphäe des Vaterlandes – der Karikaturen von *Le Canard enchaîné*[261] würdig. Doch noch am Ende seines Lebens zeigte sein letzter Roman, *Un jardin sur l'Oronte*, dass es dem Schriftsteller stets gelang, sich neue Schaffensquellen zu erschließen. Er hatte den Anfang des Jahrhunderts beherrscht und die unterschiedlichsten Menschen angezogen. Insbesondere hatte er ein Leitbild geschaffen oder, wenn man so will, wieder aufgegriffen: das Leitbild des Schriftstellers à la Chateaubriand, der zugleich Politiker ist, der Fiktion und Aktion melodisch miteinander verwebt.

Auch durch einen anderen Aspekt seines Lebens, seines Privatlebens, geht uns Barrès nahe – unabhängig von seinen politischen Reden, deren Fluidum unseren demokratischen Geruchssinn verletzt: durch den so lange unveröffentlicht gebliebenen Briefwechsel mit Anna de Noailles. Als sie von seinem Tod erfuhr, schickte sie einen Strauß rote Rosen an die Adresse des geliebten Menschen. Die Familie bat sie diskret, weder an der Trauerfeier in Notre-Dame noch an der Beerdigung in Charmes teilzunehmen. Niemals von ihrem Kummer geheilt, schrieb sie noch 1933 in ihren *Derniers Vers* (»Letzte Verse«):

Tu dors sous l'univers, le corps détruit, la face
Plongeant dans la torpeur,
Et moi, errante encor, quelque pas que je fasse,
Je marche sur ton cœur!

Du schläfst unter dem Universum,
mit zerstörtem Körper, erstarrtem Gesicht,
Und ich, welchen Schritt ich auch tu, irrend noch,
trete auf dein Herz!

---

260 M. Barrès, *Mes Cahiers, op. cit.*, 1963, S. 881.
261 *Anm. d. Ü: Le Canard enchaîné*: satirische Zeitung.

Maurice Barrès (1862-1923) im Jahre 1911.
»Zur Einheit gelangt man nicht über Ideen, so lange sie Verstandestätigkeit bleiben; zu ihnen muss die Kraft des Gefühls kommen. Alles wurzelt in einer bestimmten Weise zu fühlen.« (*Scènes et Doctrines du nationalisme*)

Anna de Noailles (1876-1933).
»Ich denke an Sie, Madame, und an Ihren klaren feurigen und enthusiastischen Blick.« (Barrès an Anna de Noailles, 1918)

Maurice Barrès im Jahre 1910 mit Frédéric Masson und Paul Bourget (sitzend).

Barrès 1913 auf dem Fest der Jeanne d'Arc in Compiègne.

Charles Péguy (1873-1914) in der
»Boutique« der *Cahiers de la Quinzaine*.

Émile Zola (1840-1902) mit Jeanne Rozerot und ihren beiden Kindern, Denise und Jacques.

Überführung der sterblichen Überreste Émile Zolas ins Panthéon im Juni 1908. Alfred Dreyfus, in den Rang eines Majors erhoben, ist bei der Zeremonie anwesend und wird von Louis Gregori, Redakteur bei *Le Gaulois*, mit dem Revolver angeschossen.

Henri Bergson (1859-1941), der im Jahre 1900 ans Collège de France berufen wird, hält dort Vorlesungen, die zu einem gesellschaftlichen Ereignis werden. Man muss frühzeitig eintreffen oder sich damit begnügen, der Vorlesung des Meisters draußen am offenen Fenster zu folgen.

Lucien Herr (1864-1926), Bibliothekar an der École normale supérieure seit 1888 – »unbestrittene Macht hinter seinem kolossalen Schreibtisch«. (H. Bourgin)

Georges Sorel
(1847-1922)

Léon Blum (1872-1950) zur Zeit von *La Revue blanche*.

Paul Déroulède (1846-1914), 1899, dem Jahr, in dem er seinen Gewaltstreich versucht, dargestellt in *Le Rire*.

Jules Lemaître (1853-1914), Akademiemitglied, Vorsitzender der Ligue de la patrie française (Foto aus dem Jahre 1908).

Ferdinand Brunetière (1849-1906), Literaturkritiker, Herausgeber von *La Revue des deux mondes*, Republikanhänger und Antidreyfusard.

Anatole France (1844-1924) im Dezember 1896.

André Gide (1869-1951) in Algerien im Jahre 1896.

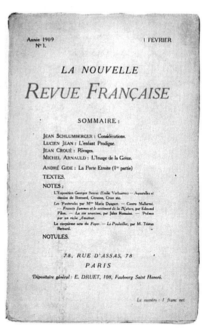

Die »tatsächliche« Nummer 1 von *La Nouvelle Revue française* (Februar 1909) nach dem Fehlstart von 1908.

In dieser Karikatur von *Pst...!* (16. April 1898) ähnelt der »Intellektuelle« dem Schriftsteller Émile Zola, dem Autor von »J'accuse«, dessen erster Prozess gerade mit seiner Verurteilung zu Ende gegangen ist.

Zweiter Teil

Die Ära Gide

Das ganze französische Denken dieser letzten dreißig Jahre musste sich, ob es wollte oder nicht, was auch immer sonst noch seine Koordinaten waren, Marx, Hegel, Kierkegaard, *auch* in Bezug auf Gide definieren.

Jean-Paul Sartre, »Lebendiger Gide«, *Les Temps modernes*, März 1951
(J.-P. Sartre, *Schwarze und weiße Literatur*)

17
André Gide,
der »Dämonische«

Als Maurice Barrès die Bühne verlässt, ist André Gide dabei, im öffentlichen Bewusstsein an seine Stelle zu treten. Es ist eine späte Anerkennung – Gide ist schon vierundfünfzig Jahre alt –, doch sein Werk, das bereits einige Meisterwerke umfasst, wird erst nach dem Ersten Weltkrieg allgemein bekannt. Jetzt erst werden seine Jugendwerke gekauft, gelesen und gerühmt, in erster Linie *Les Nourritures terrestres* (*Uns nährt die Erde*). Und jetzt erst lässt er auch seiner subversiven Ader freien Lauf. Gleichzeitig beschuldigt man ihn, die Jugend zu verderben und die französische Literatur zu entehren. Kurz, er beschäftigt von nun an die Geister, die Dîners und die Klatschspalten. Umso mehr, als der Mann ungreifbar bleibt und seine Haltung – bald mystisch, bald amoralisch – sich von einem Buch zum anderen zu wandeln scheint. Seine Wandlungen versetzen sogar die Menschen in Erstaunen, die zu seinen Vertrauten zählen und von seiner glänzenden, geistreichen Unterhaltung und seiner wachen, sprühenden Neugier immer wieder fasziniert sind.

Seit 1914 ist er der Autor von *Les Caves du Vatican* (*Die Verliese des Vatikan*) – eine »sotie«, ein »Possenspiel«, wie er seine fiktionalen Werke nennt, die nicht ganz in die Gattung des Romans fallen. »Sotie«, mit anderen Worten satirische Farce; Parodie wäre noch treffender; als Vorbild dient der Feuilleton-Roman mit seinen phantastischen Intrigen, seinen wundersamen Zufällen, seinen außergewöhnlichen Gestalten. Eine von ihnen, Lafcadio, wird gleichsam zum Archetypen werden; er verkündet die Lehre vom »acte gratuit«, von der unmotivierten, nicht weiter motivierbaren Tat, die ihn unter anderem dazu bringt, einen unbekannten Reisenden aus einem fahrenden Zug zu stoßen. Auszüge aus dieser fröhlichen, munteren, respektlosen Erzählung erscheinen im Laufe des Jahres 1914 in der *NRF* und versetzen Gides Freund Claudel unweigerlich in Alarmstimmung. In der Märznummer stößt Claudel – Schlüsselverwahrer nicht nur der Peterskirche, sondern auch der öffentlichen Moral – auf einen Absatz, über den er sich ärgert. Unverzüglich schreibt er aus Hamburg, wo er Konsul ist, an Gide:

»Um Himmels willen, Gide, wie konnten Sie den Absatz schreiben, den ich auf der Seite 478 der letzten Nummer der *NRF* finde? Wissen Sie nicht, dass Sie nach *Saül* und *L'Immoraliste* keine Unvorsichtigkeit mehr begehen dürfen? Muss man also in der Tat annehmen – ich habe mich immer geweigert, es zu tun –, dass Sie selbst diese entsetzlichen Sitten praktizieren? Antworten Sie mir. Sie müssen antworten[1].«

Gide, gerade in Florenz, ist bestürzt; seine erste Reaktion ist Revolte: »Mit welchem Recht diese Ermahnung? In wessen Namen diese Fragen?« Doch er fühlt das Bedürfnis zu gestehen. Die Maskerade, die die Konventionen der Respektabilität seinem Leben, seinen Gewohnheiten und seinem Begehren aufzwingen, erträgt er immer weniger. Nachdem sein Zorn verraucht ist und nachdem er Claudel gesagt hat, er liebe seine Frau »mehr als [s]ein Leben«, bekennt er:

»Ich spreche nun zum Freund, wie ich zu einem Priester sprechen würde, der die absolute Pflicht hätte, das ihm anvertraute Geheimnis im Angesicht Gottes zu hüten. Niemals habe ich bei einer Frau ein Verlangen gespürt; und die traurigste Erfahrung, die ich in meinem Leben gemacht habe, ist, dass die beständigste, längste, lebendigste Liebe nicht von dem begleitet war, was ihr im Allgemeinen vorausgeht. Im Gegenteil: Liebe schien bei mir das Verlangen zu verhindern. [...] Ich habe nicht gewählt, so zu sein. Ich kann gegen mein Begehren ankämpfen; ich kann es besiegen; doch ich kann nicht auf Kommando oder, um die anderen nachzuahmen, den Gegenstand dieser Begierden wählen oder mir andere Begierden erfinden.«

Claudel steckt den Schlag ein und geht sofort zum Gegenangriff über. Zunächst einmal dürfe Gide nicht behaupten, er sei »Opfer einer physiologischen Idiosynkrasie« – das wäre zu einfach! Seiner Meinung nach ist Gide zuallererst Opfer seiner protestantischen Herkunft, die es ihm gestattet, die Richtschnur für sein Handeln nur in sich selbst zu suchen. Und dann gebe er dem »ästhetischen Prestige« nach, denn die Homosexualität verleihe »Glanz«, sie errege Aufmerksamkeit.

Die Auseinandersetzung zieht sich den ganzen Monat März hin. Claudel versucht, Gide davon zu überzeugen, dass »er geheilt werden kann«; er schulde es sich selbst – sonst werde er marginalisiert – und auch der Gesellschaft, denn seine Bekanntheit verpflichte ihn, ein gutes Beispiel zu geben. Fazit: Gide braucht einen Priester! Und Claudel gibt ihm die Adresse des Abbé

---

1 P. Claudel u. A. Gide, *Correspondance 1899–1926*, Gallimard, 1949, S. 216. Die folgenden Zitate sind den Seiten 217–222 entnommen.

Fontaine, Experte für Grenzfälle. Im Laufe desselben Monats März schreibt ihm Francis Jammes ebenfalls einen ermahnenden Brief wegen der Seite 478 und gibt ihm die Adresse eines anderen Apostels, des Paters Jean Brisset. Der arme Gide wird von seinen frommen Freunden regelrecht in die Zange genommen. Und damit ist die Sache noch nicht erledigt.

Der Krieg von 1914 sprengt die Mitarbeiter der *NRF* auseinander; die Zeitschrift muss ihr Erscheinen unterbrechen. Ihr Redaktionssekretär, Jacques Rivière, ist in deutscher Gefangenschaft. Gide, der zum Wehrdienst untauglich ist, engagiert sich in der Flüchtlingshilfe eines franko-belgischen Zentrums, wo er ungefähr eineinhalb Jahre arbeitet. Dort erfasst ihn religiöse Unruhe, und er spricht in Briefen an seinen Freund Henri Ghéon, der sich selbst vom Atheisten zum glühenden Katholiken gewandelt hat, über den Glauben, von dem er sich angezogen fühlt. Einen seiner Briefe beendet er mit: »Ich küsse Dich, der *Du* mir vorangegangen bist.«

Im Jahre 1916 schreibt er *Numquid et tu*, ein Buch, das den Stempel dieser Krise trägt. In seiner Nähe bemüht sich Isabelle, die Frau von Jacques Rivière, ebenfalls darum, ihn die Stimme Gottes vernehmen zu lassen. Da Gide sie damit beauftragt hat, das Werk von Conrad zu übersetzen, das er herausgeben will, ergeben sich in der Villa Montmorency in Auteuil viele Gelegenheiten zum Gespräch[2]. Eine Dreierkonstellation: Isabelle, die Katholikin, löst Claudel bei Gide ab, und Gide berichtet Ghéon von seinen religiösen Gesprächen: »Sie behauptet, ich sei schon Katholik, ohne es zu wissen, ohne es zu wollen ...« Zu Unrecht. Gide ist mit den Predigten Isabelles am Ende nicht zufriedener als mit ihrer Conrad-Übersetzung. Während der beiden letzten Kriegsjahre entledigt er sich schließlich aller Weihwasserwedel, die ihn verfolgen, und steht zu seiner Philosophie der Lust, die mit den Gesetzestafeln, die Claudel schwingt, so wenig vereinbar ist. Und Mauriac macht angesichts dieser »luziferischen Kreatur« den Kommentar: »Keinem war es vergönnt, kaltblütiger und mit mehr Vernunftgründen gegen das Christentum anzugehen als Gide – bei all seiner Vorsicht, seiner Reue, seinen vorübergehenden Besserungen[3].«

1917 macht Gide die Erfahrung einer leidenschaftlichen Liebe – mit Marc Allégret, der damals siebzehn Jahre alt ist. Es handelt sich quasi um eine Familiengeschichte. Als kleiner Junge war Gide nämlich ein Schüler des Pastors Allégret gewesen, der ihn seitdem als jüngeren Bruder betrachtete. Seine Kinder nannten Gide »Onkel André«. Als der Pastor 1916 nach Kamerun geschickt wurde, sagte er nichtsahnend zu Gide: »Du bist der Onkel, der Vize-Vater [sic]; das Gefühl tut mir gut, dass Du über sie wachst[4].« Gide wachte so gut

---

2   Zu diesem ganzen Zusammenhang vgl. J. Cabanis, *Dieu et la NRF, 1904–1949*, Gallimard, 1994.
3   F. Mauriac, *Œuvres autobiographiques*, op. cit., S. 505.
4   Siehe J. Cabanis, *Le Diable à la NRF, 1911–1951*, Gallimard, 1996.

über sie, dass er für Marc ein äußerst zartfühlender Mentor wurde, während Jean Schlumberger wegen André, dem älteren Bruder Marcs, den Kopf verlor. Gide opferte die Strenge des Christentums den Freuden des Uranismus. Mit den Gebetbüchern hatte »Onkel André« auch seine letzten Skrupel weggepackt. Nachdem er seiner Frau geschrieben hatte, er könne nicht mehr »mit ihr in der Normandie leben, [er] vermodere da«, folgte er Marc im Juni 1918 nach England, wo der junge Mann seine Englischkenntnisse vervollkommnen sollte. Im Jahr darauf, 1919, wohnte er – immer noch sehr verliebt – sogar bei den Eltern Marcs, weil in seinem Haus in Auteuil die Heizung ausgefallen war.

Zu dieser großen Leidenschaft Gides gesellte sich ein ungewöhnliches Abenteuer, das eine seiner Freundinnen, die Witwe des belgischen Malers Van Rysselberghe, bekannt unter dem Namen Théo, aushekte. Madame Théo, auch »die kleine Dame« genannt (die unschätzbare *Cahiers*[5], »Aufzeichnungen«, über André Gide hinterlassen hat), hatte sich in den Kopf gesetzt, ihre Tochter Élisabeth müsse ein uneheliches Kind in die Welt setzen. Der dafür vorgesehene Vater war Marc. Doch die Laune der Umstände wollte es, dass Gide diese ungewöhnliche Rolle zufiel. Das »Laborexperiment« – so der Ausdruck von Martin du Gard – führte dazu, dass am 18. April 1923 eine Tochter, Catherine, geboren wurde. Nach dem Tod seiner Frau im Jahr 1938 erkannte Gide sie als seine Tochter an. Sollte der apostolische Orkan Claudel von diesem neuen Streich Gides erfahren haben, so verlor er doch kein Wort darüber! Vielleicht hatte er noch nicht jede Hoffnung aufgegeben, ihn zu Gott zurückzuführen. 1920 bestätigte er den Empfang von *La Symphonie pastorale* (*Pastoralsymphonie*) und bedankte sich für das »schöne Buch«, in dem er, wie er sagte, das Beste von Gide wieder fand. Nachdem er *Numquid et tu* erhalten hatte, startete er im Januar 1924 in einem Brief aus Tokio eine neue Bekehrungsoffensive. Der unglückliche Missionar ahnte nicht, dass Gide gerade dabei war, sein explosivstes Werk zu publizieren: *Corydon*. Danach war kein Zweifel mehr erlaubt. Der Diplomat traf Gide am 14. Mai 1925 wieder und notierte:

»Lange und feierliche Unterhaltung. Er sagt mir, seine Unruhe sei vorbei, er erfreue sich einer Art *Seligkeit*, die in der Arbeit und in der Sympathie gründe. Die *goethesche* Seite seines Charakters hat über die christliche gesiegt[6].« Im Gefolge von Claudel und Jammes hatte der Katholizismus inzwischen einen großen Teil der Mitarbeiter der *NRF* gewonnen: Ghéon, Larbaud, Copeau. Und eine Zeit lang auch Rivière ...

Einen Augenblick lang hatte Gide mit dem Gedanken gespielt, die Leitung der *NRF* zu übernehmen; das veranlasste Claudel zu der Reaktion: »Wenn das stimmt, dann können Sie sicher sein, dass ich dieser Zeitschrift keine Zeile

---

5   *Les Cahiers de la Petite Dame*, Gallimard, 1972–1975, 4 Bde.
6   P. Claudel u. A. Gide, *op. cit.*, S. 242.

mehr liefere. Der Name Gides bedeutet Päderastie und Antikatholizismus.« Es ist im Übrigen nicht sicher, ob Gide wirklich dazu bereit gewesen wäre, den Großteil seiner besten Stunden den Tagesgeschäften einer Zeitschrift zu widmen. Wie dem auch sei, er akzeptierte nolens volens, dass Rivière die Leitung anvertraut wurde. Bei seiner Rückkehr aus der Gefangenschaft wird Jacques Rivière also Herausgeber der *NRF*. Die Zeitschrift, während des Krieges eingestellt, erscheint aufs Neue am 1. Juni 1919; aus der »Verlagsgesellschaft« wird die »Librairie Gallimard«. Alles beginnt also von Neuem. Auf welchen Grundlagen? Die Prüfungen des Weltkrieges hatten zu einem allgemeinen Nachdenken geführt. In ihren Briefwechseln waren die Gründer und engsten Mitarbeiter der *NRF* zu dem Urteil gekommen, man müsse mit der »reinen Literatur« Schluss machen, man brauche eine neue Zeitschrift: »Die alte«, schrieb Schlumberger an Rivière, »entspricht nicht mehr dem, was wir zu sagen haben, und auch nicht dem, was das Land erwartet. Es gelang uns schon nicht mehr, unseren wahren Kontakt mit dem wirklichen Leben zum Ausdruck zu bringen. Wir müssen eine neue Sprache finden[7].« Die *NRF* werde sich der Politik gegenüber nicht mehr sperren, darin ist man sich einig. Gide und Copeau hatten Ende 1917 Rivière in der Schweiz besucht, wo er seine Tuberkulose kurierte. Alle drei stimmen darin überein, dass man keine Romane, keine Gedichte mehr veröffentlichen dürfe, sondern sich mit politischen Fragen beschäftigen und die literarischen Werke nach ihrem Inhalt beurteilen müsse. Doch die erste Nummer der »neuen Serie« vom Juni 1919 folgt dieser Linie in keiner Weise. Zunächst einmal beginnt sie mit einem Geleitwort Rivières – es war den anderen nicht unterbreitet worden –, in dem er die Grundsätze, die die *NRF* im Jahre 1909 geleitet hatten, erneut bestätigt:

> »Die *Nouvelle Revue française* [...] hatte besonders für das Schöpferische ein geeigneter Boden zu sein, den eine intelligente Kritik beständig bestellen sollte. Statt Axiome zu formulieren und Regeln vorzuschreiben, ging es den Gründern vielmehr darum, alles Gestrüpp wegzuräumen – ich will sagen, alle Voreingenommenheiten utilitaristischer, theoretischer oder moralischer Art, die den spontanen Wachstumsprozess des Genies oder des Talents behindern oder entstellen könnten. Oder, vielleicht besser gesagt: sie träumten davon, im Reich der Literatur und der Kunst ein völlig reines Klima zu schaffen, um das Aufblühen vollkommen unbefangener Werke zu ermöglichen. Dasselbe Programm vertritt heute die zwar stark vergrößerte, doch in gleichem Sinne denkende Gruppe der Mitarbeiter der *Nouvelle Revue française*.«

---

7   Zit. nach P. Hebey, *op. cit.*, S. *237*.

Jacques Rivière hatte die Absicht, die Literatur von den Zwängen zu befreien, denen der Krieg sie unterworfen hatte. Diese persönliche Auffassung sollte sich durchsetzen, doch zunächst einmal schockierte sie. Jean Schlumberger war neben Marcel Drouin (Michel Arnauld)[8] ihr schärfster Kritiker:

> »Wie konnte ich den Elan der Brüderlichkeit vergessen, der uns im August und September 1914 fortriss und uns diese überraschende Entdeckung brachte? Die Gegenwart unseres Nächsten in den Tausenden Gesichtern, die anzuschauen wir uns nie die Mühe gemacht hatten ...«

Ghéon, Drouin, Copeau drückten ebenfalls ihre Ablehnung aus. Gide äußerte sich nicht, doch er gestand später, dass er Rivières Manifest eindeutig missbilligt hatte[9]. Dieser trug sich mit dem Gedanken zurückzutreten. Doch die Dinge beruhigten sich. Für die *Nouvelle Revue française* begannen glorreiche Zeiten. 1920 erreicht sie 7.000 Abonnenten und veröffentlicht fast alle Autoren, die in der maßgeblichen französischen Literatur der Zeit eine Rolle spielen. Selbst eine sehr unvollständige Liste erlaubt es, sich eine Vorstellung davon zu machen: außer Gide Marcel Proust, Jules Romains, Jean Giraudoux, Henry de Montherlant, André Salmon, Pierre Drieu La Rochelle, Paul Morand, Paul Valéry, Gabriel Marcel, Valery Larbaud, Jean Paulhan (er wird im Juli 1920 Sekretär der Zeitschrift), Marcel Jouhandeau, Albert Thibaudet, André Suarès, Marcel Arland, Jean Cocteau, Paul Léautaud (er zeichnet seine Theaterchroniken als Maurice Boissard), François Mauriac (für kurze Zeit Nachfolger von Boissard), Bernard Groethuysen, Alain, Julien Green, außerdem die zukünftigen Surrealisten Louis Aragon, Paul Éluard, Philippe Soupault, André Breton ...

Es ist bemerkenswert, dass diese einstigen Anhänger Dadas – zumindest eine Zeit lang – mit André Gide sympathisieren, dessen Lafcadio sie ganz besonders schätzen. Im April 1920 veröffentlicht Gide eine amüsierte Notiz zu Dada, und im August desselben Jahres folgt Rivière mit einer »Danksagung an Dada«. Das war allerhand, in den Augen Schlumbergers sogar zu viel; er zog gegen Rivière zu Felde, doch umsonst: der Eklektizismus der Zeitschrift war eine Folge ihrer Offenheit und spielte auch bei ihrem Verkaufserfolg eine Rolle. Die Autoren werden von nun an bezahlt – und gut bezahlt. Léautaud ist davon angetan, dass ihm jede seiner *Theaterchroniken* 250 Francs einbringt, während ihm der *Mercure de France* nur 35 Francs zahlte[10].

Dieser glänzende Erfolg ist vielen ein Dorn im Auge, wie dem Romancier und Polemiker Henri Béraud, der gegen die Redaktion der *NRF* zu Felde

---

8   M. Arnauld, »Explications«, *NRF, 1. Juli 1919*.
9   Ibid., S. 238.
10 P. Léautaud, *op. cit.*, S. 1125.

zieht. In den *Cahiers d'aujourd'hui* vom 1. September 1921 greift er unter dem Titel »Exportschriftsteller« insbesondere die Werke von Claudel, von Suarès und Gide an, die sich ungeachtet ihrer Unlesbarkeit, ihres »Mangels an Imagination«, ihrer »Schwerfälligkeit« in den ausländischen Buchhandlungen finden – er hat sie in einer Buchhandlung in Dublin gesehen –, dank der hochwillkommenen Dienste des Quai d'Orsay[11]. Es sei ein Skandal, dass zahlreiche Beamte des Außenministeriums eben auch Autoren der *NRF* seien. Leitet Giraudoux dort nicht das Literaturreferat? Im folgenden Jahr – dem Jahr, in dem er für *Le Martyre de l'obèse* (»Das Martyrium des Fettleibigen«) den Prix Goncourt erhält –, attackiert Béraud André Gide; dabei findet er eine Formel, die Erfolg haben sollte: »Der Natur graut es vor Gide.« Ein Interview desselben Béraud in *Les Nouvelles littéraires* gibt den Ton an: »Ich habe die Absicht, eine Gruppe von Leuten zu bekämpfen, die nicht etwa eine kleine Clique bilden, sondern eine kleine Bank, denn sie sind an Talern ungleich reicher als ich. Diese Gruppe, unterstützt von hundert Federfuchsern, ebenso vielen *clergymen* und einem Papasöhnchen, will bei uns den hugenottischen Snobismus einführen.« Giraudoux antwortet in derselben Zeitung auf den Angriff, doch in *L'Éclair* folgen weitere aggressive Artikel, die am Schweigen Gides abprallen[12]. Diesem ist klar, dass so viel Lärm um seinen Namen seinen Ruhm nur vergrößern kann. Und so schickt er Béraud zum Dank eine Schachtel Pralinen[13].

Aus einer anderen Ecke kam eine weitere Attacke. Henri Massis – noch mehr Barrès als Barrès selbst, Abbé Mugnier zufolge ein »reduzierter, zusammengeschrumpfter Barrès« – schreibt in *La Revue universelle*, der Zeitschrift der Action française, die Jacques Bainville leitet, und drischt im Namen der Moral und der Religion auf die *NRF* ein; diese *NRF*, die umso gefährlicher wurde, als – Massis war so hellsichtig, dies zu erkennen – der Einfluss Gides zunahm. »Der *Schmutz* Gides« – der Ausdruck stammt von Jean Tharaud[14] – wurde zu einer öffentlichen Gefahr. Etliche behaupteten, diese Attacken hätten Gides Entscheidung mitbeeinflusst, die Veröffentlichung von *Corydon* und von *Si le grain ne meurt* (*Stirb und werde*) nicht weiter aufzuschieben, Werke, in denen er sich rückhaltlos preisgab. Doch Gide bestritt den kausalen Zusammenhang.

In Wirklichkeit litt er nach wie vor unter dem Tabu, das auf seinem Sexualleben lastete. Seit langem hegte er den Plan, ein Buch über Homosexualität zu schreiben, ja der Öffentlichkeit gegenüber ein Geständnis abzulegen, wie

---

11 *Anm. d. Ü:* Quai d'Orsay: Sitz des Außenministeriums. Giraudoux leitete seit 1921 den Service des œuvres françaises à l'étranger (»Abteilung für französische Literatur im Ausland«).
12 H. Béraud, *La Croisade des longues figures, Éd. du Siècle, 1924.*
13 L.-P. Quint, *André Gide, Stock, 1952,* S. 62.
14 Journal de l'abbé Mugnier, op. cit., S. 380.

er es gegenüber den ihm nahe stehenden Menschen getan, wie er es gegenüber dem furchtbaren Claudel gewagt hatte. Sprechen, um sich zu befreien und all die zu befreien, die unter dem Zustand der Heuchelei litten, den die Vorurteile, das »Was werden die Leute sagen?« und die Religion aufrechterhielten.

Im Jahre 1910 hatte er sich mit einem »Gefühl von Unumgänglichkeit« an das Thema gemacht. Eine erste Ausgabe von *Corydon* war 1911 erschienen, streng vertraulich. Gide wollte sich – so seine eigenen Worte – an den Kopf und nicht ans Herz wenden. »Kein Mitgefühl möchte ich mit diesem Buch erregen; ich will STÖREN[15].« 1917 nimmt er sich das Buch wieder vor und bedauert, den Rat seines Schwagers, Marcel Drouin, der ihm davon abgeraten hatte, zu lange befolgt zu haben. Er notiert damals in sein Tagebuch den Satz Ibsens, den er in die Ausgabe von 1920 aufnehmen wird: »Man muss die Freunde fürchten – nicht so sehr wegen der Dinge, die sie einen tun lassen, als wegen der Dinge, die sie einen zu tun hindern.« Auch diese zweite Ausgabe erscheint nur in einer sehr begrenzten Auflage und bleibt der Öffentlichkeit unbekannt. Doch schenkt er Marcel Proust am 14. Mai 1921 ein Exemplar. Dieser gibt ihm den Rat: »Sie können alles erzählen; doch unter der Bedingung, dass Sie niemals *Ich* sagen.« Und Gide fügt in seinem Tagebuch hinzu: »Das regelt mein Problem nicht.« Am 4. Februar 1921 gibt uns Gide einen der Gründe an, die ihn veranlassen, *Corydon* zu veröffentlichen: die Beliebtheit des Freudismus. Er fürchtet, dass man ihm zuvorkommt: »Es ist höchste Zeit, *Corydon* zu veröffentlichen.« Im Sommer 1922 schreibt er sein neues Vorwort, in dem er sich seine Scheu vorwirft. Im April 1923, während er die Fahnen korrigiert, zögert er noch. In den folgenden Monaten verbreitet sich das Gerücht, Gide bereite eine Apologie der Homosexualität vor. Die katholischen Kreise sind beunruhigt. Diesmal erhält Gide am 21. Dezember 1923 in Auteuil Besuch von Jacques Maritain, dem katholischen Philosophen, dessen Pate Léon Bloy ist und der Charles Maurras nahe steht; er versucht, Gide von der Veröffentlichung abzubringen. André Gide hat die sehr theatralische Szene dieser Zusammenkunft in seinem Tagebuch festgehalten.

Gide erklärt ihm, er verabscheue die Lüge; das sei vielleicht eine Wirkung seines Protestantismus. Die Katholiken würden es mit der Wahrheit nicht so ernst nehmen; er schon. Maritain protestiert, es gebe gefährliche Wahrheiten ... Als Gide unnachgiebig bleibt, spricht Maritain von seinem Seelenheil. Nichts zu machen. Dem katholischen Philosophen bleibt nichts anderes übrig, als zu gehen; bevor er über die Schwelle tritt, bricht es aus ihm hervor:

---

15 A. Gide, *Tagebuch 1889–1939, op. cit.*, Band 1, S. 416.

» – Versprechen sie mir, dass Sie, wenn ich gegangen bin, beten und Christus bitten werden, Sie unmittelbar zu erleuchten, ob Sie mit der Veröffentlichung dieses Buches Recht oder Unrecht haben. Können Sie mir das versprechen?
Ich sah ihn lange an und sagte:
– Nein.
Es entstand ein langes Schweigen. Ich begann wieder:
– Verstehen Sie mich, Maritain. Ich habe, wie Sie wissen, zu lange und zu vertraut mit den Gedanken von Christus gelebt, um ihn heute anrufen zu wollen, wie man jemanden ans Telefon ruft[16].«

Maritain hat auch Massis erwähnt, dessen Pfeile Gide zu dieser Publikation hätten veranlassen können. Gide wischt diese Hypothese mit einer Handbewegung vom Tisch, doch unter dem Datum des 6. August 1924 schreibt er: »Übrigens kann ich auch sagen, dass ich für Tadel viel weniger empfindlich geworden bin. Die Entfesselung von Angriffen in den letzten Monaten hat mich gepanzert[17].« *Corydon* erscheint im Herbst 1924. Für Gide ist es »das Unterpfand einer Befreiung. Und wer kennt die Zahl derer, die dieses kleine Buch gleich mit *befreit* hat?«.

Die Scheu, die sich Gide zum Vorwurf machte, hatte vor allem mit der Form des Buchs zu tun: ein Dialog zwischen einem Verteidiger und einem Kritiker der Homosexualität, eine Studie mit dem Anspruch auf Objektivität und Nüchternheit. Der apologetische Charakter war deswegen nicht weniger offenkundig und nicht weniger heftig die Brandmarkung einer sittlichen Verfasstheit, die aus der Neigung zur Homosexualität »eine Schule der Heuchelei, der Tücke und der Revolte gegen die Gesetze« machte.

»Was ist *Corydon*?«, fragt der Kritiker François Porché. »Ein Pamphlet.« In der Tat handelte es ich um ein engagiertes Buch, für dessen Veröffentlichung der Autor große Risiken einging. Gide hatte sich aus innerer Notwendigkeit dazu entschlossen. Er musste die Wahrheit herausschreien, seine Wahrheit, mit der Doppelzüngigkeit, der List und dem Leiden der Homosexuellen Schluss machen. Bei den Homosexuellen unterscheidet Gide zwischen *Päderasten*, d.h. denen, die sich in Knaben verlieben und zu denen er sich zählt, *Sodomiten*, deren Begehren sich auf erwachsene Männer richtet, und *Invertierten*, die in der Komödie der Liebe die Rolle der Frau spielen. Gide nimmt vor allem die ersteren in Schutz, indem er versucht, den pädagogischen, erzieherischen, hellenischen Wert der Päderastie aufzuzeigen.

Parallel dazu veröffentlichte Gide einen autobiographischen Text, den er ebenfalls während des Krieges abgeschlossen hatte, *Si le grain ne meurt*. Er er-

---

16 A. Gide, *Tagebuch 1889–1939, op. cit.,* Band 2, S. 476.
17 A. Gide, *Tagebuch 1889–1939, op. cit.,* Band 3, S. 16.

zählt darin von seiner Kindheit, seiner Familie, seiner Schulzeit, seinen religiösen Gefühlen, der Liebe zu seiner Cousine, die seine Frau werden sollte; doch der zweite Teil des Buches ist dem Problem seiner Sexualität – im Widerstreit zur puritanischen Religion seiner Familie – gewidmet. Er bekennt die Entdeckung seiner Homosexualität, seine ersten Liebeserfahrungen und den ständigen Konflikt zwischen seinen Trieben und dem Puritanismus. Die beiden Pole seiner Persönlichkeit, sein moralisches Wesen und sein Hedonismus, werden rückhaltlos und mit bemerkenswertem Feingefühl beschrieben. Dieses öffentliche Bekenntnis, das zum lyrischen Impetus der *Nourritures* hinzukommt, macht aus Gide endgültig den »entscheidenden Zeitgenossen« seiner Epoche, einen Apostel der Wahrheit.

Was auch immer die Schwächen von *Corydon* und der Narzissmus von *Si le grain ne meurt* sein mögen, diese beiden Werke brachten Gide in eine exponierte Stellung. Von den einen, für die er nicht selten den Teufel verkörperte, gehasst, verabscheut, verachtet, wurde er für viele andere zu jemandem, der den Mut zur Wahrheit hatte, der das Eis der Konventionen und den Kreis der Verbote durchbrach. Kann man *Corydon* mit »J'accuse ...« von Zola vergleichen? Sicher nicht in der öffentlichen Wirkung. Gides Buch wurde vor allem im Gespräch kommentiert – voller Bewunderung oder voller Verachtung. Doch auf einer tieferen Ebene lässt sich eine Analogie im Schreibgestus dieser beiden kühnen Schriftsteller nicht leugnen. In beiden Fällen schrie man: »ein Skandal!«. Henri Massis, oberster Hüter der guten Sitten seiner Zeit, urteilte, Gide sei »dämonisch« . Noch 1942 schrieb Gide: »*Corydon* ist in meinen Augen nach wie vor mein wichtigstes Buch.« Nicht das schönste, nicht das vollkommenste, nicht das beste – *das wichtigste*. Gide war sich bewusst, dass es ihm mit diesem explosiven Buch gelungen war, mit schriftstellerischen Mitteln das voranzutreiben, was Freud als Wissenschaftler verfocht. Die Sexualität und nicht nur die Homosexualität war zu lange Gegenstand aller denkbaren Lügen, aller denkbaren Repressionen gewesen. Sicher, Gide erreichte nicht, dass die Homosexualität von der französischen Gesellschaft akzeptiert wurde, wie unter anderem das geheime Leben eines Montherlant zeigt[18]. Es ist auch nicht sicher, ob wir heute endlich dazu bereit sind, das zu akzeptieren, was euphemistisch Pädophilie genannt wird: es geht dabei um Kinder, und die »griechischen« Beweisführungen Gides überzeugen uns nicht wirklich von der Unschädlichkeit dieser Praktiken. Doch stellen die Argumente und das Bekenntnis Gides zumindest einen wichtigen Meilenstein in der Geschichte der Erkenntnis dar: nach seinem Werk wird man in Frankreich nicht mehr so von der Homosexualität reden können wie vor seinem Werk.

Das war nicht die Meinung von François Mauriac, der viel später – nach

---

18 Siehe H. de Montherlant, R. Peyrefitte, *Correspondance, Robert Laffont, 1983.*

Gides Tod – einen katholischen Standpunkt äußerte; dem Autor feindlich gesonnen, schlägt er, in gewählten Worten, einen ganz anderen Ton an:

»In Gide ist ein Spartakus verborgen. Er war der Führer der aufständischen Sklaven im Herzen der römischen Ordnung. Doch der heroische Spartakus wurde geschlagen, nachdem er lediglich zwei Jahre lang Widerstand geleistet hatte; André Gide wirft nach einem halben Jahrhundert fortwährender Siege den Bürgern, Pastoren und Priestern *Corydon* an den Kopf und rühmt sich in seinem Tagebuch, mehr Heldentaten vollbracht zu haben, als Oscar Wilde vollbringen musste, um den düsteren Ruhm des *hard labour* zu erringen – und erhält als Lohn für so viele Provokationen den Nobelpreis. [...]
Jenseits von Gut und Böse hat Spartakus seine Armee von Sklaven, die sich für befreit hielten, ins verheißene Land einer neuen Moral mitgerissen. Gide hat nur sich selbst befreit; für sich allein ist ihm dieser gewaltige Umsturz gelungen, doch das unglückselige Geschlecht zog daraus keinen Gewinn[19].«

Das muss erst noch bewiesen werden. Jedenfalls wird Gide, genau wie vor ihm Barrès, die Bühne bis zu seinem Tod nicht mehr verlassen. Ein Jahr nach *Corydon* und *Si le grain ne meurt* veröffentlicht er *Les Faux Monnayeurs* (*Die Falschmünzer*). Er ist nicht mehr aufzuhalten. Er ist noch einen Augenblick lang im Gespräch für die Nachfolge von Jacques Rivière, den der Typhus im Februar 1925 hinwegraffte, an der Spitze der *NRF*. Schließlich wird Jean Paulhan mit dem Titel Chefredakteur die Leitung der *NRF* übernehmen, während Gaston Gallimard Herausgeber wird.

---

19 F. Mauriac, *Œuvres autobiographiques, op. cit.*, S. 508–509.

18
Jaurès, Lenin oder ... Gandhi?

Wenn Maurice Barrès' Tod auch in nationalen Trauerfeiern gebührend gewürdigt wurde, so rief er doch keine universelle Betrübnis hervor. Nach dem »Schauprozess«, den ihm die Dadaisten zu seinen Lebzeiten gemacht hatten, veranlasste sein »Beerdigungstriumph« von Dezember 1923 die Schriftsteller der Zeitschrift *Clarté* – sie hatte die bolschewistische Revolution unterstützt, ohne der jungen Kommunistischen Partei gegenüber ihre Unabhängigkeit aufzugeben –, ihren Bannstrahl gegen seine Marmorgrabstätte zu richten.

Für den »Anti-Barrès« wurden zwei Sondernummern in der Form einer doppelten Anklage – gegen einen Mann und gegen eine Kultur – verwandt. Jean Bernier, in der Champagne-Schlacht verwundet, 1919 als dienstuntauglich ausgemustert und mit dem Kriegsverdienstkreuz ausgezeichnet, schrieb: »Der Mann, der aus seinem Büro in *L'Écho de Paris* den Todeskampf an der vordersten Front zum Gespött machte, hat kein Recht auf die Achtung, die den Toten herkömmlich gebührt[20].«

Durch den »Fälscher« hindurch wird – in Gestalt des »Hinterlandes« – das bürgerliche Frankreich, die Klasse, deren Repräsentant und Verteidiger er war, gegeißelt. Für die jungen ehemaligen Soldaten von *Clarté* trug die Front, trugen die Soldaten, die ganz vorn gekämpft hatten, das revolutionäre Potenzial der Nation in sich, während das Hinterland die herrschende Klasse in der Defensive symbolisierte, die unter der Fahne des Patriotismus segelte, um ihre Privilegien besser zu verschleiern. *Clarté* verkündete den Tod der bürgerlichen Kultur, dem Barrès' Tod vorausging.

Zwei Namen sind mit den Ursprüngen der Zeitschrift *Clarté* eng verknüpft, Henri Barbusse und, noch stärker, Raymond Lefebvre. 1891 in Vire in einer protestantischen Familie geboren, hatte Lefebvre das Lycée Janson-de-Sailly besucht und dort mit Paul Vaillant-Couturier Freundschaft geschlossen. Er studierte Jura und Geschichte und war auf der École libre des sciences politiques, wo er Jean Bernier begegnete. Schon bald interessiert er sich für das politische Leben, und der Eindruck nationaler Dekadenz führt ihn zunächst dazu, mit *L'Action française* zu sympathisieren. Daneben demonstriert er im Oktober 1909 mit der CGT gegen das Todesurteil gegen

---

20 Zit. nach N. Racine, »Une revue d'intellectuels communistes dans les années vingt: *Clarté (1921–1928)*«, *Revue française de sciences politiques, Juni 1967*.

den spanischen Anarchisten Francisco Ferrer. Drieu La Rochelle, ein anderer Kommilitone aus den Sciences po, beschreibt ihn als einen herrischen und – wenn seine Grundgedanken auch noch unbestimmt waren – als einen sehr entschlossenen jungen Mann: »Alles an ihm war Tat, seine Lektüre, seine Gespräche, sogar seine Freizeit, alles war von der Notwendigkeit beherrscht, eine Einheit des Charakters und der Doktrin zu bilden[21].« Diese Doktrin ist und bleibt zunächst der Pazifismus, den Tolstoi und Romain Rolland auf undankbarem Boden gesät hatten. Im Jahre 1912 schließt Lefebvre sich mit seinem Freund Vaillant-Couturier der Maidemonstration an; er bejubelt Jaurès in seinen Friedensversammlungen; er kämpft gegen das Gesetz der drei Jahre (Militärdienst) ... Nach seinem Militärdienst verabscheut er den Waffendienst vollends. 1914 frequentiert er die Librairie du Travail (»Buchhandlung der Arbeit«), wo Pierre Monatte, Alfred Rosmer, Marcel Martinet, Alphonse Merrheim – sämtlich revolutionäre Syndikalisten von *La Vie ouvrière* – der Ansteckung durch die Kriegsbegeisterung entgehen.

Im Augenblick der Kriegserklärung widersteht Lefebvre der nationalistischen Leidenschaft. Als Krankenpfleger am Hôpital Saint-Martin kann er sich schon in den ersten Monaten des Konflikts ein Urteil über die Metzeleien bilden: »Acht Tage lang dreihundert Verwundete pro Tag, davon sechs bis zehn durch Bauchschnitt oder mit Schädelbohrer operiert, mit abgerissenen Geschlechtsteilen, amputierten Armen und Beinen. Wir leben in einer schändlichen Schlächterei des durch Nekrose und Tetanus verdorbenen Fleisches. Dieser absolut idiotische Krieg kostet eine wahnsinnige Zahl an Menschenleben, und die beiden Völker metzeln sich gegenseitig aus nächster Nähe nieder[22].«

Er selbst bleibt nicht verschont: in Verdun bei der Explosion von zwei Granaten verschüttet, hat er für mehrere Wochen Sprache und Gedächtnis verloren. Nach der Rückkehr von der Front im Juli 1916 tritt er der Sozialistischen Partei bei. Er missbilligt ihre Politik der Union sacrée[23], will sie jedoch von innen her bekämpfen. Er schreibt Erzählungen für *L'Humanité, Le Journal du Peuple* und *Le Populaire*. Lefebvre verfolgt auch den Nachhall der Konferenzen von Zimmerwald und Kiental, wo Pazifisten und Opponenten gegen den Kriegssozialismus Richtlinien einer neuen Internationale entworfen haben, und fühlt sich Jean Longuet und dem Minderheitenflügel der Partei nahe. Bei Kriegseintritt der Amerikaner begeistert er sich für die Grundsätze Präsident Wilsons, bevor er die bolschewistische Revolution unterstützt, der es gelingt, mit Deutschland den Separatfrieden von Brest-Litowsk zu

---

21 P. Drieu La Rochelle, »Sur Raymond Lefebvre«, *Clarté,* Nr. 64, 29. April 1921.
22 Zit. nach S. Ginsburg, *Raymond Lefebvre et les origines du communisme français,* Éd. Tête de feuilles, 1975, S. 23.
23 *Anm. d. Ü:* Union sacrée: s. Kapitel 15

schließen. Raymond Lefebvre kommt durch sein Engagement gegen den Krieg zum Kommunismus.

Ende 1916 hatte er mit Paul Vaillant-Couturier und Paul Roubille an Romain Rolland, an Wilhelm Herzog, den deutschen Pazifisten und Herausgeber einer Zeitschrift, an Wilhelm Foerster, den pazifistischen Philosophen aus Berlin, der nach Zürich geflohen war, und an den britischen Schriftsteller H. G. Wells einen Appell für die zukünftige Gründung einer internationalen Zeitschrift gerichtet. Ihr Ziel: eine »verstreute Elite« zusammenzubringen, die die Wahrheit über den Krieg sagen würde. Henri Barbusse, von Lefebvre angesprochen, interessiert sich für die Idee und schlägt ein Programm vor: »Aussöhnung und Befreiung der Volksmassen, Kampf gegen die Autokratie, gegen den übersteigerten Nationalismus und Traditionalismus, gegen die Ignoranz, den Alkoholismus und den Klerikalismus[24].« Im August 1917 begibt sich Lefebvre in die Schweiz, um das Projekt mit Romain Rolland zu besprechen. Dieser hat in seinem *Journal des années de guerre* (»Tagebuch der Kriegsjahre«) einen Bericht über das Treffen hinterlassen:

> »Manchmal stellt er [Lefebvre] eine gefährliche Heftigkeit zur Schau, er wünscht eine Meuterei der Truppen und möchte sie herbeiführen, er bedauert, dass er bei der letzten Meuterei nicht in Noyon war; er hätte die Truppe aufgewiegelt, nach Paris zu ziehen. Dann wieder möchte er eine internationale Zeitschrift gründen [...]; sie solle unter der Federführung von Akademiemitgliedern wie Rostand stehen (die A. France verbunden sind).«

Von der Zeitschrift abgesehen, entwickelt sich die Idee einer Internationale des Denkens, einer Internationale der pazifistischen Intellektuellen. Romain Rolland verfasst sein Manifest »Für die Internationale des Geistes«, bevor Lefebvre selbst in *Le Journal du peuple* einen Appell zum Zusammenschluss lanciert. Am 30. März versetzt ihn der Freispruch Villains, des Mörders von Jaurès, in Schrecken, doch er ist über den ungeheuren Proteststurm des Volkes erfreut, der sich in den folgenden Tagen in Frankreich unter den Rufen »Es lebe Jaurès!«, »Nieder mit dem Krieg!« gegen das Urteil erhebt.

Im selben Jahr wird in Moskau die Dritte Internationale gegründet. Die Gruppe um *La Vie ouvrière*, der Lefebvre nahe steht, greift den Friedensvertrag von Versailles an und jubelt der bolschewistischen Revolution zu. Innerhalb der SFIO kämpft Lefebvre für den Anschluss an die Kommunistische Internationale. Zusammen mit Barbusse beteiligt er sich an der Gründung der Gruppe Clarté, »Liga der intellektuellen Solidarität für den Triumph der

---

24 Siehe A. Kriegel, »Naissance du mouvement Clarté«, *Le Mouvement social, Jan.-März 1963.*

internationalen Sache«, und ist Mitglied ihres ersten Direktionskomitees, dem Anatole France, Henri Barbusse, Roland Dorgelès, Georges Duhamel, Paul Vaillant-Couturier und einige andere angehören. Dem ausländischen Unterstützungskomitee schließen sich insbesondere Vicente Blasco Ibáñez, Bernard Shaw, Upton Sinclair, H.G. Wells und Rabindranath Tagore an.

Romain Rolland arbeitet an seinem Plan einer intellektuellen Internationale weiter. *L'Humanité* vom 26. Juni 1919 veröffentlicht eine »Erklärung der Unabhängigkeit des Geistes«, die von Georges Duhamel, Henri Barbusse, Raymond Lefebvre ... sowie von Albert Einstein, Heinrich Mann, Stefan Zweig unterzeichnet ist. Das Manifest verkündet:

> »Arbeiter des Geistes, Gefährten, die ihr über die ganze Welt zerstreut und seit fünf Jahren durch die Armeen, die Zensur und den Hass der Krieg führenden Nationen getrennt seid: in dieser Stunde, in der die Barrieren verschwinden und die Grenzen sich wieder öffnen, richten wir an euch einen Appell, um unsere brüderliche Verbindung wiederherzustellen – doch eine neue Art Verbindung, solider und sicherer als die frühere.«

Das Manifest beklagt »die fast vollständige Abdankung des Geistes in der Welt und seine freiwillige Unterwerfung unter die entfesselten Kräfte«, es fordert, mit den faulen Kompromissen des Geistes Schluss zu machen, und ruft schließlich zur Errichtung einer »Bundeslade« auf[25]. Das sind sehr idealistische Formulierungen; doch diejenigen, die wie Lefebvre die leninistische Revolution unterstützt haben, scheuen sich nicht, sie zu unterschreiben. Man kann nicht genug hervorheben, wie sehr die Verurteilung des Krieges – in intellektuellen Kreisen vielleicht stärker als anderswo – von einer Ambivalenz geprägt war, die während der gesamten Zwischenkriegszeit fortdauerte: einerseits löste sie den idealistischen, gleichsam religiösen Elan zur Versöhnung der Völker aus, den geistigen Internationalismus, auch den Wilsonismus, der eine Zeit lang eine seiner Ausdrucksformen war; andererseits bewog sie manche dazu, die Revolution Lenins zu unterstützen, nur weil er aus politischer Notwendigkeit den Friedensvertrag von Brest-Litowsk unterzeichnet hatte. Das eiserne Regime, das in Moskau errichtet wurde, hatte nichts mit der Ideologie des Friedens zu tun: sie war Marx und Lenin unbekannt. Es war paradox: die schärfsten Gegner des Krieges, des Massakers und der Schlächterei von 1914–18 – zumindest viele von ihnen, wie Lefebvre oder Barbusse – ga-

---

25 Als Antwort auf diesen Appell veröffentlichten *Le Figaro* und *L'Action française (20. Juli 1919)* ein von Henri Massis inspiriertes Gegenmanifest der »Partei der Intelligenz«: »Wir wollen der Partei der Intelligenz dienen, um sie dem Bolschewismus entgegenzusetzen, der es von Anfang an darauf anlegt, die Gesellschaft, die Nation, die Familie, das Individuum zu zerstören ...«

ben einer Revolution ihre Stimme, die ebenfalls den Krieg, den Bürgerkrieg und den Krieg zwischen Nationen, in sich trug. Doch viele ließen sich vom roten Oktober blenden; nicht zuletzt die revolutionären Gewerkschafter – Raymond Lefebvre sympathisierte mit ihnen –, die die Revolution der Sowjets für eine Revolution der Autonomie der Arbeiter hielten, bevor sie entdeckten, dass sie das war, was sie am meisten verabscheuten: die Machtergreifung durch eine Partei, durch eine Bürokratie und schließlich durch einen Diktator. Es handelte sich um ein großes Missverständnis; sie brauchten einige Jahre, bis ihnen das klar wurde.

Der Romain Rolland jener Zeit gab sich aufmüpfig. Auch er hatte der leninistischen Revolution zugestimmt. Als sie sich, nachdem wieder Frieden herrschte, ausbreitete – insbesondere in Deutschland –, war er immer noch dafür. Die Vernichtung der Spartakisten im Januar 1919 gab ihm Gelegenheit, seine Solidarität mit den deutschen Revolutionären auszudrücken:

»Nachdem ich den Gang der Ereignisse zwei Monate lang aufmerksam beobachtet habe«, schrieb er am 16. Februar 1919 in *L'Humanité*, »habe ich das Gefühl, dass die konservative, militaristische und monarchistische Reaktion in Deutschland mit Riesenschritten vorankommt und dass sich mit ihr das nationale Ressentiment und der Gedanke an Revanche wie ein Fieber ausbreiten. Und ich rufe euch zu: ›Vorsicht!‹ Ihr alle, Regierende der Entente, ihr habt dazu beigetragen – durch eure ungeschickte und widersprüchliche, zugleich harte und schwache Politik: einerseits durch die brutale Aufreizung des Nationalstolzes, andererseits durch die unerhörte Nachgiebigkeit gegenüber gewissen Machthabern in Deutschland.«

Nach der Schilderung des »roten Januar« von Berlin, in dessen Verlauf die Spartakisten vernichtet worden waren, während die Sozialisten zum ersten Mal »auf der Seite der Macht gegen das Proletariat kämpften«, ruft Rolland zum Bündnis, zur Solidarität mit dem »Volk der Arbeiter« auf. Doch seine Sympathie für die deutschen Revolutionäre und für Lenin drückt keineswegs Einverständnis mit der bolschewistischen Revolution aus. Sein Pazifismus widerstrebt dem Terror.

Nicht dagegen schreckte der Terror eine gewisse Zahl französischer Historiker – angefangen bei Albert Mathiez, der es sich als guter Fachmann für die Revolution und treuer Anhänger Robespierres angelegen sein ließ, die leninistische Revolution anhand des französischen Rasters zu erklären. Mathiez zitierte die Formel von Saint-Just (»Was zur Bildung einer Republik führt, ist die totale Zerstörung von allem, was ihr entgegensteht«) und erteilte im Januar 1920 eine Geschichtslektion zum Thema: »Der Zweck heiligt die Mittel.«

Aus seiner Sicht haben »die Bolschewiken ganz einfach die jakobinischen Methoden vervollkommnet«. Mit diesem sehr pädagogischen Artikel wollte er den Franzosen klar machen, dass »Jakobinismus« und »Bolschewismus« verwandt sind: »Die russischen Revolutionäre ahmen willentlich und wissentlich die französischen Revolutionäre nach. Sie sind von demselben Geist durchdrungen. Sie haben es mit denselben Problemen zu tun, bewegen sich in einer analogen Atmosphäre[26].« Auch er setzte sich für den Eintritt der Sozialistischen Partei Frankreichs in die Kommunistische Internationale ein. Nach dem Kongress von Tours trat er der Kommunistischen Partei bei und setzte in *L'Humanité*, die zu ihrem Parteiorgan geworden war, den Vergleich zwischen der französischen und der russischen Revolution fort. Im Jahre 1922 findet man seinen Namen in der Zeitschrift *Clarté*, die sich der großen Debatte öffnete, die Henri Barbusse und Romain Rolland über die Frage führten, welche Haltung man gegenüber der Sowjetunion einnehmen solle. Rolland brachte gegen Barbusse vor, die Massaker der Schreckensherrschaft in Frankreich hätten die europäische Elite, die zunächst für die Revolution eingenommen war, dazu geführt, sich von ihr abzuwenden; Mathiez antwortete Rolland, Rolland antwortete Mathiez. Der Gegensatz zwischen den beiden Geistesfamilien der alten pazifistischen Strömung des Ersten Weltkriegs war unübersehbar[27].

Mathiez' Entwicklung ist in der Folgezeit noch exemplarischer. Er gehörte zu denen, die – zunächst von der russischen Revolution begeistert –, von 1922/23 an tief enttäuscht wurden, und zwar noch vor der Phase der Bolschewisierung, die ihre Befürchtungen bestätigen sollte: ihnen wurde klar, dass Moskau das Zentrum einer internationalen kommunistischen Bewegung war, in der die nationalen Parteien seinen »Ukasen« zu gehorchen hatten. In einem Brief an Maurice Dommanget vom 22. Dezember 1922 schreibt Mathiez:

> »An dem Tag, an dem die Franzosen bemerken werden, dass ihre Beratungen in den Gruppen und auf den Kongressen manipuliert werden, dass man ihnen Resolutionen aufzwingt, die im Geheimen vorbereitet wurden, werden sie sich der so genannten Diktatoren entledigen. Der Machiavellismus der Moskauer löst in mir ebenso viel Mitleid wie Ekel aus[28].«

---

26   A. Mathiez, *Scientia*, Januar 1920.
27   Siehe *Clarté vom 1. Juni und 1. Juli 1922* sowie A. Valbert (Pseudonym von Mathiez) »M. Aulard et la violence«, *Clarté*, 5. April 1923.
28   Zit. nach N. Racine, »Albert Mathiez«, in *Dictionnaire biographique du Mouvement ouvrier français, op. cit., 1990*, Band 36, S. 90.

Henri Barbusse hat entschieden für den Kommunismus Partei ergriffen; er wird sein erster anerkannter Schriftsteller sein. Der Autor von *Le Feu* kommt wie Romain Rolland ebenfalls vom Pazifismus her, vom Protest gegen den Krieg. Die Bewegung Clarté, die er im Mai 1919 zusammen mit Raymond Lefebvre lanciert, löst sich von einer gewissen anfänglichen ökumenischen Unbestimmtheit, um Lenin zu unterstützen. Barbusse, der den Separatfrieden der Bolschewiken mit Deutschland abgelehnt hatte, tritt 1920 für den Anschluss an die Dritte Internationale ein und führt eine Kampagne gegen die alliierte militärische Intervention in Russland. Mehrere Werke zeugen von diesem Kampf, insbesondere sein Appell an die Intellektuellen *Le Couteau entre les dents* (»Das Messer zwischen den Zähnen«), der 1921 in den Éditions Clarté veröffentlicht wird.

Der Kongress von Tours im Dezember 1920 bringt den Anhängern der Kommunistischen Internationale den gewünschten Erfolg. Raymond Lefebvre hat nicht das Glück, daran teilzunehmen. Lefebvre, der – wie seine Freunde von *La Vie ouvrière* – der »parlamentarischen Demokratie« den »Sowjetismus« gegenüberstellt, war im August 1919 in das »Komitee für den Anschluss an die Dritte Internationale« eingetreten. Auf dem sozialistischen Kongress von Straßburg im Februar 1920 setzt er sich als Wortführer der »massakrierten Generation« durch und macht der Union sacrée den Prozess. Zur Zeit der großen Streiks von Mai – Juni 1920 glaubt er, dass die Revolution vor der Tür steht, doch ihr Scheitern bindet ihn noch enger an den Kommunismus, den er als eine neue Schule des Heldentums bewundert. Anfang Juli verlässt er Frankreich heimlich per Schiff – er hat keinen Pass bekommen –, um am zweiten Kongress der Kommunistischen Internationale als Repräsentant des »Komitees für den Anschluss« teilzunehmen. In Moskau tritt er für die Schaffung einer kompromisslosen revolutionären Partei ein, frei von Reformisten und Opportunisten. Nach dem Kongress reist er mehrere Wochen lang in Begleitung von zwei weiteren Delegierten, den Arbeitern Lepetit und Vergeat, durch Russland. Mit ihnen geht er vor Murmansk auf einem Fischerboot unter, mit dem sie nach Norwegen übersetzen wollten. Vor seinem Tod schrieb Raymond Lefebvre begeisterte Briefe über die bolschewistische Revolution; einer davon wurde im *Bulletin communiste* vom 7. Oktober unter dem Titel »Ich kehre von einer langen faszinierenden Reise zurück« veröffentlicht.

Eine Minderheit der Bewegung Clarté – Paul Vaillant-Couturier, Jean Bernier (er erhält 1920 für seinen autobiographischen Roman *La Percée*, »Der Durchbruch«, den Clarté-Preis), Marcel Fourrier (ein Pied-noir[29], der Vaillant-Couturier in einer Panzereinheit kennen gelernt hatte), Magdeleine Marx (die an der pazifistischen Zeitschrift *La Forge* mitgearbeitet hatte und

---

29 *Anm. d. Ü:* Pied-noir: Bezeichnung für die europäischen Siedler in Algerien und ihre Nachkommen.

bei ihrer zweiten Heirat im Jahre 1924 mit Maurice Paz zu Magdeleine Paz wird) – bemüht sich nach dem Kongress von Tours, die Bewegung unter das Banner der neuen Kommunistischen Partei zu führen. Das widerstrebt Barbusse – trotz seiner Sympathien. Er möchte die Unabhängigkeit der Bewegung wahren. Trotzdem schließt er sich 1921 einer Erklärung an, die *Clarté* zu einem »Zentrum internationaler revolutionärer Erziehung« macht. Er unterstützt auch einen Beschluss der kommunistischen Minderheit der Bewegung, eine Zeitschrift, *Clarté*, zu lancieren, die zunächst zweimal, dann einmal monatlich erscheint und auf die gleichnamige, im Februar 1921 eingestellte Zeitung folgt. Die neue Zeitschrift – erster intellektueller Ausdruck des französischen Kommunismus – drückte das ungemein mächtige Verlangen nach einer Revolution aus, das auf den russischen Oktober zurückging. Zugleich betonte sie ihre Unabhängigkeit gegenüber der kommunistischen Organisation, von der sie sich im Übrigen im Jahre 1925 entfernen sollte.

Alle Formen der Kriegsverherrlichung ablehnend, stellte *Clarté* die kritische Frage nach den Verantwortlichen für das Massaker des Ersten Weltkriegs – angefangen bei den Militärführern – und geißelte den bürgerlichen Patriotismus in aller Schärfe. In ihrer Kampagne gegen die »Diener der Bourgeoisie« attackierten die Redakteure der Zeitschrift nicht nur – wie wir gesehen haben – Barrès; sie legten es darauf an, das Prestige eines Idols der Linken, Anatole France höchstpersönlich, zu untergraben. Eine solche Offensive lag nicht auf der Linie der Kommunistischen Partei, die France, der sich in einem Artikel in *L'Humanité* am 14. Juli 1920 für Lenin und die Bolschewiken ausgesprochen hatte, sehr wohlgesinnt war. Während der Autor des *Crainquebille* den Nobelpreis erhielt, schrieb – sich selbst gratulierend – *L'Humanité* am 12. November 1921: »Anatole France ist einer der Unseren, und etwas von seinem Ruhm fällt auf unsere Gemeinschaft zurück.« Zum achtzigsten Geburtstag des großen Schriftstellers im April 1924 kehrt *Clarté* die Formel um: »Anatole France ist nicht einer der Euren; das Proletariat hat nichts zu tun mit diesem Werk, das von liberalen, republikanischen und sozialen Ideen durchdrungen ist, die es eingelullt haben und immer noch einlullen.« Nach dem Tod des Akademiemitglieds kommt *Clarté* im Oktober desselben Jahres mit einem Pamphlet noch einmal darauf zurück: *Contre Anatole France. Cahier de l'Anti-France* (»Gegen Anatole France. Anti-France-Denkschrift«).

Édouard Berth, der auch zu der Zeitschrift gestoßen war und darin eine Zeit lang die Ideen Sorels verbreitete, schrieb:

> »Es war ihm [France] vergönnt, einen reformistischen, bürgerlichen und parlamentarischen Sozialismus – im Grunde die äußerste Form der modernen Demokratie und Dekadenz – für sich einzunehmen; ein wirklich revolutionärer Sozialismus, der der Welt neue Werte bringt,

kann ihn nur ignorieren und feststellen, dass er mit diesem ›angeblich außerhalb der Kampflinien stehenden Repräsentanten der kapitalistischen Kunst‹[30] nichts zu tun hat.«

Folglich konnte *Clarté* – in einem Beitrag Jean Berniers – ein weiteres Pamphlet nur begrüßen, *Un cadavre* (»Eine Leiche«), das die Surrealisten nach dem Tod von Anatole France in genau demselben Monat Oktober 1924 mit großem Lärm lanciert hatten. Henri Barbusse dagegen, der 1923 offiziell der Kommunistischen Partei beigetreten war, saß nicht mehr im Direktionskomitee von *Clarté* und schickte sich an, von 1926–1929 Leiter des Literaturteils von *L'Humanité* zu werden, während Paul Vaillant-Couturier ihr Chefredakteur war. Die Zeitschrift, die damals von Jean Bernier, Marcel Fourrier und Victor Crastre geleitet wird, bemüht sich um eine Annäherung an die Gruppe der Surrealisten, die ihrerseits dem Kommunismus zuneigt. In den letzten beiden Jahren ihrer Existenz verteidigt sie zunehmend die »russische Opposition«, bevor sie 1928 von der Bildfläche verschwindet.

Die Geschichte von *Clarté* zeugt von der Begeisterung einer Generation junger ehemaliger Soldaten für die leninistische Revolution; sie belegt aber auch, dass diese Generation nach wie vor die Möglichkeit besaß, einen anderen Ton als den des kommunistischen Glockengeläutes anzuschlagen. Henri Barbusse war seinen jüngeren Gefährten nicht bis zur letzten Konsequenz gefolgt. Er widmete seine ganze Energie, sein Talent, seine Tatkraft einer Partei, für die er dann – bis zu seinem Tod im Jahre 1935 – zu einer herausragenden Gestalt wurde.

Der Anschluss an die Kommunistische Internationale war nicht im Sinne Romain Rollands. In seiner Kontroverse mit Barbusse im Lauf des Winters 1921/22 zeigt er sich von der leninistischen Diktatur geheilt und kritisiert die marxistische Doktrin. Als Verteidiger des »freien Denkens« lehnt er jede Botmäßigkeit gegenüber einer höheren Autorität ab – und sei es die, die sich als Verteidigerin des Proletariats ausgibt. Nachdem seine Begeisterung für die bolschewistische Revolution verflogen ist, wendet sich Romain Rolland Asien zu und nähert sich dem mystischen indischen Dichter Rabindranath Tagore an, der entschlossen ist, in Santiniketan eine internationale Universität zu gründen, die die Werte der Toleranz lehren sollte. Die Gewaltlosigkeit Gandhis übt auf ihn eine starke philosophische Anziehungskraft aus: er sieht darin die »einzige Rettung für die Zivilisation«. Zwischen dem französischen Schriftsteller und dem indischen Weisen entwickelt sich eine Freundschaft, die Rolland dazu bewegt, 1924 das Buch *Mahatma Gandhi* zu schreiben, das die geistige Größe des »letzten Ritters« in der westlichen Welt bekannt machen soll.

---

30 Dieser Ausdruck war einer telegraphischen Nachricht der Prawda entnommen, die *L'Humanité* veröffentlicht hatte. Siehe N. Racine, loc. cit.

Mit seiner Treue gegenüber dem ursprünglichen Pazifismus ermuntert Rolland zwei weitere pazifistisch gesinnte Intellektuelle, René Arcos und Paul Colin, eine internationale Zeitschrift zu gründen: *Europe*; ihre erste Nummer erscheint im Februar 1923. Einer der Mitarbeiter ist Jean-Richard Bloch, dessen Lebensweg für die Hoffnungen und Enttäuschungen der Kriegsgeneration ebenfalls repräsentativ ist. Bloch, der sich bereits vor dem Ersten Weltkrieg einer Zeitschrift, *L'Effort* (aus der *L'Effort libre* wurde), gewidmet hatte, war damals Mitglied der Sozialistischen Partei; ihm ging es darum, die ästhetische Avantgarde und die revolutionäre Avantgarde einander anzunähern. Er war indessen mit der Überzeugung in den Krieg gezogen, für die Demokratie und die Freiheit und gegen den deutschen Militarismus und Imperialismus zu kämpfen – eine Überzeugung, aus der ein bewegender Briefwechsel mit dem Autor von *Au-dessus de la mêlée* entstand. Dreimal verwundet, war er erschöpft und demoralisiert aus dem Krieg zurückgekehrt. Er war Mitglied der sozialistischen Sektion des Département Vienne und gehörte zu denen, die den Anschluss an die Kommunistische Internationale unterstützten. Wie Lefebvre stand er damals der Strömung des revolutionären Syndikalismus sehr nahe, deren treibende Kraft Monatte und die Redaktion von *La Vie ouvrière* waren. Er arbeitet ebenfalls in der Bewegung und dann an der Zeitschrift *Clarté* mit. Die Kontroverse zwischen Rolland und Barbusse über die russische Revolution verfolgt er mit starker Anteilnahme, ohne sich jedoch für den einen oder anderen Protagonisten entscheiden zu können; er schreibt damals in der Zeitschrift einen Artikel, »Optimismus des Pessimismus«, in dem er die revolutionäre Bewegung vor zwei Gefahren warnt, dem Zynismus und dem Sektierertum: »Dieses ist entschuldbar«, schreibt er:

> »Je kleiner ein Geist ist, umso mehr hält er sich für groß genug, die universelle Wahrheit in sich zu bergen. Es ist das Los der schönsten Reformen, von Propheten erträumt und von Fanatikern verbreitet zu werden. Viel direkter ist die Gefahr des Zynismus. Indem sie mit der Gesellschaft brechen, fühlen sich einige gehalten, mit der Moral dieser Gesellschaft zu brechen. Wir würden ihnen zustimmen, wenn sie etwas anderes an die Stelle setzten. Aber sie können es nicht, denn Gesellschaften sind flüchtige Erscheinungen an der Oberfläche einer Moral, die sich nur langsam ändert. Die Taschenspielertricks, die die Zyniker uns als höchste politische Finesse verkaufen wollen, unterliegen nach wie vor der alten Missbilligung[31].«

---

31 J.-R. Bloch, *Destin du siècle*, Einführ. von M. Trebitsch, PUF, 1996, S. 243.

Jean-Richard Bloch, der außerdem an der *NRF* mitarbeitet, leitet im Verlag Rieder die Reihe »Zeitgenössische französische Prosaautoren«. Zusammen mit Arcos und Colin gehört er, wie wir gesehen haben, auch zum Gründungsstab der Zeitschrift *Europe*, die ebenfalls bei Rieder erscheint. Diese von Romain Rolland inspirierte Kulturzeitschrift internationaler Ausrichtung wird später – in den dreißiger Jahren, als Rolland und Barbusse sich im Zeichen des Antifaschismus wiedertreffen – eines der Organe sein, in denen die Weggenossenschaft mit dem Kommunismus ihren Ausdruck findet. Einstweilen, Anfang der zwanziger Jahre, gehen Rolland und Barbusse unterschiedliche Wege. Der Idealismus des einen lässt den revolutionären Realismus des anderen zweifelhaft erscheinen.

Der Malstrom des Ersten Weltkriegs und der bolschewistischen Revolution wirbelte die intellektuelle Welt – genau wie die übrige Landschaft – vollkommen durcheinander. Der Krieg löste eine langsame Protestbewegung aus, in der die Namen von Romain Rolland und Henri Barbusse nebeneinander standen. Beide brachte ihr Pazifismus dazu, der aus Russland kommenden revolutionären Hoffnung zuzustimmen, die als Friedenshoffnung begriffen wurde. Es ist bemerkenswert, dass so viele Geister, die über den Pazifismus zum Kommunismus kommen sollten, zumindest eine Zeit lang hingerissen waren von den Idealen Wilsons, die sie als eine Kriegserklärung an den Krieg, als das Versprechen eines wirklichen Völkerbundes auffassten. Der Wilsonismus währte nur kurz; dem Frieden von Versailles war es nicht vergönnt, ihn auf der internationalen Bühne durchzusetzen.

Die russische Revolution, die über ihre Feinde siegte, erschien in der Zeit nach dem Massaker vielen als einziger wirklicher Hoffnungsschimmer. In den Jahren 1919–1920 rief sie große Begeisterung hervor, die manchen Friedenskämpfer dazu führte, den Anschluss an die Dritte Internationale zu predigen. Doch auf Grund der Methoden des bolschewistischen Terrors wandten sich viele von denen, die Lenins Radikalismus am Anfang unterstützt hatten, wieder ab. Die Diktatur der Kommunistischen Partei enthüllte in ihren Augen die wahre Natur des Regimes, das sie – wie die revolutionären Gewerkschafter – zunächst als Inkarnation der Macht der Sowjets begriffen hatten. Die Ernüchterung der zwanziger Jahre, die nach dem Tod Lenins noch durch den Ausschluss Trotzkis aus der Partei verstärkt wurde, führte diese ersten Anhänger nach und nach zu einer Abkehr vom Bolschewismus[32].

Eine lange Geschichte beginnt: die des Verhältnisses der Intellektuellen zum Kommunismus. Sie wurde durch die Bewusstseinskrise des Westens, die der Krieg ausgelöst hatte, eröffnet und war dann von einem ständigen Hin

---

32 Zur Ernüchterung der jaurèsistischen Intellektuellen, die eine Zeit lang den Sowjets beigepflichtet hatten, bevor sie das kommunistische Regime entlarvten, vgl. Marcel Mauss, *Écrits politiques*, Fayard, *1997*.

und Her, von Hinwendungen und Abwendungen, von Illusionen und Ernüchterungen geprägt. Auf die Gewissheiten der Vorkriegszeit, die von einem mehr als vierjährigen Morden und Leiden ausgelöscht wurden, folgte ein umfassender Zweifel an der Zukunft der conditio humana. In der zerrütteten Welt der Nachkriegszeit glänzte die russische Revolution wie ein neuer Stern. Mehr als sechzig Jahre lang sollte sie den Westen faszinieren.

19
Die surrealistische Revolution

Der Krieg hat nicht nur alte Ordnungen zerschlagen, hat nicht nur notwendige Revolten ausgelöst; dadurch, dass er die Menschen durcheinander wirbelte, kam es zu entscheidenden Begegnungen. Die Genese des Surrealismus geht zwar nicht ganz auf den Weltkrieg zurück – die Bewegung schöpft ihre Inspirationen aus zahlreichen weiter zurück liegenden Quellen –, doch der Krieg hat junge Menschen in Beziehung zueinander gebracht, die erkannten, dass sie von denselben Bestrebungen und denselben Verweigerungen geleitet wurden.

Folgen wir dem zukünftigen Mittelpunkt der Gruppe: André Breton – ein Mann von eleganter Gestalt, stolzer Schönheit, gepflegter Sprache. Er ist eher libertär als pazifistisch eingestellt und widersteht 1914 dem »allgemeinen Fieber« mühelos (später wird er *Au-dessus de la mêlée* von Rolland als ein »großartiges Buch« bezeichnen). Im Februar 1915 wird er eingezogen und dem 17. Infanterieregiment zugewiesen. Da er bereits das propädeutische Jahr des Medizinstudiums absolviert hat, wird er nach seiner Grundausbildung in Pontivy dem Militärkrankenhaus in Nantes als Krankenpfleger zugeteilt. Dort macht er die für ihn äußerst wichtige Bekanntschaft mit Jacques Vaché, der sich wegen einer Verletzung am Bein behandeln lässt.

Damals korrespondiert der junge Dichter André Breton, der zunächst von den Symbolisten, von Mallarmé, und seit kurzem von Rimbaud beeinflusst ist, mit Paul Valéry, dem er seine ersten Verse schickt, und mit Apollinaire, »die Lyrik in Person«, den er im Mai 1916 zum ersten Mal besucht. Doch, sagt er, »Jacques Vaché verdanke ich am meisten. Die Zeit, die ich mit ihm 1916 in Nantes verbracht habe, erscheint mir fast wie verzaubert. Ich werde ihn nie aus den Augen verlieren« ...

Es ist eine kurze Begegnung: Vaché verlässt Nantes im Mai 1916, und Breton sieht ihn vor seinem Tod Anfang 1919 nur fünf oder sechs Mal wieder. Aber es ist eine dieser Begegnungen, die das Leben in die eine oder die andere Richtung lenken. Durch sein Auftreten als undurchdringlicher Dandy setzt Vaché – Sohn eines Offiziers und Absolvent der École des beaux-arts[33] – der Absurdität des Krieges die ständige Verweigerung des Verzichts, der Ver-

---

33 *Anm. d. Ü:* École des beaux-arts: Pariser Kunsthochschule.

Die surrealistische Revolution

traulichkeit oder des Sich-gehen-Lassens entgegen und praktiziert das, was Breton »die Fahnenflucht ins Innere seiner selbst«[34] nennt. Vachés Spott verschont nichts, selbst die Kunst und die Poesie nicht. Die Entheiligung von allem und jedem, um die er sich bemüht, wird André Breton, den er in das *Gegen-den-Strom-Schwimmen* einweiht, für immer prägen.

Ende 1916 wird Breton dem neuropsychiatrischen Zentrum von Saint-Dizier zugeteilt – ihm zufolge eine »entscheidende« Erfahrung für die Entwicklung seines Denkens[35]. Als Assistent von Dr. Raoul Leroy macht er sich in der Tat mit der Psychiatrie vertraut und entdeckt das Werk Freuds, das noch nicht ins Französische übersetzt ist, anhand des Buches von Dr. Régis und Dr. Hesnard, *La Psychanalyse*, das 1914 erschienen ist – eine Initiation von größter Bedeutung, denn sie liegt den frühen Experimenten mit der écriture automatique[36] zu Grunde, bei denen die erste surrealistische Gruppe Kontur gewinnt.

Im Januar 1917 erhält Breton die Erlaubnis, im Val-de-Grâce[37] an den Vorlesungen für Medizinstudenten teilzunehmen. Im Oktober desselben Jahres lernt er dort Louis Aragon kennen – ebenfalls Medizinstudent, ebenfalls Dichter und ebenfalls von Rimbaud begeistert; dieser weist ihn auf Lautréamont hin, den er zufällig im Ausleihkatalog von Adrienne Monniers »Maison des amis des livres« (»Haus der Bücherfreunde«) in der Rue de l'Odéon ausgewählt hat. Während des gemeinsamen Nachtdiensts, in der apokalyptischen Atmosphäre der vom Lärm der Sirenen und von den Schreien der Kranken erfüllten Nächte, lesen die beiden Freunde gemeinsam laut *Les chants de Maldoror* (*Die Gesänge von Maldoror*).

Bei einem seiner Besuche bei Apollinaire, dem kurz zuvor der Schädel trepaniert worden ist, lernt Breton Philippe Soupault kennen, der, so sagt er, »wie seine Poesie war, äußerst feinsinnig, ein wenig distanziert, liebenswert und ätherisch«. Aragon, Soupault, Breton (der den anderen von Vaché erzählt), Fraenkel (ein Jugendfreund Bretons) bilden den ursprünglichen Kern der Gruppe; man tauscht sich über persönliche Vorlieben und Leidenschaften aus, die dann zu gemeinsamen werden: Jarry, Apollinaire – über den sie zu Sade kommen –, Rimbaud vor allem, 1918 Lautréamont ... Es ist bemerkens-

---

34 Wir benutzen für dieses Kapitel insbesondere die Arbeit von M. Bonnet, *André Breton, naissance de l'aventure surréaliste*, José Corti, 1988, und von derselben Autorin die detaillierte Chronologie in A. Breton, *Œuvres complètes*, Gallimard, »La Pléiade«, 1988, Bd. 1. Ebenfalls: M. Nadeau, *Histoire du surréalisme*, Seuil, 1947–1948, 2 Bände; S. Alexandrian, *Breton*, Seuil, 1971; Ph. Audoin, *Les Surréalistes*, Seuil, 1995; C. Reynaud Paligot, *Parcours politique des surréalistes 1919–1969*, CNRS Éditions, 1995.
35 A. Breton, *Entretiens, op. cit.*, 1973, S. 36.
36 *Anm. d. Ü:* Écriture automatique: automatische Schreibweise; durch vorbehaltloses Aufzeichnen der Gedankenassoziationen (und durch Traumbeobachtung) wollen die Surrealisten die rationale Kontrolle ausschalten und in die unteren Bewusstseinsschichten bzw. ins Unbewusste vordringen.
37 *Anm. d. Ü:* Val-de-Grâce: Militärkrankenhaus.

wert, dass zu denen, die ihre Begeisterung wecken, auch Gide gehört, von dem man das »wunderbare« *Paludes, Le Prométhée mal enchaîné* (*Der schlecht gefesselte Prometheus*) und vor allem *Les Caves du Vatican* verehrt; dieses Werk inspiriert Breton 1918 zu seinem Gedicht »Für Lafcadio«, und Aragon zu seiner Novelle *La Demoiselle aux principes* (»Das Fräulein mit den Prinzipien«).

Das letzte Kriegsjahr ist mit der Suche nach der »modernen Idee des Lebens« ausgefüllt. Mit Paul Valéry, Jean Paulhan, Pierre Reverdy korrespondiert André Breton über Probleme der Poesie; für seine Freunde fertigt er auch seine ersten Collagen an. Vor allem diskutiert er mit Aragon und Soupault über ein Zeitschriftenprojekt, das im März 1919 schließlich verwirklicht wird. Die Zeitschrift nennt sich *Littérature* – ein ironischer Antititel, wird Breton sagen, der »spöttisch gemeint ist« , ein »Phantasie-Etikett«.

Das *Manifest* von Tristan Tzara, das im Dezember 1918 von *Dada 3* veröffentlicht wurde, hat zweifellos seinen Anteil daran. Die Dada-Bewegung, 1916 in Zürich gegründet, hatte Breton bis dahin nicht berührt. Diesmal jedoch lässt er sich dafür einnehmen: »Das Dada-Manifest ist gerade wie eine Bombe eingeschlagen« , schreibt er an Fraenkel und präzisiert: »Es verkündet den Bruch der Kunst mit der Logik und die Notwendigkeit, eine ›große negative Arbeit zu vollbringen‹, es verherrlicht die Spontaneität[38].« Es folgt ein erster Brief Bretons an Tzara vom 22. Januar 1919, sechzehn Tage nach Vachés Tod. Später, im April, schreibt er ihm: »Wenn ich ein wahnsinniges Vertrauen in Sie habe, so, weil Sie mich an einen Freund erinnern, meinen besten Freund, Jacques Vaché, der vor einigen Monaten gestorben ist.«

Tzara, der noch in Zürich ist, »wo er ein großes Spektakel veranstaltet«, wird erst im Januar 1920 nach Paris kommen. Inzwischen erweitert sich Bretons Gruppe um Paul Éluard. Breton, der von ihm durch Jean Paulhan gehört und *Le Devoir et l'Inquiétude* (»Pflicht und Sorge«) gelesen hat, schreibt ihm in demselben Monat, in dem die erste Nummer von *Littérature* erscheint, um ihn zu bitten, an der Zeitschrift mitzuarbeiten. Die beiden Männer treffen sich einige Tage später im Hôtel des Grands Hommes an der Place du Panthéon, wo Breton ein Zimmer gemietet hat, um in der Nähe des Val-de-Grâce zu bleiben. Eine Woche später liest ihnen Aragon – auf Urlaub – den Beginn von *Anicet* vor.

Die erste Nummer von *Littérature* – auf der Suche nach der Moderne, nach dem »neuen Geist« – ist noch maßvoll, insgesamt eine Nummer des Übergangs. André Gide, dessen Name im Inhaltsverzeichnis auftaucht, schrieb: »Ich ahne eine Zeit, in der man nur mit Mühe verstehen wird, was uns heute lebensnotwendig erscheint.« Die zweite Nummer, die ein programmatisches Gedicht von Tzara enthält, lässt schon einen Wechsel in der Orien-

---

38 Ibid., S. 58.

tierung erkennen. Doch erst 1920 führt *Littérature* diesen Wechsel ganz durch, insbesondere mit der Veröffentlichung von *Vingt-trois Manifestes dada* (»Dreiundzwanzig Dada-Manifeste«) in der Nummer 13.

Tzara ist also im Januar in Paris angekommen, und Breton ist der Dada-Bewegung beigetreten; in deren Gefolge verdrängen die Werke von Picabia, Ernst, Arp und die ikonoklastischen Bilder von Duchamp den Einfluss anderer Mitarbeiter der Zeitschrift wie Paul Valéry, Max Jacob, Blaise Cendrars, Paul Morand, André Gide, die auf Distanz gehen. André Gide muss sich indessen von der ausdrücklichen Würdigung, die ihm Jacques Vachés *Lettres de guerre* (»Kriegsbriefe«) zuteil werden lassen, geschmeichelt fühlen

(»Ich gestehe LAFCADIO ein wenig UMOR zu – denn er liest nicht und ist nur in amüsanten Experimenten produktiv – wie dem des Mordes – und das ohne satanische Lyrik – mein alter vermoderter Baudelaire!!! Unsere nüchterne Kunst war schon ein wenig nötig; Maschinenpark – Rotationsmaschinen mit stinkendem Öl – dröhne – dröhne – dröhne – pfeife! – Reverdy – amüsant der Po-Et, langweilig in Prosa. Max Jacob, mein alter Possenreißer – HAMPELMÄNNER – HAMPELMÄNNER – HAMPELMÄNNER – wollt ihr schöne Hampelmänner aus buntem Holz? zwei Augen – tote Flamme und das Kristallscheibchen eines Monokels – mit einer Schreibmaschinen-Krake – so ziehe ich es vor.«).

Kurz, die Dada-Agitation ist von Januar bis Sommer 1920 in aller Munde: immer wieder Herausforderungen, Sketche, Provokationen, öffentliches Vorlesen von Manifesten; manchmal werden Eier und Tomaten geworfen ...

André Breton hat sein Medizinstudium aufgegeben, was seine Mutter, eine autoritäre und konformistische Person, für die diese Ankündigung schlimmer als die Kriegserklärung ist, aufs Äußerste erbost. Paul Valéry findet für ihn einen Lebensunterhalt, indem er ihn Gaston Gallimard empfiehlt, der ihm in der *Nouvelle Revue française* einen Posten anbietet. Doch ließ sich die Revolte mit der bürgerlichen Literatur vereinbaren? Breton, der sich des Problems bewusst ist, verlässt Gallimard am Anfang des Sommers 1920. Seine Lage stabilisiert sich erst Ende des Jahres: nach verschiedenen Jobs, die es ihm erlauben, wieder ein Hotelzimmer zu mieten, diesmal in der Rue Delambre, wird er dem Modeschöpfer und Sammler Jacques Doucet vorgestellt, der ihn im folgenden Jahr als künstlerischen Berater und Bibliothekar einstellt.

Die Dada-Bewegung nimmt im Januar 1921 einen zweiten Anlauf, der bis zum Sommer andauert; der Prozess gegen Barrès am 13. Mai 1921, in dessen Verlauf Benjamin Péret als unbekannter deutscher Soldat auftritt – daher das Toben der Presse –, spielt dabei eine Rolle. Doch Breton und Aragon stellen diese wiederholten Skandale, die zu nichts führen, immer stärker in Frage. Besonders Breton ist von Tzara enttäuscht, dessen absoluten Pessimismus er nicht akzeptiert, und er ist die »Albernheiten« der Bewegung leid.

Im September heiratet Breton Simone Kahn; Valéry ist Trauzeuge. Ende 1921 hat die surrealistische Gruppe eine feste Zusammensetzung und geht auf Distanz zu Dada; ein erster Kern um Breton (Louis Aragon, Paul Éluard, Max Ernst, Benjamin Péret) verschmilzt mit einer anderen Gruppe (Jacques Baron, René Crevel, Robert Desnos, Max Morise und Roger Vitrac). Breton wird in seinen *Entretiens* (»Gespräche«) betonen, dass sie eine Gruppe bildeten, deren Zusammenhalt und Zusammengehörigkeit seit den Saint-Simonisten[39] beispiellos waren.

Der Surrealismus ist nicht auf den Dadaismus gefolgt: von Anfang an kam er hinter diesem zum Vorschein. »Tatsache ist«, schreibt Breton, »dass sich sowohl in *Littérature* wie in den eigentlichen Dada-Zeitschriften die surrealistischen und die Dada-Texte beständig abwechseln.« Vom Herbst 1919 an veröffentlicht Bretons Zeitschrift die ersten drei Kapitel von *Les Champs magnétiques* (»Die magnetischen Felder«), die er und Soupault gemeinsam verfasst hatten – ein erstes Ergebnis der Anwendung der automatischen Schreibweise. Das Miteinander von Surrealismus und Dadaismus findet 1922 ein Ende, als Breton, der die starke Strömung zurück zur Ordnung, zur Tradition, zum Beruf eindämmen will, vorschlägt, einen Kongress zu veranstalten (»Internationaler Kongress zur Bestimmung der Direktiven und der Verteidigung des modernen Geistes«). Breton und Tzara, die sich uneins sind, polemisieren in *Comœdia* gegeneinander; der Streit, der sich auf die ganze Gruppe ausdehnt, verschärft sich[40]. Breton veröffentlicht ein »Abschiedsbillet«, »Nach Dada«: »Obwohl Dada seine Stunde des Ruhms hatte, trauerte man ihm kaum nach; seine Allmacht und seine Tyrannei hatten Dada auf die Dauer unerträglich gemacht[41].«

Die Surrealisten werden nun eine völlig autonome Bewegung. Im März 1922 lanciert man eine neue Ausgabe der Zeitschrift *Littérature*, die finanziell bald von Jacques Doucet unterstützt wird, während Gaston Gallimard sich um ihren Vertrieb kümmert. Wir gehen hier nicht im Einzelnen auf die Geschichte der Gruppe ein, die in den folgenden Jahren bald von Enthusiasmus, bald von Apathie geprägt ist, die Spannungen, Zweifel, Austritte, Eintritte (die Begegnung von André Breton und André Masson, das Auftauchen von Antonin Artaud), kleine Skandale und Polemiken erlebt, doch sich auch häufig sehr anstrengenden Aktivitäten im Bereich der automatischen Schreibwei-

---

39   Anm. d. Ü: Saint-Simonisten: franz. Sozialistenschule in der Nachfolge von Saint-Simon (1760–1825).
40   Siehe M. Sanouillet, *Dada à Paris*, Flammarion, 1993.
41   Abgedr. in *Les Pas perdus*, A. Breton, Œuvres complètes, op. cit., S. 259–261.

se, der Hypnose, der Spielexperimente widmet ... 1924 nimmt die Gruppe mit einer weiteren Zeitschrift, *La Révolution surréaliste*, die von André Bretons *Manifeste du surréalisme* (*Manifest des Surrealismus*) angekündigt wird, endgültig Gestalt an.

Das Wort *surréalisme* wurde von Apollinaire gebildet; Breton zufolge verstand er darunter die spontane sprachliche Schöpfung. Aragon bezeichnet *Les Champs magnétiques* in einem am 8. September 1921 in *Les Écrits nouveaux* veröffentlichten Artikel als »einen surrealistischen Text«[42]. Im November 1922 erweitert Breton in »Auftreten des Mediums« (*Littérature* Nr. 6) die Bedeutung: Surrealismus ist nicht nur ein Schreibprozess, sondern eine psychische Aktivität, »die ziemlich genau dem Traumzustand entspricht, einem Zustand, den zu bestimmen heute sehr schwierig ist«. Nach einer sommerlichen Kontroverse über das Wort, das auch von anderen benutzt oder etwa von Picabia in einer neuen Bedeutung gebraucht wird, verlässt das *Manifeste du surréalisme* am 15. Oktober 1924 die Druckerpresse – drei Tage nach dem Tod von Anatole France. Diesem widmen die Surrealisten am 18. Oktober, wie wir sahen, einen ätzenden Nachruf: *Un cadavre* (»Gefeiert sei der Tag, an dem List, Traditionalismus, Patriotismus, Opportunismus, Skeptizismus, Realismus und Mutlosigkeit beerdigt werden!«) Am 1. Dezember erscheint die erste Nummer von *La Révolution surréaliste*. Eine dreifache Geburtsanzeige, die die Presse nicht ignorieren kann. Maurice Martin du Gard, Herausgeber der *Nouvelles littéraires*, widmet André Breton und dem Manifest einen Artikel. Picabia, damals mit Breton zerstritten, verdächtigt diesen, den Artikel zu Werbezwecken selbst verfasst zu haben[43].

Das *Manifeste* ist der offizielle Geburtsakt des Surrealismus. Es lehnt den Realismus ab, der »seit Thomas von Aquin bis zu Anatole France vom Positivismus inspiriert« ist, der aus »Mittelmäßigkeit, Hass und Selbstgefälligkeit« besteht und diese leichte Gattung hervorbringt, die *Roman* heißt. Und Breton zitiert Valéry, der geäußert hatte, er selbst würde sich immer weigern zu schreiben: *Die Marquise ging um fünf Uhr aus*. Wir lebten unter der Herrschaft der Logik, drehten uns in einem Käfig im Kreise: »Die Imagination ist vielleicht im Begriff, wieder in ihre Rechte einzutreten.« Man muss dem Traum, dem Wunderbaren, den Wünschen, kurz, den Quellen der poetischen Imagination den ihnen gebührenden Platz einräumen. Nachdem er die automatische Schreibweise erklärt hat, wobei er sich auf Freud bezieht, gelangt Breton zu einer »endgültigen« Definition des Surrealismus:

»SURREALISMUS, Subst., m. Reiner psychischer Automatismus, durch den man mündlich oder schriftlich oder auf jede andere Weise

---

42 Wir folgen hier M. Bonnet, *op. cit.,* S. 323 f.
43 Ibid., S. 327.

den wirklichen Ablauf des Denkens auszudrücken sucht. Denk-Diktat ohne jede Kontrolle durch die Vernunft, jenseits jeder ästhetischen oder ethischen Zielsetzung.
ENZYCLOPÄDIE *Philosophie*. Der Surrealismus beruht auf dem Glauben an die höhere Wirklichkeit gewisser bis dahin vernachlässigter Assoziationsformen, an die Allmacht des Traumes, an das zweckfreie Spiel des Denkens. Er zielt auf die endgültige Zerstörung aller anderen psychischen Mechanismen und will sich zur Lösung der hauptsächlichen Lebensprobleme an ihre Stelle setzen. ZUM ABSOLUTEN SURREALISMUS haben sich bekannt: Aragon, Baron, Boiffard, Breton, Carrive, Crevel, Delteil, Desnos, Éluard, Gérard, Limbour, Malkine, Morise, Naville, Noll, Péret, Picon, Soupault, Vitrac.«[44]

Die Nummer 1 von *La Révolution surréaliste* vom 1. Dezember 1924 trägt auf dem Einband den Leitsatz: »Man muss zu einer neuen Erklärung der Menschenrechte gelangen.« Man muss Schluss machen mit dieser »angeblich cartesianischen«, in Wirklichkeit aber unerträglichen und mystifizierenden Welt, in der die Menschlichkeit des Menschen auf die Vernunft reduziert ist. Diese erste Nummer bietet kommentarlos eine umfangreiche Sammlung von automatischen Texten, von Traumerzählungen, von Selbstmordfällen, über die die Zeitungen berichtet hatten. Sie enthält das Foto von Germaine Berton, die einen politischen Mord an Marius Plateau, dem Führer der Camelots du Roi[45] begangen und die Gruppe bei ihrem Prozess fasziniert hatte; das Foto ist umrahmt von den Fotos aller Surrealisten sowie einiger Schlüsselfiguren: Freud, Chirico, Picasso ...

Die Revolution, wie die Surrealisten sie damals verstehen, zeugt von einem Idealismus, der naiv das Denken für »allmächtig« hält. Eher als eine Revolution ist es eine Revolte: gegen die etablierte Ordnung und Literatur, gegen alles, was die menschliche Freiheit hemmt: Vaterland, Familie, Religion, Moral, psychiatrische Anstalten, Imperialismus der Logik ... Wie die Saint-Simonisten, auf die sich Breton bezieht, wollen die Surrealisten *anders* leben. Sie weisen die Vorstellung von Talent, Berufung und selbstverständlich Karriere zurück. Sie verbieten sich auch die Arbeit (»Krieg der Arbeit«, verkündet der Einband der Nummer 4), und Breton gibt seinen Posten bei Jacques Doucet auf.

Seit Anfang 1922 haben er und Simone sich in einem Atelier von Montmartre in der Nähe der Place Blanche eingerichtet. Die Versammlungen der Gruppe finden nun nicht weit von dort statt, im Cyrano. Es ist ein Viertel

---

44 André Breton, *Die Manifeste des Surrealismus*. Übers. v. R. Henry, Rowohlt Verlag, Reinbek, 1977, S. 26.
45 *Anm. d. Ü:* Camelots du Roi: s.o. Kapitel 8.

von Randgruppen, Prostituierten, Zuhältern, herumstreunenden Touristen, Zirkusleuten – eine ziemlich fragwürdige Fauna ... In der Rue de Grenelle 15 wird ein »Büro surrealistischer Forschungen« eröffnet, in dem Antonin Artaud ständig zu sprechen ist. Von dort nehmen die subversiven Texte ihren Ausgang: »Öffnet die Gefängnisse, löst die Armee auf«, Schreiben an den Papst, an den Dalai Lama, an die Chefärzte der psychiatrischen Anstalten:

> »Ohne auf dem durch und durch genialen Charakter der Äußerungen gewisser Irrer zu bestehen, behaupten wir – in dem Maße, in dem wir fähig sind, sie zu würdigen – die absolute Legitimität ihrer Wirklichkeitsauffassung und aller Akte, die sich daraus ableiten[46] ...«

Mitten in diesem Aufschwung wird die Gruppe unerwartet angegriffen – von Claudel. Mit dem guten Gewissen, das ihn nie verlässt, erklärt er in einem am 24. Juni 1925 in *Comœdia* wiedergegebenen Interview: »Was die gegenwärtigen Bewegungen angeht, so kann keine einzige zu einer wirklichen Erneuerung oder schöpferischen Leistung führen. Weder der *Dadaismus* noch der *Surrealismus*; sie haben nur einen einzigen Sinn: einen päderastischen. Nicht wenige wundern sich – nicht etwa, dass ich ein guter Katholik bin, sondern dass ich Schriftsteller, Diplomat, Botschafter Frankreichs und Dichter bin. Doch ich finde in all dem nichts Seltsames. Während des Krieges bin ich nach Südamerika gegangen, um für die Armee Getreide, Fleischkonserven und Speck zu kaufen; ich habe meinem Land zweihundert Millionen eingebracht.«

Die Antwort der Surrealisten – auf einer Art blutrotem Flugblatt – lässt nicht auf sich warten: *Lettre ouverte à Monsieur Paul Claudel, Ambassadeur de France au Japon* (»Offener Brief an Monsieur Paul Claudel, französischer Botschafter in Japan«). Unabhängig von der Person Claudels handelt es sich um ein Glaubensbekenntnis, einen Schrei der Revolte:

> »Die schöpferische Leistung ist uns gleichgültig. Wir wünschen mit aller Kraft, dass die Revolutionen, die Kriege und die kolonialen Aufstände diese westliche Zivilisation vernichten, deren Ungeziefer Sie bis in den Orient verteidigen, und wir bezeichnen diese Zerstörung als einen Zustand, der für den Geist noch am ehesten akzeptabel ist.«

Am folgenden Tag wird ein Exemplar des Flugblatts unter jedes Gedeck des Festessens gelegt, das in der Closerie des Lilas zu Ehren von Saint-Pol Roux, dem »Großartigen«, den die Surrealisten bewundern, stattfinden soll. Daran

---

46 La Révolution surréaliste, Nr. 3, 15. April 1925.

Die Ära Gide

nimmt auch Rachilde teil; sie ist der Ausgangspunkt eines Zwischenfalls, der sich zu einem Skandal ausweitet. Rachilde hat zusammen mit ihrem Mann, Alfred Vallette, den *Mercure de France* gegründet. Sie hat eine üppige Romanproduktion hinter sich, darunter *Monsieur Vénus* (»Herr Venus«), 1884 Gegenstand eines Skandals. Rachilde also hat gerade auf eine dieser blödsinnigen Umfragen von *Paris Soir* geantwortet: *Kann ein Franzose eine Deutsche heiraten?* Rachilde hat Nein gesagt, und sie ist entschlossen, während des Banketts auf ihrem Chauvinismus zu beharren. André Breton erhebt sich, sehr würdevoll, sehr kühl, und macht sie darauf aufmerksam, dass ihre Worte für den anwesenden Max Ernst eine Beleidigung darstellen. Eine andere Version des Zwischenfalls besagt, Breton, entrüstet über eine derartig unpassende Erklärung von Madame Rachilde, habe ihr seine Serviette ins Gesicht geworfen und sie als »Soldatenhure[47]« bezeichnet. Wie dem auch sei, ein plötzlicher Ruf – man weiß nicht, von wem – »Es lebe Deutschland!« scheint einen Tumult und dann eine Schlägerei ausgelöst zu haben, wobei der am Kronleuchter hängende Philippe Soupault mit seinen Füßen die Teller und Flaschen von den Tischen fegt. Um seinen Überzeugungen größere Verbreitung zu verschaffen, reißt Michel Leiris ein Fenster zum Boulevard hin auf und brüllt: »Nieder mit Frankreich« – vor der Menschenmenge, die der Tumult angelockt hat. Leiris wird von den Gaffern gebeten »herunterzukommen«, worauf sich der Krawall auf den Boulevard Montparnasse ausdehnt und Leiris auf dem Kommissariat verprügelt wird, wohin die Polizisten ihn gebracht haben, um zu verhindern, dass die Menge ihn lyncht.

Paul Léautaud berichtet in seinem *Journal littéraire*, dass man am Tag danach, am 3. Juli, in den Räumen des *Mercure* von nichts anderem spricht als von dem Krawall des Vorabends. Vallette kommentiert: »Warum wirft man diese Fragen in einer literarischen Versammlung auf?« Léautaud antwortet ihm:

> »Aber nein, es gibt nicht nur die Literatur. Sie können heute nicht verhindern, dass man, und sei es unwillkürlich in seinem Bewusstsein, keine Meinung mehr über einen Schriftsteller haben kann, ohne dass diese Meinung von der Haltung beeinflusst ist, die dieser Schriftsteller während des Krieges eingenommen hat.«

Léautaud zielt damit auf den Theaterdirektor Lugné-Poe, während des Krieges ein »einfacher Spitzel«, der in der Closerie ebenfalls ausgepfiffen worden war:

---

47 Siehe M. Nadeau, *op. cit., S. 117 ff.*

»Der Krieg war und ist immer noch ein wichtiges Ereignis. Es handelt sich um eine Gewissensfrage auf einer sehr hohen Ebene. Es ist wie mit der Dreyfus-Affäre, als man seine Meinung über Leute völlig änderte, weil sie sich auf eine gewisse Seite schlugen.«

Es ist bemerkenswert, dass Léautaud, der im Allgemeinen jeden Zwang zum Engagement ablehnt, versichert, von nun an seien die reine Literatur und der Rückzug des Künstlers auf sich selbst unmöglich:

»Was interessieren diese menschlichen Abscheulichkeiten, an denen man nichts ändern kann, gegen die man nichts machen kann? Warum sich darum kümmern, wo man doch nicht davon betroffen ist? Nichts zu machen. Man beschäftigt sich damit, man ist berührt, verletzt, man lässt sich davon vergiften, und jeden Tag geschieht etwas, was sie uns ins Gedächtnis ruft[48].«

Was dann bei den Surrealisten ein vollständiges Engagement im politischen Bereich auslöst, ist der Rifkrieg, gegen den Henri Barbusse im selben Monat Juli einen Appell in *L'Humanité* lanciert. In den folgenden Wochen zeichnet sich eine Konvergenz zwischen den Surrealisten und den Mitarbeitern von *Clarté* ab, die diesen Kolonialkrieg in Marokko ebenfalls ablehnen. In der Nummer 5 der *Revolution surréaliste* vom Oktober 1925 wird ein gemeinsam verfasster Text veröffentlicht: »Die Revolution – zuerst und immer!« Ein aufwieglerischer Text; er predigt den Antipatriotismus (»wir verabscheuen die Vorstellung von einem Vaterland; sie ist wirklich das bestialischste, am wenigsten philosophische Konzept …«), den Antikolonialismus (»wir glauben an die Zwangsläufigkeit der vollkommenen Befreiung«), die soziale Revolution … Nebenbei wird der Name Lenins gepriesen wegen »des großartigen Beispiels einer sofortigen Niederlegung der Waffen«, das er der Welt in Brest-Litowsk gab. In derselben Nummer 5 veröffentlicht Breton über Trotzkis Buch *Lenin* eine Notiz – sein »erster Schritt« hin zum Kommunismus, während Aragon kurze Zeit vorher noch »den Nachhilfeschüler Maurras« und das »schwachsinnige Moskau« in einem Atemzug genannt hatte:

»Es lebe also Lenin! Ich verneige mich vor Leo Trotzki, der – ohne die Hilfe zahlreicher Illusionen, an denen wir festhalten, *und vielleicht ohne wie wir an die Ewigkeit zu glauben* – für unsere Begeisterung diese unvergessliche Losung ausgegeben hat: ›Und wenn die Sturmglocke im Westen läutet – und sie wird läuten –, dann können wir bis zum

---

48 P. Léautaud, *op. cit.*, S. 1618–1621.

Die Ära Gide

Hals in unseren Berechnungen, in unseren Bilanzen, in der NEP[49] stecken, doch wir werden auf den Appell ohne Zögern und ohne Abwarten antworten: wir sind Revolutionäre vom Scheitel bis zur Sohle, wir waren es und werden es bis ans Ende bleiben.'«

Im selben Monat Oktober 1925 häufen sich die gemeinsamen Versammlungen der Surrealisten und der Mitarbeiter von *Clarté*. Eine Zeit lang denken sie an eine gemeinsame Zeitschrift, *Guerre civile*. Der Surrealismus schließt sich damals unzweideutig den Perspektiven des Kommunismus an:

»Die Revolution«, heißt es in einem Beschluss vom 23. Oktober 1925, »kann von uns nur in ihrer wirtschaftlichen und sozialen Form konzipiert werden; dadurch wird sie definiert: die Revolution ist die Gesamtheit der Ereignisse, die den Übergang der Macht aus den Händen der Bourgeoisie in die des Proletariats und die Aufrechterhaltung dieser Macht durch die Diktatur des Proletariats bestimmen.«

Sich dem Marxismus-Leninismus anzuschließen bedeutet für die Surrealisten jedoch nicht oder noch nicht, sich der Kommunistischen Partei anzuschließen. Für André Breton und seine Freunde handelt es sich darum, ein für alle Mal »mit dem Ancien Régime des Geistes« Schluss zu machen und nicht nur mit dem ökonomischen Ancien Régime. Als er im Juli 1925 selbst die Leitung von *La Révolution surréaliste* übernimmt, versichert er erneut, er sei weiterhin »dem Wunderbaren zu Diensten«, wobei er sich mit »jeder revolutionären Aktion« solidarisch erklärt.

In dieser Phase wollen die Surrealisten *parallel* zum PCF aktiv werden. In ihren Augen oder in den Augen der meisten von ihnen steht die Kommunistische Partei rechts vom Surrealismus[50]. In der Öffentlichkeit zeigen sie sich jedoch völlig solidarisch: »Wir wollen die Revolution, also wollen wir die revolutionären Mittel. Wo aber befinden sich diese Mittel heute tatsächlich? Bei der Kommunistischen Internationale – und für Frankreich beim PCF«, liest man am 8. November 1925 in *L'Humanité*, die »mit Genugtuung [...] eine so kategorische Unterstützung der kommunistischen Lehre durch junge Intellektuelle« verzeichnet.

Mit der Entscheidung, parallel aktiv zu werden und den völligen Anschluss an den PCF zu vermeiden, versuchen die Surrealisten, den eigenen Kampf für eine revolutionäre Kunst aufrechtzuerhalten. Sie stellen sich die

---

49 *Anm. d. Ü:* NEP: die »Neue Ökonomische Politik« (1921–1927), die in der UdSSR den sog. Kriegskommunismus ablöste, beschränkte den staatlichen Zugriff auf die Wirtschaft und stellte teilweise den Binnenmarkt und die Privatwirtschaft wieder her.
50 Siehe M. Leiris, zit. nach C. Reynaud Paligot, *op. cit.*, S. 54.

Aufgabe, alle intellektuellen Aktivitäten zu »zerstören«, »die nicht die Revolution zum Ziel haben«; auch gewisse »revolutionäre intellektuelle Aktivitäten (wie beispielsweise vorweggenommene Versuche einer proletarischen Kultur), und zwar insofern sie sich auf intellektuelle Aktivitäten berufen, die beeinflusst sind a) vom Dilettantismus, b) von der Aristokratie des Denkens, c) vom intellektuellen Liberalismus, d) vom europäischen Geist[51]«.

Zwischen Surrealismus und Kommunismus beginnt, nicht ohne einige Missverständnisse, die Verlobungszeit. Breton und seine Freunde, die der Idee der sozialen Revolution aufrichtig ergeben sind, bilden sich ein, der Kommunistischen Partei geben zu können, was ihr fehlt: eine revolutionäre Ästhetik. Für sie geht der Aufstand des Geistes Hand in Hand mit der Revolution schlechthin. Für die PCF-Führer ist die Annäherung dieser jungen Schriftsteller an das Proletariat sympathisch und symptomatisch für die Krise des bürgerlichen Denkens, aber sie beurteilen sie sehr paternalistisch. Nun denn! Legt euch noch ein bisschen ins Zeug, dann werdet ihr richtige Kommunisten:

»Sie sind in ihrer Mehrheit bürgerlicher Herkunft«, liest man in *L'Humanité* vom 21. September 1925, »und instinktiv zur Revolution gekommen. Ihr Denken wird reifer und präziser werden. Viele, so hoffen wir, werden auf diesem Weg weitergehen, den sie auf Grund romantischer Begeisterung und Verzweiflung eingeschlagen haben. Andere – haben wir es nicht am eigenen Leib erfahren? – werden den Lockungen ihrer Interessen folgen und zweifellos zu ihren Ursprüngen zurückkehren. Der revolutionäre Glaube muss vernunftbestimmt, muss systematisch sein; er muss sich auf die von Marx und Lenin genial formulierten ökonomischen Gesetze stützen.«

In einer ersten Phase gelingt es den Surrealisten, *L'Humanité*, wo der »Clartéist« Marcel Fourrier den kulturellen Teil betreut, ein wenig zu »infiltrieren«. Marcel Noll (»Zeitschriftenschau«), Victor Crastre (»Bücher«), Benjamin Péret (»Filmchronik«) zeichnen regelmäßig Artikel und nehmen das literarische Milieu, die Literaturpreise, »diese kindischen Veranstaltungen«, aufs Korn. Die anerkannten Schriftsteller – unter ihnen Paul Valéry, den Breton verehrt hatte – entgehen ihren Pfeilen nicht. Vom Standpunkt des PCF ist es jedoch ganz offensichtlich gefährlich, die Zügel bei diesen »Maßlosen« (wie es während der Französischen Revolution hieß) locker zu lassen, denn sie sind in der Lage, der Partei Schriftsteller zu entfremden, die ihr mehr oder weniger dienen können.

---

51 Zit. nach M. Bonnet, *Vers l'action politique*, Gallimard, 1988, S. 66.

In der Affäre Anatole France hatte die Partei das in ihren Augen so sympathische Akademiemitglied in Schutz genommen. Der Parteiführung geht es – wieder einmal – weniger darum, die literarische Avantgarde durchzusetzen, als darum, Weggefährten[52] zu finden. Und sie macht daraus auch keinen Hehl: als *Clarté* unter dem Namen von Marcel Fourrier im Januar 1926 eine Offensive gegen Henri Barbusse startet – wegen »Konfusionismus«, »Aufgeblasenheit«, »bourgeoisem Pazifismus« ...–, stellt sich das Politbüro der Partei am 26. Februar 1926 entschlossen auf die Seite von Barbusse, der mit seiner großen Untersuchung über die Balkanländer gerade die Spalten der *Humanité* gefüllt hatte. Kurz zuvor hatte Paul Vaillant-Couturier, in *L'Humanité* vom 21. Februar, seine politische Übereinstimmung mit Barbusse unterstrichen:

»Der Versuch von J. Bernier, der aus einem Kreis anarchisierender Schriftsteller kommunistische Revolutionäre machen will, verdient Beachtung. Doch die Literaturpolitik der Partei muss sich von engstirnigen Fragen frei halten. Sie muss weit und gesund sein. Wenn es nötig ist, zu zerstören, so ist es auch nötig, das zu erkunden und zu unterstützen, was die Literatur von morgen ankündigt. Was die Kritik Fourriers angeht, so haben Barbusse und ich das Recht, darüber zu lächeln, und um nicht zu streng zu sein, möchte ich hinzufügen, ein wenig traurig zu lächeln.«

Schlussfolgerung der kommunistischen Zeitung: »Der Zwischenfall ist ad acta gelegt.« Doch der Beweis stand noch aus. Die kommenden Jahre sollten im Gegenteil belegen, dass es sich keinesfalls um einen Zwischenfall gehandelt hatte. Die beiden Auffassungen von der Revolution, die sich gegenüberstanden, waren kaum miteinander vereinbar.

---

52 *Anm. d. Ü:* Weggefährten: in diesem Zusammenhang werden diejenigen Intellektuellen ›Weggefährten‹ genannt, die eine Zeit lang mit dem PCF sympathisierten.

20
Rom gegen die Action française

Das Porträt von Germaine Berton, das die Fotos der Surrealisten umrahmen, ist nicht das Bild einer aus der Psychiatrie – aus jenen Anstalten, für die die Surrealisten in ihrem berühmten Offenen Brief die Chefärzte zur Rechenschaft gezogen hatten – entlaufenen Frau. Nicht aufs Geratewohl hatte sie am 22. Januar 1923 mehrere Schüsse abgefeuert. Als Anarchistin wollte sie den Tod von Jaurès und den des Anarchisten Almereyda – des Vaters von Jean Vigo – rächen, der 1917 im Gefängnis von Fresnes gestorben war. Sie hatte sich in die Büroräume von *L'Action française* begeben, um Maurras oder Daudet zu töten. Diese waren nicht zu sprechen; man bewilligte ihr ein Gespräch mit Marius Plateau, der Generalsekretär der Liga und zugleich für die Camelots du Roi verantwortlich war. Sie beseitigte also keinen unbedeutenden Komparsen. Dieses Attentat verlangte Rache; die Camelots schäumten vor Wut, stürzten mit ihren bleibeschlagenen Stöcken in die Büroräume und in die Druckerei von *L'Œuvre* und *L'Ère nouvelle*, linken Zeitungen, und verwüsteten Maschinen und Archive.

Die Beerdigung von Plateau war für die »AF« eine Gelegenheit, ihr Mobilisierungspotenzial unter Beweis zu stellen, nachdem sie bereits ihr Gewaltpotenzial demonstriert hatte. Später waren manche der Auffassung, man hätte angesichts der ungeheuren Massenansammlung den von Maurras gepredigten und immer auf den Sankt-Nimmerleins-Tag verschobenen »Gewaltstreich« versuchen sollen. Einstweilen interpretierte man das Verbrechen von Germaine Berton als von den Deutschen angestiftet: waren Léon Daudet in der Abgeordnetenkammer und Maurras mit seinen Artikeln nicht die glühendsten Befürworter der Besetzung des Ruhrgebietes, die Poincaré beschlossen hatte, um Deutschland, das seine Reparationen nicht zahlte, zur Vernunft zu bringen? Als die Arbeiter der CGT, die *L'Action française* druckten, streikten, um gegen die Zerstörung der Druckerpressen von *L'Œuvre* zu protestieren, gab es keinen Zweifel mehr an dem Komplott: lehnten die französische Linke und extreme Linke nicht die Besetzung des Ruhrgebietes ab? Deutschland war nach wie vor für die AF eine Obsession – ein guter Vorwand auch, um an der eigenen nationalistischen Berufung festzuhalten.

Während des Krieges hatte die AF, deren Germanophobie in nichts ihrer Spionagefurcht nachstand, auf Grund ihrer ultrapatriotischen Haltung ein Ansehen erlangt, das ihr vor 1914 nicht einmal ihre Schutzpatrone, die Akademiemitglieder Jules Lamaître und Paul Bourget, verschafft hatten. Der Nationalismus hatte den Neoroyalismus überflügelt, was ihr zu einem größeren Echo verhalf. Die Zeitung von Maurras wurde am Rande der Bewegung gleichsam als Sprachrohr der Union sacrée gelesen. Clemenceau und Poincaré, die früher als »alter Gauner« und »Waschlappen« verhöhnt worden waren, wurden nun für die Parteigänger des »integralen Nationalismus« zu göttlichen Helden. Bei den Parlamentswahlen von 1919 hatte die AF Listen präsentiert, auf denen sie republikanische Kandidaten zu ihren eigenen gesellte, um besser in den nur vage abgegrenzten nationalen Block einzudringen: sie errang den schönsten parlamentarischen Erfolg ihrer Geschichte, d.h. etwa dreißig Abgeordnete zogen unter der Führung des klobigen, gefräßigen und dröhnenden Léon Daudet, der in Paris gewählt worden war, ins Palais-Bourbon ein. Man konnte sich fragen, ob die Wiedereinführung der Monarchie noch zeitgemäß war. Drohte nicht gerade der Erfolg der AF die kompromisslose Lehre von Maurras in den ansteigenden Fluten der Zukunft zu ertränken? Der ganze symbolische Aufwand konnte sich als Hemmschuh erweisen.

Nach dem Krieg erscheint die AF vielen in der Tat als rechter Flügel der großen konservativen und nationalistischen Bewegung, die die Politik Poincarés unterstützt, als dieser wieder Ministerpräsident wird. Dem Beispiel des ehemaligen Staatspräsidenten folgend, versteift sich die AF auf eine unversöhnliche Politik dem besiegten Deutschland gegenüber, dieser Weimarer Republik, die gezwungen wird, ganz ungeheure und unrealistische Reparationen zu zahlen, deren Höhe von den Siegern in Versailles in der Stunde der Illusionen festgelegt worden war. Wie dem auch sei, Maurras und die Seinen glauben, der Versailler Vertrag sei für Deutschland noch zu günstig. Während der englische Wirtschaftswissenschaftler Keynes in *The Economic Consequences of the Peace* (*Die wirtschaftlichen Folgen des Friedensvertrages*) beweist, dass der Vertrag nicht realisierbar ist, antwortet ihm der Historiker der Action française, Jacques Bainville, mit *Les Conséquences politiques de la Paix* (»Die politischen Folgen des Friedens«). Er wiederholt darin seine Lieblingsformel: »Ein zu sanfter Friede im Verhältnis zu dem, was er an Härte in sich birgt«, und erklärt, dass »der Vertrag Deutschland alles nimmt, außer dem, worauf es ankommt, außer der politischen Macht, die jede andere Macht erzeugt[53].« Da man Deutschland nicht zerschlagen hatte, musste man es in Schach halten, eine Politik der Härte betreiben, es dazu bringen, die Artikel des Vertrages einzuhalten – freiwillig oder unter Zwang. Angesichts der Ver-

---

53 J. Bainville, *Les Conséquences politiques de la Paix*, Fayard, 1920, S. 40.

zögerungen der deutschen Reparationslieferungen waren zwei politische Haltungen möglich: die konziliante von Aristide Briand und die unnachgiebige von Poincaré. Maurras, Bainville und die anderen entschieden sich selbstverständlich für die des Lothringers. Sie unterstützten ihn, als er im Januar 1923 trotz britischer Opposition die Besetzung des Ruhrgebietes durch die französische Armee beschloss. Die Deutschen antworteten mit »passivem Widerstand«: Generalstreik an der Ruhr, Sabotage, Zerrüttung der Mark, schwindelerregende Inflation ..., eine Krise, die erst durch die Verhandlungen vom Sommer 1924 gelöst wurde.

Die französische Linke und extreme Linke lehnten diese Politik des Knüppels entschieden ab. Die Kommunisten organisierten Meetings der Solidarität mit den deutschen Arbeitern. In diesem Kontext hatten die Leute der Action française die Tat von Germaine Berton als Ergebnis einer Verschwörung gedeutet.

In demselben Jahr 1923 reichte Charles Maurras seine Kandidatur für die Nachfolge von Paul Deschanel in der Académie française ein. Die Verehrung, die Maurras für diese Institution monarchischen Ursprungs empfand, stand umso weniger im Widerspruch zu seinen subversiven Ideen, als er schon immer auf Freundschaft, ja auf Bewunderung von Akademiemitgliedern hatte zählen können. Im Übrigen waren seine Qualitäten als Schriftsteller erwiesen, wenn auch seine Dichtung Claudel zufolge in die »Gattung der Knittelverse«[54] gehörte. Maurras hatte vor allem das konterrevolutionäre Ideal, das sich von der theokratischen Theologie emanzipiert und auf Grund des positivistischen Einflusses modernisiert hatte, mit logischer Kraft und durchdringenden Formulierungen versehen. Den jungen Leuten, die nach intellektueller und moralischer Ordnung suchten, bot die Action française einen Handlungsrahmen, für den es in Frankreich kein anderes Beispiel gab als die kommunistische Organisation am anderen Ende des Spektrums. Außerdem übte sie in den katholischen Reihen das aus, was Jacques Maritain eine »Meinungsführerschaft« nennt – eine Meinungsführerschaft, die bis in die Reihen der Kirchenleute reichte, die glücklich waren, in der Action française einen weltlichen Arm gegen die Laizisten, die Freimaurer, all die Feinde der Kirche zu finden.

Die Überzeugungen und die Orthodoxie der Action française waren darüber hinaus in einer literarischen Tradition verankert, die den Klassizismus als Grundsatz für sich in Anspruch nahm. Maurras hatte also gute Chancen, in den Himmel der Unsterblichen gewählt zu werden, umso mehr, als sein Gegner, der farblose Célestin Jonnart, einst (1913) Außenminister, kaum ernst zu nehmen war. Nichtsdestoweniger wurde Maurras' Kandidatur als eine politi-

---

54 »Une heure avec M. Paul Claudel«, *Les Nouvelles littéraires*, 18. April 1925.

sche Kandidatur angesehen, was Anatole France – obwohl Maurras gegenüber sonst so nachsichtig – bewog, ihm seine Unterstützung zu verweigern: »Es handelt sich«, erklärte er, »um die vorsätzliche Herausforderung eines Parteigängers, der seine Fahne auf der Kuppel aufziehen will. Ich gebe der Reaktion meine Stimme nicht[55].« Es ist bemerkenswert, dass Maurras ihm das nicht nachtrug. Er zollte Anatole France Lob sowohl zu seinem Ehrentag im April 1924 als auch bei seinem Tod im folgenden Oktober. Im Übrigen zählte Maurras auf genügend Unterstützung am Quai Conti, um die des achtzigjährigen Dreyfusard entbehren zu können. Unglücklicherweise entfalteten seine Freunde einen derartigen Eifer zu seinen Gunsten, äußerte sich seine Zeitung Jonnart und allen gegenüber, die diesen unterstützten, derart abfällig und zeigte sich Léon Daudet erneut derart überspannt, dass der Sinn für Diskretion, der den Männern in der grünen Robe so teuer ist, verletzt wurde, was Jonnarts Rettung war. Daudet, der vor der Abstimmung behauptet hatte, Jonnart – im Quartier Latin durch einen mit grünen Palmen bedeckten Esel symbolisiert – habe einen »wahnsinnigen Lacherfolg[56] ...« gehabt, dieser Daudet organisierte nach der Niederlage die Erwiderung und zögerte dabei nicht, die (ihm aus Gefälligkeit zugetragenen) Namen derer zu veröffentlichen, die gegen Maurras gestimmt hatten, und so das Wahlgeheimnis zu verletzen.

In das Jahr 1923 fallen auch weniger »literarische« Aktionen der Neoroyalisten. Am 31. Mai spielen die Quertreiber der AF – kurze Zeit, nachdem sie Jeanne d'Arc mit der Absicht, dabei anständig Krawall zu machen, gefeiert hatten – den Rednern auf einem gegen die Außenpolitik Poincarés gerichteten republikanischen Meeting übel mit. Opfer ihrer dem italienischen Faschismus entlehnten Gewaltmethoden sind in erster Linie Marc Sangnier und Maurice Violette. Am nächsten Tag ist der Überfall Gegenstand mehrerer Anfragen in der Abgeordnetenkammer: »Mehr und mehr glaubt man im Land – ich sage nicht, in der Kammer –, dass die Regierung Wert darauf legt, die Action française nicht zu verärgern«, erklärt Marc Sangnier, der Christdemokrat. Der Führer der Radikalen Partei, Édouard Herriot, prangert ebenfalls die Gewalttätigkeiten der Action française und das stillschweigende Entgegenkommen der Regierung Poincaré an. Ein gefundenes Fressen für die Linke, die das »royalistische Komplott« öffentlich bloßstellen kann. Einige Monate später trägt das Cartel des Gauches (»Kartell der Linken«) bei den Parlamentswahlen von 1924 den Sieg davon, und Léon Daudet wird nicht wieder gewählt. Die Strategie einer Eroberung von innen her, die er eine Zeit lang verfochten hatte, erwies sich als undurchführbar.

Allerdings hatte der Sieg der Linken für die AF auch sein Gutes. Am 23. November 1924 wurden unter den offiziellen Blicken des Ministerpräsiden-

---

55 *Paris-Midi*, 3. Juli 1922. Zit. nach E. Weber, *op. cit.*, 1985, S. 165.
56 L. Daudet, *Souvenirs et Polémiques, op. cit.*, S. 873.

ten Édouard Herriot und unter einem beeindruckenden Aufgebot roter Fahnen Jean Jaurès' sterbliche Überreste ins Panthéon überführt – eine Zeremonie, bei der sich das Anfangsstadium einer gesellschaftlichen Angst abzeichnete, über die die AF nur allzu froh war. Würde sie im Falle des Versuchs einer kommunistischen Erhebung nicht das letzte Bollwerk sein? Die laizistische Politik des »Kartells«, das den Départements von Elsass-Lothringen das Gesetz zur Trennung von Staat und Kirche aufzwingen wollte, kam ebenfalls der Mitgliederwerbung der Liga von Maurras zugute, die damit prahlte, die Rechte der Kirche zu verteidigen. Im Quartier Latin veranstalteten ihre Studenten einen großen Krawall gegen den Professor Georges Scelle, den persönlichen Referenten des radikalsozialistischen Arbeitsministers, der gerade in die juristische Fakultät von Paris gewählt worden war: die Fakultät musste ihre Tore schließen. Zum traditionellen Jeanne d'Arc-Fest – die AF mobilisierte schon ihre Truppen – verbot die Regierung die Kundgebung, genau wie sie die Arbeiterkundgebung zum 1. Mai verboten hatte. Das war für Maurras eine Gelegenheit, mit einer jener von ihm so geschätzten Herausforderungen aufzuwarten:

> »Ohne Hass und ohne Furcht gäbe ich den Befehl, Ihr Hundeblut zu vergießen, wenn Sie die öffentliche Macht dazu missbrauchen würden, die Schleusen französischen Blutes zu öffnen, das unter den Kugeln und Messern der von Ihnen so geliebten Moskauer Banditen vergossen würde.«

Man setzte alle Mittel ein. Ende des Jahres verlor Léon Daudet seinen Sohn Philippe, der vierzehneinhalb Jahre alt war; er hatte sich in einem Taxi eine Kugel in den Kopf geschossen und war im Krankenhaus Lariboisière gestorben. Der junge Mann wurde im engsten Kreis beerdigt. Am 2. Dezember bringt *L'Action française* dann den maßlosen Titel: »Eine abscheuliche Rache: Philippe Daudet ist ermordet worden.« Daudet ist davon überzeugt, dass sein Sohn Opfer dunkler Machenschaften geworden ist, die ihm selbst gelten. Ein Zwischenfall bestärkt ihn in dieser Überzeugung: während des Prozesses gegen Germaine Berton, der ebenfalls im Dezember 1923 stattfindet und in dem sie freigesprochen wird, schleudert die junge Anarchistin ihm entgegen: »Ich bedaure sehr, Monsieur Daudet, Plateau an Ihrer Stelle getötet zu haben.« Für ihn ist die Sache klar: es handelt sich um dasselbe Komplott; Deutschland steckt dahinter. In seiner Absicht, die Angelegenheit zu politisieren, beschuldigt er den, der das schwächste Glied in der Kette der »Verschwörung« zu sein scheint: den Taxifahrer Bajot. Dieser erhebt Klage wegen Verleumdung. Vor dem Assisengericht des Département Seine bringt Daudets Auftritt am 14. November 1925 – weit davon entfernt, die Geschworenen zu überzeugen – diesem fünf Monate Gefängnis und ein Bußgeld von 1.500 Francs ein, dazu 20.000 Francs Schadenersatz für Bajot. Er legt Berufung ein. Am 1. Juni 1927 weist der Kassationsgerichtshof sein Gesuch zurück. Der Polizeipräfekt Guichard nimmt ihn persönlich in seinem Büro fest, wo seine Anhänger anfangen, eine »Festung Chabrol«[57] zu improvisieren. Nach einigem Hin und Her stimmt Daudet zu, den Herren Polizeibeamten ins Gefängnis La Santé zu folgen, »um zu vermeiden, dass Blut fließt«. Er bleibt nur etwa zwölf Tage im Gefängnis, denn er wird dank eines verständnisvollen Telefonanrufs bald entlassen. Léon Daudet geht dann nach Belgien, wo er bis 1929 bleibt; damals wird er begnadigt und kann seine Tätigkeit in Paris wieder aufnehmen.

Das von den Medien stark ausgeschlachtete Drama Daudets gab eine Vorahnung von anderen Unglücksfällen, die die Action française treffen sollten. Der schwerste Schlag traf sie im Dezember 1926: die Verurteilung durch Papst Pius XI. Die Thesen von Maurras führten unter den Katholiken zu einer tiefen Spaltung. Obwohl er den Glauben verloren hatte, betrachtete Maurras die Kirche weiterhin als notwendigen Pfeiler der gesellschaftlichen Ordnung. Gegen die vier Evangelien, die man »vier obskuren Juden« verdankte, hegte er Misstrauen, ja Feindseligkeit, instrumentalisierte jedoch den katholischen Glauben für sein politisches System und gewann gerade dadurch eine große Zahl von Gläubigen für die Action française; sie empfanden Genugtuung darüber, gegen den Republikanismus, den Laizismus, den Antiklerikalismus, den atheistischen Sozialismus die Unterstützung einer Lehre und Organisation zu finden, die der Kirche ihren angemessenen Platz zurückgeben konnten. Andere Katholiken dagegen, auch Priester, waren über ein System bestürzt, das verkündete: »Zuerst die Politik!« und damit das Risiko einging, den Glauben den konterrevolutionären Zielen unterzuordnen.

Unter Papst Pius X. hatte Rom vor dem Krieg den Modernismus verurteilt, der den kritischen Geist in die Bibelexegese einführen wollte; es hatte Le Sillon[58] von Marc Sangnier verurteilt, den man beschuldigte, das demokratische Ideal mit dem des Katholizismus zu vermengen. Die Parteigänger und Bewunderer von Maurras glaubten damals, sie seien in einer Position der Stärke. Unter ihnen stieß man auf besonders viele Denunziatoren des »Demochristentums« am Hofe Roms. Das Paradox bestand darin, dass Maurras, obwohl Agnostiker, in der Kirche den am stärksten integristischen und un-

---

57 *Anm. d. Ü*: Festung Chabrol: siehe die in Kap. 6 beschriebenen Ereignisse in der Pariser Rue de Chabrol. »Festung Chabrol steht hier für das Sich Verschanzen mit Waffengewalt.
58 *Anm. d. Ü*: Le Sillon: »Die Spur«, zunächst Titel einer 1894 gegründeten Zeitschrift, die 1902 von Marc Sangnier übernommen wird; dann Name der von ihm gegründeten Bewegung, die – gegen die antiklerikale Politik der Dritten Republik – die Katholiken unabhängig von der kirchlichen Hierarchie in eine demokratische und soziale Richtung zu lenken sucht.

versöhnlichen Flügel unterstützte, was ihm im Gegenzug sehr viel Nachsicht, ja sehr viel Komplizenschaft innerhalb der römischen Kurie und der katholischen Fakultäten einbrachte. Das war auch der Fall bei Dom Besse, dem Leiter der Novizen von Notre-Dame in Ligugé und Mentor des jungen Bernanos, der 1906, dem Jahr seines Abiturs, den Camelots du Roi beigetreten war; und es war der Fall bei Pater Clérissac, der Jacques und Raïssa Maritain nach ihrer Konversion zur Action française geführt hatte.

Trotz des Wohlwollens, das Maurras in der katholischen Hierarchie genoss, ging er schon 1914 hart an einer Verurteilung vorbei. Im Januar dieses Jahres hatte die Index-Kongregation sieben seiner Bücher für »wahrhaft schlecht« erklärt. Pius X. war damit einverstanden, die Verurteilung aufzuschieben. Doch während des Krieges – unter dem Pontifikat Benedikts X. – war die Akte Maurras weiterhin Gegenstand der Aufmerksamkeit des Vatikans. Die Ausweitung des Einflusses von Maurras unter der katholischen Jugend, den Seminaristen, zahlreichen Priestern und manchen Intellektuellen beunruhigte die oberste Autorität Roms. Zwar vertrug sich in Frankreich der herrschende Antiliberalismus des Katholizismus ausgezeichnet mit den Lehren dieser von Grund auf antiliberalen, antidemokratischen und antilaizistischen Schule, doch da der Katholizismus der Action française streng politisch war, lief er Gefahr, die Christen vom reinen Glauben abzubringen – zu Gunsten einer neuen Religion, die durch und durch heidnisch war, nämlich die des Vaterlandes, ja sogar die eines Clans innerhalb des Vaterlandes.

Das Problem ging über das katholische Milieu hinaus, wie ein Artikel zeigt, den Jacques Rivière diesen Fragen im Januar 1920 in *La Nouvelle Revue française* widmete:

> »Nichts ist weniger katholisch«, schrieb er insbesondere, »nichts heidnischer, nichts barbarischer als eine solche Lehre. Denn was kann in einer solchen Lehre aus Gott werden? Welchen Platz lässt man ihm? In welchen Winkel wird er verwiesen? Da es unpopulär wäre, ihn zu unterschlagen, reserviert man ihm zweifellos die Rolle eines Ehrenpräsidenten. Aber man huldigt ihm streng nach Maß.[...] Ein Christ kann diese Komödie nicht zulassen und kann sie nur als eine Verhöhnung seines Glaubens empfinden[59].«

Schließlich entschied Pius XI., die bereits angeprangerten Bücher von Maurras sowie die Lektüre von *L'Action française* zu verurteilen. Mit »florentinischem« Gespür wählte das päpstliche Rom einen der AF wohlgesinnten Bischof, um ihr die ersten Schläge beizubringen. So wurde der Kardinal Andrieu mit den

---

59 J. Rivière, *NRF*, 1. Januar 1920.

Preliminarien beauftragt. Der Erzbischof von Bordeaux, dem heiligen Stuhl unterstellt, begann 1925 seine Kampagne gegen Maurras; das Bulletin seiner Diözese, *L'Aquitaine*, veröffentlichte am 27. August 1926 seine Antworten auf Fragen, die angeblich junge Katholiken gestellt hatten. Zu verurteilen seien in der genannten Bewegung nicht ihre im strengen Sinn politischen Optionen, sondern die implizite geistige, metapolitische, heimtückische Lehre, die sich in Maurras' Doktrinen niederschlage: Atheismus, Agnostizismus, Antichristianismus, »individueller und moralischer Antimoralismus«, Heidentum ...:

> »Die Menschen, die die Action française leiten, sind katholisch aus Berechnung, nicht aus Überzeugung, und sie gebrauchen die Kirche zu ihren Zwecken oder hoffen jedenfalls, sie dazu gebrauchen zu können; sie dienen ihr nicht, denn sie weisen die göttliche Botschaft, deren Verbreitung der Auftrag der Kirche ist, zurück.«

Von da an fand unter den französischen Katholiken ein Grabenkrieg zwischen Anhängern und Gegnern der Action française statt. Während der Kardinal Andrieu seine Verwarnungen verstärkte, erhielt Maurras von verschiedenen Bischöfen Unterstützung. Doch die Gefahr wurde so drohend, dass sich in der Vorstellung der Neoroyalisten das deutsche Komplott, das Komplott der dem Heiligen Vater nahe stehenden Germanophilen, erneut als eine Evidenz aufdrängte. Schließlich veröffentlichte Pius XI. am 29. Dezember 1926 die Entscheidung, die 1914 zitierten Werke sowie die Tageszeitung *L'Action française* auf den Index zu setzen. Am folgenden 8. März legte ein Reskript der Apostolischen Pönitentiarie[60] die Sanktionen gegen die Katholiken dar, die darauf beharren würden, sich zu Propagandisten der Ideen von Maurras zu machen oder ganz einfach seine Zeitung zu lesen: das war ein Todesstoß für den integralen Nationalismus.

Für die Katholiken der Action française bedeutete es eine Zerreißprobe. Viele trotzten der Verurteilung durch den Papst, selbst auf die Gefahr hin, von den Sakramenten ausgeschlossen zu werden. Von 1928 an wurde es den Widerspenstigen nicht mehr erlaubt, kirchlich zu heiraten oder bestattet zu werden. Andere unterwarfen sich dem Bannstrahl aus Rom. Angesichts der Rolle, die sie in der französischen Diskussion spielen werden, sind zwei Fälle bemerkenswert: der von Georges Bernanos und der von Jacques Maritain.

Bernanos war zur Zeit der Verurteilung der AF bereits achtunddreißig Jahre alt. Er hatte sich sehr früh mit Politik vertraut gemacht, indem er Drumont las, dessen christlicher Sozialismus sich in den Formen eines äußerst gewaltsamen und wahnhaften Antisemitismus äußerte. Von seinem siebzehnten

---

60 *Anm. d. Ü*: Apostolische Pönitentiarie: päpstlicher Gerichtshof für den Gewissensbereich.

Lebensjahr an war er Anhänger der Ideen von Maurras gewesen und hatte sich begeistert in den Reihen der Camelots du Roi geschlagen: »Ich hatte Krawall gern«, sagte er später. Mit fünfundzwanzig übernahm er in Rouen die Leitung einer der kleinen Zeitungen der Action française, *L'Avant-garde de Normandie*. Es war die Zeit, in der Alain, der am Lycée für Knaben derselben Stadt unterrichtete, in *La Dépêche* seine »Glossen« schrieb. Bernanos biss sich am Denker des Radikalismus[61] die Zähne aus. 1914 als untauglich ausgemustert, meldete er sich als Freiwilliger bei den Dragonern; er ging aus dem Krieg als Verwundeter sowie mit einer Auszeichnung und einem Orden hervor. Seit 1917 verheiratet, 1918 Vater eines ersten Kindes, 1919 aus dem Militärdienst entlassen, ließ er sich in Paris nieder, ganz von dem Wunsch beseelt, Schriftsteller zu werden; zur Action française ging er ein wenig auf Distanz. Er verdiente sich seinen Lebensunterhalt als Versicherungsinspektor der Versicherungsgesellschaft La Nationale und begann, auf den Tischen der Bars und Hotels der im Osten gelegenen Départements, die er kreuz und quer durchfuhr, *Sous le soleil de Satan* (*Unter der Sonne Satans*) zu schreiben. Als das Manuskript fertig ist, schickt er es im Sommer 1925 über Henri Massis an Daudet. Der Roman erscheint im März 1926 in der Reihe »Le roseau d'or« (»Das goldene Schilfrohr«), die Massis und Maritain bei Plon herausgeben. Es ist ein überwältigender Erfolg – fast 60.000 verkaufte Exemplare in vier Monaten –, der zum Teil auf eine Lobeshymne von Léon Daudet in *L'Action française* zurückgeht, wo dieser am 7. April »die Entdeckung eines großen Romanciers« verkündet. Adieu, Versicherungen! Jetzt ist Bernanos bereit, sich erneut zu schlagen, mit der Feder in der Hand, und zwar gerade in dem Augenblick, in dem Maurras und seine Freunde Gefahr laufen, von Rom verurteilt zu werden. Es ist paradox: nach dem Krieg hatte er sich von der Action française entfernt, und jetzt, wo sie sich im Zustand der Exkommunizierung befindet, eilt er ihr zu Hilfe. Im Dezember 1926 richtet er in der *Revue fédéraliste* an Maurras eine Huldigung:

> »Ich habe überhaupt kein Recht, im Namen der Action française zu schreiben, denn schon seit vielen Jahren stehe ich nicht mehr auf ihren Listen. Die politische Leidenschaft ist überwunden, der Hass ist verstummt und sogar die Bewunderung schweigt. Diejenigen, die zu nichtswürdig sind, um ein entblößtes Gewissen zu betrachten, mögen die Augen niederschlagen. Ich bitte Sie, Maurras, im Namen der Katholiken, die Sie – zumindest im Herzen – an Ihrem immensen Werk teilhaben ließen, um Verzeihung. Alles, was das Genie aus sich heraus spenden kann, haben Sie überreichlich gegeben! Keiner weiß besser als

---

61 G. Bernanos, *Essais et Écrits de combat*, Gallimard, »La Pléiade«, 1971, Band 1.

wir, welche Macht und welche Tragweite ihr Bemühen hatte, als eine bewunderungswürdige intellektuelle Großmut und eine erstaunliche Dialektik Sie bis an die Grenzen des Glaubens führten[62].«

In einem anderen Brief aus derselben Zeit vertraut er einem seiner Freunde an:

»So absurd mir die Verurteilung auch erscheint und gerade weil sie mir absurd erscheint, würde ich mich ihr gern bedingungslos unterwerfen; doch es gibt Frankreich. Es gibt insbesondere diese zugleich religiöse und nationale Tradition – ein letztes Bollwerk gegen die Anarchie –, die uns anvertraut ist, und ich für meinen Teil werde sie denen, die sie mir übergeben haben, auch intakt zurückgeben. Bevor ich Folge leiste, warte ich die Befehle des historischen Repräsentanten Frankreichs, d.h. des französischen Königs, ab, und man sagt mir, dass er sie in aller Kürze geben wird. Es ist unmöglich anzunehmen, dass Jeanne d'Arc das politische Programm Pius' XI. akzeptiert hätte. Und es ist unmöglich anzunehmen, dass wir Franzosen minderen Grades zu sein haben, die nur ein Recht auf akademische Präferenzen für diese oder jene Regierungsform haben.«

Bernanos hielt Maurras die Treue bis 1932[63] – dem Jahr eines lautstarken Bruchs, auf den wir zurückkommen werden.

Jacques Maritain antwortet nicht wie Bernanos »aus dem Bauch heraus«. So verbunden er der Action française auch sein mag, der thomistische Philosoph nimmt das Ereignis doch als gehorsamer Katholik auf und bemüht sich, zu verstehen, zu analysieren und schließlich zu billigen. Schon 1927 veröffentlicht er bei Plon *Primauté du Spirituel* (»Vorrang des Geistigen«), ein Titel, der genau die Replik auf das »Zuerst die Politik!« von Charles Maurras ist. Er tut alles, um die Argumente der Anhänger von Maurras und der Gegner des Vatikans zu widerlegen, denen zufolge die Action française als politische und nichtreligiöse Bewegung nicht unter die Jurisdiktion des Papstes fällt:

»Man hat von der Kirche heftig und scharf gefordert, sie solle für ihre Strenge gegen die Action française ihre Gründe angeben. Ein einziger genügt, und er bleibt nach meiner Meinung der überzeugendste: die Action française organisierte eine große Zahl von Katholiken, insbe-

---

62 G. Bernanos, *Lettres retrouvées*, Plon, 1983, S. 151.
63 Siehe insbesondere S. Albouy, »Bernanos devant la condamnation de l'Action française«, *La Crise religieuse de l'Action française*, Actes du cinquième colloque Maurras, Centre Charles-Maurras, 1986, Band 1, S. 101–119.

sondere einen beträchtlichen Teil der Jugend, in einer politischen (ich sage nicht religiösen oder philosophischen, ich sage politischen) Gemeinschaft, die als solche unter der absoluten Führerschaft eines Ungläubigen stand.«

Unter diesen Bedingungen war zu befürchten, fügt er hinzu, dass die Mängel, an denen das Oberhaupt litt, »sich dem Körper der Gemeinschaft mitteilten und dort den Sinn des Christentums entstellten, so dass sich in diesem politischen Körper eine nichtkatholische oder vermindert katholische Art, die Dinge der Welt zu betrachten, unmerklich und unterschwellig entwickeln konnte. Es handelt sich da um etwas viel Subtileres als um einen gewöhnlichen Irrtum der Lehre, es handelt sich um eine Gesinnung[64]«. Es geht um die Anschauung, die Maurras von der Kirche hat, eine »ganz rationale« Anschauung, wonach sie die »Hüterin der menschlichen Ordnung und der lateinischen Zivilisation« ist, und nicht das, was sie ihrem Wesen nach ist: »der mystische Leib Christi«.

Die Auseinandersetzung ist von Gewicht. Die Action française ist bis ins Mark getroffen: durch den Schlag gegen den umfangreichsten Teil ihrer Klientel, das von ihrer Doktrin durchdrungene katholische Bürgertum und die ihr anhängende Priesterschaft; und auch durch die strikt intellektuelle Kritik an ihrem Lehrgebäude: konnte sie weiterhin aus der katholischen Kirche den stabilsten Pfeiler der von ihr erträumten Ordnung machen, wenn sich diese Kirche dem verweigerte? Maurras, Daudet, Pujo und die anderen Führer der AF lehnten es ab, sich zu fügen: »Es steht mir nicht an, zu protestieren«, schreibt Maurras nicht ohne Würde. »Es steht mir ebenso wenig an, nicht mehr zu wirken. Neben Rom gibt es Frankreich. Ich habe nicht das Recht, die Verteidigung meines Landes aufzugeben[65].« 1939, am Vorabend des Krieges, erreichen sie, dass Pius XII. das über sie verhängte Interdikt aufhebt. Inzwischen hatte die Verurteilung von 1926 das Klima des intellektuellen katholischen Milieus verändert. Über die neue Generation konnte die Action française keine Vorherrschaft mehr ausüben: emanzipiert und befreit von der Hypothek Maurras', sollte sie ihr Verhältnis zur Politik neu fassen. Die Zeitung *La Croix* – lange Zeit Maurras gegenüber wohlwollend – besiegelte durch einen Bruch im Ton und in der Orientierung das Gelübde des Gehorsams, das sie dem Pontifex Maximus schuldete. Die Christdemokraten, so lange drangsaliert, hoben den Kopf. Eine neue Zeit begann. Der Anschluss an die Republik, den Papst Leo XIII. den französischen Katholiken 1892 empfohlen hatte, war zum Teil fehlgeschlagen; die Action française war dafür der lebendige Beweis gewesen. Jetzt stand ein »zweiter Anschluss« bevor.

---

64 J. Maritain, *Primauté du Spirituel*, Plon, 1927, S. 88–89.
65 Ch. Maurras, »Rome et la France«, *L'Action française*, 9. Januar 1927.

21
La trahison des clercs –
»Der Verrat der Intellektuellen«

1927, genau in dem Jahr, in dem die Führer der Action française die Wunde vernähen müssen, die ihnen von Papst Pius XI. beigebracht wurde, zerzaust ein Pamphlet von Julien Benda ihre Werke – keineswegs auf der Ebene der Religion, sondern auf der des Denkens. Bis heute ist *La Trahison des clercs* (*Der Verrat der Intellektuellen*) ein emblematisches Buch geblieben: diskutierbar, manchmal heftig diskutiert, doch ein obligater Bezugspunkt aller Reflexion und aller Geschichtsschreibung über die Rolle der Intellektuellen im Gemeinwesen.

Zwischen der Verurteilung durch Rom und Bendas Werk gibt es keine kausale Beziehung. Der Autor hatte über sein Werk lange vor Roms Interdikt nachgedacht, schon zu einer Zeit, als die Action française auf ihrem Höhepunkt stand, als ihr Einfluss über das katholische Milieu hinaus wirkte und sie im bürgerlichen Denken Autorität besaß. Schon 1925 spricht Benda in einem Interview, das er den *Nouvelles littéraires* gibt, von seinem zukünftigen Buch:

»Was ich Ihnen ungefähr sagen kann, ist, dass mir die allgemeine Moral zurzeit äußerst niedrig zu sein scheint und ich den Eindruck habe, dass sie direkt zu einem Gemetzel führen wird, wie es die Geschichte noch nicht erlebt hat. Die Niedertracht lässt sich meiner Meinung nach in einem einzigen Wort zusammenfassen: ein verbisseneres, bewussteres, stärker organisatorisches Anklammern an das *rein Zeitliche* denn je und eine Verachtung für jeden im strengen Sinn idealen und zweckfreien, uneigennützigen Wert. Die Menschen haben nur noch zwei Religionen: zum einen die Nation, zum anderen die Klasse – was man auch behaupten mag, zwei Formen des Zeitlichen in seiner reinsten Gestalt. Diejenigen, deren Aufgabe es war, ihnen Liebe zu einem Ideal, zu einem Überzeitlichen zu predigen – die Schriftsteller, die Philosophen, sagen wir mit einem Wort: die *Intellektuellen* –, haben es nicht nur nicht getan, sondern sie haben mit aller Macht daran gearbeitet, diese Religionen des Weltlichen noch zu verstärken; Leute wie

La trahison des clercs – »Der Verrat der Intellektuellen«

Barrès, Bourget, Nietzsche, Marx, Péguy, Sorel, D'Annunzio, all die einflussreichen Moralisten dieses letzten halben Jahrhunderts sind erbitterte Verfechter des Realismus gewesen und haben sich gerühmt, es zu sein – selbst auf die Gefahr hin, diesen Realismus zu idealisieren. [...] Das nenne ich den *Verrat der Intellektuellen*[66]...«

War Bendas Pamphlet, das von August bis November 1927 in vier Nummern der *Nouvelle Revue française* erschien, bevor Grasset es als Buch herausbrachte, eine Abrechnung mit der politischen Familie dieses Léon Daudet, der nach Belgien geflohen war? Benda hatte Daudet in der Sexta des Lycée Charlemagne kennen gelernt, wo sie sich hin und wieder auf dem Pausenhof die Köpfe einschlugen[67]. Er konnte einen Grund zum Groll haben: die Tatsache, dass er 1912 nicht den Prix Goncourt bekommen hatte. Sein in den *Cahiers de la Quinzaine* erschienener Roman *L'Ordination* (»Die Priesterweihe«) gefiel Lucien Descaves, der ihm riet, ihn im Hinblick auf den Prix Goncourt, dessen Jury er angehörte, noch ein wenig zu erweitern. Auch Péguy unterstützte die Kandidatur Bendas nach Kräften, der ihm versprochen hatte, der Zeitschrift das Preisgeld zu spenden. Dagegen gelang es Georges Sorel, der es Benda übel nahm, dass dieser ihn in seinem Werk gegen Bergson ins Visier genommen hatte, Elémir Bourges – ein weiteres Mitglied der Jury –, zu überreden, nicht »diesem kleinen Juden« den Preis zu geben. Léon Daudet schließlich erklärte schlankweg, er werde auf keinen Fall für einen Juden stimmen. Schließlich bekam Benda fünf Stimmen gegen fünf für seinen Gegner, dessen Namen alle Welt vergessen hätte, wenn ihn der Dictionnaire Larousse nicht säuberlich verzeichnet hätte: es handelte sich um André Savignon und sein Werk *Les Filles de la pluie* (»Die Töchter des Regens«). Die Stimme des Vorsitzenden Hennique gab gegen Benda den Ausschlag. Damals trennte sich Péguy von Sorel, denn seit einiger Zeit hatte er »in allem, was gegen die *Cahiers* unternommen wird«, dessen Hand erkannt: »Ich wäre Ihnen dankbar, wenn Sie nicht mehr bei mir erscheinen würden.«

La Trahison des clercs ist indessen weder eine Anklageschrift gegen die Antisemiten noch ein Gelegenheitswerk. Dieses Buch überragt das gesamte Werk Bendas und es ist vielleicht das einzige Buch, das man noch von ihm liest. Es liegt voll und ganz in der Kontinuität eines Denkens, das beharrlich die Rechte der Vernunft gegen alle Angriffe verteidigt, denen sie seit dem Ende des 19. Jahrhunderts ausgesetzt ist, und parallel dazu die Pflicht des Intellektuellen – dieses laizistischen Klerikers – gegenüber allen Versuchungen des Zeitlichen verherrlicht.

---

66 »Une heure avec M. Julien Benda«, *Les Nouvelles littéraires*, 23. Mai 1925.
67 Diese und die folgenden Einzelheiten sind – soweit nicht anders angegeben – J. Benda, *La Jeunesse d'un clerc, op. cit.*, entnommen.

Die Ära Gide

Was ist ein »clerc«? Ein Gebildeter, ein Künstler, ein Wissenschaftler, der sich kein praktisches Ergebnis als unmittelbares Ziel setzt. In tiefer Ehrfurcht vor der Kunst und dem reinen Gedanken, findet er sein Glück in einem in erster Linie geistigen Genuss und »sagt gewissermaßen: Mein Reich ist nicht von dieser Welt«. Er setzt seine Vernunft über die Leidenschaften, die die Menge bewegen: Familie, Rasse, Vaterland, Klasse. Der »clerc« ist ein Vertreter des Ewigen, der universellen Wahrheit. Nun beobachtet man aber, sagt uns Benda, eine allgemeine Tendenz des zeitgenössischen Geistes, die uneigennützigen Werte aus den Augen zu verlieren und sich den kontingenten Auseinandersetzungen zu widmen.

Der Verrat der Intellektuellen besteht keineswegs darin, sich in einer öffentlichen Aktion zu engagieren – Benda rühmt Voltaires Haltung in der Affäre Calas[68] und Zolas Haltung in der Dreyfus-Affäre –, sondern darin, die Intelligenz der weltlichen Parteinahme unterzuordnen. Nach Benda wandten sich die »clercs« früher von der Politik ab, weil sie einer uneigennützigen, zweckfreien Tätigkeit anhingen (da Vinci, Malebranche, Goethe …) oder aber, weil sie sich unter den Bezeichnungen *Menschlichkeit* oder *Gerechtigkeit* für ein *abstraktes Prinzip* einsetzten, das den politischen Leidenschaften übergeordnet und direkt entgegengesetzt war (Erasmus, Kant, Renan …).

> Gewiss, »das Wirken dieser Intellektuellen trat meist nicht aus der theoretischen Ebene heraus [...]. Sie konnten nicht verhindern, dass der weltliche Stand die ganze Geschichte von Hassgeschrei und Schlachtenlärm widerhallen ließ; *aber sie haben ihn davon abgehalten, diesen triebhaften Anwandlungen bekennerhaft zu huldigen und aus der Arbeit an ihrer vollen Entfaltung noch Größe beziehen zu wollen.* Ihretwegen lässt sich von der Menschheit sagen, dass sie über zwei Jahrtausende hin zwar Böses tat, aber das Gute verehrte. Die Ehre des Menschengeschlechtes beruhte auf diesem Widerspruch: dem Spalt, durch den die Kultur eindringen konnte[69].«

Nun beobachtet Benda bei seinen Zeitgenossen einen entscheidenden Umschwung. Die »clercs« stellen sich in den Dienst der politischen Leidenschaften. Sie sind »clercs de forum« – »Intellektuelle der politischen Arena« – geworden: »Unser Jahrhundert«, sagt er, »wird, recht besehen, das Jahrhundert der intellektuellen Organisation des politischen Hasses gewesen sein. Das wird in der moralischen Geschichte der Menschheit eine seiner Charakteristika sein.«

---

68 *Anm. d. Ü:* Affäre Calas: im Jahr 1763 ergriff Voltaire – mit seiner Schrift »Sur la tolérance« – Partei für Jean Calas, einem zu Unrecht verurteilten und 1762 hingerichteten Protestanten. Die »Affäre Calas« steht für die katholische Intoleranz und Feindschaft gegenüber den Protestanten.
69 J. Benda, *Der Verrat der Intellektuellen.* Übers. v. A. Merin, Fischer Verlag, Frankfurt, 1988, S. 112.

La trahison des clercs – »Der Verrat der Intellektuellen«

Die Leidenschaften, auf die Benda abzielt, sind die Leidenschaften der *Rassen*: der Antisemitismus, der Fremdenhass, der jüdische Nationalismus; die Leidenschaften der *Klassen*: der »Bourgeoisismus« und der Marxismus; die *nationalen* Leidenschaften: Nationalismus, Militarismus ... Er kritisiert die Schriftsteller, die den *Kult des Partikularen* vertreten und dabei – im Gefolge des deutschen Denkens des 19. Jahrhunderts (seiner Religion der Nation, der Rasse usw.) – das Universelle aufgegeben haben.

In Frankreich heißen sie Maurras, Barrès, Sorel, Bourget, Péguy ... Benda stellt ihnen die »Offizianten des Universellen« gegenüber, wie Voltaire und Zola. Die allgemeine Idee in seiner Beweisführung, die seine vorausgegangenen Essays wieder aufnimmt, ist die der zeitgenössischen Abdankung des reinen Denkens, der Vernunft, vor der Macht des Gefühls, vor der Tyrannei des Empfindens.

Während Benda den parteiischen Intellektuellen, den Parteigänger des Partikularen verurteilt, gibt er zugleich eine platonische Definition des Intellektuellen, des Menschen der reinen Vernunft, der ohne Rücksicht auf individuelle oder kollektive weltliche Interessen ausschließlich mit der Wahrheit beschäftigt ist. Es besteht kein Zweifel, dass er sich selbst als exemplarischen »clerc« versteht. Und dennoch ...

Zu Beginn scheinen alle Bedingungen erfüllt, damit sich der junge Julien Benda, der 1867 in einer wohlhabenden Familie des Marais zur Welt kommt, den Werken des Geistes widmen kann. Er ist früh von der klassischen griechischen und lateinischen Kultur angezogen und wählt die Mathematik, deren unvergleichliche Abstraktion ihm die Quintessenz des Denkens zu sein scheint. In der École polytechnique fällt er durch, wird jedoch in die École centrale[70] aufgenommen; da er keinerlei Eignung für den praktischen Teil der Ausbildung hat, geht er schließlich ab, um sich an der Sorbonne für eine Licence in Geschichte einzuschreiben. Nach dem Tod seines Vaters erlaubt ihm sein Erbe, von seinen Einkünften zu leben, die Welt zu durchstreifen, Lehrjahre des Gefühls zu durchlaufen und die Salons zu besuchen – den seiner Cousins und später den seiner Cousine Pauline Benda, besser bekannt unter ihrem Bühnennamen, Madame Simone. Schon sehr früh ist er »dem Sichtbaren gegenüber« von seltener Gleichgültigkeit: er kann in einem Badeort leben, ohne das Meer zu sehen, in Florenz sein, ohne die Museen zu besuchen, ganze Tage in einem Hotelzimmer verbringen – zum Leidwesen des Besitzers, der gern die Heizung kleiner stellen würde. Er ist egoistisch, stolz, frauenfeindlich (»Misstrauen gegen die Frau, ihre Besitzergreifung, ihre grundsätzliche Aversion gegen die Intellektualität des Mannes« ...); er heiratet erst spät, hat keine Kinder und widmet sein Leben dem Geistigen.

---

70 *Anm. d. Ü:* École centrale (»Centrale«): staatliche Hochschule zur Ausbildung von Ingenieuren.

Sein Engagement in der Dreyfus-Affäre entspricht sehr wohl den Normen, die er sich setzt. Keinerlei Mitleid für den Unschuldigen der Teufelsinsel. Er würde sogar für die Verteidigung der Staatsräson Verständnis haben: was zählt das Leben eines Mannes gegenüber der Sicherheit eines Volkes? Im Grunde hätte Benda sehr wohl ein konsequenter Antidreyfusard sein können. Für »den strikt hebräischen Juden [...], der sich weiterhin ausschließlich über die Geburt eines männlichen Kindes freut, der nur die Heirat unter Juden zulässt, der in seiner jüdischen Solidarität fanatisch ist, der seinen Altruismus brutal auf die jüdische Welt begrenzt, der in den Nichtjuden die ewigen, von der *Thora* verfluchten Gerim[71] sieht und der stets geneigt ist, sie wie die Bewohner von Moab oder Kanaan zu behandeln[72]«, hat er nur Härte übrig. Der Franco-Jude, der assimilierte Jude, der Benda ist, hat für die nicht assimilierten Juden nur Verachtung übrig und spricht über sie mit Worten, die man zuweilen als antisemitisch bezeichnen könnte. Ist er etwa ein Jude, der sich schämt, wie man behauptet hat[73]? Man kann auch sagen, dass er den Gemeinschaftsgeist verabscheut, dass er ein Bürger der französischen Republik ohne Abstriche sein will, wie so viele seiner »Glaubensgenossen«, wie er sagt, obwohl er keinen religiösen Glauben hat.

Sein Dreyfusismus hat nichts mit Gefühl und auch nichts mit heroischer Leidenschaft zu tun; er geht ganz auf die »Methode« zurück. Selbst Zola, den er in *La Trahison des clercs* rühmt, ist nicht sein Vorbild. In seinen Memoiren erzählt er von einem Zusammentreffen mit dem großen Mann:

> »Als ich ihm sagte, dass die Affäre die Menschen, die für Farben, für Defilees, für Uniformen empfänglich sind, von den Menschen scheidet, die für Ideen empfänglich sind, von den Künstlern und Intellektuellen, sagte er, wie überwältigt: ›Das ist in der Tat wahr; ein Konflikt der Temperamente liegt der Affäre zu Grunde!‹ Er hatte es noch nicht bemerkt ... Ich schied in der Überzeugung von ihm, dass die wirklichen Werte des Dreyfusismus woanders lagen, nicht bei diesem wackeren Mann, der mir nur dazu gut schien, sich aufzuopfern.«

Warum ist er Dreyfusist? Weniger wegen der Idee der Gerechtigkeit – »sie ist nicht frei von Romantik« – als wegen der Idee der Wahrheit. Er steht auf der Seite der Gelehrten, »der Männer, die ganz einfach erklärten, dass nach ihrer Methode die und die Handschrift von dem und dem Schreiber und nicht von einem anderen stammte, und die dann in ihre Zelle zurückgingen, ihren

---

71 *Anm. d. Ü:* Ger (sing.), Gerim (plur.): hebr. Fremder, Fremde.
72 J. Benda, *Dialogues à Byzance*, Éd. de la Revue blanche, 1900, S. 68.
73 Siehe den soziopsychoanalytischen Ansatz von L.-A. Revah, *Julien Benda. Un misanthrope juif dans la France de Maurras*, Plon, 1991.

Zwicker putzten und es der Gesellschaft überließen, sich mit der Wahrheit herumzuschlagen. Hier hat die reine Intellektualität die gesellschaftliche Lüge platzen lassen. Für den clerc ist die Dreyfus-Affäre das Palladium der Geschichte.«

Eine Chance seines Lebens ist die Begegnung mit Péguy, der im Grunde sein Gegenteil ist: Péguy, der Sinnliche, der Irdische, der Gegner der Sorbonne. Benda ist so hart, diesen sehr nahen Freund unter die »Verräter« einzureihen. Im Jahre 1929 bittet man ihn, an einer Würdigung des Autors der *Jeanne d'Arc* in der *NRF* mitzuarbeiten; er antwortet hochmütig, Péguy komme ihm »wie einer der Hauptverantwortlichen für die Verachtung der Gesetze des Geistes vor, die [...] seit zwanzig Jahren eine ganze Gruppe französischer Schriftsteller zu charakterisieren scheint«; und er nimmt von der Mitarbeit Abstand.

Benda ist jedoch in der »Boutique« der *Cahiers* ein und aus gegangen; er hat dort mit Sorel Klingen gekreuzt; er zieht gemeinsam mit den anderen in die Vorlesungen Bergsons im Collège de France, die seit 1910 eine mondäne Veranstaltung geworden sind, deren Plätze im Voraus von den Chauffeuren gewisser Damen reserviert werden. Bergson, was für ein Gräuel! Benda widmet ihm vor dem Krieg drei Schriften (ohne den Philosophen auch nur zur geringsten Erwiderung zu veranlassen). Die Lehre Bergsons, sein »Intuitionismus«, stellt für ihn »den Vorrang des Gefühls vor der Idee, des Weiblichen vor dem Männlichen« dar ... Das hindert Péguy nicht, Bendas Angriffe gegen Bergson zu publizieren, und Benda gesteht in seinen Memoiren, er habe seine »geistige Freiheit« bewundert.

Wenn man davon ausgeht, dass sich Benda in der Dreyfus-Affäre aus Liebe zur Mathematik und zur Methode engagiert hat, so kann man sich fragen, ob der »clerc«, der Intellektuelle, der zu sein er sich rühmt, der freie Mann, *Eleuthère*[74], im Laufe des Weltkrieges über jeden Verdacht des »Verrats« erhaben ist. Er wettert gegen Péguy, doch man kann ihn auf frischer Tat ertappen: bei einem Nationalismus, der von der kritischen Vernunft weit entfernt ist. So preist er Péguy, weil dieser gegen Jaurès und »den dummen Pazifismus« gewettert hatte, der Frankreich gegenüber den »Beutenationen«, an erster Stelle Deutschland, schwächen würde. Nun, man kann sich durchaus fragen, ob nicht Jaurès damals die Rolle des – den entfesselten Menschen den Frieden predigenden – »clerc« innehatte. Am 2. August 1914 ergreift Benda noch heftiger Partei. Sein Patriotismus äußert sich unabhängig von jeder gefühlsbetonten, spontanen, sinnlichen Erwägung. Die Sache Frankreichs muss mit der der reinen Vernunft zusammenfallen. Den Mittelmächten konzediert er keinerlei mildernde Umstände; von der Verantwortung Russlands spricht er nicht; er hebt sein Land in die Wolken seraphischer Unschuld: Frankreich

---

74 *Anm. d. Ü*: Éleuthère : vgl. Bendas 1939 in der *NRF* erschienenen Aufsatz »Songe d'Éleuthère«.

allein verteidigt das Recht. Man solle sich, sagt er in seinen Memoiren, über seinen Patriotismus nicht täuschen:

> »Ich will, dass Frankreich, das einen hohen moralischen Wert verkörpert, eine hohe Stellung in der Welt innehat und die Mittel besitzt, diese zu verteidigen.« Das also ist in seinen Augen die Fortsetzung der Dreyfus-Affäre. Wenn die Nationalisten, die Antidreyfusards, die Neoroyalisten mit sich selbst konsequent geblieben wären, sagt er uns, hätten sie die Niederlage des republikanischen Frankreich, des jakobinischen Frankreich, wünschen müssen. Als Ultrajakobiner ist Benda jedoch nicht weit davon entfernt, die Exzesse des Nationalismus, den er bekämpft, zu übernehmen; denn er scheut sich nicht zu schreiben: »Was mich betrifft, bin ich überzeugt, dass die moderne deutsche Gesellschaft durch ihren moralischen Zustand eine Pest in der Welt ist; wenn ich nur auf einen Knopf zu drücken brauchte, um sie ganz auszulöschen, würde ich es sofort tun und in Kauf nehmen, die paar Gerechten zu beweinen, die bei der Operation umkämen. Ich füge hinzu, dass ich kaum an diese Gerechten glaube und mir im deutschen Reich kaum einen Deutschen vorstellen kann – ganz egal, ob er nun Nietzsche oder Wagner heißt –, der nicht tief in seinem Inneren von Verachtung für die auf Vernunft gegründeten Zivilisationen erfüllt wäre, von der Gewissheit, dass seiner Rasse die Hegemonie zusteht, und von dem Glauben an den moralischen Primat der Gewalt[75].«

Um der Anekdote willen – sie zeichnet die Personen oft am besten – wollen wir festhalten, dass Paul Léautaud im Januar 1930 während eines Dîners bei Dr. Le Savoureux, dem Gastgeber der Schriftsteller in La Vallée aux Loups (in Châtenay-Malabry, nicht weit von Paris), Benda ganz anders über den Ursprung des Krieges reden hört. Nachdem Léautaud erklärt hat, er habe »ein seltsames Bild von Leuten, die jegliche Verantwortung Frankreichs leugnen und den Gedanken vertreten, Frankreich sei vollkommen unschuldig«, stimmt der Verfasser von *La Trahison des clercs* zu und erklärt, er sei »absolut« dieser Meinung, denn »diese Auffassung ist genau so dumm, wie die, dass Deutschland allein verantwortlich ist[76]«. Wem soll man da Glauben schenken?

In den Nachkriegsjahren steht Benda den Positionen der Action française sehr nahe. Er führt ein mondänes gesellschaftliches Leben, wird mit der Ehrenlegion dekoriert, lässt sich sagen, er könne als »ausgewiesener Vorkämpfer der klassischen Vernunft« in die Académie française aufgenommen werden, speist zu Mittag mit Paul Bourget und zu Abend mit Maurice Barrès (dessen

---

75 J. Benda, *La Jeunesse d'un clerc, op. cit.*, S. 228–229.
76 P. Léautaud, *Journal littéraire, op. cit.*, 2, S. 502.

»von jeglichem Dünkel freie Haltung« er bewundert) und wird dank seines *Belphégor* (wo er sich indessen über die Leute der Salons lustig macht) als Schriftsteller anerkannt – der »clerc« Benda vergisst eine Zeit lang die Rolle des gestrengen Predigers. Offiziell gibt er seinen Nationalismus nicht auf. Wenn die Mäßigung des Siegers zu den Richtlinien einer vernünftigen Politik gehört, dann ist das nach Benda keine zweckmäßige Politik: ein Vertrag ist ein Vertrag; der Besiegte muss ihn erfüllen; Deutschland muss bezahlen; man muss mit dem Humanitarismus à la Romain Rolland Schluss machen. Also: es lebe Poincaré, der die Ruhr besetzen lässt ... Wäre es nicht vernünftig, die junge Weimarer Republik gegen ihre nationalistischen und revanchistischen Dämonen, die sie am Ende noch zerstören könnten, in Schutz zu nehmen? Benda stellt sich diese Frage nicht einmal; es geht um reine Politik – alles andere erscheint ihm als ein abscheulicher Humanitarismus.

Der Autor von *La Trahison des clercs*, der den nationalistischen Intellektuellen, den Marxisten, all denen, die auf die universelle Vernunft verzichten, um sich dem Partikularen hinzugeben, eine Lektion erteilt, rechtfertigt auf akrobatische Weise seine unkritische Einstellung gegenüber einem Frankreich, das den Universalismus verkörpere und mit der niederen Materie von nur auf ihren Ruhm und ihren Profit versessenen Nationen konfrontiert sei.

Bendas Buch ruft besonders bei der literarischen Rechten – um die und in der Action française – unverzüglich Reaktionen hervor. Der »kleine Benda«, wie ihn Daudet nannte – Benda war 1,57 Meter groß – wird der »fremde Gnom«, der »clerc de lune«[77] werden. Die *NRF* schreibt zwar in einem anderen Ton, geht aber ebenfalls wenig zart mit ihm um; in der Dezembernummer von 1927 antwortet der Philosoph Gabriel Marcel, ein regelmäßiger Mitarbeiter der Zeitschrift, Benda:

> »Das freie – d.h. von allem, was es nicht selbst ist, entblößte – Denken würde eine Art Religion des Universellen implizieren, dieses verstanden in seiner extensiven Bedeutung, d.h. als schlichte Allgemeinheit. Aber man braucht nur die Geschichte der Doktrinen zu betrachten, um zu erkennen, dass nichts unzutreffender ist. [...] Nichts steht im Übrigen dem Geist des Platonismus und dem System Spinozas mehr entgegen als die Art, wie Monsieur Benda ganz bewusst jede Verbindung zwischen der Welt der ewigen Dinge und der Ebene der menschlichen Angelegenheiten kappt. [...] Indem der Humanismus von Monsieur Benda den Menschen auf sein Konzept reduziert – und darunter hat man den Begriff in seiner abstraktesten Bedeutung zu verstehen – dehumanisiert er ihn ganz einfach.«

---

77 *Anm. d. Ü:* »Clerc de lune«: Wortspiel – gebildet aus *lune*, Mond, und *clerc*, das wie *clair de lune*, »Mondschein«, klingt.

Die Ära Gide

Im Juni 1928 kommt Albert Thibaudet, ein gemäßigter Geist, doch nicht ohne Sympathie für Maurras, in derselben Zeitschrift auf *La Trahison des clercs* zurück:

> »Mit Benda«, sagt er, »erscheint das Prophetentum Israels. Der ›clerc‹ ist ein Mensch in der Wüste, der sich von Heuschrecken und wildem Honig nährt und ruft: Wehe den Städten und den Staaten! Die Geschichte des ›clerc‹, der seiner Berufung untreu wird, findet sich übrigens in der Bibel. Es ist die von Jonas.«

Kurze Zeit später nuanciert Benda seine Skizze ein wenig in *La Fin de l'Éternel* (»Das Ende des Ewigen«) und in seinen Memoiren. Er gesteht zu, dass es »*weltliche* clercs« gibt, engagierte »clercs«, die sich mit dem Relativen abfinden:

> »Aber ich behaupte, dass es neben diesen Weltlichen auch *Regularkleriker geben muss*, rein spekulative, die das Ideal in seinem absoluten Charakter aufrechterhalten, unabhängig von den Entstellungen, die es notwendigerweise erfährt, wenn es in die Wirklichkeit übergeht.«

Zweifellos brauchte man Richter, die eine relative Gerechtigkeit üben, aber auch einen »Kassationsgerichtshof, der – weit von den Unsicherheiten des Gemeinwesens entfernt – zum Ziel hat, die Gesetze der ewigen Gerechtigkeit zu bewahren[78]«.

Julien Benda veranschaulicht so auf seine schroffe, abstrakte, konzise Weise die Theorie von den beiden Mächten, der zeitlichen und der ewigen Macht, die im Denken von Saint-Simon, Auguste Comte und seinem Zeitgenossen Alain anzutreffen ist. Jede Gesellschaft brauche gegenüber den Mächtigen eine geistige, intellektuelle Macht, die nach einer anderen Wertehierarchie verehrt werde und an die ewigen Prinzipien erinnere, auf denen die Gesellschaft gründe. Ihre Treuhänder haben in der Tat etwas, das an das Prophetentum erinnert, das von den unmittelbaren Folgen dieses Rückgriffs auf das moralische Gesetz losgelöst ist. Benda will keineswegs, wie es Renan eine Zeit lang erträumt hat, dass die »clercs« die Welt beherrschen. Er ist sich sehr wohl der Tatsache bewusst, dass eine Philosophenherrschaft nur möglich wäre, wenn die menschliche Realität göttlich würde, anders gesagt, wenn sie aufhören würde zu bestehen. Er will ganz einfach, dass die Religion des »clerc« vernommen wird, damit sich niemand den menschlichen Leidenschaften ohne schlechtes Gewissen hingeben kann. Und genau darin hätten die neuen geis-

---

78 J. Benda, *La Jeunesse d'un clerc, op. cit.*, S. 259.

tigen Führer des Westens versagt, als sie ihre Mission verrieten, um den Menschen zu sagen: »Bleibt mir der Erde treu[79]!«

So ist das Buch Bendas im doppelten Sinn des Wortes prophetisch, als Bloßstellung und als Verkündung. Es stellte die Intelligenz bloß, die der Entfesselung spezifischer Leidenschaften gelehrte und literarische Rechtfertigungen gab – ein didaktischer Pleonasmus; und es verkündete, was aus Gesellschaften werden würde, die jede unabhängige geistige Macht aufheben würden: totalitäre Regime.

---

79   J. Benda, *Der Verrat der Intellektuellen*, op. cit., S. 156.

22
Zornige junge Leute

Zu dem Zeitpunkt, als das Hauptwerk Julien Bendas Wellen im literarischen Teich schlägt, bringt die nachfolgende Generation ihre ersten Proteste und Hoffnungen zum Ausdruck. Die, die nun die Bühne betreten, waren – am Anfang des Jahrhunderts geboren – zu jung gewesen, um in den Krieg zu ziehen. Als sie ihr Studium aufnehmen, erscheint ihnen die Welt ihrer Eltern senil und abgetan.

Jean-Pierre Maxence, einer dieser weitschweifigen Grünschnäbel, drückt aus, was viele von ihnen bei der Lektüre von Julien Benda empfinden: »Wohin hat die ganze Anstrengung Bendas, diese ganze Intellektualismus- und Unabhängigkeitsparade geführt? Wohin führt sie? Zur Verteidigung dessen, was existiert. Durch seine Vorliebe für das Abstrakte ist Benda der geborene Demokrat. Er schätzt wirkungslose Debatten und Kritik ohne Sanktionen. Er liebt die Wörter ganz physisch. Sie ersetzen ihm die Realität. Niemals wird er einem Regime, das sich mit dem Wort Freiheit schmückt, irgendetwas vorziehen. Benda ist in dieser Hinsicht ein Überlebender der liberalen Bourgeoisie[80].«

»Überlebender«: der Krieg hat zwischen der ins Blau der Soldatenuniformen gehüllten Welt von gestern und der gegenwärtigen Welt einen Abgrund aufgerissen.

Jean-Pierre Maxence gründet 1928, zweiundzwanzigjährig, mit seinem Bruder *Les Cahiers* – ein alter, neu verwandter Titel, der die Serie der von dieser neuen rechten Intellektuellengeneration lancierten Zeitschriften einläutet. *Les Cahiers* erscheinen bis 1931. An den Gedanken von Maurras geschult, will Maxence eine unabhängige Zeitschrift auf die Beine stellen, die mit der altertümlich-klassischen Ästhetik der Action française bricht. In dieser Zeitschrift mit dem suggestiven Namen, die den von den Surrealisten geschätzten Pierre Reverdy und Max Jacob publiziert, stellt Maxence beständig Péguy Benda gegenüber: »Mit Péguy seine Wahl treffen, Péguy wählen hieß 1929 und 1930, die Lehren und Forderungen Bendas zurückzuweisen.«

Die Berufung auf Péguy ist auch in der anderen Equipe um Jean-Pierre Maxence Pflicht, zu der durch Henri Massis' Vermittlung Thierry Maulnier,

---

80 P. Maxence, *op. cit.*, S. 153.

Robert Brasillach und Maurice Bardèche gehören und die von 1930 bis 1933 *La Revue française* herausgibt. Péguy gibt »dem Denken eine sinnliche Grundlage«. Dieselbe Meinung herrscht bei *Réaction* vor, einer Zeitschrift, die Jean de Fabrègues 1930 gründet, ein Katholik der Action française und ein ehemaliger Sekretär von Maurras, der zum Meister jedoch diskret auf Distanz geht, der, wie wir wissen, nur kurze Zeit zärtliche Gefühle für den Autor von *Le Mystère de la charité de Jeanne d'Arc* hegte. *Réaction* stellt im Juli 1932 ihr Erscheinen ein, um von April 1933 bis Frühjahr 1934 unter dem Titel *Revue du siècle* – nach wie vor mit Jean de Fabrègues – wieder aufzuleben. Ihre letzte Verpuppung, die *Revue du XXe siècle*, erscheint Ende 1934 und hält sich bis 1939.

Charles Péguy wird in der Tat zur Kultfigur einer ganzen Schar junger – es ist angebracht, den Begriff von jetzt an zu benutzen – »clercs«. Über seinen Tod hinaus ist er der Schutzpatron einer Reihe mehr oder weniger konvergierender Zeitschriften, die zwischen 1928 und 1935 eine von den traditionellen Bewegungen unabhängige Strömung tragen. Einer dieser jungen Leute, Emmanuel Mounier, hat für sie die Bezeichnung »Nonkonformisten[81]« benutzt. Sie setzen sich aus der so genannten Jungen Rechten zusammen, die von Maxence bis Fabrègues versucht, das Denken von Maurras zu erneuern, aus den von der Persönlichkeit Mouniers beherrschten *Esprit*-Gruppen und aus *Ordre nouveau*, den Arnaud Dandieu, Robert Aron und Alexandre Marc leiten.

Georges Izard und Emmanuel Mounier, die im Oktober 1932 die Zeitschrift *Esprit* mitbegründen, stellen in *La Pensée de Charles Péguy* (»Das Denken Charles Péguys«), einem gemeinsam verfassten Essay, der »Sterilität des Absoluten«, dem »Verleugnen des Menschlichen als solchem«, die sie Benda vorwerfen, Péguys Prinzip der »Inkarnation«, seinen »Sinn für das Reale« gegenüber[82]. Robert Aron und Arnaud Dandieu, die, nachdem sie ihre eigene Bewegung auf die Beine gestellt haben, im Mai 1933 zusammen mit Alexandre Marc die Zeitschrift *Ordre nouveau* gründen, schließen sich ebenfalls Péguy an, gegen Benda, der in ihren Augen »die Flucht vor dem Konkreten«, den wahren »Verrat der Intellektuellen«[83], verkörpert.

Posthume Revanche von Péguy, den die einen vereinnahmen, die anderen heilig sprechen: der Bauer mit den groben Galoschen, der seine Zeitschrift, seine fixen Ideen und seine Ausbrüche gegen alle Unbilden immer bewahrte,

---

81 Der Ausdruck ging in den Titel der Studie von J.-L. Loubet del Bayle ein: *Les Non-Conformistes des années 30*, Seuil, 1969. Auf dieses Buch kann man zur Vertiefung dieses Kapitels zurückgreifen, ebenso auf M. Winock, *Histoire politique de la revue Esprit 1930–1950*, Seuil, 1975, neu aufgelegt in »Points Histoire« unter dem Titel »*Esprit*. Des intellectuels dans la Cité, 1930–1950*, Seuil, 1996.
82 E. Mounier, *Œuvres*, 1, *De 1931 à 1939*, Seuil, 1961, S. 102–103
83 R. Aron, A. Dandieu, *Décadence de la nation française*, Rieder, 1931.

Die Ära Gide

wurde auf überraschende Weise zum Symbol des intellektuellen Abenteuers, auf Kosten des Freundes, der ihn verleugnet hatte und der – man verzeihe uns diesen leichten semantischen Anachronismus – die Essenz gegen die Existenz vertrat.

Diese jungen Leute der Rechten oder der Linken verbindet das sehr starke Gefühl, derselben *Generation* anzugehören:

> »Unser Hass auf die ehemaligen Frontkämpfer kannte keine Grenzen«, schreibt Henri Lefebvre in seinen Memoiren. »Ich teilte diese Gefühle vorbehaltlos. [...] Wir beglückwünschten uns, dem Dreck der Schützengräben entgangen zu sein, der in unseren Augen die pedantischen Verwalter des Ruhmes, die Phrasendrescher des Sieges weiterhin beschmutzte. Niemals vielleicht war ein Generationenkonflikt so scharf gewesen, so verwoben mit allen anderen Konflikten[84].«

1926 schreibt Albert Crémieux, der Herausgeber von *Europe*, aus eigener Erfahrung: »Der Begriff der Generation hat plötzlich eine lebendige Bedeutung und gleichsam einen neuen Klang bekommen. Eine unmittelbare Folge des Krieges: dadurch, dass er bei den Männern eine Lücke von zehn Jahrgängen aufriss und zwei Gruppen durch einen Abgrund voneinander trennte, zwang er die Überlebenden dazu, sich ihrer numerischen Stärke bewusst zu werden, und weckte unter uns – während er viele Dinge zerstörte und Gedanken, die man für fest verankert hielt, auf eine harte Probe stellte – das Gefühl einer bis dahin verkannten Solidarität, der des Alters, der Generation[85].

Man hat selten eine solche Blüte von Zeitschriften erlebt, die allgemeine Fragen aufwarfen, die es ablehnten, sich auf die Literatur zu beschränken, und die von so jungen Menschen – zwischen fünfundzwanzig und dreißig – herausgegeben wurden. Trotz beträchtlicher Unterschiede zwischen den Manifesten, den Einstellungen und den spezifischen Entwicklungen der einzelnen Zeitschriften hat man zu Recht festgestellt, dass unter ihnen einige Jahre lang der »Geist der dreißiger Jahre« herrschte, der im Übrigen die Jahre 1934/ 35 nicht überlebte – ein Wendepunkt, von dem ab die Autonomie dieser Tribünen, dieser Cliquen schwächer wurde oder verlosch; in ihrer Mehrheit reihten sie sich nun in Bewegungen und Parteien unabhängig von der Generationengrenze ein.

Diese jungen Leute haben das Gefühl, in einer vergreisten Gesellschaft zu ersticken, die das goldene Zeitalter der Belle Époque ständig wiederkäut. Sie hassen Raymond Poincaré, eine Verkörperung der bürgerlichen Republik, als Retter verehrt von den Rentiers und den unversöhnlichen Nationalisten:

---

84 H. Lefebvre, *La Somme et le Reste*, Bélibaste, 1973, S. 33.
85 *Europe*, 15. Mai 1926.

»Durch welch einen Verfall«, schreibt Maxence, »durch welch ein Bedürfnis nach Entspannung, durch welch eine Abdankung konnte sich ein Volk, das die entsetzliche Poesie des Krieges erlebt hatte und dem der Heroismus vertraut war, drei Jahre lang die Legende des ›großen Lothringers‹ aufzwingen lassen? Poincaré – Gegenstand einer Legende: das bezeichnet die Grenzen einer Epoche[86]!«

Einem im Voraus festgelegten Leben entfliehen, freie Luft atmen ... Die einen fahren weg wie Paul Nizan, der sich nach Aden aufmacht[87] ... Die anderen begnügen sich damit, von Abenteuer und Exotismus zu träumen; sie lesen *Les Conquérants* (*Die Eroberer*) von Malraux, 1928 erschienen, oder *Courrier Sud* (*Südkurier*) von Saint-Exupéry, erschienen im folgenden Jahr. Viele verzichten auf eine Universitätskarriere, um eine Zeitschrift zu gründen, wie Mounier, der in Péguys – immer wieder Péguy – Fußstapfen tritt. Die neue Generation feuert in alle Richtungen: auf das politische System, auf das ökonomische System, auf die Moral der Epoche. Sie redet von »notwendiger Revolution[88]«. Sie verabscheut den Parlamentarismus, wie er in Frankreich praktiziert wird: kleinliche Menschen, kleinliche Probleme, kleinliche Handlungen. Die Neo-Maurrassisten erfinden nichts, sie unterlegen lediglich die Grundsätze des integralen Nationalismus mit einer anderen Musik. Der Rücktritt Poincarés im Jahre 1929, der Frankreich in eine neue Phase der Regierungsunsicherheit stürzte, schien die Analysen von Maurras noch zu bestätigen. Doch Maurras prangerte nicht als Einziger das politische Leben an: die Mitarbeiter der Zeitschriften *Esprit* und *Ordre nouveau*, die nicht in voller Montur dem Haupt des provenzalischen Lehrmeisters entstiegen waren, verstanden sich darauf sehr gut. Der vorhergehenden Generation erschien es sogar erstaunlich, wie diese Katholiken um Mounier den Parlamentarismus ins Visier nahmen, während sie, die Christdemokraten, sich abgequält hatten, die Katholiken mit der parlamentarischen Republik zu versöhnen.

Auf einer tieferen Ebene drückten diese jungen Leute ihren Zorn gegen das aus, was sie nicht *Kapitalismus*, sondern die Welt des *Geldes* nannten. Mit »Geld« assoziierten sie einen bestimmten Lebensstil, bestimmte Sitten, eine bestimmte Moral – oder die Abwesenheit einer Moral. In ihrem Wunsch, das Bündnis zwischen der Kirche und der »etablierten Unordnung« zu sprengen, erwiesen sich Mounier und seine Freunde als besonders beredt: sie warfen den Christdemokraten vor, diese liberale Demokratie, den Ursprung aller sozialen Ungerechtigkeiten, akzeptiert zu haben. Das Geld korrumpierte alles,

---

86 J.-P. Maxence, *op. cit.*, S. 30
87 Paul Nizan, *Aden. Die Wachhunde. Zwei Pamphlete.* Vorwort von Jean–Paul Sartre. Übers. v. T. König, Rowohlt Verlag, Reinbek, 1969.
88 R. Aron, A. Dandieu, *La Révolution nécessaire*, Grasset, 1922.

angefangen bei der Presse, die käuflich war und die Freiheiten erstickte, statt sie zu verteidigen. Die Korruption durch die Herrschaft des Mammon hatte sich in der französischen Gesellschaft allgemein durchgesetzt.

Die Welt des Geldes war auch die des Produktivismus. Ihre Kritik des ökonomischen Liberalismus ging im Übrigen der Krise der dreißiger Jahre voraus. Sie griffen ihn mitten in der »Prosperität« an, kurz vor dem großen Börsenkrach. Die dann ausbrechende Krise lieferte ihnen die Bestätigung für die Schwächen eines Systems, das sich verselbstständigt hatte und immer mehr Güter produzierte, die für die Massen unerreichbar waren. Amerika wurde damals als Symbol eines entfesselten, zerstörerischen und apokalyptischen Kapitalismus angeprangert, nachdem es zuvor als eine schlaffe und jämmerliche Hölle des kommerziellen Materialismus gebrandmarkt worden war. Robert Aron und Arnaud Dandieu widmeten 1931 dem *Cancer américain* (»Amerikanischer Krebs«) ihr zweites gemeinsames Buch, in dem sie das Amerika von Ford und Taylor, das Amerika der Schlachthöfe von Chicago, der *bootleggers* und der raubgierigen *trusts* verteufelten. Innerhalb weniger Jahre machten die Vereinigten Staaten in der intellektuellen Imagination den Sprung von *Babbitt* – Sinclair Lewis' Antihelden, der die seelenlose Welt der Mittelschichten symbolisiert – zu John Steinbecks *Früchten des Zorns*, das den großen Zusammenbruch des amerikanischen Traums veranschaulicht[89].

Die Kritik an der parlamentarischen Demokratie und am ökonomischen Liberalismus führte dazu, dass man sich erneut mit der Revolution von 1789 ernsthaft auseinandersetzte. Für die Junge Rechte, die in die Schule der Action française gegangen war, stand die Sache fest, und ihre Zeitschriften hielten sich nicht dabei auf. *Esprit* und *Ordre nouveau* dagegen – insbesondere von Proudhon beeinflusst – nahmen sich die Ursprünge der bürgerlichen Gesellschaft vor. Dabei wollte sich Mounier von den Christdemokraten abgrenzen: er schrieb einen »Offenen Brief über die Demokratie«, den *L'Aube*, ihre Zeitung, 1934 veröffentlichte. Mounier schleuderte den Älteren entgegen: ihr habt zwischen 1890 und 1914 eure Wahl getroffen, jetzt stehen wir in einer anderen Epoche. Eure Feinde waren Mac-Mahon, Boulanger, Maurras und am anderen Ende die sozialistische Revolution. Wir haben andere Probleme, »wir schaffen uns selbst in einer Welt, die gerade völlig neu geschaffen wird. Es ist jetzt nicht der Zeitpunkt, um zurückzublicken«. Für Mounier blieb die Demokratie ein Ziel, eine Zukunft, denn sie hatte immer nur in der verlogenen Form der liberalen und parlamentarischen Demokratie existiert:

»Die Ideologie, die wir bekämpfen und die nach wie vor alle Demokraten vergiftet, sogar die Christdemokraten, ist die Ideologie von

---

89 Im Jahre 1933 übersetzt P. Nizan für den Verlag Rieder die giftige Analyse von Theodore Dreiser, *Eine amerikanische Tragödie*.

1789. Nein, 89 ist nicht Luzifer. Es gibt eine Seele der französischen Revolution, von der wir noch leben, und zwar gesund: doch sie verhält sich zum ideologischen Überbau wie zum Beispiel die Gewerkschafts- und Arbeiterbewegung zu den Parteien und Metaphysiken, die sie vereinnahmt haben. Man kann beide nicht in ein und demselben Atemzug beurteilen. Wir bekämpfen Folgendes: das Individuum, das [...] absolut gesetzt wird; die Freiheit, die als ein Selbstzweck betrachtet wird [...]; die durch Leere hergestellte Gleichheit zwischen neutralen und auswechselbaren Individuen [...]; den politischen und ökonomischen Liberalismus, der sich selbst verschlingt; den scheinheiligen Optimismus der nationalen Souveränität; die rein negative Opposition gegen den Sozialismus[90] ...«

Ablehnung des Liberalismus, Zurückweisung des Marxismus, Verurteilung der »faschistischen Mystiken« – wofür traten diese jungen Leute am Ende dieser negativen Aneinanderreihung ein? Die Losungen waren unterschiedlich: kaum innovativ in der Jungen Rechten, in der sich viele vom italienischen Beispiel angezogen fühlten; sehr ausgereift bei Ordre Nouveau, dessen Philosophen und Ingenieure präzise Programme für die zukünftige Gesellschaft ausfeilten; ausgewogener bei *Esprit*, wo man mehrere Jahre brauchte, um den Inhalt dessen zu erarbeiten, was die Gründer »Revolution« genannt hatten. Doch alle oder fast alle waren sich bald darin einig, von *Personalismus* zu sprechen.

Der Begriff war nicht neu; er war 1903 von Renouvier, einem Philosophen der laizistischen Republik, geschaffen worden, doch dann in Vergessenheit geraten. Mounier, der als der neue Philosoph des Personalismus galt, berief sich nie auf diesen französischen Vorläufer. Stattdessen zitierte er den deutschen Philosophen Max Scheler, einen Verächter der kantischen Abstraktionen. Die Person wurde sowohl in Gegensatz zum Individuum als auch zu den totalitären Serien definiert. Wie Mounier kritisierte auch Denis de Rougemont die von der Aufklärung übernommene individualistische Theorie, die die Gesellschaft als Aggregat von Individuen auffasste: »Das Individuum der Liberalen«, schreibt er, »war recht eigentlich ein Mensch ohne Schicksal, ein Mensch ohne Berufung und ohne eigene Daseinsberechtigung, ein Mensch, von dem die Allgemeinheit nichts forderte[91].« Die Person ist keine Abstraktion wie das Individuum, sondern ein konkretes, sinnliches, in einer Situation befindliches und unersetzbares Wesen. Zugleich ist die Person mit den anderen Personen durch eine wechselseitige Verantwortung verbunden, um die Gesellschaft zu bilden. Ihre Berufung ist gemeinschaftsbezogen (wo-

---

90 *Œuvres, op. cit.*, S. 295–296.
91 D. de Rougemont, *Politique de la personne*, »Je sers«, 1934, S. 45.

bei die Gemeinschaft eine »Person aus Personen« ist), untrennbar von der menschlichen Gruppe, in der sie lebt. »Wir sind gegen die Philosophie des Ichs, für die Philosophie des Wir[92].« Zugleich kann die Person nicht kollektiven Entitäten, dem Staat, der Nation, der Rasse oder der Geschichte, untergeordnet werden. Der Personalismus ist ein Appell an die Verantwortung jedes menschlichen Wesens. Die personalistische Revolution hat also eine doppelte Stoßrichtung: gegen den Liberalismus, der den Menschen auf eine Position in der Wähler-Serie und in der Produzenten-Konsumenten-Serie reduziert, und gegen die totalitären Regime, die, obwohl antiliberal, Feinde der Person sind, die auf keine Staatsideologie reduziert werden kann. »Die nationale Ehre, die Familienehre, die Parteienehre sollen zu Grunde gehen, wenn sie auf dem Niedergang der beteiligten Personen gründen« (Mounier).

Das Brodeln der intellektuellen Jugend an der Wende von den zwanziger zu den dreißiger Jahren griff auch auf die älteren Gruppen und Parteien über. Bei den Radikalen führte Bertrand de Jouvenel die »Jungen Türken« an. Bei den Sozialisten wurden die revisionistischen Ideen (Revision des Marxismus) des Belgiers Henri De Man, der einen ethischen Sozialismus und Planwirtschaft verfocht, von André Philip in einem bei Gamber im Jahre 1928 veröffentlichten Werk, *Henri De Man et la crise doctrinale du socialisme* (»Henri De Man und die Krise der Doktrin des Sozialismus«), verbreitet. Der gepriesene »Planismus« stand als Leitmotiv über vielen Versammlungen: die Jungen forderten einen effizienten Staat und prangerten das liberale Prinzip des Laisser-aller an. *Plans* (»Pläne«) von Philippe Lamour, *X-Crise*[93] von einigen um Jean Coutrot gruppierten Polytechniciens sind weitere Werke, in denen sowohl die Mystik des Planes als auch die Apologie eines technizistischen Staates entwickelt wurden. Wer war damals nicht damit befasst, die Welt zu erneuern? Christian Pineau gründete 1933 mit einigen Freunden Les Nouvelles Équipes (»Die Neuen Equipen«), deren Programm zu einer Revolution für ein korporatistisches Regime aufrief, in dem die Parteien zu Gunsten einer nationalen Kammer der Korporationen abgeschafft wären.

Wenn man den gemeinsamen Nenner all dieser Bewegungen, dieser Studiengesellschaften, dieser mit Reflexionsblättern ausgestatteten Zirkel sucht, kann man die Losung zitieren, die das im März 1931 verfasste Manifest von Ordre nouveau einleitet: »Zuerst das Geistige, dann das Ökonomische; das Politische in ihrem Dienst.« Man griff damit die Formel Maritains auf: »Vorrang des Geistigen«, gegen den Slogan von Maurras »Zuerst die Politik!« Doch gerade das warf ihnen die Gruppe junger Philosophen vor, die zwischen 1925 und 1930 für die marxistische Revolution eintraten, für die nicht

---

92 E. Mounier, *Révolution personnaliste et communautaire*, in Œuvres, op. cit., S. 166.
93 Anm. d. Ü: X-Crise: X – das algebraische Zeichen für die Unbekannte – steht für die École polytechnique und die Polytechniciens.

der Mangel an »Geistigem«, sondern eher die »Arbeitslosigkeit«, der »Hunger«, die »Unterdrückung«, die »Kriegsvorbereitungen« ... eine Bedrohung darstellten.

Einer von ihnen, Paul Nizan, hatte sich, im Gegensatz zu seinem »kleinen Kameraden« Sartre, sehr früh politisch engagiert. Paul Nizan, Jean-Paul Sartre, Raymond Aron, Emmanuel Mounier – sie alle sind 1905 geboren, sie alle haben sich zur gleichen Zeit der Agrégation in Philosophie unterzogen, wenn sie die Prüfung auch nicht alle bestanden. Nizan und Mounier machen als Erste von sich reden. Nizan wird sich durch seinen Aufenthalt in Aden im Jahre 1926 der Grundlagen des Okzidents bewusst; 1927 wird er Mitglied der Kommunistischen Partei, im selben Jahr heiratet er; Trauzeugen sind die beiden anderen Normaliens: Sartre und Aron. Nachdem er aus dem Schuldienst ausgeschieden ist, lebt er vom Journalismus, leitet eine literarische Zeitschrift, *Bifur*, und ist eine Zeit lang in der Buchhandlung von *L'Humanité* tätig ... Wiederholt hatte Nizan Gelegenheit, die marxistische Revolution von der der »Nonkonformisten« vehement zu unterscheiden, die in seinen Augen nur eine Pseudorevolution sein konnte, die des Faschismus.

François Mauriac ärgerte sich 1933 über dieses Wort *révolution*, das die Mitarbeiter von *Esprit*, die jünger waren als er, damals ständig im Munde führten. In einem Artikel in *L'Écho de Paris* vom 15. März 1933 unternahm es der Autor von *Nœud de vipères* (Natterngezücht), das tapfere Bürgertum, dem er mit Haut und Haaren angehörte, zu verteidigen: »Das französische Bürgertum ist der Schmelztiegel, in dem sich der Geist unseres Arbeiter- und Bauernvolkes erfüllt hat [...]. Sogar die Aufsässigen – Baudelaire, Rimbaud – haben nur in Bezug zu diesem Bürgertum gelebt, das sie verleugneten, doch dessen Söhne sie waren.« Er schreibt weiter: »Diese Revolution, die ihr dauernd im Munde führt – wer wird sie machen? Nicht ihr, das wisst ihr. Unter den tausend möglichen Kombinationen des Zufalls ist es am wenigsten wahrscheinlich, dass unser lieber Jacques Maritain an der Spitze der zukünftigen Volkskommissare stehen wird.« Kurz, mit ihren Schriften bereiteten Mauriac zufolge Mounier und die anderen Naivlinge derselben Sorte den Tisch für den kommunistischen Menschenfresser, der sie verschlingen würde, sobald für ihn gedeckt wäre.

Dieser Artikel erlaubt es Nizan, Mauriac ironisch zu beruhigen. Der Idealismus von *Esprit* sowie von *Ordre nouveau* bestehe darin, Korruption und Unreinheit der bürgerlichen Werte zu verurteilen, um diese Werte umso besser verherrlichen zu können: »Wenn sie von der Entfaltung der Person reden, dann geht es ihnen nur darum, der bürgerlichen Person neue Rechtstitel zu verschaffen.« Wer ist ihr tatsächlicher Feind? Es sind die Kommunisten, die wirklichen Feinde der Bourgeoisie. Daraus ergibt sich, dass diese beiden Zeitschriften – vielleicht unwillentlich – »unter anderem die Leitlinien einer faschistischen Doktrin als *Möglichkeit*« in sich tragen. Nizan will keinesfalls alle in einen Topf werfen. Er räumt ein, dass die Junge Rechte bereits regelrecht faschistisch sei, und zwar willentlich, was weder für *Esprit* noch für *Ordre nouveau* gelte, doch die Opposition dieser Zeitschriften gegen die kommunistische Revolution reduziere ihren »revolutionären« Idealismus auf eine Maske, hinter der die Herrschaft der Bourgeoisie weiterbestehe. Für Nizan ist der Begriff *Personalismus* nur eine Täuschung, die am »Kern des Problems« nichts ändert: darunter sprießt der bürgerliche Individualismus weiter. Was diese »Denker« – die Anführungszeichen sind von Nizan – vorbereiten, ist nicht die von François Mauriac befürchtete Revolution, sondern die faschistische Revolution, bei der sie – das ist das Los der vorgeblichen Revolutionäre, die Marx und Lenin ablehnen – *nolens volens* enden.

Die neue Generation – zumindest der Teil dieser neuen Generation, der von sich reden macht, der in den Zeitschriften schreibt und von dem man in den Zeitungen zu berichten beginnt – äußert sich im Jahre 1933 in drei verschiedenen Diskursen. Der erste ist der der Jungen Rechten (Maxence, Fabrègues, Brasillach, Bardèche ...), die sich mehr oder weniger von Maurras' Doktrin emanzipiert hat; sie sucht ihren Weg. Sie unterscheidet sich vom Gründervater entweder auf religiösem Gebiet: die Katholiken gehen nach der Verurteilung durch Rom auf Distanz, oder in der Ästhetik: der Klassizismus der Action française wird immer mehr in Frage gestellt, oder schließlich auf der sozialen Ebene: vor allem nach Beginn der Krise wollen viele dieser jungen Leute auf Distanz gehen zur Liga von Maurras und Bainville, diesem patentierten Börsenberater eines Bürgertums, das sich der sozialen Tragödie, die sich abspielt, nicht bewusst ist.

Der zweite Diskurs ist der von *Ordre nouveau* und *Esprit*. Nizan hat vielleicht Unrecht, sie in einen Topf zu werfen. Die beiden Bewegungen und Zeitschriften haben spezifische Merkmale, öffentliche Auseinandersetzungen. Es trifft zwar zu, dass mehrere Autoren an beiden Zeitschriften mitarbeiten, wie Alexandre Marc, Denis de Rougemont, René Dupuis und andere, und dass die beiden Zeitschriften zahlreiche Berührungspunkte besitzen; doch ihre Wege werden auseinander gehen: *Esprit* orientiert sich ab 1935 mehr zur Linken hin. Wie dem auch sei, die beiden Zeitschriften sind bemerkenswerte Denklaboratorien, *Ordre nouveau* eher doktrinär, *Esprit* stärker Péguy folgend. Letztere war soziologisch insofern im Vorteil, als sie – vor allem in der Provinz, in den Universitätsstädten – unter den jungen katholischen Intellektuellen, die an der Erneuerung ihrer Kirche durch Wiederanknüpfen an die Evangelien interessiert waren, eine starke Basis besaß. Sie stand auch Nichtkatholiken und Ungläubigen offen und war damit ein pluralistischer Ort, wie ihn die – in der laizistischen Republik an den Rand gedrängten – Katholiken bis dahin nicht gekannt hatten. Zweifellos war es das konfessionelle Substrat ihrer Leserschaft, das der Zeitschrift *Esprit* den Fortbestand garantierte, obwohl sie sich immer dagegen verwahrte, eine katholische Zeitschrift zu sein.

Die dritte Gruppe – die der Kommunisten, unter ihnen Henri Lefebvre, Pierre Morhange, Georges Politzer, Paul Nizan, Georges Cogniot, Jean Bruhat – hatte eine kurze Weile ebenfalls an die Möglichkeit einer unabhängigen Zeitschrift geglaubt, die *Revue marxiste*. Das war naiv. Die Kommunistische Partei ist bereits, als Maurice Thorez 1930 ihr Generalsekretär wird, eine disziplinierte, bolschewisierte Partei, in der Freiheiten, wie sie die unabhängigen Geister einst genossen hatten, nicht mehr an der Tagesordnung sind: die kommunistischen Intellektuellen stehen im Dienst der Kommunistischen Partei. Um auf Nuancen zu stoßen, muss man sich schon bei den Weggefährten umtun, deren Zahl im Übrigen während der dreißiger Jahre zunimmt.

Gibt es insgesamt einen all diesen Repräsentanten der neuen Generation gemeinsamen Geist? Die Verantwortlichen der *NRF* spüren zweifellos Konvergenzen und öffnen deshalb die Dezembernummer des Jahres 1932 einem »Forderungskatalog«, in dem elf dieser jungen personalistischen und kommunistischen Intellektuellen, unter ihnen Paul Nizan, zu Worte kommen. Der Autor von *Aden Arabie* und von *Les Chiens de garde* (*Die Wachhunde*)[94] setzt sich wieder einmal von den Nonkonformisten ab. Nicht ohne jedoch das Minimum einer gemeinsamen Geisteshaltung, die Ablehnung einer Gesellschaft, in der zu leben sich diese jungen Leute weigern, und das sehr tiefe Gefühl einer Zivilisationskrise zum Ausdruck zu bringen:

»Der Spaß hat lang genug gedauert, das Vertrauen hat lang genug gedauert, ebenso die Geduld und der Respekt. Alles wird durch den permanenten Skandal der Zivilisation, in der wir leben, durch den allgemeinen Ruin, in dem die Menschen unterzugehen drohen, hinweggefegt. Verweigerungen, Anklagen werden ungeachtet aller Polizeikräfte und aller Verschwörungen überall veröffentlicht werden – so vollständig, so radikal, dass am Ende sogar die Allertaubsten sie hören werden.«

Gemeinsam war diesen jungen Leuten der Hass auf den Liberalismus in seiner politischen und seiner ökonomischen Form. Ihre Motive waren gewiss

---

94 Paul Nizan nannte »Chiens de garde« – »Wachhunde« – die Philosophen der Sorbonne, deren Musterbeispiel Léon Brunschvicg war, sowie andere Hochschullehrer, deren »reines«, von jeder sozialen und historischen Realität losgelöstes Denken, einer »Abdankung« gleichkam: »Wir leben in einer Zeit, in der die Philosophen sich aus den öffentlichen Angelegenheiten heraushalten. Sie leben in einem Zustand skandalöser Abgeschiedenheit.« Das kam der Bourgeoisie zugute: »Keine Doktorarbeit hat bisher den Klassenkampf der militanten Bourgeoisie, die Notwendigkeit der Industriesklaverei oder den Haß, die Angst und die Wut, die das Proletariat der Bourgeoisie einflößt, zum Thema gehabt.« Paul Nizan, *Aden. Die Wachhunde, op. cit.*, S. 135 und 148.

unterschiedlich; doch sie stellten das kapitalistische System in Frage, das sie beschuldigten, das Volk zu entmenschlichen, künstliche Bedürfnisse zu schaffen und die Gesellschaft in tödliche Krisen zu stürzen. Sie wurden – an den beiden Polen – von den Experimenten, die im faschistischen Italien und in der Sowjetunion in Gang waren, verlockt oder angezogen. Die der Mitte wollten bei beiden Regimen Anleihen machen, nicht um sie nachzuahmen – sie waren gegen alle Etatismen –, sondern um eine neue Demokratie zu schaffen, die um die Person zentriert, bis hin zur Person dezentralisiert wäre, einer endlich verantwortlich gewordenen Person.

Die Konvergenzen – wenn sie denn existierten – währten nur kurze Zeit. Nach dem 6. Februar 1934 kam Bertrand de Jouvenel, der die Radikale Partei verlassen hatte, auf die Idee, eine revolutionäre Neugruppierung der Jugend zu versuchen. Zu diesem Zweck lancierte er eine Wochenzeitung, *La Lutte des jeunes*, die all jene um sich scharen sollte, die das Elend und die Korruption des Regimes anwiderten. Im Mai 1934 organisierte er »Generalstände der Jugend« – etwa fünfzig Gruppen waren repräsentiert –, die zu nichts als einem Tumult unvereinbarer Meinungen führten. Die Einheit der Jugend war nur ein Mythos. Die Machtergreifung Hitlers in Deutschland, die neue Linie der Kommunistischen Internationale, die Bildung der Volksfront – all diese Ereignisse brachten eine Umgruppierung der Jugend im Sinne einer Rechts-Links-Konfrontation mit sich, obwohl man doch »weder rechts noch links« hatte sein wollen.

Sehr viel Gehirnmasse war bemüht worden. Von all den Plänen, den Programmen, den Utopien bleibt vor allem in den Archiven etwas, wenn die Kritik der Mäuse noch nicht ihr Werk getan hat. Dennoch trugen einige Leitideen Früchte; einige gingen in die Nationale Revolution[95] ein, der sich eine große Zahl dieser jungen Leute anschloss, andere in die Programme der Résistance zu Gunsten eines befreiten und erneuerten Frankreichs. Man hatte einem Feuerwerk der intellektuellen Jugend beigewohnt. Von einigen Raketen sollten die Funken weiterwirken.

---

95 *Anm. d. Ü:* Nationale Revolution: Leitbegriff der Ideologie des Vichy-Regimes.

23
Im Dienst der Revolution

Die Revolution, die die Nonkonformisten für »notwendig« halten, wollen die Surrealisten mehr denn je. Von ihrem Standpunkt oder jedenfalls vom Standpunkt André Bretons aus kann die Revolution seit dem Rifkrieg nicht mehr außerhalb des Kommunismus angestrebt werden. Anfang 1927 treten fünf Mitglieder der surrealistischen Gruppe dem PCF bei: Benjamin Péret, der sich als erster einschreibt, folgen Louis Aragon, André Breton, Paul Éluard und Pierre Unik, der zwei Jahre vorher – bereits als Fünfzehnjähriger – zu der Gruppe gestoßen war. Doch was nützt der Kommunistischen Partei der Beitritt dieser Avantgarde, die so berühmten Schriftstellern wie Anatole France und Henri Barbusse feindlich gesonnen ist, deren Zugehörigkeit ihr weit kostbarer ist?

Für die Kommunistische Internationale mit Lenin an der Spitze hatte die Literatur eine Aufgabe: sie hatte der Revolution zu dienen. Das *Wie* war mehrere Jahre lang Gegenstand von Debatten und Konflikten. Die Auseinandersetzung um Barbusse in Frankreich veranschaulicht diese Unsicherheiten der zwanziger Jahre. Als die Führer des PCF dem Autor von *Le Feu* die Leitung des Literaturteils von *L'Humanité* anvertrauten, erteilten sie den Vertretern der Avantgarde eine klare Abfuhr. Parallel dazu hatte das Internationale Verbindungsbüro, das 1924 in Moskau gegründet worden war, durch den Mund seines Präsidenten Anatol Lunatscharski Anatole France, dem zur bolschewistischen Revolution bekehrten Bürger, seinen Dank ausgesprochen. Das gefiel den »Clartéisten« und den Surrealisten überhaupt nicht, denn sie verabscheuten den ruhmreichen Weggefährten. Doch dieser versprach der Partei einen zuverlässigeren Propagandaerfolg als das mehr oder weniger tumultartige Bündnis mit einer Avantgarde, die unter den Massen per definitionem kein Gehör fand.

Was die neu zu schaffende Literatur anging, so hatten die Sowjets für die Experimente Bretons und seiner Freunde nichts als Misstrauen übrig: »Es ist schwer zu verstehen«, schrieb Lunatscharski 1926, »was der Surrealismus ist. Einerseits ist er ein extremer Subjektivismus, in der Art des bis zum Äußersten getriebenen deutschen Expressionismus; andererseits verweigert er die schöpferische Leistung, die die erstickende Atmosphäre der Bourgeoisie unmöglich macht. Und schließlich vertritt er einen politischen und kulturellen

Anarchismus[96].« Die damals sowohl in der UdSSR als auch in Frankreich diskutierte Formel hieß: »proletarische Literatur«. Doch worum handelte es sich? Sollte diese proletarische Literatur ihre Bezeichnung den behandelten Gegenständen, der sozialen Lage der Autoren oder dem kollektiven Aspekt ihrer Produktion verdanken?

Eine erste »Internationale Konferenz der proletarischen und revolutionären Schriftsteller« findet im November 1927 in Moskau statt – am selben Tag, an dem Trotzki und Sinowjew aus der bolschewistischen Partei ausgeschlossen werden. Frankreich ist auf widersprüchliche Weise repräsentiert – einerseits durch Henri Barbusse und Paul Vaillant-Couturier, die der PCF delegiert hat, andererseits durch Pierre Naville und Francis Gérard (Pseudonym von Gérard Rosenthal), die Clarté geschickt hat und die in Opposition zu Barbusse stehen. Der Bericht Lunatscharskis preist die proletarische Literatur, die dem »sozialen Realismus« die Bahn geebnet habe. Henri Barbusse erkennt an, dass »man im Augenblick nicht von der Existenz einer proletarischen Literatur in Frankreich«[97] sprechen kann, und reist mit Vaillant-Couturier ab, entschlossen, die Beschlüsse der Konferenz auszuführen. Revolutionär und/oder proletarisch – die Literatur muss auf internationaler Ebene organisiert werden. Man beabsichtigt, die Kulturpolitik der Kommunistischen Parteien zu vereinheitlichen und sie mit der Strategie der Internationale zu verknüpfen.

Die Teilnahme an der Moskauer Konferenz veranlasst Barbusse im Juni 1928, *Monde* zu gründen. Mit dieser Wochenzeitung will er gegen die Reaktion kämpfen und »die proletarische Literatur und Kunst vorantreiben, die in der gegenwärtigen und zukünftigen Gesellschaft immer stärker glänzen und triumphieren müssen«; zugleich lehnt er es ab, sich an der Parteipolemik zu beteiligen. Sofort warnen Naville und *Clarté* vor dieser neuen Wochenzeitung, die ein »Instrument der Konfusion« zu werden drohe. Die Dinge sind umso zweideutiger, als das Internationale Verbindungsbüro *Monde* als ein Organ der proletarischen Literatur versteht, als eine Außenstelle der russischen Literatur in Frankreich, während Barbusse eine Zeitung veröffentlichen will, die zwar der UdSSR wohlgesinnt, der Politisierung und dem Sektierertum jedoch abgeneigt ist.

In diesem Klima der Unsicherheit entschließt sich die Gruppe der fünf Surrealisten, den Schritt zu wagen und dem PCF beizutreten. Nicht ohne

---

96 J.-P. Morel, *Le Roman insupportable. L'Internationale littéraire et la France (1920–1932)*, Gallimard, 1985, S. 101.
97 J.-P. Morel, *ibid.*, S. 132. Außer diesem grundlegenden Werk wurden für dies Kapitel folgende Arbeiten benutzt: A. Thirion, *Révolutionnaires sans révolution*, Robert Laffont, 1972; P. Daix, *Aragon, op. cit.*; die *Œuvres romanesques* von Aragon, Gallimard, »La Pléiade«, 1, 1997; sowie die bereits erwähnten Werke von M. Nadeau und C. Reynaud Paligot und die *Œuvres complètes* von *André Breton*.

Komplikationen: Breton muss eine Reihe demütigender Verhöre über sich ergehen lassen, in deren Verlauf *La Révolution surréaliste* allerlei kritischen Bemerkungen ausgesetzt wird. Nachdem er *Légitime Défense* (»Notwehr«) desavouiert und *La Révolution surréaliste* der Kontrolle des Zentralkomitees unterstellt hat, wird er schließlich im Januar 1927 in die Zelle der Gasarbeiter der Porte d'Aubervilliers aufgenommen. Nach drei Versammlungen wird das neue Mitglied Opfer scharfer Angriffe wegen spalterischer Aktivitäten, seines Lebenswandels (ausschweifendes Leben in den Pariser Cafés), seiner persönlichen Ambitionen. Es folgt eine heftige Kontroverse, und Breton verlässt schließlich seine Zelle; er tut es umso bereitwilliger, als man ihn drängt, anhand öder Statistiken einen Bericht über die Situation in Italien zu verfassen: »Ich konnte nicht.«

Trotz ihres Missgeschicks bleiben Breton und seine Freunde – ohne ihre formelle Mitgliedschaft im folgenden Jahr zu erneuern – von der Notwendigkeit überzeugt, sich weiterhin für die Kommunistische Partei zu engagieren, deren kulturelle Orientierung sie glauben beeinflussen zu können. Wieder geht es darum, das Übergewicht von Barbusse zu bekämpfen, in dem sie ein Symbol aller intellektuellen Kompromisse sehen. Im März 1927 beteiligt sich auch *Clarté* an diesen Auseinandersetzungen und attackiert Barbusse, der in seinem *Jésus* aus dem Gründer des Christentums einen Kommunisten macht. *L'Humanité* antwortet mit einem Beschluss des Politbüros, das seine Solidarität mit Barbusse bestätigt. Im folgenden Mai erneuert Breton in *Au grand jour* (»Vor aller Augen«) – ein von Aragon, Éluard, Péret und Unik mitunterzeichneter Text – seine vollständige Unterwerfung unter die Parteilinie und versichert wieder, der Surrealismus beanspruche nicht, eine politische Richtung zu sein. Auf diese Weise verteidigt er die Kompetenz der Surrealisten im literarischen und künstlerischen Bereich und bedauert zugleich, dass die Partei sie sich nicht zu Nutze mache:

»Wir möchten auch sagen, wie leidig es ist, dass die Struktur des PC in Frankreich diesem nicht gestattet, uns in einem Bereich einzusetzen, in dem wir wirklich nützlich sein könnten, und dass in Bezug auf uns kein anderer Beschluss gefasst wurde, als uns mehr oder weniger überall verdächtig zu machen. Darauf geht auch eine Kampagne gegen uns zurück, die sich zwar erst ankündigt, die jedoch nur auf irgendein Zeichen unserer Präsenz innerhalb der Partei wartet, um schärfere Formen anzunehmen[98].«

---

98 A. Breton, *Œuvres complètes (OC), op. cit.*, 1, S. 941.

Die Surrealisten mit Parteiausweis sehen sich jedoch bald zu einer politischen Entscheidung gezwungen. Naville und Rosenthal, die an der Moskauer Konferenz vom November 1927 teilgenommen und den Ausschluss Trotzkis durch Stalin miterlebt hatten, ergreifen nach ihrer Rückkehr Partei für Trotzki. Anfang 1928 wird die sich dem Trotzkismus zuwendende *Clarté* zu *La Lutte des classes*. Im Juni prangert die Zeitschrift die Verhaftung Victor Serges an. Im Januar 1929 wird Trotzki, der zunächst nach Mittelasien verbannt wurde, aus der UdSSR ausgewiesen. Auch Boris Souvarine und Maurice Paz unterstützen in einer neuen Zeitschrift, *Contre le courant*, Trotzki, während Pierre Monatte und Alfred Rosmer, die die Ideale des revolutionären Syndikalismus und des Leninismus für vereinbar gehalten hatten, nun in *La Révolution prolétarienne* ihrerseits mit dem Trotzkismus sympathisieren. Wie reagieren Breton und seine Freunde, die in der Vergangenheit so viel Wohlwollen gegenüber den Männern dieser drei Zeitschriften und für Trotzki selbst an den Tag gelegt hatten? Die Anwort kommt im Dezember 1929, als Breton das *Second Manifeste du surréalisme* (Zweites Manifest des Surrealismus) veröffentlicht.

In diesem Text hält Breton sowohl an den Grundsätzen seiner Bewegung als auch am Marxismus-Leninismus fest:

> »Welche Entwicklung der Surrealismus auf politischem Gebiet immer durchgemacht haben mag, so dringlich wir erfahren haben mögen, dass wir zur Befreiung des Menschen, *der ersten Voraussetzung zur Befreiung des Geistes*, nur auf die proletarische Revolution zählen können: ich kann doch sagen, dass wir keinen zwingenden Grund gefunden haben, die uns eigenen Ausdrucksmittel, welche wir auf ihren Nutzen hin zu prüfen vermochten, zu revidieren[99].«

Nachdem er im Hinblick auf den Ausschluss von Artaud, Carrive, Delteil, Gérard, Limbour, Masson, Soupault und Vitrac (sie werden selbst mit einem Pamphlet antworten, das den ein paar Jahre zuvor gegen Anatole France gerichteten Titel wieder aufgreift: »Eine Leiche«) Bilanz gezogen hat, wendet er sich dem Fall von Pierre Naville zu, dem früher so sehr daran gelegen war, die Gruppe der Surrealisten zur sozialen Revolution zu bekehren, und der sich nun in den Augen Bretons als jemand offenbart, der von einem »unstillbaren Durst nach Ruhm« verzehrt wird – ein Durst, den im Übrigen das Bankkonto von Vater Naville stille, so dass *La Lutte des classes* ihren Sitz in der Rue de Grenelle 15 im ehemaligen Stadtschloss der Herzöge von La Rochefoucauld habe. Nach dieser persönlichen Angelegenheit (die Surrealisten schrecken in

---

99 »Zweites Manifest des Surrealismus«, in A. Breton, *Die Manifeste des Surrealismus*. Übers. v. R. Henry, Rowohlt Verlag, Reinbek, 1977, S. 75.

ihren Abrechnungen nie vor Angriffen *ad hominem* zurück) kommt Breton zu Trotzki; er weigert sich zu wählen:

> »der Surrealismus betrachtet sich infolge der von mir aufgezeigten Verwandtschaft dem Ziel des marxistischen Denkens unauflöslich verbunden, und zwar diesem Ziel allein; doch wehrt er sich dagegen und wird es zweifellos noch lange tun müssen, zwischen den beiden Hauptströmungen zu wählen, die zurzeit noch die Männer gegeneinander ausspielen, welche – zwar ohne dieselbe taktische Konzeption – sich jeweils als echte Revolutionäre ausgewiesen haben.«

Breton führt einen Brief Trotzkis vom 25. September 1929 an, in dem der nun im Exil lebende frühere Chef der Roten Armee »die Tatsache einer Schwenkung der offiziellen Führung nach links« feststellt, was auf seine mögliche Reintegration hinweisen könnte. Man darf also nicht »unnachgiebiger« sein als Trotzki selbst und »die emotionale Wunde der Repression noch vergiften, wie Panaït Istrati es tut [der rumänische Schriftsteller P. Istrati hatte in der Oktobernummer der *NRF* »Die Affäre Russakow« veröffentlicht und die Repression gegen den Schwiegervater Victor Serges angeprangert], wozu Monsieur Naville ihn beglückwünscht«.

André Breton hat das, was damals in der UdSSR abläuft, nicht verstanden oder will es außer Betracht lassen. Die Jahre 1928/29 bedeuten eine Verhärtung der allgemeinen innen- wie außenpolitischen Linie nach links, in der die Surrealisten ein Wiederanknüpfen an die Revolution zu erkennen glauben. Stalin vertritt die These, der Kapitalismus sei in eine »dritte Periode« eingetreten, die einer generellen Krise, die günstig für revolutionäre Offensiven sei, doch auch eine neue imperialistische Gefahr für die UdSSR mit sich bringe. Der 6. Kongress der Kommunistischen Internationale, der im Sommer 1928 in Moskau stattfindet, fordert »das internationale Proletariat, dessen einziges Vaterland die UdSSR ist«, auf, diese »mit allen Mitteln gegen die Angriffe der kapitalistischen Mächte« zu verteidigen. Man müsse den einlullenden pazifistischen Thesen entgegentreten und insbesondere in der Sozialdemokratie das letzte Alibi der Großmächte erkennen: der *Sozialimperialismus* oder *Sozialfaschismus* ist in der neuen politischen Linie – »Klasse gegen Klasse« – der Feind Nummer eins, den es niederzuringen gilt. Im Jahre 1929 wird Stalin uneingeschränkter Führer der Kommunistischen Partei der UdSSR und erhält an der Spitze einer Bürokratie, deren Mitglieder seit Lenins Tod sorgfältig ausgewählt und in der alle Opponenten ausgeschaltet wurden, größte Vollmachten. Stalin war zwar noch kein Diktator, doch er war der Chefingenieur der Maschinerie, während der Marxismus buchstäblich zur Staatsideologie geworden war, dazu bestimmt, die Politik des Führers zu rechtfertigen. Seit

Die Ära Gide

1928 hatte Stalin im Gefolge der »Ablieferungskrise« einen Wandel der Landwirtschaftspolitik durch Verzicht auf die NEP und den Kampf gegen die »Kulaken« ins Auge gefasst. Zugleich wurde ein großer öffentlicher Prozess gegen die Industriesaboteure, »die im Sold des Auslands stehen«, veranstaltet. Im Plenum des Zentralkomitees vom Juli 1928 fordert Stalin eine Verschärfung des Klassenkampfes gegen die Kapitalisten in der Landwirtschaft. Bucharin erklärt öffentlich seine Gegnerschaft gegen Stalins Thesen, die einen neuen Bürgerkrieg heraufbeschwören würden. Stalin lanciert jetzt das Thema der »rechten Abweichung«, die das Plenum des Zentralkomitees von November 1928 verurteilt. Im folgenden Jahr verjagt eine massive Säuberung 170.000 Mitglieder aus der Partei: insbesondere wird Bucharin aus dem Politbüro ausgeschlossen. Die Wirtschaftskrise hat damals verheerende Folgen: Missernten, Sinken des Viehbestandes, Wiedereinführung von Lebensmittelkarten. Der Anstieg der Preise in der Landwirtschaft führt zu einer allgemeinen Krise. Für Stalin kommt das Übel aus der Landwirtschaft, die von Grund auf neuorganisiert werden müsse. Die *Prawda* kündigt Ende Oktober 1929 eine »massive Kollektivierung« an. Kurz darauf verkündet Stalin »die große Wende«. Die NEP wird begraben, eine neue Art »Kriegskommunismus« beginnt, dem Millionen Einwohner der UdSSR zum Opfer fallen werden.

Breton, der entweder schlecht informiert oder nicht willens ist, wegen der Repression »auf Gefühl« zu machen, hätte auf ein besonderes Ereignis mit mehr Sensibilität reagieren können: den Selbstmord des Dichters Majakowski im April 1930. Trotzki nannte im *Bulletin de l'opposition* einen der Gründe dieser Handlung: man habe den russischen Dichter »zwangskollektivieren«, ihn in die »administrative Kolchose der angeblich ›proletarischen‹ Literatur hineinzwängen«[100] wollen. In der ersten Nummer der neuen Zeitschrift *Le Surréalisme au service de la Révolution* veröffentlicht Breton im Juli 1930 – ohne Trotzkis Attacken gegen die Bürokratisierung der Partei aufzugreifen – eine Würdigung des Verstorbenen, der wie die Surrealisten eine »proletarische« Literatur abgelehnt habe.

Die Bedeutungsumkehrung im Titel ihrer Zeitschrift – aus *La Révolution surréaliste* (»Die surrealistische Revolution«) wurde bescheidener *Le Surréalisme au service de la Révolution* (»Der Surrealismus im Dienst der Revolution«) – ist aufschlussreich für den guten Willen Bretons und seiner Freunde. In der Nummer 1 vom Juli 1930 antworten sie auf die Frage des Bureau international de littérature révolutionnaire (»Internationales Büros revolutionärer Literatur«) »Welche Haltung werden Sie einnehmen, wenn Imperialismus den Sowjets den Krieg erklärt?«:

---

100 J.-P. Morel, *op. cit.*, S. 297–298.

»GEFÄHRTEN WENN IMPERIALISMUS SOWJETS KRIEG ERKLÄRT WIRD UNSERE POSITION DEN DIREKTIVEN DRITTE INTERNATIONALE ENTSPRECHEN POSITION DER MITGLIEDER KOMMUNISTISCHE PARTEI FRANKREICHS. WENN IN SOLCHEM FALL MÖGLICH ERSCHEINT UNSERE FÄHIGKEITEN BESSER ZU NUTZEN STEHEN WIR ZUR VERFÜGUNG FÜR BESTIMMTE MISSION ERFORDERND JEDWEDEN GEBRAUCH VON UNS ALS INTELLEKTUELLEN STOP IHNEN VORSCHLÄGE ZU UNTERBREITEN WÜRDE FREILICH UNSERER ROLLE UND DEN BEDINGUNGEN VORGREIFEN.
IN GEGENWÄRTIGER SITUATION NICHT BEWAFFNETEN KONFLIKTS HALTEN WIR FÜR UNNÜTZ ZU WARTEN UM UNSERE GANZ SPEZIFISCHEN MITTEL IN DEN DIENST DER REVOLUTION ZU STELLEN.«

Das bedeutete, erneut sowohl die Linientreue als auch den Anspruch auf eigene originelle Aktivitäten zu bekräftigen. Bis zum Ende seiner Weggenossenschaft mit den Kommunisten kommt Breton immer wieder auf diese beiden Punkte zurück: politische Disziplin, doch intellektuelle Besonderheit der Surrealisten. Man folgt Stalin, aber nicht Barbusse. Im Jahre 1929 sind Henri Barbusse und seine Zeitung *Monde* gerade zur Zielscheibe der neuen literarischen Politik der Internationale geworden: Bruno Jasienski, Autor eines »Politik-Fiction-Romans«, *Je brûle Paris* (»Ich stecke Paris in Brand«), den *L'Humanité* 1928 veröffentlicht hat, und Mitglied des Redaktionskomitees von *Vestnik*, »Organ des Internationalen Büros revolutionärer Literatur«, prangert unter dem Titel »Auf dem großen Jahrmarkt der Ideologie« den Pluralismus der Wochenzeitung *Monde* an, der es darum gehe, allen zu gefallen, und die unfähig sei, der russischen proletarischen Literatur Gehör zu verschaffen. Aragon seinerseits bezeichnet *Monde* in *La Revolution surréaliste* als »konfusionistischen Abfall«. Gab es für die Surrealisten eine Möglichkeit, wieder Oberwasser zu bekommen? Der Kongress von Charkow, der vom 6. bis zum 15. November 1930 stattfindet, kommt ihnen sehr gelegen.

Dieser Kongress, der Fragen der Literatur gewidmet war, stellte sich natürlich auf die »Große Wende« ein. Es ging darum, den für die Kultur in der Welt verantwortlichen Kommunisten eine harte Linie aufzuerlegen. Die Kritik an Barbusse besaß in diesem Zusammenhang exemplarische Bedeutung, denn sie veranschaulichte – im Bereich der Literatur – die »rechte Abweichung«: Barbusse hatte aufgehört, »die proletarischen Ideen zu propagieren, um die Linie der Radikalsozialistischen Partei im Bereich der Kultur und der Politik zu vertreten«. Barbusse selbst wurde indessen geschont: die Kritik war streng, doch »brüderlich«. Man forderte ihn auf, »in enger Verbindung mit der Kommunistischen Partei und mit den anderen revolutionären Arbeiterorganisationen einen starken revolutionären Kern zu bilden, der den dialektischen Materialismus als philosophische Basis anerkennt und sich auf eine starke Gruppe schöpferischer Arbeiter stützt[101]«. Um den konstruktiven Charakter dieser Aufforderung zu unterstreichen, wurde Barbusse in den Vorstand der Union internationale des écrivains révolutionnaires (»Internationale Union der revolutionären Schriftsteller«) gewählt, die an die Stelle des »Internationalen Büros revolutionärer Literatur« trat.

Die Tatsache, dass Barbusse auf die Anklagebank gesetzt wird, gibt den Surrealisten, die in Charkow von Aragon und Sadoul vertreten werden, eine gewisse Hoffnung. Aragon befindet sich – zumindest zunächst – aus privaten Gründen dort. Er hatte im vorausgegangenen November eine geschiedene russische Schriftstellerin kennen gelernt – eine für ihn ganz entscheidende Bekanntschaft –, Elsa Triolet, deren Schwester Lili die Geliebte Majakowskis war. 1929 hatten sich Elsa und Louis in der Rue Campagne-Première niedergelassen. Nach dem Selbstmord Majakowskis entschließen sie sich zur Reise nach Moskau, da Elsa ihre sehr mitgenommene Schwester Lili wieder sehen möchte. André Thirion, aktives Mitglied der Partei, informiert das Sekretariat des PCF über diese Reise und lässt Aragons Parteimitgliedschaft in Ordnung bringen, indem er ihn offiziell – mit Hilfe rückwirkender Beitrittszahlungen – in seine Zelle des Viertels Plaisance aufnimmt. Aragon nimmt also vom 6. bis 15. November 1930 an der 2. Internationalen Konferenz der proletarischen und revolutionären Schriftsteller – dem »Kongress von Charkow« – teil, und zwar in Begleitung von Georges Sadoul (dieser ist gerade zu drei Monaten Gefängnis verurteilt worden, weil er dem besten Kandidaten von Saint-Cyr[102] eine provokative Postkarte geschickt hatte, und fürchtet, nach seiner Rückkehr verhaftet zu werden). Nun, die sowjetischen Instanzen fordern beide auf, einen Text der Selbstkritik zu unterzeichnen, mit dem sie den Fehler, ihre literarische Aktivität nicht der Kontrolle der Partei unterworfen zu haben, eingestehen und den Willen bekunden, sich von »jeder konfusionistischen Ideologie bezüglich des Trotzkismus« zu distanzieren. Aragon und Sadoul unterzeichnen also gemeinsam eine Erklärung, die in mehreren Punkten nichts anderes ist als eine Verleugnung des *Second Manifeste du surréalisme*. In dem Bericht, den er in der Nummer 3 von *Le Surréalisme au service de la Révolution* über das Ereignis gibt, erklärt Aragon, er und Sadoul hätten diese Resolution nach dem Kongress unterzeichnet, vor ihrer Rückkehr nach Frankreich. Der sowjetischen Version zufolge war die »Abschwörung« dem Kongress vorausgegangen: sie war das Eintrittsbillet in die »Internationale Union der revolutionären Schriftsteller«.

---

101 J.-P. Morel, *op. cit.*, S. 377–378.
102 *Anm. d. Ü*: Saint-Cyr: Militärschule, nach dem gleichnamigen Ort benannt.

Der Kongress beschränkt sich nicht darauf, *Monde* als »Stütze der dem Proletariat feindlich gesinnten Ideologien« zu verurteilen – eine Verurteilung, der sich Aragon und Sadoul anschließen. Er nimmt auch eindeutig die Grundlagen des Surrealismus ins Visier, »Reaktion der jungen Intellektuellengenerationen aus der kleinbürgerlichen Elite auf die Widersprüche des Kapitalismus in seiner dritten Entwicklungsphase«. Der Kongress hält es indessen für möglich, dass trotz der Anfangsirrtümer »die Besten der gegenwärtigen surrealistischen Gruppe sich weiter zum dialektischen Materialismus hin entwickeln und endgültig zur proletarischen Ideologie [übergehen] werden, nachdem sie ihre Theorie der ›Zersetzung der Bourgeoisie als Folge der Entwicklung ihrer inneren Gegensätze‹ sowie all die Irrtümer, die im *Second Manifeste du surréalisme* Ausdruck finden, revidiert haben[103]«.

In seinem in der Nummer 3 von *Le Surréalisme au service de la Révolution* abgedruckten Text beschränkte sich Aragon nicht auf Attacken gegen die Zeitung von Barbusse; er plädierte auch – alle entsprechenden Resolutionen der Surrealisten missachtend – für die Schaffung einer dem russischen Verband proletarischer Literatur analogen Organisation in Frankreich.

Parallel zum Kongress von Charkow hatte der Prozess gegen die »Industriepartei« stattgefunden, diese angeblichen »Saboteure«, die man zu Sündenböcken für das Versagen der Industriepolitik der UdSSR machte. Aragon und Sadoul hatten einem Meeting beigewohnt, auf dem Arbeiter, ja Gorki persönlich den Tod der Saboteure forderten. Bei seiner Rückkehr beendet Aragon in einem revolutionären Begeisterungsrausch sein Gedicht »Front rouge« (»Rotfront«) zum Ruhme des GPU[104] – ein aufrührerischer Text, der 1931 in der Julinummer der russischen Zeitschrift französischer Sprache *Littérature de la Révolution mondiale* erscheint:

L'éclat des fusillades ajoute au paysage
Une gaieté alors inconnue
Ce sont des ingénieurs des médecins qu'on exécute
Mort à ceux qui mettent en danger les conquêtes d'octobre
Mort aux saboteurs du plan quinquennal

Das Getöse der Gewehrsalven verleiht der Landschaft
Eine vordem unbekannte Fröhlichkeit
Ingenieure Ärzte werden exekutiert
Tod all denen, die die Errungenschaften des Oktober gefährden
Tod den Saboteuren des Fünfjahresplanes

---

103 Zit. nach C. Reynaud Paligot, *op. cit.*, S. 79.
104 *Anm. d. Ü:* GPU: politische Polizei der UdSSR, später KGB.

Die deutschen Schriftsteller Ernst Glaeser und Anna Seghers hatten die stalinistische Repression ebenfalls unterstützt – unter dem Vorwand einer »drohenden imperialistischen Intervention gegen die UdSSR«, wie Aragon und Sadoul in einer Denkschrift »An die revolutionären Intellektuellen« darlegten, in der sie ihre Freunde zu beruhigen versuchten. Am 5. Februar 1931 prangert in *L'Humanité* ein mit »Interim« gezeichneter Artikel die Widersprüche der Surrealisten an und überhäuft Barbusse mit Lob. Kurze Zeit darauf wird André Thirion aus dem PCF ausgeschlossen, insbesondere weil er ohne Genehmigung an der Zeitschrift der Surrealisten mitgearbeitet hatte.

Der latente Konflikt zwischen Aragon und Breton, zwischen den Charkow-Pilgern und den Surrealisten, wird einen Moment lang von der Kampagne gegen die große Kolonialausstellung von Vincennes verdeckt. Und außerdem schützt das Gedicht »Front rouge« den Autor eine Weile vor internen Abrechnungen. Denn die subversive Gewalt des Gedichts (»Feuer auf Léon Blum usw.«) führt zur Beschlagnahmung besagter Zeitschrift und am 16. Januar 1932 zur Anklage gegen Aragon wegen Anstiftung der Soldaten zu Ungehorsam und Aufruf zum Mord mit dem Ziel anarchistischer Propaganda. Umgehend verfasst Breton ein Flugblatt, *L'Affaire Aragon*, das durch eine Petition ergänzt wird.

All das führt keineswegs zur Aussöhnung von *L'Humanité* mit den Surrealisten; die kommunistische Tageszeitung kritisiert am 9. Februar »in aller Heftigkeit das Ausschlachten dieser Affäre zwecks Eigenwerbung durch die surrealistische Gruppe«. Ende Februar antwortet Breton mit *Misère de la poésie. »L'affaire Aragon« devant l'opinion publique* (»Das Elend der Poesie. Die ›Affäre Aragon‹ vor der öffentlichen Meinung«), einer Art Klarstellung. Er attackiert das kommunistische Publikationsorgan, insbesondere Jean Fréville und Jean Peyralbe (Léon Moussinac), die für Literatur und Kunst verantwortlich sind, und erneuert das Bekenntnis zur Unabhängigkeit des »kulturellen Kampfes«. Am 10. März setzt *L'Humanité* einen Schlussstrich unter die Polemik:

> »Unser Genosse Aragon lässt uns wissen, dass er mit dem Erscheinen einer *Misère de la poésie. ›L'affaire Aragon‹ devant l'opinion publique* betitelten und von André Breton unterzeichneten Broschüre absolut nichts zu tun hat. Er möchte klarstellen, dass er den Inhalt dieser Broschüre in seiner Gesamtheit und das Aufsehen, das sie um seinen Namen macht, missbilligt; jeder Kommunist müsse die Angriffe, die diese Broschüre enthalte, als mit dem Klassenkampf unvereinbar und folglich als objektiv konterrevolutionär verurteilen.«

Zu diesem Zeitpunkt – Frühjahr 1932 – ist der Bruch zwischen Aragon und Breton vollzogen. Aragon zieht Georges Sadoul, Maxime Alexandre und Pierre

Unik – ebenfalls Mitglieder des PCF – mit sich. Wie war Aragon, lange die sicherste Stütze Bretons, mit dem er eine Art »Doppelkönigtum« über die Gruppe ausübte, dahin gekommen? Man hat viel vom Einfluss Elsas gesprochen. Gewiss spielte sie eine Rolle. Elsa Triolet war keine Kommunistin, doch schätzte sie die Vormundschaft, die Breton über Aragon ausübte, nicht und wünschte ganz allgemein, dass Aragon sich von der Gruppe der Surrealisten emanzipierte (»sie vertrug die aus dem surrealistischen Milieu kommenden Vorschriften nur schwer[105]«). Aragon, dessen chaotisches Gefühlsleben – vor allem nach dem Bruch mit Nancy Cunard – Grund zu Verzweiflung war, hatte in Elsa, dieser zweiunddreißigjährigen Frau, die Architektur studiert hatte, eine geradlinige, gut organisierte, starke Persönlichkeit gefunden. Sie hatte sich für Aragon entschieden und bewirkt, dass er sich endgültig von Nancy trennte und zur Ruhe kam: »Als wir uns kennen lernten«, sagte Aragon zu Dominique Arban, »war ich ziemlich unmöglich. Elsa musste damals viel Geduld aufbringen, um mich zu ertragen.«

Mit dem Segen Elsas schloss sich Aragon ganz dem Kommunismus an und emanzipierte sich von der Gruppe der Surrealisten. Der Zwang, den Breton auf die Gruppe ausübte, seine inquisitorische Art, sein intolerantes Auftreten als Glaubenswächter hatten umso mehr auf ihm gelastet, als dadurch seine literarischen Neigungen, seine Vorliebe für den – von der bretonschen Orthodoxie geradezu gebrandmarkten – Roman beeinträchtigt wurden. So war er beispielsweise dazu gebracht worden, die fünfzehnhundert Seiten eines fiktionalen Textes, *Défense de l'Infini* (»Verteidigung des Unendlichen«), der von der Gruppe unter Beschuss genommen worden war, zumindest zum Teil zu vernichten. Das Protokoll der Versammlung vom 23. November 1926, die im Café du Prophète stattfand und mit dem Ausschluss von Antonin Artaud und Philippe Soupault endete, zeigt, dass sich Aragon in der Rolle des Angeklagten befand. Breton, Bernier, Naville sind über seine Mitarbeit an »bürgerlichen Zeitschriften« besorgt, über seine »literarische Aktivität«, über das Projekt *Défense de l'Infini*, für das sie keine »Notwendigkeit«[106] sehen. Um er selbst zu werden, musste sich Aragon ganz offensichtlich von der Gruppe der Surrealisten trennen; sein Anschluss an den PCF ist in dieser mehr oder weniger bewussten Perspektive zu sehen; die intellektuelle Konversion zum Marxismus-Leninismus ist dabei zweitrangig. Später wird Aragon in einem Vorwort zu einer Neuauflage von *Les cloches de Bâle* (*Die Glocken von Basel*) von seinem »Willen zum Roman« sprechen: »Als die Verbindung zwischen mir und den Surrealisten zerbrach, war das – ich hatte keine Ahnung davon – der Realismus, der sein Recht forderte.« Eine nachträgliche Erklärung? Wie dem

---

105 *Aragon parle* avec Dominique Arban, Seghers, 1968, S. 95.
106 Siehe M. Bonnet, *Adhérer au Parti communiste?*, Gallimard, »Archives du surréalisme«, 1992, S. 26–27.

auch sei, Elsa unterstützt den Übergang. Dabei ist die gesamte Zeitspanne vom Kongress von Charkow (Dezember 1930) bis zum Bruch mit Breton (März 1932) eine Periode qualvoller Zerrissenheit, in der Aragon sich mit seinen Skrupeln, seinen Freundschaften, seinen so eng geknüpften Banden zu Breton herumschlägt, um den Akt der Befreiung zu vollbringen. Doch schließlich kann Aragon – abgesehen davon, dass er eine große Leserschaft finden wird – seiner »außerordentlichen Begabung«, die jeder anerkennt und die die Ukase des Surrealismus ersticken, freien Lauf lassen. Im Jahre 1934 erscheinen *Les Cloches de Bâle*, erster Band von *Le Monde réel* (*Die wirkliche Welt*).

André Breton gibt keinesfalls seine revolutionäre Treue auf, die der Kommunistischen Partei verbunden bleibt. Im Januar 1932 war die Association des écrivains et artistes révolutionnaires (AEAR, »Vereinigung der revolutionären Schriftsteller und Künstler«) gegründet worden. Im Prinzip können alle revolutionären Autoren beitreten, die die UdSSR und den Kampf der kolonisierten Völker unterstützen, die den Faschismus und den »Sozialfaschismus« bekämpfen, wie es die politische Linie »Klasse gegen Klasse« verlangt. Die Surrealisten erklären ihren Beitritt. Jean Fréville jedoch schreibt klar und deutlich an Jasienski, ihr Beitritt könne nur unter »ganz bestimmten Bedingungen« erfolgen, denn ihre Zeitschrift »offenbart wieder einmal, dass sie ihrem Wesen nach kleinbürgerliche Schriftsteller sind« usw.[107]. Das Manifest der AEAR vom März 1932 verurteilt ausdrücklich den Surrealismus, den das »revolutionäre Proletariat« nicht akzeptieren könne. Doch dann dreht sich der Wind. Die RAPP – der Verband proletarischer Literatur, der in der UdSSR großen Einfluss ausgeübt hatte – wird aufgelöst. Am 27. Mai 1932 veröffentlicht *L'Humanité* einen Appell von Henri Barbusse und Romain Rolland zu einer breiten Sammlungsbewegung für den durch die »dritte Periode« bedrohten Frieden. Die Verteidigung der UdSSR setzt diese Mobilisierung voraus, für die sich der Propagandist Willi Münzenberg einsetzt, dem wir noch begegnen werden. Das erste Plenum der Union der sowjetischen Schriftsteller plädiert für eine Öffnung; das veranlasst die AEAR, in ihren Reihen die Koexistenz von proletarischer und revolutionärer Literatur zu akzeptieren. So können Breton und die Surrealisten im Oktober 1932 beitreten. Trotz des Bruchs mit Aragon kann die Weggenossenschaft erneut beginnen.

Auch unabhängig von Kehrtwendungen und persönlichen Rivalitäten konnte sich der Surrealismus mit dem Kommunismus nicht gut vertragen. Dieser schwankte zwischen sektiererischer Verhärtung und deren Gegenteil, der Öffnung zu allen möglichen Verbündeten hin, und brachte den Surrealismus jedes Mal in eine heikle Situation. In den Phasen der größten Abschot-

---

107 J.-P. Morel, *op. cit.*, S. 458.

tung des Kommunismus wurde der Surrealismus als kleinbürgerliche Bewegung der Avantgarde verurteilt, deren Selbstauflösung als Voraussetzung für den Beitritt galt. In den Phasen der Öffnung stellte der Surrealismus auf Grund seiner Ansprüche und Unnachgiebigkeiten (zum Beispiel seiner Feindschaft gegenüber Barbusse) ein Hindernis für die angestrebte breite Front dar. Die intellektuelle Aufsässigkeit der Surrealisten gegenüber den Parteiinstanzen war inakzeptabel, mochten sie auch noch so bereit sein, sich politisch zu unterwerfen.

Die Annahme ihres Beitrittsgesuchs zur AEAR besagt, dass der Gegensatz überwunden ist: dank des guten Willens von Breton und seiner Gefährten. Geht Breton nicht sogar so weit, Mitglied einer Jury proletarischer Literatur zu werden, die 1933 von *L'Humanité* aufgestellt wird? Es handelt sich jedoch nur um ein weiteres Missverständnis. Auf dem Spiel steht weiterhin das Überleben des Surrealismus. In dem Augenblick, als die Kommunistische Partei ihre Politik der ausgestreckten Hand führt und 1934–1936 auf der Basis des Antifaschismus eine sehr große Zahl von Intellektuellen um sich schart, werden die Surrealisten endgültig mit den Kommunisten brechen. Bereits im Juli 1933 veröffentlicht *Le Surréalisme au service de la Révolution* kommentarlos einen Brief von Ferdinand Alquié, dem Philosophen des Surrealismus, in dem dieser »die Atmosphäre systematischer Verblödung, die in der UdSSR herrscht«, anprangert; diese Veröffentlichung, zu der der Herausgeber der Zeitschrift schweigt, hat zur Folge, dass »Genosse Breton auf Grund seiner konterrevolutionären Haltung« aus der AEAR ausgeschlossen wird.

24
Gide und die Verführung durch den Kommunismus

André Breton verwahrte sich dagegen, in der Politik »auf Gefühl« zu machen. Er war fast der Einzige. Die Mehrheit der Weggefährten der Kommunistischen Partei achteten vielmehr auf ihr Gefühl, und die Anwerber der sowjetischen Sache ließen es sich nicht nehmen, diese Saite anzuschlagen. In dieser Hinsicht war André Gide viel repräsentativer als Breton.

Das Tagebuch von Roger Martin du Gard verdeutlicht unter dem Datum des 24. Juni 1926 die Empfindsamkeit seines Freundes Gide sehr schön. Dieser ist zurück aus dem Kongo, wo er auf einer anstrengenden Reise in Begleitung von Marc Allégret entrüstet Zeuge der Ausbeutung der Eingeborenen durch die großen Konzessionsgesellschaften geworden ist. Er möchte einen *Bericht* verfassen, die Behörden alarmieren, die Öffentlichkeit mobilisieren. Er liest Martin du Gard einen früheren offiziellen Bericht von 1902 vor, in dem von einem »durch unsere Kolonisation unterdrückten Stamm« die Rede ist, »einem durch die Steuern ruinierten, vor allem durch das Lastentragen, zu dem man sie zwingt, dezimierten Stamm«. Während der Lektüre hält Gide mit erstickter Stimme erschüttert inne; er unterdrückt sein Schluchzen, bittet seinen Freund weiterzulesen und steht auf, um seine innere Erregung im Nebenzimmer zu verbergen: »Ich notiere diesen Zug«, schreibt Martin du Gard, »um das Missverhältnis zwischen seiner Erregung und den bedauerlichen Tatsachen dieses Berichts (Tatsachen, die übrigens vierundzwanzig Jahre zurückliegen) zu zeigen und dadurch zu verdeutlichen, wie sehr er auf dieser Reise in seinen Gefühlen erschüttert wurde. Er bebt innerlich[108].«

Martin du Gard ist kein Zyniker, doch er glaubt, dass die Ungerechtigkeit jeder Gesellschaft innewohnt: muss man sich so weit entfernen, um sie zu entdecken? Zugleich rührt ihn die »Treuherzigkeit« Gides: »Es ist wunderbar, sich mit achtundfünfzig Jahren entrüsten zu können wie jedes generöse Herz zwischen fünfzehn und fünfundzwanzig. Und wir sollten uns nichts darauf einbilden, dass wir uns an dieses abscheuliche Schauspiel mehr oder weniger gewöhnt haben.«

---

108 R. Martin du Gard, *Journal, op. cit.*, 2, S. 514.

Gide – und das gereicht ihm zur Ehre – findet sich nicht damit ab. In der *NRF* berichtet er von seiner *Reise in den Kongo*, und im Juni 1927 erscheint *Voyage au Congo* als Buch. Sein Protest ist nicht vergeblich. Léon Blum widmet ihm zwei Artikel in *Le Populaire* vom 5. und 7. Juli, die den Direktor der Compagnie forestière Sangha-Oubangui (»Forstgesellschaft Sangha-Oubangui«) veranlassen, einen langen Brief zu schreiben, in dem er versucht, das nicht zu Rechtfertigende zu rechtfertigen, und Gide beschuldigt, Opfer seiner »abenteuerlichen Einbildungskraft« zu sein. Gide kommt auf die Angelegenheit zurück und veröffentlicht in der *Revue de Paris* vom 15. Oktober 1927 »Das große Elend unseres äquatorialen Afrikas« – ein niederschmetternder Artikel über das 1899 errichtete System der großen Konzessionen, die, weit davon entfernt, die Gebiete von Französisch-Äquatorialafrika zu entwickeln, »eine systematische Ausplünderung des Landes«, eine »schändliche Ausbeutung«, betreiben. Gide stellt klar, dass er nicht die Verwaltung angreift; er beschränkt sich darauf, die Hinweise von Savorgnan de Brazza in Erinnerung zu rufen, dessen Stimme erstickt wurde. Er protestiert gegen die Zwangsarbeit, die Niedrigpreise, zu denen man den Eingeborenen Waren abkauft, und umgekehrt die extrem hohen Preise der Importgüter, den elenden Zustand der Lager der Kautschuksammler, die Härte der aufgebürdeten Arbeit, die ungerechten und grausamen Strafen ...

Am 23. November 1927 richtet ein Abgeordneter des Cantal, Fontanier, bestärkt durch die von Gide gegebenen Informationen, in der Abgeordnetenkammer eine Anfrage an den Kolonialminister, Léon Perrier. Gide hatte bei seiner Rückkehr aus Afrika Perrier aufgesucht, um ihm seinen Bericht zu übergeben; der Minister hatte ihn wohlwollend empfangen. Diesmal erklärt er in der Kammer, er werde sich dafür einsetzen, dass das im Jahre 1929 auslaufende System der großen Konzessionen nicht erneuert werde. Gides Kommentar: »Man staunt darüber, dass die Zeitungen so wenig Notiz von einem Versprechen genommen haben, das auf nicht weniger zielt als auf die Befreiung von 120.000 Negern aus der Sklaverei[109].«

In dieser Angelegenheit tritt Gide in die Fußstapfen Voltaires. Überzeugt davon, dass eine ungeheure Ungerechtigkeit – nicht einem Menschen wie in der Affäre Calas, sondern einem ganzen Volk gegenüber – vorliegt, nutzt er seine Bekanntheit, um die öffentliche Meinung und die Behörden aufzurütteln. Zwar macht er – als guter, um sein Werk und seine Freuden bemühter Schriftsteller – oft den Eindruck, ein Egotist zu sein; doch spürt man in seinem Tagebuch Gerechtigkeitsgefühl und Solidarität mit den kleinen Leuten. Nicht nur in den Kolonien. Wir erleben ihn beispielsweise im Februar 1928 in einer Eigentümerversammlung. Man diskutiert über die Rente, die man

---

109 A. Gide, *Journal, 1939–1949, op. cit.*, S. 1041.

der Concierge »nach vierzig Jahren treuer Dienste« zu geben hat. Die Mehrheit zeigt sich knauserig; Gide versucht, die anderen zu einem vernünftigen Betrag zu bewegen, der den Verlust der Wohnung, des Lichts und der kleinen Trinkgelder ausgleichen würde ... Er wirft sich vor, die anderen nicht überzeugt zu haben: »Ich aber bin in Versammlungen entschieden nichts wert: ich verliere die Ruhe. Mein Herz schlägt; ein Zittern befällt mich, und ich könnte eher Schreie und Schluchzen aus mir herausholen, als eine Rede oder auch nur ein paar vernünftige Sätze.« Moral der Geschichte: »Wie sollte man, angesichts gewisser Reicher, keine Kommunistenseele in sich fühlen[110]?« In der Normandie verdüstert ihn der Zustand des Dorfes, in dem er seine Zigaretten kauft: keine Hygiene, kein Komfort, alles ist »hässlich, kleinlich, erstarrt«: »Es gibt wenig Gegenden«, schließt er, »in denen zu leben man sich weniger glücklich fühlt, trotz des eigenen relativen Wohlstands.«

Bei Gide gibt es auch eine Geisteshaltung, die es ihm verbietet, jemals *etabliert* zu sein. Mag er auch ein Bourgeois sein (sein Vermögen gestattet diese Bezeichnung), er sagt von sich, er »sitze immer schief, wie auf einer Armlehne; bereit, mich zu erheben und fortzugehen[111].« Es handelt sich nicht nur um Reiselust, um Exotismus, um ungestillte Neugier. Seine sexuelle Marginalität, zu der noch sein Verlangen nach Aufrichtigkeit hinzukommt, hält ihn von jedem Konformismus fern. Im August 1928 verlässt er die Villa Montmorency in Auteuil, um in eine Wohnung in der Rue Vaneau – Rive gauche[112] – zu ziehen; sie liegt neben der Wohnung von Madame Théo, der »kleinen Dame«, Maria Van Rysselberghe, und neben dem Atelier von Marc Allégret. Der Verkehr zwischen den Wohnungen reißt nicht ab; man leiht sich das Hausmädchen aus, man isst zusammen, wenn nicht gar Gide »verlegen und amüsiert« mit der Pfanne in der Hand bei der »kleinen Dame« eintritt. Währenddessen rührt sich seine Frau Madeleine in Cuverville, wohin er sich regelmäßig begibt, nicht vom Fleck. Gide, der die Familie mit einem Bannfluch belegt hatte, war dabei, eine zu gründen, die ziemlich originell war[113]. Sie vergrößert sich bald um den neuen Geliebten Gides, Pierre Herbart, ein Opiumsüchtiger »mit eindeutig kommunistischen Tendenzen«, den er über Jean Cocteau kennen gelernt hat. Dann, im August 1931, teilt Élisabeth Van Rysselberghe, die Mutter der kleinen Catherine Gide, ihrer Mutter mit, sie erwarte ein Kind von Herbart und werde ihn heiraten. Er ist siebenundzwanzig Jahre alt, sie um die vierzig. Später bezieht Herbart mit Élisabeth das Atelier Marc Allégrets, der ausgezogen war. Die junge Catherine kam so zu zwei homosexuellen Vätern: eine Pioniersituation für die dreißiger Jahre!

---

110 A. Gide, *Tagebuch 1889–1939, op. cit.*, Band 3, S. 120.
111 A. Gide, *Journal, 1889–1939, op. cit.*, S. 997.
112 *Anm. d. Ü:* Rive gauche: das linke Seine-Ufer.

Gide und die Verführung durch den Kommunismus

Die Marginalität der Sitten führt politisch nicht notwendigerweise zur extremen Linken. Im Fall eines bürgerlichen Schriftstellers kann sie jedoch den Schritt erleichtern. Gide muss keine Rücksicht auf seinen »Ruf« nehmen, der schon feststeht: ein perverser und verdammter Autor. Er liefert den Wohlanständigen selbst die Waffen; sein Tagebuch wimmelt von Gerüchten, die über ihn in Umlauf sind. Kommunist zu werden würde ihm fast Achtbarkeit verleihen.

Dass Pierre Herbart Kommunist war, spielte sicherlich keine geringe Rolle bei der politischen Konversion Gides. Dies war nicht der einzige Einfluss. Bernard Groethuysen, der bei Gallimard arbeitete und sehr viel Sorgfalt auf die deutschen Übersetzungen der Werke Gides verwandte, war Marxist, und seine Intelligenz beeindruckte Gide – genau wie die von Malraux, der Anfang der dreißiger Jahre zu einem der berühmtesten Weggefährten des Kommunismus wurde. Victor Serge hebt in seinen *Carnets* (»Hefte«) seine Verführungskraft hervor: »Malraux stellt eine Mischung aus marxistischem – de facto kaum marxistischem – Revolutionarismus, aus Ästhetik und Abenteurertum dar, welche jungen Leuten sehr entgegenkommt, für die die Revolution ein verlockendes Abenteuer ist; denn sie haben das Gefühl, in einer senilen Gesellschaft blockiert zu sein[114].« Gide gehörte also zu diesen »jungen Leuten«. Vermutlich war der Einfluss von Herbart und Groethuysen entscheidender. Wie dem auch sei, im Laufe des Jahres 1931 wird Gide, was man einen kommunistischen Sympathisanten nennt.

Als Jean Guéhenno 1930 für die Novembernummer von *Europe* einen Artikel, »Seele, meine schöne Seele«, schreibt, in dem er sich über André Gide und Charles Du Bos lustig macht, diese schönen Seelen, die »unter unendli-

---

[113] Michel Drouin schreibt mir in diesem Zusammenhang: – Etliche glauben oder schreiben immer noch, Gide habe seine Herkunftsfamilie gemeint, als er den berühmten Bannfluch aussprach (wobei man meistens falsch oder entstellt zitiert). Nun, das ist nicht der Fall, wie Gide sowohl 1935 (»Journal«) in Cuverville als auch 1949 im »Vaneau« in Erinnerung ruft: »Ich kann mich zu den Meinigen nur beglückwünschen; sie haben sich mir gegenüber immer ausgezeichnet verhalten. Ich persönlich hatte absolut nicht unter meiner Familie zu leiden« (an Jean Amrouche). Was Madeleine angeht, die so häufig schlecht gemacht wurde, lesen Sie doch ihren wunderbaren Brief an Claudel vom 27. August 1925, der im Briefwechsel Gide-Claudel veröffentlicht ist. Der große Bekehrer hatte geglaubt, die Abwesenheit Gides, der nach Afrika gefahren war, nutzen zu können, und an seine Frau geschrieben. Madeleine antwortet ihm: »All die, die André Gide lieben, wie diese edle Seele verdient, geliebt zu werden, müssen für ihn beten. Ich tue es jeden Tag – und Sie auch, nicht wahr? Auf diese Weise begegnen wir uns, glaube ich, am besten – ihm zum Wohle.« Nach seiner Rückkehr aus dem Kongo bedankt sich Gide am 15. Juni 1926 bei Claudel für die »Nettigkeit«, seiner Frau geschrieben zu haben, und fügt hinzu: »Manchmal sage ich mir etwas traurig, dass man darin nur die immer noch lebendige Hoffnung sehen muss, mich zu bekehren; und im Kummer, den ich empfinde, weil ich Sie enttäuschen muss, ermesse ich meine Zuneigung zu Ihnen.« Madeleine hat in Gide sehr früh den größten Schriftsteller seiner Generation nach Barrès gesehen. Sie hat immer den »Käfig offen gelassen« – gewiss ein Grund, weshalb Gide sich weder scheiden ließ noch seine Frau für immer verließ. (Brief an den Autor, 10. Juli 1998.)

[114] V. Serge, *Carnets*, Julliard 1952, S. 22.

chen Wonnen, fern vom Tumult und abseits der Welt fragen, ob sie sündig sind oder nicht«, antwortet ihm Gide:

»Als ich das Unwesen der Konzessionsgesellschaften im Kongo anprangerte, hätte meine Stimme leichter Gehör gefunden, wenn da nicht der Ruf des den Anderen gegenüber gleichgültigen Mandarins gewesen wäre, den mir die Freunde von Caliban angehängt haben und zu dem auch Sie – ich bin traurig, es festzustellen – nun beitragen. Seien Sie überzeugt, mein lieber Guéhenno, dass ich Ihnen näher stehe, als Ihr Artikel es ahnen lässt[115].«

Am 13. Mai 1931 lässt er in seinem Tagebuch seiner Sympathie für die kommunistische Revolution freien Lauf:

»Vor allem möchte ich aber noch lange genug da sein, um das Gelingen des russischen Projekts zu erleben, und wie Europas Staaten gezwungen werden, etwas zu achten, was sie jetzt so hartnäckig verkennen wollen. Wie hätte denn eine so neue Reorganisation erreicht werden können, ohne, vorher, eine Periode tiefgreifender Desorganisation? Noch nie habe ich mich mit leidenschaftlicherer Wissbegier über die Zukunft gebeugt[116].«

Immer aufrichtig, steigert Gide seine Sympathie nicht bis zur Liebe zu den Volksmassen. Am 1. Juli verbringt er eine Stunde im Zirkus Médrano. Der »Freudentaumel des Publikums« vor mittelmäßigen Clowns deprimiert ihn. Wie kann man – das ist die Frage – einer »Elite« angehören und doch »mit der großen Mehrheit der Menschheit kommunizieren«?

Die Ereignisse auf der internationalen Bühne ziehen immer stärker seine Aufmerksamkeit auf sich: die Ausrufung der spanischen Republik, der Anstieg der Arbeitslosigkeit in Deutschland und »vor allem« der Aufbau des Sozialismus in der UdSSR. Am 24. Juli 1931 hat er gerade das Werk von Knickerbocker über den Fünfjahresplan gelesen, er hat es verschlungen und ist ergriffen. Er ist überzeugt, dass es ein russisches *Glück* gibt, von dem die Arbeitsbegeisterung der russischen Jugend zeugt. »Ich möchte«, notiert er am 27. Juli, »meine Sympathie für Russland sehr laut verkünden; und dass mein Ruf gehört werden und ins Gewicht fallen möge! Ich möchte alt genug werden, um das Gelingen dieser gewaltigen Anstrengung zu erleben; ihren Erfolg, den ich von ganzem Herzen wünsche und an dem ich mitarbeiten möchte. Sehen, was ein Staat ohne Religion, eine Gesellschaft ohne Familie

---

115 A. Gide, *Littérature engagée*, Gallimard, 1950, S. 14.
116 A. Gide, *Tagebuch 1889–1939, op. cit.,* Band 3, S. 333.

zu erreichen vermag. Religion und Familie sind die beiden größten Feinde des Fortschritts[117].«

Gides Illusion ist total. Er glaubt, seinen Kampf gegen die »falschen Götter« fortzusetzen, verkennt aber vollkommen, was in der UdSSR die »Religion« des Staates und die von der Partei verkörperte »Familie« bedeuten. Wie Victor Serge, der an der Seite Lenins einer der ersten Kämpfer war und der sich damals im Gulag befindet, schreibt: »Aus emotionalen Gründen will man nicht sehen, dass die russische Revolution ihr Gesicht gewandelt hat; man tut so, als sei sie sich vollkommen treu geblieben. Die Propaganda der Kommunistischen Partei unterstützt diese bequemen Illusionen und gibt ihnen materielle Konsistenz: Geld, Veröffentlichungen, Einladungen nach Moskau, Kongresse ...«

Die Entwicklung Gides verläuft noch ganz in seinem Innern. Aus intellektueller Redlichkeit formuliert er immer wieder Einwände: »Ich mag wohl den Kommunismus herbeiwünschen, muss aber gleichzeitig die furchtbaren Mittel ablehnen, womit ihr ihn herbeizuführen gedenkt« (8. November). Er tröstet sich jedoch und offenbart vollkommene Unkenntnis dessen, was sich in der UdSSR abspielt: »Ich bin froh, dass in Russland wenigstens dieses traurige Geschäft besorgt scheint[118].« Er will sagen: erfüllt, beendet, und dass man zur positiven, konstruktiven Phase der strahlenden Zukunft übergegangen ist. In Gide scheinen die so beruhigenden Reden Stalins ein Echo gefunden zu haben. Die theoretische Schwäche seines Engagements ist während der Jahre 1932 und 1933 offenkundig. So verschlingt er »mit größtem Gewinn« das Buch von Henri De Man, *Au-delà du marxisme* (»Jenseits des Marxismus«) (er liest seiner Frau in Cuverville sogar Seiten daraus vor), ein von den Kommunisten verurteilter Text der »revisionistischen« Literatur. Vergeblich bemüht er sich, einige Kapitel des *Kapitals* – die am wenigsten abstrusen – zu entziffern, und gesteht, wie immer vollkommen aufrichtig und treuherzig:

»Aber ich muss es wohl sagen: was mich dem Kommunismus zuführt, ist nicht Marx, sondern das Evangelium. Die Vorschriften des Evangeliums, wie sie meine Denkweise, mein ganzes Verhalten geformt haben, sind es, die mir den Zweifel am eigenen Wert, die Achtung anderer, ihres Denkens, ihres Wertes, eingeprägt haben und die in mir die Verachtung, die (zweifellos schon angeborene) Abneigung gegen jeglichen privaten Besitz, jedes Raffen bestärkt haben[119].«

---

117 *Ibid.*, S. 361.
118 *Ibid.*, S. 392.
119 *Ibid.*, S. 495–496.

Die Ära Gide

Der Kommunismus als Ersatz für den Trappistenorden. Die Erklärung war sicher unvollständig. Gides Freund Ramon Fernandez versucht in der *NRF* vom Juli 1933, die Analyse weiterzutreiben. In seinen Augen sympathisiert Gide mit dem Kommunismus auf Grund des in ihm noch wirksamen Christentums (»In den Augen eines von den Ideen des vorigen Jahrhunderts durchdrungenen Christen ohne dogmatischen Glauben ist der Sozialismus nur das wörtlich genommene Christentum«) *und* »seiner heidnischen Bestrebungen«: der Wunsch, seinen natürlichen Neigungen gemäß zu leben, »ein gewisser Prometheismus«, eine »Provokation Gottes« ... Im Grunde versöhnte der Kommunismus bei ihm »Neigungen, die er es leid war, für widersprüchlich zu halten[120]«.

Im Jahre 1932 ist Gides Sympathie für die UdSSR und den Kommunismus öffentlich bekannt geworden. Zunächst durch seine in der *NRF* erschienenen »Tagebuchblätter«. Dann durch seine Unterstützung des am 4. Juni von Romain Rolland und Henri Barbusse lancierten Appells – einer Bewegung gegen den Krieg, besser bekannt unter dem Namen Komitee Amsterdam-Pleyel, der auf die beiden ersten Kongresse, in Amsterdam vom 27. bis 29. August 1932 und in Paris in der Salle Pleyel im Juni 1933, zurückgeht. Er lehnt es dagegen ab, der AEAR[121] beizutreten, deren treibende Kraft Paul Vaillant-Couturier ist – trotz des persönlichen Nachdrucks, mit dem Barbusse ihn dazu auffordert (»Wir legen, mein lieber André Gide, großen Wert auf Ihren Beitritt, der uns helfen wird, die große Bewegung auf die Beine zu stellen, die jetzt erforderlich ist«). Obwohl es ihn anwidert, nun nach den »Grundsätzen« einer »Charta« zu schreiben, akzeptiert er es dennoch, sich am Direktionskomitee von *Commune* zu beteiligen, der Zeitschrift der genannten Vereinigung (zusammen mit Maxime Gorki, Romain Rolland, Paul Vaillant-Couturier; Redaktionssekretär ist Louis Aragon), und neben André Malraux, Eugène Dabit, Jean Guéhenno und anderen Weggefährten an gewissen öffentlichen Versammlungen der AEAR teilzunehmen.

Er tut es umso schwereren Herzens, als er weiß, dass er ein schlechter Redner ist – doch er hat ein Geschick, sich von anderen in die Falle locken zu lassen. Die »kleine Dame« erzählt uns, wie Gide – nachdem man ihn am 21. März 1933, obwohl er sich mit Händen und Füßen sträubte, zum Vorsitzenden einer Versammlung der AEAR in der Rue Cadet gemacht hatte – einen »kleinen Text herzlicher Entschuldigung, der in *L'Humanité* erscheinen soll«, vorbereitet. Er liest ihn am Telefon Vaillant-Couturier vor. Das kann doch nicht sein! erwidert dieser. Wir bitten Sie nur um einen Satz, um die Sitzung

---

120 R. Fernandez, »Notes sur l'évolution d'André Gide«, *NRF*, 1. Juli 1933.
121 Zu den beiden Organisationen und ihrer Verbindung siehe A. Burger-Roussenac, »1932. L'Année incertaine. Deux politiques communistes de rassemblement des intellectuels et de lutte contre la guerre: l'AEAR et le mouvement d'Amsterdam«, *Communisme*, 1993, Nr. 32-33-34.

zu eröffnen! Sie brauchen nichts tun, als da zu sein! »Gide wehrt sich, so gut er kann, doch man fühlt, wie er schon von vornherein besiegt ist.« Und schon singt er – im Zusammenhang mit Hitlers Machtergreifung – ein Loblied auf die UdSSR und ihre Jugend: »Wir sind etliche, wir sind viele, sogar in Frankreich, die euch, euch jungen Leuten der UdSSR, Blicke voll Bewunderung und Neid zuwerfen ...«

Von der rechten Presse geschmäht, findet Gide zum Ausgleich ein neues Publikum. In der UdSSR wird er beweihräuchert; Aragon verhandelt dort über eine Verfilmung von Gides Werk *Les Caves du Vatican*, das vom 12. Juni bis 30. Juli 1933 im Feuilleton von *L'Humanité* als Fortsetzungsroman erscheint. Im Oktober veröffentlichen mehrere Zeitungen seine Erklärung zu Gunsten des Gedenkens an die bolschewistische Revolution unter dem Titel: »Ein Appell André Gides«: »Der große Schrei, den die UdSSR ausstieß, hat alle Hoffnungen geweckt ...« Nach dem Prozess von Leipzig, der auf den Reichstagsbrand folgte und der mit einem Freispruch, jedoch nicht mit der Freilassung des Internationalisten Dimitrow und zwei weiterer bulgarischer Kommunisten endete, wird Gide im Januar 1934 von zwei deutschen Emissären dazu überredet, sich mit Malraux nach Berlin zu begeben, um die Freilassung der Gefangenen zu erreichen. Entgegen ihrer Hoffnung werden die beiden Schriftsteller, die der kommunistische Rechtsanwalt Marcel Willard begleitet, von Goebbels, dem Propagandaminister, nicht empfangen; die beiden Missionare, die Vorsitzende des Dimitrow-Komitees sind, müssen ihr Bittgesuch brieflich einreichen. Bei ihrer Rückkehr nach Frankreich werden Gide und Malraux aufgefordert, am 31. Januar den Vorsitz eines Meetings in der Salle Wagram in Paris zu übernehmen. Weit weg von Paris, auf dem Weg nach Italien, schickt Gide von Marseille aus eine Botschaft. Seit Monaten waren die beiden Schriftsteller unaufhörlich um Unterstützung gebeten worden, hatten sich rastlos für die kommunistischen Häftlinge eingesetzt und waren von einer öffentlichen Veranstaltung zur nächsten gehastet. Der Autor von *Corydon* war zur herausragendsten Gestalt der Weggefährten der Kommunistischen Partei geworden[122].

Die Anziehungskraft, die der Kommunismus auf die Schriftsteller ausübte, sollte sich, wie wir sehen werden, nach den Pariser Unruhen vom 6. Februar 1934 noch verstärken. Wie Gide waren die meisten kaum vom theoretischen Marxismus begeistert. Gefühle kompensierten mangelnde Kenntnisse. Pazifismus war eine wichtige Triebkraft. Die Propaganda der Kommunistischen Internationale hob sorgfältig auf das Thema der Verteidigung des Friedens – eine andere Bezeichnung für die Verteidigung der UdSSR – ab. Der Fall Romain Rollands veranschaulicht dies aufs Deutlichste.

---

122 Zu den Gründen, die André Gide selbst für sein Engagement angibt, siehe im Anhang seinen Brief an Jean Schlumberger aus dem Jahre 1935.

Die Ära Gide

Rolland hatte sich Anfang der zwanziger Jahre – wir erinnern uns – von Barbusse distanziert. Im Jahre 1932 sieht man nun, wie sie beide Seite an Seite die Grundlagen des Komitees Amsterdam-Pleyel legen; André Gide, André Malraux, Paul Langevin, Paul Signac, Félicien Challaye, Victor Margueritte usw. werden sich bald anschließen. Im Jahre 1928 huldigte Rolland immer noch dem Denken Gandhis, wenn er auch der Auffassung war, dass das revolutionäre Russland »dem enormen Block der europäisch-amerikanischen Reaktion gegenüber« das bildete, was er »ein notwendiges Gegengewicht« nannte. In demselben Jahr heiratete Rolland Maria Pawlowa Kudaschewa, eine Sowjetrussin, die 1931 zu ihm nach Villeneuve in die Schweiz kam. In enger Verbindung zu Willi Münzenberg und seinem Komintern-Propagandaapparat übte sie einen dauerhaften Einfluss auf die Entscheidungen ihres neuen Mannes aus.

Es wäre naiv anzunehmen, all diese Schriftsteller, die sich als Weggefährten dem Kommunismus anschlossen, seien einfach nur manipuliert, von außen gesteuert und zu armseligen Werkzeugen in den Händen geschickter Drahtzieher der Dritten Internationale geworden. Gewiss, wie im Fall Gide verstanden die Kominternleute es, besondere Neigungen des einen oder anderen auszunutzen. Doch insbesondere wenn sie berühmt waren, akzeptierten es die Weggefährten – im Allgemeinen mit mehr Talent als die einfachen Parteimitglieder –, den Kommunismus ins rechte Licht zu setzen. Man ging davon aus, dass zumindest sie ihre Urteilsfreiheit bewahrten; sie konnten sich sogar zweitrangige Kritik am Sowjetregime leisten. Seit Jahren war Willi Münzenberg, der Chef des *Agitprop* für Westeuropa und Deutschland, unablässig damit beschäftigt, Themen und Strukturen zu erfinden, um die Sammlung, den Zusammenschluss und die gemeinsame Aktion (er hatte die Kampagne zu Gunsten der zu Tode verurteilten italo-amerikanischen Anarchisten Sacco und Vanzetti lanciert) voranzutreiben und die Schriftsteller, Künstler und Wissenschaftler zu gewinnen. Arthur Koestler schrieb über den, der sein Freund war:

> »Er organisierte internationale Komitees, Kongresse und Bewegungen, wie ein Taschenspieler Kaninchen aus dem Hut zieht: Hilfskomitee für die Opfer des Faschismus, Wachsamkeitskomitees, Jugendkongresse – und was weiß ich noch alles! Jede dieser Organisationen verbarg sich hinter einem Schirm höchst respektabler Persönlichkeiten, von englischen Herzoginnen über amerikanische Leitartikler bis hin zu französischen Gelehrten, die noch nie den Namen Münzenberg gehört hatten und glaubten, die Komintern sei eine Erfindung von Goebbels[123].«

Im Jahre 1931 sagt sich Romain Rolland, immer auf der Suche nach der »geistigen Einheit der Welt«, endgültig vom gewaltlosen Denken Gandhis los und reiht sich unter die Verteidiger der Sowjetunion ein. Im März 1932 wird er in die Akademie der Wissenschaften von Leningrad gewählt, bevor er im August mit Barbusse den Amsterdamer Kongress lanciert, der von Münzenberg ferngesteuert wird. Nach der Machtergreifung Hitlers im Januar 1933 verstärkt Rolland seine Appelle gegen den Faschismus. Er ist in Komitees, Meetings, Zeitschriften geradezu allgegenwärtig und trennt den Kampf gegen den Faschismus und den Krieg nicht mehr von der Sache der Sowjetunion. In der Zeit des Kalten Krieges zeichnet die Zeitschrift *Europe* ihn so:

»Der Beginn der dreißiger Jahre stellt die Scheidelinie dar, sowohl was die Entwicklung von R. Rollands Werks in der Zwischenkriegszeit angeht, als auch im Hinblick auf die so reiche und komplexe Geschichte seines Lebens und seines Gesamtwerks. Die Jahre des mühseligen Suchens enden mit dem Sieg der Ideen, die er so treffend in dem pathetischen *Adieu au passé* [›Abschied von der Vergangenheit‹] formuliert hat. [...]
In den dreißiger Jahren widmet sich R. Rolland einer wirklich universellen Arbeit, um die Kräfte der Demokratie zu sammeln. Er entlarvt die Machenschaften des Imperialismus, der einen neuen Weltkrieg vorbereitet; er wird zu einem der bedeutendsten Aktivisten der antifaschistischen Bewegung und zu einem Vorkämpfer für den Frieden. An allen Ecken und Enden des Universums lauscht man seiner Stimme[124].«

Nach der Niederlage von 1940 äußerte er sich folgendermaßen über Alphonse de Châteaubriant: »Niemals dürfte sich ein Idealist für die Politik hergeben. Er ist immer der Dumme und das Opfer. Man benutzt ihn zu Werbezwecken, um den Schmutz, die Gaunereien und die Bosheiten zu verdecken[125].« Späte Einsicht zum eigenen Fall.

Nach dem 6. Februar verstärkt die faschistische Bedrohung das Lager der Freunde der UdSSR. Nichts Frappierenderes in dieser Hinsicht als die Kehrtwende von Ramon Fernandez, der Gides Entwicklung kritisiert hatte. Sein Artikel in der *NRF* vom 1. April 1934 mit dem Titel »Offener Brief an André Gide« ist eine Art Entschuldigung. Zwar akzeptiert Fernandez nach wie vor

---

123 A. Koestler, *Hiéroglyphes* 1, Calmann–Lévy/»Pluriel«, 1978, S. 331. Siehe insbesondere den »Dossier Willi Münzenberg« in *Communisme*, L'Âge d'Homme, 1994, Nr. 38–39, der in den Fußnoten eine Bibliographie zu Münzenberg enthält. Erwähnt sei auch der Artikel von F. Fejtö, »Willi Münzenberg, un génie de la propagande politique«, *L'Histoire*, Nr. 17, November 1979.
124 I. Anissimov, »Romain Rolland«, *Europe*, Januar-Februar 1955, Sondernummer 109–110, die Romain Rolland gewidmet ist.
125 Zit. nach B. Duchâtelet, »Romain Rolland«, in *Dictionnaire biographique du mouvement ouvrier, op. cit.*, 1991, Bd. 40, S. 271.

nicht den »Dogmatismus« des PCF (auch Gide tut das nicht!), doch er versichert schließlich, dass »der Marxismus recht und schlecht zum einzigen Schutzwall der Unterdrückten geworden ist« und dass der Intellektuelle sich mit dem Proletariat verbünden muss: »Die Bewegung des Proletariats hin zu seiner Befreiung ist *analog* der Bewegung des Geistes hin zur Wahrheit ...«: »Ich gehöre zu denen, die vor einigen Jahren an die Möglichkeit einer Ideologie, einer Ethik der Rechten geglaubt haben. Nach dem 6. Februar ist diese Hoffnung endgültig untersagt. Es gibt nichts, nichts, hinter ihren aufgeblasenen Worten als Geldbörsen, aus denen man Scheine zieht. Marx hatte nur allzu Recht; ich wähle das Lager der leeren Geldbörsen.«

Noch bevor also die Kommunistische Internationale ihre Linie geändert, die ultralinke Losung »Klasse gegen Klasse« aufgegeben und die Bildung von Volksfronten (durch vorherige Versöhnung der Kommunisten mit den Sozialisten, den Ex-»Sozialfaschisten«) beschlossen hatte, war es den Kominternleuten mit Münzenberg an der Spitze gelungen, den »bürgerlichen« demokratischen, humanistischen und pazifistischen Intellektuellen eine verführerische Plattform für den Kampf zu präsentieren. Die große Sache des Friedens, deren Aktualität seit dem japanischen Angriff auf die Mandschurei im Jahre 1931 außer Zweifel stand, lief über die Verteidigung der Sowjetunion. Die wichtigste Aufgabe der Kommunistischen Parteien in der ganzen Welt, ja ihre Daseinsberechtigung, wurde zum Ziel der umfassendsten intellektuellen Mobilisierung, die die Kommunisten je zustande gebracht hatten. In dem Augenblick, als Stalin die Kollektivierung der Landwirtschaft, die sich als eine der blutigsten Episoden der Geschichte der UdSSR erweisen sollte, in Gang setzte, ergriffen zahlreiche westliche Intellektuelle wie Gide Partei für eine imaginäre sowjetische Revolution. Propagandisten à la Münzenberg pflegten mit aller Sorgfalt einen Mythos, der bei den Weggefährten die kritische Vernunft verdrängte.

Die Dreyfus-Affäre war der Sieg der kritischen Urteilskraft gewesen: die Antidreyfusards hatten ihre Beweisführungen nicht bis zu Ende durchhalten können; ihre Beweise waren Fälschungen, und die Sache der Wahrheit siegte. Die Geschichte der Weggefährten, die sich Anfang der dreißiger Jahre beschleunigte, liegt genau umgekehrt: der Anschluss der Intellektuellen beruhte ganz auf dem Glauben. Und sogar wenn man ihnen die Beweise für ihre Selbstmystifizierung vor Augen gehalten hätte, hätten viele erst gar nicht hingeschaut. Die Materialität der Fakten hatte sich der transzendentalen Wahrheit des Kommunismus zu unterwerfen.

Diese schien vielen notwendig, um gegen die dämonische Gefahr des 1933 in Deutschland triumphierenden Nationalsozialismus zu kämpfen. Tatsächlich fand die kommunistische Illusion, der so viele Schriftsteller, Künstler und Gelehrte verfielen, ihren ersten Höhepunkt angesichts der Bedrohung, die Hitler für die Welt darstellte. Im Laufe der Jahre wirkte auch die Schwäche der Demokratien angesichts der nationalsozialistischen Aggression zu Gunsten des Kommunismus, des letzten Bollwerks gegen die »niederträchtige Bestie«. Die politisch versiertesten Geister konnten sich ein Bündnis mit der UdSSR vorstellen, ohne der stalinistischen Mythologie zu verfallen. Es war reiner politischer Realismus. Doch die politischen Köpfe sind seltener als die empfindsamen Herzen, vor allem bei den Menschen der Feder.

Jeder Akteur bewahrt sein spezifisches Geheimnis in Bezug auf sein Verhalten. Wir haben verallgemeinert und das Zusammentreffen einer empfindsamen Subjektivität mit einem immer raffinierteren Verführungsapparat hervorgehoben. Um eine so dichte Realität sachgemäß zu erfassen, müsste man jedoch jeden Einzelnen auf Herz und Nieren prüfen, die innersten Einflüsse, denen jedes Individuum ausgesetzt ist, abwägen und auch die Rolle der *Mimesis* ermessen, die in einem Milieu ständiger Rivalitäten so mächtig ist. Der Augenblick, bei dem wir stehen geblieben sind, der Donnerschlag des 6. Februar, erweitert indessen nicht nur den Kreis der Weggefährten, sondern ruft bei etlichen auch die umgekehrte Frage hervor: Faschismus, warum nicht?

25
Drieu La Rochelle und die faschistische Versuchung

Pierre Drieu La Rochelle, auch ein Mitarbeiter der *NRF,* folgt Gide und Malraux, die sich im Januar 1934 nach Berlin begeben, gleichsam auf den Fersen. Sein Ziel ist nicht, sich für Dimitrow und dessen Mitangeklagte zu verwenden. Er ist lediglich Mitglied einer Delegation des Comité d'entente des jeunesses pour le rapprochement franco-allemand (»Verständigungskomitee der Jugend für die deutsch-französische Annäherung«), die Bertrand de Jouvenel, damals Reporter bei *Le Petit Journal,* leitet. Er zeichnet von Drieu während dieses kurzen Aufenthaltes in Berlin folgendes Porträt:

> »Drieu La Rochelle erinnert an die jungen romantischen Offiziere der Generation Alfred de Vignys, die sich gelangweilt der Liebe hingaben und nach großen Ereignissen lechzten. Drieu hat dicke psychologische Romane geschrieben, in denen der Held zerstreut und etwas verlegen Erfolge bei den Frauen sammelt. Doch eigentlich begeistert er sich nur für zwei Themen: Krieg und Faschismus. [...]
> Man konnte ihn in Berlin sehen, wie er mit großen gemächlichen Schritten junge exaltierte Nazis durch die Straßen begleitete. In seinem schmalen Mantel mit breiten Revers, der ein bisschen einem Uniformmantel glich, lächelte der hoch gewachsene Romancier, ohne dass seine Begleiter ausmachen konnten, ob in diesem Lächeln ebenso viel Ironie wie Sympathie lag.
> Zurück in Paris, erregte Drieu unter der Linken Anstoß, als er die freudige Begeisterung der deutschen Jugend pries; man hielt ihn für einen Faschisten, und der Verein ›Gemeinsame Front‹, dem er angehörte, forderte seinen Rücktritt[126] ...«

Drieu veröffentlichte in der *NRF* vom 1. März 1934 einen Artikel »Zur Lage in Deutschland«, in dem er das nationalsozialistische Regime (das Trotzki einen Monat zuvor in derselben Zeitschrift als Instrument des »Monopolka-

---

126 B. de Jouvenel, *Un voyageur dans le siècle,* Robert Laffont, 1979, S. 201.

pitals« beschrieben hatte) als entschiedenen Gegner des Kapitalismus hinstellte:

»Die Zeit ist vorbei, da der Kapitalismus den Faschismus lächelnd ansah und in ihm nur einen unverhofft aufgetauchten Gendarmen erblickte. Der Kapitalismus weiß heute, dass er doppelt angeschlagen ist, zunächst durch die unerwarteten Wendungen, die seine interne Entwicklung genommen hat [...]; und dann durch die jeden Tag deutlicheren Übergriffe jener neuen Kraft, die sich erhoben hat – der Faschismus macht sich die unendliche Schwäche zu Nutze, die den Kapitalismus befällt, wenn die Triebkraft der Konkurrenz ihn nicht mehr in Gang hält.«

Bis zum 6. Februar 1934 hatte sich Drieu noch nicht für den Faschismus entschieden. Einen Monat zuvor, genau vor seiner Reise nach Berlin, hatte er den *Nouvelles littéraires* Überlegungen zur Entwicklung des Denkens anvertraut, in denen er sich noch unsicher, noch am Kreuzweg mehrerer möglicher Arten von Engagement zeigte. Über sich selbst nachsinnend, analysierte er den Eklektizismus seiner Entwicklung. Er war 1910 in die École libre des sciences politiques eingetreten; er las damals Georges Sorel und Jean Jaurès und interessierte sich besonders für die *Cahiers du Cercle Proudhon*, die Georges Valois in der Hoffnung leitete, eine Studiengruppe zu bilden, in der sich Leute, die wie er aus der Action française kamen, und Menschen, die wie Édouard Berth dem revolutionären Syndikalismus nahe standen, treffen würden. Diese und andere Konvergenzen führten Drieu zu der Vermutung, dass »in Frankreich um 1913 etliche Elemente einer faschistischen Atmosphäre gegeben waren, noch bevor das woanders der Fall war«. Diese jungen Leute wollten an zwei Fronten kämpfen, gegen den Kapitalismus und gegen den parlamentarischen Sozialismus: »Die Hochzeit des Nationalismus und des [antiparlamentarischen] Sozialismus stand bereits auf dem Programm.«

Für Drieu existierte also in Frankreich vor dem Krieg eine Art intellektueller Präfaschismus, der aus dem Zusammentreffen eines Elements der Rechten – des Nationalismus – und eines Elements der Linken – des Sozialismus – bestand. Der Krieg hat all das hinweggefegt, sagt er uns. Und er, der ehemalige Soldat, konnte um 1925 an den »bürgerlichen Reformismus« à la Völkerbund glauben; er schrieb sogar einen Essay, dem diese Geisteshaltung zu Grunde lag, *Genève ou Moscou*. Andere, fasziniert von dem »großen Abenteuer« des Kommunismus, wählten den Weg des Marxismus. Doch was Drieu Anfang der dreißiger Jahre frappiert, ist die Wiederkehr einiger Leitgedanken aus der Vorkriegszeit: »Man kritisiert die moderne Welt, ihr Sich-Ausliefern an die Maschine und an die Statistik, ihren Materialismus, und man nimmt sich vor, die Welt den Anforderungen eines wieder aufgerichteten und gestärkten ›Menschen‹ zu unterwerfen.«

Drieu sympathisiert mit den Theorien der Jüngeren, die nonkonformistisch und antimarxistisch denken und »den Individualismus und den Sozialismus in einer flexiblen Synthese vereinen« wollen, doch wirft er ihnen ihre Inkonsequenz vor. Sie sehnen sich nach einer Revolution, kommen aber nicht auf den Gedanken, nach Mitteln und Wegen zu suchen, um sie durchzuführen; sie träumen von einer Art einhelligem Elan, »den es durch lebendige geistige Ermahnung zu wecken gilt«. Die Gefahr: man darf keineswegs leichtfertig »Institutionen, die verbraucht sind, jedoch unseren letzten Schutz gegen einen anonymen Despotismus darstellen[127]«, in Misskredit bringen.

Damals führt Drieu – erfolgloser Romancier, Theaterautor ohne Renommee und kaum anerkannter Essayist – das Leben eines sorglosen und abgebrannten Weltmannes, den generöse und nicht nachtragende Frauen lieben, angefangen bei seiner ersten Ehefrau, Colette Jéramec, von der er geschieden ist; ihn interessiert die Politik, doch weniger wegen der Ideen, die er durchaus schätzt, als wegen der Begegnungen, zu denen sie führt, und der Emotionen, die sie mit sich bringt. Seit 1929 tritt er in die Fußstapfen seines Freundes Gaston Bergery, der innerhalb der Radikalsozialistischen Partei eine linksreformistische Strömung anführt und von den »Jungen Radikalen« umgeben ist, unter denen sich Bertrand de Jouvenel besonders hervortut. Als ehemaliger Kabinettschef von Édouard Herriot ist Bergery ein verführerischer Mitvierziger, und ganz im Gegensatz zum Durchschnittsfranzosen, der theoretisch für die Valois'sche Partei stimmt, lebt er auf großem Fuße, kultiviert Dandyallüren und widmet sich, nachdem er schon drei Ehen hinter sich hat, verstärkt weiblichen Eroberungen. Drieu, verlockt von seinem ungewöhnlichen Lebensstil, angezogen von seinem großen politischen Ehrgeiz, dem eine erstklassige Zukunft zu winken scheint, tritt in die Fußstapfen dieses Neojakobiners[128].

Kurz nach den Wahlen des Jahres 1932, bei denen die Linke den Sieg davonträgt, hat Bergery den Kampf gegen Herriot aufgenommen, der die Konservativen der Partei zu sehr hofiert, während er selbst ein Bündnis mit den Sozialisten anstrebt, die Kommunisten schont und gern das Vokabular der extremen Linken benutzt. Im März 1933 verlässt er die Radikale Partei, die er beschuldigt, ihren Zielen untreu zu werden, und gründet den Front commun (»Gemeinsame Front«), eine antifaschistische Sammlungsbewegung, die seiner Meinung nach die große Bewegung der vereinigten Linken werden wird. Ihr schließen sich Persönlichkeiten an wie die Sozialisten Georges Monnet, Marceau Pivert, Félicien Challaye, der Vorsitzende der Internationalen Liga

---

127 P. Drieu La Rochelle, »Modes intellectuelles«, *Les Nouvelles littéraires*, 6. Januar 1934.
128 Siehe Ph. Burrin, *La Dérive fasciste, Doriot, Déat, Bergery, 1933–1945*, Seuil, 1986.

gegen den Antisemitismus Bernard Lecache, Intellektuelle wie Jean-Richard Bloch, Paul Langevin, Jean Bernier und zahlreiche junge Leute, die einen erneuerten Sozialismus anstreben. Die 1934 gegründete, zweimal im Monat erscheinende Zeitschrift *La Flèche* wird zum Sprachrohr der neuen Partei. Drieu siedelt sich dort einen Augenblick an; er sucht ebenfalls einen dritten Weg zwischen Liberalismus und Kommunismus.

Der Schock des 6. Februar 1934 prägt Pierre Drieu La Rochelle für den Rest seines Lebens. Die Demonstration der Ligen nach der Stavisky-Affäre, die die Korruptheit der parlamentarischen Kreise offenbart hat, und nach der Affäre um Chiappe – den von der neuen Regierung Daladier zum Ärger der extremen Rechten, deren Demonstrationen er voller Nachsicht duldete, entlassenen Polizeipräfekten – weitet sich zu einem allgemeinen Aufruhr aus. Die Abgeordnetenkammer bleibt zwar unbehelligt, doch um den Preis von über fünfzehn Toten und zahlreichen Verletzten. Das Durcheinander ist äußerst groß auf Grund einer fehlenden Organisations- und Aktionseinheit zwischen den Ligen. Oberst de La Roque fordert von seinen Croix-de-Feu[129] strikte Wahrung der Legalität und lehnt es ab, seine Truppen am Sturm auf das Palais-Bourbon teilnehmen zu lassen, während andere gewaltsam in die Kammer eindringen wollen. Die Demonstranten gehören bei weitem nicht alle der Rechten oder der extremen Rechten an, denn am selben Morgen hat *L'Humanité* eine gesonderte Demonstration der ehemaligen Frontkämpfer der ARAC (Association républicaine des anciens combattants, »Republikanische Vereinigung der ehemaligen Frontkämpfer«) gegen die »Diebe« und den Kapitalismus angekündigt. Der Tag endet schließlich mit dem Rücktritt Daladiers, der von Gaston Doumergue an der Spitze einer Regierung der Nationalen Einheit abgelöst wird. Doch am 9. Februar beschließen die Kommunisten eine Gegendemonstration und am 12. schließen sie sich ohne vorherige Absprache dem Demonstrationszug der Gewerkschaften und der Sozialistischen Partei an, die ebenfalls gegen den »Faschismus« auf die Straße gehen.

Diese dramatischen Tage wirken auf Drieu wie ein Katalysator. Er hat gesehen, mit eigenen Augen gesehen, was er seit langem ersehnt: das Zusammentreffen der gesunden Teile der Nation, die – sowohl von der Rechten als auch von der Linken kommend oder weder von links noch von rechts – gemeinsam gegen den Verfall des parlamentarischen Kapitalismus marschieren, auf der Suche nach einer neuen Kraft, die sich von dem, was die Linke und die Rechte an Bestem hat, nährt und von ungesunden linken und rechten Beimischungen befreit ist: »Man sang die *Marseillaise* und die *Internationale* durcheinander. Ich hätte mir gewünscht, dass dieser Augenblick ewig dauerte[130].« In *La Lutte des jeunes*, der von Bertrand de Jouvenel nach seinem Bruch

---

129 *Anm. d. Ü:* Croix-de-Feu: »Feuerkreuzler«, ultrarechte Bewegung.
130 P. Drieu La Rochelle, »Air de février«, *NRF*, März 1934.

mit der Radikalen Partei gegründeten Wochenzeitung, macht sich Drieu in den Wochen, die auf den 6. Februar folgen, zum Theoretiker dieser Konvergenz, deren Speerspitze die jungen Leute sein würden und die er als einziger mit dem Namen *Faschismus* zu belegen wagt. Am 11. März schreibt er:

> »Eine dritte Partei ist notwendig, die sozial ist und es dabei versteht, national zu sein, und die national ist und es dabei versteht, sozial zu sein.
> Diese dritte Partei darf nicht die Eintracht predigen, sie muss sie durchsetzen. Sie darf nicht Elemente von rechts und von links nebeneinander stellen; sie muss in ihrem Inneren die Verschmelzung der Elemente von rechts und von links durchsetzen[131].«

Doch das genügt nicht: um die Verschmelzung herbeizuführen, muss sich ein Mann über alle anderen erheben, ein Anführer. *Un chef* war der Titel eines Stücks, das er 1933 geschrieben hatte; darin lässt er einen ehemaligen Soldaten auftreten, der durch einen Gewaltstreich Diktator wird. Die Botschaft ist zwar noch nicht sehr deutlich, denn gegenüber Jean, dem Mann der Aktion, verkörpert Drieu seine Haltung auch in Michel, dem antifaschistischen Intellektuellen. Nichtsdestoweniger ist es offensichtlich, dass er bereits von diesem Jahr an den parlamentarischen »Sumpf« immer schärfer verurteilte und ein autoritäres Regime anstrebte. In *La Comédie de Charleroi* (»Die Komödie von Charleroi«) hatte die Feuerprobe von 1914 wenigstens zu einer vorübergehenden Gewissheit geführt: »Was trat da also plötzlich hervor? Ein Anführer. Nicht nur ein Mann, sondern ein Anführer.« In seinem anderen autobiographischen Roman, *Gilles* (*Die Unzulänglichen*), den er 1939 veröffentlichen wird, erlebt man Drieus Doppelgänger ebenfalls vom Licht des 6. Februar geblendet, und auch er ist auf der Suche nach einem Anführer: »Wenn ein Mann sich erhebt und sein ganzes Schicksal in die Waagschale wirft, wird er tun, was er will. Er wird die Action française und die Kommunisten, die Jungen Patrioten und die Feuerkreuzler und viele andere für sich gewinnen und zusammenschmieden.«

Dieser Mann, dieser Anführer, wer könnte es sein? Gilles Gambier macht sich gleich am 7. Februar auf die Suche. Er glaubt einen Augenblick lang, ihn in Clérences (der für Gaston Bergery steht) wieder zu erkennen; doch dieser hat wieder die abgewetzte Haut eines alten Parlamentariers übergestreift. Die Aufforderungen Gilles' lassen ihn kalt und ziehen folgenden Wortwechsel nach sich:

---

131 P. Drieu La Rochelle, »Contre la Droite et la Gauche«, *La Lutte des jeunes*, 11. März 1934.

»– Sie sind Faschist, Monsieur Gambier.
Gilles blickte den kleinen Juden an, der diese fatalen Worte herausgeflötet hatte.
– Und ob! rief er aus.«

Das war in der Tat die Entdeckung, die Drieu an diesem 6. Februar 1934 gemacht hatte: von nun an stand er zu dem Wort, er war Faschist. Fügen wir hinzu, dass der Ausdruck, mit dem Bergery-Clérences als »der kleine Jude« bezeichnet wird, gewissermaßen ein Anachronismus ist: im Jahre 1934 ist Drieu noch kein Antisemit. Davon abgesehen ist er wie Gilles nach dem Aufruhr tief verstimmt, weil dieser zu nichts geführt hat, es sei denn zu der Rückkehr des Aufschneiders Doumergue an die Macht. Doch man muss handeln! »Man muss die enttäuschten Radikalen, die Gewerkschaftler, die keine Funktionäre sind, die französischen Sozialisten, die ehemaligen Frontkämpfer und die Nationalisten, die nicht die Geprellten der kapitalistischen Machenschaften sein wollen, zusammenschmieden«, wie er in seinem Artikel vom 11. März sagt.

Zwar ist Bergery von seinem Abgeordnetenmandat (für Mantes-la-Jolie) am 20. Februar aus Protest gegen die Regierungsbildung unter Gaston Doumergue zurückgetreten, doch Drieu hat in ihn und seine parlamentarischen Machenschaften kein Vertrauen mehr. Er ruft zur Gewalt auf, ohne die man aus dem französischen Sumpf nicht herauskomme. Am 7. Mai zieht er Bilanz: was hat sich seit drei Monaten in Frankreich zugetragen? Die Rechte, nach wie vor untrennbar mit dem Kapitalismus verbunden, hat versagt; die Kommunistische Partei ist zwischen dem rebellischen Doriot und der sowjetischen Botschaft gespalten ... Damals hat Drieu nur noch eine Hoffnung: das Bündnis der Bewegung der Neosozialisten von Marcel Déat mit den Croix-de-Feu des Obersten de La Roque:

> »Ich hege offen den Traum, dass diese beiden ungleichen Bewegungen sich annähern. Die Croix-de-Feu haben Männer, die ›Neos‹ haben Ideen. Die Croix-de-Feu können das gesamte gesunde Bürgertum gewinnen, das nicht unter dem Deckmantel des Nationalismus vom großen Kapitalismus geprellt sein will. Die ›Neos‹ können alle Leute der Linken gewinnen, die nicht mehr an die Zweite Internationale, an die Dritte Internationale, an den Vorrang des Proletariats oder an die Freimaurer glauben.«

Weder rechts noch links, mit den gesunden Elementen von rechts und von links – hüten wir uns vor dem Irrtum, das sei die Formel für den Faschismus. Alle Sammlungsbewegungen sagen dasselbe – später wird das eine der Devi-

Die Ära Gide

sen des Gaullismus sein –, es ist auch die Maxime der »Nonkonformisten« von *Esprit* und *Ordre Nouveau*, die sowohl die kompromittierende Verbindung der Rechten mit den Mächten des Geldes als auch die Linke in ihrer doppelten parlamentarischen und moskowitischen Gestalt zurückweisen. »Weder rechts noch links« kann auch die Parole des libertären Denkens, der Anarchie, sein. Doch wenn die Formel auch unzureichend ist, so zeigt sie zumindest den Willen des Faschismus an, mit dem etablierten politischen Spiel unweigerlich zu *brechen*. Drieu versucht, dies Anfang Juni 1934 in *La Lutte des jeunes* zu erklären:

> »Was mich angeht, so verspürte ich das Bedürfnis zu sagen, dass ich Faschist bin. Ich meinte, dafür einen ausgezeichneten Grund zu haben, nämlich das Wichtigste zuerst zu tun und den Bruch zu vollziehen. *Zu brechen ist heute für die meisten Franzosen absolut notwendig* – zu brechen mit gewissen Vorurteilen der Rechten oder gewissen Vorurteilen der Linken. Ich habe also ›Faschist‹ gesagt, um meinen Willen zu formulieren, mit der Todsünde der Linken zu brechen, die darin besteht, mehr oder weniger verschämt auf den parlamentarischen Kampf zu setzen[132].«

Und Drieu fährt fort: um mit dem PCF, mit der SFIO, mit dem Front commun zu brechen ..., gibt es, oh gewiss!, bei Bergery, bei Doriot, bei Déat, bei La Roque mehr oder weniger faschistische Programmelemente, denen er sich anschließen könnte, doch weder die einen noch die anderen sind in der Lage, sich gegenseitig einzugestehen, was ihnen gemeinsam ist. Da »krallen sie sich an die alten Gespenster, an die alten Ängste«. Genau damit muss Schluss gemacht werden ...

> »Entweder wird dieses Land im Schlamm der Entscheidungslosigkeit krepieren oder die Franzosen entschließen sich dazu, mit ihrer dauernden Tendenz zur Spaltung, ihrem alten melodramatischen Duell zu brechen. La Roque muss aufhören, so zu tun, als habe er Angst vor Doriot, und Doriot muss dasselbe gegenüber La Roque tun.«

Der ideale Faschismus, den Drieu sich 1934 zurechtzimmert, »geht von der Linken aus«. Er versteht sich in erster Linie als Antikapitalist und bildet sich ein, das Regime Mussolinis und das Regime, das Hitler gerade errichtet, würden dem entsprechen. Ihm zufolge zwingt die Unfähigkeit des in der parlamentarischen Demokratie versackenden Sozialismus dazu, eine andere Lö-

---

132 P. Drieu La Rochelle, »La République des indécis«, *La Lutte des jeunes*, 10. Juni 1934.

sung zu finden, um die Finanzmächte, die ihre okkulte Diktatur über das Land ausüben, niederzuschlagen. Natürlich existiert auch die kommunistische Option, und Drieu kann mit dem Kommunismus sympathisieren: dieser stellt eine energische Kraft dar, eine kolossale Macht, die dem Kapitalismus den Krieg erklärt hat: aber er ist kein *nationales* Unternehmen, und außerdem ist er durch den Ouvriérismus verdorben, den schwachen Punkt aller Marxismen, insofern sie das ungeheure Problem der Mittelschichten vernachlässigen. Die richtige Formel ist die von Georges Valois, der 1925 den »Faisceau«, den frühen französischen Faschismus, gegründet hat: Nationalismus *plus* Sozialismus. Valois hatte im Jahre 1928 unter dem Titel *L'Homme contre l'Argent* (»Der Mensch gegen das Geld«) selbst die Geschichte erzählt. Wie Drieu berief er sich auf Barrès, auf den Barrès von *La Cocarde*, die »mit den Republikanern, den Royalisten, den Sozialisten gemachte Kokarde«: man stößt auf dasselbe Bedürfnis nach Verschmelzung und Säuberung. Das Abenteuer des Faisceau währte nicht lange, doch es hatte – zweifellos zu früh – gezeigt, dass ein französischer Faschismus auf der Basis des Antikapitalismus und Antiparlamentarismus möglich war. Der schönste symbolische Erfolg des Faisceau hatte darin bestanden, Marcel Delagrange, den kommunistischen Bürgermeister von Angoulême, für sich zu gewinnen, dem andere Kommunisten und auch Sozialisten folgten. Dies ist der Weg! Schon Valois notierte in seinen Memoiren den Gedankengang, der das Missverständnis auf den Punkt bringt: »Wir konnten feststellen, dass der Faisceau eine große rechts orientierte Mehrheit umfasste, die die Leute von links nur unter der Bedingung akzeptierte, dass sie die rechten Vorurteile übernahmen[133].« Würden die dreißiger Jahre die Gelegenheit zu einer aufrichtigeren Verschmelzung bieten? Drieu, der darauf setzte, konnte schließlich wirklich daran glauben, als Jacques Doriot, aus der Kommunistischen Partei ausgeschlossen, im Juni 1936 den Parti populaire français (PPF, »Französische Volkspartei«) gründete.

Bis dahin hat Drieu Gründe, die parlamentarische Republik Frankreichs noch ein bisschen mehr zu verachten: sie wickelt von Doumergue zu Flandin, von Flandin zu Bouisson, von Bouisson zu Laval und von Laval zu Sarraut den Faden zu einer nationalen und internationalen Flickarbeit ab, der endlich zerrissen werden muss. Zum Jahrestag des 6. Februar schreibt er im Februar 1935 in der *NRF*:

»Die beiden Erhebungen wurden im Nu erstickt. Doumergue hat La Rocque ebenso leicht verführt, wie Blum Cachin verführt hat. Auf der Linken haben die Befehle Moskaus, die Freimaurerlogen, gewisse Ju-

---

[133] G. Valois, *L'Homme contre l'Argent*, Librairie Valois, 1928, S. 238.

den sowie die extremsten und subtilsten Sendboten des Kapitalismus die Kampfeslust der Pariser Arbeiter bezwungen. Auf der Rechten haben eine vergreiste Action française, die Parlamentarier der Rechten, der Großkapitalismus und die Massenpresse den Zorn der bürgerlichen Jugend bezwungen.«

Im Jahre 1935 wird sein Glaube an die Notwendigkeit des Faschismus neu belebt durch einen weiteren Aufenthalt in Deutschland: mit Bertrand de Jouvenel, Robert Brasillach und einigen anderen französischen Intellektuellen ist er eingeladen, dem Reichsparteitag von Nürnberg beizuwohnen. Wie andere ausländische Besucher ist Drieu von der großen Operndarbietung von Nürnberg gefesselt, die von der Stimme des Führers beherrscht wird, die aus den Mikrophonen des riesigen Platzes schallt, inmitten der Chöre von Tausenden von Parteimitgliedern in Uniform und vor mehr als hunderttausend Zuschauern im Delirium. »Überall herrscht *eine Art männliche Wollust, die nicht sexuell, doch sehr berauschend* ist«, schreibt er an seine Freunde[134]. Sein Herz »zittert, ist überwältigt«: »Es ist das Schönste, was ich seit der Akropolis gesehen habe.« Ordnung und Wollust.

Bertrand de Jouvenel wird die religiöse Inbrunst der Nürnberger Parteitage 1938 in *Gringoire* festhalten; Robert Brasillach kommt in *Les Sept Couleurs* (»Die sieben Farben«) und in *Notre avant-guerre* (»Unsere Vorkriegszeit«) darauf zurück: »Man singt, die Trommel wirbelt, man gedenkt der Toten, die Seele der Partei und der Nation verschmilzt, und schließlich braut der Herr und Meister die ungeheure Menge zu einem einzigen Wesen zusammen[135] ...« Auf diesen anschaulichen Seiten erfasst man die wahre Natur des Faschismus, der sich nicht auf die einfache Formel »Weder rechts noch links« oder »Nationalismus *plus* Sozialismus« bringen lässt. Kriegsfuror, Vorliebe für einheitliche Massen, Kult des Führers, der am Gipfel der Pyramide alle männlichen Tugenden verkörpert, sind unerlässliche Bestandteile. Drieus Gilles ermahnt am 6. Februar Clérences/Bergery: »Eröffne sofort ein Büro, um Kampfeinheiten zu rekrutieren. Kein Manifest, kein Programm, keine neue Partei. Nur Kampfeinheiten, die sich Kampfeinheiten nennen werden.«

Nach dem Nürnberger Reichsparteitag begibt sich Drieu nach Berlin, wo er das Glück hat, Ernst von Salomon kennen zu lernen, der sechs Jahre Gefängnis hinter sich hat: er war 1922 an dem mörderischen Attentat auf den deutschen Außenminister, Walter Rathenau, beteiligt, der in seinen Augen schuldig war, an der deutsch-französischen Aussöhnung mitgewirkt zu haben. Salomon hatte in *Die Geächteten* mit großem schriftstellerischen Talent

---

134 D. Desanti, *Drieu La Rochelle ou le Séducteur mystifié*, Flammarion, 1978, S. 315.
135 R. Brasillach, *Notre avant-guerre*, Plon, 1941, S. 268.

das Los jener jungen besiegten Soldaten beschrieben, die – süchtig nach einem gefährlichen Leben – unfähig dazu waren, den normalen Lauf des Zivillebens wieder aufzunehmen:

»Sie waren Herde der Unruhe in ihren Kompanien. Der Krieg hatte sie noch nicht entlassen. Der Krieg hatte sie geformt, er ließ ihre geheimsten Süchte wie Funken durch die Kruste schlagen, er hatte ihrem Leben einen Sinn gegeben und ihren Einsatz geheiligt. Ungebärdige, Ungebändigte waren sie, Ausgestoßene aus der Welt der bürgerlichen Normen, Versprengte, die sich in kleinen Gruppen sammelten, ihre Front zu suchen[136].«

Diese ehemaligen Frontkämpfer, die die Waffen nicht niederlegen wollten, schlossen sich den Truppen des Faschismus in Italien und den zukünftigen Sturmabteilungen in Deutschland an. Drieu hatte in einem anderen Kontext die Rückkehr ins Zivilleben gewählt, doch er blieb vom Krieg geprägt, der in seinen Augen die einzige echte Bewährungsprobe war, um über einen Mann ein Urteil zu fällen. Er und Salomon haben vom ersten Augenblick an Sympathie füreinander, verstehen sich. Vom politischen Kampf erwarten sie keine programmatischen Perspektiven, sondern eine Chance für den Heroismus, den die ganze bürgerliche und sozialistische Zivilisation negiert.

Drieus Bekehrung zum Faschismus findet ihren Abschluss im Juni 1936, als Jacques Doriot in Saint-Denis den PPF gründet. Doriot ist ein authentischer Proletarier, Schlosser, Sohn eines Schmieds, ehemaliger Frontkämpfer, der miterlebt hat, wie sein Regiment am Chemin des Dames[137] zu Dreivierteln vernichtet wurde. Auf Grund seiner mutigen Haltung an der lothringischen Front wurde ihm das Kriegsverdienstkreuz verliehen. Zunächst Sozialist, schließt er sich nach dem Parteitag von Tours der Kommunistischen Partei an. Dort gelingt ihm ein schneller Durchbruch, und bald steht er an der Spitze der sehr aktiven Jugendverbände (Jeunesses communistes). Zu seinem Mut gesellt sich die Neigung zu physischer und verbaler Gewalt, die ihn im Dezember 1923 – wegen Anstiftung von Soldaten zum Ungehorsam – ins Gefängnis bringt. Im Gefängnis erfährt er 1924, dass er zum Abgeordneten gewählt worden ist. In der Kammer führt er den Kampf gegen den Rifkrieg. 1925 wandert er wieder ins Gefängnis, weil er während eines Streiks Polizisten niedergeschlagen hat. Er gehört zu den herausragenden Gestalten der Partei und wird Mitglied des Politbüros; dabei ist er nicht einer ihrer dienstfertigen Bürokraten, sondern ein kühner Anführer, mit dem nicht gut Kirschen essen ist, der persönlich einsteht und vor nichts Angst hat; einer dieser star-

---

136 E. von Salomon, *Die Geächteten* (1929), Rowohlt Verlag, Reinbek, 1986, S. 48.
137 *Anm. d. Ü:* Chemin des Dames: Kriegsschauplatz des Ersten Weltkriegs.

ken Köpfe, die der Apparat der Komintern nicht unbedingt an der Spitze der nationalen Parteien wissen möchte: die Geschichte Doriots ist die einer persönlichen Desillusionierung, die eines tapferen Parteikämpfers, der erleben muss, wie ihm die höheren Sphären Rivalen vorziehen, die angepasster, unterwürfiger, weniger draufgängerisch sind. Zu seinem großen Verdruss wird Maurice Thorez – und nicht er – 1930 Generalsekretär des PCF.

1931 wird er zum Bürgermeister von Saint-Denis, einer Arbeiterhochburg der Pariser Vororte, gewählt, und in den folgenden Jahren ist er ein Verfechter der Politik der Annäherung an die Sozialisten und die CGT. Auch für ihn ist der 6. Februar entscheidend. Ohne bei der Parteiführung eine Genehmigung einzuholen, organisiert er in Saint-Denis ein antifaschistisches Komitee, das eine Vorform der Volksfront auf kommunaler Ebene darstellt. Nach Moskau beordert, weigert sich Doriot, dort wie ein »Bürger von Calais«[138] anzutreten. Er wird daher im Mai 1934 aus der Kommunistischen Internationale ausgeschlossen, nur kurze Zeit vor der Absegnung des politischen Bündnisses von Kommunisten und Sozialisten, das er – jedoch zu früh – angestrebt hatte. Da er in Saint-Denis über eine solide Massenbasis verfügt, wird er dort – ungeachtet der Opposition der Kommunistischen Partei – 1935 wieder zum Bürgermeister und im Mai 1936 zum Abgeordneten gewählt. Jedoch muss Doriot – vom Bündnis, für das er sich eingesetzt hatte, abgelehnt – die verlorenen Arbeiterstimmen durch Stimmen aus der Rechten ersetzen. So sieht er sich dazu veranlasst, nach den von der Volksfront gewonnenen Wahlen seine eigene Partei, den Parti populaire français, zu gründen.

Wie in Italien, wo ein aus der extremen sozialistischen Linken hervorgegangener ehemaliger Aktivist die erste faschistische Partei gegründet hatte, zieht Doriot zahlreiche Intellektuelle an, die auf der Suche nach einem populären Anführer sind. »Der große Jacques« ist nicht einer dieser Bourgeois, die im Rauchsalon *L'Action française* aufschlagen; er ist ein Arbeiterführer, hoch gewachsen, nicht auf den Mund gefallen, stämmig, noch jung (achtunddreißig Jahre alt), wagemutig auf den Demonstrationen und im Krieg. So geht denn auch Drieu am Sonntag, den 28. Juni, als die Partei Doriots offiziell gegründet wird, zum Rathaus von Saint-Denis, um dem endlich gefundenen Anführer zuzuhören, der drei Stunden lang spricht und Begeisterung auslöst. Drieu schließt sich ihm an.

Diese Entscheidung – wie auch die anderer Intellektueller, die in den PPF eintreten – ist keinesfalls eine Zustimmung zu einer reaktionären Partei. Die ganze Zweideutigkeit der aufsteigenden Faschismen ist im Spiel. Will Doriot überhaupt im Jahre 1936 eine faschistische Partei gründen? Er will vor allem Revanche nehmen und stützt sich dazu auf die Arbeiterbasis von Saint-Denis.

---

138 *Anm. d. Ü:* Bürger von Calais: sie lieferten sich während der Belagerung der Stadt durch Eduard III. (1347) im Büßerhemd, den Strick um den Hals, dem Feind aus (von Rodin u.a. bearbeiteter Stoff).

Die Volksfront? Ist er nicht einer ihrer Initiatoren? Doch auch ihr Opfer. Der Kommunismus ist nun für ihn der Feind, den es zu erledigen gilt.

Jouvenel, der sich ebenfalls Doriot anschließt, ist gerade Kandidat der Neosozialisten in der Gironde gewesen und hat einen Artikel voller Sympathie über die Streiks geschrieben. Er erzählt, dass Doriot ihn während einer Reportage in Saint-Denis faszinierte. Seitdem unterstützt er ihn: der ehemalige Kommunist repräsentiert für ihn die Hoffnung auf einen Sozialismus à la française, »der gegen das stalinistische Papsttum rebelliert«. Er stellt im Übrigen fest, dass die Mitglieder seines Politbüros bezeichnenderweise ebenfalls ehemalige Kommunisten sind, unter ihnen Henri Barbé, der einen bedeutenden Posten in der Führungsspitze des PCF innehatte. Nach Saint-Denis zu fahren kommt für einen bürgerlichen Intellektuellen einer Initiationsreise gleich, einem rituellen Bad im reinigenden Wasser der Arbeiterklasse:

»Als ich in Saint-Denis eintauchte«, schreibt Jouvenel, »als ich die Gewohnheit annahm, Mahlzeiten dort zu teilen, geduzt zu werden, kam ich in Kontakt mit dem Volk. Das hat mich über die schnell eingetretene Enttäuschung hinaus im PPF gehalten. Auf Grund dieser Erfahrung bringe ich Verständnis für die Intellektuellen auf, die sich auch nach diesem oder jenem Schock nicht aus dem PC zurückgezogen haben[139].«

Drieu hat seinen Weg gefunden, wie Bertrand de Jouvenel, wie der ex-liberale Essayist Alfred Fabre-Luce, wie später Ramon Fernandez, der vom militanten Antifaschismus des Jahres 1934 zum Doriotismus des Jahres 1937 überwechselt ... Drieu arbeitet nun an der Wochenzeitung des PPF, *L'Émancipation nationale*, mit und verfasst eine Propaganda-Broschüre *Jacques Doriot, ouvrier français* (»Jacques Doriot, französischer Arbeiter«):

»Ein Hauptelement der Würde des ganzen Volks – sowohl der Bürger als auch der Arbeiter und Bauern – ist es, Anführer zu haben, wahre Anführer, die sich ihrer Verantwortung nicht entziehen, die zu befehlen verstehen und sagen: ›Wir sind Anführer‹..«

Ebenfalls im Jahr 1936, als Léon Blum Ministerpräsident wird, verfällt Drieu dem Antisemitismus. Er, der in erster Ehe mit einer Jüdin verheiratet war, der ständig mit jüdischen Freunden verkehrte, insbesondere mit dem sprühenden Emmanuel Berl, zeitweise Herausgeber der in der linken Mitte angesiedelten Wochenzeitung *Marianne*, macht sich die Phantasmagorien der antijüdischen Mythologie zu Eigen, deren Phantasmen *Gilles* in aller Ausführ-

---

139 B. de Jouvenel, *op. cit.*, S. 294.

lichkeit entfaltet. Der Jude vereint von nun an die Gesamtheit dessen, was Drieu verabscheut und was das Wort ›Dekadenz‹ zusammenfasst: »Es muss in der Rolle der Juden eine biologische Notwendigkeit dafür geben, dass man ihre Worte immer im Speichel der Dekadenzen wieder findet[140].« Die Entwicklung Drieus ist ein Beispiel für die faschistischen Strömungen in Frankreich, die alle den Antisemitismus zu einem Bestandteil ihres politischen Diskurses machen oder machen werden. Das trifft auch auf Doriot und seinen PPF zu, die zunächst frei davon waren.

Ist der Fall Drieu La Rochelle exemplarisch? Durch seine stürmische Biographie entgeht sein individuelles Schicksal der Banalisierung. In gewisser Hinsicht könnte man sich vorstellen, dass Drieu, statt den faschistischen Weg zu beschreiten, Kommunist hätte werden können. In der Tat hat ihn das stalinistische Russland angezogen, und 1943 glaubte er, der aus dem Krieg siegreich hervorgegangene Kommunismus sei die Zukunft Europas. Obwohl er seit seiner Zeit in den Sciences po[141] an den politischen Ideen leidenschaftlich interessiert ist, lässt er sich von ihnen nicht bevormunden; er ändert seine Einstellung häufig, zumindest bis 1934. Was er im Faschismus sucht, finden andere im Kommunismus: die Verurteilung einer bürgerlichen, dekadenten, niedrigen und eitlen Welt, deren Wonnen er selbst genossen hat. Am Gegenpol existiert das heroische Leben, wie er es im Krieg kennen gelernt hat. Der Gesellschaft der Greise und Frauen steht die Brüderlichkeit der jungen Kämpfer gegenüber. Die Front / das Hinterland: von dieser Trennung bleibt sein Geist geprägt. Allzu lange hat sich Drieu im Hinterland kompromittiert, in seinen Salons, in den Armen seiner Frauen, in den mittelmäßigen Machiavellismen des demokratischen Systems. Der Faschismus ist in seinen Augen die Revanche der Front: die Zukunft der Welt liegt bei den Kämpfern, den Kriegern, den wirklichen Männern. In *La Comédie de Charleroi*, 1933 geschrieben, evoziert er den entscheidenden Augenblick des Krieges, in dem jeder Mann das Maß seiner selbst nimmt. Nicht das Ziel zählt, sondern der Kampf: »Warum schlugen wir uns? Um uns zu schlagen. Wir hatten kein Ziel; wir hatten nur unsere Jugend[142].« Der Krieg – für die Männer eine Notwendigkeit – ist auch für den Staat notwendig: »Der Krieg lässt die Größe eines jungen Volkes wie eine Jungfernschaft aufbrechen oder er strafft ein erwachsenes Volk, damit es seinen Höhepunkt erreicht[143].«

---

140 Siehe M. Winock, »Une parabole fasciste: *Gilles*, de Drieu La Rochelle«, *Nationalisme, Antisémitisme et Fascisme en France*, Seuil, »Points Histoire«, 1990, S. 346–373.
141 *Anm. d. Ü:* Sciences po: gängige Bezeichnung für das Institut d'études politiques (IEP, »Institut politischer Studien«); vor 1945: École libre des sciences politiques.
142 P. Drieu La Rochelle, *La Comédie de Charleroi*, Le Livre de Poche, 1970, S. 71. Zur psychologischen Deutung der Entscheidungen Drieus – insbesondere zu seiner »Mythologie des Krieges« – siehe M. Balvet, *Itinéraire d'un intellectuel vers le fascisme: Drieu La Rochelle*, PUF, 1984. Siehe auch P. Andreu u. F. Grover, *Drieu La Rochelle*, Hachette, 1979.

Der Selbsthass, die Angst vor der Impotenz, die Neigung zum Selbstmord, doch auch die Erfahrung der Front, der Abscheu vor einer Nachkriegszeit, deren Mittelmäßigkeit so krass mit dem Heldentum von Millionen Männern und mit dem Tod der Kampfgefährten kontrastiert, das Entstehen von totalitären Regimen, deren theatralische Bilder im Widerspruch stehen zu dem banalen Einerlei eines kleinlich-spießigen Frankreichs – all diese persönlichen und allgemein-historischen, von den Umständen abhängigen Faktoren durchdringen sich und haben Drieu in die Reihen des PPF geführt. Im Allgemeinen theoretisieren die Intellektuellen nachträglich ihre Parteinahmen und Distanzierungen, indem sie ihre Gründe objektivieren. Auf einer tieferen Ebene reagieren sie eher, als dass sie agieren; in ihrem politischen Engagement suchen sie sich eher selbst zu verwirklichen, als die Welt zu verändern.

Im Verlauf des Jahres 1938 schwindet die Faszination, die Doriot auf Drieu und die anderen Intellektuellen ausgeübt hatte – mit Ausnahme von Ramon Fernandez, der im PPF bleibt. Drieu wird allerdings das Lager nicht mehr wechseln. *Gilles*, der Roman des Rückblicks, den er damals schreibt, trägt das Siegel einer krankhaften Desillusionierung. Noch einmal wird der Krieg Drieu befreien, indem er seinen Hoffnungen auf ein neues Europa neuen Auftrieb gibt; doch diesmal wird sich der Tod zum Rendez-vous einfinden.

---

143 P. Drieu La Rochelle, *Interrogation*, Gallimard, 1941, S. 45.

26
Antifaschistische Wachsamkeit

Das Erdbeben vom 6. Februar 1934 offenbart vielen die Wahrheit: Frankreich befindet sich an der Schwelle zum Bürgerkrieg. An diesem und an den folgenden Tagen hält André Gide sich in Syrakus auf. Zurück in Paris, will er alles über das Ereignis wissen, alles lesen, alles verstehen: die Politik beherrscht von nun an sein Leben. Roger Martin du Gard dagegen misstraut den Tribünen. Er verbringt den Winter an der Côte d'Azur und möchte zunächst seinen Romanzyklus *Les Thibault* (*Die Thibaults*) beenden. Trotzdem lässt ihn der tödliche Tumult des Pariser Februar nicht los. In seiner Korrespondenz und in seinem Tagebuch kommt er immer wieder auf einen Gedanken zurück, der sich während des Aufruhrs und der darauf folgenden Gegendemonstrationen der Linken wie eine fixe Idee in seinem Kopf festgesetzt hat: Frankreich wird sich der Revolution nicht entziehen können, und man wird sich für ein Lager entscheiden müssen:

»Es kann sein«, schreibt er seiner Tochter am 6. April, »dass der Faschismus in einigen Monaten in Frankreich siegt. Ich werde ganz bewusst gegen ihn Partei ergreifen. Ich bin gegen jede Diktatur, gegen jeden Etatismus. Doch so wenig wie ich nachgeben, so wenig wie ich meine individualistischen Instinkte unter eine diktatorische Fuchtel zwingen kann, so wenig kann ich mich mit einem rückschrittlichen Regime abfinden, und ich ziehe die proletarische Diktatur vor – so furchterregend sie mir auch erscheint –, denn sie nützt wenigstens der Mehrheit und geht mit der Zukunft[144].«

Alternative oder Dilemma, so weit sind die Dinge noch nicht gediehen: nach dem 6. Februar sind die linken Organisationen ebenso gespalten wie die Ligen und die Parteien der Rechten. Was Drieu am 9. Februar gutgeheißen hatte, war die kommunistische Gegendemonstration, die zu Zusammenstößen mit der Polizei und mehreren Toten führte: sie war in seinen Augen ein

---

[144] R. Martin du Gard, *Journal, op. cit.,* 2, S. 1073.

machtvolles Sich-Aufbäumen, vergleichbar dem Aufruhr der Mittelschichten am 6. Februar. Derselbe Drieu beklagt den Generalstreik und die Demonstration von Vincennes bis zur Place de la Nation am 12. Februar, zu denen die nichtkommunistische Linke (die CGT und die SFIO) aufruft und die auf ein sich dem parlamentarischen Sumpf verschreibendes Linksbündnis hinzudeuten scheinen. Doch die Generalstäbe der beiden Arbeiterparteien bleiben vorerst verfeindet.

Die 1928 von der Kommunistischen Internationale beschlossene Linie »Klasse gegen Klasse« bleibt in Kraft. In *L'Humanité* vom 6. Februar war in einem Aufruf André Martys zur Demonstration zu lesen: »Man kann nicht gegen die faschistischen Banden kämpfen, ohne zugleich gegen die Regierung zu kämpfen, der man die Schuld daran gibt, dass diese Banden sich entfalten konnten, und die sie sogar unterstützt haben soll; gegen die Sozialdemokratie. Man kann nicht gegen die Faschisierung des Regimes kämpfen, ohne zugleich die Haltung der Sozialistischen Partei anzuprangern, die entschlossen und mit aller Kraft eine Regierung unterstützt, die diese Entwicklung vorantreibt.« Am Vorabend des 12. Februar schreibt *L'Humanité* weiter: »Die Arbeiterklasse wird die sozialistischen Führer voller Abscheu verurteilen und zurückweisen, die die Stirn haben, zynisch zu behaupten, dass sie die Arbeiter in den Kampf gegen den Faschismus führen.«

Bis zum großen Umschwung der Kommunisten, der in dem am 27. Juli 1934 mit den Sozialisten unterzeichneten »Aktionspakt gegen den Faschismus« Ausdruck findet, sind es Intellektuelle, die die Initiative zu einer antifaschistischen Verteidigungsfront, die niemanden ausschließt, ergreifen. Am 10. Februar unterzeichnen etwa dreißig Intellektuelle – unter ihnen André Malraux, Alain, André Breton, Paul Éluard, Jean Guéhenno, Marcel Martinet, Henry Poulaille – eine Petition zu Gunsten einer »Aktionseinheit der Arbeiterklasse«, um »dem Faschismus in den Weg zu treten«:

> »Diese Aktionseinheit, die die Arbeiter anstreben und die die Parteien auf die Tagesordnung setzen – es ist notwendig, dringend, ja unerlässlich, sie durch den sehr weitherzigen Geist der Versöhnung zu verwirklichen, den der Ernst der Lage gebietet. Deshalb fordern wir alle Arbeiterorganisationen nachdrücklich auf, ohne Zögern die Organisation zu bilden, die allein in der Lage ist, diese Aktionseinheit zu verwirklichen und aus ihr eine Waffe zu schmieden ...«

Kurze Zeit später, im März, wird auf Initiative eines jungen Auditeurs im Rechnungshof, François Walter, besser bekannt unter seinem Pseudonym Pierre Gérôme, Mitarbeiter der Zeitschrift *Europe*, das Comité de vigilance des intellectuels antifascistes (CVIA, »Wachsamkeitskomitee der antifaschistischen Intellektuellen«) ins Leben gerufen. Nach dem Kampftag der Ligen hatte Gérôme seine Vorstöße bei bekannten Intellektuellen intensiviert, um eine neue, spezifisch gegen den Aufstieg des Faschismus gerichtete Organisation zu gründen. Bei Paul Rivet, Sozialist, Begründer des Musée de l'Homme, bei Paul Langevin, Physiker mit kommunistischen Sympathien, und bei Michel Alexandre, der den aus Gesundheitsgründen nicht in Paris weilenden Philosophen Alain vertritt, findet er Gehör.

Mit den ersten Sympathisanten findet am 17. Februar eine Versammlung in der Mutualité statt, die in ein Tohuwabohu ohne jede Entscheidung ausartet. André Delmas, Generalsekretär des Syndicat national des instituteurs (»Nationale Gewerkschaft der Grundschullehrer«), schreibt dazu:

> »Wer dieser Versammlung nicht beigewohnt hat, kann sich nicht vorstellen, in welchem Maße die französischen Intellektuellen unfähig sind, eine Organisation auf die Beine zu stellen [...]. Diese gelehrten Professoren waren, wie sich zeigte, weniger diszipliniert als Schüler, die die Schule schwänzen [...]. Alle versuchten, gleichzeitig zu reden, ohne abzuwarten, bis sie an die Reihe kamen. Die meisten verlangten, dass ihre spezifischen Projekte, ihre persönlichen Vorschläge berücksichtigt würden. Nur unter dieser Bedingung schlossen sie sich der Bewegung an[145].«

Gérôme lässt sich nicht entmutigen und bringt ein zweites Manifest in Umlauf. Am 5. März 1934 findet im Musée social in der Rue Las Cases eine weitere Versammlung statt, an der linke Intellektuelle aller Schattierungen teilnehmen, auch Kommunisten. Das Ergebnis ist ein Comité de vigilance (»Wachsamkeitskomitee«, später: Comité de vigilance des intellectuels antifascistes), das sich »den Arbeiterorganisationen zur Verfügung« stellte. Vorsitzender wurde Paul Rivet, Vizepräsidenten wurden Alain (immer noch von Michel Alexandre vertreten) und Paul Langevin; die Rolle des Sekretärs übernahm Pierre Gérôme[146].

Die *NRF* informiert in der Mainummer über sein Manifest. Es betont die Notwendigkeit der Einheit zwischen den Intellektuellen und »den Arbeitern, unseren Gefährten«, angesichts »des Schauspiels der faschistischen Krawalle in Paris«. Man geißelt »die niederträchtige Korruption«, doch ohne »den Schwindel« der Korrumpierten und der Korrumpierenden zu akzeptieren, die Haltet den Dieb! schrien, um ihre Schandtaten besser zu verbergen – die der

---

145 Zit. nach G. Lefranc, *Histoire du Front populaire*, Payot, 1965, S. 46.
146 Zum CVIA siehe N. Racine-Furlaud, »Antifascistes et pacifistes: le Comité de vigilance des intellectuels antifascistes«, *Des années trente: groupes et ruptures*, Actes du Colloque de l'université de Provence-1, 5.–7. Mai 1983, Éditions du CNRS, 1985.

Banken, der Trusts, der Waffenhändler gegen die Republik des »arbeitenden, leidenden, denkenden und für seine Emanzipation tätigen Volkes«.

»Unsere erste Handlung war die Gründung eines Wachsamkeitskomitees, das sich den Arbeiterorganisationen zur Verfügung stellt. Diejenigen, die unseren Ideen zustimmen, mögen sich melden.«

Unter den Namen der Unterzeichner hebt die *NRF* folgende hervor: Alain, Julien BENDA, André BRETON, Jean CASSOU, Léon-Paul FARGUE, Ramon FERNANDEZ, André GIDE, Jean GIONO, Jean GUÉHENNO, Jean-Richard BLOCH, Roger MARTIN DU GARD, Romain ROLLAND, Charles VILDRAC, Pierre ABRAHAM, Marc BERNARD, Jean BLANZAT, Auguste BRÉAL, Eugène DABIT, René DAUMAL, Paul DESJARDINS, Élie FAURE, Jeanne GALZY, Pierre GÉRÔME, Paul GSELL, René LALOU, Lucien PSICHARI, A. de RICHAUD, André SPIRE, Andrée VIOLLIS, Léon WERTH, André WURMSER.

Die Situation ist jedoch nach wie vor verworren, denn das 1932 gegründete Komitee Amsterdam-Pleyel nimmt ebenfalls für sich in Anspruch, alle fortschrittlichen Kräfte gegen den Krieg und den Faschismus zu gruppieren. Auf einer Versammlung im Mai 1934 vertritt Maurice Thorez die Prärogative der Kommunistischen Partei. Eine Übereinkunft zwischen den Apparaten der beiden Arbeiterparteien sei keinesfalls nötig: »Der 9. Februar hat den 12. hervorgebracht. Wir müssen die Einheit herstellen, doch mit Amsterdam und um Amsterdam.« Das bedeutet: um die Kommunisten herum, die das Komitee Amsterdam-Pleyel gewollt und auf die Beine gestellt hatten und in dem sie eine breite Mehrheit besaßen. Doch der Elan, die Einheit der Arbeiter zu verwirklichen, gewinnt in der SFIO an Kraft: auf dem Parteitag von Toulouse vom 20. bis 23. Mai spricht sich ein Drittel der Delegierten für den Anschluss an das Komitee Amsterdam-Pleyel aus.

Die Unterzeichnung des Aktionspakts von Sozialisten und Kommunisten am 27. Juli 1934 klärt die Situation. Der Linienwechsel drückt sich in einer Flut von Entscheidungen aus, die aus Moskau kommen: Eintritt der UdSSR in den Völkerbund im September 1934; Abschluss des französisch-sowjetischen Beistandspakts im Mai 1935; offizielle Absegnung der Volksfrontlinie durch den 7. Kongress der Kommunistischen Internationale im August 1935. Stalin hat also endlich die Gefahr begriffen, die Hitlerdeutschland für die Sowjetunion darstellt. Aus der Sicht Stalins und der Führer der Kommunistischen Internationale sind die westlichen Demokratien deswegen nicht weniger »kapitalistisch« oder »imperialistisch« als die faschistischen Regime: die einen wie die anderen sind Teil des feindlichen Lagers. Doch in der augenblicklichen Lage scheint ihnen der faschistische Imperialismus die am unmittelbarsten drohende Gefahr. Die Strategie Stalins besteht nun darin, sich einerseits den westlichen Demokratien anzunähern, um zu verhindern, dass sie die voraussichtliche Aggression Hitlers nach Osten abdrängen, und sich andererseits, falls nötig, sogar mit Deutschland zu verständigen – das wird, wie man weiß, im August 1939 der Fall sein. Im Moment lautet die Parole »Antifaschismus«. Man muss alle demokratischen, kommunistischen, sozialistischen Kräfte und die nationalen Bourgeoisien vereinen, um den deutschen Drohungen eine Politik des Widerstandes entgegenzusetzen. Aus der Sicht Stalins und des internationalen Kommunismus besteht das Ziel nach wie vor darin, das sowjetische Territorium zu schützen und die proletarische Revolution und das Vaterland des Kommunismus gegen jede Offensive des imperialistischen Lagers zu verteidigen.

Die »proletarische Einheitsfront«, d.h. die Aktionseinheit von Sozialisten und Kommunisten ist nur eine Vorstufe. Man muss weitergehen: überall Volksfronten, d.h. das Bündnis des Proletariats, der Sozialisten und der bürgerlichen Demokraten organisieren. Dimitrow unterstreicht auf dem 7. Weltkongress der Kommunistischen Internationale, diese habe aus der französischen Erfahrung gelernt:

»Es ist das Verdienst des PCF und des französischen Proletariats, durch ihre Praxis des antifaschistischen Kampfes in der proletarischen Einheitsfront die Beschlüsse unseres Kongresses, deren Bedeutung für die Arbeiter aller Länder so gewaltig ist, mitvorbereitet zu haben.«

In Frankreich besiegelt der 14. Juli 1935 feierlich die Bildung der Volksfront, deren Formel im Oktober 1934 in *L'Humanité* lanciert wurde: »Volksfront gegen den Faschismus.« Das »Wachsamkeitskomitee der antifaschistischen Intellektuellen« war also ihr Vorläufer, insofern es von Anfang an die Vertreter der drei Hauptorganisationen der Linken aufnahm. Es hatte sofort einen durchschlagenden Erfolg bei den Intellektuellen, bei den Angehörigen des Unterrichtswesens: schon Ende Juli 1934 verzeichnete es mehr als 3 500 Beitritte, die dann auf 7 500 stiegen.

Trotz einer gewissen Zurückhaltung auf allen Seiten erscheint das Entgegenkommen der Kommunisten gegenüber den Radikalen als die einzige Möglichkeit, den Faschismus anders als durch einen Gewaltschlag zu bekämpfen: Sozialisten und Kommunisten allein haben keine Aussicht auf eine Mehrheit in der Abgeordnetenkammer. Das CVIA spielt auch dadurch die Rolle eines Katalysators der Volksfront, dass er die Gewerkschafter des Erziehungswesens, unter ihnen André Delmas, für sich gewinnt. Die Generalversammlung des CVIA vom 16. November 1934 setzt diese Annäherung um, indem sie außer Lucien Febvre Georges Michon, Jean Perrin, Louis Mérat,

Sekretär der Fédération de l'enseignement (»Bündnis des Unterrichtswesens«), sowie André Delmas in das Leitungsbüro des Komitees aufnimmt.

Die aktive Rolle der Intellektuellen des CVIA nimmt während der Kommunalwahlen von 1935 symbolische Bedeutung an. Im Viertel Saint-Victor im 5. Arrondissement erhält Lebecq, Mitglied des scheidenden Gemeinderats und Präsident der UNC, der großen rechten Vereinigung der ehemaligen Frontkämpfer, im ersten Wahlgang die meisten Stimmen (2.311 gegen 722 für seinen unmittelbaren Konkurrenten, den Kommunisten Maurice Nédélec); doch dann wird Paul Rivet, der Vorsitzende des Comité de vigilance, für den zweiten Wahlgang aufgestellt. Alle linken Intellektuellen und einige der bekanntesten Namen der Sorbonne und des Collège de France unterstützen ihn: Ferdinand Brunot, Lucien Lévy-Bruhl, Paul Langevin, Jean Perrin, Irène Joliot-Curie, Jacques Hadamard ... Am 12. Mai wird Paul Rivet nach einem harten Wahlkampf mit Meetings, Plakaten, Flugblättern zum »Ersten Gewählten der Volksfront«. Die Dynamik der Einheit der Linken, der Sammlung der antifaschistischen Kräfte war offenkundig: das CVIA bewies es.

Das Schlüsselereignis dieser für die Volksfront konstitutiven Einheitsbewegung war der 14. Juli 1935. Die Initiative dazu war vom Komitee Amsterdam-Pleyel ausgegangen. Die Radikalen hatten gerade ihre Zustimmung zum Volksfrontbündnis gegeben. Am Morgen des 14. Juli findet in der Nähe der Porte d'Orléans im Buffalo-Stadion ein großes Meeting statt. Auf der Tribüne treten die Vertreter der unterschiedlichen Gruppierungen, die an diesen »Veranstaltungen des Friedens und der Freiheit« teilnehmen, nacheinander auf – unter ihnen Victor Basch, Vorsitzender der Liga für Menschenrechte, Jean Perrin, Paul Rivet (für das CVIA), Henri Barbusse (Amsterdam-Pleyel) ... Nach dem Vorbild der Fête de la Fédération[147] vom 14. Juli 1790 verkünden die Redner unter Hochrufen den Beitritt ihrer Regionen.

Einer von denen, die den stärksten Beifall ernten, ist Jean Perrin, Nobelpreisträger und Mitglied des Institut de France, der eine der für das Volksfrontbündnis und die Einheit der Linken typischen Reden hält, wie sie die Kommunisten nun dauernd schwingen werden, indem sie sich das nationale Pantheon zu Eigen machen und verbrennen, was sie angebetet, und anbeten, was sie verbrannt hatten:

> »Man hat uns Jeanne d'Arc genommen, dieses Mädchen aus dem Volk, das vom König, der durch die Begeisterung des Volkes gesiegt hatte, im Stich gelassen und von den Priestern, die es später kanonisierten, verbrannt wurde.

---

147 *Anm. d. Ü:* Fête de la Fédération: »Feier des Bundes«, symbolisiert das republikanische Frankreich, das – so die republikanische Vorstellung – aufgrund eines gemeinsamen und freien Schwurs aller Provinzen zusammengefügt wurde.

Man hat versucht, euch die Fahne von 1789 zu nehmen, die edle Trikolore der republikanischen Siege von Valmy, Jemmapes, Hohenlinden, Verdun, die Fahne, die nachher – wieder mit der phrygischen Mütze von 92 versehen – vor unseren Truppen wehen wird, Symbol der Freiheiten, die ihr erobert habt – neben dieser roten Fahne, die die Fahne der Sowjetunion geworden ist und die Hoffnung der Unglücklichen symbolisiert. Man hat schließlich auch versucht, uns die heroische Marseillaise zu nehmen, diesen revolutionären und wild-entschlossenen Gesang, der jeden Thron Europas erzittern ließ ...«

Am Nachmittag füllt ein endloser Demonstrationszug die Straßen von der Place de la Bastille bis zur Place de la Nation, während die Croix-de-Feu, die nicht zurückstehen wollen, am Arc de Triomphe demonstrieren (»Uns gegenüber«, hatte Jacques Duclos im Buffalo-Stadion ausgerufen, »steht einer der Abkömmlinge dieser Einwanderer, die unser Land verraten, der Monsieur le comte de La Rocque, Führer der Croix-de-Feu«). In der Provinz antworten alle Städte unter der strahlenden Juli-Sonne wie im Echo auf die Gesänge und Rufe aus Paris. »Niemals«, schreibt Léon Blum am Tag darauf in *Le Populaire*, »hatte ich einem solchen Schauspiel beigewohnt. Vielleicht hat Paris nie dergleichen gesehen. Und was sich in Paris ereignete, ereignete sich gleichzeitig in ganz Frankreich.«

Diejenigen, die das »Wachsamkeitskomitee der antifaschistischen Intellektuellen« ins Leben gerufen haben, dürfen an diesem Tag überzeugt sein, zu dem Fest und der diesmal spürbaren Siegeszuversicht beigetragen zu haben. Doch brechen bereits Unstimmigkeiten in dem Komitee auf, die sich immer mehr vertiefen werden. Nicht alle verstehen dasselbe unter »antifaschistischer Wachsamkeit«. Mindestens drei Typen von antifaschistischen Intellektueller koexistieren im CVIA: *nach außen orientierte* Antifaschisten, *nach innen orientierte* Antifaschisten und *revolutionäre* Antifaschisten. Das ist zu viel, um auf Dauer gut zu gehen.

Erstere – von den Kommunisten beherrscht, jedoch nicht ausschließlich von ihnen repräsentiert – sind vor allem wegen der vom nationalsozialistischen Deutschland ausgehenden Kriegsgefahr beunruhigt. Sie genießen die Unterstützung der Kommunistischen Internationale und ihrer Filiale, des Komitees Amsterdam-Pleyel, dessen vorrangiges Ziel die Verteidigung der UdSSR ist. Zu ihnen stoßen Nichtkommunisten, die begreifen oder begreifen werden, dass der wirkliche Faschismus – der, der Frankreich bedroht – Hitlerdeutschland ist – eine Überzeugung, die sich im Laufe der Provokationen und Aggressionen des Führers noch verstärken wird. Unter ihnen sticht Romain Rolland hervor, der allerdings verkündet, dass sein »Internationalismus« von nun an »eng mit der Sache der UdSSR verknüpft[148]« ist.

Die Zweiten sind vor allem Pazifisten. Für sie droht die Kriegsgefahr nicht von außen, sondern von innen. So veröffentlicht *Vigilance*, das Organ des CVIA, am 20. November 1934 ein Manifest des »Aktionskomitees gegen den Krieg«, in dem es heißt: »Der Kampf gegen den Faschismus ist nie ein Kampf gegen einen angeblich äußeren Feind. Der Faschismus ist für jedes Volk ein innerer Feind. Jede Kriegshetze dient dem Faschismus ... Der Antifaschismus kann keinen Krieg rechtfertigen. Der Krieg ist die schlimmste Katastrophe, und wir weigern uns, sie jemals für unvermeidbar zu halten.« Das ist die unerschütterliche Position Alains und seiner Schüler. Am 11. Juli 1935 schreibt er an einen sozialistischen Journalisten: »Man müsste [in den Reden] das äußere Problem abschwächen und der inneren Gefahr mehr Bedeutung beimessen[149].«

Für die Dritten schließlich kann der Faschismus nur durch die proletarische Revolution besiegt werden. Diese Linksradikalen gehören den Trotzkisten an, der Tradition des revolutionären Syndikalismus oder der Richtung von Marceau Pivert innerhalb der SFIO, die sich 1936 konstituiert. Sie sind über das Bündnis mit den Radikalen entrüstet. So etwa schreibt Trotzki in seinem *Exiltagebuch* im Februar 1935: »Was Volksfront genannt wird, d.h. der Block mit den Radikalen im Hinblick auf den parlamentarischen Kampf, ist der verbrecherischste Verrat gegen das Volk, den sich die Arbeiterparteien seit dem Krieg erlaubt haben ...« Unter den Schriftstellern steht André Breton dieser Linie sehr nahe.

Der Antifaschismus, der all diesen Intellektuellen als verbindendes Element dient, ist also, um den Ausdruck eines von ihnen, Raymond Abellio, aufzugreifen, »ein wirres Konzept[150]«. Unabhängig davon erweist sich die Volksfront als eine sehr ambivalente Angelegenheit: geht es darum, Frankreich (und die UdSSR) gegen Hitler zu verteidigen, für die Demokratie und den Frieden gegen die Croix-de-Feu und die Ligen zu kämpfen, oder darum, die soziale Revolution herbeizuführen? Ganz zu schweigen von den Radikalen, für die die Volksfront auch (und für manche in erster Linie) das beste Mittel ist, um bei den Wahlen von 1936 nicht allzu viel Terrain zu verlieren; in dieser Hinsicht waren die Kommunalwahlen für sie ein Alarmzeichen gewesen.

Bis zur Unterzeichnung des französisch-sowjetischen Beistandspakts im Mai 1935 macht das CVIA nach außen einen geschlossenen Eindruck; dies umso mehr, als die Kommunisten Kriegskrediten immer ihre Zustimmung versagten. Ende 1934 kann das Komitee folglich Texte »gegen jeden antifaschistischen Krieg«, »gegen die Zwangsvorstellung, der Krieg sei unvermeid-

---

148 R. Cheval, *Romain Rolland. L'Allemagne et la guerre*, PUF, 1963, S. 720–721.
149 A. Sernin, *Alain, op. cit.*, S. 346.
150 R. Abellio, *Ma dernière mémoire*, 2, *Les Militants 1927–1939*, Gallimard, 1975, S. 236.

bar«, »gegen das Gespenst der deutschen Aufrüstung« usw. unterzeichnen. Im Laufe des Jahres 1935 gerät diese unbedingte Friedensliebe ins Wanken. Zunächst auf Grund der Nachrichten, die aus Deutschland kommen: überwältigender Sieg Hitlers im Referendum, durch das die Bevölkerung des Saarlandes sich für den Anschluss an das Reich ausspricht; Entscheidung Hitlers – ungeachtet der Verträge –, die Wehrpflicht wiedereinzuführen. Schwerwiegender ist zweifellos die Unterzeichnung des Beistandspakts zwischen Frankreich und der Sowjetunion, auf die eine Erklärung Stalins folgt, in der der Führer der Sowjetunion »die nationale Verteidigungspolitik Frankreichs vollkommen versteht und billigt«. Das war das beste Mittel, um die pazifistischen Kreise in Alarmstimmung zu versetzen. Sofort wird ein »Verbindungskomitee gegen den Krieg und die Union sacrée« ins Leben gerufen, dem Jean Giono, Magdeleine Paz, Henry Poulaille, Simone Weil, Pierre Monatte, Marceau Pivert beitreten ... Am 28. September 1935 hallt der Saal der Mutualité in Paris von ihrem Aufschrei wider: Nieder mit dem Krieg! Kurze Zeit später wird die Gauche révolutionnaire (»Revolutionäre Linke«) von Marceau Pivert gegründet, die sich als »harter und gesunder Kern« einer »verfaulten Frucht« betrachtet und sich von der anderen linken Strömung der SFIO, der von Jean Zyromski geführten Bataille socialiste (»Sozialistischer Kampf«), trennt, die der »antihitlerschen Kriegshetze« und des Mitläufertums gegenüber Stalin beschuldigt wird.

Die Einheit des »Wachsamkeitskomitees« ist in ihrer Grundlage erschüttert. Auf dem Kongress im November treten die Unstimmigkeiten zu Tage. Das Komitee hatte die Sanktionen des Völkerbundes gegen das faschistische Italien nach seiner Aggression gegen Äthiopien zwar gutgeheißen; doch zwischen denen, die eine harte Linie Deutschland gegenüber vertreten, und den Verfechtern eines Kompromisses mit Hitler wird die Trennungslinie immer deutlicher. Die meisten linken Intellektuellen hatten den Versailler Vertrag abgelehnt, die nationalistische Politik Poincarés angeprangert und die Revision der Verträge für angebracht gehalten. Dass Hitler an der Macht war, änderte daran nichts, glaubten die meisten.

Im Mai 1935 macht ihnen Julien Benda, der weder Kommunist noch Pazifist ist, in der *NRF* Vorhaltungen: »Seltsam ist seit dem 16. März [der Entscheidung Hitlers, die vom Versailler Vertrag untersagte allgemeine Wehrpflicht wiedereinzuführen], mit welchem Geschick ein großer Teil der Linken der wahren Frage ausweicht: ›Was sollen wir angesichts der Aufrüstung des Reichs tun?‹ Die einen schreien: ›Tod den Waffenhändlern!‹; die anderen: ›Nieder mit dem Faschismus!‹; die Dritten: ›Der Kapitalismus ist an allem schuld!‹ ... Im Grunde wagen sie es nicht, ihren wahren Gedanken auszusprechen, und der ist: ›Angesichts dieser Aufrüstung sollten wir nichts tun. Wir werden lieber Deutsche, als dass wir Krieg führen ...‹ Ihre Zurückhaltung wird sie zu Grunde richten.« Im Klartext: Lieber *braun* als tot! Doch wir wollen nicht vorgreifen.

Hitler geht derweilen kühn drauflos. Im März 1936 entschließt er sich zu pokern: unter Verletzung des Locarno-Vertrages wird die entmilitarisierte Zone des Rheinlandes besetzt und remilitarisiert, was eine der wenigen Friedensgarantien, die Frankreich besitzt, zunichte macht. Eine Politik der Härte würde bestimmt Früchte tragen, da Deutschlands Militärmacht noch nicht in der Lage ist, Frankreich und England zu trotzen. Doch weder Frankreich noch England rühren sich. Im CVIA verschärfen sich die Divergenzen. Der Text, zu dem man sich durchringt, zeugt eindeutig von Irrealismus, denn man findet nichts Besseres, als naiv die »Rückkehr des Dritten Reiches in den Völkerbund« zu empfehlen. In einem Artikel in *Marianne* vom 13. März bezeichnet Jean Guéhenno diesen Text als »bewundernswert«: »Nachdem der Augenblick der ersten Bestürzung verflogen ist, hat das Land seine Weisheit wieder gefunden ...« Eine Weisheit, die der der Lämmer vor der Schlachtbank ähnelt. Die Illusionen beginnen erst.

Auf dem Kongress des CVIA im Juni 1936 – kurz nach dem Wahlsieg der Volksfront – ist die Krise komplett. Die *nach außen orientierten* Antifaschisten hinter Paul Langevin werden in die Minderheit gedrängt; sie treten vom Leitungsbüro zurück, bevor sie bald darauf das Komitee verlassen, das mehr und mehr von den integralen Pazifisten beherrscht wird, von Félicien Challaye, den Schülern von Alain, Jean Giono ... Die anderen – hinter Langevin – werden sich nunmehr im Rahmen des Comité mondial de lutte contre la guerre et le fascisme (»Weltkomitee für den Kampf gegen den Krieg und den Faschismus«) artikulieren; dieses Komitee steht unter der Schirmherrschaft von Romain Rolland, Norman Angell und Paul Langevin und gibt ab Juli 1936 die neue Zeitschrift *Clarté* heraus. Der Kommunistischen Partei ist es also nicht gelungen, das CVIA zu einer der von ihr abhängigen Organisationen zu machen; doch in der Folge wird sich zeigen, dass die Sache des Friedens deswegen nicht besser verteidigt wird. Der spanische Bürgerkrieg, der jetzt im Juli 1936 ausbricht, verschärft die Spaltung noch: muss man intervenieren oder nicht, um die spanische Republik gegen die Faschisten zu verteidigen? Manche fragen sich: wird der Pazifismus nicht konterrevolutionär, wenn er alles durchgehen lässt, wenn er alle faschistischen Aggressionen einfach hinnimmt? Dieselben Leute, die es abgelehnt hatten, den Sezessionisten zu folgen, akzeptieren diese Konzeption von einem so kurzsichtigen, rein internen Antifaschismus nicht mehr. Zu ihnen gehört François Walter, *alias* Pierre Gérôme; auf einem 1983 in Aix-en-Provence abgehaltenen Kolloquium, auf dem man eine Bilanz des »Wachsamkeitskomitees« ziehen wird, gesteht er das Scheitern ein: »Es ist die Geschichte einer Katastrophe. Wir hatten uns zusammengetan, um den Faschismus und den

Krieg zu bekämpfen, und wir haben beides bekommen und die Niederlage noch dazu[151].«

Wir werden auf dieses Fiasko noch zurückkommen, denn die Geschichte des CVIA ist 1936 nicht zu Ende. Doch ist hier schon der Versuch geboten, dieses Scheitern zu verstehen; es geht auf eine Vielzahl von Faktoren zurück, unter anderem auf den Antistalinismus der Linken und extremen Linken: sollte man um der schönen Augen Stalins willen den Krieg riskieren? Die Hauptursache ist und bleibt jedoch die widersprüchliche Wahrnehmung des Faschismus und Nazismus durch die Intellektuellen. In dieser Angelegenheit hatten zweifellos die Kommunisten Recht: wir kennen den Fortgang der Geschichte und wissen, dass man Hitler nicht mit fortgesetzten Konzessionen stoppen konnte. Doch so blind der Pazifismus auch war, er hatte seine Argumente. Das Beispiel Alains lässt sie besser begreifen.

Alain, wie Giono Sohn der bäuerlichen Kultur, hat den Krieg immer gehasst. Schon vor der Dreyfus-Affäre, in der er sich auf die Seite der »Revisionisten« schlug, war er antimilitaristisch, antibellizistisch eingestellt. Als entschiedener Gegner Poincarés hatte er das Gesetz der drei Jahre (Militärdienst) bekämpft, weil es in seinen Augen die Kriegsgefahr erhöhte. Doch als der Krieg dann ausbricht, meldet er sich, wie wir bereits sahen, freiwillig, obwohl er vom Dienst an den Waffen freigestellt ist. Lieber das Getöse der Granaten als Gehirnwäsche! Ihm wird sogar für sein tapferes Verhalten das Kriegsverdienstkreuz erster Klasse verliehen. Er gehört zu jener Generation des Feuers, zu jenen ehemaligen Kämpfern, die wissen, wovon sie reden. Er unterrichtet nun in der Khâgne des Lycée Henri IV und kennt die Verwüstungen, die der Krieg 1914–18 unter seinen Schülern angerichtet hat: von 54 Normaliens der Jahrgangsstufe 1913 sind 28 gestorben – diese Zahl allein ist schon ausreichend. Daher hat Alain den Versailler Vertrag, das Bestehen auf Reparationen, die Besetzung des Ruhrgebiets durch Poincaré angeprangert und Briands Politik der Versöhnung zwischen Frankreich und Deutschland zugestimmt ... Die Machtergreifung Hitlers hat an seinem Pazifismus, einem Pazifismus des Geistes, überhaupt nichts geändert.

In seiner Zeitschrift *Les Libres Paroles*, die er mit seinen ehemaligen Schülern, insbesondere Michel Alexandre, herausgibt, unterstützt er Wilson, Briand, Blum – alles Männer guten Willens. Das Unglück liegt darin, dass Alain den Nazismus genauso wenig wie den stalinistischen Kommunismus begreift. Bei der Unterzeichnung des französisch-sowjetischen Beistandspakts im Jahre 1935 gibt er folgenden Kommentar ab, an dem man seine Ahnungslosigkeit sehr gut erkennt:

---

151 Des années trente ..., op. cit., S. 69.

»Instinktiv liebe ich die Republik Stalins [...]. Ich bin überzeugt, dass die russische Freiheit, so wie sie ist, immer noch etwas Schönes ist, ebenso wie die russische Gleichheit [...] ich fürchte die russischen Militärs fast so viel wie die unsrigen[152].«

Hitler bleibt in seinen Augen eine Art General Boulanger, der Wagner den Vorzug gegenüber Offenbach geben würde. Gallozentrisch, ohne Kenntnis von Fremdsprachen, sesshaft, interessiert er sich vor allem für Innenpolitik, die ihm manche Maximen eingibt, die dann zu Sprichwörtern werden. Vergangenheitsorientiert, wird er das Telefon immer ablehnen, was nicht schlimm ist, doch auch das Radio, und das hindert ihn unter anderem, die Reden des Führers zu hören: wenn er sie auch nicht verstanden hätte, so hätte das tobende Geschrei des Diktators doch genügt, ihn zu beunruhigen. 1936 in einem Interview befragt, wie seiner Meinung nach Europa im Jahre 1970 aussehen würde, verkündet er eigenartig verblendet: »Ich glaube nicht, dass sich der Mensch sehr stark ändert ...« Mag sein. Doch was er dann sagt, macht seine Illusionen deutlich: »Die Hühner werden wie heute aufgezogen und gepflegt werden ... Frankreich wird immer noch radikal sein ..., usw.«

Alain hatte die kriegerische Natur des Faschismus sehr gut durchschaut; er hat Formulierungen gegen die »Macht jeder Art« benutzt, die aktuell bleiben. Widerstand zu leisten war Bedingung des Friedens. Doch Widerstand hieß für ihn, denen Widerstand zu leisten, die uns regieren, dem Staat, den gewählten Vertretern, den Verwaltungen, all denen, die sich mit Autorität umgeben. Die Kriegsgefahr kam nicht von jenseits der Grenzen. Gegen den Faschismus zu kämpfen hieß, den jahrhundertelangen Kampf gegen die Macht, gegen die Aufrüstung, gegen die geschäftigen Diplomatien fortzusetzen. Unabhängig von der entsetzlichen Erfahrung, die seine Generation geprägt und zum Pazifismus bekehrt hatte, war Alain von dem unter den französischen Intellektuellen der Epoche weit verbreiteten Frankozentrismus beeinflusst.

In einem am 25. September 1937 in *La Révolution prolétarienne* erschienenen Artikel – »Wie den Faschismus niederwerfen?« – nahm Henri Van Zurk, ein in Frankreich lebender niederländischer Vorkämpfer der Revolution, unter dem Pseudonym Horace dieses erlesene Credo des antifaschistischen Pazifismus aufs Korn: »In jeder beliebigen Situation befindet sich der politische Feind Nummer eins immer bei uns selbst.« Dieser Artikel, der das »pazifistische Krebsgeschwür« in einem revolutionären pazifistischen Publikationsorgan geißelte, zog eine Debatte nach sich. Die Herausgeber der Zeitschrift kritisierten die »irrigen«, »unglaublichen« Thesen des »Genossen Horace«. Das resümiert – wie uns scheint – die Verblendung des im Jahre 1936

---

152 Zit. nach A. Sernin, *op.cit., S. 343.*

herrschenden Antifaschismus ziemlich gut: der Tag des 6. Februar vor dem Palais-Bourbon hatte die Errichtung des Naziregimes in Deutschland in den Hintergrund gedrängt. Hitler Widerstand zu leisten stand nicht auf der Tagesordnung.

Das war jedoch das Programm von André Suarès, der ohne Zweifel einer der hellsichtigsten Intellektuellen der Epoche war – und einer, der am wenigsten Gehör fand. Dieser seiner Kunst verpflichtete Dichter, dieser inspirierte literarische Essayist, ehemaliger Dreyfusard und waschechter Republikaner, begreift sehr früh die Gefahr, die der Nazismus darstellt – noch bevor dieser sein Leichentuch über Deutschland breitet. Er ist ein aufmerksamer Leser von *Mein Kampf* und schreibt eine Reihe prophetischer Artikel, in denen er die Haltung der führenden französischen Politiker, die Hitlers Doktrin nicht ernst nehmen, scharf kritisiert. Für ihn ist Hitler der »Wahnsinnige«, der »Kriminelle«, der Verrückte«, Spinozas »tollwütiger Hund«, »die abscheulichste und niederträchtigste Gestalt, die der Antichrist jemals angenommen hat«, der »Hausierer-Wotan«. Er hat eine Vorahnung vom Genozid, von der »Ausrottung«: die Rückkehr zum Rassegedanken, den der Nazismus in ganz Europa predigt, bereitet sie vor. Suarès ist Jude, verwirft jedoch seit langem die Attribute des Judentums: Rabbiner, Riten, Synagogen. »Ich bin antisemitisch bei den Juden«, schreibt er, »und bei den Antisemiten für die Juden.«

Die heftigen Proteste von Suarès, die in der *NRF*, in *Le Jour* von Léon Bailby, in *Vendémiaire* – einer Wochenzeitung, die *L'Ordre* von Émile Buré nahe steht – erscheinen, finden kein Gehör. Die wichtigsten Artikel stellt er in *Vues sur l'Europe* (»Ansichten über Europa«) zusammen. Doch er erhält die Druckfahnen im März 1936, als Hitler beschließt, das Rheinland trotz der Bestimmungen der Verträge zu remilitarisieren. Suarès will seinem Land nicht schaden und verzichtet auf die Veröffentlichung. Dieses Buch, das von einem leidenschaftlichen Gerechtigkeitssinn gegen die Nationalsozialisten zeugt, wird erst im April 1939 erscheinen, als die Würfel schon gefallen sind. Suarès gehört zu denen, die als erste (noch vor Bernanos) eine Antimünchner Gesinnung avant la lettre[153] bekunden: »Es gibt Zeiten, in denen sich zu bewaffnen überleben bedeutet[154].«

---

153 *Anm. d. Ü*: Antimünchner Gesinnung avant la lettre: schon vor dem Münchner Abkommen richtete sie sich gegen die in München dann besiegelte Appeasementpolitik.
154 Zit. nach M. Drouin, »André Suarès ou l'esprit prophétique«, *Les Cahiers du XXe siècle*, publiés par la Société d'étude du XXe siècle, Nr. 8, Klincksieck, 1977.

27
Der Schriftstellerkongress von 1935

André Breton gehört zu denen, die gegen den zwischen Laval und Stalin geschlossenen französisch-sowjetischen Beistandspakt protestieren. Kurze Zeit vorher, am 20. April, hat er die Teilnahme der Gruppe der Surrealisten am Congrès international des écrivains pour la défense de la culture (»Internationaler Schriftstellerkongress für die Verteidigung der Kultur«) angekündigt, der im Juni in Paris eröffnet werden soll und dessen Organisation der Association des écrivains et artistes révolutionnaires (AEAR, »Vereinigung der revolutionären Schriftsteller und Künstler«) übertragen ist. René Lalou sichert ihm im Namen des Kongress-Sekretariats zu, ein Surrealist werde die Möglichkeit haben, das Wort zu ergreifen; die Gruppe wählt Breton zu ihrem Wortführer.

Dieser Kongress ist ein weiterer Einfall von Willi Münzenberg, dem unermüdlichen Propagandisten der Komintern, der es geschafft hatte, von der härtesten Linie zur flexibelsten Öffnung zu wechseln, und der in Paris – was gibt es für diesen Zweck Besseres als Paris? – ein grandioses Schauspiel unter Teilnahme möglichst vieler Schriftsteller veranstalten will. Ilya Ehrenburg, der sowjetische Schriftsteller, hatte das Projekt unterstützt und Stalin nahe gelegt, eine breite antifaschistische Organisation der westeuropäischen Schriftsteller aufzubauen, da er die unter anderen Bedingungen gegründete »Internationale Union der revolutionären Schriftsteller« für zu sektiererisch hielt, um eine frontistische[155] Politik zu führen. Ehrenburg knüpft in Paris die nötigen Kontakte. Gide und Malraux werden den Kern bilden, um den herum sich die gewünschten Redner gruppieren sollen. In seiner kleinen Wohnung in der Rue du Cotentin empfängt Ehrenburg die einen wie die anderen, insbesondere Jean-Richard Bloch, Léon Moussinac, Paul Nizan, Paul Vaillant-Couturier, Jean Guéhenno, Louis Aragon. Man entscheidet sich für den großen Saal der Mutualité. Man legt die Diskussionsthemen fest: »Das kulturelle Erbe«, »Die Rolle des Schriftstellers in der Gesellschaft«, »Das Individuum«, »Nation und Kultur« usw. – Zunächst herrscht gutes Einverneh-

---

155 *Anm. d. Ü:* Frontistisch: im Sinne der Einheitsfront (mit den Sozialisten) oder der Volksfront.

men; doch bald wird es durch einen Konflikt zwischen André Breton und Ilya Ehrenburg gestört[156].

Dieser hatte einen Essay über die westlichen Schriftsteller veröffentlicht, in dem er gegen die Surrealisten wetterte. Eines Abends, kurz vor der Eröffnung des Kongresses, will Ehrenburg auf dem Boulevard Montparnasse Zigaretten kaufen und stößt auf André Breton, der ihm aus heiterem Himmel eine Ohrfeige verpasst. In seinen *Entretiens* erläutert Breton seine Geste:

> »Ich hatte einen gewissen Abschnitt seines Buches *Vus par un écrivain de l'URSS* (»Aus der Sicht eines Schriftstellers der UdSSR«) [der genaue Titel lautete: *Duhamel, Gide, Malraux, Mauriac, Morand, Romains, Unamuno – aus der Sicht eines Schriftstellers der UdSSR*], das einige Wochen zuvor erschienen war, nicht vergessen, in dem es insbesondere heißt: ›Die Surrealisten wollen sehr wohl ein bisschen Hegel, ein bisschen Marx, ein bisschen Revolution, doch was sie nicht wollen, ist arbeiten. Sie gehen ihren Beschäftigungen nach. Sie studieren zum Beispiel die Päderastie und die Träume ... Sie nähren sich prächtig, der eine von seinem Erbe, der andere von der Mitgift seiner Frau ...‹, usw. [...] Ich weiß nicht, wie ich mich anders an diesem professionellen Verleumder hätte rächen sollen ...«[157]

Die Strafe lässt nicht auf sich warten: die sowjetische Delegation erreicht, dass Breton vom bevorstehenden Kongress ausgeschlossen wird.

René Crevel, der sich für die Organisation des Kongresses bereits sehr verausgabt hat und für den es unvorstellbar ist, dass die Surrealisten nicht teilnehmen, wendet sich an den Dichter und Kunstkritiker Jean Cassou, der bereit ist, mit Mitgliedern der sowjetischen Delegation in der Closerie des Lilas zusammenzutreffen, um sie von ihrer Unnachgiebigkeit abzubringen. Wie kann man die Abwesenheit der Surrealisten auf einem Schriftstellerkongress akzeptieren, der alle Antifaschisten versammeln soll? Crevel wartet – zusammen mit Tzara und Aragon – einige Tische weiter das Ergebnis der Unterredung ab. Als sie das *Niet* der sowjetischen Delegation hören, fahren sie alle drei in einem Taxi davon. Sie diskutieren, streiten sich. Aragon, der die Szene viel später schildert, beschreibt einen enttäuschten, angewiderten, über seinen Gesundheitszustand deprimierten Crevel (»Man hat wieder Bazillen in seiner Niere gefunden, alles fängt also wieder von vorne an, die Schweiz für mehrere Jahre ...«). In der folgenden Nacht begeht Crevel Selbstmord[158]. Sein tragischer Tod, an dem Ehrenburgs Eigensinn nicht ganz unschuldig ist, ver-

---

156 L. Marcou, *Ilya Ehrenbourg*, Plon 1992, S. 117–129.
157 A. Breton, *Entretiens, op. cit.*, S. 177.
158 L. Aragon, »L'homme Tzara«, *Les Lettres françaises*, 9. Januar 1964, zit. nach P. Daix, *op. cit.*, S. 340.

anlasst die Sowjetleute, ihr Einverständnis dazu zu geben, dass der Text Bretons verlesen wird. Paul Éluard übernimmt die Aufgabe.

Er ergreift also am 24. Juni gegen Ende der Sitzung, nachts um halb eins, im Durcheinander des sich leerenden Saales das Wort. Bretons Text war in der Tat nicht dazu angetan, den Kommunisten und den Sowjetleuten zu gefallen. Er beginnt mit einem Frontalangriff gegen den französisch-sowjetischen Beistandspakt, der einem »bis an die Zähne bewaffneten Frankreich« zugute kommt, »einem ultraimperialistischen Frankreich, das noch ganz bestürzt darüber ist, das Monster Hitler ausgebrütet zu haben«. Breton hat gewiss nichts gegen eine französisch-sowjetische Annäherung, doch nicht dieser Sorte! Er und die Surrealisten lehnen die Idee des Vaterlandes ganz und gar ab, und Breton wettert gegen *L'Humanité*, die dabei ist, diese Idee zu übernehmen – »in vollkommenem Widerspruch zur Lehre von Marx«. Und Breton preist die deutsche Kultur, die deutschsprachige Philosophie, »einziges wirksames Gegenmittel gegen den positivistischen Rationalismus, der hier weiterhin sein Unwesen treibt« ... Breton erinnert daran, dass er das Manifest des »Wachsamkeitskomitees der antifaschistischen Intellektuellen« vom 25. März 1935 gegen jegliche Rückkehr zur Union sacrée vorbehaltlos unterzeichnet hat. Er bleibt dieser Position treu. Nachdem er noch einmal die literarische Linie der Surrealisten in den letzten zehn Jahren nachgezeichnet hat, endet er mit einer Warnung und einem zweifachen Leitsatz:

»Nicht durch stereotype Erklärungen gegen den Faschismus und den Krieg werden wir es schaffen, den Geist für immer aus den alten Ketten, die ihn fesseln, und den neuen Ketten, die ihm drohen, zu befreien – ebenso wenig wie den Menschen; sondern dadurch, dass wir den emanzipatorischen Mächten des Geistes und des Menschen, die wir schrittweise anerkannt haben und für deren Anerkennung wir kämpfen werden, unsere unerschütterliche Treue bewahren.
›Die Welt verändern‹, hat Marx gesagt; ›das Leben verändern‹, hat Rimbaud gesagt: diese beiden Leitsätze sind für uns nur ein einziger[159].«

Die Leuchtkraft Bretons – *via* Éluard – wird von den Organisatoren erstickt. Der Schriftstellerkongress ist in ihren Augen ein Erfolg, »ein unverhoffter Triumph«, wie die »kleine Dame« Gides sagt. Zunächst dank der Teilnehmer: unter dem Ehrenvorsitz von André Gide die Franzosen Alain (Eugène Dabit liest seine Rede vor), Louis Aragon, Henri Barbusse, Jean Cassou, Eugène Dabit, Lucien Descaves, Élie Faure, Jean Giono, Jean Guéhenno, Louis

---

159 A. Breton, *OC, op. cit.*, 2, S. 451–459.

Guilloux, René Lalou, André Malraux, Victor Margueritte, Emmanuel Mounier, Léon Moussinac, Paul Nizan, Romain Rolland, Charles Vildrac, Andrée Violliss ... Neben ihnen zahlreiche ausländische Schriftsteller, darunter Aldous Huxley, Robert Musil, Max Brod, Bertolt Brecht, und eine starke sowjetische Delegation, die im letzten Augenblick um die unerwünschten Personen von gestern erweitert wird: Boris Pasternak und Isaak Babel.

André Gide ist in blendender Form; er fühlt sich wohl, ist glücklich, ein Publikum vor sich zu haben, das ihm von vornherein Sympathie entgegenbringt. Er hat die erste Sitzung mit einer kurzen Ansprache zum Thema der lebendigen und doch bedrohten Kultur eröffnet: »Gerade darin liegt das große Interesse dieser kosmopolitischen Versammlung; sie wird es uns ermöglichen, verschiedene Aspekte der Gefahren, verschiedene Arten, sie zu verstehen und ihnen zu begegnen, kennen zu lernen.«

Dann ergreifen Forster, Benda (dieser bringt mit seinen klassifikatorischen Anstrengungen den Berichterstatter von *L'Humanité* etwas durcheinander), Musil, Brecht, Cassou das Wort; dieser erhält starken Applaus, als er verkündet: »Die Kunst wünscht, das Einvernehmen mit der äußeren Welt wieder zu finden, um zur Erschaffung einer harmonischen Welt beizutragen. Unsere Kunst, unsere Auffassung von der Kultur treiben uns zur Revolution. Wir möchten noch weiter gehen und zu einem neuen Bild des Menschen beitragen.«

Am nächsten Tag vertraut Gide der »kleinen Dame« an, »welches Gefühl der Wollust« ihm die endlich gewonnene Selbstsicherheit gab. In der Sitzung am Abend hält er eine Ansprache in Form eines Glaubensbekenntnisses:

»Ich behaupte, dass ich zutiefst internationalistisch eingestellt sein kann, während ich doch zutiefst Franzose bleibe. Und ebenso behaupte ich, dass ich zutiefst Individualist bleibe bei voller Übereinstimmung mit dem Kommunismus und sogar mit Hilfe des Kommunismus. Denn meine These war immer: in seiner größten Besonderheit dient jedes Wesen der Gemeinschaft am besten. Dazu gesellt sich heute noch eine weitere These, Pendant oder Folge der ersten: in einer kommunistischen Gesellschaft kann sich jedes Individuum, die Besonderheit jedes Individuums, am vollkommensten entfalten ...«

Mehrere Tage lang kommen zahlreiche Redner zu Wort: Heinrich Mann, Aldous Huxley, Alexis Tolstoï, Anna Seghers, Pierre Abraham, Georges Friedmann, Henri Barbusse (der »kleinen Dame« zufolge »unstatthaft lang und unerträglich schlecht«), Louis Aragon (über den sozialistischen Realismus), Jean Guéhenno (der deklamiert und dabei umhergeht und »Pausen für den Applaus einlegt«, so wiederum Madame Théo), Jean-Richard Bloch und viele andere, abgesehen von all denen, die hochtönende Worte abspulen und über den Zeitmangel etwas frustriert sind. Was Ehrenburg angeht, so lässt er sich zu einer lyrischen Schilderung des idyllischen Empfangs hinreißen, den man dort unten in seinem Land den Schriftstellern in den Fabriken und Kolchosen bereitet; und er schmeichelt den ausländischen Autoren, deren Werke übersetzt sind: »Es gibt Hunderttausende, Millionen Menschen, die durch ihr Leben auf Ihre Bücher antworten. Vielleicht sind Sie nie in unser Land gekommen. Sie kennen seinen Himmel, seine Blumen, seine Menschen nicht, doch Sie haben diese Bücher geschrieben, lebendige menschliche Worte, und, ohne es zu wissen, arbeiten Sie bei uns neben den anderen, neben denen, die die Schaufel halten; Sie arbeiten an den enthüllten Schichten des Bewusstseins[160].«

Malraux gehört zu denen, die am stärksten die Aufmerksamkeit auf sich ziehen. Er verkörpert von nun an das französische Vorbild des engagierten Schriftstellers – sowohl, was den Inhalt seines Werks als auch, was seine militanten Aktionen angeht. Goncourt-Preisträger von 1933 für *La Condition humaine* (*Conditio humana*), hat er gerade *Le Temps du mépris* (»Zeit der Verachtung«) veröffentlicht, ein Werk, das direkt gegen das nationalsozialistische Regime gerichtet ist und in dessen Vorwort es heißt: »Es ist schwer, ein Mensch zu sein. Doch es ist nicht schwerer, einer zu werden durch Vertiefung der Gemeinsamkeit als durch Pflege der Differenz ...« Zwei Männer haben sicher mehr als andere diesen Absatz zu schätzen gewusst, Babel und Pasternak, die es ihm verdanken, eingeladen worden zu sein. Häufig applaudiert, doch mehr wegen seines Charismas als wegen seiner für viele zu subtilen Äußerungen, weiß er auch einfache Dinge zu sagen:

»Wir haben diesen Kongress unter den schlimmsten Bedingungen organisiert. Mit einer gewissen Willenskraft. Fast ohne Geld. An gewissen Reaktionen der Wut und vor allem an dem geballten Schweigen erkennen wir, dass der Kongress existiert. Und selbst wenn wir nur die Möglichkeit berücksichtigen, Büchern, die in ihrem Land kein Gehör mehr finden, ein größtmögliches Echo zu verschaffen; selbst wenn wir nur die Solidarität berücksichtigen, die uns in den Beschlüssen um so viele emigrierte Gefährten schart – so wird dieser Kongress vielleicht nicht vergeblich gewesen sein. Doch sein Sinn liegt noch in etwas anderem. Sie haben gestern die Reden der französischen Faschisten gelesen. Jeder von uns sollte am Ort seines Kampfes als Mensch zu kämpfen wissen ...«

---

160 I. Ehrenbourg, »Culture bourgeoise et culture révolutionnaire«, *Commune*, Juli 1935.

Während der Nachmittagssitzung des 25. Juni übersetzt André Gide auf dem Podium die Rede des deutschen Schriftstellers Klaus, der aus Deutschland mehrere Manuskripte von Landsleuten mitgebracht hat, die trotz Terror und Zensur weiterarbeiten. Bevor sie auseinander gehen, beschließen die Teilnehmer an diesem letzten Tag, ihre Aktion durch die Gründung einer Association internationale des écrivains pour la défense de la culture (»Internationale Vereinigung der Schriftsteller für die Verteidigung der Kultur«) fortzusetzen, an deren Spitze ein geschäftsführender Vorstand aus 112 Mitgliedern gesetzt wird; den Vorsitz haben 12 Mitglieder: Henri Barbusse, Romain Rolland, André Gide, Heinrich Mann, Thomas Mann, Maxime Gorki, Edward Forster, Aldous Huxley, Bernard Shaw, Sinclair Lewis, Selma Lagerlöf und Ramon del Valle-Inclán.

Das Unternehmen ist ein Erfolg. Die Internationale des Denkens solidarisiert sich angesichts der faschistischen Bedrohung mit der UdSSR. Die Werke der Kunst und der Literatur nehmen am Kampf teil. Der berühmteste lebende französische Schriftsteller, André Gide, hat die Debatten geleitet und eine viel beachtete Rede gehalten. Der aufgehende Stern der französischen Literatur, André Malraux, hat das ganze Gewicht seines neuen Ruhms eingebracht. Aus der ganzen Welt ist man nach Paris gekommen, um die von den faschistischen Diktaturen missachteten Rechte der Kultur zur Geltung zu bringen. Das Publikum hat die Russen, Gide und die deutschen Schriftsteller im Exil herzlich und ausdauernd mit Applaus überschüttet. Die Mission ist erfüllt. Dieser Kongress – ein Teil des Propagandaapparates, dessen sich die Kommunistische Internationale je nach Bedarf und Interessenlage der Sowjetunion wunderbar zu bedienen weiß – wird Früchte tragen. Die Stunde der Volksfronten hat geschlagen: man muss alle vereinen, die in der Lage sind, die von Nazideutschland ausgehende Gefahr zu bekämpfen. Alle sind begeistert.

Fast alle! Die Organisatoren haben einige Misstöne zu beklagen. Zunächst ist da der Konflikt mit den Surrealisten, der – obwohl, wie wir sahen, mit List und Tücke beigelegt – Spuren hinterlassen kann. Dann die Affäre Victor Serge, die beinahe die Hymnen auf die Einheit hätte platzen lassen. Auf der letzten Sitzung am 25. Juni erreichen Magdeleine Paz, die vom PCF zur SFIO übergewechselt ist, und Charles Plisnier, ein sozialistischer belgischer Schriftsteller, unterstützt von Gaetano Salvemini und Henry Poulaille, Anführer der proletarischen Schriftsteller, bei André Gide, dass sie ungeachtet der sowjetischen Obstruktion zum Fall Kibaltschisch reden können. Dieser französischsprachige belgische Schriftsteller und ehemalige anarchistische Aktivist, bekannter unter seinem Schriftstellernamen Victor Serge, hatte in Frankreich im Gefängnis gesessen. Fasziniert von der bolschewistischen Revolution, hatte er sich in Moskau niedergelassen. Der Antrag auf einen Pass, den er 1928 stellte, um nach Frankreich zurückzukehren, hatte Verdacht erregt: nach tausenderlei Schikanen war er verhaftet und ohne Urteil »wegen konterrevolutionärer Machenschaften« in ein Lager in Orenburg am Ural deportiert worden. Er war dort seit Juni; er ließ eine nervenkranke Frau und zwei Kinder zurück, von denen das eine, zwölf Jahr alt, Schulverbot erhielt. Sicher, Victor Serge gehörte zur Opposition, und die Texte, die er vor seiner Verhaftung über die Literatur und über seine Feindschaft dem revolutionären Konformismus gegenüber veröffentlicht hatte, richteten sich frontal gegen die stalinistische Macht. Er hatte indessen an keinem Komplott, keiner Intrige teil genommen. Er hatte sich als kommunistischer Schriftsteller artikuliert, der noch an die Freiheit der Meinungsäußerung glaubte.

Die ausführliche Einlassung von Magdeleine Paz beeinträchtigt die gute Atmosphäre. Sie wird ausgepfiffen; die Russen sind wütend. Doch Malraux, der mit schneidender Autorität den Vorsitz führt, setzt das Rederecht durch. Die Affäre Serge, über die bis dahin allenfalls einige auflagenschwache Zeitschriften wie *La Révolution prolétarienne* oder *L'École émancipée* berichtet hatten, wird nun publik. Der Zwischenfall in der Mutualité hinterlässt einen schlechten Eindruck, umso mehr, als die Sowjetleute auf die von den Verteidigern Serges vorgebrachten Tatsachen keine Antwort haben.

Gide hatte einige etwas verschämte Worte geäußert (»Zur Zeit der Affäre war ich Dreyfusard, weil die Republik gerettet werden musste. Heute stelle ich nichts über das Gelingen der sowjetischen Revolution. Den schönsten Liebesbeweis, den wir der UdSSR geben können, ist, ihr in dieser Angelegenheit zu vertrauen[161]«); kurz nach dem Kongress gibt ihm Magdeleine Paz einen Brief zu lesen, den der Schriftsteller sechs Wochen vor seiner Verhaftung geschrieben hatte. Gide, der an diesem Tag zu einem Nachmittagsempfang in der sowjetischen Botschaft eingeladen ist, versucht, den Botschafter wegen Serge anzusprechen, doch der Moment ist nicht günstig. Tags darauf – die Angelegenheit quält ihn nach wie vor – schreibt er dem Diplomaten, der bereit ist, ihn am 1. Juli zu empfangen. Potemkin – so sein Name – verspricht Gide, seinen Brief Stalin persönlich zukommen zu lassen.

Serge zufolge zeichnete sich damals Gides »Umkehr« ab: ihm wurde klar, »dass der Kongress voll und ganz und in absoluter Unaufrichtigkeit von den Agenten des PC gesteuert worden war. Er fühlte sich getäuscht, sah das moralisch Hässliche von alldem. Er führte mit dem Botschafter der UdSSR eine Unterhaltung über mich – und verließ ihn voller Zweifel[162]«. Bis auf Weiteres sitzt Gide jedoch auf der Ehrentribüne. Am 30. Juni begibt er sich nach Villejuif, um eine Avenue Maxime-Gorki einzuweihen: »Spät aus Villejuif zurück«, schreibt die »kleine Dame«, »plaudert er noch mit mir; er sieht ein bisschen

---

161 Zit. nach E. Mounier, *Œuvres*, 4, *Recueils posthumes et Correspondances*, Seuil, 1963, S. 574.
162 V. Serge, *op. cit.*, S. 22–23.

Die Ära Gide

bestürzt und ziemlich angewidert aus. Man hat ihm zu viel Ehre erwiesen, und Aragon hat über ihn eine viel zu aufgeblasene Rede gehalten[163] ...«

Die Affäre Serge hat einen glücklichen Ausgang. Nach der entscheidenden Intervention Gides ergreift auch Romain Rolland – von Stalin empfangen – die Gelegenheit und erwähnt die Angelegenheit. Serge erhält die Erlaubnis, die UdSSR zu verlassen. Da Laval ihm ein französisches Visum verweigert hat, begibt er sich mit einem drei Jahre gültigen belgischen Visum nach Brüssel, wo Charles Plisnier ihn am 17. April 1936 empfängt. Er hat Gelegenheit, mit Mounier (der damals in Belgien, dem Herkunftsland seiner Frau, lebt) und einigen Mitarbeitern von *Esprit* Bekanntschaft zu schließen. Die Zeitschrift hatte bereits im November 1933 eine Broschüre von Marcel Martinet (*Où va la révolution russe? L'affaire Victor Serge*, »Wohin geht die russische Revolution? Die Affäre Victor Serge«) aufgegriffen und über die Verteidigung des in den Ural Deportierten berichtet. Auf Betreiben von Paul Nizan, Jean-Richard Bloch und André Malraux hat Mounier am Schriftstellerkongress teilgenommen und das Wort ergriffen. Er sieht darin »im Vergleich zur Ära Barrès ein beeindruckendes Bild: die Intelligenz steht unbestreitbar links«, doch den allgemeinen Ergüssen schließt er sich nicht an: »Wie viel Konformismus, wie viel Platitüden um den Großen Stalin und die unfehlbare UdSSR!« Dagegen schätzt er die Interventionen von Magdeleine Paz und ihren Freunden zu Gunsten von Serge. Er fordert diesen also auf, freier Mitarbeiter von *Esprit* zu werden. Im Juni 1936 veröffentlicht die Zeitschrift Briefe des Schriftstellers, die Martin du Gard Maria Van Rysselberghe, der »kleinen Dame«, empfiehlt: »Haben Sie die *erschütternden* Briefe von Victor Serge in der Juninummer von *Esprit* gelesen? Darunter den an Gide ... Was halten die ›Reinen‹ davon? Für mich entspricht das genau dem, was ich fühle, dem, was alle Vergleiche nahe legen[164] ...«

Nach diesem ersten Warnschuss wird Gide, der die Einladung zu einer Reise in die UdSSR annimmt, bald *an Ort und Stelle* das stalinistische Regime unter die Lupe nehmen können. Kurz vor seiner Abreise schreibt ihm Serge:

> »Wir bieten dem Faschismus die Stirn. Doch wie ihm den Weg versperren mit so vielen Konzentrationslagern im Rücken? ... Lassen Sie mich Ihnen sagen, dass man der Arbeiterklasse und der UdSSR nur in aller Klarsicht dienen kann. Lassen Sie mich im Namen derer, die dort unten in jeder Hinsicht Mut beweisen, Sie darum bitten, den Mut zu dieser Klarsicht zu haben[165].«

Der Wunsch von Victor Serge sollte in Erfüllung gehen.

---

163 *Les Cahiers de la Petite Dame, op. cit.*, 2, S. 462–471.
164 R. Martin du Gard, *Journal, op. cit.*, 2, S. 1188.
165 V. Serge, *Mémoires d'un révolutionnaire*, Seuil, Neuaufl. 1978, S. 353.

Der Schriftstellerkongress von 1935 hat noch eine andere Auswirkung: den definitiven Bruch zwischen den Surrealisten und der Kommunistischen Partei. Wenn André Breton und seine Freunde nichts zu Gunsten von Victor Serge (in seinen *Carnets* lässt er seine Enttäuschung darüber durchscheinen) unternommen haben, so, weil sie andere Sorgen haben. Die Haltung, die die Kommunisten und die sowjetischen Delegierten während des Kongresses ihnen gegenüber einnehmen, zeigt ihnen, dass die seit 1926 versuchte Annäherung gescheitert ist. Aus Kleinbürgern haben sie sich in gefährliche Ultralinke verwandelt, Störenfriede der ›frontistischen‹ Einheitsbestrebungen. Breton hatte geglaubt, die Kommunisten würden den revolutionären Charakter der kulturellen Avantgarde anerkennen; er stellt fest, dass sie vor allem eine Propagandaliteratur im Dienst der UdSSR und ihrer Erfolge anstreben.

Im August 1935 erläutern Breton und seine Freunde ihr »Misstrauen« gegenüber der »Internationalen Vereinigung der Schriftsteller für die Verteidigung der Kultur«, sie brandmarken diejenigen ehemaligen Surrealisten, die der kommunistischen Linie folgen, protestieren ein weiteres Mal »in aller Heftigkeit« gegen jeglichen Versuch zur Rehabilitierung der Idee des Vaterlandes, prangern den »götzendienerischen Personenkult« Stalins an und distanzieren sich kategorisch vom Regime Sowjetrusslands, wie es damals existiert[166]. Kurz darauf nähert sich Breton Georges Bataille und der Zeitschrift *Contre-attaque* an; ein im Oktober veröffentlichtes Flugblatt umreißt das revolutionäre Denken ihrer Mitarbeiter, die für einen »umfassenden disziplinierten und fanatischen Zusammenschluss der Kräfte« und »eine unnachgiebige Diktatur des bewaffneten Volkes« Partei ergreifen. Man will die Vergesellschaftung der Produktionsmittel mit der Errichtung eines neuen gesellschaftlichen Überbaus verbinden. Die Idee der Nation und des Vaterlandes wünscht man zum Teufel. All das ist chemisch rein, doch von einem beeindruckenden Irrealismus. Am 21. Dezember veröffentlicht *Le Figaro* ein Interview André Bretons zum Bruch der Surrealisten mit dem stalinistischen Kommunismus[167]. Als 1936 die Moskauer Prozesse publik werden, gehören Breton und die Surrealisten zu den aktivsten und heftigsten Kritikern, was Paul Éluard, der mit *L'Humanité* kokettiert, dazu veranlasst, sich von den Surrealisten nach und nach zu entfernen. Ein langes Missverständnis ist zu Ende. Breton und seinen Getreuen ist schließlich klar geworden, dass die surrealistische Revolution – welche Dosis Marxismus man ihr auch eingeträufelt haben mag – mit dem Sowjetregime und dem bürokratischen Kommunismus ihrer Natur nach unvereinbar ist. In ihrer extremen ideologischen Strenge manövrieren sich die Surrealisten jedoch in eine Isolierung, die durch ihre Teilnahme an kleinen Gruppierungen wie der von Georges Bataille oder

---

166 »Du temps où les surréalistes avaient raison«, in : A. Breton, *OC, op. cit.*, 2, p. 460–471.
167 M. Noël, »Le surréalisme en liberté. D'une gifle à une rupture«, *Le Figaro*, 21. Dezember 1935.

durch ihre Annäherung an den Trotzkismus nicht abgemildert wird. Vor allem aber ziehen sie sich dadurch auf eine unentwirrbare Position zurück, dass sie das »ultraimperialistische« Frankreich nicht von Hitler-Deutschland unterscheiden; in ihren Augen sind beide gleichermaßen schuldig.

Am 30. August 1935 stirbt in Moskau ein Mann, der ihr Prügelknabe gewesen war, Henri Barbusse. Mit ihm verlieren die Kommunisten einen ihrer treuesten Propagandisten. Sie erinnern daran, dass er seit Kriegsende sein Leben dem Ziel widmete, die Schriftsteller zur Verteidigung der bolschewistischen Revolution in jeder nur möglichen Form zusammenzuführen. Herausgeber von *Monde*, führende Persönlichkeit der AEAR, Mitglied des Direktionskomitees von *Commune*, Organisator des »Kongresses der Schriftsteller für die Verteidigung der Kultur«, baute Barbusse unter der Führung des PCF unablässig Brücken zwischen den Schriftstellern und der Arbeiterklasse. Die Partei dankt es ihm und veranstaltet eine grandiose Trauerfeier auf dem Père-Lachaise – eine dieser feierlichen Zeremonien, wie sie nur die Kommunistische Partei zustande bringen kann: Zehntausende von Parisern vereinen sich in der Erinnerung an den Autor von *Le Feu*, für den eloquente Trauerreden gehalten werden:

> »Denn dieser Mann der Revolution war auf exemplarische Weise ein allseits gebildeter Ehrenmann. Wie viele andere wurde er aus reiner Ehrenhaftigkeit zum Revolutionär. Unter den unzähligen Toten, derer man morgen gedenken wird und die so viele zweifelhafte Huldigungen über sich ergehen lassen müssen, ist kein einziger, ich sage, kein einziger – welchem Ideal er auch gedient haben, mit welchen Illusionen und Bitterkeiten er auch gestorben sein mag –, dessen Andenken nicht pietätvoll geehrt wäre, wenn wir ihn jetzt mit dem Gedenken an Barbusse verbinden, diesem untadeligen Kämpfer für die Dichtung, die Revolution und den Frieden.«

Dass diese Friedhofs-Rhetorik – in der Dezembernummer von *Commune* veröffentlicht – nicht von einem kommunistischen Schriftsteller, sondern von Jules Romains stammt – die Veröffentlichung von *Les Hommes de bonne volonté* (*Die guten Willens sind*) ist seit 1932 ein literarische Ereignis –, zeugt ebenfalls vom kommunistischen Einfluss. In derselben Nummer – sie ist voll und ganz in den Händen der Stalinisten – stößt man auch auf die Namen von André Gide, Romain Rolland, André Malraux, Julien Benda, Jean-Richard Bloch ...: zur Zeit der Volksfront hatten die Verführungskünste des PCF bei den französischen Schriftstellern schmeichelhafte Erfolge.

28
An der äthiopischen Front

Das an Ereignissen nicht arme Jahr 1935 brachte, als das Laub zu fallen begann, eine Auseinandersetzung zwischen Intellektuellen, die von einer Schärfe war, wie man sie seit der Dreyfus-Affäre nicht mehr erlebt hatte: der Grund war die äthiopische Krise.

Äthiopien war ein unabhängiger afrikanischer Staat – sogar beinahe der einzige unabhängige. Italien, das ein Auge auf ihn geworfen hatte, musste bei seinem Eroberungsversuch des Jahres 1896 eine vernichtende Niederlage einstecken. Im Jahre 1923 wurde das »Kaiserreich des Negus«, wie es damals hieß, einstimmig in den Völkerbund aufgenommen. *Ipso facto* waren die Unabhängigkeit und die territoriale Unversehrtheit – wie für alle Mitglieder des Völkerbundes – garantiert. Italien hatte vom benachbarten Eritrea Besitz ergriffen; nichtsdestoweniger fuhr es mit der wirtschaftlichen Durchdringung Äthiopiens fort, der zu widerstehen der Negus versuchte. Seit 1933 bereitete Mussolini von Eritrea aus die Invasion logistisch vor. 1935 führte er sie durch. In seinen Augen zählte die Vergeltung für die Niederlage von Adua im Jahre 1896 noch stärker als die ökonomischen Interessen: man musste der Welt den Willen zur Macht – und die Macht – des faschistischen Italien vor Augen führen.

Für die französischen und britischen Diplomaten stellt sich das Problem nun in der Form eines Dilemmas. Wenn sie Mussolini gewähren lassen, machen sie die Prinzipien der »kollektiven Sicherheit« und den Völkerbund selbst zunichte. Falls sie beschließen, ihm Einhalt zu gebieten, verlieren sie einen Verbündeten gegenüber Hitlerdeutschland. Tatsächlich führt die Ermordung des österreichischen Bundeskanzlers Dollfuss zu einer britisch-französisch-italienischen Annäherung, die geeignet erscheint, Hitler aufzuhalten, und die sich im März 1935 in der Konferenz von Stresa konkretisiert.

Ein Grenzzwischenfall in Oual-Oual im Dezember 1934 dient Mussolini als *casus belli:* im Januar 1935 zieht er Truppen an der Grenze zusammen; Kaiser Haile Selassie reicht beim Völkerbund Beschwerde ein. Die Angelegenheit zieht sich acht Monate lang hin. Die Engländer und Franzosen schlagen Italien auf einer Konferenz in Paris die Errichtung eines »französisch-britisch-italienischen Mandats über Äthiopien« vor – ein erstaunlicher Vorschlag, da Äthiopien doch unabhängig ist. Was bedeutet das schon! Mussolini stemmt wie immer die Fäuste in die Hüften und lehnt ab. Mitte September versuchen die Briten, ihn einzuschüchtern, indem sie eine ansehnliche Kriegsflotte im östlichen Mittelmeer zusammenziehen. Der italienische Diktator setzt nun – wie es Hitler im März 1936 mit der Besetzung des entmilitarisierten Rheinlands durch deutsche Truppen tun wird – alles auf eine Karte und gibt am 2. Oktober 1935 den Befehl zur Invasion Äthiopiens. Er brauchte sich keine Sorgen zu machen: die Royal Navy rührt sich nicht.

Auf Antrag Großbritanniens und Frankreichs wendet der Völkerbund den Artikel 16 der Völkerbundsatzung an und beschließt Sanktionen gegen Italien – lediglich wirtschaftliche und finanzielle Sanktionen. *A posteriori* ist die mangelnde Entschlusskraft der Briten und Franzosen umso erstaunlicher, als Italien bestimmt keinen bewaffneten Konflikt mit der britischen Flotte und den französischen Truppen hätte durchstehen können und eine harte Reaktion das faschistische Regime gedemütigt und wahrscheinlich seinen Sturz herbeigeführt hätte. Die Tricksereien Lavals, der die Brücken zu Mussolinis Italien nicht abbrechen will, und die britische Zaghaftigkeit lassen dem faschistischen Regime schließlich freie Hand, sich Äthiopiens zu bemächtigen. Um dem Ganzen die Krone aufzusetzen, billigt der Völkerbund 1936 die Einstellung der Sanktionen. Wer konnte jetzt noch an den Völkerbund glauben?

Am 22. September 1935 veröffentlicht Maurras einen giftigen Artikel in *L'Action française* mit dem Titel: »Mörder«. Es handelt sich nicht um die italienischen Soldaten, die an der äthiopischen Grenze auf den Marschbefehl warten, sondern um die »140« französischen Parlamentarier, die ein Manifest unterzeichnet haben, das sich gegen die Expedition Mussolinis wendet:

> »Wir bitten die anständigen Franzosen, die uns folgen, die 140 Namen der Mörder, die den *Frieden ermorden, die Frankreich ermorden*, zur Kenntnis zu nehmen; wir veröffentlichen sie am Ende des Artikels. Ich fordere unsere Freunde auf, diese kostbare Liste auszuschneiden und an der sichersten Stelle ihrer Brieftasche aufzubewahren ... An dem Tag, da es Mobilmachungsbescheide hageln wird ..., wird es nur gerecht sein, dass sie büßen [...] Mörder! Mörder! [...] Euer Blut soll als erstes vergossen werden[168].«

Der *Action française* bläst der Wind erneut in die Segel. Es ist unbestreitbar, dass sie durch ihre Kampagne während der Stavisky-Affäre im Januar 1934 den 6. Februar verursacht hat. In der äthiopischen Krise schlägt sie sich auf die Seite Mussolinis und beleidigt die Parlamentarier und die Intellektuellen, die ihr zufolge nicht zögern, einen Krieg zu riskieren, um Italien, unsere latei-

---

168 Ch. Maurras, »Assassins! Appel nominal des parlementaires maçons qui veulent la guerre«, *L'Action française*, 22. September 1935.

nische Schwester, unsere natürliche Verbündete, zu verunglimpfen. Am 28. September greift die Zeitung von Maurras die Christdemokraten von *L'Aube* an; sie wirft ihnen vor, sich zu den »140« Kriegstreibern des Parlaments zu gesellen. Francisque Gay, Herausgeber von *L'Aube*, wird namentlich attackiert. Außer sich über ein so ungebührliches Vorgehen reicht er sofort Klage »wegen Morddrohungen« beim Oberstaatsanwalt ein. Maurras wird später zu einer Gefängnisstrafe verurteilt. Dieser Mann, der mit eigener Hand keine Fliege getötet hätte, hat eine mörderische Feder. Es sollte nicht sein letzter Aufruf zum Mord sein.

Nach der italienischen Invasion, zu der Mussolini am 2. Oktober den Befehl gibt, schäumen die Leidenschaften über. Am 4. veröffentlicht *Le Temps* ein »Manifest für die Verteidigung des Westens« (später umgetauft zu: »Manifest der Intellektuellen für den Frieden in Europa und die Verteidigung des Westens«[169]); der Verfasser ist Henri Massis. Eine erste Gruppe von 64 Intellektuellen unterzeichnet sofort.

Das Schriftstück verurteilt definitiv das Prinzip möglicher Sanktionen gegen Italien und wendet sich gegen den Krieg – nicht etwa gegen den äthiopischen Krieg, sondern gegen den Krieg, den eine Vergeltungspolitik der Westmächte gegen Mussolini auslösen könnte. Es verteidigt ebenfalls die Legitimität des Kolonialismus in einem Land, dessen Unabhängigkeit nur »eine Ansammlung primitiver Stämme« betrifft, »eines der rückständigsten Länder der Welt«; es kritisiert »die gefährliche Fiktion von der absoluten Gleichheit aller Nationen«, den »irrigen juristischen Universalismus, der den Höherwertigen und den Minderwertigen, den Zivilisierten und den Barbaren auf die gleiche Stufe stellt«; es wendet sich schließlich gegen diejenigen, die nicht zögern würden, »einen allgemeinen Krieg zu entfesseln und alle anarchischen Kräfte, alle Unordnung zu bündeln und gegen eine Nation einzusetzen, in der sich seit fünfzehn Jahren einige der grundlegenden Tugenden des hochwertigen Menschentums ausgebildet, gefestigt und durchgesetzt haben.«

Diese schamlose kolonialistische Apologie des faschistischen Regimes verfolgt das Ziel, die bevorstehenden Entscheidungen der Regierung Laval zu beeinflussen. Das Manifest hat auch einen nützlichen Nebeneffekt: es vereint die Namen der französischen Intellektuellen, die – der Volksfront gegenüber eindeutig negativ eingestellt – ihrerseits ein »Wachsamkeitskomitee« der Rechten bilden könnten. Dem antifaschistischen Komitee stellt es eine, wenn nicht faschistische, so doch wenigstens, wie Brasillach es ausdrückt, »anti-antifaschistische« Gruppierung gegenüber.

Von 64 Unterzeichnern sind 12 Mitglieder der Académie française (bald werden es 16 sein), unter ihnen Monseigneur Baudrillart, Henry Bordeaux,

---

169 Siehe den vollständigen Text im Anhang.

Henri de Régnier; man stößt auch, ohne überrascht zu sein, auf die Namen von Charles Maurras, Léon Daudet, Henri Béraud, Pierre Drieu La Rochelle, Thierry Maulnier, Jean-Pierre Maxence, Jean de Fabrègues, Robert Brasillach, Pierre Gaxotte ... Ebenso wenig überrascht der Name von Henri Ghéon, der endgültig zur Rechten übergewechselt ist. Weniger hätte man vielleicht die Namen des christlichen Philosophen Gabriel Marcel und des Schriftstellers Marcel Aymé erwartet, Mitarbeiter der Wochenzeitung der linken Mitte, *Marianne*, die von Emmanuel Berl herausgegeben wird.

Marcel Aymé hält es für angebracht, seine Haltung in *Marianne* in einem Artikel vom 16. Oktober darzulegen; in einem Vorspann der Redaktion heißt es: »Marcel Aymé hat ein Manifest unterzeichnet, das *Marianne* energisch missbilligt – die Proteste, die diese Geste ausgelöst hat, veranlassen Marcel Aymé, seine Haltung zu erläutern.«

Der Autor von *La Jument verte* (*Die grüne Stute*) gesteht, ihm sage keinesfalls der gesamte Wortlaut des Manifests von Massis zu, doch »das Wesentliche« sei für ihn die Vermeidung des Krieges:

»Statt mir – in einem Krieg der Prinzipien – durch die Forderung nach Sanktionen gegen Italien Sporen unter den linken Intellektuellen zu verdienen, habe ich ein Manifest der Rechten, ja der extremen Rechten, unterzeichnet, das sich gegen Maßnahmen wendet, die – wie ihre eifrigsten Verfechter selbst zugeben – zu einem regelrechten Krieg führen können. Zwischen dem Frieden in Europa und einem blutigen Krieg gegen den Krieg habe ich ohne Zögern gewählt[170].« Wieder einmal eine Auswirkung des Pazifismus.

Einstweilen weigern sich die Intellektuellen der Linken in ihrer Mehrheit, den italienischen Einfall in einen Mitgliedsstaat des Völkerbundes einfach hinzunehmen. Sie antworten, und zwar umgehend, ihren Gegnern auf der Rechten. Jules Romains ergreift als einer der ersten die Initiative. Zusammen mit Louis Aragon und seinem Freund Luc Durtain verfasst er am Abend des 4. Oktober in einem Café der Rue des Martyrs ein Gegenmanifest, das am nächsten Tag in *L'Œuvre* erscheint. Die Unterzeichner zeigen sich erstaunt darüber, »dass französische Federn die rechtliche Ungleichheit der menschlichen Rassen behaupten – ein Gedanke, der unserer Tradition so entgegengesetzt ist ...«; sie verteidigen den Völkerbund und fordern die Regierung auf, »sich den Bemühungen all der Regierungen anzuschließen, die für den Frieden und für die Einhaltung des internationalen Rechts kämpfen«.

Neben Jules Romains, Luc Durtain und Louis Aragon unterzeichnen die-

---

170 M. Aymé, »Une signature«, aufgen. in *Du côté de chez Marianne*, Gallimard, 1989, S. 322.

sen Text André Gide, Romain Rolland, Jean Cassou, André Chamson, Jean Guéhenno, Pierre Gérôme, Alain, Jean Perrin, Langevin, Paul Rivet, Charles Vildrac, Jean Prévost, André Malraux, Louis Guilloux, Emmanuel Mounier, Jean Schlumberger usw., und sämtliche Mitglieder des »Wachsamkeitskomitees der antifaschistischen Intellektuellen«.

Zahlreiche Unterzeichner der beiden Texte und zahlreiche Beobachter haben damals das Gefühl, Frankreich sei wie in den Hochzeiten der Dreyfus-Affäre in zwei Hälften gespalten. So schreibt Roger Martin du Gard am 10. Oktober aus Nizza an Maria Van Rysselberghe:

»Wie aufschlussreich das *Manifest für den Westen* und diese tausend Unterschriften um Massis herum. Das hilft einem, zu Schlüssen zu kommen, die Leute zuzuordnen, eine Klassifizierung der französischen Intellektuellen vorzunehmen, die auf dem neuesten Stand ist. Ich habe ein Telegramm aufgegeben, um schleunigst auf die Liste der Protestler, die Liste von J. Romains, gesetzt zu werden. Doch wir sind wenige. *Sie stellen die große Zahl und die Macht dar.* Die Dreyfus-Affäre ist ein ewiges Phänomen. Die Bestandsaufnahme war notwendig und kommt im richtigen Augenblick[171].«

Jedoch tritt etwas Neues zu Tage, etwas, das den Wandel des intellektuellen und politischen Klimas seit dem Krieg belegt: die Haltung vieler katholischer Intellektueller, die es ablehnen, sich auf das Manifest der Rechten einzulassen. Die Christdemokraten von *L'Aube*, von *La Vie catholique*, die Dominikaner von *Sept* und *La Vie intellectuelle*, die Katholiken, die an *Esprit* mitarbeiten, und einige früher rechts stehende Persönlichkeiten wie François Mauriac bemühen sich um einen unabhängigen Ausdruck ihrer Position, die dem Manifest der Linken näher steht als der profaschistischen Apologie des maurrassistischen Katholiken Henri Massis. Es ist ihnen unerträglich, dass das Christentum der westlichen Zivilisation gleichgesetzt wird, die ihrerseits als die Zivilisation höherwertiger, den »Barbaren« gegenüberstehender Menschen definiert wird. Am 17. Oktober veröffentlicht *L'Aube* von Georges Bidault, dann die Wochenzeitung *La Vie catholique* und *Sept* ein drittes Manifest, genannt »Manifest für die Gerechtigkeit und den Frieden«, das das Gebot der Gerechtigkeit in Erinnerung ruft, es ablehnt, »Monsieur Mussolinis« Vorgehen zu billigen, und die Notwendigkeit unterstreicht, den Willen zu Gerechtigkeit und Frieden mit Hilfe der »Genfer Organisation« durchzusetzen.

Dieser Text war unter anderen von Étienne Borne, Henri Davenson (*alias* Henri-Irénée Marrou), Robert Delavignette, Georges Duveau, Henri Guille-

---

171 R. Martin du Gard, *Journal, op. cit.*, 2, S. 1154.

min, Jean Lacroix, Jacques Madaule, Jacques Maritain, Pierre-Henri Simon, doch auch von Paul Claudel und Francis Jammes ... unterzeichnet. Er trug auch etwa ein Dutzend Namen von Unterzeichnern des antifaschistischen Manifests, darunter den von Emmanuel Mounier.

Als Gide dieses dritte Manifest liest, ist er begeistert: warum nicht auch hier unterzeichnen und die beiden Listen miteinander verschmelzen? Er zieht die »kleine Dame« und Pierre Herbart zu Rate.

»Wir stoßen uns alle beide«, schreibt Madame Théo, »an demselben Satz: ›Man darf auch nie vergessen, dass es eine große Ungerechtigkeit ist, ein Volk – und sei es im Namen des Rechts – in die Verzweiflung zu stürzen‹; er beweist, dass das Manifest zwar deutlich gegen Italien, doch auch gegen Sanktionen gerichtet ist! Um was an ihre Stelle zu setzen? Da gibt es nur einen vagen Satz: ›Man muss zu anderen Mitteln greifen.‹ Es scheint uns, man kann sich diesem Manifest nur anschließen, wenn man eine Einschränkung hinsichtlich der Mittel angibt, ohne sie in die Enge zu treiben.« Pierre Herbart bremst Gide schließlich; dieser beschränkt sich darauf, einen Brief zu entwerfen, in dem er unter Vorbehalt seine Übereinstimmung erklärt. Dann liest er am 19. Oktober einen Vergeltungsartikel der *Action française* gegen *L'Aube* und kommt zu dem Schluss, es sei besser, die demokratischen Katholiken nicht mit seiner Erklärung in Verlegenheit zu bringen[172].

Es verdient Beachtung, dass das Manifest dieser Intellektuellen auf Mauriac zurückgeht. Er gilt zu dieser Zeit nicht als Linkskatholik – so wenig, dass Roger Martin du Gard davon überzeugt ist, Mauriac werde sich sofort dem Manifest von Massis anschließen. Noch einige Zeit später, am 21. August 1936, schreibt er – immer noch in seinem Irrtum befangen – an seine Frau:

»Man darf nicht vergessen, dass Mauriac als einer der ersten das Manifest *für die Aggression* Mussolinis unterzeichnet und offen seine *Eroberungspolitik* gerechtfertigt hat! Mauriac ist für mich der schlimmste Feind. Und ich befürworte alles, was ihn erledigen, seine Autorität verringern, ihm die christliche Maske vom Gesicht reißen kann, ihn zeigt, wie er ist: einfach *verachtenswert*[173].«

Dieses Quiproquo ist bezeichnend für den Hass, den Martin du Gard gegenüber Mauriac empfindet, einem Frömmler, der immer im Namen von »uns Christen ...« redet, einem scheinheiligen Karrieristen. In der Tat ist diese Ent-

---

172 *Les Cahiers de la Petite Dame, op. cit.*, 2, S. 481–483.
173 R. Martin du Gard, *Journal, op.cit.*, 2, S. 1154.

wicklung Mauriacs neueren Datums. Er hatte zwar vor dem Krieg einige Sympathie für den christdemokratischen Sillon[174] (»Spur«) von Marc Sangnier gehegt, doch das ist ihm vergangen. Er ist durch und durch ein Bürger, Bruder eines Chirurgen, der bekanntermaßen der Action française angehört, und man hätte ihn für einen kompletten Konservativen gehalten, wenn da nicht seine Romane wären, die die Beichtväter der katholischen Jugend durch ihre Sinnlichkeit und durch das schonungslose Bild, das sie von den wohlanständigen Familien zeichnen, beunruhigen. Im Januar 1935 schickt ihn *Le Journal* nach Rom. Pierre Laval besucht damals gerade Mussolini. Am 2. schreibt Mauriac: »Mussolini setzt das Werk der Kaiser und der Päpste fort[175].« Das ist zwar nicht reinster Antifaschismus; doch führt der Krieg gegen Äthiopien zu einer Wende in seinem politischen Leben. Nicht zu einer Bekehrung nach links, zum Linkskatholizismus, wie er damals Gestalt annimmt, aber doch zu einer gegenüber den konservativen Positionen kritischen Haltung. So nimmt er am 24. September in *Le Figaro* eine Zeichnung von Sennep aufs Korn, die den Negus neben zwei Affen in einer Kokospalme zeigt. Es handelt sich noch um einen gemäßigten, doch bereits klar antirassistischen Artikel (»Ich stelle mir einen farbigen Jungen vor, dessen Vater oder älterer Bruder seit zwanzig Jahren irgendwo zwischen dem Meer und den Vogesen begraben ist. Ich behaupte, dass so etwas ausreicht, um in einem einfachen Herzen einen mächtigen, das ganze Leben erfüllenden Hass zu wecken«) – ein Artikel, der im Voraus eine Erwiderung darstellt auf die Argumente des Textes von Massis über »die barbarischen Stämme«, die mit Kanonenkugeln zu zivilisieren seien. Die Nachrichten über die bombardierten äthiopischen Dörfer, sicher auch der Einfluss von Jacques Maritain und von Pater Maydieu – all dies führt ihn zu der kleinen Truppe von Christdemokraten und anderen Linkskatholiken, die Mussolini verurteilen[176].

Erwähnen wir unter den übrigen Unterzeichnern noch Emmanuel Mounier und die anderen Mitarbeiter von *Esprit*. Diese Zeitschrift legte von ihrer Gründung im Jahre 1932 an bis 1935 ein ausdrückliches Misstrauen gegen die Politik an den Tag; sie redete von Revolution und nahm das kapitalistische System und die parlamentarische Demokratie auseinander, ohne dabei andere als »geistige« Mittel vorzuschlagen, um die »herrschende Unordnung« zu untergraben. Nach dem 6. Februar wollen sich Mounier und seine Freunde weder dem einen noch dem anderen Lager anschließen; im April 1934 unterzeichnen sie einen Text, »Für das Gemeinwohl«, den Jacques Maritain, Stanislas Fumet, Leiter des Verlags de Brouwer, und Gabriel Marcel angeregt haben und der sich der Spaltung Frankreichs in zwei Lager widersetzt. Es

---

174 *Anm. d. Ü:* Sillon: s. Kap. 20.
175 F. Mauriac, »Les beaux jours de Rome«, *Le Journal*, 2. Januar 1935.
176 Siehe J. Lacouture, *François Mauriac*, Seuil, 1980, S. 311–314.

handelt sich um die Idee eines dritten Weges, der sich von Liberalismus und Kommunismus abwendet, für den jedoch keine anderen Mittel ins Auge gefasst werden als die »der geistigen Ordnung und der Ordnung des Privatlebens«; das bringt den Unterzeichnern des Textes folgende Replik von Massis ein, die sicher nicht unverdient ist: »eine Vorentscheidung, sich nirgendwo zu engagieren [...], die praktisch bedeutet, dass man es ablehnt zu dienen[177].« Die äthiopische Sache bringt auch für sie eine Wende; sie werden hellhörig für die Vorzeichen der Volksfront. Gewiss, sie lassen sich von der Kehrtwendung um 180 Grad, die der PCF vollzieht, nicht täuschen; sie amüsieren sich darüber, dass die kommunistischen Intellektuellen, von denen sie kurz zuvor noch als potenzielle Faschisten bezeichnet worden waren, sie jetzt umwerben. Nichtsdestoweniger werden sie sich einer Tatsache bewusst: »Auf der Linken gibt es das Volk.« Als *Vendredi* gegründet wird, veröffentlichen mehrere Mitarbeiter von *Esprit* – und sogar Mounier – dort hin und wieder Artikel. Die Einheitsfront der Jugendbewegungen der dreißiger Jahre – der »Nonkonformisten« – zerbricht, wenn sie überhaupt je existiert hat. Die »Jungen Rechten« werden von den Ligen, den Zeitschriften und Zeitungen der offiziellen Rechten angezogen; *Ordre nouveau*, immer noch sehr dogmatisch, sucht seinen Weg in der Isolierung; Mounier schreibt am 15. Februar 1936 an Nicolas Berdiaeff: »Die Bewegung geht eindeutig in Richtung eines gegen die Arbeiter gerichteten Faschismus und einer kleinbürgerlichen Technokratie, die wir nicht akzeptieren können[178].« Mit der Umstrukturierung der politischen Sphäre scheint, wie während der Dreyfus-Affäre, die Rekonstruktion des Dualismus rechts-links einherzugehen. Ungeachtet aller Gegensätze, die die Reihen der Rechten und Linken erschüttern, trägt auch die Bildung der Volksfront dazu bei, das intellektuelle Milieu in zwei Gruppen zu spalten. Der Äthiopienkrieg hatte, wie Martin du Gard schrieb, als Spektrogramm gedient: man weiß, wer auf welcher Seite steht. Doch nicht lange. Denn eine Frage bleibt bestehen, tief- und hintergründig und doch drängend: wie hat man sich gegenüber dem internationalen Faschismus zu verhalten, wenn der Wille, seine Ausbreitung zu stoppen, das Risiko eines Krieges impliziert?

Keines der drei Manifeste zeichnet sich in diesem Punkt durch Klarsicht aus. Ramon Fernandez betont es in einem Artikel der *NRF* vom November 1935. Keines denkt seine innere Logik bis zu Ende: »Lesen Sie die oben zitierten Manifeste: Sie werden dort viel weniger klare und viel weniger taugliche Ideen finden als im nächstbesten Kabarett.« Und Fernandez bemerkt im Hinblick auf das Manifest der Linken: »Warum nicht hinzufügen: die Aktion, die der Völkerbund von uns verlangt, beinhaltet Risiken, doch diese Risi-

---

177 H. Massis, *La Revue universelle*, 15. Mai 1934.
178 E. Mounier, *op. cit.*, 4. S. 580.

ken sind die Sache wert, denn sie gehen Hand in Hand mit dem, was eine positive Veränderung Europas werden könnte[179]?«

Der Beschluss des Völkerbundes, gegen Italien Sanktionen zu verhängen, verleitet die extreme Rechte zu einigen Demonstrationen auf den Boulevards, bei denen sich Jean-Pierre Maxence mit den Aktivisten einer faschisierenden Gruppe, Solidarité française (»Französische Solidarität«), hervortut. L'Union pour la Vérité (»Die Union für die Wahrheit«) von Paul Desjardins versucht, zwischen den Unterzeichnern der verschiedenen Manifeste eine Debatte herbeizuführen; er erreicht tatsächlich zwei Zusammenkünfte, am 19. und 26. Oktober, die »unangenehm, stürmisch« verlaufen und hin und wieder zu »persönlichen Wortgefechten« ausarten, wie sogar das *Bulletin* der »Union für die Wahrheit« vom Dezember 1935 zugibt. Die ganz junge »Vereinigung der Schriftsteller für die Verteidigung der Kultur«, aus dem Kongress im Juni hervorgegangen, ergreift ihrerseits die Gelegenheit und hält ihre erste Sitzung ab – wieder im Saal der Mutualité.

André Gide führt den unvermeidlichen Vorsitz. Die »kleine Dame« berichtet: »Gide präsidiert, tut die Arbeit, führt die Redner ein, äußert sich gerührt über Barbusse – im Übrigen alles sehr schlecht und ein wenig gezwungen. Viele Worte, viel Beredsamkeit, nicht viel Neues; in der Tat wurde über das Hauptthema, den italienisch-äthiopischen Krieg, schon alles zum wiederholten Male gesagt und geschrieben[180].« Malraux, Cassou, Chamson, Guéhenno… Madame Théo lässt einem gegenüber Nachsicht walten: »Benda ist klar und anziehend.« Tatsächlich ist Benda einer der wenigen Intellektuellen, die die wirklich politische – der Zukunft verpflichtete – Frage der äthiopischen Krise stellen: werden wir in der Lage sein, das Recht und die Gerechtigkeit anders als durch Gejammer zu verteidigen? Werden wir in der Lage sein, den Frieden anders als durch einen jaulenden Pazifismus zu verteidigen?

»Natürlich kann die Aufrechterhaltung der Ordnung, sei es zwischen den Staaten oder im Inneren eines Staates, bedeuten, dass Späne fliegen, wie man salopp sagt. [...] Doch man muss immer wieder darauf hinweisen: wenn die Sanktionen ein Kriegsrisiko beinhalten, dann deswegen, weil sie nicht so durchgeführt wurden, wie sie hätten durchgeführt werden müssen. *Wenn der Aggressor bei seiner ersten Geste der Gewalt die Erfahrung gemacht hätte, dass sich die französische Armee, die englische Flotte, die russische Macht sofort und automatisch gegen ihn erheben oder auch nur drohen, es zu tun, dann hätte er innerhalb von zwölf Stunden kapituliert, und man hätte den Tod keines einzigen Franzosen zu beklagen gehabt.* Doch dieser sofortige und vernichtende Widerstand

---

179   R. Fernandez, »Remarques sur le conflit italo-éthiopien«, *NRF*, 1. November 1935.
180   *Les Cahiers de la Petite Dame, op. cit.*, 2, S. 494.

gegen den Aggressor ist genau das, was unsere Gegner nicht wollen, denn das würde jeden zukünftigen Aggressor entmutigen und selbst die Möglichkeit eines Krieges aufheben[181].«

In der Tat besteht die Inkonsequenz aller Verfechter der »kollektiven Sicherheit«, entschlossener Gegner der traditionellen Diplomatie und der Bündnisverträge, darin, dass sie ihren Friedenswillen und ihre Verteidigung des Rechts absolut nicht mit einer Macht ausstatten wollen, die in der Lage wäre, sie auch durchzusetzen. Sobald ihr eigener Staat – ein Rechtsstaat – sich anschickt, die Grenzen unabhängiger Staaten durch eine Politik der Härte, die die militärische Drohung miteinschließt, zu garantieren, verunglimpfen sie ihn als Kriegstreiber. Was die rechten Intellektuellen angeht, sie haben sich immer nur sporadisch und bei bestimmten Gelegenheiten zum Pazifismus bekehrt. Ihre Analyse der internationalen Beziehungen wird – angesichts des Aufstiegs der Volkskräfte, besonders der Kommunistischen Partei in Frankreich – beständig von der Innenpolitik geleitet. Äthiopien ist ein erster Schritt, dem viele folgen werden: der *Neopazifismus*, wie man ihn nennt, hat Zukunft: Deutschland und Italien werden dafür sorgen.

---

181 J. Benda, »Le clerc et la guerre d'Éthiopie«, *Commune*, Dezember 1935.

29
Vendredi

Mitten in der äthiopischen Krise schreibt Roger Martin du Gard an Maria Van Rysselberghe:

»Um *Vendredi* scheint es viel Wirbel zu geben. Mir ist zu Ohren gekommen, dass man in der *NRF* darüber verärgert ist, dass Gide, Bost und Cassou bei der Gründung eines Konkurrenzblattes zu *Marianne* behilflich sind. Die Leitung Chamson-Guéhenno-Viollis – eine unglaubliche Dreifaltigkeit – ist mir höchst sympathisch; doch sind das drei ›Leichtgläubige‹, drei ›Impulsive‹, und ich finde es verrückt, ihnen bei einem solchen Seegang das Steuer des Schiffs anzuvertrauen[182]!«

Die Anker der neuen Zeitung sind indessen gelichtet.

Die Wochenpresse wird damals von den laut tönenden Zeitungen der Rechten und extremen Rechten beherrscht – von *Gringoire* mit einer Auflage von über 350.000, *Candide* mit einer Auflage von 250.000 und *Je suis partout* mit einer Auflage von ungefähr 100.000. Gaston Gallimard möchte reagieren, denn diese Zeitungen werben mit fürstlichen Honoraren um Autoren, seine Autoren. So kommt er zusammen mit Raymond Gallimard auf die Idee, 1932 *Marianne* zu lancieren; mit der Leitung wird Emmanuel Berl betraut, der Freund Malraux' und Drieus, Mitarbeiter von *Monde* und Autor von zwei kleinen, ziemlich subversiven Essays, *Mort de la morale bourgeoise* (»Tod der bürgerlichen Moral«) und *Mort de la pensée bourgeoise* (»Tod des bürgerlichen Denkens«), die ihn klar und deutlich als Gegner der herrschenden Presse ausweisen. Der Titel des neuen Wochenblatts ist klar: es wird eine republikanische, zwar sehr offene, doch vor allem linke Zeitung sein. Trotz der Talente, die Berl zur Mitarbeit gewinnt, trotz der eleganten Aufmachung und der Fotos stagniert die Auflage von *Marianne* bei 120.000 (1937 wird Gallimard schließlich die Zeitung an Raymond Patenôtre verkaufen). Man kann die Aufregung im Verlagshaus Gallimard verstehen, als man dort im Herbst 1935 von der Gründung eines Konkurrenzblattes, *Vendredi*, erfährt, das als die Zeitung der für die Volksfront eintretenden Schriftsteller angekündigt wird.

---

182 R. Martin du Gard, *Journal, op.cit.,* 2, S. 1153.

Die Idee geht auf André Chamson zurück, einen diskreten, doch zutiefst um die Verbindung zwischen Literatur und Politik besorgten Mann, der damals fünfunddreißig Jahre alt ist und sich durch drei Romane einen Namen gemacht hat, die alle bei Grasset, dem direkten Konkurrenten von Gallimard, erschienen sind: *Roux le bandit* (»Roux, der Bandit«) 1925, *Les Hommes de la route* (»Die Menschen der Straße«) 1927 und *Le Crime des justes* (»Das Verbrechen der Gerechten«) 1928. Man kann ihn als Regionalisten bezeichnen, so sehr prägen die Cevennen, die Landschaft, aus der er kommt, und die ländliche und protestantische Zivilisation, in der er sich seit seiner Geburt bewegte, seine Werke. Chamson, seiner Ausbildung nach Archivar und eine Zeit lang Bibliothekar, versteht es, als er nach Paris kommt, sich einen stattlichen Freundeskreis zu schaffen, darunter Jacques Kayser, Jean Prévost, Jean Grenier, Louis Guilloux, Roger Vitrac – alle derselben Generation angehörend wie er. Es sind anregende und solidarische Freundschaften: Prévost stellt Chamson Paulhan vor, und so debütiert der junge Schriftsteller bei der *NRF*.

Im Jahre 1928 hatte er – bereits stolzer Autor einiger Bücher – die Einladung von Paul Desjardins zur Dekade von Pontigny im Département Yonne angenommen. Diese wichtige Begegnungsstätte der Schriftsteller war 1910 von Paul Desjardins und seiner Frau in einer ehemaligen Zisterzienser-Abtei gegründet worden. Jedes Jahr, und manchmal mehrmals im Jahr, kamen dort etwa vierzig sorgfältig ausgewählte Gäste zusammen, um über ein vorher angekündigtes Thema zu diskutieren[183]. Der Kreis um die *NRF* ist zwar stark vertreten, doch die erste Dekade des Jahres 1928 kündigt sich als nicht sehr vielversprechend an, denn Gide, Fernandez, Du Bos nehmen nicht teil ... Martin du Gard bezeugt jedoch, dass sich in der Debatte über das Thema der Dekade »Nachkriegsgeneration« zwei junge Schriftsteller vor allen anderen auszeichnen: André Malraux und André Chamson; letzteren beschreibt er als »einen soliden, der Tradition verpflichteten Kopf, als einen Mann der Cevennen, der noch in vielen bodenständigen Generationen verwurzelt ist, als einen fortschrittlichen Freidenker, Anhänger bestimmter sozialer Umwälzungen, dessen revolutionärer, der Vergangenheit treuer Geist sich seltsam von dem totalen Nihilismus und unbestechlichen Bolschewismus des schrecklichen, eiskalten Malraux abhebt[184].« Lucie Mazauric zufolge, der Frau von Chamson, geht der »vertraute Umgang« ihres Mannes mit den bedeutendsten Schriftstellern auf diese Dekade des Jahres 1928 zurück[185].

Vertraut mit dem literarischen Milieu, verkehrt Chamson auch in der

---

183 Siehe F. Chaubet, *Paul Desjardins et les décades de Pontigny*, Doktorarbeit in Geschichte, Lille, Nov. 1996.
184 *Ibid.*, S. 660.
185 Siehe C. Duret, *André Chamson, un intellectuel dans la Cité 1919–1939*, Diplomarbeit DEA, IEP Paris, 1995.

Welt der Politik. Er und Lucie Mazauric stehen durch ihre Familien und ihre Herkunft den radikalsozialistischen Abgeordneten ihrer Region nahe. Im Jahre 1925 wird Chamson stellvertretender Kabinettschef des Ministers für Unterricht und Kunst, Édouard Daladier, wahrscheinlich auf Empfehlung seines Freundes Jacques Kayser. Im folgenden Jahr wird er zum Sekretär der Abgeordnetenkammer ernannt. Es handelt sich also um einen »Bauern«, der frühzeitig »fein heraus« ist und der in zwei gleichermaßen einflussreichen Welten zu Hause ist. Doch André Chamson denkt nicht nur an seine Karriere. Er hat Überzeugungen, die er mit den Jüngeren, den »Nonkonformisten«, teilt, den Pazifismus, die Revolution … Aber er hat das politische Leben aus nächster Nähe beobachtet und kennt die Schwierigkeiten der Volksvertreter, Ideal und Praxis zu verbinden; daher lehnt er den Antiparlamentarismus seiner Freunde ab. Im Jahre 1928 nimmt er, ohne Mitglied der Radikalen Partei oder irgendeiner anderen Partei zu sein, an der Wahlkampagne seines Cousins Charles Berthézenne teil, der die Wahl gewinnt und 1932 sowie 1936 wieder gewählt wird. Dank dieser guten »Ortskenntnisse«, dank seines Postens in der Abgeordnetenkammer, aber auch dank seiner ländlichen Wurzeln ist Chamson weniger leichtgläubig, als Martin du Gard annimmt; ein Beleg ist der Artikel »Politique« in *Europe* vom November 1931, in dem er schreibt:

»Ich glaube, die genaueste, kürzeste, auch überzeugendste Definition […], die man vom Handeln der Politiker geben kann […], ist, dass die Politiker auf das Mögliche einwirken, das heißt, immer auf eine Alternative, immer auf eine Möglichkeit.«

Als Chamson, der »Entwurzelte«, in die »Pariser Retorte« (wie Alain es nennt) eintauchte und in einem von der Politik begeisterten literarischen Milieu und einem von der Literatur begeisterten politischen Milieu verkehrte, war er gezwungen, seine ursprünglich statische, ewigkeitsbezogene, a-historische, zyklische Weltsicht der ländlich geprägten Zivilisation aufzugeben. Er tauschte sie ein gegen eine dramatische, ereignisbezogene Weltsicht einer sich ständig wandelnden Realität, die in den Kreisen, in denen er verkehrte, analysiert, diskutiert, zerlegt wurde. Als der Blitz des 6. Februar einschlug, waren seine Gedanken also schon ausgereift.

»Von nun an«, schreibt Lucie Mazauric, »konnten wir nicht mehr wie von der Geschichte verwöhnte Kinder leben, die von den Katastrophen verschont bleiben[186] …« Aus der Sicht Chamsons und der Linken im Allgemeinen hatte man um den Polizeipräfekten Chiappe ein Komplott gegen die Republik geschmiedet. Das Regime scheint fragil, wenn die Massen derart manipuliert

---

186 L. Mazauric, *Vive le Front populaire*, Plon, 1972, S. 15–16.

werden können. »Es ist phantastisch, wie sehr sich der Mensch von anderen Menschen mitreißen lässt. Er schreit, wenn man schreit. Er rennt, wenn man rennt ...«, sagt einer seiner Helden aus *La Galère* (»Die Galeere«) von 1939. In den Augen Chamsons verpflichtet der 6. Februar die Intellektuellen zu einer Mission: alle Kräfte des Geistes im Widerstand gegen den Faschismus zu mobilisieren. Er selbst wird sich ganz persönlich einsetzen. Er ist ein guter Redner und nimmt an Meetings teil; er schließt sich dem »Wachsamkeitskomitee der antifaschistischen Intellektuellen« an, tritt der AEAR bei und nimmt im Juni 1935 am »Kongress der Schriftsteller für die Verteidigung der Kultur« teil, den er mitorganisiert hat. Er ist es auch, der zusammen mit Jean Guéhenno und Jacques Kayser den Wortlaut des Eides verfasst, den die Demonstranten des Volksfrontbündnisses während der Feiern des 14. Juli 1935 leisten. Das Wichtigste ist jedoch *Vendredi*:

> »*Vendredi* ist aus einer Art Demütigung entstanden, die aus dem Volk stammende und dem Volk nach wie vor verbundene Schriftsteller empfanden, als sie sahen, wie sehr das Volk übers Ohr gehauen wurde. Sie hatten den Eindruck, etwas von dem Dreck abzubekommen, der so viele Schriftsteller und Journalisten – Mitarbeiter reaktionärer und polizeifreundlicher Wochenblätter, die den Aufruhr vorbereitet hatten – bedeckte[187].«

Man muss also den »Wochenblättern des Aufruhrs«, die in den Zeitungskiosken der Hauptstadt ihre Lügen und Provokationen verbreiten, den Kampf ansagen. *Marianne* von Berl ist zu weich, zu eklektisch und erweist sich den Zeitungen der extremen Rechten gegenüber als unzureichend. Freiheit, Wahrheit, Gerechtigkeit – man muss aus den Werten des Dreyfusismus schöpfen, doch in der politischen Perspektive des Volksfrontbündnisses. Man will keine Partei- oder Richtungszeitung gründen, sondern ein Organ der Einheit, das die Farben der Schriftsteller und der Intellektuellen trägt, die an der Seite der Linksparteien und der Gewerkschaften stehen.

Ab Herbst 1934 arbeitet Chamson an der Konzeption dieser Zeitung. Er sucht Finanzierungsmöglichkeiten, die die Freiheit der Zeitung nicht einschränken. Er wird fündig. Der Hauptmäzen ist Émile Lohner, ehemaliger Geschäftsführer von *Le Temps*[188]. Einige Freunde Chamsons, Radikale, machen die Summe voll. Chamson, damals stellvertretender Konservator des Palais de Versailles, spürt, dass er die Leitung der Zeitschrift nicht allein übernehmen kann; er wendet sich daher an seinen Freund Jean Guéhenno, der mit der Sozialistischen Partei sympathisiert und Chefredakteur der Zeitschrift *Europe* ist.

---

187 »Les écrivains en campagne«, *Vendredi*, 8. Mai 1936.
188 Siehe B. Laguerre, *Vendredi*, Diplomarbeit DEA, IEP Paris, 1985.

Jean Guéhenno, zehn Jahre älter als Chamson, hat gerade sein *Journal d'un homme de quarante ans* (»Tagebuch eines Mannes von vierzig Jahren«) veröffentlicht. Als Sohn eines Schuhmachers aus Fougères ist er einer der unbestrittensten Vertreter der republikanischen Meritokratie, die sich über die École normale supérieure entwickelt. In dieser Hinsicht ist er ein zweiter Péguy, der den Krieg überlebt und die Universitätskarriere eingeschlagen hat. Als geachteter Literaturdozent an einer Pariser Khâgne dennoch den kleinen Leuten seiner Herkunft treu, bekundet er einen etwas emphatischen Humanismus in der Zeitschrift *Europe,* deren Leitung er 1929 als Nachfolger des gerade verstorbenen Léon Bazalgette übernimmt. Unter seiner Führung gewinnt die Romain Rolland nahe stehende Zeitschrift Glanz und Ausstrahlung wie nie zuvor. Alle Strömungen der Linken treten dort auf, von den Radikalen bis zu den Anarchisten und den Trotzkisten; Trotzki selbst veröffentlicht dort seine *Geschichte der russischen Revolution.* Im Laufe der dreißiger Jahre sieht sich *Europe* indessen mit dem Dilemma konfrontiert, das auch das »Wachsamkeitskomitee« spaltet und das die gesamte Linke erschüttert: mit der Frage, welche Haltung der Kriegsgefahr gegenüber einzunehmen ist. Nach dem Machtantritt Hitlers lenkt Romain Rolland Guéhennos Aufmerksamkeit unaufhörlich auf das neue Regime, die Nazidoktrin und die von ihnen drohenden Gefahren … *Europe* informiert in aller Ausführlichkeit über das neue Deutschland: Artikel von Pierre Gérôme, auf den, wie wir sahen, das »Wachsamkeitskomitee der antifaschistischen Intellektuellen« zurückgeht, Artikel von Raymond Aron, der gerade mehrere Jahre in Berlin verbracht hat, scharfe Artikel von Jean-Richard Bloch. 1934 bringt eine Sondernummer zum zwanzigsten Jahrestag der Kriegserklärung eine bemerkenswerte Reihe pazifistischer Artikel: von Alain, René Arcos, Philippe Soupault, Charles Vildrac, Eugène Dabit, Jean Giono, Marcel Martinet, Alfred Rosmer und von Guéhenno selbst. In jenem Jahr gibt es noch einen Konsens zu den großen Themen der Linken: kollektive Sicherheit, Abrüstung, Revision der Verträge … Der französisch-sowjetische Beistandspakt, Äthiopien, das Rheinland führen jedoch zu Brüchen. Guéhenno nimmt eine mittlere Position ein: er lehnt es ebenso ab, den integralen Pazifisten zu folgen wie den Anhängern einer harten Linie, die in den meisten Fällen Weggefährten des PCF sind. Im selben Zuge geht er zu Romain Rolland auf Distanz. Nach einer Auseinandersetzung mit dem Verlag Rieder, in dem die Zeitschrift erscheint, tritt er im Januar 1936 als Chefredakteur zurück. Der neue Redaktionsstab von *Europe* ist deutlich von Rolland beeinflusst; mit Pierre Abraham, Georges Friedmann, René Maublanc, Jean-Richard Bloch übernehmen Kommunisten und Sympathisanten die Leitung, während Jean Cassou Chefredakteur wird. In *Europe* wiederholt sich also – nur mit umgekehrten Fronten – dieselbe Spaltung wie im »Wachsamkeitskomitee«, die in der Unvereinbarkeit von Pazifismus und Antifaschismus gründet[189]. Guéhenno ist also frei, sich in das Abenteuer von *Vendredi* zu stürzen.

Er und André Chamson beschließen, in die Leitung der Zeitung noch eine dritte, den Kommunisten näher stehende Person aufzunehmen, und ihre Wahl fällt auf Andrée Viollis. Sie, die eigentlich Andrée Jacquet de La Verryere heißt, gilt als eine der bemerkenswertesten Frauen der Zwischenkriegszeit. Sie ist die Tochter eines ehemaligen Präfekten des Second Empire und hat an der Sorbonne und in Oxford studiert; sie heiratet Gustave Téry, den Herausgeber von *L'Œuvre*, lässt sich von ihm scheiden, meldet sich als Krankenschwester an die Front und wird bei Kriegsende Reporterin bei *Le Petit Parisien*, wo sie ihre Artikel mit dem Pseudonym (Viollis) ihres zweiten Ehemannes, Ardenne de Tizac, Historiker der klassischen chinesischen Kunst und Konservator am Musée Cernuschi, zeichnet. Ihre großen Reportagen aus fernen Ländern – insbesondere aus der UdSSR, aus Afghanistan, aus Indien – machen sie bereits als Journalistin berühmt, bevor sie 1932, dank einer Reise nach Indochina (wohin sie Paul Reynaud, den Kolonialminister, begleitet) zu einer politischen Persönlichkeit wird. Im Dezember 1933 veröffentlicht sie in *Esprit* »Einige Notizen zu Indochina«; darauf folgt das Buch *Indochine SOS*, zu dem Malraux ein Vorwort schreibt und das 1935 bei Gallimard erscheint. Wie Gides *Voyage au Congo* stellt diese Reportage eine der großen französischen Protesthandlungen gegen den Kolonialismus dar. Diese Aktivitäten bringen Andrée Viollis in die Nähe der Kommunistischen Partei, der ihre Tochter Simone Téry 1935 beitritt. Als *Vendredi* gegründet wird, ist Andrée Viollis sechsundfünfzig Jahre alt. Lucie Mazauric beschreibt sie in ihren Memoiren folgendermaßen: »Sehr weiblich vom Aussehen und vom Charakter her, sehr damenhaft; ihre impulsive und großherzige Natur trieb sie zum Kommunismus [...]. Sie lieferte der Zeitschrift geschmackvolle Phantasie und ungekünstelten Charme.« Allerdings war Andrée Viollis eher eine – talentierte, weibliche und kommunistenfreundliche – Stütze als eine regelrechte Mitherausgeberin. Zumindest aber machte die von Chamson erdachte oberste Trias, die das Schicksal der Wochenzeitung »der Volksfront« in die Hand nehmen sollte, einen guten Eindruck.

Zu diesem Direktionskomitee kommt noch der Linkskatholik Louis Martin-Chauffier als Chefredakteur hinzu; André Ulmann, ein junger Journalist und Mitarbeiter von *Esprit,* der Redaktionssekretär wird, und der den Kommunisten nahe stehende André Wurmser, der mit den von der Zeitung lancierten Jugendclubs »Savoir« (»Wissen«) betraut wird. Wurmser zeichnet sich auch durch scharfe Polemik gegen die Rechte aus, insbesondere gegen Henri Béraud, den dröhnenden Leitartikler von *Gringoire*. Der Schriftsteller-

---

189 Siehe N. Racine, »La revue *Europe* (1923–1939). Du pacifisme rollandien à l'antifascisme compagnon de route«, *Matériaux pour l'histoire de notre temps,* BDIC, Nr. 30, Jan.-März 1993.

kongress in der Mutualité ist eine gute Gelegenheit zur Anwerbung von Autoren. Viele reagieren und schreiben regelmäßig, von Zeit zu Zeit oder sporadisch Artikel: von Claude Aveline bis Stefan Zweig über André Gide, Jean Giono, Clara Malraux (André Malraux veröffentlicht dort einen Vorabdruck von *L'Espoir – Hoffnung*), Julien Benda, Jean Blanzat, Jean-Richard Bloch, Jean Galtier-Boissière, Henriette Nizan (die eine Frauenseite ohne Frivolität und ohne antimännlichen Feminismus bestreitet), Paul Nizan, Armand Petitjean, Jean Prévost, Henriette Psichari, Jean Schlumberger, Romain Rolland, Édith Thomas, Charles Vildrac, Marguerite Yourcenar usw.; und schließlich noch Jacques Madaule von *Esprit*, der mit dem Ziel, eine »wirkliche Demokratie« zu gründen, in der Zeitung das Christentum repräsentiert.

Von November 1935 bis Juli 1936 – d.h. bis zum Beginn des spanischen Bürgerkriegs – zeichnet das von Chamson konzipierte Wochenblatt das eindringliche Bild einer vereinigten Linken, die dem Wahlsieg von April/Mai 1936 entgegengeht. Ideologisch wird es zusammengehalten durch den Antifaschismus und durch den Wunsch, eine menschlichere Gesellschaft zu begründen:

»Wir waren frei als Wähler, als Bürger«, schreibt Guéhenno am 24. April 1936, »als Arbeiter, Bauern, Produzenten waren wir Sklaven. Wir mussten das harte Gesetz der Trusts, der wirtschaftlichen Zusammenschlüsse, der industriellen Komitees ertragen. Die Schurkerei unserer Herren stellte die Ungleichheit in dem Maße wieder her, in dem die Politik sie aufhob. Und wir waren weder frei noch gleich noch Brüder, weil es weder Freiheit noch Gleichheit noch Brüderlichkeit geben kann in einer Welt, in der die Frage des Brots nicht gelöst ist, denn hungernde und das Notwendigste entbehrende Menschen können füreinander nur Wölfe sein.«

Darüber hinaus verbindet ein äußerer Faktor diese linken Schriftsteller und Journalisten: der gemeinsame Feind – nicht nur der Faschismus, sondern die Rechte ganz allgemein. In dieser Hinsicht spiegelt *Vendredi* sehr gut den politischen Dualismus des französischen Lebens in den Jahren 1935–1936, und nicht immer widersteht die Wochenzeitung dem Manichäismus ihrer Gegner. Der verbalen Gewalt von *L'Action française*, von *Gringoire*, von *Candide*, von *Je suis partout* setzt *Vendredi* manchmal verkürzende und karikierende Darstellungen und ebenso wilde wie vage Beschuldigungen entgegen. Die Rechte wird in ihren Spalten zum Pandämonium aller Obskurantismen, aller Gemeinheiten, aller Egoismen. Man brandmarkt die Kanonenhändler, die »zweihundert Familien«, die Mächte der Vergangenheit, die Oligarchien, die großen Komitees, die Mauer des Geldes, wie man auf der Gegenseite die Stalinisten, die Kriegstreiber, die Verschleuderer der öffentlichen Mittel, die Judeo-Freimaurer anprangert ... Einige mussten unweigerlich zu Prügelknaben von *Vendredi* werden: Charles Maurras, François de La Rocque und Pierre Laval, die zum Ziel ein und derselben Missbilligung werden[190]. Von der Linken spricht man wenig, es sei denn, um sie zu beweihräuchern; denn die Linke repräsentiert gleichsam die ganze Nation, wie der Dritte Stand in den Zeiten des Abbé Sieyès. Und die Nation muss sich der Tatsache bewusst werden, dass ihre Ausbeuter und deren Wachhunde nur eine Minderheit bilden.

Es ist bemerkenswert, dass in der Anti-Rechts-Mythologie das fehlt, was bis dahin ihre Basis war: der Antiklerikalismus. Die Volksfront stellt in dieser Hinsicht eine Wende dar, die *Vendredi* gut widerspiegelt und die Thorez' Versöhnungspolitik gegenüber den Katholiken gleichsam offizialisiert hat: der Feind ist nicht mehr der Priester, die Kirche, die Jesuiten; es sind der Kapitalismus und der Faschismus.

Vendredi feiert den Sieg der Volksfront bei den Parlamentswahlen von 1936, wie es sich gehört; die Zeitung beschreibt die gewaltige Streikbewegung im Juni mit Wohlwollen; mehr: sie vertraut der CGT in offizieller Eigenschaft eine wöchentliche Rubrik an; sie begrüßt die Sozialgesetzgebung, die auf den Matignon-Vertrag folgt. André Chamson preist die Jugendherbergen und den bezahlten Urlaub – das Werk eines Linksbündnisses, das unendlich viel mehr ist als ein Wahlbündnis; das geht nicht ohne einige Emphase ab: »Es gibt keinen Zweifel, in Frankreich ist eine Mystik geboren.« In jenem Sommer des Jahres 1936 sieht er den »Willen zur geistigen und moralischen Wandlung« des Landes am Werk. Der Mensch, das Volk, die Gerechtigkeit, die Wahrheit – er geizt nicht mit großen Worten, die eine Saison lang die französische Gesellschaft nach der Melodie von *Auprès de ma blonde* in den Schlaf wiegen ...

Die hochtrabende Ausdrucksweise jener Zeit schockiert unser modernes Geschmacksempfinden, und *Vendredi* hat ihr gern gefrönt. Immerhin war der Juni 1936 lange Zeit ein glanzvoller Bezugspunkt der Arbeiterbewegung und der Arbeiteremanzipation. Es genügt, Simone Weil zu lesen, die Philosophin, die aus Idealismus das Los der Arbeiter von Renault teilt; es genügt, ihre Schriften über den ungeheuren Freudentaumel, den die Streiks und Fabrikbesetzungen von 1936 auslösen, zu lesen, um zu verstehen, wie groß – unabhängig von den politischen Ereignissen, unabhängig von den Hintergedanken der Berufspolitiker – das Gefühl der Befreiung bei den Arbeitern und Angestellten eines Systems war, in dem immer noch der Unternehmer »von Gottes Gnaden« herrschte:

---

190 Siehe B. Laguerre, *op. cit.*, S. 66–72.

»Man hatte nur ein Recht: das Recht zu schweigen. Manchmal, bei der Arbeit, an der Maschine, erfüllten Abscheu, Erschöpfung, Revolte das Herz; einen Meter daneben empfand ein Kollege die gleichen Schmerzen, den gleichen Groll, die gleiche Bitterkeit; aber niemand wagte, das Elend in Worte zu fassen, die hätten erleichtern können, weil man Furcht hatte.«

Und Simone Weil umreißt die Hauptsache:

»Hätte die Regierung auf dem Verhandlungswege alles erreichen können, wäre die Zufriedenheit gewiss weniger groß gewesen. In Wirklichkeit geht es um Folgendes: Nachdem sich die Masse während Monaten und Jahren stets schweigend gebeugt, alles erduldet und eingesteckt hat, wagt sie endlich, sich aufzurichten. Aufrecht stehen. Selbst das Wort ergreifen. Einige Tage lang das Gefühl haben, ein Mensch zu sein. Gänzlich unabhängig von den Forderungen ist dieser Streik an sich eine Freude. Eine reine Freude. Eine ungemischte Freude[191].«

Das Unglück liegt darin, dass diese »reine Freude« vom Waffengeklirr an den Grenzen getrübt wird. Die soziale Revolution in einem einzigen Land ist nicht angebracht zu einer Zeit, da Mussolini und vor allem Hitler Europa mit neuen Angriffen drohen. Es ist auch das Los von *Vendredi*, sich angesichts der äußeren Gefahr in Konflikten aufzureiben. Schon im Januar 1936 gibt Romain Rolland zu der Debatte den Auftakt mit einem Artikel, der sich an die Pazifisten richtet, die für die Situation in Europa blind seien:

»Die Führer der germanischen Reitertruppen sind gekommen. Deutschland ist in ihrer Faust eine riesige brennende Fackel. Angesichts der Gefahr, dass ganz Europa in Flammen aufgeht, ist die Zeit für Diskussionen über die Revision der Verträge vorbei; eine solche würde – mit Gewalt erzwungen – nicht als ein Akt der Gerechtigkeit, sondern als ein Akt der Schwäche ausgelegt: das wäre der Sache des Friedens selbst abträglich.« Die Mehrheit der Mitarbeiter, von Guéhenno bis Giono, kann solch eine Äußerung nicht akzeptieren. Guéhenno schreibt an Rolland, dass sich *Vendredi*, soweit es von ihm abhänge, »nicht an einer Kampagne, die Unruhe stiftet und Misstrauen sät, beteiligen wird[192] ...«.

---

191 Simone Weil, *Fabriktagebuch und andere Schriften zum Industriesystem*. Übers. von H. Abosch, Suhrkamp, Frankfurt, 1978, S. 192 u. S. 186.
192 *L'Indépendance de l'Esprit,* Correspondance entre Jean Guéhenno et Romain Rolland, *Cahiers Romain Rolland,* 23, Albin Michel, 1975, S. 373.

André Chamson wendet sich seinerseits gegen die Idee eines Präventivkrieges, und als im März 1936 das Rheinland remilitarisiert wird, hält sich *Vendredi* – bemerkenswert diskret – dabei nicht lange auf.

Der spanische Bürgerkrieg, der im Juli 1936 beginnt, löst die ersten schweren Spannungen innerhalb der Redaktion aus. Einhellig verurteilt *Vendredi* den Aufstand der Armee und verteidigt die Republik. Unter der Feder des Katholiken Louis Martin-Chauffier erklärt man sogar, aus welchen Gründen Spanier Kirchen in Brand stecken. Doch dann verkompliziert die Frage der Intervention alles. Guéhenno ist dagegen; er empfiehlt »die Verzahnung von Bedingungen, die den Krieg unmöglich machen«, kann jedoch dazu kaum überzeugende Mittel angeben. Man appelliert an den Präsidenten Roosevelt, preist die Nichtintervention als »Methode des Friedens« ... André Chamson teilt dagegen die Meinung von Andrée Viollis und vielen anderen Anhängern der Intervention. In *Vendredi* zerbricht die Einheit der Linken wie andernorts an einem außenpolitischen Problem.

Die Zeiten der euphorischen Einheit sind vorüber. 1937 werden die Auseinandersetzungen schärfer: wirtschaftliche und finanzielle Schwierigkeiten, die die Regierung Blum nicht meistert (sie wird beschuldigt, sich gegenüber den Mächten des Kapitalismus zu sehr zurückzuhalten); Unbeweglichkeit der Demokratien angesichts des spanischen Bürgerkriegs ... Diesmal ist André Chamson nicht mehr bereit, den Vogel-Strauß zu spielen und so zu tun, als sähe er nichts. Am 12. Februar 1937 schreibt er:

»Als Deutschland und Italien verkündeten: ›Wir dulden kein sowjetisches Spanien im Schlepptau Moskaus‹, hätten Frankreich und England zu Recht antworten können: ›Wir dulden kein totalitäres Spanien im Schlepptau irgendeiner Diktatur.‹ Die pazifistische Lösung hätte sich zwischen diesen beiden Willensrichtungen wie von selbst aufgedrängt, ohne dass man uns hätte beschuldigen können, eine für den Frieden der Welt gefährliche Initiative zu ergreifen[193].«

Das Fest war vorbei. Weil die Wochenzeitung *Vendredi* die Linke als Einheitsfront präsentieren wollte, wich sie der Auseinandersetzung meistens aus und stellte die Positionen ohne Leitlinie einfach nebeneinander. Als sich die verbündeten Kräfte der Volksfront spalten – das Scheitern der ersten Regierung Blum im Juni 1937 ist der erste Kristallisationspunkt in dieser Entwicklung – bekommt auch *Vendredi* die Auswirkungen der Uneinigkeit zu spüren. Die Agonie der Zeitung findet im November 1938 ihr Ende – nach der Konferenz von München, die die Uneinigkeit der Linken besiegelt und die Un-

---

193 A. Chamson, »Le vrai pacifisme«, *Vendredi*, 12. Februar 1937.

möglichkeit bestätigt, die Pazifisten und diejenigen, die man einfach Bellizisten nennt, zu versöhnen.

30
Malraux in Spanien

In der Nacht vom 17. auf den 18. Juli 1936 beginnt in Spanien der Bürgerkrieg. Von Marokko aus wird ein Militäraufstand gegen die republikanische Regierung angezettelt, die seit Februar unter dem Banner des *Frente popular* im Amt ist. In den folgenden Tagen scheitern die Aufständischen mit ihren Putschversuchen in Madrid und in Barcelona; sie müssen sich damit zufrieden geben, ihre Junta in Burgos zu errichten, bevor sie im Laufe eines schrecklichen Krieges, der bis zum 1. April 1939 dauern wird, dem ganzen Land ihre Herrschaft aufzwingen. Seit Ende Juli unterstützen die ersten italienischen und deutschen Flugzeuge die Nationalisten.

Das Frankreich der Volksfront ist tief gespalten: muss es der spanischen Republik beistehen oder nicht? Innerhalb der Parlamentsmehrheit lehnen die Radikalen das vehement ab. Die Regierung Blum muss sich darauf beschränken, am 8. August die Grenzen zu schließen. Vom 9. September an nimmt sie in London an den Arbeiten des »Nichtinterventionskomitees« teil.

Mehr noch als der italienische Angriff auf Äthiopien löst der spanische Bürgerkrieg in Frankreich einen offenen Kampf aus: zwischen den Anhängern von General Franco, der nach dem Tod von José Sanjurjo, dem Drahtzieher der Verschwörung, die Führung der Junta übernimmt, und den Verteidigern der rechtmäßigen Regierung. Die Franzosen erleben durch die Spanier während dieser drei Jahre eine Art mimetischen Bürgerkrieg. Von den ersten Tagen des Konflikts an ist André Malraux entschlossen, nicht nur das Wort zu Gunsten der spanischen Republik zu ergreifen, sondern auch zu handeln.

Seit 1928, dem Jahr von *Les Conquérants*, gilt Malraux unter Literaturkritikern als einer der besten französischen Schriftsteller. Der Prix Goncourt, den er 1933 für seine *Condition humaine* erhalten hat, verstärkt seine Stellung noch. Dieser geniale Autodidakt, Mitarbeiter der *NRF*, Leiter des Kunstprogramms bei Gallimard, dessen Schlagfertigkeit einschüchtert und dessen Ticks verwirren, verkehrt in der Hautevolee der Pariser Künstler und Intellektuellen. Sein Leben fasziniert die Gazetten seit seinem doppelten indochinesischen Abenteuer: dem Raub kleiner Statuen aus dem Khmer-Tempel Banteaï Srey im Jahre 1923, der ihm eine Gefängnisstrafe in Phnom Penh – aber auch die Solidarität Gides, Bretons, Mauriacs, Paulhans und so vieler anderer – einbringt, und der Gründung der Zeitung *L'Indochine*, die er zusammen mit seiner Frau Clara leitet und die in ihren 49 Nummern unablässig die koloniale Ausbeutung der annamitischen Bevölkerung brandmarkt. Er ist weit gereist, ein guter Kenner des Orients und ein unermüdlicher Plauderer, der durch seine unerwarteten Vergleiche und seine lapidaren Formulierungen besticht. Malraux, der nicht zögert, jedes Risiko auf sich zu nehmen, um die revolutionäre Sache der Völker zu verteidigen, ist dabei, auch zum Vorbild des engagierten Schriftstellers zu werden.

Für ihn ist der Mensch zunächst das, was er tut. Der Intellektuelle ist nicht nur ein gebildeter Mensch; zu seiner Bildung müssen Klarsicht und Tatkraft hinzukommen. Seine Zustimmung zur Revolution entspricht folgender persönlicher Ethik: »Ein Ich, das sich selbst konstruiert hat, und nicht ein Ich, das sich hinnimmt.«

Von Anfang an – darin besteht seine Klarsicht – versteht er den Kampf gegen den Faschismus als einen Kampf auf internationaler Ebene; er ist in der »Internationalen Vereinigung der Schriftsteller für die Verteidigung der Kultur« aktiv und führt 1936 den Vorsitz des »Weltkomitees für den Kampf gegen den Krieg und den Faschismus«. Nach dem Wahlsieg der Volksfront in Spanien begibt er sich auf Einladung von José Bergamin in Begleitung von zwei weiteren Schriftstellern, Henri Lenormand und Jean Cassou, nach Madrid. Die drei Delegierten werden am 22. Mai vom Präsidenten der spanischen Republik, Manuel Azaña, empfangen, geben Interviews, nehmen an Versammlungen teil; dabei versagt es sich Malraux nicht, mit Josette Clotis, die separat nach Madrid gekommen ist, den Prado zu besuchen.

Der Bürgerkrieg, der zwei Monate später ausbricht, bietet Malraux die Gelegenheit, sein schmeichelhaftes Porträt eines kämpferischen Literaten zu vervollkommnen.

Man hat sich gefragt, ob Malraux nicht auch auf diesem Gebiet fabuliert hat, denn die Vorliebe für Legendenbildung siegt bei ihm leicht über den Respekt vor den Tatsachen. Andere haben an seiner Effizienz gezweifelt. Ignacio de Cisneros, der sich der Kommunistischen Partei Spaniens anschloss und Chef der republikanischen Luftwaffe wurde, fällt in seinem Buch *Virage sur l'aile*[194] (»Wende auf dem Flügel«) ein strenges Urteil über Malraux:

> »Ich zweifle nicht daran, dass Malraux auf seine Weise ein fortschrittlicher Mann war oder dass er uns aufrichtig helfen wollte. Vielleicht wollte er bei uns eine ähnliche Rolle spielen wie Lord Byron in Griechenland? Ich weiß es nicht; doch ich kann versichern, dass, wenn auch die Unterstützung des berühmten Schriftstellers unserer Sache nützte, sich seine Rolle als Geschwaderchef als vollkommen negativ erwies.«

---

194 Éditeurs français réunis, 1965.

Allerdings schrieb Cisneros seine Memoiren in Rumänien zu einer Zeit, als Malraux der kommunistischen Sache schon lange abgeschworen hatte. Doch außer Cisneros haben andere wie beispielsweise Oberst García Lacalle die Schwächen, ja die Inkompetenz des Luftgeschwaders España-Malraux betont[195].

Gab der Autor von *La Condition humaine* vielleicht wieder einmal den Verlockungen einer Pose nach? Erlag er nicht der Faszination des Bildes vom kämpfenden Schriftsteller, vom vollkommenen Intellektuellen, für den Byron, aber auch d'Annunzio und Lawrence von Arabien das Vorbild abgaben? Im Augenblick des Krieges von Bangladesch wird er sich noch mit siebzig Jahren dazu bereit erklären, zu den Waffen zu greifen. Wenn man sieht, wie gern er sich eingezwängt in eine Art Luftwaffenuniform fotografieren lässt, kann man sich fragen, ob nicht der Ästhetizismus – der junge Malraux hatte Anflüge von Dandytum – sein Verhalten bestimmte.

Alle seine Zeitgenossen bezeugen die Authentizität eines Engagements, dem es weder an Klarsicht noch an Tapferkeit mangelte. Denn Malraux – vom Bild des individuellen Helden, der er sein möchte, besessen – weiß sehr wohl, dass dieses Ideal nicht unbedingt mit der kollektiven Doktrin, die er verteidigen will, in Einklang steht; doch nichtsdestoweniger: sobald er die ersten Kanonenschüsse des spanischen Bürgerkriegs vernimmt, erklärt er sich zum Kampf bereit.

Bereits am 25. Juli 1936 ist er nach Madrid geeilt – in Begleitung von Clara, seiner Gefährtin in den Zeiten der Abenteuer, die er mit zwanzig gegen den Willen seines eigenen Vaters geheiratet hat und die noch eine Weile seine Frau sein wird. Die beiden sind am Tag zuvor in einem kleinen Flugzeug losgeflogen, das von Édouard Corniglion-Molinier gesteuert wird; nach einer Zwischenlandung in Biarritz sind sie in Barajas gelandet. Das *pronunciamiento* der vier Generäle Sanjurjo, Mola, Goded und Franco ist gerade gescheitert: in Barcelona, in Valencia, in Malaga, in Madrid, im Baskenland weichen die Aufständischen vor den Arbeiterorganisationen und den autonomistischen Gruppierungen zurück. Die Franquisten, wie man sie nennen wird, sind dazu verurteilt, das spanische Territorium in einem langen blutigen Kampf von Süden und Nord-Westen her zu erobern; doch das Gros der Armee steht auf ihrer Seite. Malraux begreift sofort, dass die Republik unverzüglich eine Luftwaffe braucht; seine Rolle und sein unleugbarer Beitrag ist es, ihr lange vor der sowjetischen Hilfe, die Stalin erst gegen Ende des Sommers beschließt, eine erste Luftabwehr zur Verfügung zu stellen.

Malraux kehrt umgehend, am 27. Juli, nach Frankreich zurück. Die Regierung Blum ist, was Hilfeleistungen an Spanien angeht, gespalten. Der spa-

---

195 Siehe die »Historische Notiz« von F. Trécourt in A. Malraux, *Œuvres complètes*, 2, Gallimard, »La Pléiade«, 1996, S. 1321–1333.

nische Regierungschef, José Giral, hatte Blum bereits am 19. Juli um Unterstützung – von Volksfront zu Volksfront – gebeten. Die Rechtspresse – Raymond Cartier in *L'Écho de Paris* am 23., dann *Le Jour* und *L'Action française* – warnt davor. Die Engländer raten den Franzosen, sich nicht in Spanien einzumischen. Unter diesen Umständen predigt eine Mehrheit der Radikalen Vorsicht und Nichtintervention. Malraux dagegen macht sich für so diskret wie möglich durchgeführte französische Hilfsleistungen stark, für die insbesondere Léo Lagrange, Unterstaatssekretär für Freizeit und Sport, und Pierre Cot, Luftwaffenminister, eintreten. Vor der Unterzeichnung des Nichtinterventionspakts am 8. August 1939 liefert die französische Regierung – zwischen dem 25. Juli und dem 9. August – etwa sechzig Maschinen; Malraux bekommt etwa zwanzig Potez-54 für die spanische Republik, denen bald einige Einheiten Bloch-200 und 210 folgen. Doch mit welcher Besatzung? Malraux, Corniglion-Molinier und Lucien Bossoutrot, ein radikalsozialistischer Abgeordneter, der aus der zivilen Luftfahrt kommt, machen sich daran, sie anzuwerben. Der Schriftsteller treibt zwar problemlos Mechaniker auf, doch hat er bei den Piloten Schwierigkeiten – er muss sich mit Söldnern zufrieden geben. Julien Segnaire, der zum Geschwader gehörte, beschreibt sie:

»Man sah eine ganze Menge ungewöhnlicher Abenteurer aufkreuzen, von denen [Malraux] übrigens in *L'Espoir* erzählt, Typen, die in China gelebt hatten, die Schmuggler oder irgendetwas anderes gewesen waren, alle möglichen alten Gäule, die nun zurückkamen, ehemalige Piloten aus dem Ersten Weltkrieg, deutsche Offiziere, die Antifaschisten geworden waren, sogar Russen aus den »weißen« Armeen[196] ...« Und derselbe Augenzeuge fügt hinzu: »Was Malraux zum spanischen Bürgerkrieg – in seinem Leben, wie ich glaube, ein einzigartiger Augenblick – gebracht hat, war das Gefühl, mit sehr geringen Mitteln eine sehr wichtige Rolle spielen zu können. Mit einigen Männern, einigen Maschinen konnte er eine entscheidende Rolle spielen. Immerhin schaffte man es damals – und zwar zum Teil mit Hilfe des Geschwaders –, die Faschisten aufzuhalten; sie blieben dann drei Jahre lang vor den Toren Madrids stehen ...«

Mit dem Luftgeschwader *España*, das in Barajas, dem Madrider Flughafen, gebildet wird, unternimmt Malraux die »Operation von Medellín«, die der Kolonne von General Asensio den Weg nach Madrid versperrt. Malraux versteht nichts vom Fliegen; doch seine bloße Anwesenheit, sein physischer Mut, seine Kaltblütigkeit machen Eindruck auf seine Kampfgefährten. »Man

---

196 *Le Magazine littéraire*, Nr. 11, 1967.

muss der Angst ihren Anspruch auf Ansteckung nehmen«, schreibt er, »Wenn ein Anführer zeigt, dass er Angst hat, werden seine Männer in Schrecken versetzt. Dann herrscht Panik, und daraus erwächst nichts Gutes[197].«

Am 7. Oktober 1936 kündigt die Sowjetunion mit dem Hinweis auf die deutschen und italienischen Operationen in Spanien den Nichtinterventionspakt, den sie mitunterzeichnet hat. Die sowjetische Teilnahme am Krieg hat die Bildung der Internationalen Brigaden und die Stärkung der Kommunisten zur Folge. Malraux akzeptiert das. Was er mit seinen Söldnern erlebt hat, mit den ins Ungewisse unternommenen Luftangriffen, mit den Bombenabwürfen durch die Tür – eine adäquate Ausrüstung fehlte –, mit der allgemeinen Unordnung, macht ihm deutlich, wie notwendig Disziplin ist.

»Dieses Buch«, wird er später über *L'Espoir* sagen, »ist die Verwandlung dessen, was ich die lyrische Illusion nannte, das heißt der ursprünglichen Unordnung und des gefühlsmäßigen Elements, mit denen jede Revolution beginnt; ihre Verwandlung in eine wirkliche Struktur, die erst den wirklichen Kampf gegen organisierte feindliche Kräfte erlaubt. Eine Revolution kann nicht dank ihrer Gefühle überleben, sie muss durch ihre Strukturen überleben[198].«

Das Geschwader *España*, das in La Senera, südlich von Valencia, stationiert ist, nimmt im November den Namen »Escadrille André Malraux« an; nach der Übernahme durch Oberst Hidalgo de Cisneros treten Freiwillige an die Stelle der Söldner. Am 1. September 1936 gibt ein Bauer aus Olmedo – der Ort liegt in der von den Franquisten gehaltenen Provinz Valladolid – den Republikanern einen Hinweis auf Existenz und Lage eines feindlichen Flugplatzes. Man vermittelt einen Kontakt zum Geschwader Malraux, und es gelingt dem Bauern, das versteckte Gelände zu lokalisieren; es wird mit Brandbomben zerstört. Diese Begebenheit, die in *L'Espoir* erzählt wird, wurde in der spanischen Presse bestätigt[199].

Im Dezember kommt es zur Schlacht von Teruel – ein weiterer Höhepunkt des Romans von Malraux. Den republikanischen Kräften geht es darum, den Vorposten der Franquisten im Süden der Hochebene von Aragón zu schwächen und zu diesem Zweck die Stadt zu isolieren. Das Ablenkungsmanöver soll Madrid entlasten. Das Geschwader André Malraux unterstützt die republikanischen Kräfte und die Internationalen Brigaden durch tägliche Bombardements. Am 27. Dezember geht die Potez-S von Malraux, die von

---

197 P. Galante, *Malraux*, Plon, 1971, S. 154.
198 Auszug aus der Fernsehsendung, »Les cent livres des hommes« über *L'Espoir*. A. Malraux unterhält sich mit C. Santelli, *Télérama*, 15. März 1970.
199 R. S. Thornberry, »Malraux et ›L'Espoir‹«, *Revue du Pacifique*, Vol. 1, 2, Herbst 1975.

Jean Dary gesteuert wird, beim Start in die Brüche. Malraux und seine Begleiter kommen ohne großen Schaden davon, doch er selbst kann am Angriff vom 27. nicht teilnehmen. Die Potez-N, die Marcel Florein fliegt und die russische Jäger eskortieren, wird, nachdem sie Teruel bombardiert hat, von der deutschen Luftwaffe abgeschossen. Florein bleibt unverletzt, doch der Kopilot ist tot und der Bombenschütze sowie die drei Maschinengewehrschützen sind schwer verletzt. Malraux wird sie in Sicherheit bringen. Der Abstieg aus dem Gebirge – mit Sarg und Tragbahren – wird in einer der großen Szenen von *L'Espoir* und in dem Film, der nach dem Roman gedreht wird, dargestellt: »Es ist das erhabenste Bild von Brüderlichkeit, dem ich in meinem Leben jemals begegnet bin«, wird Malraux über diese außerordentliche Episode schreiben, bei der die Bauern und die alten Frauen in Schwarz mit dem langen Zug der Kämpfer verschmelzen, wie ein »düsterer Triumph«.

Das Geschwader Malraux fliegt seine letzten Einsätze Anfang Februar 1937 im Gebiet von Malaga; es versucht, Flüchtenden zu Hilfe zu kommen, denen in Cádiz gelandete faschistische Freiwillige aus Italien auf den Fersen sind. Aber es fehlen Material und Menschen. Das militärische Engagement Malraux' in Spanien ist beendet; der Einsatz des Geschwaders währte vom 10. August 1936 bis zum 11. Februar 1937. Die Bilanz ist – wie bereits erwähnt – widersprüchlich. Militärisch ist sie bescheiden, doch nicht lächerlich. Sie wurde folgendermaßen resümiert:

»Bombardierung der Kolonne von Castejon Espinosa auf der Höhe von Santa Amalia, Zerstörung eines geheimen Flugplatzes in Olmedo, Bombardierung des nationalistischen Hauptquartiers in Talavera, Unterstützung der republikanischen Offensive auf Teruel und Schutz für die aus Malaga fliehenden Flüchtlingskolonnen[200].«

Doch wichtiger als die Waffengänge war sowohl in Malraux' Vorstellung als auch in der Wirklichkeit die Schaffung eines Mythos – des Mythos vom bewaffneten Intellektuellen im Dienst des Antifaschismus. Malraux sollte diesen bedeutenden Mythos nähren, zunächst durch seine Vorträge, dann vor allem durch *L'Espoir*, den Roman, den er für den Film bearbeiten wird. Zugleich ist *L'Espoir* der Roman und das Gedicht der Brüderlichkeit, in dem man erkennt, dass das individuelle Abenteuer nur in einer gemeinschaftlichen Aktion einen Sinn hat:

»Die sowohl durch die Hoffnung als auch durch die Aktion vereinten Menschen haben – wie die durch die Liebe vereinten Menschen – Zu-

---

[200] François Trécourt, *op. cit.*, S. 1331.

gang zu Bereichen, in die sie allein nicht eindringen könnten. Die Gesamtheit des Geschwaders ist edler als fast alle, aus denen es sich zusammensetzt.«

Ende Februar 1937 reist Malraux in die Vereinigten Staaten, wo er auf Einladung von Louis Fischer, Europa-Korrespondent der linken Zeitschrift *The Nation*, und von Robert Haas, seinem Verleger, dem Vizepräsidenten von Random House, eine Vortragsreise von der Ostküste bis zur Westküste für die Sache der spanischen Republik unternimmt: New York, Philadelphia, Washington, Cambridge (Harvard), wieder New York, Princeton und noch einmal New York (insbesondere Columbia University), schließlich Hollywood ...

Malraux, der kein Englisch spricht, lässt die Presse gleichgültig. Doch seine Persönlichkeit fasziniert, sein spanisches Abenteuer erscheint wahnsinnig, phantastisch; seine lyrischen Berichte begeistern die Zuhörer. Seine Sympathien für den Kommunismus wecken indessen Misstrauen. Malraux rechtfertigt sie im Namen der Effizienz: »Wenn ein Kommunist etwas will, sagt er, schlägt er mit der Faust heftig auf den Tisch, um seinen Willen kundzutun. Wenn ein Faschist etwas will, stellt er sich mit beiden Füßen auf den Tisch, um den anderen brutal seinen Willen aufzuzwingen. Was den Demokraten angeht – er kratzt sich besorgt am Hinterkopf, als ob er sich fragen würde: ›Mein Gott! was soll ich bloß tun?‹[201]«

Diese Antwort Malraux' erklärt sicherlich noch am plausibelsten seine Haltung gegenüber dem Kommunismus. Spanien war Schauplatz eines doppelten Bürgerkriegs: eines Kampfes zwischen den Republikanern und den Nationalisten sowie, innerhalb des republikanischen Lagers, eines Kampfes zwischen den Kommunisten und ihren vorgeblichen Verbündeten – Anarchisten, Mitglieder des POUM (»Vereinigte Marxistische Arbeiterpartei«) und Trotzkisten – um die politische Führung. Nun, wenn sich auf der Linken auch bedeutende Stimmen erheben, um die Stalinisten zu brandmarken – George Orwell[202], Simone Weil[203] und andere –, Malraux sagt während des spanischen Bürgerkriegs öffentlich kein einziges Wort gegen die Kommunisten. Als sein Freund André Gide *Retour de l'URSS* (*Zurück aus Sowjetrussland*) veröffentlicht, sucht Malraux, nachdem er sich zuvor positiv geäußert hatte, ihn davon abzubringen.

Während seiner Vortragsreise durch die Vereinigten Staaten wird Malraux von Trotzki attackiert, einem der Menschen, die er auf der Welt am meisten

---

201 W. G. Langlois, »Malraux au service de la République espagnole... «, *Revue des lettres modernes, Malraux et l'Histoire*, Minard, 1982.
202 G. Orwell, *La Catalogne libre*, Gallimard, 1955.
203 Brief von S. Weil an G. Bernanos, in S. Weil, *Écrits historiques et politiques*, Gallimard, 1960, S. 220–224.

bewundert. Hatte er nicht, als der Gegner Stalins nach Alma-Ata verbannt war, den chimärischen Plan einer Expedition zu seiner Befreiung gefasst[204]? Nach einem Interview in der mexikanischen Zeitung *El Nacional*, in dem er die sowjetische Hilfe lobt und sie der Nichtintervention der Regierung Blum gegenüberstellt, antwortet Trotzki in *La Lutte ouvrière* mit einer scharfen Anklage: »Er ist von Geburt offiziös«, schreibt er über Malraux. »In New York ruft er dazu auf, alles außer der spanischen Revolution zu vergessen. Das Interesse an der spanischen Revolution hindert Stalin jedoch nicht daran, Dutzende von alten Revolutionären auszurotten.« Malraux antwortet einige Tage später während eines Dîners, das *The Nation* ihm zu Ehren gibt: »So wenig wie die Inquisition die grundlegende Würde des Christentums beeinträchtigt hat, so wenig haben die Moskauer Prozesse die grundlegende Würde des Kommunismus geschmälert[205].«

Malraux ist indessen weder Marxist noch Leninist – jedoch ein klein wenig mehr Leninist als Marxist. In *La Condition humaine* heißt es : »Der Marxismus ist keine Doktrin, sondern ein Wille [...], der Wille, sich selbst zu kennen, zu fühlen; Marxist sein – nicht um Recht zu haben, sondern um zu siegen, ohne sich zu verraten.« Mit den Kommunisten teilt Malraux die Verurteilung der bürgerlichen Welt – doch er verurteilt sie nicht auf dieselbe Weise. Für die Kommunisten ist das Bürgertum »eine historische Realität, die überwunden werden muss und die im Übrigen durch den Lauf der Geschichte unweigerlich überwunden wird«. Für Malraux wie für seine Romanfigur Garine ist das Bürgertum »eine bestimmte menschliche Haltung«. Der Bürger kann aus der Sicht Garines sicherlich nicht als Angehöriger eines Berufsstands oder als Mensch einer bestimmten Geschichtsepoche definiert werden; der Bürger wäre vor allem als Mensch zu definieren, der eine bestimmte, an eine spezifische Ethik geknüpfte Denkweise pflegt. »Wie ein Bürger«, sagt Malraux, »denkt jeder, für den die Werte des Ansehens an erster Stelle stehen[206].«

Malraux kommt in den dreißiger Jahren – und vor allem bei der Machtergreifung Hitlers im Jahre 1933 – zu der Überzeugung, dass der Kampf gegen den Faschismus, in seinen Augen das absolute Böse, unvermeidbar ist. Wenn er sich kaum für Léon Blum engagiert, so deswegen, weil er die Ohnmacht und die Verblendung der Volksfront gegenüber den Diktaturen spürt. Damals wählt Malraux sein Lager: das der UdSSR. Der spanische Bürgerkrieg scheint ihm zu bestätigen, dass die Kommunisten als Einzige über die für den Kampf gegen den Faschismus notwendige Disziplin und Stärke verfügen. Sein Naturell drängt ihn eher zu Durruti, dem Führer der libertären Front

---

204 Jean Lacouture, *André Malraux, une vie dans le siècle*, Seuil, 1973.
205 Zit. nach J. Lacouture, *ibid.*, S. 219.
206 Gallimard, »La Pléiade«, 2, S. 290.

Die Ära Gide

von Aragón, und zum Anarchismus; doch er will nicht der Held einer verlorenen Sache sein. Die Hoffnung kommt nicht ohne Effizienz aus – für Malraux ein Schlüsselwort.

Manche behaupten, die Komintern habe ihn manipuliert: gewiss, seit der Gründung des Komitees Amsterdam-Pleyel verpasst er keinen Kongress, keine Demonstration, keine Reise, und seine Präsenz in den vordersten Reihen der »Freunde der UdSSR« bürgt für die demokratische Legitimität des stalinistischen Regimes. Und als er sich später zwingt, über die von den Komintern-Leuten in Spanien verübten Liquidierungen zu schweigen, erfüllt er da nicht aufs Beste jene Verteidigungsfunktion, die die Kommunistische Internationale den liberalen Intellektuellen oder den bürgerlichen Revolutionären Westeuropas zuweist?

Zugleich kann man nicht umhin zu vermuten, dass Malraux' Deckung des Sowjetregimes wohl überlegt ist: sie nimmt für sich in Anspruch, hellsichtig zu sein. Wahrscheinlich gibt er sich keinen Illusionen über die Möglichkeiten des sowjetischen Kommunismus als Zivilisation der Zukunft hin. Einer seiner Gestalten aus *Les Conquérants* legt er folgende Worte in den Mund: »Im Kommunismus gibt es keinen Platz für denjenigen, der zunächst ... er selbst sein, getrennt von den anderen leben will.« Wie Garine aus demselben Roman steht Malraux zweifellos dem Anarchismus näher als dem Kommunismus. Doch er hält an dem Prinzip fest, dass jeder Krieg »manichäisch« ist. Entscheidend ist, dass man den Feind benennen kann. Der Faschismus ist keine Erfindung der Schergen Stalins; er existierte schon, bevor es der UdSSR einfiel, Hitler als Feind zu betrachten. Mit den Kommunisten zu kämpfen wird so zur Pflicht. In dieser Hinsicht nimmt Malraux nur die Entscheidung der Demokratien während des Zweiten Weltkriegs vorweg.

Doch wie kann man innerhalb des gemeinsamen Kampfes die Rechte der Wahrheit schützen? Wie während des Kampfes gegen die Faschisten den Kommunisten gegenüber kritisch bleiben, die doch ihre effizientesten Gegner sind? Orwell, Gide, Trotzki lehnten es ab, angesichts der Verbrechen Stalins zu schweigen, während Stalin sich in das Gewand des Antifaschismus hüllte. Die Antwort Malraux' ist eine andere. Das Prinzip der Effizienz, das der kategorische Imperativ der Aktion impliziert, steht in seinen Augen über allen anderen Erwägungen. Der Roman *L'Espoir*, der das spanische Volk in seinem Mut und seinem Ehrgefühl verherrlicht, ist entschieden positiv: er verschweigt die Eroberungsstrategie der Kommunisten oder deutet sie als eine für die Organisation notwendige Phase. »Alles hängt davon ab, ob wir es schaffen, die revolutionäre Begeisterung in revolutionäre Disziplin zu verwandeln[207] ...« Malraux ist von der Effizienz wie besessen, was ihn dazu treibt, die technischen Mittel des Krieges zu analysieren: von jetzt an hat die Luftwaffe einen überragenden Stellenwert, und der Anarchismus des Verhaltens muss der Disziplin weichen. In dieser Hinsicht war Malraux zwischen 1930 und 1939 ein exemplarischer »Weggefährte«. Im Guten wie im Bösen.

Im Namen der Freiheit produziert man heilloses Durcheinander; im Namen der Effizienz errichtet man die Tyrannei. Vor dieses Dilemma des spanischen Bürgerkriegs, in dem die Anarchisten der CNT (»Nationale Arbeitskonföderation«) den Kommunisten gegenüberstanden, sehen sich alle von Feinden bedrohten Revolutionen gestellt. Doch wie dem auch sei, das letzte Wort hat die Ordnung – die der Konterrevolutionäre oder die der Bürokraten der Revolution. Malraux wollte die Alternative in eine rationelle und lyrische Wahl verwandeln, zu Gunsten der kommunistischen Kräfte. Das Buch und der Film *Espoir*, die daraus entstehen, sind universelle Werke, die sich als solche durchsetzen werden[208]. Es ist indessen fraglich, ob sein inspirierter Zeugenbericht der prophetischen Fragestellung eines George Orwell oder einer Simone Weil überlegen ist: war der Stalinismus nicht schlimmer als der Franquismus? War es nicht die Pflicht des Gewissens, im gemeinsamen Kampf die zynische Aktivität der Kommunisten anzuprangern, die ihre widerspenstigen Verbündeten kaltblütig aus dem Wege räumten? Malraux hätte zweifellos geantwortet, dass die Verantwortung des Kämpfers Vorrang vor den Skrupeln des Intellektuellen hat. Mit all seinen Taten und mit seinem Werk vertritt er in den dreißiger Jahren die Verantwortungsethik zu Lasten der Gesinnungsethik: wenn es gegen den Faschismus geht, ist der Pazifismus kriminell; vor allem ist im Krieg gegen den Faschismus die UdSSR die einzige Macht, auf die man zählen kann. Der Mensch der Tat engagiert sich nur auf Grund von Teilwahrheiten.

Ganz anders dachte Gide; ihm ging es nicht darum, ein politisches Ideal gegen die Lüge zu verteidigen. Es ist bemerkenswert, dass die gegensätzlichen Zeugenberichte der beiden Freunde aus derselben Zeit stammen: in eben diesem Jahr 1936 zeichnen sich – in den Zügen des militanten Mannes der Tat (des *miles*), André Malraux, und unter der Feder des »Funktionärs der Wahrheit«, wie André Gide sich selbst definierte – zwei Gestalten des Intellektuellen in exemplarischer Klarheit ab.

In den dreißiger Jahren vertritt Malraux die Idee der Revolution, ohne die marxistischen Rechtfertigungen zu übernehmen. Es geht ihm um die Würde des Menschen. Gisors, eine Figur aus *La Condition humaine*, verkündet: »Für einen Menschen, der zwölf Stunden am Tag arbeitet, ohne zu wissen, wofür

---

207 A. Malraux am 1. Februar 1937 in der Mutualité, zit. nach F. Mauriac, »Le retour du milicien«, *Journal 1932–1939*, La Table ronde, 1947, S. 295. Der Kommentar Mauriacs ist grausam: »Diese harte Wahrheit, eingehämmert mit einer unangenehmen Stimme, verbreitete Bestürzung. Faschisten, die in den Ecken hockten, leckten sich die Finger. Ich hörte, wie mein Nachbar halblaut sagte: ›Wenn sie das Problem noch nicht gelöst haben, sind sie futsch.‹«

208 *L'Espoir* wurde neu aufgelegt in den *Œuvres complètes* von André Malraux, Gallimard, »La Pléiade«, 2, 1996.

er arbeitet, gibt es keine mögliche Würde, kein wirkliches Leben.« In *L'Espoir* erklärt der Anarchist Puig dem Christen Ximènès: »Man lehrt Leute, die seit zweitausend Jahren immer nur Ohrfeigen bekommen haben, nicht, die andere Wange hinzuhalten.«

Doch »das Bewusstsein von der Entfremdung des Menschen« ist nicht die Hauptsache; vielleicht ist es nur ein Vorwand. Die Revolution ist zuallererst, um eine Formulierung von Camus aufzugreifen, ein »Anspruch des Menschen gegenüber seinem Schicksal«. »Gegen das ungeheure Gewicht des Schicksals existieren«, sagt Malraux. Diese Forderung nach Transzendenz traf auf die Immanenz des Kommunismus. Die Forderung nach Revolution kam nicht ohne den Kampf an der Seite des Kommunismus aus.

Wegen seines Anschlusses an den RPF (Rassemblement du Peuple Français, »Sammlungsbewegung des französischen Volkes«) von General de Gaulle wurde Malraux nach dem Krieg verdächtigt, »den klassischen Weg vom revolutionären Enthusiasmus zur reaktionären Bitterkeit« durchlaufen zu haben. Eine dürftige Erklärung. In den Augen Malraux' hatte der Feind den Namen gewechselt. Es gab keine faschistische Bedrohung mehr. Die Gefahr drohte nun vom Totalitarismus, der sich im Namen der Revolution in Europa festsetzte.

31
André Gide
im Land der Sowjets

Gide hat es wahrscheinlich satt, als Ehrengast auf den Tribünen zu sitzen. Seine Umgebung ahnt es: »Man hat ihn zu Meetings gezerrt«, schreibt Martin du Gard; »man hat ihn zum Vorsitzenden von Kongressen mit dreitausend Personen gemacht; man hat ihn an die Spitze von Demonstrationszügen gestellt; man hat ihn auf jede mögliche Art auf den Präsentierteller gesetzt. Wie ich ihn kenne, kann ich mir gut vorstellen, wie unwohl er sich dabei fühlte[209].« Und außerdem will er die Stichhaltigkeit dieses Kommunismus, dem er auf eine Gefühlsregung hin Glauben geschenkt hat (»Merkmal eines religiösen Gemüts!«, sagt Léautaud spöttisch), an Ort und Stelle prüfen; umso mehr, als er inmitten des lauten Geschreis der öffentlichen Versammlungen doch die diskreteren, abweichenden, schmerzlichen Stimmen nicht überhören kann, die ihn darauf hinweisen, dass das Sowjetregime womöglich ein Schwindelunternehmen ist: da ist die entlarvende Kritik der Trotzkisten, und da sind die neuen Artikel des sowjetischen Strafgesetzbuches gegen die Homosexualität; vor allem ist da die Affäre Victor Serge, die auf dem »Schriftstellerkongress für die Verteidigung der Kultur« bekannt wurde ... Das ist viel. Doch nicht genug, um Gide zu veranlassen, sich allzu zersetzende Bücher zuzumuten, wie das 1935 erschienene Werk *Staline* von Boris Souvarine, die erste seriöse, gut dokumentierte Studie über das Regime Stalins, das sie schwer belastet. Dagegen zwingt er sich zum Studium des Marxismus. Zumindest hat er immer irgendeinen Band des *Kapitals* in der Tasche, wenn er spazieren geht. Nichtsdestoweniger hegt Martin du Gard, der seinen Gide in- und auswendig kennt, bereits 1934 gewisse Zweifel an dem neuen Glauben seines Freundes: »Er glaubt an seinen Kommunismus weniger fest, als man meint, als man sagt, als man es sich in den militanten Kreisen vormacht, zu denen man ihn hindrängt.« Seine Sympathie für die UdSSR ist aufrichtig; das alles hat nichts mit Vortäuschung oder Pose zu tun. Martin du Gard weiß das. Scharfsinnig wie er ist, macht er sich vielmehr seine Gedanken über die Kommunisten:

---

209 R. Martin du Gard, *Journal*, 3, 1937–1949, *op. cit.*, 1993, S. 85.

Die Ära Gide

»Die Partei muss sehr vertrauensselig oder sehr schlecht informiert gewesen sein, als sie auf Gide baute! ... Wie unklug, der Zugehörigkeit eines Geistes, der von Natur aus derart unfähig zu Überzeugungen und immer anderswo ist als dort, wo er sich am Vortag zu befinden schien, so viel Gewicht beizumessen! Ich fürchte sehr, dass er, auf lange Sicht gesehen, seine neuen Freunde trotz seines aufrichtigen guten Willens eines Tages enttäuschen wird[210].«

Das lässt nicht lange auf sich warten. Gide hält sich für verpflichtet, die neue sowjetische Gesellschaft, auf die er noch Hoffnungen setzt, persönlich in Augenschein zu nehmen[211]. Seit mehreren Jahren hat er eine Einladung nach Moskau. Was ihm Ende 1935 die Entscheidung erleichtert, ist sicherlich die Tatsache, dass Pierre Herbart, Mitglied der Kommunistischen Partei, mit der Aufgabe betraut wird, in Moskau die Zeitschrift *Littérature internationale* zu leiten. Gide fährt nicht sofort. Er hat gesundheitliche Probleme (einen Katarrh); vor allem aber misstraut er den sowjetischen Übersetzern: sie könnten seine Reden entstellen[212]. Die Sowjets drängen. Insbesondere Ehrenburg lässt Gide durch Malraux bestellen, er habe die Pflicht hinzufahren; sein Ausbleiben werde dem französisch-sowjetischen Bündnis schaden ... Nach einigen Monaten drängen die Sowjets Herbart, mit dessen Arbeit und Verhalten sie unzufrieden sind, einen kurzen Aufenthalt in Paris dazu zu nutzen, Gide zu überzeugen. Der Schriftsteller Isaak Babel, den Herbart um Rat fragt, warnt ihn:

»Der Schatten Gides und die Hoffnung auf seinen Besuch schützen Sie (denn man ist überzeugt, dass Gide in das Horn von Barbusse blasen wird. Bedenken Sie doch! ein bürgerlicher Schriftsteller, den wickelt man um den kleinen Finger. Und alle haben ihre kleinen Schwächen, die man bloß zufrieden zu stellen braucht. Der eine liebt das Geld, der andere die Chorknaben, ich meine: die jungen Pioniere. Sie selbst könnten beschuldigt werden wegen: *corrumpere juventutem*). Spaß beiseite. Gide wird wahrscheinlich klar sehen und reden. Spielen Sie nicht die Geisel. Kehren Sie mit dem gleichen Flugzeug zurück wie er[213].«

---

210 R. Martin du Gard, »Notes sur André Gide«, *Œuvres complètes*, Gallimard, »La Pléiade«, 1955, 2, S. 1404.
211 Außer direkten Zeugenberichten haben wir für dieses Kapitel die Doktorarbeit von R. Maurer benutzt, *André Gide et l'URSS*, Éditions Tillier, Bern, 1983.
212 *Les Cahiers de la Petite Dame, op. cit.*, 2, S. 475.
213 P. Herbart, *La Ligne de force*, Gallimard, »Folio«, 1980, S. 105–106.

Anfang 1936 denkt Gide wieder an diese dauernd verschobene Reise. Er könnte die Herbarts besuchen, denn Élisabeth ist nun bei ihrem Mann. Doch Gide muss sich noch Reisebegleiter aussuchen. Er lädt Eugène Dabit ein, den Autor von *Hôtel du Nord* (*Hotel Nord*), den ehemaligen Frontkämpfer, aus dem ein Pazifist und Antimilitarist geworden und mit dem er seit einigen Jahren befreundet ist. Gide bittet auch Louis Guilloux, der gerade mit dem Roman *Le Sang noir* (»Das schwarze Blut«), den Gide sehr schätzt, einen großen Erfolg hatte. Guilloux fühlt sich, wie er selbst gesteht, in der Gesellschaft Gides nicht ganz wohl[214]; doch die Aussicht, endlich die Errungenschaften des Sozialismus zu bewundern, ist für diesen Anhänger der Volksfront zu verlockend. Zur Reisegesellschaft stoßen dann noch Jacques Schiffrin, der Erfinder der Pléiade bei Gallimard – er ist russischer Herkunft, spricht Russisch und ist ganz erfreut, die Orte seiner Kindheit wieder zu sehen –, und der holländische Kommunist Jef Last, den Gide bereits mit nach Marokko genommen hatte und der den Vorteil hat, ebenfalls Russisch zu sprechen.

Im heißesten Monat der Volksfront, etwa eine Woche nach der Unterzeichnung des Matignon-Vertrages, mit dem die größte Streikbewegung, die Frankreich je erlebt hatte, zum Abschluss kommt, besteigt Gide am 16. Juni in Begleitung von Herbart, der nach Paris gekommen war, um ihn abzuholen, in Le Bourget das Flugzeug. Die anderen fahren von London aus mit dem Schiff und treffen Gide fünf Tage später in Leningrad.

Hat Gide Zeit gehabt, die Juninummer von *Esprit* zur Kenntnis zu nehmen, in der ein »Offener Brief an André Gide« von Victor Serge abgedruckt ist? Serge hat ihm sowieso auch persönlich geschrieben, um ihn über die intellektuellen und materiellen Lebensbedingungen unter dem Sowjetregime zu unterrichten; der Schriftsteller, der den Lagern entkommen ist, bittet ihn auch um Intervention zu Gunsten einer Reihe verfolgter Schriftsteller; insbesondere fordert er ihn auf, die Augen gut aufzumachen. Pierre Herbart hat ihm wohl ebenfalls einige Ratschläge mit auf den Weg gegeben, obwohl er in *La Ligne de force* (»Die Kraftlinie«) versichert, er habe sich jede Einflussnahme versagt. Wie hoffnungsfroh Gide bei seiner Abreise auch war, in Bezug auf die Vorgänge in der UdSSR war er nicht völlig ahnungslos – doch das Regime war schließlich noch jung, nicht alles konnte wie durch ein Wunder verwandelt sein; es galt, die Dinge ausgewogen zu sehen.

Gides Reise dauert neun Wochen: Moskau, Leningrad, Kaukasus (Tiflis), Schwarzes Meer – das klassische Programm des revolutionären Tourismus, ausgearbeitet, festgelegt, überwacht, reglementiert und durchgeführt unter der Kontrolle eines offiziellen Begleiters, einer Dolmetscherin ... Was Gide

---

214 L. Guilloux, *Carnets 1921–1944*, Gallimard, 1978, S. 125.

keineswegs hindert, einige corydoneske[215] Abenteuer zu erleben – es sei denn, die GPU hätte auch diese organisiert. Die sowjetische Propaganda hat den Empfang herausragender Persönlichkeiten, insbesondere der Schriftsteller, zu einer regelrechten Kunst ausgebaut, die sich aus der traditionellen russischen Gastfreundschaft, den luxuriösen Aufenthaltsbedingungen, der Geheimhaltung der Alltagswirklichkeit, dem Besuch repräsentativer kultureller Stätten und einlullenden Lobeshymnen speist. Gide wird verwöhnt: er ist Gast des sowjetischen Schriftstellerverbandes, verfügt im Hotel Metropol in Moskau über eine Suite von sechs Zimmern, wird in einem offiziellen Lincoln herumkutschiert, mit Kaviar, Wein und Wodka bewirtet, von seinen Gästen gehätschelt und getätschelt, von der Presse beweihräuchert, die ihm eine ganze Reihe von Artikeln widmet, von den Massen bejubelt ... Für diese orientalischen Gunstbeweise erhofft man sich im Gegenzug von dem hoch angesehenen Reisenden schöne, umgehend in alle Sprachen übersetzte Reden zum Ruhme des Regimes und bei seiner Rückkehr vielleicht ein Buch, in dem er den glorreichen Marsch Russlands hin zum Kommunismus beschreibt. Man fotografiert ihn aus allen Blickwinkeln, möglichst lachend, vertraut, enthusiastisch – ein lebender Beweis für die Begegnung zwischen der französischen Literatur und der leninistischen Revolution. Mehr als von Barbusse, Moussinac oder Vaillant-Couturier, die als überzeugte Kommunisten eine allzu vorhersehbare Lobhudelei anstimmten, erwarteten die »Organe« schmeichelhafte Zeugenberichte gerade von Weggefährten oder bürgerlichen Schriftstellern, ja von kapitalistischen Unternehmern, die sich von den Schmeicheleien und den Potemkinschen Dekors täuschen ließen, die die Kommunisten vom Zarismus übernommen hatten: Banketts und Sand-in-die-Augen-Streuen – so lässt sich die Methode zusammenfassen[216].

Kaum ist das Flugzeug gelandet, bittet man Gide, das Wort zu ergreifen. Maxime Gorki ist gerade gestorben, und die offiziellen Trauerfeierlichkeiten finden am 20. Juni auf dem Roten Platz statt. Nach dieser Zeremonie, die ihn rührt, beginnt für Gide und seine Begleiter der Reigen der Verpflichtungen, der Besuche, der Empfänge, der Festbanketts, der Toasts, der von kleinen Mädchen, die mit Kuss auf beide Wangen belohnt werden, geschwungenen Blumensträuße ... Kleine Enttäuschung: Stalin empfängt ihn nicht: wahrscheinlich misstraut er den ermüdenden Bitten und vorhersehbaren Bittschriften zu Gunsten von diesem oder jenem verbannten Schriftsteller[217]. In Tiflis, der Geburtsstadt Stalins, ringt sich Gide zu einem Kompliment für das Oberhaupt der UdSSR durch, das seine Begleiter für nicht ehrerbietig ge-

---

215 *Anm. d. Ü:* Corydonesk: Anspielung auf Gides Werk *Corydon* über die Homosexualität (s.o. Kap.17).
216 Siehe F. Kupferman, *Au Pays des Soviets. Le voyage français en Union soviétique 1917–1939*, Gallimard/Julliard, 1979.

nug halten: diese Höflichkeitsbezeigung kam Stalin daher wahrscheinlich nie zu Ohren. Guilloux und Schiffrin haben von all dem Blablabla, von den immergleichen Willkommensbanderolen und von den Besuchen in Musterfabriken wohl die Nase voll; sie haben Heimweh und beschließen, von Tiflis aus über Moskau nach Frankreich zurückzukehren. In Moskau erfahren sie vom Militäraufstand in Spanien.

Eine Krankheit Eugène Dabits – er hat »Scharlach« – verdirbt die weitere Reise. Die Diagnose ist nicht genau, doch die Krankheit kennt kein Pardon: Dabit stirbt am 21. August in einem Krankenhaus in Sebastopol. Gide und Herbart kommen nach Moskau zurück und geraten mitten in den »Prozess der Sechzehn«, den ersten der »Moskauer Prozesse«; Arbeiterdemonstrationen begleiten ihn, auf denen die Hinrichtung der »tollwütigen Hunde« gefordert wird. An dem Tag, an dem Gide, Herbart und Last das Flugzeug nach Paris besteigen, verkündet die *Prawda*, Sinowjew und Kamenjew seien zum Tode verurteilt worden. Dieselbe Zeitung veröffentlicht am nächsten Tag das Abschiedstelegramm, das Gide beim Grenzübertritt an seine Gastgeber schickte: »Nach unserer unvergesslichen Reise im großen Land des siegreichen Sozialismus schicke ich von der Grenze aus einen letzten herzlichen Gruß an meine wunderbaren Freunde, die ich mit Bedauern verlasse, indem ich ihnen und der ganzen UdSSR ›Auf Wiedersehen‹ sage ...«

Zurück in Paris, beschließt Gide sehr schnell, einen Bericht über seine Reise zu schreiben. Seinem Tagebuch vertraut er seine »unendliche«, seine »entsetzliche Bestürzung« (3. September) an. Die »kleine Dame« wird während eines Abendessens, das sie mit Gide und Schiffrin im Vaneau einnimmt, Zeuge seiner Enttäuschung: »Im Grunde gibt es den Kommunismus dort nicht mehr, es gibt nur noch Stalin.« Von oben bis unten scheint man in dieser Gesellschaft im Terror zu leben. Jef Last hat in einem kleinen Dorf in Holland Zuflucht gesucht, um nicht über die UdSSR reden zu müssen; ratlos meldet er sich Ende September freiwillig für Spanien. Ja, man muss Zeugnis ablegen, Gide ist davon überzeugt, doch wie? Er will sich von seiner Bewunderung für die UdSSR nicht trennen, zugleich will er nicht verbergen, was er gesehen hat.

Kurz darauf sieht Martin du Gard Gide in Nizza wieder, wo der Autor der *Thibault* gerade *L'Été 1914* (*Sommer 1914*) abgeschlossen hat. Er ist ver-

---

217 Dagegen empfing Gide am Tag nach seiner Ankunft in Moskau Bucharin. Eine verfehlte Gelegenheit: »Bucharin war allein gekommen; aber kaum hatte er den Privatsalon im prunkvollen Hotel Metropol betreten, als ein angeblicher Journalist dort ebenfalls auftauchte, sich in unser Gespräch mischte und dieses dadurch unmöglich machte. Bucharin erhob sich fast augenblicklich; und im Vorzimmer, wohin ich ihn begleitete, sagte er zu mir, er hoffe sehr, mich wiederzusehen« (A. Gide, *Retuschen zu meinem Russlandbuch*. Übers. v. F. Hardekopf, Jean-Christophe-Verlag, Zürich, o.J., S.81). Enttäuschte Hoffnung: Bucharin konnte in der Folgezeit nicht mit Gide zusammentreffen. Siehe hierzu die Klarstellung von Claude Martin: »M. Bernard-Henri Lévy, conteur d'histoires«, *Bulletin des Amis d'André Gide*, April-Juli 1991, Vol. 19, S. 339–342.

blüfft, ihn in »ausgezeichneter Form« zu finden: »Seine Reise hat ihn *gereinigt*. Ich finde kein besseres Wort. Er kommt mir wie befreit vor.« Und in einem Brief an Maria Van Rysselberghe fügt er hinzu: »Ich hatte auch den Eindruck, dass sich Herbart stark an dieses Buch klammert und die Gelegenheit dazu nutzen will, Gide das sagen zu lassen, was er selbst denkt. Sein Einfluss auf Gide scheint im Moment überragend[218].« Am 23. September führt Gide – in Gegenwart von Schiffrin und Guilloux – eine erste Lesung seiner »Notizen« im Vaneau durch; Guilloux findet, man »brauche viel Mut, um ein solches Buch zu veröffentlichen«. Gide trifft beide noch einmal, hört sich die Meinung Herbarts an und zieht sich dann in sein Haus in Cuverville zurück, um seinem Text den letzten Schliff zu geben. Am 21. Oktober ist er zurück in Paris und gibt ihn unverzüglich in den Druck. Am 26. teilt ihm der sowjetische Schriftsteller Ilya Ehrenburg – entweder von seinen Agenten oder von den freimütigen Unterhaltungen Gides alarmiert – während eines Besuches mit, er kenne den Inhalt des Buches. Geschickt leugnet er keineswegs die Möglichkeit von Kritik – nein, nein, es geht nicht darum, Ihnen zu widersprechen! –, gibt ihm jedoch zu verstehen, die Veröffentlichung eines solchen Zeugnisses komme sehr ungelegen, jetzt, wo der Bürgerkrieg in Spanien wütet. Während Gide die Fahnen korrigiert, beginnen auch die Freunde Gide zu warnen, das Buch sei jetzt nicht opportun. Jef Last, wahrscheinlich von Ehrenburg bearbeitet, telegraphiert von Madrid aus und rät ihm, das Erscheinen von *Retour de l'URSS* aufzuschieben. Bernard Groethuysen, der Freund aus dem Verlagshaus Gallimard, und seine Frau Alix – die Groet (»Groute«), wie man sie im Vaneau nennt – teilen diese Meinung; Alix, sehr orthodox, scheint besonders »niedergeschmettert«. Alles umsonst! Gide ist nicht umzustimmen. Am 28. Oktober speist er mit den Herausgebern von *Vendredi* zu Abend: sie möchten in der nächsten Nummer sein Vorwort veröffentlichen. Der Druck der Freunde nimmt zu, Aragon mischt sich ein. Malraux, auf der Durchreise in Paris, soll der »kleinen Dame« zufolge zu Gide gesagt haben: »Man setzt Ihnen sehr zu, nicht wahr? Lassen Sie sich das nicht gefallen.« Doch anscheinend blieb er nicht lange bei dieser Meinung[219].

Am 6. November erscheint *Vendredi* mit dem Vorwort des Buches von Gide. Darin steht: »Ich habe immer betont, dass der Wunsch, sich selbst treu zu bleiben, sehr häufig die Gefahr der Unaufrichtigkeit impliziert; und ich meine, es ist besonders wichtig, aufrichtig zu sein, wenn der Glaube einer großen Zahl von Menschen – zusammen mit unserem eigenen – im Spiel ist.«

Gide teilt seinen Lesern mit, er werde sagen, was er dort unten an Gutem und Schlechtem gesehen habe: »Es hieße, seine Liebe schlecht zum Ausdruck zu bringen, wenn man sie auf Lob beschränkte, und ich glaube, ich erweise

---

218 R. Martin du Gard, *Journal, op. cit.*, 2, S. 1200.
219 R. Maurer, *op. cit.*, S. 130.

der UdSSR selbst und der Sache, die sie für uns verkörpert, einen größeren Dienst, wenn ich unverstellt und schonungslos rede.« Und er zweifelt nicht daran, dass die UdSSR schließlich »über die schweren Irrtümer triumphieren wird«, auf die er hinweist.

Ungeachtet aller von den Freunden, insbesondere von Aragon, vorgebrachten Argumente, kommt *Retour de l'URSS* am 13. November in die Buchhandlungen. Diese Bombe wird bis zum September 1937 neun Auflagen von insgesamt fast 150.000 Exemplaren erleben und in ungefähr fünfzehn Sprachen übersetzt werden.

Dabei hat das Buch seine Schwächen. Martin du Gard schreibt darüber ohne Umschweife an die »kleine Dame«:

»Das bewundernswerte Vorwort ist für mich ein beeindruckendes Portal, das sich auf kaum etwas öffnet. Das Versprechen des Beginns wird nicht gehalten. [...] Dieses Buch wird nie und nimmer von jemandem gelesen werden, der die Sachen ernst nimmt und sich zuverlässig über die Missstände des sowjetischen Regimes informieren und seine Vorbehalte belegt sehen will. Ich hatte gefürchtet, diese inhaltlichen Mängel würden den Erfolg des Buches und den Ruf Gides in Mitleidenschaft ziehen. In dieser Hinsicht scheine ich mich völlig geirrt zu haben. Ich habe nur an das Buch gedacht, an seinen Inhalt. Durch einen glücklichen Zufall scheint die öffentliche Meinung nur der *Geste* Beachtung zu schenken. [...] Die Geste allein scheint zu zählen. Man hält sie Gide überall zugute, mit Achtung und Sympathie[220].«

Ist das wirklich »Zufall«? Zwei Elemente erklären den Erfolg und die Überzeugungskraft von *Retour de l'URSS*. Zunächst einmal handelt es sich um ein Buch, das zugleich kritisch und ohne Gehässigkeit geschrieben ist; es wirkt umso überzeugender, als der Autor von seiner »Liebe« zur UdSSR spricht. Vor allem aber ist dieser kleine Band von einem Autor geschrieben, der als der größte lebende französische Schriftsteller gilt oder quasi als der größte. Der *Staline* von Souvarine – die erste kritische, im Jahr zuvor erschienene Biographie des Diktators – war viel solider und präziser; doch sie stammte nur von Souvarine, einem nahezu Unbekannten.

Was hat Gide dazu getrieben, in den Borschtsch[221] zu spucken? Manche interpretieren seine Kühnheit als einen gelungenen strategischen Streich: er sichert sich einen ungeheuren Verkaufserfolg, gleicht den Verlust von Lesern auf der äußersten Linken durch die Eroberung einer Leserschaft aus allen Kreisen aus, gewinnt die Ruhe zurück, um die ihn der Status des Weggefähr-

---

220 R. Martin du Gard, *Journal, op. cit.*, 2, S. 1204–1205.
221 *Anm. d. Ü*: Borschtsch: für die russische Küche typische Suppe.

ten Nummer 1 gebracht hatte ... Und dann, *last but not least*, bekräftigt er seinen Ruf als unverbesserlicher Antikonformist, Vorreiter der Aufrichtigkeit, unerbittlicher Verteidiger der Wahrheit in allen Dingen. Möglich – doch bei all diesen Vorteilen welche Risiken! Gide hatte durch seinen Anschluss an den Kommunismus eine Familie, eine Hoffnung gefunden, die Achtung der kleinen Leute und den Hass der Bürger – und das konnte ihm nur recht sein. All das riskierte er nun zu verlieren. Eher als um ein Kalkül im Hinblick auf sein persönliches Los und seine Karriere handelt es sich wie stets um einen Drang, der ihn dazu treibt, zu sagen, was er weiß und was er gesehen hat.

Retour de l'URSS ist kein Pamphlet. Viele Errungenschaften des Regimes, Fortschritte in der Erziehung werden gelobt; die »wunderbare Jugend« wird gepriesen ... Doch von Kapitel zu Kapitel werden alle – oder fast alle – Attribute einer totalitären Gesellschaft zusammengetragen: die »Trägheit der Masse«, die »Entpersonalisierung«, der allgemeine Konformismus, die jeden Morgen von der Presse wiedergekäute Staatsideologie, die »Zurechtstutzung des Geistes vom zartesten Alter an«, die Abschottung gegenüber dem Ausland, das Verschwinden der Urteilskritik (»Ich zweifle, ob in irgendeinem anderen Land, und sei es Hitlerdeutschland, der Geist heute weniger frei, gebeugter, angstvoller (terrorisierter), unterjochter ist«), der Personenkult (»das Bild Stalins ist überall«): Diktatur – nicht des Proletariats, sondern eines Mannes ... Eine einzige schreckliche Realität ist Gide entgangen: die Existenz des Gulag.

Die Antwort der Sowjets ist unvermeidlich und lässt nicht auf sich warten. Am 3. Dezember gibt die *Prawda* den Auftakt: Gide wird von antisowjetischen Agenten manipuliert; seine bürgerliche Herkunft hat wieder Oberwasser bekommen. Für den Filmregisseur Eisenstein, der wie die gesamte kommunistische Intelligenzija mobilisiert wird, ist der Autor von *Retour de l'URSS* zum Faschisten- und Trotzkistenknecht geworden. Am 5. Januar 1937 geht es mit einem Brief von Romain Rolland weiter, der wiederum von der *Prawda* veröffentlicht wird; *L'Humanité* übernimmt ihn am 18. Januar unter dem Titel »Die UdSSR hat Schlimmeres erlebt!«:

> »Liebe Genossen, ich verstehe eure Entrüstung über das Buch von André Gide. Dieses schlechte Buch ist übrigens ein mittelmäßiges, erstaunlich armseliges, oberflächliches, kindisches und widersprüchliches Buch. Wenn es ein großes Echo gefunden hat, so verdankt es dies sicherlich nicht seinem Wert, der gleich Null ist, sondern der Tatsache, dass um den Namen Gide viel Aufhebens gemacht und dass seine Bekanntheit von den Feinden der UdSSR ausgeschlachtet wird; sie liegen immer auf der Lauer und sind immer bereit, sich gegen die UdSSR aller Waffen zu bedienen, die sich ihrer Bosheit bieten.«

Im schlimmsten Fall ist Gide jetzt ein Feind; im besten Fall war er nur ein
»schwächlicher wankelmütiger Freund«. In Paris macht sich die Kommunistische Partei daran, zu dem skandalösen Opus schnell etliche Informationsveranstaltungen zu organisieren, um seine Wirkung zu entschärfen. Im Januar
1937 veröffentlicht Charles Vildrac *Russie neuve* (»Neues Russland«), das sich
Retour de l'URSS entgegenstellt. André Wurmser wettert im Januar in *Commune* gegen André Gide, und Aragon tut es im März in derselben Zeitschrift.
Vendredi kann es sich als Verdienst anrechnen, zwei Artikel gleichzeitig zu
veröffentlichen: einen von Paul Nizan und einen von Pierre Herbart. Trotz
seines maßvollen Tons – er ist der gegenseitigen Freundschaft zu verdanken –
schickt Nizan den Autor in sein Studierzimmer zurück, da er in seinen Augen
ein Kleinbürger ist, »eher reinen Herzens als gerissen«. Was Herbart angeht,
so bestätigt er die Beobachtungen Gides und geht so weit, die »vollkommene
Abwesenheit von Demokratie« in der UdSSR zu betonen, selbst wenn er die
stalinistische Diktatur angesichts der Verteidigungslage für notwendig hält.
Mit dem Artikel zieht er sich den Zorn Elsa Triolets zu, und *Vendredi* verliert
viele kommunistische Leser; von nun an ist die UdSSR in der Wochenzeitung der Volksfront ein Tabu [222].

Zustimmung findet Gide dagegen bei zahlreichen Persönlichkeiten der
nichtkommunistischen Linken und bei den Trotzkisten. Trotzki selbst schickt
im April 1937 einen Brief an *Lutte ouvrière*: »André Gide ist ein absolut unabhängiger Charakter, der sehr große Klarsicht und intellektuelle Redlichkeit
besitzt, die es ihm erlaubt, die Dinge bei ihrem Namen zu nennen[223].« Marcel Martinet, Emmanuel Berl, Jean Giono, Victor Serge und viele andere beglückwünschen Gide dazu, dass er, wie Denis de Rougemont in *Esprit*
schreibt, aus dem »*Bluff* Stalins unerbittlich die Luft herausgelassen hat«. Jean
Paulhan schreibt ihm: »Die Kraft, die offensichtliche Wahrheit (ich würde
hinzufügen, die ›Kunst‹, wenn ich nicht Angst hätte, Sie zu verärgern) Ihres
Retour sind bewundernswert [224].«

Retour de l'URSS ist ein Ereignis. Riesige Mengen Post jedweder Couleur
treffen jeden Tag in der Rue Vaneau ein. Die rechte Presse frohlockt, was ihr
gutes Recht ist. Gide muss zeigen, dass er sich von der Rechten nicht vereinnahmen lässt. Die Kritik, die auf den Inhalt des Buches zielt, darauf, dass ihm
ökonomische Kenntnisse fehlten, dass er naiv sei, ärgert Gide. Im Januar kritisiert Georges Friedmann in *Europe* ausgesprochen höflich diesen oberflächlichen Zug des Buches, der auch Martin du Gard nicht entgangen ist. Gide
bemüht sich nun, das Werk durch ein anderes, besser dokumentiertes, stärker
mit Zahlen belegtes zu ergänzen, das er *Retouches à mon Retour de l'URSS*

---

222 B. Laguerre, *op. cit.*, S. 88–89.
223 Zit. nach J. Lacouture, *Malraux, op. cit.*, S. 206.
224 Brief von J. Paulhan, zit. nach R. Maurer, *op. cit.*, S. 143.

(*Retuschen zu meinem Russlandbuch*) nennen wird. Er schöpft aus den Büchern und Zeugnissen von Citrine, dem britischen Syndikalisten, von Trotzki (*Die verratene Revolution*), von Mercier (*Réflexions*, »Überlegungen«), von Yvon (*Ce qu'est devenue la révolution russe*[225], »Was aus der russischen Revolution geworden ist«), von Serge (*Destin d'une révolution*, »Schicksal einer Revolution«), von Souvarine (*Staline*) und einigen anderen und stürzt sich im Februar in die Abfassung seiner *Retouches*, die Ende Juni 1937 erscheinen. Dieselben Lobeshymnen und Kritiken von allen Seiten. Jeder beharrt auf seiner Position. Für die einen bleibt Gide ein Abtrünniger, ein Verräter, ein Klassenfeind, der zu seinen alten Irrtümern zurückgekehrt ist; für die anderen verkörpert er den intellektuellen Mut und die Weigerung, das Gebot der Wahrheit den Parteiinteressen und dem Parteigeist unterzuordnen.

Die Frage, die André Gides Haltung aufwirft, trifft den Kern der Philosophie des Engagements. Schon vor Gides Abreise in die UdSSR hatte eine Debatte über das begonnen, was Jean Grenier – Philosoph und Lehrer von Albert Camus in Algier – »den Geist der Orthodoxie« nannte. In der *NRF* vom April 1936 hatte Grenier eine Art Bilanz des französischen Denkens seit Ende des Krieges gezogen und »einen plötzlichen Übergang vom absoluten Zweifel zum totalen Glauben und parallel dazu von der grenzenlosen Verzweiflung zu einer ebenfalls grenzenlosen Hoffnung«[226] in den letzten zehn Jahren beobachtet. Er stellt fest, ein großer Teil der Intelligenzija habe sich dem Kommunismus angeschlossen, also dem Marxismus, der für fähig gehalten werde, jegliche Realität unter der Sonne zu deuten: »1935 ist man marxistisch, wie man 1880 republikanisch war.« Und Grenier protestiert gegen das, was er für eine intellektuelle Erniedrigung hält:

> »Wir haben dieses Paradox erlebt: die Initiative zu einem Kongress für die Verteidigung der Kultur wird von einer Partei ergriffen, die mit einem Terrorregime über die Intellektuellen herrscht, die keine ›Abweichung‹– ob von links oder rechts – von der reinen Lehre zulässt, die die Wissenschaftler und Künstler nur dann duldet, wenn sie absolut ›neutral‹ sind oder vielmehr dem Katechismus des Landes passiv folgen; unter dieser Bedingung und nur unter dieser Bedingung ehrt und verehrt man sie …«

Georges Friedmann antwortet ihm in *Europe* vom Juni 1936 und situiert dabei die Debatte historisch:

---

[225] Im Jahre 1938 schrieb Gide ein Vorwort zu dem Buch von Yvon, *L'URSS telle qu'elle est*, das bei Gallimard erschien – ein Vorwort, das innerhalb der Kommunistischen Partei aufgrund des Ausmaßes der von Yvon enthüllten Fakten vielleicht mehr Aufsehen erregte als die beiden Bücher von Gide.
[226] J. Grenier, »L'âge des orthodoxies«, abgedr. in *L'Esprit d'orthodoxie*, Gallimard, 1938.

»Wie ist es möglich, die ideologischen Wandlungen unter den Intellektuellen zu verstehen, ohne die Ausweitung der weltweiten Krise des Kapitalismus mit Hilfe der vergleichenden Methode genau zu analysieren? Wie ist es möglich, die große Zahl derer aus dieser Generation zu übersehen, die dem Schock der Ereignisse ausgesetzt waren? Sie sahen um sich herum ein System, das Stück für Stück zerfiel, das nach und nach sogar in Misskredit geriet – vor allem, als es sich in den faschistischen Regimen verhärtete.«

Für Friedmann ist die Zeit der *reinen* Literatur und der Kontemplation vorbei; die Intellektuellen radikalisieren sich, weil sie handeln wollen. Indem er auf die Konzepte Max Webers – *Gesinnungsethik* und *Verantwortungsethik* – zurückgreift, zeigt er den Konflikt zwischen den beiden Haltungen auf: sich ohne Rücksicht auf die Realität an die Prinzipien klammern oder umgekehrt von der Realität ausgehen auf die Gefahr hin, gegen die Prinzipien zu verstoßen; doch er kommt zu dem Schluss, diese Antithese werde »in der Aktion überwunden«.

In seinen 1970 veröffentlichten Memoiren wird Georges Friedmann einräumen, dass Greniers Kritik berechtigt war; ja, er und seine marxistischen Freunde hatten dem irrationalen Optimismus gehuldigt, der Einbahnstraße der Geschichte hin zur Freiheit, dem »neuen Menschen«. Doch er wird vorbringen: »ich frage mich heute, ob – unabhängig von allen Kühnheiten der Dialektik und den mildernden Wechselwirkungen – die Wurzeln dieses Optimismus nicht sehr tief im Werk von Marx selbst verankert sind[227].«

Diese Feststellung *a posteriori*, die Jean Greniers Analyse bestätigt, lenkt unsere Aufmerksamkeit auf die tatsächliche Geburt einer parteigebundenen Intelligenzija im Laufe der dreißiger Jahre und besonders um 1936 – einer Intelligenzija, die glaubt, sie halte die Schlüssel der Geschichte in der Hand, und die sich in den Dienst ihres demiurgischen Instruments stellt: der PARTEI. Der Geist der Orthodoxie beschränkte sich bei ihren Mitgliedern nicht auf eine einfache Anpassung an den autoritären Stil der Kommunistischen Internationale; er war in der dialektischen Rechtfertigung des Schlimmsten am Werk. In Frankreich begann der Linkshegelianismus großen Schaden anzurichten: die Pfade der Geschichte seien mit Leichen übersät, doch die Negation der Negation werde zum Triumph der klassenlosen Gesellschaft führen. In der Zwischenzeit müsse man die Diktatur, die Abwesenheit jeglicher Freiheit in der UdSSR, die Wiederherstellung der Ungleichheiten und den Personenkult des Oberhauptes ertragen ... Aus dem Übel werde das Gute hervorgehen.

---

227 G. Friedmann, *La Puissance et la Sagesse*, Gallimard, 1970, S. 156.

André Gide ist nicht so subtil. In seinen Augen bleibt das Übel das Übel, und es muss entlarvt werden. Man kann die Ermahnungen derer nicht akzeptieren, die behaupten, ein bestimmtes Zeugnis sei nicht »opportun«; denn *niemals* ist es opportun, angesichts der Tyrannei die Wahrheit zu sagen. Im Grunde veranschaulicht Gide die Theorie des Intellektuellen von Julien Benda: immer die Wahrheit, um jeden Preis. In gewissen Fällen kann einen die Liebe zur Wahrheit um jeden Preis teuer zu stehen kommen. Insbesondere, was das Prestige angeht. Paul Léautaud, der Gide respektiert – er schätzt insbesondere seine Gleichgültigkeit allen Ehrungen gegenüber –, meint, er habe durch seine doppelte Reaktion des lockeren Anschlusses und des zerknirschten Rückzuges eine »moralische Niederlage« erlitten. Andere bewundern an dieser Haltung im Gegenteil die Kühnheit und die Gleichgültigkeit gegenüber Beleidigungen.

Der Preis der Wahrheit konnte auch für die Gemeinschaft hoch sein. Durfte man für den Fall einer bewaffneten Auseinandersetzung mit den Faschismen den potenziellen sowjetischen Verbündeten in Misskredit bringen? Das war zweifellos die Frage, die sich Malraux stellte. Doch konnte man sich nicht, während man sich mit dem Teufel verbündete, der Tatsache bewusst bleiben, dass er der Teufel war? Stärker als je zuvor hörte die Verantwortung der Intellektuellen auf, bloß theoretisch zu sein: ihre Worte wogen schwer, und es war zunehmend schwierig, frei zu bleiben – so große Anforderungen stellte der Parteigeist an sie. Konnte man sich in dem Augenblick, als das Schicksal der Welt in Spanien auf dem Spiel stand, aus Unabhängigkeitsdrang aus allem heraushalten und an dem *reinen Ort* bleiben, der für Friedmann eine Illusion war, den aufzugeben jedoch auf eine andere Form der Demission des Geistes hinauslief? Diese Fragen, die *Retour de l'URSS* indirekt aufwarf, sollten die Intellektuellen nicht mehr loslassen.

32
Die Großen Friedhöfe unter dem Mond

Gide hatte ein *Zurück aus Sowjetrussland* geschrieben, Georges Bernanos wird sein »Zurück aus Spanien« unter dem Titel *Les Grands Cimetières sous la lune* (*Die Großen Friedhöfe unter dem Mond*) veröffentlichen. Welch ein Abgrund die beiden Schriftsteller auch trennen mag, beide haben 1936/37 im Hinblick auf ihr eigenes Lager eine unwiderrufliche Enttäuschung erlebt. Ihre Zeugnisse – Standardwerke, Schlüsselwerke, auf die man immer wieder zurückkommt – sind Bücher von Schriftstellern und nicht von Spezialisten. Wie Gide schmeichelt sich auch Bernanos, Politik mit dem Herzen, mit dem Gefühl und auch mit der Moral zu machen. Als er 1932 mit Maurras bricht, notiert er: »Das französische Volk braucht kein Vernunftgerede, sondern einen langsamen, geduldigen, systematischen Einsatz seiner Sensibilität (...). Es geht nicht darum, seine Intelligenz zu überzeugen, sondern seine Imagination zu erobern. Auf der Ebene des Abstrakten, der reinen Ideen ist in diesem Land nichts Großes geleistet worden[228].« Bernanos und Gide sind, jeder auf seine Weise, »Männer des Glaubens«.

Als Maurras 1926 vom Papst verurteilt wird, unterstützt ihn der Katholik Bernanos nichtsdestoweniger. Während Jacques Maritain, der Thomist, räsonniert und seinen Bruch mit der Action française rechtfertigt, sieht Bernanos in dieser noch einen Wall gegen das, was er verabscheut, den Modernismus, die Demokratie, und eine Chance zu einer nationalen Restauration. Außerdem verteidigt er den, der auf dem Boden liegt, aus einem Impuls heraus, der nicht bedacht, sondern instinktiv ist. Für ihn »besteht die Wahrheit eines Menschen, der kämpft, darin, seine Gefährten nicht im Stich zu lassen«. Maurras ist für ihn im strengen Sinne zwar kein »Gefährte«, doch bei Bernanos hat der ihm angeborene ritterliche Geist die Oberhand. Als er später, 1932, mit Maurras bricht – anlässlich eines Streits, der den Besitzer von *Le Figaro* betrifft, den Parfumeur François Coty –, ist es für immer; er entdeckt, dass er nur auf Grund eines Missverständnisses bei Maurras, der aus der Politik eine positive Wissenschaft machen will, in die Schule gegangen war. Alles

---

228 G. Bernanos, *Combat pour la Vérité*, Plon, 1971, S. 440.

trennt von nun an den Christen, der von der Zeit der Kathedralen träumt, von dem Schüler Auguste Comtes, der die Monarchie wie ein Theorem zu errichten gedenkt – angefangen beim Spanienkrieg.

Bernanos muss nicht wie Malraux oder Hemingway nach Spanien gehen: er ist schon dort, als der Bürgerkrieg ausbricht. Als ein Mann, der von seiner Feder lebt und sich eher schlecht als recht durchschlägt, als Vater von sechs Kindern, der nach einem schrecklichen Motorradunfall im Jahre 1933 behindert und nach mehreren Operationen dazu verurteilt ist, an Krücken zu gehen, kommt er zu dem Schluss, dass er auf den Balearen mit den Seinigen besser leben könnte: nicht so teuer und in der Sonne. Die Bernanos richten sich also im Oktober 1934 in Palma de Mallorca ein. Das Wort »einrichten« ist unzutreffend; denn Bernanos war genau wie Léon Bloy, den er bewundert, nie jemand, der sich einrichtet, sondern ein ewiger Mieter, der seine Frau Jeanne, seine Kinder und seinen Tross von einer Zufallswohnung und einer prekären Unterkunft zur nächsten schleppt. Und er freut sich darüber: »Ich freue mich, mein Leben so schlecht gebaut zu haben, dass man da wie in eine Mühle eintreten kann.«

In Mallorca schreibt Bernanos – sogar mehr denn je, denn sein Verleger, Plon, bezahlt ihn nach Seiten, mit, wie er sagt, »raubgieriger Fürsorglichkeit«. Nun hat er nicht die Leichtigkeiten eines Schriftstellers, der die Artikel nur so herausspuckt: »Wenn es Abend wird«, vertraut er im Januar 1935 seiner Schwester an, »wage ich kaum, mir die Nase zu putzen – aus Furcht, mein Gehirn in meinem Taschentuch wieder zu finden.« Er liefert sogar einen Kriminalroman, *Un crime* (»Ein Verbrechen«), der 1935 herauskommt. Der Zwang hat auch seine gute Seite, denn in Palma beendet er das Buch, das als sein Hauptwerk gilt, *Journal d'un curé de campagne* (*Tagebuch eines Landpfarrers*), das im März 1936 in die Buchhandlungen kommt.

Von nun an hat Bernanos etwas mehr Zeit, um die politischen Ereignisse Spaniens zu verfolgen, wo die Gemäßigten im Februar gerade dem *Frente popular*, der Volksfront, die Macht überlassen haben. Die ersten verabschiedet er, die zweiten betrachtet er als Feinde seines Glaubens. Er entschließt sich, der Wochenzeitung der französischen Dominikaner, *Sept*, einen politischen Artikel zu schicken, der am 5. Juni 1936 unter dem Titel »Die Katholiken haben sich Einiges zuschulden kommen lassen« veröffentlicht wird. Dieser Artikel stellt den Beginn einer Art Tagebuch dar, aus dem *Les Grands Cimetières* hervorgehen wird. Über die besiegte katholische Rechte, die Politik ihres Anführers Gil Robles, den Egoismus der herrschenden Klassen und die armseligen Manöver eines Klerus, der in »den traditionellen Realismus der Politik der Kirche« verwickelt ist, zieht er eine schonungslose Bilanz. In seinen Augen erweisen sich all diese etablierten Leute als unfähig, entschlossen auf die Brandschatzung von Kirchen und auf die religiösen Verfolgungen, zu denen der

Sieg der Linken das Signal war, zu reagieren[229]: »Diese braven Leute begnügen sich damit, durch eine andere Straße zu gehen, um nicht mitansehen zu müssen, wie einige Fanatiker alte Priester auspeitschen.«

Man kann sich denken, wie Bernanos auf die Ankündigung der militärischen Erhebung vom 17. Juli reagiert hat: endlich! Seine Sympathien gehören José Antonio Primo de Rivera und seiner Falange[230], einer linientreuen »sozialen« Rechten, einer Art durch Rückkehr zu den Wurzeln gestärkten Action française. Der Gewaltakt der Generäle in einem Spanien, das die Feinde des christlichen Glaubens in der Hand haben, begeistert ihn: hier verwirklicht sich der Traum von dem, was Maurras predigt, doch was der alte Salbader seit Anfang des Jahrhunderts nie hat zuwege bringen können. Diese Reaktion – Erleichterung! – wird übrigens von den katholischen Schriftstellern Frankreichs, an ihrer Spitze Mauriac und Claudel, weitgehend geteilt. »Wenn ich schon einmal Militärs erlebe, die dreist genug sind, eine *revolución* zu machen«, schreibt Bernanos am 31. Juli an eine Freundin, »würde es mir schwer fallen, sie im Stich zu lassen. *Viva España!*[231].«

Sein ältester Sohn, Yves, hat sich der Falange zur Verfügung gestellt. Er »geht in Uniform herum, mit einem enormen Mauser-Gewehr. Man hat ihm außerdem ein Motorrad gegeben, BSA, letztes Modell, auf dem er mit einer Parabellum-Pistole bewaffnet von Dorf zu Dorf fährt«. Väterlicher Stolz. Die »Bernanos-Sippe« überlebt, auch wenn man von Plon nichts mehr hört und die anderen Franzosen, die hier wohnen, schon ihre Koffer gepackt haben. Trotzdem ist Bernanos, nachdem die anfängliche Genugtuung vorbei ist, von dem »grausamen Charakter« des Konflikts überrascht; schon Anfang September vertraut er das seinen Briefpartnern an. Nach drei Artikeln, die dem *movimiento* Francos gegenüber positiv eingestellt sind, wechselt der Ton im Oktober; in einem vierten Text, den *Sept* veröffentlicht, gibt Bernanos die Worte von General Queipo im Rundfunk von Sevilla wieder: »Dieser Krieg ist ein Ausrottungskrieg. Man muss die Marxisten ausrotten, sonst rotten sie uns aus.« Sein Sohn Yves, der die »humane Tradition seiner Rasse« bewahrt, ist, so sagt er, von Leuten umgeben, »an deren Händen viel Blut klebt«.

Unmerklich geht Bernanos dazu über, nicht etwa das Lager zu wechseln – wie könnte er als Christ und Royalist seine Hoffnungen auf die Volksfront setzen? –, doch Zeugnis abzulegen von dem, was er sieht. Die Parallele zu Gide ist augenfällig: »Ich habe beschlossen«, notiert er am 8. November, »al-

---

229 Cf. zu diesem Kapitel vor allem G. Bernanos, *Essais et Écrits de combat, op. cit.*, und die wertvollen Anhänge in diesem Buch; die Bände der *Correspondance* von Bernanos bei Plon sowie S. Albouy, *Bernanos et la Politique*, Privat, Toulouse, 1980; M. Estève, *Bernanos*, Hachette, 1981.
230 *Anm. d. Ü:* Falange: antiparlamentarische, antiliberale, antimarxistische politische Organisation nach dem Vorbild des italienischen Faschismus.
231 G. Bernanos, *Combat pour la Liberté*, Plon, 1971, S. 148.

les, was ich fühle und was ich über die Zeit denke, in der ich lebe, aufzuschreiben – im Gedanken an die unbekannten kleinen Bernanosse, die es irgendwo an verschiedenen Orten meines Landes gibt, ohne dass sie sich kennen.« Die Wahrheit sagen. Zeugnis ablegen. Die Idee zu *Les Grands Cimetières* ist geboren. Er verabscheut die Grausamkeit der nationalistischen Repression: »Die Cafés sind voll von Typen, die bis an die Zähne bewaffnet Domino spielen. Das hindert nicht, dass man auf dieser kleinen Insel, auf der es niemals auch nur den geringsten Versuch zu einer Revolte gab, ohne Urteil etwa zweitausend Männer hingerichtet hat (Spazierfahrt im Wagen und Pistolenschuss in den Nacken)« (21. Dezember). Der Ekel beklemmt ihn immer mehr. Er entrüstet sich über die Priester, über die Frömmler, über das Hinterland, das von der Wut zur Angst und von der Angst zur Wut übergeht. Er brandmarkt die Rolle, die die italienischen Faschisten in diesem Krieg spielen. Am 18. Januar 1937 schreibt er für *Sept* einen letzten Artikel, »Schlussfolgerung«, in dem bereits der Geist des Buches weht, das er ankündigt. Bernanos nimmt eine Gesellschaft ins Visier, »die, wenn die Geschäfte schlecht gehen, im Grunde nie einen anderen Ausweg gekannt hat als den, die Armen auszurotten« ...

> »Entschuldigung, wird der brave Bürger sagen, sie rottet die Aufrührer aus. Wenn die Aufrührer ausgerechnet die Armen sind, was kann man da tun? Das Ereignis überrascht uns im Allgemeinen unvorbereitet, und das Maschinengewehr ist wie die Sauce béarnaise: es wartet nicht. – Einverstanden! Ich bedaure mit Ihnen, dass es nicht von Zeit zu Zeit einen Aufstand von Millionären gibt. Aber im Namen wovon führen Sie Ihre Repression durch? – Im Namen der Ordnung. – Welcher Ordnung? Der Ordnung der Männer der Ordnung? Seitdem ich auf der Welt bin, höre ich, wie man die Männer der Ordnung preist. Ein Kriegsmann macht Krieg, ein Mann der Feder Bücher. Hat man jemals den Mann der Ordnung Ordnung schaffen sehen? Sie schaffen keine Ordnung, denn ihr seltenes Genie reicht nur dazu aus, die Unordnung zu unterdrücken. Welche Unordnung? Jene, die sie bedroht – sie, und niemand anderen.«

Bernanos ist deswegen nicht ins andere Lager übergelaufen. Anlässlich der Massaker von Malaga, die im Februar 1937 durch die Franquisten verübt werden, verzeichnet *L'Humanité* auf der Liste der Unterzeichner eines Protests auch seinen Namen; Bernanos will das berichtigen lassen. Vergeblich. Er schreibt damals einer Briefpartnerin: »Ich würde gern gegen die Massaker von Malaga, die leider mehr als wahrscheinlich sind, protestieren. Aber was mich betrifft, scheinen mir die Linken nicht befugter als die Rechten, um die Unglücklichen zu verteidigen. Alles, was geschieht, ist entsetzlich ...«

Unter diesen Bedingungen – er verurteilt beide Gegner – kann er nicht in Spanien bleiben. Am 27. März verlässt er die Balearen. Auf der Reise geht ihm das Manuskript für das Buch verloren, das er über das Land, das ihn aufgenommen hatte, schreiben wollte. Es kümmert ihn nicht, er wird von vorn anfangen. Von Mai an macht er sich an die zweite Version von *Les Grands Cimetières sous la lune*, die er um Überlegungen zu Frankreich erweitert, zu denen ihn seine Rückkehr anregt.

Noch vor Erscheinen seines Buches im April 1938 hat der spanische Bürgerkrieg – mehr noch als der italienische Angriff auf Äthiopien – zu der großen Bewusstseinskrise der katholischen Intelligenz geführt. Die anfänglich fast einmütige Unterstützung eines Aufstands, der die christliche Zivilisation gegen die Kirchen-Brandstifter, die Mörder von Priestern und Nonnen, die rasenden Friedhofsschänder verteidigte – diese schöne Gemeinschaft ist im Zuge der Ereignisse rasch zerfallen. Bezeichnend ist die Entwicklung von François Mauriac. In *Le Figaro* vom 25. Juli 1936 hatte er zunächst einen heftigen Artikel geschrieben, der sich an die Regierung Blum wandte und sie vor einer eventuellen Interventionspolitik zu Gunsten der spanischen Regierungskräfte warnte: »Wenn bewiesen wäre, dass unsere Machthaber aktiv an dem Massaker auf der iberischen Halbinsel teilnehmen, dann wüssten wir, dass Frankreich nicht von Staatsmännern regiert wird, sondern von Bandenführern, die unter dem Befehl dessen stehen, was man die Internationale des Hasses nennen muss[232].« Im August erregt er sich angesichts der von den Nationalisten verübten Massaker: »Ein befleckter Sieg«, sagt er über Badajoz. Im Januar 1937 empört er sich über den Stellvertreterkrieg, den sich Russen, Italiener und Deutsche liefern: »Spanien hat in ihren Augen niemals viel gezählt.« Im Februar macht er sich nur halb über Malraux lustig, den »zukünftigen Volkskommissar«, der zurück in Frankreich ist, diesen »Draufgänger«, »diesen kleinen borstigen Raubvogel mit dem großartigen Blick«, der den Hass kennt, doch nicht die Verachtung: »Nichts an ihm erinnert an diese fürchterliche Sorte alter freimaurerischer Radikaler, die von dem sanften Vagabunden Judäas gerührt sind; Malraux kennt Christus: dieser harte Vagabund ist immer sein harter Gegner.« Im Frühling, nach dem Bombardement von Guernica, geht Mauriac noch einen Schritt weiter. Die Basken sind doppelt treu geblieben, ihrem katholischen Glauben und der republikanischen Regierung: das verzeihen ihnen die »Kreuzritter« des Franquismus nicht. Es erhebt sich im katholischen Lager ein Protest, den *La Croix* am 8. Mai 1937

---

[232] Zit. nach R. Rémond, *Les Crises du catholicisme dans les années trente*, Cana, 1979, S. 172; Neuaufl. in »Points Histoire«, *Les Crises du catholicisme en France dans les années trente*, 1996. Stellen wir fest, dass Mauriac diesen Artikel nicht in seinen Memoirenband *Mémoires politiques* (1967 bei Grasset erschienen) aufgenommen hat; er schien ihm wohl der Haltung, die er während des Spanienkrieges insgesamt eingenommen hatte, nicht zu entsprechen.

veröffentlicht. Mauriac unterzeichnet, zusammen mit Charles Du Bos, Stanislas Fumet, Jacques Madaule, Gabriel Marcel, Jacques Maritain, Emmanuel Mounier, dem Philosophen Maurice Merleau-Ponty, dem Ingenieur und Journalisten Claude Bourdet und Paul Vignaux, dem Intellektuellen und Gewerkschafter der CFTC (Confédération française des travailleurs chrétiens, »Französischer Bund der christlichen Arbeiter«). Er erklärt seine Haltung am 28. Mai in *Sept*. Zweifellos begehen beide Seiten Verbrechen. Doch »es darf nicht so weit kommen, dass das baskische Volk, wenn es aus seinem Alptraum erwacht, bezeugen kann, dass ihm nur die Todfeinde der Kirche geholfen haben. Es darf nicht so weit kommen, dass die Priester, die Pharisäer, die vorbeigehen, ohne sich umzusehen, in seinen Augen Katholiken sind; und auch nicht, dass man ihm weismacht, es gebe am Turban des guten Samariters Hammer und Sichel.« Was wirft man den Basken vor? Sie sind, wird Mauriac sagen, »des Verbrechens des Nicht-Aufstandes« schuldig. Von jetzt an ist es nicht mehr möglich, an einen gerechten Konflikt zu glauben, in dem die Christen dem Antichristen gegenüberstehen, wie gewisse spanische Bischöfe die Volksfront nannten. Der Verfasser von *Nœud de vipères* erklärt im Juni 1938 in *Le Figaro*:

> »Was für unsere Haltung den Ausschlag gab, war die Anmaßung der spanischen Generäle, einen Heiligen Krieg, einen Kreuzzug, zu führen, Soldaten Christi zu sein. [...] die Freveltaten und Verbrechen, die eine wütende bewaffnete Menge gleich nach dem niedergeschlagenen Militäraufstand beging, sind unerträglich grauenhaft. Doch die Morde, die von Mauren begangen wurden, die an ihren Burnus ein Herz Jesu geheftet hatten, die systematischen Säuberungen, die Leichen der Frauen und Kinder, die deutsche und italienische Flieger im Dienst eines katholischen Führers, der sich Soldat Christi nennt, zurückließen – wir sagen lediglich, dass all dies *eine andere Art von Grauen* ist ...«

Wie viele andere kann Mauriac nicht ertragen, dass Christentum und Faschismus »verschmelzen«. Und als die Stunde von Francos Sieg schlägt, wird er erklären, dass ihn die Wiederaufrichtung einer Kirche kaum beruhigt, die »vor den Augen eines ganzen Volkes und der Welt« durch »aufständische Militärs« vollbracht wurde, »die den Sieg nur dank der Unterstützung durch den italienischen Faschismus und den deutschen Rassismus davongetragen haben[233].« Diese Entwicklung war nicht die der Katholiken ganz allgemein – weit gefehlt. In seiner Ode »Den spanischen Märtyrern«, die im Jahre 1937 in Brüssel erscheint, sieht Paul Claudel nur auf einer Seite Märtyrer (»Töte, Kame-

---

233 F. Mauriac, *Mémoires politiques, op. cit.*, S. 96–97.

rad, zerstöre und berausche dich, fröne der Liebe! Denn das ist die menschliche Solidarität!«) So empfielt ihm Mauriac auch, die hundert Strophen des Gedichts durch einen hunderteinsten Vers zu ergänzen, der »Tausende christliche Seelen ehrt, die die Führer des heiligen Heeres, die Soldaten des heiligen Kreuzzugs in die Ewigkeit befördert« hatten. Als Claudels Freund und Bewunderer Jacques Madaule ihn bei der Gründung des Comité français pour la paix civile et religieuse en Espagne (»Komitee für den zivilen und religiösen Frieden in Spanien«) zur Unterstützung auffordert, lehnt der große Dichter ab: »Wenn ich Spanier wäre, würde ich nie akzeptieren, mit den schändlichen Mördern und Kirchen-Brandstiftern von Katalonien, Madrid und Valencia sowie mit den Führern, deren Feigheit Verbrechen ermöglicht hat, die die Menschheit erzittern lassen, von gleich zu gleich zu sprechen[234].« Claudel war repräsentativer für eine katholische öffentliche Meinung, deren große Zeitungen während des Krieges den Franquisten gegenüber wohlwollend blieben und sich die vom spanischen Episkopat gezimmerte These vom Heiligen Krieg zu Eigen machten. In *Le Journal* und *La France catholique* verbreitete Gaëton Bernoville laufend Apologien zu Gunsten Francos und forderte den Papst auf, sich öffentlich zu seinen Gunsten zu äußern. Die Presse der Action française sowie ein guter Teil der Provinztageszeitungen und der rechten Wochenzeitungen verstärkten die Gewissheiten ihre Leser. Der spanische Bürgerkrieg, »ein entscheidendes Ereignis der Nachkriegszeit«, ist – wie es *Le Nouvelliste* (eine katholische Zeitung aus Lyon, Konkurrenzblatt von *Le Progrès*) resümiert – der offene Kampf »zwischen Bolschewismus und christlicher Zivilisation[235]«. Pius XII. begrüßte übrigens das Ende des Bürgerkrieges mit einem Telegramm an Franco, das die Haltung der katholischen Kirche deutlich wiedergibt: »Wir richten unsere Seele auf Gott und danken Ihm mit Ihrer Exzellenz aufrichtig für den Sieg des katholischen Spaniens[236].«

Von dieser Einstellung heben sich im Übrigen zahlreiche katholische Intellektuelle und Schriftsteller ab. Sogar die Zeitung *La Croix* – zur Zeit der Dreyfus-Affäre wie bereits bei ihrer Gründung Anfang der achtziger Jahre Sprachrohr eines antisemitischen Populismus – veröffentlicht nuancierte, ausgewogene, gegensätzliche Artikel und ist weit davon entfernt, in dasselbe Horn zu blasen wie die klerikale und nationalistische Rechte.

La Jeune République und *Sept*, auch *Temps présent*, das im November 1937 *Sept* weiterführt, folgen der Erklärung des exilierten Führers der italienischen Christdemokratie, Don Sturzo, in *L'Aube:* »Kein Kreuzzug, kein Heiliger

---

234 P. Claudel, K. Madaule, *Connaissance et Reconnaissance. Correspondance 1929–1954*, Desclée de Brouwer, 1996, S. 273.
235 Vgl. die Studie von M.A. Sa'adah, *Means and End: The Catholic Conservative Right in France 1934–1940*, Radcliffe College, 1976.
236 Zit. nach D.W. Pike, *Les Français et la Guerre d'Espagne 1936–1939*, PUF, 1975, S. 235.

Krieg. Die Kirche gehört im spanischen Bürgerkrieg nicht zu den Kriegsparteien[237].«

Jacques Maritain nimmt an der Debatte und an der Verteidigung des baskischen Volkes aktiv teil. Er ist Vorsitzender des »Komitees für den zivilen und religiösen Frieden in Spanien« und brandmarkt die religiösen Anmaßungen des franquistischen Aufstands unaufhörlich. In seinen Augen kann sich das Christentum nicht durch Waffengewalt erneuern: »Das Problem der Mittel wirkt sich auf die ganze Moral aus, es ist die ganze Moral.« Im Juli 1937 veröffentlicht *La Nouvelle Revue française* das Vorwort, das Maritain für das in Salamanca erschienene Buch eines ehemaligen Professors der Universität von Oviedo, Alfredo Mandizabal, *Aux origines d'une tragédie: la politique espagnole de 1923 à 1936* (»Ursprünge einer Tragödie: die spanische Politik von 1923 bis 1936«), geschrieben hat. Der Verfasser von *Humanisme intégral* (»Integraler Humanismus«) macht einen grundlegenden Unterschied zwischen Atheisten, die Priester massakrieren, und Christen, die die Armen ermorden – letzteres impliziere ein Sakrileg: »Man tötet nicht im Namen Christi, des Königs!« Mit seiner Handlungsweise und mit seinen Schriften zieht Maritain in Frankreich und in Spanien heftige Attacken auf sich. In einer Rede in Bilbao wettert Serrano Súñer, Innenminister der Regierung von Salamanca, gegen den französischen Philosophen:

»Ich verachte Maritain ... Was bedeutet für uns die Gelehrsamkeit von Maritain? Seine Worte tragen den Akzent israelitischer Lippen; ihn charakterisiert das heuchlerische Verhalten des demokratischen Juden. Wir dürfen sehr wohl an der Aufrichtigkeit seiner Überzeugungen zweifeln[238].«

Mauriac, der ihn voller Lob in Schutz nimmt, hält es für nötig, in *Le Figaro* die Dinge gerade zu rücken: »Jacques Maritain ist kein ›konvertierter Jude‹ ... Wenn er einer wäre, schiene er mir nicht weniger Bewunderung und Liebe zu verdienen, doch er ist es nun einmal nicht.« Es hatte eine Verwechslung mit seiner Frau Raïssa gegeben, die Mauriac sehr bewunderte.

Mounier und die katholischen Mitarbeiter von *Esprit* gehören zu den Ersten, die das Zusammenspiel der kirchlichen Hierarchie mit der Reaktion und der »etablierten Unordnung« anprangern. Mounier hat Wert darauf gelegt, sich mit einer Reihe von spanischen katholischen Schriftstellern – unter ihnen José Bergamín – zu unterhalten, bevor er sich zu Wort meldet. Er will sich auf politische Argumente stützen, denn auf beiden Seiten droht Gefahr:

---

237 Zit. nach F. Mayeur, »*L'Aube*«. *Étude d'un journal d'opinion*, Armand Colin, 1966, S. 131. Siehe auch A. Coutrot, *Un journal de combat*, »*Sept*«, Cana, 1982.
238 D.W. Pike, *op. cit.*, S. 232.

»Vernichtung von Volk und Kultur« und, gegenüber, Antireligion und Kommunismus ... Es geht darum, die unmittelbar drohende Gefahr auszumachen. Für ihn ist das nicht die kommunistische Gefahr; und im Grunde ist eine leidende Kirche einer Kirche vorzuziehen, die »im Schatten des Schwertes Schutz findet«. Auf keinen Fall darf man sich aus allem heraushalten. Die Zeitschrift *Esprit* legt Wert darauf, über Spanien umfassend zu informieren; dabei hält sie sich von allem Manichäismus frei, prangert den Mythos vom Heiligen Krieg jedoch unaufhörlich an

Etwas hat sich in der intellektuellen Kirchengemeinde ganz eindeutig geändert. Die kleinen Avantgarden, für die *Esprit* ein Symbol ist, stoßen nun auf das Echo von Schriftstellern von der Statur eines Mauriac und eines Bernanos, von Philosophen wie Maritain – drei Männer, die in unterschiedlichen Graden von Maurras und der Action française beeinflusst waren. *Esprit*, dessen Sympathie für das republikanische Lager zum Vorschein gekommen ist, verbietet es sich deswegen nicht, über die Aktivitäten der Kommunisten dort zu diskutieren. Im Juni 1937 veröffentlicht Mouniers Zeitschrift einen Artikel von José Bergamín, der die neue, von den Kommunisten beherrschte Regierung Negrín voll unterstützt; doch in derselben Nummer bringt sie auch einen Text von Victor Serge, der die Liquidierung der Anarchisten, der »Poumisten« und der Trotzkisten durch die Stalinisten anprangert. Während sich die Debatte in den folgenden Nummern fortsetzt, schreibt Mounier, der die Politik der Nichtintervention ablehnt und entschlossen antifranquistisch eingestellt ist: »Eins muss klar sein: eine Bedrohung durch irgendeinen Stalin – sollte sie gegen alle Wahrscheinlichkeit über Spanien schweben – würde dazu führen, dass wir Widerstand leisten, genau wie gegen Franco, aus denselben Gründen und mit derselben scharfen Entschlossenheit[239].«

Im Mai 1938 erscheint *Les Grands Cimetières sous la lune* und besiegelt Georges Bernanos' Bruch mit der Rechten aus dem Einflussbereich der Action française. Die Position des Autors ist originell, ja einzigartig: Bernanos schließt sich weder der Familie der Christdemokraten noch der konservativen Rechten an und ebenso wenig dem gerade entstehenden Linkskatholizismus, der sich insbesondere um *Esprit* entwickelt; er will seinen royalistischen Ursprüngen treu bleiben, seinem alten Lehrmeister Drumont, dem Antisemiten, seinem Traum vom alten Frankreich, in dem der Geist der Freiheit tatsächlich existierte ... *Les Grands Cimetières* zeigt eine Bernanos eigene Vorstellungswelt, die historisch zweifelhaft, doch poetisch erhaben und von einem sowohl den Evangelien verpflichteten als auch ritterlichen Christentum durchdrungen ist und die das Ehrgefühl zu einer ihrer Haupttugenden zählt. Als Gegner der Demokratie ist Bernanos über den Aufstand der spanischen

---

239 Siehe M. Winock, *»Esprit«. Des intellectuels dans la Cité, 1930–1950*, op. cit., S. 136.

Generäle absolut nicht empört; er spendet der Falange Beifall; er klagt die eingelullten Christen, die Lauen à la Gil Robles an, die die antichristliche Linke hervorgebracht haben. Doch er erträgt unter den Folgen des Bürgerkriegs den dreisten Schwindel von einem vorgeblichen »Kreuzzug« nicht, dessen ganz gewöhnliches Mittel der blanke Terror heißt. Krieg, ja. Aber nicht dieser schändliche Krieg, dessen Ziele durch niederträchtige Mittel und durch die Angst des Bürgertums entstellt werden und in dem sich die Truppen – mit dem Segen der »im Blut watenden« Priester – in rasende Banden und in Funktionäre der Schreckensherrschaft verwandeln.

Les Grands Cimetières sous la lune ist nicht nur der beredte, bilderreiche, pathetische Bericht einer Desillusion; es ist ebenso ein Pamphlet gegen die französische Rechte, insbesondere gegen die von Maurras beeinflusste Rechte, diesem »Verderber der Jugend«, der das faschistische Italien hofiert: »Es ist nicht unwahrscheinlich, dass Herr Mussolini jeden Tag *L'Action française* liest. Er muss sich dabei sogar wie zu Hause fühlen, wie ehemals ein ausländischer Prinz in seinem Pariser Zwischengeschoss.« Abgesehen davon, dass er die Mittelmäßigkeit der französischen Konservativen detailliert schildert, warnt Bernanos seine Zeitgenossen vor dem Aufstieg der Totalitarismen, des Kommunismus und des Faschismus, aber auch vor dem flauen Totalitarismus der kapitalistischen Demokratien. Die Erklärung, die er gibt, gründet in seiner christlichen Kultur: er sieht in den Totalitarismen das Ergebnis der Entchristlichung und nimmt ihre eschatologische Perspektive wahr.

Der Ton, der *Les Grands Cimetières* insgesamt durchzieht, führt manche zu der Annahme, Bernanos sei ein Mann der Linken geworden, so sehr wimmelt es darin von Pfeilen gegen die Rechte, gegen die lauen Katholiken, gegen die Faschisten ... Man geht sogar so weit, ihn als »Anarchisten« zu bezeichnen. Ein junger Schriftsteller lässt sich davon nicht täuschen. Er heißt Albert Camus und schreibt in der mit dem Kommunismus sympathisierenden Zeitung *Alger républicain*:

> »Bernanos ist ein doppelt verratener Schriftsteller. Wenn die Rechten ihn ablehnen, weil er schrieb, dass die Morde Francos ihm das Herz zuschnüren, so spenden ihm die linken Parteien Beifall, obwohl er von ihnen überhaupt keinen Beifall haben will. Denn Bernanos ist Monarchist [...]. Er bewahrt sich zugleich die wahre Liebe zum Volk und den Ekel vor den demokratischen Formen.« Man muss also den Mann »als ganzen« respektieren und darf nicht versuchen, ihn zu »vereinnahmen«[240].

---

240 Zit. nach S. Albouy, *Bernanos et la politique, op. cit.*, S. 179.

Emmanuel Mounier bezeichnet Bernanos' Pamphlet als das »Buch eines Propheten«:

»Es gab in der Vorkriegszeit einen Propheten: Péguy. Wenn man will, kann man Bloy hinzufügen, der nicht jedermanns Geschmack ist. Péguy ist tot, und jeder Tag der Nachkriegszeit lässt uns seine Abwesenheit spüren: *Les Grands Cimetières* gibt ihn uns wieder.«

Die rechte Presse brandmarkt Bernanos' »Wende«, wie die kommunistische Presse die Abtrünnigkeit Gides aufs Korn genommen hatte. Zweifellos verdient jener die Bezeichnung »Prophet« mehr als dieser: mit flammenden Worten ruft er seinen Glaubensbrüdern die Quelle ihres Glaubens ins Bewusstsein. Er ist ein Mann des Absoluten. Gide ist unbeständiger, wenn er auch einigen Lebensauffassungen treu bleibt *ne varietur*. Die französischen Leidenschaften der Jahre 1936–1938 kommen in ihren Erfahrungen und ihren symmetrisch zueinander stehenden Büchern auf ganz außergewöhnliche Weise zum Ausdruck. Beide bekämpfen auf eigene Gefahr den »Geist der Orthodoxie«, der unter ihren Zeitgenossen so weit verbreitet ist.

So weit verbreitet übrigens, dass Bernanos – zurück in Frankreich – die ganze moralische Misere fühlt und sich dazu entschließt, sein Land erneut zu verlassen: »Die Luft ist hier so dünn, dass sie kein freies Wort trägt«, schreibt er am 4. Mai an Maritain. Der beträchtliche Erfolg von *Les Grands Cimetières*, dessen erste Auflage in zwei Wochen vergriffen ist, sichert ihm ein kleines Vermögen, das es ihm erlaubt, einen alten Traum zu verwirklichen, nämlich sich in Paraguay niederzulassen. Am 20. Juli schiffen sich Bernanos und seine Familie auf der Florida nach Rio de Janeiro ein. Von Rio reisen sie über Buenos Aires nach Asunción. Paraguay ist nur eine enttäuschende Etappe; die Bernanos fahren nach Brasilien zurück, wo sie sieben Jahre bleiben. Aber die große Stimme des Schriftstellers wird von nun an immer zu hören sein. Seine Karriere als Romancier ist praktisch abgeschlossen; er fühlt sich aufgerufen zum »Kampf für die Freiheit«.

33
Martin du Gard, Nobelpreisträger

Am 11. November 1937 schreibt Roger Martin du Gard in seiner kleinen möblierten Wohnung in Nizza an seine Frau Hélène, die in Paris in der Rue du Dragon geblieben ist, und ruft sich dabei einen anderen 11. November ins Gedächtnis, den des Friedensschlusses:

> »Alle, die damals auf den beiden Kontinenten vor Freude außer sich waren, hatten sehr wohl unterschiedliche Vorstellungen im Kopf. Aber über eines waren sich alle einig. Es gab keinen Einzigen, der nicht völlig davon überzeugt gewesen wäre, dass er ›dies‹ niemals wieder erleben würde ... Und jetzt – weniger als zwanzig Jahre später – wo stehen wir jetzt[241]! ...«

Kurz darauf erhält der Autor der *Thibault* einen Anruf aus Paris, der ihn in Bestürzung versetzt: er hat gerade den Nobelpreis für Literatur erhalten, zehn Jahre nach Bergson, sechzehn Jahre nach Anatole France. Schon folgt ein Anruf auf den andern. Trotz eines Hexenschusses, der ihn seit einigen Tagen plagt, steckt Martin du Gard – bei dem Gedanken an eine Invasion von Journalisten von Panik ergriffen – rasch ein paar Sachen in den Koffer und macht sich zum Bahnhof von Nizza auf, wo er eine Fahrkarte nach Cannes löst. In dem Waggon, der ihn zu seinem Zufluchtsort bringt – ein Hotelzimmer gegenüber dem Bahnhof, das er unter dem Namen Martin mietet – gilt sein erster Gedanke Hélène:

> »Ich bin froh, ma chérie. Aber meine Freude – ich darf es sagen, weil es *wirklich* die reine Wahrheit ist – besteht darin, dass ich an Deine Freude denke, an den kleinen Stolz, der Dich ein wenig für so viele Jahre entschädigen wird, die Du im anspruchslosen Schatten dieser Arbeit verbracht hast, die man heute krönt. Dir schenke ich diesen famosen ›Ruhm‹, der uns so viele Neider bescheren wird!«

---

241 R. Martin du Gard, *Journal, op. cit.*, 3, S. 1156. Die übrigen Zitate dieses Kapitels stammen, falls nichts anderes angegeben ist, aus diesem *Tagebuch*.

Hélène! Eine geheime Wunde Martin du Gards. Sie lieben sich auf zerrissene und tragische Weise. Weniger als einen Monat vor der wunderbaren Nachricht vom Nobelpreis zog er bitter Bilanz über diese unmögliche Liebe, diese »grundlose Uneinigkeit«, diese verhinderte *Freundschaft* zwischen ihr und ihm. In seinem Tagebuch evoziert er auf herzzerreißende Weise die Last der Eifersucht seiner Frau auf Gide und Maria Van Rysselberghe, die ihm so viel bedeuten und für die sie einen krankhaften Hass empfindet. Das posthume Tagebuch von Martin du Gard durchzieht ein langer Schrei der Not. Er macht sich die Mühe, die fortwährenden Krisen zu beschreiben und zu analysieren, die Hélènes Kräfte, ihre Gesundheit, ihre Heiterkeit aufzehren. Absurd! Er kann mit ihr nicht brechen, denn er liebt sie, wie er sagt, braucht sie. Aber ihrer Gegenwart, die zu schwer auf ihm lastet, zieht er häufig die Einsamkeit vor, die seine Gefährtin geworden ist – bald in Nizza, bald in Le Tertre, seinem Landhaus im Département Orne, oder aber in Paris und Rom. Am 25. Februar 1937 gesteht er, erschöpft zu sein: »Am liebsten würde ich fliehen, allein, irgendwohin, sehr weit weg ...« Am 5. März: »Manchmal habe ich den fürchterlichen Eindruck, eine Verrückte geheiratet zu haben.« Am 11. März gibt er Hélènes Worte wieder: »Wir haben vielleicht noch fünfzehn Jahre zu leben. Fünfzehn Jahre! Ich muss einen Ausweg finden. Wir müssen uns trennen ...« Am Abend desselben Tages schreibt er: »Sie hat kaum etwas zu Abend gegessen und mich gebeten, sie allein zu lassen. Ich habe sie gerade verlassen. Sie liegt in ihrem Bett, rot, aufgebläht, flach ausgestreckt, um den Blutkreislauf wieder in Schwung zu bringen, mit unregelmäßigem Puls. Ihre Stimme stockt, ihre Augen sind fiebrig, und sie kann nicht verhindern, dass ihre Hände zittern.«

Sie haben eine Tochter, Christiane – aber die Mutter wirft dem Vater vor, sie ihr entfremdet zu haben. De facto trägt Christiane der so frommen Hélène gegenüber jetzt eine Abneigung für die Religion zur Schau, die ihr Vater, durch und durch ein Freidenker, für lächerlich hält. Sie lebt in Afrika mit ihrem Mann, Marcel de Coppet, einem alten Freund von Martin, der viel älter ist als Christiane, so dass der Schriftsteller in dieser Ehe eine Art Inzest sieht. In der Beziehung zu seiner Tochter, die eigensinnig, impulsiv, kategorisch ist, gibt es immer wieder, wie bei Hélène, Szenen, tränenreiche Krisen und Drohungen. Martin du Gard, dessen Familienleben eine Hölle ist, schreibt alles auf und vertraut sich manchmal einigen Freunden wie Jean Schlumberger an; am Ende seines Lebens verfügt er, dass seine privaten Schriften auf keinen Fall zu Lebzeiten dieser beiden Frauen erscheinen dürfen, die er geliebt hat und die ihn geliebt haben – unter Schmerzen.

In der Einsamkeit der herbstlichen Côte d'Azur erhält er also die gute Nachricht. Dort in Nizza hat er *L'Été 1914*, den letzten Teil von *Les Thibault*, abgeschlossen – nur der *Epilog* fehlt noch; die drei Bände sind im Dezember

1936 erschienen. Das Publikum reagiert sofort, die Kritik ist voller »Wertschätzung«. Am 8. März 1937 schreibt ihm Gide: »Der Verkauf der *Thibault* läuft wunderbar; ich habe mich dessen versichert, bevor ich Paris verließ; und in der NRF ist alle Welt entzückt.« Martin empfindet eine ungeheure Erleichterung, denn er ist bei Gallimard, der ihm monatliche Vorschüsse zahlt, sehr verschuldet. Er war jedoch auf den Nobelpreis nicht gefasst, obwohl sein Name schon seit Jahren regelmäßig Anfang November unter den Favoriten der schwedischen Akademie genannt wurde. Wenn ihn die Nachricht an diesem 11. November Reißaus nehmen lässt, so, weil er Ehrungen, Zeremonien, Reden mehr als alles andere verabscheut. Schon einen Tag nach seiner Flucht nach Cannes fährt er kurz nach Nizza zurück, um seine Post zu holen – das Gesicht hinter einem falschen Bart verborgen: hundert Telegramme erwarten ihn, dazu ein ganzer Berg Post. Wie schwer es ihm auch fällt, er wird nicht daran vorbeikommen, zu seinem »Ruhm« zu stehen. Doch als ihn Gaston Gallimard bittet, im Radio eine Mitteilung zu machen, verschanzt er sich hinter seinem Panzer. Seine Nieren sind wenigstens »völlig geheilt«, was sehr zu seiner guten Laune beiträgt. Hélène strahlt (seine Frau und seine Tochter schreiben ihm gerührte und begeisterte Briefe), und er nutzt die Gunst der Stunde und versucht, sie mit seinen teuren Freunden, Gide und Madame Théo, auszusöhnen; diese haben vor Freude einen Luftsprung gemacht, als sie die »große Nachricht« erhielten. Schon am 12. November vertraut er Gide die Idee an. Auf der Stelle ruft die »kleine Dame« Hélène an und lädt sie zu einem Essen ein, um Rogers Preis zu feiern.

> »Ich wäre vor Überraschung auf den Boden gefallen, wenn ich nicht schon so tief auf meinem kleinen Schemel gesessen hätte; am Ende der Leitung merkte ich genau, dass jedes Zögern von mir sehr ungut gedeutet worden wäre; so habe ich wunderbar selbstbeherrscht geantwortet: ›Aber ja, natürlich, mit größtem Vergnügen ...‹«

Martin verschanzt sich in seiner Wohnung in Nizza; auf der Flucht vor dem Pariser Lärm hat er sich wieder dorthin zurückgezogen; nach der Aufregung sucht er die Ruhe; er will seine Reden für Schweden vorbereiten; sein Verleger und seine Freunde, die diese freiwillige Abgeschiedenheit zur Verzweiflung bringt, protestieren, während die literarische Hautevolee lautstark nach ihm verlangt, die Pariser Tageszeitungen irrtümlich das Bild seines Cousins, Maurice Martin du Gard, verbreiten und die bösen Zungen ihr Gift verspritzen. Rechte Zeitungen entrüsten sich, dass die schwedische Akademie einen linken Schriftsteller gewählt hat. Bernard de Vaulx vor allem wettert in *Je suis partout* in Form eines »Briefes an einen jungen Ausländer«:

»Dieser Schriftsteller, wissen Sie, hat die Ideen des 19. Jahrhunderts übernommen: den Glauben an die Wissenschaft, den Sozialismus, die verrückten pazifistischen Hoffnungen. Zu intelligent und zu realistisch, um den Todesstoß nicht zu erkennen, den der Krieg und seine Folgen diesen Ideologien versetzt haben, litt er unter seinen Enttäuschungen. Man würde ihn deswegen nur beklagen, wenn man nicht sähe, dass ihn Verzweiflung überkam und dass er versuchte, sich an seinen Landsleuten zu rächen [...]. Sie werden nun, mein lieber Freund, fragen, warum ihm der Nobelpreis zuerkannt wurde. Da werde ich Sie auf Monsieur André Thérive verweisen. Er hat in *Le Temps* ganz ausgezeichnet erklärt, warum ein ›Geist der Rechten‹ überhaupt keine Chance hatte. ›Besonders in der gegenwärtigen Lage.‹ Die Jury erwartet ein Werk, in dem Frankreich ›den Traditionen, die seinen Ruhm ausmachen, treu zu sein scheint‹. Verstehen Sie: treu den Prinzipien von 89, diesen Prinzipien, die seine Macht und sein Prestige vermindert haben und die die Welt gerade heftig zurückweist, während wir uns darauf versteifen[242].«

Am 25. November ist Martin du Gard endlich in Paris; er trifft eine strahlende Hélène wieder und versucht beständig, sich den Fotografen zu entziehen, nicht ohne in Auseinandersetzungen mit ihnen zu geraten. Am Quai d'Orsay bietet ihm der Erziehungsminister Jean Zay die Rosette der Ehrenlegion an. Martin du Gard lehnt ab: er ist bereits Ritter der Ehrenlegion, das genügt ihm! Und sein rotes Band trägt er nie. – Und das Essen in der Rue Vaneau? Ach!

»Hélène hat bei diesem Essen nur eine *gekünstelte* Herzlichkeit gezeigt, ohne Spontaneität und ohne natürliche Großherzigkeit; und kaum war sie mit Jean Schlumberger (der eingeladen worden war, um in die Runde ein wenig Geselligkeit zu bringen) auf der Treppe, da hat sie über die, die ihr die Hand reichten, bittere Bemerkungen gemacht, die zeigten, dass ihr Stolz keinen Fingerbreit nachgab!«

Dennoch! sie hat die Einladung angenommen, und Martin du Gard freut sich darüber; umso mehr, als ihm Gide schreibt: »Nun, es ist alles wunderbar gelaufen, und dieses kleine Essen zu Viert war reizend!« Sollte sich das Leben dank dieses Nobelpreises ändern?

Mittwoch, den 8. Dezember, verlassen die Martin du Gards in Malmö die Fähre; Journalisten, Leute mit Blumensträußen und ... Fotografen drängen

---

242 Zit. nach F. Delivet, *Roger Martin du Gard. Le romancier des* Thibault *et l'histoire: 1919–1940*, Diplomarbeit DEA, IEP Paris, 1991, S. 204–205.

sich um sie. In Stockholm treffen sie Gaston Gallimard und seine Frau, die Roger zur Zeremonie der Preisverleihung am 10. in Gegenwart des schwedischen Königs und des Königshauses begleiten. In seiner Dankrede, die er abends während des rituellen Banketts mit majestätischer Langsamkeit vorträgt, gibt Roger Martin du Gard seinem letzten Werk einen klaren Sinn. Er fragt sich, ob die schwedische Akademie nicht, indem sie ihn auszeichnete, die Aufmerksamkeit der Welt auf *L'Été 1914* lenken wollte: »In diesen drei Bänden habe ich versucht, die angsterfüllte Atmosphäre Europas am Vorabend der Mobilmachungen von 1914 wieder aufleben zu lassen; ich habe versucht, die Schwäche der damaligen Regierungen zu zeigen, ihr Zögern, ihre Unbedachtheit, ihre uneingestandene Machtgier; besonders habe ich versucht, die bestürzende Trägheit der pazifistischen Massen vor der nahenden Katastrophe spüren zu lassen, deren Opfer sie wurden und die *neun Millionen* Tote und *zehn Millionen* verstümmelte Menschen zurückließ.« Zum Abschluss wünscht sich der französische Schriftsteller, dass sein Werk der Sache des Friedens dienen werde[243].

Die Rede – ohnehin länger als üblich – ist bewusst politisch. Der Nobelpreis hat den Romancier aus der bisher selbst auferlegten Reserve gelockt. Das ist auch ein Zeichen der Zeit. Noch nie hatten die französischen Schriftsteller so sehr das Gefühl, dass das Schicksal des Friedens und Europas sie etwas anging.

Im Jahre 1929 beklagte Emmanuel Berl in seinem Pamphlet *Mort de la pensée bourgeoise*, dass die französische Literatur der Zeit »außerordentlich konformistisch« sei. Ihre Flucht in den Psychologismus belege ihre Furcht vor den Ideen. Ihre Helden seien müde. Ihr Horizont regionalistisch. Ihre höchste Kühnheit bestehe darin, die Homosexualität zu schildern:

»Mir wäre lieb«, schrieb Berl, »wenn die Homosexuellen die Sodomie praktizierten, ohne beunruhigt zu sein, und auf einen Sodomismus verzichten würden, der zu einer Art Nationalismus mit Zeremonien und Fanfaren wird, mit Hass auf Fremde, mit dem Kult großer Männer, dem Pantheon berühmter Homosexueller und dem Grab des unbekannten Päderasten unter dem Arc de Triomphe.«

Insbesondere warf Berl der Literatur der zwanziger Jahre vor, »inaktuell« zu sein: »Fast keine Romane, in denen man Menschen von heute unter den Bedingungen von heute leben lässt.« Der Literat von heute »kann sich nur für Provinzhäuser interessieren. Für die Damen, die in ihnen wohnen. Ihre Ehebrüche. Noch nicht einmal das. Ihre vagen ehebrecherischen Wünsche, die

---

243 R. Martin du Gard, »Discours de Stockholm«, *NNRF*, Mai 1959.

sie durch die Rosengärten den Bäumen der Alleen zurufen«. Berl machte sich auch über den »ästhetischen Anarchismus« der Surrealisten und die revolutionäre Romantik ohne Revolution lustig. Die einzige positive Note: *Les Conquérants* von Malraux – »ein Ereignis von höchster Bedeutung ... Für mich ist Garine ein neuer Menschenschlag ...«

Das Fazit ist streng und vielleicht auch ungerecht. Wie dem auch sei, zehn Jahre später hat sich die literarische Landschaft gewandelt. *Les Conquérants* war vielleicht das Vorzeichen für den Wandel. Mit noch größerer Sicherheit haben die neue Weltlage und der neue Zustand der französischen Gesellschaft zahlreiche Schriftsteller dazu geführt, weniger psychologisch und stärker soziologisch, weniger exotisch und stärker politisch zu schreiben. *L'Été 1914* veranschaulicht das aufs Beste. Der Anfang der *Thibault* trägt das Gepräge der religiösen Problematik, mit der sich die Generation von Martin du Gard auseinandersetzte. Dann jedoch versetzt der Autor seine Personen in die politische und soziale Welt. Natürlich vergisst er im Laufe des Romans nicht, seinen Geschöpfen zu folgen und ihre Liebesbeziehungen zu erzählen, doch mit vollendeter Kunst verwebt er ihre Einzelgeschichte mit der allgemeinen Geschichte jener Wochen, die das Attentat von Sarajevo vom Beginn des Krieges trennen. Das historische Problem der Kriegsschuld zieht sich durch das ganze Buch, und der Autor legt eine Verantwortung des Kapitalismus und des Nationalismus nahe. Seine Helden, Antoine und Jacques Thibault, die sich keineswegs in der geschlossenen Welt von Provinzhäusern – und seien es die der besseren Viertel von Paris – verschanzen, handeln in engster Symbiose mit der historischen Gemeinschaft, zu der sie gehören. Entweder wie Antoine, um die Mobilmachung und den Krieg zu akzeptieren. Oder wie Jacques, um zu desertieren – und zwar nicht, um sich zu entziehen, sondern um sich in eine heroische, schimärenhafte, verzweifelte und erhabene Tat zu stürzen: er wirft pazifistische Traktate aus einem Flugzeug, bevor er einen schrecklichen Tod findet. Mit den ehebrecherischen Anwandlungen in Rosengärten ist nun Schluss. Ohne ein Schriftsteller mit einer besonderen Botschaft sein zu wollen, möchte Martin du Gard – das betont er in Stockholm – mit *L'Été 1914* die erneute Kriegsgefahr und die Notwendigkeit der Brüderlichkeit unter den Menschen bewusst machen.

Noch ehrgeiziger, wenn auch nicht so gelungen, ist *Les Hommes de bonne volonté* von Jules Romains; die ersten Bände von insgesamt siebenundzwanzig erscheinen 1932. In diesem unanimistischen[244], wimmelnden Fresko, in dem fiktive Personen neben wirklich existierenden auftreten, will der Autor die Entwicklung der Gesellschaft seit 1908, die Gesamtgeschichte, wieder aufle-

---

244 *Anm. d. Ü:* Unanimistisch: der Unanimismus war eine Anfang des 20. Jahrhunderts von J. Romains ausgehende Bewegung, die den Menschen nicht als Einzelgestalt, sondern als Teil einer Gemeinschaft im Sinn einer beseelten Einheit verstand.

ben lassen, indem er die verschiedenen Gesellschaftsschichten anhand einiger Dutzend Schicksale beschreibt, die trotz ihrer Diskontinuität, ihrer Heterogenität in einem Gesamtprozess vereint sind, dessen sich die Protagonisten nicht bewusst sind. Auch hier durchzieht eine Moral das gigantische Gemälde, die der »Menschen guten Willens«, dank derer die Menschheit hoffen kann, die Barbarei zu besiegen. Hier sind wir also von der Marquise, die um fünf Uhr ausgeht, noch weiter entfernt, denn Romains erteilt seine Geschichtslektionen mit der Beflissenheit eines Lehrers.

Unter einer anderen Perspektive literarischer Produktion wird der so genannte sozialistische Realismus zur Doktrin der kommunistischen Schriftsteller. Aragon veranschaulicht sie auf seine Weise in *Les Cloches de Bâle, Les Beaux Quartiers* (*Die Viertel der Reichen*) und *Les Voyageurs de l'impériale* (*Die Reisenden der Oberklasse*). Nizan greift die *Wachhunde* der kapitalistischen Gesellschaft an. Vladimir Pozner verherrlicht in *Le Mors aux dents* (1937, »In Harnisch«) die Revolution und hat damit einen schönen Erfolg. Nach *Les Conquérants* beschreibt der Weggefährte Malraux die Revolution nicht mehr als ein persönliches Abenteuer, sondern als das Werk brüderlicher Verbundenheit; sogar die Titel zeugen davon: *Conditio humana* (1933), *Hoffnung* (1937).

Die gesellschaftlichen Schranken werden niedergerissen. 1929 hat Léon Lemonnier ein »Volksmanifest« veröffentlicht, mit dem er die Literatur aus den bürgerlichen Kreisen herausführen und die Schriftsteller dazu bewegen will, das Volk – diese große Masse im konkreten Leben, die in so vielen zeitgenössischen Büchern abwesend ist – zu beschreiben. Ohne sich diesem Programm anzuschließen, halten sich neue Autoren wie Eugène Dabit (*Hôtel du Nord*) und Jean Prévost (*Les Frères Bouquinquant,* »Die Brüder Bouquinquant«) an die einfachen Leute. Henry Poulaille, der sich in allen Berufen auskennt, tritt mit seinem *Manifeste de l'École prolétarienne* (1932, »Manifest der proletarischen Schule«) für eine von Arbeitern geschriebene Literatur der Reportage und des Zeugenberichts ein. Jean Giono, engagiert im pazifistischen Kampf, stellt die Gegenwelt der bäuerlichen Zivilisation dar. *Le Sang noir* von Louis Guilloux kommt auf die Kriegsgräuel, die Schlaffheit der bürgerlichen Welt zu sprechen: sein Held, Cripure, ein verhöhnter Philosophielehrer an einem Provinzlycée, ist – zum Selbstmord getrieben – ihr schlechtes Gewissen.

Der wirkliche Donnerschlag, der das Pamphlet von Emmanuel Berl sofort veraltet erscheinen lässt, ist der erste Roman von Céline, *Voyage au bout de la nuit* (*Reise ans Ende der Nacht*), der 1932 mit dem Prix Renaudot ausgezeichnet wird. Céline revolutioniert die Schriftsprache und erschüttert alle Konformismen; in einer halluzinatorischen, gleichsam knirschenden, Rabelais' würdigen Erzählung lässt er seinen Helden Bardamu in jeden Schmutz der modernen Gesellschaft geraten, in den Krieg, in das kolonialistische Afrika, in die amerikanische Fabrik und in die schmutzige Pariser Banlieue. Die Kritik von links ist fast einmütig der Überzeugung, dass das Buch auf grandiose Weise die kapitalistische Welt geißelt; sieht man von Paul Nizan ab, erfasst sie nicht die verzweifelte und fatalistische Vision des Autors, die ihn zu politischen Optionen führen wird, die den ihren völlig entgegengesetzt sind. Jedenfalls besteht bei Céline kein Zweifel: man steht im Dreck, im Eiter, im Blut.

Während sich die Romanciers des bürgerlichen Dramas à la Mauriac mit Hilfe von Petitionen, Artikeln und Pamphleten im politischen Kampf engagieren, erfährt das literarische Schaffen selbst durch die Ereignisse einen Schock. Die Wirtschaftskrise, die Arbeitslosigkeit, das Entstehen von Diktaturen, die Angst vor dem Kommunismus oder seine Verherrlichung, die Ablehnung eines allgemeinen Massakers, der verstärkte Pessimismus gegenüber den Werten der bürgerlichen Kultur – alles, was das Bewusstsein von den prächtigen Zeiten der wilden Zwanziger entfernt, führt bei den Schriftstellern zu einem neuen Blick auf die Welt. Natürlich überleben die Buchhandlungen weiterhin mit Hilfe des traditionellen Romans, doch das entscheidende Ereignis der dreißiger Jahre ist dieser Wandel der Autoren hin zu einer Literatur, die in ihrer Zeit verwurzelt ist und ihre Konflikte, Hoffnungen und Verzweiflungen spiegelt.

Die Auszeichnung Roger Martin du Gards mit dem Nobelpreis veranschaulicht diese Wende. Die Paradoxie liegt darin, dass der Autor der *Thibault* keineswegs exemplarisch für das ist, was man später den »engagierten Schriftsteller« nennen wird. Man sieht ihn niemals auf einem Podium; meist arbeitet er nicht in Paris; er unterzeichnet keine Petition, sehnt sich nach Unabhängigkeit, nach Einsamkeit, weit weg von der Welt, vor der er sich wild entschlossen schützt. Nichtsdestoweniger verfolgt er die Ereignisse seiner Zeit aufmerksam; seine ganze Korrespondenz zeugt davon (»Ob ich will oder nicht, von weitem nehme ich an dem allgemeinen Brodeln teil«). Das impulsive Verhalten seines Freundes Gide, der der UdSSR gegenüber zunächst positiv, dann negativ eingestellt ist, schockiert ihn, denn er selbst bemüht sich immer, das Für und Wider abzuwägen. In Rom, das er so sehr liebt, macht er am faschistischen Regime auch Tugenden aus; doch insgesamt verabscheut er seinen *kriegerischen Geist*. Spanien gibt ihm Gelegenheit, seine Position zu präzisieren:

»Wenn es sich wirklich um den Kampf der Demokratie gegen den Faschismus handeln würde«, schreibt er am 27. November 1936 an die »kleine Dame«, »dann wäre es einfach, eine Wahl zu treffen. Aber ich sehe zwei *Diktaturen* miteinander kämpfen, die italienisch-germanische und die internationale kommunistische und anarchistische Diktatur. Alle beide sind in entsetzlicher und *gleicher* Weise furchtbar für die

Menschheit ... (Je älter ich werde, umso mehr fühle ich, dass ich eher zu einer anglo-amerikanisch-französischen Gruppierung gehöre, für die die Gruppierungen der UdSSR und die Gruppierung Italien-Deutschland-Japan in *gleicher* Weise Feinde sind).«
Und weiter unten fügt er hinzu: »Kein Bezug beispielsweise zur Dreyfus-Affäre, bei der der Einsatz klar war und man sich *engagiert* fühlte.«

Sein politisches Denken ist von der Notwendigkeit des Friedens geprägt; daran ändert sich nichts. Am 22. November 1936 schreibt er pessimistisch:

»Die internationale Zukunft scheint mir jedenfalls katastrophal.« Die Entwicklung hin zu einem Krieg in Europa scheint ihm äußerst wahrscheinlich; das führt ihn zu folgendem Glaubensbekenntnis eines bedingungslosen Pazifismus: »Alles, alles, ja genau: *alles* lieber als Krieg! Invasion, Unterjochung, Entehrung – lieber als ein Massaker an der Bevölkerung.«

Roger Martin du Gard verwahrt sich indessen dagegen, in seinem Roman eine Botschaft verkündet zu haben. Seinem Freund Lucien Maury, der Einwände erhebt, antwortet er:

»Werden Sie mir jetzt den einzigen Titel streitig machen, an dem mir gelegen ist: den eines *objektiven* Romanciers? Ich habe versucht, die Atmosphäre des Sommers 1914 wieder aufleben zu lassen. Wie ich früher versucht hatte, die Atmosphäre der Dreyfus-Affäre aufleben zu lassen. Sie werden mir sagen, ob mir das gelungen ist oder nicht. Ob ich einen akzeptablen ›Dokumentarroman‹ gemacht habe. Das ist alles[245].«

Das entspricht nicht genau dem, was er in seiner »Stockholmer Rede« verkündet. Es sei denn, man geht davon aus, dass die *objektive* Darstellung einer gegebenen Situation einem Engagement gleichkommt. Dergestalt scheint jedenfalls das Engagement Martin du Gards: in seinen Augen erlaubt es die Gattung Roman, eindeutige Erklärungen zu vermeiden – die der Petitionen und der öffentlichen Reden – und gegensätzliche Gesichtspunkte zur Geltung zu bringen, ohne jedoch zu verbieten (und hier ist die Objektivität zweifelhaft), dass das Werk ein Gravitationszentrum und eine allgemeine Orientierung erhält, die sehr wohl von einer politisch zu nennenden Entscheidung herrühren können.

---

245 R. Martin du Gard, *Correspondance générale, 6, 1933–1936, op. cit.*, 1990, S. 607.

Nach den letzten Verpflichtungen in Stockholm, Dîner beim König, Mittagessen bei seinem schwedischen Verleger, Pressebankett, Vortrag, Einweihung des Institut français, Besuch einer Schule beim Klang der Marseillaise – Veranstaltungen, bei denen Hélène eine Gewandtheit an den Tag legt, die er bewundert – verlassen Martin du Gard und seine Frau am Weihnachtstag Schweden, um von dort nach Kopenhagen und dann nach Deutschland zu fahren. In Berlin zeigt sich der neue Nobelpreisträger von dem, was er sieht und hört, »*bestürzt und in Schrecken versetzt*«:

»Deutschland«, schreibt er an seine Tochter, »wird von einer Handvoll allmächtiger *Wahnsinniger* geführt, die äußerst gefährlich sind; denn sie stoßen auf *keinerlei Widerstand*. [...] Deutschland ist eine terrorisierte, doch *einwilligende* Nation. [...] Sie akzeptieren. Sie werden alles akzeptieren, sogar eine Mobilmachung und das Massaker. Die Propaganda des *Hasses* ist von zynischer Gerissenheit und Virulenz.«

Es gibt keine intellektuelle Elite mehr. Die Zeitungen und die Theater bringen nur kindisches Zeug. »Ja, ich komme von dort sehr niedergedrückt, sehr entmutigt zurück. In diesem europäischen Tennismatch, in dem unsere Demokratien mit Bällen spielen und die totalitären Regime mit Granaten, halte ich es für *unmöglich*, dass wir nicht in die schlimmsten Katastrophen getrieben und schließlich besiegt und vielleicht für mehrere Generationen unterjocht werden. Ich glaube an den schließlichen Sieg des Geistes, an den schließlichen Triumph des Friedens über den Krieg. Aber sicherlich müssen wir noch ein Jahrhundert namenloser Schrecken durchmachen.« Mit einem Mal kommen ihm seine Stockholmer Reden sehr »blass und platonisch« vor.

Zurück in Paris, wird Martin du Gard unaufhörlich gebeten zu intervenieren, Petitionen zu unterzeichnen, Stellung zu nehmen. Die Pazifisten setzen ihm zu, Alain, Félicien Challaye (1934 Verfasser von *Pour la paix désarmée même en face de Hitler*, »Für den wehrlosen Frieden sogar gegenüber Hitler«), Victor Margueritte (Verfasser von *La Garçonne*, »Die Junggesellin«, und Biograph von Aristide Briand) ... Nach dem Anschluss vom März 1938 lehnt er es ab, sich einer Erklärung von Alain gegen jede »vorgezogene Einberufung« anzuschließen; am 3. April schreibt er an André Gide, dass er »angesichts der ungeheuerlichen Absurditäten, die sich anbahnen«, nur einen einzigen Wunsch hat: »fliehen, allem und allen den Rücken kehren, mich irgendwo vergraben und warten, bis der Wahnsinn vorbei ist[246] ...« Er schätzt jedoch Alains Handlungsweise und besonders die Analysen des Pazifisten Léon Émery, der in den *Feuilles libres* schreibt. Doch das Privatleben fordert wieder

---

246 A. Gide-R. Martin du Gard, *Correspondance, 2, 1935–1951,* Gallimard, 1968, S. 130.

seine Rechte: Gide teilt ihm den Tod seiner Frau Madeleine mit, die er so sehr und auf so schlechte Weise geliebt hat. Hélène ermuntert ihren Mann, Gide in ihr Landhaus, Le Tertre, einzuladen; dieser nimmt die Einladung an und verbringt im Mai ein paar Tage bei Martin du Gard. Im Juli 1938 sind Martin du Gard und Schlumberger im Rathaus des 7. Arrondissement Gides Zeugen bei der Adoption Catherines, seiner Tochter, die der Verfasser von *Corydon* nun als solche anerkennt.

Die Ereignisse überschlagen sich. Nach Österreich, das er geschluckt hat, beansprucht Hitler das Sudetenland und spekuliert auf den Rest der Tschechoslowakei. Jetzt ist Martin du Gard bereit, eine pazifistische Erklärung abzugeben. Er bedauert es sofort:

> »Ich habe einen Berg von Briefen erhalten«, schreibt er an Gide am 20. August, »im Anschluss an meine Unvorsichtigkeit (diese zwanzig Zeilen gegen den Krieg, die ich an den RUP[247] geschickt habe). [...] Mehr als fünfzehn unbekannte Genies haben mich beschworen, Europa zu retten [...] . Nun bin ich also zum Lehrmeister für den Pazifismus avanciert![248]«

Er vertraut Gide seine Skepsis an. Ja, er wird alles billigen, was man tun kann, um den Krieg hinauszuzögern. Die Menschheit braucht den Frieden, einen wirklichen Frieden, einen internationalen Rechtszustand. Nun, das Beste, was man gegenwärtig erreichen kann, ist ein Waffenstillstand. Und der »Waffenstillständler« weiß, dass man lange warten muss, um den wirklichen Frieden zu bekommen. Im September nimmt die Sudentenkrise eine dramatische Wendung:

> »Im Grunde, im tiefsten Grunde«, schreibt er an Gide, »glaube ich immer noch, dass der Krieg vermieden wird. Glauben Sie nicht, dass Hitler Recht hat, wenn er glaubt, dass Frankreich und England nicht so ›entschlossen‹ sind, wie sie vorgeben? Ich erwarte ein Zurückweichen – bis zum letzten, allerletzten Augenblick werde ich darauf warten ...«

Am Vorabend der Münchner Konferenz fehlt es Roger Martin du Gard also nicht an Hellsicht, was die wahrscheinliche Haltung der Demokratien in der Krise angeht. Doch er will nicht begreifen: wenn Europa mit einem Bein im Krieg steht, dann zweifellos auch, weil Pazifisten wie er seit Hitlers Machtantritt zu all diesem »Zurückweichen« bereit waren. Warum sollte der Führer

---

247 *Anm. d. Ü:* RUP: Rassemblement des Universitaires pour la paix, »Zusammenschluss der Universitätsangehörigen für den Frieden«.
248 *Ibid.*, S. 146.

plötzlich seinen Eroberungszug aufgeben, der durch die anglo-französische Diplomatie so schön gebilligt wurde? In der Zwischenzeit werden seine Armeen von Jahr zu Jahr stärker, während die Friedenstauben im Ausland von nichts anderem als Abrüstung reden.

Roger Martin du Gard oder die Hellsicht und ihre Grenzen.

34
Die Tagundnachtgleiche des September

Der jährliche Parteitag der NSDAP wird am 5. September 1938 in Nürnberg in der üblichen großen Inszenierung eröffnet. Die ganze Welt hängt angsterfüllt an den Lippen des Führers. Für Roger Martin du Gard ist alles möglich. Er möchte noch an die Chancen des Friedens glauben und zeigt sich darüber erschrocken, dass die Franzosen einen neuen Krieg akzeptieren: »Ohne allzu sehr aufzumucken, würde man in den Krieg ziehen, um ›den Faschismus niederzuschlagen‹. Kein Mensch denkt daran, dass *der Krieg überall dem Faschismus den Weg bereitet* und dass mit den Demokratien à la française dann Schluss wäre[249] ...«

Die Rede, die Hitler am 12. September hält, bringt de facto nichts Neues. Man setzt wieder auf Beruhigung. Doch nicht für lange. Die Nazipartei des Sudentenlandes, angeführt von Henlein, verstärkt ihre Provokationen und Aggressionen. Chamberlain schlägt Hitler nun vor, sich mit ihm zu treffen, »um eine friedliche Lösung herbeizuführen«. Während der britische Premierminister nach Berchtesgaden unterwegs ist, berichtet der deutsche Rundfunk von einer Erklärung Henleins, in der dieser den Anschluss des Sudetenlandes an Deutschland fordert. *L'Humanité* vom 15. September spricht schon von Kapitulation. Chamberlain kommt mit leeren Händen von seinem Treffen mit Hitler zurück, der ihm klargemacht hat, dass über diese Frage nicht mit ihm zu reden ist. Chamberlain teilt das dem französischen Regierungschef, Daladier, mit. Steht der Krieg vor der Tür? Der allgemeine Tenor der Presse läuft auf Kompromiss hinaus, um nicht zu sagen, darauf, die Zerschlagung der Tschechoslowakei zu akzeptieren. »Warum für das Sudetenland sterben?« fragt Henri Béraud am 16. in *Gringoire*. »Versuchen Sie das bitte denen klar zu machen, deren Leben auf dem Spiel steht.« Die französischen und britischen Zeitungen finden, die Tschechen hätten entgegenkommender zu sein. Wenige von ihnen bringen – im Gegensatz zur kommunistischen Presse – Widerstand zum Ausdruck. Am 22. und 23. September verschärft sich die Krise. Chamberlain ist erneut nach Deutschland, nach Bad Godesberg, ge-

---

249 R. Martin du Gard, *Journal, op. cit.*, 3, S. 168.

reist, um Hitler von der Annahme der deutschen Forderungen durch die Tschechen in Kenntnis zu setzen. Der Deutsche schraubt den Preis höher: das Sudetenland muss zwischen dem 26. und 28. September von den Tschechen geräumt werden. Am 23. wird in der Tschechoslowakei die allgemeine Mobilmachung angeordnet. Am 24. beschließt das verbündete Frankreich, mehrere Kategorien von Reservisten einzuziehen.

Martin du Gard lässt dieses Wechselbad über sich ergehen – ein »höllisches Martyrium für die Nerven«. In seinem Landhaus empfängt er Raymond Aron, der aus Paris gekommen ist, um seine Frau Suzanne und die Tochter in Sicherheit zu bringen. Martin hat jedoch noch Hoffnung: »Ich spüre«, schreibt er am 25., »in der tiefsten Absicht der französischen und englischen Regierung den festen Willen zu kapitulieren und dabei bis zum Äußersten zu gehen, um das Abenteuer zu vermeiden.« Und schon ist er – wie so viele andere auch – dabei, sich selbst gute Gründe einzureden, um das neuerliche Zurückweichen zu akzeptieren: der tschechoslowakische Staat ist ein künstliches Gebilde, ein »Irrtum des Versailler Vertrags« ... Am Tag darauf kommt das Ehepaar Jules Romains bei ihnen vorbei; die Romains sind überstürzt aus der Bretagne abgefahren und befinden sich auf dem Weg nach Paris. Martin du Gard ist beunruhigt über die Argumente von Jules Romains, der aus strategischen Gründen eine Annahme von Hitlers Ultimatum nicht für möglich hält ... Am Abend hält Hitler eine äußerst scharfe Rede. Bei Martin du Gard regnet es Telegramme der Art: »Leser *Été 14*, mobilisierbar, beschwören Sie, gegen ein neues 14 Ihre Stimme zu erheben.« Was kann er tun? Fürs Erste will er den »Lotsen« vertrauen, die das Volk sich gewählt hat und die über »Karten und Kompasse« verfügen. Am 28. kündigt das Radio um vier Uhr nachmittags an, dass Mussolini sich als Vermittler anbietet: »Da sind wir hingekommen«, schreibt Martin: »die Intervention des anderen Gangsters, des Italieners, wird als Rettung angesehen!« Am 29. September findet also in München eine Konferenz der Repräsentanten Großbritanniens und Frankreichs, Hitlers und Mussolinis statt. In der Nacht vom 29. auf den 30. wird das Münchner Abkommen geschlossen. Die Demokratien kapitulieren vor Hitler, der die Gesamtheit der geforderten Territorien bekommt.

Die Intellektuellen haben in diesen dramatischen Wochen nicht alle darauf verzichtet zu reagieren. Anfang September hatten Romain Rolland, Paul Langevin und Francis Jourdain ein Telegramm an Daladier und Chamberlain geschickt, um sie aufzufordern, »durch engen Zusammenschluss und energische Schritte Hitlers Attentat auf die Unabhängigkeit und den Bestand der Tschechoslowakei zu verhindern«. Alain, Jean Giono und Victor Margueritte reagieren mit einem anderen Telegramm an dieselben Adressaten; denn sie sind der Meinung, dass »alles besser ist als der Krieg«:

> »Im Gegensatz zur Behauptung Telegramm Langevin-Romain Rolland sind wir uns sicher, übergroße Mehrheit des französischen Volkes ist sich der Ungeheuerlichkeit eines europäischen Krieges bewusst; es setzt auf engen Zusammenschluss englischer und französischer Regierung, nicht um in den höllischen Kreislauf militärischer Mechanismen einzutreten, sondern um jeglicher Verwicklung zu widerstehen und den Frieden zu retten durch jegliches ausgewogene Arrangement, dann durch eine groß angelegte Initiative im Sinne neuen europäischen Statuts mit dem Ziel der Neutralität der Tschechoslowakei[250].«

Die linken Intellektuellen sind gespaltener denn je. Die Wochenzeitung, von der man meinte, sie würde eine Aussöhnung herbeiführen, *Vendredi*, überlebt die Krise nicht und verschwindet im November. Während das von den Pazifisten beherrschte »Wachsamkeitskomitee der antifaschistischen Intellektuellen« die Repräsentanten Frankreichs und Englands auffordert, von Hitler alles zu akzeptieren, stellen die Kommunisten und ihre Weggefährten, zu denen eine gewisse Zahl unabhängiger Persönlichkeiten hinzukommt, die »Münchner« an den Pranger, die ein weiteres Mal vor Hitler kapitulierten, wobei schon die nächste Kapitulation vor der Tür stehe. Gegen sie führen Jean Giono und Alain den pazifistischen Kampf an.

Giono hat wie Alain den Krieg mitgemacht. Er ist davon immer noch nicht »rein gewaschen«, wie er es in der Nummer von *Europe* ausdrückt, die 1934 dem zwanzigsten Jahrestag des Kriegsbeginns gewidmet ist. Er war 1915 – vor seinem zwanzigsten Lebensjahr – eingezogen worden und hatte Verdun, die Somme, den Chemin des Dames[251] miterlebt ... Er weiß, wovon er spricht. Es kommt darauf an zu leben, zu überleben. In *Le Grand Troupeau* (1931, *Die große Herde*) hatte er einen Soldaten dargestellt, der dem großen Gemetzel die Selbstverstümmelung vorzog. Die Episode steht in einem der unveröffentlichten Kapitel des Romans, die Giono 1937 in sein *Refus d'obéissance* (»Gehorsamsverweigerung«) aufnimmt[252]. Er war Mitglied der AEAR gewesen und hatte an *Commune* zu einer Zeit mitgearbeitet, als er glaubte, die Kommunisten gehörten zu demselben Lager wie er. Der französisch-sowjetische Beistandspakt und die Erklärung Stalins von 1935 lassen ihn auf Distanz gehen, obwohl er der Volksfront zustimmt. Er wohnt in Manosque in der Provence und begründet 1935 die »Begegnungen des Contadour«, wo er inmitten von Lavendelfeldern das ins Leben ruft, was er »Jugendherberge für Intellektuelle« nennen wird: Rückkehr zur Natur, Kritik der Industrialisierung und Kult des Friedens sind die großen Diskussionsthemen. Gleichzeitig

---

250 J. Giono, *Précisions*, Grasset, 1939, S. 10.
251 *Anm. d. Ü:* Somme, Chemin des Dames: »Schauplätze« der Schlachten des Ersten Weltkriegs.
252 Vgl. N. Racine, »Giono et l'illusion pacifiste«, *L'Histoire*, Nr. 106, 1987.

ist Giono ein Aktivist des bedingungslosen Pazifismus geworden; er hat Erklärungen und Glaubensbekenntnisse veröffentlicht und die einseitige Abrüstung gepredigt. 1936 bricht er mit den linken Parteien und mit *Vendredi*; von einer Intervention in Spanien will er nichts wissen.

Was Alain betrifft, den Verfasser von *Mars ou la guerre jugée* (1921), so bleibt er seinem eingefleischten Pazifismus treu. Da er eine schwache Gesundheit hat, lässt er sich in der Öffentlichkeit häufig von seinem treuen Schüler Michel Alexandre vertreten, der mit ihm die *Feuilles libres* herausgibt, die Martin du Gard abonniert hat. Zur Zeit der Remilitarisierung des Rheinlandes, als das »Wachsamkeitkomitee der antifaschistischen Intellektuellen« mitten in der Krise steckt, hatte sich Alexandre nicht gescheut, Deutschland zu rechtfertigen: »Das reale deutsche Volk, das kein mythisches Wesen ist, sondern nahe bei uns lebt, ist von Leidenschaften beherrscht, die auch die unseren wären, wenn wir seit Versailles dieselbe Ungerechtigkeit und dieselbe Not erlitten hätten[253].« Alexandre behält die Kontrolle über *Vigilance*, das Organ des CVIA, dessen Vizepräsident Alain ist. Zur Zeit von München, 1938, steht der siebzigjährige Philosoph wieder an der Spitze des pazifistischen Kampfes. Anfang September schreibt er an Daladier, an Georges Bonnet, den Minister für Internationale Beziehungen, und an Léon Blum. Am 15. September veröffentlicht *L'Œuvre* das Telegramm, das er mit Giono und Margueritte unterzeichnet hat. Die kleine Schar spitzt ihre Forderungen zu: »Wir verlangen, dass Frankreich unverzüglich die Initiative zu einer universellen Abrüstung ergreift.« So beginnt das Telegramm, das Jean Giono kurz nach München am 30. September an Daladier richtet. »Wunderbare Ereignisse« notiert seinerseits Alain in seinem Tagebuch, und noch am 18. Oktober: »Es ist ein Irrtum zu glauben, man könne den Gewalttätigen dadurch Angst einjagen, dass man sich gegen sie bewaffnet; das Gegenteil trifft zu.«

Am 2. Oktober teilt Gide Martin du Gard seine »Freude« mit: »Alles in allem läuft es auf eine Niederlage Hitlers hinaus. Er hat, was er wollte; einverstanden; doch er hat gehorchen, nachgeben müssen; und was sein Volk bejubelt, ist nicht so sehr die Annexion neuer Landstriche und Menschengruppen als vielmehr: die Vermeidung des Krieges[254].« Freund Gide freut sich nicht allzu lange: »Diese erste tiefe Erleichterung – wie schnell ist sie erstickt worden«, stellt die »kleine Dame« noch an demselben Tag fest, an dem Gide seinen Brief an Martin schickt, »erstickt durch den Eindruck eines erbärmlichen Kompromisses, der zweifellos notwendig, doch auch gefährlich ist. Im Ganzen überwiegt also ein Unbehagen« ... Am 4. verstärkt sich dieses Unbehagen noch, als Gide von seinem Freund Jef Last einen Brief bekommt: »Er sieht in

---

253 Zit. nach A. Sernin, *op. cit.*, S. 360.
254 A. Gide-R. Martin du Gard, *Correspondance, op. cit.*, 2, S. 152.

dem, was sich ereignet hat, nur Schande, Grund zur Trauer, Dummheit und wachsende Gefahr.«

Gide lässt diesen Brief abschreiben, um ihn an Martin du Gard weiterzureichen; dieser ist empört:

»Dieser Dummkopf Jef hat natürlich das Recht zu denken, was er will, und da er zu denen gehört, die ihren Kopf als Erste hingehalten hätten, hat er das Recht, dieser kollektiven Entehrung den Selbstmord vorzuziehen. Das ist die Mentalität der Poincaristen: meinen, der Krieg sei unvermeidlich, und deshalb nicht nur darauf verzichten, seinen Ausbruch hinauszuzögern, sondern die Vorteile eines Präventivkrieges ins Auge fassen ... All dies scheint mir unsinnig.«

Für Martin du Gard wie für so viele andere geht es darum, »zwischen dem Verrat an unseren Verbündeten und *einem allgemeinen Krieg*« zu wählen. Dieses Argument hört man seit 1936, während sich doch Stimmen erheben, die versichern, gerade der allgemeine Krieg könne nur durch eine Politik der Entschlossenheit seitens Frankreichs und Englands vermieden werden. Die Pazifisten halten sich an das Postulat von Alain: sich zu bewaffnen bedeutet, den Feind herauszufordern. Man hätte ihm immerhin entgegnen können, dass Abrüstung seinen Appetit anregt. Doch die Pazifisten sind, wie wir gesehen haben, der Meinung, Hitler mache das Unrecht des Versailler Vertrages wieder gut. Mit anderen Worten, wenn sich alle Deutschen wieder in Deutschland befinden werden – auch die Sudetendeutschen –, dann wird der Friede endlich gesichert sein. Seit März 1939, als Hitler trotz des Münchner Abkommens die Zerschlagung der Tschechoslowakei zu Ende führt, muss man das Argument neu überdenken. Wenige Pazifisten tun es. In der letzten Nummer der unerschütterlichen *Vigilance* vom Juli 1939 gelten die härtesten Attacken der Wiederbewaffnung Frankreichs, der »langsamen Faschisierung und Militarisierung des Landes«. Das CVIA hatte einen zunehmend großen Teil seiner Anhänger verloren (Paul Rivet ist im Oktober 1938 zurückgetreten); sie entdecken zu unterschiedlichen Zeitpunkten, dass der Antifaschismus unter Umständen den bewaffneten Widerstand impliziert.

Ein weiterer Grund hatte bei linken Intellektuellen den Hang zur Kapitulation begünstigt: ihr Antistalinismus. Er wurde durch die Ereignisse verstärkt: die stalinistischen Säuberungen, die Moskauer Prozesse, die Liquidierung des POUM und der Anarchisten durch die Komintern in Spanien ... und den Aufenthalt Trotzkis in Frankreich. Im April 1936 schreibt Alfred Rosmer von *La Révolution prolétarienne* an Trotzki:

Die Tagundnachtgleiche des September

»Es steht außer Zweifel, dass die systematische Vernichtung der alten Bolschewiken und all derer, die dem stalinistischen Regime irgendeinen Widerstand entgegenstellen – ohne Prozess oder nach den abscheulichen Justizfarcen der ›Moskauer Prozesse‹ –, schließlich die revolutionären Arbeiter und die Demokraten, die für ein Bündnis mit Russland als Mittel der Verteidigung gegen Hitler eintreten, zum Nachdenken zwingt[255].«

Für viele wird es schwer, zwischen den Verbrechen Stalins und den Verbrechen Hitlers zu wählen. Bei manchen verstärkt die revolutionäre Kompromisslosigkeit noch diesen Weder-Noch-Geist (weder Stalin noch Hitler), der in der Praxis – da die Revolution auf einen viel späteren Termin verschoben ist – auf einen Verzicht zu handeln hinausläuft, der letztlich dem Münchner Lager entgegenkommt.

Ein gutes Beispiel für diese Weder-Noch-Position liefert Pierre Naville, der zur trotzkistischen Richtung gehört, in *Lutte ouvrière*. Am 16. September 1938 gibt er seinem Artikel den Titel: »Kein neues 1914«; am 23. September: »Nur der Klassenkampf gegen die Ausbeuter wird den imperialistischen Krieg zurückdrängen!« Naville stellt in diesem Artikel die »stalinistischen Führer, [die] den imperialistischen Krieg wollen, um Hitler niederzuschlagen«, an den Pranger. Allein »die internationale revolutionäre Bewegung« könne Hitler aufhalten. Fast dasselbe Motto hatte Marceau Pivert, ein Abtrünniger der SFIO, ausgegeben: »Zunächst die Revolution!« Raymond Abellio, der sich der Gruppe um Pivert[256] anschließt, gibt die Haltung der Bewegung zu München folgendermaßen wieder:

»Wir lehnten es ab, zwischen den beiden Blöcken, dem englisch-französischen einerseits, dem deutsch-italienischen andererseits, die wir beide als gleichermaßen ›imperialistisch‹ betrachteten, zu wählen. Wir hatten nicht, so sagten wir, zwischen den fetten und den mageren Wölfen zu wählen. Inmitten derart erschütternder Ereignisse zeugte diese Neutralität von unserer Abwesenheit[257].«

Ähnliche antistalinistische, antinazistische und revolutionäre Positionen nimmt auch die – seit 1935 dem PCF entfremdete – surrealistische Gruppe ein; am 27. September 1938 veröffentlicht sie ein Flugblatt mit dem Titel »Weder Euren Krieg noch Euren Frieden!«, das mit den Worten schließt:

---

255 L. Trotzki, A. Rosmer, V. Margueritte, *Correspondance 1929–1939*, Gallimard, 1982, S. 237.
256 Der »Gauche révolutionnaire« (»Revolutionäre Linke«), die nach ihrem Ausschluss aus der SFIO im Juni 1938 zum Parti socialiste ouvrier et paysan (PSOP) wird.
257 R. Abellio, *Ma dernière mémoire, op. cit.*, 2, S. 305–306.

Die Ära Gide

»Wir weigern uns, dem wahnsinnigen Europa der totalitären Regime das vergangene Europa des Versailler Vertrages gegenüberzustellen, selbst wenn dieser revidiert würde. Wir stellen beiden, im Krieg wie im Frieden, die Kräfte gegenüber, die dazu berufen sind, Europa durch die proletarische Revolution vollkommen neu zu erschaffen[258].«

Kompromisslosigkeit, doch eine sich enthaltende Kompromisslosigkeit. Die Weder-Noch-Position, die ein Revolutionarismus, doch ein von den konkreten Ereignissen und Kontingenzen losgelöster Revolutionarismus ist, erscheint unter der Feder von Alfred Rosmer, den wir schon erwähnten, enttäuschter und pessimistischer: »Ein gewisser Antifaschismus würde alles rechtfertigen, sogar die Verbrechen. Es ist, als hätten wir jetzt nur noch die Wahl zwischen Varianten totalitärer Regime: der mussolinischen, der hitlerschen, der stalinistischen[259].«

Der Kern des Widerstandes gegen die Kapitulation von München bildet sich also in der Kommunistischen Partei und unter ihren Intellektuellen. Anfang Oktober 1938 veröffentlicht *L'Humanité* ein Manifest für den Frieden, das unter anderen von Julien Benda, der das CVIA verlassen hat, unterstützt wird. In derselben Zeitung erklärt Romain Rolland am 14. Oktober, dass, »wenn wir auch alle den Frieden lieben und wollen, wir doch der Meinung sind, dass der Frieden von München eine erniedrigende Kapitulation ist, die neue Waffen gegen Frankreich liefert«.

Die kommunistische und kommunistenfreundliche Presse der Zeit kann sich mit einem Sympathisanten brüsten, von dem man das weniger vermutet hätte: Henry de Montherlant; ihm verdankt man einige Monate nach dem Ereignis von *L'Équinoxe de septembre* (»Die Tagundnachtgleiche des September«) die Veröffentlichung eines der wenigen französischen Pamphlete, die den Geist von München brandmarken. Tatsächlich hat sich Montherlant, ein wild zur Unabhängigkeit entschlossener Geist, seit 1935 – dem Jahr, in dem er den italienischen Angriff auf Äthiopien verurteilte – zunehmend in der Gesellschaft von Linken wieder gefunden: er hat sowohl in *Europe* als auch in *Candide* veröffentlicht. Ohne Zweifel ist es auch die antichristlichste Phase seines Lebens; das erleichtert es ihm, ein Wegstück gemeinsam mit der Linken zu gehen. 1936 wird er mit einundvierzig Jahren wirklich berühmt durch die Veröffentlichung von *Les Jeunes Filles* (*Die Mädchen*) (Auszüge erscheinen in *Commune!*) – ein Werk, das einen der größten Erfolge der dreißiger Jahre darstellt. Niemand weiß zu dieser Zeit von seiner Homosexualität – außer der Sittenpolizei und einigen Richtern. Sein Roman gilt als der eines Frauenhelden, eines Don Juan, eines frauenfeindlichen Moralisten, doch sicherlich

---

258 M. Nadeau, *Documents surréalistes. Histoire du surréalisme*, Seuil, 1948, S. 379.
259 Ch. Gras, *Alfred Rosmer et le mouvement révolutionnaire international*, Maspéro, 1971, S. 397.

nicht als der eines Liebhabers von »Jungen«[260] (obwohl das eine das andere nicht ausschließt), der sich täglich auf die »Jagd« macht, über die er seit 1938 Roger Peyrefitte ins Vertrauen zieht[261].

Montherlant, der politisch denken kann, ist zunächst der Meinung, dass man vor Hitler nicht in die Knie gehen darf. Während der Krise von März 1936 – hervorgerufen durch die Remilitarisierung des Rheinlandes – hält er sich bereit: er kauft sich eine Gasmaske und packt seine militärische Ausrüstung zusammen. Im Januar 1938 diskutiert er unter der Leitung von François Brinon vom Komitee Frankreich-Deutschland im Studio Bonaparte mit Otto Abetz[262]; er begegnet der deutsch-französischen Annäherung mit radikaler Skepsis. Seine Überzeugung steht fest: der Krieg ist unvermeidbar. Dieser ehemalige Frontkämpfer hat keine Angst davor; die Pazifisten hält er für Dummköpfe. Im März, kurz nach dem Anschluss, unterzeichnet er die Erklärung von dreizehn Schriftstellern, unter denen sich Aragon, Bernanos, Chamson, Colette, Malraux, Maritain, Mauriac, Romains befinden:

»Angesichts der Bedrohung unseres Landes und der Zukunft der französischen Kultur bedauern die unterzeichnenden Schriftsteller, dass unter den Franzosen keine Einheit herrscht; sie fassen daher den Entschluss, jegliche Streitsucht zum Schweigen zu bringen und der Nation das Beispiel ihrer Brüderlichkeit zu geben[263].«

Am 24. September, dem Tag der Teilmobilmachung, beschließt er, sich freiwillig für das erste an die Front ziehende Kontingent zu melden. An der Gare de l'Est scheinen ihm die Menschen ruhig, weder begeistert noch protestierend: »Zwanzig Jahre pazifistischer Propaganda sind vom französischen Volk ohne jede Wirkung aufgesogen und verdaut worden[264] ...« Er ist ruhig und nimmt das Manuskript seines nächsten Buches, *Les Lépreuses* (»Die leprakranken Frauen«, in: *Erbarmen mit den Frauen*) mit, um daran zu arbeiten.

In *L'Équinoxe de septembre* zieht er eine Bilanz der Krise und notiert am 2. Oktober:

»Die kindischen Manifestationen der ›phlegmatischen‹ Herren des Unterhauses hindern mich nicht daran, der Meinung zu sein, dass – vorausgesetzt, England hat sich aus der Schlinge gezogen, wovon ich

---

260 P. Sipriot, *Montherlant sans masque,* Robert Laffont, 1990.
261 H. de Montherlant-R. Peyrefitte, *Correspondance,* op. cit.
262 *Anm. d. Ü:* Otto Abetz (1903–1958): zunächst Lehrer, wurde er 1935 in der Dienststelle Ribbentrop der NSDAP tätig; von 1940 bis 1944 war er »deutscher Botschafter« in Paris. Im Juli 1949 wurde er von einem französischen Militärgericht zu zwanzig Jahren Zwangsarbeit verurteilt.
263 J.-L. Garet, *Montherlant dans la Cité,* Doktorarbeit, Université de Lille-3, o. J., S. 327.
264 H. de Montherlant, *L'Équinoxe de septembre ...,* in *Essais,* Gallimard, »La Pléiade«, 1963, S. 812.

ausgehe – es aus dieser Sache nicht gerade geadelt hervorgeht. Was uns Franzosen angeht, sprechen wir nicht darüber. Gebt euch behaglich eurem Delirium hin, arme Heloten, manipuliert und betrogen, geschwächt und geohrfeigt, die ihr eure Niederlage und eure Demütigung mit dem freudigen Entzücken der Sklaven akzeptiert. Zertretet eure Gasmasken, ihr Dummköpfe, denn heute wie gestern Abend – so ist es doch – wird das Beefsteak auf dem Tisch stehen, und danach ab ins Bett, mein Liebling. Aber ihr werdet mir morgen Bericht erstatten. Ob ihr wollt oder nicht, ihr feigen Dummköpfe, es wird der Tag kommen, an dem der Geruch eurer Scheiße im Geruch eures Blutes untergeht. Es sei denn, ihr schützt euch ewig durch die Schande vor dem Blut.«

Indem Montherlant Frankreich auf die »Belote und Tino Rossi«[265] festlegt, gebraucht er nicht gerade eine demokratische Sprache; das hindert Aragon nicht, ihn in *Ce soir* zu empfangen und ihn seiner Freundschaft zu versichern. *Candide* rechnet Montherlant nicht mehr zu seinen Mitarbeitern.

Welche Haltung nahm die Generation von 1930 ein, die, die den Krieg nicht mitgemacht hatte? Jean-Paul Sartre, Raymond Aron und Emmanuel Mounier, die die Agrégation in Philosophie im selben Jahr, 1928, gemacht haben (Aron besteht als Bester, Mounier als Zweitbester, Sartre fällt durch, besteht jedoch im folgenden Jahr als Bester), reagieren unterschiedlich, jeder auf seine Weise.

Sartre ist im April 1938 durch seinen Roman *La Nausée* (*Der Ekel*) – ein Titel, den Gaston Gallimard gefunden hat – ins Gespräch gekommen. Die Politik hat ihn noch nicht für sich eingenommen, doch die Krise von München beeindruckt ihn so stark, dass er sie als Rahmen für *Le Sursis* (*Der Aufschub*) benutzt, den zweiten Band von *Les Chemins de la liberté* (*Die Wege der Freiheit*). Er ist indessen ein bloßer Zuschauer: einer seiner langen Briefe an Simone de Beauvoir von Mitte September beschreibt seinem »reizenden Castor«[266], der sich im Département Alpes-Maritimes aufhält, die Situation in allen Einzelheiten, äußert jedoch kaum persönliche Gefühle. Angesichts des Umstands, dass Chamberlain die Bedingungen Hitlers akzeptiert hat, folgert Sartre:

»Es besteht immer noch unmittelbare Kriegsgefahr, obwohl sie natürlich sehr verringert ist. Aber selbst wenn der Krieg vermieden würde, ist das weder sehr schön noch sehr lustig. Trotzdem sind die Leute hier ruhiger, glücklicher: es scheint ihnen, dass sie vielleicht noch einen

---

265 *Anm. d. Ü:* Belote: Kartenspiel. Tino Rossi: populärer Sänger.
266 *Anm. d. Ü:* Castor: Spitzname von Simone de Beauvoir (s. Kap. 42 u. 47) nach einem Wortspiel mit dem englischen Wort *beaver* (Biber, castor) und *Beauvoir*.

Aufschub von ein paar Jahren bekommen. Was mich angeht, ich verlange im Augenblick nicht mehr; dann wird man weitersehen[267].«

Der zukünftige Theoretiker der engagierten Literatur zeigt sich vor allem an seinem eventuellen Prix Goncourt interessiert. Man spricht darüber zwischen dem Dôme und den Deux Magots. Am 23. September dankt der »reizende Castor« seinem »ganz lieben kleinen Geschöpf« ohne jeden Kommentar für seinen »langen Brief«.

Aron, der ehemalige »kleine Kamerad« Sartres, war ein politischer Kopf. Sein langer Aufenthalt in Deutschland zu Beginn der dreißiger Jahre hat ihm längst die Augen geöffnet. Auch er hat von sich reden gemacht, doch nur in einem kleinen Zirkel von Eingeweihten. Im März 1938 hat er unter der goldenen Täfelung der Salle Liard in der Sorbonne seine Doktorarbeit »verteidigt« – eine Arbeit, die Epoche machen und aus der in der »Bibliothèque des idées« bei Gallimard seine *Introduction à la philosophie de l'histoire. Essai sur les limites de l'objectivité historique* (»Einführung in die Geschichtsphilosophie. Essay über die Grenzen der historischen Objektivität«) und bei Vrin sein *Essai sur une théorie de l'histoire dans l'Allemagne contemporaine; la philosophie critique de l'Histoire* (»Essay über eine Geschichtstheorie im zeitgenössischen Deutschland. Die kritische Geschichtsphilosophie«) hervorgehen wird. Aron hat sich, wie er es selbst ausdrückt, »nur mühsam von den Lehren Alains«, mit dem er verkehrt hatte, befreit; seit 1936 ist er über das Zurückweichen vor Hitler bestürzt. Er zählt also zu den »Anti-Münchnern«, »doch aus dem Gefühl heraus«, wie er in seinen Memoiren schreibt. Das Prinzip des Aufschubs – im Grunde das von Daladier, dem Mitunterzeichner des besagten Abkommens – lasse sich verteidigen. Wenn man den Krieg für unvermeidlich hielt, war es dann vorzuziehen, dass er 1938 ausbrach und nicht ein Jahr später? »Die entfesselten Leidenschaften schlossen eine solche rationale Überlegung aus.« Der Gedanke an Sartre amüsiert Aron: »Ironie der Geschichte und Wahnsinn der Leidenschaften: die ›Münchner‹ gelten weiterhin als kriminell, während die, die der ›Weisheit‹ der Franzosen im März 1936 Beifall zollten, nie auf die Anklagebank gesetzt werden. Der Konformismus geht so weit, dass Sartre in *Le Sursis* alle ›Münchner‹ als ›Schweinehunde‹ darstellt, während er selbst die Vereinbarung der Vier auf Grund seines Pazifismus begrüßte.« Mit anderen Worten, es gibt eine zeitliche Kluft zwischen der erbitterten Auseinandersetzung über München und dem Ereignis selbst. Für Aron fand die Wende, die die Kontroverse hätte hervorrufen müssen, im März 1936 statt, als es noch leicht war, Hitler aufzuhalten. »Der Geist von München« ist mit viel größerer Wahrscheinlichkeit damals als 1938 entstanden.

---

267 J.-P. Sartre, *Briefe an Simone de Beauvoir, 1, 1926–1939*. Übers. v. A. Spingler, Rowohlt Taschenbuch Verlag, Reinbek, 1984, S. 224

Von den drei jungen Philosophen reagiert Emmanuel Mounier am heftigsten. Bis dahin hing er dem Pazifismus seiner Generation an; und die Zeitschrift *Esprit* hatte von Anfang an keinen Zweifel an ihrer Missbilligung des Versailler Vertrags, ihrer Ablehnung des »Poincarismus« und ihrem Willen zur deutsch-französischen Aussöhnung gelassen. Die Krise von München stellt all diese guten Neigungen in Frage: es geht nicht mehr darum, eine Ungerechtigkeit wieder gutzumachen, sondern einen Eroberer zu stoppen, der mit der Fackel in der Hand ganz Europa in Brand steckt. Gegen eine Minorität seiner Mitarbeiter, die pazifistisch bleibt, schreibt Mounier im Oktober 1938 in *Esprit* einen der am stärksten gegen München gerichteten Leitartikel der französischen Presse. Zugleich redigieren und veröffentlichen er und sein Freund Pierre-Aimé Touchard zur Zeit der Münchner Konferenz die erste Nummer eines zweimal im Monat erscheinenden Blattes, das *Esprit* ergänzen soll, *Le Voltigeur*; man liest darin aus der Feder von Mounier:

»Dass der Krieg schlimmer ist als alles andere, das können wir zugestehen – doch unter zwei Einschränkungen.
Zunächst kann es einen Frieden geben, der ebenso schändlich und katastrophal ist wie der Krieg – einen Frieden, der auf einem derartigen Verrat an den elementaren Bedingungen des internationalen Lebens beruht, dass er eine generelle Abdankung und in kürzester Frist das Ende einer Zivilisation bedeutet; einen Frieden, der morgen mit größter Wahrscheinlichkeit den Sieg der Faschismen über die Verzweiflung der Menschen allgemein durchsetzt.
Außerdem [...] macht die Schwäche den Krieg unabwendbar wie eine Versuchung, und sein Ausgang wird durch jedes Zurückweichen nur noch schlimmer.
[...] der Friede ist heute nur möglich – und wir sagen der Friede und nicht der Aufschub des Krieges –, wenn man den Faschismen Einhalt gebietet[268].«

Um bei den katholischen Intellektuellen zu bleiben: François Mauriac erklärt, »München gebilligt« zu haben, ohne Illusion und mit Rücksicht auf seine beiden Söhne[269]. Das ist wie ein Echo auf den Artikel von Léon Blum in *Le Populaire*, der auf die »feige Erleichterung« hinweist. Demgegenüber ist Georges Bernanos, seit kurzem in Brasilien, von der »schändlichen Freude« der Franzosen, die Daladier und Bonnet bei ihrer Rückkehr aus München Beifall spenden, tief gekränkt; er schreibt: »Man hat gehört, was man bei uns nie mehr hören wird: das Te Deum der Feiglinge.« Diese Entrüstung zieht

---

268 Zit. nach M. Winock, »*Esprit*«. *Des intellectuels dans la Cité*, op. cit., S. 175.
269 F. Mauriac, *Mémoires politiques*, op. cit., S. 108.

sich durch zwei seiner Werke, die 1939 kurz nacheinander erscheinen: *Scandale de la vérité* (»Skandal der Wahrheit«) und *Nous autres Français* (»Wir Franzosen«). Die tödlichsten Pfeile behält er der Rechten vor, von der er herkommt, dieser maurrassistischen, profaschistischen Rechten, die sich national gibt und die als ganze für München eingetreten war:

> »Ich klage Monsieur Charles Maurras lediglich an, in der so genannten nationalen Presse den Ton angegeben zu haben, und ich behaupte, dass dieser Ton niederträchtig war. Die entschlossensten Pazifisten werden doch darin mit mir übereinstimmen, dass man einen Verbündeten ausliefern kann, ohne auch noch das Bedürfnis zu verspüren, ihm ins Gesicht zu spucken? [...] Unsere Kapitulation war ein Unglück; ich werfe ihnen vor, daraus eine Unanständigkeit gemacht zu haben. [...] Es stimmt, dass die Politik die Lehre von den Tatsachen ist. Doch, Frankreich, ich lebe noch, um angesichts der Strolche festzuhalten, dass die Ehre eines Volkes ebenfalls eine Tatsache ist[270].«

Es gab in der Tat nichts mehr, was dem ehemaligen Camelot du Roi[271] und dem Doktrinär der Action française gemeinsam war.

---

270 G. Bernanos, *Essais et Écrits de combat*, op. cit., 1, S. 642–644.
271 *Anm. d. Ü:* Camelot du Roi: s. Kap. 8.

35
Die Rechte und das Küchenmesser

Die pazifistische Linke hat nicht das Monopol auf den »Geist von München«. Im Laufe des Septembers 1938 wird *L'Action française* nicht müde, *ex professo* zu erklären, warum: »Die Franzosen wollen sich weder für die Juden noch für die Russen noch für die Freimaurer von Prag schlagen.« Am 27. bringt die ehemals so militaristische Zeitung quer über die erste Seite den Titel: »Nieder mit dem Krieg!« Maurras gibt nicht nur in der Presse der äußersten Rechten und in den von ihr abhängigen Blättern den Ton an, sondern auch in gemäßigteren Blättern, die der Denker des »integralen Nationalismus« mit seinen geschätzten Lektionen inspiriert.

Seit 1934 hat die »AF« wieder an Einfluss gewonnen. Die Zeitung von Maurras hat die öffentliche Meinung den ganzen Monat Januar über aufgeputscht, um das Ergebnis vom 6. Februar 1934 zu erreichen. Nicht ohne Gewinn: das monarchistische Blatt, das im Dezember 1933 seine niedrigsten Verkaufszahlen verzeichnete (30.000), findet am 5. Februar 1934 mit 193.000 verkauften Exemplaren (außerdem 10.000 Abonnenten) seine größte Verbreitung[272]. Außenpolitisch erfolgt 1935 – während der Auseinandersetzungen um die Sanktionen nach der Invasion Äthiopiens durch die Truppen Mussolinis – die Kehrtwende. Man vertritt die Auffassung, das mit der »lateinischen Schwester« mögliche Bündnis dürfe nicht aufs Spiel gesetzt werden – ein Bündnis, das dem französisch-sowjetischen Beistandspakt, den man abschütteln solle, doch bei weitem vorzuziehen sei. In Wirklichkeit stehen innenpolitische Probleme angesichts eines voraussichtlichen Wahlsiegs der Volksfront im Frühjahr im Vordergrund. Die Sympathien für den italienischen Faschismus kommen in *L'Action française* unaufhörlich und rückhaltlos zum Ausdruck. Wie wir sahen, lanciert ein Maurras-Anhänger, der Schriftsteller Henri Massis, das »Manifest der französischen Intellektuellen für den Frieden in Europa und die Verteidigung des Westens«. Was Maurras betrifft, so fordert er am 22. September 1935 seine Landsleute auf, sich die Namen der französischen Parlamentarier genau zu merken, die es riskierten,

---

[272] C. Bellanger et al., *Histoire générale de la presse française,* Band 3, *De 1871 à 1940,* PUF, 1972, S. 528.

sie in den Krieg zu treiben – eine Aufforderung, die einen bedeutenden Einschnitt darstellt:

»Denen, die zum Krieg treiben, muss man den Hals abschneiden. Da die Guillotine weder den guten noch den logisch denkenden Bürgern zur Verfügung steht, kann man ihnen nur sagen: sicher haben Sie irgendwo eine Maschinenpistole, einen Revolver oder ein Küchenmesser! Jede beliebige Waffe muss auf die Mörder des Friedens gerichtet werden; Sie haben die Liste mit ihren Namen. Verbreiten Sie sie, verbreiten Sie sie!«

Trotz sehr liberaler Pressegesetze wird Maurras, der seinen Aufruf zum Mord sogar noch wiederholt hat, mit drei Monaten Gefängnis bestraft. Am 14. Mai 1936 wird er rückfällig, diesmal gegen Léon Blum (»Menschlicher Abfall ... ein Mann, den man erschießen muss, aber in den Rücken«); in der Woche danach wird Maurras zu acht Monaten Gefängnis verurteilt – eine Strafe, die im Berufungsverfahren im Juli bestätigt wird und die er vom 20.Oktober 1936 bis zum 6. Juli 1937 absitzt. Das hindert ihn nicht, unter einem Pseudonym mit seinen Artikeln fortzufahren.

Inzwischen hat die durch die Remilitarisierung des Rheinlandes ausgelöste Krise die gleiche wütende neopazifistische Reaktion in der AF hervorgerufen – im Widerspruch zu ihrem Antigermanismus, einem der Pfeiler ihrer außenpolitischen Doktrin; sie lässt sich auch durch die Tatsache nicht im Geringsten stören, dass sie einst die Intransigenz Poincarés gegenüber Deutschland gebilligt hatte: »Wir haben nicht mit den Sowjets gegen Hitler zu marschieren«, wiederholt Maurras, »und nicht mit Hitler gegen die Sowjets.« Eine Weder-Noch-Position (weder Hitler noch Stalin) setzt sich also auf der Rechten durch, die der Weder-Noch-Position der Linken symmetrisch gegenübersteht und zu derselben Schlussfolgerung führt: Nazideutschland bleiben die Hände frei. Man kommt auf den Gedanken zurück: die Freundschaft Italiens muss wiedergewonnen, jede Verständigung mit der UdSSR aufgegeben werden. Trotz seiner eigenen Lehren zieht Maurras einer *empirischen* Diplomatie eine *ideologische* Diplomatie vor. Der einzige Unterschied zur pazifistischen Linken: die AF befürwortet die Aufrüstung – unter der Bedingung, dass sie sich im Rahmen eines Regimes ihrer Wahl vollzieht.

Der spanische Bürgerkrieg bestärkt Maurras und seine Freunde noch in ihren Überzeugungen. Man muss jede Intervention Frankreichs zurückweisen, sogar wenn andere Mächte sich nicht davon abhalten lassen. Die AF wettert gegen die Russen, lässt aber über die italienische und die deutsche Unterstützung Francos kein Wort verlauten. Als Maurras im Mai 1938 das nationalistische Spanien besucht, empfängt man ihn in Burgos und anderen Städten mit Ehren, wie sie einem offiziellen Repräsentanten zustehen. Franco selbst dankt ihm, und die spanische königliche Akademie wählt ihn zum korrespondierenden Mitglied.

Nach dem Anschluss[273], als Léon Blum – für einen Augenblick wieder an der Macht – vorschlägt, gegen die deutsche Gefahr die nationale Einheit zu verwirklichen, erhält der Sozialistenführer nur von sehr wenigen Parlamentariern der Rechten wie Henri de Kérillis und Paul Reynaud Unterstützung. Léon Daudet schreibt in *L'Action française*: »Wir brauchen einen Mann, keinen Juden.« Maurras fordert Reynaud zu einer Erklärung heraus: »Ich frage diesen kleinen finstern Strolch: ›Abgeordneter Paul Reynaud, wie viel? Wie viel hast Du bekommen oder wirst Du bekommen? Denn nur darum geht es‹.« Während der Sudetenkrise schließlich wiederholt die AF in allen Tonlagen ihre Weigerung, den Krieg zu riskieren – zum Beispiel Léon Daudet, der verlangt, man solle Maurras und Pétain einschalten:

> »Es ist nicht mehr der gute Jacques, es ist – ganz gleich ob Bauer oder Arbeiter – der betrogene Jacques, das Versuchskaninchen der blutrünstigen Demokratie, der auf den Wink eines Juden hin, der ihn verabscheut, in einem obskuren und weit entfernten Kaff, von dem er nicht die geringste Vorstellung hat, krepieren soll. So wollen es die Republik und die Freiheit, die geliebte Freiheit[274].«

Maurras tönt am 26. September: »Da wir hier bei uns 3 Millionen Ausländer, davon eine Million deutsche Juden haben, herrschen die Leute aus Moskau und Berlin auf unseren Straßen, in unseren Versammlungen, unseren Regierungen.« Am 28. zeigt er sich vom Pazifismus der »Post-Gewerkschafter« und der »sozialistischen Lehrer« angetan: »Bürger, Bürgerinnen, Ihr müsst mit Eurer Haut die Haut Frankreichs verteidigen und retten …« Ein Flugblatt mit dem Titel »Frieden! Frieden!« wird von der AF lanciert: »Hinter der Tschechoslowakei *stehen die Freimaurer*, die sie erfunden haben; *stehen die Juden*, die sie beherrschen; *stehen die Sowjets*, die aus ihr in Mitteleuropa ein Instrument geschmiedet haben, mit dem sie den großen Krieg anzetteln wollen, den sie brauchen, um die Weltrevolution zu entfesseln[275].« Das ist ein gutes Resümee des Neopazifismus der Maurras-Leute und eines guten Teils nicht nur der äußersten Rechten, sondern der Rechten schlechthin. Am 29. veröffentlicht das monarchistische Blatt als Schlagzeile diesen Pastiche:

---

273 *Anm. d. Ü*: Anschluss: im März 1938 Anschluss Österreichs an das Deutsche Reich.
274 L. Daudet, *L'Action française*, 17. März 1938.
275 *L'Action française*, 28. September 1938.

Wenn sich diese Kannibalen darauf versteifen,
uns in Helden zu verwandeln,
müssen unsere ersten Kugeln
für Blum, Reynaud und Mandel sein.

1937 und 1938 sind für Charles Maurras die Jahre seines höchsten Triumphes. Am 6. Juli 1937 kündet *L'Action française* in großen Lettern und in gereimten Versen seine Entlassung aus dem Gefängnis an. Während seiner Haft hatten seine Parteigänger die Initiative zu einem Komitee »Friedensnobelpreis für Maurras« ergriffen. Die Ironie in Bezug auf diesen Mann, der den Gebrauch des Küchenmessers vorgeschrieben hatte, ist nicht gerade gering. In den besseren Kreisen zirkuliert eine Petition, die die Kollegen und Freunde auffordert, »sich der Huldigung für einen Meister des zeitgenössischen Denkens anzuschließen, der zur Zeit für seine mutige Intervention zu Gunsten des Friedens in Frankreich und der Welt mit seiner Freiheit büßt«. Auf einen Empfang mit Gebäck in den Räumen der Zeitung, wo Begeisterung und Zuneigung, Telegramme und Blumensträuße, Geschrei und gerührte Reden miteinander wetteifern, folgt am 7. Juli ihm zu Ehren ein Dîner im Café de Versailles, wo die Ovationen während des Nachtischs noch zunehmen, und schließlich am Freitag, den 9. Juli, ein großes Meeting im Vélodrome d'Hiver[276]. Léon Daudet wiederholt dort, Maurras sei »DER EINZIGE MANN, der – sobald an der Macht – in der Lage sein wird, unsere Grenzen wieder sicher zu machen und auf allen Gebieten, besonders auf dem wirtschaftlichen und finanziellen, das Vertrauen wiederherzustellen«. Seltsamerweise ist unter den Rednern Louis Marin höchstpersönlich zu erkennen, der Führer der Fédération républicaine (»Republikanische Föderation«), der wichtigsten politischen Organisation der Rechten, katholisch und konservativ. Das zeigt, dass die Ausstrahlung der *Action française* und ihres Chefs zur Zeit der Volksfront weit über ihr gewöhnliches Terrain hinausgeht. Louis Marin huldigt dem »guten Piloten«, der mit der Verteidigung der französischen Kultur die Kultur schlechthin verteidige, so dass das

> »Beispiel, das er uns gegeben hat, dazu führen müsste, dass ihn seine Gegner verehren. Die niedrige Gesinnung der Volksfront ermisst man an der schändlichen Behandlung, die sie Charles Maurras hat zuteil werden lassen. Frankreich muss durch das Verschwinden der Volksfront seine Größe wiedergewinnen[277].«

---

276 *Anm. d. Ü:* Vélodrome d'Hiver (auch: Vel d'hiv): inzwischen abgerissenes Pariser Radsportstadion. (Im Juli 1942 wurden 12 884 Juden in einer Razzia festgenommen und im Vélodrome d'Hiver eingesperrt, bevor sie deportiert wurden.)

Während der Sudetenkrise erreicht sein Echo ein solches Ausmaß, dass Maurras am 7. Juni 1938 im Vélodrome d'Hiver eine Versammlung mit »vierzigtausend Teilnehmern« abhalten kann. Jacques Doriot, der persönlich anwesend ist und dem »frenetisch« zugejubelt wird, preist Franco, predigt das Bündnis mit Mussolini und beweihräuchert den alten Meister von Martigues. Der Höhepunkt ist noch nicht erreicht, doch er lässt nicht lange auf sich warten: am 10. Juni trägt *L'Action française* quer über ihrer ersten Seite den Titel: »Charles Maurras in der Académie française«. Bei einer kleinen mehr oder weniger improvisierten Feier am Vorabend in den Räumen der Zeitung hatte Léon Daudet ein überschwängliches Loblied verfasst, das mit folgenden Worten endete:

»Meister der lateinischen Vernunft, der über den Schwierigkeiten aller Art steht, schließen Sie sich Mussolini, Franco und Salazar an, oh, geliebter Führer, bei dem keiner der Ihnen Nahestehenden jemals das geringste Versagen erlebt hat, Charles Maurras, hellsichtig und gut. Charles Maurras, oh, Sie Kühner, lassen Sie mich hier Ihnen das bebende Herz Ihrer Action française und all Ihrer Mitarbeiter reichen.«

Der höchste Lorbeerkranz fehlte ihm noch zu seinem Ruhm: Frankreich zu regieren. Darüber entrüstet sich der treue Daudet am 13. Juni in einem Artikel mit dem Titel: »Was die Stunde verlangt: Maurras an die Macht«:

» ... Dank Herrn Neville Chamberlain, der den absurden Herrn Eden abgelöst hat, der Italien ›ersticken‹ wollte, und dank Maurras und dem Damokles-Küchenmesser hat sich uns die Chance zu einem Übergangsfrieden eröffnet [...]. So erklärt sich der frenetische Beifall, mit dem Maurras im Vel d'Hiv empfangen wurde. ER, ER ALLEIN KANN UNS RETTEN. Die Académie française und die Masse der Pariser Patrioten haben es begriffen.«

Einige seiner Schüler teilen indessen Daudets Entzücken nicht. »Versagen«, oh ja! sie hatten es erlebt, und sie erleben es bei Maurras immer noch. Denn dieser Theoretiker des Gewaltstreichs gibt doch nie das Signal zum Gewaltstreich, nicht einmal während dieses verrückten Abends des 6. Februar, an dem alles möglich schien. Maurras, weit weg von der Place de la Concorde und ihren Truppen, hatte sich in die Büros von *L'Action française* zurückgezogen, denn in seinen Augen war es wichtig, die frühe Morgenausgabe nicht zu verpassen. Nachdem sein Artikel fertig war, verbrachte er den Rest der Nacht

---

277 *Ibid.*, 9. Juli 1937.

damit, ein Gedicht für Pampille zu verfassen – Spitzname von Marthe, Daudets Frau. Die glühendsten Vertreter der nachwachsenden Generation hatten die Sache für ungewöhnlich gehalten. Maurras war siebzig, seit seiner Jugend taub – man durfte zweifellos nicht allzu viel von ihm erwarten. 1936 fühlen sich diese jungen Leute, wenn sie auch dem Denken des Meisters treu bleiben, wohler bei *Je suis partout*. Rebatet – allerdings bei *L'Action française* für Musik- und Filmkritik zuständig – wird ihre Enttäuschung mit dem Titel eines Kapitels von *Les Décombres* (*Schutt und Asche*) resümieren: L'Inaction française, »Die französische Nicht-Aktion«[278].

Je suis partout ist wie *Candide* eine Schöpfung des Verlegers Arthème Fayard; doch dieser beschloss, das Wochenblatt nach dem Sieg der Volksfront abzustoßen. Es ging deshalb jedoch keineswegs ein. Unter der Leitung von Pierre Gaxotte, der auch *Candide* herausgibt, findet sich eine junge Mannschaft zusammen: außer Lucien Rebatet Pierre-Antoine Cousteau, Georges Blond, Charles Lesca, Alain Laubreaux, Claude Roy (der mit Claude Orland zeichnet). Robert Brasillach – Literaturkritiker bei *L'Action française* – ist von 1937 an Chefredakteur. Nach Rebatet verdankt *Je suis partout* »seine zweite Geburt einer wahrhaft faschistischen Erhebung«. Der »kleine Trupp«, Meister im Beleidigen, redigiert in einer Brasserie von Denfert-Rochereau eine Zeitung, deren brutale Heftigkeit die des Blattes von Maurras bei weitem übersteigt, das im Vergleich nüchtern und akademisch erscheint.

Zielscheibe sind dieselben, doch die Küchenmesser von *Je suis partout* sind schärfer. Die Mitarbeiter, wilde Anhänger des Münchner Abkommens, stimmen mit Maurras in einem nicht überein: dem Antigermanismus. Große Bewunderer Degrelles und der belgischen Rexisten, Francos, Codreanus und seiner Eisernen Garden sowie des Griechen Metaxas, verbergen sie ihre Wertschätzung des Hitlerregimes nicht und berichten bewegt von den Nürnberger Parteitagen. Für sie ist Nazideutschland zwar kein politisches Vorbild, doch ein Vorbild an Energie, das Beispiel einer Nation, die sich wieder aufgerichtet hat, und zwar nach den Triebfedern ihres eigenen Geistes. Nach dem Nürnberger Parteitag von 1937 schreibt P.-A. Cousteau:

> »In Nürnberg gab es einige Franzosen, die bei jeder Kundgebung der deutschen Wiedergeburt an Frankreich, ausschließlich an Frankreich dachten. Und bei all den Unvollkommenheiten, all den Lücken, all den Übertreibungen des Nationalsozialismus stellten wir fest, dass im Grunde doch nur sehr wenig fehlt, damit die Franzosen Besseres leisten als die Deutschen, um in der Welt die vorherrschende Stellung, die ihre Vorfahren innehatten, wiederzugewinnen und wieder das zu wer-

---

[278] L. Rebatet, *Les Décombres*, Denoël, 1942, S. 111.

den, was sie nie hätten aufhören dürfen zu sein: nicht ein anarchistisches Konglomerat von systematisch aufs Mittelmaß reduzierten Individuen, sondern ein Volk von Herren, ein Volk von Herrschern.«

Dieses Volk von »Herren« und von »Herrschern« würde die Jugend, den Sport und die Aktivitäten im Freien fördern. Niemand hat diesen »hygienischen« Faschismus besser besungen als Robert Brasillach in *Les Sept Couleurs* (»Die sieben Farben«):

»Der junge Faschist, der sich auf seine Rasse und seine Nation stützt, der stolz ist auf seinen kräftigen Körper, auf seinen hellsichtigen Geist, der die groben Güter dieser Welt verachtet, der junge Faschist in seinem Lager, inmitten seiner Friedenskameraden, die auch seine Kriegskameraden sein können, der junge Faschist, der singt, der marschiert, der arbeitet, der träumt – er ist vor allem ein Wesen der Freude. Kann das radikalsozialistische Komiteemitglied, der schmächtige jüdisch-sozialistische Verschwörer, der Konsument von Aperitiven, Anträgen und Kompromissen diese Freude verstehen?«

»Dieser Weltschmerz des Jahrhunderts, der Faschismus«– wie Brasillach in demselben Buch auch schreibt – drückt sich als Dichtung, als Liturgie aus:

»Der Kult des Vaterlandes«, schreibt er über das Deutschland der Nürnberger Parteitage, »äußerte sich in Zeremonien von erhabener Schönheit, in Feierlichkeiten am Tag und in der Nacht, in Walpurgisnächten, die von Scheinwerfern und Fackeln erhellt waren, in außergewöhnlichen Musikdarbietungen, in Kriegs- und Friedensliedern, die von Millionen Menschen gesungen wurden[279].«

In Ermangelung eines wirklich politischen Faschismus, der die Macht hätte übernehmen können, hat das Frankreich der dreißiger Jahre zumindest einen literarischen Faschismus kultiviert, eine »faschistische Durchdringung«[280], einen »faschistischen Geist«[281] gefördert: ein Schriftsteller wie Robert Brasillach war einer seiner talentiertesten und bewusstesten Schmiede: »Wir haben vor allem sehr gut verstanden, dass der Erfolg des Nationalsozialismus in diesen Jahren auf seine Fähigkeit zurückging, den Massen Bilder vorzuführen und in erster Linie eine – *sei es gute, sei es schlechte* – *Poesie* zu sein[282].«

---

279 R. Brasillach, *Les Sept Couleurs*, Plon, 1939; Neuaufl. Le Livre de Poche, 1965, S. 207.
280 Ausdruck von R. Girardet, »Notes sur l'esprit d'un fascisme français, 1934–1940«, *Revue française de science politique*, Juli-September 1955.
281 R. Brasillach, »Introduction à l'esprit fasciste«, *Je suis partout*, 24. Juni – 8. Juli 1938.

Neben *Je suis partout* haben zahlreiche Publikationsorgane an diesem »Geist von München« der äußersten Rechten teil: *Candide*, in der Gefolgschaft von Maurras, ebenfalls von Gaxotte geleitet; *Gringoire*, wo Henri Béraud seine aus dem Bauch kommende Wut austobt ... Und – stärker intellektuell und weniger schrill – *Combat*, eine Zeitschrift, die Anfang 1936 von Jean de Fabrègues und Thierry Maulnier lanciert wird. *Combat* ist antikommunistisch und antisemitisch und warnt ihre Leser beständig vor der von den Sowjets und den Juden heraufbeschworenen Kriegsgefahr. Maurice Blanchot, einer der regelmäßigen Mitarbeiter, erklärt die Rheinlandkrise im April 1936 folgendermaßen:

> »Außerhalb von Deutschland gibt es in der Welt einen Clan, der den Krieg will und unter dem Vorwand des Prestiges und der internationalen Moral heimtückisch Kriegsanlässe provoziert. Es ist der Clan der alten Pazifisten, der Revolutionäre und der emigrierten Juden, die zu allem bereit sind, um Hitler niederzuschlagen und den Diktaturen ein Ende zu setzen.
> [...] Er [A. Sarraut] hat zunächst dem Appell der entfesselten Revolutionäre und Juden, deren theologischer Ingrimm gegen Hitler alle möglichen Sanktionen auf der Stelle forderte, Gehör geschenkt. [...] Nie hat man etwas so Niederträchtiges gesehen wie die Propaganda der nationalen Ehre, die verdächtige Ausländer in den Büros des Quai d'Orsay verbreiten, um die jungen Franzosen im Namen Moskaus oder Israels unmittelbar in einen Konflikt zu stürzen[283].«

Im November 1938 gesteht Thierry Maulnier, er stimme denen zu, die während der Krise von München der Meinung waren, dass

> »eine Niederlage Deutschlands den Zusammenbruch der autoritären Systeme bedeuten würde, die den hauptsächlichen Schutzwall gegen die kommunistische Revolution und vielleicht gegen die unmittelbare Bolschewisierung Europas darstellen[284]«.

Doch was tun? Für Thierry Maulnier wie für Brasillach, Gaxotte, Maurras muss man zunächst das Regime in Frankreich »niederschlagen«: »Wegen des Regimes ist alles verfälscht.«

Ein faschistischer Intellektueller erklärt sich jedoch zum »Anti-Münch-

---

282 R. Brasillach, *Notre avant-guerre, op. cit.*, S. 246.
283 M. Blanchot, »Après le coup de force germanique«, *Combat*, April 1936.
284 Th. Maulnier, »Les nouvelles conditions imposées à l'action politique en France«, *Combat*, November 1938.

ner«: Pierre Drieu La Rochelle. Wie Brasillach, ja noch stärker, geht es Drieu um physische Regenerierung Frankreichs. Im Jahre 1937 schreibt er in der Wochenzeitung des PPF (Parti populaire français, »Französische Volkspartei«), *L'Émancipation nationale*: »Die tiefgreifendste Definition des Faschismus ist folgende: er ist die politische Bewegung, die am offensten, am radikalsten auf die große Revolution der Sitten zugeht, auf die Wiederherstellung des Körpers – Gesundheit, Würde, Fülle, Heldentum –, auf die Verteidigung des Menschen gegen die Großstadt und gegen die Maschine[285].« Er wurde Mitglied des PPF, der in der Person Doriots einen »Führer« fand, und nahm den »Sozialismus à la française« der in Saint-Denis gegründeten Partei ernst. Engagierter als die anderen Intellektuellen ist Drieu etwa zwei Jahre lang Aktivist. Als Propagandist des PPF schreibt er eine Broschüre zum Ruhm des ehemaligen kommunistischen Parteiführers: *Avec Doriot* (»Mit Doriot«). Er ist nur ein mittelmäßiger Redner und zwingt sich dazu, Reden in Hemdsärmeln zu halten – neben Doriot mit Hosenträgern. Als politischer Denker formuliert er in der Wochenzeitung der Partei seine Vorstellungen von einem idealen Faschismus; er ist der einzige, der das Wort »Faschismus« benutzt, das die anderen – Bertrand de Jouvenel, Alfred Fabre-Luce, Ramon Fernandez – ab 1937 vermeiden. In den Hochzeiten der Volksfront bläst der Partei der Wind in die Segel, dann geht es mit ihr im selben Rhythmus bergab wie mit ihrem Gegner. Doriot, voller Hoffnungen, gelingt es schließlich nicht, eine »Front der Freiheit« zu schaffen, die der regierenden Linken eine organisierte Rechte gegenübergestellt hätte: La Rocque lehnt es ab, seinen Parti social français mit den anderen Gruppen der Rechten und äußersten Rechten zu verbinden. Die Krise von München beschleunigt den Niedergang des PPF. Während Doriot verkündet: »Frankreich hat die Tschechoslowakei nicht verraten«, schreibt Drieu am 14. Oktober 1938 in einem Offenen Brief an Daladier: »Sie sind bedeckt mit unserer Schande aus München zurückgekommen.«

Drieu bleibt nicht ewig beim PPF. Doriot, ein Genießer, der einen dicken Wagen fährt und drei Stunden bei Tisch verbringt, ist ein Totengräber des Sozialismus; er hat Drieu enttäuscht. Dieser erfährt außerdem, dass Doriot und der PPF Zuschüsse von Mussolini bekommen. Einige Wochen nachdem Jouvenel den PPF verlassen hat, schickt er am 6. Januar 1939 an Doriot ein Austrittsschreiben, in dem er ihm vorwirft, es sei ihm nicht gelungen, »seine Haut vor der Politikkrämerei zu retten[286]«.

Drieu La Rochelle entgeht dem »Geist von München« zweifellos deswegen, weil die nationale Feigheit seinen Sinn für Heroismus oder seine Sehnsucht danach beleidigt. Hierin ist sein Faschismus zweifellos authentischer als der »Autostop- und Lagerfeuerfaschismus« von Brasillach. Dagegen ist es

---

285 P. Drieu La Rochelle, »Chronique politique«, S. 50.
286 P. Andreu/F. Grover, *op. cit.*, S. 351 f.

nicht übertrieben zu sagen, dass Drieu das unter den Schriftstellern der äußersten Rechten am stärksten verbreitete Laster, den Antisemitismus, weitestgehend teilt. Der Roman *Gilles*, dessen erste Auflage 1939 zensiert wird, ist davon durchdrungen. Es ist schwer auszumachen, aus welcher Ecke das erste Signal kam. Für die achtziger Jahre des 19. Jahrhunderts weiß man, welche Rolle die Tageszeitung *La Croix* und *La France juive* (»Das jüdische Frankreich«) von Drumont spielten. Die zweite Welle eines heftigen Antisemitismus, die Frankreich erlebt, beginnt in den dreißiger Jahren; sie scheint von allen Seiten zu kommen – wie eine Leidenschaft, die, seit dem Ersten Weltkrieg verdrängt, plötzlich hervorbricht unter den dauernden Unglücksschlägen, die nach einem Sühneopfer verlangen: Krise, Arbeitslosigkeit, politisch-finanzielle Skandale, Judenverfolgung in Deutschland, jüdische Emigration aus Deutschland und Mitteleuropa, Machtantritt der von Léon Blum geführten Volksfront ...

Unter anderem beschuldigt man die Juden, den Krieg zu schüren. Als Verbündete der Kommunisten sehen die Juden in Hitlerdeutschland ihren Feind, den sie niederschlagen möchten: diese Leier wird endlos wiederholt, auch von dem feinsinnigen Bürger von Chaminadour, dem Verfasser der *Chroniques maritales* (*Ehechroniken*, in: *Das anmutige Ungeheuer*), Marcel Jouhandeau, der – einen Moment lang von der ewigen Anklage gegen Élise abgelenkt – sich verpflichtet glaubt, einige Artikel über das Thema zu verfassen; sie werden 1936 und 1937 unter dem Titel *Le Péril juif* (»Die jüdische Gefahr«) von *L'Action française* veröffentlicht[287]. Maurras hatte bereits die Theorie von den »vier konföderierten Ständen« geschmiedet, von denen die Juden einen bilden würden; um ihren Einfluss zu begrenzen, predigte er einen Antisemitismus des Staates oder der »Vernunft«, der jedoch immer mehr die Form eines Rassenantisemitismus annahm. Während der Sudetenkrise ist für Maurras und die Seinen das Ressentiment der Juden gegen Deutschland, wie wir gesehen haben, einer der Faktoren, die den Krieg heraufbeschwören. *Je suis partout* widmet 1938 und 1939 den Juden zwei Sondernummern (die angesichts ihres Erfolges neu gedruckt werden) mit den Titeln *Die Juden* und *Die Juden und Frankreich*. Das bringt Lucien Rebatet, der sich besonders wild aufgeführt hat, die »allerwärmsten Komplimente« in der Presseschau von *L'Action française* ein. *Je suis partout* nimmt die antisemitischen Artikel von Jouhandeau an, die die *NRF* ablehnt. So kann man sich leicht vorstellen, dass er 1937 von Célines *Bagatelles pour un massacre* (*Die Judenverschwörung in Frankreich*) hell begeistert ist.

Nach dem Roman *Voyage au bout de la nuit* (*Reise ans Ende der Nacht*), den man für links hielt, hatte Céline die Kritik schon mit *Mort à crédit* (*Tod*

---

[287] M. Jouhandeau, *Le Péril juif*, Sorlot, 1938. Der erste Artikel trug den Titel: »Wie ich Antisemit wurde«.

auf Kredit) schockiert, das unklassifizierbar ist: links? rechts? anarchistisch? nihilistisch? schurkenhaft? Als *Bagatelles* erscheint, findet der Arzt und Schriftsteller bei der Volksfront keine Zustimmung mehr, doch *Je suis partout* überhäuft ihn mit Lob. Hatte er nicht das Verdienst, beispielsweise zu schreiben: »Ich sage es frank und frei, wie ich es denke, ich würde zwölf Hitler einem allmächtigen Blum vorziehen. Hitler könnte ich noch verstehen, während Blum – das ist unnütz, das wird immer der schlimmste Feind sein, der tödliche, absolute Hass[288].«

Seltsamerweise ruft die Brandschrift Célines nur einen mäßigen Skandal hervor. In der Tat ist der Antisemitismus im Frankreich der dreißiger Jahre gesellschaftsfähig, er ist Teil einer politischen und kulturellen Tradition, der die Académie française sich nicht verschließt; er gehört zu den banalen Leidenschaften. In seinem hemmungslosen Buch stellt Céline nur eine einzige Originalität unter Beweis: den Exzess, die Kunst des rhythmisierten Gezeters, der entfesselten Einbildungskraft, die Kunst des Deliriums[289] – was ihm übrigens *Combat* im März 1938 vorwirft: es handele sich um einen »Ramsch«-Antisemitismus und Céline behandele ein ernstes Problem nicht ernsthaft. Er begnügt sich damit, sein Unterfangen (in *L'École des cadavres*, »Die Schule der Leichen«) folgendermaßen zu definieren: »Eine einfache Vulgarisierung, heftig, stilisiert.« Es ist bemerkenswert, dass Célines Ausfälle gegen Blum nicht die exzessivsten sind; andere waren ihm vorausgegangen. Für den Autor von *Voyage*, diesen bedingungslosen und aus dem Bauch heraus reagierenden Pazifisten, ist es vor allem wichtig, das anzuprangern, was sich in Europa gegen Hitler anbahnt: »ein Krieg zur Freude der Juden.«

Damit nimmt Céline an der Nazipropaganda teil, aus deren Organ *Service mondial*, das seit 1933 in Frankreich erscheint, er weitgehend seine Informationen schöpft. Dieser *Welt-Dienst* bezuschusste übrigens in Frankreich eine ganze Reihe von Brutstätten des Antisemitismus und ihre Blätter: *Le Siècle nouveau* und *La Libre Parole* von Henry Coston, *Le Grand Occident* von Lucien Pemjean, *Le Réveil du peuple* von Jean Boissel, aus dem nach einer Unterbrechung 1937 *L'Antijuif* wird. Als einer der fanatischsten Antisemiten erweist sich Darquier de Pellepoix; er arbeitet am Dokumentationszentrum von Coston und an dessen *Libre Parole* mit. In einem Brief an Henry-Robert Petit, den Sekretär von Darquier, scheut sich Céline nicht, folgendes Geständnis zu machen: »Natürlich verhehle ich mir nicht, Sie benutzt und nach Belieben ausgequetscht und ausgesaugt zu haben[290].« Keinerlei Originalität al-

---

288 L.-F. Céline, *Bagatelles pour un massacre*, S. 192 (Ausgabe v. 1942).
289 Vgl. M. Winock, »Le scandale Céline«, *L'Histoire*, November 1988, und *Nationalisme, Fascisme et Antisémitisme en France, op. cit.*
290 A. Yaeger Kaplan, *Relevé des sources et citations dans »Bagatelles pour un massacre«*, Du Lérot, Tussot (Charente), 1987, S. 33.

so, sondern ausgefeilte Maßlosigkeiten eines Kompilators von Plunder im Genre einer allgemein geteilten Infamie.

Wenn das faschistische Frankreich – politisch gesehen – eher schwach ist, dann ist das antisemitische Frankreich eine unbestreitbare Realität, der einige der besten Schriftsteller, zu denen viele weniger gute hinzukommen, ihre Feder zur Verfügung stellen.

36
Der große Absturz

Trotz der Konzessionen, die man Hitler gemacht hatte, brachte die Konferenz von München nur einen Aufschub; er währte weniger als ein Jahr. Mitte März 1939 zwingt Deutschland Böhmen und Mähren sein »Protektorat« auf: die Tschechoslowakei existiert nicht mehr. Die Eskalation setzt sich fort. Diesmal sind es nicht mehr »deutsche« Bevölkerungsgruppen, die ans Reich angeschlossen werden, sondern slawische. Wie kann man jetzt noch an eine Begrenzung der hitlerschen Unternehmungen glauben? Die Gefahr eines europäischen Krieges liegt immer lastender in der Luft. Nichts wird den Eroberer aufhalten, es sei denn Gewalt. Viele »Münchner« fangen an, es zu begreifen. Ein wenig spät. Einen Monat danach, im April, annektiert Italien Albanien.

Kaum hat sich Hitler die Tschechoslowakei einverleibt, wirft er ein Auge auf Danzig (Gdansk auf Polnisch), eine freie Stadt; außerdem fordert er eine Landverbindung nach Ostpreußen, das durch den berühmten »Korridor« – er gibt Polen seit dem Versailler Vertrag einen Zugang zum Meer – vom übrigen Deutschland getrennt ist. Am 31. März gibt Chamberlain in Übereinstimmung mit Frankreich im Unterhaus eine Garantieerklärung für Polen ab. Diesmal ist man entschlossen, Hitler Einhalt zu gebieten. Dessen Reaktion kommt prompt: die Unterzeichnung des »Stahlpaktes«, d.h. eines Bündnisvertrages zwischen Deutschland und Italien. Dieser militärische Beistandspakt ergänzt nun die Achse Berlin-Rom: man kehrt zu einem Europa der »Blöcke« zurück.

Für Hitler ist das Problem von Danzig nur ein Vorwand. Er will nach Osten vordringen, den »Lebensraum« erobern, den die deutsche Bevölkerung anscheinend braucht. All das stand in *Mein Kampf*, doch wenige westliche Diplomaten hatten dieses Buch eines Rasenden ernst genommen. Werden die Engländer und die Franzosen, die den Führer durch ihr fortwährendes Zurückweichen ermutigt hatten, »für Danzig sterben«? Dieser Ausdruck ist der Titel eines Artikels von Marcel Déat in *L'Œuvre* vom 4. Mai 1939, der schnell berühmt wird. Hitler hat zweifellos das Gefühl, dass die »Münchner Demokratien« eine solche Frage immer noch mit Nein beantworten. Für die, die seinen Elan aufhalten wollen, hat er eine große Überraschung in petto: am 21. August 1939 kündigt die internationale Presse an, dass die Deutschen und die Russen über einen »Nichtangriffspakt« verhandeln. Die Nachricht wird zwei Tage später bestätigt: der deutsch-sowjetische Pakt ist unterschrieben, ergänzt von einem Geheimprotokoll, dem zufolge die vertragschließenden Mächte das Territorium Polens unter sich aufzuteilen gedenken. Wer hätte einen solchen Donnerschlag ahnen können? Wer konnte Verständnis dafür aufbringen, dass die UdSSR, die seit fünf Jahren gegen den »Faschismus« zu Felde zog, mit ihrem Hauptfeind paktierte? Dafür ahnte aber jeder, dass der Pakt Hitler zum Angriff ermutigte, denn er konnte sich nun sicher sein, keinen Zweifrontenkrieg führen zu müssen, wenn es sich die Engländer und Franzosen etwa einfallen lassen sollten, Polen zu verteidigen. Es wurde klar, dass Stalin den Ausbruch des Krieges im Westen beschleunigte, um den Krieg nicht bei sich führen zu müssen.

Am Nachmittag des 31. August gibt Hitler seiner Armee den Befehl, am nächsten Morgen Polen zu überfallen. Nachdem ein britisch-französisches Ultimatum wirkungslos geblieben ist, erklären Großbritannien und Frankreich am 3. September Deutschland den Krieg. Am 28. September kapituliert die polnische Armee, ohne dass die britisch-französischen Streitkräfte eingegriffen hätten. Inzwischen hat die Rote Armee den Osten Polens besetzt, das zwischen den beiden Staaten aufgeteilt wird. Es beginnt diese »drôle de guerre«, dieser »komische Krieg« des Wartens und der Untätigkeit an der Grenze, in dem jeder gespannt der deutschen Initiative harrt. Sie erfolgt mit großer Wucht am 10. Mai 1940.

In den Wochen vor Kriegsausbruch hat sich die Regierung Daladier im Hinblick auf den unvermeidbar erscheinenden Konflikt an Jean Giraudoux, der gerade in Vittel eine Kur beendet, mit dem Appell gewandt, das Generalkommissariat für Information zu übernehmen. Mit siebenundfünfzig Jahren gilt Giraudoux als einer der brillantesten französischen Schriftsteller, vor allem dank seines Theaters, doch nicht bei allen: »Ich verabscheue«, sagt Drieu, »diesen schwülstigen und preziösen Stil, der ein widerliches Symptom der Dekadenz ist.« Niemand hat jedoch *La guerre de Troie n'aura pas lieu* (*Der Trojanische Krieg findet nicht statt*), diese brillante Umsetzung der drohenden Gefahren, vergessen. Seit Giraudoux bei den Aufnahmeprüfungen für den diplomatischen Dienst im Jahre 1910 als Bester abgeschnitten hat, ist er auch Diplomat und pflegt seine beiden Karrieren gleichzeitig, wie Paul Claudel, Paul Morand, Alexis Léger ... Als Anhänger von Briand lehnte er den Poincarismus ab; davon zeugt sein 1926 erschienener Roman *Bella*, in dem hinter Rebendart der ehemalige Staatspräsident Poincaré zu erkennen war; der Roman löste einen Skandal aus, und der Quai d'Orsay schob Giraudoux aufs Abstellgleis. 1939 hat er gerade seinen Roman *Choix des élues* (»Wahl der Erwählten«) veröffentlicht und vor allem – im Juli – eine Reihe von Vorträgen, die er einige Monate zuvor gehalten hatte, unter dem Titel *Pleins Pouvoirs* (»Vollmachten«) herausgebracht.

Von *Bella* abgesehen, hat Giraudoux das Gebot der Zurückhaltung befolgt und kaum politisch Stellung bezogen. 1934 hält er einige Vorträge über »Die Französin und Frankreich« ... Vor allem auf Grund von *Pleins Pouvoirs* betritt er die Arena. Man hielt ihn für einen Radikalsozialisten, einen Linksliberalen, nun entdeckt man an ihm Züge eines fremdenfeindlichen Patrioten. Durchdrungen von der Größe, ja der Überlegenheit der französischen Kultur, beklagt er den Geburtenrückgang und die massenhafte Ankunft von Ausländern zum Wohl und Wehe des Landes. »Der Franzose wird selten.« Er hat es eindeutig auf die aus Mittel-und Osteuropa zugezogenen Juden abgesehen:

> »Eine Bande, die es einrichtet, dass sie ihrer nationalen Rechte verlustig geht und so allen Ausweisungen trotzt, und die auf Grund ihrer prekären und anormalen physischen Verfassung zu Tausenden in unsere Krankenhäuser strömt, die ihretwegen überbelegt sind.« Es verwundert nicht, dass er die Bildung eines »Rassenministeriums« wünscht: er ist einer Meinung »mit Hitler, dass eine Politik nur dann ihre höhere Ausdrucksform findet, wenn sie rassisch ausgerichtet ist« ...

Angesichts der Dekadenz müsse man das Land wieder aufrichten. Eine Geburtenpolitik lancieren, eine Sportpolitik, eine Stadtpolitik ... Er befürwortet große Bauarbeiten, eine Kulturpolitik und sogar eine »Zivilisation der Höflichkeit« ... Dass der Autor von *Pleins Pouvoirs*, ein eleganter und geschliffener Schriftsteller, am Vorabend des europäischen Krieges zum Propagandaminister ernannt wird, gibt zumindest eine Vorstellung von dem Prestige, das die Literatur in der Welt der Politik genießt – und davon, wie verschwommen bei den französischen Politikern im Jahrhundert der Goebbels und Münzenbergs die Vorstellungen von Propaganda sind.

Jean-Paul Sartre rezensiert *Choix des élues* in der *NRF* vom März 1940 und schreibt treffend: »Monsieur Giraudoux hat wahrhaft Tiefe, doch sie gilt für seine Welt, nicht für unsere. [...] Um ganz in die Welt von *Choix des élues* einzutreten, muss man zunächst die Welt vergessen, in der wir leben.« Diese Welt ist die des unerbittlichsten Zynismus. Der Macht dieses Zynismus wird sich Paul Nizan – trotz aller Möglichkeiten der Dialektik, die ihm seit der École Normale zu Gebote stehen – bewusst, als er von der Unterzeichnung des deutsch-sowjetischen Paktes erfährt. Als außenpolitischer Berichterstatter der kommunistischen Tageszeitung *Ce soir*, die von Aragon herausgegeben wird, ist er bisher ein exemplarischer Aktivist gewesen. Über die kommunistischen Kreise hinaus auf Grund seiner packenden Romane – *Antoine Bloyé* (1933), *Le Cheval de Troie* (1935, »Das trojanische Pferd«), *La Conspiration* (1938, *Die Verschwörung*) – geschätzt, hat der ehemalige »kleine Kamerad« Sartres entschlossen und kompetent die »Anti-Münchner« Politik und die antifaschistische Diplomatie der UdSSR verteidigt. In Korsika, wo er mit seiner Frau »Rirette« und den beiden Kindern die Ferien verbringt, erfährt er die Neuigkeit. Sobald er wieder in Paris ist, eilt er zu *Ce soir*: man hat Mühe, ihm eine Erklärung zu geben. Die Partei macht eine tiefe Krise durch; Abgeordnete legen ihr Mandat nieder, Parteimitglieder zerreißen ihre Mitgliedskarte. Aragon – mit mehr Kadavergehorsam denn je – gibt seinem Artikel vom 23. August den Titel: »Die Ankündigung des Nichtsangriffspakts drängt den Krieg zurück.« Andere Intellektuelle der Partei wie Georges Cogniot, Laurent Casanova reagieren gelassen: Stalin hat immer Recht. Wie dem auch sei, Stalin ist von jetzt an für Frankreich de facto ein Feind: am 25. August wird die kommunistische Presse verboten. Am 31. unterzeichnen die Weggefährten Paul Langevin, Irène und Frédéric Joliot-Curie eine Erklärung gegen »die Doppelzüngigkeit in den internationalen Beziehungen« und die sowjetische »Kehrtwende«. Romain Rolland unterzeichnet sie nicht, schickt jedoch an Daladier ein Telegramm, in dem er »seine hingebungsvolle Unterstützung« für »die Sache der Demokratien, Frankreichs und der Welt, die heute in Gefahr sind«, zum Ausdruck bringt. Nach einer Zeit der Ratlosigkeit, während der die kommunistische Parlamentsfraktion für die ersten Kriegskredite stimmt, wird die Partei von der Komintern wieder fest in die Hand genommen und auf Kurs gebracht: gegen den »imperialistischen Krieg« – das ist der offizielle Ausdruck, der besagt, dass die liberalen Demokratien die eigentlichen Feinde sind. André Marty, Mitglied des Sekretariats der Kommunistischen Internationale, ist damals in Moskau und veröffentlicht einen »Offenen Brief an Léon Blum«, in dem er erklärt, dass »der Krieg einen imperialistischen, gegen die Arbeiter gerichteten, gegenrevolutionären Charakter« hat. Die Wendung um 180 Grad kann einen schwindeln machen.

Paul Nizan wird eingezogen und in einem elsässischen Dorf einquartiert. Dort erfährt er, dass die sowjetischen Truppen am 17. September in einen Teil des polnischen Territoriums einmarschiert sind. Am 25. bringt *L'Œuvre* folgende Mitteilung:

»Monsieur Paul Nizan, ehemaliger Student der École normale supérieure, Agrégé der Universität, der in der Zeitung *Ce soir* für die außenpolitische Berichterstattung verantwortlich war, hat an Monsieur Jacques Duclos, den Vizepräsidenten der Kammer, folgenden Brief geschrieben:
›Ich teile Dir meinen Austritt aus der Kommunistischen Partei Frankreichs mit.
Meine gegenwärtige Lage als Soldat im Feld verbietet es mir, diesen Zeilen den geringsten Kommentar hinzuzufügen.‹
Monsieur Paul Nizan hat zahlreiche politische und literarische Werke

veröffentlicht.

Sein Roman *La Conspiration* bekam 1938 den Prix Interallié. Er hat noch andere Romane veröffentlicht : *Le Cheval de Troie* und *Antoine Bloyé*.

Sein letztes politisches Buch, *Chronique de septembre* (»Septemberchronik«), war ein großer Erfolg[291].«

Nizan konnte die Gründe für Stalins politischen Realismus durchaus nachvollziehen: als er von der Unterzeichnung des deutsch-sowjetischen Paktes erfuhr, trat er nicht aus der Partei aus, obwohl die Nachricht für ihn niederschmetternd war. Er schlug sogar vor, wie seine Korrespondenz bezeugt, man solle sich, um die französische Partei zu retten und »die Zukunft zu sichern«, ebenso listig zeigen und auf die Karte eines nationalen Kommunismus setzen: »Warum haben sie nicht die Kühnheit der Russen besessen«, sagt er von den Führern des PCF. Doch die von Stalin angeordnete Invasion Polens übersteigt das, was er akzeptieren kann – »eine unerträgliche Umsetzung der Realpolitik«, schreibt er am 22. September an seine Frau.

Zur selben Zeit macht ein anderer kommunistischer Intellektueller, Georges Friedmann, dieselben seelischen Nöte durch. Bei ihm stellt sich die Hellsicht früher ein als bei Nizan; dieser hatte ihn beim Erscheinen seines Buches *De la Sainte Russie à l'URSS* (»Vom heiligen Russland zur UdSSR«), das er für zu unorthodox hielt, attackiert. Friedmann – als Verwaltungsoffizier des Gesundheitsdienstes dem Krankenhaus von Laon zugewiesen – führte wie der zum Wetterdienst im Elsass eingezogene Sartre Tagebuch[292]. Die »drôle de guerre« war eine Zeit permanenten Schreibens: es gab fast nichts anderes zu tun – außer vielleicht Karten zu spielen. Friedmann weist auf die »rassistische« Argumentation hin, mit der Molotow den Einmarsch in Polen rechtfertigt: er spreche von den »Rassebrüdern«, den in Polen lebenden Ukrainern und Weißrussen, denen die Sowjets zu »Hilfe« kommen müssten. Am 16. Oktober notiert er weitere Überlegungen:

»Ich, der ich trotz allem so lange glaubte, die UdSSR würde ihre Wachstumsschwierigkeiten überwinden, der ich so lange die stalinistische Politik als die einzig mögliche inmitten der Schwierigkeiten im Heiligen Russland und im Nachkriegseuropa verteidigt habe, bin tief betrübt über die immer deutlicheren Anzeichen für einen schreckli-

---

[291] Zit. nach P. Ory, *Nizan, destin d'un révolté 1905–1940*, Ramsay, 1980, S. 215. Vgl. auch *Paul Nizan intellectuel communiste, écrits et correspondance 1926–1940*, hg. v. J.-J. Brochier, Maspero, 1967; J. Steel, *Paul Nizan. Un révolutionnaire conformiste?*, PFNSP, 1987.

[292] J.-P. Sartre, *Tagebücher November 1939 – März 1940*. Übers. v. Eva Moldenhauer, Rowohlt Verlag, Reinbek, 1983; neue, erw. Ausg. 1996.

chen Zynismus bei Stalin und seinen Ratgebern: einen Pseudomarxismus, aus dem jeder Humanismus gewichen ist.«

Er beobachtet, wie Goebbels' Propaganda Molotows Erklärungen ausnutzt, um die Moral der Franzosen zu unterminieren. Als im November sowjetische Streitkräfte in Finnland einmarschieren, stellt er seinen kommunistischen Glauben sogar radikal in Frage: »Wie groß auch Lenins Genie sein mag und wie sehr ich ihn auch bewundere, ich muss an die Wurzel des Übels gehen und darf nicht fürchten, mir die Frage zu stellen: findet sich der Keim für einen bestimmten zynischen Amoralismus im Wirken und im theoretischen Werk Lenins[293]?«

Paul Nizan wird keine Zeit haben, seine Überlegungen zu diesem Thema zu vertiefen. Die Tatsache, dass er eingezogen ist, schützt ihn vor direkten Angriffen des PCF, der am 27. verboten wird – doch nicht vor versteckten Machenschaften: er bekommt einen auf den 19. Oktober datierten Brief von Rirette, in dem sie ihm mitteilt, dass die Partei, deren Mitglied sie ist, sie auffordert, ihrem Mann die Solidarität aufzukündigen: »Ich fand mich Leuten gegenüber (nicht Léon [Moussinac], sondern Ginzburger [der spätere Pierre Villon]), die mich fast so behandelt haben, wie man einst den Hauptmann Dreyfus behandelte, was nicht sehr lustig ist[294].«

Nach einigen Monaten dieser »drôle de guerre«, in der die Untätigkeit schließlich auch die Gutwilligsten demoralisiert (»die Ruhe ist nicht immer komisch«), möchte Nizan »in eine andere Haut schlüpfen«. Es gelingt ihm, im Februar einem britischen Expeditionscorps in Nordfrankreich als Dolmetscher zugewiesen zu werden; dort kann ihn Rirette bis zur deutschen Offensive besuchen. Aragon, ebenfalls eingezogen, ist nicht weit entfernt. Er wird bald in dem von Panzern umzingelten Kessel von Dunkerque eingeschlossen werden und zu den 130.000 französischen Soldaten gehören, denen es gelingt, sich mit 330.000 englischen Soldaten nach Großbritannien einzuschiffen. Paul Nizan wird dieses Glück nicht beschieden sein: am 23. Mai wird er von einer Sprengkugel getötet, die ihn oberhalb des Ohres trifft. Weit von den Schlachtfeldern entfernt, veröffentlicht Maurice Thorez, der aus seiner Einheit desertiert ist, um heimlich in die UdSSR zu entkommen, am 21. März in der Zeitschrift der Komintern einen rachsüchtigen Artikel, »Die Verräter an den Schandpfahl«, in dem er gegen alle Kommunisten wettert, die nach der Unterzeichnung des deutsch-sowjetischen Paktes die Partei verlassen haben: »Opportunisten«, »Karrieristen«, »Entartete«, »Verdorbene«, »Polizeispitzel« ... Dazu zählt Nizan.

---

293 G. Friedmann, *Journal de guerre 1939–1940*, Gallimard, 1987.
294 Zit. nach P. Ory, *op. cit.*, S. 221.

»[Er] hatte«, schreibt Thorez, »die Genugtuung, die elende Rolle von Pluvinage, diesem Spion aus seinem letzten Roman, in der Wirklichkeit zu spielen. Dieser feige und servile Nizan-Pluvinage war bereit, im Staub zu kriechen, um die Opfer seiner Spionage zu täuschen. Ganz besondere Lorbeeren hat er in den Salons geerntet, in denen Zynismus und Unverschämtheit als Auszeichnung gelten. Wie im Fall Gitons, eines abgebrühten Denunzianten, wurde er durch die Unachtsamkeit eines eifrigen Polizeikommissars verraten, während er sich bemühte, in die Reihen einer illegalen politischen Organisation einzudringen.«

Aragon greift später Thorez' verleumderische Beschuldigungen in seinem Roman *Les Communistes* (*Die Kommunisten*) wieder auf und bekräftigt – mit seinen Romanfiguren Patrice Orfilat und dessen Frau Édith – den Spionagevorwurf[295].

Und das Hinterland? Höchst bedeutsame tägliche Aufzeichnungen über die dramatischen Wochen, die auf die deutsche Offensive vom 10. Mai 1940 folgen, enthält das *Journal littéraire* (»Literarisches Tagebuch«) von Paul Léautaud. Er ist ein alter Junggeselle von achtundsechzig Jahren, ein sarkastischer Theaterkritiker, Angestellter des Mercure de France, zu dem er täglich mit der Métro der Linie Sceaux-Robinson fährt; mehr und mehr zieht er der Zuneigung der Frauen (die indessen in seinem Leben eine große Rolle gespielt haben) die der Katzen vor; um Politik hat er sich nicht gekümmert. Der Krieg lockt ihn aus der Reserve. Am 19. Mai erfährt er, dass in Notre-Dame eine große religiöse Zeremonie stattfinden wird, an der der Regierungschef teilzunehmen gedenkt: »Um für Frankreich zu beten«:

»Ich konnte nicht umhin, vor Wut zu platzen und das für eine Schande zu halten. Gebet ist Schwäche, Versagen, Verzweiflung, Verzicht. [...] Ich füge hinzu, dass man sich in der Gefahr nicht auf die Knie wirft, sondern sich aufrichtet, dass ich zwar keine Sympathie für die Männer von 1792 habe, doch dass sie in der Gefahr nicht gebetet, sondern Podien für die Anwerbung zum Kriegsdienst errichtet haben[296].«

In den folgenden Tagen kocht er wegen der »Frömmeleien« weiterhin vor Zorn: »Ich hasse das Gebet.« Am 27. Mai stellt er fest, dass André Billy sich in seiner Chronik des *Figaro littéraire* fragt »ob wir nicht die Literatur zu sehr geliebt haben«. Nach der Niederlage macht dieses Thema unter der Feder der Moralisten Furore und inspiriert den Karikaturisten Sennep zu einer be-

---

295 In der Neuauflage von 1966 hat Aragon diesen Schandfleck aus *Les Communistes* getilgt. Vgl. P. Ory, *op. cit.*, S. 237–260.
296 P. Léautaud, *Journal littéraire, 3, Februar 1940–Februar 1956*, op. cit., 1986, S. 44.

rühmt gewordenen Zeichnung, auf der ein gentleman-farmer im Golfanzug zwei seiner Pächter streng zur Rede stellt: »Was wollt ihr? Ihr habt euch an Proust, an Gide, an Cocteau ergötzt! ...«

Am 28. Mai gibt es eine weitere Zeremonie, diesmal in Saint-Étienne-du-Mont, sowie Bittgebete, die der Stiftsvikar »lanciert« und die »er und die Menge dreimal wiederholen«. Léautaud grämt sich: »Wir sind wieder im Jahr 1000.« Am 14. Juni – er hat den Exode[297] nicht mitgemacht – entdeckt er den ersten deutschen Soldaten in Paris; es gibt keine Zeitungen und keine Post mehr; Flugzeuge fliegen unablässig über ihn in Fontenay-aux-Roses hinweg. In den folgenden Tagen scheint die Anwesenheit der Deutschen allmählich weniger schwer auf ihm zu lasten. Im Übrigen sind diese deutschen Soldaten gut ausgerüstet, groß, stark (»ich dachte an den Gegensatz: die ›kleinen Franzosen‹«), sie »haben den Kopf geschoren, das Gesicht glatt rasiert«, sind höflich, sehr anständig gegenüber den Frauen und hilfsbereit gegenüber den Flüchtlingen. Die öffentliche Meinung sucht nach anderen Sündenböcken. »Das Wort Verrat geht überall um.« Am 19. Juni erscheint *Le Matin* wieder und verlangt die »Bestrafung der Schuldigen«: »einen Obersten Gerichtshof, ein einziges Urteil: schuldig oder nicht schuldig. Eine einzige Strafe: *die Todesstrafe.*« Das Stimmengewirr nimmt zu: im Umkreis von Léautaud rühmt man immer mehr »die guten Manieren« der Deutschen. Als er am 23. Juni von der Unterzeichnung des Waffenstillstandes erfährt, bedauert er, dass die Franzosen die Engländer im Stich lassen: »moralisch« ist das »nicht komisch«. Am 8. Juli beginnt man, von den Juden zu sprechen, die Gefahr laufen, »beiseite geschoben« zu werden: »Da sieht man, was es heißt, zu weit zu gehen, sich von einem Tag auf den anderen als Herren zu fühlen wie beispielsweise die Regierung Léon Blum mit ihren 35 Juden, nicht mehr und nicht weniger.« Am 11. Juli trifft er eine Freundin, die von sich sagt, sie sei traurig über die Niederlage: »Da gibt's nichts traurig zu sein«, empört er sich, »wir sind für die Umstände nicht verantwortlich und können daran nichts ändern. Unser Leben ist davon überhaupt nicht berührt. Leben wir also wie gewöhnlich weiter.« Am 18.: erneuter Vergleich zwischen dem deutschen Soldaten (»gesundes Gesicht«, »wirkliche Gesundheit«) und dem inzwischen demobilisierten französischen Soldaten (»stupides Gesicht, vollkommen betrunken. Der Makel der Unterschichten des französischen Volkes ist der Alkoholismus«). Am 31. Oktober diskutiert Léautaud mit einem Freund über das »Judenstatut«, das Anfang des Monats erlassen wurde:

> »Ich finde das alles sehr hart, aber ... man muss sich vor Augen halten, dass die Juden vor zwei oder drei Jahren, als sie Oberwasser hatten,

---

297 *Anm. d. Ü:* Exode: die Flucht der französischen Zivilbevölkerung vor den deutschen Truppen im Mai und Juni 1940.

uns über ein Gesetz haben abstimmen lassen, das es uns verbot, sie in der einen oder anderen Weise zu verunglimpfen. Das Blatt hat sich gewendet.«

Die Demoralisierung Frankreichs schreitet voran; der Schock vom Juni 1940 hat die Wirkung eines geistigen Erdbebens. André Gide, der sich in Vichy aufhält, schreibt am 14. Juni, dem Tag, an dem Paris eingenommen wird, in sein Tagebuch: »Im tragischen Licht der Ereignisse ist der Verfall Frankreichs plötzlich sichtbar geworden, den Hitler nur allzu gut kannte. Überall Zusammenhanglosigkeit, Mangel an Selbstbeherrschung, Ansprüche auf chimärische Rechte, Verkennung aller Pflichten.« Die Ansprache Pétains am 21. Juni kommt Gide sogleich »einfach bewundernswürdig« vor, und er zitiert daraus: »Seit dem Sieg hatte der Geist des Genießens vor dem des Opferns den Vorrang. Man hat mehr gefordert als gedient. Man hat sich die Mühe sparen wollen; heute stehen wir dafür vor dem Unglück.« Einige Tage später – der Waffenstillstand ist unterzeichnet – spricht Pétain aufs Neue im Radio. Erstaunen Gides, der naiv notiert:

»Wie soll man Churchill nicht zustimmen? Wie soll man sich nicht von ganzem Herzen der Erklärung von General de Gaulle anschließen? Genügt es Frankreich nicht, dass es besiegt ist? Muss es sich überdies noch entehren? Dieser Wortbruch, diese Preisgabe des Paktes, der es mit England verband, ist die allergrausamste Niederlage und der vollständigste Triumph Deutschlands: dass es erreicht, dass Frankreich, indem es sich ausliefert, sich erniedrigt.«

Die Gewissenserforschung geht von Seite zu Seite weiter:

»Der Schock des Krieges hat nichts anderes getan, als den Zusammenbruch eines Staates beschleunigt, der schon in der Auflösung begriffen war. Es war der plötzliche und vollständige Einsturz eines wurmstichigen Gebäudes. Was bleibt Frankreich nach der Katastrophe?« (24. September)[298]

Roger Martin du Gard, dessen *Epilogue* der *Thibault* im Februar 1940 erschienen ist, hat Paris am 14. Juni mit seiner Frau, die das Bein in Gips hat, und mit Freunden per Auto verlassen. Am 24. Juni – die Ankunft der Deutschen in Vaux, wo er sich aufhält, ist angekündigt – verbrennt er aus Vorsicht Fragmente seines Tagebuchs, während die Berls in ihrem Garten »ihre Dol-

---

298 A. Gide, *Tagebuch 1939–1949*. Übers. v. M. Schaefer-Rümelin u.a., Deutsche Verlags-Anstalt, Stuttgart, 1967, S. 31–33, 65 (leicht modif. Ü.).

lars, ihre Bücher, ihre Diamanten« vergraben. Am 11. Juli begibt er sich nach Vichy, um sich um einen staatlichen Auftrag in den Vereinigten Staaten zu bemühen. Ablehnung. Martin äußert »große Erleichterung« darüber, kein Bittsteller mehr zu sein. Am 27. August ist er wieder in Nizza. Am 10. Oktober lernt er auf der Terrasse einer kleinen englischen Bar des Boulevard Victor-Hugo Montherlant kennen. Der Verfasser von *L'Équinoxe* macht auf ihn nicht den Eindruck eines niedergeschlagenen Menschen:

> »Wichtig ist nicht, dass Frankreich der Knechtschaft und die Bevölkerung der Hungersnot entgeht, sondern dass Montherlant eine kräftige Gesundheit behält, seinen Appetit stillt und genug Geld hat, um auf seine Weise leben und sein Werk und seine Vergnügungen in aller Unabhängigkeit fortsetzen zu können.«

Nichtsdestoweniger macht sich Montherlant ein paar Gedanken über das besiegte Frankreich, über »seinen Leichtsinn«, »seine Naivität«, »seinen Dünkel«, »seine Liebe für alles, was Schund ist«, »seine Leidenschaft für alles, was dumm ist« – er sagt das alles, ohne ein Blatt vor den Mund zu nehmen. Sein Text ist übrigens fertig, er wird 1941 in *Comœdia* erscheinen[299]. Einige Monate später wird er *Le Solstice de juin* (»Juni-Sonnenwende«) veröffentlichen, eine Art Huldigung an den Sieger, aus der der Geist des Widerstandes von *L'Équinoxe de septembre* verschwunden ist. Man muss realistisch sein. Montherlant bewahrt jedoch in dieser resignierten Hinnahme der Niederlage eine gewisse Überlegenheit. Das gilt nicht so sehr für Jacques Chardonne, der in seiner *Chronique privée de l'an 40* (»Private Chronik des Jahres 40«) der bewundernswerten Korrektheit der deutschen Soldaten huldigt, unter deren Kontrolle die Weinbauern von Barbezieux in der Charente ihre Freude am Leben wieder finden.

Was Alain angeht, so hatte sein Name (zusammen mit Jean Giono, Victor Margueritte, Félicien Challaye, Henry Poulaille) – vielleicht ohne seine Zustimmung – auf einem Flugblatt von Louis Lecoin, »Sofort Frieden!«, das ein paar Tage nach der Kriegserklärung verteilt wurde, gestanden. Dieses Flugblatt bringt ihm vorübergehend Ärger mit der Polizei ein. Den Waffenstillstand nimmt er mit Erleichterung auf und geht so weit, den Seiten seines (unveröffentlichen) Tagebuches anzuvertrauen, dass er den Sieg der Deutschen über England wünscht. Und er fügt hinzu: »Der General de Gaulle darf bei uns nicht siegen[300].« Was François Mauriac betrifft, so beteiligt er sich in den ersten Julitagen des Jahres 1940 zunächst an der Begeisterung für Pétain:

---

299 H. de Montherlant, *Textes sous une Occupation 1940–1944*, Gallimard, 1953; enthalten in *Essais, op. cit.*
300 Zit. nach A. Sernin, *op. cit.*, S. 419.

»Dieser Greis«, schreibt er in *Le Figaro,* »ist uns von den Toten von Verdun und der ungezählten Menge derer gesandt, die sich seit Jahrhunderten dieselbe Fackel weiterreichen, die uns aus den schwachen Händen gefallen ist.« Er wird sich schnell eines anderen besinnen, doch seine Reaktion kurz nach dem Debakel und nach der parlamentarischen Abstimmung vom 10. Juli, die Pétain nahezu uneingeschränkte Vollmachten bewilligt, zeigt die Intensität der Gefühle, die es so vielen Intellektuellen und Politikern unmöglich macht, sich etwas anderes als Schweigen und Unterwerfung unter die neue Macht vorzustellen – ein Prinzipat, das État français, »Französischer Staat«, statt Republik genannt wird. Paul Claudel – auch er wird sich später eines anderen besinnen – verfasst Weihnachten 1940 seine »Worte an den Marschall Pétain«:

»Frankreich, höre auf diesen alten Mann, der sich über Dich neigt und zu Dir wie ein Vater spricht!
Tochter des Heiligen Ludwig, höre auf ihn und sage: Hast Du jetzt genug von der Politik?
Vernimm diese Stimme der Vernunft über Dir, die vorschlägt und diesen Vorschlag wie Licht und diese Wahrheit wie Gold erscheinen lässt[301].«

Insgesamt haben in diesen dunklen Tagen von 1940 wenige Schriftsteller oder Intellektuelle so schnelle Reflexe wie Edmond Michelet, Makler in Brive, Leser von *Sept* und von *Temps présent,* der zum Zeitpunkt des Waffenstillstandes – noch vor dem Aufruf von General de Gaulle – ein von Péguy inspiriertes Flugblatt verbreitet, in dem man liest: »In Kriegszeiten hat der, der sich nicht ergibt, immer Recht gegenüber dem, der sich ergibt.« Viele brauchen Wochen, Monate, ja mehrere Jahre Besatzung, um ihre Teilnahme am Widerstand ins Auge zu fassen.

Ein Schriftsteller im Exil, Georges Bernanos, findet ebenfalls den Ton der Verweigerung. Auf die Nachricht vom Waffenstillstand reagiert er sofort und erhebt sich in der brasilianischen Presse gegen Pétain: »Das Land hoffte auf ein Oberhaupt; aber die von Panik erfassten Politiker haben ihm in der Erwartung, bald auf die Bühne zurückzukehren, nur einen Konkursverwalter hinterlassen[302].« Im Juli schreibt er ironisch: »Das neue ländliche und bukolische Frankreich wird wieder kriegerisch, um das pazifistische, wehrlose Deutschland gegen den englischen Militarismus zu verteidigen.«

In Paris gibt jetzt die ehemalige Pro-Münchner Presse[303] den Ton an. Ro-

---

301 Vgl. J. Duquesne, *Les Catholiques français sous l'Occupation,* Grasset, 1966.
302 G. Bernanos, *Le Chemin de la Croix des âmes. Essais et Écrits de combat, op. cit.,* 2, 1966, S. 226–227.
303 *Anm. d. Ü:* Pro-Münchner Presse: die für das Münchner Abkommen und die in München besiegelte Appeasementpolitik gegenüber Hitlerdeutschland eintretende Presse.

land Dorgelès von der Académie Goncourt, Autor von *Les Croix de bois* (»Die Holzkreuze«), rechnet in *Gringoire* mit den Männern der Volksfront ab: »Von einer misslungenen Ausstellung (der Weltausstellung von 1937) zu einem verlorenen Krieg, das ist der Weg, den sie euch gewiesen haben. Und das letzte Echo der *Internationale* war das *Horst-Wessel-Lied*, das auf den Champs-Elysées widerhallte[304].« Der Schriftsteller und ehemalige Frontsoldat, der sich durch alle Kriegerdenkmäler der Städte und Dörfer Frankreichs gerechtfertigt fühlt, verkündet am 4. Oktober in derselben Wochenzeitung die in seinen Augen von nun an schlüssig bewiesene Wahrheit: »Unser unglückliches Land war – wie es der Marschall Pétain laut und vernehmlich gesagt hat – unfähig, einen Krieg zu führen.«

Gringoire zitiert unablässig die Überlegungen von Charles Maurras. Léon Daudet hat kurz zuvor die Macht für das Akademiemitglied und für Pétain gefordert: er sieht nun Pétain an der Spitze des Staates und Maurras als geistigen Führer des Landes. Am Tag nach dem »Großen Absturz« (Bernanos) kann sich die Action française im Gefühl der Revanche sonnen.

---

304 R. Dorgelès, »Gribouilles rouges«, *Gringoire,* 12. September 1940.

37
Was tun?
Der Fall Mounier

Für alle, die sich in Frankreich die Aufgabe gestellt hatten zu schreiben, die Öffentlichkeit aufzuklären, öffentlich Stellung zu nehmen, war die Lage, in der sich das Land nach dem Debakel und nach der Machtübernahme durch den Marschall Pétain befand, undurchsichtig geworden. Wenn sie keine überzeugten Parteigänger des neuen Regimes waren, boten sich ihnen mehrere Möglichkeiten: sich hinter Schweigen zu verschanzen und auf günstigere Zeiten für ein Eingreifen zu warten; Frankreich zu verlassen, um sich die Redefreiheit zu erhalten – oder um in England den Kampf in den Forces françaises libres (»Freie Französische Streitkräfte«) fortzusetzen; oder schließlich in den Lücken und an den Rändern des neuen Regimes den Kampf und das Denken aus der Zeit vor der Niederlage wieder aufzunehmen. Diese im Jahr 1940 möglichen Richtungen wurden jeweils von André Malraux, Raymond Aron und Emmanuel Mounier eingeschlagen.

Der Vorteil der beiden ersten Haltungen ist es, eindeutig zu sein; es gibt keinen Grund, allzu ausführlich darauf einzugehen. Malraux, Weggefährte der Kommunisten, hatte sich bei der Unterzeichnung des deutsch-sowjetischen Paktes nicht gerührt[305]. Bei der Mobilmachung im September zögert er nicht – obwohl ausgemustert –, sich freiwillig zu melden: »Wenn man geschrieben hat, was ich geschrieben habe, und wenn es in Frankreich einen Krieg gibt, dann beteiligt man sich an ihm.« Er wurde als einfacher Soldat einer Panzereinheit in Provins zugeteilt (Panzer, wird er sagen, »die außerstande waren, uns über den Exerzierplatz hinaus zu bringen«). Am 15. Juni wird er leicht verletzt, am 16. gefangen genommen. Als freiwilliger Erntehelfer nutzt er die weniger strenge Überwachung auf den Feldern zur Flucht – zusammen mit Abbé Magnet, dem späteren Feldgeistlichen im Vercors. Es gelingt ihm, zu Josette Clotis zu kommen, die ihm gerade einen Sohn geboren hat, und alle drei richten sich provisorisch in Hyères ein. Hat er schon damals den Gedanken, sich dem »Freien Frankreich« anzuschließen? Bringt ihn die Gegenwart von Josette und ihres Babys davon ab? Wie dem auch sei, Malraux

---

305 Wir folgen hier J. Lacouture, *Malraux, op. cit.*

Was tun? Der Fall Mounier

nimmt eine Wartestellung ein. Als Jean-Paul Sartre, der seine Gruppe Socialisme et Liberté (»Sozialismus und Freiheit«) auf die Beine zu stellen versucht, bei ihm in Cap-d'Ail vorspricht, hört er, dem Bericht Simone de Beauvoirs zufolge, »Sartre höflich an, meint aber, dass man im Augenblick keine wirkungsvolle Aktion starten könne; die russischen Tanks, die amerikanischen Flugzeuge müssten den Krieg gewinnen[306].« Nach November 1942 und der Besetzung der Südzone durch die Deutschen verlassen Malraux und die Seinen die Côte d'Azur und machen sich in die Corrèze auf, in die Nähe von Argentat, wo sich auch die Berls hingeflüchtet haben. Im Jahre 1943 steht Malraux über seinen Halbbruder Roland, der als Agent des SOE (*Special Operations Executive*)[307] in Brive mit dem Fallschirm abgesprungen war, mit britischen Diensten in Verbindung. Erst als Roland und der andere Halbbruder, Claude, der ebenfalls dem SOE angehört, im März 1944 festgenommen werden, schließt sich Malraux dem Widerstandskampf im Untergrund an.

Raymond Aron ist gleich in den ersten Tagen des Konflikts eingezogen und einer Wetterbeobachtungsstation an der belgischen Grenze zugeteilt worden. Er verbringt die »drôle de guerre« damit zu schreiben, besonders über Machiavelli. Die Niederlage führt ihn seit dem 13. Mai 1940 von Charleville nach Bordeaux, wo er um den 20. Juni eintrifft.

»Eine Regierung, die mit dem Dritten Reich verhandelte«, schreibt Aron in seinen *Mémoires* (*Lebenserinnerungen*), »würde einen Zwischenstatus zwischen einem Satelliten und einem unabhängigen Staat einnehmen. Es war nicht daran zu zweifeln, dass in Frankreich die Männer und Parteien an die Macht kommen würden, welche die ›Kriegstreiber‹ verurteilt hatten. Weder Marschall Pétain noch Pierre Laval würden sich zum Nationalsozialismus bekehren; aber es war uns klar, dass in einem besiegten Frankreich, ganz gleich, ob es sich mit dem Dritten Reich aussöhnte oder sich ihm unterwarf, für die Juden kein Platz mehr war[308].«

Er denkt mit seiner Frau über zwei Lösungen nach: in Frankreich zu bleiben oder sich zu den Streitkräften von General de Gaulle zu schlagen. Aron entscheidet sich für die zweite Lösung. Am 23. Juni schifft er sich in Saint-Jean-de-Luz auf einem Überseedampfer, der *Ettrick*, ein, der bereits eine polnische

---

306 S. de Beauvoir, *In den besten Jahren*. Übers. v. R. Soellner, Rowohlt Verlag, Reinbek, 1967, S. 424.
307 *Anm. d. Ü:* SOE, Special Operations Executive: Dienststelle zur Koordinierung der britischen Unterstützung der Résistance; schleuste britische Agenten nach Frankreich ein, die mit Résistancemitgliedern und -gruppen Kontakt aufzunehmen und sie in Sabotagetechniken auszubilden hatten.
308 R. Aron, *Erkenntnis und Verantwortung. Lebenserinnerungen*. Übers. v. K. Sontheimer (gekürzte Übersetzung von: *Mémoires*, Julliard, 1983), Piper Verlag, München/Zürich, 1985, S. 130.

Division nach England bringt. Jenseits des Kanals teilt man ihn einer Sturmpanzerkompanie der Forces françaises libres zu. Doch nicht für lange: André Labarthe, der von de Gaulle damit beauftragt ist, eine französischsprachige Zeitschrift zu gründen, überzeugt Aron von der Notwendigkeit, daran mitzuarbeiten, statt in einer Panzereinheit Buchhalter zu sein. Unter dem Pseudonym René Avord wird Aron also einer der vier regelmäßigen Mitarbeiter der Zeitschrift *La France libre*; den ganzen Krieg über bemüht er sich, darin einen möglichst objektiven Standpunkt zum Verlauf des Krieges einzunehmen[309].

Auch Emmanuel Mounier fragt sich: »Was tun?« Schweigen, weggehen, bleiben? Er geht das Risiko ein zu handeln, »hier und jetzt«, trotz aller Zweideutigkeiten des Augenblicks.

Nach dem Schock von München, der unter den Mitarbeitern von *Esprit* eine vorübergehende Spaltung ausgelöst hatte, verfolgten Mounier und seine Zeitschrift eine Linie der »antifaschistischen Wachsamkeit«, die das Komitee der Intellektuellen gleichen Namens zu Gunsten eines leidenschaftlichen Pazifismus aufgegeben hatte. So widmet die zweimal im Monat erscheinende Zeitschrift Mouniers, *Le Voltigeur*, die Pierre-Aimé Touchard leitet, nach einer Sondernummer von *Je suis partout* gegen die Juden ihre Nummer vom 1. März 1939 der Entlarvung des Antisemitismus, insbesondere mit einem »Offenen Brief von Charles Péguy an Monsieur Robert Brasillach und andere kleine Rebatets« (»Der Antisemitismus gegen Frankreich«) – ein Kampf, den auch *Esprit* aufnimmt und verstärkt.

Im Februar 1939 – kurze Zeit vor der Zerschlagung der Tschechoslowakei – nimmt sich Mounier den Präsidenten der Liga der Menschenrechte vor:

»Die Pax Germanica, sagt Monsieur de Pressensé, IST HART, ABER SIE IST DOCH EIN FRIEDE. So gesehen, ist auch der russische Friede ein Friede; und der türkische Friede ist ein Friede; und der belgische Friede in Afrika und der portugiesische Friede sind ein Friede. Die Liga der Menschenrechte ist nicht damit beauftragt, uns die PAX GERMANICA beizubringen. Und auch nicht die PAX TEUTONICA. Sie ist damit beauftragt, uns die PAX JURIDICA beizubringen.«

Nach der Kriegserklärung fasst Mounier seine »Anti-Münchner« Haltung folgendermaßen zusammen: »Ein Land, das im Namen seiner Ruhe den Nicht-Widerstand verkündet, ist kein großherziges Land, es ist ein erschöpftes Land; eine Nation, die sich nur erhalten will, weicht zurück; der Schwache ist eine Versuchung für den Starken, das Opfer ist eine Versuchung für den Henker[310].«

---

309 R. Aron, *Chroniques de guerre. La France libre*, 1940–1945, Gallimard, 1990.
310 E. Mounier, »Les deux Allemagnes«, *Esprit*, Februar 1940.

Was tun? Der Fall Mounier

Der Schock der Niederlage vom Juni 1940 löst bei Mounier, der Ende Juli demobilisiert wird, weder einen psychischen Zusammenbruch mit der Folge resignierter Hinnahme des Unglücks aus noch ein instinktives patriotisches Aufbegehren wie das Edmond Michelets oder Charles de Gaulles. In der Zeitschrift *Marianne*, die sich nach Lyon zurückgezogen hat, schreibt er am 1. August 1940: »Das Scheitern ist ein mächtiger Ansporn zur Tat.« Und als erstes fordert er – in einem Land, das zusammen mit Pétain die *Anderen* beschuldigt – jeden Einzelnen dazu auf, die Gründe für die Niederlage zunächst »in der ersten Person« zu suchen:

> »Es ist dringend erforderlich, dass sich jeder Franzose […] von dem morbiden Bedürfnis frei macht, andere anzuklagen und sich selbst zu entlasten. Er sollte sich mit den Verantwortlichkeiten auseinandersetzen, indem er sich sagt: ›Ich selbst? Meine Partei? Meine Idole? Mein Milieu? Mein Land?‹ Er muss sich von den Überresten des Hasses und von dieser summarischen Aufteilung des Landes in ›Reine‹ und ›Unreine‹ freimachen ...«

Über diese Gewissenserforschung hinaus gelte es, die geistigen Werte zu erhalten. Doch wie? Zunächst ist es für Mounier wichtig, die neue, vom Sieg der Deutschen geschaffene Situation zu verstehen. Über diesen Punkt kommen er und sein Freund, der Philosoph Jean Lacroix, wie die meisten französischen Intellektuellen in diesem Sommer 1940 zu einer irrigen Analyse: für sie ist der Krieg beendet. Europa ist für eine unbestimmte Zeit in die Ära des Totalitarismus eingetreten – »wenn man unter diesem Wort die ziemlich breite Spannweite von Regimen versteht, die vom Salazar-Regime bis zum Nazi-Regime reicht[311]«.

Die Vichy-Regierung ist in den Augen Mouniers in diesem Sommer 1940 kein im strengen Sinne totalitäres Regime; es ist ein »autoritäres« Regime, in dem man noch »den Ort der Freiheit finden kann«. Ohne dem Programm der Révolution nationale (»Nationale Revolution«) ausdrücklich zuzustimmen, wird sich Mounier bemühen, in diesem Rahmen zu wirken und sich zu äußern. Enthaltung, Untätigkeit widerstreben ihm, und er hält die Hypothese einer Wende der militärischen Situation – wir sind im Jahre 1940 – für wenig glaubhaft; so entscheidet er sich, da, wo er ist, und mit den ihm zur Verfügung stehenden Mitteln und solchen, die ihm die neuen Institutionen vielleicht noch bieten werden, die Grundsätze zu verteidigen, die er immer verteidigt hat.

Ein stärker politischer Kopf als er hätte es abgelehnt, sich der Ambivalenz

---

311 E. Mounier, »À l'intelligence française«, *Marianne*, 21. August 1940.

auszusetzen: Unterstützung oder Ablehnung drängte sich auf. Sein Verhalten ist das eines Christen, der sich seinen eigenen Worten zufolge der geistigen Revolution verschrieben hat. Das neue Regime schlicht und einfach zu verwerfen würde bedeuten, aufzugeben. Seine Philosophie des Engagements schreibt ihm eine andere Haltung vor: eine Politik der »Präsenz«, eine Besetzung des »Feldes«, ja, womöglich eine Unterwanderung der »Nationalen Revolution« durch seine Freunde und seine Ideen.

Gleich zu Anfang stellt sich die Frage der Weiterführung von *Esprit*, dessen letzte Nummer im Juni 1940 erschienen ist. Einige Vertraute Mouniers, die sich wie er nach Lyon zurückgezogen haben, suchen ihm klar zu machen, dass es ein Fehler wäre, die Zeitschrift unter den Bedingungen der Zensur erscheinen zu lassen[312]. Der Herausgeber von *Esprit* geht darüber hinweg, und die erste Nummer der neuen Serie liegt im November 1940 zum Verkauf aus; neun weitere folgen bis zum August 1941. Manche hatten ihm Mut zugesprochen, zum Beispiel Victor Serge, Überlebender des stalinistischen Gulag, der sich mit Mounier angefreundet hat. Kurz bevor er sich nach Amerika einschifft, schreibt er ihm aus Marseille:

»Ich wünsche sehnlichst, dass die Stimme von *Esprit* in den dunklen Zeiten, die beginnen, nicht schweigt. In diesem Sinne stimme ich Ihrer Initiative voll und ganz zu. Doch sie scheint mir riskant. Sie wird ungewöhnliche Hellsicht, Standfestigkeit und Kühnheit erfordern[313].«

Die erste Nummer ist kein voller Erfolg. Mounier wird bedauern, »zu kurz geschossen zu haben«, um die Zensur zu umgehen – mit anderen Worten, Vichy zu viele Konzessionen gemacht zu haben. Für die folgenden Nummern wird er sich zugute halten, als der »Kern der offenen Opposition« in Erscheinung getreten zu sein. Die Arbeit ist gefährlich, wie es Victor Serge vorhergesehen hatte. Man muss Stilfiguren akzeptieren, um Botschaften zu übermitteln, die der versierte Leser verstehen muss, indem er zwischen den Zeilen liest. Glücklicherweise kann sich die Zeitschrift auf ein Vokabular stützen, das sie mit gewissen Themen der »Nationalen Revolution« teilt (»einige Lebensformeln kristallisieren sich heraus, an denen wir die herrschenden Züge unseres Erbes erkennen: Kampf gegen den Individualismus, Verantwortungssinn ...«); man gibt ihnen einen anderen Sinn und eine andere Tragweite. Der Leser von heute, der den Kontext und die allmonatliche List nicht kennt, die Mounier und seine Mitarbeiter entfalten, um die Zensur zu umgehen, und

---

312 Wer die Probleme, die sich der französischen Gesellschaft durch den deutschen Sieg von 1940 stellten, und den besonderen Kontext dieser Jahre verstehen will, lese das Buch von Philippe Burrin: *La France à l'heure allemande*, Seuil, 1995.
313 Vgl. *Bulletin des Amis d'Emmanuel Mounier*, Nr. 39, April 1972.

Was tun? Der Fall Mounier

der in den Anspielungen der Epoche nicht bewandert ist, könnte in dem neuen *Esprit* eine Art gemäßigtes Organ des neuen Regimes sehen.

Man wird besser verstehen, was die Zeitschrift Mouniers damals, als sie in den Kiosken der »nicht besetzten« Zone wieder auftaucht, bedeutet, wenn man die herzlichen Briefe liest, die er dank seiner Initiative erhält. So schreibt Roger Martin du Gard: »Die Wiederauferstehung von *Esprit* ist für uns ein Ereignis. *Resurrexit, alleluia!* Mir hat die erste Nummer gefallen, diese Wiederaufnahme der früheren Positionen ohne jeden Lärm: die Vorstellung geht weiter, das ist sehr schön; fortfahren, das ist das Beste, was wir tun können, alle, solange wir da sind. Ich gehöre nicht zu denen, die sich auf unbestimmte Zeit an die Brust schlagen und sich einbilden, Fortschritte zu machen, weil sie sich verleugnen[314].« André Gide, auf den alle pétainistischen Moralprediger mit dem Finger zeigen, versichert Mounier im März 1941 seiner Unterstützung. Zur selben Zeit beglückwünscht Roger Breuil, ein ehemaliger Mitarbeiter der Zeitschrift, der ihr Wiedererscheinen missbilligt hatte, Mounier:

> »Mir scheint, ich habe verstanden, auf welche Weise Sie *Esprit* veröffentlichen zu können glauben. Diese Nummer von Februar 1941 verdient viel Lob, sowohl für die Unerschütterlichkeit ihrer Grundlagen als auch für die Kunst, mit der sie gemacht ist. Was diesen Punkt angeht, so kann man nicht mehr von Akrobatik oder List sprechen; man muss vielmehr von Kunst sprechen, denn die Ironie selbst ist von Leiden durchdrungen. Sie nimmt einen ernsten Charakter an und erhebt sich auf die Ebene eines Zeugnisses[315].«

Nur ein Beispiel für diesen geistigen Widerstand unter der Überwachung: das »Judenstatut« vom 3. Oktober 1940 – »das schändliche Statut«, wie Mounier in seinen Aufzeichnungen schreibt. Jeder kritische Kommentar ist verboten. Mounier findet einen Weg. Da sich die Ideologen der »Nationalen Revolution« mit aller Macht auf Péguy beziehen, wird der Judenfreund Péguy gegen Xavier Vallat, den Urheber des Statuts, angeführt:

> »Selbst arm, werde ich für die armen Juden Zeugnis ablegen. In der gemeinsamen Armut, in der gemeinsamen Misere habe ich bei ihnen zwanzig Jahre hindurch eine Sicherheit, eine Treue, eine Hingabe, eine

---

314 Ich zitiere diesen Brief in meiner *Histoire politique de la revue* Esprit, *1930–1950, op. cit.* – Neuauflage unter dem Titel »Esprit«. *Des intellectuels dans la Cité, 1930–1950, op. cit.*; für die inhaltliche Analyse dieser Nummern von *Esprit* und die Beschreibung der listenreichen Umgehung der Zensurbestimmungen verweise ich auf dieses Werk.

315 *Ibid.*, S. 234.

Festigkeit, eine Anhänglichkeit, eine Mystik, eine Pietät in der Freundschaft gefunden, die unerschütterlich waren.«

Ein Zitat unter anderen, das es Mounier erlaubt, die zu warnen, die versucht sind, »sich die moderne Welt als eine von den Juden ins Werk gesetzte Maschinerie vorzustellen[316]«. Direkter geht Mounier im Juni 1941 vor, als er eine von Marc Beigbeder stammende Kritik des deutschen Films *Jud Süss* veröffentlicht: »Ein Film, den man zum Glück nicht dem französischen Kino zur Last legen muss, macht Israel für alle Schändlichkeiten der Welt verantwortlich. Das ist viel für ein einziges Volk ...« Der Autor beglückwünscht die jungen Leute, die in den Kinos von Lyon den Film ausgebuht haben:

»Nur indem wir dazu beitragen, ein gewisses Niveau französischer Würde zu bewahren, werden wir dazu beitragen, dass Frankreich sich erneuert, aber aus sich selbst heraus [...]. Danken wir den jungen Franzosen, die das dem Kinopublikum zu verstehen gegeben haben.«

Parallel dazu ergreift Emmanuel Mounier jede sich bietende Gelegenheit, »um mit aller Macht allen Formen der Infiltration Frankreichs durch den totalitären Geist zu widerstehen[317]«: in der Bewegung der Compagnons[318] (bereits im November 1940 wird er ausgeschlossen), in den Gruppierungen der »Baustellen der Jugend«, in der École nationale des cadres d'Uriage (»Nationale Schule für Führungskräfte in Uriage«), in der Vereinigung Jeune France (»Junges Frankreich«). »Die Frage des Regimes«, wie er es formuliert, »ausklammernd«, hält er Vorträge, schreibt Artikel und bringt seine Freunde, so gut er kann, im Apparat der Jugendverbände unter.

In Uriage wird Mounier Anfang 1941 Mitarbeiter des Hauptmanns Dunoyer de Segonzac, des »*Alten Chefs*«, der für die Schule verantwortlich ist. Er definiert den Sinn dieser Tätigkeit: hier wie anderswo »den geistigen Sieg des Nazismus über die französische Jugend zu verhindern«.

Ende Januar 1941 wird Mounier von seinem Freund Pierre Schaeffer angesprochen, der damit beauftragt ist, die Geschicke einer – nach dem Vereinsgesetz von 1901 gebildeten – neuen kulturellen Bewegung, Jeune France,

---

316 E. Mounier, »Charles Péguy et le problème juif«, *Esprit*, Februar 1941.
317 *Entretiens* (Notizhefte Mouniers), 4. April 1941, zit. nach B. Comtes detaillierter Analyse »Emmanuel Mounier devant Vichy et la Révolution nationale en 1940–41: l'histoire réinterprétée«, *Revue d'histoire de l'Église de France*, Nr. 187, Juli – Dezember 1985.
318 Die Compagnons de France (»Gefährten Frankreichs«), die im Juli 1940 von Henry Dhavernas gegründet wurden, setzten sich zum Ziel, die jungen Arbeitslosen zu betreuen, ihnen Arbeit und eine Berufsausbildung zu geben. Die Bewegung entwickelte sich zu einem »politischen Pfadfindertum« im Dienste der »Nationalen Revolution«. Beschuldigt, von »zahlreichen feindlichen Agenten« infiltriert zu sein und die »Jugend korrumpiert« zu haben, wird sie im Januar 1944 von Laval aufgelöst.

zu leiten, die dem Georges Lamirand anvertrauten Generalsekretariat der Jugend untersteht[319]. Der Verein hat zum Ziel, die Künstler zusammenzuführen, die in der nicht besetzten Zone wohnen oder dorthin geflohen sind. Eine offizielle Broschüre, an der sich Mounier beteiligt, erklärt die Zielsetzungen: »Es wäre nicht nur gefährlich, sondern absurd«, liest man dort, »die Künste und die Kultur in Propagandadienste zu verwandeln und sich vorzustellen, dass sich die Künstler, die Intellektuellen und die Erzieher ihre Themen und ihre Inspiration bei irgendeinem Zentralbüro abholen.«
Freiheit des Künstlers, Weigerung, die Kunst fremden Zwecken zu unterwerfen, Würde der Kultur – diese Prinzipien, auf die man sich beruft, klingen nicht gerade nach »Nationaler Revolution«; letztere kommt in der Broschüre nicht zum Ausdruck. Schaeffer genießt eine genügend große Autonomie, um seine Mitarbeiter auszuwählen; Mounier empfiehlt ihm seine eigene Liste: Bertrand d'Astorg, Étienne Borne, Louis Blanchard, Roger Breuil, Jean Blanzat, Marc Beigbeder, Pierre Emmanuel, Max-Pol Fouchet, Jean Grenier, Jean Lacroix, René Leibowitz, Henri Marrou, Roger Secrétain, Pierre-Aimé Touchard, Maurice de Gandillac und viele andere, alles Sympathisanten von *Esprit* oder Mitarbeiter der Zeitschrift; eine ihrer Säulen, Roger Leenhardt, arbeitet schon mit Schaeffer zusammen.

Die Equipe von *Esprit* ist nicht die einzige, die die Sache unterstützt. Neben ihr hat Schaeffer Redakteure von *Combat* angeheuert (wie Maurice Blanchot, Kléber Haedens, Claude Roy), von *Ordre Nouveau* (so Albert Ollivier), Repräsentanten der Pfadfinder, Mitglieder der »Équipes sociales« von Robert Garric (insbesondere Olivier Hussenot).

Mounier ist froh, dass er sowohl in Uriage als auch bei Jeune France, ohne offiziell zu deren Leitung zu gehören, unabhängig von seiner Zeitschrift aktiv sein kann. Das Experiment dauert nur einige Monate. Sehr schnell wird seine geheime Aktivität denunziert. Im Juli 1941 wird Mounier in der Vichy-Presse unter Beschuss genommen: am 7. von Lucien Combelle in *Je suis partout*; am 10. von Pierre Boutang in *L'Action française,* die die »abgedroschenen Albernheiten des mounieristischen Personalismus« angreift; am 24. von Marc Augier in *La Gerbe,* der schreibt: »Der ›Personalismus‹ ist eine unglückselige Doktrin, die ich im Namen der neuen Ordnung scharf zurückweise ...«

Diese Angriffe kommen nicht von ungefähr und sind nicht ungefährlich. Man beginnt, sich im Stab des Innenministers Pierre Pucheu näher für Mounier zu interessieren – besonders sein Stellvertreter André Chérier, verantwortlich für Jugendfragen, tut sich dabei hervor. Das Studium der Akte Chérier in den Archives de France erlaubte es dem Historiker Michel Bergès, die

---

319 »Jeune France« wurde von V. Chabrol in seiner Doktorarbeit untersucht: *Jeune France. Une expérience de recherche et de décentralisation culturelle (novembre 1940 – mars 1942),* Université de Paris-III, 1974.

von einem der Hauptfeinde Mouniers, Jean de Fabrègues, unternommenen Schritte aufzudecken[320].

Jean de Fabrègues, ein aus der Action française hervorgegangener, kompromissloser Katholik, vor dem Krieg Gründer verschiedener Zeitschriften, Mitglied von dem, was man damals mit einem allgemeinen Terminus die »Junge Rechte« nennt, ist gerade aus einem österreichischen Kriegsgefangenenlager befreit worden, als Schaeffer, der immer darauf achtet, seinen Mitarbeiterstab möglichst breit zu halten, ihn bittet, bei Jeune France mitzumachen. Kaum dabei, richtet Fabrègues an einen seiner Freunde aus der Vorkriegszeit, Robert Loustau, einen Brief, in dem Folgendes steht:

> »Monsieur Emmanuel Mounier, Herausgeber von *Esprit,* gestern ein Bundesgenosse der ›Maisons de la culture‹, bringt heute in seiner Zeitschrift Texte heraus, die den Marschall parodistisch angreifen; er spricht offen von seinem ›politischen Nonkonformismus‹ und umgibt sich mit einem ganzen Trupp von Leuten, die (sie sagen es selbst) ›die Verwirklichung des Kommunismus erwarten‹ und ›hoffen, davon möglichst geringen Schaden zu haben‹. [...] Mir geht das Verständnis dafür ab. Legt die Nationale Revolution Wert darauf, ihre Feinde dort unterzubringen, wo sie ihr am meisten Schaden zufügen können?«

Loustau brandmarkt Pucheu gegenüber die »schreckliche Gefahr ›Mounier‹« und fügt hinzu: »Man muss gegen den christlichen Bolschewismus der P.D.s[321] [sic] mit aller Kraft vorgehen. Es lebe die brüderliche und hart disziplinierte menschliche Gemeinschaft; zum Teufel mit der menschlichen Person von Emmanuel Mounier. Das ist die Losung.«

Zwei Tage später folgt ein weiterer Brief desselben Absenders an denselben Adressaten:

> »Mich hat Jean de Fabrègues besucht, der aus der Gefangenschaft zurück ist. Er war bei der PPF [Parti populaire français von Jacques Doriot] und ist zur selben Zeit wie wir da ausgetreten. Er ist bei Jeune France und zeigt sich entsetzt über die *scheißdemokratische christliche Tendenz,* die dort herrscht. Er ist ein glühender Katholik, aber einer von der harten Sorte.«

Die Normalisierung von Jeune France ist im Gange. Der Rat zu einer vollständigen Umbildung des gesamten Personalbestandes, den Fabrègues Chéri-

---

320 Serie F.1.A / 3686–3696. Akte Chérier, Stab des Innenministers Pierre Pucheu. Dokumente »Jeune France« und weitere Akten über die Probleme der Jugend.
321 *Anm. d. Ü:* P.D.: Président-directeur – hier aber für Päderasten.

Was tun? Der Fall Mounier

er gegeben hat, wird bald in die Tat umgesetzt. Im Rahmen der Politik, die Pétain in seiner Rede vom 12. August (»Ich fühle, wie sich aus mehreren Regionen Frankreichs seit einigen Wochen ein ungünstiger Wind erhebt ...«) ankündigt, um die Zügel wieder fester in die Hand zu nehmen, wird Mounier zu den Leidtragenden gehören. Schon im Juli hatte man ihm den Befehl erteilt, in Uriage keine Vorträge mehr zu halten[322]. Am 25. August erhält er einen Bescheid von Paul Marion, der ihm im Namen des Regierungschefs, des Admirals Darlan, mitteilt, *Esprit* sei verboten. Seine Reaktion: »Keine Spur von Traurigkeit oder Bitterkeit. Das Szenario spielt sich so ab, wie ich es vorhergesehen, wie ich es gewollt hatte. Es hat bloß sechs Monate länger gedauert, als ich geglaubt hatte.« Im September bekommt Schaeffer den Befehl, der Mitarbeit von Mounier bei Jeune France ein Ende zu setzen.

Am 15. Januar 1942 wird Mounier wegen Komplizenschaft mit der Widerstandsbewegung »Combat« (nicht zu verwechseln mit der nationalistischen Zeitschrift *Combat*) in Lyon verhaftet. Er wird zunächst im Gefängnis von Clermont-Ferrand festgehalten und dann in derselben Stadt unter Hausarrest gestellt, bevor er zwecks »administrativer Internierung« am 2. Mai nach Vals ins Hôtel du Vivarais gebracht wird. Am 18. Juni verkündet der britische Rundfunk: »Um gegen ihre Inhaftierung und die tyrannischen Gesetze des Vichy-Regimes zu protestieren, sind heute vier Franzosen in den Hungerstreik getreten: Emmanuel Mounier, Bertie Albrecht (Sekretärin von Henri Frenay), Jean Perrin und François-Régis Langlade.« Am 7. Juli werden Mounier und seine Mithäftlinge in das Gefängnis Saint-Paul in Lyon gebracht. Endlich findet – vom 19. bis zum 25. Oktober 1942 – ihr Prozess statt. Am 30. wird Mounier trotz »beunruhigender Schuldvermutungen« aus Mangel an Beweisen auf freien Fuß gesetzt.

In einem erbärmlichen Gesundheitszustand zieht sich Mounier mit seiner Frau und seiner Tochter Anne nach Dieulefit in der Drôme zurück. Dort führt er sein Werk fort, während er auch an den im Untergrund erscheinenden *Cahiers politiques* des CGE[323] mitarbeitet: »Soziale Probleme von morgen« (April 1943), »Warum bin ich republiktreu?« (Juli 1943), »Der Zukunft mit Klarheit entgegen« (Leitartikel, November 1943), »Für das Frankreich von morgen. Freie Gedanken eines Katholiken aus dem Widerstand« (Januar 1944). In den Jahren 1943 und 1944 finden zwei heimliche »Kongresse« der Zeitschrift *Esprit* in Dieulefit statt, an denen Paul Flamand, Henri Marrou, Jean Lacroix, Pierre Emmanuel, André Mandouze, Gilbert Dru (1944 von den Deutschen erschossen), Hubert Beuve-Méry, der spätere Herausgeber

---

322 Siehe B. Comte, *Une utopie combattante. L'École des cadres d'Uriage 1941–1942*, Fayard, 1991, S. 183.
323 Der CGE (Comité général d'études, »Allgemeines Studienkomitee«) war 1942 von Jean Moulin gegründet worden; seine treibende Kraft waren insbesondere Alexandre Parodi und François de Menthon; sein Ziel war es, über das Frankreich nach der Libération nachzudenken.

von *Le Monde*, teilnehmen ... Seit Dezember 1944 erscheint die Zeitschrift *Esprit* wieder.

Man kann sich fragen, womit der Gründer von *Esprit* das strenge Urteil verdient hat, das man später über ihn fällt. Unterscheiden wir zwischen Vorkriegs- und Nachkriegszeit. In den dreißiger Jahren tritt der Antifaschismus Mouniers von den ersten Nummern der Zeitschrift an zu Tage, doch zu diesem Antifaschismus gesellt sich eine dauerhafte, wiederholte Kritik des Liberalismus. Darin trifft sich Mounier mit der marxistischen Kritik: »Die politische Demokratie ist nur noch die Maske einer ökonomischen Oligarchie.« Doch er ist kein Marxist – eher ein für Selbstverwaltung eintretender Sozialist im Sinne Proudhons, sowohl dem kapitalistischen Regime als auch dem parlamentarischen System gegenüber feindlich eingestellt. Nun, auch die Faschisten nehmen den Antikapitalismus und den Antiparlamentarismus für sich in Anspruch. Auch die Faschisten wollen mit dem »bürgerlichen Menschen« Schluss machen. Auch die Faschisten berufen sich auf die Revolution, eine andere Revolution als die marxistische.

Manche haben, indem sie diese gemeinsamen Auffassungen betonten, zu verstehen gegeben, dass Mounier – auch wenn er kein reiner »Faschist« war – nichtsdestoweniger eine Strömung verstärkte, die in die faschistische Richtung ging. Diese Verquickung ist äußerst fragwürdig, nicht nur auf Grund der Texte Mouniers, die eindeutig antifaschistisch sind, sondern mehr noch auf Grund seiner Stellungnahmen, seines Engagements, seiner Appelle in *Esprit* und anderswo. Wie viele französische Intellektuelle können sich rühmen, wie er den Angriff Mussolinis auf Äthiopien, ein Mitglied des Völkerbundes, angeprangert und in ihrer Zeitschrift gegen den franquistischen Kreuzzug protestiert zu haben; vom Pazifismus zur Ablehnung »Münchens« übergegangen zu sein; angesichts der Hitler-Gefahr eine Politik der »öffentlichen Rettung« gefordert und gegen den Antisemitismus Wachsamkeit und Unbeugsamkeit bewahrt zu haben?

Die Beschuldigungen gegen Mounier beriefen sich auf die Phase 1940–1941, für die man Mounier einen Anschluss an die »Nationale Revolution« vorwerfen zu können glaubte. 1940 und zumindest bis zum Ende der »Battle-of-Britain« hielt Mounier den Krieg praktisch für beendet. Wie viele andere auch – es gab nur wenige, die wie de Gaulle die internationale Dimension des Konflikts und also den späteren Umschwung der Lage begriffen – hatte Mounier nicht die politische Hellsicht, die die Résistants der ersten Stunde beflügelte. Da er mit einem Europa rechnete, das »totalitär« werden und es lange bleiben würde, entwickelte er eine Strategie des intellektuellen und geistigen Handelns, wenn nicht innerhalb des Regimes der »Nationalen Revolution«, dann zumindest durch es hindurch, und klammerte die Frage des Regimes ausdrücklich aus. In diesem Punkt hat ihm die Geschichte Unrecht gegeben. Den Sieg Englands »in aller Ruhe« zu wünschen schien Mounier zu leicht; er musste handeln und er handelte mit seinen Mitteln – denen eines Mannes, der behindert (er war auf einem Ohr taub und hatte mit dreizehn Jahren auf dem einen Auge das Sehvermögen verloren), doch voll überschäumender intellektueller Energie war.

Mounier lehnte alle Regime ab, die vor 1940 um die Herrschaft in den Staaten Europas rangen, sowohl die totalitären Regime als auch die parlamentarische Demokratie; im Gegensatz zu de Gaulle, der ebenfalls antiliberal, antimarxistisch und antifaschistisch gesinnt war, doch wusste, für welche politische Verfassung er sich einzusetzen hatte, wusste Mounier keine Lösung. Er wiederholt im Übrigen unaufhörlich, dass er nicht als Politiker eingreift, dass man die Politik relativieren, dass der Vorrang des Geistigen jeglichen Wiederaufbau des öffentlichen Lebens bestimmen muss. Er glaubt also, da, wo er sich befindet, die »Ansteckung durch den Nazismus« bekämpfen und die Chancen der von ihm ersehnten »geistigen Revolution« wahren zu können. Als Gegner von Maurras hatte er die Losung »Zuerst die Politik!« verurteilt. Es gibt indessen Situationen, in denen diese Losung richtig ist – die Situationen inbegriffen, in denen die Politik durch das Mittel fortgesetzt wird, das Krieg heißt[324].

---

324 Zu einer ausführlicheren Analyse siehe M. Winock, »Vichy et le cas Mounier«, *L'Histoire*, Nr. 186, März 1995.

38
Die »göttliche Überraschung« von Charles Maurras

Nachdem der Waffenstillstand geschlossen und das neue Vichy-Regime errichtet ist, besteht *L'Action française* wie zahlreiche Pariser Zeitungen in der nicht besetzten Zone weiter; sie wechselt zunächst im Sommer 1940 nach Limoges, dann Ende Oktober nach Lyon über. Zu dieser Zeit ist ihr Mitarbeiterstab sehr reduziert. Léon Daudet, immer weniger aktiv, stirbt am 30. Juni 1942 in Saint-Rémy-de-Provence. Charles Maurras, an der Spitze einer zum Teil erneuerten Redaktion, in der insbesondere Thierry Maulnier mit seinem Talent glänzt, ist eine Art Tutor der »Nationalen Revolution« geworden. Zu seinen Vorträgen in der Provence, in Marseille, Saint-Etienne, Toulouse, und in Lyon kommen offizielle Persönlichkeiten, vom Präfekten bis zum örtlichen Bürgermeister[325]. Die Tageszeitung, in der Aufmachung immer noch nüchtern, unterliegt der Zensur und wird bis Ende 1942 nicht zugelassen. Ungeachtet seiner früheren Erklärungen beschließt Maurras, seine Zeitung trotz Präsenz der Deutschen auf dem ganzen Territorium fortzuführen. *L'Action française* erweist sich als eine der treuesten Stützen des Regimes und des Marschalls. Im Gegensatz zur kollaborationistischen Presse, deren Organe nach der Niederlage nach Paris verlegt werden oder sich selbst dorthin verlegen (*Le Matin, L'Œuvre, Le Cri du Peuple, Aujourd'hui, Les Nouveaux Temps, La Gerbe, Je suis partout*, usw.) und die es sich nicht nehmen lässt, an den Entscheidungen des État français[326] durchaus Kritik zu üben, hat sich das Blatt von Maurras zum Ziel gesetzt, »während dieser vitalen Krise um jeden Preis zu vermeiden, dass es zwischen den Taten des Marschalls und der öffentlichen Meinung des Landes auch nur die geringste Uneinigkeit gibt[327]«. Bis zu ihrem Ende am 25. August 1944 bemüht sich *L'Action française*, einer der ideologischen Pfeiler des neuen Regimes zu sein.

---

325 Außer E. Weber, *op. cit.*, siehe F. Ogé, *Le Journal »L'Action française« et la Politique intérieure du gouvernement de Vichy*, vervielfältigte Doktorarbeit des IEP der Sozialwissenschaftlichen Universität von Toulouse, 1984.
326 *Anm. d. Ü:* État français: »Französischer Staat«, Selbstbezeichnung des Vichy-Regimes – im Gegensatz zur Republik; s.o.
327 Ch. Maurras, »La politique«, *L'Action française*, 22. Mai 1941. Zit. nach F. Ogé, *ibid.*, S. 31.

Die unterschiedliche Sichtweise der alten Garde von Maurras und derer, die zwar von Maurras herkommen, sich jedoch weigern, Vichy zu folgen, geht klar aus einem Dialog zwischen Pierre Boutang, einem jungen Philosophen und Schüler von Maurras, und Lucien Rebatet hervor, den dieser in *Les Décombres* wiedergibt. »Worauf warteten wir, um die einzig mögliche und vernünftige Politik offiziell zu verkünden: nämlich das Angebot, umgehend mit Deutschland zusammenzuarbeiten, die Kandidatur eines neuen Frankreich zur Aufnahme in die kommende europäische Ordnung?« Auf diese Frage von Rebatet antwortet Boutang, man müsse dieser »tödlichen Versuchung« ausweichen (denn »der Deutsche bleibt der Erbfeind«) und, indem man einen neuen französischen Geist schaffe, auf die »Gelegenheit zur Revanche« warten. Schlussfolgerung von Rebatet: »Wir hatten uns nichts mehr zu sagen[328].«

Anfang Herbst 1940 kehren die Redakteure von *Je suis partout*, die eine Weile in Vichy gewesen waren, also nach Paris zurück, wo sie im Februar 1941 unter der Leitung von Alain Laubreaux ihre Wochenzeitung wieder anlaufen lassen. Sie finden die Zustimmung Brasillachs, der, Ende März desselben Jahres aus dem Kriegsgefangenenlager entlassen, seinen Platz an der Spitze der Zeitung wieder einnimmt; sie wird zum großen französischen Organ der Kollaboration und erreicht am Ende des Krieges eine Auflage von fast 300.000 Exemplaren.

Diesen prodeutschen Europäern stellt *L'Action française* seit dem 26. August 1940 als tägliche Schlagzeile die Formel von Maurras entgegen: »Frankreich, Frankreich ausschließlich ...« In seiner Bewunderung für Salazar, doch nicht für Hitler, klammert sich das Blatt von Maurras an Pétain und an das Vichy-Regime und lässt keine andere Kollaboration mit dem Sieger zu als die auf Regierungsebene, so wie es der Marschall in Montoire vorgegeben hat: Kollaboration ja, Kollaborationismus nein. Die Unterscheidung tendiert zur Zeit der Kämpfe von 1944 dazu, de facto zu verschwinden, doch vom ideologischen Standpunkt aus ist sie unbestreitbar. 1943 weist ein Artikel von François Regel in *L'Action française* vom 8. Juli daraufhin:

»Unsere Mitbürger meinen, wir wären von derselben Raserei besessen wie sie; so beschuldigen sie uns, in unserem Inneren hinter den Namen Frankreich den Namen Kamtschatka oder Belutschistan zu setzen – derart unvorstellbar ist es für diese Unglücklichen, dass man leben kann, ohne eine andere Nation angenommen zu haben, der man zum Schaden der seinen dient.«

---

328 L. Rebatet, *op. cit.*, S. 485–486.

Leider ist »Frankreich ausschließlich« völlig illusorisch. Sich daran zu halten läuft darauf hinaus, sich in die Einbildung zu flüchten. In der ersten Zeit der beiden »Zonen« kann man noch an die scheinbare Souveränität Vichys glauben. Als die Deutschen im November 1942 die Gesamtheit des französischen Territoriums besetzen, läuft das Festhalten an dieser Fiktion darauf hinaus, sich in einen unüberwindbaren Widerspruch zu verstricken, der nur durch Gleichschaltung mit der Besatzungsmacht umgangen werden kann: man sieht es sehr deutlich, als Maurras dazu aufruft, gegen die Résistance zu kämpfen.

War die »Nationale Revolution«, wie sie von Pétain gewünscht wurde, die Revolution im Sinne von Maurras? Manche sahen einige der Grundgedanken von Maurras in Vichy verwirklicht. Es besteht kein Zweifel daran, dass sie dort in manchen Institutionen und Gesetzen am Werke waren. *L'Action française* war indessen im »Königreich des Marschalls« im strengen Sinne nicht *heimisch*; doch gehörte sie zumindest zu den wichtigsten geladenen Gästen. Pétain selbst, ein Akademiemitglied, das wenig las, ließ sich die Artikel seines Kollegen Maurras nicht entgehen. Als der Staatschef 1941 seine *Paroles aux Français* (»Worte an die Franzosen«) an Maurras schickt, fügt er folgende Widmung bei: »Dem französischsten der Franzosen.« Im Prozess gegen Maurras 1945 wurde der Einfluss des Anführers der neoroyalistischen Schule hervorgehoben: »Die Artikel von Maurras werden jeden Tag im Rundfunk zitiert, in allen Zeitungen reproduziert, im Ausland verbreitet – und dies alles in einem Maße, dass viele Leute, die niemals eine Nummer von *L'Action française* gekauft haben, jeden Tag wissen, was Maurras, der das Denken des Marschalls widerspiegelt, selbst denkt.« Ein großer Teil des Personals auf allen Ebenen des État français gehörte mehr oder weniger zu den Lesern, den Freunden, den Bewunderern des alten Doktrinärs. Der Maurrassismus wurde unter dem neuen offiziellen Regime verbreitet, eingeflößt, eingeimpft, doch ohne die anderen Einflüsse zu beeinträchtigen, die aus der »Nationalen Revolution« eher einen Synkretismus der konservativen Reaktion als schlicht und einfach die Umsetzung einer bereits fertigen Doktrin machten.

Diese politische Anerkennung der Action française, deren Gedanken – oder einiger von ihnen – vierzig Jahre nach ihrem Entstehen endlich wirksam werden, vergleicht Maurras in einem berühmten Artikel vom Februar 1941 mit einer »göttlichen Überraschung«, ermöglicht durch die politischen Fähigkeiten des Marschalls, dessen Werk seinen Wünschen voll und ganz entspricht[329].

Zu dieser Zeit kann sich Maurras zu den Formen und Prinzipien des neuen Staates beglückwünschen, denn sie sind denen der Revolution und der de-

---

329 Ch. Maurras, »La divine surprise«, *Le Petit Marseillais*, 9. Februar 1941.

mokratischen Republik entgegengesetzt: der Gegner der Devise »Freiheit, Gleichheit, Brüderlichkeit« freut sich, dass sie durch »Arbeit, Familie, Vaterland« ersetzt ist; der Verunglimpfer der »Metöken«[330] spendet dem Gesetz vom 17. Juli 1940 Beifall, das Personen mit ausländischem Vater den Zugang zum öffentlichen Dienst und zu juristischen Berufen versperrt, sowie dem Gesetz vom 22. Juli, das die Aufhebung der Einbürgerungen seit 1927 anordnet. Am 21. Juli 1940 trägt *L'Action française* den Titel »Frankreich den Franzosen«, und Maurras zeigt sich am 24. beruhigt: »Die Franzosen fangen wieder an, sich in Frankreich zu Hause zu fühlen«, was, nebenbei gesagt, angesichts der historischen Phase, in der man sich befindet, nicht einer gewissen Pikanterie entbehrt. Der Feind der Dritten Republik jubelt, als er erfährt, dass am 30. Juli ein Oberster Gerichtshof eingerichtet wird, der über die für die Niederlage verantwortlichen Minister urteilen soll. Der Verleumder der Freimaurer freut sich über das Gesetz vom 13. August, das die Geheimgesellschaften verbietet. Der Verfechter des »Staatsantisemitismus« zeigt sich begeistert über das »Judenstatut« vom 3. Oktober 1940 (noch verschärft durch das Statut vom Juni 1941), das die Juden aus den öffentlichen Ämtern und aus gewissen freien Berufen verjagt. Die Einrichtung eines Commissariat général aux questions juives (»Generalkommissariat für Judenfragen«) am 29. März 1941 – er nennt es »ein der Niederlage des inneren Feindes gewidmetes Monument« (2. April 1941) – erfüllt ihn mit Freude, und noch mehr die Tatsache, dass der erste Amtsinhaber, Xavier Vallat, einer der Seinen ist: »Sein aufgeklärter Patriotismus, seine juristischen Kenntnisse und seine Berufserfahrung werden einen sehr wichtigen Beitrag zum Werk der Regierung leisten. Die Juden müssen verstehen, dass es mit ihren Missbräuchen ein Ende hat« (2. April 1941). Der Parteigänger des Korporatismus sieht mit Genugtuung, wie bereits ab Dezember 1940 die Bauernkorporation auf die Beine gestellt und im Oktober 1941 die Charta der Arbeit verabschiedet wird, die beide auf das Ende des Klassenkampfes abzielen. Ganz allgemein verträgt sich der Stil des neuen Regimes – moralistisch, paternalistisch, natalistisch, klerikal – sehr gut mit dem eher konservativen als revolutionären Denken von Charles Maurras. Und wenn die Entwicklung des Regimes seinen Wünschen auch nicht immer entspricht, so hat doch zumindest *L'Action française* unter der Leitung von Maurras dem Marschall unverbrüchlich die Treue gehalten.

Als wachsamer Hüter des Pétainismus begnügt sich Maurras nicht damit, Philippe Pétain Lorbeerkränze zu flechten. Er dient ihm auch als ideologischer Wächter. Während der ganzen Besatzungszeit entlarvt *L'Action française* ohne Unterlass die Feinde der »Nationalen Revolution«[331]. An erster Stelle

---

330 *Anm. d. Ü:* Metöken, métèques: Schimpfwort für die unerwünschten Ausländer, die aus Osteuropa oder vor Hitler, Mussolini und Franco geflohen waren.
331 Wir folgen hier F. Ogé, *op. cit.*, Erstes Buch, 2. Teil, S. 252 ff.

Charles de Gaulle und das »Freie Frankreich«. Der Mitarbeiterstab von Charles Maurras betrachtet den Mann des 18. Juni als einen »Verräter«. Maurice Pujo erklärt es so: »Diejenigen, die nach London gegangen sind, haben ihr Vaterland Deutschland überlassen, sein Schicksal in die Hände Englands gelegt und für sich nur ein ideales Vaterland bewahrt, dessen Bild im Exil verblassen oder verschwinden wird« (19. Juli 1940). De Gaulle wird im Übrigen am 2. August 1940 in Abwesenheit wegen »Verrat, Angriff auf die Staatssicherheit und Desertion ins Ausland in Kriegszeiten« zum Tode verurteilt – ein Urteil, das von Maurras' Zeitung begrüßt wird, die jede Beeinträchtigung der »Autorität des französischen Regierungschefs« für »kriminell« hält. De Gaulle ist derjenige, der durch sein unrealistisches Handeln, seinen maßlosen Stolz, seine Rebellion der durch Pétain verkörperten Einheit Schaden zufügt.

Nach ihrem erfolglosen Versuch, im September 1940 in Dakar zu landen, sehen sich die Gaullisten, die als »Dissidenten«, als »Kriminelle« betrachtet werden, immer schärferen Attacken ausgesetzt: »Die Entschuldigung mit dem verirrten Patriotismus gilt heute nicht mehr. Heute ist kein Missverständnis mehr möglich. Man ist für oder gegen die französische Einheit, und die Franzosen, die wissentlich darauf bestehen, der zweiten Kategorie anzugehören, verdienen es, für Feinde des Landes gehalten und als solche behandelt zu werden« (2. Oktober 1940). Bereits zu dieser Zeit wird sich *L'Action française* der Bedeutung des englischen Rundfunks bewusst, in dem die Stimme des »Freien Frankreich« zu hören ist, und stürzt sich in eine Kampagne gegen die BBC: »Es ist gefährlich, das Gift ohne Gegengift in der öffentlichen Meinung wirken zu lassen.« Vor dem Hintergrund der traditionellen Anglophobie werden die Gaullisten zu »Verrätern«, zu »Knechten des Auslands«, zu »Gekauften« ... In dem Maße, in dem der Einfluss des Gaullismus in der öffentlichen Meinung zunimmt, verschärft *L'Action française* ihre Ausfälle gegen den »aufrührerischen General«, seine »miesen Politiker« und seine »verräterischen Generäle«. Als sich die Résistance entwickelt, appelliert Maurras an die »zentrale Aufgabe der Polizei«, die »dieses absurde und kriminelle Übel« abzustellen habe (15. April 1941). Als die Libération bevorsteht, schreibt die Zeitung von Maurras: »Franzosen müssten Legionen bilden, um überall dort zu ›handeln‹, wo der Aufruf zur Landung vernehmbar ist, und es den Urhebern unmöglich machen, dem gegenwärtigen Unglück neue Katastrophen hinzuzufügen« (9. Februar 1944). Maurras' Getreue werden de Gaulle seine »Dissidenz« niemals verzeihen.

Unaufhörlich kämpft *L'Action française* auch gegen die Kommunisten, diese Verbündeten des Gaullismus. Maurras und seine Freunde prangern ihr Eindringen in die Verwaltung, in die Kommunen, in die Universität an. Sie predigen die Jagd auf diese Widerspenstigen:

»Jetzt«, schreibt Maurras, »wo der Französische Staat sich dem anschließen will oder kann, ist den Einzelnen der Kampf gegen den Kommunismus wieder möglich. Die Verhaftungen, die Ermittlungen, das Verschicken in die Konzentrationslager erledigen die Hälfte oder Dreiviertel der nötigen Arbeit. Bleibt das letzte Viertel. Wir dürfen es nicht aus den Augen verlieren« (10./11. August 1941).

L'Action française will einen antikommunistischen Kampf auf *nationalem* Boden; das antisowjetische Engagement unter den deutschen Farben der LVF (Légion des volontaires français contre le bolchévisme, »Legion der französischen Freiwilligen gegen den Bolschewismus«) oder der Légion tricolore scheint ihm nebensächlich: »Wenn der Kommunismus bei uns aufgehalten, geschlagen, beherrscht und geknebelt wird, dann sind wir schon eine große Sorge los«, schreibt Maurras. »Wir werden beharrlich wiederholen, dass der erste Kommunismus, der zu besiegen ist, der unsere ist, der, mit dem wir es jeden Tag zu tun haben. Fangen wir mit ihm an. Machen wir mit ihm Schluss« (23./24. Oktober 1943).

In den Fantasmen der AF haben die »Metöken« und die Juden die Fäden dieses Kommunismus in der Hand. Infolgedessen muss man die Juden entwaffnen und ihnen ihr Geld wegnehmen. Der Feind ist schließlich und endlich nur ein und derselbe: Gaullisten, Juden, Kommunisten, Freimaurer, »Metöken« – ebenso viele »konföderierte Stände«, die sich die Vernichtung der französischen Einheit geschworen haben: »Der Kommunismus ist jetzt sehr weitreichend«, sagt Maurras. »Er umfasst die Überbleibsel der Volksfront (das ist schon viel), die ganze Judenschaft, den ganzen bürgerlichen Gaullismus, den ganzen Bank-, Industrie- und Handels-Anglizismus, die ganze Christdemokratie« (6. Januar 1943). Aus diesem Amalgam zieht Maurras eine einfache Folgerung: zwischen Pétain und dem Kommunismus ist die Wahl klar. Wenn Pétain geschlagen wird, bedeutet das die »totale Bolschewisierung« Frankreichs.

Als 1942 die Deportation der Juden in der besetzten Zone beginnt, macht Maurras ironische Bemerkungen über das Thema »die Juden, die gehetzten Tiere«: »Es genügt, die Augen zu öffnen, um festzustellen, dass sie alles haben und genau und pünktlich mit gutem Geld zahlen, das bei den Franzosen alles in allem ziemlich rar ist« (16. Juli 1943). Man sieht hierin, dass sich die Unterscheidung zwischen der Kollaboration des Staates und dem Kollaborationismus in der Wirklichkeit als lächerlich entpuppt. Das Anti-Frankreich hat mehrere Gesichter, doch der Feind ist immer nur ein Einziger: »Das Bündnis von falschen kommunistischen Arbeitern und gaullistischen Bürgern mit den Juden, die vergeblich versuchen, sich interessant zu machen, sowie mit den ehemaligen Besitzenden der Freimaurer-Republik muss überwacht und im Keim erstickt werden« (20. Oktober 1942).

Maurras erkennt noch einen anderen Gegner: die liberalen Katholiken, die Christdemokraten, all die, welche, im Schoße der Kirche groß geworden, den Widerstand gegen Vichy wählen. Seit dem 15. Juli 1939, als Rom das im Jahre 1926 gegen sie ausgesprochene Interdikt aufhebt, hat die Action française innerhalb des Katholizismus wieder ihren legitimen Platz. Diese neue Position der Stärke erlaubt es ihr, gegen alle räudigen Schafe, die sich der pétainistischen Ordnung widersetzen, zu Felde zu ziehen. Emmanuel Mounier, der in Lyon ist, wird Zielscheibe von Pierre Boutang (9. Juli 1941); Maurras nimmt sich insbesondere Stanislas Fumet und Jean Champetier de Ribes vor (27. September 1941); Jacques Maritain wird von Jacques Delebecque als »eine Leuchte Anti-Frankreichs« gebrandmarkt (9. Februar 1942). Maurras und seine Freunde beweihräuchern zwar die Bischöfe, die Pétain treu geblieben sind, doch geißeln sie die »schlechten Kleriker«, die es wagen, den Aufruhr zu unterstützen, mit einer Heftigkeit, die sich im Gefolge der sich ausbildenden christlichen Résistance noch verschärft. Vom Sommer 1943 an wird die Kirche selbst suspekt, zumindest die liberale Strömung, die sie »verseucht«. Maurras wendet sich an die »guten Priester und ehrwürdigen Patres« und warnt sie: »Mit euch wird Israel beginnen sich zu rächen und Moskau ein Exempel zu statuieren« (25. Februar 1944).

Bei dem allgemeinen Lauf der Dinge – die öffentliche Meinung wendet sich mehr und mehr dem »Freien Frankreich« und der Résistance zu – frönen Maurras und seine Zeitung im Schatten Vichys einer alles beherrschenden Leidenschaft: der Ordnungsliebe um jeden Preis. Diese Obsession veranlasst Maurras, die Milice zu unterstützen, die Vichy Ende Januar 1943 unter der Führung von Joseph Darnand einrichtet und deren »erste Aufgabe« darin besteht, »den Kommunismus niederzuschlagen«. In *L'Action française* vom 3. März 1943 drückt Maurras seine Freude über die Gründungsversammlungen der Milice aus, die gerade stattgefunden haben:

»Unter der Mitwirkung einer guten, sicheren Polizei können wir bei uns jedes revolutionäre Ansinnen und jeden Versuch, die Horden des Ostens zu unterstützen, ersticken, so wie wir zugleich unser Hab und Gut, unsere ganze Zivilisation unter Einsatz unserer Person verteidigen werden. Das muss man verstehen und das wird zu oft verkannt[332].«

Darnand – ein ehemaliger Aktivist der Action française, die er 1928 verlassen hatte, Ex-Mitglied der Cagoule[333] (was ihn 1938 ins Gefängnis brachte, bevor das Verfahren eingestellt wurde) – hat 1940 ehrenvoll den Krieg mitge-

---

332 Zit. nach J. Delperrie de Bayac, *Histoire de la Milice*, Fayard, 1969, S. 168.
333 *Anm. d. Ü:* La Cagoule: 1936 gegründeter rechtsextremer Geheimbund, der 40–50.000 militärisch organisierte Mitglieder hatte.

macht und die Rosette der Ehrenlegion bekommen. Im Sommer 1940 gelingt es ihm, aus einem Kriegsgefangenenlager in Pithiviers zu entkommen und nach Nizza zu gelangen. Auf Grund seiner Verdienste wird er von Vichy zum Befehlshaber der Légion des combattants[334] in den Alpes-Maritimes auserkoren. Dem Kollaborationismus verbunden, wandelt er die Légion während des Sommers 1941 in einen Service d'ordre légionnaire (SOL, »Ordnungsdienst der Legion«) um, eine Art paramilitärische Bewegung, die im Januar 1942 von Vichy anerkannt wird. Als Laval am 31. Januar 1943 die Milice gründet, wird Darnand ihr Generalsekretär. Sein Aufstieg ist nicht mehr aufzuhalten: er wird im Dezember 1943 Generalsekretär für die Aufrechterhaltung der öffentlichen Ordnung, im Juni 1944 Staatssekretär im Innenministerium. Darnand, der für das Durchhalten bis zum Ende eintritt, folgt der in die Division Charlemagne aufgenommenen Milice in ihrem Kampf gegen die italienischen Partisanen. 1945 wird er zum Tode verurteilt und hingerichtet.

Wenn Laval die Milice als oberste Polizei des Regimes versteht, dann strebt Darnand danach, daraus eine interne bewaffnete Macht zu machen, die mit Deutschland gegen dessen Feinde kämpft. Die Milice organisiert Radiosendungen (»Die französische Milice spricht zu Euch«, »Die Minute der Milice«), in denen ab März 1943 Philippe Henriot brilliert. Die Milice stattet sich auch mit einer Zeitung aus, *Combats*, die Henry Charbonneau herausgibt und die Artikel von Philippe Henriot, Paul Marion, Abel Bonnard, Jacques de Lacretelle, Paul Morand, Colette, Roger Vercel, Pierre Mac Orlan bringt. Indem er sich den Deutschen annähert, gewinnt Darnand gegenüber Laval immer mehr Unabhängigkeit. Voller Verachtung für Pétains »Regime der klerikalen Reaktion und der Erhaltung der Gesellschaft«, will er in Frankreich ein nationalsozialistisches Regime errichten. Er und seine Milice werden im »Französischen Staat« zu einer Art – von Vichy offizialisiertem – trojanischen Pferd, dem der Marschall bis August 1944 seine Unterstützung nicht versagt.

Darnands Anschluss an den Nationalsozialismus, sein Kollaborationismus, seine Verachtung der Action française – all das hätte Maurras dazu veranlassen müssen, der Milice und ihrem Chef zu misstrauen. Nach der Landung der Amerikaner und Briten in Nordafrika und der Verstärkung der Résistance, deren Widerstandsgruppen von denjenigen Zulauf erhalten, die sich dem Service du travail obligatoire (STO, »Zwangsarbeitsdienst«)[335] widersetzen, beherrscht die Obsession der Ordnung schließlich alles. Wenn Maurras auch die prodeutsche Ausrichtung Darnands ablehnt, so ist er ihm doch da-

---

334 *Anm. d. Ü:* Légion des combattants (»Legion der Frontkämpfer«): im Jahr 1940 aus den Veteranenverbänden hervorgegangene Organisation, die zeitweilig eine Art Parallelverwaltung und ein weit verzweigtes Spitzelnetz ausbildete.

335 *Anm. d. Ü:* Service du travail obligatoire, STO: etwa 650.000 Franzosen wurden ab Ende 1942 im Rahmen des STO zur Arbeit nach Deutschland deportiert.

für dankbar, dass er gegen die gemeinsamen Feinde kämpft: die Gaullisten, die Juden, die Kommunisten, die Christdemokraten ... Man muss die »Terroristen«, diese »Agenten Londons und Moskaus« vernichten: »Für diesen blutrünstigen Haufen der alten Metöken-Invasion kann man keine anderen Wünsche hegen, als dass er schnell und hart gezüchtigt wird[336].« Nach Maurras ist von einem Sieg der Alliierten nichts zu erwarten: »Wenn die Angloamerikaner gewinnen sollten, dann würde das die Rückkehr der Freimaurer, der Juden und des ganzen 1940 eliminierten politischen Personals bedeuten.«

Eine diabolische Logik der Kollaboration: Maurras wie Pétain werden nolens volens auf die Waffen Hitlers angewiesen sein. Die Geschichte der Milice, die der Doktrinär und der Staatschef unterstützen, bezeugt die notwendige Konvergenz der Kollaboration und des Kollaborationismus im letzten Jahr des europäischen Krieges. Die Tatsache, dass Darnand ein französischer Nazi geworden ist und Maurras seine Lehre der Wiederherstellung der Monarchie beibehalten hat, ändert daran nichts: de facto sind beide verbunden. Und von entsetzlicher Wirksamkeit: am 2. Februar nimmt sich Maurras einen Widerstandskämpfer, Roger Worms, alias Roger Stéphane, Sohn des Bankiers Pierre Worms, namentlich vor. Er insistiert: »Wir erklären mehrmals pro Woche, dass der legitime Gegenterror die beste Form ist, auf die Drohungen der Terroristen zu antworten. Dieses Prinzip gilt auch für die Gewalt in Wort und Verhalten, deren sich die jüdischen Horden schuldig machen: das Talionsgesetz[337].« Fünf Tage später, am 7. Februar, findet man die Leiche von Pierre Worms, der in Saint-Jean-Cap-Ferrat wohnt, mit einer Kugel im Nacken.

Charles Maurras, der Theoretiker des Nationalismus und des »Frankreich ausschließlich«, unterstützt von nun an mit ganzer Kraft die Feinde der nationalen Résistance. Durch ein seltsames Paradox gelangt der Herold des Antigermanismus aus Ordnungswahn dahin, allen mit dem deutschen Besatzer verbündeten Kräften beizupflichten, die die Befreiung des Landes zu verhindern suchen. Viele seiner Anhänger lehnen diese unsinnige Logik im Namen der nationalistischen Prinzipien ab und finden sich in der Résistance und im »Freien Frankreich« wieder – unter anderen Henri d'Astier de La Vigerie, Pierre Guillain de Bénouville, Honoré d'Estienne d'Orves ... Claude Roy, der an der Literaturseite von *L'Action française* mitgearbeitet hat, tritt zum Kommunismus über. Thierry Maulnier bleibt während des Krieges Maurras treu und leitet den Literaturteil seiner Zeitung. Von 1942 an äußert er indessen den Wunsch, in die Résistance einzutreten; man lehnt ab, denn er will dafür den Preis – die Zeitung von Maurras zu verlassen – nicht zahlen[338].

---

336 *Ibid.*, S. 264.
337 *Anm. d. Ü*: Talionsgesetz: Vergeltung durch eine gleichartige, gleichwertige Handlung. (Das Talionsgesetz geht keineswegs auf die jüdische Religion oder Geschichte zurück; seine Herkunft ist ungeklärt.)

Das Oberhaupt des Nationalismus, ein in seiner politischen Verblendung wie in seiner physischen Taubheit verbohrter »Fanatiker der Ordnung[339]«, der nicht zögert, gegen die Gaullisten Geiselnahmen und Hinrichtungen zu fordern, bleibt bis zum Schluss verbissen bei seiner Haltung: nach der alliierten Landung in der Normandie bezeichnet ein Jacques Delebecque in *L'Action française* »die Franzosen, die über die Landung glücklich sind [...], als blind und wahnsinnig«.

Maurras wird am 8. September 1944 in Lyon festgenommen. Man bringt ihn zur Festung Montluc, dann ins Hôpital de l'Antiquaille und schließlich ins Gefängnis Saint-Paul et Saint-Joseph, wo er auf den Prozess wartet, der vom 24. bis 27. Januar stattfindet.

»Das Gefängnis von Lyon«, notiert Jean Cocteau in seinem Tagebuch, »wird in dieser Woche von Leuten bestürmt, die der Meinung sind, dass die Justiz nicht schnell genug arbeitet.[...] Was Maurras gerettet hat, ist die Tatsache, dass er gerade beim Untersuchungsrichter war. Dieser hat ihn in einen Wagen steigen und eine Stunde um die Stadt fahren lassen[340].«

In dem gespannten Klima des zu Ende gehenden Krieges erwartet man ein Todesurteil gegen den »Doktrinär des pétainistischen Regimes und der Kollaboration«. Es gehen Gerüchte um: Paul Léautaud berichtet, er habe bei dem Buchhändler Anacréon gehört, »die Camelots du Roi hätten an Mauriac geschrieben, wenn Maurras zum Tode verurteilt und hingerichtet würde, dann würde er vierundzwanzig Stunden später dasselbe Schicksal erleiden«. Was Léautaud angeht: er hält Maurras für »den ersten Schriftsteller seiner Zeit« und nimmt sich vor, eine Petition zu seinen Gunsten zu lancieren[341].

Mit sechsundsiebzig Jahren schwingt Maurras noch die Francisque[342]; er ist polemischer denn je, beißend und zornig und lehnt das Gericht, den Staatsanwalt der Republik (»Herr Anwalt der Frau ohne Kopf«[343]) ab. *Le Canard enchaîné* ruft andere Formulierungen von ihm in Erinnerung: »De Gaulle ist ein Verräter, der den Abschaum der Menschheit befehligt« (10. Januar 1941); »Man muss Deutschland alle Arbeiter zur Verfügung stellen, die es braucht« (15. Oktober 1942) ... Maurras verteidigt sich auf seine Weise: »Der Marschall, der niemals kollaborieren wollte, war die Verkörperung der

---

338 É. de Montety, *Thierry Maulnier: biographie*, Julliard, 1994.
339 *L'Action française*, 17.–18. Juni 1944.
340 J. Cocteau, *Journal 1942–1945*, Gallimard, 1989, S. 602.
341 P. Léautaud, *op. cit.*, 3, S. 1227.
342 *Anm. d. Ü*: Francisque: Streitaxt, Emblem der Vichy-Regierung sowie höchster Orden des Regimes.
343 *Anm. d. Ü*: Frau ohne Kopf: für den Royalisten Maurras ist die Republik eine Frau ohne Kopf, d.h. ohne Autorität, ohne Intelligenz.

Résistance selbst, er war der größte Widerstandskämpfer aller Franzosen.« Nicht derartige Argumente sind dazu angetan, ihn zu retten. »Er ist taub«, notiert Cocteau.

> »Er lebt in einer anderen Welt. Es scheint, dass er sich nichts daraus macht, verurteilt, getötet zu werden, dass er einen Text für die Zukunft aufsetzt und dass er auf die Stunde setzt, in der die ungünstigen Umstände des Prozesses nicht mehr existieren. Was die Gegenwart angeht, so entzieht er sich. ›Es ist ein Schwindel‹, sagt er, ›eure Angriffe haben keinen Sinn‹, und er wendet sich wieder den dreihundert Seiten zu, die er sich zu lesen bemüht und die weder das Publikum noch die Richter verstehen[344].«

Zumindest wird sein Leben geschont: man verurteilt ihn zur Aberkennung der nationalen Ehrenrechte und zu lebenslänglicher Haft. Sein Gefährte, der so treue Maurice Pujo, wird ebenfalls zur Aberkennung der nationalen Ehrenrechte sowie zu fünf Jahren Gefängnis verurteilt. Charles Maurras – wirklich aus einer anderen Zeit – ruft, als er das Urteil erfährt: »Das ist die Rache von Dreyfus!« Das politische Leben von Maurras kommt somit in seinem Denken eben da zum Ende, von wo es seinen Ausgang genommen hat: in der Dreyfus-Affäre. Die Gaullisten, die Kommunisten und die Christdemokraten, die über ihn urteilen, sind in seinen Augen die Erben der Dreyfusards. Das zeigt die Kontinuität eines Denkens, seine Starrheit durch das Auf und Ab der Geschichte hindurch. Maurras ist keine Wetterfahne, er reagiert nicht auf Sturm und Gewitter. Er wird jedoch eine Verwandlung durchmachen, die seine katholischen Anhänger rührt. In dem Jahr nach seinem Tod am 6. November 1952 wird der Domherr Aristide Cormier in *Mes entretiens avec Charles Maurras* (»Meine Gespräche mit Charles Maurras«) ein Geheimnis enthüllen: dass Maurras, »des Räsonierens leid«, endlich zur Religion seiner Kindheit zurückgekehrt war. Das Buch wird mit einem Preis der Académie française ausgezeichnet.

---

344 J. Cocteau, *op. cit.*, S. 612.

39
Die *NRF* unter der Gewaltherrschaft

Zur Zeit der Kriegserklärung gibt Drieu seinen Roman *Gilles* in den Satz. Das Buch wird im Dezember mit vielen weißen Stellen veröffentlicht – Auslassungen, die auf das Konto der Zensur gehen. Der Ton, in dem dieser weitgehend autobiographische Schlüsselroman geschrieben ist, ist ein Ton der Verzweiflung: in einem dekadenten, vom »jüdischen Geist« verseuchten und vom Geburtenrückgang heimgesuchten Frankreich sieht der Held, der im Februar 1934 auf eine Erhebung gehofft hatte, keinen anderen Ausweg mehr, als an der Seite der Franquisten dem Tod ins Auge zu sehen. Das Schicksal, das Drieu in diesem September 1939 für sich selbst wählt, ist weniger theatralisch, obwohl er alles Ekel erregend findet. Er lässt sich dienstuntauglich erklären, nicht ohne Grund: »Herzkrankheit, Leberkrankheit, Krampfadern, Krampfaderbrüche, Hämorrhoiden, Leistenbruch (all die letztgenannten Sachen haben sich erst angekündigt)«, und vertraut seinem Tagebuch an, er glaube nicht an die Sache Frankreichs[345]. Schon lange gibt sich Drieu als »Europäer« aus, überzeugt, dass »das System von Maurras« veraltet ist. Das hindert ihn nicht, am 15. September in sein »Testament« zu schreiben: »Ich sterbe als Antisemit (mit Achtung vor den zionistischen Juden); ich sterbe als Maurras-Anhänger und mit dem Bedauern, Maurras und der Action française nicht besser gedient zu haben. Warum habe ich mich nicht darum bemüht, der Nachfolge Maurras' würdig zu sein?«

Er kommt auf den Gedanken zurück, dass Maurras sterben wird, ohne einen Nachfolger zu haben, und dass er, Drieu, dieser Nachfolger hätte sein müssen: »Das war eine meiner möglichen Aufgaben« (30. September). Nachfolger bedeutet in seinem Sinn nicht *Fortsetzer*: seiner Meinung nach muss man die nationalistische Phase des »Frankreich ausschließlich« überwinden und sich einem europäischen Nationalismus öffnen. »Die Zeit der Vaterländer ist vorbei ... Europa wird entstehen.« Das Deutschland Hitlers wird es vielleicht zustande bringen. Ein Deutschland, das insbesondere Frankreich von den Juden befreien könnte: »Vor allem verursachen sie mir physisch

---

345 P. Drieu La Rochelle, *Journal 1939–1945*, Gallimard, 1992.

Ekel« (2. Oktober). Denn ein Sieg der Engländer und Franzosen »wird den definitiven Triumph des Abschaums bringen. Die Juden, Herren Europas«. Die antisemitische Obsession war bei ihm nie so mächtig wie in dieser »drôle de guerre« und zu der Zeit, als *Gilles* in die Buchhandlungen kommt.

Drieu ist sich selbst gegenüber nicht nachsichtig. Er betrachtet sich als »das Porträt eines Degenerierten und eines Dekadenten, der über die Dekadenz und die Degenerierung nachdenkt« (8.Oktober). Er gefällt den Frauen, doch hat er nicht das Gefühl, »ein richtiger Mann« zu sein: »nicht genug physischer Mut«; »faul, leichtsinnig, zerstreut«, fast »impotent« geworden; »von gleichgültigem und nachlässigem Charakter«; »ich, der Mann jedes nur denkbaren Untergangs«. Ein Selbsthass, den er mühelos gegen die anderen richtet: »das verdorbene Pariser Milieu, in dem sich das Judentum, das Geld, die verirrten feinen Leute, die Droge, die Linke eng vermischen«. Von der Rechten ganz zu schweigen, in der es ebenfalls von »Päderasten«, »Lesben« und »Opiumsüchtigen« wimmelt: Gaxotte, Brasillach und andere ... (24.Oktober). »Ganz gleich wie, ich weiß, dass mein Leben verloren ist« (23. November). Die Introspektion nimmt von Woche zu Woche ihren Lauf. Er notiert seine »Neigung zur Katastrophe, zur Niederlage« und macht darin eine Übertragung aus: »Ich habe das Versagen des Seins in mir auf Frankreich übertragen« (11. April 1940).

Zu Beginn des Frühlings 1940 lässt Drieu seinen Zorn an der *NRF* aus. Er ist über Jean Paulhan aufgebracht, »eine surrealistische Schachfigur«, ein »Geist ohne Inhalt, voll von Nichtigkeiten«, der gegen ihn für Aragon Partei ergriffen hat: er hat es nicht nur abgelehnt, den zweiten Teil von *Gilles* anzunehmen, in dem Aragon beschrieben wird, sondern hat stattdessen Seiten von Aragon und Elsa Triolet veröffentlicht: »Ich bin dazu entschlossen, die *NRF* nicht mehr zu betreten, denn dort herrschen die Juden, die Kommunisten, die ehemaligen Surrealisten und alle möglichen Leute, die prinzipiell glauben, dass sich die Wahrheit auf der Linken befindet.« Sieben Monate später wird Pierre Drieu de La Rochelle Herausgeber der *NRF.*

Jean Paulhan, der von Drieu am 30. Mai als »kleine Schachfigur, kleiner Beamter, kleinmütig und hinterhältig, zwischen dem hysterischen Surrealismus und dem vertrotteten Rationalismus der Republik der Lehrer hin- und herschwankend«, beschrieben wird, überlässt ihm seine Herausgeberstelle. Er bleibt allerdings bei Gallimard, wo er sich offiziell um die Bibliothèque de la Pléiade kümmert und weiterhin die Texte der von Drieu herausgegebenen Zeitschrift veröffentlicht – parallel zu den anderen von Gallimard veröffentlichten Werken (darunter im Jahre 1942 *L'Étranger, Der Fremde,* von Albert Camus). Die Situation ist umso eigenartiger, als die beiden Männer, die in benachbarten Büros arbeiten, politisch diametral entgegengesetzte Wege gewählt haben. Während sich Drieu als entschiedener Anhänger der Kollaboration mit Nazideutschland hervortut, engagiert sich Paulhan als einer der ersten in der Résistance.

Im Mai 1941 wird Paulhan festgenommen, in der Rue des Saussaies verhört, dann im Gefängnis La Santé eingesperrt. Man beschuldigt ihn, ein Vervielfältigungsgerät bei sich versteckt zu haben, das aus der Widerstandsgruppe des »Musée de l'Homme« stammte und dazu diente, dessen Widerstands-Bulletin *Résistance* zu drucken. In der Nummer 4 hat Paulhan zwei – anonyme – Artikel geschrieben, von denen einer die Übernahme der *NRF* durch Drieu behandelt: »Es galt, die alte Form und einen Anschein von Freiheit zu bewahren. Dafür gaben sich zwei (oder drei) große Schriftsteller her, die dort ihr Glück machten. Unter diesem Deckmantel können kollaborierende Mitarbeiter nun ihr Spielchen treiben. Man verlangt von ihnen ein mea culpa für ihre Vergangenheit und ein Treuebekenntnis gegenüber dem Sieger. Mit Feuereifer gehen sie ans Werk, jeder bringt sein Steckenpferd und als Pfand den kostbarsten Teil seines Talents ein. So schildern sie uns – nach eigenen Aussagen – in Kurzform die Geschichte Frankreichs und seine augenblickliche Geistesverfassung angesichts der tödlichsten Gefahr seiner Geschichte.« In dem zweiten Artikel mit dem Titel »Über eine typische Pariser Chronik« geißelt Paulhan Alfred Fabre-Luce[346], Abel Bonnard und Jacques Chardonne, diese Musterbeispiele des »kollaborierenden Denkens«: »Unsererseits wissen wir, dass Frankreich das bleibt, was es jeden Tag mehr ist. *Es ist überall, wo man nicht zustimmt*[347].«

Nach fünf Tagen Haft gesteht Paulhan, dass er das Vervielfältigungsgerät verwahrt und es (in Einzelteile zerlegt) in die Seine geworfen hat, nachdem er von der Verhaftung seiner Gefährten Anatole Levitsky und Boris Vildé erfahren hatte. Er hütet sich wohlweislich zu sagen, dass er dabei die Hilfe des Romanciers Jean Blanzat, eines stämmigen Mannes, in Anspruch genommen hat. Auf dieses Geständnis hin auf freien Fuß gesetzt, zweifelt Paulhan keinen Augenblick daran, dass er das Drieu verdankt: »Mein lieber Drieu«, schreibt er ihm am 20. Mai 1941, »ich glaube zu wissen, dass ich meine unbehelligte Rückkehr in die Rue des Arènes [wo er wohnt] einzig und allein Ihnen zu verdanken habe. Danke also. Ich grüße Sie.« Das Verhältnis Drieu-Paulhan ist nicht so einfach, wie man hätte meinen können. Es ist im Übrigen bemerkenswert, in welch hohem Maße in diesen furchtbaren Jahren die Freund-

---

346 In dem Vorwort zu seiner *Anthologie de la Nouvelle Europe* (»Anthologie des neuen Europa«), das er am 1. August 1941 abschließt, schreibt A. Fabre-Luce insbesondere: »Bereits im Dämmerlicht des langen Krieges, in dem sich die Ideologien abschwächen, scheinen 1789 und 1933 weniger zwei Feinde zu sein als eine einzige Revolution, der der Bolschewismus auflauert«, Plon, 1942, S. XLV.

347 J. Paulhan, *Choix de lettres, 2, 1937–1945*, Gallimard, 1992, S. 485–486. – Für die Übersetzung des ersten Zitats wurde die entsprechende Übersetzung aus G. Heller, *In einem besetzten Land. NS-Kulturpolitik in Frankreich. Erinnerungen 1940–1944*. Übers. v. A. Lallemand-Rietkötter, Kiepenheuer & Witsch, Köln, 1982, S. 125, benutzt (Zusatz der Übers.).

schaft zwischen Schriftstellern – oder sagen wir zwischen einigen Schriftstellern – trotz schärfster politischer Antagonismen hielt. Bis zum Ende wird der Faschist Drieu dem antifranquistischen Kämpfer Malraux nahe stehen; Paulhan, der Résistant, ist ein enger Freund des Kollaborateurs Marcel Jouhandeau; der Gaullist Mauriac bewahrt seine freundschaftliche Verbindung zu Ramon Fernandez, dem Anhänger Doriots ... Es gab noch eine Republik der Literatur, die sich der Gewalt der Politik zum Teil entzog. Deswegen war die Wiederaufnahme der *NRF* möglich – unter den Bedingungen, unter denen sie stattfand.

Die Besatzungsmacht setzt die Regeln für das Erscheinen der Bücher und Zeitungen fest. Eine »Liste Otto« (nach dem Namen des Botschafters Otto Abetz), die mehrere Male verschärft wird, verbietet rund tausend Werke; das führt dazu, dass 2 242 Tonnen Bücher eingestampft werden. Ein Abkommen mit dem Verband der französischen Verleger verpflichtet diese, keine von Juden, Freimaurern (später auch Kommunisten) geschriebenen Werke und keine antideutschen Autoren zu veröffentlichen. Die Abteilung »Schrifttum« der Propaganda-Staffel wird Gerhard Heller anvertraut, dessen Frankophilie zahlreichen französischen Schriftstellern bald auffällt[348]. Sehr rasch stellt sich diesem ausgewiesenen Zensor die Frage, was mit der durch das Debakel unterbrochenen *NRF* geschehen soll. Otto Abetz hält es für geraten, die berühmteste französische Zeitschrift wieder erscheinen zu lassen – unter der Bedingung, dass man einen sicheren Mann an die Spitze stellt. Schon im August nimmt Abetz Kontakt zu Drieu La Rochelle auf, den er gut kennt. Da Drieu darauf brennt, eine politische Rolle zu spielen, überzeugt Abetz ihn mühelos, die *NRF* zu übernehmen. Man bittet Gallimard, der sich in der freien Zone aufhält, über die Sache nachzudenken, während Drieu beginnt, Autoren anzuwerben, und sich zu diesem Zweck nach Vichy begibt. Viele nehmen an. Sogar Mauriac:

> »Zu Beginn der Besatzungszeit«, wird er nach dem Krieg schreiben, »lehnte ich die Wiederaufnahme der *NRF* nicht ab – bedeutete sie für die Schriftsteller doch die Chance, sich außerhalb und oberhalb der entsetzlichen politischen Realität zusammenzuschließen und vor Europa Zeugnis abzulegen von der Fortdauer des französischen Geistes.«

Das hieß zweifellos, die Manipulation durch die Deutschen gering zu veranschlagen; doch auch viele andere rebellische Geister erklärten ihre Teilnahme an dem Unternehmen für nicht unzulässig. Gide, darauf angesprochen, zögert. Er erhält einen Brief von Gallimard, der für diese Lösung plädiert, » ...in

---

348 G. Heller, *op. cit.*

der Sorge, dass sich die Deutschen in den Räumen niederlassen und alles in die Hand nehmen könnten[349]«. Nach mehreren Tagen des Abwägens vertraut Gide Madame Théo die Gründe für seine Zustimmung an:

»Gallimard hat allen Grund anzunehmen, dass, falls er seine Zeitschrift nicht wiedererscheinen lässt, die Deutschen, die um ihre Bedeutung wissen und sie als ein kostbares Propagandawerkzeug betrachten dürften, sie von sich aus erscheinen lassen und sich dabei des ganzen Apparats bemächtigen: der Räume, der Archive, des Titels; und es gibt kein Mittel, die Abonnenten davon in Kenntnis zu setzen [...]. Es gibt da ein materielles und ein moralisches Kapital, das zu retten ist. Doch um die Genehmigung zur Wiederaufnahme zu erhalten, muss man sich gewissen Forderungen fügen und bereit sein, die Leitung zu wechseln. Paulhan wird durch Drieu La Rochelle ersetzt werden[350].«

Bei der Entscheidung Gides ist die Meinung von Roger Martin du Gard von Bedeutung: man konnte Gallimard nicht im Stich lassen, der seinen Autoren weiterhin ihre Tantiemen überwies. Auch Paulhan ist der Meinung, dass man den Laden retten muss: er hilft Drieu, doch lehnt er es ab, in der reorganisierten Zeitschrift – wie er sie beurteilt, wissen wir – auch nur irgendetwas aus seiner Feder zu publizieren.

Heller erreicht die Aufhebung des Sequesters des Verlagshauses Gallimard, dessen Tore in der Rue Sébastien-Bottin die Feldpolizei in einem Übermaß an Eifer versiegelt hatte, und freut sich über das Wiedererscheinen der *Nouvelle Revue française*. Es ist in fortlaufender Zählung die Nummer 322, datiert vom 1. Dezember 1940. Nach einem ziemlich zurückhaltenden Vorwort von Drieu tauchen in der Inhaltsübersicht Jacques Chardonne, der verstorbene Charles Péguy, Jacques Audiberti, Armand Robin, Marcel Aymé, Marcel Jouhandeau, Jean Giono, Alfred Fabre-Luce, Paul Morand auf. André Gide trägt *Feuillets* (»Blätter«) aus seinem Tagebuch bei, und die Chroniken werden von Ramon Fernandez, Roland Purnal, Alain, Georges Auric ... bestritten. Das ist ein unbestreitbarer Erfolg. Doch für wen?

Paulhan hat in seinem Artikel in *Résistance* den Trick sehr wohl erkannt: den stinkenden Fisch (die Artikel des »kollaborierenden Denkens«) durchzuschleusen mit Hilfe der literarischen Sauce der größten französischen Schriftsteller, die sich nur allzu sehr freuen, in diesen schweren Zeiten publizieren zu können. Was den Verleger angeht, so kann er sich immerhin sagen, dass ihm das Schlimmste erspart geblieben, dass das Inventar gerettet ist und ihm die besten Schriftsteller treu bleiben.

---

349 *Les Cahiers de la Petite Dame, op. cit.*, 3, S. 198.
350 *Ibid.*, S. 199–200.

Gide, immer besorgt, wirft sich vor, der Versuchung nachgegeben zu haben:

> »Wenigstens hätte ich diese *Feuillets*, Auszüge aus meinem *Journal* [...], datieren müssen. Ich habe sie eben mit Missvergnügen durchgelesen, denn ich befinde mich nicht mehr in der Geistesverfassung, in der ich sie schrieb; einer Geistesverfassung, die sich noch nicht recht von der Niederlage erholt hatte. Überdies scheinen mir meine Reflexionen über Schwäche und Aussetzen des patriotischen Gefühls nicht mehr sehr richtig. Nichts gibt diesem Gefühl seine ganze Kraft so sehr wieder wie Unterdrückung. Ich fühle, wie es allenthalben in Frankreich wiedererwacht, vor allem im besetzten Frankreich. Es wird im Widerstand fester, sicherer, wie alle bekämpfte Liebe. Und dieser Kampf des Geistes gegen die Gewalt, des Geistes, den Gewalt nicht unterwerfen kann, ist nahe daran, großartig zu werden[351].«

Die ersten Skrupel schwinden, als ihm Gaston Gallimard, ein großer Charmeur, am 6. Dezember 1940 die erste Nummer der wieder auferstandenen Zeitschrift bringt. Gaston hat eine solche Verführungs- und Überzeugungskraft, dass Gide, der doch dazu entschlossen war, der Zeitschrift nichts mehr zu liefern, sich dreht wie eine Wetterfahne. Er macht sich also daran, neue »Feuillets« auszuwählen, die in der Nummer vom Januar 1941 erscheinen sollen. Daraufhin bekommt Gide Protestbriefe von Lesern der Dezembernummer. Gefühle unterschiedlichster Art, Schwankungen, Abwägen, schlechtes Gewissen, der Wunsch gelesen zu werden, Druck von Seiten Gallimards ... Martin du Gard, der diesen Wirrwarr im Kopf seines Freundes ahnt, schreibt ihm: »Sie lassen sich treiben ...« Die Januarnummer, die ihm Gaston bringt, beruhigt ihn. Dann zieht Gide jäh seine Mitarbeit zurück: im März 1941 entdeckt er die *Chronique privée de l'an 40* (»Private Chronik des Jahres 1940«) von Chardonne. Es handelt sich dabei um einen Vorwand, denn den skandalösesten Abschnitt des Buches enthielt bereits die Nummer, mit der die *NRF* wieder aufgenommen wurde. Gide geißelt diesen »klaren Ausdruck einer prodeutschen Politik« und unterrichtet Drieu, mit ihm sei nicht mehr zu rechnen. Im Mai 1941 wird Gide dann, als er in Nizza einen Vortrag über Michaux halten soll, von Mitgliedern der Légion des combattants daran gehindert; das lässt ihn ins andere Lager überschwenken. Über seinen Bruch mit der Zeitschrift Drieus ist Gide jedoch nicht ganz glücklich. Am 15. August 1941 schreibt er an seinen Freund Valéry:

---

351 A. Gide, *Tagebuch 1939–1949, op. cit.*, S. 73–74.

Die NRF unter der Gewaltherrschaft

»Du weißt zweifellos, dass ich zwar nicht mit Gallimard, aber mit der *NRF* und ihrer neuen *Leitung* gebrochen habe. Aber der Dämon der Neugier könnte mich sehr wohl zu bedauerlichen Unvorsichtigkeiten verleiten. Besser ist, ich halte mich von Versuchungen und Unterhaltungen fern[352] ...«

Chardonne scheint nur ein Auslöser gewesen zu sein. Gide misstraut sich selbst und schützt sich lieber gegen mögliche Irrwege[353].

Was ist härter für einen Schriftsteller, als nicht veröffentlicht zu werden, für einen Dramatiker, nicht gespielt zu werden? Ohne Zweifel empfindet François Mauriac, dem man das berühmte Werk *Le Cahier noir* (*Das schwarze Heft*), einen der denkwürdigsten Texte des intellektuellen Widerstandes[354], verdankt, denselben Mangel, als er seinen Roman *La Pharisienne* (*Die Pharisäerin*) abgeschlossen hat. Deshalb geht er persönlich zur Propaganda-Staffel, um seine Sache zu vertreten. Heller genehmigt wohlwollend das Erscheinen des Buches und sogar in einer höheren Auflage als ursprünglich vorgesehen. Die kollaborationistische Presse wettert nun gegen Mauriac los, den die äußerste Rechte seit dem spanischen Bürgerkrieg hasst: »Blutrünstiger Heuchler«, »Giftige Hyäne«, zetert *Je suis partout*. In *Les Décombres* überschlägt sich Lucien Rebatet in Beleidigungen:

»Der Mann im grünen Anzug, der reiche Bürger mit dem scheelen Aussehen eines falschen Greco, mit seinen in ranzigem Sperma und Weihwasser ziehenden Aufgüssen eines Paul Bourget, diesen Schwankungen zwischen Eucharistie und Päderastenbordell, den einzigen dramatischen Höhepunkten seiner Prosa [...]. Es ist erstaunlich, dass man ihn noch nicht zum Schweigen gebracht hat. Das wäre doch die geringste Strafe für einen derartigen Schweinehund[355].«

Vor dieser Lawine hatte Mauriac, wie wir gesehen haben, Drieu zum Wiedererscheinen der *NRF* beglückwünscht und nicht abgelehnt, als Drieu ihn um seine Mitarbeit bat – bis er die Dezembernummer erhält:

»Lieber Drieu«, schreibt er ihm am 30. desselben Monats, »nein, das ist nicht das, was ich erwartet hatte – ich träumte von einer ›inaktuellen‹ Zeitschrift! Was ich über die Seiten von Chardonne-Fabre-Luce

---

352 A. Gide-P. Valéry, *Correspondance*, Gallimard, 1955, S. 522.
353 Siehe P. Hebey, »*La Nouvelle Revue française*« *des années sombres 1940–1941*, Gallimard, 1992.
354 F. Mauriac, *Le Cahier noir*, Neuauflage 1947 in den Éditions de Minuit und 1994 bei Desclée de Brouwer.
355 L. Rebatet, *op. cit.*, S. 49–50.

denke, hat ›*ganz Frankreich*‹ (wie Saint-Simon sagen würde, für den ganz Frankreich aus tausend Personen bestand) gedacht. Und dann die angekündigten Blasphemien des genialen Dummkopfs ...«

Hier spielt Mauriac auf einige Worte Gides an (»Es kommt nicht vor, dass ich bedaure, nicht zu glauben; aber es kommt oft vor, dass ich mir sage: zum Glück glaube ich nicht!«) – ein sehr schwacher Sturm im Wasserglas, der es ihm jedoch vielleicht erlaubt – auf einer anderen Ebene als der politischen –, seine Ablehnung zu rechtfertigen. Drieu verdaut diese Ablehnung nur schlecht. Zu wiederholten Malen wird er mit Mauriac abrechnen, auch in der *NRF*; er verreißt *La Pharisienne* und brandmarkt das Zusammenspiel Mauriacs und der »evangelischen Pfarrer« mit den Kommunisten. Das ist der Bruch. Mauriac wird seinerseits in den im Untergrund erscheinenden *Lettres françaises* mit spitzer Feder gegen Drieu schreiben[356].

Ist es Leichtsinn, dass diese Schriftsteller, die doch kaum dem Kollaborationismus zuneigen und von denen manche authentische Résistants sind, nichts dagegen haben, ihre Texte neben der Prosa des »kollaborierenden Denkens« zu veröffentlichen? Und das unter der Leitung eines Drieu La Rochelle, der aus seiner Zustimmung zum Faschismus, seiner Bewunderung für Hitlerdeutschland und seinem Antisemitismus keinen Hehl macht? Unser Urteil ist zweifellos *a posteriori* – ist es deshalb falsch? Eugène Guillevic, der von 1940 bis 1941 in der *NRF* Gedichte veröffentlicht, bevor er sich 1943 der Kommunistischen Partei anschließt, gibt in einem Erinnerungsband folgende Erklärung: »Damals glaubte ich, die Dichtung stünde oberhalb oder abseits der Zeitläufte, oder besser gesagt, ihre revolutionäre Kraft käme von sich aus zur Wirkung, unabhängig davon, wo der Text erscheint[357].« Jean Paulhan selbst, Résistant der ersten Stunde, der die *NRF* von Drieu geißelt *und* verteidigt, verbietet es sich, darin auch nur den geringsten Text zu veröffentlichen. Doch verhält er sich nicht ganz anders gegenüber *Comœdia*, einer »Tribüne der intellektuellen Kollaboration«, wie ihr Herausgeber René Delange sie nannte, der auch Valéry, Sartre und viele andere veröffentlichte? Manche wie Georges Duhamel weigern sich während der gesamten Besatzungszeit, irgendetwas zu veröffentlichen. Doch diese Haltung ist sehr selten. Die Literaten finden sich nicht lange mit dem Schweigen ab.

Die Zeitschrift von Drieu wird recht und schlecht fortgesetzt. Es stimmt, dass sie sich vor allem literarischen Texten widmet, doch nicht ausschließlich. Der Herausgeber bringt seine politischen Ansichten zum Ausdruck. Und hätte er sie auch in der *NRF* verschwiegen, so wären sie doch nicht zu übersehen gewesen – so stark brachte er sie andernorts zum Ausdruck, sei es in *L'Éman-*

---

356 P. Hebey, »*La Nouvelle Revue française*« *des années sombres, op. cit.*, S. 197.
357 E. Guillevic, *Vivre en poésie*, Stock, 1980. Zit. nach G. Heller, *op. cit.*, S. 67.

cipation nationale von Jacques Doriot, sei es in *La Révolution nationale* von Lucien Combelle, der selbst ein Mitarbeiter der *NRF* war. Drieu fehlt es indessen nicht an einem gewissen Ehrgefühl seinen »irregeleiteten« Freunden gegenüber, für die er zu intervenieren versteht, wie wir im Fall von Paulhan gesehen haben. Im Januar 1943 setzt er sich insbesondere für den Dichter und Widerstandskämpfer Jean Cayrol ein, der seit sieben Monaten im Gefängnis ist. Zweifellos auf Grund dieses Ehrgefühls kehrt er im November 1942 – zur Zeit der amerikanisch-britischen Landung in Nordafrika – zur Partei Doriots zurück.

In der Abschlusssitzung des PPF am 7. November ergreift Drieu das Wort und kündigt seine Rückkehr in die Partei an. In seinem Tagebuch gibt er dafür folgende Erklärung: »Ich schließe mich dem PPF an, um meinen Glauben an den Faschismus im Allgemeinen und nicht an Doriot im Besonderen auszudrücken.« Er ist sich bewusst, dass er »erledigt« ist, und ist der Meinung, dass Deutschland selbst »erledigt ist«; er verachtet »all diese Leute der Kollaboration, diese niederträchtigen Pazifisten, diese Déats, diesen Normalien, und Doriot, diesen Mischling aus Flame und Italiener«, »diesen niederträchtigen Laval, diesen Mischling aus Jude und Zigeuner«, »diesen alten Dummkopf von Marschall«. Er ist der Auffassung, dass »Hitler ein Dummkopf ist wie Napoleon«. Trotzdem würde er lieber als »SS-Mann sterben«. Es freut ihn zumindest, dass er im Umkreis der *NRF* »eine gewisse Zahl von Leuten kompromittieren konnte, die die als Herren zurückkehrenden Aragons und Bendas sehr schlecht behandeln und verreißen werden«.

Er wirft den Deutschen vor, selbst nicht genug an die wenigen faschistischen Elemente geglaubt zu haben, die es in Frankreich gab, und Hitler, es nicht verstanden zu haben, in den unterworfenen Gebieten einen wirklichen Sozialismus zu errichten. Vorausschauend ist er schon im November 1942 der Meinung, dass die deutsche Niederlage »immer gewisser« ist. Der Gedanke an Selbstmord beginnt, in ihm Gestalt anzunehmen. Er verliert das Interesse an der *NRF.* Schon im März packt ihn die Lust, alles hinzuschmeißen. Er wird fünfzig. Für ihn ist das Leben vorbei. Im folgenden Jahr erfüllt ihn die sowjetische Gegenoffensive mit Hoffnung, diesmal auf ein von den Kommunisten beherrschtes Europa: »Man muss eher den Sieg der Russen als den der Amerikaner wünschen. [...] Das ist eine Rasse, ein Volk, während die Amerikaner eine Ansammlung von Mischlingen sind« (3. März 1943). Entschlossen, sich in die philosophische und religiöse Meditation zu flüchten, möchte er mit der Zeitschrift Schluss machen. Sein Ehrgefühl begehrt auf, als seine erste Frau, Colette Jéramec, die Jüdin ist, im Juli 1943 verhaftet wird; er interveniert, um sie frei zu bekommen: »Die Juden haben mich gekriegt.« Mit Bedauern erfährt er vom Sturz Mussolinis: »Der Faschismus war nicht stärker als ich, ein Pantoffel-Philosoph« (27. Juli 1943). Er verkündet, er sei nach wie vor Faschist (»Ich konnte ohne diesen Traum der männlichen und asketischen Wiederaufrichtung nicht leben«), doch seine ganze Sehnsucht richtet sich auf den Kommunismus. Ein bisschen macht er noch schlecht und recht an der Zeitschrift weiter, unterstützt von Jacques Lemarchand. Doch die Julinummer der *NRF* ist die letzte.

Im September bittet Josette Clotis Drieu darum, Pate ihres zweiten Sohnes zu werden, den sie von André Malraux hat: »André hat Ihnen gesagt, dass Ihnen unser Haus jederzeit offen steht, und ich bin glücklich, es zu wiederholen[358].« Drieu nimmt an und schenkt seinem Patenkind eine Decke und ein Kopfkissen aus rosa Satin. Kurz darauf fährt er in die Schweiz, um auf andere Gedanken zu kommen, Einkäufe zu machen, andere Leute zu sehen. Bertrand de Jouvenel, den er besucht, will ihn zum Bleiben überreden. Drieu lehnt ab; er kehrt zurück und vergräbt sich in seine religiösen Studien, denkt über sein Leben nach, über die Frauen, die er gekannt hat (ohne übertriebene Nachsicht), kommt immer wieder auf seine Selbstmordgedanken zurück, rechnet mit der Landung der Alliierten, grübelt über seine Obsessionen: »Mein Ekel vor den Franzosen ist der Ekel eines nordischen Rassisten und auch eines Intellektuellen, der den Menschen schlechthin in seinem unmittelbaren Nachbarn verachtet« (8. Juni).

Die Kämpfe der Libération haben begonnen. Am 12. Juli 1944 ist er bei Abetz zum Essen eingeladen, in Begleitung von Benoist-Méchin und Châteaubriant, zwei weiteren ausgewiesenen Kollaborationisten; heftig wirft er dem deutschen Botschafter vor, vier Jahre lang Laval unterstützt zu haben, statt im Hinblick auf ein rassistisches und sozialistisches Europa einen französischen Faschismus, eine wirkliche deutsch-französische Zusammenarbeit zu fördern. An den folgenden Tagen grübelt er über den Irrtum Hitlers nach, der seiner Meinung nach auf die Nacht der langen Messer, den 30. Juni 1934, zurückgeht, den Tag, an dem Hitler Röhm und die SA, den sozialistischen Flügel des Regimes, zu Gunsten der Generäle und der Bürger liquidierte. Was ihn selbst angeht, so hatte er seinen »Sozialismus der Intelligenz und der Generosität« mit »dem alten Fundus der Chouans[359], dem alten Fundus der Rechten« verbinden wollen. Das ist seine letzte Definition des Faschismus.

Am 11. August 1944 versucht Drieu, sich das Leben zu nehmen, doch er wird, mit dem Tode ringend, von Gabrielle, seiner Haushälterin, entdeckt; sie war zurückgekommen, um ihre Tasche zu holen, die sie vergessen hatte. Er wird ins Hôpital Necker gebracht; als er wiederhergestellt ist, besucht ihn Leutnant Heller, der ihm einen Pass für Spanien und die Schweiz unter das Kopfkissen schiebt. Drieu zieht es vor, in Frankreich zu bleiben. An Fürsorge

---

358 Zit. nach P. Andreu und F. Grover, *op. cit.*, S. 525.
359 *Anm. d. Ü:* Chouans: royalistische Aufständische, die 1793–95 gegen die Revolution Guerillakämpfe in Westfrankreich führten.

fehlt es ihm nicht. Sein Freund Emmanuel d'Astier de la Vigerie, der zum Lager der Sieger gehört und am 1. September in Paris eintrifft, bemüht sich, ihn zur Flucht in die Schweiz zu bewegen. Seine Ex-Frau Colette bietet ihm ein Versteck in der Rue de Grenelle an, wo er behandelt werden könnte. Er findet Unterschlupf bei Orgeval, in einer Villa, die einer amerikanischen Freundin, Madame Noël Murphy, gehört, zu deren Gunsten er bei den Deutschen interveniert hatte, als sie in einem Internierungslager für Ausländer inhaftiert war. Drieu macht sich wieder ans Schreiben. Durch die Zeitung erfährt er, dass ein Vorführungsbefehl gegen ihn vorliegt. Am 16. März 1945 findet ihn seine Haushälterin leblos, den Kopf auf das Waschbecken gestützt. Auf einen Zettel hatte er geschrieben: »Gabrielle, lassen Sie mich diesmal schlafen.« Drei Röhrchen Gardenal und ein herausgerissenes Gasrohr haben es ihm diesmal gestattet, seinem Leben ein Ende zu setzen.

Pierre Drieu La Rochelle und sein Leben haben fasziniert. Viele, die ihn persönlich kannten, ließen sich vom »Charme« (das Wort ist von Gerhard Heller) dieses hoch gewachsenen Mannes mit hellen Augen, dessen Intelligenz in den Gesprächen bestach, von seinem nonchalanten Auftreten und seiner untadeligen Eleganz verführen. Bei diesen Gesprächen entwarf er – ein brillanter Geopolitiker, der sich nie darüber hinweggetröstet hatte, im Examen der Politischen Wissenschaften durchgefallen zu sein – eine neue Welt. Seiner Verführungskraft erlagen auch die Frauen, ohne dass er sich allzu viel Mühe gab. Trotzdem war er in seinen eigenen Augen ein »Versager«. Er war nicht der große Lehrmeister der neuen Zeit, der Maurras des französischen Faschismus geworden – aus Faulheit seiner Meinung nach. Er war nicht der Schriftsteller und besonders nicht der Romancier, der zu werden er geträumt hatte: er schrieb leicht und flüssig, doch ihm fehlte der Fleiß, die Disziplin, die man sich selbst auferlegt, wenn man ein »Großer« werden will. In der Politik war er vom Weg abgekommen, als er vom Geist von »Genf«[360] zum Faschismus überwechselte, bevor er sich zuletzt, ohne sich ihm anzuschließen, vom sowjetischen Kommunismus verführen ließ. Er war nicht der Meinung, sich durch seinen Rassismus, der seine dauerhafteste Überzeugung blieb, entehrt zu haben.

Der »Charme« Drieus hat lange Zeit die düstere Seite seiner Persönlichkeit und seines Werks verdeckt oder unterschätzen lassen. *Gilles*, einer der antisemitischsten Romane der französischen Kultur, wurde – mit wenigen Ausnahmen – von den Kollegen und den Literaturkritikern wohlwollend aufgenommen. Trotz seiner pronazistischen Artikel hielten es Dutzende französischer Schriftsteller während der Besatzungszeit nicht für entehrend, ihre Tex-

---

360 *Anm. d. Ü:* Genf: seit 1919 Sitz des Völkerbundes; der »Geist von Genf« steht für den nach dem Ersten Weltkrieg verbreiteten Gedanken eines allgemeinen Weltfriedens, eines Verbots von Angriffskriegen als Mittel der Politik usw.

te unter seiner Leitung zu veröffentlichen. So geht die singuläre und tragische Geschichte von Pierre Drieu La Rochelle über seine eigene Person hinaus und stellt uns weiterhin vor eine schmerzliche Frage: Warum so viel Wohlwollen, warum so viel Komplizenschaft? Zweifellos wird unsere Wahrnehmung des intellektuellen und politischen Lebens von unserer Kenntnis der Vergangenheit diktiert – und zunächst einmal von der der »dunklen Jahre«. Als *Nachgeborene* urteilen wir umso strenger. Angesichts der Gratwanderung Jean Paulhans während der Besatzungszeit – Résistant auf der einen Seite, Beschützer der *NRF* auf der anderen, heimlicher Verunglimpfer der Kollaborateure und doch ein sehr treuer Freund einiger von ihnen – sollten wir uns vor kategorischen Verurteilungen hüten. Es gab nicht nur »Helden« und »Schweinehunde«, sondern dazwischen die Masse der Zögernden, der Schwankenden, der Klugen und Unklugen ... Man stellt sich, am Ende des Sturmes, den Erzengel Michael vor, wie er am Tympanon der Kathedralen den Balken seiner Waage hält und die Seelen wiegt: wer hat die Hölle verdient, wer das Paradies – und wer das Fegefeuer? Diese Fragen werden bei der Libération weniger bildhaft gestellt.

40
Die Schriftsteller der Nacht

Dem Freund Marcel Jouhandeau, der bereit gewesen war, im Herbst 1941 auf Einladung des Deutschen Instituts mit anderen französischen Schriftstellern[361] nach Weimar zu reisen, und der nun auf den »Mut« hinweist, den er angesichts der Entwicklung der Dinge brauchen werde, antwortet Jean Paulhan im März 1944:

»Mein lieber Marcel, an Deinem Mut zweifelt niemand (besonders ich nicht). Doch ich bitte Dich, sprich im Augenblick nicht davon. Öffne die Augen. Du bist nicht gefährdet. Nicht Du bist gefährdet. Nicht Du bist gerade im Gefängnis gestorben, sondern Max Jacob. Nicht Du bist von betrunkenen Soldaten getötet worden, sondern Saint-Pol Roux. Nicht Du bist nach einem ordentlichen Urteil erschossen worden, sondern Jacques Decour, sondern Politzer. Nicht Du bist gezwungen, Dich zu verstecken, um der Erschießung, dem Gefängnis zu entgehen, sondern Aragon, Éluard, Mauriac. Nicht Du bist nach Deutschland deportiert worden, sondern Paul Petit, Benjamin Crémieux. Nicht Du bist im Gefängnis, in einer Zelle, sondern Desnos, Lacôte. In einer Zeit, in der wir alle Mut zeigen müssen, bist Du der Einzige (oder fast), der nicht bedroht ist, der ein bedachtsames und friedliches Leben führt[362] ...«

Max Jacob starb am 5. März 1944 im Lager Drancy. Saint-Pol Roux starb nach dem Einbruch betrunkener Soldaten – in der Nacht vom 22. auf den 23. Juni – in sein Haus in Camaret-sur-Mer, wo seine Haushälterin umgebracht und seine Tochter vergewaltigt wurde. Aragon, der zur Zeit, als Paulhan seinen Brief schrieb, im Untergrund in Nizza lebte, hatte in Pierre Seghers' *Poésie*

---

361 Der Delegation gehörten außer Jouhandeau an: Pierre Drieu La Rochelle, Ramon Fernandez, André Fraigneau, Robert Brasillach, Jacques Chardonne und Abel Bonnard. Die Kongressteilnehmer fuhren über Wien und Berlin, wo sie von Goebbels empfangen wurden. Zur Reise der Künstler (Maler und Bildhauer) – Paul Belmondo, Henri Bouchard, André Derain, Charles Despiau, André Dunoyer de Segonzac, Othon Friesz, Paul Landowski, Raymond Legueult, Louis Lejeune, Roland Oudot, Cornelis Van Dongen, Maurice de Vlaminck –, die im November stattfand, siehe L. Bertrand Dorléac, *L'Art de la défaite*, Seuil, 1993, S. 74 ff.
362 J. Paulhan, *op. cit.*, S. 351–352.

41 (Dezember 1940 Januar 1941) einen Text veröffentlicht: »Saint-Pol Roux oder die Hoffnung«, in dem er den Namen des französischen Dichters mit den Namen von Lorca und Machado, die vom Franco-Regime geächtet worden waren, in Verbindung gebracht hatte. Jacques Decour und Georges Politzer wurden am 30. Mai auf dem Mont-Valérien[363] erschossen. Paul Petit, ein Freund Claudels, der im Untergrund *La France continue* herausgab, wurde am 7. Februar 1942 verhaftet und am 24. August 1944 hingerichtet. Benjamin Crémieux starb als Deportierter in Buchenwald; Robert Desnos im Lager Theresienstadt. René Lacôte überlebte und war nach der Libération in *Les Lettres françaises* für die Rubrik Poesie verantwortlich.

In seiner Aufzählung vergisst Paulhan sich selbst. Die Tage im Gefängnis, die ihm die Teilnahme am Widerstandskreis des »Musée de l'Homme« und an dessen Bulletin *Résistance* eingebracht haben, veranlassen ihn keinesfalls dazu, sich in einer Abwartehaltung zu vergraben. Von seinem Büro im Verlagshaus Gallimard aus, das sich neben dem Drieus befindet, organisiert er den intellektuellen Widerstand; er spielt sein Spiel so gut, dass den meisten ihm Nahestehenden seine heimlichen Aktivitäten und die Risiken, die er auf sich nimmt, verborgen bleiben. Dominique Aury, seine spätere Lebensgefährtin, die damals Gedichtanthologien vorbereitete, zeigt ihm eines Tages eine Nummer der *Lettres françaises,* die sie verteilt, ohne zu ahnen, dass Paulhan sie zusammen mit einigen kommunistischen Schriftstellern gegründet hatte.

Nach dem Waffenstillstand von Juni 1940 bleibt die Kommunistische Partei offiziell auf der Linie des deutsch-sowjetischen Beistandspaktes. In Abwesenheit von Maurice Thorez, der in die UdSSR geflohen ist, führt Jacques Duclos, Parteichef im Untergrund, die Direktiven der Komintern aus. So unternimmt man Schritte bei den deutschen Behörden, um *L'Humanité* wieder erscheinen zu lassen. In ihren im Untergrund erscheinenden Nummern geißelt der PCF den »imperialistischen Krieg«, reitet Attacken gegen die Engländer und den General de Gaulle, brandmarkt aber auch das reaktionäre Regime von Vichy. Erst am Tag des Überfalls Nazideutschlands auf die Sowjetunion im Juni 1941 wird die offizielle Leitung des PCF der Résistance beitreten. Jedoch engagieren sich seit Beginn der Besatzung Kommunisten, die vom »Zentrum« weit genug entfernt sind, in einem Kampf, der die Ziele des Antifaschismus aus der Zeit vor dem Pakt verfolgt. Das gilt für die kommunistischen Studenten, die sich auf der Demonstration vom 11. November 1940 in Paris, bei der mehrere von ihnen umkommen, den gaullistischen Studenten anschließen. Das gilt für Charles Tillon in der Gegend um Bordeaux, Auguste Havez im Westen, Georges Guingouin im Limousin ... Diese Einzelkämpfer finden nach und nach Verstärkung – vor allem durch Intellek-

---

363 *Anm. d. Ü:* Mont-Valérien: Festung bei Paris, auf der die deutschen Besatzer 4 500 Geiseln erschossen.

tuelle, denen es gelingt, antifaschistische Schriften zu verbreiten. Das gilt für das zunächst am Rande der offiziellen Linie des PCF angesiedelte Blatt *L'Université libre*[364], das von dem Philosophen Georges Politzer, dem Physiker Jacques Salomon und dem Schriftsteller und Germanisten Daniel Decourdemanche, dem ehemaligen Chefredakteur von *Commune*, genannt Jacques Decour, im November 1940 gegründet wird und das die Namen von Langevin und Joliot-Curie enthält. Im März 1941 veröffentlicht Politzer eine Abrechnung mit den nazistischen Thesen Rosenbergs: *Révolution et Contre-Révolution au XXe siècle* (»Revolution und Gegenrevolution im XX. Jahrhundert«); zur selben Zeit lanciert Gabriel Péri seine Broschüre *Non, le nazisme n'est pas le socialisme* (»Nein, der Nazismus ist nicht der Sozialismus«). In der nicht besetzten Zone veröffentlicht Aragon Gedichte, die viele zwischen den Reimen zu lesen verstehen und die einen großen Teil von *Le Crève-Cœur* (»Herzeleid«) ausmachen werden. Als Jean Paulhan Aragon und Elsa, die in Carcassonne Zuflucht gesucht haben, besucht, rezitiert ihnen der Dichter eines Abends gegen Ende des Sommers »Les Lilas et les Roses« (»Der Flieder und die Rosen«). Paulhan schreibt es später aus dem Gedächtnis nieder und übergibt es dem *Figaro*, in dem man es am 21. September 1940 lesen kann:

Ô mois des floraisons mois des métamorphoses
Mai qui fut sans nuage et juin poignardé
Je n'oublierai jamais les lilas et les roses
Ni ceux que le printemps dans ses plis a gardés

...

Tout se tait L'ennemi dans l'ombre se repose
On nous a dit ce soir que Paris s'est rendu
Je n'oublierai jamais les lilas et les roses
Et ni les deux amours que nous avons perdus

Oh Monate des Blühens Monate der Metamorphosen
Wolkenloser Mai und erdolchter Juni
Ich werde nie den Flieder und die Rosen vergessen
Und auch nicht die, die der Frühling in seinen Falten behielt

Alles schweigt Der Feind ruht im Schatten
Heute Abend hat man uns gesagt, Paris habe sich ergeben

---

364 N. Racine-Furlaud, »*L'Universite libre*, novembre 1940 – décembre 1941«, in J.-P. Azéma, A. Prost, J.-P. Rioux (Hrsg.), *Les Communistes français de Munich à Châteaubriant* 1938–1941, PFNSP, 1987, S. 138.

Die Ära Gide

Ich werde nie den Flieder und die Rosen vergessen
Und auch nicht die beiden Lieben die wir verloren haben

Louis Aragon und Elsa Triolet erfahren von der Veröffentlichung des Gedichts nach ihrer Ankunft in Les Angles bei Villeneuve-lès-Avignon, wohin Seghers sie gebracht hatte; dieser schließt dort die Arbeit an dem Band *Poésie 40* ab, aus dem dann *Poésie 41* wird. Später ist Aragon mit Elsa in Nizza und entdeckt dort Éluards Gedichtband *Le Livre ouvert I* (»Das offene Buch I«). Eine Wiederbegegnung: Aragon und Éluard hatten sich seit ihrem Bruch im Jahre 1932 nicht mehr die Hand gegeben. Sie sahen sich wieder und wurden erneut Freunde – zunächst in der Résistance und bald in der Kommunistischen Partei, der sich Éluard Anfang 1943 anschloss. Seit Sommer 1941 hatte die Kommunistische Partei nur noch eine Linie: die Verteidigung der UdSSR verschmolz jetzt wieder, wie zwischen 1935 und 1939, mit der Verteidigung des Vaterlandes. Die Kommunisten und ihre Schriftsteller wurden aufgefordert, sich mit allen zu verbünden, die Hitlerdeutschland bekämpften.

Elsa und Aragon kommen im Juni 1941 zurück nach Paris, nachdem sie einige Wochen in Tours im Gefängnis gesessen haben: beim Überqueren der Demarkationslinie ohne Passierschein waren sie von den Deutschen geschnappt worden. In Paris treffen Aragon und Elsa bei dem Maler Édouard Pignon mit Georges Politzer, Danielle Casanova, Jacques Decour zusammen. Decour möchte eine Wochenzeitung gründen und die Résistance-Schriftsteller der Nordzone in einem Comité national des écrivains (CNE, »Nationalkomitee der Schriftsteller«) zusammenfassen, das die literarische Sektion des Front national pour la libération et l'indépendance de la France (»Nationale Front für die Befreiung und Unabhängigkeit Frankreichs«) sein soll. Er hat Jean Paulhan, seinen Ansprechpartner bei Gallimard, kontaktiert, sowie Jacques Debû-Bridel – sie heben *Les Lettres françaises* aus der Taufe, deren Leitung Decour und Paulhan übernehmen. Zur selben Zeit – im Dezember 1941 – wird das Comité national des écrivains auf die Beine gestellt, das in der Nordzone Jean Blanzat, Louis Martin-Chauffier, Jean Guéhenno, den Pater Maydieu, Claude Morgan, François Mauriac und Édith Thomas vereint. Letztere ist Archivarin, Historikerin und Romanschriftstellerin und arbeitet in den Archives nationales ... Seit 1942 ist sie Mitglied der Kommunistischen Partei. In ihrer Wohnung – Rue Pierre-Nicole, im Quartier des Val-de-Grâce – treffen sich die Schriftsteller des CNE seit Februar 1943. Édith Thomas vertreibt auch die Werke der im Untergrund arbeitenden Éditions de Minuit[365]. Sie hatte bereits an der Presse der Volksfront mitgearbeitet. Empört über den deutsch-sowjetischen Beistands-

---

[365] J. Debû-Bridel, *La Résistance intellectuelle*, Julliard, 1970, S. 36.

pakt, von dem sie in einem Sanatorium des Plateau d'Assy, wo sie seit Juni wegen Tuberkulose behandelt wurde, erfahren hatte, schrieb sie Jacques Decour im September: »Wohin soll man schauen? Ich weiß es nicht mehr. Wie ich Sie um Ihre Sicherheiten beneide.« Nach einem Genesungsaufenthalt in Arcachon zurück in Paris, findet sie schnell Anschluss an die Gruppe, die mit ihr den CNE bilden wird, Claude Morgan, Jean Paulhan und die anderen. Im Juli 1941 schreibt sie ein Gedicht von Aragon ab – *Crève-Cœur* ist gerade bei Gallimard erschienen – und notiert in ihr Tagebuch: »Man wird Aragon vieles dafür verzeihen, dass er seine ›Santa Espina‹ geschrieben und jetzt veröffentlicht hat[366].«

Je veux croire qu'il est encore des musiques
Au cœur mystérieux du pays que voilà
Les muets parleront et les paralytiques
Marcheront un beau jour au son de la cobla

Et l'on verra tomber du front du Fils de l'homme
La couronne de sang symbole du malheur
Et l'Homme chantera tout haut cette fois comme
Si la vie était belle et l'aubépine en fleurs

Ich möchte glauben es gibt noch Musik
Im geheimnisvollen Herzen dieses Landes
Die Stummen werden sprechen und die Gelähmten
Werden eines Tages beim Klang der Cobla[367] wieder gehen

Und von der Stirn des Menschensohnes wird man
Die blutige Krone Symbol des Unglücks herabfallen sehen
Und der Mensch wird dieses Mal ganz laut singen
Als ob das Leben schön wäre und der Weißdorn in Blüte stünde

Die erste Nummer von *Les Lettres françaises* ist gerade im Entstehen, als Jacques Decour (im Februar 1942) sowie Danielle Casanova, Jacques Salomon, Georges Dudach festgenommen werden: die Verbindung zur Druckerei, die ausschließlich über Decour läuft, ist vernichtet, ebenso wie diese tot geborene Nummer, die Texte von Georges Limbour, Pierre de Lescure, Jacques Debû-Bridel, Notizen von François Mauriac und von Jean Paulhan und den dramatischen Bericht über den Tod der Geiseln von Châteaubriant enthält ... Im April hatte sich Paulhan eine Weile verstecken müssen, nachdem Élise

---

366 É. Thomas, *Pages de Journal 1939–1944*, hg. v. Dorothy Kaufmann, Viviane Hamy, 1995, S. 142.
367 *Anm. d. Ü:* Cobla: in der mittelalterlichen Trobadorlyrik »Strophe«.

Die Ära Gide

Jouhandeau ihn und Bernard Groethuysen denunziert hatte. Nach dem Krieg wird Paulhan kein Blatt vor den Mund nehmen und die Heldin wider Willen der *Chroniques maritales* als »schändliche Nutte[368]« bezeichnen. Die »neue« erste Nummer der *Lettres*, die im September 1942 unter der Leitung von Claude Morgan erscheint, ist nur ein bescheidenes, vervielfältigtes Blatt. Es enthält das Manifest des Front national der Schriftsteller, das folgendermaßen endet: »*Les Lettres françaises* wird unser Kampfinstrument sein; mit dieser Publikation wollen wir – an unserem Platz als Schriftsteller – am Kampf auf Leben und Tod teilnehmen, den die französische Nation begonnen hat, um sich von den Unterdrückern zu befreien[369].« In der Folgezeit spiegelt die Zeitung, als sich der CNE weiterentwickelt, seine »ökumenische« Orientierung besser wider und sie betont ihre literarische Dimension stärker[370]. G. Adam gelingt es, sie auf der Druckerpresse des sehr kollaborationsfreundlichen *Paris-Soir* drucken zu lassen: dank der Typographen der Tageszeitung. »An unserem Platz als Schriftsteller«, die erste Nummer der *Lettres françaises,* die im September 1942 herauskommt, unterscheidet sich kaum von einer Propagandaschrift. Claude Morgan ist sich dessen vollkommen bewusst: »Ich war [...] bestürzt bei dem Gedanken, dass diese Nummer 1 an die Mitglieder des Komitees verteilt würde, und bat die Götter darum, dass Paulhan sie nie erhielte. Er erhielt sie natürlich und fand sie sehr schlecht, was sie auch war[371].«

Jean Paulhan ist auch ein Mittler zwischen den Schriftstellern und den Éditions de Minuit, die im Herbst 1941 von Jean Bruller – dem späteren Vercors – und Pierre de Lescure gegründet werden. Die Éditions de Minuit sind das wichtigste Verlagshaus im Untergrund; während der Besatzungszeit veröffentlichen sie fünfundzwanzig Titel unter Pseudonym: François Mauriac ist Forez, Aragon François la Colère, Jean Guéhenno Cévenne, Jean Cassou Jean Noir, Julien Benda Comminges … Den größten Erfolg hat Jean Bruller, der unter dem Namen Vercors *Le silence de la mer* (*Das Schweigen des Meeres*) veröffentlicht, ein emblematisches Werk der literarischen Résistance, abgeschlossen im Februar 1942[372].

Mauriac bleibt also nichts schuldig. Nach einigen Wochen des Zögerns im Sommer 1940, als er glaubt, sich Pétain anschließen zu können – davon zeugen seine Artikel in *Le Figaro* –, besinnt er sich rasch eines anderen[373].

---

368 Brief an Florence Gould, zit. nach F. Badré, *Paulhan le Juste*, Grasset, 1996, S. 216.
369 J. Debû-Bridel, *op. cit.*, S. 53.
370 P. Daix, *op. cit.*, S. 388–389.
371 C. Morgan, »Vingt-trois mois d'action. Comment vécurent Les Lettres françaises«, Les Lettres françaises, 9. September 1944.
372 Siehe A. Simonin, *Les Éditions de Minuit 1942–1955: le devoir d'insoumission*, IMEC Éditions. 1994, S. 85–99.
373 Wir folgen hier im Wesentlichen dem Kapitel 16 des *Mauriac* von Jean Lacouture, *op. cit.*, S. 357–398.

Später wird er Jacques Debû-Bridel nicht ohne Bescheidenheit erzählen, wie er von seinen Verleumdern zur Résistance getrieben wurde:

»Es gab meinerseits keine wirkliche Wahl, denn ich war der Prügelknabe, ich war von Anfang an der Prügelknabe der ›kollaborationistischen‹ Presse. Selbst wenn ich mir zu Beginn noch die Frage stellen konnte, so war ich doch vollkommen isoliert und wurde als Feind behandelt. Ich bin ihnen dafür dankbar, denn sie haben mir geholfen, mir darüber klar zu werden, was ich war[374]...«

Er wird bis 1944 das einzige Akademiemitglied des CNE sein.

Mauriac verlässt die besetzte Zone nie; er fährt zwischen Malagar und Paris hin und her. Seitdem ihm sein Freund Maurice Schumann in seiner Sendung von Radio-Londres am 17. August 1940 gehuldigt hat (»Genau wie uns bestimmte italienische Meister das Schauspiel Christi in verdichteter Form darbieten, so sind Sie für uns ein Frankreich in verdichteter Form – ein Frankreich, das ebenfalls gekreuzigt ist«), wird Mauriac, den die Freischützen der rechtsextremen Presse schon seit dem spanischen Bürgerkrieg im Visier haben und der den kollaborationistischen Angriffen und Beleidigungen ausgesetzt ist, zu einer bevorzugten Zielscheibe der Brasillachs, Rebatets und Konsorten. Die von der Zensurbehörde genehmigte Veröffentlichung seiner *Pharisienne* verschärft den Hass seiner Feinde noch ein wenig mehr. Im Oktober hat Mauriac die Genugtuung, von Gide eine Karte aus der unbesetzten Zone zu erhalten: »Mit welchem Interesse, mit welchem Beben manchmal habe ich *La Pharisienne* verschlungen! Welch eine Freude, mit Ihnen diese Stunden zu verbringen, und wie nah ich mich Ihnen fühlte! und sei es, um mich Ihnen manchmal – doch so selten – zu widersetzen. André Gide.« Später, am 5. November 1943, suggeriert Brasillach, dass Mauriacs Eintritt in die Résistance das Ergebnis »eines sowohl physiologischen als auch moralischen Unbehagens war«: »Die Eroberung Mauriacs, des Akademiemitglieds und wohlanständigen Bürgers, durch den intellektuellen Antifaschismus, ist ein Sieg des Johannistriebes.«

Mauriac findet auch in sich selbst Gründe für seine Revolte gegen Vichy und die Kollaboration.

»Wenn den beiden einzigen Sätzen, die ich zum Lob des Marschalls geschrieben habe und die vom Juni 1940 sind, kein weiterer Satz hinzugefügt wurde, so nicht, weil ich an ihm verzweifelt wäre, zumindest zwei Jahre lang nicht; vielmehr war mir vom ersten Tag an, vom Tag

---

[374] J. Debû-Bridel, *op. cit.*, S. 97.

an, da ich ihn kennen lernte, der Geist von Vichy zuwider, und die Kollaborateure haben es mir sicher tausendfach vergolten[375].«

Wie sein Briefwechsel zeigt, war er über das »Judenstatut« von Oktober 1940 empört. *Je suis partout* untersagt ihm im Juni 1941 den Besuch der literarischen Cafés von Saint-Germain-des-Prés, was ihn nicht daran hindert, dort unter dem Schutz seines Freundes Jean Blanzat – »stark wie ein Baum« – zu verkehren. Unter den Schreien »Mauriac, Freund der Juden« versucht man ihn am 17. Januar 1942 in der Rue du Dragon tätlich anzugreifen. Einige Monate zuvor hatte die Gestapo seine Wohnung durchsucht, um festzustellen, ob bestimmte Flugblätter nicht auf seiner Schreibmaschine getippt worden waren. Es ist die Zeit, da ein gewisser Fernand Demeure im Théâtre des Ambassadeurs einen Vortrag hält über das Thema: »Ein Repräsentant des Zerfalls: François Mauriac« – ein Vortrag, der im Übrigen von den Freunden des Autors mit Buhrufen bedacht wird, in die Jean Paulhan und Pater Maydieu mit heller Begeisterung einfallen, bevor sie den Saal mit ihren Freunden verlassen: »Guéhenno hat wie ich viel gelacht«, schreibt Paulhan an Mauriac. »Wir haben schließlich alle um uns herum für die gute Sache gewonnen. Im Saal waren vielleicht 250 Personen. Viele Frauen. Kein einziger Deutscher ...«

Der Autor von *Nœuds de vipères* schreibt Artikel für *La Gazette de Lausanne*, die seine Töchter heimlich über die Demarkationslinie schleusen. In einem von ihnen ist am 9. Oktober 1942 zu lesen:

»Von einer ausgezeichneten Zeitschrift, die vor kurzem noch die lebendige Literatur spiegelte [es handelt sich natürlich um die *NRF*], genügt es nicht zu sagen, dass sie aus dem letzten Loch pfeift; diesen verlassenen Taubenschlag erreichen nicht einmal mehr die Manuskripte. Dagegen scheint das Erdbeben überall Quellen der Dichtung freigelegt zu haben. Sie sprudeln besonders in der nicht besetzten Zone. Ich denke an bestimmte Zeitschriften, an *Poésie 42* oder *Fontaine* ...«

Fontaine wird von Max-Pol Fouchet in Algier herausgegeben. Man müsste die Zeitschrift *Les Cahiers du Sud* von Jean Ballard hinzufügen, in der Texte von Simone Weil, André Breton, Saint-John Perse erscheinen; außerdem *Confluences*, in Lyon, die nach einigen Nummern im Sinne des Marschalls unter der Leitung von René Tavernier einen anderen Ton anschlägt; daher rührt ihr Verbot von August bis Oktober 1942, denn sie hatte »Les Nymphées« (»Die Nymphäen«) von Aragon abgedruckt. 1944 wird Brasillach sie als jüdisch-marxistischen Schlupfwinkel brandmarken ...

---

375 F. Mauriac, *Nouveaux Mémoires intérieurs*, in *Œuvres autobiographiques, op. cit.*, S. 817.

Jean Paulhan, der für die *Lettres françaises* des CNE und die Éditions de Minuit um Mitarbeiter wirbt, hat keine Mühe, seinen Freund Mauriac in jede dieser Hochburgen der intellektuellen Résistance einzuführen. Einen Augenblick lang spielt er sogar mit dem Gedanken, ihn in ein neues Direktionskomitee der *NRF* aufzunehmen. Das war im April/Mai 1942, als Drieu, der mitten in einer Krise steckte, den Wunsch ausdrückte, die Leitung in andere Hände zu legen. Um Drieu zu ersetzen, dachte Paulhan an Paul Claudel, an Léon-Paul Fargue, an André Gide, an François Mauriac und an Paul Valéry. Der Plan war zu kühn. Drieu konnte die Beteiligung Mauriacs ebenso wenig akzeptieren wie die Abwesenheit Jouhandeaus und Montherlants; er teilte es Gallimard mit und nahm dann wieder die Arbeit auf.

Mauriac arbeitet also an den klandestinen *Lettres françaises* mit. Den Éditions de Minuit gibt er unter dem Pseudonym Forez *Le Cahier noir,* dessen erste Auflage im August 1943 erscheint. Ein kurzer Text von edler Haltung, eines der authentischsten Zeugnisse der Résistance, feurig geschrieben: »Es war das Verbrechen einer Zufallsregierung, der ein gefühlloser Feind an der Kehle saß, so zu tun, als wäre sie eine freie Regierung. Ein Hampelmann, dessen Fäden von einem Dämon gezogen wurden ...«

Von dieser Veröffentlichung an muss sich Mauriac – wie Aragon und so viele andere – häufig verstecken, sogar ohne von den Besatzungsbehörden oder den eifrigen Anhängern der Milice[376] enttarnt worden zu sein. Jean Blanzat in Paris, Gaston Duthuron in der Gironde, Émile Roche im Département Seine-et-Oise (sein Nachbar auf dem Lande in Vémars) bieten ihm eine vorübergehende Bleibe. Auch Jean Paulhan ist bedroht. Leutnant Heller warnt ihn vor einem morgendlichen Besuch der Deutschen, und es gelingt ihm, über die Dächer aus seiner Wohnung in der Rue des Arènes zu fliehen und bei einem Freund in der Nähe der Porte Maillot Zuflucht zu finden.

Paul Claudel, Katholik wie François Mauriac, über siebzig Jahre alt, hatte wie Mauriac und so viele andere im Jahre 1940 seine »Marschall-Zeit«. Am 10. Juli, dem Tag des Zusammenbruchs der Republik, hatte er sich in seinem *Journal* über das Ende der »Herrschaft der Freimaurer und der Lehrer« gefreut. Das Treffen Pétains und Hitlers in Montoire, das im Oktober stattfand, begann, ihn zu beunruhigen: »Man gibt in allem nach. Frankreich überlässt sich wie eine Frau ihrem Bezwinger.« Im November wendet er sich gegen einen »ungeheuerlichen Artikel des Kardinals Baudrillart in *La Croix,* der uns auffordert ›mit dem großen und mächtigen Deutschland‹ zu kollaborieren«. Von da an entlädt Claudel seine Wut gegen die »konformistische Sorte von Katholiken, [die] vor Dummheit und Feigheit regelrecht widerlich sind«. Zu wiederholten Malen spricht er von der »schändlichen«, von der

---

376 *Anm. d. Ü:* Milice: s. Kapitel 38.

»ungeheuerlichen« Verurteilung Jean Zays, des ehemaligen Ministers der Volksfront. Allerdings eine ambivalente Haltung, denn ein wenig später, am 25. Dezember 1940, verfasst er seine »Ode an den Marschall Pétain[377]«. In den folgenden Monaten entfernt sich Claudel immer deutlicher von Vichy: er »hat begriffen«. Im Mai 1942 schreibt er – nachdem er Schlag auf Schlag vom Tod des Kardinals Baudrillart und von der Erschießung der Geiseln erfahren hat, die nach Attentaten auf deutsche Offiziere in Nantes zusammengetrieben wurden – an den Kardinal Gerlier, dem er bereits hart zugesetzt hatte:

> »Brangues, 26. Mai 1942,
> Mit großem Interesse habe ich den Bericht über die glänzenden offiziellen und religiösen Trauerfeierlichkeiten für Seine Eminenz, den Kardinal Baudrillart, gelesen. Auf dem Sarg des Verstorbenen lag ein Gebinde, das die Besatzungsmacht gestiftet hatte. Eine solche Huldigung war man diesem glühenden Kollaborateur schuldig.
> An demselben Tag hörte ich den Bericht über die Hinrichtung der siebenundzwanzig Geiseln von Nantes. Als die Kollaborateure sie auf die Lastwagen geladen hatten, begannen diese Franzosen, die Marseillaise zu singen. [...]
> Man erschoss sie in Gruppen von neun in einer Sandgrube. Einer von ihnen, Gaston Mouquet, ein Junge von siebzehn Jahren, war ohnmächtig geworden. Man erschoss ihn trotzdem.
> Er war sehr groß, und seine Leiche passte nicht in den vorbereiteten Sarg. Da nahm ein deutscher Soldat eine Eisenstange und zertrümmerte ihm die Beine.
> ›Kommunist!‹ bemerkte er mit einem breiten Lächeln. ›Kein Franzose!‹
> [...]
> Für den Nacheiferer von Cauchon[378] konnte die französische Kirche nicht genug Weihrauch bekommen. Für die geopferten Franzosen kein Gebet, keine Geste des Mitleids oder der Entrüstung.«

Im September 1942 regt sich Claudel über die »schrecklichen Verfolgungen der Juden« auf und begrüßt den »mutigen Protest des bewundernswerten Erzbischofs von Toulouse, des halb gelähmten Monseigneur Saliège, des Bi-

---

377 »Ich empfand Sympathie für ihn«, wird er später, am 3. September 1942, zu Henri Guillemin sagen – nicht ohne hinzuzufügen: »Als ich Weihnachten 1940 meine Ode an ihn schrieb, war die Rede von einer offiziellen Tournee mit *L'Annonce faite à Marie* (*Mariä Verkündigung*). Die Regierung sollte die Premiere mit 50.000 Francs subventionieren. Jetzt habe ich begriffen ...« (P. Claudel, *Journal 2, 1933–1955*, Gallimard, »La Pléiade«, 1969, S. 1043, Anm. 3.)

378 Anm. d. Ü: Pierre Cauchon, Bischof von Beauvais, leitete im Jahre 1430 den Häresieprozess gegen Jeanne d'Arc, der mit ihrer Verurteilung endete. Im Mai 1431 wurde sie verbrannt.

schofs von Montauban und – endlich! – des Kardinals Gerlier.« Dann, mit einer ein wenig hochtönenden Rührung:

»Den Leuten von Vichy ist der Krieg Christi erklärt. Von Seiten Lavals ist das alles natürlich; doch was soll man vom Marschall halten! Ein Schritt weiter in der Schande! Derselbe niederträchtige Mann, der Hitler schreibt und ihn dazu beglückwünscht, Frankreich von der englischen Aggression befreit und das Territorium von den Angreifern *gesäubert* zu haben. Wird es jemals genug Spucke für diese Verrätervisage geben!«

Er kommentiert die Schlacht um Stalingrad und schreibt:

»Währenddessen schickt unser unsäglicher Marschall seinem Herrn Hitler ganze Ladungen geflüchteter Juden, eingepfercht in plombierte Wagen.« Und am Ende der schrecklichen Besatzungszeit empfängt er am 23. August 1944 diese Nachricht aus dem Radio: *Paris ist befreit...* »Ich höre diese Nachricht unter Schluchzen[379].«

Die Schweiz ist in diesen dunklen Jahren für viele französische Schriftsteller ein Hort der Freiheit. Pierre Jean Jouve veröffentlicht seine neuen Gedichtsammlungen – insbesondere *La Vierge de Paris* (*Die Jungfrau von Paris*) in Fribourg. Aragon gibt *Les Yeux d'Elsa* (*Elsas Augen*) dem Verlag Ides et Calendes in Neuchâtel, wo auch ein Band von Pierre Emmanuel erscheint, was Drieu veranlasst, ihn in der *NRF* vom Oktober 1942 als »zornigen Schweizer« zu bezeichnen, der obendrein Jude und Kommunist sei. Vor allem aber begründet Albert Béguin, Verfasser von *L'Âme romantique et le Rêve* (*Die romantische Seele und der Traum*), Professor für französische Literatur an der Universität von Basel, in Zusammenarbeit mit seinem ehemaligen Studenten Bernard Anthonioz *Les Cahiers du Rhône*. Es handelte sich dabei um eine Buchreihe, die ab 1941 in der Schweiz publiziert wurde. Béguin, der zum Katholizismus übergetreten war, wollte die Nachfolge der verbotenen französischen Publikationen antreten: *Esprit* von Mounier, *Temps nouveaux* des Christdemokraten

---

379 In der ersten Ausgabe dieses Buches hatte ich die Haltung Claudels während der »dunklen Jahre« nicht erwähnt – außer seine allzu bekannte »Ode« an den Marschall Pétain. Philippe Sollers hat mich auf die 1940–1944 betreffenden Seiten seines *Journal* hingewiesen, die ich nicht gelesen hatte. Dieses Versäumnis unter anderen musste – so schien es mir – wiedergutgemacht werden; denn dem Andenken dessen, der Franco unterstützt und das berühmte Gedicht zu Ehren Pétains geschrieben hatte, haftet das Bild eines Reaktionärs an. Die Tatsache, dass Claudel immer von Maurras gehasst wurde (der Hass war wechselseitig), hätte meine Aufmerksamkeit auf das lenken müssen, was ihn trotz seines katholischen Fanatismus (er nennt sich selbst »ultrakatholisch«) zu einem Rebellen gegenüber Vichy machte.

Stanislas Fumet: »Es gab in Frankreich nichts mehr, was den freien christlichen Geist repräsentierte, und wir haben uns daran gemacht, in der Schweiz alles zu veröffentlichen, was in Frankreich nicht gedruckt, doch leicht über die Grenze geschleust werden konnte dank gewisser Komplizen bei der Grenz-Zensur, die weniger streng war; wir haben dann eine Reihe von Bänden veröffentlicht, darunter die Gedichte von Aragon – *Les Yeux d'Elsa* sind hier erschienen –, die damaligen Bücher von Maritain und dann alle Autoren der intellektuellen Résistance, die wir herausbringen und verbreiten konnten[380].« Man stößt auf *Poésie et Vérité 1942* (»Poesie und Wahrheit 1942«) von Paul Éluard, *Brocéliande* von Louis Aragon, *Poèmes de la France malheureuse* (»Gedichte des unglücklichen Frankreich«) von Jules Supervieille, *Sort de l'Homme* (»Los des Menschen«) von Jacques Maritain, *Poèmes d'ici* (»Gedichte von hier«) von Loÿs Masson, *Prière d'Abraham* (»Gebet Abrahams«) von Pierre Emmanuel, *Miroir de la Rédemption* (»Spiegel der Erlösung«) von Jean Cayrol ... Auch eine der originellsten Unternehmungen der »Schmuggelliteratur«, dieser »Kunst, verbotene Gefühle durch erlaubte Worte zu wecken« (Aragon), findet in der Schweiz Zuflucht. Wenn es dem Dichter Jean Lescure gelingt, die erste Nummer von *Messages, Cahiers de la poésie française* (März 1942) in Paris herauszubringen, so muss die zweite Nummer, *Exercice de silence* (Dezember 1942), in Belgien gedruckt werden; die dritte, *Domaine français,* erscheint in Genf in den Éditions des Trois Collines[381] (August 1943). *Domaine français* vereint unveröffentlichte Texte von Autoren wie Claudel, Valéry, Queneau, aber auch Bataille, Ponge, Leiris oder Gide; es ist damit so etwas wie die »Pléiade« der Widerstands- und Kriegsliteratur. Ebenso ist es ein Rekrutierungsinstrument für die Klandestinität: zahlreiche Autoren aus *Domaine français* findet man unter Pseudonym in der ersten im Untergrund erscheinenden Gedichtanthologie, *L'Honneur des poètes* (Éd. de Minuit 1943, »Die Ehre der Dichter«), wieder.

Das »Freie Frankreich« erlebt die Geburt eines neuen Schriftstellers, Romain Gary, der sich bereits im Juli 1940 nach England begeben hat. Gary, Fliegerkommandant des Geschwaders Lorraine, Kriegsheld, zukünftiger Compagnon de la Libération[382], schreibt während der Katastrophenjahre seinen ersten Roman, *Éducation européenne* (»Europäische Erziehung«, *General Nachtigall*), der »den Mut der Menschen in ihrem Kampf gegen Unrecht und Unterdrückung« verherrlicht. In London lernt er Joseph Kessel, der wie er russisch-jüdischer Herkunft ist, und Raymond Aron kennen. 1944 übergibt Gary seinen Roman dem Verlag Cresset Press. Am 26. Januar desselben Jah-

---

380 »Gespräch mit Albert Béguin«, *Esprit*, Dezember 1958, S. 760.
381 F. Lachenal, *Éditions des Trois Collines*, IMEC Éditions, 1995, S. 36–42.
382 *Anm. d. Ü:* Compagnons de la Libération: »Gefährten der Befreiung« – eine Art gaullistischer Orden für die, die 1944 an der Libération teilnahmen.

res vollbringt er eine Heldentat: das Flugzeug, in dem er sich als Navigator befindet, wird angegriffen: Gary, selbst schwer verwundet, schafft es, den Piloten, der an den Augen verletzt ist, durch mündliche Angaben zu orientieren; diesem gelingt es, zu landen.

Auf der anderen Seite des Atlantiks unterstützen Schriftsteller den intellektuellen und geistigen Widerstand Frankreichs. Ihre wichtigste Stimme ist weniger die von André Breton in New York, der dem »Nationalismus« abhold ist (Benjamin Péret wird im Februar 1945 in Mexiko in *Le Déshonneur des poètes*, »Die Unehre der Dichter«, Aragon, Éluard, Pierre Emmanuel vorwerfen, dem Nationalismus aufgesessen zu sein), als die von Jacques Maritain, Jules Supervielle oder Antoine de Saint-Exupéry. Der Autor von *Terre des hommes* (*Wind, Sand und Sterne*) veröffentlicht 1942 *Pilote de guerre* (*Kriegspilot*), 1943 *Lettre à un otage* (»Brief an eine Geisel«) – Texte, die von einem anspruchsvollen Humanismus geprägt sind, der dem Nazismus die Stirn bietet. »Saint-Ex« wird am 11. Juli 1944 während einer militärischen Mission sterben. Eine weitere Stimme ist die von Georges Bernanos, der in Brasilien eine ganze Reihe von Artikeln schreibt (ein Teil davon wird den Band *Le Chemin de la Croix des âmes*, »Der Kreuzweg der Seelen«, bilden) und eine seiner eindrucksvollsten »Kampfschriften« lanciert, die bereits im Dezember 1940 in Angriff genommene *Lettre aux Anglais* (»Brief an die Engländer«): »Es stimmt, dass die Nacht sich über mein Land gelegt hat, und vielleicht werde ich ihr Ende nicht erleben; doch ich fürchte mich nicht vor der Nacht, denn ich weiß sehr wohl, dass man, wenn man bis zum Ende geht, auf eine neue Morgendämmerung stößt[383].« In dieser explosiven Philippika, in der er nicht am Sieg der Alliierten über Hitler zweifelt, fragt sich Bernanos, ob sie es verstehen werden, den Frieden zu gewinnen. Dieses Buch ist auch eine Anklage gegen das französische Bürgertum, alle Parteien eingeschlossen, auch die verbürgerlichte Kirche – ein Bürgertum, »das Frankreich unendlich viel weniger liebte, als es die Revolution fürchtete«. Sich auf die Gerechtigkeit des Evangeliums berufend, verkündet er:

»Wir erwarten von der Kirche, was Gott selbst von ihr erwartet: dass sie wirklich freie Menschen heranbildet, eine besonders wirkungsvolle Art freier Menschen, denn die Freiheit ist für sie nicht nur ein Recht, sondern eine Aufgabe, eine Pflicht, von der sie Gott gegenüber Rechenschaft ablegen werden.«

Statt hier mit einem Märtyrerverzeichnis der intellektuellen Résistance[384] zu enden – von den Historikern Marc Bloch (im Juni 1944 von den Nazis er-

---

383 G. Bernanos, *Essais et Écrits de combat, op. cit.*, 2, S. 15.
384 Siehe *La Liberté de l'Esprit, Visages de la Résistance*, Lyon, La Manufacture, Nr. 16, November 1987.

mordet) und André Déléage bis zu den Philosophen Jean Cavaillès und Jean Gosset, vom Kommunisten Guy Mocquet bis zum Christen Gilbert Dru oder zu Maurice Halbwachs, die in der Deportation starben, oder zu Gabriel Péri –, soll es uns genügen, die Verse von Jean Prévost wiederzugeben, *alias* capitaine Goderville, der am 1. August 1944 mit vier seiner Kameraden in Engins, am Fuße des Vercors, mit den Waffen in der Hand getötet wurde:

Pas un regret ne m'importune
Je suis content de ma fortune
J'ai bien vécu
Un homme qui s'est empli l'âme
De trois enfants et d'une femme
Peut mourir nu[385]

Kein Bedauern bedrängt mich
Ich bin zufrieden mit meinem Los
Ich habe ja gelebt
Ein Mann dessen Seele erfüllt ist
von drei Kindern und einer Frau
kann nackt sterben

---

385 J. Garcin, *Pour Jean Prévost*, Gallimard 1994. Die Doktorarbeit von Prévost, *La Création chez Stendhal*, war 1942 erschienen.

41
Verzeihen und Strafen

Zur Zeit der Befreiungskämpfe lebt Roger Martin du Gard, Autor der *Thibault*, in seiner Zufluchtsstätte im Département Lot. Sein großes Leiden ist weiterhin das Zusammenleben mit seiner Frau Hélène; sie ist, »gereizter denn je. Finster, störrisch, mit gequältem Gesicht, sich für nichts und wieder nichts ärgernd, ihre Leidenslitanei wiederkäuend[386]« ... Das posthume Tagebuch von Martin du Gard führt uns in die Komplexität menschlicher Gefühle ein: die ganze Welt schaut zweifellos auf das Vorrücken der Alliierten, die am 6. Juni 1944 auf französischem Boden gelandet sind; doch jeder Einzelne, und sei er Nobelpreisträger für Literatur, lebt weiterhin mit dem, was Malraux seinen »elenden kleinen Haufen an Geheimnissen« nennt.

Am 18. August stürzt Hélène mit dem Fahrrad; sie wird in ein Krankenhaus in Figeac gebracht. Zwischen der allgemeinen Geschichte und der häuslichen Geschichte der Martin du Gards herrscht keine Harmonie. Sie haben sich ins Département Lot zurückgezogen, in dieses Roquefort, »diese Landschaft von Bauern, Mist-Gablern und Wein-Säcken« – so das flüchtige Porträt, das der Schriftsteller von der Gegend zeichnet, als er sie Mitte September verlässt. Nach Figeac verschlagen, entdeckt er in der Presse seinen Namen unter den Namen der Mitglieder eines CNE, welches gerade »einstimmig« beschlossen hat, »jede Mitarbeit an Zeitungen, Zeitschriften und Buchreihen zu verweigern, die einen Text von einem Schriftsteller veröffentlichen, dessen Haltung oder Schriften während der Besatzung dem Unterdrücker moralische oder materielle Hilfe gewährt hatten«.

Achtzehn Monate zuvor hatte Martin du Gard den Besuch von Georges Sadoul erhalten, der ihn davon überzeugte, in ein Komitee des »intellektuellen Widerstands« einzutreten, und als Gewährsmänner Georges Duhamel, Paul Valéry, François Mauriac, Jean Paulhan nannte. Martin du Gard, der seit dem Waffenstillstand geschwiegen hatte, gab seine Zustimmung. Jetzt ist er in Verlegenheit. Weit von Paris, »weit entfernt von allem«, muss er sich hüten, alles Mögliche zu unterzeichnen; zugleich bestreitet er nicht, dass eine gewisse »Säuberung« »legitim, notwendig, dringend« ist. Am 6. Oktober notiert er in sein Tagebuch:

---

386 R. Martin du Gard, *op. cit.*, 3, S. 684.

»[Es] wäre ungeheuerlich, die freizusprechen, denen seit 39 die Augen durch die Eroberungs- und Invasionspolitik nicht geöffnet wurden; die nicht bis in ihr innerstes Gewissen hinein empört waren über die entsetzlichen Methoden des Naziregimes, die Massaker in Polen, das schändliche Schauspiel der Juden- und Kommunistenverfolgungen, die hinterhältige Tätigkeit der Gestapo in allen besetzten Städten, die nicht zu sühnenden Grausamkeiten, die von einer ganzen servilen Armee loyaler Nazifunktionäre kaltblütig begangen wurden. Und es ist ohne Zweifel eine Aufgabe der öffentlichen Wohlfahrt, diejenigen zu suchen, zu brandmarken, zu knebeln, vielleicht sogar zu verbannen, die trotz dieser niederschmetternden Beweise mitten in der Besatzungszeit die Unterwerfung Frankreichs und Europas unter die entsetzliche germanische Vormundschaft gewünscht und bewusst auf ihren Triumph hingearbeitet haben.«

Damit ist das Problem benannt. Der Schriftsteller fügt hinzu:

»Ich hoffe nur, dass dieses delikate Unternehmen mit einem skrupulösen Gerechtigkeitssinn, einer vollkommenen brüderlichen Uneigennützigkeit, einem Maximum an Urteilsvermögen durchgeführt wird ...«

Wer ist gemeint? Das Comité national des écrivains hat eine Liste unerwünschter Schriftsteller aufgestellt, auf der man bekannte Namen findet: Robert Brasillach, Jacques Benoist-Méchin, Abel Bonnard, Georges Blond, René Benjamin, Henri Béraud, Louis-Ferdinand Céline, Pierre Drieu La Rochelle, Alfred Fabre-Luce, Jean Giono, Sacha Guitry, Marcel Jouhandeau, Charles Maurras, Henry de Montherlant, Paul Morand, Lucien Rebatet, Suarez[387] ...

Der Prozess gegen Suarez, den politischen Leiter der kollaborationistischen Tageszeitung *Aujourd'hui*, wird am 23. Oktober 1944 eröffnet und endet mit einem Todesurteil; darauf folgt die Hinrichtung. Der liebenswerte Chardonne, ausdrücklich zur Kollaboration mit dem Besatzer »konvertiert«, wird in Cognac festgenommen. Céline ist in Gesellschaft des Marschalls Pétain geflohen »*von einem Schloss zum anderen*«[388]. Montherlant, der in einigen Seiten von *Solstice de juin* und in manchen Artikeln und Interviews, die er bis Febru-

---

387 Diese »schwarze Liste« wurde in zwei Etappen in *Les Lettres françaises* veröffentlicht: am 9. September und am 11. Oktober 1944. Siehe auch P. Fouché, *L'Édition française sous l'Occupation,* Bibl. de littérature française contemporaine, 1987, 2 Bände; P. Assouline, *L'Épuration des intellectuels,* Complexe, Bruxelles, 1985; J.-F. Sirinelli, *Intellectuels et Passions françaises*, Fayard, 1990.

388 Anm. d. Ü: *D'un château l'autre* (1957) ist der Titel des Buches, in dem Céline seinen Aufenthalt in Sigmaringen und die Zeit bis zu seiner Rückkehr nach Frankreich (1952) beschreibt.

ar 1943 der kollaborationistischen Presse gab, Sympathie für den Sieger gezeigt hatte, verlässt seine Wohnung am Quai Voltaire, um sich zu verstecken. Drieu, der einen ersten Selbstmordversuch hinter sich hat, meditiert in einer gastfreundlichen Villa bei Orgeval, bis er sich – diesmal tatsächlich – das Leben nimmt. Mit einer gewissen Forschheit steht er zu seinem Irrtum:

»Haltet dem Stolz der Résistance die Treue, wie ich dem Stolz der Kollaboration die Treue halte. Mogelt nicht mehr, als ich mogele. Verurteilt mich zum Tode. [...] Ja, ich bin ein Verräter. Ja, ich habe mit dem Feind in Verbindung gestanden. Mein Beitrag für den Feind war die französische Intelligenz. Es ist nicht meine Schuld, dass dieser Feind nicht intelligent war[389].«

Am 29. Dezember wird der Prozess Béraud eröffnet. Henri Béraud ist ein Fall für sich. Er ist ein zweitrangiger Romancier, der durch das Buch *Martyre de l'obèse* (»Martyrium des Dickleibigen«), für das er 1922 den Prix Goncourt erhielt, bekannt geworden ist; vor allem war er der geschwätzige Leitartikler von *Gringoire*, dem kollaborationistischen Wochenblatt, das in einer Auflage von mehreren Hunderttausend erschien. Béraud, ein glühender Bewunderer der »Nationalen Revolution«, zieht 1942 gegen die Angeklagten des Prozesses von Riom zu Felde, vor allem gegen Léon Blum. Durch und durch Antisemit, schreibt er auch zahlreiche Artikel gegen die Freimaurer, die insgeheim Verbündete der »Bolschewiken« seien. Besonders aber hat sich Béraud seit den dreißiger Jahren ein Steckenpferd zugelegt, das er während des Krieges noch stärker pflegen kann: eine leidenschaftliche, wilde, an Besessenheit grenzende Anglophobie. De Gaulle ist in seinen Augen nur ein Verräter Frankreichs. Als er in die Hände der Justiz fällt, schreibt Béraud:

»Ich erkläre, dass sich meine politische Einstellung nicht geändert hat, dass sie sich nie ändern wird. Sie findet voll und ganz ihren Ausdruck in der Liebe zu Frankreich, im Hass auf die Engländer und in der Ablehnung jeder Abhängigkeit vom Ausland[390].«

Béraud wird der »Verbindung mit dem Feind« angeklagt. Die Akte ist in aller Hast zusammengestellt worden; sie wimmelt von Fehlern, was die Identität der Unterzeichner bestimmter Artikel und die Präsenz des Angeklagten bei bestimmten Versammlungen anbelangt ... Madame Naud, seine Rechtsanwältin, bemüht sich daher über Pierre Brisson, der *Le Figaro* leitet, um eine Intervention von François Mauriac.

---

389 P. Drieu La Rochelle, *Journal 1939–1945, op. cit.*, S. 504.
390 H. Béraud, *Les Raisons d'un silence*, Broschüre, 1944.

Seit der Befreiung von Paris herrschen in der Tagespresse in der Tat zwei Stimmen: die von François Mauriac in *Le Figaro* und die von Albert Camus in *Combat*. Malraux ist an der Front; Sartre hat noch keine eigene Zeitschrift; Bernanos wird erst im Juni 1945 aus Brasilien zurückkehren ... Seit dem 25. August 1944 setzt sich François Mauriac im wieder erscheinenden *Figaro* für den Geist der Mäßigung und gegen die Schnelljustiz der eilfertigen Säuberer ein. Er ist über die »Irrtümer«, die »Missverständnisse« beunruhigt: »Mehrere festgenommene Personen sollen Opfer von Irrtümern sein.« Er will Rechtsprechung, ja, »eine strenge Rechtsprechung« – doch eine Rechtsprechung, die umso überzeugender wäre, je gewissenhafter sie wäre. Gegenüber Maurras, diesem Nationalisten, der gegen die Nation gesündigt hat, lässt er keine Nachsicht walten. Doch bei Béraud setzt er sich für eine Begnadigung ein. Am 4. Januar 1945, fünf Tage, nachdem der Pamphletist zum Tode verurteilt wurde, schreibt er in einem Artikel:

»Henri Béraud hat es nicht nötig, zu versichern, dass er des Verbrechens der geheimen Verbindung mit dem Feind nicht schuldig ist. Die Verhandlungen haben es klar und deutlich bewiesen. Sicherlich stellt seine Anglophobie mitten im Krieg – obwohl sie nur in der freien Zone zum Ausdruck kam – eine sehr schwere Verfehlung dar. Doch wenn die Tatsache, dass der Feind gewisse Artikel von ihm benutzt hat, dazu ausreichen sollte, ihn des Verbrechens des Verrats zu beschuldigen, dann wäre der Saal des Assisengerichts zu klein, um die Masse der Schuldigen zu fassen[391] ...«

Béraud ist – in seiner Zelle in Fresnes – erschüttert. Seine Frau, Germaine, lässt Mauriac wissen, sie sei »außer sich vor Dankbarkeit«. Drei Tage später begnadigt de Gaulle Béraud. *Le Canard enchaîné* macht ironische Bemerkungen über »Saint-François des Assises«[392] ... Was treibt Mauriac an? Ist es christliche Barmherzigkeit? Ist es Klassensolidarität? Ist es die Tatsache, dass sein Bruder Pierre, wie er ein Großbürger, Medizinprofessor und Präsident des Vorstands der Ärztekammer von Bordeaux, von der Justiz belangt wird? Mauriac antwortet auf diese Vermutungen und Unterstellungen, er handele aus politischen Gründen und im Geist von Henri IV nach den Religionskriegen. In seinen Augen muss man »diese Atmosphäre von Hass, von Denunziantentum, von Rache, die eine falsche Rechtsprechung schürt, beseitigen«.

Mauriac wird mehrere Monate lang von der kommunistischen Partei, die ihn zu benutzen gedenkt, geschont; doch er muss mit dem frischen Ruhm

---

391 F. Mauriac, »Autour d'un verdict«, zit. nach J. Lacouture, *Mauriac, op. cit.*, S. 416.
392 *Anm. d. Ü:* Saint-François des Assises: etwa: »Heiliger Franz des Assisengerichts«, Anspielung auf François Mauriac.

von Albert Camus rechnen, der am 20. Oktober erklärt: »Wir stimmen Monsieur François Mauriac nicht zu.« Er wirft ihm vor, »Befriedung um jeden Preis« zu wollen. Die Auseinandersetzung der beiden Männer beginnt. Camus, mörderischer Rache durchaus abgeneigt, macht folgende Realität geltend: »Frankreich trägt wie einen Fremdkörper eine Minorität von Menschen in sich, die gestern sein Unglück waren und es weiterhin sein werden. Es sind die Menschen des Verrats und der Ungerechtigkeit.« Camus ist kein Christ; in seinen Augen kann die göttliche Rechtsprechung nicht die menschliche Rechtsprechung ersetzen: »Und wir haben uns dafür entschieden, die menschliche Rechtsprechung mit ihren schrecklichen Unvollkommenheiten auf uns zu nehmen, darauf bedacht, sie durch eine Redlichkeit zu korrigieren, an die wir uns in verzweifelter Entschlossenheit halten.« Was will Camus? »Eine rasche und zeitlich begrenzte Rechtsprechung, die sofortige Ahndung der offensichtlichsten Verbrechen, und dann – da man nichts ohne Mittelmaß tun kann – das vernünftige Vergessen der Irrtümer, die so viele Franzosen immerhin begangen haben« (25. Oktober 1944).

Camus bläst der Wind in die Segel; das Echo, auf das der Jüngere stößt, irritiert zweifellos Mauriac. Der Dialog wird schärfer. In einem Artikel vom 7. Januar, »Die Verachtung der Barmherzigkeit«, nennt Mauriac Camus ironisch »unseren jungen Meister«, der die Schriftsteller der Kollaboration »von oben, ich vermute, von der Höhe seines zukünftigen Werkes herab«, angreife. Camus antwortet ihm am 11. Januar im Ton vollendeter Würde:

»Jedes Mal, wenn ich im Zusammenhang mit der Säuberung von Rechtsprechung geredet habe, hat Monsieur Mauriac von Barmherzigkeit geredet. Doch die Tugend der Barmherzigkeit muss ziemlich sonderbar sein, wenn ich, sobald ich Gerechtigkeit fordere, für Hass zu plädieren scheine. Wenn man Monsieur Mauriac reden hört, meint man, wir müssten in diesen alltäglichen Angelegenheiten absolut zwischen der Liebe Christi und dem Hass der Menschen wählen. Aber nein! Nein.«

Jean Paulhan steht auf der Seite Mauriacs. Schon am 4. September räumt er den Schriftstellern ein »Recht zum Irrtum« ein. Am 30. September schreibt er an Mauriac: »Sind wir wirklich dazu da, diejenigen unserer Kollegen zu denunzieren, die noch nicht festgenommen sind?« Dabei gehört Paulhan zum CNE; doch er beruft sich in demselben Brief auf »ein Ehrgefühl der Schriftsteller [...], das in einem bestimmten Moment interveniert und uns – wie im Untergrund – zuruft: ›weder Richter noch Denunziant‹[393]«.

---

[393] J. Paulhan, *op. cit.*, S. 376.

Im Januar 1945 diskutiert man nicht mehr über Prinzipien. Ein konkreter Fall stellt sich, der die Schriftsteller der Résistance spaltet: der von Robert Brasillach, dessen Prozess am 19. eröffnet wird.

Brasillach gehörte zu den Schülern von Maurras, die sich von ihm emanzipiert hatten. Nachdem er seine Laufbahn unter dem Banner der Action française begonnen hatte, beklagte er die politische Trägheit des alten Meisters von Martigues und wählte die »faschistische Freude« als Lebensideal. Sein Faschismus war nicht nur Freundschaft und Poesie, Trampen und Camping, wie er ihn in *Les Sept Couleurs*, (»Die sieben Farben«) erträumt. Seit den dreißiger Jahren äußert sich der ehemalige Normalien in *Je suis partout* mit aller Heftigkeit gegen die »jüdisch-demokratische Herrschaft«, preist die Verdienste von Franco und Mussolini, gerät in Verzückung angesichts dieses »Hitler, der Walpurgisnächte und Maifeiern erfindet, der in seinen Marschliedern die Romantik der Zyklopen und die Romantik des Vergissmeinnichts, den Wald, den Venusberg, die jungen Mädchen, die – mit Leutnants aus den Sturmabteilungen verlobt – Heidelbeeren pflücken, und die vor der Feldherrnhalle in München gefallenen Kameraden vermischt[394]«.

Ihm, dem Antisemiten, erscheint der Machtantritt Léon Blums im Jahre 1936 als nationale Katastrophe. Zur Zeit der nationalsozialistischen Judenverfolgung reitet er immer häufiger äußerst virulente Attacken und predigt einen »Antisemitismus der Vernunft«, um die Auswüchse »des Antisemitismus des Instinkts« zu vermeiden, während seine Texte gleichzeitig besessen fanatisch sind[395]. Bei Kriegsbeginn wird Brasillach eingezogen und gerät im Juni 1940 in Gefangenschaft. In seinem Oflag[396] schreibt er für *Je suis partout* vom 21. März 1941 – das Blatt erscheint seit einigen Wochen wieder – einen enthusiastischen Artikel zu Gunsten Pétains, der »Nationalen Revolution«, des »Judenstatuts«, der Beseitigung des Parlamentarismus und der Freimaurerei usw. Zwei Wochen später kommt er – auf Grund einer Intervention des Admirals Darlan, des stellvertretenden Ministerpräsidenten, auf freien Fuß gesetzt – nach Paris zurück.

Bis August 1943 reiht Brasillach, der »die totalitäre Revolution« (20. November 1942) gewählt hat, in derselben Zeitung Artikel an Artikel, Beleidigung an Beleidigung, gegen die Republik, gegen die Juden, gegen die Gaullisten, gegen die Kommunisten, gegen die Angelsachsen, gegen »die antifaschistische Verschwörung im Dienste des Juden«. Er begrüßt die Ermordung von Marx Dormoy, des ehemaligen sozialistischen Bürgermeisters von Montluçon und ehemaligen Innenministers der Volksfrontregierung, als die »einzige

---

394 R. Brasillach, »Portrait de la France«, *Je suis partout*, 30. Januar 1937.
395 Siehe auch M. Laval, *Brasillach ou la trahison du clerc*, Hachette, 1992, S. 75–83. M. Winock, »Fallait-il fusiller Brasillach?«, *L'Histoire*, Nr. 179, Juli-August 1994.
396 *Anm. d. Ü:* Oflag : Abkürzung für »Offizierslager«, deutsche Kriegsgefangenenlager für Offiziere.

gerechte Tat, die seit Juni 1940 von bewunderungswürdigen Franzosen vollbracht wurde[397]«. Zur Zeit der großen Razzien von 1942 empfiehlt er am 25. September, in den Deportationszügen Eltern und Kinder nicht zu trennen:

»Der Erzbischof von Toulouse [Monseigneur Saliège] protestiert gegen die Maßnahmen, die in der nicht besetzten Zone gegen die staatenlosen Juden ergriffen werden, und beschuldigt die Regierung des Marschalls, ausländischen Eingebungen zu folgen! Er spricht von Brutalitäten und Trennungen, die wir alle nur missbilligen können; denn wir müssen uns von den Juden insgesamt trennen und nicht die Kinder hier behalten; die Humanität stimmt in diesem Punkt mit der Weisheit überein: doch er vergisst zu erwähnen, dass diese Brutalitäten Taten von Provokateuren unter den Polizisten sind, die das Mitleid der armen idiotischen Arier erregen wollen. Und selbst wenn sie zuträfen – warum hat Seine Exzellenz im Gegensatz zu mehreren mutigen Bischöfen nie gegen die englischen Massaker protestiert? Warum hat er, wie so viele andere seiner Amtsbrüder, die konservierte Vorhaut von Léon Blum verehrt?«

Im August 1943 verlässt Brasillach *Je suis partout*, denn – so wird er in seinem Prozess aussagen – er wollte seinen Lesern die Wahrheit über die Lage der Achsenmächte nicht vorenthalten. Nichtsdestoweniger fährt er mit seinen Kampagnen fort, nun in der Wochenzeitung von Lucien Combelle, *Révolution nationale*. Er verkündet darin seine »Verbundenheit mit dem deutschen Geist«, »eine Art brüderlicher Zuneigung« ... »wir sind Gefährten des gleichen Blutes« ...

Die Akte Brasillach ist niederschmetternd. Der Schriftsteller wird am 15. September 1944 festgenommen. Lager von Noisy-le-Sec, Haftanstalt des Palais de justice, Anklage, Fresnes. Als Anwalt nimmt er Maître Jacques Isorni, den wie ihn selbst die Action française geformt hatte. Am Freitag, den 19. Januar, erscheint Brasillach im großen Saal des Palais de justice in Paris. Der Zulauf ist groß. Der Anklagevertreter ist Marcel Reboul, ein junger talentierter Staatsanwalt, der – wie seine Kollegen auch – Marschall Pétain den Treueid geleistet hatte. Manchen ist bei diesen Säuberungsprozessen insofern ziemlich unbehaglich zumute, als sie sehen, wie gewisse Richter unerschütterlich von einem Regime zum anderen wechseln. Der Vorsitzende ist Joseph Vidal, auch er ein auf Pétain vereidigter Mann.

Der Angeklagte scheint hinter seiner dicken Hornbrille jünger als fünfunddreißig. Seine Verteidigung flüchtet sich hinter die Schirmmütze Pétains:

---

397 Zit. nach M. Laval, *op. cit.*, S. 108.

war die Kollaboration nicht die offizielle Politik der offiziellen Regierung Frankreichs, die von den Vereinigten Staaten und von der UdSSR anerkannt war? Brasillach war stets nur ein großer Patriot. Marcel Reboul preist seine literarischen Qualitäten, um seine Verantwortlichkeiten besser herauszustellen. Die Zitate aus seinen Artikeln, die Aufrufen zum Mord gleichkommen, beweisen zur Genüge das »Wirrwarr seiner politischen Leidenschaft«. Für den Anklagevertreter ist »der Verrat des Intellektuellen« erwiesen; Brasillach hat »durch alle Themen seiner für das Schicksal unseres Landes tödlichen Propaganda Deutschland gedient«. Es gibt keine denkbaren mildernden Umstände. Man fordert die Todesstrafe.

Jacques Isorni tut sein Bestes, um die Beschuldigungen Marcel Rebouls zu entkräften. Er stellt die Einsamkeit des seiner Feder beraubten Dichters den Kanonenhändlern gegenüber, die »sogar noch im Gefängnis [...] die geheimen Mächte eines vaterlandslosen Kapitalismus« hinter sich haben. Brasillach ist Opfer eines Meinungsprozesses – »des Prozesses der Kontinuität des Denkens«. Gewiss, er hat sich geirrt, doch seine »Politik der gefühlsmäßigen Kollaboration« hatte nur ein Ziel: »Frankreich zu dienen«. Isorni lässt es sich nicht entgehen, Reboul daran zu erinnern, dass er selbst de facto solidarisch war mit »dieser Staatsanwaltschaft, die vier Jahre lang die Juden hat verfolgen und verurteilen lassen, die Widerspenstigen hat verfolgen und verurteilen lassen, die Kommunisten hat verfolgen und verurteilen lassen!« Die Beratung des Gerichts dauert nur zwanzig Minuten. Brasillach wird des Verbrechens der »Verbindung mit dem Feind« ohne mildernde Umstände für schuldig befunden. Er wird zum Tod durch Erschießen verurteilt.

Der Fall Brasillach hat die Gemüter bewegt. Das jugendliche Alter und das Talent des Schriftstellers sprachen zu seinen Gunsten, wenn auch die intellektuelle Komplizenschaft mit dem Nazismus nicht zu leugnen war. Für manche, die keineswegs des Kollaborationismus verdächtig waren, sprang eine Ungerechtigkeit ins Auge: die Männer der Feder wurden für schuldiger befunden als die Geschäftsleute und die Politiker. Andere machten dagegen die Verantwortung des Intellektuellen geltend: die Worte mit ihrem Echo sind nicht unschuldig; wie Feuerwaffen geben sie den Tod.

Jacques Isorni hatte in seinem Plädoyer einige Briefe zitiert – von Marcel Aymé, Paul Valéry, Paul Claudel und François Mauriac –, die das literarische Talent des Angeklagten belegten. Nach der Urteilsverkündung schreibt Brasillach an Mauriac, gegen den er seit dem spanischen Bürgerkrieg so sehr gewettert hatte, um ihm zu danken. Am 24. Januar beginnt Mauriac mit seiner Kampagne für die Begnadigung:

»Was es in Frankreich an Bestem gibt, wird sich nicht über die Vernichtung eines denkenden Kopfes hinwegtrösten, so schlecht dieser

Kopf auch gedacht haben mag. Gibt es keine andere Strafe als den Tod? Die einzigen Hinrichtungen, die die Geschichte der Schreckensherrschaft nicht verzeiht, sind die der Philosophen und der Dichter. Die einzige Parole, von der sie sie nie freisprechen wird, ist die des Rohlings Confinhal: ›Die Republik braucht keine Gelehrten.‹«

Claude Mauriac, Privatsekretär von General de Gaulle, denkt wie sein Vater. Er verfasst die erste Version einer Petition, die dem Oberhaupt der provisorischen Regierung vorgelegt werden soll:

»Wir weisen die Verantwortung der Intellektuellen keineswegs zurück; sie ist umso größer, je mehr Talent sie besitzen. Wir stehen für unseren Teil voll dazu. Wir glauben bloß angesichts dieses Mannes, unseres Feindes, der an den Marterpfahl gebunden ist und in dem wir plötzlich voller Bestürzung einen Bruder erkennen, dass die schlechte Sache keine Märtyrer braucht und dass das Verzeihen manchmal die maßgeblichste und zugleich klügste Sanktion ist.«

Dieser Text, den die Verteidiger Brasillachs für zu kompliziert halten, wird schließlich durch einen einzigen Satz ersetzt:

»Die Unterzeichner bitten den Regierungschef General de Gaulle – in der Erinnerung an Leutnant Brasillach, Robert Brasillachs Vater, der am 13. November 1914 für das Vaterland gefallen ist – ehrerbietig darum, das Gnadengesuch, das der am 19. Januar 1945 zum Tode verurteilte Robert Brasillach an ihn gerichtet hat, mit Wohlwollen aufzunehmen.«

Es folgen sechsundfünfzig Unterschriften, bei denen die Namen von Widerstandskämpfern und die von mehr oder weniger zurückhaltenden Pétain-Anhängern miteinander verschmelzen; jeder folgt dabei unterschiedlichen, ja widersprüchlichen Motiven. Bei manchen überwiegt der »korporatistische« Reflex. So etwa notiert Jean Cocteau, er finde Brasillach »absurd und schändlich«, habe jedoch genug davon, »dass die Schriftsteller zu Tode verurteilt werden, während die Lieferanten der deutschen Armee unbehelligt bleiben[398]«.

Jean Paulhan hat ebenfalls unterzeichnet, was angesichts seiner grundsätzlichen Abneigung gegenüber der Säuberung zu erwarten war (»Wer bin ich, um zum Tode zu verurteilen, und sei es Br.?«, schreibt er an Jean Guéhenno). Überraschender ist die Unterschrift von Albert Camus. Von Marcel Aymé da-

---

398 J. Cocteau, *op. cit.*, S. 613–614.

rum ersucht, braucht er lange, ehe er sich dazu entschließt, sie neben die der anderen Unterzeichner zu setzen. Marcel Aymé gegenüber gibt er eine Begründung: es ist nicht wegen Brasillach – den er »mit ganzer Kraft verachtet« – , es ist wegen seiner prinzipiellen Ablehnung der Todesstrafe.

Damals kommt Charles Maurras, dessen Prozess am 26. Januar 1945 stattfindet, an der Todesstrafe vorbei. Wenn der Meister geschont wird, darf sein Schüler Brasillach hoffen. Im Laufe einer Unterhaltung mit General de Gaulle spricht François Mauriac am 3. Februar neben anderen Themen das Schicksal des Verurteilten an. Der General hat die Akte noch nicht geprüft. Mauriac hat Hoffnung, doch in der Nacht vom 4. auf den 5. Februar lehnt de Gaulle nach Prüfung der Unterlagen eine Begnadigung ab. In seinen *Memoires* kehrt er Mauriacs Argument um: »In der Literatur wie in allem ist Talent ein Grund für Verantwortlichkeit!« Am 6. Februar 1945 wird Brasillach im Fort de Montrouge erschossen.

Einige Tage zuvor schrieb Jouhandeau in sein Tagebuch:

»Wenn ich mich gegen das Vaterland versündigt habe, dann gab es doch vielleicht zwei Arten, ihm zu dienen, und eines Tages wird man vielleicht anerkennen, dass meine die richtige war. Mir genügt es, niemals gegen Treu und Glauben, das heißt niemals gegen die Internationale der rechtschaffenen Leute verstoßen zu haben[399].«

Das war in der Tat die Argumentation sehr vieler Schriftsteller, die »Kollaborateure« oder »Kollaborationisten« gewesen waren: allein die Ereignisse hatten gegen sie entschieden – vorübergehend, wie sie meinten. Wenn sie die ihnen entgegengestreckte Hand der Nazis ergriffen hatten, so um der Rettung und der Größe Frankreichs willen. Der Krieg mit der Feder gegen die Widerstandskämpfer und die Juden sei aus Vaterlandsliebe geführt worden. Und hatte der Marschall Pétain nicht das Beispiel gegeben?

Die Frage des Verzeihens spaltet die Schriftsteller der Résistance. Mauriac vertritt das – anfechtbare, doch vertretbare – Prinzip des Verzeihens im Namen einer Politik der nationalen Versöhnung. Unrecht hatte er, als er zu verstehen gab, die Justiz müsse die Schriftsteller mit größerer Milde behandeln als das *vulgum pecus*, die gewöhnlichen Sterblichen. Hieß es nicht, die Würde der Schriftsteller herabzusetzen, wenn man ihre Verantwortung schmälerte, wenn man ihrer Prosa weniger Gewicht beimaß als dem Geschäft der Profiteure? Jean-Paul Sartre, der im Oktober 1945 *Les Temps modernes* gründet, wird aus diesen Debatten die umgekehrte Schlussfolgerung ziehen. Eine unendliche Verantwortung lastet von nun an auf den Leuten der Feder. Ob er

---

399 M. Jouhandeau, *Journal sous l'Occupation*, mit *La Courbe de nos angoisses*, Gallimard, 1980, S. 355.

will oder nicht, der Schriftsteller ist *engagiert*. Jenseits der Spaltung (wie sie die schwarzen Listen des CNE dokumentieren) zwischen »Widerstandskämpfern« und »Kollaborateuren« zeichnet sich in den Kontroversen um die Säuberung eine andere Kluft ab: die Vertreter der »reinen Literatur« – Jean Paulhan macht sich zu ihrem Vorkämpfer –, die das literarische Schaffen vor politischen Sanktionen bewahren (oder diese beschränken) wollen, stehen den Verfechtern einer »engagierten Literatur« gegenüber – Jean-Paul Sartre formuliert ihre Theorie –, die von den Prosaschriftstellern ein äußerstes Maß an politischer Verantwortung fordern, noch in ihrem Schweigen. Der Konflikt, der während des Prozesses gegen Brasillach ausbricht, beginnt erst.

André Gide im Jahre 1928. »Ich bin ein Ungläubiger. Ich werde niemals ein Gottloser sein.« (*Journal*, 6. November 1927)

Henri Barbusse (1873-1935), Gründer der Wochenzeitschrift *Monde* im Jahre 1928, berühmtester Schriftsteller der Kommunistischen Partei bis zu seinem Tod im Jahre 1935.

Die Surrealisten umrahmen das Foto von Germaine Berton, der Mörderin des Camelot du roi Marius Plateau. In der zweiten Reihe ist als Erster von links André Breton zu erkennen. (*La Révolution surréaliste*, Dezember 1924)

Magdeleine Paz auf der Tribüne des »Internationalen Schriftstellerkongresses für die Verteidigung der Kultur« in der Mutualité im Jahre 1935. Neben ihr: Barbusse, Nizan, Malraux und Gide.

Jean Giono (1895-1970).

André Gide und Roger Martin du Gard (1881-1958).

Charles Maurras (1868-1952) in den Büros von *L'Action française* (1907). Léon Daudet (1868-1942) ist der Dritte von links, Henri Massis (1886-1970) der Zweite von rechts.

Pierre Drieu La Rochelle (1893-1945).

Charles Maurras und Robert Brasillach (1909-1945).

André Malraux (1901-1976) zur Zeit des spanischen Bürgerkriegs mit Édouard Corniglion-Molinier (links) und dem Mechaniker Maillard.

Kundgebung des Volksfrontbündnisses an der Mur des Fédérés – der Mauer auf dem Friedhof Père-Lachaise, vor der die Kommunarden erschossen wurden – am 24. Mai 1936. (Der Maler Paul Signac war 1935 gestorben.)

Romain Rolland (1866-1944) bei einem Meeting im Parc de Saint-Cloud im August 1936. Im Vordergrund Jacques Duclos.

Gide weiht – an der Seite von Vaillant-Couturier und Michel Kolstow (im Vordergrund) – den Boulevard Maxime-Gorki in Villejuif ein (29. Juni 1935).

André Gide während seiner Reise in die Sowjetunion im Jahre 1936, in Begleitung von Jacques Schiffrin, Pierre Herbart, Eugène Dabit, Louis Guilloux und Élisabeth Van Rysselberghe (von links nach rechts).

Paul Nizan (1905-1940) signiert seinen Roman *Antoine Bloyé* (1935).

Andrée Viollis (1879-1950), Mitherausgeberin von *Vendredi*.

Simone Weil (1909-1943) im Jahre 1936, im Kampfanzug in Barcelona.

Dritter Teil

Die Ära Sartre

Sartre wird die Aufmerksamkeit der gesamten Jugend, die auf der Suche nach Leitlinien ist, auf sich ziehen; und die Bewegung, die sich schon – kraftvoll – abzeichnet, wird in Kürze eine allgemeine sein. Eine neue Säule bildet sich heraus, auf der eine Zeit lang die Wahrheit von morgen ruhen wird. Wir haben nur noch zu verschwinden, die einen verurteilt, die anderen vergessen ...

Roger Martin du Gard,
Journal, 3, 8. November 1945.

42
Von André Gide zu Jean-Paul Sartre

Nach dem Donnerschlag seines *Retour de l'URSS* hatte André Gide nach und nach aufgehört, eine Leitfigur zu sein. Der Krieg und die Besatzung verstärkten seinen Rückzug noch. Seine Beteiligung an den ersten beiden Nummern der *NRF* von Drieu – im Dezember 1940 und im Januar 1941 – zeugt zwar noch vom Wunsch, wahrgenommen zu werden, doch nicht vom Anspruch auf eine Vorbildrolle. Er gibt vor allem seiner »Unsicherheit« Ausdruck. Diese »Feuillets« (»Blätter«) haben für sein Andenken nichts Schändliches. Man trifft dort sogar auf Empörung gegen »die wenigen französischen Intellektuellen, die damals ihr *mea culpa* sagen und sich beschuldigen, ›die Literatur zu sehr geliebt zu haben‹«. Er macht sich über Francis Carco lustig, der »die Rückkehr zur Erde besingt«, wie sie von der »Nationalen Revolution« gepredigt wird: »Ich sehe darin nur Zurückweichen und Resignation.« Sicherlich, Gide liest Goethe, genießt die Lektüre, und es ist vielleicht nicht gerade der geeignete Augenblick, um ein Loblied auf einen deutschen Schriftsteller anzustimmen. Es gibt jedoch keinen Grund, das als Skandal zu bezeichnen, wie es etwa Aragon nach der Libération tun wird. Viel weniger angemessen ist zweifellos seine nachträgliche Kritik am Versailler Vertrag, die ihn veranlasst, von den Deutschen zu sagen: »Jetzt ist es an ihnen, zu übertreiben.« So pessimistisch der allgemeine Ton dieser »Blätter« auch ist, es ist nicht der der nationalen Zerknirschung: »Wird man sagen, dass Frankreich aufgehört hatte, die große Nation zu sein, deren Rolle es weiterhin spielte? Ich sehe indessen kein Volk auf der Erde, das heute diese Rolle an seiner Stelle übernehmen könnte. Und davon sollte man Frankreich überzeugen; sich selbst überzeugen[1].«

Daraufhin stellt Gide, wie wir wissen, seine Mitarbeit an der Zeitschrift von Drieu ein. Im Januar 1941 rüttelt ihn Martin du Gard, der immer offen mit ihm ist, auf: »Sie leiden daran, dass Sie keine eigene politische Linie haben, ein paar feste Punkte, an die Sie sich klammern können[2].« Nichtsdestoweniger bleibt Gide für viele Mitarbeiter der Zeitschrift ein Symbol der De-

---

1 A. Gide, »Feuillets«, *NRF*, 1. Januar 1941.
2 A. Gide-R. Martin du Gard, *Correspondance, op. cit.*, 2, S. 228.

kadenz, Repräsentant einer vom neuen Regime der Verachtung preisgegebenen Gesellschaft und Zeit. Im Mai 1941 überredet ihn Roger Stéphane, in Nizza im Hôtel Ruhl einen Vortrag über ein Thema zu halten, das an sich nicht skandalös ist: »Entdecken wir Michaux.« Das Publikum erscheint in großer Zahl, doch Gide hat von einer Gruppe der Légion[3] einen Drohbrief erhalten. Nachdem er sich mit seinen anwesenden Freunden, insbesondere mit Martin du Gard und Malraux, beraten hat, wendet sich Gide an den brechend vollen Saal und teilt den Anwesenden den Inhalt des Briefes mit; um einen allgemeinen Tumult zu vermeiden, zieht er es vor, auf den Vortrag zu verzichten. Diese Entscheidung, die weder ein Akt großen Widerstands noch ein Ausweichmanöver ist, löst erheblichen Krawall aus, wie Roger Stéphane bezeugt:

»Das Erscheinen Gides auf der Bühne um 9 Uhr 15 wird von unerwartetem Beifall begleitet, der mehrere Minuten anhält. Und die Lektüre seiner Erklärung wird ständig von Beifall unterbrochen. Er braucht fünf Minuten, um seine zehn Zeilen vorzulesen. Und als er sich endlich zurückzieht, schreit das Publikum seine Entrüstung heraus. C. L.-A. Puget, der im Saal ist, schlägt vor, dass ›Monsieur Darnand [Führer der Légion in Nizza] an Stelle von Gide einen Vortrag über Henri Michaux hält‹. Man schreit: ›Es lebe die Freiheit‹, ›Nieder mit der Légion‹.«

Während des Abendessens dankt Gide Stéphane, der das Gefühl hat, eine zweite *Bataille d'Hernani*[4] erlebt zu haben, dafür, dass er »ihm den größten Triumph seiner Karriere verschafft hat«[5]. Gide ist sich nichtsdestoweniger weiterhin unsicher, welcher politischen Linie er folgen soll. Im Mai 1942 kommt er in Tunis an, wo seine Freunde – die Familie Théo Reymond de Gentile – ihn aufnehmen. Im Oktober vertraut er seinen Tagebüchern noch an, dass der Marschall ihm »ein schwieriges Spiel, so gut er kann, zu spielen« scheint. Zur Zeit der amerikanisch-britischen Landung in Nordafrika spiegeln seine Tagebuchseiten kein besonderes Interesse an dem Ereignis. Ende Mai 1943 verlässt er Tunis und begibt sich nach Algier, wo er am 25. Juni mit General de Gaulle zu Abend speist. Er ist damals voller Bewunderung für das Oberhaupt des »Freien Frankreich« und für seine Schriften: »Wir sprachen dann von der Zweckmäßigkeit einer neuen Zeitschrift, die die geistigen und

---

3   *Anm. d. Ü*: Légion: Légion des combattants, s. Kap.38.
4   *Anm. d. Ü*: *Bataille d'Hernani* (»Hernani-Schlacht«): die Auseinandersetzungen um Victor Hugos Stück *Hernani ou l'honneur castellan* (1830), in dem die Prinzipien des neuen romantischen Theaters umgesetzt sind.
5   R. Stéphane, *Chaque homme est lié au monde*, Ed. du Sagittaire, 1946, S. 64.

moralischen Kräfte des Freien Frankreich oder derjenigen, die für die Freiheit kämpfen, zusammenfassen soll.« Einige Monate später, im Februar 1944, befindet sich Gide an der Spitze der Zeitschrift *L'Arche*, die er mit Albert Camus, Maurice Blanchot, Jacques Lassaigne unter seine Fittiche nimmt und deren Chefredakteur der kabylische Schriftsteller Jean Amrouche ist.

Nach einem Artikel Gides über die Einnahme von Tunis veröffentlichen *Les Lettres françaises*, die nicht mehr im Untergrund erscheinen, am 25. November 1944 einen Brief von Aragon an den Herausgeber der Zeitschrift, Claude Morgan, unter dem Titel: »Die Rückkehr André Gides.« »Von einer außerordentlichen Perfidie«, schreibt Madame Théo, »und in derselben Wochenzeitung steht in der folgenden Woche ein kleiner anonymer Brief, der unter dem Deckmantel der Verteidigung Gides eine erneute kleine Gemeinheit ist[6].« Georges Bernanos, der nach wie vor in Brasilien ist, entdeckt den Text von Aragon in *O Jornal* am 25. November 1944. Seine Antwort erscheint am 3. Februar des folgenden Jahres in derselben Tageszeitung. Bernanos ruft in Erinnerung, dass er – so weit er auch in jeder Hinsicht von Gide entfernt ist – diesen für »einen großen Schriftsteller, einen der größten unserer Literatur« hält ... Bernanos zufolge ist der Artikel Aragons ein »Dokument«:

> »Es ist das Protokoll der moralischen – vor der anderen – Hinrichtung André Gides durch die Partei.« Und Bernanos stellt aus der Ferne in der Tat ziemlich genau den Machtzuwachs der Kommunistischen Partei im kulturellen Milieu fest. Gegenüber den gespaltenen französischen Schriftstellern »können die Intellektuellen der Partei, die nicht sehr zahlreich, jedoch zusammengeschweißt und gut geführt sind und mit harter Disziplin operieren – immer bereit, ihre persönliche Meinung oder sogar ihre besten Freundschaften dem Interesse der Partei zu opfern –, voll und ganz Anspruch erheben auf eine Art Herrschaft, um nicht zu sagen Kontrolle und Diktatur über die französische Intelligenzija, zumal sie aus dem während der Résistance gewonnenen Prestige Nutzen ziehen und es auch gründlich ausnutzen[7]«.

Aragon verdankt der Partei seinen neuen Status, seine Bedeutung. Dass Monsieur Aragon Monsieur Gide angreift, ist belanglos. Es handelt sich nicht um eine Polemik von Mann zu Mann. André Gide wird von einer Institution verurteilt, die dazu bestimmt ist, Regierung zu werden, von der Kommunistischen Partei. Bernanos protestiert, bevor es zu spät ist. Was wirft man Gide vor? Während der Besatzungszeit Deutsch gelernt zu haben; 1940 behauptet zu haben, dass neun von zehn Franzosen bereit wären, die deutsche Hegemo-

---

6   *Les Cahiers de la Petite Dame, op. cit.*, 4, S. 320.
7   G. Bernanos, *Le Chemin de la Croix des âmes*, in *Œuvres et Écrits de combat, op. cit.*, 2, S. 670.

nie zu akzeptieren, »sofern sie ihnen den Überfluss brächte«; zur selben Zeit auch geschrieben zu haben: »sich mit dem Feind von gestern zu vertragen ist nicht Feigheit, sondern Klugheit.«

Bernanos räumt ein, dass man das für einen »gemäßigten Pétainismus« halten konnte, wenn auch »gütliche Einigung« keinesfalls *Kollaboration* bedeutete. Und der Schriftsteller zeigt dann, dass man Gides Haltung während des Krieges nicht ausschließlich an diesem Text vom 28. September 1940 festmachen kann. Die Wahrheit liegt woanders:

> »Vor etwa zehn Jahren haben Monsieur Aragon und seine Freunde Gide mit Lob überschüttet, das so übertrieben und lächerlich war, dass es an die Komplimente erinnerte, die Kirchenleute untereinander verteilen [...]. Monsieur Gide war damals Kommunist. [Die Neugier] hat Gide nach Moskau geführt, und nach seiner Rückkehr hat er in einem berühmten Buch seine Enttäuschungen zum Ausdruck gebracht. Monsieur Gide ist von den Leuten der Rechten immer aufs Äußerste gehasst worden. Er kann also nicht der geistigen Familie der Etablierten zugerechnet werden, die zu den eigenartigsten Dingen dieses Krieges gehört. Er bleibt also für die Partei, die er verlassen hat, äußerst gefährlich. Die Partei legt im Moment sehr viel Nachsicht für diejenigen etablierten Bürger an den Tag, die mit ihr (auf nationaler Ebene natürlich) zusammenarbeiten wollen [...]. Die Partei schlägt die Bildung einer ›nationalen Front‹ vor, in der alle ihren Platz hätten, die sich mit der Volksfront ausgesöhnt haben, Politiker, Generäle, Prälaten, Akademiemitglieder und Herzoginnen.[...] Die Heftigkeit des Artikels von Aragon, die im Widerspruch zur Schwäche der Argumente steht, beweist, dass die Partei in Monsieur Gide ein ernstes Hindernis für diese neue Form nationaler Einheit sieht ...«

Bernanos erinnert schließlich seine Leser an bestimmte Weisungen in den Publikationen der Kommunistischen Partei aus demselben Jahr 1940: den Appell zur Verbrüderung zwischen dem französischen und dem deutschen Volk gegen den »imperialistischen Krieg« und gegen de Gaulle.

Die Schläge der *Lettres françaises* gegen Gide machen nicht das gesamte intellektuelle Leben der Zeit aus. Man spielt mit dem Gedanken, *L'Arche* zu einer Pariser Zeitschrift zu machen. Paulhan ist bereit, Mitglied des Direktionskomitees zu werden – ebenso Camus, vielleicht Malraux. Da die *NRF* unter das Gesetz der Säuberung fällt und daher verboten ist, kommt Jean Amrouche, Chefredakteur von *L'Arche*, auf den Gedanken, die alte Zeitschrift von Gallimard mit der seinen zu verschmelzen. Das Projekt scheitert, doch ab April 1946 bringt Jean Paulhan im Einvernehmen mit Gallimard die Vierteljahreszeitschrift *Cahiers de la Pléiade* heraus. Man beauftragt Gide damit, die Verbindung zur alten *NRF* herzustellen. Mit sechsundsiebzig Jahren publiziert Gide weiterhin (*Thésée*, »Theseus«), reist weiterhin (Vorträge im Libanon), wird weiterhin geehrt (er erhält im Juni 1947 den Doktor *honoris causa* der Universität Oxford). Am 13. November desselben Jahres bekommt er die offizielle Weihe: während er sich in Neuchâtel aufhält, wird ihm der Nobelpreis für Literatur zugesprochen. Er hat noch vier Jahre vor sich.

Bevor er stirbt, knüpft André Gide freundschaftliche Beziehungen zu Sartre, den er seit *Le Mur* (*Die Wand*)[8], der Erzählung, die die *NRF* 1938 veröffentlicht hatte, bewundert: »Wer ist dieser neue Jean-Paul?« Bei dieser Gelegenheit hatte Gide die Buchhändlerin Adrienne Monnier gebeten, ein Abendessen zu organisieren und ihn mit Sartre bekannt zu machen. Nach der Rückkehr aus der Kriegsgefangenschaft bemüht sich Sartre im Sommer 1941 darum, einige berühmte Namen für seine Widerstandsgruppe »Socialisme et Liberté« (»Sozialismus und Freiheit«) zu gewinnen, und besucht Gide, der damals in Cabris in der Nähe von Grasse wohnt. Es gelingt ihm nicht, den Pessimismus Gides zu überwinden, der ihm mehr Glück bei Malraux in Cap-d'Ail wünscht. Auch dieser Schritt erweist sich als vergeblich: in den Augen von Malraux ist die Zeit noch nicht reif für die Aktion.

Gide und Sartre finden noch einmal Gelegenheit, sich zu treffen. In *Les Cahiers de la Petite Dame* (»Die Hefte der ›kleinen Dame‹«) ist die Rede von einem Essen im Februar 1949, an dem auch Simone de Beauvoir teilnimmt: »Er kommt entzückt zurück: ein schlichter, herzlicher, interessanter Kontakt.« Nicht, dass Gide an Sartre alles schätzen würde. 1948 gefallen ihm seine *Réflexions sur la question juive* (*Überlegungen zur Judenfrage*) nur halb:

»Der Antisemitismus ist nicht (oder doch nicht ausschließlich) eine Erfindung, die ganz und gar vom Hass geschaffen ist und vom Bedürfnis, ihn zu begründen und zu nähren. Psychologisch wie historisch hat er seine Gründe, die Sartre, scheint mir, nicht genügend beleuchtet.« Und weiter: »Bravo, Sartre! Von ganzem Herzen stimme ich Ihnen zu. Und doch gibt es eine jüdische Frage, eine ergreifende, eine packende, die noch weit von einer Lösung entfernt ist[9].«

Im September 1950 liest er *La Mort dans l'âme* (*Der Pfahl im Fleische*) und äußert Madame Théo gegenüber: »Unglaublich, wie schlecht ich das finde; Sie müssen es absolut lesen.«

Im August 1950 beginnt Marc Allégret, in Cabris seinen Dokumentarfilm *Avec André Gide* zu drehen. Pierre Herbart regt einen Dialog zwischen Gide

---

8 *Anm. d. Ü:* Le Mur: im Erzählband *Die Kindheit eines Chefs* (früher in *Die Mauer*).
9 A. Gide, *Tagebuch 1939–1949, op. cit.*, S. 393–394.

und Sartre an, der sich gerade in Juan-les-Pins aufhält. Trotz des Durcheinanders und aller möglichen Widrigkeiten bei den Dreharbeiten stellt sich Sartre für diese Sequenz bereitwillig zur Verfügung: »Sartre machte«, schreibt die »kleine Dame«, »auf alle den besten und sympathischsten Eindruck: schlicht, direkt im Kontakt, unermüdlich in seinem Entgegenkommen, zu allem aufgelegt; und dies ›alles‹ war, weiß Gott, ermüdend ...« Gide, der die von Sartre für die Unterhaltung vorgeschlagenen Themen fürchtet, möchte sich »auf das Irgendwas des Zufalls« verlassen. Ergebnis, wie Sartre selbst gesteht: »Ich habe noch nie in so kurzer Zeit derart viel Dummheiten gesagt[10].«

Als Gide am 19. Februar 1951 an einem Schlaganfall stirbt, widmet ihm Jean-Paul Sartre schon in der Märznummer von *Les Temps modernes* einen Artikel, »Lebendiger Gide«:

»Man hielt ihn für gesalbt und einbalsamiert: er stirbt, und man entdeckt, wie lebendig er blieb; die Verlegenheit und das Ressentiment, die durch die widerwillig gewundenen Totenkränze durchschimmern, zeigen, dass er noch immer Anstoß erregte und noch lange erregen wird: er hat es verstanden, die Wohlmeinenden von rechts und von links gegen sich zu vereinigen; und man braucht sich nur die Freude einiger erhabener Mumien vorzustellen, die jetzt ausrufen: ›Herr, hab Dank, *er* hatte also Unrecht, denn ich lebe ja noch‹, man braucht nur in *L'Humanité* zu lesen: ›Ein Leichnam ist gestorben‹, um zu erkennen, wie schwer dieser Achtzigjährige, der kaum mehr schrieb, noch auf der heutigen Literatur lastete[11].«

Sartre verteidigt ihn gegen den Spott der Journalisten, die Gide als eine wehleidige, ängstliche Person beschreiben. Es gebe *verschiedene* Arten von Mut; man könne sie nicht alle haben:

»Freilich, Gide war vorsichtig, er wog seine Wörter ab, er zögerte, bevor er etwas unterschrieb, und wenn er sich für eine Ideen- oder Meinungsströmung interessierte, stimmte er ihr wohlweislich nur bedingt zu, blieb am Rand, immer bereit, sich zurückzuziehen. Aber derselbe Mann wagte das Glaubensbekenntnis von *Corydon*, die Anklageschrift *Voyage au Congo*, hatte den Mut, sich an die Seite der Sowjetunion zu stellen, als das gefährlich war, und den noch größeren, es öffentlich zu widerrufen, als er, zu Recht oder zu Unrecht, glaubte, dass er sich geirrt hätte. Vielleicht macht ihn gerade diese Mischung aus Vorbehalt-

---

10 *Les Cahiers de la Petite Dame, op. cit.*, 4, S. 194–195.
11 J.-P. Sartre, »Lebendiger Gide«, in *Schwarze und weiße Literatur*. Übers. v. T. König u.a., Rowohlt Taschenbuch Verlag, Reinbek, 1984, S. 118.

lichkeit und Kühnheit zum Vorbild: die Großzügigkeit ist nur bei dem schätzenswert, der den Preis der Dinge kennt, und ähnlich ist nichts so bewegend wie überlegte Unerschrockenheit.«

Es konnte keinen schmeichelhafteren Nachruf auf Gide geben. Die Ablösung hatte schon stattgefunden: seit der Libération beherrschte Jean-Paul Sartre die Szene. Alle Welt hat sein Foto gesehen, alle Welt erkennt ihn, selbst die, die seine Werke nicht lesen, so sehr hat ihn die Massenpresse ins Rampenlicht gerückt. Zunächst zieht er die Aufmerksamkeit durch seine körperliche Erscheinung auf sich. Er ist von kleiner Statur – Simone de Beauvoir nennt ihn in ihren Briefen »Liebstes kleines Geschöpf« –, schielt nach außen und trägt eine runde Hornbrille; seine Frisur ist streng, ein gerader Scheitel teilt sein flach gekämmtes Haar; er trägt meist einen Zweireiher, wie er damals in Mode ist; er raucht eine Zigarette nach der anderen, es sei denn, er greift zu seiner Meerschaumpfeife, in die er während der Besatzungszeit alle Stummel in Reichweite steckte. Die Hässlichkeit, die zunächst in die Augen springt, ist sofort verschwunden, wenn Sartre den Mund aufmacht. Wenn er spricht – mit einer ein wenig näselnden, doch schön schwingenden Stimme –, dann selten, um Banalitäten von sich zu geben. Außergewöhnlich begabt, weiß er auf allen Instrumenten zu spielen, in allen Gattungen. Philosoph, Romancier, Essayist, Drehbuchautor, Dramaturg – wollte er als Kind Victor Hugo werden; er ist Jean-Paul Sartre geworden. Trotz der außergewöhnlichen Berühmtheit, die er gleich nach der Libération erlangt, beeindruckt er durch seine Schlichtheit, seine Liebenswürdigkeit, seine Zugewandtheit. Eine vollkommene Abwesenheit von Posen und Eitelkeiten, wie sie gewöhnlich die Literaten heimsuchen, zeichnet ihn aus. Gide herrschte etwa dreißig Jahre lang über die französische Literatur; bei seinem Tod hat Sartre bereits weitgehend die Nachfolge angetreten, doch es handelt sich schon nicht mehr um dieselbe Epoche, nicht mehr um dasselbe Register.

Bis zum Krieg steht der spätere Philosoph des Engagements der politischen Verantwortung des Schriftstellers eher gleichgültig gegenüber. Als Philosophielehrer am Lycée von Le Havre verbringt er die dreißiger Jahre damit zu schreiben, seine Umgebung zu entzücken und mit seinem »Castor« (»Biber«), wie er Simone de *Beauvoir* nennt (ein Wortspiel mit dem englischen Wort *beaver*), zu reisen. 1975 äußert er sich dazu: »Das einzige Ziel meines Lebens war es zu schreiben.« Von Kindheit an war er, wie wir gesehen haben, von dem machtvollen Mythos des »großen Schriftstellers« besessen:

»Vor dem Krieg verstand ich mich einfach als Individuum, ich sah keinerlei Verbindung zwischen meiner individuellen Existenz und der Gesellschaft, in der ich lebte. Am Ende meiner Studienzeit hatte ich daraus eine ganze Theorie gemacht: Ich war ›nichts als ein Mensch‹, das heißt der Mensch, der sich kraft der Unabhängigkeit seines Denkens der Gesellschaft gegenüberstellt, der der Gesellschaft nichts schuldet und über den die Gesellschaft nichts vermag, weil er frei ist [...]. Vor dem Krieg hatte ich keine politischen Meinungen und ging auch nicht wählen[12].«

Natürlich diskutiert er mit seinen »kleinen Kameraden«, Nizan und Aron, doch er teilt ihre politische Frühreife nicht. Und dann ist seine Devise schön egotistisch: »Zuerst schreiben und daneben angenehm leben.« Eine hedonistische Paraphrase Flauberts: »Leben wie ein Bürger und denken wie ein Halbgott.« Mit dem Unterschied, dass Sartre nie »wie ein Bürger« gelebt hat; mehr als alles andere verabscheut er »das Bürgertum«, seine Moral, seine Heuchelei, seine beherrschende gesellschaftliche Stellung, der er sein anarchistisches, freiheitliches und pazifistisches Temperament entgegenstellt. Gegen sie schreibt er, wie er später sagt, *La Nausée* (*Der Ekel*) und *Le Mur*, die ihn, der »ziemlich komfortabel in [s]einer Situation als antibürgerlicher und individualistischer Schriftsteller eingerichtet« ist, vor dem Krieg bekannt machen.

Rückblickend ist Sartre der Meinung, dass sich für ihn 1939, als er seinen Gestellungsbefehl erhält, alles ändert: »Das hat mir das Soziale bewusst gemacht: ich begriff plötzlich, dass ich ein soziales Wesen war.« Übergang zum Erwachsenendasein, Übergang vom Individualismus zum Sozialismus. Es fragt sich jedoch, ob dieser Bruch von 1939 so eindeutig ist: seine *Carnets de la drôle de guerre*[13] liefern dazu den Beweis nicht. Das Debakel von 1940 und seine Gefangenschaft bis März 1941 scheinen entscheidender gewesen zu sein. Im Stalag[14] von Trier entdeckt er wirklich sein »soziales Wesen«, die Verantwortung, die er auf sich nehmen muss, die politische Dimension seiner Existenz. Diese Gefangenschaft – weit davon entfernt, auf ihm zu lasten – bringt ihn zu sich selbst: die Zeugnisse seiner Energie, seines Frohsinns, seiner Schaffenskraft, seiner Solidarität mit den anderen Gefangenen sind zahlreich. Auf ein gefälschtes medizinisches Attest hin im März 1941 freigelassen, macht er sich in Paris daran, eine Widerstandsgruppe auf die Beine zu stellen, die er »Socialisme et Liberté« tauft und die von den Gaullisten und den Kommunisten gleich weit entfernt sein soll – auch als diese Ende Juni 1941 massiv in die Résistance eintreten.

Die Gruppe, zu der unter anderen Jean-Toussaint Desanti und seine Frau

---

12 J.-P. Sartre, »Selbstporträt mit siebzig Jahren. 1975. Interview mit Michel Contat«, in *Sartre über Sartre. Aufsätze und Interviews. 1940–1976*. Übers. v. P. Aschner u.a., Rowohlt Taschenbuch Verlag, Reinbek, 1988, S. 236–237.
13 J.-P. Sartre, *Tagebücher November 1939 – März 1940, op. cit.*
14 *Anm. d. Ü:* Stalag : Abkürzung für »Stammlager«.

Dominique sowie Maurice Merleau-Ponty gehören, bringt es nicht weiter als bis zum ersten Stadium heimlicher Treffen und zum Abfassen und Drucken einiger Flugblätter. Einige Monate lang widmet sich Sartre dieser Sache allerdings voll und ganz. Er setzt sogar einen Verfassungsentwurf freiheitlichen Zuschnitts auf, dessen Stärke nicht gerade der Realismus ist[15]. Nach dem Scheitern der Reise, die er im Sommer in Begleitung von Simone de Beauvoir in die nicht besetzte Zone unternimmt, löst sich die Gruppe – unsicher darüber, was zu tun sei, denn sie ist in keine breitere Bewegung integriert – schließlich auf. Die meisten seiner Gefährten schließen sich damals den kommunistischen Gruppen an, so die Desantis.

Sartre verzichtet auf die direkte Aktion. Als Philosophielehrer am Lycée Pasteur von Neuilly, dann am Lycée Condorcet stürzt er sich ins Schreiben und füllt ganze Stöße von Papier, während er darauf wartet, dass der CNE Kontakt zu ihm aufnimmt. Seitdem das Comité national des écrivains besteht, hat Jean Paulhan daran gedacht, sich an ihn zu wenden, doch das Veto von Jacques Decour hielt ihn davon ab. Sartre ist den Kommunisten nach wie vor suspekt: war er nicht ein enger Freund Nizans, »des Verräters«, gewesen? Ist er nicht auf seltsame Weise aus seinem Kriegsgefangenenlager entlassen worden, wie so viele Vichy-Anhänger und spätere Kollaborateure? Trotzdem kontaktiert man ihn Anfang 1943, und er findet sich zu den Versammlungen des CNE bei Édith Thomas ein, an denen auch François Mauriac teilnimmt.

Sartre hatte Mauriac den schlimmsten Schlag seines Lebens versetzt. Die Angelegenheit ging auf Februar 1939 zurück, als der Jüngere über den Älteren in der *NRF* unter dem Titel »Monsieur François Mauriac und die Freiheit« einen vernichtenden Artikel veröffentlichte. Er warf dem Autor von *La Fin de la nuit* (*Das Ende der Nacht*) vor, den Standpunkt Gottes eingenommen zu haben: »Er hat das Allwissen und die Allmacht Gottes gewählt. Aber ein Roman ist von einem Menschen für Menschen geschrieben. Aus der Sicht Gottes, der die Erscheinungen durchdringt, ohne bei ihnen zu verweilen, gibt es keinen Roman, gibt es keine Kunst, denn die Kunst lebt von der Erscheinung. Gott ist kein Künstler; Monsieur Mauriac auch nicht.« Nach seinem eigenen Geständnis wird sich Mauriac von diesem Verriss niemals ganz erholen. Das war nicht nur ein Affront, das zog seine ganze Romankonzeption in Zweifel. Er dachte noch daran, als er *La Pharisienne* schrieb und eine neue Methode versuchte. Die Ader des Romanciers war für lange Zeit versiegt. So sieht man sich bei Édith Thomas nicht gerade mit Zuneigung in die Augen. Zum Glück ist man anderer Dinge wegen dort. Sartre beginnt, an den im Untergrund erscheinenden *Lettres françaises* mitzuarbeiten, für die er insbe-

---

15 A. Cohen-Solal, *Sartre. 1905–1980*. Übers. v. E. Groepler, Rowohlt Verlag, Reinbek, 1988, S. 279–280.

sondere eine heftige Philippika gegen Drieu, dann gegen Rebatet und die Redaktion von *Je suis partout* schreibt.

Manche Widerstandskämpfer, unter anderen Vercors, werfen ihm vor, dass er im Juni 1943 sein Stück *Les Mouches* (*Die Fliegen*) von Dullin aufführen lässt. Hatte Sartre sein Stück nicht vor allem für seine Freundin Olga, eine Schauspielschülerin, geschrieben?[16] Die kollaborationistische Kritik – insbesondere Alain Laubreaux in *Je suis partout* – geht dabei mit dem Autor nicht gerade schonend um.[17] Später wird Sartre den verborgenen Sinn seines Stückes erklären, das ein Widerstandsstück sei. Fürs Erste ist die Botschaft so verschleiert, dass sie vielen entgeht. Michel Leiris lobt *Les Mouches* in einem anonymen Artikel in *Les Lettres françaises*, doch unter dem Gesichtspunkt der politischen Wirksamkeit gibt es Besseres. Zur selben Zeit publiziert Sartre *L'Être et le Néant* (*Das Sein und das Nichts*), den Versuch einer phänomenologischen Ontologie, der auch eine Hymne auf das Bewusstsein und die Freiheit ist. Als es erscheint, findet das Buch keine übermäßige Beachtung, doch es macht Sartre nach der Libération zum französischen Vordenker der existentialistischen Philosophie. Damals beginnt auch die Freundschaft zwischen Sartre und Camus. Dieser hatte sich einst zu *La Nausée* lobend geäußert, jener war von *L'Étranger* begeistert gewesen. Sie fühlen sich verwandt; sie haben Achtung voreinander. Nach dem Krieg werden Sartre und Camus zu den Leitsternen der neuen Generation.

Alles in allem ist Sartre nicht der Held der Résistance gewesen, der er wohl gerne gewesen wäre. Er hat sich sogar dazu herabgelassen, in der Kollaborationszeitung *Comœdia* mehrere Artikel zu veröffentlichen – genau wie Jean Paulhan allerdings. Seine Partnerin, der »Castor«, hat sich nicht immer von Skrupeln bestimmen lassen: nach einer Liaison mit einer ihrer Schülerinnen aus dem Schuldienst entlassen, scheut sie sich nicht, einen Posten beim Vichy-Rundfunk anzunehmen, wozu Sartre sie ermutigt. Nichtsdestoweniger kann sich Sartre sein frühes »Engagement« zu Gunsten einer Initiative des Widerstands sowie seine Schriften im Untergrund zugute halten, die ihm legitimerweise die Tore zum CNE öffnen. Das Publikum wird sich seiner Bedeutung im befreiten Frankreich plötzlich bewusst.

Sartre hat im Übrigen bereits wenige Tage vor der Landung in der Normandie Ruhm geerntet – dank *Huis clos* (*Geschlossene Gesellschaft*), dessen Premiere am 27. Mai 1944 stattfindet. Die kollaborationistische Presse verreißt im Allgemeinen das Stück wegen seiner »Amoralität«. Claude Jamet erklärt dagegen in *Germinal*: »Jean-Paul Sartre ist zweifellos seit Anouilh das größte Ereignis des jungen französischen Theaters[18].« Die Intellektuellen aus

---

16 *Ibid.*, S. 298.
17 Vgl. I. Galster: *Que faisait Jean-Paul Sartre sous l'Occupation?* L'Histoire, Nr. 248, November 2000
18 *Ibid.*, S. 338.

der Résistance sind weit davon entfernt, einstimmig Lob zu äußern. Insbesondere Gabriel Marcel und Jean Guéhenno geben ihrer Verlegenheit oder sogar ihrer Missbilligung Ausdruck. Zu düster, zu neu für sie. Sartre ist endgültig lanciert – gegen die alte Garde. Die Libération trägt ihn zum Gipfel, als Camus, Leitartikler von *Combat*, seinen Freund bittet, die Tage des Aufstands zu beschreiben und auf die Besatzungszeit zurückzukommen.

In den folgenden Wochen stellen die Schriftsteller des CNE unter dem Einfluss von Aragon – Fouquier-Tinville[19] ähnlicher denn je – Listen von Schriftstellern der Kollaboration zusammen. Die Säuberungsprozesse veranlassen konkret dazu, über die Verantwortung des Schriftstellers nachzudenken. In diesem äußerst gespannten Kontext drängt sich das Thema des Engagements mit Gewalt auf. Sartre macht sich daran, die Theorie dazu in den ersten Nummern von *Les Temps modernes* zu entwickeln – einer Zeitschrift, deren Finanzierung Gallimard übernommen hat und die im Oktober 1945 lanciert wird.

Dem Direktionskomitee, das ein Jahr zuvor gebildet worden war, gehören neben Jean-Paul Sartre und Simone de Beauvoir Michel Leiris, Maurice Merleau-Ponty, Albert Ollivier, Jean Paulhan und Raymond Aron an. Die letzten drei werden nicht lange dabei bleiben; doch sind sie zumindest zu Beginn beteiligt. Auch Albert Camus wird mitarbeiten. Diese Zeitschrift ist kaum nach dem Geschmack von Paulhan, der nach wie vor dem Prinzip der reinen Literatur die Treue hält und darauf bedacht ist, die Schriftsteller zu verteidigen, denen eine Verurteilung oder ein Scherbengericht droht. Warum solche Verurteilungen berechtigt waren, wird Simone de Beauvoir 1963 erklären:

»Es gibt Worte, die so mörderisch sind wie eine Gaskammer. Es waren Worte, die den Mörder Jaurès' bewaffnet, Worte, die Salengro zum Selbstmord getrieben haben. Im Fall Brasillachs handelte es sich nicht um ein ›Gesinnungsdelikt‹. Durch seine Denunziationen, durch seine Aufrufe zum Töten und Völkermord hat er der Gestapo direkt in die Hände gearbeitet[20].«

In seiner »Présentation des *Temps modernes*« (»Vorstellung von *Les Temps modernes*«) greift Sartre die Verantwortungslosigkeit der Schriftsteller ohne Umschweife an. Ob man will oder nicht, alles Geschriebene »besitzt einen Sinn«: »Für uns ist der Schriftsteller keine Vestalin und kein Ariel: er ist ›involviert‹, was immer er tun mag, er ist gezeichnet und bis in seine letzten Schlupfwinkel hinein kompromittiert[21].« Da der Schriftsteller »keinerlei Möglichkeit

---

19 *Anm. d. Ü:* Fouquier-Tinville (1746–1795): öffentlicher Ankläger des Revolutionstribunals.
20 Simone de Beauvoir, *Der Lauf der Dinge*. Übers. v. Paul Baudisch, Rowohlt Verlag, Reinbek, 1970, S. 29.

hat, sich davonzustehlen«, selbst wenn er schweigt, ist es notwendig, »dass er sich seiner Epoche voll und ganz verschreibt«: »*Von unserer Zeit wollen wir nichts versäumen.*«

Und Sartre entwickelt ein Konzept, das seinen Lesern vertraut sein wird: »Der Schriftsteller ist in seiner Epoche *situiert*: jedes seiner Worte findet einen Widerhall. Auch sein Schweigen.« Der Schriftsteller hat eine Mission: seiner Zeit Sinn zu verleihen, zu den notwendigen Veränderungen beizutragen. Das Gebot des Engagements wird bis zu seiner letzten Konsequenz getrieben. Es geht nicht mehr darum, vom Romancier oder vom Philosophen zu fordern, unabhängig von seinem Werk politische Artikel zu schreiben oder Petitionen zu unterzeichnen. Sartre behauptet, dass jede Prosa, selbst die fiktionale, »zu einem Zweck bestimmt« ist, dass jede Prosa verpflichtet. Die Wörter sind »geladene Pistolen«; es ist also angebracht, gut zu zielen, und nicht wie ein Kind aufs Geratewohl zu schießen.

Dieses großartige Manifest gegen das L'art-pour-l'art-Prinzip – wieder aufgegriffen und präzisiert in *Qu'est-ce que la littérature? (Was ist Literatur?)* – musste nicht nur für die kompromittierten Schriftsteller, sondern für alle, die sich wie Paulhan von der Literatur eine zwar nicht weniger hohe, doch eine von den sozialen und politischen Problemen losgelöste Vorstellung machten, unerträglich sein. Jahre hindurch trugen indessen Sartres Berühmtheit, seine Machtstellung im Verlagsmilieu, doch auch das Gewicht des Krieges, die Erinnerung an die Todeslager, die Schuldgefühle der einen und die Angst der anderen dazu bei, Sartres Theorie des Engagements zu einer Charta der Moral zu machen.

Das Ansehen und der Erfolg Sartres sind außerordentlich; sein intellektuelles und kommunikatives »Kapital« ist immens; seine universitäre Legitimität unbestreitbar: er ist Normalien und Agrégé in Philosophie, er hat *L'Être et le Néant* publiziert, das zwar wenige gelesen haben, das ihn jedoch als Denker auszeichnet. Literarisch ist er bereits eine Berühmtheit: zu seinem Roman und seinen Erzählungen aus der Vorkriegszeit kommt bald die Trilogie *Les Chemins de la liberté (Die Wege der Freiheit)* hinzu, von der die beiden ersten Bände, *L'Âge de raison (Zeit der Reife)* und *Le Sursis (Der Aufschub)*, im Jahre 1945 erscheinen. Zwei Stücke von ihm sind bereits aufgeführt, da schreibt er mehrere Drehbücher. Seit Ende der dreißiger Jahre ist er der Wegbereiter der neuen Literatur, der Literatur von Camus, von Blanchot, von Parain, von Ponge ... Er schreibt politische Artikel. Er beeindruckt unablässig. Niemand außer ihm kann sich rühmen, in einer Person so viele Gaben zu vereinen, so viele Aktivitäten auszuüben: weder Alain noch Bergson, denen man an den

---

21 Die – modifizierte – Übersetzung der Zitate aus der »Présentation« sind dem Band: J.-P. Sartre, *Der Mensch und die Dinge*. Übers. v. L. Baier u.a., Rowohlt Taschenbuch Verlag, Reinbek, 1978, S. 157–158, entnommen (Anm. d. Übers.).

Universitäten Gehör schenkte, die aber keine Roman- und Theaterschriftsteller waren; weder Mauriac noch Gide noch Malraux und nicht einmal Camus, die zwar ein breites Publikum fanden, doch keine Philosophen waren. An Sartre, den »Alleskönner«[22], kam niemand heran, niemand hätte es ihm gleichtun können.

Die großen Zeitungen bemächtigen sich seiner, montieren Geschichten, bauschen Faits divers auf, die sich nur von Ferne auf das Tun und Lassen der »Mandarins« beziehen. Saint-Germain-des-Prés, wo Sartre und seine Freunde ihren Lebensstil pflegen, wird zur Drehscheibe des Verlagswesens und der Mode, aber auch der Jazzkeller, in denen die Jungen in karierten Hemden und die Mädchen mit langen Haaren nach den Jahren der Ausgangssperre und der moralischen Ordnung Jazz hören und nach den neuen Rhythmen aus Amerika tanzen. Sartre und Beauvoir tanzen keinen *be-bop* oder *boogie-woogie* – sie ziehen die relative Ruhe des Café de Flore und der Deux Magots vor –, doch sie haben Freunde unter der »Fauna« des *Tabou* oder des *Quod libet*: Boris Vian, der durch sein »Trompetchen« berühmt geworden ist, Mouloudji, der dort singt, die Lokalberichterstatterin Anne-Marie Cazalis, Juliette Gréco, für die Sartre wie Raymond Queneau Chansontexte schreibt ... In Sartres Ruhm mischen sich auch diese der Literatur und der Politik fremden Elemente. Jean-Paul und Simone (»die große Sartreuse«) werden auch durch ihre Lebensform berühmt. Ein nicht verheiratetes Paar in einem noch prüden Frankreich, ein Leben in Cafés und mit Festen, ein Kreis von Freunden, die mehr oder weniger auf ihre Kosten leben – all das, noch überspitzt von *Samedi-Soir* und anderen Blättern, machte aus dem »Existentialismus« seit 1946 ein gesellschaftliches Phänomen. Von einem Nonkonformisten zum anderen: nach Gide wurde Sartre »der entscheidende Zeitgenosse[23]«.

---

22 Vgl. die Analyse von A. Boschetti, *Sartre et »Les Temps modernes«*, Éd. de Minuit, 1985.
23 Ausdruck von J.-M. G. Le Clézio, der zunächst von André Rouveyre im Hinblick auf Gide benutzt wurde.

43
Die Kämpfe von Camus

»Es gibt in Frankreich – und es wird sie immer geben (ausgenommen unter dem Druck einer gemeinsamen Gefahr) – Parteinahme und Parteien; das heißt Dialog. Dem verdanken wir das schöne Gleichgewicht unserer Kultur; ein Gleichgewicht aus Verschiedenem. Da steht immer einem Pascal ein Montaigne gegenüber; und in unserer Zeit: einem Claudel ein Valéry[24].« Diese Reflexion Gides, die man in seinem Tagebuch unter Februar 1943 findet, wird sich kurze Zeit später bewahrheiten: einem Sartre steht ein Camus gegenüber.

In dem Tumult und der Aufregung der Wochen der Libération und noch einige Zeit danach stehen Sartre und Camus sich eigentlich nicht gegenüber, sondern gehen Hand in Hand. Ihre Gesichter werden fast zur selben Zeit bekannt; Jahre hindurch ruft der eine Name wie ein Echo den anderen hervor. Beide werden zunächst als die berühmtesten Repräsentanten der neuen französischen Literatur angesehen und dann als die Symbole eines unüberwindbaren Antagonismus, den die Geschichte – mehr als der Streit ihrer *Egos* – hervorgebracht hat.

Die »rosa Periode« in den Beziehungen Sartre-Camus beginnt während des Krieges, im Juni 1943, ein Jahr vor der Landung alliierter Truppen in der Normandie: Albert Camus, dessen früher Ruhm auf die Veröffentlichung von *L'Étranger* und dann von *Le Mythe de Sisyphe* (*Der Mythos von Sisyphos*) ein Jahr zuvor bei Gallimard zurückgeht, trifft Jean-Paul Sartre und Simone de Beauvoir bei der Generalprobe von *Les Mouches*. Die beiden Schriftsteller haben sich schätzen gelernt und messen sich an ihrem Werk. Im Oktober 1938 hat der Journalist Camus in *Alger républicain* Sartres *La Nausée* rezensiert. Er sprach Sartre »grenzenloses Talent« zu, ohne dass ihn die Metaphysik des Autors überzeugt hätte. Die Schlussfolgerung ist offen: »Ein einzigartiger und gewaltiger Geist, dessen künftige Werke und Lehren wir mit Ungeduld erwarten[25].« Sartre widmet 1943 *L'Étranger* in der Februarnummer der *Cahiers du Sud* einen Artikel von zwanzig Seiten. Der acht Jahre ältere Sartre

---

24 A. Gide, *Tagebuch 1939–1949*, op. cit., S. 237.
25 O. Todd, *Albert Camus*. Übers. v. D. Heinemann, Rowohlt Verlag, Reinbek, 1999, S. 212. Falls keine anderen Angaben gemacht werden, sind Zitate aus den Briefen Camus' dieser Biographie entnommen.

scheint hier eine Klassenarbeit Camus' mit einer Mischung aus Zustimmung und Vorbehalt zu korrigieren. Camus bringt in einem Brief an Jean Grenier, seinen früheren Philosophielehrer, der in dieser Nummer der *Cahiers du Sud* selbst einen zustimmenden Artikel über den Roman seines ehemaligen Schülers veröffentlicht hatte, zum Ausdruck, dass für ihn die »meisten« Kritikpunkte Sartres »berechtigt sind«, doch er fügt hinzu: »Warum aber dieser bissige Ton?« Es herrscht also keine spontane gegenseitige Übereinstimmung. Eine unzweifelhafte Bewunderung, doch eingeschränkt von manchem *wenn* und *aber*, die von vornherein einen möglichen Konflikt zwischen den beiden Schriftstellern ahnen lassen.

Die Generalprobe von *Les Mouches,* bei der sie sich begegnen, ist der Auftakt einer langen Zeit der Kameradschaft, der Freundschaft, der Komplizenschaft, was den Castor etwas beunruhigt. Camus – in jeder Hinsicht ein Verführer – zieht die Leute auf unwiderstehliche Weise in seinen Bann; Simone de Beauvoir beobachtet, wie sein Charme auf Jean-Paul wirkt, der von dem Frohsinn und dem Spott dieses Jüngeren entzückt ist, der da vom anderen Ufer des Mittelmeeres plötzlich aufgetaucht ist und mit dem er in aller Freiheit über die Frauen und alles Übrige reden kann; denn in der Tat: die prüde Schreibweise von Camus steht in krassem Gegensatz zu seiner Vorliebe für Ulk, ja Schlüpfrigkeit in der Unterhaltung.

Albert Camus gehört zur Aristokratie des einfachen Volkes. Als Sohn eines Kellereiarbeiters und einer des Lesens und Schreibens unkundigen Putzfrau liebt er die einfachen Leute, den Fußball, die Kneipen, in denen man sich Geschichten mit dem Akzent von Bab-el-Oued erzählt. Zugleich gibt er sich in seinem Äußeren und in seiner Sprache elegant; Grobheiten – wie sie der bürgerliche Sartre schätzt – sind ihm zuwider; er schreibt in einem straffen, manchmal ein wenig feierlichen, eine Spur gestelzten Stil. Er verabscheut alles, was an Populismus erinnert; Demagogie ist ihm ein Gräuel: er braucht nicht zum Volk zu gehen, er gehört zum Volk.

Im Gegensatz zu denen, die ein Erbe antreten und ohne finanzielle Sorgen eine Schriftstellerkarriere ins Auge fassen können, beginnt er diese Karriere mit knapp bemessenen Mitteln ... Er hätte wie andere die Universitätslaufbahn einschlagen können. Er versucht sich auf diesem Weg: Abitur, Licence, Diplôme; doch als er vor der Agrégation steht, schließt die Universität vor ihm die Tore: keine Tuberkulosekranken bei mir, man huste woanders!

Dieser Fehlschlag ist vielleicht seine Chance. Da er keine pädagogische Laufbahn einschlagen kann, wird er Journalist, ohne das Werk aufzugeben, von dem er besessen ist. Camus trifft im März 1940 in Paris ein; er kommt aus Algier, wo er seine Arbeit als Journalist infolge des Verbots von *Le Soir républicain* – der *Alger républicain* ablöst und dem man vorwirft, von Kommunisten geleitet zu werden – verloren hat. Sein Freund Pascal Pia, Journalist und Literaturkritiker, ehemaliger Redakteur bei *Alger républicain,* dann Redaktionssekretär bei *Paris-Soir* von Pierre Lazareff, holt Camus ebenfalls dorthin, auf einen ähnlichen Posten. Camus lebt im Hotel und hat sich wieder an seinen ersten Roman gemacht, *L'Étranger,* den er Anfang Mai 1940 beendet. Als die deutsche Offensive beginnt, bietet Camus, der wegen Tuberkulose für dienstuntauglich erklärt ist, der Republik schriftlich seine Dienste an. Auf eine Antwort zu warten ist nutzlos. Die Ereignisse überschlagen sich, und er findet sich am 9. Juni auf der Straße der Massenflucht wieder, am Steuer eines Wagens von *Paris-Soir* mit dem Manuskript von *L'Étranger* im Kofferraum. In Clermont-Ferrand, der Endstation, erfährt er von der Unterzeichnung des Waffenstillstands und der Übersiedlung Pétains nach Vichy: »Für einen freien Menschen«, schreibt er an Yvonne, eine Freundin aus Algier, »gibt es keine andere Zukunft als das Exil oder die sterile Revolte.« Francine, seiner Verlobten – auch sie in Algerien –, teilt er dieses spontane Urteil über das neue Regime mit:

»Prodeutsche Politik, eine Verfassung nach dem Vorbild totalitärer Regime, entsetzliche Angst vor einer Revolution, die ohnehin nicht stattfindet, und all das ein Versuch, Feinde gnädig zu stimmen, die uns dennoch zermalmen werden, und Privilegien zu retten, die von niemandem bedroht sind.«

Francine hatte er versprochen, sie zu heiraten, sobald die Scheidung von seiner ersten Frau (er hatte im Alter von zwanzig Jahren mit Simone Hié eine erste Ehe geschlossen, die scheiterte) spruchreif wäre. Als er in Lyon ankommt, erfährt er, dass die Sache bereits geregelt ist. Francine kommt zu ihm. Am 3. Dezember heiraten sie. Zu dieser Zeit hat Camus bereits das zu Ende geschrieben, was er seine »drei Absurden« nennt: einen Roman, *L'Étranger,* ein Theaterstück, *Caligula,* und einen Essay, *Le Mythe de Sisyphe,* den Francine, da sie keine Schreibmaschine haben, mit der Hand abschreibt. Als Camus seine Stelle bei *Paris-Soir* verliert, schifft sich das junge Paar im Januar 1941 nach Oran ein; dort wohnen die Faures, die Familie von Francine, die ihm helfen kann.

Camus ist dort nicht glücklich. Er, der Don Juan, hat ohne Leidenschaft geheiratet. Und dann ist er bei seinen Schwiegereltern eingesperrt. Er ist arbeitslos; seine Frau ist Aushilfslehrerin; die Faures gehen ihm mit ihrer kleinbürgerlichen Art auf die Nerven. Schließlich kann er in einer Privatschule Unterricht geben. In Oran erlebt er die Auswirkungen der antisemitischen Gesetzgebung des Vichy-Regimes und der Aufhebung des Décret Crémieux – das im Jahre 1870 den Juden Algeriens die französische Staatsbürgerschaft verliehen hatte – auf seine jüdischen Freunde mit, die damit beginnen, Widerstandsgruppen aufzubauen. Der Briefwechsel mit seinem Freund Pascal Pia, der nach wie vor in Lyon ist, öffnet ihm neue Perspektiven. Pia denkt an eine Zeitschrift, die jedoch nicht erscheinen darf. Er will die Manuskripte von Camus veröffentlichen, die er im April 1941 bekommen hat, und schickt sie an Malraux, dann an Paulhan und schließlich an Martin du Gard. Entscheidende Lektüren: Gaston Gallimard nimmt an. Camus möchte, dass seine drei Werke, die sich gegenseitig erhellen, gleichzeitig erscheinen. Malraux ist dafür und schreibt ihm: »Wichtig ist, dass Ihnen diese beiden Bücher zusammen [der Roman und der Essay] einen Platz unter den zeitgenössischen Schriftstellern sichern, die eine Stimme haben und bald auch Zuhörer und Gewicht. Viele sind es nicht.«

Das Lektorat von Gallimard trifft am 12. November 1941 eine Entscheidung zugunsten von *L'Étranger*. Gaston möchte Auszüge in der *NRF* vorabdrucken – der *NRF* von Drieu! Pia rät Camus davon ab: »Da stinkt es schlimmer denn je[26].« Das Manuskript, das Gerhard Heller liest, bekommt die Genehmigung der Propaganda-Staffel. Bei Gallimard bereitet Raymond Queneau das Manuskript für den Satz vor; Jean Paulhan korrigiert die Fahnen. Beide versichern Camus ihrer Sympathie und ihrer Achtung. *L'Étranger* verlässt die Druckerpresse im Mai 1942; *Le Mythe de Sisyphe* folgt ein halbes Jahr später.

Camus hat ein bisschen Geld verdient: 10.000 Francs Anzahlung statt der 5.000 vereinbarten, dank des Freundes Pascal Pia, der bei Gaston, an sich eher ein Geizkragen, insistiert hatte. Das entspricht etwa drei Monatslöhnen – eine ziemlich mäßige Genugtuung angesichts dessen, was Camus damals widerfährt: nur ungenügend von der Tuberkulose geheilt, hat er einen Rückfall, der einen Pneumothorax und anschließend regelmäßige Behandlungen erfordert. Nach Meinung seines Arztes sollte er den Winter in Frankreich verbringen, möglichst in den Bergen. In diesem Juli 1942 erlauben es die Schulferien Francine, Albert zu begleiten, der im Vivarais in einer Familienpension, die von Freunden geführt wird, Zuflucht findet. Er bleibt dort länger als ein Jahr; Francine fährt zum Schuljahresbeginn nach Algerien zurück.

Im Laufe des Jahres 1943 – er schreibt gerade an *La Peste* (*Die Pest*) – nimmt er über Pia, der zur Bewegung Combat gehört, Kontakt zur Résistance auf. Während eines Ausfluges trifft er in Lyon Francis Ponge, Louis Aragon, Elsa Triolet. Im Herbst ist er in Paris: Gallimard hat ihn als Lektor eingestellt. Seine Verbindung zu Combat wird enger. Die Bewegung verfügt über zwei Zeitungen: *Liberté* und *Vérité*, die sich im Dezember 1941 zu *Combat* zusammenschließen. Bei *Combat* arbeiten Henri Frenay, Georges Bidault, François de Menthon, Pierre-Henri Teitgen, Rémy Roure und Claude

---

26 Wir folgen O. Todd, *op. cit.*, S. 306.

Bourdet, der nach dem Weggang von Frenay nach London für die laufende Berichterstattung verantwortlich ist... Der Chefredakteur, Pascal Pia – zu anderen Aufgaben im CNR (Conseil national de la Résistance, »Nationaler Widerstandsrat«) berufen –, überlässt seinen Posten bald Camus, dem Jacqueline Bernard zur Seite steht. Die Zeitung ist eines der wichtigsten Organe der Untergrundpresse; im November 1943 hat sie eine Auflage von 300.000, was sie dem Einsatz des Ingenieurs André Bollier verdankt. Camus lädt Jean-Paul Sartre und Dionys Mascolo zur Mitarbeit ein. Die Devise der Zeitung lautet: »Im Krieg wie im Frieden gehört das letzte Wort denen, die sich nie ergeben.«

Die intellektuelle Teilnahme Camus' an der Résistance beschränkt sich nicht auf diese Arbeit. Der Autor von *L'Étranger* verfasst auch seine *Lettres à un ami allemand* (*Briefe an einen deutschen Freund*); der erste Brief erscheint 1943 in *La Revue libre*, der zweite in *Les Cahiers de la Libération*, die Anfang 1944 von Libération-Sud – Cassou, Martin-Chauffier, Aragon, Aveline, Éluard, Paulhan, Abraham, Noël und Seghers gehörten dazu – gegründet worden waren. Camus schreibt darin:

> »Der Krieg befriedigte uns nicht. Unsere Gründe waren nicht reif. Den Krieg ohne Uniform, den hartnäckigen, kollektiven Kampf, das wortlose Opfer hat unser Volk gewählt. Das ist der Krieg, den es sich selbst gegeben und nicht von stumpfsinnigen oder feigen Regierungen empfangen hat, der Krieg, in dem es sich wieder findet und in dem es für eine bestimmte Vorstellung kämpft, die es von sich selber hegt. Aber dieser Luxus kommt es entsetzlich teuer zu stehen. Auch hier wieder hat unser Volk ein größeres Verdienst als das Ihre. Denn seine besten Söhne sind es, die fallen. Dieser Gedanke peinigt mich am meisten[27].«

Camus legt parallel dazu Marcel Herrand sein Stück *Le Malentendu* (*Das Missverständnis*) vor; die Generalprobe findet am 25. Juni 1944 statt, kurze Zeit nach der Uraufführung von Sartres *Huis clos*. Herrand hat die weibliche Hauptrolle Maria Casarès angeboten, einer jungen Schauspielerin, die aus einer republikanischen spanischen Familie kommt. Die beiden sind unwiderstehlich voneinander angezogen. Sie treffen sich in dieser Zeit in dem Appartement, das Camus in der Rue Vaneau 1 *bis* neben der Wohnung Gides gemietet hat – ein Appartement, das dessen Tochter Catherine gehört und um das sich die »kleine Dame« kümmert.

Le Malentendu wird schlecht aufgenommen. In *La Gerbe* spricht André Castelot von einem »Schauerstück«. Camus' erstes in Paris aufgeführtes Stück

---

27 A. Camus, »Briefe an einen deutschen Freund«, in *Fragen der Zeit*. Übers. v. G.G. Meister, Rowohlt Verlag, Reinbek, 1977, S. 21.

ist ein Reinfall. Kurze Zeit später gerät er in eine Razzia, bei der es ihm aber noch gelingt, das Layout einer Nummer von *Combat* Maria Casarès, die ihn begleitet, zuzustecken; so kommt er noch einmal davon. Es scheint ihm geraten, umzuziehen. Die Gallimards bieten ihm gastfreundlich ihr Landhaus in Verdelot an.

Schließlich kommt der Tag der Befreiung von Paris. Das ehemalige Gebäude von *L'Intransigeant* in der Rue de Réaumur 100, in dem die kollaborationistische Presse untergebracht war, wird von den Redaktionsstäben von *Combat, Défense de la France* und *Franc-Tireur,* drei aus den Bewegungen der Résistance hervorgegangenen Zeitungen, in Beschlag genommen. Nach 58 Nummern im Untergrund bringt *Combat* am 21. August 1944 seine erste legale Nummer heraus – unter dem Motto: »Von der Résistance zur Revolution.« In seinem Leitartikel vom 24. – in der Hauptstadt wird noch geschossen – schreibt Albert Camus:

> »In diesen furchtbaren Wehen wird eine Revolution geboren [...]. Das Paris, das heute Abend kämpft, will morgen befehlen. Nicht um der Macht, sondern um der Gerechtigkeit willen, nicht um der Politik, sondern um der Moral willen, nicht um der Herrschaft über das Land, sondern um seiner Größe willen[28].«

Dreizehn Tageszeitungen werden damals in Paris zugelassen; ihre Auflage ist wegen des Papiermangels begrenzt. Neben der kommunistischen Presse (*L'Humanité, Front national, Ce Soir*) und der sozialistischen (*Le Populaire*), der Presse des MRP (Mouvement Républicain Populaire, christdemokratische »Republikanische Volksbewegung«) (*L'Aube*) und *Le Figaro* – der seit dem 11. November 1942, d.h. einige Tage vor dem schicksalhaften Datum, von dem an die Presse in der nicht besetzten Zone verboten ist, nicht mehr erschienen war – sind alle anderen Zeitungen direkt aus der Résistance hervorgegangen: *Défense de la France* (ab November *France-Soir*), *L'Homme libre, Franc-Tireur, Libération* und *Combat,* die jeweils in einer Auflage von 180.000 – *L'Humanité* 300.000 – Exemplaren erscheinen dürfen.

Doch es lohnt sich. Von dieser ganzen Presse hebt sich *Combat* von Anfang an ab. Pia (Herausgeber) und Camus (Chefredakteur) schaffen es, daraus – so wie es ihnen vorschwebt – eine unabhängige Zeitung zu machen, die weder parteigebunden noch gedungen, weder »volkstümlich« noch offiziös ist. Camus leistet damals einen ganz wesentlichen Beitrag durch seine Forderung nach einem hochwertigen, ethisch begründeten Journalismus: »oft taugt ein Land so viel wie seine Presse«. Schon am 31. August 1944 widmet er sich

---

28 A. Camus, *Verteidigung der Freiheit. Politische Essays.* Übers. v. G.G. Meister, Rowohlt Verlag, Reinbek, 1960, S. 9–10.

der »Kritik der neuen Presse«[29] und ruft die Analysen der Résistants in Erinnerung: »Wir wussten aus Erfahrung, dass die Vorkriegspresse in ihren Prinzipien und in ihrer Moral nicht mehr zu retten war. Geldgier und Gleichgültigkeit den erhabenen Dingen gegenüber waren zusammengekommen, um Frankreich eine Presse zu bescheren, die, von wenigen Ausnahmen abgesehen, kein anderes Ziel hatte, als die Macht einiger weniger zu vergrößern, und keine andere Wirkung, als die Moral aller herabzuwürdigen.« Ergebnis: die unterjochte Presse von 1940–1944.

Es galt also, »die Zeitungen vom Geld zu befreien«, ihnen »einen Ton und eine Wahrheit«, eine Sprache zu geben, die das Publikum respektierte. Nun, »alles bleibt noch zu tun«: die alten Gewohnheiten verjagen, die wieder Oberwasser gewonnen haben: »die Maßlosigkeiten der Rhetorik oder den Appell an die Midinetten-Sensibilität[30], die vor oder nach der Kriegserklärung den Hauptteil unserer Zeitungen ausgemacht haben«. Camus appelliert an die Verantwortung der Journalisten, die den Auftrag haben,

> »dem Land seine eigentliche Stimme wiederzugeben. Wenn wir es schaffen, dass diese Stimme die der Energie und nicht die des Hasses, die der stolzen Objektivität und nicht die der Rhetorik [man nannte das damals noch nicht ›Parteijargon‹], die der Menschlichkeit und nicht die der Mittelmäßigkeit bleibt, dann wird viel gewonnen sein und wir werden uns nicht als unwürdig erwiesen haben«.

Viele Kollegen sträuben sich gegen diese Moralpredigt. Doch für Camus gilt: wozu Journalismus, wenn man nicht von dem handelt, was für das Gros des Publikums zählt? Die Qualität der Tageszeitungen, die damals das wichtigste Massenmedium darstellen, steht im Mittelpunkt dieser Camus zufolge notwendigen Revolution. Der Leitartikler wird zu einem ihrer entscheidenden Akteure: er verleiht dem Chaos des Tagesgeschehens einen Sinn. Aber, so fügt er in einem Artikel vom 8. September hinzu, »das kann nicht ohne Skrupel, ohne Distanz und ohne eine gewisse Vorstellung von der Relativität der Dinge gehen«. Man muss fähig sein, Partei zu ergreifen, ohne parteiisch zu sein.

Zum Zeitpunkt der Libération drückt Camus zusammen mit sehr vielen anderen die Hoffnung aus, das Motto der Zeitung möge Wirklichkeit werden: »Von der Résistance zur Revolution.« Es kommt nicht in Frage, zur Dritten Republik zurückzukehren; die Herrschaft des »Geldes« muss gebrochen werden. Also eine Rückkehr zur Demokratie? Vielmehr ein Aufstieg zur Demokratie, von der das System vor Vichy nur eine »Karikatur« war. Während der Besatzung hat die *Revolte* begonnen, geschwelt, gebrodelt; die Revol-

---

29 A. Camus, *Essais, Gallimard,* »La Pléiade«, 1965, S.263–265.
30 *Anm. d. Ü:* Etwa Lieschen-Müller-Mentalität

te, die die schändliche Ordnung ablehnt und im »Herzen« entspringt: »Aber es gibt eine Zeit, in der sie in den Geist übergeht, in der das Gefühl zum Gedanken wird, in der der spontane Elan sich in eine konzertierte Aktion verwandelt. Das ist der Moment der Revolution.« Welcher Revolution? Von diesem Artikel vom 19. September 1944 an hebt sich Camus vom revolutionären Absolutismus ab, von allen chiliastischen Gedanken. Er glaubt nicht an die »definitiven Revolutionen«. Er äußert den Gedanken von den »relativen Revolutionen«.

In den Leitartikeln, die dann während dieses ersten Herbstes des befreiten Frankreichs folgen, bemüht sich Camus zu definieren, was diese relative Revolution sein müsste. Erste Definition: »die Versöhnung der Gerechtigkeit mit der Freiheit.« Unter Gerechtigkeit versteht er zunächst die soziale Gerechtigkeit, durch die jeder Einzelne von Anfang an all seine Chancen bekommt – in einem Land, das sich nicht in der Hand einer Minderheit von Privilegierten befindet. Mit Freiheit meint er besonders ein »politisches Klima, in dem die menschliche Person, in dem, was sie ist, und in dem, was sie äußert, geachtet wird.« Die ganze Schwierigkeit besteht darin, ein Gleichgewicht zwischen diesen beiden Grundsätzen zu finden. Eine zweite Definition präzisiert das Wesen dieser Revolution: die Verbindung zwischen einer »kollektivistischen Wirtschaft« und einer »liberalen Politik«. Damit ist die Ideologie des »dritten Weges« oder der »neuen Linken« definiert, die sich zugleich gegen den autoritären Kollektivismus der Kommunisten und den wirtschaftlichen Liberalismus richtet – ein Credo, das fast vierzig Jahre lang das der französischen nichtkommunistischen Linken sein wird.

> »In diesem beständigen und prekären Gleichgewicht liegt zwar nicht das menschliche Glück – das steht auf einem anderen Blatt –, doch die notwendige und ausreichende Bedingung dafür, dass jeder Mensch allein für sein Glück und sein Schicksal verantwortlich sein kann. [...] Kurz, wir wollen eine wirkliche Volksdemokratie verwirklichen.« Diese Revolution wird sich schließlich nicht auf jedem beliebigen Weg durchführen lassen: nötig ist dazu »eine intellektuelle und moralische Rechtschaffenheit in jedem einzelnen Augenblick; sie allein kann die notwendige Klarsicht geben. Wir glauben nicht an den politischen Realismus. Die Lüge, sogar die gut gemeinte, trennt die Menschen, stößt sie in die nichtigste Einsamkeit. Wir glauben im Gegenteil, dass die Menschen nicht einsam sind und dass ihre Solidarität vollkommen ist, wenn sie sich mit widrigen Bedingungen konfrontiert sehen« (1. Oktober 1944).

Malraux denkt zu dieser Zeit kaum anders. Man empfängt ihn in der Zeitung, glücklich darüber, dass er unversehrt ist. Er erscheint am 21. September in der Uniform eines Obersten der Division Alsace-Lorraine. Am Tag darauf zeigt ihn ein Foto, sehr schlank, mit Militärmütze und einer Zigarette im Mund, ihm gegenüber steht Camus, abgemagert, in Hemdsärmeln, ihm einen bewundernden Blick zuwerfend. Einige Monate später veröffentlicht *Combat* eine Rede von Malraux, in der er die Leitgedanken des MLN (Mouvement de libération nationale, »Nationale Befreiungsbewegung«), Konkurrenzbewegung des von den Kommunisten geleiteten Front national, verteidigt. Roger Stéphane, der damals den Antikommunismus fürchtet, befragt ihn zu dieser Rede: »Man komme mir nicht mit den Räten«, sagt Malraux, »die Franzosen sind unfähig, sie zu realisieren, sie werden sie nie realisieren oder in tausend Jahren. [...] Da es nicht in Frage kommt, dass wir den russischen Sozialismus übernehmen und für uns passend machen, werden wir den angelsächsischen Sozialismus übernehmen und passend machen.« Malraux empfiehlt besonders die Verstaatlichung des Kreditwesens, »die entscheidende Verstaatlichung[31]«. Gewissermaßen »Sozialismus und Freiheit« – wie Sartre seine Widerstandsgruppe genannt hatte. Das ist sehr wohl das Leitmotiv, die Linie, der man aus der Sicht dieser linken Intellektuellen folgen muss; sie wiederholen die doppelte Weigerung der jungen Leute aus den dreißiger Jahren: weder Kommunismus noch Kapitalismus. Doch wo ist der dritte Weg? Die Doktrin der Labour Party oder die Sozialdemokratie, das, was Malraux den »angelsächsischen« Sozialismus nennt, bleibt im Rahmen des Kapitalismus, und das werfen die Kommunisten ihr vor. Nun gut, wenn die Sache noch nicht existiert, muss man danach streben, daran glauben. Der demokratische Sozialismus muss noch erfunden werden.

Kann die sozialistische Partei ein Instrument dafür sein? Vielleicht; doch nur unter der Bedingung, dass die Sozialisten ihre Sprache, ihre Inspirationsquellen erneuern und nicht »die Verwirklichung ihrer Lehre mit der Erlangung einer Mehrheit in der Nationalversammlung« verwechseln (10. November 1944). Die Kommunistische Partei? Camus hat noch das Gefühl, mit ihr das Ideal der Gerechtigkeit zu teilen, doch er lehnt ihre Geschichtsphilosophie ab, die den politischen Realismus rechtfertigt: »Wir glauben nicht an den politischen Realismus. Unsere Methode ist eine andere.«

Dabei ist die Annahme falsch, die Franzosen könnten tun und lassen, was sie wollten. Im November 1946 zeigt Camus, wie sehr Frankreich in die internationalen Zusammenhänge eingebunden ist; diese verbieten sowohl die marxistische Revolution als auch die nationalistische Konterrevolution:

»Die Wahrheit, die klar auszusprechen – während alle Welt sie kennt, ohne sie auszusprechen – ich mich entschuldige, ist, dass wir als Fran-

---

31 R. Stéphane, *Fin d'une jeunesse*, La Table ronde, 1954, S. 43.

zosen nicht die Freiheit haben, revolutionär zu sein. Oder wenigstens können wir keine Revolutionäre für uns allein mehr sein; denn in der Welt von heute gibt es keine konservative oder sozialistische Politik mehr, die sich allein auf nationaler Ebene entfalten könnte[32].«

Hiroshima hat diese Verdammung zum Relativen klar bewiesen:

»Die absolute Gerechtigkeit ist unmöglich, wie der ewige Hass oder die ewige Liebe unmöglich sind. Deshalb muss man zur Vernunft zurückkommen. Die Zeit der Apokalypse ist vorbei. Wir sind in die der mittelmäßigen Organisation und der Arrangements ohne Größe eingetreten. Aus Weisheit oder aus Glücksstreben muss man letzterer den Vorzug geben, obwohl man weiß, dass man über die Mittelmäßigkeit zur Apokalypse zurückkehrt« (7. Mai 1947).

Arrangements, in denen Rassismus und Kolonialismus keinen Platz haben dürfen. Zur selben Zeit, als Camus den Weg der Vernunft des Machbaren gegen die Vernunft des Utopischen wählt und der Flucht nach vorn in die Utopie eine Politik der Urteilskraft vorzieht, prangert er die Unterdrückung der Madagassen an, die von der Regierung der Republik ausgeht:

»Wenn heute Franzosen die Methoden, die andere Franzosen manchmal gegen Algerier oder Madagassen anwenden, ohne Revolte zur Kenntnis nehmen, so, weil sie, ohne sich dessen bewusst zu sein, in der Gewissheit leben, dass wir diesen Völkern überlegen sind und dass die Wahl der Mittel, mit denen man diese Überlegenheit dokumentiert, unwichtig ist« (10. Mai 1947).

Die Freude der Libération ist vorbei. Die Revolution wird nicht stattfinden. *Combat* verliert immer mehr Leser und unterschreitet bald die 100.000. Camus hatte sich schon im Herbst 1945 etwas vom Journalismus entfernt. Am 5. September desselben Jahres hatte Francine, die wieder zu ihm gezogen war, Zwillinge zur Welt gebracht, Jean und Catherine. Zwei Wochen später ist im Théâtre Hébertot die Generalprobe zu *Caligula*; es ist der erste Bühnenerfolg von Camus, den er zu einem großen Teil einem neuen Schauspieler, Gérard Philipe, verdankt, der die Kritik entzückt. Henri Troyat glaubt, in *La Nef* schreiben zu müssen: »Das ganze Stück [...] ist nichts anderes als eine Veranschaulichung der existentialistischen Grundsätze Sartres[33].« Camus erinnert

---

32 A. Camus, *Essais, op. cit.*, S. 338.
33 Zit. nach H.R. Lottman, *Camus. Eine Biographie.* Übers. v. H.-H. Werner, Hoffmann und Campe, Hamburg, 1986, S. 315.

die Zeitschrift daran, dass sein Stück 1938 konzipiert wurde und dass sein *Mythe de Sisyphe* die existentialistischen Philosophien kritisiert. Das ändert nichts: die Namen Sartre und Camus bleiben miteinander verknüpft, auf ein Missverständnis in der Interpretation ihrer Werke hin und auf Grund ihrer allseits bekannten Freundschaft. Diese lockert sich indessen. Sartre und Camus sind im Hinblick auf de Gaulle verschiedener Meinung, und Camus äußert dem Kommunismus gegenüber mehr Vorbehalte als Sartre. Als Merleau-Ponty im privaten Kreis die Moskauer Prozesse rechtfertigt, verteidigt ihn Sartre; Camus erträgt das nicht.

Camus kehrt ins Verlagshaus Gallimard zurück, in sein Büro und zum Lektorat in der Rue Sébastien-Bottin; er stellt seine Reihe »Espoir« (»Hoffnung«) auf die Beine, in der er Violette Leduc, Jacques-Laurent Bost, Colette Audry und schließlich das posthume Werk von Simone Weil, die 1943 in der Grafschaft Kent gestorben war, herausbringt.

Im Jahr 1946 geht Camus weiter auf Distanz zu *Combat*. Von März bis Juni weilt er auf Einladung der Kulturabteilung des Außenministeriums in New York. Vortragsreise, Interviews, Gespräche im Rundfunk – er wird einer der bekanntesten Vertreter der jungen französischen Literatur in Amerika, und dies umso mehr, als die Übersetzung von *L'Étranger* im Verlagshaus Knopf während seines Aufenthaltes erscheint. Die Zeitschrift *Vogue* macht aus ihm vollends einen neuen Star, indem sie sein Aussehen mit dem des jungen Humphrey Bogart vergleicht.

In Paris zurück, arbeitet Camus wieder, wenn auch sporadischer, mit *Combat* zusammen; insbesondere veröffentlicht er dort im November seinen Essay *Ni victimes ni bourreaux* (»Weder Opfer noch Henker«). In der Zeitung gärt es, es gibt Zweifel und Streit. In seiner Abwesenheit ist Raymond Aron einer der Leitartikler geworden, was den links stehenden Redakteuren wie Bost missfällt. Das Referendum zum Verfassungsentwurf im Mai 1946, den die Kommunisten und Sozialisten unterstützen, hat Raymond Aron und Albert Ollivier, die (wie de Gaulle) Anhänger eines Nein sind, in Gegensatz zu den übrigen Redaktionsmitgliedern gebracht. Die Gründer der Zeitung, Pascal Pia, Bloch-Michel (genannt Jean Bloch), Georges Altschuler, Jacqueline Bernard, bitten Camus um seine Unterstützung. Ein endloser Streik der Setzer schwächt die Zeitung noch mehr. Hinter den Kulissen diskutiert man über gegensätzliche Projekte einer Kapitalerhöhung. Im Mai 1947 greift Camus wieder zur Feder. Das Finanzproblem findet eine Lösung: Claude Bourdet hat einen Kapitalgeber gefunden, Henri Smadja, einen Geschäftsmann, Eigentümer von *La Presse* in Tunis. Camus lehnt diese Lösung ab. Am 2. Juni überlassen fünf der sechs Aktionäre – Camus, Pia, Jacqueline Bernard, Bloch-Michel und Ollivier – Bourdet ihre Anteile zum Nominalwert; der Name Smadja erscheint dabei nicht. Am Tag darauf zeichnet Camus seinen letzten Leitartikel, eine Art Abschiedstext, den Bourdet ihm übel nimmt:

»Die politische Leitung und die Geschäftsführung der Zeitung ziehen sich zurück und weichen einer neuen Leitung. Das muss klar sein. Wir geben unseren loyalsten Wünschen für das Gelingen eines Unternehmens Ausdruck, das uns am Herzen lag. Aber wie die Kollegen, die morgen die Zeitung machen werden, die von uns übernommene Verantwortung nicht auf sich nehmen müssen, so entbindet uns unser Abschied von jeder weiteren Verpflichtung. Es versteht sich indessen, dass Claude Bourdet die Absicht hat, die Zeitung im Geist der Objektivität und der Unabhängigkeit, der sie bisher ausgezeichnet hat, weiterzuführen. Im Übrigen bleibt die Redaktion der Zeitung erhalten[34].«

Der große *Combat* der Nachkriegszeit ist tot. Selbst Claude Bourdet, ein so unabhängiger Geist, wird aufgeben und in dem 1950 gegründeten *Observateur* bessere Ausdrucksmöglichkeiten finden. Zweifellos ist das Schicksal von *Combat* kein Einzelfall: die ganze aus der Résistance hervorgegangene Presse wird nach und nach verschwinden – wie *Franc-Tireur* oder *Libération*. Das Scheitern dieser Presse war auch das Scheitern der Ideale der Résistance, die sich nach der Libération auf die Revolution richteten. Was *Combat* angeht, war es auch das Scheitern einer ziemlich seltenen Erfahrung, der eines Schriftsteller-Journalismus. Vor allem in den Jahren 1944/45 hatte sich Camus – weit davon entfernt, ein entfernter freier Mitarbeiter zu sein, ein Journalist, der die Räume seiner Zeitung nie betritt – voll und ganz engagiert; er liebte den kollektiven Geist dieses Berufs, den Lärm der Maschinen, den Geruch der Druckplatte, die Scherze und das Glas Wein mit den Setzern, die kameradschaftliche Atmosphäre der Fußballumkleideräume aus seiner Jugend. Er hatte das alles bei *Alger républicain* schätzen gelernt. Der Krieg hatte ihn in der Überzeugung bestärkt, dass der Journalismus eine ungeheuer große Verantwortung besaß. Man konnte ihn nicht den einfachen Spaßmachern, den Papierhändlern oder den bloß ihre Interessen verfolgenden Eigentümern überlassen. Es galt, die käufliche Presse der Vorkriegszeit durch einen rechtschaffenen Journalismus zu ersetzen. Da hatten die Schriftsteller ihren Platz.

Die Artikel von Camus in *Combat* sind Zeugnisse dieser Forderung inmitten der Konflikte und Ungewissheiten der Nachkriegszeit. Er fand Nacheiferer, rief andere Versuche dieser Art hervor. Es gab schon *Le Monde*, herausgegeben von Hubert Beuve-Méry, den Albert Camus wenig schätzte, der nichtsdestoweniger ein weiteres Beispiel für Unabhängigkeit war.

---

34 A. Camus, *Essais, op. cit.*, S. 1562.

Camus kehrt also zu seinem Werk als Autor und Herausgeber zurück. Einige Tage nach seinem in *Combat* abgedruckten Abschiedsartikel veröffentlicht er *La Peste,* einen allegorischen Roman über die Besatzungszeit. Drei Monate später kann sich Gallimard dazu beglückwünschen, nahezu 100.000 Exemplare verkauft zu haben: Camus hat den Kreis der Eingeweihten durchbrochen; er ist nun endgültig berühmt. Jetzt erscheinen die Gestalten von Sartre und Camus immer mehr als Gegensätze. Der erste predigt die Revolte und radikalisiert sein Denken immer mehr. Der zweite, der von der Revolte ausgegangen war, verkündet Mäßigung, Reform, Ausgewogenheit im Urteilen bei tatkräftiger Verzweiflung, einen atheistischen Humanismus, einen Geist der Brüderlichkeit ohne Trug, kurz: die Moral von *La Peste*. Im November 1948 umreißt er seine Politik des Relativen in der Zeitschrift *Caliban* folgenermaßen:

»Die Demokratie ist nicht das beste politische System. Sie ist das am wenigsten schlechte. Wir haben alle Systeme ein wenig ausprobiert; und uns ist das jetzt klar. Doch dieses System kann nur von Menschen konzipiert, geschaffen und getragen werden, die wissen, dass sie nicht alles wissen, die die proletarischen Lebensbedingungen nicht akzeptieren und die sich nie mit dem Elend der anderen abfinden; doch die sich weigern, dieses Elend im Namen einer Theorie oder eines blinden Messianismus zu verschlimmern[35].«

»Die Demokratie. Eine Übung in Bescheidenheit.« Das war der Titel des Artikels. Camus wurde missverstanden. Als Beweis kann der Brief eines zweiundzwanzig Jahre alten Unbekannten, eines ehemaligen Deportierten, an André Gide vom Februar 1946 dienen: »Die erschreckende Absurdität von Leuten wie Sartre und Camus hat nichts gelöst und eröffnet nur Selbstmordhorizonte[36].« Camus war vom Absurden ausgegangen; weit davon entfernt, das Glück zu verleugnen, verherrlichte er es, ohne dabei das Bewusstsein unserer Grenzen zu verlieren. Ein Schriftsteller ist immer in der Gefahr missverstanden zu werden.

---

35   *Ibid.,* S. 1582.
36   A. Gide, *Tagebuch. 1939–1949, op. cit.,* S.361 (modif. Übers.).

44
Die Partei der Erschossenen

Trotz ihrer rasch zunehmenden Berühmtheit und ihres wachsenden Echos üben Sartre und Camus nur einen marginalen Einfluss aus, verglichen mit dem der beiden großen geistigen oder ideologischen Mächte: der katholischen Welt und der kommunistischen Bewegung. Diese reproduzieren – die eine gegen die andere – den jahrhundertealten Konflikt der beiden Frankreich: des laizistischen und des christlichen. Neu ist damals einerseits die Zunahme an Inbrunst und Zustimmung, die der Katholizismus erlebt (wie in den Jahren vor dem Ersten Weltkrieg), und andererseits das Aufrücken der Kommunistischen Partei an die erste Stelle im französischen Parteiensystem. Der Begriff »Konflikt« drückt den Charakter der Beziehungen zwischen diesen beiden Polen schlecht aus: zahlreiche Intellektuelle wechseln vom einen zum andern, während manche sich darum bemühen, christlichen Glauben und Anschluss an den Kommunismus zu vereinbaren – beispielsweise Maurice Caveing, der Katholik blieb, als er von 1946 bis 1948 die Geschicke der Zelle der Rue d'Ulm[37] lenkte[38]. Einerseits erlebt man, wie Pierre Hervé, Philosophie-Agrégé, in *L'Humanité* mit François Mauriac, dem katholischen Schriftsteller von *Le Figaro*, einen Strauß ausficht; andererseits beobachtet man katholische Intellektuelle, die mit den Kommunisten für die Revolution kämpfen wollen, und umgekehrt eine Kommunistische Partei, die die Politik der »ausgestreckten Hand« auch auf die Katholiken anwenden möchte. Sind im Übrigen Katholiken und Kommunisten – zusammen mit den Sozialisten – von der Libération an bis Mai 1947 nicht gemeinsam an der Regierung?

Innerhalb von fünf Jahren hat sich der PCF, den das Verbot im Jahre 1939 niedergeschmettert hatte, bis an die erste Stelle aufgeschwungen, vor allem an die erste Stelle innerhalb der Linken – zu Lasten der Sozialistischen Partei. Die Résistance, in die sie offiziell mit Verspätung eingetreten ist, hat ihr dazu Gelegenheit geboten. Die Partei rechnet sich ihre Helden und ihre Märtyrer als Ehre an. In all ihren Organen verbreitet sie gegen Ende des Krieges, sie sei »die Partei der 75.000 Erschossenen«. Da die Zahl in keinem Verhältnis zur Wirklichkeit steht, ziehen es einige vor, sie euphemistisch die »Partei der Erschossenen« zu nennen, was ebenfalls übertrieben ist, denn sie hat nicht das

---

37 *Anm. d. Ü:* Rue d'Ulm: hier liegt die École normale supérieure, s.o..
38 A. Kriegel, *Ce que j'ai cru comprendre*, Robert Laffont, 1991, S. 327.

Monopol der Getöteten, der Geopferten, der Deportierten. Und außerdem gebührt dem PCF – von wenigen Einzelfällen abgesehen – nicht der Lorbeerkranz der schnellsten Reaktion. Allerdings hat sie es verstanden, alle Möglichkeiten einer mit dem Untergrund vertrauten leninistischen Organisation auszunutzen. Während sich die sozialistischen Aktivisten in den verschiedenen schon existierenden Bewegungen der Résistance engagieren, verstehen es die Kommunisten von Anfang an, die Organisationen der Partei zu schützen und weiterzuentwickeln und den Front national, im militärischen Bereich die FTP[39], bei den Intellektuellen den CNE zu kontrollieren[40]. Wie Claude Bourdet betonen wird: auch wenn die nichtkommunistische Résistance zahlenmäßig am bedeutendsten war, so »hatten die Kommunisten in den Organen der Résistance ein Gewicht, das unvergleichlich größer war als ihre Bedeutung im Land[41]«. Diese Periode bringt genau wie 1936 – ein anderer Zeitpunkt eines großen Aufschwungs – eine Versöhnung zwischen der internationalen Berufung des PCF als Sektion der kommunistischen Internationale und seiner nationalen Berufung.

Die Kommunistische Partei ist auch »die Partei der Arbeiterklasse«. Im Untergrund gelingt es ihr unter der Führung von Benoît Frachon, die Mehrheit der CGT zu erobern, indem sie ihre doppelte Funktion zur Geltung bringt: »Die sozialen Forderungen sind vom Kampf für die nationale Befreiung nicht getrennt: sie ergänzen ihn«, las man in *La Vie ouvrière* vom 7. Januar 1943. Die Kommunistische Partei wird alles tun, um den Gedanken durchzusetzen, dass »die Arbeiterklasse an der Spitze der kämpfenden Kräfte steht« (*L'Humanité*, 1. April 1943). Zur Harmonie zwischen patriotischem Kampf und Internationalismus (die UdSSR leistet ihrerseits Hitlerdeutschland Widerstand) kommt die Harmonie zwischen Klassenkampf und Résistance hinzu. Der PCF ist zugleich eine nationale und eine Arbeiterpartei – unter dem Deckmantel einer apolitischen Haltung und der »Union aller Franzosen«.

Das Ansehen der UdSSR trägt zur Wirkung und Ausstrahlung der französischen Partei sehr stark bei, sogar in den Augen der Antikommunisten. Der Sieg von Stalingrad – im Februar 1943 die erste Kapitulation nazistischer Streitkräfte – beeindruckt alle und veranlasst viele, sich der Partei anzuschließen:

---

39 *Anm. d. Ü:* FTP oder F.T.P.F. (Francs-Tireurs et Partisans français): »Französische Freischärler und Partisanen«, Gruppe kommunistischer Widerstandskämpfer.
40 M. Sadoun, *Les Socialistes sous l'Occupation*, PFNSP, 1982; Stéphane Courtois, *Le PCF dans la guerre*, Ramsay, 1980.
41 C. Bourdet, *L'Aventure incertaine*, Stock, 1975.

»Stalingrad«, schreibt Edgar Morin, »fegte für mich – und zweifellos für Tausende wie mich – alle Kritik, alle Zweifel und Vorbehalte hinweg. Stalingrad wusch alle Zweifel der Vergangenheit weg, wenn es sie nicht sogar rechtfertigte. Die Grausamkeit, die Prozesse, die Liquidationen fanden in Stalingrad ihren Sinn. Der Rückzug von 1941, die Befürchtungen, all das lief auf den genialen Schachzug Stalins hinaus. Stalin war identisch mit der Stadt seines Namens, diese mit der Fabrik Roter Oktober und ihren bewaffneten Arbeitern, die Fabrik mit der Revolution von 1917 und all das mit der Freiheit der Welt, mit dem Sieg, der endlich in greifbare Nähe gerückt war, mit all unseren Hoffnungen, mit einer strahlenden Zukunft.
– Ja, Stalin ist genial, sagte Rolland zu mir.
– Es wirkt natürlich ein bisschen dumm, das zu sagen, doch es stimmt[42] ...«

Die Macht, die der Kommunismus ausstrahlt, hat seine Faszination nach dem Krieg beträchtlich erhöht. Sich dem Kommunismus anzuschließen heißt nicht nur, in eine französische Regierungsorganisation mit vielen Verästelungen einzutreten, sondern auch, einer geopolitischen Einheit anzugehören, die dazu bestimmt ist zu wachsen und an deren Spitze die UdSSR steht. Der Kommunismus ist die Zukunft. Man tritt der Partei in der Euphorie des Sieges bei oder ganz einfach, um sich einen Platz zu sichern.

Die explosionsartige Entwicklung des PCF nach der Libération ist eingehend untersucht worden. Nehmen wir das Beispiel von Puteaux in der Pariser Banlieue. Am 26. August 1944 zählt die örtliche Sektion 40 Mitglieder – gegenüber 400 im Jahre 1939. Schon am 10. September sind es 180; am 10. Dezember 610. In derselben Gemeinde verfügt der PCF über »Massenorganisationen«, denen man sich leichter anschließen kann und die im Oktober sehr starken Zulauf haben: 500 Mitglieder haben die »Patriotischen Garden«, 40 die »Vereinten Kräfte der patriotischen Jugend«, 180 die »Freunde der UdSSR«, 100 hat die »Union der französischen Frauen«, 1200 das »Komitee der Hausfrauen«[43]. Ebenfalls im Westen von Paris, jedoch in einer äußerst bürgerlichen Gemeinde, in Neuilly, zählt die Sektion, die 1937 250 Mitglieder hatte, Ende 1947 855[44]. Die Kommunistische Partei hört auf, eine spezifische Arbeiterpartei zu sein, und wird zu einer »Auffang-Partei«.

Die Ergebnisse der Wahlen, die bis zur verfassungsmäßigen Errichtung der Vierten Republik abgehalten werden, bestätigen diesen außerordentli-

---

42 E. Morin, *Autocritique*, Seuil, 1959, S. 46–47.
43 S. Robles, »La section de Puteaux. Effectifs et militants communistes, zit. nach A. Kriegel, *op. cit.*, S. 248.
44 A. Kriegel, *ibid.*, S. 344.

chen Aufschwung der »Partei« – so kürzt man von nun an ab, als ob es schon die einzige, eine Einheitspartei, wäre. Bei den Wahlen zur ersten Verfassunggebenden Versammlung am 21. Oktober 1945 liegt der PCF an der Spitze; zusammen mit ihren fortschrittlichen Verbündeten bekommt die Partei mehr als 5 Millionen Stimmen – das macht 26 % der abgegebenen Stimmen aus und bedeutet 151 Sitze gegenüber 150 für den MRP[45]. Wider alles Erwarten liegen die Sozialisten nur an dritter Stelle. Man wird ungefähr ein Drittel-jahrhundert warten müssen, bis sich die Hierarchie der Linksparteien zu Gunsten der Sozialistischen Partei verschiebt. Am 24. Oktober 1945 steht ein enormer Titel quer über der ersten Seite von *L'Humanité*: »Die Kommunistische Partei Erste Partei Frankreichs.«

Die folgenden Wahlen bestätigen ihre herausragende Stellung im politischen Leben Frankreichs. Nach der Annahme des zweiten Verfassungsentwurfs finden am 10. November 1946 die Wahlen zur ersten Nationalversammlung statt. Diesmal heimsen die Kommunisten mehr als 28 % der Stimmen ein (vor dem MRP mit 26 % und den Sozialisten, die weniger als 18 % erhalten). Darüber hinaus ist der PCF in allen Regionen vertreten und nicht mehr nur in den industriellen Ballungszentren; er ist eine breite Volkspartei aller Klassen geworden. Er hat sich an der Provisorischen Regierung, der General de Gaulle vorsteht, beteiligt, und ist nicht mehr am Rande der Gesellschaft angesiedelt, sondern zu einer geachteten Partei geworden, die auf den günstigen Augenblick für einen eventuellen Gewaltstreich lauert. In aller Legalität sind die Kommunisten an der Macht, die sie mit denen, die die Résistance legitimiert hat, teilen. Im selben Augenblick, im Jahre 1944 (nach der Episode von Algier im Jahre 1943), kehren die Katholiken, die die Dritte Republik politisch marginalisiert hatte, über General de Gaulle, aber auch über die Christdemokraten im Gewande des MRP machtvoll in den Staatsapparat zurück.

Was will die Kommunistische Partei im Augenblick der Libération? Will sie die Revolution oder nicht? Die Frage so zu stellen hieße zu vergessen, dass sie nicht nur nationale Zielsetzungen hat, dass sie zu einem Komplex gehört, der von Moskau aus gelenkt wird, auch wenn Stalin aus diplomatischen Gründen 1943 die Komintern aufgelöst hat. Natürlich kann sie, wie andere es getan haben oder tun werden, Initiativen ergreifen, ohne sich auf das Zentrum des »sozialistischen Lagers« zu berufen, doch nur, indem sie das Risiko eines Bruchs mit der UdSSR auf sich nimmt; ein solcher Bruch ist jedoch bei einer Partei, deren Chef sich seit mehreren Jahren in Moskau aufhält und die

---

45 *Anm. d. Ü:* MRP (Mouvement Républicain Populaire): »Republikanische Volksbewegung«, die zur Familie des sozialen, ja sozialistischen Katholizismus gehörte und endlich den »Demokraten christlicher Prägung« die »Einheit und die Wirkungskraft geben sollte, die ihnen so lange gefehlt hatte« (Jacques Fauvet).

sich in ihrer ganzen Geschichte als vollkommen orthodox erwiesen hat, undenkbar. Stalin, der damals im Osten die Hände frei haben will, ist nicht ungehalten darüber, dass sich de Gaulle im Westen der angelsächsischen Hegemonie widersetzt. Ohne dass man die besonderen Wechselfälle und Hoffungen im Einzelnen untersuchen muss, ist es offenkundig, dass sich die französische Kommunistische Partei sehr rasch in den Rahmen der republikanischen Legalität eingefügt hat – eine Entwicklung, die durch die Rückkehr von Maurice Thorez im November 1944 erleichtert wurde[46]. Während die Kommunisten Anfang November 1944 im Vel'd'Hiv' ein Meeting abhalten, um die Garde civique républicaine (»Republikanische Zivilgarde«) – eine Spielart der im Frühjahr 1944 vom PCF geschaffenen patriotischen Milizen – zu bejubeln, die eine Speerspitze für einen revolutionären Sturm hätte abgeben können, billigt Maurice Thorez, der am 27. November mit der Zustimmung de Gaulles aus seinem russischen Exil zurückgekehrt ist, die Auflösung dieser Parallelarmee und stürzt die Kommunisten in den Kampf für die »französische Wiedergeburt«, der nicht mit einer zweiten Einnahme des Winterpalastes zu verwechseln ist. Im Januar 1945 ist alles wieder im Rahmen der Legalität.

Für eine gewisse Zahl kommunistischer Aktivisten und Intellektueller macht das objektive Bündnis zwischen de Gaulle und Stalin (offizialisiert durch die Reise des Generals nach Moskau und die Unterzeichnung des französisch-sowjetischen Pakts am 9. Dezember 1944) die Chancen einer möglichen Revolution brutal zunichte. Dabei besaß die Partei alles, um eine solche Revolution erfolgreich durchzuführen: ihren Apparat im Untergrund, ihre Armee, ihre Truppen; es reichten die übergeordneten Interessen der UdSSR, um sie zu verhindern. Sollte man erst auf die Ankunft der Roten Armee warten? Eine so günstige Lage würde sich nie wieder ergeben! So zu argumentieren heißt, die Realität, die ungemein weniger »revolutionär« war, zu unterschätzen. Wie Camus damals sagt, sind Frankreich und sein Schicksal mit den internationalen Zusammenhängen verwoben: man macht keine Revolution *intra muros,* wenn die Engländer und die Amerikaner im Hause sind, wenn es gerade um den definitiven Sieg über Deutschland und Japan geht usw. Und außerdem: wie steht es um die wirkliche Macht des französischen Kommunismus? De Gaulle, den André Gillois am Tag der Landung der Alliierten fragte, was die Kommunisten machen würden, antwortete:

»Sie werden nichts machen; sie werden allenfalls in lokal beschränkten Initiativen und an gewissen isolierten Punkten versuchen, die Bevölke-

---

46 Siehe M. Agulhon, »Les communistes et la libération de la France«, in *La Libération de la France*, Abhandlungen des Pariser Kolloquiums von 1974, Éditions du CNRS, 1976 ; Ph. Robrieux, *Histoire intérieure du Parti communiste 1945–1972,* Fayard, 1981.

rung zu ihren Gunsten aufzuwiegeln, doch eine allgemein abgestimmte Aktion wird es nicht geben. Ihre Führer wissen genauso gut wie ich, dass sie scheitern würden, und dem werden sie sich nicht aussetzen[47].«

Die Wahlergebnisse selbst, so zufrieden stellend sie auch für die Kommunisten sein mögen, zeigen die Grenzen ihres Aufstiegs an. Beim Referendum vom Oktober 1945, in dem es um zwei Fragen geht und in dem die Kommunisten im Gegensatz zu den Sozialisten und den Gaullisten für eine Ja-Nein-Antwort eintreten (Nein zu der zeitlichen Befristung der Verfassunggebenden Versammlung) – in einer Kampagne, in der sie ihren ganzen Eifer und eine maßlose Propaganda einsetzen –, erleiden sie eine klare Schlappe; und dies aufs Neue beim ersten konstitutionellen Referendum, in dem das von den Kommunisten und den Sozialisten verfochtene Ja keine Mehrheit findet. Die Kommunisten sind zwar die erste Partei Frankreichs, doch herrschen sie deswegen nicht über die öffentliche Meinung. Nach dem Rücktritt von General de Gaulle im Januar 1946 halten sie sich als Teilhaber einer Dreiparteien-Koalition an der Macht, die im Mai 1947 kurz vor dem definitiven Eintritt der Welt in den Kalten Krieg zerbricht.

Die Einflussnahme des Kommunismus während der drei Jahre, die auf die letzten Kämpfe der Résistance folgen, ist eines der wichtigsten Phänomene der politischen Geschichte Frankreichs. Dabei wurden die Intellektuellen zweifellos wie die anderen sozialen Schichten umworben, doch auf ganz besondere Weise. Sie zählten weniger als potenzielle Wähler denn als Prestigesymbole: sie zu gewinnen hieß, ihren sozialen Einfluss für die Partei zu gewinnen. Trotzdem war und blieb die französische Kommunistische Partei im Gegensatz zur italienischen Kommunistischen Partei eine Arbeiterpartei. Von Georges Cogniot, Normalien und Agrégé, abgesehen, zählte sie in ihren oberen Rängen (Zentralkomitee, Politbüro, Sekretariat) wenige Intellektuelle. Es ging also darum, die Intellektuellen für sich zu gewinnen, sich ihrer zu bedienen, und bestimmt nicht darum, sie an die Macht der Organisation zu bringen.

Seit 1935/1936 zu einer nationalen Partei geworden, eignet sich die Kommunistische Partei auch das kulturelle Erbe Frankreichs an. Sie lässt keine Gelegenheit aus, das Andenken an Descartes, Diderot, Hugo, France, Zola ... zu feiern. Die Kommunisten begründen in den Éditions sociales, die in ihrer Hand sind, die Reihe »Klassiker des Volkes«, in der Charles Fourier neben Molière, Louis Pasteur neben Jules Guesde, Beaumarchais neben Auguste Blanqui stehen. Der Tod von Romain Rolland im Februar 1945 ist für sie Anlass zu zahlreichen Feierlichkeiten. Thorez begibt sich persönlich nach Vézelay, um »dem großen Verstorbenen« die Huldigung der Kommunistischen

---

47 A. Gillois, *Boulevard du temps qui passe*, Le Pré-aux-Clercs, 1986, S. 184.

Die Partei der Erschossenen

Partei entgegenzubringen, während ihr Zentralkomitee das Lob des Mannes anstimmt, der den französischen Intellektuellen »in den schwersten Tagen« den Weg gewiesen hatte. Am 6. November 1945 organisiert die Partei im Palais de Chaillot eine dieser eminent kulturellen Feierlichkeiten, um den zehnten Todestag von Henri Barbusse feierlich zu begehen.

Auf der ersten Seite von *L'Humanité* weist man regelmäßig voller Stolz und in lyrischen Tönen auf den Beitritt bekannter Schriftsteller, Künstler und Gelehrter hin. Am 1. September 1944 heißt Marcel Cachin »Joliot-Curie willkommen!«:

> »Unsere Partei erlebt den Eintritt von überlegenen Köpfen, von Menschen, die an den strengsten Untersuchungsmethoden geschult sind. Schon vor langer Zeit hat sich Langevin bei uns eingeschrieben, und manch ein berühmtes Mitglied der Sorbonne, des Collège de France und anderer Hochschulen hängt dem Kommunismus an. [...] Und nun geben uns die Gelehrten ihre so wirkungsvolle Unterstützung!«

Am 5. Oktober trägt die kommunistische Tageszeitung auf der ersten Seite den von einem Foto begleiteten Titel: »Der größte zeitgenössische Maler ist der Partei der französischen Wiedergeburt beigetreten.« Paul Éluard gibt dazu den Kommentar: »Ich habe heute gesehen, wie sich Pablo Picasso und Marcel Cachin umarmten. Und mir wurde der Adel des Geistes und des Herzens bewusst, als ich Picassos Dank an das französische Volk bei seinem Eintritt in dessen größte Partei vernahm: die Partei der Erschossenen.«

Die Kommunistische Partei der Libération gibt sich als großes Sammelbecken des gesäuberten französischen Geistes. *Les Lettres françaises,* Organ des kommunistisch kontrollierten CNE, das Claude Morgan leitet, öffnet vom September 1944 an ihre Spalten allen Schriftstellern, die das Markenzeichen »Résistants« tragen. Morgan, Sohn des Akademiemitglieds Georges Lecomte, war 1937 nach einem Abstecher bei der Action française in die Kommunistische Partei eingetreten und 1939 von Aragon für *Ce Soir* verpflichtet worden. Nach dem Tod von Jacques Decour lenkt er die Geschicke von *Les Lettres françaises* und bleibt bis 1953 ihr Herausgeber. Er umgibt sich dort mit den Kommunisten Louis Aragon, Claude Roy, Paul Éluard, Édith Thomas, Jean-Richard Bloch (bei dessen Rückkehr aus der UdSSR, wo er sich während des Krieges um den französischsprachigen Rundfunk kümmerte) sowie mit den Weggefährten Jean Cassou, Claude Aveline, Tristan Tzara, Loÿs Masson, aber auch mit Julien Benda, Alexandre Arnoux, Dominique Aury, François Mauriac, Jean-Paul Sartre, Michel Leiris, Pierre Emmanuel, Luc Estang, Jean Paulhan (dessen Name auf der Zeitung neben dem von Jacques Decour als »Gründer« steht), Georges Duhamel, Louis Martin-Chauffier, André Chamson ...

Les Lettres françaises, die sich an der Säuberung beteiligen, veröffentlichen die schwarze Liste des CNE, die Liste der zu boykottierenden Schriftsteller, mit denen man »jeden Kontakt auf beruflicher Ebene« abzulehnen hat : Pierre Benoit, Robert Brasillach, Georges Blond, Sacha Guitry, Jacques Chardonne, Marcel Jouhandeau, Lucien Rebatet, Louis-Ferdinand Céline, Alfred Fabre-Luce, aber auch Jean Giono, dem Tristan Tzara einen Artikel mit dem unzweideutigen Titel »Ein Romancier der Feigheit: Jean Giono« widmet (»Überall, wo der Boche sich zeigte, wo der Verrat sich der Sprache Diderots, Baudelaires und Rimbauds bediente, zeigte sich Giono in der ganzen Blöße seiner Niedertracht« – 27. Oktober 1944).

Les Lettres françaises denunzieren, aber sie beweihräuchern auch. Artikel und Gedichte lösen einander ab zum Ruhme der Helden und Märtyrer der Partei oder der Sympathisanten, die im Kampf umkamen, erschossen oder deportiert und ermordet wurden wie Robert Desnos. Als Romain Rolland Anfang 1945 stirbt, stellt Aragon ein Komitee »Romain Rolland ins Panthéon!« auf die Beine. Der unbekannte Soldat des sowjetischen Kommunismus wird von Jean-Richard Bloch verherrlicht, der den Lesern den vollen Sinn des zu Ende gehenden Krieges erschließt:

> »In Stalingrad wie an der Oder hat nicht nur eine Befehlsgewalt über eine andere gesiegt – sondern ein Gedankensystem über ein anderes, die Gesellschaftsordnung, die aus diesem System entstanden ist, über die Gesellschaftsordnung, die aus dem anderen System entstanden ist – und der so aufgewachsene Mensch über den anderen Menschen, der bolschewistische Mensch über den Nazi« (3. Februar 1945).

Von Nummer zu Nummer wird die Kontrolle, die die Kommunisten über die »erste französische Wochenzeitung« ausüben, immer schärfer. Loÿs Masson ruft im August 1945 Georges Bernanos zur Ordnung mit dem Thema: es gibt keine Zukunft ohne die Kommunisten (»Wenn Sie gesehen hätten, wie die Kommunisten während der Besatzung gestorben sind! Wenn Sie gesehen hätten, wie die Kommunisten lebten, wie sie durch die Kraft der Liebe die vier Todesmauern, die sie umgaben, überwanden! Und wenn Sie in die Zukunft blicken würden! ...«). Im Oktober führt Claude Morgan eine Kampagne gegen »das Plebiszit«, gegen die »Ja-Sager«: »Jetzt ist die Zeit der Weigerung.« Im November nimmt sich der Herausgeber der Zeitung Mauriac vor, den er für zu gaullistisch hält (»Wenn man den Mut und die Hellsicht eines Mannes zu einem bestimmten Zeitpunkt bewundert, ist das ein Grund, ihm blind die Macht zu überlassen und zu seinen Gunsten auf die Vorteile der Demokratie zu verzichten?«). Im Dezember, kurze Zeit nachdem Sartre die erste Nummer von *Les Temps modernes* lanciert hat, bedient man sich des Kanoniers Garaudy, um den »falschen Propheten« ins Nichts zu stoßen. Das Unternehmen ist von einiger Bedeutung. Die Partei will den beliebtesten zeitgenössischen Philosophen, der in der Lage ist, einen Teil der Jugend für seine Sache zu gewinnen, ausschalten. Garaudy beschreibt den Existentialismus als eine »Krankheit«, als eine Philosophie, die von der Wirklichkeit und vor allem von der Wissenschaft abgekoppelt ist, als Subjektivismus, als »Philosophie der Gescheiterten«: »Durch die Vorspiegelung einer einsamen und formlosen Freiheit, die für den entwurzelten, über seine Ohnmacht verzweifelten Menschen verlockend ist, führt er unsere Studenten in eine Sackgasse[48].«

Die Beachtung, die man den Intellektuellen schenkt, wird zu einer Obsession. In seinem endlosen Bericht auf dem 10. Kongress des PCF vom 26. bis 30. Juni 1945 lanciert Maurice Thorez das Programm einer französischen Wiedergeburt, in der die »moralische und intellektuelle« Wiedergeburt einen bedeutenden Platz einnimmt. Nachdem er die unabdingbare demokratische Reform des Unterrichtswesens erwähnt hat, fügt er hinzu: »Es ist ebenfalls notwendig, die wissenschaftliche und technische Forschung zu unterstützen und zu koordinieren, das künstlerische Schaffen zu ermutigen, es allen Intellektuellen zu ermöglichen, ihre Arbeiten so zu gestalten, dass sie ganz zum Wohle Frankreichs wirken.«

Schließlich begrüßt Maurice Thorez sehr herzlich Paul Langevin, der gerade die *Encyclopédie de la Renaissance française* (»Enzyklopädie der französischen Wiedergeburt«) auf den Weg gebracht hat, »die unter den Bedingungen unserer Zeit das Erbe der großen Denker des 18. Jahrhunderts wieder aufnehmen und fortführen will[49]«.

War die Kommunistische Partei die Partei der Erschossenen, so war sie doch auch die Partei der Zukunft. Wie Edgar Morin schreibt: »wir waren zugleich Opfer und Sieger«. Dank seiner Märtyrer war der PCF von allen Verdächtigungen rein gewaschen, die bis 1941 auf ihm lasteten – freigesprochen von den Moskauer Prozessen, den blutigen Säuberungen, dem deutsch-sowjetischen Pakt, der als ein eminent taktischer Zug in der Strategie des genialen Stalin jetzt neu bewertet wird. Dank der siegreichen UdSSR drängt sich vielen der Marxismus-Leninismus als die einzig mögliche Perspektive des »Menschengeschlechts« auf – *L'espèce humaine*, Titel eines schönen Buches, das Robert Antelme, Deportierter und Überlebender der nationalsozialistischen Barbarei, 1947 schrieb. Den Kommunismus zu wählen hieß nicht, eine politische Tendenz zu wählen, eine Partei unter anderen, eine, die ein bisschen besser war als die anderen, es hieß vielmehr, für die Menschheit zu op-

---

48 R. Garaudy, »Sur une philosophie réactionnaire. Un faux prophète : Jean-Paul Sartre«, *Les Lettres françaises*, 28. Dezember 1945.

49 M. Thorez, *Une politique de grandeur française*, Éditions sociales, 1945. *Anm. d. Ü*: Das Projekt dieser *Encyclopédie* wurde nie verwirklicht.

tieren: »Ich war der Meinung«, erklärt Annie Kriegel, »dass der Kommunismus eine historische Phase [war], die in der Entwicklung der menschlichen Zivilisationen einen genauso wichtigen Umschwung bewirken würde wie das Christentum[50].«

Außer den der Partei gehörenden oder von ihr kontrollierten Publikationsorganen wie *Les Lettres françaises, La Pensée, Action,* dessen Literaturseiten von Francis Ponge geleitet werden, oder *La Nouvelle Critique* stehen den kommunistischen oder den mit dem Kommunismus sympathisierenden Studenten und Intellektuellen verschiedene Ausbildungs- und Begegnungsstätten zur Verfügung; so zum Beispiel die *Université nouvelle* (»Neue Universität«), die am 11. November 1945 eingeweiht wird und in der Marcel Prenant, Professor für vergleichende Anatomie an der naturwissenschaftlichen Fakultät der Sorbonne, ehemaliger Chef des Generalstabs der FTP und ehemaliger Deportierter, sowie Paul Langevin, Henri Wallon, Roger Garaudy, Henri Lefebvre, der Geograph Pierre George, Georges Gosnat, die Historiker Jean Bruhat, Jean Dautry, Albert Soboul, Émile Tersen ... zu hören sind.

Ende Juni 1946 organisiert die Kommunistische Partei in der Salle Pleyel das größte intellektuelle Treffen seit dem Krieg, den »Kongress des Denkens«, der unter dem aufmerksamen Blick der Kommunisten, der Weggefährten und Sympathisanten allen Wissenschaftlern und Literaten offen steht.

»Was auf diesem Kongress am meisten beeindruckt«, schreibt *L'Humanité*, »ist seine tiefe Einheit, seine Einmütigkeit. Das französische Denken hat sich dort versammelt, einig, einmütig, wie es zur Zeit der Besatzung und der Résistance war und wie es von jetzt an bleiben wird. [...] Kampf für den Frieden, gegen die Verschwörung der Kriegstreiber – ein Kampf, der notwendigerweise von der Bloßstellung des reaktionären Pazifismus à la Giono oder à la Céline, diesen Wegbereitern des Faschismus, begleitet wird! [...] Das forderten unser großer Freund Aragon mit seiner gewohnten Verve und Bravour sowie der Vorsitzende Jean Cassou, der die Republik grüßte ...« (6. Juli 1946).

Derselbe Artikel hebt den seit dem Krieg eingetretenen Wandel hervor:

»Im Comité national des écrivains findet sich unser echtester Ruhm, während die reaktionären Akademien, die früher den Ton angaben, sich verzweifelt an eine verstaubte und tote Vergangenheit klammern und selbst zu Staub werden.«

---

50 A. Kriegel, *op. cit.*, S. 322.

Die Verführungskraft des Kommunismus hat bekannte Intellektuelle dazu bewogen, der Partei beizutreten; sie hat auch zweitrangige Intellektuelle angezogen, die auf der Suche nach einer Stellung, nach Ehre und öffentlichem Echo sind. Sie sind bereit, der Partei in all ihren Schwankungen und Ausdrucksformen zu dienen[51]. Die Aura des Kommunismus hat zahlreiche Studenten veranlasst, sich der UJRF (Union des jeunesses républicaines de France, »Union der republikanischen Jugend Frankreichs«) oder der Partei selbst anzuschließen. Sie hat die Zahl der Weggefährten vervielfacht, die, ohne Mitglieder zu sein, sich doch als treue Bundesgenossen bewähren. Zudem übt sie über diese engeren Kreise der Anhänger und Sympathisanten hinaus ihren Einfluss aus. Alle intellektuellen Kräfte der Linken müssen sich jetzt im Verhältnis zum Kommunismus definieren. Die Sozialistische Partei hat jede Anziehungskraft verloren. Der Ouvriérismus der Kommunistischen Partei selbst ermutigt die Intellektuellen, sich mit der mächtigsten Bewegung der proletarischen Emanzipation solidarisch zu fühlen. Der Anschein eines »nationalen« Kommunismus, den Thorez der Partei damals verleiht, hat die Zweifel derjenigen beseitigt, die der Partei ihre Unterordnung unter Moskau vorwarfen: »Die Partei war ein eifersüchtiger Wächter über die patriotische Reinheit[52].« Im Gegensatz zu seiner Vorkriegspropaganda predigt der PCF nicht mehr den Bolschewismus; er beruft sich auf die republikanische Demokratie; oder besser, er präsentiert sich als deren fortgeschrittener Flügel. Eine gesäuberte, unkorrumpierbare, tugendhafte Demokratie:

> »Letztlich«, schreibt Maurice Agulhon, der einer dieser Normaliens war, die die Partei für sich eingenommen hatte, »ist der Gegensatz zwischen Kommunist und Sozialist nicht mehr der doktrinäre Gegensatz zwischen Leninismus und republikanischer Demokratie, sondern der Gegensatz zwischen dem Reinen und dem Unreinen (oder weniger Reinen)[53].«

François Mauriac, einer der wenigen Schriftsteller, die sich vom Aufstieg der Kommunistischen Partei nicht einschüchtern lassen, fragt sich schon im Dezember 1945 in *Le Figaro*, ob die französischen Kommunisten diese republikanische Demokratie verteidigen können, »ohne jede Verbindung zum sowjetischen Regime aufzugeben[54]«. In einer Konzession an den Zeitgeist huldigt Mauriac dem »grandiosen Werk« der UdSSR, doch nur, um desto klarer herauszustellen, dass die kommunistische Demokratie wenig zu schaffen hat mit

---

51 J. Verdès-Leroux, *Au service du Parti*, Fayard/Minuit, 1983.
52 M. Agulhon, »Vu des coulisses«, in *Essais d'ego-histoire,* Gallimard, 1987, S. 21.
53 *Ibid.*, S. 23.
54 F. Mauriac, *Mémoires politiques, op. cit.*, S. 332.

der republikanischen Demokratie: »Sie können sagen, was Sie wollen: Sie können sich nicht auf ein totalitäres Regime berufen und zugleich als Verteidiger der Prinzipien von 1789 auftreten.« Die Frage bleibt offen, abhängig von den kommenden Ereignissen. Einstweilen sind die Kommunisten an der Macht, und sie wollen eine neue konstitutionelle Republik gründen, nicht für die Revolution kämpfen. Doch morgen?

45
Die Rückkehr der Katholiken

Der Zweite Weltkrieg gab Anlass zur definitiven Integration der Katholiken in die Republik. Dabei kam der Hierarchie der Kirche keinerlei Verdienst zu: mit wenigen Ausnahmen – besonders des Kardinals Saliège in Toulouse, des Kardinals Liénart in Lille, des Monsignore Chevrot und einiger anderer mutiger Männer – erwies das Episkopat als Körperschaft dem Marschall oder dem Pétainismus seine Reverenz. Dadurch drohte der Welt des französischen Katholizismus eine ernste Gefahr: dass sich die Kirche aufs Neue durch ihre Zusammenarbeit mit einem ultrareaktionären Regime kompromittieren würde. Als de Gaulle 1943 in Algier einen Prälaten in seine provisorische Regierung aufnehmen wollte – neben der kommunistischen Präsenz ein Symbol der nationalen Einheit –, gelang ihm das nicht. War das Vichy-Regime, das die Exzellenzen schätzten, nicht eine Revanche gegen die laizistische Republik?

Die katholische Welt zeigt nicht mehr dieselbe Einheitlichkeit wie zur Zeit der Dreyfus-Affäre. Damals hatten die Dreyfusards unter den Getreuen der Kirche nur eine winzige Minderheit gebildet. In der Zwischenkriegszeit kommt der Pluralismus auf. Die Verurteilung der Action française im Jahre 1926 setzt die demokratischen und liberalen Tendenzen des Katholizismus frei. Eine neue Generation, die von Emmanuel Mounier, will sogar über das Ziel der Christdemokraten hinausgehen, die Katholiken mit der parlamentarischen und laizistischen Demokratie zu versöhnen: *Esprit* erklärt sich für »revolutionär«. Religiöse Orden, die Dominikaner, die Jesuiten, bringen Publikationsorgane heraus, die sich eindeutig vom Konformismus der konservativen Rechten abheben: *Les Études, La Vie intellectuelle, Sept, Temps présent* ..., die während der großen Krisen, die Frankreich und Europa in den dreißiger Jahren erschüttern, oft im Verhältnis zum Gros der »Truppe« Vorreiter-Positionen vertreten. Die »Truppe« selbst ist durch den Aufschwung der Jugendverbände (JOC, JEC, JAC ...) verjüngt, aus denen während der Besatzungszeit zahlreiche Widerstandskämpfer hervorgehen.

Die republikanische Legitimität verändert ihre Natur. Unter der Dritten Republik fußte sie auf der Anerkennung der laizistischen Gesetze. Seit dem Zweiten Weltkrieg beruht sie auf der Teilnahme an der Résistance oder an de Gaulles »Freiem Frankreich«. Zahlreiche »Laizisten«, Radikale und Sozialisten, waren durch ihre Hinnahme des Pétain-Regimes kompromittiert. Im Gegensatz zu den Bischöfen und Erzbischöfen, die in ihrer Mehrheit dem Marschall wohlgesonnen waren, folgte ein großer Teil der katholischen Jugend dem General de Gaulle, der selbst, wie allseits bekannt, Katholik war. Die *Cahiers du Témoignage* waren ein Kleinod der Untergrundpresse, ganz abgesehen von all den Christen, die *Défense de la France, Combat* usw. unterstützten. Die katholische Résistance brachte den Mouvement républicain populaire (MRP) hervor, an dessen Spitze ausschließlich Résistants stehen, Georges Bidault, Vorsitzender des CNR, François de Menthon, André Colin, Maurice-René Simonnet, Pierre-Henri Teitgen, Maurice Schumann, Sprecher des »Freien Frankreich« in London ... Die Waffenbrüderschaft mit den »Laizisten«, den Sozialisten, den Kommunisten, den Mitgliedern der anderen Konfessionen, den Freidenkern hatte viele Gläubige aus ihrer »belagerten Festung« hervorgelockt. Ein ganz neues Klima eröffnet den katholischen Kämpfern Stellungen, Resonanzen, Einflüsse, die die Kirche seit dem Ende des 19. Jahrhunderts verloren hatte. Bekennende Katholiken werden Minister und sogar Regierungschefs; das hatte man seit den Zeiten Mac Mahons[55], den Zeiten der »moralischen Ordnung«, nicht mehr erlebt.

Der Krieg und die Tragödien, die er nach sich zieht, die Angst, die Beklemmung, die Trennungen, führen zahlreiche Gläubige in die Kirchen zurück. Eine neue Inbrunst entfacht den missionarischen Eifer gegenüber den »entchristlichten« sozialen Schichten – vor allem den Arbeitern. Seitdem die Abbés Godin und Daniel 1943 *La France pays de mission?* (»Frankreich – ein Missionsland?«) veröffentlicht haben, werden sich katholische Priester und engagierte Laien zunehmend der im »Arbeitermilieu« herrschenden religiösen Indifferenz, ja offen atheistischen Haltung bewusst. Im selben Jahr wird parallel zur Mission de France die Mission de Paris mit dem Ziel gegründet, Missionsgemeinschaften zu bilden. Nach der Libération gehen einige ihrer Priester in die Fabriken: es ist der Beginn der Bewegung der »Arbeiterpriester« – der Ausdruck wird von Henri Perrin (*Journal d'un prêtre-ouvrier en Allemagne,* »Tagebuch eines Arbeiterpriesters in Deutschland«) geprägt – einer Bewegung, der 1953 plötzlich ein Ende gesetzt wird.

In diesem neuen Kontext der Wiedergeburt und der Unruhe lassen sich bedeutende katholische Stimmen vernehmen, insbesondere die François Mauriacs. Dass dieser arrivierte, geehrte, beneidete Großbürger ein Résistant war, ist nicht das geringste seiner Verdienste. Bei der Libération nimmt er

---

55 *Anm. d. Ü:* Marschall Mac Mahon (1808–1893) : er stand an der Spitze der gegen die Pariser Commune kämpfenden Truppen; von 1876–1879 Präsident der Dritten Republik, führte er die sogenannte Politik der »moralischen Ordnung« ein, »die weder moralisch, noch eine Ordnung war« (André Maurois, *Die Geschichte Frankreichs*) und deren aggressiver Klerikalismus den Antiklerikalismus stärkte.

eine besondere Stellung ein: er ist Mitglied des Front national, protestiert aber, wie wir gesehen haben, an vorderster Front gegen die intellektuelle Säuberung. Auf der Linken von den Jüngeren, die mit den Kommunisten gemeinsame Sache machen, überholt, schenkt er sein Vertrauen de Gaulle, dann dem MRP. Als sich das Oberhaupt des »Freien Frankreich« und die christdemokratische Bewegung 1946 trennen, bleibt Mauriac dem MRP treu. Nach dem Krieg zeigt er sich um den Platz der Christen in der im Aufbau befindlichen Republik besorgt und über die Bedrohung beunruhigt, die in seinen Augen der Aufstieg der Kommunistischen Partei darstellt. Er wird regelmäßiger Mitarbeiter bei *Le Figaro* von Pierre Brisson und ficht mit Pierre Hervé, dem jungen Streithahn von *Action* und *L'Humanité*, seine Sträuße aus.

Am 28. Oktober 1945 wirft Mauriac die Frage des Klerikalismus auf, und zwar im Anschluss an Pressemitteilungen, denen zufolge *L'Osservatore Romano*[56] die Franzosen aufgefordert hätte, auf die laizistischen und antiklerikalen Gesetze, »die ihnen so schlecht bekommen sind«, zu verzichten. Mauriac lehnt eine derartige Eventualität ab:

> »In einem Land, in dem Katholiken, Protestanten, Juden, Atheisten, Rationalisten, Marxisten leben – von der fröhlichen existentialistischen Kohorte, der Hoffnung Frankreichs, ganz abgesehen – und in dem alle Konfessionen, alle Negationen, alle Geisteshaltungen ihre Vorkämpfer und Anhänger haben, muss sich der Staat (es sei denn, er ist totalitär) aus der Einflusssphäre einer besonderen Doktrin und eines speziellen Kultes heraushalten und über sie alle die Herrschaft ausüben. Das ist selbstverständlich und darüber kann es keine Diskussion geben[57].«

Da einige seiner Leser über dieses laizistische Glaubensbekenntnis überrascht oder gar empört sind, kommt Mauriac am 31. Oktober noch einmal auf das Thema zurück.

> »Man kann sehr wohl behaupten, dass die Fruchtbarkeit katholischer Aktivitäten in umgekehrtem Verhältnis zur offiziellen Unterstützung durch die öffentliche Hand steht. Wir alle waren Zeugen ihres Aufschwungs nach der Trennung von Kirche und Staat; und um sie zu stoppen und eine Zeit lang zu kompromittieren, war bloß das entsetzliche Wohlwollen von Vichy nötig, diese tödliche Protektion.«

---

56 Anm. d. Ü: *L'Osservatore Romano*: vatikanische Tageszeitung, halbamtliches Organ des Heiligen Stuhls.
57 F. Mauriac, *Journal, op. cit.*, 4, S.159.

Gleichzeitig lässt es sich Mauriac angelegen sein, seine Glaubensbrüder zu verteidigen. Wenn Pierre Hervé über die »dunklen Absichten der römischen Kirche beunruhigt ist«, zieht er den blanken Säbel gegen »diesen Bretonen, der sicher vor nicht allzu langer Zeit den Preis des Klassenbesten für seine Katechismuskenntnisse erhalten hat«, um ihn zur Einsicht zu bewegen, »dass es in der Welt Millionen Christen gibt, »die sich bemühen, das Wort, das sie empfangen haben, in die Praxis umzusetzen«:

> »Die Katholiken, gegen die Sie zu Felde ziehen, die von *L'Aube*, von *Temps présent*, von *Esprit*, sind die geistigen Erben von Lacordaire und Ozanam, den Mitarbeitern von *L'Ère nouvelle*, die der Erzbischof von Paris, Monsignore Affre, 1848 unterstützte – dessen Blut inmitten seiner armen Herde auf einer Barrikade vergossen werden sollte.«

Mauriac treibt seine väterliche Zuneigung so weit, einige Jüngere, die fortschrittlicher als er sind, gegen den dröhnenden Bernanos in Schutz zu nehmen. Dieser verträgt es schlecht, eine gewisse katholische intellektuelle Elite mit dem triumphierenden Kommunismus kokettieren zu sehen. So schreibt er im Juni 1946 in *Temps présent*:

> »Vor zehn Jahren neigte die Masse der Katholiken gefährlich einem rechten Totalitarismus zu, und eine junge und dynamische Elite war bereits für den Faschismus gewonnen. Heute neigt dieselbe Masse dem linken Totalitarismus zu, und eine junge und dynamische Elite ist bereits für den Marxismus gewonnen. Überflüssig darauf hinzuweisen, dass sich das Prestige der Macht inzwischen von rechts nach links verlagert hat[58] ...«

Die Einschüchterung durch die Kommunisten macht blind: zahlreiche Katholiken meinen, es gehe darum, »nicht das Spiel der Rechten zu spielen«, »die Empfindlichkeiten der Arbeiterklasse zu respektieren«. »Nichts hat sich geändert, sage ich Euch [...], außer, dass es nicht mehr die kleinen Flegel der jungen maurrassistischen Generation‹ sind, die mich dazu auffordern, angesichts der ›notwendigen Gewalttaten‹ einen kühlen Kopf zu bewahren, sondern die entsetzlichen kleinen gelehrten Faulpelze von *Esprit*.«

Auf diese Philippika antwortet Mauriac am 23. Juni 1946 in *Le Figaro*. Er ruft in Erinnerung, was Christen wie ihm der Name Bernanos während des Krieges bedeutet hat, doch dabei unterstreicht er, dass der große Exilierte sofort nach seiner Rückkehr wieder das wilde Gehabe eines »alten unbarmher-

---

[58] G. Bernanos, *Français, si vous saviez (1945–1948)*, Gallimard, 1961, S. 172.

zigen Erzengels« angenommen hat: »Wenn er ›die kleinen Faulpelze von *Esprit*‹ beschimpft, dann beleidigt er – statt sie zu segnen, wie es der Herr getan hätte – die nach Gerechtigkeit Dürstenden, deren Hunger und Durst Trugbilder hervorrufen[59].« Für Mauriac sind also Mounier und seine Freunde nicht ganz frei von Phantastereien, doch ist das nur die Kehrseite ihrer Forderung nach Gerechtigkeit. Er selbst verfällt solchen lyrischen Illusionen nicht. Wenn er Bernanos, dem es um Reinheit geht und der wie Léon Bloy, wie Péguy die Schurkerei und Betrügerei bekämpft, sogar Anerkennung zollt, so versagt er sich doch den folgenden Eselstritt nicht: »Doch jene hielten dem kleinen Mädchen Hoffnung die Hand. Bei Bernanos genügt die Brandmarkung sich selbst [...]: es ist eine Leidenschaft, die sich selbst befriedigt.« Er soll sich also vorsehen: »Es gibt einen Automatismus der Beleidigung und der Verachtung.« Und wie im Echo erwidert Bernanos in *La Bataille* vom 17. Juli 1946: »Wie ich früher einmal geschrieben habe, ist der Verfasser von so vielen Büchern, in denen unter verschiedenen, bald heiligen, bald profanen Namen die Verzweiflung des Fleisches wie schmutziges Wasser an der Wand eines unterirdischen Stollens sickert, nicht dazu befähigt, mir Lektionen in Sachen Hoffnung zu erteilen.« An einer späteren Stelle schleudert der Pamphletist, der die sexuellen Metaphern nie verachtet hat, einen neuen Pfeil:

»Ich habe keineswegs vor, die guten Absichten von Monsieur François Mauriac zu leugnen; was ich ihm vorwerfe, ist, genau gesagt, weniger ein Mann des guten Willens als ein Mann guter Absichten zu sein. Jede gute Absicht, die vorbeizieht, zwinkert ihm zu und zieht ihn in eine dunkle Ecke, aus der er ein wenig erschöpfter, doch unbefriedigt hervorkommt. Die jungen französischen Katholiken haben das Rezept ausgezeichnet gefunden; doch bei einer solchen Diät werden sie von Tag zu Tag schwächer angesichts eines Kommunismus, der von Tag zu Tag stärker wird; sie haben immer weniger Mark in den Knochen.«

Und Bernanos erinnert daran, dass es nach wie vor ein totalitäres Europa gibt, »ein Europa voller Polizisten, Spione, Zuchthäusler und Folterkammern«. Er erträgt den Gedanken einer »zukünftigen Kapitulation des Geistes« vor dem Kommunismus nicht.

Wie gewohnt, predigt Bernanos zur Unzeit. Eine beachtliche Zeitverschiebung trennt ihn von den übrigen katholischen Intellektuellen, zumindest von denjenigen, die sich damals vernehmen lassen; und ganz bestimmt von den »entsetzlichen kleinen gelehrten Faulpelzen von *Esprit*«. Die Zeitschrift Mouniers ist aus dem Krieg gestärkt hervorgegangen. Sie erscheint bereits im De-

---

59 F. Mauriac, »La tentation du dégoût«, *Journal, op, cit.*, 5, S. 55.

zember 1944 wieder, d.h. fast ein Jahr vor der ersten Nummer von *Les Temps modernes*. Da sie aus der Vorkriegszeit stammt, gehört sie zur Kategorie der Publikationsorgane, die einen Anteil aus dem begrenzten Papiervorrat erhalten. Ein erneuerter Mitarbeiterstab – eine Mischung aus alten und neuen Mitarbeitern – wird gebildet. Um Mounier gruppieren sich 1945 im Direktionskomitee Jean Lacroix, Henri Marrou, François Goguel, Paul Fraisse, aber auch Albert Béguin, André Bazin, Joseph Rovan, Paul Flamand … Ein junger Mann, Jean-Marie Domenach, ein ehemaliger Student, den Mounier in Lyon kennen gelernt und der das Ende des Krieges im Maquis des Tarn (unter dem Kommando von Dunoyer de Segonzac, dem ehemaligen Leiter der École des cadres d'Uriage) erlebt hat, erweist sich ab 1946 als sehr aktiver Redaktionssekretär. Die Zeitschrift bleibt ökumenisch: ein Protestant wie Paul Ricœur findet sich neben einem Atheisten wie Francis Jeanson oder einem Juden wie Wladimir Rabi, wenn auch die Katholiken in dieser ergänzten, erweiterten, verstärkten Redaktion den Ton angeben.

Die Zeitschrift *Esprit* lässt sich in Saint-Germain-des-Prés nieder; im September 1945 mietet sie sich in der Rue Jacob bei den Éditions du Seuil ein, die Paul Flamand und Jean Bardet leiten. Das kleine, vor dem Krieg gegründete Unternehmen nimmt nach der Libération einen entscheidenden Aufschwung. Mounier leitet dort mehrere Reihen »Esprit«, die aus Le Seuil das große innovative Verlagshaus für politische Essays und Gesellschaftsstudien machen, wodurch es sich von den eher literarisch orientierten Verlagen abhebt. Paul Flamand, der Mounier während des Krieges in der Bewegung Jeune France (aus der sie beide nacheinander ausgeschlossen wurden) kennen gelernt hatte, schließt mit ihm eine Art Bündnis, in dem beide ihre Autonomie bewahren werden. Aufgrund dieses Bündnisses wird die Rue Jacob für die Linkskatholiken, die Artikel oder Bücher veröffentlichen möchten, zu einem sehr wichtigen Anziehungspunkt. Die Zeitschrift, die finanziell unabhängig ist, verkauft von jeder Nummer mehr als 10.000 Exemplare und hat bald 5.000 Abonnenten. Bemerkenswert ist, dass Le Seuil und *Esprit* von Katholiken geleitet werden, die sich mit Mitarbeitern umgeben, die nicht unbedingt katholisch sein müssen. Darin kann man ein Zeichen der neuen Zeit sehen, die von Mounier bereits bei Gründung seiner Zeitschrift eingeläutet wurde: die katholischen Intellektuellen wollen sich nicht mehr in ihre Zirkel und Gemeinden einschließen lassen. Das Motto heißt Pluralismus. Nichtsdestoweniger werden die Éditions du Seuil lange Zeit als ein katholischer Verlag gelten, und sei es auch nur wegen ihres Programms, das religiösen Studien offen steht, und wegen der Persönlichkeit ihrer Leiter; dasselbe gilt für *Esprit*, aus ähnlichen Gründen.

Dem Gebot des Engagements, das Sartre bald formulieren sollte, kamen Mounier, Béguin, Domenach und ihre Freunde bereits seit geraumer Zeit nach. Diese jungen Menschen, die überlebt hatten, sahen es als ihre Pflicht gegenüber den im Kampf und in den Lagern Umgekommenen an, ihren Platz in der Gesellschaft nicht wieder in bürgerlicher Manier einzunehmen, sondern im Namen der Ideale der Résistance und im Gedenken an die Erschossenen und Deportierten weiterzukämpfen. Die Besten haben das Gefühl, ihnen gehöre ihr Leben nicht mehr: sie sind *engagiert*, »verpflichtet«. Noch 1948 schrieb Mounier an Béguin: »Wir brauchen an der Spitze von *Esprit* eine Gruppe von Menschen, die hart im Nehmen sind, die sich in einem geistigen Kriegszustand wissen und fühlen und die füreinander – unter dem einzigartigen Blick der Freundschaft – eine Art militärische Strenge pflegen ...« Das war der Ton der damaligen Zeit[60].

Was warf Bernanos diesen Jüngeren vor, die doch so von Ernst durchdrungen waren, vom Willen zu dienen und zu handeln? Ihre Verblendung der kommunistischen Gefahr gegenüber in einem Augenblick, in dem der Kommunismus dabei war, in Osteuropa zu triumphieren und sich in die westliche Kultur kräftig einzumischen. In der Tat bewegen sich viele Mitarbeiter von *Esprit*, wie so viele andere auch, in der Einflusssphäre der Partei. Nicht dass sie ihr beiträten, doch der Kommunismus stellt für die westliche Zivilisation eine Herausforderung dar; er bietet die Lösung an, mit dem kapitalistischen und bürgerlichen Regime zu brechen. Schon auf Grund seiner Macht kann man nicht so tun, als existiere er nicht. Er ist da, immer stärker, und gewinnt in allen Gesellschaftsschichten Anhänger. In Frankreich scheint er die Spielregeln der Demokratie zu akzeptieren; jedenfalls kommen sie ihm zugute, denn er nimmt an der Regierung teil und wird dort bis Mai 1947 bleiben. Er schmückt sich mit seinem Märtyrerverzeichnis, den Siegen der Roten Armee, den vom Regime der UdSSR gepriesenen Erfolgen, dem Prestige der alten Kampfgefährten. Und vor allem hat die Partei – in den Augen von Christen, denen die Armut keine Ruhe lässt – die Arbeiter auf ihrer Seite. Sich von ihr zu entfernen hieße, sich von den Massen zu entfernen.

Die Tragödien des Krieges verbieten es der Zeitschrift *Esprit*, wie Mounier und die Seinen glauben, auf dem Olymp der Ideen zu verweilen. Man muss auf die Erde herabsteigen, unter Umständen die Füße in den Dreck stecken, kurz, die Politik akzeptieren. Jean Lacroix, ein anderer Philosoph der Zeitschrift, besteht auf der »Wirksamkeit des Zeitlichen«. Bereits im August 1945 lehnt Mounier »die spektakuläre Haltung« ab, die – wie ihm scheint – Albert Camus eingenommen hat:

> »Wenn die Zeitung *Combat* – wir können nie genug betonen, wie viel Anerkennung ihr das öffentliche Denken schuldet – uns weniger als in

---

60 Wir greifen hier einige Themen und Zitate unseres Werks »Esprit« auf. *Des intellectuels dans la Cité, 1930–1950, op. cit.*, auf.

ihren Anfangszeiten zusagt, so weil sie gegenüber den Ereignissen und den engagierten Menschen die Abschottung strenger Richter pflegt, die Lob und Tadel wie von einer Kanzel herab austeilen, auf der brüderliche Verbundenheit angesichts gemeinsamer Schwierigkeiten nicht mehr unbedingt zu fühlen ist.«

Diese Ansprüche veranlassen *Esprit* dazu, die Kommunisten nicht mehr als Feinde, sondern als Verbündete zu betrachten. Es ist eine Verbindung ungleicher Kämpfer, zumindest auf der Ebene der Aktion, weniger indessen auf der Ebene der Ideen. Der Einfluss der Zeitschrift ist nicht unbedeutend, vor allem auf die katholischen Schichten, die sich im Aufschwung befinden. Jean Lacroix schreibt in der Nummer, mit der *Esprit* wieder aufgenommen wird, über die Kommunisten:

»Wir werden unsere Revolution nur über sie machen.« Und im Februar 1945 versichert derselbe Autor: »Die augenblickliche Haltung der Kommunistischen Partei bietet der französischen Nation eine einmalige Chance – und [...] es wäre sträflich, sie zurückzuweisen. *Gegenwärtig* akzeptieren es die Kommunisten, sich der nationalen Disziplin zu unterwerfen und an ihrem Platz an dem Bemühen aller um den Sieg und den Wiederaufbau Frankreichs teilzunehmen.«

Die Versöhnung von *Esprit* mit dem Kommunismus hatte de facto drei Dimensionen: den Willen, sich nicht vom Proletariat zu entfernen, das intellektuelle Interesse am Marxismus sowie das eigentlich politische Bündnis für die Revolution, das von den Hoffnungen der Résistance getragen wurde. Wir haben heute einen genügend großen Abstand, um die Illusionen dieser Intellektuellen beurteilen zu können, die einem gallozentrischen Blickwinkel verhaftet bleiben: an die Realitäten des stalinistischen Kommunismus, die ihnen ein Bernanos in Erinnerung rufen möchte, wollen sie lieber nicht denken – einstweilen. Zu ihrer Entlastung muss man allerdings sagen, dass die große Anti-Hitler-Koalition sich noch einige Monate lang sehr gut ausnimmt, dass Roosevelt und Churchill mit Stalin verhandeln und dass de Gaulle gerade in Moskau einen französisch-sowjetischen Pakt unterzeichnet hat. An diesem Kriegsende besitzt die Partei alle Reize.

Der Marxismus, der bei der Verführung durch den PCF zunächst nur eine sekundäre Rolle spielt, erscheint diesen Intellektuellen bald als ein wirksames Instrument der politischen Bewusstseinsbildung. Die »Personalisten« entnehmen dem Marxismus natürlich nicht den dialektischen Materialismus, doch sie übernehmen von Marx die Methode der Entschlüsselung der Geschichte und die Forderung nach einer Praxis, die in der Lage ist, die Welt zu verändern. In diesen Nachkriegsjahren arbeiten also katholische Intellektuelle wie Pater Calvez, Henri Bartoli, Emmanuel Mounier ... an ihren Schriften über den Marxismus. In den Écoles normales supérieures tauschen, wie Annie Kriegel bezeugt, Katholiken und Marxisten ihre Argumente aus und halten abwechselnd Vorträge, die großen Zulauf haben. Der junge Domenach, der in diesen Jahren *Das Kapital* liest, verdient sich seine ersten öffentlichen Sporen mit dem Thema des Marximus und des politischen Bewusstseins. Die Zeitschrift *Esprit*, die nach Aussage ihres Herausgebers vor dem Krieg »proudhonistisch« orientiert war, entnimmt jetzt dem Marxismus alles, was er katholischen Intellektuellen nur geben kann, die seinen Atheismus ablehnen.

Die revolutionären Hoffnungen der Résistance schwinden schnell. Die von 1945 bis 1947 erscheinenden Nummern von *Esprit* begleiten die zweifellos unvermeidliche Desillusionierung. Uneinigkeit innerhalb der Résistance, Scheitern der Herstellung der Arbeitereinheit, Wiedererstarken der konservativen Kräfte (Gründung des RPF im April 1947 durch den General de Gaulle), Gewicht der Tatsachen, Schwerkraft des Ererbten und internationaler Kontext – er mündet Ende 1947 in den Kalten Krieg –: die erträumte neue Republik nimmt keine konkrete Gestalt an. Die Linkskatholiken sehen sich daher aufgefordert, ihre Haltung gegenüber dem Kommunismus neu zu bestimmen. Viele entscheiden sich dazu, sich von der Kommunistischen Partei, die weiterhin die Arbeiterklasse repräsentiert, nicht zu entfernen. Zu ihnen gehören Mounier und seine Freunde, die die manichäische Logik des Kalten Krieges ablehnen.

In einem von *Action* im Mai 1947 veröffentlichten Artikel, »Was sollen die Katholiken tun?«, empfiehlt Henri Denis, Professor an der juristischen Fakultät von Rennes, der das Prinzip eines revolutionären Engagements der Christen sowie eines nicht von den anderen politischen Kräften getrennten Engagements verficht, den Eintritt in »die revolutionären Organisationen« des PCF. Das gibt Mounier die Gelegenheit, seine Haltung den Kommunisten gegenüber zu präzisieren. *Esprit*, schreibt er, hat eine Verbindungsfunktion zwischen verschiedenen »revolutionären Avantgarden«; die Zeitschrift kann unter diesen Avantgarden eine Gruppe von »Christen, die entschlossen sind, in den Reihen der Kommunistischen Partei oder an ihrer Seite mitzugehen«, nicht ignorieren. Er will »konkreten Beitritten« keine »theoretischen Verurteilungen« entgegensetzen. Ein Irrtum wäre es allerdings, sein Christentum in Klammern zu setzen oder in der Schwebe zu halten, indem man die Widersprüche leugnet:

»Je mutiger sich der Christ engagiert, umso mehr hat er die Pflicht, die Strenge seines Christentums zu überwachen und zu erhalten und es in seinem Inneren beständig gegen seinen politischen Glauben in Anschlag zu bringen, damit beide in diesem Kampf an Genauigkeit und Kraft gewinnen.«

Es ließe sich sagen, Mounier akzeptiert den Gedanken, dass man Weggefährte der Partei ist – unter der Bedingung, dass man wachsam bleibt. Alles in allem zieht er die Risiken, denen sich Henri Denis aussetzt, einem mit Spiritualität verbrämten Immobilismus, wie ihn eine Nummer von *Témoignage chrétien* vertritt, vor; dort will man lediglich »auf die Waffen des Lichts, der Wahrheit und der Caritas« zurückgreifen. Handeln, »die Hand anlegen an das revolutionäre Werk«, »die christliche Hoffnung auf die lebendigen Sphären der kommunistischen Hoffnung aufpfropfen«, obwohl man um die Unvereinbarkeit der *letzten* Perspektiven von Kommunisten und Christen weiß: das ist von nun an die Position, die der Herausgeber von *Esprit* verficht[61].

Der Wandel, der zwischen der Vor- und der Nachkriegszeit stattgefunden hat, wird auf einem anderen Gebiet sichtbar: in einer Polemik – noch einer –, die zwischen Mounier und Bernanos über das Thema Technik und Fortschritt ausbricht. Bernanos hatte aus seinem brasilianischen Exil *La France contre les Robots* (»Frankreich gegen die Roboter«) mitgebracht, ein Buch, das 1947 erscheint. Der Autor protestiert darin heftig gegen die Verwüstungen, die von einer industriellen und technizistischen Gesellschaft ausgehen, deren Orientierung an der Produktivität die Freiheit des Menschen aufs Schwerste bedroht. Emmanuel Mounier fällt über dieses Buch ein sehr strenges Urteil; er macht darin das aus, was er »die schlimmsten intellektuellen Armutszeugnisse gegen den Maschinismus[62]« nennt. Der Herausgeber von *Esprit* veröffentlicht kurze Zeit später *La Petite Peur du 20ᵉ siècle* (»Die kleine Angst des 20. Jahrhunderts«), ein Band mit drei zwischen 1946 und 1948 gehaltenen Vorträgen, in denen der »Antimaschinismus« von Bernanos und einigen anderen zu »einer gefühlsbetonten und emotionsgeladenen Strömung« herabgesetzt wird. Mounier liefert eine Apologie der Technik und belegt mit Texten, dass es keine Unvereinbarkeit zwischen dem Christentum und dem Begriff des Fortschritts gibt[63].

Bernanos, Enkel eines Schusters, der sein Leben als Hilfsarbeiter fristete, Sohn eines Tapezierers, der *La Libre Parole* abonniert hatte, Schüler des katholischen Schulwesens zu einer Zeit, als es den Angriffen des Combismus ausgesetzt war, Vorkämpfer der Tradition, der Generationenfolge und der irregeleiteten Christenheit, glaubt nicht an den Fortschritt. Er hat den Stolz

---

61 E. Mounier, »Communistes chrétiens?«, *Esprit*, Juli 1947.
62 E. Mounier, »L'homme et la technique«, *Esprit*, Februar 1948.
63 E. Mounier, *Œuvres*, 3, *De 1944 à 1950*, Seuil, 1962, S. 361 *passim*. Vgl. M. Winock, »Bernanos et *Esprit*: deux attitudes face à la technologie et à la croissance«, Kolloquium der Fondation nationale des sciences politiques, Dezember 1981, und *Commentaire*, Nr. 18, Sommer 1982.

des unabhängigen Arbeiters geerbt und erkennt im Lauf der beiden letzten Jahrhunderte »das Ende einer Welt«, in der die Menschen frei waren. Die Herrschaft der Demokratie und des Kapitals, die Schrecken des Maschinenwesens und der Fabrik, der Mythos der Gleichheit und die Zivilisation der »Quantität« stürzen die Menschheit in einen Abgrund. Der Ruf der Propheten wird – wenn er auch den endgültigen Fall der Menschheit nicht verhindern wird – das eingeschläferte Bewusstsein der Zeitgenossen vielleicht am Ende doch noch aufrütteln.

In Wirklichkeit hatte auch die Zeitschrift Mouniers in den dreißiger Jahren die »Verwüstungen des Fortschritts« gebrandmarkt und die Wirtschaftskrise mit einer »Krise der technischen Überausstattung«, der Überproduktion, in Zusammenhang gebracht. In der Julinummer von 1933 schrieb Alexandre Marc einen Artikel mit dem Titel »Die Maschine gegen das Proletariat«. Im Oktober 1935 griff Mounier selbst den »geistigen Imperialismus der Staaten und der Techniker« an, die »Vergötterung der Produktivkräfte«; den Gedanken, die »Beherrschung der Naturkräfte« sei die zentrale Berufung des Menschen, lehnte er ab.

Während Bernanos seine antimodernistische Anschauung bewahrt, wandeln sich das Denken Mouniers und die Gedankenwelt von *Esprit* gegen Ende des Zweiten Weltkriegs. Die bibliographischen Angaben von *La Petite Peur* lassen neue Quellen erkennen: *Das Kapital* von Marx, *Problèmes humains du machinisme industriel* (*Der Mensch in der mechanisierten Produktion*) von Georges Friedmann stehen neben den Kirchenvätern. Der kommunistische Aufschwung in Europa und Frankreich regt Mounier dazu an, das Nachhinken der christlichen Sphäre zu kritisieren: sie »hat sich von der Bewegung der wissenschaftlichen Entdeckungen, der technischen Organisation und der gesellschaftlichen Befreiung überholen lassen«. Da die Christen »den irdischen Bedingungen des geistigen Schicksals des Menschen« zu wenig Aufmerksamkeit schenken, laufen sie Gefahr, »eine Zeit lang im Hinblick auf Initiativen zur Befreiung machtlos zu sein«. Diese Initiativen könnten wie zur Zeit, als die Heiden die Juden ablösten, von »neuen Barbaren« ausgehen – zweifellos, so präzisiert Mounier, »nicht ohne zahlreiche Irrtümer und Leiden«; doch sie könnten »einen Weg bahnen, den der moderne Christ nicht zu bahnen wusste«.

In diesen Nachkriegsjahren und in dieser Polemik findet eher Mounier Gehör bei den französischen Katholiken. Die »große düstere Stimme« von Bernanos ist die eines Einzelgängers, der – zwischen zwei Exilen – seiner Vision von der Welt und der Geschichte zu treu geblieben ist und der vom »prometheischen Abenteuer« des Menschen nichts erwartet. Die Atombombenexplosionen am Ende des Krieges können ihn in seiner apokalyptischen Vision nur bestätigen. Doch die antimaschinistische Katastrophenangst ist nicht mehr aktuell in einem Land, das sich mit der Realität des Mangels und der Notwendigkeit des »Wiederaufbaus« konfrontiert sieht und in dem die moderne Zivilisation zu einer Industrie- und Arbeiterzivilisation wird. Zu der ungeheuren Anstrengung, die nötig ist, passt *La France contre les Robots* nicht. Einer christlichen Generation, die sich in vollem Aufschwung befindet, (und anderen) liefert *La Petite Peur du 20ᵉ siècle* Gründe zu hoffen und zu handeln – trotz Auschwitz und Hiroshima. Gegen die Katastrophenangst ist jetzt dringend Arbeit gefordert – unter Umständen unter der Leitung von »neuen Barbaren«.

Die Schriften Mouniers aus dieser Zeit zeigen eine doppelte Bewegung. Indem er seine Gedanken gegen die »etablierte Unordnung« wieder aufnimmt, weist er seiner Zeitschrift weiterhin den Auftrag zu, das Unrecht zu brandmarken und den religiösen Glauben von den bürgerlichen Kompromittierungen zu trennen. Gleichzeitig akzeptiert Mounier viel stärker als in seinen Anfangszeiten die Risiken des politischen Engagements – nicht im Schlepptau einer Kommunistischen Partei, der er Verdienste und Anziehungskraft zuerkennt, sondern nach den Geboten dessen, was er »die christliche Konfrontation«[64] nennt. Die Gläubigen dürfen keine Minderwertigkeitskomplexe mehr entwickeln; sie rechnen es sich zur Ehre an, auf die Herausforderung durch Nietzsche und Marx zu antworten: ihre Religion ist nicht Entfremdung, sklavische Resignation oder Opium des Volkes, sondern Quelle der Inbrunst und des Heldentums. Stolz, Optimismus, Pflichtgefühl charakterisieren diese neue christliche Generation am Ausgang des Krieges – zweifellos zu Lasten einer strengen Analyse der internationalen Szene, deren Echo Ende 1947 die französische Bühne erbeben lässt.

---

64 E. Mounier, *L'Affrontement chrétien*, abgedr. in *Œuvres*, 3, *op. cit.*

46
1948: Raymond Aron, Prophet des Großen Schismas

Ende 1947 führt die wachsende Spannung zwischen der UdSSR und den Vereinigten Staaten zum Bruch: der Kalte Krieg beginnt. Es ist zunächst und vor allem ein ideologischer Krieg. 1948 ist das erste Kalenderjahr, das von den eiskalten Fluten des »kriegerischen Friedens« überschwemmt wird, in dem sich von jetzt an – wie Raymond Aron es ausdrückt – zwei »Blöcke«, zwei Lager, zwei Systeme gegenüberstehen. Es ist auch das Jahr des »Staatsstreichs von Prag«, mit dem Stalin die Westgrenzen des sowjetischen *Imperiums* in Europa festlegt, indem er die Tschechoslowakei in den Block der Volksdemokratien integriert. Auf ebenso dramatische Weise beginnt 1948 die Blockade von Berlin. Doch es ist auch der wunderbare Augenblick der Entdeckungen des Biologen Lyssenko: er belegt, dass die »proletarische Wissenschaft« gerade an die Stelle der »bürgerlichen Wissenschaft« tritt. Man könnte noch andere Symbole, noch andere Manifestationen der Scheidung zwischen »dem Osten« und »dem Westen« anführen, unter anderem die Konfrontation zwischen Stalin und Tito, die den zentralen amerikanisch-sowjetischen Konflikt um einen innersozialistischen Widerspruch bereichert. Im Jahre 1948 erscheint auch *Le Grand Schisme* (»Das Große Schisma«) von Raymond Aron[65].

Die französischen Intellektuellen sind vor eine missliche Alternative gestellt. Angesichts der kommunistischen Offensive möchte die gehobene Intelligenzija allerdings am liebsten nicht vor die Wahl gestellt sein. Rufen wir uns die Chronologie des Bruchs – soweit er den Verlauf in Frankreich betrifft – in Erinnerung. Drei Daten markieren seine Genese. Bei den beiden ersten handelt es sich nur um Vorzeichen: Im März 1947, als die Konferenz von Moskau über das Schicksal Deutschlands scheitert, enthalten sich die kommunistischen Abgeordneten – sie tragen eine Dreiparteien-Regierung mit, in der Genossen als Minister sitzen – in einer Abstimmung, die in der Abgeordnetenkammer eine Debatte über Indochina abschließt. Es ist der erste bemerkenswerte Riss in der Allianz der drei großen Parteien, die siegreich aus dem

---

65 Raymond Aron, *Le Grand Schisme*, Gallimard, 1948.

Krieg hervorgegangen sind, des PCF, der SFIO und des MRP. Anfang Mai wird der Riss breiter: im Zusammenhang mit einem Arbeitskonflikt in den Renaultwerken stimmen die kommunistischen Abgeordneten rundweg gegen die Regierung Ramadier. Der Ministerpräsident tritt zurück und bildet dann eine neue Regierung, von der die Kommunisten ausgeschlossen sind. Ohne weitere offenkundige Konsequenz: die Presse der Kommunistischen Partei und vor allem der Kongress von Straßburg, der im Juni 1947 stattfindet, bestätigen die vorherige Linie der Kommunisten und ihren Wunsch, wieder einer Koalitionsregierung mit ihren Verbündeten von gestern anzugehören. Das sind Vorzeichen, doch keineswegs entscheidende Zeichen des Schismas. Schließlich ergreift Stalin die Initiative dazu: für den 22. September 1947 beruft er nach Szklarska-Poreba in Polen eine Konferenz ein, die die Vertreter der neun wichtigsten europäischen kommunistischen Parteien zusammenführt (die französische und die italienische Partei sind die einzigen aus Westeuropa) – eine Konferenz, in deren Verlauf unter der Regie von Schdanow eine neue »antiimperialistische« Linie für die internationale kommunistische Bewegung festgelegt wird. Die französischen und italienischen Repräsentanten werden streng gerügt und aufgefordert, mit dem Lavieren der Nachkriegszeit, dem Entgegenkommen gegenüber den Sozialdemokraten und anderen bürgerlichen Parteien Schluss zu machen und sich in ihren Ländern entschlossen an die Spitze einer antiimperialistischen – gegen die Amerikaner und ihre Verbündeten gerichteten – Front zu stellen. Aus dieser Konferenz ging die Kominform hervor, eine neue Struktur internationaler Beziehungen mit dem Ziel, die kommunistischen Parteien Europas unter der einheitlichen Führung des Kreml zu halten. Die Theorie von den beiden Blöcken setzt sich durch. In Frankreich eröffnet Maurice Thorez bereits am 2. Oktober 1947 anlässlich eines Meetings im Vélodrome d'Hiver den neuen Kampf zwischen Ost und West, zwischen Kommunismus und Kapitalismus, zwischen den Anhängern des Friedens und den Kriegstreibern. Die Schlacht hat begonnen; sie erlangt in den Streiks vom November, die manche als eine »Rebellion« bezeichnen, außergewöhnliche Heftigkeit; das Ergebnis ist eine Spaltung der Gewerkschaft, aus der mit finanzieller Unterstützung durch die Vereinigten Staaten – über die Gewerkschaft AFL-CIO – die CGT-Force ouvrière entsteht. Das Jahr 1948 vollendet die ideologische Konfrontation und gibt den beiden antagonistischen Blöcken ihre Struktur.

Die theoretische Basis der neuen kommunistischen Linie wurde in dem Bericht definiert, den Schdanow im Namen des Zentralkomitees der Kommunistischen Partei der Sowjetunion auf der ersten Konferenz der neun europäischen Parteien, die die Kominform bilden werden, verliest. Laurent Casanova würdigt in einem Artikel der *Cahiers du communisme* vom Oktober 1948 Schdanow, der am 31. August 1947 gestorben ist, wobei er herausstellt, wie fruchtbar dessen »Bericht vom September« sei: er habe seit der berühmten Konferenz in Polen für alle kommunistischen Zellen die Bedeutung einer Enzyklika. Die »hilfreiche Stimme« von Schdanow hatte die Leitlinien und die Erfordernisse der neuen Kämpfe formuliert:

1. Wenn die »Positionen des Sozialismus auf Weltebene« auch überall verstärkt worden sind, so haben innerhalb der kapitalistischen Welt die Vereinigten Staaten von Amerika die Übermacht – eine »eroberungssüchtige und imperialistische« Macht, die auf »Welthegemonie« aus ist.
2. Diese Situation führt de facto zur Spaltung der Welt »in zwei Hauptlager«: das imperialistische Lager, das unter amerikanischer Schirmherrschaft die »reaktionären und antidemokratischen Kräfte« zusammenfasst, und das antiimperialistische Lager, »dessen Fundament die Sowjetunion und die Volksdemokratien sind« und das sich »überall auf der Welt auf die progressiven Volkskräfte stützt«. Das erste bereitet »einen neuen antisowjetischen Krieg« vor; das zweite kämpft »für die Errichtung eines dauerhaften und gerechten Friedens«.
3. Die Expansionspolitik der Vereinigten Staaten beruht auf Militärplänen, auf einer wirtschaftlichen und politischen Kontrolle über die abhängigen Länder, auf einer »bis ins Kleinste durchgeführten ideologischen Bearbeitung«, wobei der Marshall-Plan »der letzte Ausdruck dieser Politik« ist.

Die ideologische Gegenoffensive, die Stalin mit Hilfe von Schdanow gegen das Hegemoniestreben der Amerikaner unternahm, täuschte etwas vor: die Möglichkeit einer Revolution im Westen; sie hatte ein reales Ziel: das Glacis der Volksdemokratien zu stärken, einen monolithischen Block unter sowjetischer Kontrolle aufzubauen. Die kommunistischen Parteien der westlichen Staaten sollten zu einer wirksamen Operationsbasis werden, von der aus der feindliche Block destabilisiert oder wenigstens geschwächt werden konnte. Dadurch, dass sie die Agitation im Westen schürten, sollten sie Stalin diesseits des »eisernen Vorhangs« – des neuen *Limes* des zwischen 1945 und 1948 errichteten sowjetischen Imperiums – die Hände frei halten.

Die Kommunistische Partei, ihre Aktivisten, ihre Journalisten, ihre Intellektuellen gehen voller Begeisterung in einen Kampf revolutionären Stils, der jedoch vor allem den Interessen der UdSSR zu dienen hat. Eines der ersten Ziele ist es, den allzu verlockenden Marshall-Plan anzuprangern, der massive Hilfe für alle Länder des ausgebluteten Europa – ohne Ausnahme – beinhaltet. Er hatte Länder wie die Tschechoslowakei verlockt zu einer Zeit, als diese dem Zugriff Stalins noch nicht vollends ausgeliefert war. Die amerikanische Hilfe wird also auf allen Ebenen des PCF scharf kritisiert. In den *Cahiers du communisme* vom Mai 1948 macht sich Charles Tillon, der ehemalige Rüstungsminister, daran, darzulegen, dass der Marshall-Plan einem Kriegsplan gleichkommt, der die französische Armee und die Unabhängigkeit Frankreichs den Vereinigten Staaten unterordnet, die sich »das absolute Monopol der Herstellung der modernen Waffen« vorbehalten: »Die amerikanische Seite sabotiert unseren industriellen Wiederaufbau, um die Krise der amerikanischen Trusts zu verhindern, und das gegen Dollars, die nichts lösen.«

Unablässig präsentiert die kommunistische Presse den Marshall-Plan als eine machiavellistische List, die unter dem Deckmantel finanzieller Hilfe auf die Unterwerfung Europas unter das Amerika der Wall Street und auf die Vorbereitung des Krieges gegen die UdSSR zielt: »Mit knausriger Hand«, liest man in *France nouvelle* vom 12. Juni 1948, »bietet Marshall den notleidenden Ländern Hilfe an, um die Schäden des vergangenen Krieges zu beheben; doch er tut es, um die Möglichkeit zu haben, mit geschäftiger Hand einen neuen wirtschaftlichen und militärischen Krieg vorzubereiten.«

Das Anti-Marshall-Leitmotiv bedient sich aller möglichen konjunkturbedingten Variationen und Bilder. Es vermischt die Verteidigung der nationalen Interessen mit der Verteidigung der Arbeiterklasse. Der Priorität genießende Wiederaufbau Deutschlands wird als zusätzlicher Beweis für die diabolischen Absichten der Vereinigten Staaten angeführt. Der Kampf gegen den amerikanischen Imperialismus schöpft noch aus einem alten Arsenal: einer französischen Tradition des Antiamerikanismus, für den bereits die dreißiger Jahre in einem ganz anderen Kontext Belege geliefert hatten. Die amerikanische Zivilisation als solche – nicht mehr die Politik des Weißen Hauses – wird angeprangert: als ein Ausbund des Kapitalismus, der verdummenden Standardisierung, der Stadtkriminalität und anderer schändlicher Erscheinungsformen der Moderne ... In ihren Schmähreden gegen das entmenschlichte Amerika setzt die kommunistische Propaganda auf zahlreiche potenzielle Verbündete: Schriftsteller, Intellektuelle, Universitätsleute, die der Massenkultur regelmäßig den Prozess machen. *Les Lettres françaises* zeigen sich besonders beredt in dem Genre Pléiade gegen Krimis, Likörwein aus der Charente gegen Coca-Cola, *Vaillant* gegen *Donald*, französische Frauen gegen *Pin-up Girls* – »das Pin-up Girl«, erklärt uns *L'Avant-Garde*, »das ist die Frau auf Amerikanisch, eine bemalte Puppe, deren Ziel die Liebe ist, eine reiche Heirat und viel Spaß ohne die geringste Anstrengung«.

Die Anhäufung dieser Klischees stellt Amerika als ein Land der Antikultur hin, das den Kommunisten – nach der Formel Ilya Ehrenburgs »die legitimen Erben der Zivilisation« – gegenübersteht. Der Feind ist nicht nur jenseits des Atlantiks, er ist bei uns: das amerikanische Lager hält die Zügel der Macht in der Hand. Der ideologische Kampf muss sowohl gegen die »dritte Kraft« als auch gegen den Gaullismus des RPF geführt werden. Die »dritte Kraft« beruht auf dem Bündnis zwischen Sozialisten und Volksrepublikanern. Gegen die ersten nehmen die Kommunisten ihre Attacken von Ende der zwanziger und Anfang der dreißiger Jahre wieder auf, die um einige Formeln aus den

»dunklen Jahren« (besonders 1939 bis 1941) angereichert werden: Léon Blum lastet man gegen alle Wahrscheinlichkeit jedweden Verrat an. *France nouvelle* vom 11. Dezember 1948 widmet ihm beispielsweise ihre beiden zentralen Seiten: »Die unerbittliche Anklage der Geschichte gegen Léon Blum, der schon 1936 aus Antikommunismus eine Verständigung mit Hitler suchte.« Man brauchte sich nicht zu wundern, wenn derselbe Blum damit zugleich »den absurden Traum eines Kreuzzuges gegen die UdSSR träumte«.

Wenn der MRP weniger angegriffen wird, so wird die SFIO auf Grund ihrer verwandtschaftlichen Nähe bald zum bevorzugten Feind. Die Kommunisten bemühen sich jedoch, auch die Christdemokraten zu diskreditieren, nicht nur über ihre Politiker (Robert Schuman war eine ihrer bevorzugten Zielscheiben), sondern auch über die katholische Hierarchie und die Haltung von Pius XII.: »Die katholischen Geistlichen [stehen] im antidemokratischen und imperialistischen Lager.« Die Kommunisten reichen den Katholiken indessen immer noch die Hand und loben diejenigen unter ihnen, die sich der Propaganda Washingtons und der politischen Lehre des Vatikans entziehen. Was den RPF, aus den Kommunalwahlen von 1947 als Sieger hervorgegangen, betrifft, so brandmarken die Kommunisten ihn als neofaschistisch und de Gaulle als eine draufgängerischere nationale Variante des amerikanischen Lagers.

Der Kampf gegen die zum Kriegslager erklärten Vereinigten Staaten wird durch apologetische Anstrengungen im Dienst des Marxismus-Leninismus, der UdSSR, des Proletariats und des Friedens ergänzt – alles konstitutive Elemente des positiven Pols, den es gegen den Feind zu verteidigen gilt. Die Poesie von Aragon oder Guillevic singt und tönt in Versen, während die Philosophen von *La Pensée* die Geister mit dialektischer Munition versorgen. In dieser Konfrontation fällt dem kommunistischen Intellektuellen in der Tat eine besondere Verantwortung zu – Maurice Thorez ruft es ihm während der Tagung des Zentralkomitees am 9. Juli 1948 in Gentilly ins Gedächtnis:

> »Die scheinbar rein literarischen oder ästhetischen Diskussionen sind nicht einfach ideologischer Natur, sondern beziehen sich auf politische Probleme. Man darf niemals vergessen, dass die Aktivität des Feindes in allen Bereichen stattfindet: im ökonomischen, politischen, militärischen usw. und *ideologischen*.« Schlussfolgerung: »Es gibt für einen kommunistischen Intellektuellen«, ruft Thorez aus, »nur eine Haltung: sich voll und ganz, ohne Vorbehalt, hinter die ideologischen und politischen Positionen der Arbeiterklasse zu stellen.«

In dem ideologischen Kalten Krieg werden die nichtkommunistischen Intellektuellen dringend aufgefordert, sich dem »gerechten Kampf« der Arbeiterklasse »für den Frieden« anzuschließen. Wer sich nicht unter das Banner der UdSSR stellt, ist gegen die UdSSR, gegen das Proletariat, gegen die Brüderlichkeit unter den Völkern. Roger Garaudy, einer der organischen Intellektuellen des PCF, die damit beauftragt sind, in der französischen Literatur aufzuräumen, veröffentlicht 1948 in den Éditions sociales einen kleinen Essay, *Littérature des fossoyeurs* (»Literatur der Totengräber«), in dem er Schriftsteller wie Sartre, Mauriac, Malraux, Koestler und andere entlarvt: sie werden von der Reaktion zu politischen Zwecken missbraucht.«

De facto erliegen die meisten linken Schriftsteller und Intellektuellen der Anziehungskraft oder dem Einschüchterungspotenzial der Kommunistischen Partei. Ein erster, innerer Kreis von Weggefährten ist ihr, wie sich zeigt, fast bedingungslos verbunden. So Claude Aveline, der in *Les Lettres françaises* Schdanow kopiert und die Theorie der »beiden Lager« folgendermaßen formuliert:

»Auf der einen Seite der Kapitalismus: ein System, eine Gesellschaft, eine Zivilisation auf kapitalistischer Grundlage. Auf der anderen Seite der Sozialismus: ein System, eine Gesellschaft auf sozialistischer Grundlage. Diese Alternative wird von Tag zu Tag konkreter durch zwei Blöcke repräsentiert, die sich von Tag zu Tag offener befeinden. Keine Möglichkeit der Verständigung; selbst die Diplomaten denken nicht mehr daran, so etwas zu behaupten. Einer der beiden Blöcke muss verschwinden. Die Welt muss wählen« (29. April 1948).

Ein zweiter Kreis wird von kritischeren Intellektuellen gebildet, die nicht notwendigerweise dem Marxismus-Leninismus anhängen und auch nicht alle Zielsetzungen des PCF teilen, die jedoch ein Bündnis mit ihm für nötig halten – sei es, weil er *die* Partei der Arbeiterklasse ist, d.h. zeitgenössische Verkörperung Christi für den linken Christen und universeller historischer Akteur für den vom Marxismus angezogenen Intellektuellen; sei es, weil das Entstehen und der Erfolg des RPF von ihnen als Vorspiel einer faschistischen Entwicklung des Landes gedeutet wird. Jean Lacroix, ein dem Personalismus anhängender Philosoph, Gefährte Mouniers in der Zeitschrift *Esprit*, der ausgiebig in *France nouvelle* zitiert wird, denkt in diesen Fragen folgendermaßen:

»Ob man will oder nicht, ob man es gut heißt oder es beklagt, der Kommunismus bleibt in hohem Maße die *immanente Philosophie des Proletariats*, wie es ein katholischer liberaler Ökonom, Daniel Villey, formuliert. Eine ›dritte Kraft‹ zu bilden, die an zwei Fronten kämpft, die sich von den Massen entfernt und zwischen den beiden kampfbereiten Riesen tagtäglich zerrieben wird, heißt, sich um die Welt nicht zu scheren – oder aber aus Hass auf den Kommunismus willentlich den Interessen eines der beiden Blöcke zu dienen. Nicht wir sagen das, sondern die Tatsachen: *die Bedingung für jedweden wirksamen Kampf gegen den Faschismus ist eine gewisse Übereinkunft mit den Kommunisten*. Es gibt eine historische Bewegung, deren Philosophie der Marxismus annäherungsweise ist. Wir lehnen es ab, uns vom Marxismus loszusagen, denn das hieße, uns von dieser Bewegung loszusagen[66].«

Ein kleinerer gemeinsamer Nenner verbindet diese linken Intellektuellen, der *Anti-Antikommunismus*. Sie lehnen es ab, eine Partei, von der so viele in der Résistance zu Märtyrern wurden und die die Mehrheit der Arbeiterstimmen auf sich vereinigt (was zumindest für die Region Paris gilt), für einen Gegner der Demokratie zu halten; sie übernehmen die von den Kommunisten selbst geprägte schändliche Vorstellung einer jeglichen Form von Antikommunismus. Dieses Wort, das mit dem ganzen bürgerlichen Schuldgefühl aufgeladen und dämonisiert wird, bezieht sich auf diejenigen, die die Arbeiterklasse und darüber hinaus die leidende Menschheit verraten. Sartre hat zwar sein definitives Urteil noch nicht gefällt, nach dem »jeder Antikommunist ein Schweinehund ist«, doch der Gedanke macht in den Reihen der Intelligenzija bereits die Runde. Ein kategorisches *non possumus* lähmt lange Zeit hindurch die Intellektuellen im Umkreis der Kommunistischen Partei gegenüber den Realitäten des Stalinismus.

Nichtsdestoweniger sind diese Anti-Antikommunisten keine servilen Mitläufer – oder jedenfalls nicht alle von ihnen. Die 1948 von Tito hervorgerufene Spaltung stiftet unter ihnen Verwirrung und führt zu einer Kluft zwischen den bedingungslosen Anhängern, die die Slogans Stalins gegen den jugoslawischen Kommunismus übernehmen, und denen, die Tito ihre Sympathie bewahren. Letztere bemühen sich, ihre Position politisch durch die dauernde Suche nach einer unauffindbaren neuen Linken, zugleich sozialistisch und neutral, zu konkretisieren. Nach der gescheiterten Episode des Rassemblement démocratique révolutionnaire (»Revolutionärer demokratischer Zusammenschluss«) – einer kleinen Partei, in der Jean-Paul Sartre und David Rousset treibende Kräfte sind –, nach den stürmischen Debatten in der Friedensbewegung, die der kommunistische Apparat kontrolliert, bringen sie *L'Observateur* (1950) auf den Weg, arbeiten an *Le Monde* von Hubert Beuve-Méry mit, den der diplomatische Neutralismus lockt, und versammeln sich in den Hinterzimmern der Cafés, um in Gesellschaft der letzten Verpuppungen des Trotzkismus Grüppchen zu gründen. Ohne Truppen, doch nicht ohne Prestige: zwischen diesen »Literaten« und den Kommunisten beginnt eine Diskussion.

---

66   *France nouvelle*, 17. Januar 1948.

Gewisse Intellektuelle reihen sich indessen ohne Zögern in das westliche Lager ein. Raymond Aron trat, obwohl er den Doktortitel hatte, seine Stelle an der Universität Toulouse, auf die er 1939 berufen worden war, nach dem Krieg nicht wieder an. Er erklärte sich selbst als von der Politik »angesteckt«. In seinen Augen ist es unmöglich, woanders als in Paris zu leben. Als Leitartikler von *Combat*, dann seit 1947 von *Le Figaro* hätte er wie so viele andere salomonische Urteile fällen, die Dinge von den Sternen aus betrachten, die Tugenden und Laster der beiden Antagonisten gegeneinander abwägen und als Moralist zu einem ausgewogenen Schluss gelangen können. Ganz im Gegenteil ist er einer der allerersten in Frankreich, die die Tatsache des Kalten Kriegs ohne jede Zweideutigkeit formulieren und die politische Pflicht zum Ausdruck bringen, sein Lager zu wählen.

Le Grand Schisme, gedruckt im Juli 1948, ist der Versuch einer Synthese der politischen Weltlage und der französischen Probleme und zeugt von der Kraft des Engagements. Die Klarheit der Darstellung – häufig von Formeln getragen, die in die Geschichte eingegangen sind –, doch besonders die Entschlossenheit des Verfassers beeindrucken noch heute den Leser. Während der ideologische Kampf auf beiden Seiten eine »Literatur« begünstigt, die oft ins Wahnhafte geht, überrascht der Autor auch durch einen bestimmten Ton, der nicht gerade dem Zeitgeist entspricht: den der Mäßigung. Aron belegt jedoch, dass ein gemäßigter Geist nicht auf einen schwachen Charakter schließen lassen muss, dass er weniger auf Temperament als auf erworbene Erfahrung und Bildung sowie auf beherrschte Leidenschaft zurückgeht. *Le Grand Schisme* zeigt eine Verbindung von Mäßigung in den Worten und Entschlossenheit im Verhalten.

In diesem Buch legt Aron als Visionär dar, was das System des Kalten Krieges ist und bleiben wird: die Rivalität zweier konkurrierender Blöcke, deren ideologische Grenzen nicht mit den Staatsgrenzen zusammenfallen, zweier Blöcke, zwischen denen »der Frieden unmöglich und der Krieg unwahrscheinlich ist«. Der Antagonismus zwischen den beiden großen Siegern über die Achsenmächte, der während des Krieges latent war, brach nach dem Sieg auf. Im Gegensatz zum klassischen Konflikt zwischen zwei Imperien handelt es sich um eine Konfrontation im Weltmaßstab zwischen zwei Führungsmächten, die zwei Weltanschauungen, zwei Geschichtsphilosophien, zwei Lebens- und Regierungssysteme verkörpern, die unvereinbar sind.

Zuallererst geht es im Kalten Krieg um Europa, das den Verwüstungen, den Schwierigkeiten des Wiederaufbaus und der verheerenden Inflation ausgesetzt ist. Die Vereinigten Staaten lancieren den Marshall-Plan, um »zu verhindern, dass das Elend erreicht, was weder die Ausstrahlungskraft des Vaterlandes des Sozialismus noch das Prestige der Roten Armee erreicht hatten […]. Der Wohlstand oder doch wenigstens ein Leben in Anstand ist das beste Gegenmittel gegen den Kommunismus«. In dem Augenblick, in dem Stalin sich seine westlichen Grenzgebiete in der Form der Volksdemokratien zurechtgeschnitten hat, ist der Marshall-Plan für ihn eine Gefahr, auf die er mit Härte und mit der Schließung des Eisernen Vorhangs reagiert. Von jetzt an ist Europa endgültig gespalten. Im Westen schützt Amerikas *leadership* die unabhängigen Staaten vor neuen sowjetischen Vorstößen; im Osten beschleunigt die Gründung der Kominform die Errichtung eines monolithischen Blocks. Ein »kriegerischer Frieden« kennzeichnet – angesichts der Risiken, die von beiden Seiten als zu groß angesehen werden – die Beziehung zwischen den beiden Lagern, kein frontaler Krieg; doch der Konflikt zwischen den beiden Supermächten, die beide universalistisch ausgerichtet sind, dauert fort.

Das System des Kalten Krieges ist kein einfacher Dualismus: die ideologische Dimension macht ihn komplizierter. Denn der Einfluss Stalins hört nicht am rechten Ufer der Elbe auf. Die Stärke des sowjetischen Imperialismus geht weniger auf sein – wenn auch furchterregendes – Militärpotenzial denn auf die Ausstrahlung und die Verbreitung seiner Propaganda zurück. Die Existenz von großen politischen Parteien sogar in Westeuropa, wie in Frankreich und Italien, beschreibt Aron ohne Nachsicht als die Existenz von »fünften Kolonnen«. Die Millionen Wähler, die den westlichen kommunistischen Parteien ihr Vertrauen aussprechen, hegen zweifellos ehrenwerte Hoffnungen; doch das darf die Wirklichkeit nicht verschleiern – nämlich die Tatsache, dass die Führer und Apparate dieser Parteien in dem nationalen Rahmen, in dem sie tätig sind, die Politik der UdSSR betreiben. Würde man diese kommunistischen Parteien verbieten, wäre ihrem Einfluss damit kein Ende gesetzt. Um ihre Absichten zu vereiteln, müssen in Arons Augen drei Bedingungen erfüllt werden: erstens die Wiederherstellung des ökonomischen, finanziellen und monetären Gleichgewichts im Großen; daher – zweitens – die Wiederherstellung der staatlichen Macht; drittens der entschiedene Kampf gegen die kommunistische Ideologie im Bereich der Ideen und der Propaganda.

Die ersten beiden Bedingungen veranlassen Aron, sich trotz seines erklärten Antibonapartismus für General de Gaulle zu entscheiden. Ohne eine gaullistische Ader zu haben, hält er die Institutionen der Vierten Republik für unangemessen, um den vielfältigen Gefahren zu begegnen, die von den subversiven Kräften des Kommunismus ausgehen. Was die ideologische Sphäre angeht, die uns hier vor allem beschäftigt, findet man in *Le Grand Schisme* bereits die Skizze dessen, was neun Jahre später *L'Opium des intellectuels* (*Opium für Intellektuelle, oder: Die Sucht nach Weltanschauung*) sein wird. In dem frühen Traktat gegen die »kommunistische Mystifikation« verwendet der Verfasser schon Ausdrücke wie »der Mythos der Revolution« oder »der Mythos der klassenlosen Gesellschaft«, die man in dem berühmten Pamphlet von 1957 gegen die linken Intellektuellen wieder finden wird.

Diese linken Intellektuellen, denen Aron so nahe steht, zumindest durch seine philosophische Bildung und seine Ausbildung an der École normale supérieure, beschuldigt er, ihre eigenen Werte zu verraten, indem sie sich zugleich von einer Lehre aus dem 19. Jahrhundert, die durch die Geschichte widerlegt ist, von einem Staat, dessen totalitäre Natur ihnen verhasst sein müsste, und von einer Partei, die sein Repräsentant und Handlanger innerhalb unserer Grenzen ist, in Bann schlagen lassen. Im Gegensatz zu ihnen steht Aron ohne falsche Scham zum Antikommunismus – was ihn in den Augen einer großen Anzahl seiner Kollegen zum »Wachhund« der Bourgeoisie werden lässt, doch ihm eine Legitimität als politischer Analytiker verleiht, der weder Gefühlsregungen, die blind machen, noch Zuneigungen, die den kritischen Geist ersticken, nachgibt. Nicht, dass er den westlichen Block für das Lager des souveränen Guten hielte; doch er hat keinerlei Zweifel über die verlogene und tyrannische Natur des stalinistischen Kommunismus.

Dieser ideologische Kampf – nicht gegen Marx, sondern gegen den Marxismus-Leninismus und noch mehr gegen die Verblendung der linken Intellektuellen über die Realitäten der Sowjetunion – wird von einer im strengen Sinn politischen Wahl ergänzt: Enthaltung ist untersagt, man muss zu seinen Verweigerungen stehen. Und wenn man ihm entgegenhält, dass der Antikommunismus zum Faschismus führt, antwortet Aron mit dieser ausgeglichenen Mischung aus Mäßigung und Entschlossenheit, auf die wir bereits anspielten:

> »Wir haben dem kommunistischen Credo keine Doktrin und kein Credo entgegenzustellen; doch das demütigt uns nicht, denn die weltlichen Religionen sind immer Mystifikationen. Sie schlagen den Massen eine Interpretation des historischen Dramas vor, sie führen das Unglück der Menschheit auf eine einzige Ursache zurück. Die Wahrheit ist indessen eine andere: es gibt nicht eine einzige Ursache, es gibt keine einseitige Entwicklung. Es gibt keine Revolution, die mit einem Schlag eine neue Ära der Menschheit einleiten könnte. Die kommunistische Revolution hat keine Rivalin; sie ist die letzte dieser weltlichen Religionen, die Ruinen aufgetürmt und Ströme von Blut vergossen haben. Sie ist die fürchterlichste von allen, und vielleicht winkt ihr der Sieg. Aber von den Antikommunisten einen vergleichbaren Glauben zu fordern, von ihnen ein ebenso kompaktes Gebäude verlockender Lügen zu verlangen, das hieße, sie zum Faschismus aufzufordern. Denn sie sind tief davon überzeugt, dass man das Schicksal der Menschen nicht durch Katastrophenschläge verbessert, dass man die Gleichheit nicht durch staatliche Planung fördert, dass man die Würde und die Freiheit nicht gewährleistet, indem man einer zugleich reli-

giösen und militärischen Sekte die ganze Macht überlässt. Wir haben kein Lied, um unsere Kinder in den Schlaf zu wiegen. Wird die Menschheit, die nicht mehr an Gott glaubt, ohne Idole leben[67]?«

Durch diese Ablehnung einer Wechselseitigkeit – das heißt durch die Weigerung, dem Mythos einen Mythos, dem Glauben einen Glauben, der kollektivistischen Utopie eine liberale Utopie gegenüberzustellen –, weist das Denken Arons, das auf der Kritik des Historizismus beruht, einen Weg ohne Illusionen und ohne Schwäche. Zweifellos sind dem Verfasser in *Le Grand Schisme* einige Fehlurteile in der politischen Einschätzung unterlaufen: über die Chancen des RPF beispielsweise oder sogar über die unmittelbaren Ziele der Politik Stalins; doch indem er die Realität der beiden Blöcke beschreibt und zu seinem Antikommunismus steht – selbst auf die Gefahr hin, sich von seinen ehemaligen »kleinen Kameraden« als »Schweinehund« oder von der kommunistischen Presse als »Knecht des amerikanischen Kapitalismus« apostrophieren zu lassen –, hat er zugleich eine Diagnose gestellt, deren Gültigkeit in den folgenden Jahren bestätigt wird, und gezeigt, was geistiger Mut ist. Ein Leser Arons, Lucien Febvre, bei den Historikern sehr angesehen, hat dem Autor entgegengehalten, es sei Aufgabe der Franzosen, an zwei Fronten zu kämpfen. Genau diese bequeme Position hat Aron in Zweifel gezogen: das »ideologische Schisma«, dessen tiefe und unmittelbare Triebfedern er beschreibt, ließ für Zurückhaltung, die vielleicht in einem Beichtstuhl vertretbar, doch auf der politischen Bühne unangebracht ist, keinen Platz. Der ausgebrochene Krieg war zwar »kalt«, doch es war ein Krieg.

---

67 R. Aron, *op. cit.*, S. 302.

47
Le Deuxième sexe –
»Das andere Geschlecht«

Von den freundschaftlichen Beziehungen, die Sartre, Nizan, Aron und Simone de Beauvoir – wenn auch etwas jünger als die anderen, schließt sie sich der Gruppe an – in den zwanziger Jahren miteinander pflegen, bleibt nur das Paar Jean-Paul-Simone übrig. Nizan ist tot; Sartre verteidigt sein Andenken und wird es wieder glanzvoll in einem Vorwort zur Neuausgabe von *Aden Arabie*[68] verteidigen. Aron hat sich 1947 endgültig entfernt, als er sich dem RPF anschließt und zu Beginn des Kalten Krieges erklärt, man müsse sich für ein Lager entscheiden.

Bis dahin hatte man vor allem den Männern Gehör geschenkt. Simone de Beauvoir gelingt 1949 eine Glanzleistung: *Le Deuxième Sexe* (*Das andere Geschlecht*), das nach dem Vorabdruck von einigen Kapiteln in *Les Temps modernes*[69] in jenem Jahr erscheint, wird für mehrere Generationen das Kultbuch der Frauenemanzipation sein.

Am Anfang gibt es da nichts Feministisches. Bis zu den Vorarbeiten zu ihrem Buch pflegt Simone kein ausgeprägtes Bewusstsein darüber, von ihrer Situation als Frau bestimmt zu sein. Nach dem Abschluss ihrer höheren Schulausbildung im Cours Désir[70] versucht ihre bürgerliche Familie bald nicht mehr, sie von einem Philosophiestudium an der Sorbonne abzubringen. Sie trifft dort Sartre, der in ihren Augen am anziehendsten, weil am subversivsten ist. Sie stößt also schnell zu einer Gruppe intelligenter junger Männer, die mit ihr wie mit ihresgleichen sprechen. Wenn sie auch kaum dem Feminismus zuneigt, da sie den Männern gegenüber keine Forderungen anzumelden hat (die Suffragetten, Marguerite Durand oder Louise Weiss, lassen sie vollkommen kalt), so verkörpert sie doch kein Modell der Weiblichkeit: gewiss, feine Züge, schöne Augen, ziemlich hübsch, doch schlecht gekleidet, mit einem unvermeidlichen Turban, den sie sich seit 1927 nach einem verpatzten

---

68   Paul Nizan, *Aden. Die Wachhunde, op. cit.*
69   Unter anderen: »Der Mythos der Frau und die Schriftsteller: Stendhal oder das Romaneske des Wahren« (Februar 1949), »Die sexuelle Initiation der Frau« (Mai 1949), »Die Lesbierin«, »Die Mutterschaft« (Juni 1949), »Die Mutterschaft« (Juli 1949).
70   *Anm. d. Ü:* Cours Désir: Renommierte katholische Privatschule für Mädchen.

Haarschnitt zugelegt hat, sehr rührig, daher der Spitzname Castor (Beauvoir = *beaver*, Biber), auf den René Maheu kam, den es amüsierte, wie sie sich immer »betätigte« und »arbeitete«.

Im Juni 1929 lädt Sartre sie ein, in seiner Agrégations-Arbeitsgruppe – zur Vorbereitung auf die mündliche Prüfung – ein Exposé über Leibniz zu halten. Sie sagt, sie sei von diesen brillanten Persönlichkeiten, Aron, Nizan, Politzer und vor allem Sartre, »überwältigt« gewesen. Doch ist Simone, obwohl drei Jahre jünger als Jean-Paul, in der Lage, sich mit ihnen zu messen. Sie beweist es im selben Jahr; denn in einem einzigen Anlauf nimmt sie die Hürde des Diplôme d'enseignement supérieur (die heutige Maîtrise) und der Agrégation in Philosophie; sie besteht als zweite, hinter Sartre, nachdem die Jury zwischen den beiden für den ersten Platz geschwankt hatte.

Aus diesem Studienjahr, aus dieser Begegnung geht eine Liebesbeziehung und dann ein Bund absoluter Freundschaft zwischen zwei außergewöhnlichen Menschen hervor, die ihre Zeitgenossen faszinieren. Wir kennen heute auf Grund der zahlreichen posthumen Schriften – vor allem der Briefe – von Sartre und vor allem von Simone de Beauvoir die näheren Umstände dieser Liebesgeschichte zwischen zwei Schriftstellern, zwischen diesen intellektuellen Zwillingen (nach Beauvoirs eigenen Worten), die den Versuch unternehmen, ein Leben in außergewöhnlicher Treue zu führen und denen dies bis zu einem gewissen Grad auch gelingt. Sie schließen und erneuern miteinander einen Pakt der Wahrheit, der zwischen notwendiger Liebe – die sie bindet – und kontingenten Liebesbeziehungen unterscheidet, die sie sich nicht versagen; daraus entsteht eine Art »großer Familie«, wie man nach 1968 sagen wird, die aus dem königlichen Paar besteht, um das herum die »Kontingenten« kreisen – nicht selten frühere Schüler und Schülerinnen des einen oder anderen: Bianca, Olga, Wanda, Nathalie, Jacques Laurent Bost[71]... Bei dieser Konstruktion geht es nicht ohne Risse, Bitterkeiten, Enttäuschungen ab, von denen Simones Romane voll sind (*L'Invitée*, *Les Mandarins*). Das Paar überwindet sie – umso besser als Sartre und sie seit etwa 1939, wie Simone selbst sagt, keine sexuelle Beziehung mehr miteinander haben:

»Er ist in allem ein warmherziger, lebhafter Mann«, schreibt sie an Nelson Algren über Sartre, »nur nicht im Bett. Ich spürte das bald, obwohl ich keine Erfahrung hatte, und allmählich wurde es sinnlos, ja, sogar ungehörig, weiterhin wie Geliebte zusammenzuleben. Wir gaben es nach acht oder zehn Jahren, die in dieser Hinsicht eher erfolglos waren, auf.«[72] (8. August 1948)

---

71 Vgl. das schöne Porträt von M. Ozouf, *Les Mots des femmes*, »Simone ou l'avidité«, Fayard, 1995. Auch: F. Jeanson, *Simone de Beauvoir ou l'entreprise de vivre*, Seuil, 1966. Mit Vorsicht zu genießen: D. Bair, *Simone de Beauvoir. Eine Biographie.* Übers. v. S. Lohmann u.a., München, 1990.

Wenn diese hochintelligente Frau zunächst kaum feministisch eingestellt ist, so sicherlich deswegen, weil sie bereits mit zwanzig Jahren voll und ganz in die Männerwelt aufgenommen wird; dann sicherlich auch, weil sie sehr lange Zeit kein politisches Bewusstsein hat. Ihr Tagebuch und ihre Kriegskorrespondenz – 1940 ist sie zweiunddreißig Jahre alt – zeigen sie vor allem um sich selbst und um die, die ihr nahe stehen, natürlich um Sartre, besorgt, doch sehr wenig um das Schicksal, wenn nicht des Planeten, so wenigstens ihres Landes. In der Münchner Konferenz von 1938 sieht sie nur eine weitere Glückschance: »Aber alles, selbst die grausamste Ungerechtigkeit war besser als ein Krieg.« (*La Force de l'âge, In den besten Jahren*) Sie weigert sich, der Wahrheit ins Auge zu sehen: »Am Anfang des Sommers 1939 hatte ich noch nicht alle Hoffnungen aufgegeben. Eine hartnäckige Stimme flüsterte mir immer noch zu: ›Mir kann so etwas nicht passieren, nicht der Krieg, nicht mir.‹«

Während des Krieges und zur Zeit der Besatzung schreibt sie im Dôme oder im Flore dicht am Ofen ihren Roman *L'Invitée* (*Sie kam und blieb*), der die Geschichte des Trios Sartre-Simone-Olga erzählt. Nach der kurzen Episode mit »Socialisme et Liberté«, der kleinen Widerstandsgruppe, die Sartre, wie wir gesehen haben, bei seiner Rückkehr aus dem Stalag auf die Beine zu stellen versucht, handeln Simone und Jean-Paul wie so viele andere Franzosen: sie überleben, ohne die Produkte des Schwarzmarkts zu verachten – dabei sind sie ihren Schützlingen, ihrer »Familie« gegenüber immer generös – und ohne sich lange zu fragen, ob sie publizieren sollen oder nicht; sie gehen sogar so weit, ihre Feder *Comœdia* (Sartre) oder ihre Arbeitskraft dem Vichy-Rundfunk (Beauvoir) zur Verfügung zu stellen. Als Simone de Beauvoir nach der Klage der Mutter einer ehemaligen Schülerin wegen einer Liaison mit dieser, die freilich nicht bewiesen werden konnte, Vichy aber einen willkommenen Anlass bot, eine unerwünschte Lehrerin loszuwerden, im Juni 1934 aus dem Schuldienst entlassen wird,[73] akzeptiert sie tatsächlich, wie wir uns erinnern, für Radio-Vichy zu arbeiten; Sartre hatte sich bei René Delange, dem Herausgeber von *Comœdia*, für sie verwandt[74]. Sie arbeitet also eine Reihe von Radiosketche über »die Ursprünge der Music-Hall« aus, die ab 17. Januar 1944 gesendet werden. Ein »farbloses« Programm, wie sie sagt, doch für einen Sender, der seit dem 1. Januar – es kann ihr nicht entgangen sein – von dem Kollaborationisten Philippe Henriot geleitet wird. Man kann nicht leugnen, dass ein an und für sich nicht verdächtiger Beitrag an diesem Ort und zu

---

72 S. de Beauvoir, *Eine transatlantische Liebe. Briefe an Nelson Algren. 1947–1964*. Übers. v. J. Klein, Rowohlt Verlag, Reinbek, 1999, S. 302.
73 I. Galster, Juin 43: Beauvoir est exclue de l'Université. Retour sur une affaire classée, Contemporary French Civilization, vol. XXV, Nr. 1, Winter/Frühling 2001.
74 J.-P. Sartre, *Briefe an Simone de Beauvoir, op. cit.*, 2, S. 330.

dieser Zeit nicht gerade angebracht war und von keiner großen Neigung zum intellektuellen Widerstand zeugte[75].

Trotz dieses Mangels an politischem Gespür schließt sie sich Sartre nach der Libération an, als dieser seine Prinzipien der engagierten Literatur darlegt und im Herbst 1945 *Les Temps modernes* gründet. Sie ist sogar die treibende Kraft bei der Lancierung der Zeitschrift: Demarchen wegen der Zuteilung des rationierten Papiers, Auswahl des Entwurfs für den Einband, Diskussionen mit Sartre und Merleau-Ponty, mit denen sie anfangs den Kern der Zeitschrift bildet. In diesen Nachkriegsjahren wird sie an der Seite Sartres bekannt[76], und ihre Beziehung, die schon keine wirkliche Paarbeziehung mehr ist, erlangt Berühmtheit. Jedoch steht ihr noch die Entdeckung der Macht der Eifersucht bevor: die sehr intensive Liebesbeziehung Sartres mit Dolorès Vanetti (der er in New York begegnet war) macht ihr Angst: »Plötzlich fragte ich mich«, gesteht sie, »ob er nicht an M. [Dolorès] mehr hinge als an mir; ich hatte meinen zähen Optimismus eingebüßt: Mir konnte alles widerfahren[77].« Simone setzt jedoch ihre kontingenten Liebesbeziehungen fort bis zum Tag, an dem die Kontingenz die Gestalt der Notwendigkeit annimmt.

Als sie 1947 im Zusammenhang mit einer Vortragsreihe in den Vereinigten Staaten weilt, verliebt sie sich in den Schriftsteller Nelson Algren. Zum ersten Mal seit ihrer Begegnung mit Sartre, so scheint es, liebt sie. Zu dieser Zeit sitzt sie an den Vorarbeiten zu *Le Deuxième Sexe*. Die Idee dazu stammt nicht von ihr, sondern von Colette Audry, einer Freundin, der sie vor dem Krieg begegnet war, als sie am Lycée von Rouen unterrichtete (Sartre unterrichtete in Le Havre). Sartre bestärkt sie in dem Vorhaben. Das heißt, nichts prädisponiert sie zunächst dazu, weder das Bewusstsein der Unterdrückung der Frau, noch ein Solidaritätsgefühl mit ihren Geschlechtsgenossinnen, über die sie sich häufig sogar in sehr harten Worten äußert. Nichts, außer vielleicht eine besondere Gabe, die sie zeitlebens dazu treibt, mehr oder weniger skandalträchtige Bücher zu schreiben, in denen sich ihr Wahrheitsbedürfnis, ihr Wunsch, »authentisch« zu sein und nichts zu verschleiern, ausdrücken. Ein Anspruch, dem sie nicht immer gerecht wird, doch der sie immer bestimmen wird – beim Tod ihrer Mutter oder beim Tod Sartres wird dies deutlich.

Simone macht sich also an die Arbeit und gleicht ihren Mangel an Erfah-

---

75 Siehe I. Galster, »Simone de Beauvoir et Radio-Vichy«, *Romanische Forschungen,* Nr. 1/2, 1996. Diese präzise Klarstellung räumt mit den Ungenauigkeiten der Beauvoir-Biographie von D. Bair auf und kommt zu dem Schluss: »Mit der Mehrheit ihrer Landsleute teilte Beauvoir die Ambiguität ihrer Situation ...« Von derselben Autorin: »Simone de Beauvoir face à l'occupation allemande. Essai provisoire d'un réexamen à partir des écrits posthumes«, *Contemporary French Civilization,* Vol. XX, Nr. 2, Sommer/Herbst 1996.
76 Sie veröffentlicht in *Les Temps modernes* in mehreren Folgen *Pour une morale de l'ambiguïté* (1947) und *L'Amérique au jour le jour* (1948).
77 S. de Beauvoir, *Der Lauf der Dinge, op. cit.,* S. 74.

rung dadurch aus, dass sie ganze Tage in der Bibliothèque nationale verbringt und gelehrte Notizen zur Physiologie, zur Psychologie, zur Soziologie der Frau anhäuft. Als Flaubert den sehr besonderen Status seiner Freundin George Sand – einer emanzipierten Frau – charakterisieren wollte, sagte er, sie gehöre dem »dritten Geschlecht« an. Das trifft auch auf Simone zu, abgesehen davon, dass sie nicht unter den Auswirkungen der Herrschaft der Männer zu leiden hatte, dass sie es abgelehnt hat, zu heiraten und Kinder zu bekommen, und dass sie für ihren Lebensunterhalt nur von ihrem Beruf abhängen will. Beauvoir weiß wahrscheinlich, dass die von außen kommenden Blicke immer die schärfsten sind, dass sie das Privileg, Frau zu sein, genießt, ohne die üblichen Zwänge ertragen zu müssen, und dass sie die Situation der Frau besser als andere wird analysieren können. Doch ohne die Betroffenheit und ohne die Kraft eines revoltierenden Opfers.

Le Deuxième Sexe löst einen Skandal aus. Man ist darüber heute verwundert, so weit scheint einem diese prüde, naive oder heuchlerische Epoche entfernt. Ungeschminkt beschreibt Beauvoir die physiologische Besonderheit der Frau, ihre Sexualität, ihre Vorstellungswelt. Alles kommt vor: die Pubertät, die Menstruation, die Defloration, die Schwangerschaft, die Wechseljahre. Aber auch die sexuelle Initiation, der Masochismus, die Frigidität, die lesbische Liebe, die Abtreibung, der Ehebruch ... Eine solche Direktheit der Sprache bricht mit den Konventionen, dem guten Geschmack, den Tabus von damals. Freud war nur den kulturell Privilegierten vertraut, von der Sexualität sprach man in Frankreich nur in der Form der Zote oder der Sublimierung. Selbst die Ärzte, jedenfalls die Mehrheit von ihnen, untersagten sich ihren Patientinnen gegenüber alle realistischen oder wissenschaftlichen Begriffe. Das Geschlecht blieb ein Gegenstand von Anspielungen, von einer geheimen Faszination, von Boulevardstücken und von schlüpfrigen Zeitschriften.

Die größte Kühnheit besteht jedoch in etwas anderem; sie hat mit der soziologischen und politischen Dimension ihrer Analyse zu tun. Beauvoir geht auf die Einzelheiten der physiologischen Besonderheit der Frau ein – wie könnte man sie auch leugnen? Gibt es nicht symmetrisch dazu eine physiologische Besonderheit des Mannes? Indessen prangert sie das physiologische Alibi in der uralten Herrschaft des Mannes über die Frau an. Die »Weiblichkeit« ist kein Ergebnis der Natur, sondern der Kultur – einer herrschenden männlichen Kultur. Auf Grund ihrer Mutterfunktion wurde die Frau vom Mann aus dem öffentlichen Leben ausgeschlossen. Ihre Berufung wurde als häusliche definiert. Auf das Privatleben beschränkt, ohne finanzielle Autonomie, verfällt sie in eine subalterne Rolle und wird darin durch jahrhundertealte Mythen bestärkt. Das »ewig Weibliche« ist ganz und gar konstruiert; die Erziehung, die Spiele, die Toilette, die Verbote – alles legt sie auf eine unumgängliche Bestimmung fest: dem Mann zu gefallen; daher rührt ihr Narzissmus. Die Ehe und die Mutterschaft unterwerfen sie vollends der Macht der Männer. In dem Kapitel über Claudel schreibt sie

> »Ihr Los ist es, sich für die Kinder, den Mann, für Haus und Hof, für das Vaterland und die Kirche aufzuopfern, ein Los, das das Bürgertum ihr immer zugeteilt hat. Der Mann bringt seine Tätigkeit ein, die Frau ihre Person; sanktioniert man diese Hierarchie im Namen des göttlichen Willens, so verändert man sie keineswegs, sondern will sie auf ewig erhalten[78].«

Sie tritt den Tabus entgegen und leugnet den Mutterinstinkt, der nicht aus der Natur komme, sondern die emotionale Folge einer von den Männern beschlossenen ungleichen Arbeitsteilung sei. Simone de Beauvoir stellt die Mutterschaft in klaren Begriffen als eine persönliche Entscheidung dar; die Frauen haben das Recht, sich ihr zu entziehen.

Es ist ein Protest, der praktische Vorschläge nach sich zieht. Beauvoir verficht die gleiche Erziehung für Mädchen und Jungen, mit »den gleichen Ansprüchen und der gleichen Anerkennung, der gleichen Strenge und den gleichen Freiheiten«, mit dem »gleichen Unterricht«, den »gleichen Spielen[79]« ... Sie tritt auch – wie Léon Blum im Jahre 1907 (*Du mariage*, »Von der Ehe«) – für die sexuelle Gleichheit ein, für die Verfügungsfreiheit über den eigenen Körper, das Recht auf die freie Liebe, die Trennung zwischen Sexualität und Zeugung: freies Sich-selbst-Überschreiten und nicht Unterwerfung. Die Mutter muss »gleichberechtigt mit dem Vater ihren Teil der materiellen und sittlichen Verantwortung des Paares« übernehmen – ihr Ansehen steht dabei auf dem Spiel. Man muss für die Mädchen »eine freie Zukunft als Erwachsene« anstreben. Das grundlegende Postulat, die zentrale These dieses didaktischen Buches lautet, dass man nicht als Frau geboren wird, sondern dazu wird; dass die Gesellschaft der Männer die Frau, die Weiblichkeit, fabriziert, um sie den häuslichen Arbeiten und der Mutterfunktion besser zu unterwerfen.

Simone de Beauvoir hat dem widerstanden: keine Ehe, kein Kind, nicht einmal ein Zuhause, das Hausarbeiten mit sich bringt. Das Café nimmt die Stelle von Küche und Arbeitszimmer ein. Das Dôme, das Flore, die Deux Magots, diese vertrauten Landschaften des »existentialistischen« Universums sind nicht einfach ein städtisches Dekor, in dem man zwischen zwei Gläschen Wein Gedanken und Theorien entwickelt, sondern die Symbole eines freien

---

78 S. de Beauvoir, *Das andere Geschlecht. Sitte und Sexus der Frau*. Übers. v. U. Aumüller u. a., Rowohlt Verlag, Reinbek, 2000, S. 294. Außer den »Fakten« untersucht Simone de Beauvoir die »Mythen« – anhand der Werke von Montherlant, D.H. Lawrence, Claudel, Breton und Stendhal.
79 S. de Beauvoir, *Das andere Geschlecht, op. cit.*, S. 893

Lebens, das den normativen Zwängen entzogen ist und in dem die Unabhängigkeit und Gleichheit der Geschlechter bejaht werden. Die Weiblichkeit liegt nicht in der Natur, sondern in der – akzeptierten oder verweigerten – »Situation«, die die jahrhundertealte Gesellschaft den Frauen zuweist. Nur die »kollektive Entwicklung« kann eine Lösung bringen.

Zu diesem Zeitpunkt ihres Lebens ist Beauvoir weniger feministisch als marxistisch eingestellt: die Frau ist in ihren Augen »ein Produkt der Zivilisation«, die Aufhebung der Klassen die Voraussetzung für die Befreiung der Frau – für »eine Gesellschaft, in der die Gleichheit der Geschlechter konkret verwirklicht wäre«. Sie stimmt dem Credo der Feministinnen, die die Differenz herausstellen, nicht zu; sie lehnt seine ideologisierten Determinismen ab. Während ihres Aufenthaltes in den Vereinigten Staaten findet sie wenig Gefallen an den Versammlungen der Frauen, ihren Vereinen und partikularistischen Forderungen. *Le Deuxième Sexe*, ein emanzipatorisches Buch, zieht nicht gegen die Männer zu Felde. Simone fühlt sich in ihrer Gesellschaft zu wohl. Als sie ihr Traktat, ihr Manifest, schreibt, durchlebt sie ihre große transatlantische Leidenschaft. Gewisse Äußerungen in den Hunderten von Briefen an Nelson Algren, die 1997 veröffentlicht wurden, könnten uns fast an ihren proklamierten Überzeugungen zweifeln lassen: »Ich werde brav sein, das Geschirr spülen, fegen, selbst die Eier und den Rumkuchen einkaufen, ich werde Ihre Haare, Ihre Wangen und Ihre Schulter nicht ohne Ihre Genehmigung berühren[80].« Die Sexualität wäre also für Mann und Frau »doch verschieden«? Der Widerspruch, den das Publikum von 1949 nicht ahnen konnte, rührt uns heute eher, als dass wir uns darüber empörten. Man kann darin das Eingeständnis sehen, dass unabhängig von allen Theorien die blind machende Kraft der Liebe die Menschen in Widerspruch zu ihren eigenen Überzeugungen bringt. Ist nicht auch der Mann, der sich in den Netzen des Gottes Amor verfängt, von den Geboten der progressiven Moral entbunden? Doch übertreiben wir nicht den Sinn dieser scheinbaren Entgleisung! Schreiben wir diesen Briefstil vielmehr dem vertrauten Spiel zu, an dem niemand anderes als das geliebte Wesen teilnimmt – ein Spiel, das man selbst durchschaut.

Le Deuxième Sexe ist ein durchschlagender Erfolg. Noch nie, so scheint es, hatte eine Frau mit einer solchen Freiheit, einer solchen Aufrichtigkeit zu den Frauen – und möglicherweise zu den Männern – gesprochen. *Paris-Match* kündigt das Buch am 6. August auf der Titelseite an. »Simone de Beauvoir, die erste Philosophin«, heißt es in dem Magazin, »hat auf einem kleinen Tisch im Flore achthundert revolutionäre Seiten geschrieben.« Und weiter: »Simone de Beauvoir, Statthalterin Jean-Paul Sartres und Expertin des Existentialismus, ist zweifellos die erste Philosophin, die in der Geschichte der

---

80 Briefe an Nelson Algren, op. cit.

Menschheit auftritt. Ihr kommt das Verdienst zu, aus dem großen Abenteuer der Menschen eine Philosophie des Geschlechts herauszukristallisieren. Das ist der Inhalt von zwei dicken Bänden.[...] Indem *Paris-Match* Simone de Beauvoir das Wort erteilt, konfrontiert das Magazin seine Leserinnen und Leser mit allen Problemen, die die moderne Frau beunruhigen: Freiheit des Lebens, Abtreibung, Prostitution, Gleichheit der Geschlechter, Ehe und Scheidung, schmerzfreie Geburt usw. Die politische Gleichheit, die seit vier Jahren erreicht ist, rechtfertigt es, dass eine junge, kühle und klarsichtige Philosophin die ewige Frauenfrage in modernen Begriffen behandelt.« Es folgen Auszüge aus *Le Deuxième Sexe*, deren Titel über die ganze folgende Doppelseite geht: »Luxus- oder Lasttier: weder das eine noch das andere.«

Trotz oder wegen der plötzlichen Bekanntheit ihrer Studie löst Simone de Beauvoir einen Skandal aus.

»Man warf mir so vieles vor: eigentlich alles! Vor allem meine Unanständigkeit. [...]. Man hätte meinen können, dass es Freud und die Psychoanalyse nie gegeben habe. Was für Freuden der Obszönität unter dem Vorwand, die meine zu geißeln! Der gute alte gallisch-schlüpfrige Witz ergoss sich in Strömen. Ich erhielt signierte und anonyme Epigramme, Satiren, Strafpredigten, Ermahnungen, die zum Beispiel ›äußerst aktive Angehörige des ersten Geschlechts‹ an mich richteten. Man sagte, dass ich unbefriedigt, frigid, priapisch, nymphoman, lesbisch sei und hundert Abtreibungen hinter mir habe und sogar heimlich ein Kind hätte. Man machte sich erbötig, meine Frigidität zu heilen, meine vampirischen Gelüste zu befriedigen, man versprach mir Offenbarungen, zwar mit schmutzigen Ausdrücken, aber im Namen des Wahren, des Schönen, des Guten, der Gesundheit und sogar der Poesie, an denen ich mich auf unwürdige Weise vergangen hatte[81].«

Das Buch wird auf den Index gesetzt. Doch nicht nur die Katholiken sind empört, sondern auch die Kommunisten: Marie-Louise Barron verkündet in *Les Lettres françaises,* »die Arbeiterinnen von Billancourt würden sich über das Buch köstlich amüsieren«. Zwei in ihrer Bildung, Kultur und politischen Einstellung so unterschiedliche Schriftsteller wie Mauriac und Camus verabscheuen das Buch; sie halten es für unzüchtig bzw. für einen Angriff auf die Würde des »französischen Mannes«. Mauriac schreibt – nach dem Vorabdruck des Kapitels über »Die sexuelle Initiation der Frau« in *Les Temps modernes* – am 30. Mai 1949 in *Le Figaro*: »Wir haben buchstäblich die Grenze des Niederträchtigen erreicht [...]. Ist das von Madame de Beauvoir behandelte

---

81 S. de Beauvoir, *Der Lauf der Dinge, op. cit.*, S. 184–185.

Thema in einer großen philosophischen und literarischen Zeitschrift am Platz?« *Le Figaro littéraire* veranstaltet am 25. Juni 1949 eine Umfrage unter der Jugend, die bis zum 30. Juli fortgesetzt wird; Mauriac hatte persönlich die Frage formuliert: »Glauben Sie, dass in der Literatur der systematische Rückgriff auf die Instinkte und auf den Wahnsinn und dass die Ausschlachtung der Erotik, die damit einhergeht, eine Gefahr für das Individuum, für die Nation, für die Literatur selbst darstellen und dass bestimmte Menschen und bestimmte Lehren dafür die Verantwortung tragen?« Jean-Marie Domenach antwortet am 25. Juni:

> »Ich glaube, dass die Christen, die unter dem Vorwand der Erotik und der Obszönität S. de Beauvoir und den Versuch, für den sie steht, attackieren, vollkommen in die Irre gehen. [...] Weder Gelächter noch Verurteilung sind angebracht, sondern ein aufmerksames Studium und der Wunsch, den Dingen ins Gesicht zu sehen; denn schließlich hängt es weitgehend von uns und von unserer Kirche ab, ob man sich mit dieser Unruhe und dieser Suche – in dem, was sie an Authentischem enthalten – auseinandersetzt und sie nicht pervertiert.«

Die Heftigkeit der Reaktionen offenbart mehr noch als die positive Würdigung durch Maurice Nadeau und Francis Jeanson die Bedeutung dieses monumentalen Werks. Obwohl es zu schnell geschrieben und manchmal konfus, häufig unverdaulich und apodiktisch ist, bleibt sein Prestige erhalten. Simone äußerte, sie sei bereit, es »allen Widerständen zum Trotz« zu verteidigen. Sofort übersetzt, lange von vielen (weiblichen und männlichen) Intellektuellen hoch geschätzt – zumindest bis 1968[82], als eine neue Generation von radikalen Feministinnen gegen das Postulat Beauvoirs rebellierte, wonach es keine »weibliche Natur« gebe –, war *Le Deuxième Sexe* der Auftakt zum zeitgenössischen Feminismus.

Im Oktober 1949 stürzt sich Simone de Beauvoir, nachdem sie mit Algren Ferien in Italien und Nordafrika verbracht hat, in ihren Roman *Les Mandarins* (*Die Mandarins von Paris*), für den sie 1954 den Prix Goncourt erhält. Sie gehört von nun an zur maßgebenden Intelligenzija – doch nicht mehr als Doppelgängerin, Schatten, Zwillingsschwester Sartres: *Le Deuxième Sexe* verleiht ihr eine autonome Ausstrahlungskraft. Ihr Beispiel hat – trotz seiner

---

[82] Siehe S. Lilar, *Le Malentendu du deuxième sexe*, PUF, 1969. »In ihrem gesamten Essay stellt Simone de Beauvoir immer wieder die Frau vor das falsche Dilemma, entweder ihre Weiblichkeit zu akzeptieren, indem sie ihr Mensch-Sein leugnet, oder ihr Mensch-Sein zu akzeptieren, indem sie ihre Weiblichkeit leugnet, wobei sie nur diese zweite Haltung für ›authentisch‹ hält. Das Werk mündet in einer Gleichsetzung der Geschlechter und hängt insofern mit einer breiten Strömung der Uniformisierung zusammen, die unsere Welt bedroht«. S. 19–20.

Grenzen auf Grund nicht verallgemeinerbarer Optionen – Schlüsselfunktion für all diejenigen erlangt, die den Kampf zu Gunsten der Frauen führen. Im weiteren Verlauf entwickelt sich Simone de Beauvoir und schließt sich in den sechziger Jahren den Positionen des Feminismus an, insbesondere ordnet sie die Frauenemanzipation nicht mehr dem Sieg des Sozialismus unter: beide Kämpfe sollen parallel verlaufen. Zunächst aber wird Beauvoir in *Les Temps Modernes* die wichtigste Verbündete Sartres, dem sie folgen und den sie in all seinen politischen Kehrtwendungen beraten wird, auch als die Verbündeten der ersten Stunde sich einer nach dem anderen von ihm entfernen. Sie ist die große beschützende, wachsame, mütterliche Schwester, die auch die »Familie« organisiert; sie verzichtet auf Algren, um in der Nähe Sartres zu bleiben (gleichzeitig beginnt sie eine Liaison mit Claude Lanzmann); sie hält bis zum Ende am ursprünglichen Pakt mit Sartre fest.

48
Feldzug gegen Tito

In den Jahren, die auf die Gründung der Kominform (1947) folgen, spitzen sich die Kämpfe auf der internationalen Bühne zu. Jeder der beiden Blöcke schiebt seine Figuren auf dem Schachbrett des Planeten weiter nach vorn und versucht dabei, den frontalen Zusammenstoß zu vermeiden, der einen dritten Weltkrieg auslösen würde – eine Perspektive, die alle in Schrecken versetzt. In Europa rundet Stalin sein Imperium ab, indem er die Tschechoslowakei unter kommunistische Herrschaft bringt. In Asien schickt sich Mao an, die Macht in China zu ergreifen, während die Kommunisten des Vietminh[83] den nationalen Befreiungskrieg gegen den französischen Kolonialismus führen. Die Sowjetunion mobilisiert alle mit ihr verbündeten Kräfte – angefangen bei den westlichen Kommunisten – gegen den Marshall-Plan und den »amerikanischen Imperialismus«, der beschuldigt wird, die Waffen für den nächsten Angriff auf die UdSSR zu schmieden. In den Vereinigten Staaten unternimmt Senator McCarthy eine Hexenjagd, der sogar liberale, der Komplizenschaft mit dem Kommunismus verdächtigte Kreise zum Opfer fallen. In Frankreich übernehmen die Sozialisten die Führung einer »Dritten Kraft«[84] zwischen dem Gaullismus des RPF und einer zur Intensivierung des Klassenkampfes entschlossenen Kommunistischen Partei; diese greift, wie der PCI, auf lange und heftige Streiks zurück – ein willkommenes Ablenkungsmanöver, das es Stalin erlaubt, über sein Glacis der Volksdemokratien frei schalten und walten zu können.

In diesem Klima des schonungslosen Kampfes können sich die Kommunisten auf die »Weggefährten« stützen. Ohne der Partei anzugehören, vertreten diese Verbündeten aus der Intelligenzija die Sache des Kommunismus und bürgen für seine Ehrenhaftigkeit. Einige von ihnen legen ihren Standpunkt 1947 in einem Werk unter der Federführung von Claude Aveline, Jean Cassou, André Chamson, Georges Friedmann, Louis Martin-Chauffier und Vercors dar. Es sind ehemalige Résistants, die trotz gewisser Meinungsver-

---

83 *Anm. d. Ü:* Vietminh: im Mai 1941 hatten sich die Kommunisten und bürgerlichen Nationalisten zur »Liga für die Unabhängigkeit Vietnams« (Vietminh) zusammengeschlossen, um den japanischen Imperialismus und den französischen Kolonialismus zu zerschlagen.
84 *Anm. d. Ü:* »Dritte Kraft«: Koalitionen der Mitte (Sozialisten, Radikale, Christdemokraten), die sowohl den Kommunismus als auch den Gaullismus ablehnten.

schiedenheiten die Verbundenheit mit dem Sozialismus – »einem rationalen, auf der sozialen Gerechtigkeit und der menschlichen Würde fußenden Umbau der Institutionen« – gemein haben, doch auch die Vorbehalte gegenüber der UdSSR, die in ihren Augen kein Vorbild für den Sozialismus im Westen sein kann[85]. All diese Menschen sind 1948 über die jugoslawische Krise und ihre Folgen erschüttert.

Stalin, der Titos Unabhängigkeitsbekundungen nicht duldet und der angesichts dieses Störenfrieds und Rivalen die Volksdemokratien in Schach halten möchte, provoziert den Bruch; die internationale öffentliche Meinung erfährt Ende Juni 1948 davon, als der Bund der Kommunisten Jugoslawiens aus der Kominform ausgeschlossen wird. Die Gründe Stalins sind sowohl strategischer als auch persönlicher Natur. Er will der Gesamtheit der kommunistischen Parteien und jungen Volksdemokratien eine einheitliche ideologische Linie aufzwingen und kann daher die Eigenmächtigkeit des weithin geachteten Tito, der seinen Ruhm im Widerstand erworben hat, nicht akzeptieren. Ebenso wenig erträgt Stalin den Dünkel der Jugoslawen, die behaupten, sich selbst von der Nazi-Besatzung befreit zu haben, und dabei die entscheidende Hilfe der Roten Armee unterschlagen. Tito, der Starrköpfige, der im griechischen Bürgerkrieg die Partisanen von Markos unterstützt, während Stalin die mit Churchill kurz vor der Konferenz von Jalta getroffene Abmachung respektiert sehen will, der zufolge Griechenland unter westlichem Einfluss zu bleiben hat. Tito, der seinen Plan einer Balkanföderation propagiert, die Albanien, Bulgarien und Rumänien unter seine Herrschaft bringen würde! Der strategische Konflikt – die Hegemonie auf dem Balkan – und der persönliche Konflikt zwischen diesen beiden erdrückenden Persönlichkeiten wird noch von einer ideologischen Divergenz überlagert: Tito wird beschuldigt, die leninistischen Prinzipien der Organisation zugunsten einer offeneren, »frontistischen« Machtkonzeption zu missachten.

Um die Differenz beizulegen oder, besser gesagt, um Tito zur Umkehr zu bewegen, beordern die sowjetischen Führer die Jugoslawen zu einer Konferenz der Kominform nach Bukarest, wohin ihr Sitz (der früher in Belgrad war) verlegt worden war. Tito lehnt es ab, sich den Risiken dieses Hinterhalts auszusetzen. Die Kominform verurteilt ihn einstimmig: er wird zum »Verräter«, zum »Spion« im Sold des britischen Geheimdienstes, ein neuer Trotzki – die stärkste Beleidigung. Die internationale kommunistische Bewegung wird angehalten, den titoistischen Verrat zu verurteilen, während Stalin vergeblich versucht, den Treulosen in Jugoslawien zu entmachten.

Nach den ungeschriebenen Gesetzen des Kalten Krieges will Stalin nicht das Risiko eingehen, durch eine bewaffnete Intervention in Jugoslawien, wo

---

85 *L'Heure du choix*, Flammarion, 1947.

seine Truppen, wie er weiß, an die richtige Adresse geraten würden, einen allgemeinen Konflikt in Europa auszulösen. Die geographische Lage Jugoslawiens erleichtert die Unabhängigkeitsbestrebungen Titos, der – trotz des Wirtschaftsboykotts der UdSSR und ihrer Satelliten – die Politik der Blockfreiheit fortsetzt, nicht ohne sich zugleich den notwendigen Handelsbeziehungen mit dem Westen zu öffnen. Gleich weit von beiden Blöcken entfernt, wird Jugoslawien versuchen, einen originellen, föderativen und auf »Selbstverwaltung« gegründeten Sozialismus aufzubauen, der in den folgenden Jahren für die »neutralistische« Linke – an der Spitze *L'Observateur* – zu einem Vorbild wird[86].

Über den Ausschluss Jugoslawiens aus der Kominform im Jahre 1948 sind die kommunistischen Intellektuellen und die Weggefährten bestürzt, so groß ist das Prestige Titos. Der Parteigeist (Stalin hat seine Gründe, Stalin hat immer Recht) beruhigt zwar viele, doch nicht alle. Umso weniger, als das jugoslawische Schisma der Auftakt zu einer neuen Welle von Säuberungen und von Prozessen ist – Säuberungen im Stil der Vorkriegszeit, die nun jedoch die Volksdemokratien treffen. »Titoismus« ist ein äußerst gravierender Vorwurf, der es Stalin und seinen Gefolgsmännern erlaubt, den monolithischen Charakter des sowjetischen Blocks zu stärken. Diese letzte »Frostperiode« erlegt allen Kommunisten einen Gehorsam auf, dessen Formel einst die Jesuiten erfunden hatten: *perinde ac cadaver*. Es gibt zwei feindliche Lager: wer nicht zum sozialistischen Lager zählt, d.h. wer die Ukase der stalinistischen Führung nicht akzeptiert, gehört zum feindlichen Lager. Ohne Diskussion wird jedem Parteimitglied ein rückhaltloser Glaube abverlangt, auch wenn die Handlungen und Worte des genialen »kleinen Vaters der Völker« ihm unbegreiflich erscheinen. Die Zugehörigkeit zur Partei wird zur Religion; der kritische Geist des Marxismus macht der dogmatischen Unterwerfung Platz: »Wir waren Gläubige«, schreibt Edgar Morin, »die vor dem Gott der Liebe zittern[87].« Die Intellektuellen der Partei werden unter der Fuchtel von Laurent Casanova dazu angehalten, »an der ideologischen Front« zu kämpfen, und zwar insbesondere für die Prinzipien des Schdanowismus. Die Künste, die Literatur, die Wissenschaft, alle Produktionen des Geistes müssen zum Triumph des Stalinismus beitragen. Kanapa, ein Verunglimpfer Gides, der bald Chefredakteur von *La Nouvelle Critique* wird, und Garaudy, der sich im Verreißen Sartres gefällt, bestätigen damals ihre Eignung als Offiziere der intellektuellen Ordnungspolizei. Etwas mehr im Hintergrund hält sich Pierre Daix, der damit beauftragt ist, bei *Les Lettres françaises* über die Orthodoxie zu wachen.

---

86 Cl. Bourdet, Leitartikler von *L'Observateur*, veröffentlicht 1950 in den Éditions de Minuit *Le Schisme yougoslave*.
87 E. Morin, *op. cit.*, S. 100.

Die Logik des Krieges, der die Kommunistischen Parteien folgen, verbietet die geringste Nuance, die geringste Konzession an den Feind: überall muss der »Antikommunismus« – ein Schlüsselbegriff, wie Morin sagt, ein Vorwand für alle möglichen Anschuldigungen – aufgespürt und in die Enge getrieben werden. Diejenigen, die wie Robert Antelme, Dionys Mascolo, Edgar Morin, Marguerite Duras den Kanonen des Schdanowismus bis dahin noch standgehalten haben und auch weiterhin ein Minimum an Autonomie für das kulturelle Schaffen beanspruchen, werden aufgefordert, sich zu unterwerfen oder ins feindliche Lager überzuwechseln. Um sich aus der Klemme zu ziehen, legen sich etliche kommunistische Intellektuelle eine doppelte Persönlichkeit zu, beispielsweise der Schriftsteller und Journalist Pierre Courtade: in der Öffentlichkeit Stalinist, im Privatleben Skeptiker. Für die Hellsichtigsten sind die Kröten, die man zu schlucken hat (den Spion Tito; die von Lyssenko gepriesene »proletarische Wissenschaft«; die Prozesse gegen die »Verräter«; das Genie Stalins, »Gelehrter eines neuen Typs« ...), der Preis, den sie zu zahlen haben, um weiterhin die Vorteile zu genießen, die ihnen die »Familie« gewährt: ein Publikum, Übersetzungen, Ehrungen, Würdigungen durch Aragon oder Casanova. Sie haben sich für eine große Sache engagiert; sie bleiben dabei wegen der nicht selten übertriebenen Gunstbeweise, mit denen ihre Unterwürfigkeit belohnt wird[88]. Der Ausschluss aus der Partei würde sie in die Einsamkeit verstoßen und, das gilt für viele, auf ihre Mittelmäßigkeit zurückwerfen. Der kommunistische Intellektuelle muss sich selbst belügen. Doch wenigstens kann er sich mit dieser *ultima ratio* trösten: er steht auf der Seite der »Arbeiterklasse«. Der »Mythos des Proletariats«, wie ihn Raymond Aron 1955 in *L'Opium des intellectuels* analysiert, erlaubt es weitherzigen Menschen, sich ohne allzu große Einbußen etwas vorzumachen.

Edgar Morin, der zur Zeit der Résistance in die Partei eingetreten ist, gehört zu der kleinen Zahl derer, die die Verurteilung Titos »aus der Fassung bringt«. Zusammen mit seinen Freunden Robert Antelme und Dionys Mascolo nimmt er Zuflucht zur List der Vernunft, um zu der Überzeugung zu gelangen: »Tito ist ein kleiner Stalin, der sich Stalin widersetzen konnte, weil seine Polizei genauso perfektioniert ist wie die Stalins. Warum sollen wir uns eher für den kleinen als für den großen Stalin entscheiden[89]?« Nichtsdestoweniger nistet sich der Zweifel in seiner Gruppe der »Rue Saint-Benoît« ein, und die Freunde Jean Duvignaud, Jean Cassou und Clara Malraux schließen sich der jugoslawischen Sache an.

Im August 1948 organisieren die Sowjets in Wroclaw (Breslau) in Polen eine »Internationale Konferenz der Geistesschaffenden«. Aus dieser Zusammenkunft wird die zukünftige Friedensbewegung hervorgehen, die alle zur

---

88 J. Verdès-Leroux, *Au service du Parti,* Fayard/Minuit, 1983.
89 E. Morin, *op. cit.*, S. 120.

Bewahrung des Friedens in der Welt entschlossenen Menschen guten Willens um die Kommunistischen Parteien ihres jeweiligen Landes scharen soll – eine neue Methode, ähnlich wie früher das Komitee Amsterdam-Pleyel, die UdSSR und den sowjetischen Block zu verteidigen, diesmal gegen den amerikanischen Imperialismus und seine Verbündeten. Zahlreiche progressive und liberale Persönlichkeiten aus dem Westen folgen dem Aufruf: insbesondere Irène Joliot-Curie, Vercors, Abbé Jean Boulier, Professor André Mandouze für die französische Delegation, Seite an Seite mit Picasso, Éluard, Léger und Césaire ... Wie groß ist die Verblüffung der Franzosen und anderer westlicher Teilnehmer, als sie die Hasstiraden vernehmen, die der sowjetische Romancier Fadejew, ein Protégé Schdanows, in seiner Rede gegen die »westliche Dekadenz« an Sartre, »diese Schreibtischhyäne, diesen mit einem Füllfederhalter bewaffneten Schakal«, richtet. Einige Kongressteilnehmer wie Picasso reißen sich empört die Kopfhörer von den Ohren; Dominique Desanti, Reporterin für *Démocratie nouvelle*, bekommt den Auftrag, Irène Joliot-Curie davon abzuhalten, *auf der Stelle* nach Paris zurückzufliegen[90]. Kurz darauf lässt eine Nachricht den Kongress erstarren: Schdanow ist gerade einem Herzinfarkt erlegen. Das ist indessen nicht gleichbedeutend mit dem Tod des Schdanowismus, der Kulturtheorie des Stalinismus. Man stellt es einige Monate später in Frankreich fest, als André Fougeron während des langen Streiks der Bergleute, den die kommunistische CGT vom Zaun bricht, zum großen Maler der Arbeiterbewegung avanciert[91].

Derweilen wird Sartre zu einem Inbegriff von Pseudofortschrittlichkeit, den es zu vernichten gilt. Das ist so neu nicht, wie wir wissen. Schon vor Beginn des Kalten Krieges war er für Garaudy und Kanapa eine Zielscheibe. Sartre wetterte damals gegen den »naiven und verstockten Szientismus des Herrn Garaudy«. Eine weitere Reibungsfläche ist nach wie vor die Affäre Nizan. Die Kommunisten werden nicht müde, das Andenken an den Autor von *Antoine Bloyé* zu beschmutzen. Henri Lefebvre höchstpersönlich lässt es sich angelegen sein, in Nizans Werk den »Verrat« aufzuspüren. Im Mai 1947 bringt Sartre eine Petition heraus, deren Unterzeichner die Unschuld Nizans verkünden, worauf sie der Bannfluch von *L'Humanité* trifft.

Sartre und *Les Temps modernes* verfechten damals – ähnlich wie die Zeitschrift *Esprit*, doch auf anderen philosophischen Grundlagen – in der Politik einen »dritten Weg«: weder Kapitalismus noch Kommunismus. Die Anfänge des Kalten Krieges bestärken sie in ihrer Entscheidung für ein sozialistisches Europa, das es aufzubauen gelte. Auf dieser Grundlage akzeptiert Sartre den Vorschlag Georges Altmanns von *Franc-Tireur* und David Roussets, eines ehemaligen Deportierten, Autor von *L'Univers concentrationnaire* (»Das Uni-

---

90 D. Desanti, *Les Staliniens. Une expérience politique 1944/1956*, Fayard, 1975.
91 M. Lazar, »Le réalisme socialiste aux couleurs de la France«, *L'Histoire*, Nr. 43, März 1982.

versum der Konzentrationslager«), an der Bildung einer neuen politischen Partei mitzuarbeiten, dem Rassemblement démocratique révolutionnaire (RDR, »Revolutionärer demokratischer Zusammenschluss«). Diese Partei, in der sich zahlreiche Intellektuelle, Trotzkisten, linke Christen, linke Sozialisten, ehemalige Kommunisten zusammenfinden, die ein gemeinsamer, von der kommunistischen Herrschaft emanzipierter, revolutionärer Wille eint, hält ihr erstes Meeting im Februar 1948 ab. Neben Sartre, der *Les Temps modernes* repräsentiert, sieht man Paul Fraisse für *Esprit*, während *Combat* und *Franc-Tireur* ihre Stützen in der Tagespresse sind. Der RDR erlebt einen schönen Aufschwung und hat während des ganzen Jahres Zulauf von neuen Mitgliedern. Die Kommunisten prangern ihn mit gewohnter Subtilität als »amerikanische« Partei an. Als Sartre erfährt, dass Rousset von den amerikanischen Gewerkschaften, AFL und CIO, für die leeren Kassen der Partei Gelder entgegengenommen hat, geht der RDR jedoch an dem Zerwürfnis zwischen den beiden zu Grunde.

Der »dritte Weg« ist auch der von Mounier und *Esprit*, die einen dritten Weltkrieg – einen selbstmörderischen »Atomkrieg« – verhindern wollen. Im Gegensatz zu Aron lehnt es Mounier ab, einem Lager den Vorrang gegenüber dem anderen zu geben: »Weder Amerika – bei allem Egoismus seiner Besitzenden und bei allem Ehrgeiz seiner Produzenten – noch die UdSSR – bei allen Exzessen ihrer Polizei und bei allen Verhärtungen ihres Sozialismus – stellen«, so schreibt er im November 1948, »einen fundamentalen Antihumanismus dar, der dem Nazismus vergleichbar wäre. Wir haben es mit einer Demokratie zu tun, die vom Geld, und mit einem Sozialismus, der vom Staat krank ist.« Dieses ausgewogene Urteil offenbart etwas von der Vorstellung, die sich die ehrenwertesten linken Intellektuellen vom stalinistischen Totalitarismus machen, der auf »Polizeiexzesse« und eine »Verhärtung des Sozialismus« reduziert wird. Man verabscheut das Amerika des König Dollar dermaßen, dass man sich nicht auf eine angeblich »freie Welt« berufen kann, ohne den gesunden fortschrittlich gesinnten Menschenverstand zu verletzen. Die Aufgabe der Intellektuellen ist folglich klar: den Krieg verhindern, indem man es ablehnt, sich dem einen oder anderen Block anzuschließen; ein sozialistisches Europa aufbauen, das die Planwirtschaft im Dienste des Menschen mit der demokratischen Freiheit versöhnt. Der »Neutralismus« ist eine vor allem moralische Haltung, die in der Bevölkerung Unterstützung findet, wie die Meinungsumfragen des französischen Meinungsforschungsinstituts IFOP belegen[92]; sie findet jedoch keinen adäquaten Ausdruck in der Politik, denn die Logik des Krieges – und sei es die des Kalten Krieges – zwingt zum Dualismus. Die Kommunisten verstehen es, aus dem Neutralismus Kapital zu schlagen: da er nur im Westen möglich ist, droht er nur den Westen zu schwächen; so bemühen sie sich, die allgemeine Friedenssehnsucht zu kanalisieren, indem sie die linken Intellektuellen bei jeder sich bietenden Gelegenheit zu ihren eigenen Veranstaltungen »für den Frieden« hinzuziehen. Das jugoslawische Schisma beeinträchtigt diese Strategie. In der Zeitschrift *Esprit*, die sich zur Blockfreiheit bekannt hat, kommen Ende 1949 die Weggefährten zu Wort, die den Ausschluss Titos nur schwer verwinden können.

Im Laufe des Sommers und zu Beginn des Herbstes 1949 zieht die kommunistische Presse gegen Tito zu Felde. Vom 13. August an – unter diesem Datum berichtet *L'Humanité* von einer offiziellen Note der UdSSR, in der diese Tito vorwirft, dass »sich die jugoslawische Regierung nicht wie ein Verbündeter, sondern wie ein Feind der Sowjetunion verhält« – nimmt die kommunistische Tageszeitung den Führer des jugoslawischen Kommunismus regelrecht unter Beschuss: »Tito eröffnet das Feuer auf die demokratischen Truppen Griechenlands« (17. August); »Truman schenkt Tito ein Stahlwerk« (19. August); »Tito und die angloamerikanischen Imperialisten gegen Albanien« (20. August) ... Jeden Tag erfährt man von neuen Missetaten des kroatischen Monsters: »Tito stand während des Krieges in Kontakt mit der Gestapo« (29. September) ... Pierre Courtade zeichnet von dem Verräter ein messerscharfes Porträt:

> »Machtbesessen und von Hitlers Konzeption der rassischen ›Überlegenheit‹ infiziert, hat Tito das Ziel, Vorkämpfer der alten Expansionspolitik ›Großserbiens‹ zu werden und alle Völker des Balkans, die das State Departement ihm überlässt, seiner Diktatur zu unterwerfen [...]. Tito zählt nun zur Gruppe der Trotzkis, der Doriots und der Mussolinis[93] ...«

Die Oktobernummer der *Cahiers du communisme* beginnt mit einem Artikel von Jacques Duclos: »Provokationen und Verbrechen der Tito-Clique«; er schließt mit einem Appell: »Alle, die den Frieden wollen und den Weg des Sozialismus gehen möchten, richten ihre Blicke auf die Sowjetunion; ihnen ist bewusst, dass die treue, unverbrüchliche Verbundenheit mit dem Land des Sozialismus der Prüfstein ist, der es erlaubt die Menschen, die aus der Verteidigung des Friedens und aus dem Kampf für den Sozialismus die Maxime ihres Handelns und das Ziel ihres Lebens machen, zu beurteilen.«

Am 12. September 1949 enthüllt *L'Humanité* die Affäre Rajk: dieser ehe-

---

92 M. Winock, »Les attitudes des Français face à la présence américaine (1951–1967)«, *in* Centre d'études d'histoire de la Défense, *La France et l'OTAN 1949–1996*, Complexe, Bruxelles, 1996, S. 323-330. Im Jahre 1952 gibt es auf die Frage »Zu welchem Lager sollte Frankreich gehören?« folgende Antworten: zum Westen, 42%; zum Osten, 4%; *zu keinem der beiden Lager*, 43%. 1955 erreicht diese letzte Position ihre größte Verbreitung: 57%.

93 P. Courtade, »Un homme du parti de la guerre«, *L'Humanité*, 20. August 1949.

malige ungarische Minister gesteht, die Ermordung der führenden Politiker Rákosi, Farkas und Gerö geplant und die Machtergreifung im Namen Titos angestrebt zu haben. Am 19. schreibt Pierre Courtade, Sonderkorrespondent der kommunistischen Tageszeitung: »Der Rajk-Prozess ist eine schwere Niederlage für das imperialistische Lager.« Der Prozess und das Todesurteil gegen Rajk ermuntern die Redakteure von *L'Humanité*, Tito noch strenger zu beurteilen, »den würdigen Schüler Trotzkis«, wie Étienne Fajon schreibt. Am 2. November organisieren die Kommunisten in der Salle Pleyel ein Meeting zum Rajk-Prozess. Es geht darum, denen zu antworten, die Zweifel an der Verantwortung des Verurteilten ausdrücken, insbesondere François Mauriac und Claude Bourdet. Unter dem Vorsitz von Jacques Duclos spricht sich Julien Benda – der Dreyfusard, der einst im Namen der Wahrheit und der Gerechtigkeit den »Verrat der Intellektuellen« angeprangert hatte – gegen Rajk und für die ungarische Justiz aus. *L'Humanité* ist sehr erfreut über diese hoch symbolische Unterstützung: »Julien Benda, alert und bissig, entwickelt ein ihm vertrautes Thema: eine Demokratie hat das Recht – die Pflicht –, sich gegen ihre Feinde zu verteidigen, wenn sie nicht deren Opfer werden will. Die ungarische Demokratie hat das getan. Bravo[94]!« Was Duclos angeht, so entfaltet er – seinem Ruf treu – die mächtige Metapher des vom Proletariat angetriebenen Rads der Geschichte, das »sich bis zum Sieg des Kommunismus drehen wird«. Unter den anwesenden Persönlichkeiten erkennt man den General und Senator Petit, von der Union des chrétiens progressistes (»Union der progressiven Christen«). Die Redakteure von *Esprit* sind nicht anwesend: die Novembernummer schlägt einen ganz anderen Ton an.

Die Nummer ist der »Krise der Volksdemokratien« gewidmet. In seinem Leitartikel erinnert Mounier daran, dass er – wenn er auch im antiimperialistischen Lager verbleibt, was die Aufrechterhaltung der Allianz der Kräfte des Friedens mit der Kommunistischen Partei impliziert – es ablehnt, ihre Diktate zu billigen und sich ihrer »Polizeiorthodoxie« zu unterwerfen. Vor allem enthält diese Novembernummer einen herausragenden Artikel von François Fejtö über die Affäre Rajk. Fejtö ist ein seit 1938 in Frankreich lebender Ungar, der früher kurze Zeit Mitglied der Kommunistischen Partei Ungarns gewesen war; er kennt Rajk gut. Nach dem Krieg ist Fejtö Pariser Korrespondent der sozialistischen Tageszeitung Ungarns und arbeitet an der theoretischen Zeitschrift der Sozialistischen Partei mit. Wie Mounier glaubt er damals an die Möglichkeit einer Zusammenarbeit mit den Kommunisten. Der Rajk-Prozess empört ihn. Er verfasst einen Artikel, den er Mounier bringt. Dieser verbirgt seine Verlegenheit nicht; sie ist für die linken Intellektuellen typisch: wie kann man vermeiden, Wasser auf die Mühlen des Antikommu-

---

94 »La vérité sur le procès Rajk«, *L'Humanité*, 3. November 1949.

nismus zu gießen? Die Kommunisten erfahren von der Existenz des Artikels; sie schicken Pierre Courtade zu Mounier: »Fejtö ist ein ehemaliger Faschist, ein ehemaliges Mitglied der ungarischen Polizei!« Da der Verleumder keine Beweise für seine These liefert, beschließt Mounier, den Artikel über den Prozess zu veröffentlichen: die Leser erfahren, dass Rajk der unwahrscheinlichsten Verbrechen beschuldigt wurde, ohne zu protestieren. Man erinnert sich an Arthur Koestlers Roman *Le Zéro et l'Infini* (*Darkness at Noon, Sonnenfinsternis*), der übersetzt worden war und nach dem Krieg großen Erfolg hatte; er handelt von den Moskauer Prozessen und zeigt, wie die verhafteten Kommunisten schließlich imaginäre Vergehen zugeben – der Größe ihrer Partei zuliebe. Koestler hatte sich nicht vorstellen können, was man einige Jahre später erfahren sollte, nämlich, dass die beste Art, aus Angeklagten unbegründete Geständnisse herauszupressen, die jahrhundertealte physische und moralische Folter ist. Fejtö schreibt nicht wie Koestler einen Roman, sondern einen Zeugenbericht. Er ist in der Tat in der Lage, zahlreiche Elemente der Selbstbeschuldigung Rajks zu widerlegen; er ertappt ihn »in flagranti beim Lügen«. In Wirklichkeit besteht die Schuld Rajks und seiner Mitangeklagten darin – doch das wird verschwiegen –, dass sie im Interesse Ungarns Ansätze eines »kommunistischen Widerstands gegen die Politik der Kominform« entwickelt haben; der Prozess bedeutet schlicht und einfach, dass die UdSSR weder in Ungarn noch irgendwo sonst auch nur den geringsten eigenständigen Schritt duldet, den die Volksdemokratien bei ihrem Aufbau des Sozialismus unternehmen könnten. Der monolithische Block darf keine Risse bekommen[95].

Kurze Zeit später findet in Sofia unter ganz ähnlichen Umständen der Kostow-Prozess statt. Dasselbe Verfahren, dieselben wahnwitzigen Beschuldigungen, dasselbe Fehlen von Beweisen ... Diesmal jedoch knirscht Sand im Getriebe; Kostow widerruft das Geständnis, dass er während der Ermittlungen gemacht hat. Unglaublich! »Der kleine schwarzhaarige Mann mit Brille trotzt weiterhin dem Gericht, indem er entschieden abstreitet, für die Polizei des Königs Boris, für den Intelligence Service und für Tito als Spitzel gearbeitet zu haben[96].«

Im Dezember 1949 wird Mouniers Zeitschrift rückfällig. Diesmal veröffentlicht sie Artikel von zwei der berühmtesten Weggefährten unter dem Obertitel: »Man soll das Volk nicht täuschen.« Der erste, »Die Revolution und die Wahrheit«, stammt von Jean Cassou, der gerade aus Jugoslawien zurückgekehrt ist; der Autor des zweiten Artikels, »Antworten«, ist Vercors. Bei-

---

95 F. Fejtö, »L'affaire Rajk est une affaire Dreyfus internationale«, *Esprit*, November 1949. Siehe auch Edgar Morin, *op. cit.*, S. 123 f.; M. Winock, *»Esprit«. Des intellectuels dans la Cité, 1930–1950*, *op. cit.*, S. 327–330.
96 F. Fejtö, »De l'affaire Rajk à l'affaire Kostov«, *Esprit*, Januar 1950.

de ziehen die Beschuldigungen der Kominform gegen Tito in Zweifel. Am 14. Dezember 1949 greift Pierre Courtade Cassou in *L'Humanité* an; am 16. liefert Casanova in derselben Zeitung ein Scharmützel gegen Vercors und greift Cassou und *Esprit* an; am 17. Dezember widmet die kommunistische Wochenzeitung *France nouvelle* der Beschimpfung Cassous eine ganze Seite; am 21. Januar 1950 wiederholt sie die Attacke, indem sie die Dinge krass verzerrt. Am 29. veröffentlichen *Les Lettres françaises* einen Vorabdruck aus einer Broschüre von André Wurmser, *Réponse à Jean Cassou* (»Anwort an Jean Cassou«), zu dem Thema: »Du verachtest die Menschen ...« Derselbe Wurmser, der sich alle erdenkliche Mühe gibt, die Titoisten zu entlarven, hat gerade ein Vorwort zu einem Buch von Dominique Desanti, *Masques et Visages de Tito et des siens* (»Masken und Gesichter Titos und der Seinen«), verfasst, in dem er über Rajk schreibt: »Es gibt kein Geheimnis von Budapest. Dingfest gemachte Verräter haben ihre Verbrechen gestanden. Lasst das Volk sein Werk der Gerechtigkeit tun ....« Éluard antwortet Breton, der ihn um seine Meinung gebeten hat: »Ich habe zu viel für Unschuldige zu tun, die ihre Unschuld beteuern, um mich mit Schuldigen zu befassen, die sich schuldig bekennen.« Was Fejtö angeht, so wird er von nun an der »ungarische Renegat« genannt; Kanapa erklärt in einer Schmähschrift, die hauptsächlich gegen Koestler gerichtet ist, weshalb: Fejtö brauche Geld ... Schließlich nimmt sich der PCF den Verantwortlichen der Zeitschrift vor und betraut Garaudy damit, an Mounier direkt eine Anklageschrift von siebzehn Seiten zu schicken[97], in der er ihm unter anderem vorwirft, Vittorini und Lukács publiziert zu haben, das heißt Kommunisten, die von den »wissenschaftlichen Positionen der Partei« abweichen. Drohend schreibt Garaudy: »Man kann nicht zugleich für Tito Propaganda machen und den Frieden verteidigen. Man muss wählen.«

Im Januar 1950 reagiert Mounier im Namen der Wahrheit und der Gerechtigkeit auf die kommunistischen Attacken und antwortet Casanova, Courtade und Garaudy. Der Antikommunismus ist und bleibt für ihn eine Art politische Todsünde; er wird sie nicht begehen: »Man glaube nur nicht, wir würden zu einem Zentrum derer, die abdanken.« Trotz dieses guten Willens fahren die Kommunisten, insbesondere Garaudy, mit derselben Kompromisslosigkeit fort: man muss zwischen ihrer Wahrheit und dem kapitalistischen Betrug wählen. Am 31. Januar 1950 wird Jean Cassou, Direktoriumsmitglied der Combattants de la Paix (»Friedenskämpfer«, die zukünftige »Friedensbewegung«) in das Büro von Yves Farge vorgeladen – zusammen mit einigen anderen, Agnès Humbert, Vercors, Claude Aveline, Jean-Marie Domenach; sie alle werden beschuldigt, Tito in Schutz genommen zu haben. Eine Kommission der Organisation soll die Erklärungen Cassous entgegennehmen.

---

97   R. Garaudy, *Lettre à Emmanuel Mounier homme d'*Esprit, Éd. de la Nouvelle Critique, 1949.

Charles Tillon persönlich beschuldigt Cassou, eine Stütze des amerikanischen Imperialismus und ein Feind des Friedens zu sein. Domenach greift ein und sagt, die Notizen, die er sich während der vorausgegangenen Anhörung Cassous gemacht habe, entsprächen keineswegs der Zusammenfassung Tillons. Laurent Casanova, der ebenfalls anwesend ist, donnert gegen den Chefredakteur von *Esprit* los: »Wie können Sie es wagen, die Worte des Chefs der Francs-Tireurs et Partisans français in Zweifel zu ziehen?« Jean-Marie Domenach wird ebenso wie Cassou aus den Combattants de la Paix ausgeschlossen[98].

Im März 1950 stirbt Emmanuel Mounier plötzlich an einem Herzinfarkt. Noch neben dem Sarg des Herausgebers von *Esprit* in Château-Malabry fordert eine Delegation der Combattants de la Paix Domenach auf, seine »Irrtümer«[99] zu widerrufen. *L'Humanité* veröffentlicht am 23. März 1950 einen kurzen Nachruf, der folgendermaßen schließt:

»Vor kurzem veröffentlichte [Mounier] sogar die niederträchtige antikommunistische Attacke von Jean Cassou und beschritt den Weg der Spaltung der Friedenskräfte, indem er ein Loblied auf Tito sang und die Kommunisten und die UdSSR in einer Weise verleumdete, die Tradition hat. Es bleibt zu wünschen übrig, dass *Esprit* diesen Weg nun verlässt und sich dem Aufruf zur Einheit, den die Arbeiterklasse unermüdlich ergehen lässt, nicht verschließt.«

Im September 1950 übergeben Claude Aveline, Jean Cassou, Louis Martin-Chauffier und Vercors dem Verlag Flammarion ein Sammelwerk, *La Voie libre* (»Der freie Weg«), in dem sie das Prinzip einer vom Partei-Terrorismus befreiten Stimme vertreten. Die vier Weggefährten kommen auf die jugoslawische Frage zurück. Nach wie vor »den Kämpfen der Arbeiterklasse verbunden«, prangern sie »die verbrecherischen Schwächen der Säuberungen, die skandalöse Koruptheit der Führungsschichten« an, den »blutigen Weg«, den die Regierung eingeschlagen hat, um die Kolonialkonflikte zu regeln ... Die Beschuldigungen, die die Kommunisten gegen sie erheben, scheinen ihnen bedrohlich: Vercors berichtet, wie ein Artikel abgelehnt wurde, um den ihn Pierre Daix zuvor für *Les Lettres françaises* gebeten hatte und der einen von ihm in *Esprit* erschienenen Artikel erläutern sollte. Aveline hebt die Verleumdungen der Partei gegenüber Édith Thomas hervor (daher ihr Austritt) und ruft ihre Beteiligung an der Résistance in Erinnerung. Dieses kleine Werk formuliert im Wesentlichen das Problem der Weggefährten und anderer fortschrittlich gesinnter Personen: bedeutet, die kommunistische Bewegung zu unterstützen, jeden Einwand, jede Kritik unterdrücken zu müssen?

---

98 J.-M. Domenach, »Notre affaire Tillon«, *Esprit*, Juni 1971.
99 M. Winock, *»Esprit«. Des intellectuels dans la CIté, 1930–1950*, op. cit., S. 334.

Louis Héron de Villefosse, ein pensionierter Marineoffizier und fortschrittlich gesinnter Christ, gehört damals zu denen, die sich keine Fragen stellen – noch nicht. Jede Attacke auf Stalin und auf die Prozesse erscheint ihm als monströse Beschuldigung aus den »antikommunistischen«, mehr oder weniger amerikanischen »Laboratorien«. Mit seinem unerschütterlichen Glauben begibt er sich also in die Büroräume der Combattants de la Paix in der Rue des Pyramides, um Yves Farge seine Dienste anzubieten. Im Dezember 1949 beginnt er, Meetings abzuhalten – in Lille vor leeren Stühlen, in Longjumeau an der Seite der Widerstandskämpferin Lucie Aubrac –, um die Bevölkerung vor den Gefahren des Atlantischen Bündnisses zu warnen ... Villefosse hat zu dieser Zeit nach seiner eigenen Aussage kein anderes Ziel, als sich den »Enterbten« anzuschließen. Der Ouvriérismus, der Glaube an die Arbeiter, ist ein umso stärkeres Motiv, als man Katholik und Bürger ist: »Abends auf dem Rückweg von Paris mussten wir oft im Bus stehen, Seite an Seite, dicht gedrängt neben Arbeitern von Renault, die nach Hause fuhren, und nicht selten fühlten wir uns dann glücklicher als in unserem großen offiziellen Wagen, wenn wir zum Abendessen ins Farnese fuhren[100].« Villefosse wird ein »exemplarischer« Weggefährte:

> »Ich war einem guten Dutzend parakommunistischer Vereine beigetreten, ich kam allen Aufrufen der von der Partei kontrollierten Organisationen nach, ich unterzeichnete alle Petitionen und fragte mich, ob es nicht meine Pflicht wäre, selbst von Tür zu Tür zu gehen; keinem Unterstützungskomitee verweigerte ich meine Unterschrift, ich stieg auf jedes Podium und meine ganze freie Zeit diente dem Schreiben.«

Aragon schlägt Villefosse vor, dem Direktionskomitee der Zeitschrift *Europe* beizutreten, die von der Partei kontrolliert und von Pierre Abraham herausgegeben wird. Cassou, ihr ehemaliger Herausgeber, der bereits aus den Combattants de la Paix ausgeschlossen wurde, muss nach einem bösartigen, gegen ihn gerichteten Artikel Wurmsers in *La Nouvelle Critique* das Direktionskomitee verlassen; René Arcos, André Chamson, Georges Friedmann, Martin-Chauffier und Vercors sind solidarisch und folgen ihm. Bei *Europe* gibt es also freie Posten: Villefosse akzeptiert ohne die geringsten Skrupel, ebenso d'Astier und einige andere. Nach wie vor voller Eifer, spricht Villefosse bei einigen großen »Namen« vor, um Unterschriften für den Stockholmer Appell zu sammeln, den der »Weltkongress der Kämpfer für den Frieden« unter dem Vorsitz von Joliot-Curie am 19. März 1950 für ein Atomwaffenverbot lanciert. Pierre Hervé bittet ihn insbesondere, bei Sartre und Beauvoir vorzufühlen. Es wurde ein Misserfolg, doch kein Grund zur Entmutigung.

---

100 L. Héron de Villefosse, *L'Œuf de Wyasma*, Julliard, 1962, S. 85.

Trotz – oder wegen – solcher Abfuhren behält die Kommunistische Partei für reine Gemüter ihre Faszinationskraft; den Durchtriebenen bietet sie ein Tauschsystem; den Gläubigen präsentiert sie sich als die Zukunft der Menschheit. Das war nicht wenig. Vor allem hat sie sich das Monopol auf die »Arbeiterklasse« gesichert, die mit der Rolle des entscheidenden Akteurs der Geschichte betraut oder darin bestätigt wird. Die Kriegserfahrung bleibt ausschlaggebend: die ehemaligen Résistants wollen mit der »Partei der Erschossenen« nicht brechen; die Résistants der letzten Minute kompensieren ihr spätes Engagement; diejenigen, die abgewartet hatten, und die neue Generation, die zu jung ist, um gekämpft zu haben, treten in die Partei ein oder werden Weggefährten, um sich vor sich selbst zu legitimieren. Endlich nehmen sie an einem Krieg teil! Der von der Kommunistischen Partei übernommene Radikalismus des Kalten Krieges ist nicht ohne Reiz für die jungen Leute, die nach revolutionärer Reinheit dürsten und nach einem zu besiegenden Feind Ausschau halten, nach Nachtwachen vor dem Waffengang, bei denen sich die Gemüter brüderlich erregen können. Die Partei bietet auch den Anhängern der Disziplin und der Moral einen Rückhalt; sie treten dem PCF bei, wie andere ins Kloster oder in die Fremdenlegion eintreten: auf der Suche nach einer Lebensregel. Jeder hat seine offenen oder geheimen Gründe. Leidenschaft, Gefühl, Sensibilität, Nachahmungstrieb, alle möglichen Gründe des Herzens überlagern die Gründe der Vernunft. Im Laufe der Ereignisse und der Offenbarungen über den »real existierenden Sozialismus« schrecken jedoch viele aus ihrem Traum auf, die Schuppen fallen ihnen von den Augen. Das Schisma Titos öffnet die erste Bresche, durch die Einige einen luziden Blick auf den stalinistischen Kommunismus werfen. Fast zur gleichen Zeit erschüttert die Wahrheit über die sowjetischen Lager weitere Gewissheiten[101].

---

101 Außer *Opium für Intellektuelle, oder: Die Sucht nach Weltanschauung* von R. Aron, Köln/Berlin, 1957, vgl. auch die Überlegungen von F. Furet, *Das Ende der Illusion. Der Kommunismus im 20. Jahrhundert.* Übers. v. K. Bartsch u.a., Piper, München, 1998.

49
Kravtschenko: die zerbrochenen Fensterscheiben der Revolution

Während eine gewisse Zahl von Intellektuellen auf Grund des titoistischen Schismas und der Schauprozesse in den Volksdemokratien auf Distanz zur Kommunistischen Partei geht, muss diese sich außerdem gegen Enthüllungen über das Strafvollzugssystem der UdSSR zur Wehr setzen, deren erstes gerichtliches Echo der Kravtschenko-Prozess ist.

Am 24. Januar 1949 beginnt vor dem Strafgericht des Département Seine der Prozess, den Victor A. Kravtschenko gegen *Les Lettres françaises* wegen Verleumdung angestrengt hat[102]. Der Kläger hatte Anfang 1944 während einer Reise der sowjetischen Handelsmission nach Washington in den Vereinigten Staaten politisches Asyl beantragt und dann ein Buch geschrieben, das 1946 in den USA veröffentlicht und im folgenden Jahr in Frankreich übersetzt wurde: *J'ai choisi la liberté* (»Ich wählte die Freiheit«); darin beschreibt er die Realitäten der sowjetischen Welt und liefert einen autobiographischen Zeugenbericht über das System des Totalitarismus. Zu wiederholten Malen wettern *Les Lettres françaises* gegen das Werk und seinen Autor: »Kravtschenko ist eine Marionette, die an Fäden made in USA hängt [...]«, schreibt André Wurmser am 15. April 1948.

> »Ja, Kravtschenko ist nur eine altmodische Schachfigur. Früher kamen diese elenden Schreiberlinge aus Deutschland. Heute werden sie aus Amerika importiert. Doch ganz gleich, ob Hitler oder Truman ihre Inspiratoren sind, so lange es Kravtschenkos gibt, wird es auch freie Menschen geben, die ihnen antworten ...«

Kravtschenko ist eigens aus Amerika gekommen, um vor der 17. Strafkammer im Palais de justice, dessen Verhandlungssaal voll besetzt ist, – auf Russisch – auszusagen; er wird vertreten von Georges Izard, dem Georges Heisz-

---

102 G. Malaurie, unter Mitarbeit v. E. Terrée, *L'Affaire Kravchenko*, Robert Lafont, 1982.

mann zur Seite steht. Joë Nordmann übernimmt die Verteidigung der kommunistischen Wochenzeitung, zusammen mit Léo Matarasso, Michel Bruguier und André Blumel. Kravtschenko erklärt sofort und ohne Umschweife:

> »In meinem Buch habe ich über das Leben des sowjetischen Volkes und über die Aktivitäten der sowjetischen Regierung die Wahrheit gesagt. Ich weiß, man hat mich beschuldigt, übertrieben zu haben. Doch erinnern Sie sich an die Informationen, die uns über die deutschen Konzentrationslager erreichten; glaubte man damals nicht, diese Informationen seien übertrieben? Man hat an die Wahrheit dieser Informationen erst geglaubt, als man mit den Fakten selbst konfrontiert war. Sie werden Zeugen vernehmen. Sie werden meine Unterlagen, meine Dokumente prüfen und dann werden Sie urteilen und feststellen, wer von uns Recht hat und wer schuldig ist: ich, mein Buch oder diejenigen, die mich zur Zeit beschuldigen: *Les Lettres françaises*, die Agenten des Kreml und die Führer des Kreml persönlich[103].«

Zwei Monate lang stehen sich die beiden Parteien, ihre Zeugen, Anwälte und Dolmetscher, gegenüber, in einem überfüllten, mit Spannung geladenen Verhandlungssaal, in dem das Publikum jeden Augenblick seinen Emotionen freien Lauf lassen kann. Am 24. Januar antwortet Claude Morgan auf Kravtschenkos Anklage, indem er die Geschichte der *Lettres françaises* skizziert: Jacques Decour, die Résistance, die Liste der regelmäßigen Mitarbeiter, »die alle Schattierungen der demokratischen öffentlichen Meinung« vertreten, die Tatsache, dass der aktuelle Chefredakteur, Pierre Daix, ein ehemaliger Deportierter ist … Und er fügt hinzu:

> »Als literarische Wochenzeitung verteidigt *Les Lettres françaises* den literarischen Anstand. Sie bekämpft die Literatur der Weichlichkeit, der Verzweiflung, der Korrumpierung des Menschen, die dem französischen Publikum seine moralische Kraft raubt. Sie verteidigt das französische Denken gegen das massive Eindringen der amerikanischen Publikationsorgane, die – wie *Reader's Digest, Confidences*, die Mehrheit der Kinderzeitschriften und fast alle Filmmagazine – bei uns ein schamloses »Dumping« betreiben, die französischen Zeitschriften in den Ruin treiben und in Millionen Exemplaren und mit Hilfe einer kolossalen Werbung eine viel geschicktere Propaganda als Hitlers grobschlächtige Propaganda verbreiten, von der sie im Übrigen zahlreiche Themen übernimmt.«

---

103 Die Zitate sind dem stenografischen Protokoll des Prozesses entnommen: *Le Procès Kravchenko*, Albin Michel, 1949, 2 Vol.

Die mehr oder weniger akzentuierte Gleichsetzung des amerikanischen Imperialismus mit dem Nazismus wird zu einer der Grundlagen der kommunistischen Propaganda. André Stil bemüht sich, sie mit seinen Romanen für ein breites Publikum aufzubereiten; dabei benutzt er das einschlägige Vokabular: »Résistants«, »Kollaborateure«, »Besatzung« ... Man suggeriert – und brandmarkt – eine Kontinuität zwischen Hitlerdeutschland und den Vereinigten Staaten Trumans: kämpfen die beiden Mächte nicht gegen denselben Feind, den sowjetischen Kommunismus? Die »Menschen der Résistance«, wie Morgan sagt, müssen den Kampf fortsetzen, den Kampf um die »französische Unabhängigkeit«.

Mit weniger Tremolo und mehr Ironie bezeichnet André Wurmser *I Choose Freedom* als »melodramatisches Feuilleton«, das uns nichts Neues lehrt, denn die antisowjetische Romanliteratur hat bereits 1917 eingesetzt: »Ich erinnere mich, meine Herren, an ein Rennpferd, von dem *Le Matin* berichtete. Die Bolschewiken hätten in ihrem Gleichheitsfanatismus in Kiew ein Rennpferd festgenommen, das schuldig gewesen sei – ich zitiere wörtlich – ›mehrere Rennen gewonnen zu haben; man erschoss es.‹« Um das Publikum zu amüsieren, fügt er hinzu: »Eines der beliebtesten Themen des Antisowjetismus ist heutzutage das Thema der Freiheit, das heißt, dass jeder sowjetische Bürger Gefangener seines Nachbarn ist, nach dem Motto: ›Ich halte dich und du hältst mich am Kinnbärtchen‹.« Und Wurmser schließt seine Rede, die Maître Izard als »kabarettistisch« bezeichnet, mit einer Maxime, die keinesfalls kabarettistisch gemeint war: »Wer antisowjetisch sagt, sagt zugleich antifranzösisch.«

Die Vernehmung der ersten Zeugen der Verteidigung zielt auf den Nachweis zweier Tatbestände: dass Kravtschenko ein Verräter an der patriotischen und antifaschistischen Sache und dass er nicht der Autor des von ihm signierten Buches ist. In diesem letzten Punkt verbucht man einen Erfolg. Um sein Buch zu schreiben, hatte Kravtschenko die Mitarbeit von Eugene Lyons in Anspruch genommen, einem guten Kenner der UdSSR, Herausgeber der Zeitschrift *American Mercury*; dieser bestätigt später, *I Choose Freedom* auf Englisch abgefasst zu haben – doch unter strenger Beachtung der vom offiziellen Autor berichteten Tatsachen[104]. Kravtschenko will jedoch damals diese Mitarbeit verschleiern; sie zuzugeben hätte für den »künstlichen« Charakter seines Zeugnisses gesprochen. Seine Verleumder, die seinen Betrug entlarven wollen, setzen ihm hart zu. Dabei kommt es zu einer ziemlich komischen Szene, als Wurmser sich darauf versteift, Kravtschenko das Ende von Ibsens Stück *Nora* nacherzählen zu lassen, das er in seinem Buch zitiert. Kravtschenko versteht überhaupt nicht, worum es geht. Izard weist darauf hin, dass der

---

104 G. Malaurie gibt diese Aussage wieder, *op. cit.*, S. 40.

Titel der russischen Übersetzung des Dramas von dem der französischen Übersetzung[105] abweicht. Ob sich nun der Autor nicht an die betreffende, auf Lyons zurückgehende Passage erinnert oder diese Art inquisitorischer Fragen über Details ablehnt: er ist empört, hüllt sich in beleidigtes Schweigen oder führt laute Selbstgespräche in seiner Muttersprache. Die Tatsache, dass ein Schriftsteller ihm seine Feder geliehen hat, tut der Authentizität seines Zeugnisses keinen Abbruch; doch die Verteidigung will in ihre Strategie nicht die geringste Bresche schlagen lassen.

Die Vernehmung der Zeugen wird fortgesetzt: Louis Martin-Chauffier, gerade Vorsitzender des CNE und Mitarbeiter von *Les Lettres françaises,* unterstreicht, wie viel von Claude Morgan und André Wurmser und wie wenig vom Kläger zu halten ist: dadurch, dass er sein Vaterland verlassen und im April 1944 einer amerikanischen Zeitung ein Interview gegeben habe, habe Kravtschenko »nicht nur sein Land, sondern alle Verbündeten zusammen« verraten (dabei könne man doch, wie Pierre Debray, ein katholischer Journalist von *Témoignage chrétien,* meint, die Sowjetunion nicht »mit Klatsch« angreifen). Pierre Courtade vertritt die Meinung, ein Teil des Buches sei von Kravtschenko, doch das Gros des Werks gehöre in die Rubrik Roman nach amerikanischer Manier: »human touch« und »human interest«. Vercors kommt auf das Verhalten Kravtschenkos im Jahre 1944 zurück: es wäre damals beurteilt worden wie das aller sowjetischen Agenten der antibolschewistischen, antifreimaurerischen, antisemitischen Liga des »Verräters Paul Chack, der, wenn ich mich nicht täusche, aus eben diesen Gründen erschossen wurde«. Jean Baby, der »als Historiker« zu zeigen versucht, dass das Buch Kravtschenkos nicht von einem Russen stamme, dass es sich um eine von den Amerikanern erdachte »Literatur einer speziellen Gattung«, um »amerikanischen Geschmack«, handele, glaubt hinzufügen zu müssen, es habe in der UdSSR »niemals Verfolgungen« gegeben: »Dieses Buch ist nicht nur ein schlechter Witz, ein geschmackloses Buch, ein ordinäres antisowjetisches Buch: es ist ein Buch, das ein präzises politisches Ziel hat – das Ziel, den Krieg vorzubereiten.« Emmanuel d'Astier de La Vigerie, Herausgeber von *Libération* und progressiver Abgeordneter, erklärt, er hätte Kravtschenko »wegen Propaganda zu Gunsten des Feindes« festnehmen lassen, wenn dieser sich zu der Zeit, als er, d'Astier, Kommissar für innere Angelegenheiten in der Provisorischen Regierung von General de Gaulle war, in Algerien aufgehalten und dort das Interview gegeben hätte, das er damals der *New York Times* gab. D'Astier glaubt ebenfalls, dass dieses Buch »ein Aufruf zum Krieg gegen die Sowjets ist«.

In einer zweiten Phase des Prozesses greift die Anklage auf russische und

---

105 *Anm. d. Ü:* Die französische Übersetzung von Ibsens *Nora oder Ein Puppenheim:* La Maison de poupée.

ukrainische Zeugen zurück, die die Zufälle des Krieges *via* Deutschland nach Westeuropa verschlagen haben. Bauern, Arbeiter, Ingenieure, Angestellte, eine Bibliothekarin berichten von der Vernichtung der Kulaken in den dreißiger Jahren, vom stalinistischen Terror, von den Säuberungen, den Lagern ... Die beiden Dolmetscher, der der Anklage und der der Verteidigung, streiten sich um Wörter. Maître Izard kämpft wie ein Löwe gegen Maître Nordmann und Maître Matarasso. Offiziell handelt es sich um den Prozess Kravtschenkos gegen *Les Lettres françaises*. In Wirklichkeit sitzen das Sowjetregime und der stalinistische Terror auf der Anklagebank. Nordmann beschwert sich darüber: »Die Nazipropaganda geht weiter[106].« Die Kommunisten können sich also nicht damit zufrieden geben, Kravtschenko in die Enge zu treiben, sie müssen vielmehr die Vortrefflichkeit des sowjetischen Kommunismus nachweisen. Einige seiner tapferen Repräsentanten werden vernommen: der General Rudenko, wegen Stalingrad mit einem Orden ausgezeichnet, und der Abgeordnete Vassilienko, vor allem jedoch Franzosen. Am 15. Februar erscheint Jean Bruhat, Geschichtsprofessor in der Khâgne des Lycée Lakanal, ehemaliger Normalien, Autor des »Que sais-je?«-Bändchens[107] *L'Histoire de l'URSS* (»Die Geschichte der UdSSR«), das mehrfach neu aufgelegt wurde: er wird als Experte vorgestellt, obwohl er kein Russisch kann und noch nie in der Sowjetunion war. Das Buch von Kravtschenko? »Unwahrscheinlichkeiten«, »Widersprüche«, »Unwahrheiten« ... Bruhat spricht das blutige Drama der Zwangskollektivierung auf dem Lande an und zitiert dabei Äußerungen des Historikers Aulard zu *Les Origines de la France contemporaines* von Taine: »Über Taine sagte er, dieser habe sich darin gefallen, alle unter der Revolution zerbrochenen Fensterscheiben zu zählen; doch schreibe man die Geschichte einer Revolution nicht, indem man die zerbrochenen Fensterscheiben zähle.« Ein hoch gelehrter Trick, um die etlichen Millionen Opfer der Zwangskollektivierung in der UdSSR durch eine Gewinn- und Verlustrechnung zu schleusen.

Am 22. Februar ist Roger Garaudy an der Reihe. Er fasst zusammen: »Es ist offenkundig, dass man versucht hat, auf der Folie der Biographie einer in Wahrheit doch ziemlich farblosen Person eine Art illustrierter Enzyklopädie des Antikommunismus und Antisowjetismus zu entwickeln.« All dies, um den »Kreuzzug« gegen die Sowjetunion vorzubereiten. Ohne zu fürchten, großsprecherisch zu wirken, ruft der Philosoph der Kommunistischen Partei zum Schluss in gewohnter Aufgeblasenheit aus:

---

106 »Die Nazipropaganda geht weiter; sie geht weiter, ohne dass wir wissen können, wer diese Zeugen sind, die wir befragen, wen sie repräsentieren, was ihre Vergangenheit ist«, *Le Procès Kravchenko, op. cit.*, 2, S. 222.

107 *Anm. d. Ü*: Que sais-je?: populäre enzyklopädische Buchreihe der Presses Universitaires de France.

»Wir können Monsieur Kravtschenko sagen: er möge seinen Gebietern bestellen, dass das französische Volk seine Wahl getroffen hat. Es hat gegen die Emigranten von Koblenz die jakobinische Tradition von Valmy gewählt, gegen die Versaillais[108] den Patriotismus der Commune, gegen Vichy den Weg der Libération, den der Résistance mit all der edlen Disziplin, die sie einem jeden auferlegte; und es steht so unbedeutenden Männern nicht an, den Lauf der Geschichte umzukehren. Das französische Volk hat seine Wahl getroffen, und wenn Sie Anhänger suchen, so werden Sie sie keinesfalls hier finden, sondern vielleicht in der Nachhut des Nazismus, in der Falange Francos, dort, wo man Sie dazu einlädt ...«

Von dieser Wahlrede kommt man am nächsten Tag zu einer außergewöhnlichen Zeugenaussage. Der Vorsitzende, der Garaudy nach Belieben schwadronieren ließ, ohne dass er auch nur das geringste neue Element in die Debatte geworfen hätte, war sich sicher nicht – oder nicht sofort – bewusst, welch menschliche Qualität und historische Bedeutung die Aussage von Margarete Buber-Neumann besaß. Zu wiederholten Malen treibt er zur Eile an – zweifellos, weil sie auf Deutsch aussagt und weil ein Dolmetscher erforderlich ist: »Sie möge sich kürzer fassen!« Margarete Buber-Neumann, damals siebenundvierzig Jahre alt, ist aus Stockholm angereist, um auszusagen. Sie ist eine Schwiegertochter des Philosophen Martin Buber und die Ehefrau und wahrscheinlich Witwe von Heinz Neumann, einem ehemaligen Mitglied des Politbüros der KPD, der in der UdSSR verschollen ist; sie erzählt, wie sie nach der Verhaftung ihres Mannes durch die Schergen Stalins – sie lebten beide nach der Machtergreifung Hitlers in der Sowjetunion – selbst verhaftet, nach Sibirien geschickt, nach Unterzeichnung des Hitler-Stalin-Pakts an Hitler ausgeliefert und von der Gestapo ins Konzentrationslager Ravensbrück deportiert wurde, aus dem sie kurz vor Ankunft der Roten Armee ausbrechen konnte.

Sie beschreibt, was ein sowjetisches Konzentrationslager war: auszehrende Arbeit, Strafblock für die Widerspenstigen, permanenter Hunger, erniedrigende hygienische Bedingungen, schlimme Wohnsituation, unablässiges Überwachtsein, Notwendigkeit der Prostitution (»die Frauen suchten sich nicht einen, sondern zwei oder drei Männer im Lager«) ... Die präzise, pathetische Beschreibung veranlasst die Anwälte von *Les Lettres françaises*, Einwände vorzubringen. Maître Blumel will mit aller Macht zeigen, dass die Zeugin nicht in einem »Konzentrationslager« war, da es ja weder Mauern noch Zäune gab. Margarete Buber-Neumann erklärt ihm vergeblich, dass man in der

---

108 *Anm. d. Ü:* Versaillais: die Gegner der Commune; sie hielten (1871) der in Versailles tagenden Nationalversammlung die Treue, die die Commune bekämpfte.

Steppe keine Zäune braucht, dass man, wenn man sich weiter als fünfhundert Meter entfernt, erschossen wird ... Aber nein: »In Frankreich heißt das«, sagt der Anwalt, »Zwangsaufenthalt«. Er redet auch von »Zone«, von »Strafvollzugszone, nicht geschlossenes Lager«, und glaubt, in dieser Unterscheidung den Beweis in der Hand zu halten, dass die Zeugin sich zu Unrecht beklagt. Maître Nordmann lässt sich auf solche Details nicht ein. Er spielt den Naiven und fragt sie, wer sie aus Ravensbrück befreit habe, welche Armee. Die Russen, nicht wahr? Pech gehabt: sie ist vor deren Ankunft geflohen. Er versucht dann, das Andenken Heinz Neumanns zu beschmutzen, indem er ihn zu einem der Verantwortlichen für die Machtergreifung macht. Alles muss herhalten, um die außergewöhnliche Zeugenaussage dieser intelligenten, ruhigen, würdevollen Frau in Misskredit zu bringen, die die kommunistische Welt besser als ihre Gegner kennt und die um das Ausmaß des Grauens weiß, dem sie als Opfer erst des einen und dann des anderen Henkers ausgeliefert war. Alles muss herhalten, doch nichts kann ihren Bericht entkräften. Auch den Kravtschenkos nicht: Claude Morgan, André Wurmser werden wegen übler Nachrede und öffentlicher Beleidigung zu einer Geldstrafe von 5.000 Francs und zu 50.000 Francs Schadenersatz für Kravtschenko verurteilt.

Von nun an ist es unmöglich, guten Glaubens an der Existenz der Lager zu zweifeln. Schon lange handelt es sich nicht mehr um ein simples Gerücht. Wer sich informieren möchte, kann *La Vraie Russie des Soviets* (»Das wahre Sowjetrussland«) von David J. Dallin lesen, das im März 1948 bei Plon erschienen ist und das der Zwangsarbeit, dem Netz und der Örtlichkeit der Lager ein Kapitel widmet. Im Jahre 1949 erscheinen außerdem bei Seuil *Terre inhumaine* (»Unmenschliche Erde«) von Joseph Czapski und *Déportée en Sibérie* (*Als Gefangene bei Stalin und Hitler*) von Margarete Buber-Neumann. Im Dezember 1949 erscheint bei Calmann-Lévy die Übersetzung von *La Condition inhumaine* (»Conditio inhumana«), dessen Autor, Jules Margoline, ein polnischer Jude, in die UdSSR geflohen war und dort auf Befehl des NKWD von 1940 bis 1945 in acht verschiedenen Arbeitslagern der finnisch-karelischen Republik und der Provinz von Archangelsk interniert war. Sein Buch beschreibt – lange vor Solschenizyns *Der Archipel Gulag* – das Leben der *zeks,* der neuen Staatssklaven. Er fasst seinen Zeugenbericht folgendermaßen zusammen:

»In diesen Lagern sterben Unschuldige, das Gewissen wird dort vergewaltigt, Menschen lernen dort, zu lügen und wie Automaten zu gehorchen; menschliche Wesen werden zu Lasttieren erniedrigt. Dieses Verbrechen wird fern von den Blicken der Welt begangen, in absoluter Einsamkeit. Fünf Jahre lang habe ich diese ›Umerziehung‹ erlitten. Ich war kein Feind des Stalinismus – bis ich ihn mit eigenen Augen sah. Heute bin ich überzeugt, dass nur Ignoranten oder Schurken ein solches System verteidigen und rechtfertigen können[109].«

Nach all diesen Berichten richtet David Rousset am 12. November 1949 in *Le Figaro littéraire* an alle ehemaligen Deportierten der Nazi-Lager und ihre Organisationen einen Aufruf mit dem Ziel, eine Untersuchungskommission zu bilden, die die sowjetische Regierung um die Genehmigung bitten soll, die »Lager der kollektiven Arbeit« ungehindert untersuchen zu dürfen. Sofort erklärt Rémy Roure – Journalist bei *Le Monde*, ehemaliger Widerstandskämpfer, der nach Buchenwald deportiert worden und dessen Frau im Konzentrationslager Ravensbrück umgekommen war – in einem Artikel in *Le Monde* sein Einverständnis und leitet am 15. November eine Pressekonferenz. In *Le Figaro littéraire* vom 19. schließen sich ehemalige Deportierte der Initiative Roussets an, unter ihnen Louis Martin-Chauffier und Jean Cayrol, sowie die »Nationale Föderation der Deportierten und Internierten der Résistance« und die »Spanische Föderation der politischen Deportierten und Internierten«.

Die Kommunisten gehen zum Gegenangriff über. Francis Cohen gibt seiner Antwort in *L'Humanité* vom 12. November den Titel: »Die Zwangsarbeit des Antisowjetismus.« Am 17. veröffentlichen *Les Lettres françaises* einen Artikel von Pierre Daix unter dem Titel: »Pierre Daix, Nummer 59.807 in Mauthausen, antwortet David Rousset.« Daix beschuldigt Rousset insbesondere, eine falsche Behauptung aufgestellt zu haben (wonach jemand auf Grund einer bloßen Verwaltungsentscheidung in ein Lager deportiert werden konnte), woraus sich andere falsche Behauptungen ergäben: persönliche Berichte, die auf der Grundlage der Berichte über die Nazi-Lager fabriziert seien. Rousset beauftragt seine Anwälte, Maître Gérard Rosenthal und Maître Théo Bernard, gegen Claude Morgan, den Herausgeber von *Les Lettres françaises*, und Pierre Daix, den Autor des Artikels, einen Prozess wegen übler Nachrede anzustrengen. Da die Beschuldigten keine Beweise für ihre Behauptungen liefern können, wird der Prozess David Rousset gegen *Les Lettres françaises* ein Jahr später, am 25. November 1950, vor dem Gericht des Département Seine eröffnet.

Diesmal wollen die Kommunisten und ihre Anwälte die Debatte verhindern und vor allem das Defilee der Belastungszeugen unterbinden, deren Aussagen von der französischen und internationalen Presse verbreitet werden. Sie liefern also drei Tage lang eine Schlacht um Verfahrensfragen, in der sie die Nichtzuständigkeit des Gerichts nachweisen wollen. Eine Schlacht, die mit einer Niederlage endet; der Prozess beginnt. Die Beschuldigten und ihre Anwäl-

---

[109] J. Margoline, »Mon existence concentrationnaire«, *Le Procès des camps de concentration soviétiques*, Dominique Wapler éditeur, 1951.

te setzen auf Obstruktion. Es gelingt ihnen so, die Aussagen Joseph Czapskis definitiv zu stoppen, eines ehemaligen Mitglieds der Armee von General Anders; Czapski versichert, dass das Massaker von Katyn von den Sowjets begangen wurde – die Verteidigung ist empört. Am 15. Dezember wird Claude Morgan, der sich während der Vernehmung des »Campesino« unmöglich benimmt, aus dem Saal gewiesen. El Campesino versetzt den Beschuldigten in der Tat einen furchtbaren Schlag: er war einer der ihren gewesen, einer der drei kommunistischen Generäle der Internationalen Brigaden, und hatte Spanien nach dem Sieg Francos als einer der letzten verlassen, um in der UdSSR Zuflucht zu suchen. Stalin schickte ihn umgehend in ein Lager. »Der Kontakt mit Sowjetrussland«, sagt er, »sollte für mich die größte Desillusionierung, der größte Betrug, die größte Niederlage meines Lebens werden[110].« All diese Zeugenaussagen über das sowjetische Lagersystem sind so niederschmetternd, dass die Anwälte von David Rousset nach der Aussage von Margarete Buber-Neumann, die wiederum vorgeladen wird, auf die Vernehmung der übrigen Zeugen verzichten: wusste man nicht schon genug? Die Verteidigung lässt dagegen ein Dutzend Kommunisten und Weggefährten auftreten, unter ihnen den Zeichner Jean Effel, Louis Héron de Villefosse und die kommunistische Abgeordnete Marie-Claude Vaillant-Couturier; diese erklärt in der Sitzung vom 22. Dezember 1950 ganz entschieden: »Ich weiß, dass es in der Sowjetunion keine Konzentrationslager gibt«; sie fügt hinzu, sie halte »den sowjetischen Strafvollzug für den unbestreitbar wünschenswertesten auf der ganzen Welt«. Schon im April 1949 hatte Pierre Daix dem Pater Riquet, einem ehemaligen Deportierten, der sich nicht gescheut hatte, in seiner Fastenpredigt in der Pariser Kathedrale Notre-Dame eine Anspielung auf die »Lager« zu machen, Folgendes geantwortet: »Ich möchte in aller Ruhe sagen, dass es in der Tat in der UdSSR Umerziehungslager gibt. Dass die Sowjetunion sie niemals geheim gehalten hat. Dass sie zu Recht die Meinung vertritt, sie stellten auf Grund ihres Erfolges bei der Umerziehung der Kriminellen einen der schönsten Ruhmestitel des sowjetischen Regimes dar[111].« Als Rousset M.-C. Vaillant-Couturier fragt, ob sie einige der veröffentlichten Zeugnisse gelesen habe, wie beispielsweise das Buch von Elinor Lipper, *Onze Ans dans les bagnes soviétiques* (»Elf Jahre in den sowjetischen Straflagern«), das 1950 bei Nagel erschienen war, antwortet die Zeugin mit verkniffener Miene: »Das geht Sie nichts an.« Sie ist selbst eine ehemalige Deportierte, doch sie sieht in diesem Prozess, in dieser ganzen Kampagne, nur eine »Kriegshetze«.

---

110 *Le Procès concentrationnaire pour la Vérité sur les camps soviétiques* (Auszug aus den Debatten. Erklärung von D. Rousset. Plädoyer von T. Bernard. Plädoyer von G. Rosenthal, Éd. du Pavois, 1951, S. 173.

111 P. Daix, »Le P. Riquet ancien déporté à Mauthausen a-t-il choisi la paix des cimetières?«, *Les Lettres françaises*, 21. April 1949.

Wie im Kravtschenko-Prozess werden *Les Lettres françaises* wegen übler Nachrede verurteilt: Claude Lecomte, genannt Claude Morgan, zu einer Geldstrafe von 20.000 Francs und Pierre Daix zu 15.000 Francs. Beide müssen außerdem gemeinsam David Rousset die Summe von 100.000 Francs als Schadenersatz zahlen.

David Roussets Aufruf bleibt nicht ohne Widerhall: am 24. Januar 1950 hat sich die Commission d'enquête française contre le régime concentrationnaire (»Französische Untersuchungskommission gegen das Konzentrationslagersystem«) gebildet, die bald über Räumlichkeiten – in der Rue Daunou in Paris –, über ein Informationsbulletin, dann von 1956 bis 1959 über eine Vierteljahresschrift, *Saturne*, verfügen wird. In Brüssel bildet sich eine internationale Kommission, an der von französischer Seite Germaine Tillion teilnimmt, die nach Ravensbrück deportiert worden war. Obwohl die UdSSR, wie man sich denken kann, diesen Organisationen jedes Besuchsrecht verweigert, nehmen sie die Untersuchungen auf – nicht nur über die sowjetischen Lager, sondern auch über Spanien, Griechenland, Jugoslawien und zwei unter französischer Verwaltung stehende Länder: Tunesien und Algerien. Louis Martin-Chauffier, im Kravtschenko-Prozess Zeuge auf Seiten der *Lettres françaises*, nimmt dennoch an der Arbeit dieser Kommissionen, die mehrere Weißbücher publizieren, aktiv teil[112]. Angesichts dieser Vorgänge kann man sich fragen, warum *Der Archipel Gulag* – 1974 in Frankreich erschienen – wie eine Bombe einschlug. Das Wort »Gulag« selbst war ein Vierteljahrhundert zuvor von David Rousset ausgesprochen worden. Doch um 1950 führten die Entfesselung der Vorstellungskraft unter Missachtung der Realität und die von der Intelligenzija entworfene imaginäre Ordnung der Gesellschaft dazu, dass sie die Enthüllungen über die sowjetischen Lager herunterspielte und relativierte, wenn nicht gar leugnete.

Bei *Esprit* ist die Verlegenheit offenkundig: man schreibt kaum über die Prozesse von 1949–1950 und kaum über die sowjetischen Lager. Ein Briefwechsel zwischen Victor Serge und Emmanuel Mounier bezeugt nicht nur die wachsende Entfremdung zwischen den beiden Freunden, sondern auch die willentliche Blindheit Mouniers, der entschlossen ist, den Antikommunismus einzudämmen. Serge – genau am richtigen Ort für solche Informationen – macht Mounier 1945 und 1946 genaue Angaben über das sowjetische Konzentrationslagersystem[113]. Und er liest Mounier die Leviten wegen seines

---

112 Vgl. É. Copfermann, *David Rousset. Une vie dans le siècle*, Plon, 1991, S. 129 f. Martin-Chauffier schreibt an Rousset: »Ihr Vorschlag, eine Untersuchungskommission zu bilden, muss, so scheint mir, von allen ehemaligen Deportierten gebilligt werden. Es scheint mir ebenfalls richtig, dass diese Kommission ihre Untersuchungen mit der UdSSR beginnt. In dem Land, in dem der sozialistische Aufbau seinen Ausgang genommen hat, würde die Erniedrigung des Menschen den Prinzipien am stärksten widersprechen, auf denen das kommunistische Regime basiert« (zit. nach É. Copfermann, S. 117).

»wohlwollenden Verständnisses gegenüber der gegenwärtigen UdSSR«, das für ihn umso enttäuschender ist, als er Mouniers Denken für unvereinbar mit dem Verschleiern der Realität hält: »Ich kann nicht umhin zu glauben«, schreibt er ihm im März 1946, »dass sie einer erstickenden Atmosphäre nachgeben.« Ein Missverständnis: Mounier und seinen Freunden zufolge ist Victor Serge ein Opfer der Tatsache, dass er so weit entfernt lebt – und vielleicht auch ein Opfer amerikanischer Indoktrinierung[114].

Zur Zeit des Kravtschenko-Prozesses empfängt *Esprit* Margarete Buber-Neumann, deren Buch *Déportée en Sibérie* bei Seuil erscheinen wird. Albert Béguin zollt ihr in seinem Bericht über den Prozess Anerkennung, doch sein Artikel ist sehr restriktiv: der Leser hat den Eindruck, dass der Prozess – von ihrer Zeugenaussage abgesehen – eine Farce ist. Kravtschenko selbst wird als ein entsetzlicher sowjetischer Ex-Funktionär dargestellt, dessen Prozess für ihn »ein gefundenes Fressen« ist. Indessen bestätigt Béguin in seinem Nachwort zum Buch von Margarete Buber-Neumann ihren Zeugenbericht. Das scheint zu viel des Guten: der Literaturkritiker Bertrand d'Astorg prangert in seiner Rezension des Buches in *Esprit* die Gleichsetzung der beiden Strafjustizsysteme, des nationalsozialistischen und des sowjetischen, an; und er entschuldigt die Stalinisten sogar zum Teil: sie hätten nur »die zaristische Tradition fortgesetzt«.

Les Temps modernes scheuen sich weniger als *Esprit*, auf die Arbeitslager in der UdSSR (an den Begriff »Gulag« hat man sich trotz David Rousset noch nicht gewöhnt) hinzuweisen. Die Zeitschrift veröffentlicht im Januar 1950 einen von Sartre und Merleau-Ponty gezeichneten Text, »Die Tage unseres Lebens«, in dem die Autoren die Existenz von Konzentrationslagern in der Sowjetunion anerkennen, jedoch nicht zwischen den Opfern *wählen* wollen: es gebe auch Lager in Griechenland, Massaker in den französischen Kolonien. *Les Temps modernes* lehnen es ab, David Rousset zu folgen (zu dem, wie man weiß, die Beziehung bereits ziemlich heikel ist), der zu ausschließlich die sowjetischen Lager anprangere – auf Kosten anderer Gewalttaten und Unterdrückungstatbestände in der Welt:

> »Welches auch immer das Wesen der gegenwärtigen Sowjetunion sein mag, die UdSSR befindet sich *grosso modo* – in der allgemeinen Konstellation der Mächte – auf der Seite derer, die gegen die uns bekannten Ausbeutungsformen kämpfen. Die Dekadenz des russischen Kommunismus führt nicht dazu, dass der Klassenkampf ein Mythos und das ›freie Unternehmertum‹ möglich oder wünschenswert ist, und auch nicht dazu, dass die marxistische Kritik allgemein hinfällig ist.

---

113 *Bulletin des Amis d'Emmanuel Mounier*, Nr. 39, April 1972.
114 Vgl. den Nachruf Mouniers, »Victor Serge«, *Esprit*, Januar 1948.

Unsere Schlussfolgerung ist nicht, dass man dem Kommunismus gegenüber nachsichtig sein muss, sondern dass man auf keinen Fall mit seinen Gegnern paktieren darf. Die einzig gesunde Politik besteht also darin, sowohl in der UdSSR als auch außerhalb der UdSSR gegen die Ausbeutung und die Unterdrückung zu Felde zu ziehen; jede Politik, die sich gegen Russland *definiert* und ihre Kritik auf Russland konzentriert, ist eine Absolution für die kapitalistische Welt.«

Auf Grund ihrer antikapitalistischen, antiamerikanischen, sozialistischen Vision ist die Intelligenzija der Linken unfähig, das radikale Übel zu *sehen*, das am sowjetischen Regime nagt und das mit dem System eine Einheit bildet. Der Antiantikommunismus eines Mounier, eines Sartre, eines Merleau-Ponty mündet also in eine revolutionäre Kasuistik: sicher, es gibt Lager in der Sowjetunion, man kann es nicht leugnen, man muss sie gegebenenfalls sogar anprangern; diese Realität ist jedoch in einen globalen Zusammenhang zu stellen. Bei den beiden Blöcken, die sich gegenüberstehen, muss man den Feind ausmachen, den, der seiner Natur nach die Ausbeutung des Menschen durch den Menschen begünstigt und der den dritten Weltkrieg vorbereitet: den amerikanischen Imperialismus. Der sowjetische Block ist zwar nicht makellos, doch er hat das Verdienst, eine sozialistische Revolution durchgeführt zu haben und den Aufbau einer wahrhaft menschlichen Gesellschaft anzusteuern, ohne Klassen, ohne Opfer, ohne Henker. Die historischen Gründe, das Erbe der Autokratie und des Krieges, all die Schwierigkeiten, die dem Aufbau des Sozialismus in einer feindlichen Welt innewohnen, erklären die bekannten Unvollkommenheiten des Regimes: niemand lässt sich von der kommunistischen Bilderwelt, der albernen Propaganda, wie den Veranstaltungen im Dezember 1949 zum siebzigsten Geburtstag des genialen Stalin, täuschen. Wie dem auch sei, die UdSSR bleibt die Hoffnung der Gemarterten, Enterbten, Unterdrückten. Das Sowjetregime mit Kritik zu überhäufen heißt, dem Antikommunismus in die Hände zu arbeiten, den »Kollaborateuren« eine zu schöne Revanche zu bieten, das System der Ungleichheit und Ungerechtigkeit, unter dem man lebt, zu unterstützen. Von Mounier stammt der Satz: »Der Antikommunismus ist tödlich[115].« Abgesehen davon, dass der Kommunismus, ob man will oder nicht, die Hoffnung des Proletariats darstellt, fordern zeitgeschichtlich bedingte Gründe dazu auf, ihn zu respektieren: die Wachsamkeit gegenüber dem wieder erstarkenden »Faschismus« (in Frankreich der RPF), der Kampf für den Frieden und der Protest gegen die koloniale Ausbeutung und die Kolonialkriege (Indochina, Madagaskar, Nordafrika).

Zu Beginn des Kalten Krieges, Ende 1947, hatte Merleau-Ponty die zu-

---

115 M. Winock, »*Esprit*«. *Des intellectuels dans la Cité, 1930–1950*, op. cit., S. 296.

künftige Haltung der linken Intellektuellen gegenüber dem Problem der Lager in *Humanisme et Terreur* (*Humanismus und Terror*) theoretisch gerechtfertigt[116]. Er verkündete damals, man dürfe den Kommunismus oder die UdSSR nicht auf Grund »isolierter Fakten« kritisieren, genauso wenig wie man die demokratischen Regime loben und dabei »ihre gewalttätige Intervention in der übrigen Welt« unterschlagen dürfe. »In der UdSSR«, schrieb er, »sind Gewalt und List offiziell; in den Demokratien dagegen sind die Prinzipien menschlich, doch List und Gewalt in der Praxis gegenwärtig. Auf dieser Basis hat die Propaganda ein leichtes Spiel. Ein Vergleich ist nur sinnvoll zwischen Einheiten als ganzen und unter Berücksichtigung der jeweilgen Situation.« Ohne die Formel zu verwenden, die Jean Bruhat während des Kravtschenko-Prozesses benutzen wird, entwickelt Merleau-Ponty auf seine Weise die Theorie von den »zerbrochenen Fensterscheiben« der Revolution. »Das Todesurteil gegen Sokrates und die Dreyfus-Affäre beschädigen den ›humanistischen‹ Ruf Athens und Frankreichs nicht. Es gibt keinen Grund, warum man auf die UdSSR andere Kriterien anwenden sollte.«

Zu Beginn der fünfziger Jahre und nach zwei Aufsehen erregenden Prozessen ist das Bild der UdSSR getrübt. Die führenden linken Intellektuellen brauchen noch mehrere Jahre, ehe sie die totalitäre Natur des stalinistischen Regimes erfassen und bloßstellen werden.

---

116 M. *Merleau*-Ponty, *Humanismus und Terror* (1947). Übers. v. E. Moldenhauer, Suhrkamp, Frankfurt, 1966.

50
Gegen die
engagierte Literatur

Die intellektuelle Linke übt in der Nachkriegszeit keinen unumschränkten Einfluss auf die Franzosen aus, obwohl die Schriftsteller und die großen Journalisten der Rechten eine Zeit lang diskreditiert sind, wenn sie nicht sogar ihre Gefängnisstrafe absitzen. Manche wurden hingerichtet, wie Brasillach und Suarez. Die maurrassistische Rechte, die in der Zwischenkriegszeit und unter Vichy so mächtig war, überlebt nur mühsam. Einer ihrer begabtesten Sprösslinge, Pierre Boutang, ein ehemaliger Normalien und Philosophie-Agrégé, der 1946 dreißig Jahre alt ist, scheint das Zeug dazu zu haben, den alten Meister, der seine Tage im Gefängnis beendet, abzulösen. Kurz vor Ausbruch des Krieges hatte Maurras ihm die Presseschau von *L'Action française* anvertraut. Während des Krieges unterrichtete er in Marokko, wo er sich dem General Giraud anschloss. Nach der Libération gehört er zu der kleinen Truppe derer, die sich bemühen, die Flamme des »integralen Nationalismus« in verschiedenen – manchmal im Untergrund erscheinenden – Blättern wieder anzufachen, bis die ehemalige monarchistische Tageszeitung 1947 unter dem Titel *Aspects de la France* erneut erscheint. Im selben Jahr schreibt Boutang zusammen mit Bernard Pingaud *Sartre est-il un possédé?* (»Ist Sartre ein Besessener?«) – ein Titel, der die Identität des zu bekämpfenden Feindes nicht im Dunkeln lässt ...

So kommen die ehemaligen Kollaborateure, Kollaborationisten und ähnliche Pétainisten – Opfer der Säuberungen, des Ostrazismus der Résistance oder der schwarzen Listen des CNE – wieder aus der Klandestinität hervor und brechen das Schweigen. Im Januar 1947 erscheinen *Les Écrits de Paris*, eine von Paul Malliavin (ein Journalist, der besser bekannt ist unter seinem Pseudonym Michel Dacier) herausgegebene Monatszeitschrift, die die diskreten Blätter ablöst, in denen die Besiegten der Libération – entweder unter ihrem eigenen Namen oder häufiger unter einem Pseudonym – weiterhin ihre Kräfte maßen: Jacques Chastenet, ehemaliger Herausgeber von *Le Temps*, Henry Bordeaux, Claude Farrère, der ehemalige sozialistische Minister Paul Faure, Emmanuel Beau de Loménie, André Thérive, Bertrand de Jouvenel, Alfred Fabre-Luce, Paul Morand, Hubert Lagardelle usw. Die Zeitschrift hat nach und nach einen gewissen Erfolg, der es erlaubt, 1951 die Wochenzeitung *Rivarol* zu gründen, in der unter anderen Lucien Rebatet seinen Dienst wieder antritt. Die durch die Anfänge des Kalten Krieges bewirkte Spaltung der Linken nützt – unter dem Zeichen des Zusammenschlusses der antikommunistischen Kräfte – den Geächteten der Rechten.

Der Weg eines Georges Albertini veranschaulicht die neuen Zeiten. Zunächst Gefährte von Léon Blum und Mitglied des »Wachsamkeitskomitees der antifaschistischen Intellektuellen«, war er – fasziniert vom Nationalsozialismus – Marcel Déat in den Kollaborationismus und in den RNP (Rassemblement national populaire, »Nationaler Volkszusammenschluss«) gefolgt. Nach dem Krieg wird er zu fünf Jahren Zwangsarbeit verurteilt; doch Präsident Vincent Auriol senkt das Strafmaß. Nach seiner Freilassung wird er politischer Berater bei der Bank Worms; 1949 bringt er ein Informationsbulletin über den Kommunismus heraus, das bald *Est-Ouest* getauft und zu einem der Publikationsorgane wird, die am besten über die UdSSR und die osteuropäischen Länder Bescheid wissen. Albertini nimmt die Beziehungen zu seinen ehemaligen sozialistischen Gefährten wieder auf, steht Guy Mollet und Robert Lacoste nahe und wirkt im Hintergrund. Mit Boris Souvarine gründet er das Institut d'histoire sociale (»Institut für Sozialgeschichte«), ein einzigartiges Dokumentationszentrum über den Kommunismus, in dem sich zahlreiche Forscher, Journalisten und Politiker mit Material versorgen. Der Kalte Krieg ermöglicht so eine Neuverteilung der Karten, was für diejenigen günstig ist, die sich während der Besatzungszeit kompromittiert hatten. Nach der Amnestie von 1951 werden die meisten von ihnen auf freien Fuß gesetzt.

Die Académie française, die in der Résistance so wenig präsent war, bleibt ein Zentrum der intellektuellen Rechten, auf die Maurras aus seinem Gefängnis heraus weiterhin Einfluss ausübt. Als einer seiner ehmaligen Schüler, Pierre Gaxotte, 1951 seine *Histoire des Français* (»Geschichte der Franzosen«) veröffentlicht, schreibt Maurras an Xavier Vallat: »Der Autor leistet damit einen großen öffentlichen Dienst, für den er belohnt zu werden verdient. Er sollte mit Hilfe unserer Freunde Bordeaux, Bérard, Benoit, La Gorce, Madelin in die Académie befördert werden[117].« Maurras ist seit einem Jahr tot, als sein Wunsch in Erfüllung geht: Pierre Gaxotte wird 1953 in die Académie gewählt, gegen den Widerstandskämpfer André Chamson, während der Herzog von Lévis-Mirepoix Nachfolger von Maurras wird. Der Wortführer der Action française – er war bei der Libération durch einen politischen Beschluss seines Sitzes verlustig gegangen – hatte die Genugtuung gehabt, dass sein Sitz leer blieb, nicht anders als die Sitze von Abel Bonnard, Abel Hermant und Pétain. Marschall Weygand, eine weitere Gestalt der akademischen Rechten,

---

117 Ch. Maurras, Brief an Xavier Vallat, 15. Oktober 1951, zit. nach S. Argiolas, *Pierre Gaxotte: un intellctuel de droite (1945–1962)*, Diplomarbeit DEA, IEP Paris, 1996.

empfängt Gaxotte in der Académie, nachdem Lévis-Mirepoix, Nachfolger von Maurras, nicht gezögert hat, eine nachdrückliche Lobrede auf den Ideologen der Action française zu halten. Die Rechte, fest am Quai Conti verankert, hält sich wacker auf der Rive gauche der Seine, einen Katzensprung von der Kirche Saint-Germain-des-Prés und vom Café Flore entfernt, das einst von Maurras besungen wurde und nun von den Sartrianern besetzt ist.

Der hartnäckigste Widerstand gegen den »Resistentialismus« kommt von Jean Paulhan, dem Gründer der *Lettres françaises*; er ist Mitglied des CNE (des »Céné«, wie er sagt), ein unerschrockener Antikonformist, einflussreicher Herausgeber, Entdecker von Talenten und kühner Zerleger von im Untergrund benutzten Vervielfältigungsgeräten[118], der über das Verschwinden von *La Nouvelle Revue française*, deren Herausgeber er in ihren Glanzzeiten war, nicht hinwegkommt. Nach der Libération erträgt er immer weniger die Ukase, die die Schriftsteller der Résistance gegen die ihrer Kollegen schleudern, die in die Irre gegangen waren. In seinen Augen müssen die Schriftsteller zwar ihre Verantwortung auf sich nehmen – er wiederholt es häufig –, doch ihre Taten haben sie allein vor der offiziellen Justiz zu verantworten. Die Schriftsteller sind keine Richter: jedem seine Rolle, jedem sein Platz. Diese Haltung macht ihn unmittelbar verdächtig, trotz seines Mutes während des Krieges: »Monsieur Jean Paulhan verrät *Les Lettres françaises*, denen er während der Nazi-Besatzung gedient hatte, und macht sich zum Diener des faschistoiden Denkens[119].« Paulhan, den die Kommunisten angreifen, weil er die literarische Säuberung ablehnt, äußert schließlich Zweifel am Patriotismus seiner Gegner, die sich gleichsam in die Trikolore hüllen. Die Kommunisten wollen uns, sagt er im Wesentlichen, mit ihren Helden einen Bären aufbinden: Romain Rolland, den sie so rühmen, war während des Ersten Weltkrieges ein Pazifist und schrieb *Au-dessus de la mêlée* (*Über dem Schlachtgetümmel*). Was Rimbaud angeht, aus dem Aragon einen Kommunarden machen will, der der deutschen Invasion Widerstand leistete, so erinnert Paulhan mit Vergnügen an Folgendes: Als das zu Ehren des Dichters in Charleville errichtete Denkmal 1927 eingeweiht wurde, richteten Aragon, Breton und die anderen an die Gemeindeverwaltung ein Manifest, das seinen heftigen Antipatriotismus unterstrich. *Les Lettres françaises* machen sich die Gelegenheit zu Nutze und greifen ihren widerspenstigen Gründer an: »Paulhan [...] will die Versaillais[120] von Thiers rein waschen, indem er Rimbaud beschuldigt.« Aragon und Paulhan stehen offensichtlich miteinander auf Kriegsfuß. Im Januar 1948 muss Paulhan für

---

118 *Anm. d. Ü:* Anspielung auf die in Kap. 39 erwähnte Episode.
119 A. Sauger, *Le Patriote*, Februar 1945, zit. nach C. Blandin, *Genèse de »La Nouvelle Nouvelle Revue française«*, Diplomarbeit DEA, IEP Paris, 1996.
120 *Anm. d. Ü:* Versaillais: die Gegner der Commune; sie hielten (1871) der in Versailles tagenden Nationalversammlung die Treue, die die Commune bekämpfte.

sein Vergehen büßen: sein Name, der neben dem von Jacques Decour stand, wird aus der Kopfleiste der in die Hände der Kommunisten gefallenen literarischen Wochenzeitung gestrichen.

Paulhan hat nicht nur den linientreuen Kommunisten die Stirn zu bieten, sondern muss sich auch gegen die Attacken der Weggefährten zur Wehr setzen und gerät mit Vercors, Martin-Chauffier und Benda aneinander. Dieser bringt 1946 *La Trahison des clercs* neu heraus – mit einem Vorwort, in dem er den »Verrat« der einen und »den Betrug der anderen« anprangert und sich insbesondere Paulhan vornimmt, der ein »Recht auf Irrtum« vertrete. In mehreren Artikeln in *L'Ordre* weist Benda 1946 und 1947 die Position Paulhans zurück, der zufolge das literarische Talent unabhängig von allen politischen und moralischen Erwägungen beurteilt werden müsse: »Dass das literarische Talent – oder das, was man dafür hält – ein Recht auf intellektuellen Betrug begründet, davon geht eine ganze Gruppe meiner Mitbürger seit langem aus«, schreibt Benda, »doch heute gehen sie noch weiter: das literarische Talent begründet ein Recht zum Verrat[121].« Doch kein Argument bringt Paulhan dazu, seine Meinung zu ändern: Schriftsteller dürfen nicht zu Richtern werden.

In diesen Polemiken drückt Paulhan seine feste Überzeugung aus: es macht ihn zornig, wie die Kommunisten und ihre Bundesgenossen ihren Kollegen Lektionen in Patriotismus erteilen, während sie sich bei anderen Gelegenheiten im Antipatriotismus hervortaten; er bringt der Literatur eine so große Achtung entgegen, dass er sich weigert, die großen Talente zu verurteilen, die gefehlt haben. Er bringt auch einigen gegenüber seine Freundschaft zum Ausdruck, insbesondere gegenüber Marcel Jouhandeau, dem man wegen der berühmten Reise nach Weimar, zu der die Deutschen eingeladen hatten, zusetzt. Bald geht er über den rein literarischen Rahmen hinaus und verteidigt das Prinzip der politischen Amnestie; er scheut nicht davor zurück, ein entsprechendes Gesuch in *Paroles françaises* zu formulieren, einer Wochenzeitung des Abgeordneten Alfred Mutter, die von den ehemaligen Pétainisten sehr geschätzt wird:

> »Die politische Amnestie ist absolut unerlässlich. Wir brauchen heute Leute, die weder zu sehr zur russischen noch zur amerikanischen Seite neigen: Menschen von ›Frankreich, allein‹. Nun! sie sind im Gefängnis; das ist nicht nur ungerecht, es ist absurd, gefährlich. Aus diesen und vielen anderen Gründen: eine so umfassende Amnestie wie nur möglich, ausgenommen natürlich die Denunzianten und die Handvoll wirklicher Verräter[122].«

---

121 J. Benda, *L'Ordre*, 7. Oktober 1947, zit. nach F. Badré, *Paulhan le Juste, op. cit.*, S. 248.
122 J. Paulhan, »Il faut libérer Bardèche«, *Paroles françaises*, 18. Juni 1948.

Paulhan beschränkt sich nicht darauf, für die von den Säuberungen Betroffenen einzutreten und aus dem CNE auszutreten; da die *NRF* nicht wieder erscheinen kann, macht er sich daran, eine neue Zeitschrift zu lancieren, die allen Schriftstellern – unabhängig von ihrer politischen Richtung – offen stehen soll. So gründet er 1946 bei Gallimard *Les Cahiers de la Pléiade*, die bis 1952 dreizehn Nummern zählen werden: »*Les Cahiers de la Pléiade* fühlen sich nicht gehalten, zu den großen sozialen und nationalen Konflikten Stellung zu beziehen. Sollten sie zur Schaffung eines neuen Weltbewusstseins beitragen, so wäre das unwillentlich[123].« Das heißt, der Theorie des Engagements entgegenzutreten. Dabei war Paulhan an der Lancierung von *Les Temps modernes* beteiligt gewesen und hatte dort mehrere Texte veröffentlicht, wenn er auch Sartres Überlegungen zur Literatur kritisierte. *Les Cahiers de la Pléiade* machen den Eindruck einer wiederauferstandenen *NRF*: neben Julien Benda, André Gide, André Malraux tauchen die schwarzen Schafe auf, Jouhandeau, Giono, Arland und einige andere. *L'Humanité* zufolge hat Paulhan die Maske fallen lassen; seine *Cahiers* müssten »Cahiers du fascisme« (»Hefte des Faschismus«) heißen; für Pierre Lœwel von *L'Ordre* hat »Monsieur Jean Paulhan ein für alle Male die Partei der Verräter ergriffen[124].« Paulhan bäumt sich auf:

> »Erreichen, dass eine Literaturzeitschrift wie die *Cahiers* ihre Mitarbeiter auswählt und sie gegebenenfalls ausschließlich nach ihrer literarischen Qualität beurteilt, ist an sich sehr einfach; doch es scheint sehr schwierig zu sein, da man mir so viele Scherereien macht. Erreichen, dass Céline, der ein großer Autor ist, veröffentlicht wird, und Rolland nicht veröffentlichen, der gewiss ein anständiger Mensch, doch ein Wirrkopf und mittelmäßiger Schriftsteller ist. Und so weiter. Scherereien ... doch glaube ich, dass alle Welt mir Recht geben wird, sobald wir wieder ein gesundes literarisches Klima haben (in dem die politischen Anliegen das heikelste, empfindlichste Urteil, das es überhaupt gibt, nicht mehr entstellen)[125].«

Für ihn stehen die *Cahiers* allen wahren Talenten offen, und er unterlässt es nicht, die Kommunisten, Aragon an der Spitze, um Beiträge zu bitten.

Der Tod von André Gide im Jahre 1951 erlaubt es Paulhan, seine Offensive weiter voranzutreiben: im November 1951 veröffentlicht er eine Sondernummer der *NRF* über den verstorbenen Nobelpreisträger, für die er zahlreiche Schriftsteller zur Mitarbeit gewinnt: »Man muss die *NRF* wieder aufle-

---

123 J. Paulhan, »Avertissement«, *Les Cahiers de la Pléiade*, Nr. 1.
124 P. Lœwel, »Heil Hitler«, *L'Ordre*, 25. September 1947, zit. nach C. Blandin, *op. cit.*, S. 83.
125 J. Paulhan, *Paru*, November 1948.

ben lassen, und sei es nur für eine Nummer.« Das war das Eingeständnis eines Wunsches und eines Planes. Zuvor will Paulhan, der die Kritiken, die Unterstellungen, die Beschuldigungen von Seiten der Kommunisten und ihrer Bundesgenossen leid ist, allerdings Rechnungen begleichen. Er veröffentlicht *Lettre aux directeurs de la Résistance* (»Brief an die Leiter der Résistance«)[126]. Nicht bei Gallimard, wo er einen ehrenvollen Posten innehat – Gaston Gallimard will keine Unannehmlichkeiten! –, sondern paradoxerweise in den Éditions de Minuit, die selbst aus der Résistance hervorgegangen sind. Paulhan appelliert an den Frieden des Gewissens, an den Burgfrieden, und zwar im Namen der Ideale der Résistance selbst, zu der er »seit Juni vierzig« gehörte.

Paulhan greift die Kommunisten frontal an, »die ihre Sichtweisen den Gerichtshöfen aufgezwungen haben«, sowie einige bedeutende Schriftsteller:

»Aragon, Éluard haben das Loblied auf die Abtreibung, das Verbrechen und den Defaitismus hinter sich gelassen: sie besingen nun einstimmig die Hoffnung, die Lebensfreude und die kinderreichen Familien. Sartre arbeitet, nicht ohne sich aufrichtig abzumühen, eine Ethik aus. Zwischenzeitlich hat er eine Zeitschrift gegründet, die in der Ferne die Ungerechtigkeit aufspürt. Man weiß, dass er bereits siebenhundert kleine Splitter im Auge Stalins und zwölftausend im Auge Trumans gefunden hat. Bei Franco sind sie unzählbar. Es ist Zeit, höchste Zeit, dass sie sich mit dem Balken in ihren eigenen Augen beschäftigen.«

Es hagelt Antworten, gehässige, ernste, betrübte, heftige, eine Sintflut von Epigrammen. Louis Martin-Chauffier in *Le Figaro littéraire* (2. Februar 1952): »Sie haben eine schlechte Tat vollbracht«; Roger Stéphane in *L'Observateur* (7. Februar 1952): »Die Prämissen sind falsch, die Argumentation ist nichts als ein unaufrichtiger Sophismus«; Elsa Triolet in *Les Lettres françaises* (7. Februar 1952):

»Jean Paulhan, Nachfolger von Drieu La Rochelle« ... Von den Zeitungen der Rechten (wie *Aspects de la France*) wird Paulhan belobigt, doch nicht nur von ihnen. Er hat die Genugtuung, von Roger Martin du Gard beglückwünscht zu werden: »Danke, lieber Freund, für diese *Lettre aux directeurs de la Résistance*, die man nicht ohne Rührung lesen kann. Das ist bester Paulhan, persönlich, mutig ...«[127]

---

126 J. Paulhan, *Lettre aux directeurs de la Résistance* (1951) *suivie des répliques et contre-répliques*, Jean-Jacques Pauvert, 1968.
127 R. Martin du Gard, Lettre à Jean Paulhan, 15. Januar 1952, zit. nach C. Blandin, *op. cit.*, S. 102.

Paulhan setzt seine Bemühungen fort: die Literatur jäten, die politischen Quecken ausreißen, die auf ihr gewachsen sind. Sein Ziel ist es, *La Nouvelle Revue française* wieder aufleben zu lassen, die vor dem Krieg ein Ort der Begegnung der Schriftsteller war und Malraux ebenso wie Drieu, Gide ebenso wie Fernandez veröffentlichte ... *Les Cahiers de la Pléiade*, die diese Tradition wieder aufgenommen haben, stellen im Frühjahr 1952 ihr Erscheinen ein: *La Nouvelle Nouvelle Revue française* ist für Januar 1953 vorgesehen. Für diese Wiedergeburt stützt sich Jean Paulhan auf Marcel Arland, der zur Equipe von Jacques Rivière gehört hatte und mit dem ihn eine solide Freundschaft verbindet. *Paris-Match* begrüßt das Ereignis am 17. Januar 1953: »Es ist die richtige *NRF*, die unter dem bizarren Titel, mit dem das Gesetz umgangen werden soll, wieder erscheint.« In der Inhaltsübersicht stößt man auf Jean Schlumberger, André Malraux, Jules Supervielle, Léon-Paul Fargue, Henry de Montherlant, Maurice Blanchot, Saint-John Perse, Jacques Audiberti, André Pieyre de Mandiargues, und natürlich auf den lieben Marcel Jouhandeau.

Diese Wiederauferstehung gefällt nicht allen. André Wurmser liefert in *Les Lettres françaises* den Beweis dafür:

»Die *NRF* – Jean Paulhan zelebriert dort zur Zeit die Messe. Ich weiß nichts über ihn, nicht einmal, ob er irgendein Buch geschrieben hat. Er interessiert sich für die madagassische Dichtung, heißt es. Doch hätte er auch nicht mehr geschrieben als ein fürstliches Akademiemitglied, so fände er nichtsdestoweniger seinen Platz in der Kammer der Berufskorporationen, in der er die hochrangige Literatur vertreten würde wie die Marquise de Sévigné die Edelschokolade[128].«

Das Unternehmen stört noch auf einer anderen Ebene, der der literarischen Konkurrenz. Im Dezember 1952 beginnt François Mauriac, Leitstern der Zeitschrift *La Table ronde*, die den Ehrgeiz besitzt, »die von der *NRF* gelassene Lücke auszufüllen«, die Gegenoffensive, nachdem die *NNRF* angekündigt worden ist:

»Es wird eine Art Kleinkrieg zwischen den beiden Zeitschriften geben. Ich sage es ohne Hintergedanken und ohne Prahlerei, und so muss man es aufnehmen. Wir müssen uns Fußbreit um Fußbreit verteidigen, und falls wir geschlagen werden, werden wir vorher alle Möglichkeiten ausgeschöpft haben. Man meint, wir stünden zwischen zwei Feuern: auf der einen Seite die Kriegsmaschinerie von Gallimard; auf der anderen das jugendliche Bataillon der Freunde Jacques Laurents.

---

128 A. Wurmser, »Suite triomphale«, *Les Lettres françaises*, 20. März 1953.

Ich gehe also zum Angriff über. Ich werde eine neue Rubrik eröffnen; eine Art Notizheft, in dem ich meine Gedanken zur Aktualität, zu den Menschen und Ereignissen niederschreiben werde[129]...«

Es geht immer noch darum, die Hegemonie des Hauses Gallimard zu bekämpfen, auf die auch Wurmser in seinem Artikel anspielte: »Es wird so weit kommen, dass man dort – sei es direkt, sei es mit Hilfe anderer Verlage – alle Preisträger, aber auch alle Preisverleiher drucken, herausbringen und vertreiben wird[130].« Der Kleinkrieg wird zu einem politischen Krieg: für Mauriac ist es allzu verlockend, die neue Zeitschrift als Fortsetzung der NRF von Drieu zu entlarven: »Ich mag die NRF immer noch«, schreibt er. »Ich hege noch etwas Zärtlichkeit für diese liebe alte geschorene[131] Dame, deren Haare acht Jahre brauchten, um wieder zu wachsen.«

Paulhan bleibt bei seinen gegen den Sartreschen Kanon der engagierten Literatur gerichteten Positionen: die NNRF steht literarischen Talenten unabhängig von der politischen Einstellung offen. *Les Temps modernes* setzen dagegen folgenden Hinweis auf die Innenseite ihres Einbandes: »Die Zeitschrift akzeptiert weder Manuskripte von Autoren, die wegen Kollaboration zum Tode verurteilt, noch solche von Autoren, denen die nationalen Ehrenrechte abgesprochen wurden.« »Was für eine gute Idee«, schreibt Paulhan ironisch, »jeden Mitarbeiter einer Zeitschrift dazu zu zwingen, erst einmal sein Strafregister vorzuzeigen! Warum nicht seine Schulzeugnisse[132].« Paulhan fragt sich auch, warum ein »indigne national«[133] unfähig sein sollte, ein sehr schönes Gedicht oder einen guten Roman zu schreiben. Das Gefängnis eigne sich doch recht gut dazu.

Der Widerstand gegen den »Resistentialismus« und gegen Sartres Literaturtheorie kommt auch aus einer anderen Generation, der von Jacques Laurent, auf den François Mauriac anspielte. Vor dem Krieg gehörte er – unter seinem eigentlichen Namen Jacques Laurent-Cély – zu den »Studenten der Action française«, dann zur Action française selbst, wo er sich mit Raoul Girardet, Pierre Boutang, François Léger, Philippe Ariès anfreundete; er veröffentlichte Artikel in *L'Étudiant* und dann in *Combat* von Thierry Maulnier und Jean de Fabrègues. Während der Besatzung arbeitet er in Vichy im Informationsministerium und ist Mitarbeiter bei verschiedenen pétainistischen

---

129 Interview von F. Mauriac in *Combat*, 17. Dezember 1952, zit. nach C. Blandin, *op. cit.*, S. 122.
130 F. Mauriac, »Bloc-Notes«, *La Table ronde*, 1. Februar 1953.
131 *Anm. d. Ü:* Geschorene Dame: Anspielung auf Ereignisse während und nach der Libération, als Frauen, die während der Besatzungszeit ein Verhältnis mit deutschen Soldaten hatten, geschoren wurden.
132 Brief an Étiemble vom 8. April 1953, zit. nach C. Blandin, *op. cit.*, S. 135.
133 *Anm. d. Ü:* Indigne national: etwa: »Frankreich-Unwürdiger« – rechtliche Sanktion nach der Libération, Aberkennung der nationalen Ehrenrechte.

Publikationsorganen, unter anderem bei *France* (wo auch François Mitterrand schreibt); damit gehört er zum Lager der Besiegten der Libération, obwohl er im Laufe des Sommers 1944 zu den FFI (Forces françaises de l'intérieur, »Französische Streitkräfte des Inneren«) gestoßen war. Wenn er auch persönlich von den Säuberungen nicht betroffen ist, so sind doch alle Angehörigen seiner »intellektuellen Familie« davon berührt. Unbehagen: für ihn wie für andere seiner Generation oder für die Jüngeren sind die Mächte, die sich im befreiten Frankreich durchsetzen, Repräsentanten einer neuen unerträglichen moralischen Ordnung. Anders als diejenigen, die für die wieder auflebenden Zeitschriften der extremen Rechten schreiben, verabschiedet sich Jacques Laurent von der Politik. Da man nun einmal leben muss, veröffentlicht er unter einem Pseudonym Kriminalromane – bei Portulan, in den Éditions Jean Froissart, die die »literarischen Waisen[134]« der Nachkriegszeit aufnehmen. Bei Froissart erscheint 1947 unter dem Pseudonym Cécil Saint-Laurent ein rasch dahingeschriebener volkstümlicher Roman, *Caroline chérie,* der nach einem schwierigen Start einer der großen Bestseller der Nachkriegszeit wird. Der wirkliche Schriftsteller Jacques Laurent – vom Erfolgsautor schmarotzerisch benutzt – hat Mühe, sich durchzusetzen: 1948 veröffentlicht er mit *Les Corps tranquilles* (»Die ruhigen Körper«), einen ersten Roman, der keine Echo findet. Im selben Jahr hat er dank *La Table ronde* – einer Zeitschrift im Verlag gleichen Namens, beide unter der Leitung von Roland Laudenbach – das Vergnügen, wieder ständiger Mitarbeiter einer Zeitschrift zu sein. Er trifft dort auf Thierry Maulnier, Marcel Jouhandeau, Henry de Montherlant, aber auch auf François Mauriac, und eine Zeit lang ist auch Jean Paulhan dabei; die junge Generation ist von Robert Kanters, Jean-Louis Curtis und Roger Nimier repräsentiert ... Als regelmäßiger Mitarbeiter entlarvt Jacques Laurent dort in spöttischem Ton den Zeitgeist. Eines Tages – im Februar 1951 – landet er dann mit einem »Paul und Jean-Paul« betitelten Artikel einen großen Coup. Dieses gegen Sartre gerichtete und mit beißendem Humor verfasste literarische Manifest macht ihn zum Wortführer derer, die man bald die »hussards«, die »Husaren«[135], nennt.

Die Komplizenschaft Mauriacs ist offensichtlich. Der Autor von *Thérèse Desqueyroux* hat den bitteren Trunk »Monsieur François Mauriac und die Freiheit«, den Sartre ihm in der *NRF* vom Februar 1939 servierte, immer noch nicht verdaut. Laurent greift die Episode auf und gibt das Kompliment an Sartre, der geschrieben hatte: »Gott ist kein Künstler; François Mauriac auch nicht«, zurück. Mauriac, der nun aufhört, in seiner Wunde herumzustochern, macht daraufhin dem Jüngeren ein Geschenk: durch einen Artikel in *Le Figaro* hebt er ihn in aller Form auf den Thron der literarischen Ehren.

---

134 V. Feltesse, *Jacques Laurent dans le débat intellectuel et politique*, Diplomarbeit DEA, IEP Paris, 1992.
135 *Anm. d. Ü:* Hussards: Husaren, Draufgänger; der Begriff kam nach dem Krieg 1914–18 auf (s.u.).

Laurent ist einer der besten Schriftsteller seiner Generation – Mauriac hatte gesprochen[136].

Jener Artikel Laurents, den Grasset als Broschüre veröffentlicht, ist nicht einfach Gefälligkeit eines jungen Schriftstellers gegenüber seinem Förderer; er ist auch ein brillantes, sarkastisches und geschickt argumentierendes Plädoyer gegen die engagierte Literatur und gegen den Theoretiker, der das Patent darauf hat. Der raffinierte Kunstgriff des jungen Schriftstellers liegt darin, die beiden Vornamen so unterschiedlicher Schriftsteller wie Paul Bourget und Jean-Paul Sartre zu verbinden: Bourget, den geschmähten Inbegriff bürgerlicher, konformistischer, wohlanständiger Literatur, und Sartre, den gefeierten Propheten der antibürgerlichen Revolte. Indessen, so Laurents Fazit, teilen diese beiden Herren dieselbe Überzeugung, nämlich die, dass die Literatur auf einen Nutzen abhebt, dass sie der Moral, der Politik untergeordnet werden muss: »Diese beiden Schriftsteller rücken zusammen angesichts des Aufschwungs der motivlosen, von Nutzen freien Werke; und sie wettern um die Wette gegen einen literarischen Dilettantismus, den sie für eine unerträgliche Bedrohung halten ...« Was den gewitzten Kritiker nicht davon abhält, dem aus der Mode gekommenen Bourget den Vorrang zu geben:

»Sartre fehlen [...] Bourgets aufrichtige Neigung zur Literatur, seine wahre Sensibilität, die lebendige Bewegung, die noch seine künstlichsten Kapitel durchzieht, und die spontane Vertrautheit mit der Sprache. Der Romancier Sartre bleibt ein spröder Lehrer, der seinen Unterrichtsstoff diktiert, ohne mit der Wimper zu zucken.«

Jacques Laurent gelingt also sein Schriftstellerdebüt, indem er den Wortführer der herrschenden Kirche provoziert, während ihm Cécil Saint-Laurent, sein Doppelgänger, das Einkommen sichert. Diese Arbeitsteilung innerhalb ein und derselben Person erlaubt es dem Schriftsteller, den volkstümlichen Romancier dazu zu benutzen, seine Eroberung des literarischen Feldes voranzutreiben: im Januar 1953 gründet er seine eigene Zeitschrift, *La Parisienne*; 1954 kauft er die Wochenzeitung *Arts* auf und übernimmt ihre Leitung. Unabhängig von den Geschützen Paulhans bei Gallimard kommen also die Elemente eines Widerstandes gegen die Hegemonie der linken Intellektuellen und gegen Sartre zum Vorschein; *La Table ronde* von Laudenbach, *La Parisienne* und *Arts* von Jacques Laurent sind zum Kampf entschlossen.

Fast zur selben Zeit, im Dezember 1952, veröffentlicht der temperament-

---

136 Auf diese Komplizenschaft weist J. Grenier hin (*Carnets 1944–1971*, Seghers, 1991): »François Mauriac denkt noch – und denkt ausschließlich – an den Artikel, den Sartre vor dem Krieg gegen ihn in der *NRF* veröffentlicht hatte. Er hat den Artikel bei Jacques Laurent bestellt, er hat in *Le Figaro* auf den Artikel hingewiesen«, S. 113.

volle Bernard Frank in *Les Temps modernes* einen Artikel, der indirekt einen der Mythen der Literaturgeschichte begründet: er macht eine Verwandtschaft zwischen Schriftstellern aus, die diese Annäherung zurückweisen, die jedoch, ob sie wollen oder nicht, unter dem hochsymbolischen Namen »die Husaren«[137] vereint werden. Roger Nimier soll den Schwadronschef abgeben. Er hat sich in der Tat im Jahre 1945 als Zwanzigjähriger zu einem Husarenregiment gemeldet und 1952 *Le Hussard bleu* (»Der blaue Husar«), einen hoch emblematischen Roman, geschrieben. Unter den »Husaren« stößt man, außer auf Laurent und Nimier, auf Antoine Blondin, Michel Déon, Félicien Marceau und sogar Kléber Haedens; alle berufen sich auf Schriftsteller, die Maskottchen der literarischen Rechten waren wie Paul Morand, Marcel Aymé, Jacques Chardonne ...; alle hängen einer fröhlichen, hüpfenden, naiven, ausgelassenen, musketierhaften und, wie es scheint, alles andere als »engagierten« Literatur an. Die Gruppe existiert nicht wirklich; ihre Mitglieder treffen auf Grund ihrer Veröffentlichungen in unterschiedlichen Kombinationen aufeinander, doch begegnen sie sich in keinem Klub, in keinem Gesprächskreis. Im Übrigen kann ihre ungezwungene Art niemanden täuschen, so eindeutig sind sie Erben einer weitgehend aus der Action française hervorgegangenen Rechten, der es die Unbilden der Zeit verbieten, offen Farbe zu bekennen. Einer, der ihnen nahe steht, Raoul Girardet, von Beruf Historiker, wird im Oktober 1957 in einer Nummer von *La Revue de sciences politiques* ihre Identität deutlich umreißen:

> »Die junge Rechte und die Schule der Frivolität: zu einer apolitischen Haltung ganz anderer Natur, genauer: zu einer heftigen Ablehnung jeder Form von politischem Engagement, ist seltsamerweise eine gewisse Anzahl junger Schriftsteller gelangt, die entweder von Maurras herkommen (wie die Herren Jacques Laurent, Michel Déon, Michel Braspart [*alias* Roland Laudenbach]) oder für Maurras Sympathie hegen (wie die Herren Roger Nimier oder Antoine Blondin).«

So wird Anfang der fünfziger Jahre die Hegemonie der linken Intellektuellen auf zweierlei Art zurückgewiesen: zum einen von Jean Paulhan, der eine wie in den Zeiten von Jacques Rivière apolitische *NRF* neu gründet, zum andern von den so genannten »Husaren«, die zum größten Teil aus einer zum politischen Schweigen verurteilten Rechten hervorgehen, die indessen ihr Schweigen bricht, wenn sich die Gelegenheit dazu bietet – eine solche Gelegenheit wird der Algerienkrieg sein. In gewissem Sinn hat die Strömung »Table ronde« mehr Erfolg als das Unternehmen Jean Paulhans. Die »Neuauflage« der

---

137 B. Frank, »Grognards et hussards«, *Les Temps modernes*, Dezember 1952.

angesehenen *NRF* wird niemals den früheren Einfluss zurückgewinnen, trotz bedeutender Beiträge. Die Epoche erwartet etwas Neues, und von diesem Standpunkt aus heben sich die »Husaren«, La Table ronde, die Romane von Nimier, Blondin, Laurent in einer von der intellektuellen Linken beherrschten Landschaft stärker ab. Sich zwischen zwei Strömungen bewegend, hat François Mauriac eine Zeit lang seinen Beitrag geleistet. Als authentischer Résistant, der jedoch die kommunistische Hegemonie und das Richteramt Sartres ablehnt und sich der Familie der *NRF* gegenüber fremd fühlt, obwohl er in der Vorkriegszeit dort veröffentlicht hat, frequentiert der große katholische Romancier amüsiert die »Entlein« von *La Table ronde*: »*La Table ronde* hatte zu Beginn den Ehrgeiz, Schriftsteller der Rechten und der Linken zusammenzubringen (Albert Camus arbeitete an der ersten Nummer mit). Doch der eine kam, der andere ging, und bald war ich von maurrassistischer leichter Kavallerie umgeben. Noch nie hatte eine Henne so viele Enten ausgebrütet. Man behauptete sogar, in unserem Mitarbeiterstab gäbe es mehrere zum Tode Verurteilte: ich glaube, das war übertrieben. Mit einem Wort: in *La Table ronde* war Thierry Maulnier derjenige, der nach mir am weitesten links stand! Ich bekam es nicht mit der Angst zu tun, sondern war überzeugt, ich würde als Gegengewicht ausreichen: all diese Maurrassisten in der einen Waagschale, ich ganz allein in der anderen, mit meinem Bloc-Notes – dieses Gleichgewicht war mir eine Genugtuung.« Er verlässt jedoch 1953 die Zeitschrift und nimmt seinen »Bloc-Notes« (»Notizblock«), der berühmt werden sollte, mit in eine neue Wochenzeitung, *L'Express*. Denn *La Table ronde* ist dem Verlag Plon und seinem Leiter, Bourdelle, in die Hände gefallen, und Mauriac hält es nicht für möglich, dort weiter mitzuarbeiten. Die heftigen Leidenschaften, die die Kriege der Entkolonisierung entfachen, führen zu einer neuen Konstellation, in der Mauriac links steht. Die apolitische Haltung der »Husaren« muss Federn lassen.

51
Der intellektuelle Antikommunismus

Am 25. Juni 1950 überschreiten im Morgengrauen die Truppen des unter sowjetischem Einfluss stehenden Nordkorea den 38. Breitengrad und fallen in Südkorea ein, das von dem proamerikanisch orientierten Syngman Rhee regiert wird. Korea war – von der japanischen Besetzung befreit – am Ende des Krieges wie Deutschland zweigeteilt worden, doch Russen und Amerikaner hatten ihre zu beiden Seiten der »Grenze« stationierten Truppen ab Januar 1949 zurückgezogen. Die Teilung Koreas war zu einer de-facto-Situation geworden, insofern freie Wahlen nur auf einem Teil des Territoriums stattfinden konnten: im Süden war Syngman Rhee 1948 zum Präsidenten der Republik gewählt worden, im Norden hatten Wahlen nach sowjetischem Muster Kim Il Sung an die Regierung gebracht. Am 26. Juni stehen die Truppen aus Pyongyang vor den Toren Seouls; der Sicherheitsrat der UNO (der Delegierte der UdSSR ist abwesend) fordert sie auf, sich hinter den 38. Breitengrad zurückzuziehen. Zum ersten Mal seit Beginn des Kalten Krieges hat eine politische Macht aus einem der beiden Blöcke eine groß angelegte bewaffnete Aktion gegen ein Territorium des gegnerischen Blocks ausgelöst. Am folgenden Tag ruft eine erneute Resolution der UNO mit 7 Stimmen gegen eine (die Jugoslawiens) bei 2 Enthaltungen (Ägyptens und Indiens) die Mitgliedsstaaten der Vereinten Nationen auf, »der Republik Korea die notwendige Hilfe zukommen zu lassen, um die Angreifer zurückzudrängen«.

Am selben Tag, dem 27. Juni, alarmiert Raymond Aron seine Leser mit dem Hinweis auf »das schwerwiegendste Ereignis seit dem Ende des Zweiten Weltkriegs« und fügt hinzu:

> »Die Aggression gegen Südkorea verfolgt nicht nur das Ziel, die koreanische Einheit zugunsten Moskaus wiederherzustellen und sowjetische Positionen gegenüber Japan auszubauen; sie ist eine ganz bewusste Herausforderung an die Adresse der Vereinigten Staaten. Sie stellt diese vor eine schwerwiegende Alternative: entweder in einen Bürgerkrieg in einem fernen, nahe an den feindlichen Basen gelegenen Land einzugreifen oder eine Demütigung hinzunehmen, die die verbündeten

Menschen und Länder völlig entmutigen und die Dreistigkeit des Angreifers noch verstärken würde. Was mich angeht, ich zweifle nicht daran, dass die Passivität die schlechteste aller Lösungen wäre[138].«

Arons Wunsch wird erhört. Präsident Truman beschließt, die Regierung in Seoul mit Waffen zu versorgen; General MacArthur, der in Japan stationiert ist, soll die Lieferung manu militari bewerkstelligen und dann die Armee Südkoreas aus der Luft und vom Meer aus unterstützen. Moskau wird von Truman aufgefordert, das Regime von Pyongyang zu veranlassen, seine Truppen hinter den 38. Breitengrad zurückzuziehen; die Sowjets erwidern, die Aggression sei vom Süden ausgegangen, Nordkorea hätte nur darauf reagiert. Der Koreakrieg dauert drei Jahre. In seinem Gefolge intensiviert sich der ideologische Kampf in der Welt und besonders in Frankreich.

Die Kommunisten und die Weggefährten halten die These von der Aggression des Südens für unbestreitbar. Umso mehr, als die Gegenoffensive der von den Amerikanern unterstützten südkoreanischen Truppen im Oktober – mit dem Segen der UNO – zur Überquerung des 38. Breitengrads in umgekehrter Richtung führt. Die Kommunisten halten die Fahne des Friedens höher denn je. Ab März 1950 werden alle kommunistischen Basisorganisationen mit dem Ziel mobilisiert, möglichst viele Menschen zu bewegen, sich dem Stockholmer Appell anzuschließen. Dieser – von der von Moskau ferngesteuerten »Internationalen Bewegung der Kämpfer für den Frieden« lanciert – zielt auf »das absolute Verbot der Atombombe«. Die erste Atombombenexplosion der Sowjetunion hatte – beträchtlich später als die der Amerikaner – erst im Dezember 1949 stattgefunden. Dadurch, dass die Kommunisten das nukleare Grauen geißeln, wollen sie weithin Sympathien gewinnen und zugleich den ideologischen Kampf im westlichen Lager schwächen. Die Aktivisten widmen sich dieser Aufgabe seit Anfang Frühling: sie bekommen von Künstlern, Literaten und Film- und Theaterleuten eine Unterschrift nach der anderen: Pierre Benoit, Armand Salacrou, Marc Chagall, Marcel Gromaire, Pierre Renoir, Gérard Philipe, Marcel Carné, Jacques Prévert, Maurice Chevalier … Der Koreakrieg verstärkt die Angst vor einem neuen Weltkrieg, und der Stockholmer Appell wird zu einem großen Erfolg: mehrere Millionen Franzosen unterzeichnen ihn (nach der übertriebenen Schätzung des PCF: 14 Millionen).

Laurent Casanova, der in Frankreich für die kommunistischen Intellektuellen zuständig war, hatte den Einfall, Picasso um eine Zeichnung zu bitten. Er bekam die berühmte Taube, die die Plakate der Kampagne für den Frieden schmückte und das allgemeine Friedenssymbol wurde. Mehr noch, er über-

---

138 R. Aron, »Épreuve de force«, *Le Figaro*, 27. Juni 1950, *La Guerre froide 1947–1955*, Éd. de Fallois, 1990, S. 435–436.

zeugte Frédéric Joliot-Curie, Professor am Collège de France und Nobelpreisträger für Chemie, den Vorsitz der Friedensbewegung zu übernehmen. Joliot – sein Name war dank seiner Heirat mit Irène mit dem noch berühmteren der Curies verbunden – war ein bezaubernder, für Ehrenbezeigungen empfänglicher Mann und eine internationale Berühmtheit auf wissenschaftlichen Kongressen: er war die beste Galionsfigur, die sich der PCF erträumen konnte, um seine für die Nichtkommunisten weit geöffnete Bewegung auf allen Bühnen zu propagieren. Am 28. April 1950 setzte ihn die Regierung Bidault von seinem Posten als Hochkommissar für Atomenergie ab, weil er kurze Zeit zuvor auf dem 12. Kongress des PCF in Gennevilliers erklärt hatte: »Niemals werden die progressiven Wissenschaftler, die kommunistischen Wissenschaftler auch nur ein Quäntchen ihrer Wissenschaft dafür hergeben, um gegen die Sowjetunion Krieg zu führen.« Joliot konnte sich trösten: er wurde im folgenden Jahr erster Preisträger des Lenin-Friedenspreises.

Die Sprache des Friedens, die mobilisierender wirkt als jede andere, wird zur Verkehrssprache der Kommunisten – eines Friedens, der natürlich nur von der unablässig verteufelten Großmacht Amerika bedroht ist. 1951 kommen die Kommunisten darauf zurück, um gegen die Errichtung von Militärbasen der NATO in Frankreich zu Felde zu ziehen:

»Aus Amerika kommen keine Konservendosen, sondern Tanks, Kanonen und eine Besatzungsarmee [...]. Den amerikanischen Soldaten, die Frankreich besetzen, sagt man, sie kämen, um die Freiheit und die Zivilisation zu verteidigen. Wie in Korea natürlich. Die Franzosen sind über diese erneute Besatzung empört. [...] Die amerikanische Besatzungsarmee genießt zwar die Sympathie der Polizisten, der Bankiers und der Milliardäre, in deren Dienst sie steht; doch das Land behandelt sie mit wachsender Feindseligkeit. Nieder mit der Besatzung unseres Landes! Amerikaner nach Hause, Amerikaner nach Amerika[139]!«

Jean-Pierre Chabrol, der für die kommunistische Tageszeitung eine Reportage schreibt, hebt die Analogie zwischen der Errichtung der Basen und der deutschen Besatzung hervor: »Der neue Besatzer benimmt sich auf eine Art und Weise, die der Bevölkerung die düsteren Erfahrungen der Jahre 1940–1944 in Erinnerung ruft[140].«

André Stil macht sich 1951 an ein Heldenepos, *Le Premier choc* (»Der erste Schock«), zum Ruhm der französischen Aktivisten – Docker in einem Atlantikhafen –, die der »neuen Besetzung« Widerstand leisten. Das Werk wird 1952 mit dem Stalinpreis ausgezeichnet: »Das erste wichtige Werk«, schreibt

---

139 »Les Américains en Amérique«, *L'Humanité*, 10. April 1951.
140 *L'Humanité*, 30. April 1951.

La Gazette littéraire aus Moskau, »über den Kampf des französischen Volkes gegen die amerikanischen Kolonisatoren.« Simple, simplistische, manichäische Parolen: für den Frieden/gegen den Krieg, für den sowjetischen Sozialismus/gegen den amerikanischen Kapitalismus, *ad nauseam* wiederholte Gegensätze, die, in einem Slogan gebündelt, an alle Mauern und Wände geschmiert werden: »*US Go home!*«

Ebenfalls 1951 lanciert die Kommunistische Partei eine neue Kampagne, diesmal gegen den »bakteriologischen« Krieg, den die Amerikaner in Korea mit Hilfe von Bomben voller Bakterienträger – Insekten – führen würden. Joliot-Curie lässt sich auch in diesen Kreuzzug einspannen. Am 8. März 1952 protestiert er, nach wie vor folgsam, gegen die bakteriologische Waffe, unterstützt von Marcel Prenant, der es übernimmt, in *L'Humanité* (22.–25. April 1952) gegen die Argumente von drei Bakteriologen des Institut Pasteur anzugehen, die die Vorwürfe in Zweifel gezogen hatten: »Wir sind persönlich davon überzeugt«, schreibt Prenant, »dass die amerikanischen Kriegsverbrecher die grausame Aktion gestartet haben, zumindest als weitreichendes Experiment[141].«

Im Rahmen eben dieser pazifistischen und antiamerikanischen Bewegung legt Roger Vailland ein Theaterstück, *Le colonel Foster plaidera coupable* (»Colonel Foster wird sich schuldig bekennen«) vor, das vor allem aufgrund seines Verbots berühmt bleiben wird. Louis Daquin sollte der Regisseur, Pierre Asso und Loleh Bellon sollten die Hauptdarsteller sein. Das Stück wird nicht aufgeführt, und Roger Vailland tritt am 28. Mai 1952 in die Kommunistische Partei ein, dem Tag der großen Demonstration gegen die Ankunft des amerikanischen Generals Ridgway in Paris – »Ridgway, der Abschaum«. Jacques Duclos wird an diesem Tag verhaftet, weil er auf dem Hintersitz seines Autos Tauben, natürlich »Brieftauben«, transportiert – ein bemerkenswerter Beweis für das gegen das Regime geschmiedete Komplott. Duclos erklärt, es habe sich um ein Geschenk von Tauben zum Verzehr gehandelt, die mit Erbsen zubereitet werden sollten, und bringt damit die Lacher auf die Seite der Partei[142]. Das Übrige ist weniger lustig: die Zusammenstöße mit der Polizei sind gewaltsam, zwei Demonstranten kommen ums Leben – für Jean-Paul Sartre, wie wir sehen werden, ein Anlass, sich der kommunistischen Sache anzuschließen.

Neben der kommunistischen Bewegung zieht eine weitere Strömung die Aufmerksamkeit der Intellektuellen auf sich, die der »Neutralisten«, wenn auch manche diese Bezeichnung zurückweisen. Die Neutralisten, die – wenn auch unter unterschiedlichsten Gesichtspunkten – einen nicht zu unterschätzenden Einfluss besitzen, kommen in mehreren Zeitungen zu Wort: in *Le Monde*, deren Herausgeber Hubert Beuve-Méry die Aufsehen erregenden Ar-

---

141 Zit. nach A. Kriegel, *Ce que j'ai cru comprendre, op. cit.*, S. 508–509.
142 P. Favre (dir.), *La Manifestation*, PFNSP, 1990.

tikel von Étienne Gilson, einem neothomistischen christlichen Philosophen, zugunsten der Neutralität Europas veröffentlich hat; in den Zeitschriften *Esprit* und *Les Temps modernes*, die für den Aufbau eines sozialistischen Europas eintreten; und schließlich in einer neuen Wochenzeitung, *L'Observateur*, die 1950 von Roger Stéphane, Claude Bourdet und Gilles Martinet mit Unterstützung von Maurice Laval, Hector de Galard und Claude Estier gegründet wird. Die drei Gründer sind Journalisten und ehemalige Résistants. Bourdet, der bekannteste von ihnen, hatte an der Seite Henri Frenays die Bewegung Combat geleitet, war aus politischen Gründen deportiert worden, war dann eine Zeit lang Leiter beim Rundfunk (RTF) und nach dem Weggang von Camus Leitartikler bei *Combat*, den er aufgrund von Meinungsverschiedenheiten mit dessen Besitzer Henri Smadja verlässt. Roger Stéphane, ehemaliger Häftling des Vichy-Regimes und »Befreier« des Pariser Hôtel-de-Ville während der Kämpfe der Libération, bringt fünf Millionen Francs ein, die ihm seine Mutter und André Mayer, Direktor der Banque Lazard, leihen. Gilles Martinet, ehemaliger Kommunist und Résistant, ist eine herausragende Persönlichkeit des Neutralismus. Die Partner haben sich über diese neutralistische Linie und über den Antikolonialismus verständigt[143].

Die erste Nummer von *L'Observateur* erscheint am Donnerstag, den 13. April 1950, in Form eines schwarz-weißen, 24 Seiten umfassenden Heftes, ohne Fotos oder Karikaturen: eine perfekte Schlichtheit. Die erste Auflage liegt bei 15.000 Exemplaren. Mit einigen Höhen und Tiefen und mit freundschaftlichen Missverständnissen und internen Konflikten (Stéphane mag Bourdet nicht und umgekehrt) setzt sich die Wochenzeitung nach und nach als Organ eines intellektuellen, marxistisch orientierten Sozialismus durch; sie steht in der Tradition des früheren RDR[144], ist der zu »atlantistischen« SFIO feindlich gesonnen, übt moderate Kritik am Stalinismus, sympathisiert mit dem Titoismus und ist eindeutig antiamerikanisch eingestellt. Ihr Einfluss breitet sich immer stärker im Universitätsmilieu aus (87 % ihrer Leser haben ein Universitätsstudium absolviert, 47 % sind Lehrende[145]), insbesondere dank des Feuilletons, in dem unter anderen der große Filmkritiker André Bazin, im Jahre 1951 Mitbegründer von *Les Cahiers du Cinéma*, zu Worte kommt.

L'Observateur verkündet, dass die Vereinigten Staaten die Hauptkriegs-

---

143 Wir folgen hier der Doktorarbeit von Ph. Tétart, *France-Observateur 1950–1964, Histoire d'un courant de pensée intellectuel*, IEP Paris, 1995, 4 Bände.
144 *Anm. d. Ü:* RDR, Rassemblement démocratique révolutionnaire: »Revolutionärer demokratischer Zusammenschluss«, kleine von Jean-Paul Sartre, David Rousset u.a. 1948 gegründete Partei, »in der sich zahlreiche Intellektuelle, Trotzkisten, linke Christen, linke Sozialisten, ehemalige Kommunisten zusammenfinden, die ein gemeinsamer, von der kommunistischen Herrschaft emanzipierter, revolutionärer Wille eint;« s. Kap. 48.
145 *Ibid.*, Band 1, S. 154.

gefahr darstellen, und kann insofern als Satellit der kommunistischen Presse betrachtet werden. Claude Bourdet äußert sich dazu: »Der Neutralismus dient der russischen Politik, insoweit die UdSSR zur Zeit den Weltkrieg fürchtet, und darin stimmen wir gern zu[146].« Die Zeitung Bourdets, die gegen die CECA (»Europäische Gemeinschaft für Kohle und Stahl«), Bundeskanzler Adenauer und die Regierungen der »Dritten Kraft« eingestellt ist, hat die Tendenz, zur Utopie eines sozialistischen und neutralistischen Europas Zuflucht zu nehmen, von dem sich nicht die geringsten Umrisse abzeichnen. Ihre kritische Funktion, insbesondere auf dem Gebiet des Kolonialismus (wir sind mitten im Indochinakrieg), verleiht ihr mehr Glaubwürdigkeit. Wie alle vergangenen und zukünftigen Versuche einer »neuen Linken« verlockt *L'Observateur* seine Leser durch seine Moral: er lehnt die Folter und den Krieg in den Kolonien ab, er kämpft für den internationalen Frieden, ohne sich einem der beiden Blöcke zu unterwerfen, er rühmt die positiven Aspekte des Kommunismus, lehnt es jedoch ab, die »Exzesse« des Stalinismus gutzuheißen. Außerdem benutzt er eine Sprache ohne Demagogie und ohne übermäßige Vereinfachungen, die dem gebildeten Publikum zusagt. Eine Zeitung von Intellektuellen für Intellektuelle, hat man gesagt, was den Handlungsspielraum begrenzt, doch dafür die Wirksamkeit bündelt. Infolge eines Rechtsstreits über den Titel der Zeitung wird *L'Observateur* im April 1954 zu *France-Observateur*, bevor daraus unter anderer Leitung ab November 1964 *Le Nouvel Observateur* wird.

Gegenüber den Kommunisten und den »Neutralisten«, die, so Bourdet, häufig wie von selbst übereinstimmen, hat eine dritte Strömung, die der Liberalen, Demokraten und antistalinistischen Sozialisten, Schwierigkeiten, sich durchzusetzen – trotz des Prestiges, das Raymond Aron, Leitartikler von *Le Figaro*, genießt. Ihr Echo in Frankreich bleibt begrenzt, derart unzumutbar kommt den linken Intellektuellen, aber auch einem großen Teil der öffentlichen Meinung christlicher und anderer Observanz der Antikommunismus vor. In jenem Jahr 1950 formiert sich nach und nach dieses dritte Lager, obwohl Aron eine der schlimmsten Krisen seines Lebens durchmacht. Schlag auf Schlag erleben er und seine Frau – innerhalb von wenigen Monaten – die Geburt von Laurence, einem kleinen, an Trisomie leidenden Mädchen, und den Tod von Emmanuelle, ihrem zweiten Kind, das mit sechs Jahren an einer akuten Leukämie stirbt: »Ich brauchte Jahre, um wieder ein gewisses Gleichgewicht und die Fähigkeit zu Hoffnung und Freude zu finden [147].«

Doppelt getroffen, stürzt sich Aron in ein gesteigertes politisches Engagement. Glückliche Menschen interessieren sich kaum für Geschichte. Aron hat eine ungewöhnliche Fähigkeit zur Analyse, ist ein profunder Kenner von

---

146 Cl. Bourdet, *L'Observateur*, 14. September 1950.
147 Privatarchiv R. Aron, zit. nach N. Baverez, *Raymond Aron*, Flammarion, 1993, S. 263.

Marx und allen großen Autoren der politischen Philosophie. Er beherrscht seine Leidenschaft in der gemäßigten Ausdrucksform eines Denkens, das nicht gemäßigt ist; er setzt sich im Laufe der Jahre als der weltweit bekannte Vordenker des westlichen Lagers durch – zum großen Verdruss seiner ehemaligen Freunde, linke Hochschullehrer und Intellektuelle, für die er ein Zerberus des amerikanischen Kapitalismus geworden ist.

Im Juni 1950, als der Koreakrieg gerade beginnt, tritt in Berlin im amerikanischen Sektor der »Kongress für die Freiheit der Kultur« zusammen; Vorsitzender des Organisationskomitees ist Ernst Reuter, der Bürgermeister der Stadt; Generalsekretär ist der in Deutschland lebende Amerikaner Melvin Lasky, der junge Chefredakteur der zwei Jahre zuvor gegründeten Zeitschrift *Der Monat*. Das internationale Komitee, das die Veranstaltung patroniert, zählt 38 Namen aus verschiedenen Ländern – für Frankreich stehen neben Raymond Aron Léon Blum, André Gide, François Mauriac, Rémy Roure, Georges Duhamel und Albert Camus. Der Ort des Kongresses ist nicht zufällig Berlin: die Stadt hat von Juni 1948 bis Mai 1949 eine lange Blockade durchgemacht, und konnte nur dank der festen Entschlossenheit der Westmächte überleben, mit Hilfe einer von den amerikanischen Luftstreitkräften gebildeten Luftbrücke. Der zukünftige Status Deutschlands bleibt ungewiss; auf die Gründung der BRD haben die Sowjets mit der Gründung der DDR reagiert: Berlin liegt im Zentrum des Kalten Krieges.

Der »Kongress für die Freiheit der Kultur« ist eine Reaktion auf den kommunistischen Kongress von Wroclaw (Breslau) im Jahre 1948. *Der Monat* hat die Einladungen initiiert. Treibende Kraft sind Melvin Lasky, Sydney Hook, Arthur Koestler, James Burham und Irving Brown. Die Mehrheit der Teilnehmer sind Deutsche und Amerikaner (40% der Delegierten), doch Frankreich ist mit einem Dutzend Delegierter vertreten: Georges Altmann, Henri Brunschvicg, Lionel Durand, Henri Frenay, Suzanne Labin, Claude Mauriac, André Philip, Jules Romains, Rémy Roure und David Rousset. Das Thema des Kongresses, Freiheit gegen den Totalitarismus, mobilisiert Intellektuelle aus 21 Ländern, unter ihnen im Exil lebende Repräsentanten der Volksdemokratien, insbesondere Joseph Czapski für Polen, der an der Zeitschrift *Kultura* von seinem Wohnort Maisons-Laffitte aus mitarbeitet. Während der Debatten preist man die Freiheit der Kultur (insbesondere missbilligt man die Verurteilung der Musik von Schostakowitsch), geißelt die sowjetischen Konzentrationslager (David Rousset setzt seine Kampagne eloquent fort) und macht dem Neutralismus den Prozess. Von diesem Thema handelt der Vortrag, den Raymond Aron schriftlich vorgelegt hat.

Er ruft die Unterwerfung Osteuropas und eines Drittels von Deutschland sowie die imperialistischen Bestrebungen des stalinistischen Russland in Erinnerung. Die beste Art, den Krieg zu verhindern – ein von den Neutralisten geteiltes Ziel –, besteht nach Aron darin, den »begrenzten Krieg« nicht in einen »totalen Krieg« umschlagen zu lassen. Man muss also Stärke zeigen, um Stalin davon abzubringen, eine direkte Aggression zu wagen; man muss verhindern, dass die UdSSR eine Überlegenheit gewinnt, die sie zum Abenteuer verleiten könnte; kurz, man muss die Gegenposition zur Haltung der westlichen Demokratien gegenüber Hitler einnehmen:

»Der Westen hat keineswegs die Absicht, die Hegemonie zu erlangen oder einen Kreuzzug zu führen. Durch seine Schwäche, nicht durch seine Stärke läuft er Gefahr, die Katastrophe auszulösen. Gespalten, passiv, entwaffnet, führt der Westen den roten Cäsar in Versuchung. Einig und entschlossen, entmutigt er jede Anwandlung zu einer bewaffneten Aggression[148].«

Folglich muss eine wirkliche Friedenspolitik ausdrücklich »antimünchnerisch«[149] sein: »Die materiellen und moralischen Ressourcen der freien Nationen im politischen Kampf und im Hinblick auf die Eventualität des totalen Krieges zu vergrößern ist die einzige Friedenspolitik.« Das bedeutet so viel wie: indem der Neutralismus das sowjetische Lager begünstigt, ist er weit davon entfernt, dem Frieden zu dienen; er ermutigt nur die Aggression.

Raymond Aron setzt den Kampf des Westens keineswegs mit dem Kampf des Engels des Lichts gegen den Dämon der Finsternis gleich. Er erkennt anstandslos die Makel des kapitalistischen Regimes an, die »Mängel der liberalen Zivilisation«, und will nicht »alle Züge der amerikanischen Zivilisation« verteidigen: »Kein historisches Anliegen ist rein«, wiederholt er. Doch die sowjetische Realität, der Stalinismus, gefeiert als Regime der proletarischen Befreiung, ist ein Betrug, der die Unterdrückung der Freiheit verschleiert, ein militanter Imperialismus, der in allen Ländern der Erde auf Komplizenschaft trifft und dem es langfristig um die Eroberung des Planeten geht. Der Indoktrination mit allen Kräften Widerstand zu leisten ist für die freien Menschen, für die Intellektuellen ein Gebot. Aron steht voll und ganz zu seinem Antikommunismus; nach seiner Meinung leistet er nicht dem Krieg Vorschub, sondern verhindert ihn im Gegenteil: »Die einzige Chance, den totalen Krieg zu verhindern, besteht darin, den begrenzten Krieg zu gewinnen.« Einmal mehr umreißt Aron klar und deutlich die Ziele des Kalten Krieges, dieses ideologischen, politischen, aber auch militärischen Krieges, insofern man dem Imperialismus nicht nur mit bloßen Worten widersteht: abschrecken heißt sich bewaffnen. Aron scheut sich im Übrigen nicht, für die Wiederbewaff-

---

148 R. Aron, »Neutralité ou engagement?«, abgedr. in *Polémiques*, Gallimard, 1955, S. 199–217.
149 *Anm. d. Ü:* »antimünchnerisch«: gegen eine Apeasementpolitik, wie sie ihren Ausdruck 1938 im Münchner Abkommen fand.

nung Deutschlands einzutreten: angesichts der sowjetischen Bedrohung darf Europa nicht schutzlos bleiben.

Diese Denkweise Arons entspringt der Geschichte des Scheiterns der Demokratien gegenüber Hitler. Vielleicht übertreibt sie den Angriffswillen Stalins, der vor allem den Schutz der UdSSR hinter dem von ihm geschaffenen Glacis der Volksdemokratien im Auge hat. Der Koreakrieg scheint jedoch zu zeigen, dass der Führer des Weltkommunismus nach der Errichtung des Mao-Regimes in China keine Gelegenheit zur Eroberung – zumindest mit Hilfe seiner Satelliten – auslässt. In dieser kolossalen Auseinandersetzung im Weltmaßstab lassen sich die Neutralisten entweder Naivität zuschulden kommen oder – wie die heimlichen Anhänger der Prinzipien des Marxismus-Leninismus – Doppelzüngigkeit. Aron wird sich bis zu seinem Lebensende dafür einsetzen, dass man ihnen widersteht.

Der Kongress von Berlin endet am 29. Juni mit einer öffentlichen Veranstaltung, deren Star Arthur Koestler ist. Der Autor von *Sonnenfinsternis* präsentiert die Abschlusserklärung des Kongresses, das »Manifest der freien Menschen« in 14 Punkten, Grundlage des Widerstands gegen den Totalitarismus. Der zehnte Punkt stellt fest:

> »Wir sind der Auffassung, dass die Bedrohung durch die totalitären Regimes umso größer ist, als die Zwangsmittel, über die sie verfügen, bei weitem jene der früheren Despotien übersteigen. Der Bürger des totalitären Staates wird nicht nur dazu gezwungen, jede Gesetzesübertretung zu vermeiden, sondern auch all seine Handlungen und all seine Gedanken einem vorgeschriebenen Muster anzupassen. Die klassische Form der ›negativen Tyrannei‹ ist durch die ›positive Tyrannei‹ ersetzt worden. Die Bürger werden verfolgt und verurteilt aufgrund von vagen und unbestimmten Beschuldigungen, wie zum Beispiel die, ›Volksfeinde‹ oder ›sozial gefährliche Elemente‹ zu sein[150].«

Auf der Basis dieses Manifests werden mehrere Gremien gebildet; eine Gesamtstrategie scheint möglich. Einige Monate später, Ende November 1950, findet eine weitere Zusammenkunft statt, dieses Mal in Brüssel; bei dieser Gelegenheit legt der Schweizer François Bondyein Publikationsprogramm vor, das den ideologischen Kampf gegen den Totalitarismus ermöglichen soll. Aus diesen Treffen geht die Zeitschrift *Preuves* hervor, die in Frankreich den Einfluss der neutralistischen Zeitschriften bremsen soll. Ihr erstes Monatsheft erscheint im März 1951[151].

Das antitotalitäre Lager besaß bereits zumindest ein intellektuelles Organ:

---

150 Siehe P. Grémion, *Intelligence de l'anticommunisme*, Fayard, 1995.
151 P. Grémion, *»Preuves«, une revue européenne à Paris*, Julliard, 1989.

die gaullistisch beeinflusste Zeitschrift *Liberté de l'Esprit*, die, 1949 gegründet, von Claude Mauriac geleitet wurde und auf einen kleinen Kreis beschränkt blieb, obwohl Thierry Maulnier, Roger Nimier, Stanislas Fumet, Léon Werth, Jean Paulhan, André Malraux, René Tavernier, Jules Monnerot, Roger Caillois, Raymond Aron ... darin schrieben. Caillois, der 1937 zusammen mit Georges Bataille und Michel Leiris das Collège de sociologie[152] gegründet hatte, arbeitete im Sekretariat der UNESCO, wo er die Zeitschrift *Diogène* herausgab. 1950 veröffentlicht er das Buch *Description du marxisme* (»Beschreibung des Marxismus«), in dem er die kommunistische Orthodoxie mit dem Seziermesser analysiert. De facto fehlt es der »Propagierung des Antikommunismus« weniger an freiwilligen Helfern als an einem Echo jenseits der Kreise, die sowieso die kapitalistischen Interessen vertreten, oder der gewöhnlichen Konservativen, die keine gelehrte Beweisführung brauchen, um gegen den Kommunismus zu sein. *Liberté de l'Esprit* ist zu stark mit dem RPF verbunden, um den Niedergang der gaullistischen Bewegung im Jahre 1953 zu überleben. *Preuves* – schon bald eine richtige Zeitschrift – ist dann von 1951 bis 1969 das französische liberale und demokratische Organ, in dem der intellektuelle Antikommunismus seinen Ausdruck findet. Es wird von François Bondy und Constantin Jelenski geleitet und steht Schriftstellern aller Nationalitäten offen. Hier publiziert Raymond Aron einen Teil seiner Texte über den Kalten Krieg – zwischen 1951 und 1966 etwa fünfzig Artikel. Er hätte eine Wochenzeitung vorgezogen, die mit dem wachsenden Erfolg von *L'Observateur* hätte konkurrieren können; doch da es nichts Besseres gibt, muss er sich damit begnügen. Die Zeitungen und Zeitschriften der Linken halten *Preuves* für eine proamerikanische Zeitschrift. Das ist nicht falsch, denn sie wird, wie man später erfährt, finanziell vom CIA unterstützt. Doch zumindest ihre Ausrichtung ist eindeutig europäisch, antisowjetisch, antitotalitär und unnachsichtig gegenüber dem Franco-Regime; sie hat also außerhalb der konservativen und reaktionären Rechten ihren Ort.

Preuves und der »Kongress für die Freiheit der Kultur« erlauben es Raymond Aron, im ideologischen Kampf gegen den Stalinismus international Gehör zu finden. Der Prophet gilt nichts in seinem eigenen Land, heißt es: das Prestige, das Aron im Ausland genießt, unterscheidet sich stark von seinem intellektuellen und politischen Status Anfang der fünfziger Jahre in Frankreich. Die Illusionen über die UdSSR sind noch so gewaltig, dass der Journalist von *Le Figaro* bestenfalls als ein intelligenter Propagandist der Vereinigten Staaten gilt. In dieser Situation, wenn nicht der Isolierung, so doch zu-

---

152 *Anm. d. Ü:* Collège de sociologie: avantgardistische Gruppierung, die Soziologie nicht als »fragmentarische Tätigkeit«, sondern als Erkundung des »totalen sozialen Tatbestands« (vor allem auch der religiösen »Repräsentationen«) begriff; sie setzte ihre Aktivitäten – gleichsam ein Schlusskapitel der Zwischenkriegszeit – bis 1939 fort.

mindest der herablassenden Verachtung veröffentlicht er *L'Opium des intellectuels* – ein Buch, das nicht ein weiteres Mal den stalinistischen Totalitarismus geißelt, sondern die linken Intellektuellen mit ihren Schimären konfrontiert.

Das Werk – schon 1952 begonnen – erscheint 1955 und löst einen Skandal aus. Aron, der ehemalige Kamerad Sartres, ein subtiler Kenner des Marxismus und vertraut mit der internationalen Politik, macht sich mit Erfolg an eines der entlarvendsten Bücher seiner Karriere, dessen Aufbau den Klassenaufsätzen der Anwärter für die École Normale (drei Teile, jeweils in drei Kapitel unterteilt) entspricht. Aron behandelt die politischen Mythen, die Vergötzung der Geschichte und die Entfremdung der Intellektuellen; er veranschaulicht seine Ausführungen mit zahlreichen Zitaten aus *Esprit*, *Les Temps modernes*, *L'Observateur* und anderen progressiven Zeitschriften. Er verteidigt die Reform gegen die Revolution, hält der romantischen Illusion die Wirklichkeit entgegen, entmystifiziert die vorgefassten Meinungen der Intelligenzija; er verfasst das schärfste Traktat, das jemals gegen die weltlichen Religionen geschrieben wurde, denen so viele französische Intellektuelle anhängen und in deren Namen sie die hohe Sittlichkeit der Zwecke dem Zynismus der Mittel unterordnen:

»Der hehre Zweck rechtfertigt abscheuliche Mittel. Der Revolutionär ist – obgleich Moralist gegenüber der Gegenwart – Zyniker im Handeln; er entrüstet sich über polizeiliche Übergriffe, über das unmenschliche Tempo der Produktion, über die Strenge der bürgerlichen Gerichtshöfe, über die Hinrichtung von Angeklagten, deren Schuld nicht bis zu einem alle Zweifel ausschließenden Punkt bewiesen ist. Nichts außer einer totalen ›Vermenschlichung‹ kann seinen Hunger nach Gerechtigkeit stillen. Er braucht sich aber nur einer Partei anzuschließen, die ebenso unerbittlich auf die bestehende Unordnung reagiert wie er selbst, um plötzlich im Namen der Revolution all das zu entschuldigen, was er zuvor unermüdlich angeklagt hat. Der revolutionäre Mythos baut eine Brücke zwischen moralischer Unbeirrbarkeit und Terrorismus[153].«

Die Aufnahme von *L'Opium* entspricht dem, was von den dort Kritisierten zu erwarten war. Von allen spitzen Zungen ist die von Maurice Duverger die giftigste; in *Le Monde* erläutert er, Arons ganzes Unglück rühre daher, dass dieser ehemalige linke Intellektuelle »zu hellsichtig ist, um nicht genau die Rolle zu erkennen, die er zur Zeit spielt: er ist damit betraut, der ›Bourgeoisie‹ die Dosis an Rechtfertigungen zu liefern, die sie braucht, um ein gutes Gewissen zu

---

153 R. Aron, *Opium für Intellektuelle, oder: Die Sucht nach Weltanschauung*. Übers. v. K.P. Schulz, Kiepenheuer & Witsch, Köln / Berlin, 1957, S. 195.

haben und ihre Gegner zu schwächen. [...] Mehr als seine Leser will er sich selber überzeugen.« Dieser bösartige Disput bringt dem Professor Duverger allerdings einen bissigen Text von André Frossard ein, der ihn auf seine Ursprünge aufmerksam macht und über die Rotznase spottet, die den anderen die Nase putzen will: »Entweder täusche ich mich völlig oder Monsieur Duverger kommt von der äußersten Rechten; doch er allein meint, dass er endlich bei der Linken angekommen ist; er hat nicht einmal ein Viertel des Weges zurückgelegt[154].«

Das Buch, das auf der Linken sehr schlecht aufgenommen wird, findet jedoch in Frankreich und im Ausland ein starkes Echo. François Furet zufolge übt es auf zahlreiche kommunistische oder dem PCF nahe stehende Geister einen entscheidenden Einfluss aus, ohne dass sie es zugeben würden – jedenfalls im Moment nicht[155]. Es führt auch zu einem ziemlich herzlichen Briefwechsel zwischen Aron und Camus, obwohl *L'Opium* einen Rüffel gegen Camus enthält: »Ich bin sehr glücklich«, schreibt dieser, »dass Sie glauben, wir hätten mehr Gründe, uns zu verstehen als uns zu streiten[156].« Allerdings behindert das Werk Arons Kandidatur auf den Lehrstuhl für Soziologie, der nach dem Ausscheiden von Georges Davy an der Sorbonne frei geworden ist. Er stößt auf die Opposition der Kommunisten und ihrer Sympathisanten, die insbesondere den Fachbereich Geographie beherrschen (Pierre George, Jean Dresch usw.), und auf das Veto der Soziologen aus der Schule Durkheims, die von Georges Gurvitch angeführt werden und Aron auf den Journalismus und die Politik beschränken wollen. Obwohl er von der Mehrheit der Normaliens seiner Generation unterstützt wird – insbesondere von Henri Marrou, einem Freund Emmanuel Mouniers, Mitarbeiter von *Esprit*, Spezialist für Religionsgeschichte und Bewunderer unter anderem von *Introduction à la philosophie de l'histoire* –, wird Aron erst im dritten Wahlgang gegen Georges Balandier mit relativer Mehrheit gewählt. So findet der Akademiker, der Journalist geworden war, wieder einen herausragenden Platz in der *Alma Mater*, zunächst an der Sorbonne, dann am Collège de France: der intellektuelle Antikommunismus ist nun mit gelehrter Legitimität ausgestattet.

---

154 N. Baverez, *op. cit.*, S. 284.
155 F. Furet, »La rencontre d'une idée et d'une vie«, *Commentaire*, Vol. 8, Nr. 28–29, Februar 1985, Sondernummer *Raymond Aron 1905–1983: Histoire et politique*, S. 52.
156 Brief von A. Camus an R. Aron, 5. September 1955, zit. nach N. Baverez, *op. cit.*, S. 289.

52
Sartre, der Weggefährte

Les Temps modernes, die unter der Feder von Maurice Merleau-Ponty 1950 die sowjetischen Lager gebrandmarkt haben, lehnen jedoch jede »selektive« Empörung ab: sie enthüllen im selben Zuge die unerträgliche Wahrheit über die Lager in Griechenland, über die Gefängnisse in Spanien, über die Unterdrückung in den Kolonien. Der Antiantikommunismus bleibt – wie auch für *Esprit* – ein Gebot: man darf den Anhängern des Kapitalismus und Imperialismus keine Argumente liefern. Der Koreakrieg kündigt für Sartre eindeutig »das Ende des Idealismus« an: es gibt keinen Unterschied mehr zwischen der Politik und dem Krieg.

In den beiden folgenden Jahren treten Sartre und seine Zeitschrift an der politischen Front jedoch in gewisser Weise einen Rückzug an – wenn auch von 1950 bis 1952 die antiamerikanischen Artikel nicht abreißen. Merleau-Ponty, eher schweigsam, revidiert seine Positionen aus der Zeit von *Humanisme et Terreur*. Und auch Sartre gewinnt Abstand, nachdem er den RDR im Jahre 1949 verlassen hat; er reist, taucht – in Gesellschaft von Simone de Beauvoir – mit Vergnügen in die italienische, vor allem römische Atmosphäre ein. Der Schriftsteller kommt wieder zu seinem Recht. Obwohl *Les Chemins de la liberté* in einer Sackgasse stecken geblieben waren, macht er sich an den Marmortischen der Cafés von Rom und Venedig an einen neuen Roman, *La Reine Albemarle (Königin Albemarle oder Der letzte Tourist)*. Vergeblich. Sein Weg führt zur Bühne zurück. Mit Erfolg. *Le Diable et le Bon Dieu (Der Teufel und der liebe Gott)* steht seit der Premiere am 7. Juni 1951 bis März 1952 ohne Unterbrechung auf dem Spielplan des Théâtre Antoine, obwohl der Regisseur Louis Jouvet stirbt; Pierre Brasseur, Jean Vilar, Maria Casarès und Wanda (Marie Ollivier) – ehemalige Geliebte Sartres – tragen entscheidend zum Erfolg des Stückes bei. Darüber hinaus garantiert die unvermeidliche Kritik der katholischen Rechten dem Autor immer wieder einen Skandal. Bei der Premiere muss sogar ein Zuschauer des Saales verwiesen werden: »Ich hasse Sartre«, sagt der Störenfried, »er vergiftet die französische Jugend, er ist ein Verbrecher; man muss ihn erschießen wie ein bösartiges Tier[157].«

Sartre verfasst auch Vorworte. Das Vorwort zu den Werken Genets zieht

---

157 A. Cohen-Solal, *op. cit.*, S. 494.

sich über 700 Seiten hin und wird zu *Saint Genet, comédien et martyr* (*Saint Genet, Komödiant und Märtyrer*), ein kolossales Ventil für seinen antibürgerlichen Zorn. Mauriac gibt in *Le Figaro* den Ton der Kritik an: er bezeichnet den Wälzer als »Kothaufen«. Ein weiteres, behutsameres Vorwort zu *Portrait de l'Aventurier* (»Porträt des Abenteurers«) von Roger Stéphane bietet Sartre die Gelegenheit, einen Vergleich zwischen dem Mann der Tat (»dem Abenteurer«) und dem (natürlich kommunistischen) Parteimitglied zu ziehen. Nachdem er den zwischen ihnen herrschenden Gegensatz der Klasse, der Zwecke und der Situation aufgezeigt hat, macht er sich daran, ihre Qualitäten dialektisch zu vereinen:

»Abenteurer oder Parteimitglied: ich glaube nicht an dieses Dilemma. Ich weiß zu gut, dass eine Handlung zwei Seiten hat: die Negativität, die abenteuerlich ist, und der Aufbau, der Disziplin fordert. Die Negativität muss wiederhergestellt werden, die Sorge und die Selbstkritik in der Disziplin. Wir werden nur dann gewinnen, wenn wir alle Konsequenzen aus diesem Teufelskreis gezogen haben: der Mensch ist zu schaffen, und es ist allein der Mensch, der den Menschen schaffen kann[158].«

Man könnte darin die Skizze zu einem persönlichen Programm sehen. Doch Sartre hat das Rezept der Versöhnung zwischen dem Abenteurer bürgerlicher Herkunft, der von seinem Ich zum Handeln angetrieben wird, und dem kommunistischen Aktivisten, der erst durch die Liebe ein Ego erlangt, für sich selbst noch nicht gefunden. Die Kommunistische Partei ist nichtsdestoweniger der einzige Prüfstein seines Willens, mit dem Bürgertum und der »Zivilisation der Einsamkeit«, die es in sich trägt und in der er aufgewachsen ist, zu brechen. Allerdings verliert die Kommunistische Partei in dieser Zeit zunehmend an Anziehungskraft. Sie verfolgt eine harte Linie, ist sektiererisch, stalinistisch, unfähig auch nur zur geringsten Kritik an der UdSSR, an den Prozessen, am Gulag; sie nimmt Säuberungen in ihren Reihen vor (André Marty und Charles Tillon werden 1952 auf die Anklagebank gesetzt) und kapselt sich auf diese Weise von einer ganzen Reihe von Intellektuellen ab, die skeptisch geworden sind.

Edgar Morin hat in *Autocritique* (»Selbstkritik«) erzählt, wie seine Gruppe von Saint-Germain-des-Prés, Marguerite Duras, Dionys Mascolo, Robert Antelme von ihrer Zelle »geopfert« werden. Da er in Vanves wohnt, entgeht er eine Zeit lang dem Ausschluss; trotz seiner Kritik klammert er sich an die Kommunistische Partei, weil es ihm so vorkommt, als »gäbe es außerhalb der

---

158 J.-P. Sartre, »Porträt des Abenteurers«, in *Plädoyer für die Intellektuellen. Interviews, Artikel, Reden. 1950–1973*. Übers. v. T. König u.a., Rowohlt Taschenbuch Verlag, Reinbek, 1995, S. 20–21.

Partei nur Demobilisierung«. Mit Unterstützung von Georges Friedmann erhält er im CNRS[159] eine Stelle als Soziologe und wird aufgefordert, für *L'Observateur* einen Bericht über eine »Internationale Woche der Soziologie« zu schreiben. Er riecht schon Lunte und reicht der Partei das Streichholz für seinen eigenen Scheiterhaufen. Im Namen der Fédération de la Seine[160] übernimmt Annie Besse (später Kriegel) die Aufgabe, die Zelle von Vanves, deren Zusammenkünfte der Beschuldigte im Übrigen vernachlässigt, über den Ausschluss Morins abstimmen zu lassen. Die Anklage wird folgendermaßen begründet: »Der Herausgeber von *L'Observateur* ist Claude Bourdet. Claude Bourdet ist bekanntlich der anerkannte, offizielle Agent des Intelligence Service in Frankreich.« Die Genossen beschließen einstimmig den Ausschluss. »Ich hatte für immer«, schreibt Morin, »die Gemeinschaft, die Brüderlichkeit, verloren. Von allem, von allen, vom Leben, von der Wärme, von der Partei ausgeschlossen. Ich begann zu schluchzen.« Wenige ehemalige Kommunisten finden so treffende Worte, um die affektiven Triebkräfte der Zugehörigkeit zur Partei zu enthüllen, die Verwaisung, die den Ausgeschlossenen trifft, den Argwohn, der auf ihm lastet und der nicht nur von den ehemaligen Genossen, sondern auch von den Weggefährten kommt. Für diejenigen, die niemals auf solch einer schändlichen Anklagebank saßen, ist dieses Unglück kaum verständlich. Die Fortsetzung ist je nach Fall unterschiedlich: »Wie ich ein lauer Stalinist gewesen war«, schreibt Morin, »wurde ich ein lauer Nichtstalinist. Nur wenn man vollkommen mystifiziert gelebt hat, kommt es zu einer vollkommenen Ablösung. Häufig zugunsten anderer Mythen, denn der menschliche Geist hat Angst vor der Leere[161].«

Die Zuneigung zum Volk, das Bedürfnis nach Brüderlichkeit in der Aktion, das Bestreben, überall Gefährten zu haben, all das hat bei dem Entschluss, sich der Kommunistischen Partei anzuschließen, dasselbe Gewicht wie die philosophische Bildung oder die politische Analyse. Das Gefühl spielt eine ebenso entscheidende Rolle wie die Vernunft bei Sartres Annäherung an die Kommunistische Partei. Als Claude Roy und Jean Chaintron ihn 1952 bitten, an der Kampagne zur Befreiung von Henri Martin, dem kommunistischen Matrosen und ehemaligen Widerstandskämpfer, teilzunehmen, sagt er zu; Martin war 1950 verhaftet und wegen Verstoß gegen den Geist der Armee zur Zeit des Indochinakriegs zu fünf Jahren Gefängnis verurteilt worden. Der PCF startet daraufhin eine umfassende Kampagne für seine Befreiung. Sartre unterzeichnet Petitionen und nimmt an Meetings teil, zusammen mit Bourdet, Cocteau, Domenach, Picasso, Aragon, Éluard ... Nachdem er vom

---

159 *Anm. d. Ü:* CNRS (Centre national de la recherche scientifique): Nationales Forschungszentrum.
160 *Anm. d. Ü:* Fédération de la Seine: Untergliederung im PCF; mit »Seine« ist das Département Seine gemeint, zu dem damals auch Paris gehörte.
161 E. Morin, *op. cit.*, S. 174 u. S. 185.

Präsidenten der Republik Vincent Auriol im Januar 1952 ohne Ergebnis empfangen worden war, gibt er zugunsten des Verurteilten einen Sammelband heraus, *L'Affaire Henri Martin* (*Wider das Unrecht. Die Affäre Henri Martin*), der 1953 bei Gallimard erscheint.

Sartre hat im Übrigen den entscheidenden Schritt getan. Die Demonstration vom 28. Mai 1952 gegen Ridgway gibt ihm die Gelegenheit dazu. Er erfährt von dem Ereignis in Rom, von den blutigen Zusammenstößen, von Duclos, dem seine Tauben zum Verhängnis werden, von den repressiven Methoden der Polizei, vom Kampfeswillen der militanten Kommunisten, die sich dem Verbot der Demonstration widersetzen, von den beiden Toten. Später, im Oktober 1961, schreibt Sartre: »Die letzten Bande zerrissen, meine Perspektive wandelte sich: ein Antikommunist ist ein Hund, davon gehe ich nicht ab, davon werde ich nie mehr abgehen[162] ...« Er fährt schnurstracks nach Paris zurück, und während der am 4. Juni von den Kommunisten ausgerufene Generalstreik ein vollständiger Misserfolg wird, stürzt er sich in einen riesigen Artikel »Die Kommunisten und der Frieden«, dessen erster Teil im Juli 1952 in *Les Temps modernes* erscheint. Zwei weitere Teile folgen im Oktober/November 1952 und im April 1954.

Es ist ein regelrechtes Manifest, doch im Genre Sartres, der nicht zur Kürze neigt: eine Flut von Bravourstücken, Attacken *ad hominem*, Wutgeschrei, Gefühlsausbrüchen, historischen Rückblicken, strengen philosophischen Analysen und schließlich eher vagen Betrachtungen über die französische Ökonomie. Es ist einer der Texte, die in Sartres Karriere mehr durch seine anprangernde Radikalität, seine prophetischen Parteinahmen als durch seine inneren Qualitäten ein Schlüsselereignis darstellen. Die drei Teile, vor allem aber die beiden ersten, wurden mit größter Aufmerksamkeit gelesen: »Es ist für uns Franzosen, für uns alle wichtig«, schreibt Mauriac, »zu erfahren, was die ›denkende‹ Jugend an diesem Jahresende 1952 vom Stalinismus denkt. Ganz gleich, was wir von Monsieur Sartre halten, er ist weiterhin – das ist eine Tatsache – einer der Lehrmeister dieser Jugend, und seine eigenen Reaktionen haben den Wert eines Tests[163].«

»In der Sprache der Kirche«, wird Sartre selbst sagen, »war das eine Konversion[164]«; er verkündet die gute Nachricht in der Form eines Syllogismus: das Proletariat ist der einzige historische Akteur, der das Ende der Ausbeutung und eine neue Gesellschaft in sich trägt; wenn die Arbeiterklasse sich selbst überlassen bleibt, existiert sie nicht; sie wird erst durch die Kommunistische Partei und nur durch sie zum Proletariat; man muss also die Kommu-

---

162 J.-P. Sartre, »Merleau-Ponty«, in *Porträts und Perspektiven*. Übers. v. H.-H. Holz, Rowohlt Taschenbuch Verlag, Reinbek, 1971, S. 199.
163 F. Mauriac, »La seconde épître sartrienne«, *Mémoires politiques*, Grasset, 1967, S. 431.
164 J.-P. Sartre, »Merleau-Ponty«, *op. cit.* S. 199.

nistische Partei mit dem Proletariat gleichsetzen und ihrer Politik als der einzig möglichen folgen: »Wie könnt ihr an die historische Aufgabe des Proletariats und gleichzeitig an den Verrat der Kommunistischen Partei glauben, wenn ihr feststellen müsst, dass das eine für die andere stimmt[165]?« Von nun an wird man keine Ausflüchte mehr machen, keinen illusionären »dritten Weg« mehr suchen können; wer auf der Seite der Arbeiterklasse steht, muss auf Seiten der Kommunistischen Partei, im Lager der UdSSR stehen, »denn die UdSSR will den Frieden und beweist es jeden Tag«. Sartre vergisst die Herrschaft Stalins über die »Volksdemokratien«, schließt die Augen vor dem Angriff Nordkoreas auf Südkorea und scheut sich nicht zu behaupten: »Ich kann noch so viel suchen, ich entdecke in diesen letzten drei Jahrzehnten keinen Angriffswillen bei den Russen ...« Zweifellos, schreibt Sartre, sind der Tag des 28. Mai und der Streik des 4. Juni für die Kommunistische Partei Misserfolge gewesen, doch es waren Kraftproben, in denen sich das Proletariat wiedererkennt:

»Glaubt ihr wirklich, ihr könntet den Arbeitern, wenn sie den Kelch der Bitternis und des Ekels bis zur Neige geleert haben werden, euren Schwindel andrehen? Ich sagte es schon: Wenn sie das Vertrauen in die KP verlieren, dann werden sie jeder Politik misstrauen, dann werden sie ihrer eigenen Klasse misstrauen; die Welt wird bürgerlich sein. Und wenn ihr hofft, dass sie sich wieder aufrappeln, so müsst ihr wissen, dass einzig die KP ihnen dabei helfen kann; wenn sie zu ihrer Einheit zurückfinden, werden sie sich um die KP scharen; mit all ihrem Kampfeswillen werden sie deren Befehlen gehorchen[166].«

Der dritte Teil, der im April 1954 erscheint – als der Tod Stalins im März 1953 schon die internationale Bühne verändert hat (insbesondere ist der Koreakrieg beendet) –, versucht, die tieferen Gründe für die französische Situation zu klären – zunächst die wirtschaftlichen Gründe, die Sartre mit einem Alfred Sauvy[167] entlehnten Begriff zusammenfasst: dem des wirtschaftlichen Malthusianismus[168]. Es folgt das Bild eines Bürgertums, das sich aus Furcht vor dem Proletariat darauf versteift, die archaischen Strukturen der unabhän-

---

165 J.-P. Sartre, »Die Kommunisten und der Frieden«, in *Krieg im Frieden*, 1. Übers. v. E. Moldenhauer, Rowohlt Taschenbuch Verlag, Reinbek, 1982, S. 77.
166 *Ibid.*, S. 204–205.
167 *Anm. d. Ü*: Alfred Sauvy: 1898 geborener französischer Soziologe und Demograph; Autor von *Théorie générale de la population*, 1952–1954.
168 *Anm. d. Ü*: Malthusianismus: von Robert Malthus (engl. Nationalökonom, 1766–1834) entwickelte Doktrin, wonach die Bevölkerung in geometrischer Progression, der Bodenertrag aber nur in arithmetischer Reihe zunimmt (*Essay on the Principle of Population*, 1798) – eine Doktrin, die von Karl Marx scharf kritisiert wurde. Malthus sagte die unausweichliche Verelendung der Massen voraus.

gigen, zerstreuten, mittelmäßigen Produktionsmittel beizubehalten – eine Analyse, die bereits Mendès France mit anderen Begriffen durchgeführt hatte (ohne den Großunternehmen die Rückständigkeit in die Schuhe zu schieben), womit er die heftige Feindschaft der Poujadisten[169] auf sich zog. Ein Widerspruch liegt darin, dass die Kommunistische Partei, der Sartre von nun an das Monopol des historischen Bewusstseins einräumt, ihrerseits die kleinen Bauern, die Handwerker, die kleinen Händler vertritt und die Modernisierer des »Neokapitalismus« bezichtigt – eine Bezeichnung, die die marxistische Linke unentwegt mit dem Namen von Mendès France in Verbindung bringt.

In dieser ganzen nicht unbedingt glanzlosen Prosa entgeht Sartre den Vereinfachungen der marxistischen Vulgata nicht: er spricht dem »Proletariat«, dem »Bürgertum«, dem »Kleinbürgertum«, dem »Großunternehmertum« den Status singulärer Akteure zu, die ein Stück mit mehreren Personen aufführen, eine Art gesellschaftliches »huis clos«[170], aus dem man mit Hilfe des positiven Helden, der Partei, auszubrechen hofft. Im Juni 1954 nimmt Raymond Aron Sartres Mammutartikel auseinander und schließt ohne jede Nachsicht:

»Sartre vertraut den Unterprivilegiertesten die Aufgabe an, die Gesellschaft zu verändern, ohne sich darüber klar zu sein, dass diese Art Veränderung nur in einer christlichen Philosophie Sinn hat. Den Mund voller Schmähungen und das Herz voller Hass, beruft er sich auf ein humanitäres Ideal, um die lebendigen Menschen zu verachten, und rettet sich nur durch die Bindung an ein mythisches Proletariat und den Glauben an eine nicht zu verwirklichende Revolution vor dem Nihilismus[171].«

Die Entscheidung Sartres für den PC, die sich seit 1950 abzeichnete, bevor sie 1952 in die Tat umgesetzt wird, zerstört die Einheit der *Temps modernes*. Der Herausgeber, an dessen Seite der diskrete und effiziente Sekretär Jean Cau steht, kann sich der Treue seiner Vertrauten – Simone de Beauvoir, Jean Pouillon, Jacques-Laurent Bost, »Jibé« Pontalis, Francis Jeanson, der neu hinzugekommene Claude Lanzmann – gewiss sein, doch die vier Jahre Weggenossenschaft mit dem PCF bedeuten auch den Bruch mit Camus, Lefort, Étiemble, Merleau-Ponty.

Selbst wenn im Fall von Camus die Krise dem Engagement Sartres für die Kommunistische Partei vorangeht, ist sie doch mit der kommunistischen Fra-

---

169 *Anm. d. Ü*: Poujadisten: Anhänger von Pierre Poujade, dem demagogischen, rechtsradikalen Politiker, und seiner rechten Mittelstandsbewegung.
170 *Anm. d. Ü*: Huis clos: Anspielung auf Sartres Stück *Geschlossene Gesellschaft* von 1944.
171 R. Aron, »J.-P. Sartre, le prolétariat et les communistes«, *Polémiques, op. cit.*, S. 58.

ge verknüpft. Im Übrigen: waren Camus und Sartre überhaupt wirklich Freunde in diesem Frankreich der Libération, das ihre Namen im wiedergefundenen Frieden mit der Inbrunst der Jugend verknüpfte? Beide waren Alleskönner, die vom philosophischen Essay zum Theater, vom Theater zum Roman, vom Roman zum Journalismus wechselten ... Camus eröffnet Sartre die Mitarbeit bei *Combat*, und Sartre empfängt Camus bei *Les Temps modernes*. Sie wurden häufig von denselben Leuten übersetzt, geschätzt, verehrt, gehasst. Doch hinter diesem Duo steht eine Rivalität zwischen zwei Persönlichkeiten unterschiedlicher sozialer Herkunft. Camus kann man nicht mit Rührseligkeiten über die Arbeiterklasse kommen, um die Kommunistische Partei in einem besseren Licht erscheinen zu lassen: er stammt aus der Arbeiterklasse und hat die Partei in seiner Jugend von Innen her kennen gelernt. Er hat keinen bürgerlichen Schuldkomplex, hegt keine Illusion über die Rettung der Menschheit durch das Proletariat. Gegen die terroristischen Entgleisungen und die unmenschlichen Notwendigkeiten der Revolution immunisiert, liegt ihm weniger an der Theorie des Engagements als am moralischen Imperativ. Zwischen Sartre und Camus gibt es einen schwelenden, latenten Konflikt; er bricht nicht aus, weil die beiden Männer sich trotz allem schätzen und freundschaftlich verbunden fühlen und viele gemeinsame Feinde haben.

Im August 1951 veröffentlichen *Les Temps modernes*, in denen die Werke Camus' immer wohlwollend und manchmal mehr als wohlwollend besprochen werden, wiederum einen Text von ihm, »Nietzsche und der Nihilismus«. Camus hat gerade *L'Homme révolté* (*Der Mensch in der Revolte*) abgeschlossen, und *L'Observateur* widmet dem Buch am 13. und 20. Dezember zwei eher schmeichelhafte Artikel von Claude Bourdet. Das Blatt antwortet damit allerdings auf das sehr negative Urteil, das Pierre Hervé über das Werk in *La Nouvelle Critique* gefällt hat. In *Les Temps modernes* drücken sich alle davor, ein Werk zu besprechen, das man nicht mag. Camus wartet ab. Am 22. Februar 1952 nimmt er noch an der Seite Sartres an einer Kundgebung in der Salle Wagram für die von Franco zum Tode verurteilten spanischen Gewerkschafter teil. Danach teilt Sartre Camus bei einem Gläschen Wein mit, die Kritik werde nicht positiv ausfallen. Camus wartet weiterhin. Schließlich wird Francis Jeanson damit betraut, die Sache zu erledigen. Jeanson ist sowohl Mitarbeiter bei *Les Temps modernes* als auch Mitglied des Lektorats der Éditions du Seuil. Sein Artikel »Albert Camus oder die revoltierende Seele« erscheint in der Mai-Nummer von *Les Temps modernes*. Jeanson lobt zwar die Kunst Camus', stellt jedoch ohne Umschweife die Frage nach dem, was er »die Substanzlosigkeit seines Denkens« nennt. Eine metaphysische Revolte, die unfähig ist, zur historischen Revolte überzugehen. Im Grunde ist Camus eine »schöne Seele«!

Dieser ist erstaunt, verletzt, entrüstet über eine so wenig freundschaftliche

Vorgehensweise und antwortet mit einem ungeschickten Brief, den er mit »Sehr geehrter Herr Herausgeber« beginnt und in einem gestelzten Stil fortsetzt, ohne Jeanson namentlich zu nennen; statt genau zu argumentieren, wird er selbst verletzend. Er zielt auf Sartre ab und wettert gegen »jene bürgerlichen Intellektuellen, die für ihre Herkunft [wir kommen darauf zurück!] sühnen wollen, und sei es um den Preis der Widersprüchlichkeit und der Vergewaltigung ihres Verstandes«. Sartre, der die Antwort von Camus in der August-Nummer von *Les Temps modernes* veröffentlicht, ist seinerseits tief gekränkt; er lässt dem Brief von Camus eine beißende Trauerbotschaft folgen: »Mein lieber Camus! Unsere Freundschaft war nicht einfach, aber ich werde ihr nachtrauern ...« Rückkehr des Verdrängten: Sartre lässt der Böswilligkeit, zu der er dem ehemaligen Freund und Rivalen gegenüber fähig ist, freien Lauf: »Aber sagen Sie doch, Camus, wie soll das zugehen, dass man nicht über Ihre Bücher diskutieren kann, ohne dass man der Menschheit ihre Gründe zu leben nimmt?« Über das persönliche Zerwürfnis hinaus thematisiert Sartre ihre politischen Differenzen: er ist *in* der Geschichte; sein Gegner betrachtet sie misstrauisch und steckt nur einen fröstelnden Zeh ins Wasser, als ob er die Temperatur prüfen wollte:

»Nach Ihren Grundsätzen sind die Vietnamesen Kolonisierte, also Sklaven, auf der anderen Seite aber Kommunisten, also Tyrannen. Sie tadeln das europäische Proletariat, weil es den Sowjets nicht öffentlich seine Missbilligung ausgesprochen hat, aber Sie tadeln auch die Regierungen Europas, weil sie Spanien in die UNESCO aufnehmen wollen; in diesem Fall sehe ich für Sie nur noch eine Lösung: die Galapagosinseln. Denn die einzige Möglichkeit, den Sklaven dort zu helfen, scheint mir im Gegenteil darin zu liegen, dass man die Partei der von *hier* ergreift[172].«

Sartre weicht der Frage der sowjetischen Lager nicht aus. Ja, auch er verurteilt sie; doch er warnt davor, das Thema auszuschlachten, wie es die bürgerliche Presse tagtäglich tut. Wie viele andere und im Gegensatz zu Camus versteht Sartre nicht oder will nicht verstehen, inwiefern der Gulag die revolutionäre Legitimität der Sowjetunion in Frage stellt. Er ist kein Anhänger des Stalinismus, wirft Camus jedoch vor, mit seiner einseitigen Kritik jeder Hoffnung auf den Sozialismus ein Ende zu setzen. In Wirklichkeit hat Albert Camus den Sozialismus nicht aufgegeben, doch er sieht ihn in Gestalt einer Sozialdemokratie nach schwedischem Muster oder einer Frankreich angepassten Labour-Doktrin. Zum marxistisch-leninistischen Historizismus hat er die Brü-

---

172 J.-P. Sartre, »Antwort an Albert Camus«, in *Krieg im Frieden*, 2, Übers. v. A. Christaller u.a., Rowohlt Taschenbuch Verlag, Reinbek, 1982, S. 39 (die vorhergehenden Zitate: S. 27 u. 28).

cken endgültig abgebrochen; Sartre dagegen schickt sich an, mit dem kommunistischen Proletariat gemeinsame Sache zu machen.

Die beiden Männer werden sich nicht aussöhnen. Nach Camus' Unfalltod im Jahre 1960 findet der frühere Gegner wieder freundschaftliche Töne:

»Er stellte in diesem Jahrhundert und gegen die Geschichte den gegenwärtigen Erben jener langen Folge von Moralisten dar, deren Werke vielleicht das Originellste der französischen Geisteswelt bilden. Sein starrköpfiger Humanismus, eng und rein, streng und sinnlich, führte einen ungewissen Kampf gegen die massiven und difformen Ereignisse dieser Zeit. Doch durch die Hartnäckigkeit seiner Weigerungen behauptete er mitten in unserer Epoche, gegen die Machiavellisten, gegen das goldene Kalb des Realismus, immer wieder die Existenz der Moral[173].«

Sartre bricht auch mit Claude Lefort. Dieser ehemalige Schüler von Maurice Merleau-Ponty war von 1943 bis 1947 Trotzkist; 1947 trat er aus der Vierten Internationale aus, da er jeden Herrschaftsapparat ablehnte, der sich an die Stelle des von ihm bekämpften stalinistischen Herrschaftsapparates setzte. Im Dezember 1948 erläuterte er in *Les Temps modernes* »den Widerspruch Trotzkis«. Im Jahr darauf gründete er zusammen mit Cornélius Castoriadis, ebenfalls ein ehemaliger Trotzkist, *Socialisme ou Barbarie*, setzte seine Kritik an der Bürokratie fort und verkündete die Kreativität des Proletariats außerhalb der Apparate. Das alles erklärt, dass Lefort den Anschluss Sartres an den PCF und seine Billigung der Thesen Lenins zum Vorrang der Partei kaum hinnehmen kann: er teilt ihm seine Missbilligung mit, und Sartre antwortet mit einem weiteren Bekenntnis, das Merleau-Ponty als »ultra-bolschewistisch« bezeichnen wird:

»Die Partei«, schreibt Sartre, »formt die gesellschaftlichen Rahmen des Arbeitergedächtnisses, sie ist die Skizze ihrer Zukunft, die Organe ihrer Aktion, das permanente Band, das gegen ihre Vermassung kämpft; sie ist die *Perspektive*, durch die das Proletariat sich selbst wieder in die Gesellschaft zurückversetzen und seinerseits diejenigen als Objekt nehmen kann, die es zu einem Objekt machen: sie ist die Tradition und die Institution[174].«

Der Bruch zwischen Sartre und Étiemble spielt sich auf einer anderen Ebene und in einem garstigeren Stil ab. René Étiemble, Grammatikspezialist, Ro-

---

[173] J.-P. Sartre, »Albert Camus«, *Schwarze und weiße Literatur. Aufsätze zur Literatur 1946–1960, op. cit.*, S. 158.
[174] J.-P. Sartre, »Antwort an Claude Lefort«, in *Krieg im Frieden*, 2, *op. cit.*, S. 143.

mancier, Sinologe, entschlossener Antistalinist und seit 1946 regelmäßiger Mitarbeiter bei *Les Temps modernes*, ist seit der Oktober/November-Nummer des Jahres 1952 zu Sartre auf Distanz gegangen. Im März 1953 veröffentlicht er in der *NNRF* seines Freundes und Lehrmeisters Jean Paulhan eine lobende Rezension des Romans *Les Deux Étendards* (»Die beiden Standarten«) von Lucien Rebatet; Étiemble scheut sich nicht, daran zu erinnern, dass der Kollaborationist und Antisemit Rebatet in seinen *Décombres* von 1942 Claude Roy als einen »der zu seltenen Franzosen, die den Nazis treu sind«, bezeichnet hatte; und er erklärt, er ziehe diesem »Stalino-Nazi« (der den »Bolschewisten spielt«) die »ungenierten freimütigen Dreckschweine, die Nazo-Nazis« wie Rebatet vor. Allem Anschein nach fällt es Étiemble schwer, Sartres Vorliebe für Claude Roy zu akzeptieren. Sartre lässt ihn umgehend wissen, dass er seine Achtung verloren hat, da er die »Hitleranhänger den Kommunisten vorzieht«: »Ich halte also Ihren Artikel für die Bekanntgabe Ihres Adressenwechsels. Wir werden Ihre Post in die Rue Sébastien-Bottin nachsenden lassen[175].« Das heißt, zu Paulhan. Étiemble legt Wert darauf, die Dinge klarzustellen: in der Wochenzeitung *Arts* vom 24. Juli präzisiert er also, er sei nicht von Sartre gefeuert worden, sondern habe beschlossen, freiwillig zu gehen. Und er schließt mit den Worten:

> »Indem Sie mit Camus, mit Lefort, mit mir brachen, glaubten Sie, Jean-Paul Sartre persönlich zu verbannen, den Prinzen einer Jugend, die ihm jetzt nur noch ihr Misstrauen zeigen kann, den Prinzen, der sich entfernt hat, den fernen Prinzen. Sie reden mich mit *lieber Étiemble* an, schreiben: *Beste Grüße. Lieber Sartre?* Heute? Ich würde lügen, wie Sie. Also, traurig, doch lieber: *Schlechte Grüße*[176].«

Der letzte Bruch, der schwerwiegendste, tiefste, der sich zunächst diskret, dann öffentlich vollzog, brachte Sartre und Merleau-Ponty auseinander. Bis 1950 war Merleau, der seine Bekanntschaft mit Sartre während des Widerstandsexperiments mit »Socialisme et Liberté« vertieft hatte, der politische Kopf von *Les Temps modernes* gewesen. Seit dem Koreakrieg fürchtet er den Ausbruch eines Weltkrieges und geht auf Distanz zur Politik; er teilt dies in einem Artikel mit, der im Juni/Juli 1952 von *Les Temps modernes* veröffentlicht wird. Merleau-Ponty ist gerade ins Collège de France gewählt worden. Die Trennung hätte sanft vor sich gehen können; sie ging im Übrigen sanft vor sich: bis zu dem Augenblick, als Merleau-Ponty den Einfall hat, in einem tiefschürfenden Essay *Les Aventures de la dialectique* (*Die Abenteuer der Dia-*

---

175 Zit. nach A. Cohen-Solal, *op. cit.*, S. 529.
176 R. Étiemble, »Lettre ouverte à Jean-Paul Sartre sur l'unité de mauvaise action«, aufgen.. in *Hygiène des lettres*, 2, *Littérature dégagée 1942–1953*, Gallimard, 1955, S. 142–157.

lektik), der 1955 erscheint, sein Verhältnis zum Marxismus darzulegen. Die Hälfte des Werks nimmt das Kapitel 5 ein, das den Titel trägt »Sartre und der Ultra-Bolschewismus«. Es handelt sich um eine kritische Analyse der Positionen des Herausgebers von *Les Temps modernes* zum Kommunismus und zum Proletariat, zum »Ende des philosophischen Marxismus«, zur »träumerischen Sanftheit«, zur »unheilbaren Hartnäckigkeit« und zur »gedämpften Gewalt« des Progressismus; Sartres Position sei unhaltbar, insofern er eine gewisse Unfehlbarkeit des Kommunismus verkünde, während er es ablehne beizutreten: »Der außenstehende Opponent hat niemals abschließend bewiesen, dass er treu ist in der Distanz. Vom Recht der Kritik, das er sich vorbehält, wird er wohl keinen Gebrauch machen aus Furcht, es zu missbrauchen.« Daraus ergibt sich die folgende Frage: »Wir müssen uns fragen, ob das Engagement, so wie Sartre es versteht, nicht die Beziehungen der Aktion in solche der Kontemplation verwandelt.« Merleau präzisiert seine Position mit Hilfe des Begriffs »A-Kommunismus« – eine agnostische Schlussfolgerung: »Der Agnostizismus besteht demgegenüber zunächst in der Verpflichtung, ohne Übereifer und ohne Verleumdung alles, was man über die UdSSR wissen kann, zu prüfen«; er ruft die Tatsache in Erinnerung, dass *Les Temps modernes* ursprünglich »von ihren Begründern verlangten, keiner Partei und keiner Kirche anzugehören, weil man das Ganze nicht durchdenken könne, wenn man schon durch eine Konzeption des Ganzen gebunden sei[177]«. Sartre antwortet nicht. Simone de Beauvoir gibt sich alle Mühe, Merleau-Ponty zu erniedrigen, indem sie ihn auf die Stufe der Wachhunde[178] stellt. Sie hat 1954 den Prix Goncourt für *Les Mandarins* erhalten und sofort alle Bitten um Interviews abgewiesen – außer der von Jacques-Francis Rolland für *L'Humanité-Dimanche*; in dem Interview sagt sie: »Ich meine, die linken Intellektuellen müssen mit den Kommunisten zusammenarbeiten[179].« Diesmal beschuldigt sie Merleau-Ponty in *Les Temps modernes*, einem »Pseudo-Sartre« den Prozess zu machen, seine Argumente *L'Aurore* zu entnehmen und »für die Bourgeoisie Partei zu ergreifen«. Daraufhin fällt der Vorhang. Als Merleau-Ponty 1961 stirbt, verfasst Sartre – ein Experte für kunstvolle Nachrufe – einen großartigen Artikel zu Ehren dessen, der nach der Auflösung des ersten Redaktionskomitees Chefredakteur und politischer Leiter seiner Zeitschrift geworden war. »Man kann daraus nichts schließen, es sei denn, dass diese lange, nie besiegelte und nie aufgekündigte Freundschaft, die ausgelöscht wurde, als sie wiedergeboren werden oder zerbrechen sollte, in mir als eine nie vernarbende Wunde zurückbleibt[180].«

---

177 M. Merleau-Ponty, *Die Abenteuer der Dialektik*. Übers. v. A. Schmidt u.a., Suhrkamp Verlag, Frankfurt, 1974, S. 115–244 (Zitate S. 216–217, 223).
178 *Anm. d. Ü*: Wachhunde: vgl. den Titel des Buches von Nizan *Les chiens de garde, op.cit.*
179 Zit. nach M.-A. Burnier, *Les Existentialistes et la Politique*, Gallimard, 1966, S. 100.

Sartre, der Weggefährte

Sartre ist von 1952 bis 1956 ein disziplinierter Weggefährte. Seine Zeitschrift äußert über die Kommunisten allenfalls Detailkritiken (so wird Kanapa 1954 nach einem üblen Artikel in *L'Humanité* »Dummkopf« genannt), abgesehen vielleicht von einem Artikel, in dem Marcel Péju den im Slansky-Prozess unterschwelligen Antisemitismus anprangert. *Les Temps modernes* bemühen sich, wie es die Sondernummer über *La Gauche* (»Die Linke«) im Jahre 1955 veranschaulicht, eine »neue Volksfront« zu propagieren. Sartre verausgabt sich in Meetings, Kongressen, symbolischen Reisen, Reden, Artikeln, die in der Parteipresse ein Echo finden; so nimmt er am Wiener Weltfriedenskongress – dem »Völkerkongress für den Frieden« – teil, den Frédéric Joliot-Curie im Dezember 1952 eröffnet. Bei dieser Gelegenheit lässt sich *L'Humanité* über Sartres Triumphzug aus, der begeistert begrüßt und von den Fotografen und »Cineasten« belagert wird, und gibt lange Auszüge aus seiner Rede, die den Reden von Aragon und Pierre Cot vorausgeht usw.[181]. Zurück in Frankreich, beteiligt er sich zusammen mit Gilbert de Chambrun, Yves Fargue (der gerade den Stalin-Friedenspreis erhalten hat), Laurent Casanova, Pierre Cot, Michel Leiris, Emmanuel d'Astier, Simone Signoret, Yves Montand ... an dem Meeting, das im Vel d'Hiv organisiert wird, um vom Kongress zu berichten. »Was wir in Wien erlebt haben«, sagt Sartre, »ist nicht nur ein Kongress, es ist der Friede. Wir haben erlebt, was der Frieden sein könnte[182] ...« 1954 gibt Sartre, zurück aus der UdSSR, wo er herumgeführt, geehrt und gemästet wurde, der kryptokommunistischen Tageszeitung von Emmanuel d'Astier, *Libération*, eine Reihe von Interviews, die ein erstaunliches Gegenstück zu Gides *Zurück aus Sowjet-Russland* bilden, so offenkundig ist der gute Wille des Weggefährten. Der Titel des zweiten Interviews spiegelt die Verwegenheit des nachsichtigen Reisenden: »Die Freiheit der Kritik ist in der UdSSR vollkommen. Der Kontakt ist so breit, so offen, so leicht wie nur möglich[183].« Dann riskiert er – mutig wie er ist – nach etlichen Betrachtungen, die die »Beziehungen der Kontemplation«, von denen Merleau-Ponty sprechen wird, belegen, folgende gewagte Voraussage: »Um 1960, vor 1965, wird der durchschnittliche Lebensstandard in der UdSSR, wenn Frankreich weiter stagniert, 30 bis 40% über dem unseren liegen. Es ist selbstverständlich – für Frankreich und für alle Menschen –, dass das einzig vernünftige Verhältnis ein freundschaftliches ist.« Im Februar 1956, dem Monat der Geheimrede Chruschtschows über die Verbrechen Stalins, nimmt Sartre (der ganz offensichtlich noch nicht im Bilde ist; er ändert seine Haltung bis zur sowjetischen Intervention in Ungarn nicht) das Buch des kritischen Kommu-

---

180 J.-P. Sartre, »Merleau-Ponty«, *op. cit.*, S. 230.
181 »Du délégué indien à Jean-Paul Sartre«, *L'Humanité*, 13. Dezember 1952.
182 *L'Humanité*, 22. Dezember 1952.
183 J.-P. Sartre, »Entretiens avec Jean Bedel«, *Libération*, 14.–20. Juli 1954.

nisten Pierre Hervé, *La Révolution et les Fétiches* (»Die Revolution und die Fetische«), auseinander, das er von Idealismus und Reformismus durchdrungen findet[184]. Merleau-Ponty bezeichnet sich als a-kommunistisch, Sartre erweist sich als a-kritisch.

Der Ungarnaufstand von Oktober 1956 wird diesem eifrigen Bundesgenossen die Augen öffnen und, ganz allgemein, in den Reihen der Kommunisten und ihrer Weggefährten tiefe Risse hinterlassen.

---

184 J.-P. Sartre, »Le réformisme et les fétiches«, *Les Temps modernes*, Februar 1956.

53
1956, der große Bruch

1956 war politisch eines der ereignisreichsten Jahre des Jahrhunderts. Es begann in Frankreich mit Parlamentswahlen am 2. Januar. Die Linke trug einen klaren Sieg davon – abgesehen davon, dass es keine Linke gab. Zwar erhoben sich viele Stimmen – die von Claude Bourdet oder von Jacques Madaule –, um nach einer neuen Volksfront zu rufen. Aber die Sozialisten, die in der »Republikanischen Front« den Ton angaben, und die Kommunisten, die bei weitem die stärkste Partei bildeten, waren noch nicht bereit, nach derselben Melodie zu tanzen. Guy Mollet, Generalsekretär der SFIO, wurde vom Staatspräsidenten René Coty mit der Bildung der Regierung beauftragt, deren parlamentarische Investitur am 1. Februar nichtsdestoweniger mit den Stimmen der Kommunisten stattfand, die ihre Isolierung angesichts der Tatsache, dass Nikita Chruschtschow die »friedliche Koexistenz« predigte, überwinden wollten.

Diejenigen Linksintellektuellen, die für Mendès France – dem seit seinem Zwischenspiel an der Macht vom 18. Juni 1954 bis zum 6. Februar 1955 sehr populären Politiker – gekämpft haben, beurteilen den Machtantritt des sozialistischen Parteiführers unterschiedlich. Vor allem verdrießt Guy Mollet einen großen Teil seiner Anhänger, als er während einer Reise nach Algier, wo ihn die Pieds-noirs[185] mit hasserfüllten Schreien und Tomaten empfangen, den Rücktritt von General Catroux, der für den Posten des Residierenden Ministers[186] in Algerien vorgesehen war, annimmt und ihn durch seinen Parteifreund Robert Lacoste ersetzt: »Hélas!« schreibt François Mauriac in seinem »Bloc-Notes«, »Monsieur Guy Mollet hielt nicht wie Jupiter den Blitz in der Hand. Er wurde mit faulen Tomaten beworfen – er hat sie auf die Nase abgekriegt. Wenn sie nur ihn getroffen hätten, hätten wir uns damit abgefunden. Doch der Staat hat diese Beleidigung abbekommen[187].«

---

185 *Anm. d. Ü:* Pieds-noirs: Bezeichnung für die europäischen Siedler, die sich in Algerien niedergelassen hatten, und ihre Nachkommen. Die Bezeichnung »Schwarzfüße« erklärt sich aus dem Blick der armen autochthonen Bevölkerung auf die beschuhten Füße der Kolonisatoren.
186 *Anm. d. Ü:* Residierender Minister: während der »résident général« oder der »gouverneur général« die französische Regierung in Algerien vertrat, war der »ministre résident« zugleich Mitglied der französischen Regierung.
187 F. Mauriac, *Bloc-Notes, 1, 1952–1957,* Le Seuil, »Points«, 1993, S. 318.

Die folgenden Monate enttäuschen alle, die vom Sieg der »Republikanischen Front« das Ende eines Algerienkrieges erwarten, der zwar noch nicht so genannt wird, doch schon über ein Jahr dauert. Guy Mollet ruft zum »Waffenstillstand« auf und versichert, diesem würden Wahlen und anschließend Verhandlungen folgen. Zugleich lehnt er es ab, die Möglichkeit der algerischen Unabhängigkeit ins Auge zu fassen. Man kann sich kaum vorstellen, wie die algerischen Nationalisten sein Angebot annehmen könnten. Im März stimmt die Kommunistische Partei – noch darauf erpicht, mit den Sozialisten zu einer Einheitsfront zu gelangen – in der Nationalversammlung für die Sondervollmachten, die der Ministerpräsident für Algerien fordert. Studenten der UEC (Union des étudiants communistes, »Union der kommunistischen Studenten«) protestieren und verteilen Flugblätter in der Sorbonne. Die intellektuelle Linke – darunter zahlreiche Kommunisten – beginnt, offen einen PCF zu kritisieren, der zum politischen Bündnis entschlossener ist als zum antikolonialistischen Kampf. Nach und nach bilden sich – unabhängig von der Partei und bisweilen ausdrücklich gegen sie – eigene Organisations- und Informationsstrukturen sowie Netze von Aktivisten heraus, die die algerische Unabhängigkeit unterstützen. In den folgenden Monaten vertieft sich die Kluft zwischen der intellektuellen Linken, den linken Studenten und der Regierung Mollet, insbesondere als diese die Wiedereinberufung der Wehrpflichtigen nach Algerien beschließt. Am 22. Mai tritt Mendès France von seinem Posten als Staatsminister zurück, weil er mit der Algerienpolitik von Mollet und Lacoste nicht übereinstimmt.

Im Juni veröffentlicht *Le Monde* in Fortsetzung Chruschtschows Geheimrede vom 20. Parteitag der Kommunistischen Partei der Sowjetunion, der im voraufgegangenen Februar stattgefunden hatte. Bei dieser Abrechnung mit den Verbrechen Stalins, die bisher zwar inoffiziell bekannt waren, nun aber offen vor aller Augen daliegen, verschlägt es den kommunistischen Aktivisten die Sprache: Stalin hat in ihrem Leben einen derart großen Platz eingenommen, die Propaganda hat aus ihm ein derart großes Genie gemacht. Man hätte meinen können, es hätte in der gesamten Weltgeschichte niemals einen Volksführer solchen Formats gegeben. Wie hätte man sich auch einem so umfassenden Mythos entziehen können: Stalin organisierte zu seinen Lebzeiten seinen eigenen Kult, einen religiösen, von allen Prälaten und Kirchenmännern der internationalen kommunistischen Kirche betriebenen Kult; selbst die authentischsten Revolutionäre waren – an der Seite der Sakristei-Bürokraten – zu Schmeichlern geworden, die in den Kirchenschiffen Weihrauch und Myrrhe hin- und herschwenkten. Zum siebzigsten Geburtstag des georgischen Herkules im Dezember 1949 durchstreiften Lastwagen der Partei Frankreich, um die Geschenke der Getreuen, Wertgegenstände oder Familienerinnerungen, einzusammeln – all das vor den Kameras der Funktionäre, die Szenen der Hingabe und der allgemeinen Kommunion filmten; im Vergleich dazu ähneln die katholischen Wallfahrten Veranstaltungen einer »rationalistischen Union«. Die kommunistische Presse überbietet sich bei dieser Gelegenheit; Ströme von frommer Anbetung ergießen sich auf den Druckseiten. Die ernsten *Cahiers du communisme* stimmen in einer Sondernummer Lobgesänge an: »Die größte Tat Stalins: wie man das Glück erobert hat«, und Maurice Thorez macht sich an einen Leitartikel voll speichelleckender Plattheit: »Es lebe Stalin«. Bei Stalins Tod im Jahre 1953 fließen in den Parteizellen die Tränen, und die kommunistischen Zeitungen pflegen das Genre des kriecherischen Requiems. Und da erklärt Nikita – aus heiterem Himmel – diese Tränen, diese Opfergaben, diese Kniefälle für erledigt. Für viele ist das unerträglich. Es beginnt die Zeit des Zweifelns, das immer mehr zunehmen und Ende Oktober, als die sowjetischen Panzer gegen den Ungarnaufstand nach Budapest geschickt werden, alle Überzeugungen untergraben wird.

Diese letzten Oktobertage und die ersten Novembertage beben vor einer gewaltigen politischen Erregung, die einen doppelten Ursprung hat. Zwei Städtenamen, Suez und Budapest, erklingen wie Zimbeln, die mit aller Gewalt gegeneinandergeschlagen werden. Am 26. Juli hat Oberst Nasser die Verstaatlichung des Suezkanals durch Ägypten verfügt – elf Jahre vor dem Auslaufen der einst der Suezkanalgesellschaft gewährten Konzession. Nasser fällt diese Entscheidung, nachdem die Amerikaner eine Woche zuvor ihre Finanzzusagen für den Bau des Assuanstaudamms zurückgezogen haben. Seine Reaktion berührt die Interessen der Briten und der Franzosen stärker als die der Amerikaner. Die westliche Presse, *Le Monde* inbegriffen, drückt ihre Empörung über den Gewaltstreich des »Diktator-Lehrlings« aus; ein Gegenschlag ist unumgänglich. Maurice Duverger erklärt das am 1. August in der großen Abendzeitung folgendermaßen: »Das Beispiel der Jahre 1933–1939 ist eindeutig: auf den Größenwahn eines Diktators hat man nicht mit unwirksamen juristischen Verfahren, die das Recht ins Lächerliche ziehen, sondern mit Gewalt zu antworten.« Die unvermeidliche Gefährdung der Ölversorgung Westeuropas löst eine Panik aus. Nach mehreren Wochen der Unentschlossenheit und des Verhandelns gelingt es dem Sozialisten Guy Mollet, den britischen Premierminister, den Konservativen Anthony Eden, von der Notwendigkeit einer militärischen Intervention am Suezkanal zu überzeugen, um Nasser kleinzukriegen. Der Clou ihres Vorgehens besteht darin, den Staat Israel mit in die Sache hineinzuziehen. An dessen Spitze steht Ben Gurion, der nur allzu gewillt ist, mit Ägypten, das den Zugang zum Hafen von Eilat im Golf von Akaba blockiert, abzurechnen. Am 28. Oktober verfügt die israelische Regierung die Mobilmachung und lässt am nächsten Tag ihre Truppen in den Sinai einmarschieren. Am 30. stellen die Franzosen und Briten ein sehr fadenscheiniges Ultimatum: Ägypten und ... Israel werden aufgefordert, sich jeweils auf zehn Meilen vom Kanal zurückzuziehen. Ägypten antwortet nicht, und die britisch-französischen Verbündeten bombardieren am 5. November die ägyptischen Positionen und lassen Fallschirmtruppen landen; währenddessen verkünden die Israelis den Waffenstillstand, nachdem sie sich Gazas bemächtigt haben. Die Ägypter versuchen, den Kanal unbefahrbar zu machen, indem sie Schiffe versenken. Auf Anordnung der von den Amerikanern gedrängten UNO und auf ein sowjetisches Ultimatum hin müssen die Franzosen und Engländer ihre Expedition beenden. Anfang Dezember ziehen sich ihre Truppen aus Port-Said zurück. Es ist ein vollkommenes Fiasko. Guy Mollet hat sich wegen Algerien voll und ganz auf diese Expeditionspolitik gestürzt: aus seiner Sicht suchen die algerischen Rebellen sich einen Nationalismus zunutze zu machen, der inexistent ist und der folglich von den unabhängigen arabischen Staaten provoziert und gestützt wird – in erster Linie von dem Ägypten des ehrgeizigen Obersten Nasser, aus dem man eine Art arabischen Hitler macht; die Analogie ist umso interessanter, als sie dazu beiträgt, den Kriegseintritt Israels zu rechtfertigen. »Die freien Menschen«, sagt Guy Mollet am 7. November in der Nationalversammlung, »die Bürger Englands und Frankreichs, die Überlebenden der Gestapo, die Israel aufgebaut haben, sind in Suez auf dieselben Gewehre und Panzer gestoßen wie die freien Menschen von Budapest.«

In der Tat erregt zur gleichen Zeit die Ungarnkrise den Zorn der freien Menschen und rechtfertigt dabei in ihren eigenen Augen die Suezexpedition. Als Guy Mollet nach seiner Rede zur Regierungsbank zurückgeht, wird er von den Kommunisten ausgebuht; manche drohen ihm mit der Faust. Die Kommunisten und Sozialisten, die Anfang des Jahres zusammen abgestimmt hatten, stehen sich wieder feindlich gegenüber und werfen sich die beiden Städtenamen: »Suez!«, »Budapest!« wie Steine an den Kopf. Die Dramatisierung der politischen Szene ist voll im Gang.

Seit dem Tod Stalins haben verschiedene Emanzipationsbewegungen die Volksdemokratien erschüttert. 1953 wurde in Ostberlin ein von Demonstrationen begleiteter Streik gewaltsam niedergeschlagen. In den folgenden Jahren scheint sich die eiserne Faust, die den Sowjetblock umklammerte, aufgrund der Außenpolitik von Monsieur »K«[188], der die »Entspannung« begünstigt, ein wenig zu öffnen: Ungarn gelingt es, sich des Stalinisten Rákosi zu entledigen; Rajk wird rehabilitiert, und man verkündet einen eigenen Weg zum Sozialismus – darin durch friedliche Straßendemonstrationen bestärkt. In Polen schafft es Gomulka, ein von Moskau unabhängig geltender Kommunist, die Zügel in die Hand zu nehmen und dabei eine sowjetische Intervention zu verhindern. Der Sonderkorrespondent von *Le Monde*, Phi-

---

188 *Anm. d. Ü:* Monsieur »K«: im Französischen wird der Name Chruschtschow meist mit »K« geschrieben.

1956, der große Bruch

lippe Ben, erklärt, es gehe in Polen keineswegs darum, »den Sozialismus zu liquidieren«:

»Außer alten Leuten, die nicht verstehen, was um sie herum vor sich geht, ist niemand dieser Meinung. Und vor allem nicht die jungen Leute. Doch die Jugend, ob sozialistisch oder katholisch, will einen anderen Sozialismus als den, den sie bisher kennen gelernt hat. Und vor allem einen Sozialismus, der auf viele der Anregungen aus der Sowjetunion verzichtet[189].«

Was in Polen vermieden wird, findet in Ungarn statt: kolossale Demonstrationen, die sich zu einem Aufstand ausweiten, veranlassen die Regierung Gerö dazu, die Sowjets zu rufen.

Die durch die britisch-französische Expedition an den Suezkanal – sie hatte zur Einberufung der Generalversammlung der UNO und zur Abstimmung über den amerikanischen Antrag auf einen Waffenstillstand in Ägypten geführt – hervorgerufene internationale Spannung machen sich die Sowjets zunutze; sie beschließen, den Aufstand in Ungarn, der von Revolutionskomitees und Arbeiterräten angeführt wird, endgültig gewaltsam zu beenden. Zum ersten Mal dringen sowjetische Panzer am 23. Oktober ein. Vom 25. bis zum 28. wütet die Schlacht zwischen den Aufständischen und den von den Sowjets unterstützten Sicherheitskräften. Nach der Wiederaufnahme von Nagy in die Regierung wird am 30. Oktober mit den Russen ein Vertrag über den Abzug ihrer Truppen unterzeichnet. Am 1. November verkündet Nagy die Neutralität Ungarns. Das ist zu viel für die Sowjets; sie kehren gewaltsam zurück, um den Aufstand zu ersticken, Nagy abzusetzen und Kádár an die Macht zu bringen. Am 21. November werden die Arbeiterräte aufgelöst: schon lange mögen die Sowjets keine Sowjets (Räte) mehr. Imre Nagy wird von der Polizei gekidnappt (wie etwa fünfzig weitere Reformkommunisten) und in die UdSSR verfrachtet, wo er später hingerichtet wird. Am 9. Dezember wird im Gefolge eines 48-stündigen Generalstreiks das Kriegsrecht verhängt. Ungarn befindet sich wieder unter der alles erstickenden Bleihaube.

Nach dem Schock des 20. Parteitags und der Chruschtschow-Rede demoralisiert die Unterdrückung des Aufstands in Ungarn einen guten Teil der kommunistischen Intelligenzija endgültig; in den Reihen der Weggefährten hat sie verheerende Auswirkungen. In diesem Jahr ist für viele der Weg zu Ende.

Am 31. Oktober hat *Le Monde* unter der Rubrik »Freie Meinungen« Auszüge aus den Antworten veröffentlicht, die Claude Roy nach Chruschtschows Enthüllungen über Stalin an die *Lettres nouvelles* von Maurice Nadeau ge-

---

189 *Le Monde*, 27. Oktober 1956.

schickt hatte. Der kommunistische Schriftsteller fragte sich, ob er nicht »die internen Schattenseiten des sozialistischen Universums unterschätzt« hatte. Er verurteilte eindeutig »die Abwesenheit der Demokratie« und »die Verachtung der Moral« überall, wo sie zu Tage traten. Zusammen mit drei anderen Schriftstellern der Partei, Roger Vailland, Jacques-Francis Rolland und Claude Morgan, unterzeichnet derselbe Claude Roy ein Protestschreiben, als er von den Ereignissen in Ungarn erfährt. *L'Humanité* versichert sogleich, dass »ihr undisziplinierter Akt, der nicht nur allen Prinzipien der Partei, sondern den Interessen der Arbeiterklasse und der Nation zuwiderläuft, von allen Arbeitern streng verurteilt werden wird«. Die Partei gibt nicht klein bei: der Ungarnaufstand ist von den Faschisten angezettelt worden, die der amerikanische Imperialismus unterstützt.

In den Tagen, die auf die Niederschlagung des Aufstands folgen, explodieren die Proteste unter der progressiven Intelligenzija. Manch einer, der ihr angehört, wird sich – wie Emmanuel d'Astier de La Vigerie – der Gefahren eines sich verstärkenden Antikommunismus bewusst (die Büroräume von *L'Humanité* werden von Anhängern der Rechten und extremen Rechten regelrecht belagert). Sie verbinden also ihren Protest gegen die sowjetische Intervention mit Warnungen gegen »antikommunistische Kundgebungen«. Viele Intellektuelle und kommunistische Aktivisten, nun über die kommunistische Wirklichkeit im Bilde, sind der Meinung, man müsse in der bedrängten Partei bleiben. Doch selbst wenn sie ihren Austritt noch einige Monate oder einige Jahre hinausschieben, der Paukenschlag des 10. Parteitags und der Repression in Ungarn hat ihren Glauben endgültig untergraben.

Pierre Emmanuel schreibt 1956 im Rückblick auf sich selbst: »Der progressive Mensch ist ein Mensch, der Angst hat, sich den Kommunisten zu widersetzen, und sich ohne großen Aufwand der doppelten Illusion hingibt, ein Revolutionär und ein freier Geist zu sein[190].« Mit dieser intellektuellen Bequemlichkeit ist es vorbei. Der Weggefährte kann die Politik einer Partei nicht mehr für gerecht halten, die Panzer gegen die Aufständischen in Ungarn, gegen das Proletariat von Budapest schickt und blind die von Chruschtschow beschlossene Repression unterstützt. Jean-Paul Sartre, seit 1952 ein vorbildlicher Weggefährte, weist den stillschweigenden Vertrag, der ihn mit der Kommunistischen Partei verband, lautstark zurück. Im Februar, als er Hervé, den Autor von *La Révolution et les Fétiches*, aufs Korn nahm, konnte er noch schreiben: »Von der Geschichte getragen, manifestiert die Kommunistische Partei eine außerordentliche objektive Intelligenz: sie irrt sich selten; sie tut, was sie tun muss ...« Er fügte hinzu: »Aber diese Intelligenz – die mit der *Praxis* verschmilzt – ist selten in ihren Intellektuellen verkörpert.« Die Partei

---

190 P. Emmanuel, »Les oreilles du roi Midas«, *Esprit*, Dezember 1956.

handelte, doch ohne ihre *Praxis* zu denken. Sie war selbst das Proletariat, verschmolz mit ihm, verwandelte das Untermenschentum der Arbeiter in die Arbeiterklasse. Doch konnte man es nach Budapest bei dieser Analyse belassen: konnte das Proletariat auf das Proletariat schießen?

Die Ereignisse in Polen und dann vor allem in Ungarn lassen die Rechtfertigungen dieser ergebenen Linken zerplatzen. Die Freunde von *Esprit* kommen zum Zeitpunkt der sowjetischen Intervention zu einem Kongress zusammen. Man lässt der Bestürzung und der Revolte freien Lauf. Jean-Marie Domenach, politischer Leiter der Zeitschrift, der den Kommunisten so oft zur Seite stand – insbesondere während der Affäre Henri Martin –, unterzeichnet zusammen mit Claude Bourdet, Gilles Martinet, Roger Stéphane von *France-Observateur*, Jean Rous (*Franc-Tireur*), Robert Barrat, Georges Suffert, Georges Montaron (*Témoignage chrétien*) ein Protestschreiben gegen »die brutale Einmischung der Sowjetarmee in die inneren Angelegenheiten Ungarns«. Die Dezember-Nummer von *Esprit* ist den »Flammen von Budapest« gewidmet – so der Titel eines Leitartikels von Albert Béguin zugunsten der »authentischen ungarischen Revolution«. In derselben Nummer unternimmt Pierre Emmanuel eine kollektive Selbstkritik, aus der bereits zitiert wurde; er schreibt:

> »Welche Verblendung hat uns so tun lassen, *als ob* der Kommunismus keine Neurose sei, als ob er sogar das Gegenteil davon sei – die Wissenschaft vom Menschen der Zukunft? Wir haben die Pathologie des Hitlerismus analysiert, für den die Rasse das Ziel der Geschichte war: doch die Pathologie einer Doktrin, für die ein Mensch, den es nicht gibt, das Ziel ist? Nie haben wir den geringsten Zweifel ausgedrückt, weder über die unfehlbare Logik des Kommunismus noch über sein unerbittliches, beschleunigtes Eintreffen: einfältig vor Extase oder vor Furcht warteten wir auf seine Ankunft; bis zum Tod Stalins gab es keinen Franzosen, den diese Hoffnung oder dieses Entsetzen – oder schlimmer noch: ihre ekelhafte Mischung – nicht in seiner Lebenskraft beeinträchtigt hätte.«

Die Mitarbeiter von *Esprit* scheinen diesmal gegen die lyrische Illusion geimpft.

Von Louis de Villefosse, der sich in der Affäre Henri Martin so eifrig gezeigt hatte, liest man ein Reuebekenntnis in *France-Observateur*: »Der Überfall auf Budapest gibt mir endgültig die Gewissheit, dass das Sowjetregime ebenso wenig die Demokratie repräsentiert, wie die Kirche den christlichen Gedanken verkörpert.« Der Kommunismus ist in seinen Augen nichts anderes mehr als eine »reaktionäre Fälschung der Linken[191]«. Innerhalb des CNE stellt sich Villefosse seinem ehemaligen Mentor Aragon mit aller Heftigkeit entgegen. Aragon muss – zum großen Verdruss von Elsa Triolet – auf seinen jährlichen Verkauf (die »Schlacht der Bücher«) verzichten. Vercors unterzeichnet zusammen mit Villefosse und einigen anderen – darunter Sartre und Beauvoir – ein Protestschreiben an die sowjetische Regierung »gegen die Verwendung von Kanonen und Panzerwagen, um den Aufstand des ungarischen Volkes niederzuschlagen«. Im folgenden Jahr veröffentlicht Vercors das Buch *Pour prendre congé* (»Um Abschied zu nehmen«), das eine Weile den Ausdruck »potiche d'honneur« –»Ehren-Porzellanvase« – in Mode bringen wird: »Ich habe diese Rolle mehr als zwölf Jahre lang gespielt ... Doch dann kommt der Tag, an dem die Vase – völlig angeschlagen und voller Sprünge – nicht mehr vorzeigbar ist.« Allen liegt auch daran, das Suezabenteuer zu brandmarken, nicht ohne Erleichterung: endlich eine klare Sache für diese Seelen, die noch von dem skandalösen, kriminellen Akt mitgenommen sind, den das gelobte Land, die heilige Stätte des Sozialismus gegen die Arbeiter Ungarns begangen hat!

Die Analysen des kleinen Mitarbeiterstabes von *Socialisme ou Barbarie* werden in ihren eigenen Augen durch das Ereignis bestätigt[192]. Die Herausgeber der Zeitschrift, Claude Lefort und Cornélius Castoriadis, die unablässig das bürokratische Regime kritisiert hatten, sehen im Ungarnaufstand eine neue gloriose Verkörperung des Rätesozialismus, der dem Apparatekommunismus die Stirn bietet. Sie preisen die Arbeiterselbstverwaltung in den Fabriken und bewundern, dass

> »zum ersten Mal ein modernes totalitäres Regime durch einen Arbeiteraufstand zertrümmert [wird]: ›Die ungarische Revolution macht nicht mit theoretischen Diskussionen, sondern mit den Mitteln des bewaffneten Aufstands den gigantischsten Betrug der Geschichte zunichte: die Darstellung des bürokratischen Regimes als ›sozialistisch‹ – ein Betrug, an dem Bürgerliche und Stalinisten, ›rechte‹ und ›linke‹ Intellektuelle mitgearbeitet haben, weil sie dabei letztlich alle auf ihre Kosten kamen‹[193]«.

Alles, was die extreme Linke an antistalinistischen Revolutionären, an Trotzkisten, Räteanhängern, Anarchisten und revolutionären Syndikalisten, aufzubieten hat, erhebt die Stimme gegen den Verrat am Sozialismus und ver-

---

191 L. Héron de Villefosse, »La collaboration impossible«, *France-Observateur*, 22. November 1956.
192 Vgl. Ph. Gottraux, »*Socialisme ou Barbarie.*« Un engagement politique et intellectuel dans la France de l'après-guerre, Payot, Lausanne, 1997.
193 P. Chaulieu (*alias* C. Castoriadis), »La révolution prolétarienne contre la bureaucratie«, *Socialisme ou Barbarie*, Dezember 1956.

kündet zugleich die Hoffnung auf einen anderen Sozialismus, der von der stalinistischen Bleihaube befreit wäre. Diese Analysen und der aus ihnen klingende Protest werden von Sartre übertönt, der plötzlich verbrennt, was er vier Jahre lang angebetet hat. Claude Roy wird später schreiben »Auf der Linken gab es Mitte der fünfziger Jahre den PC, den PSFIO[194] und die Partei Sartre[195].«

Wenn Sartre indessen »die Partei« sagt, meint er nur eine: »Selbst wenn es darum ging, sie mit Sarkasmen zu überhäufen, das Wort war für ihn mit einer Art romantischer Magie besetzt« (C. Roy). Nichtsdestoweniger muss er mit ihr brechen. Er vollzieht den Bruch mit überdeutlichen Worten in einer langen Erklärung in *L'Express* vom 9. November:

> »Ich löse mit Bedauern, doch restlos, meine Beziehungen zu den mit mir befreundeten sowjetischen Schriftstellern, die das Massaker von Ungarn nicht verurteilen (oder nicht verurteilen können). Man kann für die herrschende Fraktion der sowjetischen Bürokratie keine Freundschaft mehr empfinden: es herrscht das Grauen.«

Er macht auch mit dem PCF Schluss. Marcel Servin – damit betraut, ihm in *L'Humanité* zu antworten – tischt seinen Lesern wieder »das Gift Sartres« auf. Er spielt dann auf die Haltung einiger kritischer kommunistischer Intellektueller an und schreibt: »Wir werden die Aktivität der Termiten, die die Partei von innen zerfressen wollen, nicht dulden; die Arbeiterklasse würde uns das auch nicht gestatten.«

Im Januar 1957 veröffentlicht Sartre eine drei normale Nummern umfassende Sondernummer von *Les Temps modernes*, die ganz dem »Aufstand Ungarns« gewidmet ist. Er trägt selbst einen umfangreichen Artikel, »Der Geist Stalins«, von 120 Seiten bei, mit dem er aus seinen vier Jahren Weggenossenschaft die Schlussfolgerung zieht. Wie er schreibt, hegt er immer noch die Hoffnung auf eine Volksfront; sie allein ist in seinen Augen in der Lage, Frankreich aus den Kolonialkriegen und dem wirtschaftlichen Malthusianismus (daran liegt ihm!) herauszuholen. Nicht ohne auf den Verrat der SFIO hinzuweisen, stellt er die Verantwortung der Kommunistischen Partei klar heraus und verkündet:

> »Man muss wissen, was man will: die Volksfront oder den bedingungslosen Gehorsam gegenüber der UdSSR; es ist jedenfalls unmöglich, auf beiden Hochzeiten zu tanzen [...]. Die Zeit der offenbarten Wahrheiten, der Worte des Evangeliums ist vorbei: eine Kommunistische

---

194 *Anm. d. Ü:* PSFIO: Parti SFIO s.o.
195 Cl. Roy, *Somme toute*, Gallimard, 1976, S. 109.

Partei kann im Westen nur leben, wenn sie ein Recht auf die freie Prüfung der Dinge besitzt.«

Bis sich die Kommunistische Partei radikal wandelt, kehrt Sartre zur »Opposition« zurück: »Das Bündnis mit dem PC, wie er ist und wie er bleiben möchte, kann keine andere Wirkung haben, als die letzten Chancen zu einer Einheitsfront zu kompromittieren.« Das Programm ist umrissen: »Wir werden versuchen, zur Entstalinisierung der französischen Partei beizutragen.«

Von allen Seiten kommen in diesem Herbst 1956 zahllose Proteste, überall wird Erklärung an Erklärung gereiht und Bedauern geäußert. Albert Camus lanciert einen Aufruf an die Schriftsteller Europas. Die Austritte aus dem CNE häufen sich. Mauriac tritt aus dem Verein »Frankreich-UdSSR« aus. Maurice Merleau-Ponty fragt sich, ob ein Philosoph Politik machen sollte:

»Liegt darin nicht ein unglaubliches Missverständnis, dass alle Philosophen oder fast alle glaubten, sie seien verpflichtet, eine Politik zu haben, während Politik doch zum ›Gebrauch des Lebens‹ gehört und sich der Urteilskraft entzieht? Die Politik der Philosophen ist die, die niemand *macht*. Ist es also eine Politik? Gibt es nicht sehr viele Dinge, über die sie mit größerer Sicherheit reden können[196]?«

Die Kommunistische Partei bemüht sich um Gegenmittel und mobilisiert ihre Intellektuellen. André Stil, Sonderkorrespondent der kommunistischen Tageszeitung in Ungarn, zeigt sich am 14. November erfreut: »In Budapest kehrt das Leben wieder ein [...]. Eine eilige Menge geht zur Arbeit.« Am 20.:»Budapest beginnt wieder durch seine Wunden hindurch zu lächeln.« Florimond Bonte, Yves Moreau, Léo Figuières, Guy Besse – sie alle stimmen Duclos und Thorez zu, der seelenruhig erklärt: »Wir wollen ganz besonders der Sowjetarmee unsere Bewunderung ausdrücken, der Armee der Befreier, ohne die ganz Europa noch unter dem Joch des Faschismus stünde[197].« Garaudy fühlt sich verpflichtet, Sartre in *France nouvelle* mit einem Artikel zu antworten, in dem die Kunst des Parteijargons und der Lyrismus wetteifern:

»Im Gegensatz zu dieser Zickzackpolitik [Sartres] und diesem dauernden ideologischen Gesinnungswechsel hat uns – die wir stolz darauf sind, ›Funktionäre für 40.000 Francs‹ zu sein [der Mindestlohn lag damals bei ca. 30.000 Francs] – der Kampf an der Seite der Arbeiterklasse, für die wir uns in der Morgenröte unserer Jugend, als wir zwanzig waren, entschieden haben, ein festeres Vorgehen gelehrt; er hat uns

---

196 M. Merleau-Ponty, Vorwort zu *Signes*, Gallimard, 1960, S. 10.
197 *L'Humanité*, 3. November 1956.

den Weg des Oktobers gelehrt [es handelte sich natürlich nicht um den ungarischen Oktober], den wir unbeugsam weitergehen werden zusammen mit [hier der unvermeidbare Rückgriff auf die letzte Quelle kommunistischer Legitimität, die Résistance:] Sémard und Péri, mit Le Guennec und Ferrand.«

Das Doppelereignis von Suez und Budapest gibt der Idee einer »neuen Linken« Auftrieb. Mehrere Wellen von Intellektuellen und kommunistischen Aktivisten, die dem Kommunismus und dem Sozialismus im Stil der SFIO in gleicher Weise kritisch gegenüberstehen, die sich weigern, einfache Weggefährten oder bloß enttäuschte Sympathisanten des demokratischen Sozialismus zu sein, versuchen – wie es bereits der RDR im Jahre 1948 getan hatte –, eine neue Kraft neben den beiden so genannten »Arbeiter«-Parteien aufzubauen. Die Ambiguität dieser Versuche liegt in ihrem Zögern hinsichtlich der Strategie. Je nach Fall und Kontext geben sich diese Gruppierungen der »neuen Linken« als Katalysator einer neuen Volksfront aus und bemühen sich, die Standpunkte der Kommunisten und Sozialisten einander anzunähern, oder aber sie betonen ganz deutlich ihre Unabhängigkeit und ihren autonomen Anspruch, eine große Partei zu werden, die die Widersprüche des PCF und der SFIO überwindet. Die Ereignisse vom Herbst 1956 verleihen dem zweiten Element der Alternative Glaubwürdigkeit: auf den Trümmern des Sozialismus in Suez und des Kommunismus in Budapest kann man wieder hoffen, etwas Neues aufzubauen. *France-Observateur* ist das aktivste Zentrum dieser Bewegung: die wichtigsten Leiter der Zeitung, Bourdet und Martinet, unterstützen die Nouvelle Gauche (»Neue Linke«), eine kleine Gruppierung, die der Kern der neuen Partei sein könnte. »Während die alten Bürokratien in ihrer tristen Routine versacken, während Mollet die blutigen Operationen des Kolonialismus deckt und Thorez – kurz nach den Massakern von Budapest! – ›das erhebende Beispiel der Sowjetunion‹ begrüßt, suchen sich die Kräfte der Zukunft und beginnen sich zu finden[198].« Diese Kräfte der Zukunft sind nicht auf Frankreich beschränkt. Martinet weist auf die möglichen Konvergenzen hin zwischen »dem polnischen Experiment Gomulkas«, dem Jugoslawien Titos, der Minderheit der Kommunistischen Partei Italiens, die die sowjetische Intervention in Ungarn verurteilt hat, den Sozialisten von Pietro Nenni und der Labourströmung von Bevan in England ... Sind das nicht alles Kräfte, die zu einem sozialistischen und demokratischen Europa hinstreben?

Die Idee setzt sich nach und nach durch. Die Nouvelle Gauche fusioniert im folgenden Jahr mit dem MLP (Mouvement de libération populaire, »Bewe-

---

198 G. Martinet, »Nouvelle Gauche et grands partis«, *France-Observateur*, 13. Dezember 1956.

gung der Volksbefreiung«), der Jeune République (»Junge Republik«; christlicher Sozialismus), der Tribune communiste (»Kommunistische Tribüne«, gebildet von ehemaligen Kommunisten wie Jean Poperen und François Furet), um die Union de la Gauche socialiste (UGS, »Union der sozialistischen Linken«) zu bilden. 1960 wird dann die UGS mit dem PSA (Parti socialiste autonome, »Autonome sozialistische Partei«, die 1958 aus einer Spaltung der SFIO hervorgegangen war) fusionieren, woraus der PSU (Parti socialiste unifié, »Vereinigte sozialistische Partei) entsteht. Diese Strömung, der es zwar nicht gelingen wird, sich gegen die beiden »Großen« der Linken durchzusetzen, die jedoch der zukünftigen Sozialistischen Partei einige ihrer Kader wie Michel Rocard oder Pierre Bérégovoy liefern wird, stößt auf breite Unterstützung im intellektuellen Milieu.

Die Geschichte der Weggefährten findet 1956 praktisch ihr Ende: im Gefolge der ungarischen Tragödie lösen sich viele von ihnen aus der kommunistischen Bewegung, während das Prestige des PC in den Augen aller sinkt. Einige werden den Versuch der Nouvelle Gauche unterstützen. Es ist noch nicht der Weg zu einer völlig autonomen politischen Haltung. Der Algerienkrieg wird dazu die eigentliche Gelegenheit bieten.

54
Der schöne Herbst
von François Mauriac

»Ich sehe in unserer nahen oder fernen Geschichte nichts, was sich mit dem vergleichen ließe, was im Moment geschieht; nie haben die Folgen einer Politik ihre Verursacher innerhalb einer so kurzen Frist heimgesucht[199].«

François Mauriac, der diese Worte am Freitag, den 30. November 1956, für seinen »Bloc-Notes« in *L'Express* niederschreibt, ist dabei, mit einundsiebzig Jahren der berühmteste französische Schriftsteller zu werden; er ist zweifellos schon der am meisten gehasste.

Alles beginnt für ihn im November 1952 von Neuem, als er den Nobelpreis für Literatur bekommt. Was für andere eine Krönung gewesen wäre, ist für ihn eine neue Verantwortung. Die Ader des Romanciers war nach und nach versiegt: die Wunde, die der tödliche Artikel von Sartre hinterlassen hat, blutet noch, wenn auch einige Texte erschienen sind. »Von 1941 an, dem Erscheinungsjahr von *La Pharisienne*, bis zu *Sagouin* (1951) und *L'Agneau* (1954)«, so wird er schreiben, »handelt es sich nicht um eine Kunst, mit der es zu Ende geht, sondern um ein Werk, das fortdauert – ein Werk, das fortdauert, ist ein Werk, das sich überlebt[200].« Auf das Theater verzichtet er nach dem mageren Erfolg seines letzten Stückes *Le Feu sur la terre* (»Das Feuer auf der Erde«) im Jahre 1950.

In der Politik hatte er kurz nach der Libération die Bühne belebt, doch sich dann nach seinem eigenen Eingeständnis weniger eingemischt, weil er der Christdemokratie vertraute, die unter dem Kürzel MRP mit im Geschäft war. Für einen Mann seiner Generation war es unglaublich, einen Georges Bidault als Minister und einen Charles Maurras im Gefängnis zu sehen:

»Ich glaubte, dass die wieder flott gemachte Republik unter dem geistigen Einfluss von Marc Sangnier, dem alten und nach wie vor lebendigen Erzengel, mit vollen Segeln dahinsegeln würde. [...] Ich glaubte,

---

199 F. Mauriac, *Bloc-notes, 1, op. cit.*, S. 414.
200 F. Mauriac, *Nouveaux Mémoires intérieurs, Œuvres autobiographiques, op. cit.*, S. 818.

dass endlich eine Politik beginnen würde, die, wenn sie sich auch nicht gerade von der Heiligen Schrift leiten lassen, so doch im Wesentlichen mit den Seligpreisungen der Bergpredigt übereinstimmen würde[201].«

Als Mauriac zu den Nobelpreis-Feierlichkeiten in Stockholm ankommt und aus dem Zug steigt, erfährt er von den finsteren Ereignissen, die sich gerade in Casablanca abgespielt haben. Seit langem schwelte schon das Feuer in dem marokkanischen Protektorat, in dem der Generalresident[202], zunächst General Juin, dann General Guillaume, gegenüber dem Nationalismus, dem Sultan und der Istiqlal-Partei (die 1944 ein »Manifest für die Unabhängigkeit« veröffentlicht hatte) eine unnachgiebige Politik verfolgte, bei der er sich auf Stammesführer wie den Glaoui, den Pascha von Marrakesch, stützte. Am 7. Dezember artet ein von der Istiqlal ausgerufener Generalstreik in einen Aufstand aus; man zählt mehrere Dutzend Tote, die Repression ist grausam. 1953 führt die kolonialistische Politik des Marschall Juin, die der Radikale Martinaud-Déplat stützt, zur Absetzung des Sultans Ben Youssef – mit dem geheimen Einverständnis des Glaoui. Ein neuer *Imam*, Moulay Arafa, tritt an die Stelle des Sultans Ben Youssef, der am 20. August von Guillaume festgenommen und über Korsika nach Madagaskar verschleppt wird. Die Regierung Laniel, von der das Komplott nicht ausgegangen war, lässt alles geschehen, aus Furcht, in Marokko einen Bürgerkrieg auszulösen. »Présence française« (»Französische Präsenz«), die Lobby der Kolonialpartei, triumphiert. Einige Tage später häufen sich die Attentate: Marokko wird nach Indochina, wo Frankreich einen – wie die Kommunisten sagen – »schmutzigen Krieg« führt, Gegenstand erheblicher Sorge, umso mehr, als sich in Tunesien eine Kraftprobe zwischen den Nationalisten des Neo-Destour und den gegenterroristischen Gruppen der »Roten Hand« anbahnt. Der ganze Maghreb ist von Umsturz bedroht. Am 1. November 1954 beginnt mit dem »roten Allerheiligen«, wie man die Welle von Attentaten nennt, die die algerischen Nationalisten gegen die Franzosen verüben, der Algerienkrieg. Diese Ereignisse sind für Mauriac ein Grund, den politischen Kampf wiederaufzunehmen, was zunächst in seinen angestammten Publikationsorganen, *Le Figaro* und *La Table ronde*, einen Skandal auslöst.

Bei seiner Rückkehr aus Stockholm nimmt Mauriac, angestachelt durch den Nobelpreis, Verbindung zu Linkskatholiken auf, deren angesehenster Vertreter Robert Barrat ist, Journalist und Spiritus rector des Centre catholique des intellectuels français (»Katholisches Zentrum der französischen Intellektuellen). Sie gründen gemeinsam eine Vereinigung, einen »Freundeskreis«, das Comité France-Maghreb, das der herausragende Islamspezialist

---

201 Ibid., S. 819.
202 *Anm. d. Ü:* Generalresident: Vertreter Frankreichs in Marokko.

Louis Massignon, Professor am Collège de France, angeregt hat und dessen Vorsitz Mauriac übernimmt. Ende Juni 1953 prangert der Marschall Juin bei seiner Aufnahme in die Académie française die »christlich Gesinnten« an, die »den Feinden unseres Landes eine unverhoffte Hilfe« gewähren. Mauriac, auf den sein neuer Kollege abzielt, erscheint nicht zum Empfang, während die Anwesenheit des Glaoui bemerkt und applaudiert wird. Am 30. Juni antwortet Mauriac in *Le Figaro* mit »Ein sternenverzierter Stockschlag«:

> »Haben wir Unrecht, wenn wir annehmen, Herr Marschall, dass die Gerechtigkeit in Nordafrika die einzige Politik ist, die Frankreich offensteht? Die höchstrangigen Staatsmänner, Generäle, Diplomaten und zahlreiche Siedler in den Kolonien unterstützen uns. Die christliche Überzeugung verbindet sich hier mit der politischen Klugheit, die weiß, dass das, was Sie mit einem Lächeln die Religion des Herzens nennen, mehr Macht über die Menschen hat als die Religion der Stärke[203].«

Mauriac, der von jetzt an der *Table ronde* regelmäßig seinen »Bloc-Notes« liefert, fragt sich in aller christlicher Demut, ob er nicht dabei ist, eine Rolle zu spielen, seine Biographie herauszuputzen. Bei einem Abendessen im Juli sagt ihm André Maurois ganz »artig«: »Aber es ist ausgezeichnet für Sie, sich um die Eingeborenen zu kümmern!« Mauriac betreibt keine Karrierestrategie mehr. Er erhält zwar jeden Tag zustimmende Briefe, doch auch immer mehr Drohbriefe. Er zitiert ein Beispiel:

> »Du sollst wenigstens wissen, dass Dir, falls Du weiterhin Dummheiten von Dir gibst, bald ein Unglück zustoßen wird – und zwar nicht mehr auf schriftlichem Wege. Du bist ein schmutziger Kerl und ein Verräter an Marschall Pétain ... Sieh Dich vor [...]. Meine Fäuste sind in ausgezeichnetem Zustand; es sind die eines Landwirts, der Dir seine ganze Verachtung in die Fresse kotzt, schmutziger Feigling[204] ...«

Zur selben Zeit fühlt sich Mauriac auch gehalten, für die Revision des Prozesses gegen die Rosenbergs zu kämpfen, die der »nuklearen« Spionage zugunsten der Russen angeklagt und von der amerikanischen Justiz zum Tode verurteilt worden sind. Am 7. Juli übernimmt er trotz seiner lädierten Stimme den Vorsitz eines Meetings in der Mutualité.

Als am 15. August der Sultan Mohammed V. abgesetzt wird, kommen zwei marokkanische Studenten nach Vittel und reißen Mauriac aus seiner

---

203 F. Mauriac, *Mémoires politiques, op. cit.*, S. 462–463.
204 F. Mauriac, *Bloc-Notes, 1, op. cit.*, S. 82.

Kur heraus: sie bitten ihn, Laniel aufzusuchen. Frankreich steckt damals mitten in einem Streik der SNCF[205]. Mauriac interveniert vergeblich beim Ministerpräsidenten – dieser hat andere Dinge als Marokko im Kopf.

Die Leser von *Le Figaro* und *La Table ronde* ertragen die Artikel von Mauriac für die Gerechtigkeit in Marokko immer weniger. Mauriac zieht daraus im November 1953 die Konsequenzen und stürzt sich in ein neues journalistisches und politisches Abenteuer, das sein Leben während einiger Jahre verändern wird: er liefert seinen »Bloc-Notes« bei einer ganz neuen Wochenzeitung, *L'Express*, ab, die von Jean-Jacques Servan-Schreiber herausgegeben und von Françoise Giroud in Schwung gehalten wird. Diesmal wechselt Mauriac die Gemeinde. Dem regelmäßigen Mitarbeiter der rechten oder der katholischen Presse steht von nun an jede Woche die letzte Seite einer linken Wochenzeitung zur Verfügung, deren politisches Ziel es ist, Pierre Mendès France zu unterstützen. Am 14. November beginnt er seine Mitarbeit mit einem glänzenden Beitrag zur Präsidentenwahl, »Die Kandidaten«; noch lange wird man das Porträt im Gedächtnis haben, das er von Joseph Laniel zeichnet: »Man muss Monsieur Joseph Laniel Gerechtigkeit widerfahren lassen: er ist jemand, der nichts vortäuscht! Bei diesem massigen Präsidenten macht man auf Anhieb aus, was er verkörpert: Barren aus echtem Gold.« *La Table ronde* veröffentlicht den letzten »Bloc-Notes« von Mauriac im Januar 1954; *L'Express*, der das Erbe antritt, wird den Ruf des Polemisten festigen, indem er seine Leserschaft völlig erneuert.

Die neue Wochenzeitung erscheint seit Mai 1953. Ihr Herausgeber, der auch »JJ-SS« genannt wird, ist der Sohn von Émile Servan-Schreiber, dem Herausgeber der Wirtschaftszeitung *Les Échos*. Jean-Jacques, Journalist bei *Le Monde*, dann bei *Paris-Presse*, träumt davon, eine Zeitung ganz für sich zu haben. Er ist Absolvent der École polytechnique, hat einen Quadratschädel, einen Sinn für geistreiche Formulierungen und den nötigen Größenwahn, um sich in das Abenteuer zu stürzen; er kommt über seine Familie an das nötige Kapital und überredet Françoise Giroud, eine brillante Journalistin, die bereits das Magazin *Elle* zum Erfolg geführt und die er kurz zuvor kennen gelernt hat, ihm dabei zu helfen, eine Wochenzeitung – im Format halb so groß wie eine Tageszeitung – zu gründen, deren Chefredakteur Pierre Viansson-Ponté wird. Die Konzeption der Zeitung, ihr nach und nach verbessertes Layout, die Mitarbeit ausgezeichneter Journalisten und Experten – unter ihnen Jean Daniel, Philippe Grumbach, Léone Georges-Picot (Nora), Alfred Sauvy – machen aus ihr ein verlockendes Blatt für ein Mittelschicht-Publikum mit überwiegend akademischem Hintergrund. Die erste Nummer von *L'Express*, die als Untertitel »Les Échos du samedi« (»Die Echos des Sams-

---

205 *Anm. d. Ü:* SNCF, Société nationale des chemins de fer français: Staatliche französische Eisenbahngesellschaft.

tags«) trägt, erscheint am 14. Mai 1953 in nüchterner Aufmachung, ohne Foto, und kündigt ein Interview mit Pierre Mendès France an.

Diese erste Nummer kommt genau zur richtigen Zeit: zwei Wochen später wird der radikalsozialistische Abgeordnete, ehemaliger – zurückgetretener – Minister von General de Gaulle im Jahre 1945, zum ersten Mal aufgefordert, eine Regierung zu bilden. Am 3. Juni stellt er vor einer halb faszinierten, halb widerspenstigen Nationalversammlung sein Programm vor, bevor er an der Gegnerschaft der Rechten und der Kommunisten knapp scheitert. Während *L'Observateur* Mendès ebenso viel Kritik wie Lob spendet (er beschreibt ihn als einen mit dem Etikett Neokapitalist zu versehenden Modernisierer, der aber seine Vorstellungen über einen notwendigen Frieden in Indochina habe), setzt sich *L'Express* munter für den eher einsiedlerischen, sehr gewissenhaften Abgeordneten des Département Eure ein, der den republikanischen Geist im besten Sinn verkörpere. Die nichtkommunistische Linke verfügt jetzt über zwei einflussreiche Wochenzeitungen mit unterschiedlichem Gepräge, von denen jede auf ihre Weise den Kampf für die Entkolonisierung führen wird. Seit er für *L'Express* schreibt, muss Mauriac dem Bündnis zwischen dem (trotz seiner Ursprünge) linken Katholizismus und einer neuen laizistischen, modernistischen, antikolonialistischen Linken einen persönlichen Anstrich geben. Auf der letzten Seite dieser Wochenzeitung, die noch frei ist von Werbung – so dass es leicht ist, den »Bloc-Notes« bei den Zeitungsverkäufern zu lesen, ohne die Zeitung zu kaufen –, wird Mauriac den Anhängern der ungeschmälerten und durchgreifenden »französischen Präsenz« in den Kolonien und Protektoraten seinen Widerstand entgegensetzen. Françoise Giroud erinnert sich fasziniert daran:

»Es war herrlich, das Schauspiel dieses alten Herrn, der – mit Ehren überhäuft und mit allen Ehrenbändern geschmückt, mit denen das *Establishment* die Seinen an sich zu binden pflegt – den ehrenwerten *Figaro* verließ, um sich einer fast unbekannten Zeitung von zwei Rebellen anzuschließen, die ihm nicht einmal das zahlen konnten, was er hätte fordern können. [...] Er schrieb weiterhin in *Le Figaro littéraire* sehr schöne Artikel, in denen nur noch die Rede von Chateaubriand und Barrès war, was den Gräfinnen nicht missfiel. [...] 1953 war das Spiel für ihn gelaufen – und gewonnen. Sogar seine Gesundheit, von der er sagte, sie sei besorgniserregend und fragil gewesen, war zu einer eisernen Gesundheit und seine verletzte Stimme zu einem Element seines Charmes geworden. Er war frei, wie niemand frei ist, oder kaum jemand. [...] Alles an ihm erinnerte an eine Katze, nicht nur die kratzenden Krallen. Die Distanz, die Unabhängigkeit, die gebieterische Auswahl derer, die er an sich herankommen ließ, schnurrend, mit halb geschlossenen Augen, mit Samtpfötchen und dann, ssst ... wieder auf den Baum springend. Ein untrüglicher Instinkt[206].«

Dieser in die politische Arena geworfene Christ, der weit davon entfernt ist, sein Kruzifix in die Tasche zu stecken, versagt es sich nicht, seine Leser – in der Mehrheit Ungläubige – mit Jesus, der Jungfrau Maria und der Auferstehung der Toten zu unterhalten. Man nimmt ihn, wie er ist, und er hat nichts mehr zu verlieren, es sei denn seine Ruhe. Die Politik schenkt ihm eine zweite Jugend, Jubel, Schwung; sogar sein preziöser Stil gewinnt dabei noch an Glanz. Nach Laniel, Opfer seiner polemischen Verve, werden andere zu seinen Jagdtrophäen: die Berühmtesten werden von seinen Epigrammen heimgesucht, die wie Kugeln pfeifen – zum großen Vergnügen seiner Leser, die sich durch ihn an den Unbilden der Zeit und an der Dummheit oder dem Kleinmut derer, die sie regieren, rächen.

Mauriac, von spätem Eifer beflügelt, drückt so eine ganze Strömung des französischen Nachkriegskatholizismus aus: die der Intellektuellen von *Esprit* – die allerdings den Positionen von *L'Observateur*, ab 1954 *France-Observateur*, näher stehen – und der Journalisten und Anhänger von *Témoignage chrétien*, einer Wochenzeitung, in der Mauriac auch hin und wieder schreibt. Von der katholischen Rechten, aus der er kommt, gehasst, stützt er sich auf den linken Flügel der Jesuiten und Dominikaner, mit dem ihn ein stilles Einverständnis verbindet. Diese linken Katholiken sind tief enttäuscht von der Entscheidung des Papstes, der Ende 1953 dem Experiment der Arbeiterpriester ein Ende setzt; sie schlagen sich für einen Verhandlungsfrieden in den Kolonien. Bis zum Ende des Algerienkrieges stehen sie der intellektuellen – sei es mendésistischen, marxistischen oder »marxisierenden« – Linken zur Seite; eine progressistische Minderheit von ihnen steht weiterhin der Kommunistischen Partei sehr nahe, insbesondere durch ihr Publikationsorgan *La Quinzaine*, bevor es verschwindet. Die kleinen Avantgarden der dreißiger Jahre, die durch die Kämpfe der Résistance gestärkt und vom MRP enttäuscht wurden, sind nicht mehr marginal und bilden Speerspitzen des Antikolonialismus.

Mauriac ist genau wie *L'Express* eine der einflussreichsten Stützen von Pierre Mendès France geworden, zu einer Zeit, als dieser – im Juni 1954 ein zweites Mal dazu aufgefordert, die Regierung zu bilden – bis zu seinem Sturz im Februar 1955 Hoffnungsträger einer demokratischen Erneuerung ist. Mauriac verschont mit seiner Heftigkeit auch die Christdemokraten des MRP nicht mehr, die er einst schätzte und die nun die Hauptverantwortlichen für das schließliche Scheitern von »PMF«[207] sind; sie werfen ihm man-

---

206 F. Giroud, *Si je meurs*, Stock/Livre de Poche, 1973, S. 150–153.
207 *Anm. d. Ü:* PMF: Pierre Mendès France.

gelndes Engagement zugunsten der EVG vor, des Projekts einer Europäischen Verteidigungsgemeinschaft, das im Laufe des Sommers 1954 definitiv beerdigt wird. Inzwischen hatte Pierre Mendès France den Indochinakrieg durch die Genfer Verträge beendet; er lässt über die Autonomie Tunesiens abstimmen; er nimmt die notwendigen Wirtschaftsreformen in Angriff; er hat – aus dem Wunsch heraus, die verheerenden Auswirkungen des Alkoholismus einzudämmen – den Mut, die Weinbrandbrenner und andere Lobbys zu bekämpfen. Er verliert bei jedem seiner Kämpfe einen Teil seiner bunt zusammengewürfelten Mehrheit und beendet seinen Regierungsauftrag, indem er von seinen Politikerkollegen ein wenig mehr gehasst und von einer Mehrheit der Bürger noch mehr bewundert wird, denn diese finden in diesem eigensinnigen, leidenschaftlichen und methodischen Mann endlich das wahre Antlitz einer Linken, die sich an den Quellen von 1789 erfrischt hat.

»Michelet«, schreibt Mauriac am 7. Februar 1955, »erinnerte an folgende Beschwörung von Anacharsis Cloots[208], kurz bevor dieser aufs Schafott stieg: ›Frankreich, heile Dich von den Individuen‹. Nicht von den Individuen muss das Frankreich der Massen, das heute die Nationalversammlung verkörpert, geheilt werden, sondern von dem hasserfüllten Neid, den ihm jedes überlegene Individuum einflößt, sogar wenn es nach einer Katastrophe auf dieses Individuum zurückgegriffen hat und selbst wenn dieses das Boot, so gut es ging, wieder flott gemacht und aufs Meer zurückgeführt hat.«

Das Werk von Mendès France, unvollendet, zerbrochen an den widersprüchlichen Feindseligkeiten eines quasi unregierbaren Parlaments, wird trotz seiner Verdienste von einer gewissen Blindheit in der algerischen Frage beeinträchtigt, die seit den Attentaten des »roten Allerheiligen« wieder geradezu dramatisch zu einem Brennpunkt der Aktualität geworden ist. Der Ministerpräsident und sein Innenminister, François Mitterrand, fordern und versichern, dass Algerien »französisch« ist und bleiben wird. Sie beginnen eine Notstandspolitik mit doppelter Ausrichtung: verschärfte Aufrechterhaltung der Ordnung, um die Bevölkerung zu beruhigen, und Durchführung von Reformen, die die schreiende Ungleichheit zwischen den Algerienfranzosen und den Moslems verringern sollen. Niemand oder fast niemand ahnt damals, dass Frankreich das Vorspiel einer geschichtlichen Bewegung erlebt, die zur Unabhängigkeit Algeriens führen wird. Der Reformismus von Mendès France in dieser Sache wird von der rechten Presse und der Presse Algeriens scharf verurteilt: die »Integration«, die zwei Jahre später ihr eigenes Motto

---

208 *Anm. d. Ü:* Anacharsis Cloots: Revolutionär preußischer Abstammung (1755–1794), kam 1776 nach Paris, arbeitete an der *Encyclopédie* mit; 1794 zum Tode verurteilt und guillotiniert.

sein wird, klingt damals wie ein Vorhaben, mit dem ein Imperium liquidiert werden soll; und an den Namen Pierre Mendès France hängen seine Gegner von nun an die Bezeichnung »Ausverkäufer«.

Unter der Regierung Edgar Faure, die auf die von Mendès folgt, verschlimmern sich die »Ereignisse Algeriens«. Massaker, Attentate, Repressalien häufen sich. Am 29. November verliert Edgar Faure die Mehrheit. Er beschließt, die Nationalversammlung aufzulösen, was man seit Mac-Mahon nicht mehr erlebt hatte. Die vorgezogenen Wahlen sind auf den 2. Januar anberaumt. Der Wahlkampf ist eröffnet.

L'Express, dessen Ausstrahlung jeden Monat wächst, hat die Kampagne für die sowieso für 1956 vorgesehenen Wahlen bereits begonnen. In diesem Zusammenhang entschließen sich JJ-SS und seine Mitarbeiter zu einem kühnen Schlag: die Wochenzeitung in eine Tageszeitung umzuwandeln – ein gewagtes Unternehmen, das am 3. Oktober 1955 beginnt. Mauriac behält seinen »Bloc-Notes«, während Albert Camus, seit Juli Mitarbeiter des Wochenblattes, dazu bereit ist, die Leitartikel im Wechsel mit dem katholischen Akademiemitglied zu schreiben – ungeachtet seines Misstrauens ihm gegenüber[209]. Nachdem die Kampagne eröffnet ist, engagiert sich die neue Tageszeitung rückhaltlos für den Front républicain (»Republikanische Front«), der die Radikalsozialistische Partei, die SFIO, die UDSR (Union démocratique et socialiste de la Résistance, »Demokratische und sozialistische Union der Résistance«) von François Mitterrand und eine kleine von Chaban-Delmas geleitete gaullistische Gruppe umfasst. Mauriac stürzt sich voll in die Schlacht, predigt gegen den MRP und ruft seine Schäfchen dazu auf, für die mendésistische Linke zu stimmen. Ein ehrwürdiger Pater von *La Croix,* Lucien Guissard, klopft ihm auf die Finger, und bezeichnet ihn als »Sophisten«:

»Ich sehe kein charakteristischeres Beispiel für die Vereinnahmung des Religiösen durch das Politische. Monsieur Mauriac hat beschlossen, gegen die ›Vereinnahmung der Katholiken ausschließlich durch die reaktionären Gruppen der Nationalversammlung‹ vorzugehen. Und nun geht er in die umgekehrte Falle – mit diesem sicheren Ton, der das untrügliche Zeichen des Irrtums ist.«

Die Antwort des Akademiemitglieds lässt nicht auf sich warten:

»Oh! ich sehe sehr wohl, dass Sie das leichthin geschrieben haben, wie ein geschickter Mann, der der Meinung ist, dass das Feinste vom Feinen des katholischen Journalismus darin besteht, zu verhindern, dass

---

209 O. Todd, *op. cit.,* S. 664.

man sich die Finger verbrennt, und also vor den brennenden Fragen die Flucht zu ergreifen. Wir werden irgendwann, wenn Sie das amüsiert, die Liste der Fragen zusammenstellen, von denen die vorsichtige *Croix* schamvoll ihren Blick abgewendet hat, um die Todesdrohungen und die Beleidigungen den anmaßenden Akademiemitgliedern zu lassen.

Mein unschuldiger Artikel muss Sie wohl sehr gestört haben, so dass Sie die Maske plötzlich fallen ließen; er muss vor allem die Wahlinteressen gestört haben, denen in aller Öffentlichkeit zu dienen Sie sich hüten. Warum wagt es ihre Liebe nicht, sich zu bekennen? Es ist keine Schande, sich für den MRP zu schlagen. Ich, der ich hier zu Ihnen spreche, werde ihm am 2. Januar zum ersten Mal meine Stimme nicht geben.

Doch glauben Sie mir: nicht Sophismus hat mich zum MRP auf Distanz gehen lassen. Ich wäre ein Sophist, das gebe ich zu, und was schlimmer ist, ein Dummkopf, wenn ich behauptet hätte, wie Sie es mir vorwerfen, dass Wahrheit und Gerechtigkeit per definitionem links stehen und der Rechten unbekannt sind. Steigen Sie, ich bitte Sie, Hochwürden, von dem Himmel herab, wo die mit Großbuchstaben geschriebenen Ideen herrschen. Aber ich warne Sie, Sie werden Ihre Sutane hochziehen müssen, denn da, wo wir langgehen, fehlt es nicht an Blut und auch nicht an Schmutz[210].«

Die Wahlergebnisse vom 2. Januar 1956 flößen kaum Begeisterung ein. Trotz des Aufschwungs der nichtkommunistischen, von Mendès France geleiteten Linken erhält der PCF ein Viertel der Stimmen, während auf der äußersten Rechten rund fünfzig poujadistische Abgeordnete der UDCA (Union de défense des commerçants et artisans, »Union zur Verteidigung der Händler und Handwerker«) auftauchen, Händler und Handwerker, die vor allem die Verteidigung ihrer Wirtschaftsinteressen im Sinn haben, doch von einigen faschistoiden Aufwieglern wie Jean-Marie Le Pen, einem ehemaligen Indochina-Kämpfer, flankiert werden. Die parlamentarische Investitur von Guy Mollet lässt Mauriac und die Mendésisten erstarren; ihr großer Mann wird sowohl vom Innen- wie vom Außenministerium ferngehalten. Mitte Januar veröffentlicht Camus in *L'Express* einen Artikel, »Die Partei des Burgfriedens«, bevor er nach Algier fährt. Er hat vor, am 22. Januar an einer großen Versammlung im Cercle du progrès (»Fortschrittskreis«) teilzunehmen, wo er den Gedanken eines »Burgfriedens« propagieren will, um zu einer »Gemeinschaft der Hoffnung« zu gelangen. Von Emmanuel Roblès eingeführt, legt er in Gegen-

---

210 F. Mauriac, *Bloc-Notes, 1, op. cit.*, S. 309–310.

wart von Ferhat Abbas vor einem vollen Saal seine Meinung dar, während draußen Demonstranten Todesdrohungen ausstoßen und Steine werfen. Es ist nicht mehr die Stunde für einen dritten, liberalen, humanistischen Weg der Versöhnung. Camus macht sich klar, in welchem Ausmaß man in einer Sackgasse steckt, und beschließt, von nun an zu schweigen. Nach dem 6. Februar scheidet Camus aus *L'Express* aus. Mauriac setzt den Kampf fort. Während des ganzen Jahres und bis zum Sturz der Regierung Guy Mollet im Mai 1957 verschärft die intellektuelle Linke ihre Kritik an der Algerienpolitik einer politischen Linken, die keine andere Perspektive mehr hat als die Flucht nach vorn in die Repression, die Verstärkung der Militärkräfte, die Entsendung von Soldaten nach Algerien und die Verlängerung des Militärdienstes auf siebenundzwanzig Monate. Im April erlebt man die Revolte der »Wiedereinberufenen« an mehreren Ecken Frankreichs, besonders in Grenoble, wo die Züge blockiert werden. Die Unruhen dauern mehrere Wochen an. Die Routine gewinnt die Oberhand. Die nachfolgenden Regierungen von Maurice Bourgès-Maunoury und Félix Gaillard sind dem Algerienproblem gegen_über ebenso machtlos, das die Armeekader an sich reißen und das die Pieds-noirs, die in der Presse, im Geschäftswesen und in den Amtsstuben der Metropole auf sehr viel Sympathie stoßen, dramatisch aufladen.

Der Widerstand der Intellektuellen wird stärker. Das völlig illegale Vorgehen, mit dem man das Flugzeug des nationalistischen algerischen Politikers Ben Bella und seiner Gefährten am 22. Oktober 1956 zur Landung zwingt, und die kurz darauf folgende Suez-Expedition bieten Gelegenheit, Guy Mollet von verschiedensten Seiten unter Beschuss zu nehmen. *France-Observateur, L'Express, Témoignage chrétien* erweisen sich als die am stärksten antimolletistischen Zeitungen. Auf ihre Art bilden *Le Monde* und *Le Canard enchaîné* einen anderen Pol des Widerstands. *Les Temps modernes* und *Esprit* fahren mit ihrer antikolonialistischen Kritik fort, was in Algerien regelmäßig zu ihrer Beschlagnahmung führt. Dieses linke Zusammenwirken zeigt sich besonders im Laufe des Jahres 1957, als der Skandal um die Folter in Algerien ausbricht.

Im Februar 1957 beschließen die Verantwortlichen von *Témoignage chrétien*, ein Sonderheft herauszubringen, den *Dossier Jean Muller* (»Akte Jean Muller«). Es handelt sich um die Briefe eines Pfadfinder-Anführers, der in Algerien getötet wurde; sie berichten von den Polizeimethoden gewisser französischer Kampfeinheiten: »Wir sind verzweifelt darüber«, schreibt Jean Muller insbesondere, »dass die Franzosen Methoden anwenden, die zur Nazi-Barbarei gehören.« *L'Humanité* druckt diese Passage am 26. Februar ab und wird beschlagnahmt. Im Laufe der folgenden Wochen und Monate erscheinen eine ganze Reihe von Zeugenberichten: in *Esprit* »Der Friede der Némentchas« von einem ehemaligen Mitglied des PCF, Robert Bonnaud, einem Einberufenen, der im Dezember entlassen wurde[211]; in *Les Temps modernes*

»Ein Jahr im Aurès-Gebirge« von Jacques Pucheu[212]. Das gerade gegründete Comité de résistance spirituelle (»Komitee des geistigen Widerstands«) veröffentlicht eine explosive Broschüre: *Des rappelés témoignent* (»Wiedereinberufene legen Zeugnis ab«). Die Éditions du Seuil bringen im März die Kampfschrift des katholischen Schriftstellers Pierre-Henri Simon *Contre la torture* (»Gegen die Folter«) heraus, die Éditions de Minuit das Gemeinschaftswerk *Pour Djamila Bouhired* (»Für Djamila Bouhired«) von Georges Arnaud und Jacques Vergès. Jacques Soustelle prangert daraufhin in der Nationalversammlung *Le Monde*, *France-Observateur*, *L'Express* und *Témoignage chrétien* als »die vier Großen der französischen Gegenpropaganda« an. Die Regierung verstärkt die Beschlagnahmungen und Strafverfolgungen, doch vergeblich: der Protest gegen die Folter weitet sich aus und entwickelt sich zu einem Katalysator der Opposition gegen den Algerienkrieg. Am 28. März schreibt *Le Monde*, General de Bollardière, verantwortlich für den östlichen Sektor des Blida-Atlas, sei von seinem Kommando entbunden worden, weil er gegen die Anwendung von Methoden protestiert habe, die seiner Meinung nach den »Traditionen der Armee« widersprachen. Es bilden sich Komitees, besonders unter den Universitätsangehörigen. Im März 1957 gründen Madeleine Rebérioux und drei andere Frauen ein Comité pour la défense des libertés et la paix en Algérie (»Komitee für die Verteidigung der Freiheiten und den Frieden in Algerien«), das sich an die Lehrer im Höheren Schulwesen wendet. Seit November 1955 existiert bereits das Comité d'action des intellectuels contre la poursuite de la guerre en Afrique du Nord (»Aktionskomitee der Intellektuellen gegen die Weiterführung des Krieges in Nordafrika«); im Januar 1957 hat sich das Comité de résistance spirituelle gebildet, in dem zahlreiche Katholiken wie Robert Barrat, Henri Marrou und Jean-Marie Domenach zusammenkommen ... André Philip, Mitglied der SFIO – mit Guy Mollet über Kreuz – hat sich ihnen angeschlossen. René Capitant, ein hochangesehener Jurist, ehemaliger und zukünftiger Minister von General de Gaulle, beschließt, seine Vorlesungen fürs erste einzustellen, als er von dem angeblichen »Selbstmord« seines ehemaligen Schülers, des algerischen Anwalts Ali Boumendjel, am 23. März 1957 erfährt.

Während die sozial-molletistische Linke von der intellektuellen Linken angegriffen wird, lässt sich die aktivistische Rechte vernehmen. Ende März findet auf den Champs-Élysées und am Arc de Triomphe eine Demonstration der Anhänger der »Algérie française« (»französisches Algerien«) statt, nachdem ein französischer Soldat, Hauptmann Moureau, im Süden Marok-

---

211 R. Bonnaud, »La paix des Némentchas«, *Esprit*, April 1957.
212 *Les Temps modernes* veröffentlichen im Juni 1957 eine Reihe von Zeugnissen »junger Soldaten angesichts der Folter«; so im September 1957 das Zeugnis von Jacques Pucheu, der von April 1956 bis April 1957 in Algerien diente.

kos entführt worden war. Eine extremistische Kundgebung bedient sich dieses Vorfalls als Vorwand, um die Scheiben von *L'Express* mit Pflastersteinen einzuwerfen. Auf Plakaten verunglimpft man Mendès France und Mauriac; die Demonstranten schreien: »Erschießt Ben Bella!«, »Die Armee an die Macht!« und »Mendès an den Galgen!« ... Die Polizei bleibt völlig neutral und lässt die Rabauken gewähren.

Die Lage spitzt sich zu und wird immer scheußlicher. In Algerien demonstrieren die Studenten gegen den Dekan der juristischen Fakultät, René Capitant, einen Gaullisten, der einen Brief an Bourgès-Maunoury veröffentlicht hat, in dem er die tagtäglich in Algerien vorkommenden Verstöße gegen die Prinzipien der Republik bloßstellt – ein Brief, den elf seiner Kollegen missbilligt haben. In der Metropole bezieht die Union des étudiants de France (UNEF, »Union der Studenten Frankreichs«) Stellung: »Wir, die wir uns zum traditionellen Unterrichtswesen der französischen Universität bekennen, das auf Achtung des Rechts und der menschlichen Person gegründet ist, können es nicht hinnehmen, dass der Algerienkrieg unter solchen Bedingungen fortgeführt wird. Wenn es stimmen sollte, dass der Algerienkrieg mit anderen Mitteln nicht weitergeführt werden kann, dann ist diesem Krieg ein Ende zu setzen; denn weder das Kriterium der Wirksamkeit noch die außergewöhnliche Lage können in unseren Augen derartige Methoden rechtfertigen.« In der Sorbonne kommt es damals jede Woche zu Handgreiflichkeiten zwischen linken und rechten Studenten, die manchmal von uniformierten Fallschirmjägern auf Urlaub unterstützt werden. Die UNEF, deren Jahreskongress im April stattfindet, ist jetzt entschlossen, in den Kampf für den Frieden in Algerien einzutreten. Von einer Equipe geleitet, die sich in beträchtlichem Maße aus der JEC (Jeunesse étudiante chrétienne, »Christliche studentische Jugend«) rekrutiert, belegt auch sie die Rolle, die die jungen Katholiken bei der Mobilisierung gegen die Politik einer Regierung spielen, die von den Vorkämpfern für das »französische Algerien« beherrscht, eingeschüchtert und angestachelt wird. Auf die Initiative der Korporation der Pariser Jurastudenten hin spaltet sich im Anschluss an den Jahreskongress ein Drittel der Studentenvereinigungen ab.

Im Juni – mitten während der »Schlacht von Algier« – beginnt die Affäre Audin[213]. Dieser junge Mathematiklehrer in Algier, Mitglied der Kommunistischen Partei, war am 11. Juni von Fallschirmjägern festgenommen und ins El-Biar-Zentrum abgeführt worden, von wo er kein Lebenszeichen mehr gab. Nach der offiziellen Version war der Mathematiker geflüchtet. De facto erfährt man einige Monate später, dass er nach einigen Tagen Folter ermordet worden war. Im November 1957 wird ein Komitee Maurice-Audin gebildet,

---

213 P. Vidal-Naquet, *L'Affaire Audin (1957–1978)*, Éd. de Minuit, 1989.

dessen treibende Kraft Pierre Vidal-Naquet, damals Assistent in Geschichtswissenschaft, ist. Am 2. Dezember findet in der Sorbonne eine Soutenance de thèse[214] *in absentia* statt – in Gegenwart des Professors Laurent Schwartz von der École polytechnique, der die Arbeiten von Audin vor einem Saal voll Intellektueller vorstellt, unter denen man François Mauriac und Louis Massignon erkennt[215]. Laurent Schwartz ist Vorsitzender des Komitees Maurice-Audin, Henri Marrou und Jean Dresch sind die Vizevorsitzenden. Pierre Vidal-Naquet veröffentlicht im Mai 1958 in den Éditions de Minuit *L'Affaire Audin*. Parallel dazu gründen Maurice Pagat, Robert Barrat und Roland Marin das Centre du Landy (»Informations- und Koordinationszentrum«, dessen Sekretariat sich in der Rue du Landy in Clichy befindet). Jean-Paul Sartre und Jean Pouillon sagen die Unterstützung von *Les Temps modernes* und Jean-Marie Domenach die von *Esprit* zu[216]. Vom Januar 1958 an bringt das Centre du Landy *Témoignages et Documents* (»Zeugenberichte und Dokumente«) heraus, deren wichtigste Aufgabe darin besteht, die beschlagnahmten Artikel und Bücher neu zu drucken. So verbreitet diese unregelmäßig erscheinende militante Reihe im Februar 1958 *La Question* (»Die Frage«), ein Buch, das Henri Alleg, ein kommunistischer Aktivist, gerade in den Éditions de Minuit veröffentlicht hatte und das verboten worden war. Unabhängig von allen etablierten politischen Parteien behauptet sich so eine typisch intellektuelle Militanz, die die Methoden des Untergrundkampfes der Résistance wieder aufnimmt und trotz der offiziellen Zensur und Repression ein Forum des Protestes gegen den Algerienkrieg bietet. Wie zur Zeit der Dreyfus-Affäre entsteht wieder ein autonomer intellektueller Kampf. Im April bekommt Henri Marrou, Professor für Religionsgeschichte an der Sorbonne und Mitarbeiter von *Esprit*, der in *Le Monde* eine Pressetribüne, »Frankreich, mein Vaterland ...«, veröffentlicht, in der er gegen die Folter protestiert, Besuch von Polizeibeamten, die in seinen Unterlagen irgendein kompromittierendes Schriftstück suchen. Bourgès-Maunoury spricht damals von den »lieben Professoren« mit der Verachtung eines Realpolitikers.

In einer Nummer von *L'Express,* der im März wieder zu einer Wochenzeitung geworden ist, setzt Mauriac seine Karriere als Polemiker fort. Im Juni demonstriert er – an der Seite von Jean-Paul Sartre, Claude Roy, André Philip – für den Frieden in Algerien, obwohl die Demonstration verboten ist.

---

214 *Anm. d. Ü:* Soutenance de thèse: »Disputation« über eine Promotions- oder Habilitationsschrift an französischen Universitäten.

215 Vgl. mein Zeugnis in *La République se meurt 1956–1958,* Le Seuil, 1978, und Gallimard, »Folio-Histoire«, 1985.

216 Das Unterstützungskomitee setzt sich aus folgenden Personen zusammen: P.A. Viénot, É. Thomas, J. Brunhes Delamare, J.-P. Sartre, J. Czarnecki, J. Pouillon, J.-M. Domenach, Lanza del Vasto, Pastor Voge, A. Philip, Cl. Roy, P. Stibbe, J.-J. Mayoux, R. Marin, H. Marrou, Cl. Bourdet, R. Dumont, Vercors, L. Schwartz, R. Barrat.

Nicht ohne Clangeist betont Mauriac die Rolle der Christen in diesem Kampf:

> »Bourdet, Barrat, Marrou, das sind Namen von Christen. Ob man nun mit ihnen in diesem oder jenem Punkt übereinstimmt oder nicht, ob man sie in diesem besonderen Fall verurteilt oder ihnen zustimmt – Tatsache ist, dass die alte Zweideutigkeit überwunden ist. Undeutlich und vielleicht sogar ohne Wissen der Kirche sind einige Christen in Frankreich trotz so vieler Enttäuschungen und Niederlagen dabei, eine äußerst wichtige Partie zu gewinnen[217].«

Der eigentliche Skandal des Jahres 1957 liegt vielleicht nicht in diesem Zusammenspiel von katholischen, marxistischen und nichtreligiösen Intellektuellen gegen den Algerienkrieg und die Politik der Regierung, sondern in einem Buch von Raymond Aron: *La Tragédie algérienne* (»Die algerische Tragödie«), das zu Beginn des Sommers bei Plon erscheint. Der große Denker der liberalen Rechten verficht, ohne sich bei dem moralischen Problem der Folter aufzuhalten, die Unabhängigkeit Algeriens – im Namen der Vernunft und mit Hilfe von Statistiken. Er legt die Unmöglichkeit dar, aus Algerien ein französisches Gebiet zu machen: sowohl die Wirtschaft als auch die Demographie verbieten es. »Man kann sich nicht«, so schreibt er, »im Namen liberaler Ideen mit Gewalt gegen einen nationalen Aufstand behaupten, denn das Sich-Behaupten mittels Gewalt schließt den Liberalismus aus.« Die Rechte, für die Aron aufgrund seines unaufhörlichen Kampfes gegen den Kommunismus einer der meistbeachteten Wortführer ist, ist wie vor den Kopf geschlagen.

Für seine Verleumder ist Aron nichts anderes als ein Hirn ohne Menschlichkeit. Man spottet über seine »Trockenheit«, seinen »eisigen statistischen Stoizismus«, seinen »ausgedörrten Realismus«. Für seine Kritiker von rechts wird er nun, was er seit langer Zeit für seine Kritiker von links ist: ein Diener des Großkapitals. Er beteiligt sich am »Verrat der Eliten«, wie *Carrefour* schreibt. Sogar Jean Daniel kann sich nicht enthalten, in *L'Express* zu schreiben: »Der Wechsel vom Konservatismus zum Defaitismus ist wahrhaftig immer der gleiche.« Diese und tausend andere rachsüchtige Reaktionen hat Aron vorausgesehen. Ebenso hegt er »keine Illusionen«, was die Tragweite seiner Kampfschrift angeht. Er will ganz einfach laut sagen, was so viele Liberale im Stillen denken und was man in *Le Figaro* kaum äußern kann. Im Übrigen tritt man damals in den Spalten von *Le Monde*, ja von *L'Express*, keineswegs für die Unabhängigkeit Algeriens ein. Er, Aron, der Ratschläge über die Angelegenheiten der ganzen Welt erteilt, fühlt sich verpflichtet zu sagen, was er

---

217 F. Mauriac, *Bloc-Notes, 1, op. cit.*, S. 341.

über die wichtigste politische Angelegenheit denkt, die Frankreich beschäftigt. Sein Ansehen und seine Ehre stehen dabei auf dem Spiel.

Schon im vorausgegangenen März hatte Aron in seinem Buch *Espoir et Peur du siècle* (»Hoffnung und Angst des Jahrhunderts«) überzeugend dargelegt, dass das Kolonialzeitalter beendet war: »Es ist von nun an ausgemacht, dass das von der Dritten Republik errichtete französische Imperium verschwinden wird – wie auch das von der Monarchie errichtete verschwunden ist.« Warum? Weil ein solches Imperium in seinen ideologischen Grundlagen unterminiert ist: »Ein Imperium, das von einem Land, das sich auf die Demokratie beruft, errichtet wurde, wird in unserer Zeit von einem Widerspruch zerrissen, dem es nicht lange standhält.« Aron legt dieses Auseinanderbrechen des zweiten französischen Imperiums keinesfalls den »Irrtümern« der Regierung zur Last. Er urteilt darüber in »einer historischen Perspektive«; es handelt sich um eine *Woge der Geschichte*, die keines der Kolonialreiche verschont. Frankreichs Unglück kommt daher, dass es – da es diese historische Entwicklung nicht akzeptiert – keinen »Stil des Rückzugs« findet, der das Schlimmste verhindert. Es versetzt »große Schwertstiche«, die völlig vergeblich sind, denn es verfügt nicht mehr über die »Fähigkeit zur Gewalt« und auch nicht mehr über die »universalistische Idee«, die das sowjetische Imperium noch beflügeln mögen.

In demselben Verlag erscheint bald *Aimée et souffrante Algérie* (»Geliebtes und leidendes Algerien«) von Jacques Soustelle. Der ehemalige Aktivist des »Wachsamkeitskomitees der antifaschistischen Intellektuellen«, seit seinem Amt als Generalgouverneur Anhänger der »Algérie française«, stößt einen Schrei der Leidenschaft aus – ein ergreifender Kontrast zwischen den beiden Werken. Die Sprache der Hellsicht, der Vernunft des Machbaren, brachte Aron den Ruf einer »eisigen Klarheit« ein, wie Mauriac es nannte. Was fehlte Raymond Aron, dass er sich besser hätte verständlich machen können? Ein Ton, ein Vibrieren, irgendein Charme: die Nüchternheit steht den Propheten schlecht an[218].

Am 7. Juli 1957 geißelt Robert Lacoste in Algier die Verantwortlichen für das »Wiederaufleben des Terrorismus«. Ihm zufolge waren es »die Exhibitionisten des Herzens und der Intelligenz, die die Kampagnen gegen die Folter [lanciert hatten]« ... Er fügt hinzu: »Ich vertraue sie eurer Verachtung an.« Diejenigen, die die Geschichte kennen, erinnern sich an die Dreyfus-Affäre. Philippe Barrès hält es für angebracht, wie ehemals sein Vater die »Verleumder der Armee« zu brandmarken.

---

218 Siehe R. Aron, *Mémoires, op. cit.*, und M. Winock, »La tragédie algérienne«, *Commentaire*, Vol. 8, Nr. 28-29, Februar 1985, Sondernummer zu *Raymond Aron*, S. 269–273.

»Ach! Philippe Barrès! Philippe Barrès!« – antwortet Mauriac – »Wie stellt sich Frankreich dar – immer dieselbe Frage, heute wie vor sechzig Jahren. Wer bildete damals eine Gefahr für die Ehre der Armee: der General Mercier oder der Oberst Picquart? Und heute: ist es der General de Bollardière oder sind es die Männer, die diese Methoden anwenden, die schon der Bericht der Commission internationale contre le régime concentrationnaire [›Internationale Kommission gegen die Konzentrationslager‹] angeprangert hat und die der Bericht der Commission de sauvegarde [›Schutzkommission‹] –angesichts der Tatsache, dass die Regierung ihn nicht veröffentlicht hat, kann man nicht daran zweifeln – bestätigen wird[219]?«

Die Kontroverse über die Folter führt dazu, dass sich viele berufen fühlen, gleichsam als »Dreyfusards« zu handeln; und sie bestärkt das gegnerische Lager in seinen Überzeugungen, einem Nationalismus, der sich nicht scheut – genau wie 1899 –, den Gewaltstreich zu predigen. Der Vergleich endet hier. In der Dreyfus-Affäre waren die Intellektuellen von Politikern abgelöst worden, die den subversiven Anwandlungen der Antidreyfusards ein Ende zu geben wussten. Das Frankreich von 1958 enthüllt dagegen die Inkonsistenz der Linken gegenüber den Umstürzlern.

---

219 F. Mauriac, *Bloc-Notes, 1, op. cit.*, S. 516. Die Commission de sauvegarde war nach massiven Protesten gegen die Folter durch die Regierung Mollet gebildet worden. Drei ihrer Mitglieder, Maître Maurice Garçon, Émile Pieret-Girard und Robert Delavignette, waren zurückgetreten. Letzterer hatte verkündet: »Wir erleben in Algerien die Auflösung des Staates und diese Fäulnis bedroht das Land selbst.«

55
Eine neue Republik

Anfang 1958 ist Frankreich in einen Krieg verstrickt, der nicht beim Namen genannt wird. Ein Gesetz vom 26. Juli 1957 hat die Sondervollmachten auf das Territorium des »Mutterlandes« ausgedehnt. Ein erstes »camp d'assignation à résidence« (»Zwangsaufenthaltslager«) wird in Mourmelon eingerichtet. Die algerischen Immigranten werden Opfer von Polizeioperationen: Verhaftungen, Abschiebungen nach Algerien, Überstellung an die Militärjustiz. Die Beschlagnahme von aufbegehrenden Zeitungen wird nun gängige Praxis. Eine drückende Atmosphäre der Resignation herrscht im Land. Studenten und linke Intellektuelle demonstrieren als einzige gegen die ausweglose Kriegspolitik, die die Nachfolger von Guy Mollet, Maurice Bourgès-Maunoury und Félix Gaillard, und der unabsetzbare Robert Lacoste, sozialistischer Prokonsul in Algier, betreiben.

Am 8. Dezember 1957 entsteht eine neue Partei, die UGS, Ergebnis eines Vereinigungskongresses der Nouvelle Gauche (Claude Bourdet, Gilles Martinet, Philippe Vianney ...), des MLP, der Jeune République (Georges Lavau), der Action socialiste (»Sozialistische Aktion«) und der Unité socialiste (»Sozialistische Einheit«). Ihre studentischen Sektionen organisieren in Paris an der Seite der Kommunisten Straßendemonstrationen. Auf der äußersten Rechten fühlen sich die nationalistischen Gruppen – die Action française, Jeune Nation (»Junge Nation«) – durch die Ereignisse beflügelt: Attacken auf Verkäufer linker Zeitungen, Meetings, Umzüge, Plakate, Graffitis – noch nie war seit der Libération die Atmosphäre für sie so günstig gewesen. Im Dezember 1957 wird Georges Suffert, Chefredakteur von *Témoigange chrétien,* in Nancy, wo er einen Vortrag halten soll, von einem Kommando entführt und für einige Zeit festgehalten. Die integristische Rechte, der der Wind in die Segel bläst, unternimmt Gewaltaktionen gegen die Verkäufer dieser Zeitung, während die Denunziationen sich häufen und Flugblätter immer größere Verbreitung finden. Anfang 1958 gründet Jean-Marie Le Pen, der Poujade gegenüber auf Distanz gegangen ist, mit dem anderen Fallschirmjäger-Abgeordneten Jean-Marie Demarquet den Front national des combattants (»Nationale Front der Kämpfer«): »Vereinigen wir uns gegen alle Materialismen, für die nationale Revolution.« Kurze Zeit später gründet der Rechtsanwalt Jean-Baptiste Biaggi den Parti patriote révolutionnaire (»Revolutionäre patriotische Partei«), der entschlossen ist zu verhindern, dass »Nasser Poitiers[220] rächt« ... Der Algerienkrieg gibt den Besiegten der Libération, den ehemaligen Kollaborateuren, den Maurras-Leuten Auftrieb; zu ihnen gesellt sich eine neue Generation von Krawallmachern, die von den »Paras«[221] fasziniert sind. Im Quartier Latin folgt ein Krawall auf den anderen. Die Dissidenten der Radikalen – Anti-Mendésisten und rechts stehende Freimaurer – erneuern ihren Antiklerikalismus im Kampf gegen die linken Katholiken, »diese Doktoren im religiösen Glauben, die immer bereit sind, unter dem Deckmantel der Heiligen Schrift Frankreich ins Unrecht zu setzen« (Vincent Badie), und gegen »diese Blätter, die man unter gewissen gotischen Portalen verkauft« (André Marie).

Die Kommunistische Partei scheint kraftlos und unfähig, die Initiative im Widerstand gegen den Krieg zu ergreifen; sie bringt ihre Truppen nur noch für Beerdigungen auf die Straße – im Februar 1958 50.000 Trauernde hinter dem Leichenwagen von Marcel Cachin. Die öffentliche Meinung ist passiv und nimmt die Nachrichten aus dem Krieg – Scharmützel, Überfälle, Listen von Gefallenen, von Verwundeten – betreten auf, während die Abgeordneten die unzureichende Höhe der Militärkredite beklagen: »Wiederholen wir die Irrtümer von Indochina nicht«, ruft Frédéric Dupont in der Nationalversammlung aus. »In zwei Jahren werden vielleicht die entscheidenden Schlachten stattfinden. Kümmern wir uns also schon heute um die notwendigen Waffen.« Robert Lacoste, der schon seit langem und ohne zu fürchten, den gesunden Menschenverstand zu beleidigen, von »der letzten Viertelstunde« spricht, erklärt im März 1958 außerdem: »unser Optimismus ist gerechtfertigt« – genau an dem Tag, an dem die Presse ankündigt: »30.000 neue Männer für Algerien.« –

Die Geschichte hat gerade eine neue Wendung genommen. Am 8. Februar bombardieren die Franzosen Sakhiet-Sidi-Youssef, ein tunesisches Dorf (Tunesien ist wie Marokko seit 1956 unabhängig), unter dem Vorwand, dort befänden sich Luftabwehrstellungen des FLN (Front de libération nationale, »Nationale Befreiungsfront«). Man zählt 75 Tote und 83 Verletzte. Mit Ausnahme von Portugal verurteilt die Weltpresse den Frevel. Doch wer hat ihn verübt? Die Regierung Gaillard ist aller Wahrscheinlichkeit nach vor vollendete Tatsachen gestellt worden: die Armee handelt in Algerien nach Gutdünken – gegen den geheiligten Grundsatz der Unterordnung der militärischen unter die politische Macht. In der Nationalversammlung genießt die Regierung weiterhin die Unterstützung der Mehrheit. Ein Redner der Rechten, Henri Trémolet de Villers, Abgeordneter des Département Lozère, geht so

---

220 *Anm. d. Ü:* Poitiers: Anspielung auf die Niederlage der Araber bei Tours und Poitiers (732): die Eroberung des Frankenreiches durch die Omajjaden war damit misslungen.
221 *Anm. d. Ü:* Paras: für *parachutistes* (»Fallschirmjäger«). Ende Mai 1958 fürchtete man eine Landung putschistischer Para-Einheiten in Frankreich.

weit, sich über diese »vollkommene« »technische Realisierung« des Luftangriffs zu freuen: »Es ist möglich, dass Frauen und Kinder getroffen wurden, doch wer ist schuld daran?« Trotz dieser selbstzufriedenen Stellungnahmen nimmt die Sache einen ungünstigen Verlauf; Frankreich muss das »Vermittlungsangebot« der Vereinigten Staaten und Englands akzeptieren. Damit wird die Internationalisierung des Algerienkonflikts – von den Anhängern der »Algérie française«, für die die »Pazifizierung« eine »interne« Frage bleibt, gefürchtet – Realität. In den folgenden Wochen werden *France-Observateur*, *L'Express* und die kommunistische Wochenzeitung *France nouvelle* wieder beschlagnahmt. Von *France-Observateur* werden von April bis Juni 1958 zehn Nummern in der Hauptstadt und die Mehrheit seiner Nummern in Algerien beschlagnahmt[222]. Charles-André Julien, Professor für Kolonialgeschichte an der Sorbonne, der zusammen mit Jean Dresch, Henri Marrou, Alfred Sauvy und André Stibbe gerade *La Question algérienne* (»Die algerische Frage«) veröffentlicht hat, schreibt: »Es ist unbestreitbar, dass die Julimonarchie und das Second Empire den Schriftstellern, die den Krieg in Algerien kritisierten, eine Freiheit ließ, die den Behörden der Vierten Republik als aufrührerisch erscheinen würde.« Die Verschärfung der Situation führt zum Sturz der Regierung Gaillard. Die sich gleich bleibende Kriegs- und Repressionspolitik dreier aufeinanderfolgender Regierungen – hervorgegangen aus allgemeinen Wahlen, die von der Linken im Namen des Friedens in Algerien gewonnen wurden – gerät völlig in die Sackgasse. Die Krise der Vierten Republik bricht aus. Man versucht, notdürftig eine neue Regierung zu bilden, und tritt dabei wochenlang auf der Stelle; dann löst die Ankündigung, dass Pierre Pflimlin, ein als »liberal« geltendes Mitglied des MRP, einen Auftrag zur Regierungsbildung erhält, am 13. Mai eine Massenkundgebung in Algier aus, die die Truppen von General Massu steuern und zu verantworten haben. Dieser setzt sich an die Spitze eines Comité de salut public[223] und »fordert« in einem Appell an den Präsidenten Coty die Schaffung einer Regierung desselben Namens in Paris, denn »nur eine solche wäre in der Lage, Algerien als integrierten Bestandteil des Mutterlandes zu halten«. Die Armee hat in Algier die Macht an sich gerissen wie in irgendeiner lateinamerikanischen Republik; sie droht damit, auch in Paris die Macht zu übernehmen, wenn sie nicht die Bildung einer Regierung erreicht, die ihren Wünschen entspricht. Am 25. Mai wird in Ajaccio ein Wohlfahrtsausschuss gebildet: werden die Fallschirmjäger Paris bedrohen?

---

222 P. Tétart, *France-Observateur 1950–1964, Histoire d'un courant de pensée*, Doktorarbeit, IEP Paris, 1995, t. 2, S. 526.
223 *Anm. d. Ü:* Comité de salut public, Wohlfahrtsausschuss: dem jakobinischen Wortschatz der Revolution von 1789 entliehene Bezeichnung.

Der Rest ist bekannt: die rasche Niederlage der letzten republiktreuen Abgeordneten der Nationalversammlung, die Unfähigkeit der Linken, sich durchzusetzen, der Rücktritt Pflimlins und der Rückgriff auf General de Gaulle, der erklärt hat, er stehe bereit. Am Mittwoch, den 28. Mai, ruft ein Comité d'action et de défense républicaine (»Aktionskomitee republikanischer Verteidigung«) zu einer Demonstration von der Place de la Nation bis zur Place de la République auf. Dort drängt sich die Menge – doch es ist nur eine Menge. »Ich suche in dem Pathos, das die ›republikanische Verteidigung‹ in den letzten Tagen weckt«, schreibt Pierre Emmanuel, »vergeblich etwas anderes als eine mystische Klage[224].« Am Tag danach nimmt René Coty den Rücktritt der Regierung Pflimlin an und beauftragt den General mit der Regierungsbildung. Am 1. Juni wird dieser von der Nationalversammlung als Ministerpräsident bestätigt.

Die intellektuelle Linke ist sich in der Verurteilung sowohl des Gewaltstreichs von Algier als auch des Rufs nach de Gaulle fast geschlossen einig: wie sollte ein republikanisch gesinnter Geist das auch akzeptieren? Der Mann des 18. Juni[225] wird zwar nach wie vor geachtet, doch er erscheint als das Werkzeug der Umstürzler und der Militärrebellion. Einige beurteilen dies anders, unter ihnen François Mauriac. Seit zwei Jahren hat er zu wiederholten Malen die Rückkehr de Gaulles angeregt – die einzige und letzte Hoffnung auf einen wirklichen Frieden in Algerien. In *L'Express* kommt er – fast gegen die gesamte Redaktion der Zeitung – während der Maikrise auf das zurück, was er für einen notwendigen Schritt hält:

> »Werden wir diese Chance vertun«, schreibt er am 19. Mai (nach der Pressekonferenz des Generals), »die französische Jugend wieder mit Friedensaufgaben zu betrauen? das Martyrium des algerischen Volkes, das seit zwei Jahren grausam zwischen zwei Feuern steht, zu beenden? Ich gehöre nicht zu denen, die sagen: ›Lieber soll ein Volk zu Grunde gehen als ein Prinzip.‹ Was für ein Heuchler wäre ich, wenn ich so täte, als fühlte ich in mir nicht die Flügel dieser ungeheuren Hoffnung schlagen: dass kein Blut mehr fließt, dass die französischen Soldaten nach Frankreich zurückkehren, dass die armen Leute der Mechtas[226] kein anderes Elend mehr kennen als das, arm und mittellos zu sein, dass nie mehr die Rede von Folter sein soll, dass keiner unserer Soldaten mehr Anlass hat zu sagen, was General Massu vor sechs Monaten

---

224 P. Emmanuel, »L'événement et la parole«, *Preuves*, Juli 1958.
225 *Anm. d. Ü:* 18. Juni 1940: an diesem Tag rief Charles de Gaulle, nachdem der neue Regierungschef, Marschall Pétain, um einen Waffenstillstand nachgesucht hatte, über Radio London zur Fortsetzung des Kampfes gegen Deutschland auf.
226 *Anm. d. Ü:* Mechta: Lehmhütte in Algerien.

unserem Kollegen von *La Croix* anvertraute: ›Die Folter – Sie führen dieses Wort nur im Mund; ich bin gezwungen, sie zu praktizieren; was bleibt mir anderes übrig?‹[227].«

In *Combat* freut sich der Schriftsteller und ehemalige Résistant Maurice Clavel über »die Versöhnung von Algier«, wo Pieds-noirs und Moslems fraternisiert haben, und nimmt an der Gründung eines an den General de Gaulle appellierenden republikanischen Komitees teil, dem sich Emmanuel d'Astier de La Vigerie und Joseph Kessel anschließen. Schwärmerisch, begeistert, prophetisch macht er sich über die lustig, die der Meinung sind, der General sei ein Gefangener der Ultras oder in den Händen der Trusts. Roger Stéphane, ein Bewunderer von de Gaulle und Malraux, verlässt *France-Observateur*; diesem schließt sich Claude Estier an, der *Le Monde* den Rücken kehrt, nachdem Beuve-Méry seinen Standpunkt gewählt hat. Zwischen Claude Bourdet und dem Herausgeber von *Le Monde* entbrennt eine Polemik. Bourdet, Compagnon de la Libération, spricht von einer »schändlichen Erpressung«. Seinem »Nein, niemals« entgegnet Beuve-Méry mit einem

> »Trotz allem – ja!«: »Es ist möglich, dass Claude Bourdet schließlich Recht bekommt«, schreibt er. »Es ist möglich, dass er heute völlig Unrecht hat; denn weder Behutsamkeit noch Härte sind unfehlbar. Beide können gegebenenfalls den Weg zur Rettung öffnen oder versperren. Es wird nicht lange dauern, bis wir wissen, woran wir sind[228].«

Nach einem Triumphzug in Algerien besteht die erste Aufgabe des Generals darin, eine neue Verfassung nach seinen Vorstellungen ausarbeiten zu lassen. Eine Reise durch Schwarzafrika, die die zukünftige »Communauté française« («Französische Gemeinschaft«) ankündigen soll, gibt Hoffnung auf einen wirklichen Neubeginn – trotz der Minister der Vierten Republik, mit denen sich de Gaulle umgeben hat, Pinay, Mollet und anderen. Jean Daniel ist einer der wenigen Journalisten, die klar herausstellen, dass die »Politik von Conakry« (»Frankreich schlägt diese Gemeinschaft vor«, hatte der General gesagt, »niemand ist gezwungen, sich ihr anzuschließen. Ich sage Folgendes: die Wahl der Unabhängigkeit steht denen frei, die sie ergreifen wollen ...«) die Unabhängigkeit Algeriens ankündigt:

> »Wie die anderen, die des ›Systems‹, so belügt der General die Armee und belügt die Algerienfranzosen, indem er sie in dem Glauben lässt – wenn er es ihnen nicht sogar zusichert –, dass Algerien französisch sein

---

227 F. Mauriac, *Bloc-Notes, 2, 1958–1960*, op. cit., S. 72–73.
228 *Le Monde*, 1.–2. Juni 1958.

wird. Und diese Lügen werden eine Bevölkerung vollends aufbringen, sobald eine Lösung gefunden ist[229].«

André Malraux, der nicht als Vorkämpfer des Kolonialismus gilt, wird vorübergehend Informationsminister, bevor er sein Amt an Jacques Soustelle, einen der Herolde der »Algérie française« abgibt. Die Beschlagnahmung der Zeitungen geht weiter. Die rechte und rechtsextreme Presse schließt sich de Gaulle an, trotz des starken Grolls der pétain-nostalgischen Blätter gegenüber dem ehemaligen Oberhaupt des »Freien Frankreich«. Jacques Laurent stimmt wie alle »Husaren« zu: »Sie sprechen von Umsturz, von Komplott, von Sezession, um der Welt den glanzvollen Sieg zu verschleiern, den das französischen Denken gegen sie errungen hat, denn sie hatten gegen dieses Denken agiert[230].«

In seiner Juni-Nummer erläutert *Esprit* sein Bedauern:

»Man hätte das Volk vor die Rathäuser rufen, der Bedrohung durch die Fallschirmjäger-Diktatur die entschlossene Menge der republiktreuen Menschen entgegenstellen können. Das hätte bedeutet, das Risiko eines Bürgerkriegs einzugehen; doch indem man dieser Erpressung mit dem Bürgerkrieg, die nur von einer Seite kam, nachgab, lieferte man die Republik der Willkür der Staatsstreich-Militärs aus. Besonders hätte es bedeutet, das Risiko einer kommunistischen Hegemonie in der neuen Volksfront einzugehen, die sich abzeichnete. Die meisten von uns waren bereit, diese beiden Risiken einzugehen. Die Sozialisten und die Christdemokraten wollten davon nichts wissen. Eine beträchtliche Zahl von Pariser Redakteuren von *Esprit* nahmen an der großen Demonstration von der Place de la Nation zur Place de la République in dem Bewusstsein teil, einer riesigen Illusion beizuwohnen; denn bei den Organisatoren dieser Demonstration war kein gemeinsamer Wille, kein Programm vorhanden[231] ...«

Zur selben Zeit beziehen *Les Temps modernes* heftig gegen de Gaulle, den »Putschgeneral[232]«, Stellung, während ihm Sartre in *L'Express* die Möglichkeit abspricht, »das Oberhaupt eines republikanischen Staates zu werden« – ihm, der »der geometrische Ort all unserer Ohnmacht, all unserer Widersprüche[233]« ist.

Die Stellungnahme Roger Martin du Gards ist vorsichtiger. Sie kommt

---

229 J. Daniel, »L'Algérie après Conakry ou réalités et mystères du gaullisme«, *Preuves*, Oktober 1958.
230 J. Laurent, »Entre la foi et le doute«, *Combat*, 24. Mai 1958.
231 »Une révolution par défaut«, anonymer Leitartikel, *Esprit*, Juni 1958.
232 »La République a perdu une bataille«, anonymer Leitartikel, *Les Temps modernes*, Mai-Juni 1958.
233 J.-P. Sartre, »Le Prétendant«, *L'Express*, 22. Mai 1958.

weniger von einem Mann der Aktion – das war er nie – als von einem Geschichtsphilosophen:

»Ein langes Leben in einem stürmischen Jahrhundert«, schreibt er am 4. Juni, »hat uns gelehrt, dass einem immer *alles* von den Triebkräften, den Entwicklungen, den Konsequenzen eines *zeitgenössischen* Ereignisses verborgen bleibt. In zehn Jahren wird man anfangen, die historische Bedeutung dessen, was heute geschieht, zu erfassen, wird man erkennen, ob es der Beginn einer grässlichen Zeit oder der einer gedeihlichen Wiederaufrichtung ist[234].«

Ist er ein »gutgläubiger Dummkopf«? Jedenfalls sieht er die Verbindung de Gaulle-Malraux mit Wohlwollen. Am 28. März 1958 hatte Martin du Gard mit Malraux, Sartre und Mauriac nach der Beschlagnahmung des Buches von Henri Alleg, *La Question*, eine Eingabe an den Präsidenten der Republik unterzeichnet. Malraux, von de Gaulle herbeigerufen, setzt sich in den Kopf, eine Kommission von Schriftstellern zu bilden zur Untersuchung der von Alleg angeprangerten Folterungen. Ein folgenloses Projekt: weder Mauriac noch Camus sind von der Idee angetan; was Martin du Gard betrifft: er wird am 22. August von einem Herzinfarkt niedergeworfen.

Ein anderer Geschichtsphilosoph, Raymond Aron, betrachtet die Rückkehr des Generals mit Umsicht. Als ihm die Universität Harvard die Ehrendoktorwürde verlieh, hatte er den Eindruck, dass die Nachricht, mit der die Nachrichtenagentur AFP seine Rede in den Vereinigten Staaten zusammenfasste, zu Unrecht von seiner Zustimmung zur Volksbegeisterung vom 13. Mai in Algier sprach. Um seine Meinung darzulegen, schreibt er sofort *L'Algérie et la République* (»Algerien und die Republik«) – in derselben Reihe »Tribune libre« bei Plon, die seine *Tragédie algérienne* veröffentlicht hatte. Er wiederholt darin seine Analyse – doch ausführlicher –, der zufolge die Unabhängigkeit unumgänglich ist:

»Preisgabe – das heißt Ablehnung einer Zusammenarbeit mit den Ländern, die der Unabhängigkeit entgegengehen. Wer verstellt die Zukunft, wenn nicht der, der versichert, das Streben der Völker nach Selbstregierung sei mit der Berufung Frankreichs in Afrika unvereinbar? Die Nationen sind dekadent, die es ablehnen, sich einer veränderten Welt anzupassen.«

---

234 R. Martin du Gard, Brief an Roger Froment, *Journal, op. cit.*, 3, S. 1136.

Die Ära Sartre

Was de Gaulle betrifft, so ist Aron der Meinung, dass der General durch seine Autorität und sein Prestige eine bessere Chance als jeder andere hat, »einen Ausweg zu finden oder die Franzosen dazu zu bringen, die Fortsetzung des Konflikts zu ertragen[235]«. Als Intellektueller, der stolz darauf ist, ein politischer Schriftsteller zu sein, lehnt es Aron nichtsdestoweniger ab, »sich an Zweideutigkeiten zu beteiligen«. Im Gegensatz zu Malraux könnte er nicht in eine gaullistische Partei eintreten, die von zwei Verfechtern der »Algérie française«, Michel Debré und Jacques Soustelle, angeführt wird. Nichtsdestoweniger schenkt er dem General sein Vertrauen; er sei als einziger in der Lage, die Armee wieder zum Gehorsam zu bringen: »Die Revolution vom Mai kann vielleicht der Beginn der politischen Erneuerung Frankreichs sein – unter der Bedingung, dass sie sich beeilt, ihre Kinder zu fressen.« Das ist nicht schlecht gedacht, abgesehen davon, dass die neue Republik sich nur langsam beeilen kann. Man erkennt jedenfalls in dieser Analyse Arons politisches Gespür; viele andere Intellektuelle schließen sich dem an, oft ohne es zu sagen: die Rückkehr des Generals öffnet zumindest einen Weg in die Zukunft.

Wie die Kommunisten zeigt sich die Mehrheit der linken Intellektuellen dazu entschlossen, die Prinzipien gegen alle strategischen Überlegungen zu verteidigen. In der Nationalversammlung können sie auf die große, unnachgiebige Stimme von Pierre Mendès France und auf die von François Mitterrand zählen, die die beredsamsten parlamentarischen Gegner des Verfassungsentwurfs von de Gaulle sind. Sie hatten die übergroße Mehrheit der öffentlichen Meinung gegen sich.

Am 4. September – dem Jahrestag der Ausrufung der Dritten Republik – organisiert Malraux eine große gaullistische Feier auf der Place de la République, bei der de Gaulle den Verfassungsentwurf präsentiert, nicht ohne an die glorreichen Stunden von 1792 und 1848 zu erinnern. Malraux, bereit, die Tribünen aufs Neue erzittern zu lassen, ruft vor dem gaullistischen Publikum, das auf spezielle Einladung hin erschienen ist, aus: »Das Volk von Paris – hier ist es!« Im Hintergrund des Platzes schreien sich die kommunistischen Demonstranten, die durch Polizeicordons in Schach gehalten werden, gegen ihn und die anderen Redner die Lunge aus dem Hals: es folgen Krawalle mit zahlreichen Verwundeten.

Kann man noch gegen das Referendum vom 28. September kämpfen? In *L'Express* vom 11. September prangert Sartre aufs Heftigste das »manipulierte Plebiszit« an, bei dem man ohne zu zögern Nein antworten müsse. Am 25., drei Tage vor dem Referendum, stellt man ihm noch einmal vier zentrale Seiten zur Verfügung – eine ungewöhnliche Länge in einer solchen Zeitung. In

---

235 R. Aron, *Mémoires, op. cit.*, S. 377 (in der deutschen Übersetzung – *Erkenntnis und Verantwortung. Lebenserinnerungen, op. cit.* – sind die entsprechenden Passagen gestrichen).

einem Artikel mit dem Titel »Die Frösche, die einen König haben wollen« erklärt Sartre in aller Ausführlichkeit die Gründe für dieses Nein:

> »Vergessen Sie das nicht, denn daher kommt alle Zweideutigkeit: de Gaulle ist kein Faschist, er ist ein konstitutioneller Monarch; aber keiner kann heute mehr *für* de Gaulle stimmen: Ihr ›Ja‹ kann nur dem Faschismus gelten. Begreifen wir endlich, dass man ein Land nicht aus seiner Ohnmacht reißt, indem man einem einzelnen Mann die unumschränkte Macht anvertraut[236].«

Maurice Merleau-Ponty, der auch in *L'Express* schreibt, ist der Meinung, dass »das Erscheinen von General de Gaulle gleichsam die Folge und das Meisterwerk des Molletismus« ist. Doch während Sartre für eine neue Volksfront eintritt, appelliert Merleau-Ponty, um sich dem Gaullismus zu widersetzen und den liberalen Lösungen auf der anderen Seite des Mittelmeeres zum Sieg zu verhelfen, an die Franzosen »außerhalb der Rechten und außerhalb der Kommunistischen Partei«, nämlich an die Comités d'action démocratique (»Komitees demokratischer Aktion«) von Mendès France. Diese Komitees sollten bald zur Union des forces démocratiques (»Union der demokratischen Kräfte«) werden, Sammlungsbewegung der nichtkommunistischen Linken, der Dissidenten der SFIO (in der PSA zusammengeschlossen), der UGS und der Freunde von François Mitterrand. Noch ein anderer Philosoph schließt sich diesem antigaullistischen »Mendésismus« an: Jean Hyppolite, Direktor der École normale supérieure.

Die übrigen linken Intellektuellen führen – von einigen Ausnahmen wie Jean Amrouche, Maurice Clavel, Pierre Hervé (»Systematische Opposition wäre eine verhängnisvolle Politik[237]«) abgesehen – eine Kampagne für das Nein. Das trifft zu für *France-Observateur*, wo Claude Bourdet pathetisch wird: »*Ja* zu de Gaulle als Befreier von 1944, *Nein* zu dem de Gaulle von 1958, das heißt zu dem der willkürlich heraufbeschworenen Gefahr[238].« In der Zeitschrift *Esprit*, die im September eine Sondernummer mit dem Titel *Cinquième République?* (»Fünfte Republik?«) herausbringt, schließt Jean-Marie Domenach seinen Beitrag mit folgenden Worten:

> »Wir sagen *Nein*. Nicht zu einem Mann, sondern zunächst zu einer Verfassung, die von der Angst vor dem allgemeinen Wahlrecht durchdrungen ist und die unter dem Deckmantel einer Stärkung der Exeku-

---

236 J.-P.- Sartre, *Wir sind alle Mörder. Der Kolonialismus ist ein System. Artikel, Reden, Interviews. 1947–1967.* Übers. v. T. König u.a. Rowohlt Taschenbuch Verlag, Reinbek, 1988, S. 104.
237 P. Hervé, *Combat*, 17. Juin 1958.
238 Cl. Bourdet, »Le choix«, *France-Observateur*, 25. September 1958.

tive ein System der Verwirrung und der Anarchie vorbereitet, das schlimmer als das vorhergehende ist. Wir sagen vor allem zu einem Unternehmen *Nein*, das aus dem Gewaltstreich des 13. Mai hervorgegangen ist und in ihm gefangen bleibt und dessen ganze Zukunft durch die Lüge der Algerienpolitik belastet ist.«

Am 28. September 1958 stimmen nahezu 80 % der Franzosen für den Verfassungsentwurf. In vielen kommunistischen Gemeinden und insbesondere in dem roten Gürtel um Paris hat eine Mehrheit mit Ja gestimmt – trotz der Weisungen und der aktiven Kampagne des PCF für das Nein. Die Parlamentswahlen Ende November führen zu einem relativen Sieg der Gaullisten der UNR (Union pour la Nouvelle République, »Union für die neue Republik«), die kurze Zeit zuvor gegründet worden war. Am 21. Dezember wird General de Gaulle zum Präsidenten der Republik gewählt. Am 9. Januar 1959 wird Michel Debré Premierminister. Das unter der Dritten Republik ausgebildete »republikanische Modell«, das dem Parlament die wesentlichen Machtbefugnisse anvertraut hatte, wird zugunsten der Exekutive umgestoßen. Der letzte Kolonialkrieg hat mit dem aufgeräumt, was de Gaulle das »System der Parteien« nannte – ein System, das er durch Institutionen ersetzen will, deren Grundlinien auf seine Rede von Bayeux[239] im Jahre 1946 zurückgehen.

Wie ist das Ereignis zu beurteilen? Der zeitliche Abstand bestärkt uns in dem Gedanken, dass die Franzosen in ihrer übergroßen Mehrheit die Dinge richtig sahen, als sie die Verfassung annahmen. Zahlreiche Kommentatoren waren der Meinung, dass diese Verfassung, die auf den General zugeschnitten war, ihn nicht überleben würde – darin haben sie sich getäuscht. Die politischeren Köpfe haben Schwarzweißmalerei abgelehnt: ein Hubert Beuve-Méry, ein Raymond Aron waren fest davon überzeugt, dass der General, der von den Ultras und den Militärs gerufen worden war, eine deren Träumen entgegengesetzte Politik machen würde. Sie haben Recht bekommen, die Geschichte hat ihr Urteil gesprochen. Doch in diesen aufregenden Wochen von 1958 waren die Parteigänger des Neins nicht alle Dummköpfe oder Sektierer. In der Nationalversammlung verteidigten Männer wie Mendès France oder Mitterrand die Prinzipien der republikanischen Demokratie: die Vertreter des Volkes hatten nicht das Recht, vor dem militärischen Gewaltstreich in die Knie zu gehen. Neben den Kommunisten folgte ihnen eine gewisse Zahl von Abgeordneten; die Sozialistische Partei spaltete sich. Die linken Intellektuellen kämpften alles in allem für dieselben Prinzipien. Vielleicht gab es einen

---

239 *Anm. d. Ü:* Bayeux: symbolträchtiger Ort; hier betrat de Gaulle am 14. Juni 1944 wieder französischen Boden. Am 16. Juni 1946 kehrte er dorthin zurück, um in der »Rede von Bayeux« seine Konzeption einer neuen Verfassung – mit starker Vormachtstellung des Präsidenten – darzulegen.

Augenblick, einen kurzen Augenblick, in dem noch alles möglich war: der Tag nach dem 13. Mai. Doch da bestand noch die kommunistische Hypothek: würde die Kommunistische Partei einer Kampfregierung, einer antifaschistischen Bewegung nicht ihre Übermacht aufzwingen? Die Linke war zu gespalten – und das seit langem –, um sich gegen den Lauf der Dinge durchzusetzen. Weil eine glaubwürdige Perspektive fehlte, war der Diskurs des intellektuellen Widerstands vergeblich. Er war symbolisch. Die Symbole haben ihren Sinn, und es war die Rolle der Menschen des Prinzips, an die Prinzipien zu erinnern.

Nicht auf diesem Gebiet verdient die intellektuelle Linke Kritik, sondern auf dem der politischen Analyse. Für die Mehrheit ihrer Kommentatoren bedeutete die Rückkehr de Gaulles Faschismus. In der Presse erinnerte man an den italienischen Präzedenzfall von 1922 – so, als ob sich ein Vergleich mit Mussolini aufdrängte. De Gaulle, von den Umstürzlern, von den rebellierenden Soldaten, von den Ultrakolonialisten gerufen, konnte – in dieser Sicht – nur *ihre* Politik machen. Die Lösung des Algerienproblems – die Unabhängigkeit – konnte *nur* von der Linken kommen. Man hatte sicherlich gute Gründe, die Errichtung einer persönlichen Herrschaft abzulehnen, doch man war keineswegs verpflichtet, die Katastrophe, die angeblich notwendigerweise daraus folgen würde, auf eine Weise zu analysieren, die keinen Widerspruch duldete. In dieser Lage ermutigte die Gesinnungsethik zum Widerstand, die Verantwortungsethik zum Sich-Einlassen auf die Herausforderung. Jenseits der Gläubigkeit, die vielleicht Mauriac leitete – sein geheimes Einverständnis mit der Vorsehung lag jenseits der Gebote der Vernunft –, teilte sich die Intelligenzija in zwei Lager: die politischen Menschen, die schließlich Recht bekommen haben, und die Menschen des Prinzips; nichts bewies 1958, dass Letztere Unrecht hatten. In Wirklichkeit war die Frage des institutionellen Systems, so bedeutend sie auch sein mochte, weniger wichtig als das Schicksal Algeriens, mit dem Frankreichs Schicksal verknüpft war. Die entscheidende Frage lautete, ob das Land mit de Gaulle eine größere Chance hatte, den Frieden zu erreichen.

Das ist nicht eigentlich die Frage, die sich Serge Mallet in seinen Artikeln in *Les Temps modernes* stellte, in denen er sich bemühte, den tieferen Sinn des Erscheinens von General de Gaulle zu erfassen – so, wie Marx den Staatsstreich von Louis Napoléon Bonaparte entschlüsselt hatte. Mallet, später Theoretiker des PSU, lehnte es ab, sich lange bei dem Ereignis aufzuhalten; er dekretierte, de Gaulle – gewillt, das politische Leben »zu vereinfachen« – werde die Herrschaft des »großen Finanzkapitals« errichten: »Eine von der parlamentarischen Auseinandersetzung befreite Exekutive ermöglicht die ausschließliche Kontrolle des Staates durch das Finanzkapital.« Wenn man diese Analysen wieder liest, ist man von der Unfähigkeit des marxistischen Denkens beeindruckt, das Politische zu verstehen, das in seinen Augen nichts als ein Überbau der wirtschaftlichen und gesellschaftlichen Kräfte ist. Mallet erklärte schlicht und einfach:

> »Das Parlament ist nichts anderes als der geschlossene Raum, in dem die Kompromisse des Finanzkapitals ausgearbeitet werden, das sich im Allgemeinen die Führer der großen politischen Parteien und die anderen nichtproletarischen gesellschaftlichen Schichten gefügig macht, auf deren Allianz es angewiesen ist. Und die Komplexität der Parteien und der Strömungen des französischen Parlaments ist nichts anderes als der mystifizierte Widerschein der außerordentlichen sozialen Komplexität Frankreichs[240].«

Mallet übernahm die Marxsche Idee der »Illusion des Politischen« und forderte alle gesellschaftlichen Kräfte auf, mit den Illusionen über »die politischen Wunder« Schluss zu machen, um sich auf dem Feld der Realität, das heißt »im Produktionsapparat« zu schlagen. In seinen Augen gehörte die Zukunft mehr den Gewerkschaften als den Parteien. Dieser Artikel, den er mit den nachfolgenden in das Buch *Le Gaullisme et la Gauche* (»Der Gaullismus und die Linke«), 1963 bei Le Seuil erschienen, aufnahm, ist ein schöner Beleg für die Ratlosigkeit, die einen intelligenten Marxisten, der voller Leidenschaften, voller Emotionen und voller Denkgewohnheiten steckt, angesichts eines unvorhergesehen hereinbrechenden Ereignisses befällt. Indem Mallet die am wenigsten rationalen Verhaltensweisen im Licht der ökonomischen Determinierung rationalisierte, erhellte er die Situation kaum. Er lehnte die ethische Haltung der »Republiktreuen« ab, er hielt sich nicht bei den »Prinzipien« auf, er wollte Realist sein. Sein »Wir treten in die Ära des Staatskapitalismus ein« wurde für sehr viele Aktivisten ein *Heureka,* doch sein »Zunächst die Wirtschaft!« konnte die Lage nicht zureichend erfassen. Die Linke hatte weiterhin und noch auf Jahre hinaus um Algerien zu kämpfen – und in diesem Kampf unterstützte sie dann schließlich de Gaulle.

---

240 S. Mallet, »Pour un programme de l'opposition«, *Les Temps modernes*, Juli-August u. September 1958.

56
Algerien
am Ende des Alptraums

Bis in die letzten Tage des Sommers 1959 schien in Algerien nichts wirklich verändert. Ein Aufruf zum »Frieden der Tapferen«, den de Gaulle lanciert hatte, blieb ohne Antwort. Unter dem neuen Regime, das stärker ist und von den Militärs mehr geachtet wird, geht der Krieg weiter; die Anhänger der Unabhängigkeit haben Grund, das Schlimmste zu befürchten. Im März – nachdem eine weitere Nummer von *L'Express* beschlagnahmt worden ist – wettert Maurice Clavel, der jetzt einer der bedeutenden Wortführer des Gaullismus ist, im Rundfunk gegen diese Wochenzeitung; er beschuldigt *L'Express*, den Krieg zu wollen, weil der Friede, wenn er käme, von de Gaulle unterzeichnet würde. Mauriac fährt in derselben Zeitung fort, seinen »Bloc-Notes« zu veröffentlichen, der dem »Konsulatsregime« des Generals – dies Mauriacs Formulierung – ergeben ist, und zwar gegen die gesamte Redaktion und gegen den Herausgeber. Am 19. Juni 1959 beschlagnahmen die Behörden den letzten Zeugenbericht über die Folter: *La Gangrène* (»Der Wundbrand«), in den Éditions de Minuit erschienen, prangert die Misshandlungen an, die algerische Studenten, wie sie berichten, in den Räumen der DST (Direction de la surveillance du territoire, Geheimdienst), Rue de Saussaies, im vergangenen Dezember erlitten hatten. Mauriac erklärt am 28. Juni:

> »Dass gewisse Elemente der Armee und der europäischen Bevölkerung Algeriens noch heute auf der von General de Gaulle konzipierten und geleiteten französischen Politik lasten und sie beeinflussen – dieses Unglück, das der General in seinem Erbe vorgefunden hat, hat er noch nicht überwunden[241].«

Die Rede des Präsidenten der Republik[242] vom 16. September 1959 ist daher umso ergreifender. Zum ersten Mal seit Beginn des Algerienkrieges sehen die Franzosen, dass sich eine andere Politik abzeichnet, dass sich ein Fenster auf

---

241 F. Mauriac, *Bloc-Notes, 2, op. cit.*, S. 276.
242 *Anm. d. Ü:* Rede des Präsidenten: im Dezember 1958 war de Gaulle zum Staatspräsidenten gewählt worden.

eine mögliche Zukunft hin öffnet. Das entscheidende Wort ist *autodétermination*, Selbstbestimmung. Die Sphinx ist endlich aus ihrem Schweigen und ihren Unklarheiten aufgetaucht. Der Staatschef schlägt den Algeriern in aller Klarheit drei Optionen vor: Trennung von Frankreich, Integration oder enge Assoziierung eines autonomen Algeriens an Frankreich. Die Begriffe, die der General gebrauchte, und die Kommentare, die er hinzufügt, zeigen klar, worin seine Option besteht: weder die Unabhängigkeit – gleichbedeutend mit Chaos – noch die Integration – die er für unmöglich hält –, sondern die Zugehörigkeit eines von den Algeriern regierten Algeriens zur Communauté française (»Französische Gemeinschaft«). Der neue, radikal neue Tatbestand ist die Anerkennung des Rechts auf Unabhängigkeit. Der so kompromisslose Claude Bourdet gibt es zu und freut sich darüber in *France-Observateur*. Der Leitartikel vom Oktober in *Les Temps modernes* ist de Gaulle gegenüber nach wie vor hart, macht jedoch in seiner Rede eine »Zweideutigkeit« aus, »die der ehemaligen Deutlichkeit vorzuziehen ist; es ist besser, dass sichere Perspektiven fehlen, als dass es nur die alleinige Perspektive der Pazifizierung bis zum letzten gibt[243] ...«

Die Ansprache vom 16. September trennt das Oberhaupt der Fünften Republik unwiderruflich von seinen zweifelhaften Verbündeten der extremen Rechten und von den starrköpfigsten Anhängern der »Algérie française«. Daher die sofortige Radikalisierung des – im weitesten Sinn des Wortes –kolonialistischen Lagers. Jacques Soustelle gewinnt einige Abtrünnige der UNR, Georges Bidault und andere, für den Rassemblement pour l'Algérie française (»Sammlungsbewegung für das französische Algerien«), bevor er aus der gaullistischen Gruppierung ausgeschlossen wird. Parallel dazu äußert sich eine intellektuelle Opposition von rechts mit einer Heftigkeit, die durch die Rede vom 16. September und die von ihr ausgelösten Tage der Barrikaden von Algier im Januar 1960 noch verstärkt wird. Die Presse spiegelt vor allem das Wiedererstarken eines katholischen Integrismus, eines »Nationalkatholizismus«, der sich in Militärkreisen und darüber hinaus ausbreitet.

Es handelt sich um ein konturloses Gebilde, dessen Ursprung alt ist, das jedoch der Algerienkrieg aktiver und sichtbarer macht. Einer seiner feurigsten Köpfe ist ohne jeden Zweifel Georges Sauge, ein ehemaliges Mitglied der Jeunesses socialistes (»Sozialistische Jugendverbände«). Für den Katholizismus gewonnen wurde er von Pater Fillères, Professor am Pariser Institut catholique und 1946 Gründer des Mouvement pour l'unité (»Bewegung für die Einheit«) und seiner monatlich zweimal erscheinenden Zeitschrift *L'Homme nouveau*, deren wachsamer Antikommunismus vor allem auf den Linkskatholizismus abzielte. Nach dem Tod von Fillères trennt sich Sauge von *L'Homme*

---

243 »Algérie: ouverture ou échappatoire?«, *Les Temps modernes*, Oktober 1959.

nouveau und gründet 1956 eine Art Kaderschule, das Centre d'études supérieures de psychologie sociale (»Höheres Studienzentrum für Sozialpsychologie«). Seine Haupttätigkeit besteht darin, Bildungstagungen zu organisieren, deren Ziel es ist, eine antikommunistische Mystik zu verbreiten, die in der algerischen Frage ihre Anwendung findet. Im November 1959 gründet Georges Sauge die Comités civiques pour l'Ordre chrétien (»Bürgerkomitees für die christliche Ordnung«), um »Kader einer neuen Ordnung, einer christlichen Ordnung«[244], auszubilden. Seiner Auffassung nach ist Algerien von nun an Objekt im Krieg zwischen dem christlichen Westen und dem internationalen Kommunismus: auf die kommunistische Mystik muss die Mystik des christlichen Antikommunismus antworten. Ein moderner Kreuzzug habe die Aufgabe, diejenigen, die im Zeichen des Kreuzes kämpfen, für die Sache der »Algérie française« zu gewinnen – gegen jene, die unter dem Halbmond kämpfen (hinter dem sich natürlich Hammer und Sichel verbergen).

Weniger aktivistisch, doch doktrinärer ist die Zeitschrift *Itinéraires* von Jean Madiran – ein Pseudonym, das Jean Arfel dem Namen eines Benediktinerklosters entlehnt hat. Dieser ehemalige Pétainist, Ex-Chefredakteur von *L'Action française* während der Besatzung, nach dem Krieg dann Chefredakteur von *Rivarol,* hat diese Wochenzeitung im März 1958 verlassen, nachdem *Rivarol* seine Spalten Lucien Rebatet geöffnet hatte, »diesem Verunglimpfer der Päpste, diesem Feind des christlichen Glaubens«. Im algerischen Nationalismus macht auch er – der Antikommunismus ist bei ihm eine Obsession – ein Unternehmen des im Kampf mit dem christlichen Westen stehenden internationalen Kommunismus aus. Er sieht in Algerien und in der Sahara »den französischen Riegel, der zweifellos der letzte Stützpunkt des Widerstands gegen eine völlige Sowjetisierung des afrikanischen Kontinents ist. Diese Sowjetisierung wird in den kommenden zehn Jahren stattfinden, wenn Frankreich aufgibt[245]«. Von allen Institutionen ist lediglich die Armee von der kommunistischen Infiltration verschont geblieben; auf sie muss man sich also stützen, ihr muss man helfen. Der 13. Mai[246] war ein »Aufhalten des Verfalls«.

Eine weitere integristische Bewegung, La Cité catholique (»Das katholische Gemeinwesen«), ist gleich nach dem Weltkrieg entstanden. Ihr Bulletin, das monatlich erscheinende *Verbe* (»Wort«), gibt sich als das Organ der Gegenrevolution. Auch ihre Mitglieder stellen sich als die letzten Verteidiger des vom Kommunismus bedrohten Christentums hin. Ihre in einem Netzwerk organisierten Aktivisten engagieren sich im Algerienkrieg: »Wir sind überzeugt, dass die menschlichen und christlichen Werte das kostbarste Gut der westlichen Zivilisation sind. Unsere Wahl ist getroffen! Indem wir gegen den

---

244 Zit. nach *L'Express*, 3. Dezember 1959.
245 *Itinéraires*, März 1958.
246 *Anm. d. Ü:* 13. Mai 1958: Armeeputsch in Algier.

Aufstand in Algerien kämpfen, bilden wir – dessen sind wir uns bewusst – die Avantgarde im Kampf gegen die revolutionäre Weltbewegung, erfüllen unsere Pflicht als Franzosen und als Christen und dienen der gesamten Menschheit[247].« Noch größere »Ultras« sind *La Pensée catholique* – 1950 gegründet und von Abbé Luc J. Lefèvre herausgegeben – und *Défense du foyer* von Pierre Lemaire, dessen erste Nummer vom Januar 1958 stammt. Der 13. Mai hat auch die Association universelle des Amis de Jeanne d'Arc (»Universelle Vereinigung der Freunde von Jeanne d'Arc«) hervorgerufen, die von General Weygand unterstützt wird und

> »sich zum Ziel gesetzt hat, durch das Gebet und das Apostolat die Mission der Heiligen Jeanne d'Arc fortzuführen. *Alle die im Heiligen Königreich Frankreich Krieg führen, führen gegen den König Jesus Krieg,* schrieb Jeanne an den Herzog von Burgund. Es ist also ganz natürlich, dass die Freunde von Jeanne d'Arc gegen die Materialisten, Marxisten und andere kämpfen, die im Inneren mit der Lüge und in Afrika mit Waffengewalt gegen Frankreich und den christlichen Okzident Krieg führen. Das ist eine der Formen ihres *Apostolats*, zu dem sie alle Jugendlichen und Erwachsenen auffordern, die entschlossen sind, den Tugenden und dem Beispiel von Jeanne d'Arc nachzueifern[248]«.

Das Wiedererstarken der extremsten Formen des traditionalistischen Katholizismus wäre lediglich ein marginales Phänomen geblieben, hätten gewisse Kader der französischen Armee, die angesichts des algerischen Nationalismus nach einer ideologischen Struktur suchten, nicht seine Formeln und Klischees in ihre Propaganda übernommen. Diese »psychologische Kriegführung« drängt sich umso mehr auf, als der unbarmherzige Krieg eines sich auf die Menschenrechte berufenden Landes gegen Nationalisten, die für die Freiheit ihres Landes kämpften, Aron zufolge einen Widerspruch in sich darstellte. Sehr viele Offiziere – durch ihre Niederlage in Indochina bereits gebrannte Kinder – sind sich in Algerien der ideologischen Schwäche der Truppen bewusst und deshalb bemüht, der gegnerischen Doktrin eine eigene Doktrin gegenüberzustellen. Die »integristischen« Bulletins und Zeitschriften sind für sie eine nützliche Hilfe, weil sie den kolonial erscheinenden Konflikt dem umfassenden Zivilisationskonflikt zwischen dem Kommunismus und dem christlichen Westen gleichsetzen. Ende 1956 wird das »Psychologische Büro« der Armee dem Obersten Goussault anvertraut, der genau wie seine beiden Stellvertreter, Oberstleutnant Feaugas und Major Cogniet, Mitglied der Cité catholique ist. Cogniet übernimmt in das von ihm herausgegebene Blatt *Con-*

---

247 Cornélius, »Morale, droit et guerre révolutionnaire«, *Verbe*, Januar 1959.
248 Zit. nach M. Garrigou-Lagrange, »Intégrisme et national-catholicisme«, *Esprit*, November 1959.

tacts ganz einfach Artikel aus dem Bulletin *La Cité catholique*, das auch in *Le Bled* ein Echo findet, einer Militärzeitung, die in einer Auflage von mehr als 140.000 erscheint und für die Truppen in Algerien bestimmt ist. Über die ministeriellen Anweisungen hinaus verbreiten also Armeekader die Schlagworte vom Heiligen Krieg und bereiten die Geister darauf vor, gegen jede liberale Lösung in Algerien Widerstand zu leisten. Das Recht auf Unabhängigkeit, das de Gaulle am 16. September den Algeriern zugestanden hat, wird nicht nur von der faschistischen und der nationalkatholischen extremen Rechten sowie von den diversen Anhängern der »Algérie française« zurückgewiesen: im Herzen der Armee selbst, in den Zentren, in denen man die psychologische Propaganda für die Truppen und die lokale Bevölkerung ausarbeitet, verstößt de Gaulles Politik der Öffnung gegen die Mystik des neuen Kreuzzugs[249].

Auf der Suche nach einer stärker laizistischen Doktrin wenden sich manche Offiziere dem Club Patrie et Progrès (»Vaterland und Fortschritt«) zu, der nach dem 13. Mai von Armeekadern, hoch gestellten Beamten und Wirtschaftsführern gegründet wurde. Sie formulieren ihre Gedanken in einem kleinen Werk von etwa hundert Seiten, das im April 1959 erscheint: *Patrie et Progrès. Survivre à de Gaulle* (»Vaterland und Fortschritt. De Gaulle überleben«). Diese Bewegung, die schwieriger zu klassifizieren ist, wird von der extremen Rechten als »Nationalkommunismus« eingestuft und von der Linken als eine rein faschistische Ideologie. Die Autoren, Jacques Gagliardi und Philippe Rossillon, Absolventen der ÉNA[250], verkünden »die wirtschaftliche und politische Überlegenheit der kommunistischen Länder«, sie machen keinen Hehl aus ihrer Verachtung für ein liberales Europa und den Kapitalismus (beide erscheinen ihnen überlebt) und bekräftigen ihren Willen, die Einheit Frankreichs durch einen »patriotischen Sozialismus«, einen »franko-afrikanischen Sozialismus« wiederherzustellen; das bedeute, den Kampf gegen die Besitzenden und die Verteidiger der etablierten Ordnung aufzunehmen. Sie propagieren die Gründung einer Union des républiques socialistes françaises (URSF, »Union der sozialistischen französischen Republiken«), die sowohl vom sowjetischen als auch vom westlichen Lager unabhängig sein würde. Sie fordern ein »französisches Algerien«, das jedoch sozialistisch sein soll; sie treten für die Arbeiterklasse ein, die jedoch national gesinnt sein soll. Der Algerienkrieg erhält einen neuen Sinn. Im April 1960 verbreitet ihre Monatsschrift *Patrie et Progrès*, »Bulletin ökonomischer und politischer Studien für junge zivile und militärische Kader«, folgende Parole: »Planwirtschaft, nationale Unabhängigkeit, Algérie française, soziale Gleichheit.« Der Club Patrie et Progrès wird zwar niemals eine politische Kraft darstellen, doch trägt er

---

249 *Ibid.*
250 *Anm. d. Ü:* ÉNA (École nationale d'administration): staatliche Verwaltungshochschule.

durch seine Überlegungen dazu bei, dass sich manche Offiziere in Algerien eine »fortschrittliche« Überzeugung zulegen: sie führen nicht Krieg für die »reichen Siedler«, sondern um Algerien in ein Land der Gleichheit und Brüderlichkeit zu verwandeln. Der mit Faschismus durchsetzte Progressismus und der Nationalkatholizismus liefern Rechtfertigungen für die französische Armee, deren Vorgehen die intellektuelle Linke als ein Produkt des verbohrtesten Kolonialismus darstellt.

Im Januar 1960 findet die Revolte der Ultras gegen de Gaulle statt, dem es gelingt, mit den Barrikaden von Algier fertig zu werden und die Mehrheit der öffentlichen Meinung des »Mutterlandes« für sich zu gewinnen. Dieser Jahresbeginn verzeichnet auch den Unfalltod von Albert Camus am 4. Januar. Die Facel Vega, mit der Michel Gallimard ihn von Lourmarin nach Paris zurückfährt, prallt gegen eine Platane. Camus ist sofort tot; der Fahrer stirbt fünf Tage später im Krankenhaus. Am 7. Januar bringt Sartre einen bewegenden Abschiedsartikel in *France-Observateur*. Nach Jahren des Zerwürfnisses gibt Sartre – angesichts dieses unwiederbringlichen Bruchs – dem Gebot einer von unmöglicher Freundschaft geprägten Achtung nach.

> »Den Unfall, der Camus getötet hat«, schreibt er, »nenne ich Skandal, weil er mitten in der menschlichen Welt die Absurdität unseres tiefsten Verlangens auftauchen lässt. Mit zwanzig Jahren plötzlich von einer Krankheit geschlagen, die sein Leben umwarf, hat Camus das Absurde entdeckt – die schwachsinnige Verneinung des Menschen. Er hat sich damit abgefunden, er hat seine unerträgliche Lage *gedacht*, er hat sich aus der Affäre gezogen. Und man könnte dennoch glauben, nur seine frühen Werke sagten die Wahrheit seines Lebens, weil dieser genesene Kranke von einem unvorhersehbaren und woanders herkommenden Tod zertreten ist. Das Absurde wäre jene Frage, die ihm niemand mehr stellt, die er niemandem mehr stellt, dieses Schweigen, das nicht einmal mehr ein Schweigen ist, das absolut *nichts* mehr ist[251].«

Sartre spielt in eben diesem Artikel auf ein anderes »Schweigen« an, das Schweigen, das Camus seit Anfang des Jahres 1956 über Algerien gewahrt hatte.

1957 hat der Autor von *L'Étranger* den Nobelpreis für Literatur erhalten. Als man ihn in Stockholm zu seiner Haltung Algerien gegenüber befragt, antwortet er:

> »Seit einem Jahr und acht Monaten schweige ich, was nicht bedeutet, dass ich zu handeln aufgehört hätte. Ich war und bin für ein gerechtes

---

251 J.-P. Sartre, »Albert Camus«, *Schwarze und weiße Literatur, op. cit.*, S. 159.

Algerien, in dem beide Bevölkerungsgruppen in Frieden und Gleichheit zusammenleben. Ich habe wiederholt gesagt, dass man dem algerischen Volk Gerechtigkeit widerfahren lassen und ihm eine uneingeschränkt demokratische Regierungsform zugestehen muss; aber dann steigerte sich der Hass auf beiden Seiten so sehr, dass ein Intellektueller nicht mehr intervenieren durfte, weil seine Erklärungen den Terror noch hätten schüren können. Mir schien es sinnvoller, den geeigneten Moment zum Einigen, nicht zum weiteren Trennen, abzuwarten. [...] Ich habe den Terror immer verurteilt. Ich muss auch einen Terrorismus verurteilen, der, beispielsweise in den Straßen Algiers, blind wütet und eines Tages auch meine Mutter oder meine Familie treffen kann. Ich glaube an die Gerechtigkeit, aber bevor ich die Gerechtigkeit verteidige, werde ich meine Mutter verteidigen[252].«

Die Formel bleibt mit seinem Andenken verbunden; sie ist indessen in ihrer Schlichtheit dunkel. De facto hat Camus die Unabhängigkeit Algeriens nie für wahrscheinlich gehalten; die Forderung danach scheint ihm ein Ausdruck des »neuen arabischen Imperialismus« zu sein, »an dessen Spitze sich das seine Kräfte überschätzende Ägypten stellen will und den sich Russland zur Zeit für seine antikoloniale Strategie zunutze macht«. Für diesen Pied-noir ist »das Zeitalter des Kolonialismus vorbei«; doch weit davon entfernt, daraus auf eine notwendige Unabhängigkeit Algeriens zu schließen, lehnt er es ab, »auf Kosten der europäischen Bevölkerung Algeriens und schließlich auf Kosten des Weltfriedens dem Traum eines arabischen Reichs Vorschub zu leisten[253]«. Auf tragische Weise drückt er die Ohnmacht einer Haltung aus, die Raymond Aron nach der Lektüre dieser letzten Erklärung von Camus im Jahre 1958 »die Haltung des Kolonisators guten Willens« nennt. Camus stirbt unverstanden von seiner geistigen Familie, die ihn in Quarantäne gehalten und ihm seinen Eigensinn nicht verziehen hat. Wenn er im Zusammenhang mit der Gerechtigkeit von seiner Mutter sprach, so machte er damit keine rationale Aussage; er brachte lediglich zum Ausdruck, dass Algerien – wo die Seinen lebten und ruhten – für ihn eine sinnliche Heimat war, deren Verlust er sich nicht vorstellen konnte. Wie die jungen progressiven Offiziere der französischen Armee träumte er von einem »gerechten« Algerien und wandte dabei dem unerbittlichen Verlauf der Geschichte den Rücken zu. Konnte Algerien der allgemeinen Entkolonisierung entgehen?

Unter denen, die dies nicht für möglich halten, gelangen manche dazu, sich rückhaltlos zu engagieren und nicht mehr zu zögern, den FLN zu unterstützen. Anfang Februar – direkt nach der Niederlage der Barrikadenkämpfer

---

252 *Le Monde,* 14. Dezember 1957 (deutsche Ü. aus : O. Todd, *op. cit.*, S. 754).
253 A. Camus, *Verteidigung der Freiheit, op. cit.*, S.99.

um Pierre Lagaillarde in Algier – erfährt man von der Festnahme einer Gruppe von jungen Leuten, die zur Jeune Résistance (»Junge Résistance«) gehören und die man das »Jeanson-Netz« nennt. Francis Jeanson, Autor mehrerer philosophischer Werke, Mitarbeiter von *Les Temps modernes* und *Esprit*, Herausgeber bei den Éditions du Seuil hat in diesem Verlag mit seiner Frau Colette 1955 ein bedeutendes Buch zugunsten der nationalistischen Bewegung Algeriens veröffentlicht: *L'Algérie hors la loi* (»Das vogelfreie Algerien«). Jean Daniel zufolge

> »wurde Jeansons Buch das Brevier der Revolutionäre, die Geburtsurkunde zugleich der algerischen Revolution und des algerischen Staates. Ein Franzose hat in seiner revolutionären Sensibilität, in seiner außergewöhnlichen Vorahnung der Bedürfnisse des kollektiven Unbewussten der algerischen Revolution den Algeriern jene Elemente verschafft, die ihnen fehlten, um zwischen einer entpersonalisierten Vergangenheit und einer ideologisch neu entworfenen Zukunft eine Art Kontinuität herzustellen[254]«.

1957 geht Jeanson in den Untergrund und baut für die algerischen Nationalisten ein Hilfsnetz auf, dessen Aufgabe es ist, den FLN auf verschiedene Weise zu unterstützen: Geld zu sammeln und in ausländischen Banken anzulegen, den algerischen Aktivisten Transportmittel und Unterkünfte zur Verfügung zu stellen usw. Im September 1958 bringt Jeanson eine Publikation heraus, *Vérités pour* (»Wahrheiten für«), um »breite und genaue Informationen zu sammeln, zusammenzustellen, zu kontrollieren und zu verbreiten, die in einem schwierigen Kampf gegen entschlossene, gut organisierte und mit großen finanziellen Mitteln ausgestattete Gegner notwendig sind[255]«.

Am 15. April 1960 gibt Francis Jeanson, der von der Polizei gejagt wird, eine geheime Pressekonferenz. Georges Arnaud, Autor von *Salaire de la peur* (»Lohn der Angst«), gelingt es, die schriftliche Fassung in *Paris-Presse* zu veröffentlichen; dem Text wird eine von Pierre Charpy stammende Schlagzeile vorangestellt: »Vorsicht: Gift«. Arnaud wird von der Polizei vernommen, weigert sich, über das Treffen mit Jeanson Auskunft zu geben, wird festgenommen und am 17. Juni vor Gericht gestellt. Zu diesem Prozess, bei dem es um die Pressefreiheit geht, sind verschiedene Zeugen geladen. Pierre Lazurick von *L'Aurore* – immerhin Anhänger der »Algérie française« – unterstützt Georges Arnaud an der Seite von Jerôme Lindon, Leiter der Éditions de Mi-

---

254 Zit. nach H. Hamon und P. Rotman, *Les Porteurs de valises, la résistance française à la guerre d'Algérie*, Le Seuil, »Points Histoire«, 1982, S. 36–37.
255 Zit. nach M.-P. Ulloa, »Francis Jeanson, un itinéraire d'engagement 1940–1960«, Diplomarbeit DEA, IEP Paris, S. 133.

nuit, Jean-Paul Sartre, Pierre Vidal-Naquet und François Maspero, linker Buchhändler und Verleger.

Im Juni 1960 erläutert Francis Jeanson die Gründe für seine Dissidenz in einem Pamphlet, *Notre guerre* (»Unser Krieg«), das in den Éditions de Minuit erscheint und umgehend beschlagnahmt wird – wegen »Aufforderung zum Ungehorsam« auf der Grundlage eines Erlasses vom 23. Dezember 1958. Der Text wird sogleich *in extenso* in der Juli-Nummer von *Vérité-Liberté* abgedruckt. Diese Zeitung, im Gefolge einer Meinungsverschiedenheit zwischen Maurice Pagat und Pierre Vidal-Naquet gegründet, setzt die Arbeit von *Témoignages et Documents* fort. Paul Thibaud, Chefredakteur von *Esprit*, ist der Geschäftsführer, Pierre Vidal-Naquet die treibende Kraft. Bis zum Ende des Krieges brandmarken sie unaufhörlich das algerische »Krebsgeschwür«, umgehen die Zensur, veröffentlichen verbotene Bücher und verteidigen die Häftlinge – alles auf eigene Gefahr.

Die Aktivitäten Jeansons spalten die intellektuelle Linke. Die unterschiedliche Haltung von *Les Temps modernes* und *Esprit* drückt diesen Bruch sehr gut aus. Während Sartre Jeanson unterstützt und bis zum Ende unterstützen wird und Marcel Péju in *Les Temps modernes* eine zugespitzte Position vertritt, bringt Jean-Marie Domenach zum Ausdruck, dass er nicht übereinstimmt:

»Dass der Aufstand der Algerier im Prinzip gerecht ist«, schreibt er 1960 in der April-Nummer von *Esprit*, »dass die Methoden der Repression in Algerien oft den von der Gestapo praktizierten folgen, scheint unbestreitbar und verstört das französische Gewissen [...]. Muss man daraus schließen, dass sich Frankreich derart erniedrigt und derart verleugnet hat, dass sich die Franzosen von allem Gehorsam gegenüber den Gesetzen und aller Gefolgschaft gegenüber der politischen Leitung entbunden fühlen können? Diese Schlussfolgerung scheint mir unannehmbar ...«

Im Mai schreibt Jean Daniel ebenfalls in *Esprit*: »Ich fürchte, dass unsere Philosophen dahingekommen sind, den FLN ›sakralisieren‹, wie die stalinistischen Intellektuellen vor ein paar Jahren die Kommunistische Partei ›sakralisierten‹. Es ist die angstvolle Suche nach dem verschwundenen Absoluten.«

Der Prozess gegen die Gruppe Jeanson wird am 5. September 1960 vor dem »Ständigen Gerichtshof der Streitkräfte« eröffnet. Jeanson hat entkommen und in die Schweiz fliehen können. Seine Lebensgefährtin, Hélène Cuénat, angeklagt und festgenommen, wird die Stimme des Abwesenden während des ganzes Prozesses zu Gehör bringen[256]. Sartre ist damals in Brasilien,

---

[256] M. Péju, *Le Procès du réseau Jeanson*, Maspero, 1961.

doch er will seine Solidarität mit den Angeklagten zum Ausdruck bringen; er tut es mit einem Brief, der in der Sitzung vom 20. September von dem Anwalt Roland Dumas verlesen wird und der Aufsehen erregt. Man weiß heute, dass dieser Brief nicht von Jean-Paul Sartre, sondern von seinen Mitarbeitern Claude Lanzmann und Marcel Péju verfasst wurde: von Brasilien aus legte er ihnen telefonisch dar, was seine Zeugenaussage hätte sein können[257]. Im September 1959 hatten sich Sartre und Jeanson getroffen und jener hatte sein Einverständnis mit Jeansons Aktivitäten bekundet und ihm sogar gesagt: »Benutzen Sie mich, wie und wann Sie nur können[258] ...« Der lange Brief Sartres bestätigt seine »vollkommene Solidarität« mit Jeanson; er endet mit den Worten:

> »Es muss klargestellt werden, dass diese Männer und Frauen nicht allein stehen, dass Hunderte bereits an ihre Stelle getreten sind, dass Tausende dazu bereit sind. Ein widriges Geschick hat sie vorübergehend aus unserer Mitte gerissen; aber ich wage zu behaupten, dass sie als unsere Abgesandten dort auf der Anklagebank sitzen. Sie repräsentieren die Zukunft Frankreichs, während die kurzlebige Macht, die sich anschickt, sie abzuurteilen, schon nichts mehr repräsentiert.«

Der Prozess gegen die »Kofferträger« spielt für den intellektuellen Widerstand gegen den Krieg die Rolle eines Katalysators. Von den ersten Sitzungen an schleudert ein weiterer Text den Funken ins Pulverfass – eine »Erklärung zum Recht auf Dienstpflichtverweigerung im Algerienkrieg«, die von *Les Temps modernes* und *Les Lettres nouvelles* gestützt und unter der Bezeichnung »Manifest der 121« Berühmtheit erlangen wird, wobei sich die Zahl auf die ersten Unterzeichner bezieht. Das Manifest verurteilt den Krieg und die Folter, rechtfertigt die Gruppen, die den FLN unterstützen, und ermutigt die jungen Wehrpflichtigen zur Fahnenflucht: »Das Verhalten der Franzosen, die es für ihre Pflicht halten, den im Namen des französischen Volkes unterdrückten Algeriern Hilfe und Schutz zu gewähren, achten wir und halten wir für gerechtfertigt.« Unterzeichnet haben unter anderen Jean-Paul Sartre, Simone de Beauvoir, Marguerite Duras, André Breton, Nathalie Sarraute, Claude Roy, Alain Robbe-Grillet, Vercors, André Mandouze, Laurent Schwartz, Pierre Vidal-Naquet, Robert Barrat, Jean-François Revel, François Truffaut, Maurice Pons, Alain Resnais, Françoise Sagan, Simone Signoret, Jérôme Lindon ... Die Behörden reagieren: Lehrkräfte werden beurlaubt oder ihres Amtes enthoben – so Laurent Schwartz seines Lehramtes an der École polytechnique oder Pierre Vidal-Naquet, der an der Philosophischen Fakultät von Caen Assistent für Geschichtswissenschaft ist und zwischen Oktober

---

257 F. Jeanson, *Sartre dans sa vie*, Le Seuil, 1974, S. 215.
258 *Ibid.*, S. 214.

1960 und Oktober 1961 vom Dienst suspendiert wird; Theaterstücke und Filme werden verboten ... Der »Jeanson-Prozess« endet mit schweren Strafen, die bis zu zehn Jahren Gefängnis gehen.

Die Erklärung der 121 bringt die rechte Presse zur Weißglut. Im Rundfunk zieht die tägliche Sendung von Jean Nocher unaufhörlich gegen diese »Verräter« zu Felde, deren Namen so fremd klingen (Adamov, Lanzmann, Bruller, Maspero, Mandouze, Czarnecki) oder die das Produkt ausländischer Schulen sind, wie Sartre, der aus der »deutschen Schule von Kierkegaard bis Scheler und Landsberg über Nietzsche, Jaspers und Heidegger« hervorgegangen ist – »dieser Schule, die beim Masochismus beginnt und im Krematorium endet[259]«.

Diese Ereignisse schüren auch den Gegenangriff der intellektuellen Rechten. Als Antwort auf das »Manifest der 121« veröffentlichen mehrere hundert Schriftsteller, Wissenschaftler, Hochschullehrer, darunter sieben Mitglieder der Académie française, am 21. September 1960 ein »Manifest der französischen Intellektuellen«, das die »skandalösen Erklärungen« verurteilt und behauptet: »Der Algerienkrieg ist ein Kampf, der Frankreich von einer Minderheit fanatischer, terroristischer und rassistischer – vom Ausland bewaffneter und finanziell unterstützter – Rebellen aufgezwungen wurde; an ihrer Spitze stehen Leute, deren persönliche Ambitionen evident sind.« Unter den Unterzeichnern: Henry Bordeaux, Jules Romains, Henri Massis, Antoine Blondin, Michel Déon, Roland Dorgelès, Pierre Gaxotte, Raoul Girardet, Daniel Halévy, Gabriel Marcel, Roger Nimier, Jacques Perret, Michel de Saint-Pierre, Thierry Maulnier ...

Auf Initiative von Jacques Soustelle haben die Anhänger der »Algérie française« im Juni ein Kolloquium in Vincennes abgehalten. Dort wurde ein »Verbindungs- und Koordinationszentrum« gebildet, um »jede Parole wie die eines ›algerischen Algeriens‹, die zur Abspaltung und zur Diktatur des Terrorismus führen würde«, zu verhindern. Die Zeitung *Combat*, die in einer ersten Phase de Gaulle unterstützte, wird zu einem Sammelpunkt der entschiedensten rechten Intellektuellen der antigaullistischen Opposition. Raoul Girardet, ein in den Sciences po lehrender Historiker, plädiert dort für eine »kemalistische Revolution«. In einer Artikelserie, *Algérie 1960. Grandeur et servitudes des capitaines* (»Algerien 1960. Größe und Knechtschaft der Hauptleute«), ruft er zur Mobilmachung der gesamten Nation auf, um das gewaltige Werk auf dem anderen Ufer des Mittelmeeres zu vollenden. Die Konfrontationen der dreißiger Jahre leben wieder auf.

Von allen Gesellschaftsschichten folgt die studentische Jugend den Ereignissen am aufmerksamsten. L'UNEF nimmt auf ihrem neunundvierzigsten

---

[259] Ch. Calmy, »Jean Nocher: un empoisonneur public«, *Esprit*, März 1962.

Jahreskongress, der in den Osterferien in Lyon stattfindet, einen Antrag an, der Verhandlungen mit dem FLN fordert. Eine Minderheit sträubt sich dagegen. Am 1. Mai gründen die extremistischsten Gruppen dieser Minderheiten die FEN (Fédération des étudiants nationalistes, »Bund der nationalistischen Studenten«); sie sind entschlossen, gegen die »marxistische Unterwanderung der UNEF« zu kämpfen und »die Verfechter einer territorialen Integration des französischen Algeriens in das Mutterland zu unterstützen«. Die UNEF, die von Pierre Gaudez, Soziologiestudent an der Sorbonne, geleitet wird und die über die unter den jungen Männern sich häufenden Fälle von Dienstpflichtverweigerung immer besorgter ist, beschließt, am 27. Oktober 1960 eine Demonstration für den Frieden in Algerien zu organisieren. Sie berät sich mit den Arbeiterorganisationen und erhält die Zustimmung der CFTC und der FEN (Fédération de l'éducation nationale, »Bund der nationalen Erziehung«), des Verbandes des Département Seine von Force ouvrière (»Arbeitermacht«) und des PSU (der im April 1960 durch den Zusammenschluss von UGS und PSA entstanden ist). Demgegenüber sehen die Kommunistische Partei und die CGT nach einigem Zögern in der Initiative der UNEF »ein gefährliches und abenteuerliches Vorgehen«. Das Innenministerium verbietet die Demonstration; es genehmigt jedoch schließlich eine Kundgebung in der Mutualité. Am 27. bringt Gaudez vor einem vollen Saal und unter Beifall den Wunsch der jungen Franzosen nach Verhandlungen der Regierung mit dem FLN zum Ausdruck. Um die Mutualité herum skandieren etwa fünfzehntausend Demonstranten, die im Saal keinen Platz mehr gefunden haben, Parolen für den »Frieden in Algerien«. Die Polizei schreitet rücksichtslos ein und zerstreut die Menge nach und nach. Die erste große öffentliche Kundgebung für den Verhandlungsfrieden in Algerien hat stattgefunden.

Bei seiner Rückkehr aus Brasilien muss sich Sartre vor den Gewalttaten schützen, mit denen man ihm droht. Nachdem er seine Mutter in einem Hotel untergebracht hat (zweimal explodierten in ihrer Wohnung in der Rue Bonaparte Plastikbomben), findet er selbst in einer Wohnung Zuflucht, die von seinem Sekretär am Quai Louis-Blériot gemietet wird. Bis zum Ende schont er sich nicht: Kundgebungen, Demonstrationen, Zeugenaussagen in Prozessen ..., was ihn nicht hindert, in diesem selben Jahr seine *Critique de la raison dialectique* (*Kritik der dialektischen Vernunft*) zu veröffentlichen. Im Laufe des Sommers 1961 lernt er in Rom Frantz Fanon kennen, einen Psychiater aus La Martinique, Verfasser mehrerer antikolonialistischer Werke, darunter *Peau noire, Masques blancs* (*Schwarze Haut, weiße Masken*). Sartre diskutiert mit ihm tage- und nächtelang. Fanon bittet ihn, für sein neues Buch, *Les Damnés de la terre* (*Die Verdammten dieser Erde*), das bei François Maspero erscheinen soll, das Vorwort zu schreiben. Im September 1961 erfüllt Sartre diesen Wunsch mit einem antikolonialistischen, tiersmondistischen[260] Text, der Aufsehen erregen wird. Man liest dort insbesondere:

»Wenn die Bauern zu den Waffen greifen, verbleichen die alten Mythen, die Tabus werden eins nach dem anderen umgestülpt: die Waffe des Kämpfers ist seine Menschlichkeit. Denn in der ersten Zeit des Aufstands muss getötet werden: einen Europäer erschlagen heißt zwei Fliegen auf einmal treffen, nämlich gleichzeitig einen Unterdrücker und einen Unterdrückten aus der Welt schaffen. Was übrigbleibt, ist ein toter Mensch und ein freier Mensch. Der Überlebende fühlt zum ersten Mal einen *nationalen* Boden unter seinen Füßen. Von diesem Moment an weicht die Nation nicht mehr von ihm: man findet sie dort, wohin er geht, wo er ist, niemals weiter weg – sie wird eins mit seiner Freiheit.«[261]

Frantz Fanon, an Leukämie erkrankt, hat kaum Zeit, den außerordentlichen Erfolg seines Buchs zu genießen: er stirbt am 6. Dezember in Washington.

Der Jeanson-Prozess und die Radikalisierung Sartres führen zu einer Spaltung in der intellektuellen Linken. Die Aktivitäten und Proklamationen beider werden in *France-Observateur*, in *L'Express*, in *Esprit* ... missbilligt. In *Les Temps modernes* geißelt Marcel Péju diese »respektvolle Linke«:

»Man muss fürchten, dass es sich bei ihr um einen Alterungsprozess, einen besorgten Reflex von ›Verantwortungsträgern‹ angesichts ungehöriger Streiche handelt. Wie brav sie sind, in der Tat, wie *seriös* sie plötzlich erscheinen, diese Revolutionäre! Sie besitzen Parteien, Zeitungen, Programme; sie wissen: sie *sind* die Linke. Und da bringen unvorhergesehene Initiativen ihre Pläne durcheinander[262] ...«

Den manichäischen Revolutionären von *Les Temps modernes* setzt eine stärker an der Empirie orientierte intellektuelle Linke – unterschiedlich repräsentiert durch Claude Bourdet, Gilles Martinet, Jean-Jacques Servan-Schreiber, Jean Daniel, Jean-Marie Domenach – den Realitätssinn und das Gebot der Ethik entgegen. So erklärt Paul Ricœur, der in der Zeitschrift *Esprit* schreibende Philosoph, warum man die Dienstpflichtverweigerung nicht verurteilen kann, doch zugleich die jungen Männer nicht dazu antreiben darf.

---

260 *Anm. d. Ü:* Tiersmondistisch: für Freiheit und Unabhängigkeit der Dritten Welt (tiers monde) eintretend.
261 Frantz Fanon, *Die Verdammten dieser Erde*. Vorwort von Jean-Paul Sartre. Übers. v. T. König, Suhrkamp Verlag, Frankfurt, 1981, S. 20.
262 M. Péju, »La gauche respectueuse«, *Les Temps modernes*, April-Mai 1960.

Das Ende des Algerienkrieges zögert sich hinaus, obwohl die öffentliche Meinung des »Mutterlandes« de Gaulle massiv unterstützt und der Putschversuch der Generäle im April 1961 scheitert. Immer wieder werden die Verhandlungen mit dem FLN unterbrochen, während General de Gaulle nun für die Idee der algerischen Unabhängigkeit eintritt. Die Anhänger der »Algérie française« stürzen sich in eine mörderische Flucht nach vorn, indem sie die OAS[263] gründen. Am 17. Oktober 1961 endet eine friedliche Versammlung von Algeriern in Paris mit einer Metzelei. Die Demonstrationen der Linken gegen die OAS werden brutal niedergeschlagen. Am 8. Februar macht sich der Polizeipräfekt Maurice Papon dadurch einen Namen, dass die Anti-OAS-Demonstranten gegen die geschlossenen Gitter der Metrostation Charonne gedrängt und erdrückt werden. Im »Mutterland« häufen sich die Attentate, es droht der Bürgerkrieg. Zweimal haben Plastikbomben der OAS die Räume von *Esprit* zum Ziel. Die Regierung greift in ihrem Kampf gegen die OAS wiederholt zu Beschlagnahmungen, zu Strafverfolgungen, zu Festnahmen, als müsse ein Gleichgewicht zu den Festnahmen von Militärs nach dem Aprilputsch hergestellt werden.

Diese letzten Kriegsmonate schweißen die intellektuelle und die politische Linke gegen die OAS zusammen, die zum gemeinsamen Feind geworden ist; sie spalten die ideologische Rechte: als *La Nation française*, eine von Pierre Boutang geleitete maurrassistische Zeitung, Thesen im Sinne de Gaulles übernimmt, entscheiden sich die der OAS am nächsten stehenden Mitarbeiter für eine Trennung; sie finden in *L'Esprit public* ein Organ, in dem sie ihre Gedanken zum Ausdruck bringen können; das Blatt wird auf den Druckerpressen von *Combat* hergestellt, dessen Herausgeber Henri Smadja den Rebellen im Dachgeschoss seiner Zeitung einen Raum zur Verfügung stellt; die erste Nummer erscheint am 17. Dezember 1960[264]. Raoul Girardet, Jules Monnerot, Jean Brune, Roland Laudenbach, Jacques Laurent, Jacques Perret sind neben anonymen Militärs die treibenden Kräfte: »Wir verpflichten uns«, verkünden sie in der ersten Nummer, »dafür zu kämpfen, dass Algerien, ein durch und durch französisches Land, in der Republik bleibt.« Von einem »authentischen revolutionären Willen« beseelt, zögern sie nicht, de Gaulle mit Hitler zu vergleichen: »Wir möchten glauben, dass morgen ein noch unbekannter Feldherr, ein Mann mit harter Seele und sicheren Händen, in der Lage sein wird, der Wollust der Entehrung die Größe der Verweigerung vorzuziehen[265].«

---

263 *Anm. d. Ü:* OAS (Organisation de l'armée secrète): bewaffnete Geheimorganisation, die in der Endphase des Algerienkrieges durch Terror die Unabhängigkeit des angeblich »französischen Algeriens« zu verhindern suchte.
264 Zu dieser Auseinandersetzung vgl. das Zeugnis von Ph. Ariès, *Un historien du dimanche*, Le Seuil, 1980, und R. Girardet, *Singulièrement libre*, Grasset, 1990.

Der Algerienkrieg führt dazu, dass die Intellektuellen in den Vordergrund der politischen Bühne treten. Wie noch nie seit der Dreyfus-Affäre bringen sie – unabhängig von den Parteien und unter Umständen gegen sie – die tiefe politische Spaltung der Franzosen häufig leidenschaftlich zum Ausdruck. Auf der Rechten sieht man zum ersten Mal seit der »Nationalen Revolution« und der Kollaboration extremistische, faschistische, nationalkatholische, maurrassistische Gruppen wieder auftauchen. Die ehemaligen Besiegten bekommen wieder Mut – wie Maurice Bardèche, der 1961 sein Manifest *Qu'est-ce que le fascisme?* (»Was ist der Faschismus?«) veröffentlicht. Ehemalige linke Intellektuelle wie Jacques Soustelle und Christdemokraten wie Georges Bidault organisieren Unterstützungskomitees für die »Algérie française«, ohne davor zurückzuschrecken, sich mit den schlimmsten ihrer ehemaligen Gegner zu verbünden. Die »Husaren«, die sich etwas auf ihre »nichtengagierte Literatur« eingebildet hatten, treten alle mehr oder weniger in den Kampf für die »Algérie française« ein – von Antoine Blondin über Jacques Laurent bis hin zu Roger Nimier.

Der Mobilmachung der intellektuellen Rechten entspricht weitgehend die der Linken. Unabhängig von den politischen Parteien – insbesondere von der diskreditierten Kommunistischen Partei – reagiert die Linke am stärksten auf den Algerienkrieg und seine Dilemmata. Sie ist sich einig in der Ablehnung und Anprangerung der Folter, doch gespalten im Hinblick auf das Ziel und die Methoden des Kampfes: die Affäre Jeanson deckt diese Brüche auf. Zwischen dem »dreyfusistischen Intellektuellen« und dem »revolutionären Intellektuellen« vertieft sich in den letzten beiden Kriegsjahren die Kluft[266].

Die Rückkehr von General de Gaulle motiviert viele, sich ihm anzuschließen: André Malraux und François Mauriac sind die berühmtesten Beispiele. Die anderen Intellektuellen, die ihn anfangs sehr kritisch beurteilen, beginnen ihn mehr oder weniger widerwillig bedingt zu unterstützen, als der Kampf zwischen de Gaulle und den putschistischen Offizieren und dann zwischen de Gaulle und der OAS die Gefahr eines Bürgerkriegs heraufbeschwört. Am Ende müssen sie zugeben, was sie 1958 von sich gewiesen hätten: dass de Gaulle und nicht die Linke den Frieden erreicht hat; dass der General die öffentliche Meinung hinter sich bringen und die zivilen und militärischen Ultras besiegen konnte, ohne sich jemals manipulieren zu lassen. Der Frieden vom März 1962 stellt für die linken Intellektuellen einen Sieg dar. Es ist jedoch kein Triumph, denn im Mai 1958 hatten sie alles in allem eine falsche Diagnose gestellt. Umgekehrt bilden die Verträge von Évian[267] eine

---

265 Leitartikel vom 17. Februar 1961, zit. nach A.-M. Duranton-Crabol, »*Combat* et la guerre d'Algérie«, *Vingtième siècle. Revue d'histoire,* Okt.-Dezember 1993.

266 Siehe P. Vidal-Naquet »Une fidélité têtue. La résistance française à la guerre d'Algérie«, *Vingtième siècle. Revue d'histoire,* April-Juni 1986.

schwere Niederlage für die Intellektuellen der ideologischen Rechten. Doch der Algerienkrieg bot ihnen die Gelegenheit zu einer Revanche gegen die Linke, die seit der Libération praktisch ungeteilt geherrscht hatte. Sie haben aufs Neue ihre Existenz bewiesen.

Man muss den »dreyfusistischen Intellektuellen«, unter denen Pierre Vidal-Naquet eine der mutigsten Gestalten war, Gerechtigkeit widerfahren lassen. An der Spitze des Comité Maurice-Audin zögert Vidal-Naquet nicht, die Verantwortung des FLN und der französischen Regierung am Massaker an den Harkis – diesen von den Behörden im Kampf gegen den FLN aufgestellten arabisch-berberischen Hilfstruppen – zu benennen. Weiterhin enthüllt das Comité Maurice-Audin zum großen Missfallen der Kommunistischen Partei[268], dass tatsächliche oder vermeintliche Mitglieder der OAS gefoltert wurden.

Diese neuen Dreyfusards rekrutierten sich in hohem Maße aus christlichen Kreisen. Man ermisst den Weg, den das französische Christentum in den sechzig Jahren seit der Dreyfus-Affäre zurückgelegt hat. Eins zeigen diese Ereignisse: die Katholiken, die schon während des Spanischen Bürgerkrieges und während der Besatzung gespalten waren, offenbaren aufs Neue ihren Pluralismus. Ein Robert Barrat ist repräsentativ für die Linkskatholiken, die sich bis zum Ende zugunsten eines unabhängigen Algeriens engagieren: mit einigen anderen verantwortlich für *Vérités pour* von Francis Jeanson, regelmäßiger Mitarbeiter von *Vérité-Liberté*, weiß er auch die Rolle eines Informanten de Gaulles zu spielen – durch die Vermittlung von François Mauriac und Edmond Michelet, des Justizministers; das hindert nicht, dass er im Herbst 1960 eine Zeit lang im Gefängnis sitzt.

Alles in allem emanzipiert sich die intellektuelle Linke ein wenig mehr vom PCF, den man während des Algerienkrieges für zu lau hält. Dieser Prozess zunehmender Autonomie gegenüber den Apparaten wird auch durch das Sektierertum der Partei begünstigt, die unfähig ist, ihre »Entstalinisierung« einzuleiten. Ihre Zustimmung zur Unterdrückung des Ungarnaufstands hat sie diskreditiert; ihre mangelnde Überzeugungskraft im Kampf für die Unabhängigkeit Algeriens (dessen Speerspitze, im Gegensatz zu Indochina, keine marxistische Partei ist) bringt sie in den Augen der militanten Intellektuellen völlig in Misskredit. »Zwischen dem PCF, den Studenten und den Intellektuellen ist etwas zerbrochen«, wird Pierre Vidal-Naquet dann im Hinblick auf die Bewegung vom Mai 1968 sagen[269].

---

267 *Anm. d. Ü:* Verträge von Évian: nach dem Ort der Verhandlungen zwischen der französischen Regierung und der provisorischen Regierung der algerischen Republik benannte Verträge, die am 18. März 1962 unterzeichnet wurden. Sie erkannten die Unabhängigkeit Algeriens an und legten die Bedingungen des Selbstbestimmungsreferendums fest.
268 P. Vidal-Naquet, »L'OAS et la torture«, *Esprit*, Mai 1962.

57
Der Krieg ist aus

Nach den Schrecken des Jahres 1962 kehrt Frankreich zum normalen Leben zurück. 1963 fühlt sich das Land mit den Bergleuten der Kohlegruben solidarisch, die einen endlosen Streik beginnen. Die bedrohten Kohlegruben lassen im Übrigen den Epochenwandel ahnen: Modernisierung ist eines der Hauptziele Georges Pompidous (des Nachfolgers von Michel Debré), der sechs Jahre lang Premierminister bleiben wird – ein Rekord! Auf internationaler Ebene hat die Spannung zwischen den beiden Blöcken nach der kubanischen Raketenkrise, in der Chruschtschow vor dem entschiedenen Auftreten Kennedys zurückweicht, nachgelassen: man tritt in die Ära der Entspannung ein. Die *pop-music* der Beatles vereint die Herzen im Weltmaßstab. Pater Teilhard de Chardin[270], dessen posthume Werke den Éditions du Seuil ein Vermögen einbringen, hatte es geahnt: die Welt »konvergierte«.

Der Teilhardismus, der lange Zeit in der römischen Kirche der Zensur unterliegt, stößt überall auf Sympathie. Die Katholiken wundern sich bei der Lektüre von *Le Phénomène humain* (*Der Mensch im Kosmos*) über die neue Harmonie von Wissenschaft und Glauben. Die evolutionistischen Theorien von Teilhard versöhnen die eschatologische Sicht des Christentums mit einem globalen Nachdenken über den Kosmos, über das Universum. Überall schöpft man aus der Leitidee der wachsenden Konvergenz und Komplexität Gründe für einen neuen Optimismus. Die Kommentatoren des gelehrten Jesuiten spielen auf die Ost-West-Annäherung an; auf die Rolle des technischen Fortschritts, der dazu bestimmt sei, die Menschheit zu verbinden und zu vereinen; auf das Ende des Kolonialismus, das auch Versöhnung bedeute. Die Kommunisten zeigen sich nicht als letzte interessiert. Roger Garaudy legt ihnen auseinander, was sie von diesem eigenartigen Pater zu übernehmen und was sie zurückzuweisen haben.

Im August 1966 veröffentlichen *Les Temps modernes*, die sich gegen die naiven Exegeten auflehnen, einen nicht gezeichneten Artikel »Die technokra-

---

269 P. Vidal-Naquet und A. Schnapp, *Journal de la Commune étudiante*, Seuil, 1969.
270 *Anm. d. Ü:* Teilhard de Chardin, Pierre: Theologe, Philosoph, Paläontologe (1881–1955), Teilnehmer wissenschaftlicher Expeditionen nach Afrika und in den Fernen Osten; seit 1899 Mitglied des Jesuitenordens. Als er sich pantheistischen Positionen zu nähern schien, warnte das Heilige Offizium vor der Lektüre seiner Werke.

tische Ideologie und der Teilhardismus«. Der Autor analysiert das Werk *Plaidoyer pour l'avenir* (»Plädoyer für die Zukunft«) von Louis Armand und Michel Drancourt und nebenbei *Pour une réforme de l'entreprise* (»Für eine Unternehmensreform«) von François Bloch-Lainé und zeigt dabei, wie man das Werk Teilhards ausgeschlachtet hat, um die technokratische Ideologie zu untermauern. In der Tat gestattet der Teilhardismus ein gewisses Heraustreten aus Geschichte und Politik. Teilhards Vision der Entwicklung der Menschheit ist von keiner kontingenten Chronologie belastet. Er hat die lange Dauer des Kosmos im Auge und hält sich nicht bei den kleinen Nöten der Menschen auf; er handelt nicht vom theologischen Problem des Bösen, ja er betrachtet die Weltkriege und die totalitären Regime als Phasen auf dem planetarischen Weg hin zum Punkt Omega – der Vereinigung des Universums. Dieser kraftvolle Versuch der Historisierung der Menschheit ist über der Geschichte oder jenseits der Geschichte im menschlichen Maßstab angesiedelt.

Um zur banalen Zeitlichkeit zurückzukehren: was man die »sechziger Jahre« nennt, zählt nicht mehr als ein halbes Dutzend Jahre zwischen dem Ende des Algerienkrieges und dem Mai 68. Diese Phase hat ein ziemlich starkes eigenes Gepräge: das Entstehen der Konsum- und Freizeitgesellschaft, das Erwachsenwerden der »baby-boom«-Generation, die »Entpolitisierung« oder das »Ende der Ideologien« (was noch zu beweisen bleibt, doch der Eindruck zählt so viel wie die Wirklichkeit), eine Medienrevolution, die auf die Verbreitung des Fernsehers zurückgeht, die »friedliche Koexistenz«, das »Ende der Bauernschaft«, das Sinken der Geburtenrate, die Verjüngung der Kirche durch das 1965 beendete Zweite Vatikanische Konzil, zugleich das progressive Schwinden der religiösen Praxis, die Provokationen von General de Gaulle gegenüber den beiden »Supermächten« – und, im Bereich des Denkens, der Triumph des Strukturalismus über alle Geschichtsphilosophien.

Der Strukturalismus wird Gegenstand der öffentlichen Debatte. Diejenigen, die sich auf ihn berufen, haben den Ehrgeiz, mit den Ideologien, die alle mehr oder weniger von der Religion geprägt seien, zugunsten der Wissenschaftlichkeit Schluss zu machen. Entscheidend sei nicht, sich bei der Kausalität der Phänomene aufzuhalten, sondern ihr Funktionieren verständlich zu machen, die Wechselbezüge der Komponenten, ihre interne Anordnung, die Struktur. Das System, das so definiert wird – nicht durch seine Genese, sondern durch die relationalen Netze, durch die Bezüge gegenseitiger Abhängigkeit zwischen den Elementen, durch die Abweichungen und Differenzen –, stellt aufgrund seiner Methode eine Form dar, sich von der Geschichte zu verabschieden. Von dieser fordert man nicht mehr, das Sesam-öffne-dich der Erkenntnis zu sein. Die historischen Disziplinen unterliegen unter der Bezeichnung »neue Geschichte« selbst dem Einfluss des Strukturalismus: das Ereignis wird zur Nebensache zugunsten von Phänomenen der longue durée, was insbesondere die Bedeutung der Revolutionen zugunsten der Permanenz verringert; man geht sogar so weit, von der »stillstehenden Zeit« zu sprechen.

Claude Lévi-Strauss ist der angesehenste Repräsentant dieses Denkens. Nach *Anthropologie structurale* (1958, *Strukturale Anthropologie*) veröffentlicht er 1962 *La Pensée sauvage* (*Das wilde Denken*), dann 1964 *Le Cru et le Cuit* (*Das Rohe und das Gekochte*). Auf einem anderen Gebiet wird Michel Foucault, der bereits 1961 mit seiner *Histoire de la folie à l'âge classique* (*Wahnsinn und Gesellschaft*) von sich reden gemacht hat, mit seinem großen Werk *Les Mots et les Choses* (*Die Ordnung der Dinge*) 1966 berühmt. Der Strukturalismus setzt sich unter den Linguisten durch (Algirdas-Julien Greimas, Gérard Genette ...); Jacques Lacan nimmt ihn für die Psychoanalyse in Anspruch (*Les Écrits*, 1966); und über das Werk von Louis Althusser, Repetitor an der École normale supérieure der Rue d'Ulm, lässt sich sogar der Marxismus von ihm beeinflussen. Althussers Schüler – ganz von *Pour Marx* (1965, *Für Marx*) und von *Lire le Capital* (1968, *Das Kapital lesen*) erfüllt – haben sich vom PCF emanzipiert und werden im Mittelpunkt der Ereignisse von Mai 68 oder im Zentrum des französischen Maoismus stehen.

In Wirklichkeit ist der Strukturalismus lange vor den sechziger Jahren entstanden. Das erste einschlägige Werk des Strukturalismus, *Les Structures élémentaires de la parenté* (*Die elementaren Strukturen der Verwandtschaft*) von Lévi-Strauss, geht auf das Ende der vierziger Jahre zurück. Diese Untersuchung stellt den ersten Versuch dar, das Rüstzeug des theoretischen Denkens aus der Linguistik Ferdinand Saussures auf die Ethnologie anzuwenden. Doch erst die sechziger Jahre, der Ideologien überdrüssig und der Wissenschaft zugewandt, führen zur tatsächlichen Entfaltung des Strukturalismus: man braucht Erklärungsmodelle, die frei von Ideologie sind. Dabei stellt sich allerdings die Frage, ob der Strukturalismus nicht selbst eine neue Ideologie ist: welcher Diskurs über die menschliche Realität kann sich redlicherweise rühmen, streng in die wissenschaftliche Positivität eingebettet zu sein?

Die sechziger Jahre bringen auch den Erfolg des Nouveau Roman. Seine theoretischen Grundlagen stehen im Widerspruch zu Sartres Thesen aus *Qu'est-ce que la littérature* (*Was ist die Literatur?*). Zwar hat es etwas Willkürliches an sich, Schriftsteller wie Michel Butor, Claude Ollier, Robert Pinget, Jean Ricardou, Nathalie Sarraute, Claude Simon unter derselben Bezeichnung zusammenzufassen, doch niemand wird bestreiten, dass Alain Robbe-Grillet der Wortführer der kleinen Truppe ist. Sein 1963 veröffentlichter Essay *Pour un nouveau roman* (*Argumente für einen neuen Roman*) verurteilt in einem Zuge das Subjekt (das heißt die Figur, den Helden), das Erzählen und das Engagement:

»Der Personenroman gehört ganz einfach der Vergangenheit an; er charakterisiert eine Epoche, in der das Individuum im Zenit stand. Vielleicht ist das kein Fortschritt, doch die gegenwärtige Epoche ist mit Sicherheit eher die der Matrikelnummer. Das Schicksal der Welt ist für uns nicht mehr mit dem Aufstieg oder dem Fall einiger Menschen, einiger Familien identisch[271].«

Der Theoretiker verweigert sich der Geschichte und bekräftigt ein neues »l'Art-pour-l'art« in der Nachfolge Flauberts:

»Dem Künstler geht nichts über seine Arbeit, und es wird ihm schnell klar, dass er nur *für nichts* schöpferisch sein kann [...]; welches auch seine Bindung an eine Partei oder an großherzige Gedanken sein mag, der schöpferische Augenblick kann ihn nur zu den Problemen seiner Kunst führen.«

Zahlreiche Anhänger des »Nouveau Roman« haben im Algerienkrieg Stellung bezogen und insbesondere, wie Robbe-Grillet selbst, das »Manifest der 121« unterzeichnet. Sie trennen indessen das künstlerische Schaffen von ihrer Teilnahme an der Bewegung der Geschichte. Sartres Gebot der engagierten Literatur ist von jetzt an überholt.

Teilhardismus, Strukturalismus, Nouveau Roman – was haben diese drei Phänomene gemein? Ihr gleichzeitiges Auftreten hat trotz ihrer Heterogenität einen Sinn: der Mensch als Individuum, der bewusste und handelnde Mensch steht nicht mehr im Mittelpunkt. Der Teilhardismus atomisiert ihn inmitten einer kosmischen Geschichte; der Strukturalismus kündigt nach dem Tod Gottes den Tod des Menschen an; der Nouveau Roman drängt das Subjekt an den Rand. Diese Konvergenzen bleiben zwar vage, und ihre Vertreter hätten solchen Vergleichen nur ungern zugestimmt; doch es gilt: die Geschichte, das Ereignis, das Subjekt verlieren ihren Nimbus.

»Wie kann die Geschichte ausgelöscht werden?«, fragt sich Sylvie Le Bon in *Les Temps modernes* vom Januar 1967. »Für dieses unmögliche Problem schlägt Michel Foucault eine verzweifelte Lösung vor: nicht daran denken. Sie ausschließen, wenn schon nicht aus der Wirklichkeit, so doch wenigstens aus dem Wissen. Das ist das Ziel seines Buches *Les Mots et les Choses,* und um es zu erreichen, weicht der Autor vor keinem Opfer zurück.« Die Geschichte »wird als solche ausgeschaltet, denn nichts ist jemals im Werden. Alles ist mit einem Schlag

---

271 A. Robbe-Grillet, *Pour un nouveau roman*, Éd. de Minuit, 1963, Neuaufl. Gallimard, »Idées«, 1964, S. 33.

da, alles ändert sich mit einem Schlag. Als Positivist versetzt sich Foucault unaufhörlich in den Augenblick, da bereits alles geschehen ist, und dabei richtet er es selbstverständlich durch ein geschicktes Retuschieren der Realität so ein, dass er sich immer nur vor bereits Daseiendem befindet«.

Dem Strukturalismus wird im Namen der Geschichte der Prozess gemacht; aber auch im Namen des Humanismus. Im Februar 1968 veröffentlicht Mikel Dufrenne, Philosoph an der Universität von Nanterre und Freund von Paul Ricœur, *Pour l'homme* (»Für den Menschen«) – eine Arbeit, in der er den philosophischen Hintergrund dieser »strukturalistischen« Werke ins Visier nimmt; er zeigt, dass sie in dem Gedanken konvergieren, der Mensch müsse – nach Gott – sterben, damit das System lebe. Dufrenne lehnt sich gegen diese Herrschaft des Inhumanen auf, aus der die Geschichte und das Bedürfnis nach einer Ethik ausgeschlossen sind.

Das alles läuft auf eine allmähliche Entthronung Jean-Paul Sartres hinaus, was ihn nicht im Mindesten beeinträchtigt. Das Jahr 1964 ist für ihn eine Zeit der Apotheose. Im Januar kommen *Les Mots* (*Die Wörter*) heraus – der Versuch, seine Kindheit zu analysieren. Die Kritik begrüßt seine Rückkehr zur Literatur. Manche seiner angestammten Gegner zeigen sich angetan. Welch ein Abgrund zwischen diesem sehr ausgefeilten Buch und dem theoretischen Essay, der 1960 erschienen ist, *Critique de la raison dialectique* (*Kritik der dialektischen Vernunft*)! Wenige haben übrigens dieses – unter Schmerzen und unter Zuhilfenahme großer Mengen von Corydrane[272] geschriebene – Buch gelesen, in dem es darum geht, das Wappen des Marxismus (»die einzig mögliche Anthropologie [...], die einzige, die den Menschen in seiner Totalität fasst«) wieder zu vergolden und den Marxismus von seinen stalinistischen Schlacken zu befreien. »Die *Kritik*«, sagte Sartre, »ist ein gegen die Kommunisten geschriebenes und dennoch marxistisches Werk.« Den Kommunismus aus seiner stalinistischen Perversion zu retten, den Marxismus mit der Freiheit zu versöhnen, das war das Projekt, das Sartre auch weiterhin verfolgt, ohne seine Aufgabe je zu vollenden. Plötzlich wird er mit *Les Mots* wieder zu einem großen Schriftsteller, den jeder aus gutem oder weniger gutem Grund lobt.

Im Herbst wird Sartre die höchste Anerkennung zuteil: die jährliche Wahl des Nobelkomitees fällt auf ihn. Sich selbst treu, lehnt er den Preis ab. Er kann es auf keinen Fall akzeptieren, dass die Revolte »institutionalisiert« wird: er lässt sich nicht vereinnahmen. Indem er den Nobelpreis von sich weist, folgt Sartre seiner Linie: ein radikaler Gegner der bürgerlichen Gesellschaft zu sein, der unablässig die revolutionären Tugenden predigt.

---

272 *Anm. d. Ü:* Corydrane: Aufputschmittel.

Das engagierte Denken ist nicht tot; es schlägt neue Wege ein. Das Ende des Algerienkrieges ist ein Einschnitt, der sich schmerzlich auf die linken Wochenzeitungen auswirkt. Die Verkaufszahlen sinken sofort: *L'Express*, der eine Auflage von mehr als 150.000 Exemplaren hatte, geht 1963 um die Hälfte zurück; *France-Observateur* widerfährt dasselbe Pech – noch verstärkt durch die Missstimmung zwischen seinen beiden Leitern, Gilles Martinet und Claude Bourdet. Man muss eine neue Formel finden. Jean-Jacques Servan-Schreiber optiert für das Modell der amerikanischen »news«, *Time* und *Newsweek*, für eine Wochenzeitung kleinen Formats, mit kurzen, durchschlagenden, für alle lesbaren Artikeln, für eine, so ist hinzuzufügen, weit weniger engagierte Zeitung. Émile Servan-Schreiber verkauft *Les Échos* und sichert so die Finanzierung; die erste Nummer der neuen Ausgabe erscheint am 21. September 1964, der Erfolg stellt sich sofort ein. JJ-SS hatte ihn in der letzten Nummer großen Formats vorhergesehen:

»Konnte man in der Epoche der riesigen Fabriken und der Synchrozyklotronen tatsächlich fortfahren, Zeitungen wie *L'Aurore* von Clemenceau oder *La Gazette* von Théophraste Renaudot zu machen? Die Anwort ist klar. Sie war es schon 1957 oder 1960, wir wussten es. Doch damals stieß sie bei uns auf taube Ohren. Die Ereignisse und die Leidenschaften sprachen lauter als alles andere: man musste kämpfen. *L'Express*, ein Meinungsblatt, kämpfte, ich sage nicht für die gute Sache, doch für die einzig mögliche. Diese Zeiten entschwinden mit Lichtgeschwindigkeit.«

Die Metamorphose von *L'Express* ruft in der Redaktion eine gewisse Verwirrung hervor. Jean Daniel, der Chefredakteur, dessen Name sich während des Algerienkrieges durchgesetzt hat, verlässt JJ-SS, um *Le Nouvel Observateur* zu leiten, der von einem seiner Freunde, dem Geschäftsmann Claude Perdriel, finanziert wird. Die erste Nummer erscheint am 19. November 1964. Während *France-Observateur* sich allmählich in eine Art Organ des PSU verwandelte, erweitert *Le Nouvel Observateur* seine Leserschaft und beabsichtigt, auf seinen friedliebenden Seiten die verschiedenen Stimmen der Linken zu versöhnen, insbesondere die von Sartre und Mendès France. Während *L'Express* sich von einem zu betont politischen Engagement entfernt, wird *Le Nouvel Observateur* zur wichtigsten Wochenzeitung der linken Intellektuellen. Sartre, den Jean Daniel um einen Eröffnungstext gebeten hat, sagt in einem langen Interview:

»Immerhin hat in Frankreich die drängendste Not nachgelassen; man hätte annehmen können, dass dies zu einer Entpolitisierung der Arbeiter führen würde. Das Gegenteil ist der Fall: der Kampf nimmt zur Zeit eine neue Dimension an, eine wahrere, eine menschlichere Dimension, denn man beginnt, für eine wirkliche Kontrolle der Unternehmen durch diejenigen, die dort arbeiten, zu kämpfen. Man kämpft nicht mehr nur für eine Gehaltserhöhung, sondern für den Einfluss der Arbeiter auf die Führung der Unternehmen.«

Hier bringt Sartre ganz deutlich Gedanken zum Ausdruck, die von Serge Mallet entwickelt wurden, dem Vorkämpfer der marxistischen Soziologie, der im Übrigen die Analysen des PSU und der CFDT (Confédération française démocratique du travail, »Französischer demokratischer Bund der Arbeit«) beeinflusst, die 1964 durch einen Mehrheitsbeschluss der CFTC gegründet wird. Die politische und soziale Landschaft hat sich gewandelt.

Die häusliche Welt gerät unter der Wirkung der so genannten Konsumgesellschaft aus den Fugen. Das Wachstum hat nicht nur das, was Sartre die »drängendste Not« nannte, reduziert, es verändert auch den Alltag der Franzosen: Auto, Waschmaschine, allgemeine Verbesserung der Hygiene, längerer Schulbesuch ... verwandeln die Haushalte. Einige sprechen von »Amerikanisierung«. Wie Jean Fourastié (der später die Formel von den »Trente Glorieuses«, den »dreißig glorreichen« Jahren zwischen 1950 und 1980, erfindet) preisen Wirtschaftswissenschaftler und Werbefachleute die Wunder dieses dem Glück der Menschen dienenden ungeheuren Wachstums. Die Propheten des Unglücks äußern sich ebenso deutlich. Auch die Künstler: 1965 wird der Prix Renaudot einem jungen Romancier, Georges Perec, verliehen, dessen Werk *Les Choses* (*Die Dinge*) die neue, unter der Jugend verbreitete Obsession des Habens skizziert; Jacques Tati, schon in *Mon oncle* (1958, *Mein Onkel*) recht spöttisch, fügt noch *Play Time* (1967, *Tatis herrliche Zeiten*) und dann *Trafic* (1970, *Tati im Stoßverkehr*) hinzu; Christiane Rochefort beschreibt 1969 die *Kinder unserer Zeit* (*Les Petits Enfants du siècle*). In der Kritik der neuen Lebensformen stehen sich häufig zwei Strömungen gegenüber: ein den Verhältnissen neu angepasster Marxismus, der die letzten Schliche des Kapitals und die gewandelten Formen der Entfremdung anprangert, und ein Moralismus christlichen Ursprungs, der dem Reichtum misstraut. Die Titel der Bücher sprechen für sich selbst: *Les Misères de l'abondance* (»Das Elend des Überflusses«) von Jean Boniface, *Sois belle et tais-toi* (»Sei schön und schweige«) von Geneviève Rocard und Colette Gutman, *Les Damnés de l'opulence* (»Die Verdammten des Reichtums«) von Georges Elgozy. Jean Baudrillard beginnt, die Theorie dieser Konsumgesellschaft zu entwerfen, die der Mann von der Straße den Zeiten des Mangels schlicht und einfach vorzieht, doch die in den Augen der wachsamen Intellektuellen mit grundlegenden Mängeln behaftet ist.

Eines der neuesten, der fesselndsten Themen ist das Alltagsleben. Henri Lefebvre, der aus dem PCF ausgetreten ist, widmet sich diesem Thema und zeigt insbesondere, wie die ärmsten Gesellschaftsschichten nach und nach aus den Zentren der Städte gedrängt werden, um *extra-muros* in den großen unförmigen Ensembles zusammengepfercht zu werden. Später schreibt er ein *Droit à la ville* (»Recht auf die Stadt«); bereits in Bezug auf die Pariser Commune von 1871 hatte er gezeigt, wie die Stadtplanung von Haussmann dazu geführt hatte, die Arbeiter aus dem Zentrum von Paris in die Randbezirke und dann in die Vororte zu verdrängen. Bei der Entschlüsselung und Kritik des Alltagslebens spielte eine Zeitschrift, *Arguments,* eine Vorreiterrolle. Sie war aus der kommunistischen Krise des Jahres 1956 hervorgegangen und ihre erste Nummer datiert vom Dezember desselben Jahres[273]. Edgar Morin, Jean Duvignaud und Kostas Axelos, die drei Säulen der Zeitschrift, hatten sich nach einer kritischen Auseinandersetzung mit dem Marxismus den von diesem vernachlässigten großen Themen zugewandt: der Liebe, den Problemen des Wohlstands, der Kunst, den Intellektuellen, der Psychoanalyse und der Anthropologie. Ach! Trotz Unterstützung durch die Éditions de Minuit überlebte die Zeitschrift das Jahr 1962 nicht. Wie dem auch sei: Morin-Duvignaud-Axelos hatten den Auftakt gegeben und die Neugier geweckt; so wagt es der von einem Katholiken herausgegebene *Esprit* plötzlich, eine dicke Sondernummer zum Thema Sexualität zu einer Zeit herauszubringen, als Empfängnisverhütung immer noch repressiven Gesetzen unterliegt.

Der kritische Blick richtet sich auch auf das Räderwerk der Verwaltung, die Erneuerung der Eliten und die Barrieren, die Modernisierung und Demokratisierung zu überwinden haben. Der Ausdruck »blockierte Gesellschaft«, den der Soziologe Michel Crozier, ein Mitarbeiter von *Esprit*, lanciert, ist ein echter Volltreffer. In *Le Phénomène bureaucratique* (»Das bürokratische Phänomen«) zeigt Crozier 1963 anhand von präzisen Untersuchungen die Schwerfälligkeit und Unbeweglichkeit der Bürokratie in einer Gesellschaft, die ansonsten im Wandel begriffen ist; dabei unterstreicht er unter anderem, dass »die zentralisierte bürokratische Macht allmächtig ist bei allem, was die Routine, und ohnmächtig bei allem, was den Wandel betrifft«. Ihm zufolge führt das bürokratische Modell Frankreichs zu einer ganzen Reihe von Blockierungen im gesellschaftlichen System: insbesondere die Schwierigkeiten der Entkolonisierung und die Arbeitskonflikte analysiert er unter diesem Gesichtspunkt. Der Widerstand gegen den Wandel drohe, so sagt er voraus, eine ernste Krise zu verursachen. In einem anderen Bereich geißeln Pierre Bourdieu und Jean-Claude Passeron mit *Les Héritiers* (»Die Erben«) ein Schul- und Universitätssystem, das den zahlenmäßig stärksten Klassen zu-

---

273 S. Treiner, *La Revue* Arguments *1956–1962*, Diplomarbeit DEA, IEP Paris, 1987.

gunsten der »Söhne von Erzbischöfen« verschlossen bleibt. Die blockierte Gesellschaft laufe um das Prinzip der »Reproduktion« herum (Titel eines weiteren Werks von Bourdieu und Passeron im Jahre 1970) ins Leere, unfähig, die Erneuerung der Eliten zu bewerkstelligen.

Im Laufe der sechziger Jahre zeichnet sich auch das ab, was Robert Lafont, ein Hochschullehrer aus Toulouse, *La Révolution régionaliste* (1967, »Die regionalistische Revolution«) nennt. Der Regionalismus, der früher zum Rüstzeug der Traditionalisten und Reaktionäre gehörte (Maurras wie Barrès verfechten die Dezentralisierung und rühmen die »lokalen Freiheiten«), geht auf die Linke über. Lafont, ein Vorkämpfer für Okzitanien, vertritt den Regionalismus unter der Perspektive eines föderalistischen Sozialismus. Er spricht von einem »internen Kolonialismus«, von einer »regionalen Entfremdung«; im Widerstand gegen eine jahrhundertelange forcierte Zentralisierung macht er sich daran, Frankreich neu zu denken.

Die Revolte gegen die Vermassung, die Standardisierung und die wachsende Uniformisierung der Gesellschaft wird zu einem neuen, entscheidenden Element der politischen Auseinandersetzung. Der Schutz der ethnokulturellen Gruppen und Minoritäten ruft alle möglichen Autoren und Publikationsorgane auf den Plan, auch *Le Canard enchaîné*, in dem Morvan Lebesque regelmäßig schreibt, der für die armorikanische[274] Sache eintritt und 1970 *Comment peut-on être breton?* (»Wie kann man Bretone sein?«) veröffentlicht. Ein Philosoph, der vom Marxismus herkommt, ein ehemaliger Mitarbeiter von *Arguments*, Pierre Fougeyrollas, behauptet 1968 sogar: »Der Regionalismus ist der Weg eines neuen Kampfes gegen die Kräfte der Unterdrückung, der Ausbeutung und der Repression.«

Zur selben Zeit erlebt man die Metamorphose des alten Kampfes gegen den Kolonialismus: da er nach der Unabhängigkeit Algeriens keine Daseinsberechtigung mehr hat, verwandelt er sich in einen Kampf gegen den Imperialismus und für die Dritte Welt. Die junge algerische Republik, das Kuba von Fidel Castro, bald darauf Vietnam treten in den Herzen an die Stelle der Sowjetunion. François Maspero, unterstützt von einem kleinen Mitarbeiterstab, spielt als Buchhändler und Verleger in der Verbreitung subversiver Gedanken eine entscheidende Rolle. Während der letzten Jahre des Algerienkriegs hat er die Reihe der »Cahiers libres« (»Freie Hefte«) herausgebracht und danach die Zeitschrift *Partisans,* die die Ideen von Frantz Fanon, Che Guevara und Fidel Castro verbreitet ... Seine Buchhandlung »La Joie de lire« (»Die Freude des Lesens«) in der Rue Saint-Séverin im Quartier Latin ist bis zehn Uhr abends voll. Das Buch von Pierre Jalée, *Le Pillage du Tiers-monde* (»Die Ausplünderung der Dritten Welt«) wird 1965 zu einer kleinen Bibel

---

274 *Anm. d. Ü:* armorikanisch: nach dem keltischen Namen »Armor« Gebiet zwischen Atlantik, Ärmelkanal und Pariser Becken; umfasst die Bretagne, die Vendée, den Anjou u.a.

der linken Lehrer und Hochschullehrer. Die neuen Aktivisten wenden den Blick nach Vietnam und Lateinamerika. 1967 mobilisieren die Festnahme von Régis Debray in Bolivien und die Eröffnung seines Prozesses in Camiri – und zugleich der Tod des »Che« – die junge Generation. Claude Durand eröffnet in den Éditions du Seuil im Januar 1968 die Reihe »Combats« mit dem *Journal d'un guerillero. La Voix du maquis d'Amérique latine* (»Tagebuch eines Guerillero. Die Stimme des lateinamerikanischen Maquis«); dann erscheinen dort *Écrits et Paroles* (»Schriften und Worte«) von Camilo Torres, dem Gründer der »Einheitsfront des kolumbianischen Volkes«, der wie Che Guevara getötet wird, und im Mai 1968 Ricardo Rojos Biographie des »Che«. Offenkundig beschäftigt das Schicksal der Arbeiter von Billancourt die neuen Revolutionäre nicht mehr besonders.

Die französische Politik interessiert nicht mehr; der Anziehungspunkt liegt jetzt woanders. Bald wird das China von Mao wie einst das Russland von Lenin seine Faszination ausüben. Das einzige große Ereignis auf der internen Bühne: 1965 wird der Staatspräsident zum ersten Mal unmittelbar vom Volk gewählt. Seit einer Weile schon sind einige gegen den dominierenden Gaullismus aufbegehrende Intellektuelle damit befasst. So etwa tritt der Club Jean-Moulin, der im Mai 1958 gegründet wurde und dessen Sekretariat Georges Suffert untersteht, in Aktion. Der Club, dem eine gewisse Anzahl hoher Beamter wie Simon Nora beitreten und der die Unterstützung der Éditions du Seuil genießt, die Noras Analysen veröffentlichen, lässt sich auf die neuen Institutionen ein – ungeachtet der Position dessen, der sein legitimer Kandidat hätte sein müssen: Pierre Mendès France, der ein unversöhnlicher Gegner der Fünften Republik ist. Über *L'Express* lanciert der Club eine Operation »Monsieur X«. Die Idee besteht darin, ein Phantombild des idealen Kandidaten der Linken zu zeichnen. Woche für Woche feilt man an der Skizze, die wie durch ein Wunder der Persönlichkeit Gaston Defferres entspricht, des Bürgermeisters von Marseille, der nie vom Molletismus angesteckt wurde. Das Ganze ist ein Fiasko. Die Kandidatur wird vor Ende des Manövers aufgedeckt. Defferre hatte beabsichtigt, sich auf eine Mehrheit zu stützen, die auf dem Bündnis von SFIO und MRP – dem, was er die »große Föderation« nannte – fußen sollte. Doch die Uneinigkeit erweist sich als stärker. Defferre wirft das Handtuch. Ohne es zu wollen, hat er für François Mitterrand die Kastanien aus dem Feuer geholt. Dieser beansprucht, Kandidat der wieder ausgesöhnten Linken, Kommunisten und Sozialisten, zu sein. Ein gelungener Coup: Mitterrand wird zum Führer der Linken und legitimiert seine Position dadurch, dass er bei der Präsidentschaftswahl de Gaulle zu einem zweiten Wahlgang zwingt.

Dieser politische oder politisch-strategische Erfolg ruft bei den Intellektuellen Skepsis hervor; sie sind dem PCF und der SFIO gegenüber gleich misstrauisch. Manche von ihnen gewinnen dem Gaullismus einigen Reiz ab. Im

April 1966 bringt ein »Manifest zur Außenpolitik« ihre vernunftbegründete Zustimmung zur Außenpolitik de Gaulles zum Ausdruck:

»In Übereinstimmung mit einer großen Zahl von Wählern der Linken und in Übereinstimmung mit der Mehrheit der fortschrittlichen Kräfte in der Welt unterstützen wir eine internationale Friedenspolitik, die auf der Ablehnung des Beitritts zu hegemonialen Blöcken, auf einem erweiterten und versöhnten Europa und auf einer Zusammenarbeit mit den Ländern der Dritten Welt und mit den blockfreien Ländern beruht – eine Politik, wie sie zur Zeit im Namen Frankreichs geführt wird.« Diese Glückwunschadresse zur Außenpolitik des Generals ist unter anderen von Emmanuel d'Astier de La Vigerie, Robert Barrat, Jean-Marie Domenach, Pierre Emmanuel, François Perroux, André Philip, David Rousset, Armand Salacrou und Roger Stéphane unterzeichnet.

Im Anschluss an einen Kommentar in *Le Monde* rechtfertigt Domenach seinen Schritt. Zwar stimmt er nach wie vor »mit zahlreichen Aspekten der Wirtschafts- und Sozialpolitik« der Regierung nicht überein; zwar wünscht er sich ein politisches Leben, das der Demokratie besser entspräche.

»Jedoch glaube ich weiterhin, dass man der Linken keine Perspektive eröffnet, wenn man sie systematisch auf den Antigaullismus festlegt. In dem Augenblick, in dem sich die nichtkommunistische linke Opposition durch die Verteidigung des Atlantismus auszeichnet, scheint es mir eine Pflicht derjenigen, die Europa immer im Widerstand gegen die Hegemonien errichten und es mit der Dritten Welt verbinden wollten, der aktuellen Regierungspolitik in dieser Hinsicht – nicht in anderer Hinsicht – ihre Unterstützung zuzusichern[275].«

Die Kritik am Gaullismus zielt auf die moralische Ordnung ab, die das Regime anscheinend einführen will: damals wird der von Diderot inspirierte Film *La Religieuse* (»Die Nonne«) von Jacques Rivette vom Blitz der Zensur getroffen. Domenach hat nichts dagegen vorzubringen: »Ich halte die französische Position China und Vietnam gegenüber für wichtiger als das Verbot von *La Religieuse*.« Er enthüllt indessen, dass nicht die gesamte Redaktion von *Esprit* seiner Meinung ist. Im Übrigen hat die Mehrheit dieser Redaktion bei den Präsidentschaftswahlen von 1965 entweder einen ungültigen Stimmzettel abgegeben oder gaullistisch gewählt[276]. Die »alte Linke« von Mitter-

---

275 J.-M. Domenach, »À propos d'un manifeste sur la politique extérieure«, *Esprit*, Juni 1966.
276 Persönliche Mitteilung.

rand – dem ewigen Minister der Vierten Republik – ist mit ihrer Missbilligung des (von de Gaulle gewollten) Rückzugs aus der NATO in den Augen Domenachs viel altmodischer als der Gaullismus, der auf allen fünf Kontinenten die nationale Unabhängigkeit gegenüber den Imperien predigt. Der Hauptkonflikt, der damals herrscht, der Vietnamkrieg, zeigt einen de Gaulle, der weiter »links« steht als die nichtkommunistische Linke; seine Rede von Phnom Penh am 1. September 1966 gegen die amerikanische Intervention verwirrt die antigaullistischen Intellektuellen: macht sich de Gaulle, nachdem er das Algerienproblem gelöst hat, etwa zum Vorkämpfer aller Völker, die der amerikanisch-sowjetischen Doppelherrschaft Widerstand leisten?

Der Krieg ist aus, wie es der Titel des Films von Alain Resnais und Jorge Semprun verkündet. Sie beziehen sich auf den Spanischen Bürgerkrieg, doch es geht auch um den Algerienkrieg. Der so markante Dualismus von gestern existiert nur noch in der Erinnerung. Die Intellektuellengruppen haben sich zerstreut oder aufgelöst. Doch mit einem neuen Ziel entsteht eine neue Front: Vietnam, wo die Amerikaner einen Krieg führen, gegen den sich die Universitäten jenseits des Atlantiks auflehnen. Das ist exotisch. Das interne französische Panorama dagegen, wo die nichtkommunistische Linke versucht, sich hinter Mitterrand zu sammeln, ist hausbacken. Die Intellektuellen haben zweifellos niemals die Geschichte gemacht; doch jetzt sind sie weniger denn je ihre treibende Kraft. Durch die allgemeine Lage bescheidener geworden, entwickeln sie nun die Tendenz, sich in ihre Spezialgebiete zu versenken. Doch die Geschichte, die niemals ihr letztes Wort spricht, reißt sie im Mai 1968 plötzlich aus ihren Tätigkeiten. Ein unvorhersehbares Ereignis stößt sie erneut machtvoll in die Politik. Die epistemologische Pause ist zu Ende. Schon 1967 hatte der Sechstagekrieg die Gemüter bewegt.

58
Der arabisch-israelische Konflikt

Ein Aufsehen erregendes Bild des Jahres 1967 ist das der ausgebrannten Panzer, die nach dem Sechstagekrieg in der Wüste Sinai zurückgelassen wurden – diesem Krieg, in dem sich vom 5. bis 10. Juni Israel und seine arabischen Nachbarn, Ägypten, Jordanien und Syrien, gegenüberstehen. Jean-Paul Sartre drückt das Dilemma vieler Menschen aus: »Die Linke ist gespalten? Wie könnte ich sie deswegen tadeln, ich, der ich – wie so viele andere – den jüdisch-arabischen Konflikt als ein persönliches Drama empfinde[277]...« Wenn die amerikanische Intervention in Vietnam eine klare Antwort nach der Trennungslinie rechts/links hervorruft: Verteidigung der Dritten Welt gegen den »amerikanischen Imperialismus«, dann ist der Konflikt im Nahen Osten ganz augenscheinlich kein Krieg wie irgendein anderer. Die Intellektuellen, die wie Sartre für die Unabhängigkeit Algeriens gekämpft haben, fühlen sich mit den arabischen Ländern solidarisch, den Opfern des Kolonialismus und des westlichen Imperialismus; doch sie fühlen sich auch gehalten, die Existenz eines Staates zu verteidigen, dessen Geburt von der UNO gebilligt wurde und der die Zufluchtsstätte der Überlebenden der Todeslager und ihrer Nachkommen ist. Im Sechstagekrieg liegen zwei Prinzipien miteinander im Wettstreit, die den linken Intellektellen teuer sind: die Identifikation mit der Dritten Welt und die Unterstützung der Opfer Hitlers. Wer ist das Opfer? Wer ist der Täter?

Die Ursprünge des arabisch-israelischen Konflikts gehen auf die Gründung des hebräischen Staates im Gefolge des Teilungsbeschlusses der Generalversammlung der UNO zurück, bei dem Amerikaner und Sowjets ihre Stimmen vereinen. Die arabischen Staaten haben die Entscheidung nie akzeptiert: in ihren Augen ist die Errichtung des israelischen Staates auf arabischer Erde nicht rechtmäßig. Ein erster Krieg bricht 1948 aus; er führt zum Exodus zahlreicher Palästinenser in die angrenzenden arabischen Länder, insbesondere nach Jordanien. Der zweite Krieg, 1956, der mit der britisch-französischen Intervention am Suezkanal verflochten ist, bringt keine Lösung.

---

277 *Le Nouvel Observateur*, 15. Juni 1967.

Israel und seine arabischen Nachbarn leben in einem dauernden Spannungszustand: Grenzzwischenfälle, Luftangriffe, Kommandoaktionen, Schusswechsel ... Der 1948 begonnene Krieg dauert fort, endemisch, periodisch; eine ewige Bedrohung lastet auf einem Staat, den die Staaten der Region nicht nur nicht anerkennen, sondern dem sie mit Vernichtung drohen.

Zwei neue Fakten liegen diesem dritten Krieg und dritten Akt der Tragödie zu Grunde: zum einen kommt der Generalsekretär der UNO, U Thant, am 19. Mai 1967 der Forderung von Oberst Nasser nach, die seit der Krise von 1956 in Ägypten und im Gaza-Streifen stationierten Blauhelme zurückzuziehen; zum andern beschließt derselbe Nasser am 22. Mai, die Meerenge von Tiran (Golf von Akaba) »für israelische Schiffe und für Kriegsmaterial mit dem Ziel Israel« zu sperren, was Israel zu erdrosseln droht: »Die israelische Flagge«, erklärt Nasser, »wird nicht an unseren nun in Scharm-el-Scheich [im äußersten Süden des Sinai] stationierten Streitkräften vorbeifahren«. In den folgenden Tagen geht die verbale Eskalation weiter: »Unser Hauptziel«, erklärt Nasser am 28. Mai, »wird die Zerstörung Israels sein.« Dieses *delenda est Carthago* scheint umso bedrohlicher, als die Vereinigte Arabische Republik des Raïs mit Hussein von Jordanien einen Beistandspakt abschließt. Israel wird von seinen Nachbarn in die Zange genommen, während die Mehrheit der arabischen Staaten – vom Maghreb bis zum Irak – lautstark ihre Unterstützung für Nasser zum Ausdruck bringen. Zugleich sichert die Sowjetunion den arabischen Staaten ihre Unterstützung zu, während die Vereinigten Staaten als historische Beschützer Israels auftreten, indem sie die Sperrung der Meerenge von Tiran für illegal erklären. Krieg im Nahen Osten könnte den Dritten Weltkrieg auslösen. Am 24. Mai schlägt de Gaulle ein Treffen der vier Großmächte vor, um den Frieden zu retten. Da seine Initiative keine Wirkung zeigt, erklärt der General am 2. Juni: »Der Staat, der als erster zu den Waffen greift, darf nicht mit der Billigung Frankreichs rechnen«. Ein Waffenembargo würde folgen. Unter dem Schein der Neutralität äußert sich de Gaulle, dem es nicht einfällt, die Sperrung des Golfs von Akaba zu verurteilen, de facto zugunsten der Araber. Doch wenn Israel sich zu einem Präventivkrieg entschiede, um die Einkreisung zu durchbrechen und das Ersticken zu verhindern, dürfte es dann redlicherweise der Aggression beschuldigt werden?

In dieser brenzligen Situation stellt sich die öffentliche Meinung des Westens ganz auf die Seite Israels, das auf den Landkarten des Nahen Ostens neben den arabischen Riesen wie ein Zwerg wirkt. Man hat allgemein das Gefühl, die arabische Koalition drohe den hebräischen Staat von der Landkarte zu streichen. Die Aufregung ist groß. Ende Mai befürchtet die öffentliche Meinung, die sich von der Großsprecherei Nassers und anderer arabischer Führer beeindrucken lässt, das Schlimmste. Am 30. unterzeichnen Simone de Beauvoir,

Marguerite Duras, Clara Malraux, Pierre Emmanuel, Étiemble, Vladimir Jankélévitch, Edgar Morin, Claude Roy, Jean-Paul Sartre, Laurent Schwartz, Pierre Vidal-Naquet ... einen »Appell französischer Intellektueller zugunsten des Friedens«. Ihr Text bringt das allgemeine Unbehagen zum Ausdruck. Nachdem sie ihre Freundschaft für die arabischen Völker und ihre Feindschaft gegenüber dem »amerikanischen Imperialismus« in Erinnerung gerufen haben, versichern sie, »die Sicherheit und die Souveränität Israels, einschließlich der freien Schifffahrt in den internationalen Gewässern«, verteidigen zu wollen. Um ans Ziel zu gelangen, seien Verhandlungen dringend geboten.

Am 1. Juni demonstrieren fast 30.000 Menschen vor der israelischen Botschaft in Paris: »Frankreich mit uns!«, »Israel wird leben!« Neben zahlreichen Künstlern und Schauspielern sind Laurent Schwartz und Vladimir Jankélévitch zu erkennen. Am 2. Juni scheint der Krieg unmittelbar bevorzustehen. David Rousset formuliert in der gaullistischen Wochenzeitung *Notre République* eine Voraussage:

> »Der Krieg im Mittleren Osten wird zugleich kurz und äußerst gewaltsam sein. Falls er ausbricht, wird das auf der ganzen Welt unweigerlich ungeheure Auswirkungen haben. Die jüdische Frage ist eine Frage, die die Welt betrifft. Ein sofortiges Treffen der vier Großmächte, wie Frankreich es vorgeschlagen hat, ist die letzte Chance. Wenn man diese Chance nicht ergreift, wird die ganze Welt einem Dritten Weltkrieg mit Sicherheit näher sein als je zuvor.«

Während dieser Ruhe vor dem Sturm ruft Pierre Vidal-Naquet das moralische und politische Gebot in Erinnerung, das die Mehrheit der Franzosen teilt: »Das einzige unmittelbare Problem ist das des absoluten unbestreitbaren Lebensrechts Israels[278].« Jean Daniel, der das Ende eines »großen Traumes« beklagt – den einer palästinensischen jüdisch-arabischen Föderation –, formuliert die Frage nach dem Überleben Israels in denselben drängenden Begriffen: »Ist Israel mit dem Tode bedroht? Ja, ohne jeden Zweifel. Kann man ihn akzeptieren? Nein, um keinen Preis[279].« Zehn Tage später – der Krieg ist beendet – beschwört Vidal-Naquet noch einmal diese Tage der Spannung herauf, in denen sich trotz de Gaulle und trotz bestimmter Gaullisten eine Art neuer Union sacrée[280] gebildet hatte: »Der Historiker, der ich bin, hat endlich begriffen – nicht intellektuell, sondern physisch –, was die Tage vom Juli/August 1914 in Paris und in Berlin waren[281].«

---

278 P. Vidal-Naquet, »Le droit de vivre«, *Combat*, 2. Juni 1967.
279 J. Daniel, »Faut-il détruire Israël ?«, *Le Nouvel Observateur*, 1. Juni 1967.
280 *Anm. d. Ü:* Union sacrée: siehe oben Kap. 15.
281 P. Vidal-Naquet, »Après«, Le Monde, 13. Juni 1967.

Es gibt aber auch abweichende Stimmen. *L'Humanité* kritisiert »die äußerst reaktionären Elemente, [die] eine Hasskampagne gegen die arabischen Völker und Kriegshetze betreiben« (5. Juni). Jacques Debû-Bridel gibt sich bestürzt darüber, dass so viele »notorische Antisemiten« in den Chor der Zionisten einstimmen: »Ist ihre Liebe zu den Israelis nicht eigentlich ihr Hass auf die Araber? [...] – ein Hass, der darauf zurückgeht, dass sie dem untergegangenen Kolonialismus nachtrauern[282]?« Die überwiegende Mehrheit der Franzosen unterstützt indessen die Israelis: »Das Herz Frankreichs ist von der Einfachheit des Falles Israels durchdrungen«, schreibt Maurice Clavel, der sich an die Tage der Kapitulation in München erinnert:

> »Ich war im Jahre 1938 etwa siebzehn Jahre alt. Ich fühle, ich höre, ich atme in der Luft, die mich heute umgibt, die Worte, die Akzente, den mitleidigen Ton und die kleinsten Nuancen all der guten Apostel von damals. Mein Gedächtnis ist voll, es platzt fast. [...] Ich füge hinzu, dass diese Apostel mich zu jener Zeit überzeugten. So bin ich mit siebzehn Jahren ein Feigling geworden. Es war sehr schwer, wieder auf die Beine zu kommen. Man wird mich nicht mehr reinlegen[283].«

Am Vorabend der Offensive zirkuliert eine weitere Petition, der »Appell des Komitees der französischen Solidarität mit Israel«, dessen Unterzeichner dem israelischen Volk ihre Sympathie ausdrücken – unter anderen Raymond Aron, Marcel Aymé, Jean Cau, Roland Dorgelès, Jean Dutourd, Jean Fourastié, Jean Guéhenno, Eugène Ionesco, Thierry Maulnier, François Mauriac, der Nobelpreisträger André Lwoff, Jules Romains, Nathalie Sarraute ..., während sich auf den Champs-Élysées und in Saint-Germain-des-Prés Demonstrationszüge formieren, in denen israelische und französische Fahnen gemeinsam wehen. Frankreichs Herz schlägt für Tel-Aviv.

Ein Teil der öffentlichen Meinung – betroffen bei dem Gedanken, Israel könnte verschwinden – schwenkt um, als die israelische Armee in der Morgendämmerung des 5. Juni ihren Angriff startet und unmittelbar Erfolge erringt: sie erreicht einerseits Scharm-el-Scheich, andererseits den Suezkanal, nachdem sie die ägyptische Luftwaffe am Boden zerstört hat. Sehr rasch akzeptieren Jordanien, dann die Vereinigte Arabische Republik und Syrien den Waffenstillstand, was Israel nicht hindert, die Golanhöhen zu erobern. Nasser, der in den arabischen Staaten als Verräter angesehen wird, bietet am 8. Juni seinen Rücktritt an, macht jedoch am nächsten Tag auf Drängen seiner Getreuen die Entscheidung wieder rückgängig. Am 10. kündigt die UdSSR den Bruch der diplomatischen Beziehungen zu Israel an. An diesem Tag en-

---

282 J. Debû-Bridel, »La poudrière n'a pas sauté«, *Notre République*, 2. Juni 1967.
283 M. Clavel, »Écraser l'infâme«, *Le Nouvel Observateur*, 7. Juni 1967.

den die Kampfhandlungen: Tausende von Ägyptern sind im Sinai auf der Flucht und irren ziellos umher.

Die überwältigenden militärischen Erfolge der Israelis veranlassen einige Intellektuelle zum Handeln. Eine weitere Petition zirkuliert, die die »annexionistischen Absichten« des Staates Israels anprangert, der »objektiv an der allgemeinen Offensive des amerikanischen Imperialismus teilnimmt«. Unterzeichnet haben Maxime Rodinson, Jean-Pierre Vigier, Gérard Chaliand, Charles Bettelheim, Pierre Naville, Jean Dresch, Robert Merle, François Châtelet... Das ist legitime Kriegsführung. Demgegenüber ist der zutage tretende Antisemitismus weniger schön. Im Mai hatte ein Artikel von Bernard Cabanes in *Carrefour* mit dem Titel »Wenn Israeliten Israel Unglück bringen« den Ton angegeben

»Wenn Israel überlebt, dann – man muss es in aller Objektivität feststellen – ist das wirklich nicht die Schuld eines großen Teils der Diaspora.« Und er zitiert die Verantwortlichen für das Übel: Marx, Trotzki, Wurmser, der für die jüdischen Kommunisten steht, und Mendès France: »Warum arbeiten so viele Juden am Unglück ihrer Brüder[284]?«

Sartre ist zerrissen. Von seiner Rolle als Vorsitzender des Russell-Tribunals, das im November 1966 neu zusammengetreten war, um über die Kriegsverbrechen der amerikanischen Armee in Vietnam zu urteilen, sehr stark beansprucht, hatte er sich zwischen Paris und Stockholm Pressekonferenzen, Meetings, Komitees gewidmet. Der Sechstagekrieg stellt ihn vor eine schmerzliche Wahl, ihn, den Freund der Juden und der Araber. Zu Beginn des Sommers entsteht daraus ein riesiges Konvolut von fast tausend Seiten, das in einer Doppelnummer der *Temps modernes* erscheint; es besteht zu gleichen Teilen aus Artikeln jüdischer und arabischer Autoren. Kein Dialog. Ein Nebeneinander von zwei Reihen unversöhnlicher Standpunkte. Der Herausgeber der Zeitschrift erläutert die Grausamkeit der Wahl für ihn und seine Mitarbeiter:

»Wenn man wie ich die Reise riskiert und in der Umgebung von Gaza den langsamen Tod der palästinensischen Flüchtlinge sieht, die blassen Kinder, unterernährt, von unterernährten Eltern zur Welt gebracht, mit ihren finsteren und alten Augen; wenn man auf der anderen Seite in den Grenzkibbuzim Männer unter ständiger Bedrohung auf den Feldern arbeiten und die überall zwischen die Häuser gegrabenen Unterstände sieht und wenn man mit ihren Kindern spricht, die zwar

---

284 *Carrefour*, 11. Mai 1967.

gutgenährt sind, aber in der Tiefe ihrer Augen liegt ich weiß nicht was für eine Furcht, dann kann man nicht mehr neutral bleiben; man lebt dann leidenschaftlich den Konflikt und man kann ihn nicht leben, ohne sich ständig zu quälen, ihn unter allen Aspekten zu prüfen und eine Lösung zu suchen, wohlwissend, dass diese Suche vergeblich ist und dass es so kommen wird, wie – zum Besten oder zum Schlimmsten – die Israelis und die Araber entscheiden werden.«

Sartre lehnt es ab, sich als *neutral* zu bezeichnen: »Aber abwesend – das sind wir[285].«

Am 10. Juni hat Israel gesiegt, Israel lebt, doch der Konflikt zwischen Israel und den Arabern bleibt latent vorhanden. Was tun? Jean Daniel hofft, dass ein vierter bewaffneter Konflikt vermieden werden kann. Er tritt dafür ein, dass der hebräische Staat die Gründung eines palästinensischen Staates akzeptiert[286]. Vidal-Naquet fürchtet zugleich den israelischen Chauvinismus, den die Präsenz des »alten Terroristenchefs Menachem Begin« in der Regierung zu verstärken droht, und parallel dazu die Demütigung, die die Araber empfinden und die alle möglichen Gefahren in sich birgt. Er regt eine »Gesamtregelung an, die zugleich die Anerkennung Israels durch die arabischen Staaten und die Erfüllung der nationalen Bestrebungen der Araber Palästinas beinhaltet[287].« In derselben Weise lässt sich die Zeitschrift *Esprit* vernehmen: »Ein erneuter Ausbruch des Krieges kann nur durch Verhandlungen verhindert werden, die die Anerkennung Israels mit einer gerechten Lösung der durch seine Errichtung in Palästina entstandenen Probleme, insbesondere des Flüchtlingsproblems, verbinden[288].« Raymond Aron, darüber erleichtert, dass Israel gerettet ist, gibt sich deshalb doch keineswegs optimistisch: »Der militärische Sieg hat Israel gerettet, aber der einzige authentische Sieg wäre der Frieden. ›Blut, Schweiß und Tränen‹ – wird diesmal etwas anderes als Hass, durch die Demütigung noch verstärkt, entstehen? Hoffen wir es gegen jede Hoffnung[289].« Jacques Berque, dem die Sache der Araber am Herzen liegt, spricht von einer »Kränkung – für die, die sie erlitten haben, ein weiterer Grund zu unweigerlichen Wiederholungen[290]«. Kurz, die Auguren sind sich darin einig, einen neuen hundertjährigen Krieg anzukündigen.

In den folgenden Monaten verlagert sich die Aufmerksamkeit vom Nahen Osten, wo Israel seine Grenzen weit vorgeschoben hat (sie reichen vom Suez-

---

285 J.-P. Sartre, »Für die Wahrheit«, *Überlegungen zur Judenfrage*. Übers. v. V. v. Wroblewsky, Rowohlt Taschenbuch Verlag, Reinbek, 1994, S. 166–167.
286 *Le Nouvel Observateur*, 14. Juni 1967.
287 P. Vidal-Naquet, »Après«, *loc. cit.*
288 *Esprit*, Juli-August 1967, S. 162.
289 R. Aron, »Les ironies tragiques de l'Histoire«, *Le Figaro*, 14. Juni 1967.
290 J. Berque, »La troisième étape«, *Le Monde*, 11.–12. Juni 1967.

Der arabisch-israelische Konflikt

kanal bis zu den Golanhöhen, vom Mittelmeer bis zum Toten Meer), nach Frankreich, wo der Sechstagekrieg die »Judenfrage« reaktiviert hat. De Gaulle trägt durch die unerwarteten Worte, die er in seiner Pressekonferenz vom 27. November ausspricht, sehr stark dazu bei. Insbesondere durch einen Satz:

»Gewisse Leute fürchteten sogar, dass die Juden, die bisher zerstreut lebten und geblieben waren, was sie zu allen Zeiten gewesen waren – ein elitäres Volk, selbstbewusst und herrschsüchtig –, sobald sie erst einmal zusammenleben würden, dahin gelangen könnten, die rührenden Wünsche, die sie seit neunzehn Jahrhunderten ausdrückten: *Nächstes Jahr in Jerusalem*, in einen glühenden und eroberungswilligen Ehrgeiz zu verwandeln.«

Der Karikaturist Tim[291] übersetzt in *L'Express* sogleich das Unschickliche, das der Ausfall des Generals enthielt, auf seine Weise. Seine Zeichnung zeigt einen Juden in der Lagerkleidung der Deportierten, der stolz dasteht, mit einem Fuß auf dem Stacheldraht; die Legende lautet: » ...selbstbewusst und herrschsüchtig.« Von allen, die einst oder noch vor kurzem dem General de Gaulle ihre Sympathie entgegengebracht hatten, gehört Raymond Aron zu denen, die sich am stärksten verletzt fühlen. Ende 1967 widmet er den ersten Teil seines neuen Buches, *De Gaulle, Israël et les Juifs* (»De Gaulle, Israel und die Juden«)[292], dieser berühmten Pressekonferenz vom November. Er ist schockiert, den Staatspräsidenten in nationalen Klischees, die an Stammtischgespräche erinnern, über ein »jüdisches Volk« sprechen zu hören. Wozu musste er, um seine Position zu erläutern, die Juden so bezeichnen?

»Die Juden Frankreichs oder, besser gesagt, der ganzen Welt, haben die historische Tragweite der wenigen Worte sofort begriffen, die der Präsident der französischen Republik am 27. November 1967 ausgesprochen hat: die Antisemiten (und Monsieur Xavier Vallat hat keinen Augenblick gezögert) wurden vom Staatschef feierlich autorisiert, wieder das Wort zu ergreifen und dieselbe Sprache wie vor dem großen Massaker zu sprechen. Der Staatsantisemitismus wurde mit einem Schlag wieder *salonfähig*[293], wie die Deutschen sagen. [...] General de Gaulle

---

291 *Anm. d. Ü:* Tim: Louis Mitelberg (1919–2002), Zeichner, Karikaturist, Buchillustrator, Mitarbeiter u.a. von *L'Humanité*, *Le Monde*, *L'Express*, einer der herausragenden Beobachter der Fünften Republik; hat in Paris mehrere berühmte Skulpturen geschaffen (u.a. Hommage au capitaine Dreyfus, square Pierre-Lafue). L. Mitelberg war 1938 aus Polen nach Paris gekommen; nach der Flucht aus einem deutschen Gefangenenlager (1941) schloss er sich der gaullistischen Widerstandsbewegung an.
292 R. Aron, *De Gaulle, Israël et les Juifs*, Plon, 1968.
293 *Anm. d. Ü:* Im Original deutsch.

musste auf die emotionalen Reaktionen [die folgten] gefasst sein. Kein westlicher Staatsmann hatte in diesem Stil von den Juden gesprochen, sie als ›Volk‹ durch zwei Adjektive charakterisiert. Diesen Stil, diese beiden Adjektive – wir alle kennen sie, sie sind Drumont und Maurras eigen, nicht Hitler und den Seinen.« Und Aron formuliert die Anklage noch schärfer, er behauptet: »Ich möchte sagen, dass General de Gaulle bewusst und willentlich eine neue Phase der jüdischen Geschichte und vielleicht des Antisemitismus eröffnet hat[294].«

Seit der Libération wird die Judenfrage in Frankreich überall verdrängt, und zwar sowohl von den besiegten Antisemiten – die, deren Laufbahn nicht durch die zwölf Kugeln der Säuberungen beendet wurde –, als auch von den Philosemiten und sogar von den Juden selbst. Dem Völkermord entronnen, halten sie es für geraten, ihren Landsleuten so weit wie möglich zu gleichen: die Juden und die jüdische Geschichte von den nichtjüdischen Franzosen und der nationalen Geschichte Frankreichs zu unterscheiden erscheint ihnen als eine Art, den Judenstern wieder zu tragen. Die Rückkehr des Verdrängten findet 1967 statt. Es ist schwierig, den Einfluss der Pressekonferenz des Generals in dieser Sache einzuschätzen. Hat Aron Recht? Übertreibt er nicht? Sicher ist, dass der überwältigende Sieg der Israelis der »arabischen Politik« de Gaulles im Wege stehen musste; im Übrigen ist er über die Begeisterung der Juden in Frankreich alles andere als glücklich. Muss er deshalb vom »jüdischen Volk« sprechen, statt sich damit zu begnügen, die Israelis beim Namen zu nennen? Wie dem auch sei, der Antisemitismus hat damals wieder den Kopf erhoben: die alten Antisemiten haben ihre Revanche. Manche linke Antizionisten haben die Tendenz, Antizionismus und Antisemitismus zu vermengen, während andere, darum bemüht zu differenzieren, zu Unrecht als Antisemiten bezeichnet werden. Parallel dazu entsteht in Frankreich ein neues jüdisches Bewusstsein.

Die Juden Frankreichs sind, wie Raymond Aron selbst auch, seit langer Zeit assimiliert. Sartre zeigt in seinen 1946 veröffentlichten *Réflexions sur la question juive* (*Überlegungen zur Judenfrage*) brillant, wie diese Franzosen jüdischer Herkunft unter dem Blick der Antisemiten zu Juden wurden. Sie selbst bildeten überhaupt keine Art von »Gemeinschaft« – mit Ausnahme der religiösen Minderheit.

Mit dem Exodus der Pieds-noirs ins »Mutterland« im Jahre 1962 kommen als »Sepharden« bezeichnete Juden, durch die sich die vor allem »aschkenasische« jüdische Bevölkerung Frankreichs verdoppelt. Diese Neuankömmlinge, die in Nordafrika sowohl die Feindschaft der Moslems als auch die der Chris-

---

294 *Ibid.*, S. 17–18.

ten hatten erleiden müssen, haben ein viel ausgeprägteres jüdisches Bewusstsein; sie sind weniger intellektuell, doch religiöser. Während die »Aschkenasen« in der Gesellschaft aufgehen, stellen die »Sepharden« – auffällig in Farbe und Akzent – ihre jüdische Identität ohne Komplex zur Schau. Der Sechstagekrieg schweißt zwar nicht alle Juden Frankreichs zusammen, doch einen großen Teil von ihnen, der sich ganz besonders während der Nahostkrise von Mai bis Juni 1967 vernehmen lässt. Sie sind mit Israel solidarisch und demonstrieren das ganz offen. Nach der Angst empfinden sie über den Triumph vom Juni eine ungeheure Freude. Vidal-Naquet schreibt: »Mitten in Europa sahen sich die Juden endlich – auf dem Rücken der Araber, hélas! – für die tragische und dumme Anschuldigung gerächt, sie hätten sich ›wie die Schafe‹ zur Schlachtbank führen lassen[295].« Der alte Antisemitismus hatte den Juden zwei Berufe abgesprochen: die Landwirtschaft und den Dienst an den Waffen. Die Art, wie die Israelis die Wüste in landwirtschaftliche Oasen verwandelt haben, hat die erste Demütigung bereits seit Jahren ausgelöscht. Seit dem *Blitzkrieg*[296] von 1967 rangiert nun die jüdische Armee unter den besten Armeen der Welt: die Strategie, die schnelle Ausführung, der überwältigende Sieg nach einer Schlacht an mehreren Fronten – diese ruhmvollen Tage geben den Juden Frankreichs wie allen Juden der Welt ihren Stolz zurück.

In Frankreich wagte man nicht einmal mehr, von »Juden« zu sprechen; das Wort klang wie eine Beleidigung. Man sagte »Israelit«, aus Angst, für antisemitisch gehalten zu werden. Allerdings hatten wenige Länder die antijüdischen Vorurteile so sehr gepflegt, während die Revolution die Juden doch emanzipiert hatte. Schriftsteller – und nicht die geringsten – hatten jeder auf seine Weise das verbreitet, was Poliakov 1955 das »Brevier des Hasses« nannte: Barrès, Drumont, Maurras, Céline, Brasillach, Drieu La Rochelle, Jouhandeau ... Nachdem das Vichy-Regime und die Kollaboration das Andenken oder die Werke dieser berühmten Antisemiten kompromittiert hatten, taten die Franzosen so, als seien sie frei von einem Übel, das in ihren Augen spezifisch deutsch war. Der Algerienkrieg hatte sogar die Antisemiten mit den Juden versöhnt – gegen den gemeinsamen Feind, die Araber. Unter diesem Gesichtspunkt bedeutet der Sechstagekrieg eine bemerkenswerte Wende in der Judenfrage. Während sich die Juden, die ein neuer Stolz *via* Israel begeistert, zunehmend weniger scheuen, sich als Juden zu bekennen, klopfen die Antisemiten, meist unter dem Deckmantel des Antizionismus, wieder ihre alten Sprüche – in einschmeichelnden Formen, um das Gesetz zu umgehen. Es ist auch beeindruckend – das Beispiel von Aron ist ziemlich schlüssig –, wie Franzosen jüdischer Herkunft, die ihre Religion nicht praktizierten oder Agnostiker waren und die, völlig assimiliert, ihr Schicksal niemals mit dem Isra-

---

295 P. Vidal-Naquet, »Après«, loc.cit.
296 *Anm. d. Ü*: Im Original deutsch.

els verknüpft hatten, plötzlich ihre Reserviertheit aufgeben: solidarisch mit einem von Vernichtung bedrohten Zufluchtsland und mit seinen Bewohnern, die sich durch die Propaganda der arabischen Staaten einem unüberwindbaren Hass ausgesetzt sehen.

Aron hatte die *Réflexions sur la question juive* von Sartre gelesen. Sartre war einer der wenigen französischen Philosophen oder Schriftsteller, die sich auf die Frage des Antisemitismus einließen – ein Tabu, das die nichtjüdischen Historiker und Essayisten damals kaum brachen. Aron erläutert in seinen *Mémoires* die beiden Einwände, die er gegen Sartre vorzubringen hat. Der erste bildet den Kern seiner Analyse und betrifft die Tatsache, dass Sartre aus dem Juden einen Juden ausschließlich durch den Blick des Anderen macht. »Wenn man einen entjudaisierten Juden französischer Kultur, der nicht glaubt und nicht praktiziert und keine jüdische Kultur besitzt, wie ich es war, zum Vorbild nimmt, dann ist wahr, dass der Jude Jude ist für und durch die Anderen und nicht für sich selbst. Doch der Jude mit Schläfenlocken, der sich wiegt, wenn er vor der Klagemauer sein Gebet spricht, gehört einer historischen Gruppe an, die man mit vollem Recht Jude nennt, Jude an und für sich.« Der zweite Einwand Arons betrifft das Porträt, das Sartre vom Antisemiten zeichnet, dem er eine Essenz zuspricht. De facto gab es aber viele verschiedene Arten und Weisen, Antisemit zu sein; Aron legt Wert darauf, sie nicht auf das sartresche Muster zu beschränken.

Manche Juden, wie Aron assimiliert, lehnten jede Form der Solidarität mit den Juden im Allgemeinen und mit Israel im Besonderen ab. Das traf insbesondere auf Roger Stéphane zu, mit dem sich Aron nach der Pressekonferenz des Generals überwarf. Radikaler noch, nahmen manche Juden Frankreichs, wie Maxime Rodinson, für die Araber gegen die Israelis Partei. Aron regt sich darüber nicht auf: im Namen wovon könnte man einen Juden ohne Religion verpflichten, in jeder Lage die Interessen Israels zu vertreten? Was ihn selbst betrifft, so stellt er fest, dass sich in ihm nach der berühmten Pressekonferenz des Generals eine Veränderung vollzogen hat. Claude Lanzmann, Mitarbeiter Sartres, dankt ihm für sein *De Gaulle, Israël et les Juifs*: »Die ›großen Stimmen‹ schweigen, schreiben Sie. Keine einzige hätte mit dieser Schärfe, mit dieser Wahrheitsliebe gesprochen; man kann Ihnen in fast allem folgen und Sie dabei immer voll und ganz achten[297].«

Unter »den großen Stimmen« war Mauriac; er hat die Äußerung de Gaulles, die Aron so empörte, nicht aufgegriffen. Er rechtfertigt sich folgendermaßen:

> »Ich habe es schon einmal gesagt und wiederhole es: ich werde nicht so tun, als nähme ich an, dass in diesem Sechstagekrieg Israel der Aggres-

---

297 R. Aron. *Mémoires, op. cit.*, S. 522 (in der deutschen Ausgabe fehlt diese Passage).

sor war; doch ich verstehe, dass sich de Gaulle auch das geringste Wort verbietet, das die Konstante der französischen Politik seit Karl dem Großen, seit Franz I. oder, ohne bis zur Sintflut zurückzugehen, seit Évian verletzen könnte – die Konstante nämlich, die in der Entente zwischen der ältesten Tochter der Kirche und dem Großtürken besteht[298].«

De Gaulle, Israël et les Juifs ist das einzige Werk, das Aron dem Judentum und dem Antisemitismus gewidmet hat. Es handelt sich vor allem um eine Artikelsammlung, die ein langer polemischer Text über die Pressekonferenz vom 27. November eröffnet. Von einem seiner Artikel wird der Autor später im Fernsehen sagen:

»Tatsache ist, dass ich damals einen pathetischen Artikel geschrieben habe [...]. Dieses eine Mal war es ein leidenschaftlicher Artikel. Einen Augenblick lang habe ich – übrigens fälschlicherweise – gefürchtet, Israel sei in Gefahr. Doch Israel war nicht wirklich in Gefahr. Seine militärische Überlegenheit war unbestreitbar. Was ich vorher geschrieben hatte, hätte mich vor dieser Gefühlsäußerung bewahren sollen[299].«

Der anscheinend am wenigsten sensible Intellektuelle hatte bei dem Gedanken, dass Israel untergehen könnte, dem »Ausbruch eines Gefühls« nicht widerstehen können. Die Angst entreißt den hellsichtigsten Geistern Schreie gehetzter Tiere, und ihre Vernunft tritt den Rückzug an. Raymond Aron, stärker als gewöhnlich betroffen, hatte diese Macht des Gefühls kennen gelernt und gab es selbst zu.

---

298 F. Mauriac, *Bloc-Notes, 4, op. cit.*, S. 548.
299 R. Aron, *Le Spectateur engagé*, Julliard, 1981, S. 242.

59
68: Sartre ist begeistert, Aron entnervt

Die turbulenten Tage des Mai/Juni 1968 in Frankreich bleiben bis zu einem gewissen Grade rätselhaft. Auch wenn man sie kritisch, historisch, politisch aufs Genaueste analysiert, entziehen sie sich einem vollen Verständnis. Sie kamen völlig unerwartet, und es ist nicht einmal sicher, ob sie bei all ihrer dramatischen Intensität überhaupt einen tiefgreifenden Einfluss auf die französische Gesellschaft und ihre Institutionen ausgeübt haben. Wahrscheinlich bewirkten sie indirekt den Rücktritt von General de Gaulle im Jahre 1969 nach einem fehlgeschlagenen Referendum; sie führten zur Reform der französischen Universität durch Edgar Faure ... Sie haben zweifellos eine Generation geprägt, Verhaltensformen verändert, Frankreich dabei geholfen, in eine neue Ära der Kommunikation einzutreten: die Bilanz ist noch zu ziehen. Gilles Deleuze und Félix Guattari – in den Jahren danach angesehene Philosophen – werden 1984 schreiben:

»Mai 68 gehört eher zur Kategorie eines reinen Ereignisses, frei von jeder normalen oder normativen Kausalität. [...] Was zählt, ist, dass es ein Phänomen der Hellsichtigkeit war – so, als sähe eine Gesellschaft plötzlich, was sie an Unerträglichem in sich birgt, und auch die Möglichkeit von etwas Anderem erblickte[300].«

Die Explosion im studentischen Milieu, die auf die Agitation an der Universität Nanterre und ihre Schließung folgte, traf alle Welt unvorbereitet. Kein Schriftsteller, kein Philosoph, kein Theoretiker hatte das Feuer angezündet, das sich immer weiter ausbreitete, die Straßen in Flammen setzte, dann die Arbeitswelt und schließlich alle Bereiche der Gesellschaft: Familie, Schule, Verwaltung, Kirchen, Medien und alles Übrige.

Sartre, der an der Spitze des Protests gegen den Vietnamkrieg steht und Vorsitzender des Russell-Tribunals ist, hat im Dezember 1967 gerade seinen Bericht darüber veröffentlicht; er setzt die Arbeit an seinem »Flaubert«

---

300 G. Deleuze, F. Guattari, »Mai 68 n'a pas eu lieu«, *Les Nouvelles*, 3.–9. Mai 1984.

(*L'Idiot de la famille*, *Der Idiot der Familie*) fort, ohne auf seine Sonntagsmahlzeit mit seiner Mutter in der Coupole, auf das Klavierspiel bei seiner Adoptivtochter Arlette oder auf seine Rendezvous mit Wanda, Michelle Vian oder dem Castor zu verzichten. Überrascht von dem Ausmaß der studentischen Demonstrationen, die auf die Räumung der Sorbonne am 3. Mai folgen, gibt Sartre ihnen ohne zu zögern seine Unterstützung: zusammen mit Blanchot, Gorz, Klossowsiki, Lacan, Lefebvre, Nadeau unterzeichnet er eine Petition, die in *Le Monde* vom 10. Mai erscheint:

»Die Solidarität, die wir hier mit der weltweiten Studentenbewegung bekunden – mit jener Bewegung, die in grandiosen Momenten die so genannte Wohlstandsgesellschaft, die Frankreich perfekt verkörpert, plötzlich erschüttert hat –, ist zuerst eine Antwort auf die Lügen, mit denen alle Institutionen und politischen Formationen, alle Presseorgane und Medien sich fast ausnahmslos seit Monaten bemühen, diese Bewegung zu entstellen, ihren Sinn zu verfälschen oder gar lächerlich zu machen ...«

Die Unterzeichner stellen wie selbstverständlich einen Zusammenhang her zu den verschiedenen Studentenbewegungen in den Vereinigten Staaten, in Japan, Deutschland, Italien ..., ohne einen Schlüssel zu liefern, ohne selbst einen Sinn anzugeben, es sei denn in sehr vagen Begriffen. Es komme darauf an, *mit* den revoltierenden Studenten zu sein. Von Radio-Luxembourg interviewt, erklärt Sartre, die Studenten wollten

»nicht die Zukunft ihrer Eltern, das heißt unsere [...], eine Zukunft, die bewiesen hat [sic], dass wir feige, erschöpfte, ermüdete, vom blinden Gehorsam erschlaffte Menschen sind, völlige Opfer eines geschlossenen Systems ... Die Gewalt ist das einzige, was, unter welchem Regime auch immer, den Studenten bleibt, die noch nicht in das System hineingeraten sind, das ihre Väter ihnen bereitet haben, und auch nicht hineingeraten wollen[301] ...«

Diese Analyse, die dem Generationskonflikt breiten Raum gibt, hat nichts Marxistisches an sich. Sartre gibt nur Allgemeinheiten von sich und fügt bescheiden hinzu: »Wir haben keine Ratschläge zu erteilen; denn auch wenn man sein ganzes Leben protestiert hat, ist man in dieser Gesellschaft immer ein wenig kompromittiert.« Mit ganzem Herzen bei der Revolte, die er immer in sich getragen hat und die jetzt die Studenten und bald »die ganze Ju-

---

301 Zit. nach. A. Cohen-Solal, *op. cit.*, S. 692.

gend« beflügelt, tritt Sartre in Kontakt zu den Wortführern. Einer von ihnen, Alain Geismar, Maître de conférences[302] an der Sorbonne, ist glücklich, Beauvoir und Sartre das Anliegen der Studenten erklären zu können. Sartre trifft sich auch mit Daniel Cohn-Bendit, Leader der Bewegung vom 22. März: *Le Nouvel Observateur* veröffentlicht ihr Gespräch. Der Philosoph erklärt sich solidarisch, doch unfähig, auch nur die geringste Losung auszugeben. »Das Interessante an eurer Aktion ist«, sagt er, »dass sie die Phantasie an die Macht bringt.« Damit wiederholt er nur einen Slogan der Straße. »Etwas ist aus euch hervorgegangen, was erstaunt, Unruhe schafft, was alles ablehnt, was aus unserer Gesellschaft das gemacht hat, was sie heute ist. Das ist das, was ich als die Ausdehnung des Feldes des Möglichen bezeichnen würde. Verzichtet nicht darauf[303].« Sartre spricht in der zweiten Person, er sympathisiert, er stimmt zu, doch er ist nicht, oder noch nicht, *in* der Bewegung.

Die Welle der studentischen Demonstrationen, die bis zur »Nacht der Barrikaden« vom 10. auf den 11. Mai ansteigt, der Generalstreik vom 13. gegen die »Polizeirepression«, die soziale Bewegung ohnegleichen, die am 14. mit der Besetzung des Werks Sud-Aviation in Nantes beginnt und bald auf acht bis neun Millionen Streikende anschwillt – all diese sich überstürzenden Ereignisse rufen bei den einen Angst, bei den anderen Begeisterung hervor. Ein neuer Wind fegt über das alte Land. Maurice Clavel wird zu einem der enthusiastischsten Berichterstatter der Maibewegung und bringt in *Le Nouvel Observateur* und in *Combat* seine ganze lyrische Unterstützung ein. Historische Genauigkeit ist seine geringste Sorge. In einem Artikel vom 5. Mai, in dem er bereits den »Widerstand« (gegen die Welt, gegen die Konsumgesellschaft, gegen das Nicht-Sein) zelebriert, der nach Nanterre und in die Sorbonne »eindringe«, schreibt er: »Im Übrigen ist die Tatsache, dass die Flics[304] nach zehn Jahrhunderten in die Sorbonne eindringen, eine große Premiere ...« Diejenigen, die zur Zeit des Algerienkrieges studiert und während der Schlachten zwischen Anhängern und Gegnern der »Algérie française« zu wiederholten Malen die Verletzung des »Allerheiligsten« erlebt hatten, sind erstaunt. Clavel nimmt es nicht so genau: »zehn Jahrhunderte« klingt ganz anders als »zehn Jahre«. Ein Detail, gewiss, doch ein bezeichnendes Detail für die Emphase und die Hyperbolik, mit der die Tage des Mai 68 gewisse »Meinungsführer« erfüllen. Clavel beschäftigt sich nicht mit den Einzelheiten, sondern mit dem Absoluten, mit der Seele, dem Kosmischen. Er weist Descartes zurück, schreit seinen Glauben an Gott mit flammenden Worten heraus und segnet diese Studenten, die es ablehnen, »leitende Angestellte« zu werden. Während der ganzen Krise bewahrt Clavel den Ton eines Endzeitpredigers,

---

302 *Anm. d. Ü:* Maître de conférences: Hochschuldozent.
303 *Ibid.*
304 *Anm. d. Ü:* Flic: umgangsprachliche Bezeichnung für Polizist.

verlässt sich auf die »Rebellen« und auf den Heiligen Geist, beruft sich auf Jeanne d'Arc und Cohn-Bendit. Wozu? »Gebraucht eure Phantasie«, schreibt er. »Bringt der Welt überall Risse bei. Wie? Ihr werdet schon sehen[305].«

Wenn man Clavel liest, kann man sich vorstellen, was besonnene Geister empfinden mochten. Doch die besonnenen Geister ducken sich, warten, dass der Brand verlischt, mauern sich ein. Einer von ihnen jedoch lehnt es ab, die Bühne allein den Chorsängern der linken Intelligenzija und den Studenten in den Hörsälen zu überlassen. Am 15. Mai bringt Raymond Aron in *Le Figaro* seine »Überlegungen eines Universitätslehrers«; er stellt sich auf die Seite der »Lehrenden, denen es mehr um ihren Beruf geht als um einen Kreuzzug ohne Kreuz oder einen Kampf ohne Inhalt«. Tags darauf gibt er seiner Hoffnung auf einen Dialog mit den Studenten Ausdruck:

> »Die gegenwärtige Entfesselung birgt auf der Ebene der Geschichte mehr Gefahren als Hoffnungen, doch die Akteure des Dramas, die die konventionellen Losungen ablehnen und denen die alten Parteien völlig fremd sind, bieten trotz allem die Chance einer unbegrenzten Offenheit.«

Sartre und Aron überragen Kommentatoren wie Claude Lefort, Edgar Morin, François Mauriac, die sich in dem einen oder anderen Sinn äußern. In ihren Namen und in ihrem Konflikt kristallisiert sich die intellektuelle Debatte des Mai 68, obwohl weder der eine noch der andere Gewalt über das Ereignis hat. Sartre willigt ein, am 20. Mai im großen Hörsaal der Sorbonne zu reden, wo seit der von Premierminister Georges Pompidou verfügten Wiedereröffnung exaltierte Diskussionen geführt werden und wo die trotzkistischen, maoistischen, anarchistischen und andere »Splittergruppen« versuchen, ihre Standpunkte hemmungslos mit Anträgen durchzusetzen. Die Studenten empfangen Sartre wie einen Helden und bombardieren ihn mit den disparatesten Fragen. Sartre ist abgespannt, es fällt ihm schwer, zusammenhängend zu reden; er erklärt jedoch, der PCF und die CGT seien nicht im Rennen: »Was jetzt entsteht, ist eine neue Konzeption von einer durch und durch demokratischen Gesellschaft, eine Verbindung von Sozialismus und Freiheit[306].« Ein alter Traum, der zu einer Zeit neu entsteht, als dort im Osten, im »Prager Frühling«, seine ersten Knospen aufgehen.

Nach einer kurzen Vortragsreise in die Vereinigten Staaten, die er im Übrigen noch abkürzt, entschließt sich Aron zu intervenieren, um der Stimme der Vernunft Gehör zu verschaffen. So trifft er sich am 27. Mai ohne Ergebnis mit Mendès France – am Morgen des Meetings von Charléty, an dem PMF

---

305 M. Clavel, »L'imagination au pouvoir«, *Combat*, 3. Juni 1968.
306 *Le Monde*, 22. Mai 1968, zit. nach A. Cohen-Solal, *op. cit.*, S. 696.

Die Ära Sartre

teilnimmt, wenn auch ohne ein Wort zu sagen. Am 29., als die unerhörte Abreise von General de Gaulle[307] eine große Leere hinterlässt, fühlt sich Aron nach einem Anruf von Alexandre Kojève, dem großen Hegel-Spezialisten, erleichtert; Kojève sagt ihm, das ganze Durcheinander sei nichts als eine Pseudorevolution, da es ja keine Toten gebe: ein »Gerieselvon Blödsinn[308]«. Kojève stirbt sechs Tage später in Brüssel plötzlich an einem Herzinfarkt, Aron übernimmt seine Interpretation: Mai 68, ein »Psychodrama«. Er beteiligt sich an der großen gaullistischen Demonstration vom 30. Mai auf den Champs-Élysées, nachdem die entscheidende Radioansprache des Generals am Nachmittag seine Zustimmung gefunden hat. Im Laufe der folgenden Tage ist *Le Figaro*, der infolge des Streiks der Arbeiter nicht erscheinen konnte, wieder in den Kiosken. Aron beginnt am 11. Juni mit einer Folge von Artikeln über »die Krise der Universität«, von denen der erste eine Art Appell ist:

> »Weder die öffentliche Meinung noch die Regierung haben bisher den Ernst der Krise begriffen. In allen Ländern der Welt ist die Jugend in Aufruhr, doch in Frankreich nimmt die Studentenrevolution aufgrund verschiedener Umstände einen ganz besonderen Charakter an. Die Studenten von Prag oder Warschau lehnen sich auf, um Freiheiten zu erhalten, die die französischen Studenten bereits besitzen. Diese formulieren aufgrund echter Beschwerden eine ganze Reihe legitimer Forderungen. Doch eine kleine Minderheit unter ihnen ist dabei, dank der Kapitulation vieler Dozenten, dank der politischen Naivität der Masse der Studenten und der traditionellen Professoren ein im strengen Sinn subversives Unternehmen erfolgreich durchzuführen, das zu verstehen Minister, Eltern, Dozenten, Studenten sich weigern: sie wollen die Universitäten und die staatlichen Behörden vor die Alternative stellen: terroristische ›Studentenmacht‹ oder schlicht und einfach Schließung der Philosophischen Fakultäten auf unbestimmte Zeit (die Lage scheint in den übrigen Fakultäten weniger ernst zu sein). Ich wende mich an alle, doch zunächst an meine Kollegen, ganz gleich welcher Orientierung, und an die Studenten, an die Wortführer wie an die Manipulierten. Ich fordere alle, die dies lesen und in meinen Worten ihr eigenes Anliegen erkennen, auf, mir zu schreiben. Vielleicht ist der Augenblick gekommen, sich gegen die Verschwörung der Feigheit und des Terrorismus in einem breiten *Komitee zur Verteidigung und zur Erneuerung der französischen Universität* unabhängig von den Gewerkschaften zu gruppieren[309].«

---

307 *Anm. d. Ü:* Abreise von General de Gaulle: de Gaulle war nach Baden-Baden zum Oberkommando der französischen Streitkräfte in Deutschland gereist.
308 N. Baverez, *op. cit.*, S. 394.

68: Sartre ist begeistert, Aron entnervt

Dieser Appell vom 11. Juni findet Gehör. Aron erhält Berge von Post, die er mit Hilfe von Emmanuel Le Roy Ladurie, Alain Besançon, Annie Kriegel, Jean Baechler, Kostas Papaïoannou und einigen anderen durchgeht. Étiemble stimmt ihm zu und erklärt, er unterschreibe die Analyse Arons, »ohne ein Komma daran zu ändern«:

> »Seit zwölf Jahren«, fügt er hinzu, »habe auch ich versucht, und zwar immer vergeblich, irgendeine Reform durchzusetzen; ich habe zwölf Jahre dafür gebraucht, eine Ecke in einem Büro zu bekommen – und zwar dieses Jahr –, um zu erleben, wie sie sofort von ›Studenten‹ besetzt wurde, die ich niemals zuvor gesehen hatte. Aber was tun, ›wie Lenin sagt‹, um unseren Kollegen von rechts und links zu helfen, nicht wie Leute aus der Verbrecherwelt zu handeln? Es gibt niemanden mehr, der denkt und den sakrosankten Jugendlichen widerspricht, die mit Knüppeln und wer weiß was bewaffnet auftreten und die Bücher vollpissen. [...] Dank also dafür, dass Sie einen klaren Kopf und wie immer ein luzides Urteil bewahren. Ich weiß sehr wohl, dass wir über den amerikanischen Imperialismus niemals einer Meinung sein werden; doch im Augenblick geht es um unser Land, um die Universität. Ich drücke Ihnen herzlich die Hand[310].«

Das empfohlene Komitee bildet sich am 21. Juni; insbesondere beteiligen sich Michel Crozier, François Bourricaud, Raymond Boudon, Jacqueline de Romilly, François Crouzet ...

Raymond Aron hat sich vorgewagt, ohne Angst, sich zu exponieren. Denn neben den Glückwunschschreiben gibt es Tadel, Beleidigungen, Drohungen. Sartre weiß von nun an, wo der Feind steht. Am 19. Juni nimmt er sich in einem Interview in *Le Nouvel Observateur* den ehemaligen »kleinen Kameraden« vor: »Ich lege meine Hand dafür ins Feuer, dass Raymond Aron sich nie in Frage gestellt hat, und deswegen ist er in meinen Augen unwürdig, Professor zu sein. Selbstverständlich ist er nicht der einzige, ich bin aber gezwungen von ihm zu sprechen, da er in den letzten Tagen viel geschrieben hat[311].« Gegen Aron verficht Sartre die Wahl der Professoren durch die Studenten, die Beteiligung der Studenten an den Prüfungsgremien, einen Unterricht für die Masse und nicht für die Elite.

---

309 Abgedr. in R. Aron, *La Révolution introuvable*, Fayard, 1968, S. 169–170.
310 Brief von Étiemble an R. Aron, 13. Juni 1968. Privatarchiv von R.A.; zit. nach N. Baverez, *op. cit.*, S. 396–397.
311 J.-P. Sartre, »Die Schützengräben von Raymond Aron«, in *Plädoyer für die Intellektuellen, op. cit.*, 1972, S. 200 (folgendes Zitat: S. 203).

»Das setzt selbstverständlich andere Lehrmethoden voraus. Es setzt voraus, dass man sich für alle seine Studenten interessiert, dass man versucht, sich allen verständlich zu machen, dass man ihnen gleichermaßen zuhört, wie man zu ihnen spricht. Es setzt voraus, dass man nicht länger, wie Aron, der Meinung ist, hinter seinem Schreibtisch zu denken – und seit dreißig Jahren dasselbe zu denken – stelle die Ausübung der Intelligenz dar. Es setzt vor allem voraus, dass jeder Lehrende akzeptiert, von denen, die er lehrt, beurteilt und in Frage gestellt zu werden; dass er denkt: ›Sie sehen mich nackt‹. Das ist für ihn peinlich, aber da muss er durch, wenn er es wieder wert sein will, zu unterrichten. Jetzt, wo ganz Frankreich de Gaulle splitternackt gesehen hat, müssen die Studenten Raymond Aron splitternackt sehen können. Seine Kleider wird man ihm nur wiedergeben, wenn er die Infragestellung akzeptiert.«

Aron, der sich die Mühe macht, über Sartres Werke ernsthaft zu sprechen – Claude Lefort hat ihm sogar seine Nachsicht für die *Critique de la raison dialectique* übel genommen –, hält es nicht für angebracht, auf einen Angriff zu antworten, der eines Philosophen so unwürdig ist. *Le Nouvel Observateur* veröffentlicht indessen zwei Wochen später einen gemeinsamen Protestbrief, der unter anderem von Alfred Grosser, Jean Baechler, Pierre Hassner, Pierre Nora, Kostas Papaïoannou unterzeichnet ist, die zwar nicht unbedingt Arons Ansichten über die Krise teilen, doch die über die Äußerungen Sartres erbittert sind.

Unabhängig von der kleinen Polemik werden Aron und Sartre noch Gelegenheit haben, sich über Mai 68 zu äußern. Nach einem Interview in dem deutschen Magazin *Der Spiegel* nimmt sich Sartre seine Äußerungen wieder vor und vervollständigt sie, um daraus eine Broschüre *Les communistes ont peur de la révolution* (»Die Kommunisten haben Angst vor der Revolution«) zu machen. Er reitet darin eine regelrechte Attacke gegen die politische Linke, die die »gesellschaftliche« Linke verrate: die Kommunisten träten 1968 in die Fußstapfen von Léon Blums Sozialisten des Jahres 1936, indem sie die Bewegung auf dem Vormarsch mit aller Macht bremsten, um die Revolution zu verhindern. Er bemerkt, der PCF und die CGT hätten bloße materielle Forderungen gestellt und seien de Gaulle »schnurstracks nachgelaufen«, kaum dass er von Wahlen gesprochen hatte. Sartre bleibt von der Möglichkeit einer Revolution überzeugt, auch wenn ihre Formen noch zu erfinden seien. Die Studenten könnten nur Auslöser sein. Er hofft, dass »außerhalb und links des PCF« eine revolutionäre Bewegung entstehen werde. »Ich glaube sogar, dass es unvermeidlich ist und das einzige Mittel, die Politik der Kommunistischen Partei ›aufzubrechen‹, weil sie den wirklichen Revolutionären, die dort noch sind, erlauben würde, sich Gehör zu verschaffen und eine neue Ausrichtung der Partei durchzusetzen[312].«

Raymond Aron seinerseits verfasst im Juli einen allgemeinen Überblick über die Maibewegung: *La Révolution introuvable* (»Die unauffindbare Revolution«) erreicht ein breites Publikum in einem Frankreich, das sich von den Aufregungen des Frühlings kaum erholt hat. Der Autor schont weder die Utopie der Studenten noch die unglaublichen Schwächen des gaullistischen Regimes. Die Wahlen Ende Juni haben die gesellschaftliche Angst enthüllt und zu einer Chambre introuvable[313] geführt. Der Professor der Sorbonne wird von den Achtundsechzigern, die die Bewegung unter anderen Formen weiterführen wollen, des »Faschismus« bezichtigt. Alfred Fabre-Luce, der sich vor Demagogie nicht scheut, wirft ihm vor, nicht versucht zu haben, die rebellierenden Studenten zu verstehen, und sie so der Führung der Extremisten überlassen zu haben. Edgar Morin schreibt ihm: »Was die Angelegenheit ›Mai 68‹ betrifft, habe ich den Eindruck, dass Sie zum ersten Mal ihre Rolle als abgeklärter, dem Ereignis gegenüber skeptischer Beobachter aufgegeben haben und dass ihr Kühlsystem schlecht funktioniert hat[314].«

Hat das Gefühl des entrüsteten Professors über die Vernunft gesiegt? Aron entwickelt von der Maikrise keine überzeugende Theorie. Im Grunde geht er von dem aus, was de Gaulle ihren »nicht greifbaren« Charakter genannt hatte. Er versäumt es nicht, auf seine Kollegen anzuspielen und seinem *Opium des intellectuels* ein Kapitel hinzuzufügen:

»Was soll man in einem Land tun, in dem eins der wichtigsten verfassungsmäßigen Korps, nämlich die mit Ruhm bedeckten Intellektuellen, nur die Zerstörung bewundern, ohne eine Ordnung zu konzipieren, die an die Stelle der Ordnung treten könnte, die sie zerstören wollen? Ich habe keine Antwort. Die Intellektuellen erfüllen gewöhnlich eine kritische Funktion. Alles in allem habe ich die französischen Regierungen gern kritisiert, so dass man mich weder des Konformismus noch der Unterwürfigkeit der Macht gegenüber beschuldigen kann; doch die Funktion der Kritik wird zum Nihilismus, wenn sie die Gesellschaft als ganze ohne Vorstellung von einer anderen Gesellschaft brandmarkt, wenn sie die reine Gewalt verherrlicht[315].«

---

312 J.-P. Sartre, »Die Kommunisten haben Angst vor der Revolution«, *Plädoyer für die Intellektuellen, op. cit.*, S. 226.
313 *Anm. d. Ü:* Chambre introuvable, »unauffindbare Abgeordnetenkammer«: der Ausdruck – geprägt von Louis XVIII während der Restauration (1815), als die (Ultra-)Royalisten in den Wahlen den Sieg davontrugen – bezeichnet ein von einer einzigen Partei oder politischen Strömung beherrschtes Parlament. 1968 erreichte die Rechte eine in der Geschichte der Republik beispiellose Mehrheit.
314 Brief von E. Morin an R. Aron, 14. Okt. 1968, zit. nach N. Baverez, *op. cit.*, S. 401.
315 R. Aron, *La Révolution introuvable, op. cit.*, S. 136.

Die Ära Sartre

Nicht ohne Mut hat sich Aron offenbart. Er bezeichnet sich als reformistisch, nicht konservativ. Die revoltierenden Studenten und die linke Intelligenzija reihen ihn unter die Reaktionäre ein. Als er im November in Tübingen den Montaigne-Preis erhält, werden die Feierlichkeiten wegen der studentische Proteste ins biologische Institut außerhalb der Stadt verlegt. Schlimmer noch, Professor von Beyme, der dem Preisträger zu erwidern hat, erteilt ihm – so der Eindruck Arons – eine Lektion, statt eine Laudatio zu halten. Da es Aron nicht möglich ist, sofort zu antworten, schreibt er an den Rektor der Universität Tübingen, um gegen die schlechte Behandlung durch von Beyme zu protestieren: »Erlauben Sie mir, es Ihnen mit derselben Brutalität zu sagen, die er mir gegenüber an den Tag gelegt hat: er hat mich an die deutschen Professoren der dreißiger Jahre erinnert, die ihre akademische Pflicht verrieten, um von den rebellierenden (damals national-sozialistischen) Studenten toleriert zu werden[316].«

Das Jahr 1968 versetzt dem Kommunismus im Denken der militanten jungen Leute und unter der Intelligenzija einen weiteren Stoß. Die Partei hat die Studentenbewegung, die sie nicht kontrollieren kann, von Anfang an mit Misstrauen betrachtet. Louis Aragon hebt sich indessen von seinem Zentralkomitee ab – er und seine Wochenzeitung *Les Lettres françaises*. Als er am 9. Mai auf dem Boulevard Saint-Michel erkannt und von Cohn-Bendit unvermittelt angesprochen wird, entzieht er sich nicht der Diskussion; sie ist stürmisch. Das hindert den schon alten Schriftsteller – er hat die siebzig überschritten – nicht, den Studenten und Dozenten eine Sondernummer der *Lettres françaises* zu widmen. In einem anonymen Leitartikel spricht Aragon »den jungen Leuten, die man verleumdet«, seine Bewunderung aus: »Dieser Pariser Mai eröffnet eine neue Ära, in der niemand daran zweifeln kann, dass das französische Volk wieder einmal die Seinen nicht zu erkennen weiß[317].«

Die wirkliche Prüfung für Aragon kommt aus einer anderen Richtung. Aus der Tschechoslowakei des »Prager Frühlings«, von dem seine Zeitung so voller Sympathie gesprochen hat, als sie sich den tschechoslowakischen Schriftstellern öffnete. In der Schweiz, wo er mit Elsa zur Erholung weilt, erfährt er am 21. August von der Invasion der sowjetischen Panzer. Zum ersten Mal veröffentlicht der PCF einen Protest und der CNE ein Kommuniqué der Solidarität mit dem »mutigen Kampf unserer tschechoslowakischen Freunde« gegen »den Eindringling«. Da die *Literaturnaïa Gazeta* in Moskau diesen Text zurückweist, antwortet Aragon am 11. September in *Les Lettres françaises* mit einem Artikel, der den Titel »Ich nenne die Dinge beim Namen« trägt und von oben herab tut. Kurze Zeit später verfasst er das Vorwort zu dem

---

316 Zit. nach N. Baverez, *op. cit.*, S. 405. (Klaus von Beymes Laudatio – »voll des kritischen Respekts« für Arons Werk – ist in *Attempto*, 1968, Heft 31–32, S. 48–53, nachzulesen. Anm. der Übers.)
317 Zit. nach P. Daix, *op. cit.*, S. 518.

Roman von Milan Kundera *Der Scherz*: »Und siehe da, eines Tages haben wir in der Morgendämmerung am Transistor die Verurteilung unserer ewigen Illusionen vernommen. Was sagte sie, diese Stimme aus dem Schatten hinter den noch geschlossenen Vorhängen des 21. August, morgens früh? Sie sagte, dass die Zukunft stattgefunden hatte, dass sie nur mehr ein Wiederbeginn sein würde. Diese Stimme, die seither nicht mehr schweigt, die dazu zwingt, das Verbrechen Tugend zu nennen, die Hilfe für das tschechoslowakische Volk nennt, was eine brutale Intervention ist, durch die es in die Knechtschaft geführt wird. Diese Stimme der Lüge, die behauptet, im Namen dessen zu sprechen, was ein halbes Jahrhundert menschlicher Hoffnung war. Mit den Waffen und den Worten? Oh, meine Freunde, ist alles verloren?«

Der »alte stalinistische Lump«, wie Cohn-Bendit sagte, sträubt sich diesmal. Aragon geht nicht so weit, seine Partei zu verlassen – nicht einmal, als diese nach der kurzen Verurteilung der militärischen Intervention der Sowjets auf die inzwischen durchgeführte »Normalisierung« einschwenkt. Er wird nichtsdestoweniger seine Seitensprünge mit dem kalkulierten Verlust seiner Zeitung, *Les Lettres françaises,* bezahlen. Im Januar 1969 kündigt die UdSSR alle ihre Abonnements. Die anderen Länder des Ostens folgen. Der Schlag erweist sich für die Finanzen der Wochenzeitung als tödlich. Sie überlebt bis 1972 – solange ein stillschweigender Kompromiss es dem Dichter erlaubte, seine eigene Freiheit zu retten, ohne seine Partei in die Angelegenheit zu verwickeln.

Das doppelte Ereignis von 1968 – die Maibewegung und das Ende des »Prager Frühlings«, der durch die sowjetische Invasion zerstört wird – versetzt dem Prestige des Kommunismus einen erneuten Schlag. Zum ersten Mal ist der PCF von links massiv in Frage gestellt worden. Schon Ende Mai riefen die Demonstrationszüge der Studenten, als sie an dem Sitz von *L'Humanité* vorbeizogen: »PC – Verrat!« Der Gauchismus[318] mit den hundert Gesichtern bildet von nun an eine wirkliche Kraft, die im Namen von Mao, Trotzki oder Bakunin die Kommunistische Partei zu einer ihrer Zielscheiben macht, genau wie diese lange Zeit die »Sozialdemokratie« als ihre Feindin betrachtet hatte.

Im Bereich der traditionellen Politik hat sich die CFDT als fortschrittlicher gezeigt als die CGT, doch dem PSU gelingt bei den Juniwahlen nicht der Durchbruch, den seine Anhänger im Stadion Charléty noch ins Auge gefasst hatten. Kann sich die revolutionäre Bewegung »außerhalb und links des PCF«, von der Sartre träumt, durchsetzen? Einige Jahre lang wird der Gauchismus diese Illusion nähren. Der Antikommunist war nicht mehr unbedingt ein »Schweinehund«, da er *links* des PC stehen konnte. Anfang der siebziger Jahre verschärft sich die Divergenz zwischen der Einigungsbewegung der alten Linken – der Sozialisten des neuen PS und der bündniswilli-

---

318 *Anm. d. Ü:* Gauchismus, Gauchisten: die aus der Maibewegung hervorgegangenen linksradikalen Gruppen bzw. Personen.

gen Kommunisten – und den ehemaligen Kämpfern vom Mai 68, die entschlossen sind, der roten oder der schwarzen Fahne die Treue zu halten.

Die Frage, die sich stellte, war die des Marxismus selbst. Maurice Clavel formulierte sie im Juli so:

> »Meine These«, schreibt er, »ist nicht, dass der Marxismus intellektuell überholt ist – das würde nichts besagen –, sondern, dass er von der Geschichte überholt ist, in rasendem Tempo durchfahren, wie ein Bahnhof von einem zu schnell fahrenden Zug. Nichts ist jemals im strengen Sinn marxistisch gewesen, und nichts wird es mehr sein. Man muss sich damit abfinden. Seine historische Chance ist vorbei. [...] Seit der schweren Erschütterung durch die Volksfront hat sich das Kapital, unterstützt durch den gigantischen technischen Fortschritt, so sehr und so gut darauf eingestellt, sein Gegenteil zu verschlingen, dass die materiellen Errungenschaften das marxistische Proletariat ins System hineintreiben und integrieren, es entfremden – diesmal im Inneren seiner selbst –, es mehr denn je einlullen. Dies wäre der tiefere Sinn des anarchistischen Graffitis, das mich zumindest amüsiert hat: ›*Der Marxismus ist das Opium des Volkes*‹[319].«

In der Tat dürften die gauchistischen Aktivitäten der folgenden Jahre vielen als die letzten Zuckungen der Doktrin erschienen sein, die so viele Intellektuelle fasziniert hatte.

---

319 M. Clavel, »Avec un communiste«, *Le Nouvel Observateur*, 22. Juli 1968.

60
Die heiße Phase des Gauchismus – von Jean-Paul Sartre zu Michel Foucault

Die Jahre, die auf den Ausbruch von Mai 68 folgen, bieten bis in die siebziger Jahre hinein das Bild eines eindrucksvollen Kontrasts zwischen dem Frankreich Pompidous – Georges Pompidou wird Nachfolger von General de Gaulle nach dessen Rücktritt im April 1969 – und dem »gauchistischen« Frankreich. Meinungsumfragen, die zehn, fünfzehn, zwanzig Jahre später durchgeführt wurden, offenbaren, wie zufrieden man in der Erinnerung mit diesen Pompidou-Jahren ist, die als eine Phase des Wachstums und der Ordnung unter der Autorität eines sowohl robusten wie gutmütigen Oberhauptes gelten. Dabei war es eine Periode ständiger Unruhe, in der man die Gesellschaft – im Gefolge der bald naiven, bald einfallsreichen oder durchdachten Revolten der Maibewegung – grundlegend in Frage stellte. Der Wind des Geistes, der stets verneint, wehte derart stark, dass der designierte Premierminister, Jacques Chaban-Delmas, vor einer der konservativsten Nationalversammlungen der Fünften Republik – dieser »unauffindbaren Abgeordnetenkammer«, die aus der Angst vor Mai 68 hervorgegangen war – eine programmatische Rede über die »neue Gesellschaft« hielt, die, inspiriert von Jacques Delors und Simon Nora, eine der vielversprechendsten Ausdrucksformen des Reformwillens war.

Das alles ist nichts als ein Täuschungsmanöver für den gauchistischen Protest, der von allen Seiten losbricht und gegen alles zu Felde zieht: das Schulsystem, die Universitätsreform von Edgar Faure, den Militärdienst, die Medien, die Lage der Frauen, die Unterdrückung der Homosexualität, die Haftbedingungen, die psychiatrischen Anstalten und die Psychiatrie allgemein – ganz zu schweigen von dem Monopol, das von der Kommunistischen Partei über die Arbeiterbewegung ausgeübt wird, während doch die Revolution für viele die einzige Perspektive ist, für die es sich zu leben lohnt. In diesen Jahren schlägt sich Sartre an allen Fronten, bietet hier seine Unterstützung an, leistet dort konkret Hilfe, spricht auf Meetings, nimmt an einem Volkstribunal teil, kanzelt die Regierung ab, unterzeichnet aufrührerische Texte, verkauft auf der Straße verbotene Zeitungen ... Mit fünfundsechzig Jahren und mehr durchlebt er die Jugend, die er nicht gehabt hat, in der Glut einer Kameradschaft, die die Altersunterschiede aufhebt.

Das Universitätsjahr, das auf Mai 1968 folgt, beginnt mühsam. Die Bildungsreform von Edgar Faure hat die alten Fakultäten durch Universitäten ersetzt; einige sind völlig neu aus dem Boden gestampft worden, etwa das »Universitätszentrum von Vincennes«, dessen funkelnagelneue Gebäude im Dezember 1968 den Studenten ihre Tore öffnen. »Vincennes«, wie man es nennt, zieht, mit Nanterre, die Mehrheit der Studenten und Lehrenden an, die in unterschiedlichem Maße an der Bewegung teilgenommen haben. In diesen Randgebieten äußert sich die Ablehnung der »Partizipation«[320] am heftigsten: Kommunisten (die das Prinzip der Wahl vertreten) und Gauchisten (die Wahlen als einen Betrug geißeln) geraten aneinander; stürmische Generalversammlungen finden statt; die Polizei schreitet mehrfach ein; Gebäude und Material werden beschädigt; überall sieht man Graffitis und radikale Slogans, von denen die extremsten die Losung »Die Universität muss zerstört werden« praktisch umsetzen wollen. Paul Ricœur, eine der großen Gestalten der Philosophie, der Präsident der neuen Universität von Nanterre geworden ist, wird zu einer Art Sühneopfer; man zwingt ihn im März 1970 zum Rücktritt, nachdem er von Seiten der »Fanatiker« Beleidigungen hat hinnehmen müssen.

Le Nouvel Observateur – einige seiner Mitarbeiter waren an der Ausarbeitung des Faure-Gesetzes beteiligt – bittet Sartre im März 1969 um eine Stellungnahme zu dem Gesetz und zur Haltung der Gauchisten. Ohne zu zögern, billigt Sartre die Gewalt der Studenten; sie sei nur »Gegengewalt«. Das Faure-Gesetz sei eine »Scheinreform«, »ein reiner, schlichter Betrug«. In seinen Augen bietet das Regime den Studenten nur drei Möglichkeiten:

»sich aufhängen – aus Ekel vor der Gesellschaft, die wir ihnen bereitet haben –, sich verkaufen – das heißt, auf alles pfeifen und sich, wer weiß? in ein paar Jahren schließlich aufhängen – oder sich zusammenschließen, sich die Kraft der Negation bewahren, einen Kleinkrieg gegen die Alten führen, die sie regieren, und so bald wie möglich die Mehrheit der Arbeiter gewinnen, die Hauptkraft der Revolution, und das Regime in die Luft jagen[321].«

---

320 *Anm. d. Ü:* Partizipation: das Bildungsreformgesetz von Edgar Faure sah beispielsweise die »Mitwirkung« von Studentenvertretern in den Leitungsräten der neuen Fachbereiche vor.
321 J.-P. Sartre, »Die hereingelegte Jugend. Interview mit Le Nouvel Observateur« (März 1969), in *Plädoyer für die Intellektuellen, op. cit.* S. 245 (leicht mod. Übers.).

Dieses lange Gespräch, in dem Sartre gegen »diese Hure, die *Alma Mater*«, wettert, erreicht nicht gerade den Gipfel des Denkens, auch nicht des dialektischen. So behauptet er gegen alle Wahrscheinlichkeit – und durchaus auch in Bezug auf das Studium der Geistes- und Sozialwissenschaften –, die »selektionistische« Universität stelle ihre Lehrpläne »entsprechend den Erfordernissen der Privatindustrie« auf, während er über die Grandes Écoles nicht das geringste Wort verliert. Diese überzogenen oder inkohärenten Äußerungen verraten Sartres Verlegenheit. Die Studenten allein können nichts ausrichten, solange es ihnen nicht wie im Mai gelingt, »die Arbeiter für ihren Kampf zu gewinnen«: die »Arbeiterklasse« ist und bleibt die historische Kraft, die unerlässlich ist, um die Herrschaft der Bourgeoisie »in die Luft zu jagen«.

In einem viel tiefschürfenderen Interview, das er der italienischen Zeitung *Il Manifesto* gibt, die von der ehemaligen kommunistischen Abgeordneten Rossana Rossanda geleitet wird, kommt Sartre auf eine der großen, damals von den Gauchisten diskutierten Frage zu sprechen: braucht das revolutionäre Proletariat eine Partei oder nicht? Er liefert eine schöne Abhandlung – würdig des einstigen Primus bei der Agrégation. These: die Partei ist notwendig für die Masse, die ohne sie *seriell* bleiben würde. Antithese: jede Partei tendiert unweigerlich zu ihrer eigenen Institutionalisierung und »serialisiert« ihrerseits die Massen; sie bezweckt ihre eigene Entwicklung, sie schützt sich gegen Innovationen, gegen die »fusionierenden« Gruppen, kurz, sie wird »ein Bremsklotz für jeden revolutionären Versuch«. Synthese: man braucht eine Partei, die keine Partei ist, die die Partei überschreitet, die nicht alles monopolisiert, die zulässt, dass sich an ihrer Seite Räte, »fusionierende« Gruppen, Versuche der Selbstverwaltung entwickeln … Das würde »eine permanente Spannung« voraussetzen.

Solche Debatten – schon hundert Jahre zuvor in der Ersten Internationale üblich – verjüngen. Die Veröffentlichung der alten revolutionären Klassiker erlebt im Übrigen einen richtigen *Boom*. Neben François Maspero, der schon etabliert ist und zusätzlich zu seinen Buchreihen die Zeitschrift *Partisans* herausgibt, neben den Éditions du Seuil, wo Claude Durand die Reihe »Combats« mit allen möglichen Sprengsätzen ausstattet und wo Jacques Julliard, der in »Vincennes« lehrt und aktives Mitglied der CFDT ist, insbesondere in der Reihe »Politique« Marxisten, revolutionäre Syndikalisten, Anhänger der Räte, Trotzkisten und Mao selbst (*Das kleine rote Buch*) herausbringt oder neu auflegt, blühen Dutzende kleine Verlage auf, von denen einer der aktivsten, Champ libre, von Gérard Lebovici geleitet wird. Christian Bourgois macht in seiner Taschenbuchreihe »10/18« einen großen Teil dieser revolutionären Literatur mit einem schönen Eklektizismus für alle erschwinglich. Marcuse, von dem 1968 so viel gesprochen wurde – er gilt als Inspirator der Bewegung –, den jedoch wenige Leute gelesen haben, wird nun einer breiten

Leserschaft vorgestellt, dank der den Essays vorbehaltenen Taschenbuchreihe »Points«, die 1970 von Le Seuil lanciert wird: *L'Homme unidimensionnel* (*Der eindimensionale Mensch*), dessen Übersetzung zunächst in den Éditions de Minuit erschienen war, ist einer der ersten großen Erfolge der Reihe. Der Höhepunkt dieser Buchblüte wird im Jahr 1971 erreicht, dem Jahr der Jahrhundertfeier der Commune: alle Verleger, die konservativsten eingeschlossen, leisten ihren Beitrag zur Veröffentlichung, sei es von alten noch nicht veröffentlichten, sei es von neuen Werken (unter denen die Arbeiten des Historikers Jacques Rougerie herausragen) oder von Neuauflagen aller Art. Das Staatsfernsehen, eine gut erzogene Tochter, nährt das Feuerwerk, während die Gauchisten damit drohen, die Basilique du Sacré-Cœur auf dem Montmartre zu stürmen, ein Gebäude, das erbaut wurde, um die Verbrechen der Commune zu sühnen[322]. Daraufhin bricht eine Kontroverse innerhalb der Kirche aus, wo die »roten Priester«, die 68 den Priesterstand nicht verlassen hatten, den Soutane-Trägern zu Leibe rücken. Im gauchistischen und prophetischen Genre macht vor allem ein redegewandter und ekstatischer Dominikaner von sich reden, der Pater Cardonnel, der im Juni 1970 unter anderen in einem Prozess aussagt, der zwei Mitgliedern der Gauche prolétarienne (»Proletarische Linke«) gemacht wird, die für die maoistische Zeitung *La Cause du Peuple* verantwortlich sind, Jean-Pierre Le Dantec und Michel Le Bris.

Die Gauche prolétarienne, die sich zu einem aktivistischen Maoismus bekennt, war zu einer der meistbeachteten gauchistischen Gruppen geworden. Die beiden letzten Herausgeber von *La Cause du Peuple* sind trotz der Intervention des Paters Cardonnel verhaftet und eingesperrt worden – wegen »Anstiftung zu Verbrechen gegen die Staatssicherheit und Rechtfertigung von Mord, Diebstahl, Plünderung und Brandstiftung«. Sartre entschließt sich, die Leitung der Zeitung zu übernehmen. Er teilt seinen festen Entschluss mit, den Behörden beizubringen, Strafrecht und politische Rechte nicht zu verwechseln:

> »Indem ich verantwortlicher Herausgeber werde, erkläre ich mich solidarisch mit allen Aktionen, die, wie die inkriminierten, die heute unter den Massen *real* vorhandene Gewalt zum Ausdruck bringen, um ihren revolutionären Charakter zu unterstreichen. Wenn die Regierung vorhat, mich vor Gericht zu bringen, wird sie nicht verhindern können, dass mein Prozess ein politischer Prozess sein wird.«

Über den vielfältigen Aktionen, mit denen die gauchistischen Gruppen in jenen Jahren die Berichterstattung in Betrieb halten, schwebt der Mythos der schöpferischen Gewalt.

---

322 M. Winock, »La Commune 1871–1971«, *Esprit*, Dezember 1971.

Der Prozess endet mit der Verurteilung von Le Dantec zu einem Jahr Gefängnis ohne Bewährung. Die Gauche prolétarienne wird aufgelöst; sie setzt ihre subversiven Aktivitäten im Untergrund fort. Eine »Gesellschaft der Freunde von *La Cause du peuple*« organisiert den illegalen Straßenverkauf der Zeitung. So kann man Jean-Paul Sartre, Simone de Beauvoir, Jean-Edern Hallier, Sami Frey und Patrice Chéreau auf der Straße sehen, wie sie die maoistische Zeitung ausrufen – zur Verwunderung der Passanten und zum großen Nutzen der Fotografen. Was machen, was wollen diese »Maoisten«, deren Namen später in anderen Zusammenhängen bekannt werden – Pierre Victor (Benny Lévy), Serge July, Alain Geismar, die Brüder Olivier und Jean Rolin? Handelt es sich wirklich um Politik? Maurice Clavel, der nach wie vor in *Combat* und *Le Nouvel Observateur* herumpoltert und der im Dezember 1971 dadurch Berühmtheit erlangt, dass er eine Fernsehübertragung mit einem Ausruf verlässt, der den Schauspieler, der er gewesen war, verrät: »Meine Herren Zensoren, guten Abend!« – dieser Clavel also hat die »Maos« ausgesprochen gern. Er sieht in ihnen Apostel der »neuen Résistance«, der Auflehnung des Geistes gegen die Unterdrückung in der Welt:

»Man hält mir ihre Verworrenheit, ihre Sterilität, ihren Fanatismus, ihre inneren Spaltungen entgegen. Einverstanden, einverstanden; doch unter uns gesagt: wir haben Leute erlebt, die viel schlimmer waren, bevor die Geschichte und die Hagiographie sie darstellten und deuteten ... Und außerdem kennzeichnet es die Unterdrückung in dieser Welt, diffus zu sein und nur verworren empfunden zu werden. Ihre Analyse ist schwierig. Und der Beginn der Befreiung eines in seinem Innersten erstickten Wesens ist natürlich krampfartig. Jedenfalls hat sich vor genau zwei Jahren ein Teil der französischen Jugend plötzlich der Freiheit der Welt und dem Glück der Menschheit verschrieben – und darin ist sie wie Salz, Rohsalz vielleicht, doch Salz der Erde[323].«

Der Maoismus wird auch zu einer intellektuellen Mode. Im April 1971 veröffentlicht die Gruppe der Zeitschrift *Tel Quel* bei Le Seuil in der Reihe »Combats« die Reportage einer italienischen Abgeordneten, Maria-Antonietta Macciocchi, *De la Chine* (»Über China«). Dieses dicke Messbuch voll naiver Pietät erinnert an das Genre »Reise in die UdSSR« aus der Zeit vor der berühmten Brandschrift Gides. Macciocchi verherrlicht die Kulturrevolution, ohne sich zu fragen, wie viel Tote sie verursacht hat; sie hat, so scheint es, dazu gedient, die Diktatur des Proletariats zu festigen, denn die Partei, die sehr wohl der »herrschende Apparat« ist, steht in China *unter* der Diktatur

---

323 M. Clavel, *Combat. De la Résistance à la Révolution*, Flammarion, 1972, »À tort ou à raison«, S. 245.

des Proletariats und das »Absterben des Staates« geht gut voran dank »des Einbruchs der Massen in den Überbau«. Welch eine gute Neuigkeit: man kann endlich das gelobte Land Sowjetunion verlassen, das nur noch ein Rübenfeld ist, um mit vollen Segeln ins Zauberland China überzuwechseln. *De la Chine* wird von der Presse und insbesondere von *Le Monde* – die Zeitung unterstützt unter der Leitung von Jacques Fauvet die maoistische Mode – gut aufgenommen und erringt einen schmeichelhaften Bucherfolg. Die Tatsache, dass es sich um eine gegen die westlichen kommunistischen Parteien gerichtete, regelrechte Kriegsmaschine handelt, trägt noch dazu bei. Der PCF verbietet im Übrigen den Verkauf des Buches von Macciocchi auf dem Fest von *L'Humanité*. Zwischen den »Maos« und den »Révisos« (den »Revisionisten«, d.h. den Kommunisten) herrscht Krieg.

Damals machen Philippe Sollers und die Zeitschrift *Tel Quel*, deren Herausgeber er ist, eine Kehrtwendung und wechseln von der kommunistischen Ideologie zu maoistischen Ideogrammen über. *Tel Quel* wurde 1960 bei Le Seuil von Philippe Sollers gegründet, dessen erste Romane sowohl von Mauriac als auch von Aragon spontan gefördert wurden und bei Le Seuil selbst die kundige Unterstützung Jean Cayrols fanden. Umgeben von einigen jungen Schriftstellern, Jean Ricardou, Jean-Edern Hallier, Jean-René Huguenin, Jean Thibaudeau, Denis Roche, Jean-Pierre Faye, und von Julia Kristeva, die seine Frau werden sollte, veröffentlicht Sollers in seiner Zeitschrift und in seiner Buchreihe auch Roland Barthes, Michel Foucault, Jacques Derrida, Francis Ponge, Gérard Genette, Tzvetan Todorov, Umberto Eco. So gewinnt er den Ruf und die Legitimität eines Avantgarde-Schriftstellers, was ihn notwendigerweise zu einer Politisierung führt, die zwar manche Kehrtwendung impliziert, doch entschieden und argumentativ gestützt ist (»Jede literarische Aktivität ist in irgendeiner Weise politisch und diejenigen, die diesen Zusammenhang leugnen, vertreten lediglich eine wohl bekannte, klassisch reaktionäre Position«, *dixit* Sollers[324]). Die Maibewegung hat Sollers und seine Zeitschrift auf dem falschen Fuß erwischt: 1968 lassen sie ihrem Philokommunismus freien Lauf – sie gehen so weit, die Invasion der Tschechoslowakei durch die Truppen des Warschauer Pakts zu billigen. Doch dann schließen sie sich dem Zeitgeist an: 1971 wird *Tel Quel* zu einem der erlesensten Orte des maoistischen Denkens – und bleibt es bis 1976. Die »Telqueliens« sind wie einst die Surrealisten der Auffassung, man müsse die Revolution mit einer »avantgardistischen Schreibweise« versehen; sie träumen davon, den Marxismus und die Psychoanalyse, Althusser und Lacan, miteinander zu verbinden: für diesen neuen, noch zu schmiedenden »Marxismus« wird der Maoismus der imaginäre Bezugspunkt. Das Verbot des Buches von Macciocchi auf dem

---

324 Zit. nach B. Calinescu, »Les représentations de la Chine chez les intellectuels français: le cas de la revue *Tel Quel* (1971–1976)«, Diplomarbeit DEA, IEP Paris, 1995.

Fest von *L'Humanité* im September 1971 gibt *Tel Quel* die Gelegenheit zum definitiven Bruch mit dem PCF, wobei die Zeitschrift ihre neue »chinesische« Linie mit einer »Erklärung zur ideologischen Hegemonie der Bourgeoisie/des Revisionismus« bekräftigt, die die französischen Kapitalisten und Kommunisten gleichermaßen verurteilt:

> »Nieder mit der korrumpierten Bourgeoisie!/ Nieder mit dem verrotteten Revisionismus!/ Nieder mit ihrem Supermacht-Binarismus!/ Es lebe *De la Chine*!/ Es lebe das revolutionäre China!/ Es lebe das maoistische Denken!« In den folgenden Nummern lobt man China, seine Kultur, seine Literatur, sein Denken, seine Medizin, seine Frauen, seine revolutionäre Realität (ein Wunderwerk der Kulturrevolution): »Bei Mao«, schreibt Sollers, »erreichen der Materialismus und die Dialektik einen nie gekannten Grad an Genauigkeit, Wirksamkeit, Klarheit[325].«

Im Frühjahr 1974 reisen Sollers und die Seinen – Julia Kristeva, Marcelin Pleynet –, begleitet von Roland Barthes und François Wahl, auf Einladung der Chinesen ins »Reich der Mitte«, von wo sie die Bestätigung ihrer Überzeugungen mitbringen, die sie dann in den folgenden Nummern von *Tel Quel* lang und breit darlegen. Barthes und Wahl veröffentlichen damals in *Le Monde* distanzierte (so Barthes) oder eindeutig kritische (so Wahl) Artikel. Sollers reagiert mit einem Brief, den er an die Zeitung von Fauvet schickt: die einen haben nicht dasselbe gesehen wie die anderen. François Wahl wird beschuldigt, »Maos Schwierigkeiten bei der Aufrechterhaltung und Weiterentwicklung der Theorie des dialektischen Materialismus vollkommen zu verkennen«.

Doch der französische Maoismus befindet sich schon auf dem absteigenden Ast. Die Gauche prolétarienne hat sich Ende 1973 selbst aufgelöst, und die Attacken gegen China sowie die Enthüllungen über die Kulturrevolution beginnen den Mythos zu untergraben. Im selben Jahr 1974, in dem die Sondernummern von *Tel Quel* noch die Versprechungen des Regimes von Peking preisen, erscheint in der Reihe »10/18« *Ombres chinoises* (»Chinesische Schatten«), ein Buch des belgischen Sinologen Simon Leys. Der Autor, der in *Les Habits neufs du président Mao* (»Die neuen Kleider des Präsidenten Mao«) ein Jahr zuvor ein Werk der »Aufklärung« vollbracht hat, das unbeachtet geblieben war, zerpflückt die naiven Berichte der Wallfahrer des Maoismus, indem er die gigantischen »Schatten« des asiatischen Eden analysiert und sich über die Einfaltspinsel des revolutionären Tourismus lustig macht, in dem alles vorbildlich organisiert, geregelt, im Voraus berechnet ist, so dass die Reisenden von ihrem Besuch den besten Eindruck mitnehmen:

---

325 *Art-Press*, Nr. 2, 1974.

»Die maoistischen Behörden haben ein seltsames Wunder vollbracht; sie haben es geschafft, China, dieses immense und vielfältige Universum – ein ganzes Leben würde nicht reichen, es zu erkunden, und sei es oberflächlich –, für die Fremden auf die dürftigen Dimensionen einer sich immer gleich bleibenden kleinen Rundreise zu reduzieren.«

So lernen die Besucher »die wirkliche Realität Chinas nicht kennen«: das ländliche China, in dem sich das Schicksal des ganzen Landes entscheiden wird. Simon Leys zeichnet China als eine stalinistische Diktatur, die ihren Namen nicht nennt: ein »unüberwindlicher Gegensatz zwischen Arbeitern und Behörden, wobei jene der Ausbeutung durch diese ausgeliefert sind[326]«.

Dieses ernüchternde Werk findet seine Fortsetzung in den Artikeln und Büchern einer Reihe französischer Sinologen, die *Esprit* veröffentlicht, insbesondere in einem Dossier über »China ohne Lyrismus« im Juni 1974. Ein Buch der Reihe »Politique« bei Le Seuil aus dem Jahr 1976, *Regards froids sur la Chine* (»Nüchterne Blicke auf China«) von Claude Aubert, Lucien Bianco, Claude Cadart und Jean-Luc Domenach, setzt den Illusionen ein Ende, die man über das Land des Großen Steuermannes von *Le Monde* bis *Tel Quel* hegte. In eben diesem Jahr 1976 fällt der Tod Maos mit dem Ende des Maoismus im Westen zusammen.

Das Terrain, auf dem die »Kämpfe« stattfinden, ist seit langem ein anderes, wie der Aufstieg Michel Foucaults in der intellektuellen Landschaft Anfang der siebziger Jahre bezeugt. In den Jahren davor verspotteten *Les Temps modernes* seinen »inkonsistenten Positivismus«. Zwischen Sartre und Foucault herrschte Streit. *Les Mots et les Choses* von 1966 hatte Foucault als Strukturalist ausgewiesen und implizit die Summe des Meisters, seine *Critique de la raison dialectique*, brillant in Zweifel gezogen. Sartre hatte persönlich reagiert: »Foucault«, sagte er, »bringt den Leuten das, was sie am meisten brauchen: eine eklektische Synthese, in der Robbe-Grillet, der Strukturalismus, die Linguistik, Lacan, *Tel Quel* abwechselnd benutzt werden, um die Unmöglichkeit einer historischen Reflexion zu beweisen.« Das Bild wandelt sich, als Foucault, zurück von einem längeren Aufenthalt in Tunesien, den Kopf kahl geschoren, sich der Universität Vincennes als Lehrender zur Verfügung stellt, bevor er *L'Archéologie du savoir* (*Archäologie des Wissens*) veröffentlicht – ein Buch, das aus ihm einen unbestreitbaren Vordenker der neuen Generation macht. Im Dezember 1970 wird er zusammen mit Raymond Aron und Georges Duby ins Collège de France gewählt; seine Antrittsvorlesung hält er über *L'Ordre du discours* (*Die Ordnung des Diskurses*); er tritt dafür ein, »den *Zufall*, das *Diskontinuierliche* und die *Materialität* in die Wurzel des Denkens einzulassen«. Zwei

---

326 S. Leys, *Ombres chinoises*, »10/18«, 1974, S. 278.

Monate später kündigt er die Gründung der Groupe d'information sur les prisons (GIP, »Informationsgruppe für die Gefängnisse«) an, deren Vorsitz er zusammen mit Jean-Marie Domenach und Pierre Vidal-Naquet übernimmt:

> »Keiner von uns ist sicher, dem Gefängnis zu entgehen, heute weniger denn je. Über unserem täglichen Leben zieht sich das Kontrollnetz der Polizei immer enger zusammen: auf den Straßen in der Stadt und auf dem Land; um die fremden und die jungen Menschen; das Meinungsdelikt ist wieder aufgetaucht; die Maßnahmen gegen die Drogen vermehren die Willkür. Wir leben unter dem Zeichen des ›Polizeigewahrsams‹. Man sagt uns, die Justiz sei überlastet. Wir sehen es sehr wohl. Doch wie, wenn es die Polizei wäre, die sie überlastet hätte? Man sagt uns, die Gefängnisse seien überfüllt. Doch wie, wenn es die Bevölkerung wäre, die übermäßig im Gefängnis säße?«

Philosophisch von Merleau-Ponty und Althusser herkommend, schloss sich Foucault 1950 – für kurze Zeit – dem Kommunismus an; dann widmete er sich der Lektüre der deutschen Psychiatrie und der Geschichte der Anthropologie. Sein erstes Werk, *Histoire de la folie* (*Wahnsinn und Gesellschaft*), aus seiner Doktorarbeit entstanden, sowie *Les Mots et les choses* bringen ihm den Ruf eines Strukturalisten ein; Sartre und seine Zeitschrift machen aus ihm einen Diener der bürgerlichen Ideologie (»der letzte Damm, den das Bürgertum noch gegen Marx errichten kann[327]«). Das hieß, sich über sein Vorgehen und seine Absichten zu täuschen. Foucault analysiert die Gesellschaft als ein riesiges Unternehmen der Verobjektivierung des Individuums durch ein System normativen Wissens, unter dessen Einfluss jeder zu einem »Abweichler«, einem »Verrückten«, einem »Kranken« oder einem »Delinquenten« werde. Den institutionellen Dispositiven des Wissens gelte es in einer politischen und kollektiven Perspektive Widerstand zu leisten. Darum bemüht sich Foucault in den siebziger Jahren. Der GIP, der eine Reihe von Intellektuellen wie Gilles Deleuze anzieht, wird zu einem neuen Vorbild politischer Intervention: der spezifisch arbeitenden Gruppe, der gründlichen Arbeit über ein besonderes Problem, im Fall des GIP über die konkrete Situation in den französischen Gefängnissen. Foucault und seine Mitstreiter appellieren an die, die er »spezifische Intellektuelle« nennt – Richter, Staatsanwälte, Ärzte, Rechtsanwälte, Gefängnispersonal –, und an die Häftlinge, die ihre Lage bezeugen sollen; sie veröffentlichen Broschüren, die bei Champ libre erscheinen; sie schüren eine Unruhe, die bis zum Justizminister René Pleven vordringt, der beschließt, in den Gefängnissen Tageszeitungen und Rundfunk zuzulassen.

---

327 »Jean-Paul Sartre répond«, *L'Arc*, Nr. 30, 1966, S, 87–88.

Doch Michel Foucault war kein bloßer Reformist. In seiner Vorstellung war es nicht Zweck und Ziel des GIP, das Los der Gefängnisinsassen zu verbessern, sondern eine subversive Strömung zu unterhalten, »eine Erschütterung zugleich des Bewusstseins und der Institution«. Foucault, der den Gedanken an jedes »ideal funktionierende« Gesellschaftssystem zurückweist, erscheint zu wiederholten Malen – »jenseits von Gut und Böse« – als Prophet der Gewalt, der seine am stärksten gauchistischen Verbündeten überholt. In einem im November 1971 mit Noam Chomsky in Eindhoven geführten Rundfunkgespräch versichert er: »Wenn das Proletariat die Macht übernimmt, wird es vielleicht über die Klassen, die es gerade besiegt hat, eine gewaltsame, diktatoriale und sogar blutige Macht ausüben. Ich sehe nicht, was man dagegen vorbringen kann[328].« Im Februar 1972 geht er in einem Gespräch mit dem Wortführer der Gauche prolétarienne, Pierre Victor, das von *Les Temps modernes* veröffentlicht wird, noch weiter. Als dieser das Prinzip der Volksgerichte verteidigt, sieht er sich auf seiner Linken von Foucault überholt, der jede Art von Gericht zugunsten von dem zurückweist, was er »die Volksjustiz« nennt: Gerichte hätten die Funktion, diese spontane Justiz dadurch zu unterdrücken, »dass sie sie im Innern typischer Institutionen des Staatsapparates verankern.« Foucault wählt als Vorbild der Volksrache/-justiz die Septembermassaker von 1792 in den Pariser Gefängnissen: »Die Septemberexekutionen waren zugleich ein Kriegsakt gegen die inneren Feinde, ein politischer Akt gegen die Manöver der Leute an der Macht und ein Racheakt gegen die unterdrückenden Klassen[329].« Es sei nebenbei daran erinnert, dass das betreffende »Volk«, das als »Justiz« auftrat, lediglich aus einigen hundert Mördern bestand, die sich selbst zum Volk ernannt hatten, und dass zu den wehrlosen Opfern – wehrlos sind im Allgemeinen alle Häftlinge – nicht nur die Princesse de Lamballe gehörte, deren Körper zerstückelt und deren Kopf auf einer Lanze aufgespießt wurde, sondern auch die jugendlichen Delinquenten von Bicêtre, das als Irrenanstalt, aber auch als Besserungsanstalt diente. Eine der finstersten Seiten der Revolution wurde für Michel Foucault zu einer perfekten Veranschaulichung der »Volksjustiz« – »einer strategisch nützlichen und politisch notwendigen Antwort auf die Unterdrückung«.

Den Höhepunkt dieses engagierten Denkens bildet das Werk, das Foucault 1975 veröffentlicht, *Surveiller et punir* (*Überwachen und Strafen*) – ein herausragendes Buch, das souverän mit der Beschreibung der Marter des Königsmörders Damiens[330] beginnt und zu zeigen versucht, dass die zeitgenössi-

---

328 M. Foucault, *Dits et Écrits, 2, 1970–1975*, hrsg. v. Daniel Defert u. François Ewald, Gallimard, 1994, S. 503.
329 *Ibid.*, S. 340.
330 *Anm. d. Ü*: Robert François Damiens (1715–1757) verletzte Louis XV mit einem Messerstich; er wurde durch Vierteilung hingerichtet.

sche Gesellschaft das ins Werk setzt, was Nietzsche »die gesellschaftliche Zwangsjacke« nennt: das Zusammenspiel der Institutionen in der Domestizierung des Individuums, das die Verbote, die notwendigen Kompromisse, die Selbstverstümmelung der Instinkte verinnerlicht – mit dem Ziel einer homogenen, gegen das Leben gerichteten Gesellschaft. Den Prozess der freiwilligen und unfreiwilligen Knechtschaft der Gesellschaft, der Ende des 18. und Anfang des 19. Jahrhunderts einsetzte, fasst Foucault mit dem Wort *panoptisme* zusammen, das er dem *Panopticon* von Jeremy Bentham[331] entlehnt, diesem »Mustergefängnis«, das so angelegt ist, dass jeder Insasse Gegenstand einer ständig möglichen Überwachung und zugleich einer psychologischen Umerziehung durch Kontrolle und Reglementierung ist. In den Augen Foucaults ist das Panopticum eine symbolische Repräsentation der bürgerlichen Gesellschaft, die darauf abhebt, mit allen »Zwangstechniken des Verhaltens« gefügige Körper zu dressieren. Denn »der Archipel Gefängnis« hat »die Technik der Strafjustiz auf den gesamten Gesellschaftskörper« übertragen. Das Gefängnis ist alles in allem nichts anderes als eines der Dispositive dieser Gesellschaft in ihrem Unternehmen der Normalisierung und generalisierten »Einkerkerung«. In einem 1973 veröffentlichten Gespräch äußert sich Foucault im Hinblick auf die »morphologische Identität« der Machtsysteme noch deutlicher: »Es ist interessant«, sagte er, »dass die Kranken der psychiatrischen Anstalten, die Schüler in ihren Lycées, die Gefangenen in ihren Haftanstalten gegenwärtig etwa in ein- und demselben Anlauf revoltieren. Sie führen in gewissem Sinn dieselbe Revolte durch, da sie sich gegen denselben Typ Macht auflehnen[332].«

Das war kein politisches Programm. Der GIP selbst stellte seine Tätigkeit 1972 ein. Nichtsdestoweniger war eine neue Form militanter Aktion entstanden: der GIS (Groupe d'information santé, »Informationsgruppe Gesundheit«), der GISTI (Groupe d'information et de soutien des travailleurs immigrés, »Informations- und Unterstützungsgruppe der Arbeitsimmigranten«), dann nach dem Tod Michel Foucaults, der ein Opfer von Aids wurde, AIDES, gegründet von seinem Freund Daniel Defert. Foucault hatte zugleich Sartre, dessen Kraft nachließ, als intellektuellen Bezugspunkt nach und nach abgelöst. Er ließ es sich nicht nehmen, zu definieren, was in seinen Augen »die politische Funktion des Intellektuellen«[333] war. Er wies die klassische Figur des »universellen« Intellektuellen zurück, die Sartre unermüdlich verkörpert hatte:

---

331 *Anm. d. Ü:* Jeremy Bentham (1748–1832) entwirft 1791 ein völlig neues Gefängnismodell, »The Penitentiary Panopticon or Inspection house«: im Zentrum eines kreisförmigen Gebäudes, an dessen Peripherie sich die Zellen befinden, steht ein Turm, von dem aus sich alle Insassen beobachten lassen. Die Gefangenen können zwar den Turm sehen, aber nicht in diesen hineinblicken. So können sie zu keinem Zeitpunkt mit Sicherheit wissen, ob sie wirklich überwacht werden. Auf diese Weise wird die tatsächliche Überwachung durch die Möglichkeit des Überwachtwerdens ersetzt.

332 *Ibid.*, S. 440.

> »Die Intellektuellen haben es sich jetzt zur Gewohnheit gemacht, nicht im ›Universellen‹, im ›Exemplarischen‹, im ›Für-alle-Richtigen-und-Wahren‹ zu arbeiten, sondern in ganz bestimmten Bereichen, an ganz präzisen Punkten, an denen sie aufgrund ihrer beruflichen Arbeitsbedingungen oder ihrer Lebensbedingungen (Wohnung, Krankenhaus, psychiatrische Anstalt, Laboratorium, Universität, Familien- und Geschlechterbeziehungen) stehen. Sie haben so mit Sicherheit von den Kämpfen ein viel konkreteres und unmittelbareres Bewusstsein gewonnen.«

In diesem Kampf bleibe der Intellektuelle den Massen, dem Proletariat, der Landbevölkerung nahe, denn er habe denselben Gegner: »die multinationalen Konzerne, den Justiz- und Polizeiapparat, die Bodenspekulation usw.« Dieser neue Typ des Engagements (vielleicht nicht einmal derartig neu!) veranlasst Foucault, das Konzept des *spezifischen Intellektuellen* zu entwickeln.

In diesem Bereich der spezifischen Aktion gehört die Frauenbewegung zu den großen Bewegungen der siebziger Jahre. *L'Idiot international*, eine im Dezember 1969 gegründete und von Jean-Edern Hallier herausgegebene Zeitschrift, widmet ihre Mai-Nummer des Jahres 1970 dem »Kampf für die Befreiung der Frau«. Einige Monate später, im August, organisiert der MLF (Mouvement de libération des femmes, »Bewegung für die Befreiung der Frauen«), der sich gerade gebildet hat, eine Demonstration am Grab des unbekannten Soldaten mit einem bemerkenswerten Spruchband: »Es gibt etwas Unbekannteres als den unbekannten Soldaten: seine Frau.« Das Thema liegt in der Luft; das Wochenmagazin *Elle* organisiert im November 1970 die »Generalstände der Frau« in Versailles, die von Aktivistinnen des MLF ausgebuht werden. Die Frauenbewegung kämpft insbesondere für die Legalisierung der Abtreibung. Am 5. April 1971 unterzeichneten 343 Frauen, unter ihnen die bekanntesten Frauen der Welt der Künste, der Literatur, des Theaters und des Films, ein Manifest, das in *Le Nouvel Observateur* veröffentlicht wird und in dem sie erklären:

> »Eine Million Frauen treiben in Frankreich jedes Jahr ab. Aufgrund der Illegalität, zu der sie verurteilt sind, tun sie es unter gefährlichen Bedingungen, während diese Operation höchst einfach ist, wenn sie unter medizinischer Kontrolle vorgenommen wird. Ich erkläre hiermit, dass ich eine von diesen Frauen bin. Ich erkläre, dass ich abgetrieben habe. Wie wir den freien Zugang zu Verhütungsmitteln fordern, so fordern wir auch die freie Abtreibung.«

---

333 *Politique-Hebdo*, 29. Nov. – 5. Dez. 1976, abgedr. in M. Foucault, *Dits et Écrits, op. cit., 3*, S. 109–114.

Unter den 343 »Schlampen« sind Colette Audry, Simone de Beauvoir, Catherine Deneuve, Marguerite Duras, Dominique Desanti, Gisèle Halimi, Ariane Mnouchkine, Jeanne Moreau, Marina Vlady, Agnès Varda. Die Kampagne geht weiter. Jean-Marie Domenach, der katholische Herausgeber von *Esprit*, spricht sich für ein »liberales Gesetz« und gegen die »allgemeine Heuchelei« aus, wobei er es ablehnt, aus der Abtreibung »eine Frage des persönlichen Geschmacks zu machen, die sich jedem ethischen Nachdenken entzieht«. Die Debatte – so viel ist sicher – ist eröffnet, den Feministinnen schließen sich Ärzte, Richter und Staatsanwälte an. *L'Idiot international* legt sich eine feministische Beilage zu: *Le torchon brûle (menstruel)*[334]. Die Rechtsanwältin Gisèle Halimi gründet einen Verein, Choisir (»Wählen«). Die Verbreitung der Losungen wird durch einen Prozess beschleunigt, der im November 1972 in Bobigny stattfindet: vor Gericht stehen eine »Abtreiberin« und eine, die abgetrieben hat (siebzehn Jahre alt, von einem ihrer Mitschüler vergewaltigt) sowie ihre Komplizen (darunter die Mutter). Der Prozess findet unter Ausschluss der Öffentlichkeit vor einem Jugendgericht statt, da die Angeklagte minderjährig ist. Gisèle Halimi, die die Verteidigung übernimmt, bekommt Rückendeckung von Jacques Monod, Biologie-Nobelpreisträger, und von Jean Rostand, deren Aussagen zweifellos das Urteil beeinflussen: das junge Mädchen wird freigesprochen, während die Abtreiberin, die theoretisch die Todesstrafe zu gewärtigen hatte, zu einem Jahr Gefängnis mit Bewährung verurteilt wird. Das ist die schwerste Strafe, die in diesem Prozess verhängt wird.

In dieser Sache ist der obsolete und ungerechte Charakter der Gesetze offenkundig. »Choisir« lanciert erneut die Forderung nach einer Gesetzesreform; 1973 wird der MLAC (Mouvement pour la libération de l'avortement et de la contraception, »Bewegung für die Liberalisierung der Abtreibung und der Empfängnisverhütung«) gegründet, der Ärzte dazu aufruft, Abtreibungen vorzunehmen. Die Mobilisierung der Frauen zu diesem Problem, die Unterstützung der Medien und schließlich die Wahl von Valéry Giscard d'Estaing führen zur Reform. Nicht ohne Schwierigkeiten: die Gesundheitsministerin, Simone Veil, hat im Laufe einer scharfen parlamentarischen Debatte die niederträchtigsten Argumente zu schlucken; da es ein großer Teil der Regierungsmehrheit ablehnt, der Ministerin zu folgen, kommt das Gesetz zur Schwangerschaftsunterbrechung, das die Abtreibung bis zu zehn Wochen nach der Empfängnis gestattet, nur dank der Unterstützung der Linksopposition durch. Das Gesetz ist zunächst nur für fünf Jahre – auf Probe – in Kraft; es muss 1979 bestätigt werden. In der Auseinandersetzung spielte Gisèle Halimi eine entscheidende Rolle. Diese Rechtsanwältin hatte schon während des

---

334 *Anm. d. Ü:* Le torchon brûle (menstruel): etwa »Der Haussegen hängt schief (menstruell)« – wörtlich: »Der Lappen brennt«. In »menstruell« klingt auch mensuel, monatlich, Monatszeitung, an.

Algerienkrieges die militanten Anhänger des FLN verteidigt und den Vorsitz der Untersuchungskommission des Russell-Tribunals zu den amerikanischen Kriegsverbrechen in Vietnam innegehabt; diesmal führt ihre Tätigkeit zu einer der durchgreifendsten Reformen der französischen Gesetzgebung zur Lage der Frau. Der Gesetzentwurf hat die öffentliche Meinung gespalten und der Ministerin den unversöhnlichen Hass der traditionalistischen Rechten eingebracht, die immer wieder vom Antisemitismus eingeholt wird; doch in kurzer Zeit setzt sich die »loi Veil« als ein unantastbares Gesetz durch. Von allen Aktionen und Agitationen der »gauchistischen« Jahre waren wenige so wirksam wie diese.

Es ist schwierig, für das außerordentliche Brodeln der Jahre 1968–1974, das nicht auf eine einzige Ausdrucksform zu reduzieren ist, ein gemeinsames Prinzip zu finden. Vielleicht könnte man sagen, dass man damals das Ende des revolutionären Mythos erlebte, wie ihn die marxistische Tradition dem Denken und Fühlen ihrer militanten Anhänger eingeschrieben hatte. Die Revolution hat nicht stattgefunden: die Aktionen der »Maoisten« im Untergrund waren originell durch ihre Methoden; als politische Bewegung blieben sie marginal. Die Selbstauflösung der Gauche prolétarienne Ende 1973 ist ein Indiz für das Ende des politischen Gauchismus, verstanden als Auslöser der Arbeiterrevolution. Schon 1969 drückte Sartre in seinem Interview mit *Il Manifesto* seine Skepsis aus, zumindest in kurzfristiger Perspektive: die Gesellschaft des »fortgeschrittenen Kapitalismus« besitze die Mittel, die »Integration« der Arbeiter zu realisieren. Um sie wachzurütteln, sei es zwecklos, an ihre materiellen Bedürfnisse zu appellieren, die das Regime ja befriedigen könne; man müsse in ihnen das »Bewusstsein der *Entfremdung*« wecken. Der Herausgeber von *Les Temps modernes* war sich mit seinen italienischen Gesprächspartnern darin einig, dass das lange dauern konnte. Man hat manchmal behauptet, den französischen Gauchisten sei im Gegensatz zu ihren italienischen und deutschen Gesinnungsgenossen dank Sartre, Clavel und einigen anderen Intellektuellen, die ihnen Gehör schenkten, eine fatale Entwicklung erspart geblieben. Der Beweis für diese Hypothese steht noch aus[335].

In einer anderen, diffuseren, aufgesplitterten Perspektive wird man dem Gauchismus zugute halten, dass er alles, was die Maibewegung an Möglichkeiten – im Guten wie im Schlechten – in sich barg, vertieft hat. Diskussionen über das Schulwesen füllten die Seiten der Zeitschriften und der Magazine. *Les*

---

335 Warum ist der französische Gauchismus nicht wie die Roten Brigaden in Italien dem Terrorismus verfallen? Diese Frage wird in dem Werk von F. Furet, A. Liniers und Ph. Reynaud, *Terrorisme et Démocratie*, Fayard, 1985, behandelt. Liniers – Pseudonym eines ehemaligen Wortführers der Gauche prolétarienne – betont die Rolle des Streiks der Lip-Arbeiter in Besançon (»die *ohne uns* gedacht und gehandelt hatten«) und den entscheidenden Einfluss von Maurice Clavel auf die »Maos« (S. 193).

Temps modernes und stärker noch *Esprit* verbreiteten die Thesen von Ivan Illich, einem polyglotten ehemaligen Priester österreichischer Herkunft, der im »Zentrum von Cuernavaca« in Mexiko die Utopie einer »Gesellschaft ohne Schule« – so der Titel eines Werks, das er 1970 bei Le Seuil herausbrachte – entwickelte. Er versuchte zu beweisen, dass man gegen die Institution Schule eine andere Erziehungsform erfinden müsse, in der jeder jeden das ganze Leben hindurch unterrichtete. Diese Diskussionen über die Schule – insbesondere über das Buch von A.S. Neill, *Libres Enfants de Summerhill* (*Theorie und Praxis der antiautoritären Erziehung: das Beispiel Summerhill*), das bei Maspero in Übersetzung mit einem Vorwort von Maud Mannoni herauskam – verwandelten nach und nach das Schulmilieu, in dem die autoritären Praktiken zugunsten einer Pädagogik kritisiert wurden, die mehr auf Anregung als auf Lenkung setzte. Viele beklagten das Ergebnis, bedauerten das sinkende »Niveau«, verkündeten den Tod der Schule oder organisierten über den Umweg der Elternvertretungen die Reaktion, die in ihren Augen geboten war. Jedenfalls wurden die Schule, das Lycée – erneut – zu entscheidenden Themen der Politik.

In direktem oder indirektem Zusammenhang mit den Schriften von Foucault, von Deleuze und Guattari, deren *L'Anti-Œdipe* (1972, *Anti-Ödipus*) Furore gemacht hatte, mit dem Feminismus, mit der neuen Tageszeitung *Libération* und vielen anderen Presseorganen, unter denen *Actuel* zu nennen ist, das sich am längsten hielt, verdient die Tatsache besondere Beachtung, dass sich in diesen Jahren ein Wandel in den Mentalitäten, Haltungen und Verhaltensformen der Franzosen vollzog. Die Aufhebung der verschiedenen Formen von Zensur, die »Liberalisierung der Sitten«, wie man damals sagte, ging in die Gesetze ein (Veil-Gesetz, Scheidungsreform, Autorisierung pornographischer Filme usw.). Wenn auch stärker im Verborgenen, so wirkte sich der Wandel doch auch in den Familien, den Verwaltungen, den Unternehmen, den Gemeinschaften aller Art aus. Jahrhundertealte Tabus brachen zusammen; Vorurteile lösten sich auf, neue Solidaritäten bildeten sich heraus.

Die Leitidee des Engagements, die sich im Gefolge der Résistance durchgesetzt hatte und die von den optimistischen Geschichtsphilosophien beeinflusst war, galt plötzlich als veraltet. Der Klassenkampf, der das Industrieproletariat zum Akteur der kommenden Revolution machte, hatte das Gesicht gewechselt. Sartre war seine letzte intellektuelle Verkörperung gewesen; er träumte in diesen Jahren noch von einer Arbeiterrevolution, die von dem Funken der »fusionierenden Gruppen«, vor allem der Studenten, entzündet würde. Die alte Problematik, die mit seinem eigenen Eintritt in die Politik zusammenfiel, war passé. Der Kampf wurde pluralistisch; man bekämpfte – Bereich für Bereich – die repressiven Strukturen, die Schule, Gefängnis, psychiatrische Anstalt, Ehe, Sexismus hießen ... Foucault löste Sartre in der vielgestaltigen Protestbewegung ab.

Das Bild des Herausgebers der *Temps modernes* verdüsterte sich allmählich. Schon 1970 hatte er sich mit seiner Ansprache an die Arbeiter von Renault, die er zur Zeit des Prozesses gegen Alain Geismar am Eingang der Billancourt-Werke von einem Fass herab hielt, etwas lächerlich gemacht. Vom Herbst 1973 an verlor Sartre, der seit seiner Kindheit nur auf einem Auge sah, zunehmend das Augenlicht. Seine Laufbahn als Schriftsteller war beendet. Im Dezember 1974 entschloss er sich, Andreas Baader, den Führer der »Roten Armee Fraktion«, der in Stammheim bei Stuttgart im Gefängnis saß, auf Bitten des Rechtsanwalts Klaus Croissant zu besuchen. Nach einem Interview mit dem Gefangenen gab Sartre eine Pressekonferenz, um gegen die Haftbedingungen von Baader zu protestieren. Doch die deutschen Linkesradikalen nahmen es ihm übel, dass er ihre terroristischen Methoden kritisiert hatte. Die »Ära Sartre« war zu Ende gegangen.

61
Die Rechten bäumen sich auf

Die Mai- und Junitage des Jahres 1968 haben bei manchen ebenso viel Verwirrung wie Entrüstung gestiftet; *La Revolution introuvable* von Raymond Aron ist dafür ein gutes Beispiel. Bei anderen überwiegt die Wut: so bei dem ehemaligen »Sekretär«, wie man Jean Cau früher im Umkreis von Sartre nannte; der ehemalige Mitarbeiter von *L'Express,* Goncourt-Preisträger von 1961 für *La Pitié de Dieu* (»Das Mitleid Gottes«), hat sich von der Linken, seiner angestammten »Familie«, getrennt und ist zu *Paris-Match* gewechselt; er fabriziert Pamphlete, die ein Ventil sind, denn ihm läuft die Galle über. So hat er 1967 *Lettre ouverte aux têtes de chiens occidentaux* (»Offener Brief an die westlichen Hundeköpfe«) veröffentlicht; er lässt darin an den herrschenden Vorstellungen über Gleichheit und Differenz kein gutes Haar. Unter dem Eindruck von 1968 – »die unmittelbare Schönheit der jungen Leute, die rote und schwarze Fahnen trugen, und der CRS[336], die die Brücken unter dem Maihimmel versperrten«[337], lassen ihn nicht unberührt – beschreibt er die »Agonie der Greisin« (*L'Agonie de la vieille*), das heißt das Ende der »verglimmenden« Demokratie, bis er dann 1971 in *Le Temps des esclaves* (»Die Zeit der Sklaven«) sein Glaubensbekenntnis ganz offen verkündet: »Ich habe wohl Jahre des Nachdenkens und der Klarsicht gebraucht, ehe ich es wagte, den sakrosankten *Egalitarismus,* der bis vor wenigen Jahren für mich wie Milch und Honig war, zu befragen und in Frage zu stellen.« Das Werk findet zwar nicht den vom Verfasser gewünschten Erfolg, doch er verliert den Mut nicht und wird rückfällig, indem er seinen Text wieder aufnimmt, ihn ergänzt und dann 1973 unter dem Titel *Les Écuries de l'Occident* (»Die Ställe des Okzidents«) veröffentlicht – eine neue Strophe, die dem Grabgesang der Dekadenz hinzugefügt wird: »Indem ich gegen die Strömung schwimme und gegen die Ideen angehe, die der herrschende intellektuelle Utopismus uns suggeriert oder eintrichtert, behaupte ich ungerührt, dass sich die Dekadenz sehr gut mit dem wissenschaftlichen Fortschritt verträgt und dass unsere Gesellschaften nicht schon deswegen gesund sind und es mit ihnen nicht schon deswegen aufwärts

---

336 Anm. d. Ü: CRS: Compagnie républicaine de sécurité (»Republikanische Sicherheitskompanie«), Bereitschaftspolizei, auch Bereitschaftspolizist.
337 Zit. nach M. Devriese, *Jean Cau: itinéraire politique et intellectuel*, Diplomarbeit DEA, IEP Paris, 1987, S. 342.

geht, weil sie Herztransplantationen durchführen, zum Mond fliegen, die Schallmauer durchbrechen und Nobelpreise wie Zwiebeln nebeneinander aufreihen: Euklid, Archimedes, Theophrast, Hipparch, Herophil und hundert andere erklommen das Firmament der Wissenschaft, während Athen und die Macht Griechenlands untergingen.« Die großspurigen Sprüche Jean Caus gegen die »modernen Ideen« und gegen die Intellektuellen bringen ihm zwar Bewunderung ein, doch keinen Nachruhm. Es ist eben nicht jeder Möchtegern ein Louis-Ferdinand Céline oder ein Joseph de Maistre. Im Übrigen sind auch gemäßigtere Reaktionen auf »68« bekannt, die Ausgangspunkt für eine Erneuerung wurden: die des liberalen Denkens.

Im November 1968 erscheint ein fast Unbekannter in dem Seminar, das Raymond Aron in einem ziemlich ramponierten Gebäude der Rue Tournon, einem Annex der École pratique des hautes études, freitags um 17 Uhr abhält[338]. Er heißt Georges Liébert und hat gerade mit fünfundzwanzig Jahren sein Studium am Institut d'études politiques de Paris (Sciences po) abgeschlossen, wo er der letzte Vorsitzende des Studentenvereins war, in dem die linken Studenten 1964 die Mehrheit verloren hatten; Liébert gehört umso weniger zu ihnen, als er sich mehr mit Literatur und Musik als mit Politik beschäftigt. Er hat vor, in der Fondation nationale des sciences politiques[339] als Forscher zu arbeiten, doch nach den Maiereignissen scheint es ihm wegen seiner »zu rechten« Ideen geraten, den Plan aufzugeben. Im September des heißen Jahres zu den Fahnen gerufen, hat er die Möglichkeit, sich zum militärischen Informationsdienst zu melden; das erlaubt ihm, nach der Grundausbildung in Montlhéry in Paris zu bleiben. Auf Empfehlung eines seiner ehemaligen Professoren der Wirtschaftswissenschaften, Jean-Claude Casanovas, schreibt er sich im Seminar von Aron ein – er wird es fünf Jahre lang besuchen.

Liébert, den wir hier als einen Repräsentanten der jungen liberalen Rechten anführen, die sich gegen das »Durcheinander« von 68 aufbäumt, hat die Tage, Abende und Nächte des Mai und Juni genau so erlebt wie Gustave Flaubert die Revolution von 1848: als Beobachter, der die Leute und Ereignisse neugierig verfolgt und ein halb amüsiertes, halb entrüstetes Urteil über die verschiedenen Hochburgen der Revolte des Aufruhrs, von der Sorbonne bis zum Odéon, fällt. In dem Streit Sartre gegen Aron stellt er sich ohne Gemütsaufwallung auf die Seite dessen, der vor einiger Zeit »das Opium der Intellektuellen« kritisierte. Die Lehrkräfte von Sciences po aus dieser Zeit schätzen das Denken Arons nur in Maßen. Die Experten für »Ideen« betrachten den *Totalitarismus* als ein Konzept des Kalten Krieges, das keine wissenschaft-

---

338 A. Besançon, »Raymond Aron à l'oral«, *Commentaire*, Vol. 8, Nr. 28–29, Sondernummer *Raymond Aron*, S. 72–78.
339 *Anm. d. Ü:* Fondation nationale des sciences politiques: mit dem Institut d'études politiques de Paris (IEP, Sciences po, s.o.), das der Lehre und Ausbildung dient, verbundene Forschungsstätte.

liche Gültigkeit beanspruchen kann. In diesem Gewächshaus, einer Art Akademie oder Gymnasium der zukünftigen Führungsschichten, steht das liberale Denken nicht gerade hoch im Kurs. Liébert hatte eine Veranstaltung in »Human- und Wirtschaftsgeographie« besuchen müssen, für die Pierre George, Mitglied der Kommunistischen Partei, zuständig war; die Veranstaltung über den Marxismus wurde von seinem Parteigenossen Jean Bruhat durchgeführt. Der »Rue Saint-Guillaume« blieb das Maifieber nicht erspart, ebenso wenig wie die hitzigen Vollversammlungen, die Graffitis, die nächtlichen Besetzungen – die Gründer des ehrenwerten Hauses, Émile Boutmy und die anderen, konnten sich darüber nur im Grab umdrehen, umso mehr als ihre Nachnamen, nach denen die Hörsäle benannt waren, alle durch die ruhmvollen Namen des roten Kalenders ersetzt wurden, in dem Léon Trotzki und Che Guevara auf Rosa Luxemburg und Louise Michel antworten. Im Laufe eines dieser tumultuösen Abende, der seinen Abschluss im Pied de Cochon, einem Restaurant der Halles, findet, gibt Casanova dem jungen Georges den Rat, das Seminar von Aron – der zwar Gegenstand aller möglichen Witzeleien, doch als Einziger fähig gewesen sei, dem gauchistischen Feind ohne Scheu entgegenzutreten – zu besuchen, um seine politische Bildung zu vollenden.

Dort in der Rue de Tournon, später Boulevard Raspail, »bildete sich«, sagt Alain Besançon, »der harte Kern, das Agregat, die Clique, wenn man so will, der ›Aronianer‹: Jean Baechler, Jean-Claude Casanova, Annie Kriegel, Eugène Fleischmann, Ion Elster, Martin Malia, Pierre Manent, Raymonde Moulin, Kostas Papaïoannou, François Bourricaud, Raymond Boudon, Georges Liébert, Jerôme Dumoulin ...« Klein, blass, kahl, nicht schön, doch nicht ohne Charme, mit ironischem Blick, spricht Aron mit wohlklingender, gesetzter, harmonischer Stimme, die aus diesem hochintelligenten und verhalten leidenschaftlichen Pädagogen einen faszinierenden und inspirierenden Menschen macht. In diesem Seminar spricht man über alles, jeder über seine Arbeiten und alle über die aktuellen Ereignisse. Ein Exposé, ein Kommentar des Professors, eine allgemeine Diskussion? Niemand will auch nur bei einer einzigen dieser Sitzungen fehlen, bei denen es weniger darum geht, die Doktrin eines Meisters zu vernehmen, der von der Höhe seines Lehrstuhls herab die Wahrheit verkündet, als darum, denken zu lernen. Das Ganze in höflichen Umgangsformen, zu einer Zeit, in der es zum guten Ton gehört, die Lehrenden zu duzen, und die Professoren sich umgekehrt dazu verpflichtet fühlen, die Studenten wie Kumpel zu behandeln. Vom ersten Augenblick an schätzt Georges Liébert diese Atmosphäre und diese Form des intellektuellen Austauschs, den man an irgendeinem Tisch in einem Café freundschaftlich fortsetzen kann.

Liébert hat das Gefühl, dass man »etwas« unternehmen muss. Unter den Nachwirkungen von Mai 68 stellt er die Zunahme eines erdrückenden Konformismus fest. Die Rechte hat die Wahlen spielend gewonnen, doch die ideologische Linke beherrscht mehr denn je die Welt der Vorstellungen. Er spielt mit dem Gedanken, eine Zeitschrift zu gründen. In den letzten Jahren hat er schon ein Bulletin, *Sciences po Info*, geleitet, das so recht und schlecht auf der Druckerpresse des unsäglichen Monsieur Smadja, des Herausgebers von *Combat*, gedruckt wurde in der angenehmen Atmosphäre des Tintengeruchs und der Diskussionen um die Druckplatte herum. Er spricht mit seinen ehemaligen Professoren, die jetzt seine Freunde sind – Raoul Girardet und Jean-Claude Casanova –, über seinen Plan. Einige treue Teilnehmer aus dem Seminar von Aron interessieren sich auch dafür. Nun gilt es noch, das, was alles zusammenhält, das Geld, zu finden. In diesen Zeiten, in denen der Wind ganz kräftig von links bläst, will kein Verleger sein Geld für eine Zeitschrift riskieren, die gegen den Strom schwimmt. Liébert treibt das Geld bei einem seiner Komilitonen auf, Pierre-Marie Dioudonnat, der gerade zusammen mit dem Rechtsanwalt Patrick Devedjian ein Verzeichnis des falschen Adels, den *Dictionnaire des vanités* (»Wörterbuch der Eitelkeiten«) veröffentlicht hat, von dem mehrere Zehntausend Exemplare verkauft wurden. Dann spricht Liébert mit Raymond Aron über die Sache; der antwortet ihm mit seinem üblichen Pessimismus: »Sie haben keinerlei Chance!« Doch gleichzeitig ermutigt er ihn: »Machen Sie's trotzdem!« Nachdem einige Nummern erschienen sind, beteiligt sich Aron an dem Unterstützungskomitee der neuen Zeitschrift; bald ist er einer ihrer regelmäßigen Mitarbeiter.

So wurde *Contrepoint* (»Kontrapunkt«) lanciert – ein Titel, der den Willen der Gründer der Zeitschrift, den herrschenden Mehrheitsdiskursen ein anderes Denken entgegenzustellen sehr gut zum Ausdruck bringt. Da im Frühjahr 68 die Apotheose der Jugend stattgefunden hat, widmet sich die erste Nummer diesem Thema: Liébert schreibt die Einleitung; es folgen Artikel von Philippe Ariès, einem damals noch kaum bekannten Historiker, von Jean Plumyène, einem erfahrenen Essayisten, von Alain-Gérard Slama, einem ehemaligen Normalien, der gerade debütiert, von André Stéphane, der bei Payot *L'Univers concentrationnaire* (»Das Universum der Konzentrationslager«) veröffentlicht hatte, sowie Walter-Z. Laqueur, dem Direktor des Instituts für Zeitgeschichte in London. Auch in der Folgezeit wird man sich ständig um Beiträge aus dem Ausland bemühen. Liébert, der Chefredakteur, ein Alleskönner, knüpft Kontakte mit den amerikanischen Zeitschriften *Commentary* und *Dissent*, und später mit englischen und deutschen Publikationsorganen, während Bernard Cazes, ein unermüdlicher Mitarbeiter und heißhungriger Leser, ihn auf eine Vielzahl von möglichen Korrespondenten, wertvollen Mittelsmännern und noch verkannten Autoren hinweist.

Die erste Nummer von *Contrepoint* erscheint im Mai 1970 in einer Auflage von rund 2.000 Exemplaren, die schnell vergriffen sind. *Le Nouvel Obser-*

vateur macht gute Miene zum bösen Spiel und huldigt dem politischen Rivalen:

> »Die erste Nummer einer neuen Zeitschrift, die nicht ohne Talent und ohne Kraft gegen den Protest protestiert. Endlich Gegner, mit denen man einen Dialog führen kann. Offensichtlich Schüler von Raymond Aron, Jacques Ellul und Raymond Ruyer, besitzen diese jungen Philosophen doch mehr Kampfgeist, sind sich der Realität der neuen Formen der Entfremdung klarer bewusst und stärker bemüht, nicht im reaktionären Konservatismus unterzugehen. Ein etwas hochmütiger Lyrismus, ein manchmal ebenso nutzloser Jargon wie der, den sie kritisieren – doch wir sind weit entfernt von Leuten wie Jean Cau, Jean Dutourd, Michel Droit und sogar vom sympathischen René Ehni[340].«

Jedes Trimester behandelt *Contrepoint* ein neues Thema: Russland, Europa, die Krise der Kirchen ... Marc Fumaroli, Pierre Kende, François Fejtö, Annie Kriegel, Manès Sperber, Emmanuel Berl, Raoul Girardet, Jean Laloy, Jacques Ellul veröffentlichen neben Raymond Aron Artikel ... Georges Liébert ist weiterhin für die Redaktion, die Herstellung und die Finanzierung der Zeitschrift zuständig; er übt nacheinander verschiedene Berufe aus, arbeitet einige Jahre als Verantwortlicher für Meinungsumfragen bei der SOFRES (Société française d'enquête par sondage, »Französische Gesellschaft für Meinungsumfrage«) und ein Jahr bei Fayard, bis man ihm 1975 die Möglichkeit gibt, in einer Art Anhang zum Livre de Poche bei Hachette eine Essayreihe herauszugeben, die er »Pluriel« (»Plural«) nennt. In dieser Reihe bringt Liébert *Demain le capitalisme* (»Morgen der Kapitalismus«) von Henri Lepage heraus, ein Werk, das wie *Contrepoint* repräsentativ ist für einen unverblümten Liberalismus.

Im Gefolge einer Meinungsverschiedenheit mit Patrick Devedjian verzichtet Georges Liébert auf die Leitung der Zeitschrift. Devedjian versucht, *Contrepoint* weiterzuführen, doch die Sache ist nicht von Dauer. Das Unternehmen bildet ein Glied in der Kette der Geschichte des liberalen Denkens in Frankreich: auf *Preuves* war *Contrepoint* gefolgt; auf *Contrepoint* folgt 1978 *Commentaire* mit dem früheren Mitarbeiterstab von *Contrepoint*; diesmal ist Jean-Claude Casanova die treibende Kraft, und Raymond Aron hält wieder die Hand schützend über das Unternehmen. Die neue Zeitschrift behauptet sich als Anziehungspunkt des liberalen Denkens in einem Augenblick, in dem die sozialistische Linke im Bündnis mit den Kommunisten die Macht übernimmt. Was *Contrepoint* angeht, so wird der Titel an den Club de l'Horloge

---

340 *Le Nouvel Observateur*, 25. Mai 1970.

(»Club der Uhr«)[341] verkauft, der ihn eine Zeit lang benutzt. Mit dieser Gedankenrichtung verlassen wir die liberale Rechte, um zur extremen Rechten zu kommen, die Ende der siebziger Jahre die »Neue Rechte« genannt wird.

Wenn die dröhnende Prosa Jean Caus nicht das Glück hat, der Aronschen Rechten zu gefallen, so findet sie dafür bei der Neuen Rechten Anklang. Alain de Benoist beweihräuchert ihn unter dem Pseudonym Fabrice Laroche in *Spectacles du monde*: »Innerhalb von zehn Jahren«, schrieb er, »ist Jean Cau das schlechte Gewissen der *Intelligenzija* geworden.«

Die erste Äußerung dieser radikalen Rechten neuen Stils fällt in die Zeit kurz vor Frühjahr 68. Ende 1967 wird in Nizza der GRECE gegründet (Groupement de recherche et d'études sur la civilisation européenne; »Forschungs- und Studiengruppe zur europäischen Zivilisation«). Im Februar 1968 erscheint seine Zeitschrift: *Nouvelle École;* es dauert indessen bis 1973, ehe die Gruppe mit Hilfe eines weiteren Publikationsorgans, *Éléments,* nach außen hin in Erscheinung tritt. Die Existenz und die Verlautbarungen dieser Denkströmung wären vielleicht auf diese ebenso umfangreichen wie nur wenig bekannten Organe beschränkt geblieben, wenn sie nicht das Medienecho des *Figaro Magazine* gefunden hätten, der 1978 gegründet wurde. An der Spitze der Redaktion dieser farbigen Beilage von *Le Figaro* war Louis Pauwels gelandet, ein Vagabund der Ideen, der als Chefredakteur keinerlei Mühe hatte, den Aktionär des Blattes, Hersant, zu überzeugen. Man sprach damals von nichts anderem als von der »Neuen Rechten« und ihrem Propheten, Alain de Benoist[342]. Anfang der siebziger Jahre setzte sich ein völlig neues Phänomen durch: der ideologische Aufschwung einer kompromisslosen Rechten, die mit der Nachsicht Schluss machte, die nach Meinung ihrer Protagonisten die rechte Regierung gegenüber den Ideen der Linken walten ließ. Eine radikale Rechte, deren Brutalität sich nicht mehr in Knüppeln und Faustschlägen ausdrückte (obwohl diese Dimension insbesondere bei den Studenten mehr oder weniger stark nach wie vor existierte), sondern im Denken.

Alain de Benoist, geboren 1943, entwickelt zwei Leitideen: der Nationalismus muss sich auf die Verteidigung Europas ausdehnen, statt sich auf den hexagonalen[343] Horizont zu beschränken; die Rechte muss – um ihre konservative Revolution durchzuführen – zunächst auf dem Feld der Ideen kämpfen. Benoist liest Gramsci, den italienischen Marxisten, einst Theoretiker der »Hegemonie«, und bekennt sich zu einem »rechten Gramscismus«; er meint damit, dass man zunächst den Kampf der Ideen gewinnen müsse, in der öf-

---

341 *Anm. d. Ü:* Club de l'Horloge: s.u.
342 A.-M. Duranton-Crabol, »La ›Nouvelle Droite‹ (1968–1986)«, *Vingtième siècle. Revue d'histoire*, Nr. 17, Jan. – März 1988; P.-A. Taguieff, »Origines et métamorphoses de la Nouvelle Droite«, *Vingtième siècle ...*, Nr. 40, Okt.-Dezember 1993; ders., *Sur la Nouvelle Droite*, Descartes et Cie, 1994.
343 *Anm. d. Ü:* Hexagonal: sechseckig wie Frankreich auf der Landkarte.

fentlichen Meinung, bei den Eliten: was soll es der Rechten denn nützen, an der Macht zu sein, wenn sie dort die Politik der Linken macht? Der Krieg der Ideen verlange einen starken intellektuellen Einsatz, der mit einer Strategie zur Eroberung der Medien verknüpft sein müsse. Der Hauptsieg von Benoist, der allerdings nur ein paar Jahre währt, besteht darin, das auflagenstärkste französische Magazin mit seinem Gedankengut durchdrungen zu haben; er wird von Louis Pauwels unterstützt, der seinerseits in seine Leitartikel bedeutende Themen der »Neuen Rechten« aufnimmt, insbesondere die Zurückweisung jeder »Gleichheitsideologie« und die Ablehnung eines »mehrrassigen Frankreichs« – dessen Vorkämpfer, so Pauwels, »einen Meltingpot, in dem sich Autochthone und Immigranten in einer gemeinsamen Subkultur auflösen[344]«, befürworten.

Sehr früh schon hat Alain de Benoist – durch und durch Intellektueller und intensiver Leser der Werke der deutschen konservativen Revolution aus der Weimarer Zeit – bei rechtsextremistischen oder neofaschistischen Zeitschriften mitgearbeitet, so bei der Zeitschrift *L'Observateur européen*, deren Chefredakteur er war, oder bei *Défense de l'Occident*, die Maurice Bardèche seit 1952 herausgab. 1966 legt er seine Gedanken über *Les Indo-Européens* (»Die Indo-Europäer«) und über den Nationalismus (*Qu'est-ce que le nationalisme?*, »Was ist der Nationalismus?«) dar. Insbesondere schreibt er:

> »Das objektive Studium der Geschichte belegt, dass seit ihrem Erscheinen nur die europäische Rasse (weiße, kaukasische Rasse) auf dem aufsteigenden Pfad der Entwicklung des Lebendigen immer weiter fortgeschritten ist, im Gegensatz zu den in ihrer Entwicklung stagnierenden, also in virtueller Regression befindlichen Rassen.«

Der von Alain de Benoist vertretene Nationalismus ist also von Grund auf rassistisch (Theorie von der Ungleichheit der Rassen) und europäisch (Bezug auf die »Indo-Europäer«, die die Matrix einer auf der Biologie gründenden Zivilisation bilden sollen). Die »Neue Rechte« bricht also mit dem alten französischen, insbesondere von Charles Maurras theoretisch entwickelten Nationalismus, der vor allem kulturell und historisch ausgerichtet war. Diese rassenbezogene Sicht der Menschheit führt Alain de Benoist dazu, das Prinzip der Differenz der »rassischen Gruppen« der Erde zu vertreten; daher, wie bei Gobineau, seine Ablehnung der Vermischung. Auf subtile Weise ersetzen dann die »Neuen Rechten« die Theorie der Ungleichheit der Rassen durch die Theorie des »Rechts auf Differenz«, die dazu geeignet ist, Sympathie bei den mehr oder weniger naiven Tiersmondisten zu wecken. Damals beginnt

---

344 L. Pauwels, »Les paradoxes d'un pseudo-antiracisme«, *Le Figaro Magazine*, 4. Oktober 1980.

der GRECE einen »kulturellen Krieg« oder – so das auf seinem ersten Kongress in Lyon im November 1968 vorgeschlagene Thema – eine »metapolitische« Aktion. Der kulturellen Macht der Linken müsse eine Gegenmacht entgegengesetzt werden: es gelte, den Marxismus zu brandmarken, die egalitaristischen Ideologien zu widerlegen, den Elitegedanken durchzusetzen und immer stärker gegen den Liberalismus und sein amerikanisches Modell anzugehen. Denn in Wirklichkeit verlaufe alles so, als ob die politische Macht der Rechten sich mit der kulturellen Macht der Linken vertragen könnte: daraus resultiere der »Giscardismus«, dieser Liberalismus, der sich »fortgeschritten« nenne und mit sozialdemokratischen Anschauungen schwanger gehe. Kurz, die Rechte regiert, herrscht aber keinesfalls. In den Augen der Mitglieder des GRECE gilt es, die Rechte mit einer wirklichen rechten Kultur auszustatten. Zu diesem Zweck sei es nötig, die Medien zu erobern, die Vereine zu infiltrieren, mit allen Mitteln die neue europäische Kultur zu verbreiten. Von 1970 an tritt der GRECE nicht mehr als Verteidiger der »westlichen Zivilisation« auf: antiliberal, gegen das jüdisch-christliche Weltbild, antiamerikanisch versucht die »Neue Rechte« nun, die Elemente einer »arischen« und ethnozentrischen Kultur zu fördern.

Ihre Erfolge, die sie vor allem dem *Figaro Magazine* verdankt, sind nicht von Dauer. Gewiss, Louis Pauwels hat den Vorstellungen von Alain de Benoist gute Dienste geleistet. 1979 erklärt er:

»Warum sollte man die Rassenunterschiede und die Existenz von Rassen leugnen, warum sollte man sie ablehnen? Es ist nicht Sache einer Gemeinschaft, die sich als das auserwählte Volk ausgegeben hat, daran zu erinnern: die Rassen existieren, doch keine ist in besonderer Weise auserwählt, und natürlich ist keine einer anderen überlegen; alle sind sie verschieden, und man muss diese Unterschiede berücksichtigen[345].«

Doch Pauwels, der von dem Gedanken benebelt ist, »den Aristokratismus in einer Welt wiederzubeleben, die vom Marxismus und Bourgeoisismus, den beiden Seiten der Massengesellschaft, beherrscht ist[346]«, hat schließlich auf einem Weg mit vielen Kurven sein Damaskus-Erlebnis: er konvertiert zum Katholizismus und verändert damit auch die Linie seiner Wochenzeitung: der Feder von Alain de Benoist wird nur noch ein knapper Raum zugestanden. In den achtziger Jahren hat dann eine neue extremistische politische Rechte Konjunktur, der Front National von Jean-Marie Le Pen; weit davon entfernt, die Ideologie der »Neuen Rechten« aufzugreifen (obwohl einige ihrer Wortführer aus ihr hervorgegangen sind), bekräftigt er erneut die Stereotypen des

---

345 J.-P. Apparu, *La Droite aujourd'hui*, Albin Michel, 1979, S. 172.
346 L. Pauwels, *Comment devient-on ce que l'on est?*, Stock, 1978, S. 173.

hexagonalen und populistischen Nationalismus. Daneben bleibt noch eine Einflusszone, die von mehreren Publikationsorganen getragen wird: *Éléments, Nouvelle École, Études et Recherches, Panorama des idées actuelles*, zu denen Bücher und Neuauflagen hinzukommen ...

Auf der Palette der ideologischen Rechten im Aufschwung nimmt der Club de l'Horloge eine Sonderstellung ein. Der Name des Clubs, der 1974 von einer kleinen Gruppe ehemaliger Schüler der ÉNA, Henry de Lesquen, Yvan Blot, Jean-Yves Le Gallou, Didier Maupas und Daniel Meraud, gegründet wurde, geht darauf zurück, dass sich in der Wohnung Blots in der Rue des Canettes in Saint-Germain-des-Prés »eine riesige Standuhr befand[347]«. Zu Beginn unterhält die Gruppe lose Beziehungen zum GRECE: Yvan Blot und Jean-Yves Le Gallou haben sich an den Arbeiten des Pareto-Kreises – ein Vorposten der »Neuen Rechten« in Sciences po – beteiligt und an *Éléments* und *Nouvelle École* mitgearbeitet. Die Arbeiten der Kommission »Biologie und Politik« des Clubs, die in das Buch *La Politique du vivant* (Albin Michel 1979; »Die Politik des Lebendigen«) eingehen, zeigen die Konvergenz der beiden Denkströmungen: Metapolitik, Antiegalitarismus, Biologismus, Elitedenken usw. Dieselben Schlussfolgerungen zu den »Differenzen« und dieselbe Ablehnung der Vermischung. Der Club de l'Horloge saugt ebenfalls seinen Honig aus den Arbeiten von Gramsci und übernimmt seine Terminologie:

»Die Überlegenheit einer gesellschaftlichen Gruppe zeigt sich auf zweierlei Weise: als Herrschaft und als intellektuelle und moralische Führung. Eine gesellschaftliche Gruppe herrscht über die gegnerischen Gruppen, die sie zu liquidieren oder durch bewaffnete Gewalt zu unterwerfen versucht, und sie hat die Führung über die angrenzenden oder mit ihr verbündeten Gruppen inne. Eine gesellschaftliche Gruppe kann und muss führen, schon bevor sie die Regierungsmacht erobert. Es handelt sich dabei um eine der Schlüsselfragen im Hinblick auf die Eroberung der Macht; danach, wenn sie die Macht ausübt – und sogar wenn sie sie mit der Faust verteidigt –, herrscht sie über die anderen, doch sie muss weiterhin auch führend bleiben[348].«

Ende der siebziger Jahre fasst man den Club de l'Horloge mit GRECE unter der Bezeichnung »Neue Rechte« zusammen. Das ist jedoch ein Missverständnis; denn das Programm des Club de l'Horloge sucht den ökonomischen Liberalismus und den Nationalismus zu verbinden, während der GRECE die Grundlagen zu seinem radikalen Antiliberalismus legt. Außerdem geht es dem von ÉNA-Absolventen gegründeten Club de l'Horloge stärker um Ein-

---

347 Zit. nach C. Rault, *Le Club de l'Horloge 1981–1986*, Diplomarbeit DEA, IEP Paris, 1987.
348 *Les Racines du futur. Demain la France*, Masson, 1977.

flussnahme auf die Politik als dem GRECE. Von 1981 an liefert er den in die Opposition verbannten Männern und Parteien der Rechten – so, von 1985 an, dem Front national – die Ideen. Jean-Yves Le Gallou und Yvan Blot ziehen im Übrigen mehrere Mitglieder ihres Clubs, z.B. Bruno Mégret, mit sich hinüber in die Partei von Le Pen. Diese bunt zusammengewürfelte Partei besitzt also von nun an einen national-liberalen Flügel[349].

Die aus dem Club de l'Horloge hervorgegangenen Intellektuellen des Front national sind gegen den »Kosmopolitismus« von der »nationalen Identität« besessen und denken antiegalitär, sie lehnen den Wohlfahrtsstaat ab und verherrlichen die Wohltaten der Verwurzelung; nichtsdestoweniger bleiben sie dem wirtschaftlichen Liberalismus verbunden (»Der Liberalismus im Dienst der Völker«), was sie radikal vom GRECE trennt (»Überall zerstört der Liberalismus die kollektive Identität, die tief verwurzelten Kulturen, und erzeugt Uniformität«).

Wie man sieht, lässt sich der intellektuelle Aufschwung der Rechten nicht auf einen Nenner bringen. Ist es überhaupt statthaft, die liberale Rechte im Gefolge Arons, die – weit davon entfernt, die Prinzipen der republikanischen Demokratie abzulehnen – gerade ihre innere Kraft gegen die totalitären Ideologien neu beleben will, und die antidemokratische Rechte, deren verschiedene Komponenten darin übereinstimmen, dass sie das Prinzip der Gleichheit aus dem ersten Artikel der Erklärung der Menschenrechte kategorisch ablehnen, unter ein- und derselben Bezeichnung, »Rechte«, zusammenzufassen?

> »Die Aufwertung der Ungleichheit als solcher«, schreibt der »Aronianer« François Bourricaud, »findet sich nur bei den Vertretern einer sehr speziellen biologisch orientierten Philosophie, die die intellektuelle Linke als ›rassistisch‹ bezeichnet. Unter diesem Vorbehalt wird die Gleichheit von den Vertretern der Rechten unserer Tradition gewissermaßen als ein authentischer Wert anerkannt[350].«

Akzeptieren wir das Wort »Rechte« in seinem umfassenden Sinn: auch der Terminus »Linke« bezieht sich – ganz symmetrisch – auf sehr heterogene politische Gruppen. Wenn man eine Verbindung zwischen diesen beiden Formen der Rechten – der Rechten, die aus der Revolution von 1789, und der Rechten, die aus der Gegenrevolution hervorgegangen ist – herstellen müsste, dann könnte sie natürlich in der Feindschaft gegenüber der Linken in ihren etatistischen, sozialistischen, marxistischen Formen gefunden werden. Paradoxerweise vollzieht sich der ideologische Aufschwung der Rechten in dem Moment, als das Linksbündnis mit dem Sieg von François Mitterrand bei

---

349 P.-A. Taguieff, *op. cit.*
350 F. Bourricaud, *Le Retour de la droite,* Calmann-Lévy, 1986, S. 300.

den Präsidentschaftswahlen von 1981 an sein Ziel gelangt. Zugleich kommen der kraftvollen Rückkehr der Rechten die Revisionen zugute, die im Gefolge der Maibewegung innerhalb der Linken selbst vorgenommen werden: die Vorstellungen der Rechten werden – hauptsächlich in ihrer liberalen Form – durch den Verfall des Marxismus selbst begünstigt. Die unter dem direkten oder indirekten Einfluss des Marxismus stehende Linke schlägt sich in der Tat mit dem Problem ihrer Identität herum, die durch die Auflösung der Mythen im Gefolge des ideologischen Zusammenbruchs der Sowjetunion und der anderen Länder des »real existierenden Sozialismus« in Mitleidenschaft gezogen ist. Natürlich handelt es sich weniger um Veränderungen, die der Bewegung des Denkens selbst innewohnen, als um internationale Ereignisse, die sie bedingen. Die Logik des Imaginären kann eine Zeit lang ihren Automatismen folgen, doch es kommt der Tag, an dem die Realitätsprobe sie ganz einfach zerbricht. Seltsamerweise fiel also der politische Vormarsch der Linken, gekrönt vom Sieg des Jahres 1981, mit der kraftvollen Rückkehr der Ideen der Rechten zusammen. Parallel dazu vollzog sich der politische Niedergang der Rechten zu einer Zeit, als die Kritik am marxistischen Totalitarismus von Seiten der Linken das nächste Kapitel der Ideengeschichte in Frankreich zutiefst prägen sollte.

62
Die verlorenen Paradiese

Während der Gauchismus zerfällt, machen sich die Franzosen 1973 und in den Jahren danach mit den Namen der sowjetischen »Dissidenten« vertraut – Siniawski, Daniel, Medwedew, Pliuschtsch, Amalrik, Maximow, Sacharow, Yakir, Krassin, Nekrassow, Martschenko unter anderen –, die die Zeitungen wie Meldungen eines Sieges über das kaltherzige Sowjetmonster durchziehen. In dessen Ansehen schlägt keiner von ihnen, selbst Sacharow nicht, so viele Breschen wie Alexander Solschenizyn, dem seine Romane – *Ein Tag im Leben des Iwan Denissowitsch, Matrjonas Hof, Krebsstation* – zum Leidwesen von Breschnew und seiner kommunistischen Vasallen 1970 den Nobelpreis eingebracht haben. Im Februar 1974 weist ihn der oberste Sowjet wegen »Aktivitäten, die mit dem Status eines sowjetischen Bürgers unvereinbar sind und der UdSSR schaden«, aus der Sowjetunion aus.

Den Vorwand bildet sein letztes Buch, *Der Archipel Gulag*. Ein Exemplar des Manuskripts, an dem der russische Schriftsteller seit langen Jahren arbeitet, ist vom KGB beschlagnahmt worden. Da er nichts mehr zu verlieren hat, autorisiert Solschenizyn seinen in Paris ansässigen Verlag für russische Sprache, YMCA Press, das Werk zu veröffentlichen. Ende Dezember 1973 liegt *Arkhipelag Gulag* vor. Inzwischen hat Le Seuil auf der Frankfurter Buchmesse die Rechte für die Übersetzung erworben. Solschenizyn verzichtet auf sein Autorenhonorar, damit die drei Bände des Werks möglichst wenig kosten. Als die russische Ausgabe erscheint, zieht *L'Humanité* sofort gegen dieses die Sowjetunion verunglimpfende Werk zu Felde, das darauf abziele, die »Aufmerksamkeit von der Krise abzulenken, die in den kapitalistischen Ländern wütet[351]«. Das Zentralkomitee des PCF leistet sich folgende Erklärung – »Den Antisowjetismus zurückzuweisen ist Sache aller« –, in der es die »zügellose Reklame« für den russischen Schriftsteller kritisiert, die »von allem, was unser Land an Reaktionärem hat, betrieben wird[352]«.

Im Widerspruch dazu schreibt der mit dem Gegenangriff betraute kommunistische Journalist, in *Der Archipel Gulag* gebe es, »verglichen mit Chruschtschows Rede auf dem 20. Parteitag der KPdSU, nichts Neues«. Jean Daniel unterstreicht in *Le Nouvel Observateur*, wie seltsam dieses Argument

---

351 S. Leyrac, »Une campagne antisoviétique contre la détente«, *L'Humanité*, 17. Januar 1974.
352 *L'Humanité*, 19. Januar 1974.

angesichts der Tatsache klinge, dass Chruschtschows Bericht von keiner kommunistischen Zeitung je veröffentlicht wurde. Im Übrigen sind die »Enthüllungen« Solschenizyns tatsächlich nicht grundsätzlich neu. Von anderen Untersuchungen und Berichten über das Thema unterscheiden sie sich jedoch durch zwei Sachverhalte: zum einen durch das Talent des Autors, der ein großer Schriftsteller mit kraftvoller und genauer, bald rührender, bald ironischer Sprache ist und in ein und derselben Erzählung eine ganze Reihe von Zeugenberichten mit einer vollendeten Kunst der Komposition und der Inszenierung vereint; zum anderen durch den neuen internationalen Kontext, der im Gegensatz zu den Nachkriegsjahren zur Lektüre des Buches ermuntert. Da, wo ein Kravtschenko als ein proamerikanischer Agent des Kalten Krieges gelten konnte, unfähig, seine eigene Geschichte ohne fremde Hilfe zu schreiben, analysiert Solschenizyn – früher Opfer eines unmenschlichen Systems, zur Zeit der Niederschrift seines Buches nach wie vor in der UdSSR lebend und authentischer Schriftsteller – mitten in der »Entspannung« den völlig korrumpierten Charakter des ideokratischen Regimes.

Die Unterzeichnung des »gemeinsamen Regierungsprogramms« durch Sozialisten und Kommunisten im Jahre 1972 und die Strategie der Linksunion, die bereits bei den Parlamentswahlen von 1973 Früchte trug (die Rechte hatte mit hauchdünnem Vorsprung gewonnen), machen die Haltung der Wortführer der nichtkommunistischen Linken zu einer heiklen Angelegenheit. Ein Artikel von Maurice Chavardès in *Témoignage chrétien* gibt den Ton an. Er verbirgt seine Irritation nicht, als er von Sacharow und Solschenizyn spricht: »Sie sollen frei sein, alle möglichen reaktionären Dummheiten von sich zu geben – im Namen der Toleranz wünschen wir das. Doch verkünden wir auf der Linken um Himmels willen nicht gemeinsam mit der Meute der Antikommunisten aller Schattierungen, sie seien von Großmut, Adel und Wahrheit durchdrungen[353].« »Antikommunistisch« – mit diesem Wort zieht man nach wie vor einen Trennungsstrich zwischen den richtig Denkenden und den anderen.

Gilles Martinet, Mitglied des Exekutivkomitees der Sozialistischen Partei und Mitarbeiter von *Le Nouvel Observateur,* wagt es indessen, im französischen Fernsehen die Angriffe des PCF gegen Solschenizyn zu kritisieren. Das führt zu einer Polemik zwischen den Kommunisten und dieser Wochenzeitung[354]. Jean Daniel, der sich sehr dagegen verwahrt, »Antikommunist« zu sein, nimmt nichtsdestoweniger eine unbestreitbar entschlossene Haltung ein[355]. Einige Tage nach der Ächtung des Schriftstellers schreibt er:

---

353 M. Chavardès, »De quelle esssence sont les intellectuels?«, *Témoignage chrétien*, 20. Dezember 1973.
354 *L'Humanité*, 22. Januar 1974. Vgl. auch die »Erklärung von Roland Leroy« am 28. Januar in derselben Zeitung.

»Wenn er jemals die französische Presse liest – wie verwirrt, eingeschüchtert, in jeder Beziehung verlegen wird er unsere Landsleute finden! Sämtliche Würdigungen, die ihm zuteil werden, enthalten tausend Vorbehalte, Einschränkungen und Vorsichtsmaßregeln. In dieser Welt, die er für frei hält, wird er nur sehr wenige freie Geister finden. [...] Bevor man Solschenizyn würdigt, muss man, wenn ich so sagen darf, zunächst einmal das rote Pfötchen zeigen; denn das Wichtigste ist, nicht wahr, nicht als antisowjetisch, nicht als Antikommunist, nicht als Spalter der Linksunion zu gelten[356] ...«

Für *L'Humanité* ist »das Unternehmen Solschenizyn« dagegen sonnenklar: das kapitalistische System wird »heftig von einer Wirtschaftskrise geschüttelt«, während die UdSSR und die sozialistischen Länder »ihren Weg gehen, ohne von dem Übel berührt zu werden«. Daher dieses reine Ablenkungsmanöver, dessen einziger Zweck darin bestehe, das Bild der Sowjetunion zu trüben, um »die Verschlechterung der Lebensbedingungen der Bevölkerung« in den westlichen Ländern umso besser verschleiern zu können:

»Jeder auf der Linken hat in Solschenizyn nicht nur den Schriftsteller, sondern auch den Pamphletisten gesehen, den Gegner des Sozialismus, den Sänger eines ›heiligen Russlands‹, das auf immer vergangen ist und jetzt über alle Maßen verklärt wird. Jeder auf der Linken hat sich darum bemüht, nicht in die Falle des Antisowjetismus zu tappen. Jean Daniel ist völlig betreten darüber[357].«

François Mitterrand, erster Sekretär der neuen Sozialistischen Partei, der damit beschäftigt ist, seine Strategie zur Eroberung der Macht über das Bündnis mit den Kommunisten zu einem guten Ende zu führen, geht noch deutlicher zu Gilles Martinet auf Distanz; dieser sei, so dekretiert er, nicht befugt, im Namen der Sozialistischen Partei zu sprechen. Der Gegenangriff des PCF geht nichtsdestoweniger weiter. Seine Wochenzeitung *France Nouvelle* veröffentlicht drei »Standpunkte über den Antisowjetismus« von autorisierten Verbündeten: Alain Decaux, ein populärer Historiker, mag sich noch so sehr für die Meinungsfreiheit aussprechen, er glaubt erklären zu müssen:

»Der Historiker kann nicht verkennen, dass der systematische Antisowjetismus über lange Zeiten die Anknüpfung ganz normaler Bezie-

---

355 J. Daniel, *L'Ère des ruptures*, Grasset, 1979, S. 167–211. Und L. Blime, »La réception de l'œuvre de Soljenitsyne en France«, Diplomarbeit DEA, IEP Paris, 1992.
356 J. Daniel, *Le Nouvel Observateur*, 18. Februar 1974.
357 *L'Humanité*, »La tristesse de Jean Daniel«, 18. Februar 1974.

hungen zu diesem großen Land verhindert hat. Der Historiker stellt fest, dass der ansehnliche Beitrag, den die UdSSR seit 1917 zur modernen Welt geleistet hat, ein Tatbestand ist, den niemand leugnen kann[358].«

Claude Gault, Chefredakteur von *Témoignage chrétien,* regt sich über »das geheime Einverständnis zwischen einem Teil der Linken und der am stärksten antikommunistischen Rechten« auf. Schließlich erklärt der damals bekannteste aus dem Trio, Max-Pol Fouchet, ein brillanter Causeur im Fernsehen und Kritiker beim Wochenmagazin *Point,* die Affäre Solschenizyn diene »als Kriegsmaschine zunächst gegen die UdSSR, dann gegen den Sozialismus im Allgemeinen und schließlich gegen die Linksunion bei uns« – wobei er gesteht, den *Archipel Gulag* nicht gelesen zu haben (er ist des Russischen nicht mächtig). Dieser Parteijargon zieht ihm den Zorn von Maurice Clavel zu, der wiederum in *Le Nouvel Observateur*[359] schreibt: »Was ist tragischer, als meinen Freund, unseren Freund Max-Pol Fouchet ganz offensichtlich auf Linie gebracht, was sage ich, ›normalisiert‹ zu sehen, in dem Sinn, den diese Worte in Prag angenommen haben?« Die Polemik wird schärfer. Am 4. März ficht Clavel in derselben Wochenzeitung – von Roland Leroy wird sie »als ein *vor allem* antikommunistisches Organ« bezeichnet – einen heftigen Strauß aus mit dem Leitartikler von *L'Humanité,* René Andrieu, einem eifrigen Verteidiger der UdSSR, während André Glucksmann heftig für Solschenizyn Partei ergreift. Ungeachtet der Erklärungen von François Mitterrand, dem es von Anfang bis Ende darum geht, die Affäre herunterzuspielen, löst *Der Archipel Gulag* einen Sturm aus, der sich lange nicht legt.

In dem Augenblick, als der Verbannte alle möglichen Beleidigungen der Sowjetpresse über sich ergehensen muss, flammt die Debatte Anfang März in Frankreich wieder auf, nachdem Solschenizyn – weiterhin auf Russisch – einen *Brief an die Führer der Sowjetunion* veröffentlicht hat, der auf den 5. September 1973 datiert ist und dessen Übersetzung im April 1974 bei Le Seuil erscheint. Michel Tatu, der in *Le Monde* darüber schreibt, ist der Meinung, dieses »Glaubensbekenntnis« sei ein »gefundenes Fressen für seine Verleumder«, »denen es leicht fallen wird, seinen ›reaktionären‹ Charakter nachzuweisen«. Solschenizyn, den der Journalist von *Le Monde* als »slawophil« bezeichnet, verteidige die, die man früher die »Rückschrittlichen« genannt habe: »Der Autor ist ein Bewunderer der Vergangenheit und ein Pessimist der Zukunft gegenüber, er evoziert nostalgisch die alte Orthodoxie vor Nikon und Peter dem Großen[360] ...« Mehr als das Glaubensbekenntnis Solschenizyns

---

358 *France nouvelle,* 19. Februar 1974.
359 M. Clavel, *Le Nouvel Observateur,* 25. Februar 1974.
360 M. Tatu, »Le ›Credo‹ politique du prix Nobel de littérature«, *Le Monde,* 5. März 1974.

selbst sind Michel Tatus Resümee davon und seine Schlussfolgerungen Wasser auf die Mühlen der »Verleumder« des Dissidenten und Schriftstellers. André Glucksmann, der die englische Übersetzung des *Briefes* in der *Sunday Times* lesen konnte, antwortet in *Libération* mit einem »Offenen Brief an Michel Tatu von *Le Monde*«[361]:

> »Keines der Zitate, die Sie von diesem langen Text geben, ist unzutreffend. Sie reihen sie jedoch wie Perlen auf, die geschliffen wurden, um den Pariser Leser zu verwirren [...]. Was nährt Ihre Pariser Ironie, Michel Tatu? Ist er zu ›realistisch‹, dieser ehemalige Deportierte, der seine politischen Führer darauf aufmerksam macht, dass sie mächtiger sind, als es die Zaren je waren? Dabei muss man begreifen, dass die Furcht vor einem bevorstehenden Dritten Weltkrieg und die neurotische Angst vor Einkesselung, die diese Führer ihrem Volk einimpfen, schlichtweg wahnwitzig sind. Sie wissen, dass die Angst vor einer bevorstehenden Apokalypse, zu der noch die psychiatrischen Anstalten und Mengen an Wodka kommen, eine alte Regierungstechnik darstellt, um die Russen ruhig zu halten.«

Als im Juni 1974 der erste Band von *Der Archipel Gulag* in französischer Übersetzung im Buchhandel erscheint, resümiert *L'Humanité* ihn mit einem einzigen Wort: »Die Französische Revolution – erzählt durch die Schreckensherrschaft« (Serge Leyrac). Der Erfolg des Buches ist überwältigend: in wenigen Wochen werden mehr als 700.000 Exemplare verkauft. In keinem westlichen Land wird das Buch so glänzend aufgenommen, als ob dieser Text – der nach Aussage der Kommunisten »nichts Neues« bringt – alle gängigen Ideen über die bolschewistische Revolution, über Lenin und über die UdSSR zutiefst in Frage stellte. Die Sowjetunion, von den Kommunisten sakralisiert und von der Rechten geachtet, scheint unberührbar – ein Status, den die Außenpolitik von General de Gaulle noch verstärkt hat und den die französischen Schulbücher bestätigen. Das Gesetz der ideologischen Trägheit lässt den »Antikommunismus« nach wie vor als schändlich, den »Antisowjetismus« als nicht eingestehbar erscheinen. Die politische Linke – geführt von François Mitterrand – möchte einen Verbündeten schonen, den man für den Wahlsieg braucht; sie vervielfacht die Zeichen guten Willens den Kommunisten gegenüber, wie die kleine Affäre Gilles Martinet zeigt, die wir oben erwähnt haben. Die Rechte respektiert die sowjetische Führung umso mehr, als diese keinen Grund hat, den Sieg der Linksunion in Frankreich zu wünschen (nach dem Sieg von Valéry Giscard d'Estaing bei den Präsidentenwahlen von

---

361 A. Glucksmann, *Libération*, 15. März 1974.

1974 wächst dieser Respekt noch). Die große Debatte, die *Der Archipel Gulag* auslöst, geht an der politischen Welt im engeren Sinn vorbei, wenn man die kommunistischen Zeitungen ausnimmt: sie wird von Intellektuellen getragen. Wie in einem Brennglas bündelt sich in ihr die große Infragestellung des Marxismus-Leninismus. 1975 wird sie von zwei Werken fortgesetzt: *La Cuisinière et le Mangeur d'hommes* (*Köchin und Menschenfresser*) von André Glucksmann und *Un homme en trop* (»Ein Mensch zu viel«) von Claude Lefort[362]. Glucksmann ist damals achtunddreißig Jahre alt, hat langes schwarzes Haar und eine ungebrochene Leidenschaftlichkeit, die ihn heftig erscheinen läßt. Er war Mitglied der »Union der kommunistischen Studenten« gewesen, hatte am Seminar von Aron teil genommen (1967 veröffentlichte er *Le Discours de la guerre*, »Der Diskurs des Krieges«), ist Philosophie-Agrégé und gehört an der neu gegründeten Universität Vincennes zu den maoistischen Dozenten. Beeindruckt von der Botschaft der Dissidenten der UdSSR und vor allem von Solschenizyn, reagiert er, wie wir gesehen haben, in der Presse sofort auf die dem russischen Schriftsteller feindlichen Kommentare. Sein Buch *La Cuisinière et le Mangeur d'hommes* (1975) stellt in unserer intellektuellen Geschichte ein symbolisches Datum dar, einen Akt des Bruchs, den ein Teil der intellektuellen extremen Linken oder des Gauchismus mit dem Marxismus-Leninismus vollzieht. Dessen kritische Infragestellung kommt jetzt nicht mehr bloß von der Rechten: von nun an gibt es eine ausgesprochen linke Kritik am sowjetischen Regime und darüber hinaus am kommunistischen Totalitarismus. Es hat zwar seit Boris Souvarine und Victor Serge auch auf der Linken Kritiker des stalinistischen Regimes gegeben, und diejenigen, die die Tradition des revolutionären Syndikalismus – insbesondere in der Zeitschrift *La Révolution prolétarienne* – hochhielten, hatten nach Lenins Tod zu dieser linken Opposition beigetragen. Doch all dies ging auf die Vorkriegszeit zurück, auf die Zeit vor der Selbstverherrlichung des Kommunismus durch die Résistance. Der Kalte Krieg begünstigte dann bei den kritischen Intellektuellen wie Camus eine »neutralistische« Haltung. Und die Linksunion machte seit 1972 für alle, die das »gemeinsame Regierungsprogramm« unterstützten, die Zurückhaltung gegenüber der UdSSR zur Pflicht. In diesem Klima kommt Solschenizyn im Januar 1975 zu einem privaten Besuch nach Paris. Er kann nicht umhin, an einer Pressekonferenz teilzunehmen. Ein Journalist von *L'Unité* – der Wochenzeitung des PS – beschreibt ihn als »einen müden Helden«:

> »Die Gestalt ist auf physische Weise beunruhigend. [...] Sogar gut gewaschen und rasiert, veranschaulicht er die dunkle Seite des Muschiks der Legenden. [...] In den Furchen, die sein Gesicht durchziehen und

---

362 Das Werk von Cl. Lefort stammt von 1976, doch 1975 veröffentlichte der Autor seinen »Kommentar über *Der Archipel Gulag*« in der Zeitschrift *Textures*, Nr. 10–11.

ihm ein affenähnliches Aussehen geben – das der traurigen Affen, die die Sonntagsspaziergänger vorbeiziehen sehen und sich nicht rühren, vielleicht weil sie die Erdnüsse nicht mögen –, gibt es dies alles[363].«

Progressive Katholiken bezeichnen in der Monatszeitschrift *La Lettre* (Dezember 1974) Solschenizyn als »ein Produkt des Zarismus«, als »einen Kleinbürger, der als Kleinbürger reagiert«, dessen »Ideologie im Kern« die »kapitalistische, wenn nicht die feudalistische Ideologie« ist. Der Trotzkist Alain Krivine verkündet im Zusammenhang mit Portugal lapidar die Alternative, vor die die Linke gestellt ist: »Kapitalismus oder Sozialismus, darum geht es[364].« In diesem Kontext ist Glucksmanns Buch zu beurteilen – weniger unter dem Gesichtspunkt seines Wertes an sich. Glucksmann knüpft an eine freiheitliche Tradition an, die lange unter den in den Weltkriegen und im Stalinismus aufgehäuften Trümmern begraben lag; er liefert für das Unglück des Menschengeschlechts keine »Lösung«, doch er bekräftigt die Forderung nach Verweigerung und nach Würde: »in keiner Weise unterdrückt sein«. Als Verteidiger der »Plebs« gegen den Staat und gegen die Theorie gibt sich der Autor Illusionen über diese »Plebs« hin, der in einer Art unbefleckter Empfängnis die Sünden des Staates erspart bleiben. Seit dem Altertum mangelte es nicht an despotischen auf die »Plebs« gestützten Regimen. Nichtsdestoweniger ist Glucksmanns Buch ein einschneidendes Ereignis.

Ein weiteres Werk, weniger auffällig, doch gedanklich ausgereifter, trägt zur Herausbildung des Antitotalitarismus der Linken bei: *Un homme en trop* von Claude Lefort; es erscheint bei Le Seuil in der Reihe »Combats«, die zunächst – ein Zeichen der Zeit! – für die gauchistischen und maoistischen Werke weit offen und nun an der Spitze der antisowjetischen Kritik steht. Lefort verbindet seit langem seine revolutionären Hoffnungen mit dem Antistalinismus. Mit Cornélius Castoriadis hat er die Pathologie des bürokratischen Regimes in der Zeitschrift *Socialisme ou Barbarie* analysiert. Seit Anfang der siebziger Jahre ist er zusammen mit Castoriadis die treibende Kraft der Zeitschrift *Textures*, in der insbesondere sein ehemaliger Schüler Marcel Gauchet und Miguel Abensour schreiben. Mit fünfzig Jahren ist Lefort einer der unbestrittensten Philosophen des antitotalitären Denkens.

»*Der Archipel Gulag* – auf dieses Buch oder zumindest auf ein Buch wie dieses«, schreibt er, »haben einige wenige von uns seit langem gewartet: ein Buch, das ausspricht, was es mit den sowjetischen Gefängnissen und Arbeitslagern auf sich hat, mit dem Terror, der – nicht etwa nur in einer Ausnahmeperiode, sondern kontinuierlich – den Aufbau

---

363 G. Frameries, *L'Unité*, 24. Januar 1975.
364 *Le Monde*, 2. August 1975.

des bürokratischen Regimes in der UdSSR begleitet und ihm sein Gerüst geliefert hat; ein Buch, das den Dekor des stalinistischen Sozialismus in Stücke reißt und die große Unterdrückungsmaschinerie bloßlegt, die Ausrottungsmechanismen, die sich hinter dem Banner der Revolution, der wohltuenden Planwirtschaft und des Neuen Menschen verbergen; ein Buch schließlich, das aus Russland selbst zu uns kommt, geschrieben von jemandem, dessen Zeugenschaft und Kenntnis des Systems unanfechtbar sind. Ja, wir haben es bereits zu der Zeit erwartet, als man sich kaum vorstellen konnte, dass es je erscheinen würde, als Stalin herrschte, als die Mauern der ›sozialistischen‹ Zitadelle so dick, als der Herrschaftsapparat, der den genialen Führer wie Zement umgab, so stark, die Unterwürfigkeit oder die Dummheit der linken westlichen Beobachter und Besucher so gewiss waren, dass es anscheinend keinem freien Wort gelingen konnte, von dort bis zu uns durchzudringen[365].«

Diesmal nimmt die antitotalitäre Linke in Frankreich Gestalt an. Es ist angebracht, den Anteil der Zeitungen an dieser Debatte herauszustellen. Eine erstrangige Rolle spielt *Le Nouvel Observateur*, den Jean Daniel herausgibt, ebenso *L'Express,* bei dem Jean-François Revel Leitartikler ist. Daniel bemüht sich trotz aller Unannehmlichkeiten, die ihm dies einbringt (in der Redaktion gibt es Meinungsverschiedenheiten; die Artikel von K.S. Karol über China nähren weiterhin den maoistischen Mythos), einem doppelten Gebot zu folgen: die Linksunion zu verteidigen und die antisowjetische Kritik zu unterstützen. Das ist nicht der Fall bei *Le Monde* von Jacques Fauvet. Ungeachtet seines Anspruchs auf Objektivität wird die Tageszeitung der Rue des Italiens ihrer Berufung nicht gerecht. In *L'Ère des ruptures* (»Die Ära der Brüche«) von 1979 lässt es sich Jean Daniel nicht nehmen, seine Kollegen abzukanzeln:

»Ich beobachte zu Anfang des Jahres 1974, wie zahlreich die Achtungsbeweise zwischen der Institution *Le Monde* und der Institution PC sind […], dieser angesehenen und freundschaftlichen Tageszeitung, ohne die *L'Humanité* nur bei den eigenen Lesern Gehör fände. […] Bald werden die Positionen des *Nouvel Observateur* in den Spalten von *Le Monde* nur noch in dem Maße Erwähnung finden, in dem wir von *L'Humanité* beschimpft werden[366].«

Zu Beginn des Jahres 1976 veröffentlicht Michel Legris, fünfundvierzig Jahre alt, Journalist, ehemaliger Mitarbeiter von *Le Monde*, den er 1972 verlassen

---

365 Cl. Lefort, *Un homme en trop*, Le Seuil, 1976, S. 9.
366 J. Daniel, *op, cit.*, S. 194–195.

hat, bei Plon ein Pamphlet, »*Le Monde« tel qu'il est* (»›Le Monde‹, wie er ist«). Alle Welt liest die »Tageszeitung der Rue des Italiens«, viele billigen sie, zumindest in der Öffentlichkeit; denn die Zeitung, deren Leitung 1969 von Hubert Beuve-Méry auf Jacques Fauvet übergegangen ist, bleibt eine mächtige Institution, ein Ratgeber der großen und kleinen Intelligenzija, eine sporadische oder regelmäßige Tribüne (es wimmelt von freien Mitarbeitern) und noch dazu eine Zeitung, deren Auflagenhöhe und Leserschaft unaufhörlich wachsen: es ist besser, es sich nicht mit ihr zu verderben. Legris beweist, dass *Le Monde* in der Affäre Solschenizyn nicht unparteiisch war und über den russischen Schriftsteller irrtümliche Auffassungen veröffentlichte, ohne sie zu berichten. Er führt auch noch das Beispiel eines unbearbeiteten Interviews mit dem stellvertretenden Regierungschef Ungarns, Gyorgy Aczel, an, in dem dieser sagte: »Solschenizyn schürt einen neuen Weltkrieg, verteidigt die Schändlichkeiten des Faschismus, stellt sich der friedlichen Koexistenz entgegen. Er ist das Instrument der schärfsten Reaktion[367].« Im Fall von China gerieren sich *Le Monde* und insbesondere sein Korrespondent Alain Bouc entschieden unkritisch, ja sie sind dem China Maos geradezu gewogen. Simon Leys, den Legris zitiert, legt dar, dass *Le Monde*, was die neue chinesische Verfassung (Januar 1975) betrifft, nicht einmal aufgedeckt hat, dass deren Text »um das Wesentliche der Rechte der Person« amputiert ist:

»Die-zuverlässigste-französische-Tageszeitung hat den Kraftakt vollbracht, zwei volle Seiten über die neue Verfassung und die Sitzung der Nationalversammlung zu bringen – *ohne auch nur ein Sterbenswörtchen über diesen Aspekt der Sache zu sagen*. Eine bewundernswerte Zurückhaltung, die in diesem Fall nicht durch die unüberwindliche Ignoranz ihres Pekinger Korrespondenten zu erklären ist; denn schließlich ist sowohl der Text der alten Verfassung als auch der der neuen *auf Französisch* verfügbar.«

Während der Ereignisse in Kambodscha im Frühling 1975 hat *Le Monde* »die Begeisterung« der Bevölkerung von Phnom Penh für Pol Pots Rote Khmer beschrieben. Legris legt der Zeitung von Fauvet »Manipulation«, »voreingenommene Nachsicht, wenn nicht Absolution« zur Last. Er erinnert auch daran, dass die Reportagen über die »Nelkenrevolution« in Portugal (über die ein junger Trotzkist, Dominique Pouchin, berichtete) und ein anonymes »Auslandsbulletin« von *Le Monde* 1975 Raymond Aron (*Le Figaro*) und Edgar Morin (*Le Nouvel Observateur*) auf den Plan riefen, was wiederum Jacques Fauvet, der Demut heuchelte und den in seiner Würde Beleidigten markier-

---

[367] *Le Monde*, 31. Oktober 1975, zit. nach M. Legris, *»Le Monde« tel qu'il est*, Plon, 1976, S. 32.

te, zu einer Erwiderung veranlasste. Legris schließt: »Was, wenn die Fassade der Objektivität, die kleinen echt wirkenden Details, die Aufrichtigkeitsbekundungen, der hohe Anteil an Fakten und Zeugenberichten, das Gewicht der Ehrenhaftigkeit, was, wenn all dies dazu diente, der Lüge Glaubwürdigkeit zu verleihen?«

Le Monde hatte immer Gegner, hauptsächlich auf der Rechten und bei den Kommunisten. Und nun zieht ein Teil der intellektuellen Linken die Zuverlässigkeit der Zeitung in Zweifel. Nach Edgar Morin in *Le Nouvel Observateur* greift Jean-Marie Domenach das Unangreifbare an, indem er in *Esprit* das Werk von Michel Legris ziemlich wohlwollend kommentiert[368]. In seinen Augen übertreibt das Buch, doch es treffe ins Schwarze, wenn es zeige, dass *Le Monde* »tendenziös« sei: »Ich werfe es der Zeitung sogar und insbesondere dann vor, wenn sie in die Richtung meiner eigenen Tendenz geht, weil mir das eine Karikatur meiner eigenen Meinung liefert, die mir Unbehagen bereitet.« »Tendenziös«, fügt er im Wesentlichen hinzu, weil es sich nicht um klare und deutliche Positionen, um eine klar definierte politische Linie handele, sondern um ein ganzes Arsenal an technischen Mitteln, um »Darstellungsformen«, um eine diffuse Ausdrucksweise, die insgesamt dazu *tendieren*, auf das Urteil des Lesers Einfluss zu nehmen, ohne Flagge zu zeigen. Die Aktivisten scheinen Vorrang vor den Journalisten zu haben. Der offenkundigste Fall – neben »dem Guerillakampf gegen Solschenizyn« – waren die Artikel über Portugal:

> »*Le Monde* hatte die Tendenz, das Verhalten der Kommunistischen Partei, die ihre Herrschaft über die portugiesische Revolution zu errichten suchte, ständig zu verschleiern oder unterzubewerten: die Übernahme der Polizei, der Banken, der Informationsorgane, der Archive usw. – ein Verhalten, das antikommunistische Reaktionen im Volk hervorrief, die als Manifestationen des religiösen Obskurantismus und als Wiedererstarken des Salazarismus präsentiert wurden.«

Domenach ist der Meinung, dass Legris Unrecht hat, die Herausgeber von *Le Monde* als Heuchler zu bezeichnen: es sind vielmehr die »Repräsentanten des Zeitgeistes«, »einer Gesellschaft, die an sich selbst zweifelt und in der es sehr schwer geworden ist, irgendetwas zu bezeugen«.

Nicht wenige fragen sich, warum Jacques Fauvet, der christdemokratisch orientierte Herausgeber von *Le Monde*, den Kommunismus so sehr schont. Sein historisches Werk über die Kommunistische Partei Frankreichs[369] wurde 1964 von André Ferrat, einem ehemaligen Mitglied des PCF, der dann Sozia-

---

368 J.M. Domenach, »›Le Monde‹ en question«, *Esprit*, April 1976.
369 J. Fauvet, A. Duhamel, *Histoire du Parti communiste français*, Fayard, 1964, Band 1.

list wurde, einer eingehenden Kritik unterzogen: »Monsieur Fauvet, von der Legende ergriffen«. Der Artikel erschien in *Preuves*. Ferrat warf Fauvet darin vor, die »internationalistische« Dimension des PCF der Vorkriegszeit zu verkennen: »Die von Thorez geführte Politik war immer die Politik Stalins. Er täuscht sich auch, wenn er meint, die in den dreißiger Jahren geschaffene Partei sei das Werk von Thorez; sie war ein typisches Produkt der stalinistischen Epoche. Und wenn man unter dieses Werk unbedingt einen Namen setzen wollte, müsste man den Namen Fried[370] und nicht Thorez nehmen.« Die Fehleinschätzung der Natur der Kommunistischen Partei, die Ferrat Jacques Fauvet vorwirft, scheint begründet. Im Februar 1976 liefert Fauvet eine überraschende Apologie des »demokratischen Zentralismus«:

»Lange Zeit«, schreibt er, »war dieser Zentralismus ein Mittel, den Widerspenstigen die Weisungen der Moskauer Internationale aufzuzwingen; demokratisch war nur sein Name, abgesehen von den ersten Jahren der Partei. Heute ist der demokratische Zentralismus das sicherste Mittel, nicht etwa um die Diskussion – jedenfalls in bestimmten Grenzen nicht –, sondern um die Bildung ›organisierter Richtungen‹ zu verhindern, die in allen französischen Parteien ein permanenter Faktor der Spaltung und damit der Schwäche sind. Diejenigen, die den Kommunisten den demokratischen Zentralismus vorwerfen, ohne sich die Mühe zu machen, ihn zu definieren, wären wohl beraten, sich von ihm inspirieren zu lassen; sie würden an Einheit und Wirksamkeit gewinnen. Man diskutiert, und wenn die Entscheidung gefallen ist, beugt man sich. Es ist das Gesetz der Mehrheit[371].«

Viele fragen sich: sind diese Worte der Naivität des Historikers, der die Rolle Eugen Frieds in der Geschichte des PCF so sehr unterschätzt hatte, anzulasten oder den Tricks eines Neuankömmlings unter den Weggefährten, der das *Heute* vom *Gestern* unterscheiden will, um den Leuten weiszumachen, die Kommunistische Partei sei nicht mehr die Kommunistische Partei? Ob Fauvet in jenem Augenblick Amüsement oder Entrüstung auslöst – es ist von nun an offenkundig, dass seine Zeitung nicht zur Avantgarde der Strömung gehören wird, die Mitte der siebziger Jahre die antitotalitäre Linke stärkt.

»Totalitär« – dieses einst von Mussolini geprägte Wort hatte in den dreißiger Jahren dazu gedient, das faschistische, das nationalsozialistische *und* das kommunistische Regime zu bezeichnen. Die große Allianz gegen Hitlerdeutschland verbot nach dem Zweiten Weltkrieg eine kurze Zeit seinen Ge-

---

370 Siehe die Biographie von A. Kriegel und S. Courtois, *Eugen Fried. Le grand secret du PCF*, Le Seuil, 1997.
371 J. Fauvet, »A saute-mouton«, *Le Monde*, 18. Februar 1976.

brauch – bis zu dem Zeitpunkt, da politische Philosophen (wie Hannah Arendt) und Politologen (wie Karl Friedrich) dem Begriff wieder Geltung verschafften; im Kontext des Kalten Krieges wurde er mit rein ideologischer Stoßkraft versehen: man wollte das Sowjetregime dadurch treffen, dass man es mit dem Nationalsozialismus unter ein und derselben beleidigenden Kategorie verschmolz. In einer so scharfsinnigen Kritik des Stalinismus wie der von Cornélius Castoriadis in *Socialisme ou Barbarie* ist nicht von »Totalitarismus«, sondern von »bürokratischer Gesellschaft« die Rede. Raymond Aron war vor dem Wort nicht zurückgeschreckt, doch er galt als »rechts«. Erst in den siebziger Jahren setzte sich die Kritik am totalitären Staat nicht nur in der linken Intelligenzija durch, sondern stand im Zentrum der gesamten politischen Reflexion.

Wie die Werke der Dissidenten, allen voran *Der Archipel Gulag*, so legitimieren auch die Ereignisse selbst die Infragestellung: die Einnahme von Saigon im Jahre 1975 durch die Kommunisten und die Flucht der Vietnamesen (der *boat people*) vor dem kommunistischen Regime, die Aktionen und Methoden der Kommunistischen Partei von Alvaro Cunhal während der »Nelkenrevolution« in Portugal, der in Kambodscha von Pol Pot verübte Völkermord, die Enthüllungen über die Kulturrevolution in China, die den Tod Maos im Jahre 1976 begleiten, später, Anfang der achtziger Jahre, die Ereignisse in Polen. Für viele früher marxistische, kommunistische, trotzkistische oder maoistische Intellektuelle geht es jetzt nicht mehr darum, dieses oder jenes Regime des »real existierenden Sozialismus«, diese oder jene Phase seiner Geschichte zu kritisieren, sondern ein ideokratisches System radikal in Frage zu stellen, das der britische Schriftsteller George Orwell einst in der Form eines Romans – *1984* – beschrieben hatte und das auf die leninistische Revolution zurückging, ja in manchen Augen sogar auf das Werk von Marx selbst.

Ohne eine Strömung des Denkens untersuchen zu wollen, die hier nicht ihren Platz hat, möchten wir doch wenigstens einige Werke und Publikationsorgane erwähnen, in denen sie zum Ausdruck kommt. Ende 1975 erscheint *La Tentation totalitaire* (»Die totalitäre Versuchung«) von Jean-François Revel. Neben der Analyse des Stalinismus untersucht Revel im Einzelnen, inwieweit die Sozialisten und mehr noch die Intellektuellen für diese »Versuchung« verantwortlich sind:

> »Der Anteil der Verantwortungslosen und der Fanatiker unter den Intellektuellen ist ungefähr ebenso hoch wie in den übrigen gesellschaftlichen und beruflichen Gruppen; im Übrigen verteilt sich der Wahnsinn zu gleichen Teilen auf alle politischen Schattierungen[372]...«

---

372 J.-F. Revel, *La Tentation totalitaire*, Robert Laffont, 1976, S. 334.

Revel, der von der Linken, vom PSU, von der FGDS (Fédération de la gauche démocrate et socialiste, »Bund der demokratischen und sozialistischen Linken«) herkommt, ist jetzt Mitarbeiter bei *L'Express,* der nun eher zur liberalen Rechten gerechnet wird. Doch in den folgenden Monaten und Jahren füllt die antitotalitäre Kritik auch die Seiten der Zeitschrift *Esprit,* die – über ihre eigenen Mitarbeiter hinaus – zu einem Sammelbecken dieses Denkens wird, zu dem Marcel Gauchet, Claude Lefort, Paul Thibaud, François Furet, Marc Richir, Pierre Hassner und viele andere ihren Beitrag leisten[373]. In *Le Nouvel Observateur* gehört auch Maurice Clavel bis zu seinem Tod im April 1979 zu diesen kritischen Denkern. Er lebt seit 1975 in Vézelay und schreibt dort sein *Ce que je crois* (»Was ich glaube«), eine Apologie der Rückkehr zum christlichen Glauben – gegen die totalitären Ideologien. Er nimmt diejenigen in Schutz, die sich unter der medienwirksamen Bezeichnung »Neue Philosophen« ebenfalls der Kritik am Marxismus-Leninismus widmen und zu deren markantesten Werken *Les Maîtres penseurs* (1977, *Die Meisterdenker*) von André Glucksmann und *La Barbarie à visage humain* (1977, 100.000 verkaufte Exemplare, *Die Barbarei mit menschlichem Gesicht*) von Bernard-Henri Lévy zählen. Jacques Julliard und Daniel Mothé stehen in der ersten Reihe derer, die in der CFDT und ihren Publikationsorganen die Kritik am Totalitarismus mit der Verteidigung eines demokratischen Sozialismus der Arbeiterselbstverwaltung gegen den Staats- und Apparatesozialismus verbinden (insbesondere in den Zeitschriften *Faire* und dann *Intervention*). Im Januar 1978 erscheint das Manifest des CIEL (Comité des intellectuels pour l'Europe des libertés, »Komitee der Intellektuellen für ein freies Europa«) mit dem Untertitel: »Die Kultur gegen den Totalitarismus. Über die Freiheit ist nicht zu verhandeln.« Sein Verfasser ist Alain Ravennes und unter den Hunderten von Unterschriften findet man neben den Namen von Raymond Aron, André Frossard oder Maurice Schumann die von Julia Kristeva, Jean-Marie Domenach, Claude Simon[374] ... 1979 unternimmt Glucksmann, der sich an der (von Bernard Kouchner lancierten) Aktion »Ein Schiff für Vietnam« beteiligt, zusammen mit Jean-Paul Sartre und Raymond Aron einen Vorstoß beim Präsidenten der Republik, Valéry Giscard d'Estaing. Die Ereignisse in Polen, die der Aufstieg der Gewerkschaft Solidarnosc begleitet, führen Ende der siebziger Jahre zahlreiche Intellektuelle zusammen, die mit den antisowjetischen polnischen Arbeitern solidarisch sind. Die brutale Machtübernahme im Jahre 1981 durch General Jaruzelski, der den »Kriegszustand« verfügt, führt bei Le Seuil zu einem Sammelwerk, *Pour la Pologne* (»Für Polen«), von dem 15.000 Exemplare verkauft und von dem die Tantiemen an Solidarnosc überwiesen werden.

---

373 Vgl. insbesondere die Sondernummer *Révolution et Totalitarisme, Esprit,* September 1976.
374 J.-F. Sirinelli, *Intellectuels et Passions françaises, op. cit.*, S. 274 f.

Diese wenigen Anhaltspunkte beleuchten die Kluft, die sich immer stärker zwischen der politischen und der intellektuellen Linken auftut. Der Bruch der Linksunion im Jahre 1977 hindert François Mitterrand und den PS nicht, weiterhin vor allem die Eroberung der Macht im Kopf zu haben. Tatsächlich ziehen die Kommunisten im zweiten Wahlgang der Präsidentschaftswahl von 1981 ihren Kandidaten zugunsten des Führers der Sozialisten zurück, der den Sieg davonträgt. Der sowjetische Einfall in Afghanistan im Dezember 1979 lässt die Position der Sozialisten, die ihren potenziellen Hauptbündnispartner schonen, umso unannehmbarer erscheinen. In seinem neuen Buch, *L'invention démocratique* (»Die Erfindung der Demokratie«), das im Jahr des Wahlsieges von François Mitterrand erscheint, kritisiert Claude Lefort das Manöver der Sozialisten, die »sich dem neuen, massiven, rätselhaftesten und furchtbarsten Ereignis unserer Epoche gegenüber blind gestellt haben: der Geburt und der weltweiten Expansion des Totalitarismus unter dem Banner des Kommunismus[375]«.

Der Sieg der Linken im Jahre 1981 ist nicht der der Intellektuellen. Viele von ihnen freuen sich über die Niederlage von Valéry Giscard d'Estaing, doch nicht ohne das Missverständnis zu fürchten, das zwischen den Aktivisten, den Führern, den Abgeordneten eines jetzt die Mehrheit repräsentierenden Sozialismus und einem großen Teil seiner Wählerschaft, die einen »Bruch mit dem Kapitalismus« erwartet, zu entstehen und zu wachsen droht. Andererseits schockiert die Aufnahme von vier kommunistischen Ministern in die zweite Regierung Mauroy die Intellektuellen, die seit Jahren ihre Kritik am Totalitarismus weiterentwickeln, von dem sich die Kommunisten nicht wirklich distanziert haben. Georges Marchais[376] glaubt sogar, im Fernsehen die sowjetische Intervention in Afghanistan rechtfertigen zu müssen: sie trage dazu bei, das »ius primae noctis«, das bei den mittelalterlich anmutenden Rebellen herrsche, zu beseitigen. Im Laufe des Sommers 1983 beklagt sich Max Gallo, der Sprecher der sozialistischen Regierung, in *Le Monde* über das »Schweigen der linken Intellektuellen[377]«. In Wirklichkeit kann die sozialistische Regierung unter ihnen noch auf viel Sympathie zählen, wie die Artikel und Berichte zeigen, die auf den Aufruf Max Gallos folgen. Einige Antworten sprechen jedoch von einem »Sieg zur Unzeit«. André Glucksmann stellt die »Versäumnisse« des neuen Präsidenten der Republik heraus:

»Im Panthéon wollte François Mitterrand die Zeugen der leidenden Menschheit – verkörpert in den anwesenden Schriftstellern – versam-

---

375 Cl. Lefort, *L'Invention démocratique*, Fayard, 1981, S. 134–135.
376 *Anm. d. Ü:* Georges Marchais (1920–1997): seit 1947 Mitglied des PCF, seit 1972 Generalsekretär der Partei, ein Amt, von dem er 1994 zurücktrat.
377 M. Gallo, »Les intellectuels, la politique et la modernité«, *Le Monde*, 26. Juli 1983.

meln. Einige vergaß er einzuladen. Ich denke insbesondere an die Schriftsteller, die im sozialistischen Lager für ihre Freiheit kämpfen.« Alain Finkielkraut[378] gesteht, er habe sich am Abend des 10. Mai[379] dabei ertappt, wie er zusammen mit der Menge auf der Place de la Bastille die Internationale sang, und er fügt hinzu: »Es hat mich traurig gestimmt: meine Freude konnte sich nicht mehr durch dieses Lied ausdrücken.«

François George, Philosoph und Schriftsteller, Mitarbeiter von *Les Temps modernes*, schreibt, dass »die ›Entmarxisierung‹ der Philosophen am 10. Mai ihren Höhepunkt erreicht hat [...]. Die Intellektuellen sind alle oder fast alle entschlossene Antikommunisten geworden, und solange die Regierung den Manövern des PC ausgeliefert bleibt, wird ihr Vorgehen insgesamt unverstanden bleiben[380]«. François George organisiert im Übrigen kurz nach dem Wahlsieg François Mitterrands – vom 13. bis 16. Mai – in der Maison de la chimie (»Haus der Chemie«) in Paris eine Tagung über den französischen Stalinismus. Zwar handelt es sich nicht um ein Kolloquium gegen die Linksunion oder gegen die sozialistische Partei, doch die Koinzidenz nimmt im Rückblick symbolische Bedeutung an[381]. In stendhalschen Begriffen werden die französischen Intellektuellen der siebziger Jahre vom Phänomen der »Dekristallisierung« heimgesucht. Ende der Verzauberung durch den Marxismus, Skepsis hinsichtlich der »strahlenden Zukunft« und Kehrtwende der Leidenschaften, die sich nun gegen den Totalitarismus richten. In einem langen Prozess haben sich die bekanntesten unter den französischen Intellektuellen entweder von der Kommunistischen Partei selbst oder von der nun als beschämend empfundenen Weggenossenschaft und sogar von den historischen Doktrinen des Staatssozialismus gelöst. Dieser Prozess war seit 1956 in Gang, bald durch die Umstände (Algerienkrieg, friedliche Koexistenz) verlangsamt, bald durch neue Entwicklungen (Invasion in die Tschechoslowakei im Jahre 1968, Einfluss der sowjetischen Dissidenten, Ereignisse im Fernen Osten) beschleunigt; er erreicht seinen Höhepunkt in dem Augenblick, als – wie paradox! – wieder Kommunisten in eine französische Regierung eintreten. Eine mögliche Versöhnung zwischen den Intellektuellen und dem demokratischen Sozialismus wurde durch die wahlstrategischen Imperative des PS verhindert. Der Bruch wird auf der weiteren Entwicklung sowohl der Geschichte der Linken als auch der der Intellektuellen in Frankreich schwer lasten.

---

378 *Anm. d. Ü:* Alain Finkielkraut: bekannter französischer Schriftsteller und Publizist.
379 *Anm. d. Ü:* 10. Mai: Mitterrand gewann die Präsidentschaftswahl.
380 Ph. Boggio, »Le silence des intellectuels de gauche«, *Le Monde*, 27. Juli 1983.
381 N. Dioujeva u. F. George, *Staline à Paris,* Ramsay, 1982.

Jean-Paul Sartre (1905-1980) 1966 im Dôme am Montparnasse.
»Aus dem Bedürfnis, meine Existenz zu rechtfertigen, hatte ich aus der Literatur etwas Absolutes gemacht. Ich brauchte dreißig Jahre, um mich von dieser Geisteshaltung zu lösen.« (Interview mit Jacqueline Piatier im Jahre 1954)

Simone de Beauvoir (1908-1986) und Jean-Paul Sartre während einer der Radiosendungen der *Temps modernes* im Jahre 1946.

Karikatur von Robert Lapalme (März 1946).

Jean-Paul Sartre und André Gide in Cabris im Jahre 1950 während der Dreharbeiten zu dem Film *La vie commence demain* von Nicole Védrès.

Albert Camus (1913-1960).

Malraux stattet der Zeitung *Combat* im Jahre 1945 einen Besuch ab. Links Camus.

Louis Aragon (1897-1982) an der Seite von Francis Ponge und Paul Éluard im Jahre 1944.

Georges Bernanos (1888-1948).

Emmanuel Mounier (1905-1950) und Vercors (1902-1991) auf einem internationalen Treffen in München im Jahre 1948.

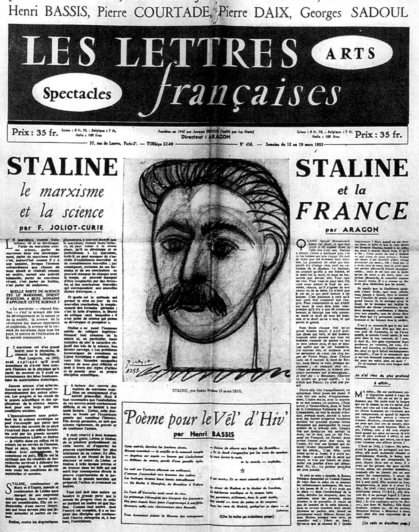

Die erste Seite von *Les Lettres françaises* beim Tode Stalins (März 1953).

Roger Nimier (1925-1962) im Jahre 1954.

Roger Vailland (1907-1965).

Raymond Aron (1905-1983).

François Mauriac (1885-1970).

Umschlagtitel des Buches »Gegen die Folter« von Pierre-Henri Simon (1957).

Szene aus dem Ungarnaufstand von 1956.

Ungarn, Oktober 1956. Rehabilitierung von Rajk, Opfer eines stalinistischen Prozesses im Jahre 1949. Im Vordergrund seine Witwe.

Sartre im großen Hörsaal der Sorbonne im Jahre 1968.

Maurice Clavel (1920-1979).

Epilog
Das Ende der Intellektuellen?

Der Friedhof Montparnasse an der Rue Edgar-Quinet, in der Sartre seine letzten Jahre verbrachte, ist zu klein für die Menge der Getreuen und Neugierigen, die am 18. April 1980 zur Beerdigung des drei Tage zuvor gestorbenen Philosophen kommen. Mehrere Zehntausend Menschen, von denen die meisten nicht einmal den Sarg sehen können, sind in dem Gefühl vereint, an dem Begräbnis eines der Großen des Jahrhunderts teilzunehmen – »des gewaltigen Sartre, [der] das Jahrhundert ausfüllte wie Voltaire und Hugo das ihre ...«, wie Serge July in *Libération* schreibt. Die Rührung ergreift jeden. Der Präsident der Republik, Valéry Giscard d'Estaing, hat sich im Hôpital Broussais lange und diskret vor der sterblichen Hülle Sartres verneigt.

In den letzten Jahren nahm Sartres Leben eine pathetische Wendung. Geschwächt und blind, fand er durch seinen neuen »Sekretär« Pierre Victor, Pseudonym des ehemaligen Maoisten der Gauche prolétarienne Benny Lévy, zu neuem Elan. Victor liest ihm jeden Tag vor, und Sartre hat die Absicht, seine nächsten Bücher mit ihm zusammen zu schreiben. Da sie nicht dazu kommen, bieten sie dem *Nouvel Observateur* – einige Wochen vor dem Tod des Schriftstellers – Gespräche an, die sie zusammen geführt haben. Sartres Freunde, in erster Linie Simone de Beauvoir, bitten Jean Daniel, den Text nicht zu veröffentlichen. In ihren Augen verleugnet sich Sartre unter dem Einfluss Victors –»Verführung eines Greises« nennt es Olivier Todd. Sartre aber besteht gegenüber Jean Daniel am Telefon mit fester Stimme darauf: er selbst wünsche diese Veröffentlichung[1]. »Alt, mit einem gefährdeten Körper, halb erblindet, war die Zukunft für ihn versperrt«, schreibt Beauvoir in *La Cérémonie des adieux* (*Die Zeremonie des Abschieds*).

> »Er behalf sich mit einem *Ersatz*: als militanter Linker und Philosoph würde Victor den ›neuen Intellektuellen‹ verwirklichen, von dem Sartre träumte und zu dessen Entstehen er mit beitragen würde. An Victor zu zweifeln hieße, auf diese lebendige Fortführung seiner selbst zu verzichten, die ihm wichtiger war als das Urteil der Nachwelt[2].«

---

1 A. Cohen-Solal, *op. cit.*, S. 768.
2 S. de Beauvoir, *Die Zeremonie des Abschieds*. Übers. v. U. Aumüller u. E. Moldenhauer, Rowohlt Verlag, Reinbek, 1983, S. 155 (Übersetzung leicht modifiziert).

Epilog

Raymond Aron empfindet denselben Widerwillen, als er die Gespräche Sartres mit Benny Lévy liest: »Was die Lektüre dieser Gespräche peinlich und manchmal unerträglich macht, ist der Druck, den Benny Lévy, bewusst oder unbewusst, auf einen alten Mann ausübt, dessen Widerstandskraft noch stärker abgenommen hat als seine intellektuelle Kraft[3].« Aron veröffentlicht seine Würdigung Sartres im *Express*.

»Sartre«, schreibt er, »war seinem Wesen nach Moralist und ist es sein Leben lang geblieben, obwohl er durch die Logik des revolutionären Absoluten dazu verführt wurde, Texte über die Gewalt zu schreiben, zum Beispiel das Vorwort zum Buch von Fanon über die ›*Verdammten dieser Erde*‹, das sehr wohl in den Anthologien der faschistoiden Literatur stehen könnte. [...] Mit dem gesellschaftlichen Leben, wie er es beobachtete und beurteilte, hat er sich niemals abgefunden: es war der Idee, die er sich von der Bestimmung des Menschen machte, unwürdig. Utopie? Heilserwartung? Es handelte sich eher um die Hoffnung oder Forderung nach einer anderen Beziehung der Menschen untereinander.«

Nach Aron lebte Sartre das »Drama eines im Dschungel der Politik verlorenen Moralisten[4]«.

Aron überlebt Sartre nicht lange. Er erliegt am 17. Oktober 1983 einem Herzinfarkt. In der Zwischenzeit ist er zu spätem Ruhm gekommen. Nach Sartres Tod sind die Scheinwerfer auf ihn gerichtet, den ehemaligen Kameraden der Rue d'Ulm, der von derselben Milch der *Alma Mater* genährt, derselben Kultur geprägt worden war, dessen Leben und Weltsicht jedoch so ganz verschieden waren. Der Händedruck von 1979, den André Glucksmann herbeigeführt hatte und der vor dem Élysée-Palast photographiert wurde, besiegelte keine Aussöhnung; doch er war ein großer symbolischer Augenblick: die beiden ehemaligen Gegner hatten sich getroffen, um bei V. Giscard d'Estaing zugunsten der *boat people* zu intervenieren. Als Raymond Aron nach Sartres Tod vor den Fernsehkameras befragt wurde, verhielt er sich durch und durch würdig – insbesondere, als er sich in einer von Bernard Pivot improvisierten Fernsehsendung der Reihe »Apostrophes« mit Benny Lévy konfrontiert sah. Kurz darauf schlagen ihm zwei junge Leute aus der 68er Generation, Dominique Wolton und Jean-Louis Missika, die Arons Denken als einen »negativen Pol« kennen gelernt hatten, ein Interview über sein Leben und sein Werk vor, das sich über drei Fernsehsendungen erstrecken soll. Es ist ein durchschlagender Erfolg. Aus den Interviews entsteht ein Buch, *Le Spectateur enga-*

---

3   R. Aron, Mémoires, *op. cit.*, S. 719 (die entsprechende Passage fehlt in der deutschen Übersetzung).
4   R. Aron, »Mon petit camarade«, *L'Express*, 19. April 1980.

gé (*Der engagierte Beobachter*), das Raymond Aron mit einem Schlag zu einer Berühmtheit macht. Damals, im Oktober 1981, arbeitet Aron an seinen *Mémoires;* sie erscheinen im Frühjahr 1983. Dieses dicke, ziemlich nüchterne Buch – der Autor nimmt eher die analytische Perspektive seiner Essays wieder auf, als dass er sich bei autobiographischer Poesie (»Was man über sich selbst sagt, ist immer Poesie«, sagt Renan) aufhält – wird der letzte und größte Triumph Arons zu seinen Lebzeiten. Viele Wochen hindurch stehen die *Mémoires* an der Spitze der Bestsellerlisten; sie rufen zahlreiche schmeichelhafte Kommentare hervor, sogar von Seiten ehemaliger oder bleibender Gegner.

Zur Beerdigung Arons am 20. Oktober 1983 im Familiengrab auf demselben Friedhof Montparnasse, auf dem Sartre ihm vorausgegangen ist, strömen keine Massen. Die Fama tritt an ihre Stelle: Aron ist zwar nicht der Victor Hugo des 20. Jahrhunderts, doch seine politische Hellsicht macht ihn zum »letzten Weisen«, wie es Claude Lévi-Strauss nach der Veröffentlichung der *Mémoires* ausdrückt. Welch ein Paradox: der brillantere, der begabtere der beiden ehemaligen »kleinen Kameraden«, der der intellektuellen Kraft (Bücher in allen Gattungen) den besten Ausdruck verlieh – Sartre –, schien gleichsam von der Geschichte besiegt im Vergleich zu dem, der nur als »Professor« galt! Aron, zugleich distanziert und voller Wertschätzung für den Autor der *Critique de la raison dialectique*, drückte immer wieder bescheiden seine Bewunderung für das intellektuelle Schaffen seines ehemaligen Kameraden aus. Nichtsdestoweniger ist Sartre Anfang der achtziger Jahre der irregeleitete und Aron der luzide, sich-niemals-geirrt-habende Intellektuelle. Der eine hat immer nur das Unmögliche erträumt, der andere wird mit dem Lorbeerkranz der Vernunft des Machbaren gekrönt.

Man kann kaum umhin, Sartre und Aron als die zwei Seiten derselben Medaille zu betrachten. Sie verkörperten zwei entgegengesetzte Typen des Intellektuellen; ihr Prestige erwuchs aus der Geschichte, die ihre Gunst nacheinander dem Herold der Revolte und dem Meister der empirischen Intelligenz schenkte. Sartre verlieh einer ganzen Epoche – der 1945 beginnenden – ein persönliches Gesicht, was ihm von Le Clézio den Titel »der entscheidende Zeitgenosse« einbrachte. Sein Erfolg ging zunächst einmal auf sein außergewöhnliches Talent als Alleskönner zurück. Auch die Mode kam ihm zugute: der antibürgerliche Stil, die Paarbeziehung mit dem Castor (notwendige Liebe und kontingente Liebschaften), denen man nacheiferte. Seit den fünfziger Jahren verkörperte Sartre den unverwüstlichen revolutionären Optimismus in seinen exzessiven Formen und gab bis zuletzt das Schauspiel eines Menschen ab, der die Wirklichkeit nicht akzeptieren kann und davon träumt, sie aufzuheben – koste es, was es wolle. Er war – wie Hugo in Guernesey – der große Exilierte inmitten dieser bürgerlichen Gesellschaft, aus der er kam. Der Unterschied zu Aron springt ins Auge. Aron hat niemals die Klatschspalten mit seinem Privatleben gefüllt. Er schrieb weder Romane noch Theaterstücke. Vierzig Jahre lang schlug er sich mit der Zeitgeschichte herum und versuchte, sie zu erklären, Stellung zu beziehen – doch nüchtern, verhalten, ohne sichtbare Gefühlsregung. Sartre ist ein Verführer, Aron nur ein Vermittler. Damit ist das Problem der Beziehung zwischen dem Denken oder dem literarischen Schaffen und dem politischen Handeln der Philosophen und Schriftsteller angesprochen.

Nichts ist enttäuschender, als feststellen zu müssen, dass es keinerlei Entsprechung zwischen der Qualität der Werke und der Schlüssigkeit des Verhaltens gibt. Die fortdauernde Debatte über Heidegger, einen der führenden Denker des Jahrhunderts, der sich auf den Nationalsozialismus einließ und keine Reue zeigte, führt uns diesen offenkundigen Tatbestand vor Augen. In gewissem Sinn versuchte Sartre (nach 1945), die Diskrepanz zwischen Denken und Handeln neu zu begreifen. Und zugleich veranschaulicht er vielleicht – für die französischen Verhältnisse – am besten die Misslichkeiten des Engagements. Rivarol unterstrich zu seiner Zeit die Besonderheit der beiden Gebiete, das der Philosophie als Ort des Absoluten und das der Politik als Ort des Relativen, des Approximativen und des kleineren Übels. Péguy hat uns dann vor der Neigung gewarnt, die großen Ziele, die »Mystik« zu »Politik« verkommen zu lassen – wie es beim Dreyfusismus, der zum Combismus wurde, der Fall war. Doch das Gemeinwesen der Menschen ist nicht die Welt der reinen Ideen: man muss Kompromisse schließen. Das Universum der Politik ist mit allen möglichen Konflikten beladen, mit Machtkämpfen, Hassgefühlen, Machtgier. Der Mensch des Geistes wird also von einer doppelten Versuchung heimgesucht. Entweder in der Welt des Idealen und Reinen, die die Welt der Sprache ist, zu bleiben und dabei Gefahr zu laufen, sich zu isolieren und ohne Einfluss auf die Welt zu bleiben. Oder die Gebote des Universums der Politik vollständig zu akzeptieren, sich für ein Lager zu entscheiden, Partei zu ergreifen, zu lernen, entweder zu schweigen oder immer erst *nach reiflicher Überlegung* zu sprechen, und dabei Gefahr zu laufen, nur mehr ein Polizeigehilfe oder ein Beamter unerfüllter Hoffnungen, ein mehr oder weniger eifriger Verwalter der Macht zu sein, und sei es einer Oppositionspartei. Die Politik radikal zu Ende zu denken heißt meistens, das Unmögliche zu wählen; doch die Politik zu akzeptieren, wie sie ist, verlangt nicht mehr als ein Bündnis der Redner mit den Experten: haben die Intellektuellen hier ihren Ort?

Diese Frage steht im Zentrum der Debatte, die der Artikel von Max Gallo genau im Todesjahr Raymond Arons auslöste. In diesen Auseinandersetzungen findet die Position des Philosophen Jean-François Lyotard besonders viel Beachtung; in ihr kündigt sich das Ende der Intellektuellen an, deren Ehrgeiz seit den Philosophen des 18. Jahrhunderts darin bestand, das Universelle zu denken und zu verkörpern.

»Nun ist es gerade«, schreibt er, »diese totalisierende Einheit, diese Universalität, die zumindest seit Mitte des 20. Jahrhunderts dem Denken fehlt.« Er fügt hinzu: »Es dürfte also keine ›Intellektuellen‹ mehr geben, und wenn es welche gibt, dann, weil sie blind sind für diese in der westlichen Geschichte seit dem 18. Jahrhundert neue Gegebenheit: es existiert kein universelles Opfer-Subjekt, das in der Realität als Zeichen aufträte und in dessen Namen das Denken eine Anklage formulieren könnte, die zugleich eine ›*Weltauffassung*‹ wäre [...]. Selbst ›*der am stärksten Benachteiligte*‹, dessen Standpunkt Sartre sich zu Eigen machte, um sich im Labyrinth der Ungerechtigkeiten zurechtzufinden, war im Grunde nur eine negative, anonyme und empirische Entität. Ich sage nicht, man solle sich seiner nicht annehmen; man muss es aus ethischer und staatsbürgerlicher Verantwortung. Doch dieser Standpunkt erlaubt nur abwehrende und lokal begrenzte Interventionen. Darüber hinaus kann er in die Irre führen, wie er Sartre in die Irre geführt hat[5].«

Michel Foucault hätte aufgrund seiner Bekanntheit und seiner Faszinationskraft die Nachfolge Sartres beanspruchen können. Schon im Laufe der siebziger Jahre war der Jüngere im Begriff, dem Älteren, dessen Stern sank, den Rang abzulaufen. Doch nach *Surveiller et punir,* dessen Einfluss und Echo weit über Frankreichs Grenzen hinausging, widmete sich Foucault ausführlich dem Nachdenken über die Sexualität; daraus ergaben sich eine Reihe unvollendeter Werke, deren erstes – *La Volonté de savoir (Der Wille zum Wissen. Sexualität und Wahrheit 1)* – 1976 erschien. Foucault, selbst homosexuell, sympathisierte mit der »Gay-Bewegung« sowohl in Frankreich als auch in Kalifornien, wo er sich immer häufiger und länger aufhielt; dabei bewahrte er allerdings eine gewisse Diskretion aus Sorge, sein Werk könnte »als Diskurs über eine ins Abseits gedrängte Minderheit verstanden« werden. Er war indessen weit davon entfernt, die Radikalität seiner politischen Überzeugungen aufzugeben; 1978 entwarf er das neue Konzept der »Gouvernementalité«[6], das seine Theorie des »Panoptismus« ergänzte: Gesellschaft und Individuum würden mit Hilfe der seit Ende des 18. Jahrhunderts entwickelten Herrschaftstechniken voll und ganz kontrolliert. Unglücklicherweise hielt es Foucault für angebracht, seine These am Beispiel des Iran, der sich 1978 vom Schah befreite, zu veranschaulichen. Begeistert veröffentlichte er in der italienischen Presse, dann in *Le Nouvel Observateur* und *Le Monde* Artikel zum Ruhm des Ayatollah Chomeini, der am 1. Februar 1979 aus dem Exil zu-

---

5 J.-F. Lyotard, »Tombeau de l'intellectuel«, *Le Monde*, 8. Oktober 1983.
6 *Anm. d. Ü:* Gouvernementalité: gebildet aus der Überschneidung von *gouvernement* (Regierung) und *mentalité* (Mentalität).

rückkehrte, um ein islamistisches Regime zu begründen. Die folgenden öffentlichen Interventionen – insbesondere jene (an der Seite Sartres) zugunsten der *boat people* und der Dissidenten der kommunistischen Länder – konnten seinen politischen Ruf nicht wiederherstellen: er blieb durch die »Iran-Episode« gezeichnet. Michel Foucault überlebt Sartre nur kurz. Er erkrankt an Aids und stirbt am 25. Juni 1984 im Alter von siebenundfünfzig Jahren.

Zeichen der Zeit: die zuletzt – 1980 – geborene Zeitschrift, *Le Débat*, die Pierre Nora bei Gallimard leitet, kehrt ihren Vorgängerinnen wie *Esprit* und *Les Temps modernes* den Rücken, indem sie jede Verkündung einer Botschaft ablehnt.

»Der orakelnde Intellektuelle ist überholt«, schreibt Nora. »Niemand wird auf die Idee kommen, Michel Foucault – wie früher Sartre – zu fragen, ob er in die Fremdenlegion eintreten oder seine Freundin zur Abtreibung überreden soll. Wie groß auch sein Prestige sein mag, er ist kein Priester mehr. Der Intellektuelle hat sich durch und durch laizisiert, sein Prophetentum hat den Stil verändert. Die Verwissenschaftlichung des Lebens hat ihn in ein breites Netz von Arbeitsgruppen und Kreditgebern eingespannt[7].«

Nora ruft nicht zum Handeln auf, sondern zuallererst dazu, die Welt, in der wir leben, zu verstehen; die Geschichte muss »der Kern« dieses Bemühens sein –

»eine entschieden zeitgenössische, politische und konzeptuelle Geschichte, die der Gegenwart ihre falschen Geheimnisse und ihre künstliche Magie nimmt; die uns – uns und den anderen – auch erklärt, wo unsere Fragen, ihre Fragen, entspringen, und warum jeder antwortet, wie er antwortet. Der Bezug zur Zeit ist heute eine unerlässliche Voraussetzung für jede politische und ideologische Initiative, er ist das Unterpfand des wirklichen Engagements«.

Im selben Jahr 1980 schreibt der Soziologe Alain Touraine: »Der Sozialismus ist tot [...]. Er ist nur noch ein Gespenst. [...] Einige Rhetoren reden noch vom Aufstieg des Sozialismus und von Arbeiterkämpfen. In Wirklichkeit ist die Epoche des Sozialismus beendet. Es ist höchste Zeit, dass man das merkt und mit seiner Zeit lebt[8] ...« André Gorz, Mitarbeiter von *Les Temps modernes*, nimmt *Abschied vom Proletariat*[9]. Eine vollkommene Desillusionierung

---

7   P. Nora, »Que peuvent les intellectuels?«, *Le Débat*, Nr. 1, Mai 1980.
8   A. Touraine, *L'Après-Socialisme*, Grasset, 1980, S. 11 u. S. 271.
9   A. Gorz, *Abschied vom Proletariat*. Übers. v. H. Abosch, Rowohlt Taschenbuch Verlag, Reinbek, 1983.

hat stattgefunden. Es geht nicht mehr darum, in der Geschichte »ein universelles Ziel, das Endziel der Welt« zu suchen, in dem Sinn, in dem Marx den Auftrag von Hegel übernommen hatte. Man steht wieder mit den Füßen auf der Erde und vor den »harten Realitäten der Welt«. Pragmatismus und der Wille, sich auf die Realität einzulassen, führen im Jahre 1982 zur Bildung der Fondation Saint-Simon, eines neuartigen Begegnungsortes von Intellektuellen und Entscheidungsträgern: der Historiker François Furet ist die treibende Kraft, zusammen mit Roger Fauroux, dem ehemaligen Generaldirektor von Saint-Gobain-Pont-à-Mousson[10], Alain Minc und Pierre Rosanvallon, dem ehemaligen Intellektuellen der Gewerkschaft CFDT und Spezialisten für Ideengeschichte.

In eben diesen Jahren erhält der Argwohn gegenüber den Intellektuellen eine »wissenschaftliche« Note – dank der Arbeiten von Pierre Bourdieu und seiner Zeitschrift *Actes de la recherche en sciences sociales*, in denen die Unschuld der Schriftsteller und Intellektuellen unter die Lupe genommen wird: ihr Tun und Lassen wird im Zusammenhang mit ihrer individuellen Strategie gesehen, die bewusst oder unbewusst auf die Verteidigung ihrer Interessen und den Erwerb – materieller und symbolischer – Güter zielt[11]. Diese Schule des Verdachts führt zur Neuinterpretation der Aktivitäten der großen Schriftsteller und der weniger großen Intellektuellen und untergräbt auf ihre Weise deren Autorität[12]. Ein gesellschaftlicher Tatbestand bestätigt die These Bourdieus: die Faszination, die das Fernsehens auf die ausübt, die es so sehr verachtet hatten. Die »Medienpräsenz« wird von denen, die sie in Anspruch nehmen, im Namen der Wirksamkeit gerechtfertigt: gibt es eine bessere Tribüne als die, welche Millionen Zuschauer anzieht? De facto interessiert sich das Fernsehen weniger für den Inhalt der Reden als für die Person derer, die sie halten. Der kleine Bildschirm ist zu einem Instrument des persönlichen Aufstiegs geworden, der »medienwirksame Intellektuelle« zur letzten Verpuppung der Zunft[13].

---

10 *Anm. d. Ü:* Saint-Gobain-Pont-à-Mousson: multinationaler Gemischtkonzern (Computer, Glas, Baustoffe usw.).

11 Julien Benda hatte schon 1927 »das Karrierestreben« unter den Motiven der Intellektuellen herausgestellt: siehe *Der Verrat der Intellektuellen, op. cit.*, S. 194.

12 Untersuchungen über die »Macht« und die intellektuellen »Netze« häufen sich. Wir erwähnen als Beispiele H. Hamon u. P. Rotman, *Les Intellocrates* (Ramsay, 1981), *Le Pouvoir intellectuel en France* von R. Debray (Ramsay, 1979), *La Tribu des clercs: les intellectuels sous la Ve République* von R. Rieffel (Calmann-Lévy, 1993) usw. *Le Monde de l'Éducation* widmet bereits im Februar 1977 eine ihrer Nummern der »Intellgenzija«: »*Eine Mafia, eine Gang, eine Clique*«, sagen die einen; wenn sie auch aus dem System ihren Nutzen ziehen, finden sie kaum genügend harte Worte, um es zu treffen.«

13 Der Fall von Bernard-Henri Lévy würde eine gesonderte Studie verdienen – ich überlasse sie anderen: die offenkundige Diskrepanz zwischen der Bedeutung seines Werks und der Häufigkeit seiner Auftritte im Fernsehen in den siebziger und achtziger Jahren veranschaulichen die Neuheit des Phänomens. Die Archive des INA (Institut National de l'Audiovisuel) würden das wesentliche Material für diese nahe liegende Studie liefern.

Epilog

Der Fall der Berliner Mauer im Jahre 1989 und die Implosion des Sowjetregimes im Jahre 1991 versetzen dem linken Historizismus, der seit den dreißiger Jahren so viele Werke und Karrieren getragen hatte, den letzten Stoß. Schon Romain Rolland, der das »Vaterland des Sozialismus« so tapfer unterstützt hatte, erklärte am 12. Oktober 1940 enttäuscht: »Niemals dürfte sich ein Idealist der Politik verschreiben. Er ist immer der Dumme und das Opfer. Man bedient sich seiner wie einer Reklame, um die Tonne für den Müll, die Scharlatanerie und die Bosheit zuzudecken[14].« Einige sind nun der Meinung, der authentische Intellektuelle werde, endlich von diesem Nessushemd befreit, in seiner ursprünglichen Reinheit auferstehen. Jacques Julliard, der diese Überzeugung teilt, schreibt im Jahre 1986: »Zurzeit erneuert sich in diesem Land am Rande der Politik eine intellektuelle Gemeinschaft, die ihre eigenen Gesetze und ihr eigenes Wertesystem hat, das nicht mehr das einfache Abbild des Wertesystems der Parteien ist[15].« De facto erlebt man einige Jahre später, während der dramatischen Ereignisse von Bosnien-Herzegowina, wie sich Intellektuelle mobilisieren und für eine diplomatische und militärische Intervention Frankreichs zugunsten der Bosniaken, die von den bosnischen Serben massakriert werden, eintreten. Die »humanitären« Interventionen in den von Bürgerkriegen und Genoziden heimgesuchten Gegenden von Irak bis Ruanda – die »Ärzte ohne Grenzen« und »Ärzte der Welt«, die *French doctors* der angelsächsischen Presse – zeigen, dass sich die definitionsgemäß universelle Moral mit einer konkreten Aktion verbinden kann. Es handelte sich nicht um Politik. Zumindest ermahnten die Aufrufe zur menschlichen Solidarität, die verschiedentlich lanciert wurden, die Öffentlichkeit, sich nicht auf ihre unmittelbaren und lokalen Probleme zu beschränken, und begünstigten so die Entwicklung eines weltumspannenden Bewusstseins vom Bösen und vom Leiden.

Versuchen wir eine Zusammenfassung: Während der Dreyfus-Affäre, als sich die geschwächte Kirche in der Defensive befindet, nehmen die Intellektuellen eine moralische Autorität für sich in Anspruch, die im Übrigen durch die republikanischen Freiheiten, den öffentlichen Unterricht und die Entwicklung der Presse begünstigt wird. Man kann ebenso die Definition Sartres gelten lassen:

> »Ursprünglich sind die Intellektuellen also eine Vielzahl von Menschen, die einen gewissen Ruhm erworben haben aufgrund von Arbeiten, die auf Intelligenz beruhen (exakte Wissenschaften, angewandte

---

14 Zit. nach B. Duchâtelet, in *Dictionnaire biographique du Mouvement ouvrier français, op. cit.*, Band 40, 1991, S. 271.
15 J. Julliard, »La retraite des intellectuels«, *Le Nouvel Observateur*, 8. August 1986.

Wissenschaften, Medizin, Literatur etc.), und diesen Ruhm missbrauchen, um ihre Domäne zu verlassen und die Gesellschaft und die bestehende Ordnung namens einer globalen, dogmatischen (vagen oder präzisen, moralistischen oder marxistischen) Auffassung vom Menschen zu kritisieren[16].«

Diese neutrale Definition spricht den Intellektuellen keine besondere Mission zu. Das hatte Julien Benda 1927 in seinem Werk *La Trahison des clercs* übernommen. Indem er die Dreyfus-Affäre als Bezugspunkt nahm, brandmarkte dieser ehemalige Dreyfusard die »clercs«, die Intellektuellen, die sich den politischen Leidenschaften hingaben, den Gesichtspunkt des Universellen aus den Augen verloren und ihre Autorität in partikulare Angelegenheiten wie die der Rasse, der Klasse oder der Nation einbrachten. Benda zeichnete das Fantombild des Intellektuellen: ein uneigennütziger Geist, dessen »Aktivitäten schon vom Wesen her nicht auf praktische Ziele gerichtet sind«; wenn er sich in den politischen Kampf stürzt wie während der Dreyfus-Affäre, so im Namen der »Menschlichkeit«, der »Gerechtigkeit«, kurz eines »abstrakten Prinzips, das jenen Passionen übergeordnet und entgegengesetzt ist«. Nun, zahlreiche »clercs« haben ihre moralische Funktion verfehlt, haben aufgehört »die Offizianten der abstrakten Gerechtigkeit« zu sein; sie sind – indem sie für den Sozialismus, für den Antisemitismus oder für den Nationalismus kämpften – zu einer »geistigen Miliz des Zeitlichen« geworden. Und Benda bekräftigt die Berufung des Intellektuellen: das schlechte Gewissen der »säkularisierten und praktischen« Welt zu sein, der Garant oder Zeuge der Zivilisation, verstanden als »moralischer Vorrang, der dem Kult des Geistigen und dem Gefühl des Universellen gilt[17]«.

Eine solche Mission überstieg ohne Zweifel die Möglichkeiten der Intellektuellen, die Benda zu reinen, souverän über den irdischen Kontingenzen schwebenden Geistern erhob. Doch unsere nationale Kultur wurde in einem gewissen Maße von diesem überhöhten Anspruch geprägt. Der Idealtypus des »clercs«, Treuhänder der geistigen und universellen Werte gegenüber den zeitlichen Interessen des Gemeinwesens, wird bei Gelegenheit wirksam werden, wenn sich die Intellektuellen als einzige – oder am ehesten – in der Lage sehen, dem Missbrauch der politischen Macht den Einwand des Gewissens entgegenzuhalten. Im Übrigen tritt ein Fall wie die Dreyfus-Affäre nur selten auf; wie Raymond Aron sagt: »nicht alle historischen Ereignisse stellen sich in so schematischer Form dar wie die Dreyfus-Affäre: auf der einen Seite ein Unschuldiger, auf der anderen das Ansehen eines großen Generalstabs der Armee[18]«.

---

16   J.-P. Sartre, »Plädoyer für die Intellektuellen. Erster Vortrag (1965). Was ist ein Intellektueller?«, in *Plädoyer für die Intellektuellen op. cit.*, S. 92.
17   J. Benda, *Der Verrat der Intellektuellen, op. cit.*, S. 111 ff.

Epilog

Der hochmütige Anspruch auf eine Art Priesteramt war seit der Dreyfus-Affäre bei zahlreichen Gebildeten auf Ablehnung gestoßen: sie weigerten sich, »clercs« zu sein. Gegen den angeblichen Universalismus der Intellektuellen hat niemand besser als Barrès die antiintellektualistische Forderung nach Verwurzelung zum Ausdruck gebracht. Dem Stolz einer intellektuellen Elite, die durch ihre Abstraktionen von den »Massen« isoliert ist, setzt er »den sicheren Instinkt« des einfachen Volkes entgegen, »dieser Bevölkerungsgruppen, die das Blut der Nation bewahren« und die nationale Wahrheit gegen »die Partei des Auslandes«[19] vertreten. Ob Dreyfus des Verrats schuldig war oder nicht, ist in dieser Sicht ohne Bedeutung; denn gemessen am nationalen Zusammenhalt, an der Aufrechterhaltung der Institutionen, in erster Linie des Generalstabs und der Armee, ist eine zu Lasten eines einzelnen Individuums begangene Ungerechtigkeit ohne Gewicht. Die gesamte literarische Rechte, von Brunetière bis Maurras, spricht den Intellektuellen im Anschluss an Barrès eine besondere Hellsichtigkeit in den öffentlichen Dingen ab. Man versteht daher, warum in der Folgezeit die Begriffe »Intellektuelle« und »Linksintellektuelle« als Synonyme benutzt werden: die Rechte lehnt es ab, den Menschen des Geistes eine spezielle Befähigung im Bereich der Politik zuzusprechen.

Nach der Dreyfus-Affäre lösten die dreißiger Jahre – in jeder Hinsicht Krisenjahre – eine zweite Phase der Mobilisierung der Intellektuellen aus. Zu Beginn des Jahrzehnts entstanden zahlreiche kleinere Zeitschriften und Studiengruppen, die mit den literarischen und ästhetischen Zielen ihrer Vorgänger brachen, von einer Krise der Zivilisation ausgingen und die notwendige Revolution herbeisehnten. Dieser »Geist der dreißiger Jahre« (Jean Touchard) offenbarte die Bestrebungen einer neuen Generation, die die Zukunft der Gesellschaft in philosophischen und moralischen Kategorien zu fassen suchte und die Werte des Liberalismus in Frage stellte, auf deren Grundlage die Sieger von 1918 Europa hatten reorganisieren wollen. Von den jungen, dem Marxismus verbundenen Intellektuellen abgesehen, weigerten sich diese Anhänger der »Revolution« – zunächst einer geistigen Revolution –, sich einer politischen Partei anzuschließen; sie setzten auf einen dritten, vom Kapitalismus und vom Kommunismus gleichermaßen entfernten Weg. Hatten sie mit den »clercs« von Benda etwas gemein? Zumindest dies: sie verteidigten die Ansprüche des Geistes in einer Welt, die sie in ihren Augen tagtäglich mit Füßen trat.

Sie brachten in ihren gemeinsamen Schriften jedoch nicht die abstrakten Gebote einer universellen Moral zum Ausdruck; sie gaben vor, den Menschen und seine Zukunft in der Vielfalt seiner gesellschaftlichen und historischen Bezüge zu betrachten. Sie formulierten Programme im Namen von Werten,

---

18 R. Aron, *Mémoires,* Julliard, 1983, S. 87 (in der deutschen Fassung ist das Zitat nicht enthalten).
19 M. Barrès, *Scènes et Doctrines* ..., *op. cit.*, 1, S. 275.

doch ohne politische Verankerung, ohne soziale Basis, und übten ihre kritische und schöpferische Funktion allein im Bereich der Ideen aus. Der Donnerschlag vom 6. Februar 1934 sollte nicht wenige Retorten in den Laboratorien der sozialen Phantasie zertrümmern – als ob die Politik plötzlich vom Himmel fiel und all die »Revolutionäre ohne Revolution« aufforderte, auf die Straße zu gehen. Auf jeden Fall verschiebt sich die intellektuelle Geschichte: der »Nonkonformismus« der »dreißiger Jahre« wird von der Auseinandersetzung mit dem Faschismus abgelöst[20].

In der Tat ist es weniger der Machtantritt Hitlers im Jahre 1933 als der Aufstand der Ligen vor dem Palais-Bourbon ungefähr ein Jahr danach, der einem Teil der öffentlichen Meinung in Frankreich die »faschistische« Gefahr ins Bewusstsein rückt. Dieses plötzliche Wiederauferstehen der äußersten Rechten führt zur Bildung des »Wachsamkeitskomitees der antifaschistischen Intellektuellen«. Bendas »clerc« sieht sich wieder gehalten einzugreifen: geht es nicht darum, sich wie zur Zeit des Dreyfusismus in den Dienst der universellen Werte zu stellen – gegen die Bedrohung durch die partikularen nationalistischen, ja rassistischen Leidenschaften des Faschismus, der von Italien und Deutschland aus in die französische Gesellschaft eindringt? Die Verteidigung der Demokratie wird dringlich. Sie fällt in die Verantwortung der »clercs«. Für Benda ging es in der Tat nicht darum, das demokratische System zu »lieben«, sondern ganz einfach darum, »diejenigen zu hassen, die es ablehnen, und zwar, weil sie alle mehr oder weniger offen die staatsbürgerliche Ungleichheit der Menschen vertreten, sei es im Namen der Geburt oder im Namen des Vermögens, das heißt im Namen der Ungerechtigkeit[21]«.

Dieser Aufstand des Gerechtigkeitsempfindens gegen die Unmoral des Faschismus richtete sich vor allem gegen die Eroberung Äthiopiens durch Mussolini – und gleichzeitig gegen das Manifest der Rechten, »der Partei der Intelligenz«: »Für den Frieden in Europa und die Verteidigung des Westens«, das die Sanktionen gegen das Italien des Duce ablehnte. Diese »französischen Intellektuellen« besiegelten aus der Sicht Bendas einen neuen »Verrat der Intellektuellen«, indem sie »die Niederwerfung des Schwachen durch den Starken[22]« billigten.

Die beiden Lager von 1898 formierten sich neu. Indessen wahrten die antifaschistischen Intellektuellen und ihr Komitee nicht lange jene Einheit aus Entrüstung und Widerstand, mit der sie den als faschistisch geltenden Aufrührern des 6. Februar und den fanatischen Verteidigern der Eroberungspolitik Mussolinis begegnet waren. Der Antifaschismus verlangte mehr als eine Aufwallung des Protests, er bedurfte einer Politik. Die Meinungsverschieden-

---

20 J. Touchard, *loc. cit.*
21 J. Benda, *La Jeunesse d'un clerc*, *op. cit.*, S. 362.
22 J. Benda, Einleitung zur Neuausgabe von *Der Verrat der Intellektuellen*, *op. cit.*, S. 32.

heiten in dieser Hinsicht ließen nicht auf sich warten. Schon im März 1936 stellte sich die Frage in aller Brutalität, als Hitler trotz des Locarnovertrages die militärische Wiederbesetzung des Rheinlandes beschloss. Sollten die entschiedenen Antifaschisten den Fait accompli akzeptieren? Hitler die Remilitarisierung des Rheinlandes zu untersagen, hieß das nicht, eine Politik der Stärke zu verfechten und das Risiko einer bewaffneten Konfrontation einzugehen? Für die Mehrheit der antifaschistischen Intellektuellen war dies ein unerträglicher Gedanke: »Der Antifaschismus kann weder der Vorwand noch die Rechtfertigung für einen Krieg sein[23].« Die Rheinlandkrise, in der sich die Ambitionen Hitlers aufs Schärfste enthüllen, löst innerhalb des »Wachsamkeitskomitees« einen Konflikt aus. Eine pazifistische Mehrheit setzt ihre Orientierung durch und wird sie bis zum Ende durchsetzen.

In diesem Widerstreit der Aufgaben – sowohl die Demokratie als auch den Frieden zu verteidigen – gäbe es zweifellos Raum für eine Politik, die das offenkundige Dilemma überwinden könnte: Nazideutschland genügend einzuschüchtern, um es von seinen Eroberungsplänen abzubringen. Doch eine solche Politik der Entschlossenheit setzt die Bereitschaft voraus, das Risiko des Krieges einzugehen, was jedoch den Pazifisten unannehmbar erscheint. Es ist, als ob die Eindämmung Hitlers, der Versuch, seinen Vormarsch durch eine unzweideutige Außenpolitik und eine planmäßige Wiederbewaffnung zu stoppen, für die Pazifisten bereits hieße, die Maschinerie des Krieges in Gang zu setzen – und das will man nicht auf sich nehmen: »Kann ein Krieg mehr Gerechtigkeit, mehr Freiheit, mehr Wohlstand in die Welt bringen[24]?« Von Krise zu Krise findet sich das »Wachsamkeitskomitee« mit dem Verzicht auf Widerstand ab, der bis zur Verurteilung der ... französischen Wiederbewaffnung geht, und das noch nach dem Warnschuss von München. In seiner letzten Nummer vom Juli 1939 richtet das Bulletin des Komitees, *Vigilance*, seinen Zorn allein auf das, was es als »langsame Faschisierung und Militarisierung« Frankreichs unter Daladier bezeichnet.

Der Wunsch, die Demokratie zu verteidigen und zugleich jedem Kriegsrisiko auszuweichen, führte die antifaschistischen Intellektuellen dazu, die von Nazideutschland ausgehende Gefahr zu unterschätzen und in einer Art Übertragung die Seuche, die man bekämpfte, innerhalb der eigenen Grenzen anzusiedeln. Derart lokalisiert, konnte der Feind weiterhin in den Zeitungen und auf den Tribünen bekämpft werden. Der bloße Protest, die moralische Entrüstung, die Ablehnung zugleich des Faschismus und der Wiederbewaffnung erwiesen sich als lächerlich und bald als tragisch: die Politik nährt sich nicht nur von schönen Gefühlen – 1940 mussten viele Intellektuelle durch Schaden diese Entdeckung machen.

---

23 Zit. nach N. Racine-Furlaud, »Le Comité de vigilance des intellectuels antifascistes ...«, *loc. cit.*
24 S. Weil, »Faut-il graisser les godillots?«, *Vigilance* 44–45, 27. Oktober 1936.

Wenn der Widerspruch zwischen Antifaschismus und Pazifismus dem Scheitern des »Wachsamkeitskomitees« zu Grunde lag, so lähmte ein weiterer Konflikt andere Intellektuelle: die Gegner des Stalinismus, denen es widerstrebte, den Kampf gegen den rechten Totalitarismus durch ein Bündnis mit dem linken Totalitarismus zu erkaufen. Zur selben Zeit nämlich, als die Kommunisten mit ihrer neuen Einheitspolitik zahlreiche Sympathien für sich gewannen und Intellektuelle dazu veranlassten, der Partei beizutreten, führten die Enthüllungen über die Realitäten des stalinistischen Regimes eine linke Minderheit zu einem entschiedenen Antistalinismus. *Le Retour de l'URSS* von Gide, die Enthüllungen von Victor Serge, die großen Säuberungen und die großen Moskauer Prozesse, die Umtriebe der Kommunistischen Internationale innerhalb des spanisch-republikanischen Lagers – die fünf Jahre, die dem Zweiten Weltkrieg vorausgehen, sind Jahre einer ersten antistalinistischen Welle, die bei manchen eine passive Haltung gegenüber der von Hitler ausgehenden Gefahr zur Folge hat.

In beiden Fällen – der Friedenspolitik um jeden Preis und/oder der Ablehnung eines Bündnisses mit der UdSSR – verschanzte man sich hinter Einstellungen, die moralisch zwar vertretbar, politisch aber, wie die Entwicklung zeigen sollte, verhängnisvoll waren. Der Geist von München (im weitesten Sinn des Wortes, denn man weiß, dass das Zurückweichen vor Hitler im März 1936 entscheidender ist als das im September 1938) war bei diesen Intellektuellen zum Teil das Ergebnis eines Moralismus, der von Natur aus unfähig war, eine Politik festzulegen. Niemals stärker als in jenen Jahren hat sich die Gelegenheit geboten, über die komplexen Zusammenhänge zwischen Moral und Politik nachzudenken. Wenn jede Politik, insbesondere in einem demokratischen System, auf Werten gründet, so ist es offenkundig, dass diese Werte – sobald man das Reich der reinen Ideen verlässt – nicht ausreichen, um eine Strategie, eine Diplomatie und alle Notwendigkeiten eines unausweichlich zweifelhaften Kampfes zu definieren. Waffen herzustellen, um den Frieden zu bewahren, sich mit dem fernen »Teufel« zu verbünden, um sich vor dem gefährlichsten, in nächster Nähe befindlichen »Teufel« zu schützen – diese Erfordernisse des politischen Realismus widersprachen, wie das schließliche Scheitern des »Wachsamkeitskomitees« belegt, den Überzeugungen zahlreicher Antifaschisten.

Die Lektion des Realismus war nicht vergeblich. Wurde sie allzu gut verstanden oder falsch gedeutet? Wie dem auch sei, in der folgenden Phase unserer intellektuellen Geschichte – im Krieg, in der Résistance, im Kalten Krieg ... – trat der Typus des moralisierenden, zur Entscheidungslosigkeit verurteilten Intellektuellen seltener auf – zugunsten eines neuen Modells, des Parteimitglieds und seines weniger ausgeprägten Doppelgängers: des Weggefährten.

Epilog

In der neuen Ära der Nachkriegszeit drängt sich dem Bewusstsein vieler Intellektueller die Philosophie des Engagements auf. Der Moralismus von einst taugt nur noch für den Trödel: der Krieg hat gezeigt, dass sich der moralische Imperativ in einer Praxis verkörpern muss, wenn er nicht zu einer engelsgleichen Haltung verkommen will. Im Kampf gegen den Nationalsozialismus hat man notwendige Mittel eingesetzt, die manchmal zweifelhaft waren. Diese Mobilisierung muss in Friedenszeiten fortgesetzt werden; denn wer sich nicht konkret engagiert, unterstützt willentlich oder unwillentlich die Ungerechtigkeiten: »Das Absolute ist nicht von dieser Welt«, schreibt Emmanuel Mounier, »es ist inkommensurabel mit dieser Welt. Wir engagieren uns immer nur in fragwürdigen Kämpfen für unvollkommene Dinge. Das Engagement ablehnen heißt daher, die conditio humana ablehnen[25].«

Der Begriff »zweifelhafter Kampf« gehört nicht zum Wortschatz der Parteimitglieder, derjenigen, die sich mit Leib und Seele in der kommunistischen Bewegung engagieren. Sie verzichten auf den Geist der Kritik zugunsten des Glaubens, sie stellen sich in den Dienst einer Partei, an deren Rändern die Weggefährten hoffen, ihre revolutionäre Überzeugung mit einem Rest an Distanz und Eigenständigkeit vereinbaren zu können. Die einen wie die anderen akzeptieren das harte Gesetz – *sed lex* – des politischen Realismus, wie es eine Person in Sartres Stück *Les Mains sales* (*Die schmutzigen Hände*) sagt: »Man macht kein Omelett, ohne Eier zu zerschlagen.«[26]

Dieses Akzeptieren der machiavellistischen Regeln der Politik wird in verschiedenen Phasen des Kalten Krieges auf eine harte Probe gestellt. Man erinnere sich nur an die Haltung der Weggefährten zur Zeit der stalinistischen Prozesse in den Volksdemokratien. Vor allem der Position Julien Bendas gebührt in dieser Hinsicht Beachtung, denn sie ist besonders aufschlussreich für die Entwicklung der Gemüter. Gehört er, der Dreyfusard, der Ankläger gegen den Verrat der Intellektuellen, doch zu denen, die das vom Budapester Gericht gegen den angeblichen »Titoisten« Rajk verhängte Todesurteil rechtfertigen. Er zögert nicht, sich auf den »Dreyfusismus« zu berufen, um zu behaupten: »Die ungarische Republik hat präzise zugeschlagen[27].«

Die Kasuistik der Weggefährten und die Religion der Parteimitglieder wurden von den Ereignissen des Jahres 1956 in Frage gestellt. Die Enthüllungen der Geheimrede von Nikita Chruschtschow auf dem 20. Kongress der Kommunistischen Partei der Sowjetunion im Februar, auf die im Oktober/November die Zerschlagung der ungarischen Revolution durch sowjetische Panzer folgte, erschütterte schließlich von Grund auf das System der Beziehungen, das sich zwischen dem PCF und den linken Intellektuellen seit der

---

25 E. Mounier, *Le Personnalisme*, PUF, 1950, S. 111.
26 *Anm. d. Ü*: Wo gehobelt wird, fallen Späne.
27 J. Benda, »Esterhazy, l'affaire Rajk et la démocratie«, *Les Lettres françaises*, 13. Oktober 1949.

Résistance herausgebildet hatte. Seit diesem historischen Erdbeben hat der Rückzug der Intellektuellen – durch einen abrupten Bruch oder durch ein allmähliches Weggleiten – die Kommunistische Partei zunehmend geschwächt. Politische Umstände zögerten ihn noch einmal hinaus: der Kampf gegen den Algerienkrieg, die Opposition gegen die Rückkehr von General de Gaulle an die Macht, das Wiederaufleben des Marxismus-Leninismus nach Mai 68 (dies ist schon weniger offenkundig, denn an die Stelle des sowjetischen Mythos tritt bei vielen der »chinesische Mythos«) ... Doch im Laufe der siebziger Jahre bricht – insbesondere unter dem Einfluss der russischen Dissidenten und der Auswirkungen der Ereignisse im Fernen Osten – die französische Intelligenzija, wie die Literatur des Jahrzehnts belegt, nicht nur mit der Kommunistischen Partei (ein Bruch, der sich seit langem angebahnt hat), sondern auch mit den Ideologien des irdischen Heils und mit den weltlichen Religionen. Es ist die Stunde der Kritik, der Analyse und der Ablehnung des »totalitären Phänomens«. Die sowjetische Intervention in Afghanistan im Dezember 1979, der Gewaltstreich Jaruzelskis in Polen im Dezember 1981: zwischen diesen beiden Manifestationen des sowjetischen Totalitarismus werden zum ersten Mal seit 1947 Kommunisten als Minister an der Regierung beteiligt. Die Vorbehalte dieser Regierung gegenüber erscheinen vielen umso begründeter.

Rückblickend kann die Zeit des Kalten Krieges als eine Art Verfinsterung der intellektuellen Vernunft erscheinen, die einem Verzicht auf die Autonomie des Denkens gleichkommt – entweder zugunsten der Parteiräson oder aber, an den Rändern des Kommunismus, zugunsten einer revolutionären Mythologie, die heute in Zweifel gezogen wird. Dabei ist jedoch nicht zu vergessen, dass viele Intellektuelle in dieser Phase des begeisterten Engagements eine spezifische und unabhängige Rolle spielten, insbesondere in den Kampagnen des Antikolonialismus. Nach dem Zweiten Weltkrieg wurden die kolonialen Verhältnisse zuallererst – bevor die linken Parteien sich dazu entschlossen – von den Intellektuellen angeprangert, die von *Les Temps modernes* zu *Esprit*, von *Esprit* zu *L'Observateur* wanderten. Die Verteidigung der Kolonisierten und die Anklage gegen den Kolonialismus kennzeichnen besser als alles andere das Engagement der Intellektuellen in der französischen Politik jener Zeit. Insbesondere der Algerienkrieg bot vielen Intellektuellen die Gelegenheit, wieder an die Tradition des Dreyfusismus anzuknüpfen, die als Protest der Gerechtigkeit gegen die Staatsräson verstanden wurde: Protest der »lieben Professoren« (Spott des Ministers Bourgès-Maunoury) gegen die Folter, Petitionen, Disputation zur Doktorarbeit von Maurice Audin an der Sorbonne *in absentia*, heimliche Verbreitung von *La Question* und von anderen von der Zensur verbotenen Zeugenberichten, bis hin zur direkten Unterstützung des FLN durch eine Minderheit – das waren typische Aktivitäten eines parteiunabhängigen intellektuellen Engagements.

Epilog

Doch der Protest gegen die Folter besaß denselben Ausnahmecharakter wie der Kampf der Dreyfusards für die Revision. Nach der Entkolonisierung war der zur Dritte-Welt-Bewegung gewandelte Antikolonialismus seinerseits Widersprüchen ausgesetzt; er verfing sich insbesondere in den Realitäten des sowjetischen Hegemoniestrebens, das im Übrigen angeprangert wurde. Das Engagement für Kuba zum Beispiel ging in dem Maße seines ursprünglichen Sinns verlustig, in dem sich das Regime Fidel Castros dem sowjetischen Block unterwarf. Es ergab sich, dass zahlreiche französische Intellektuelle im Laufe der siebziger Jahre nach und nach auf die globalen Ideologien, auf den Historizismus und auf verheißungsvolle exotische Träume verzichteten und punktuelle, spezifische Interventionen (vom Typ »Ein Schiff für Vietnam«) vorzogen, statt ihre Energien für ein Endziel zu mobilisieren. Man brauchte ein Manifest, um diesen Einstellungswandel zum Ausdruck zu bringen. Es erschien mit zahlreichen Unterschriften am 4. Juli 1973 in *Le Monde* unter dem Titel: »Die Intellektuellen und die Macht.« Insbesondere konnte man dort lesen:

> »Kein Land, kein Regime, keine gesellschaftliche Gruppe ist Träger der Wahrheit oder der absoluten Gerechtigkeit, und zweifellos wird es niemals ein solches Land und Regime oder eine solche Gruppe geben. Die erschreckende Erfahrung des Stalinismus, die Verwandlung revolutionärer Intellektueller in Apologeten des Verbrechens und der Lüge zeigen, bis wohin die Bereitschaft, sich mit Utopien zu identifizieren, und die Verführung durch die Macht – diese für den zeitgenössischen Intellektuellen charakteristischen Versuchungen – führen können.«

Moral ohne Moralismus, Engagement ohne Verblendung, der Wille, das Reale dem Imaginären vorzuziehen, Bekenntnis zum Maßhalten ..., all dies legt nach dem Tode von Raymond Aron den Gedanken nahe, dass man, sollte sich das Modell Arons durchsetzen, das Ende der Intellektuellen – verstanden als kollektives Gewissen der Gesellschaft – erleben würde. Nicht, dass ihnen die Politik untersagt wäre, doch jeder würde sich ihr mit seinen eigenen Kompetenzen zuwenden, mit seinen persönlichen Gewissheiten und Zweifeln, auf eigene Gefahr und nicht geschlossen hinter einer Idee. Da eigenständiges Denken den Intellektuellen auszeichnet, könnte es sein, dass es ihm nach so vielen Fehlgriffen widerstrebt, sich in eine Reihe einzugliedern, mit seinem Namen die täglichen Petitionen zu schmücken, ein illusorisches »Wir« zu leben; und dass er es sich im Gegenteil zur Aufgabe macht, den durch die wachsende Komplexität der Welt verschleierten Sinn der Dinge behutsam zu begreifen. Eine Rückkehr zum Ich wäre unter diesen Bedingungen weder ein Ausdruck von Hochmut noch ein Eingeständnis von Narzissmus, sondern eine Bekundung sowohl von Vorsicht als auch von Freiheit.

Eine solche »vernünftige« Haltung entginge nicht dem Verdikt des Konservatismus. Daraus ergibt sich eine weitere Frage: würden die Intellektuellen in den sich bedroht fühlenden, in die Defensive gedrängten liberalen Demokratien darauf verzichten, Akteure des Wandels, Ingenieure der gesellschaftlichen Zukunft, Schöpfer minimaler Utopien zu sein? Würden sie dazu verurteilt sein, auf den Befestigungsmauern Stellung zu beziehen – als Wächter einer Zivilisation (Demokratie, Pluralismus, Toleranz), die Erschöpfungserscheinungen zeigt?

Seit der Revolution haben wir die fortschreitende Trennung zwischen der politischen Macht und der geistigen Macht, die in der einstigen christlichen Monarchie verschmolzen waren, erlebt. Viele Philosophen hielten eine geistige Gegenmacht gegenüber der materiellen – politischen, ökonomischen, sozialen – Macht für notwendig, nachdem die katholische Kirche aufgehört hatte, diese Funktion auszuüben. Saint-Simon, Auguste Comte, Alain brachten nacheinander die Notwendigkeit zum Ausdruck, die Gewalt durch den Geist auszubalancieren. Sofern sie der bloßen Logik ihrer eigenen Interessen ausgeliefert ist, läuft die materielle Macht Gefahr, jede ethische Grundlage der politischen Gesellschaft aus den Augen zu verlieren. Unter diesem Gesichtspunkt haben die Intellektuellen zunächst die Aufgabe, kritisch Stellung zu nehmen und die universellen Werte, wie sie insbesondere in der Erklärung der Menschenrechte niedergelegt sind, in Erinnerung zu rufen. Zu dieser kritischen Funktion – unerlässlich in einer Gesellschaft, die von spezifischen Interessen beherrscht wird – gesellt sich eine organische Funktion. Seit dem marxistischen Theoretiker Antonio Gramsci ist es üblich, zwischen dem kritischen und dem organischen Intellektuellen zu unterscheiden, wobei letzterer nur die Aufgabe hat, die Machtausübung der herrschenden Klasse zu rechtfertigen, indem er der Herrschaft die Ideologie liefert. Wenn man davon ausgeht, dass die Perspektive unserer Gesellschaften nicht mehr die prometheische Revolution des Proletariats, Ausgangspunkt der klassenlosen Gesellschaft, ist, sondern eine tiefgreifende Demokratisierung – wobei Demokratie immer bedroht, nie vollendet ist –, dann haben die Intellektuellen auch eine organische Rolle zu spielen: die Bauleute dieser unmöglichen Demokratie zu sein, einer Konstellation begrenzter Freiheit, annähernder Gleichheit und zeitweiliger Brüderlichkeit. »Bauleute«, »Arbeiter« eher als »Beamte«, denn nichts ist schlimmer als die Institutionalisierung der intellektuellen Funktion. Die geistige oder intellektuelle Gegenmacht, deren Notwendigkeit unsere Gesellschaft verspürt, kann nur eine diffuse Macht sein, die niemand verkörpert, weder ein höheres individuelles Bewusstsein noch eine privilegierte Gruppe[28]. Sie muss als anonyme Kraft aufgefasst werden, die nur gelegentlich aus ihrer Anonymität heraustritt, ohne ein Entgelt zu erwarten, was einen gewissen Verhaltenskodex einschließt. Das Paradox des Intellektuellen liegt da-

Epilog

rin, dass die Macht, über die er verfügt, von seinem Ansehen herrührt: sie zu Gunsten eines hohen menschlichen Anliegens einzusetzen verstärkt wiederum seinen Ruf. Er wird diesem Widerspruch nie entrinnen; man kann nur wünschen, dass er ihn zumindest in voller Bewusstheit erlebt. Umfassender, tiefgreifender, dauerhafter als das Geschrei der Pamphletisten und das Unterzeichnen von Petitionen und Manifesten ist die tägliche Arbeit der anonymen Intellektuellen – insbesondere als Erziehende –, die, so scheint mir, als die wirkliche, zugleich kritische und organische Gegenmacht in der demokratischen Gesellschaft anerkannt werden muss. Die staatsbürgerliche Gesinnung, die Weigerung, sich für eine Person oder eine Gruppe besonderer Art zu halten, die aktive Mitarbeit am Willen zum Zusammenleben, kurz, die ethischen Grundlagen unserer unvollkommenen, aber verbesserungsfähigen Gesellschaft sind nicht das Monopol einiger weniger, sondern die Sache aller.

---

28 Seit der ersten Ausgabe dieses Werks wurde die Vorstellung von einem kollektiven (kollektiven und spezifischen, könnte man sagen) Intellektuellen durch ein unerwartetes *remake* in Frage gestellt. *Le Monde* vom 8. Mai 1998 trug in der Tat über sechs Spalten den Titel: »Pierre Bourdieu wird zum intellektuellen Bezugspunkt der ›sozialen Bewegung‹.« Krankheit und Tod (am 23. Januar 2002) haben diese neue Entwicklung unterbrochen.

Anhang

I.
Charles Péguy, gefallen auf dem Feld der Ehre (1914)

Er war sofort tot, getroffen von einer Kugel. Unmöglich, daran zu zweifeln. Wie die Familie erfuhren wir es durch den Brief eines Zeugen, Monsieur Raphaël, Sohn eines Lehrers vom Lycée Blaise-Pascal; er war ganz in der Nähe, er hat gesehen, wie sein Kamerad einen Meter neben ihm – mitten in der Schlacht – niedergeworfen wurde.

Wir sind stolz auf unseren Freund. Er ist mit der Waffe in der Hand gefallen, der Linienoffizier Charles Péguy, den Feind vor Augen. Er gehört nun zum Kreis der Helden des französischen Geistes. Sein Opfer erhöht den Wert seines Werkes um ein Vielfaches. Er huldigte der sittlichen Größe, der Entsagung, der Erhebung der Seele. Es war ihm vergönnt, in einer einzigen Minute die Wahrheit seines Werkes unter Beweis zu stellen. Er ist nun geheiligt. Dieser Tote ist ein Führer, dieser Tote wird mehr denn je weiterwirken, dieser Tote ist heute – mehr als jeder andere – lebendig.

Charles Péguy, unserem Lehrmeister, gebührt Ehre. Er überragt alle, die ihm nacheifern.

Obwohl er zu einer Zeit stirbt, in dem das menschliche Leben weniger Wert zu haben scheint als eine Kirsche zur Kirschenzeit, wird seine kleine Anhängerschaft, der Kreis, in dem er bis zur Anbetung geliebt wurde, seinen Tod beweinen, und die französische Literatur wird zutiefst erschüttert sein.

Dieser Péguy, den nicht alle verstanden haben – welch mächtige und klare Bedeutung verleiht ihm sein Tod! Er war ein kleiner bärtiger Mann, ein Mann vom Lande, anspruchslos, höflich, umsichtig, misstrauisch, mit einem Sinn für Freundschaft und mit beiden Beinen auf der Erde, bereit, sich jeden Moment zum Himmel aufzuschwingen. Er war ein kleiner, unscheinbarer, langsamer Mann mit einer wunderbaren Ausstrahlung. Dieser Enkel von Bauern, aus dem ein Normalien mit Kneifer geworden war, dachte nach wie vor an seine Felder – ich meine an seine *Cahiers de la Quinzaine*, die es umzugraben, zu düngen, auszuweiten galt. Diese *Cahiers de la Quinzaine*, denen er sein ganzes Leben widmete, waren eine Art Zeitschrift und zugleich eine Art »Boutique« in der Rue de la Sorbonne. Von dort aus, hinter den Fensterscheiben, beobachtete und kritisierte er das Treiben der großen Universität. Wie war er doch so wunderbar französisch! Man erkannte in ihm eine Rasse von Menschen, die sich von einem Bauernhof aufgemacht, in einem Vorort von Orléans niedergelassen und dort ein kleines Geschäft gegründet hatten! All das machte aus Péguy einen außerordentlichen Lehrmeister, einen großen Pädagogen, einen Zeugen des alten Frankreichs. Dieser pfiffige, hartnäckige, verschrobene Kopf besaß von Geburt an den Geist der alten Meister der Rue du Fouarre, der Mönche aus dem Volk, der revolutionären Gazettenschreiber. Es war ihm in seinem kurzen Leben vergönnt, all die ihm angeborenen französischen Instinkte zu befriedigen. In seiner kurzen Laufbahn als Schriftsteller hat er Mittel und Wege gefunden, seine Kräfte zu entfalten: die eines Bauern, der seine Felder vergrößert, die eines Ladenbesitzers, der seine Geldstücke immer wieder nachzählt, die eines Druckers, der ein schönes Werk herstellt, die eines Pfarrers, der seinen Schäfchen eine Predigt hält, die eines Linienoffiziers, der seine Männer anspornt, ihre Pflicht zu tun. Mit all seiner Noblesse war er ein Sohn der französischen Erde, ein Mann aus dem Volk, der aus dem Orléanais kam; neunzehn Jahrhunderte Kultur waren nötig, um einen Menschen mit einer solchen Bildung hervorzubringen. Er stammte aus derselben Landschaft wie Jules Lemaître; doch während dieser sich verpflichtet glaubte, immer in gemäßigten Gefilden zu bleiben, fühlte sich Péguy dem Heroismus und dem Erhabenen verpflichtet!

Das große Werk, dem er sich seit langen Jahren widmete, war der Versuch, zum Ausdruck zu bringen, was wir im Jahre 1914 über Jeanne d'Arc zu sagen hatten. Er suchte der außerordentlichen Fülle an Gefühlen, die diese unvergleichliche Gestalt im Bewusstsein des gebildeten Franzosen der Zeit weckte, eine Form zu geben. Daher seine seltsamen und kraftvollen Bücher, die den Titel: *Le Mystère de Jeanne d'Arc* (*Das Mysterium der Erbarmung*) tragen. Ich habe den Lesern von *L'Écho* mehrfach darüber berichtet; ich habe versucht, sie meinen Kollegen der Académie nahe zu bringen. Ich sah in ihnen ein kostbares Zeichen dafür, dass das traditionelle Leben in den Seelen wieder aufersteht. Hier wird (vielleicht zum ersten Mal in einem weltlichen Werk) der Standpunkt der Heiligkeit eingenommen. Die Einstellung Péguys zu seinem Thema setzt voraus, dass das, was das sittliche Leben Jeannes bildete, auch unser Leben werden kann. Oh Staunen! In den Augen dieses jungen Normalien von hoher klassischer Bildung, der bis zur Eintönigkeit nachdenklich, reflektiert und alles andere als ein Vertreter leichtfertiger Paradoxien ist, stellt Jeanne d'Arc ein Vorbild dar! Und man irre sich nicht: es handelt sich nicht um ein Modell, nach dem man modellieren, Skulpturen anfertigen, schreiben kann. Nein, um ein Vorbild, nach dem wir leben, leben und sterben können.

In früheren Jahrhunderten hätte er aus seinem Andachtsbuch Nahrung geschöpft! Ja, mit demselben Ernst hat Péguy immer wieder *L'Histoire de la*

Révolution (*Geschichte der Französischen Revolution*) von Michelet neu gelesen und in sich aufgenommen. Doch er blieb dabei nicht stehen. Sein eigenes Wesen leitete ihn. Wohin ging er? Zu welchen Höhen führten ihn die heilige Geneviève und die heilige Jeanne d'Arc, in deren Gesellschaft er lebte? Kein Flug ist zu hoch, kein Flügel stark genug, hatte er schon bei seinem Lehrmeister Michelet lesen können. »Noch der stärkste Flügel kommt einer Unterwerfung gleich. Man braucht andere Flügel, die Seele wartet auf sie, verlangt und erhofft sie – Flügel, die über das Leben hinaus, jenseits des Todes tragen.« Wo also hatte der Geist Péguys sein Gesetz gefunden? Wo gedachte seine Hoffnung Erfüllung zu finden?

Ihr alle, seine Vertrauten – die Tharauds, die Pesloüans, die Porchés – ihr, die ihr die brüderlichen Hüter seines Denkens seid und in diesem Augenblick an der Front steht, ihr werdet ihn mit den Waffen rächen und morgen durch eure Stellungnahmen wieder auferwecken. Mein Beitrag ist hier nur ein mit Bleistift beschriebenes Blatt, das an ein Holzkreuz geheftet werden kann, wo der Wind es vierundzwanzig Stunden lang respektiert, damit unserem Freund der Gruß und das Gebet des Vorbeigehenden zuteil wird. Hier ruht der Ruhm der jungen französischen Literatur. Aber mehr als ein Verlust ist es eine Saat, mehr als ein Tod ein Beispiel, ein Wort des Lebens, ein Ferment. Der französischen Wiedergeburt wird das Werk Péguys, das sein Opfer besiegelt hat, zugute kommen. Und dann grüße ich in eurem Namen, meine lieben abwesenden Kameraden, voller Respekt die Gefährtin unseres Freundes und umarme seine Kinder. Die Republik des Geistes und die Republik schlechthin werden sich ihrer annehmen. Der Ruhm ihres Vaters beschützt sie.

Maurice Barrès *von der Académie française*,
L'Écho de Paris, 17. September 1914.

II.
Manifest der Intellektuellen für den Frieden in Europa und die Verteidigung des Westens (1935)

Zum Zeitpunkt, wo man Italien Sanktionen androht, die einen Krieg entfesseln können, der in der Geschichte seinesgleichen sucht, legen wir, französische Intellektuelle, Wert darauf, vor der gesamten öffentlichen Meinung zu erklären, dass wir weder diese Sanktionen noch diesen Krieg wollen.

Diese Weigerung ist nicht nur die Folge unserer Dankbarkeit einer Nation gegenüber, die zur Verteidigung unseres überfallenen Landes beigetragen hat; sie ist eine unabdingbare Folge unserer Berufung.

Wenn die Zukunft der Zivilisation durch die Taten der Männer, denen das Schicksal der Nationen anvertraut ist, bedroht ist, haben die, die ihre Arbeit dem Geistigen widmen, die Pflicht, den Anspruch des Geistes kraftvoll zur Sprache zu bringen.

Man will die Völker Europas gegen Rom führen.

Man zögert nicht, Italien als Schuldigen zu behandeln und es vor der Völkergemeinschaft unter dem Vorwand bloßzustellen, man müsse in Afrika die Unabhängigkeit einer Ansammlung primitiver Stämme schützen, die auf diese Weise dazu ermutigt werden, die Großmächte in die Arena zu rufen.

Durch die Offensive einer monströsen Koalition würden die gerechten Interessen der westlichen Gemeinschaft verletzt und die gesamte Zivilisation stünde als Besiegte da. Allein dies ins Auge zu fassen ist schon Zeichen einer Verwirrung des Denkens, die eine regelrechte Abdankung des zivilisatorischen Geistes verrät.

Da, wo er seine Autorität noch nicht aufgegeben hat, weigert sich der Geist, Komplize einer solchen Katastrophe zu werden. Daher halten es die Unterzeichner für ihre Pflicht, sich gegen derart viele todbringende Gefahren zu wenden, die den wertvollsten Teil unseres Universums definitiv vernichten könnten. Sie bedrohen nicht nur das Leben sowie die materiellen und geistigen Güter Tausender einzelner Menschen, sondern auch die Idee des Menschen, die Legitimität seiner Besitztümer und seiner Rechtstitel – alles Dinge, die der Westen bisher für höherwertig hielt und denen er seine historische Größe mit ihren schöpferischen Kräften verdankt.

Große Völker wie England oder Frankreich gründen sich auf diese Vorstellung, in der sich die Ideale, die Ehre, die Humanität des Westens verkörpern, um ein kolonisatorisches Werk zu rechtfertigen, das eines der höchsten, der fruchtbarsten Ausdrucksformen ihrer Vitalität bleibt. Und müssten diese Großmächte nicht zunächst einmal ihre eigene koloniale Mission aufgeben, wenn sie es Rom, ohne ungehörig zu sein, verbieten wollen, in den afrikanischen Territorien – es hat sich dort seit langem unbestreitbare Rechte erworben – die Verwirklichung der Ziele zu verfolgen, die es loyal zum Ausdruck gebracht und offen entwickelt hat?

So sieht man denn nicht ohne Bestürzung, dass sich ein Volk, dessen Kolonialreich ein Fünftel des Globus einnimmt, den berechtigten Unternehmungen des jungen Italien entgegenstellt und sich unbedacht die gefährliche Fiktion von der absoluten Gleichheit aller revolutionären Kräfte, die sich auf dieselbe Ideologie berufen, zu eigen macht, um das in Italien herrschende Regime zu bekämpfen und im selben Zuge Europa den erwünschten Erschütterungen auszusetzen.

Diesem katastrophalen Bündnis liefert Genf die Angst einflößenden Alibis eines irrigen juristischen Universalismus, der den Höherwertigen und den Minderwertigen, den Zivilisierten und den Barbaren auf die gleiche Stufe stellt. Die Ergebnisse dieses Gleichsetzungsfurors, der alles vermengt, liegen offen zutage: denn in seinem Namen werden Sanktionen formuliert, mit denen man der zivilisatorischen Eroberung eines der rückständigsten Länder der Welt (wo nicht einmal das Christentum Wirkung gezeigt hat) entgegenzutreten gedenkt; dabei zögert man nicht, einen allgemeinen Krieg zu entfesseln und alle anarchischen Kräfte, alle Unordnung zu bündeln und gegen eine Nation einzusetzen, in der sich seit fünfzehn Jahren einige der grundlegenden Tugenden des hochrangigen Menschentums ausgebildet, gefestigt und durchgesetzt haben.

Dieser Bruderkrieg wäre nicht nur ein Verbrechen gegen den Frieden, sondern ein unverzeihliches Attentat gegen die westliche Zivilisation, d.h. gegen die einzig sinnvolle Zukunft, die gestern wie heute dem Menschengeschlecht offen steht. Wir Intellektuelle, die wir die Kultur mit um so größerer Wachsamkeit zu beschützen haben, als wir aus ihren Wohltaten den größten Nutzen ziehen, können nicht billigen, dass sich die Zivilisation gegen sich selbst entscheidet. Um einen solchen Selbstmord zu verhindern, appellieren wir an alle Kräfte des Geistes.

4. Oktober 1935
zit. nach René Rémond, *Les Droites en France* (»Die Rechte in Frankreich«), Aubier-Montaigne, 1982.

Das Manifest erhielt mehr als achthundertfünfzig Unterschriften. Zu den herausragendsten gehören die Namen von:

Pierre de Nolhac, Maurice Donnay, Henry Bordeaux, Louis Madelin, Georges Lecomte, Édouard Estaunié, Louis Bertrand, André Chaumeix, Abel Bonnard, Abel Hermant, André Bellessort, Claude Farrère, Monseigneur Baudrillart, Henri de Régnier, Henri Lavedan, Henri Robert – von der Académie française.

Charles Benoist, Jacques-Émile Blanche, Georges Claude, Jacques Bardoux, Paul Jamot, Maurice Denis, Georges Hüe, Henri Le Riche, Henri Duhem, Jules Alexis, Jules Meunier, Georges Leroux – vom Institut de France.

Gaston Chéreau, Léon Daudet – von der Académie Goncourt.

Marcel Aymé, Henri Béraud, Jacques Boulanger, Gabriel Boissy, Maurice Bedel, Binet-Valmer, Auguste Bailly, René Benjamin, Robert Brasillach, Georges Blond, Francis de Croisset, M. Constantin-Weyer, Lucien Corpechot, Pierre Drieu La Rochelle, François Duhourcau, Bernard Faÿ, Pierre Gaxotte, Jean Héritier, Robert Kemp, Pierre Lafue, François Le Grix, Maurice Martin du Gard, Gabriel Marcel, Camille Mauclair, Charles Maurras, Guy Mazeline, Henri Massis, Claude Morgan, Jean-Pierre Maxence, André Rousseaux, Édouard Schneider, Thierry Maulnier, Gonzague Truc, Robert Vallery-Radot.

Alphonse de Châteaubriant, Pierre Mac Orlan, duc de Lévis-Mirepoix, André Demaison, Henri Ghéon, Marcelle Tinayre, Louis Artus, Marcel Bouteron, Saint-Georges de Bouhélier, Émile Baumann, Albert-Émile Sorel.

Maurice Maeterlinck, André Suarès, Jean Royère, Victor Giraud, Gabriel Faure, Paul Arbelet, Henri Martineau, Horace de Carbuccia, Maxime Real del Sarte, Joseph d'Arbaud, Jean de Fabrègues, Charles Melchior-Bonnet.

Henri de Monfreid, Edmond Jaloux, Guy de Pourtalès, Denys Amiel, Fernand de Brinon, Tristan Derème, Paul Chack, René Chalupt, Pierre Chanlaine, Joseph de Pesquidoux.

III.
Erklärungen André Gides

Am 23. Januar 1935 fand in der Union pour la vérité (*»Union für die Wahrheit«*) ein »Gespräch« über »Gide und unsere Zeit« statt, an dem Ramon Fernandez, André Gide, René Gillouin, Jean Guéhenno, Daniel Halévy, Gabriel Marcel, Jacques Maritain, Henri Massis, Thierry Maulnier, François Mauriac und Georges Guy-Grand, Leiter der *Union, teilnahmen; Jean Schlumberger schrieb darüber in der* NRF *vom 1. März 1935 einen Bericht, auf den Gide mit einem Brief an seinen Freund reagiert.*

Brief an Jean Schlumberger

Cuverville, den 1. März 1935

Sehr lieber Freund,
ich kann Deinen Artikel »Gide in der Rue Visconti«, der in der letzten Nummer unserer Zeitschrift erschienen ist, nicht durchgehen lassen, ohne ein wenig dagegen zu protestieren. Aus folgendem Grund: die Leser der *Nouvelle Revue française* wissen zu gut, dass wir nahe Freunde sind, um an der Berechtigung Deiner Äußerungen über mich zweifeln zu können. In Deinem Artikel handelt es sich nicht mehr lediglich um ein Urteil über meine Schriften oder über mein Denken. (Ich lasse der Kritik da all ihr Recht.) Sondern Du gibst einige Informationen, die man unweigerlich für richtig halten wird und die eine etwas irrige Meinung zu bestätigen drohen. Wenn Du sagst: »Gide hatte fünfzig Jahre alt werden können, ohne andere Werte anzuerkennen als die der Kunst und der persönlichen Moral, in denen der Gedanke des historischen Fortschritts kaum eine Rolle spielt«, bin ich gezwungen, zuzustimmen. Doch ich bitte Dich, Folgendes zu bedenken:
Unter dem Einfluss von Mallarmé und in scharfer Reaktion gegen den Naturalismus ließen wir – wir waren mehrere –, ohne uns dessen allzu sehr bewusst zu sein, nur *Absolutes* gelten. Wir träumten zu dieser Zeit von Kunstwerken, die außerhalb der Zeit und aller »Kontingenzen« stünden. In Bezug auf die sozialen Probleme herrschte unter uns weniger Ignoranz und Blindheit als Missachtung: eine aus einem Missverständnis erwachsene Missachtung. Alles, was nur relativ war (bezogen auf Zeit, Ort, Umstände), schien

uns der Aufmerksamkeit eines Künstlers unwürdig; jedenfalls hatten wir uns vorgenommen, alle episodischen Besorgnisse auf Distanz zu halten, sorgfältig vom Kunstwerk, von unserem Werk getrennt.

Als ich – von meinen ersten Aufenthalten in Nordafrika zurückgekehrt – meinen *Amyntas* veröffentlichte, achtete ich darauf, aus diesen »Reiseblättern« all das zu entfernen, was den Anschein hätte erwecken können, ich stünde den Beziehungen der Menschen zueinander und insbesondere den Beziehungen der Franzosen, Verwaltungsbeamte oder Siedler, zu den Arabern nicht gleichgültig gegenüber.

Wenn Du schreibst: »Zum ersten Mal war Gide während seiner Reise in den Kongo (1925) mit der sozialen Ungerechtigkeit konfrontiert...«, so stimmt das so nicht. Hätte ich nur einfach meine Notizen und mein Reisetagebuch aus der Zeit von *Amyntas* vollständig veröffentlicht, wie ich es im Zusammenhang mit meiner Kongoreise tat, oder genauer: hätte ich nur all meinen damaligen Besorgnissen in meinen Notizen freien Lauf gegeben, dann hätte man gesehen, dass mich zum Beispiel die Geschichte des beginnenden Phosphatabbaus von Gafsa und vor allem die Geschichte der heimtückischen und methodischen Enteignung der kleinen arabischen Bauern durch die Bank C... keineswegs gleichgültig ließen. Doch – ach was!, das war nicht *meine Sache*. Ich hätte mich als Künstler entehrt gefühlt, wenn ich meine Feder für solch gewöhnliche Sorgen hergegeben hätte. Da gab es Kompetentere als mich. Ich wusste auch noch nicht, wie sehr die schlimmsten Ungerechtigkeiten diejenigen gleichgültig lassen, die durch sie nicht direkt geschädigt werden. Ich hegte damals noch den absurden Kult der »Kompetenzen«, der Spezialisten, der Wirtschaftler, der Verwaltungsbeamten (oder der Generäle im Fall des Krieges); ich glaubte an sie, vertraute ihnen; ich glaubte, dass das, was mich empörte, sie noch mehr empören müsste und dass sie eher in der Lage waren als ich, die Missbräuche, die Ausplünderungen, die Ungerechtigkeiten und Irrtümer anzuprangern und abzustellen. Ich war auch in geradezu beklagenswerterweise bescheiden und begriff noch nicht, dass der Bestohlene, wenn er der einzige ist, der »haltet den Dieb« schreit, Gefahr läuft, von niemandem gehört zu werden.

Im Kongo war das anders. Dort konnte ich nicht daran zweifeln, dass es niemanden gab, der dem Bestohlenen Gehör schenken würde. Man hatte es mir vor meiner Abreise immer wieder gesagt und mir davon abgeraten, dorthin zu reisen: »Fahren Sie nicht dorthin; niemand fährt zu seinem Vergnügen dorthin«. Verwaltungsbeamte, Händler, Missionare, die einzigen Repräsentanten Frankreichs, hielten den Mund, sei es aus Pflicht, sei es aus Interesse. Da ich hier der einzige war, der sprechen konnte, *musste* ich sprechen. Ich war bei meiner Abreise keineswegs antikolonialistisch eingestellt und prangerte die Missbräuche, deren Zeuge ich wurde, nicht als Antikolonialist an. Ja, erst lange Zeit später brachten mich zwangsläufige Verkettungen dazu, diese besonderen Missbräuche in einen beklagenswerten Gesamtzusammenhang zu stellen und zu verstehen, dass ein System, das solche Missbräuche duldete, schützte, förderte – es zog ja daraus seinen Nutzen – durch und durch schlecht war.

Erlaube mir, lieber Freund, nachdem all dies klargestellt ist, noch einige Überlegungen zu Deinem Urteil über meine »massiven, fast etwas simplen Behauptungen« über die Gesellschaft, den Fortschritt, usw. Ich leugne gewiss nicht, dass diese Äußerungen summarisch sind, doch ich leugne, dass sie in diesem Zusammenhang nuanciert werden müssen. Du kennst mich gut genug, um zu wissen, dass ich nur allzu geneigt bin, den Argumenten des Gegners Gehör zu schenken. Sei also sicher, dass diese Vereinfachung – in meinem Denken und unter meiner Feder – Absicht ist, wenn sie mich auch zu massiven Behauptungen verleitet. Man gelangt dahin, wenn man sich – wie ich es heute tue – sagt: »Nicht die Welt verstehen, sondern sie verändern.« Wer zu glauben beginnt, dass die Welt verändert werden kann und dass es Sache des Menschen ist, sie zu verändern, wünscht schließlich, zu dieser sehr wünschenswerten Veränderung selbst beizutragen; folglich setzt er seine Kraft dafür ein und weist alle Argumente zurück, die diese Kraft mindern könnten. Ein solcher Mensch läuft Gefahr, in den Augen derer, die – wie Du – nur zu verstehen wünschen, etwas simpel zu erscheinen. Unser gemeinsamer Freund, mein Schwager, der Philosoph Marcel Drouin, scheint mir der Wahrheit näher, wenn er mich der Ungeduld bezichtigt. Es gibt die Ungeduld der Jugend; sie ist reizend und treibt den jungen Menschen zum Leben. Wenn man weiß, dass man dieses Leben bald verlassen muss, spürt man eine andere Art Ungeduld, die unter der Langsamkeit der Geschichte leidet und nachhelfen möchte. Sie hat mich jetzt erfasst. Um vieles jünger als ich, wirst Du sie vielleicht später kennen lernen. Aus inniger Freundschaft wünsche ich es sehr.

André Gide,
Auszug aus *Gide et notre temps*, Gallimard, 1935.

IV.
Die Intellektuellen und die herrschende Macht

(1973)

Ein Manifest, in dem die Meinung vertreten wird, dass die Pflege von Illusionen vielleicht die Ruhe der politischen Führer garantiert, jedoch nicht die Qualität der Aktivisten.

Vor mehr als einem halben Jahrhundert vernichtete der Erste Weltkrieg die Hoffnung, Europa – und in seinem Gefolge die Welt – könnte auf Wegen, die nicht länger mörderisch wären, zu mehr Demokratie gelangen, zu wirtschaftlicher und sozialer Gerechtigkeit und zu dem, was man für *die* Zivilisation hielt. Die Welt, die wir geerbt haben, ist eine Welt, in der die offene oder verborgene Gewalt herrscht – die der Waffen, der Institutionen und der Not. Eine Welt der Angst, des Leidens, des Grauens.

Innerhalb von sechzig Jahren erlebte die Menschheit zwei Weltkriege, den Triumph und die Vernichtung des Faschismus und des Nationalsozialismus, die Genozide, deren Opfer Armenier, Juden und Zigeuner wurden, sowie die Massaker im Gefolge der Kolonialkriege. Im gleichen Zeitraum mündete der 1917 in Russland unternommene Versuch einer sozialistischen Arbeiterrevolution in die totalitäre Tyrannei Stalins, während die antiimperialistische Bauernrevolution Chinas in der »Kulturrevolution« auf die Vergötzung Mao Tse-tungs und die Verdammung der Widerspenstigen hinauslief. Diese Wandlungsprozesse ermöglichen die Errichtung eines Systems der Doppelherrschaft (Vereinigte Staaten, UdSSR) über den Planeten; einer Dreierherrschaft (Vereinigte Staaten, UdSSR, China); ja, in Zukunft, einer Vierer- oder Fünferherrschaft, wenn Japan und Europa sich durchsetzen.

Die Dritte Welt, die immer näher rückt, wird von den Imperialismen kolonisiert und ausgeplündert. Häufig finden sich ihre Führer damit ab und suchen aus den ihnen aufgezwungenen Loyalitäten Nutzen zu ziehen. Manchmal leistet sie Widerstand: der Indochinakrieg war und bleibt der Höhepunkt dieses Kampfes. Gleichzeitig lehnt sich in den entwickelten Ländern ein Teil der Jugend gegen eine Gesellschaft auf, die durch die neuen Formen des Kapitalismus zum unkontrollierten Konsum, zur sozialen Ungerechtigkeit, zur Zerstörung des Menschen und seiner traditionellen oder natürlichen Lebenswelten verdammt ist.

Angesichts dieser Erschütterungen ist die gesellschaftliche Rolle der intellektuellen Arbeit stetig gewachsen. Die Zahl der Intellektuellen nimmt relativ und absolut gesehen zu, denn ihre Arbeit ist für die Produktion des Reichtums von großer Bedeutung – der Wandel, den unser Planet durchmacht, muss nämlich begrifflich durchdrungen, erklärt und gegebenenfalls gerechtfertigt oder bekämpft werden. Doch die intellektuellen Arbeiter sind alles andere als eine kohärente Einheit, die reflektiert handelt. Man kann sogar sagen, dass die politische, ja prophetische Rolle der Intellektuellen in dem Maße abnahm, in dem ihre soziale Rolle wuchs. Die einen – sie bilden die Mehrheit – schotten sich in Teilaufgaben ab; manchmal werden sie dadurch mehr oder weniger bewusst zu Komplizen von Verbrechen gegen die Menschlichkeit: zum Beispiel die Wissenschaftler, die für die mörderischsten Kriegsindustrien arbeiten. Andere sind Apologeten der jeweils herrschenden Regime; wieder andere liefern ideologische Rechtfertigungen, mit denen sie revolutionäre oder angeblich revolutionäre-Bewegungen bedingungslos stützen – bereit, die Revolution zu wechseln, wenn sie sich von derjenigen verraten fühlen, der sie gedient haben. Die kritische Funktion, die das Wesen der intellektuellen Tätigkeit ausmacht und deren Preisgabe der einzige wirkliche Verrat der Intellektuellen ist, scheint eine Sache zu sein, die heute in der Welt – und das ist ein Skandal – die allergeringste Verbreitung findet. Und doch besitzen die Intellektuellen im Westen noch heute die höchste Freiheit der Kritik – Kritik sowohl an den Mächten, denen sie unterworfen oder mit denen sie verbündet sind, als auch an den Mächten, die die angeblich sozialistischen Länder oder die als befreit geltenden Länder der Dritten Welt beherrschen.

Die Unterzeichner dieses Manifests stellen die Existenz einer revolutionären Bewegung fest, die die globale Ordnung in drei Formen erschüttert, ohne dass irgendeine Theorie diese Formen bisher auf zufrieden stellende Weise verknüpft hätte:

– *die Revolte* der Völker der Dritten Welt gegen die imperialistischen Mächte und für eine gerechte Verteilung der Reichtümer des Planeten;
– *die Revolte*, die die entwickelten Länder erschüttert und die Strukturen der Industriegesellschaft in Frage stellt: das Verhältnis von Kapital und Arbeit; die Trennung von Regierenden und Regierten, Ausführenden und Führenden, d.h. denen, die über das Wissen und die Entscheidungsmacht verfügen; den Produktivismus bzw. den mit dem Kapitalismus seit seinen Ursprüngen aufs Engste verwobenen Gedanken, wonach Sinn und Zweck der Gesellschaft die Ausbeutung der Natur ist und dies die Ausbeutung des Menschen durch den Menschen verlangt oder rechtfertigt;

— *die Forderungen* der religiösen, ethnischen, sexuellen Minderheiten sowie der unterdrückten Gruppen (Frauen, Jugendliche, Alte, Arbeitsimmigranten usw.), die gegen die Mehrheiten oder die unterdrückenden Gruppen ihr Existenzrecht behaupten oder notfalls durchsetzen. Der Krieg der Völker Indochinas gegen den amerikanischen Imperialismus, der französische Mai, die Revolte des tschechoslowakischen Volkes gegen die Tyrannei des von der UdSSR aufgezwungenen bürokratischen Regimes, die Kämpfe, die die Arbeitsimmigranten überall in der entwickelten Welt führen, um schlicht ihr Lebensrecht durchzusetzen, der Kampf der Frauen gegen den Chauvinismus der Männer, der Kampf des Volkes von Bangladesch, der des palästinensischen Volkes, der Kampf gegen den Ethnozid und den Genozid waren, sind und werden der Ausdruck dieser revolutionären Veränderungen sein. Doch uns mit diesen Kämpfen und diesen Forderungen »solidarisch« zu erklären heißt, nur einen winzigen, ja lächerlichen Teil unserer Aufgabe – wenn wir überhaupt eine gemeinsame Aufgabe besitzen – zu erfüllen. Die Welt, in der wir leben, ist keine einfache Welt, in der es genügen würde, sein Lager zu wählen, um einen Beitrag für die Zukunft der Menschheit zu leisten.

Kein Land, kein Regime, keine gesellschaftliche Gruppe ist Träger der Wahrheit oder der absoluten Gerechtigkeit, und zweifellos wird es niemals ein solches Land und Regime oder eine solche Gruppe geben. Die erschreckende Erfahrung des Stalinismus, die Verwandlung revolutionärer Intellektueller in Apologeten des Verbrechens und der Lüge zeigen, wohin die Bereitschaft, sich mit Utopien zu identifizieren, und die Verführung durch die Macht – diese für den zeitgenössischen Intellektuellen charakteristischen Versuchungen – führen können. Abhängig von den *Massenmedien*, von der Orientierung der ideologischen Apparate sowie von ihren eigenen Leidenschaften, haben die Intellektuellen des Westens – oder zumindest diejenigen, die sich äußern – entweder für oder gegen das Selbstbestimmungsrecht des Volkes von Biafra, des bengalischen, des palästinensischen, des israelischen Volkes Stellung genommen, während sie – oder jedenfalls ihre große Mehrheit – die Revolte in Ceylon, die von den Staaten einstimmig verurteilt wurde, schlicht ignorierten. Wir glauben, dass die Intellektuellen etwas Besseres zu tun haben, als die bezahlten oder unbezahlten Lieferanten der politischen oder bürokratischen Instanzen zu sein, die auf der Suche nach einer Ideologie sind. Wir glauben, im Folgenden einige Vorschläge in Erinnerung rufen zu müssen, bei denen es sich für uns um grundlegende moralische und politische Evidenzen handelt.

1) Es gibt kein Problem von Zweck und Mittel. Die Mittel sind integraler Bestandteil des Zweckes. Daraus folgt, dass jedes Mittel, das dem angestreb-

ten Ziel nicht angemessen ist, im Namen der elementarsten politischen Moral zurückgewiesen werden muss. Wenn wir die Welt verändern wollen, so auch – und vielleicht in erster Linie –, weil es uns um Moral geht. Es gibt keine rationale, ja wissenschaftliche Strategie, die nicht der Moral, der man sich verpflichtet fühlt, unterworfen werden müsste. Wenn wir gewisse politische Vorgehensweisen verurteilen, so nicht nur – oder nicht immer –, weil sie unwirksam sind (sie können kurzfristig wirksam sein), sondern weil sie unmoralisch und erniedrigend sind und die Gesellschaft der Zukunft kompromittieren.

Es gibt keine »gute« Folter, es gibt keine »gute« politische Polizei, es gibt keine »gute« Diktatur. Es gibt keine »guten« Konzentrationslager und keinen »legitimen Genozid«. Es gibt notwendige Kämpfe, doch keine »gute« Armee, es gibt Staaten, die weniger schlecht sind als andere, doch es gibt keinen »guten« Staat. Die verschiedenen Formen der Ausplünderung, Niederknüppelung, Erpressung, Geiselnahme sind – wenn sie auch nicht mit der Folter vergleichbar sind – nicht »gut« oder »schlecht« je nachdem, welcher Sache sie dienen; sie sind allesamt schlecht, welches Urteil man auch über die ursprünglichen Verantwortlichkeiten oder die letzten Ziele fällen mag.

2) Es gibt keine revolutionäre Apokalypse. Der Glaube an eine solche Apokalypse ist eine Perversion. An die Macht gekommen, erbt eine siegreiche Revolution die Konflikte der alten Gesellschaft und schafft neue Konflikte. Daher darf der Aufbau einer sozialistischen Gesellschaft der Freiheit und Gleichheit nicht auf die Zeit nach der revolutionären Krise – ob lokal oder global – verschoben werden, sondern muss vor der Krise in Angriff genommen und während der Krise fortgesetzt werden. Bereits heute müssen die Revolutionäre im täglichen Leben und in den Organisationen daran arbeiten, zwischen den Menschen und den sozialen Gruppen gerechtere Beziehungen zu schaffen. Der Mythos vom »letzten Gefecht« macht umso mehr Angst, als die aus einer Revolution hervorgehende Gesellschaft so konfliktreich ist wie jede geschichtliche Gesellschaft und als die Versuchung groß ist, »Verschwörern«, »Saboteuren« usw. die Verantwortung für die Schwierigkeiten aufzuladen. Jede politische Gruppe, die meint, den Schlüssel zu einer sofortigen und automatischen Umformung der Gesellschaft in der Hand zu halten, läuft Gefahr, ein diktatorisches Regime – mit Konzentrationslagern und Folterungen – zu begründen.

3) Es gibt keine »formalen« Freiheiten, die man – und sei es nur vorübergehend – im Namen »realer« oder »zukünftiger« Freiheiten aufheben könnte, ohne damit die allergrößten Gefahren heraufzubeschwören. Die Geschichte der Menschheit ist zwar nicht mit der Geschichte der Freiheiten identisch; sie kann ohne die Freiheiten weitergehen – und de facto ist sie über unendlich weite Räume und Zeiten ohne sie abgelaufen. Doch die Tatsache, dass die er-

oberten Freiheiten und die erworbenen Rechte zu dem Erbe gehören, das die feudalistische und dann die kapitalistische Transformation in einem Teil der westlichen Welt hinterlassen hat, und dass sie den herrschenden Klassen heute so gut wie morgen als Alibi dienen können, darf uns nicht dazu verleiten, sie zu missachten. Sie müssen im Gegenteil ausgedehnt werden, bis sie nicht mehr das Privileg einiger weniger sind.

4) Gewalt gehört zu unserer Welt, und wir hegen nicht die Illusion, dass sie alsbald verschwinden wird. Doch ihre Rolle in der Geschichte zu erkennen – die Gewalt der Unterdrücker, welche die der Unterdrückten nach sich zieht, die ihrerseits, und nur allzu leicht, Unterdrücker werden können – berechtigt nicht dazu, sie in jedem Fall zu verteidigen und zu rechtfertigen. Die Waffen der Kritik sind, wenn man sich ihrer bedienen kann, der Kritik der Waffen überlegen.

5) In welchem Teil der Welt er sich auch befindet, in welchem Lager er sich auch engagiert: die Wahrheit zu sagen – oder zumindest das zu sagen, was er in aller Demut für die Wahrheit hält – ist die wichtigste Aufgabe des Intellektuellen. Er muss dies ohne messianischen Hochmut tun, unabhängig von jeder Macht und notfalls gegen die Macht, unter welchem Namen sie auch auftritt, unabhängig von Moden, Konformismen, Demagogien. Zu keinem Zeitpunkt ist der Intellektuelle berechtigt, von der Kritik zur Apologie überzugehen. Es gibt keinen individuellen oder kollektiven Cäsar, der die Unterstützung aller verdient. Das Ideal einer gerechten Gesellschaft ist nicht das einer Gesellschaft ohne Konflikte – es gibt kein Ende der Geschichte –, sondern vielmehr das einer Gesellschaft, in der die kritischen Menschen, wenn sie an die Macht kommen, ihrerseits kritisiert werden können; einer Gesellschaft, in der die Kritik frei und souverän und Apologie überflüssig ist.

Wir rufen alle, die mit dem Vorhergehenden übereinstimmen, auf, dieses Manifest mit uns zu unterzeichnen.

Le Monde, 4. Juli 1973.

Zeittafel

Politische und soziale Ereignisse	Kulturelle und wissenschaftliche Ereignisse	
Juni: Ermordung von Sadi Carnot (Präsident der Republik). *Juli*: Verabschiedung der »schändlichen« Gesetze (Antwort auf die anarchistischen Attentate). *Dezember*: erster Prozess gegen den Hauptmann Dreyfus, der zu Unrecht beschuldigt wird, militärische Dokumente an die deutsche Botschaft geliefert zu haben.	É. Durkheim, *Règles de la méthode sociologique*. M. Barrès, *Du sang, de la volupté et de la mort*. A. France, *Le Lys rouge*.	1894
Januar: Rücktritt von Casimir-Perier. F. Faure wird zum Präsidenten der Republik gewählt. Gründung der Gewerkschaft CGT (Confédération générale du travail, »Allgemeiner Arbeitsbund«).	Die Brüder Lumière erfinden den ersten Kinematographen. P. Valéry, *La Soirée avec M. Teste*.	1895
April: Bildung der Regierung Méline. *September*: französisch-italienischer Vertrag über Tunesien.	H. Bergson, *Matière et Mémoire*.	1896
Méline: »Es gibt keine Dreyfus-Affäre« (4. Dezember).	Durkheim gründet die *Revue de sociologie*. M. Barrès, *Les Déracinés*. A. Gide, *Les Nourritures terrestres*.	1897
Januar: »J'accuse...«, der Artikel Zolas zugunsten von Dreyfus, erscheint drei Tage nach dem Freispruch Esterhazys in *L'Aurore*. *Mai*: Gründung des Haager Schiedsgerichtshofes. *Juni*: Gründung der Ligue française des droits de l'homme (Französische Liga für Menschenrechte) durch den Senator Trarieux. Selbstmord von Oberst Henry (31. August). *Oktober-November*: Zusammenstoß der französischen Militärmission unter Marchand und britischer Truppen unter Kitchener bei Faschoda (Sudan). Niederlage im Eisenbahnerstreik, dem ers-	In der Presse werden die Petitionen zugunsten einer Revision des Dreyfus-Prozesses veröffentlicht. P. und M. Curie entdecken das Radium. Die Bauarbeiten an der Pariser Metro beginnen. Erste drahtlose Telegraphie (TSF) vom Eiffelturm aus. Erste Automesse in Paris. E. Rostand, *Cyrano de Bergerac*.	1898

ten Versuch eines revolutionären Generalstreiks.
Dezember: F. Coppée und J. Lemaître gründen die Ligue de la Patrie française (»Liga des französischen Vaterlandes«).

1899	*Februar*: Tod von F. Faure. É. Loubet wird Präsident der Republik. P. Déroulède versucht während des Begräbnisses von F. Faure, die Militäreskorte zum Marsch auf den Elysée-Palast zu bewegen. *Juni*: Bildung der Regierung Waldeck-Rousseau. *Juli*: Vaugeois gründet die Action française. *September*: zweiter Dreyfus-Prozess in Rennes. Erneut vom Kriegsgericht verurteilt, wird Dreyfus vom Präsidenten der Republik begnadigt.	Manifest des Sillon (linkskatholische Organisation) von M. Sangnier. Ch. Maurras, *Trois Idées politiques*. E. Rostand, *L'Aiglon*.
1900	*September*: Frankreich unterzeichnet einen Vertrag, durch den es seine Ansprüche auf Tripolis aufgibt, während Italien seine Absichten in Bezug auf Marokko aufgibt. Ein Gesetz (Loi Millerand-Colliard) beschränkt die wöchentliche Arbeitszeit auf 60 Stunden. Auf dem französischen Sozialistenkongress wird das Internationale sozialistische Büro gegründet, in dem 25 Länder repräsentiert sind.	Weltausstellung in Paris. Die zweiten Olympischen Spiele finden in Paris statt. Paris wird um den Grand Palais, den Petit Palais und den Pont Alexandre III bereichert. E. Lavisse beginnt mit der Veröffentlichung seiner *Histoire de France depuis les origines jusqu'à la Révolution*. C. Péguy gründet die *Cahiers de la Quinzaine*. Ch. Maurras, *Enquête sur la monarchie*. M. Barrès, *L'Appel au soldat*.
1901	*Mai:* Gründung der »Demokratischen Allianz« *Juni*: Gründung des Parti radical-socialiste. *Juli*: vollständige Anerkennung der Vereinigungsfreiheit, außer für die religiösen Orden, die weiterhin der Genehmigungspflicht unterliegen.	Erster Concours Lépine (Wettbewerb für Amateure und Erfinder, den der Pariser Polizeipräfekt Lépine begründete). S. Prudhomme erhält den Nobelpreis für Literatur. Gründung der Éditions Albin Michel. L. Daudet, *Le Pays des parlementeurs*. P. Claudel, *L'Arbre*. P. Bourget, *L'Étape*.
1902	*März*: Bildung des Parti socialiste français von Guesde. *April-Mai*: Wahlsieg des – von den Radikalen beherrschten – »Linksblocks«. *Juni*: Bildung der Regierung Combes. *Juni-Juli*: Schließung der Schulen nicht	Feiern zum 100. Geburtstag von V. Hugo. Tod von É. Zola. H. Poincaré, *Science et Hypothèse*. A. Gide, *L'Immoraliste*. M. Barrès, *Scènes et Doctrines du nationalisme* und *Leurs figures*.

zugelassener Orden.
Juli: französisch-italienisches Verteidigungsbündnis, das einen Riss im Dreibund (Deutsches Reich, Österreich-Ungarn, Italien) bewirkt.
September: die Bourses du travail (»Arbeitsbörsen«; ab 1887 berufsübergreifende Zusammenschlüsse innerhalb der Arbeiterbewegung mit dem Ziel der gegenseitigen Hilfe bei Arbeitssuche, Arbeitslosigkeit, Unfall, der Bildung usw.) schließen sich der CGT an.
Gründung des Parti socialiste de France, an dessen Spitze Jaurès steht.

J. Jaurès, *Études socialistes*.
R. Rolland, 1. Band von *Jean-Christophe*.

September: in *Le Gaulois* zeigt sich M. Barrès, der im April eine Wahlniederlage erlitten hat, skeptisch in Bezug auf die politischen Chancen des Nationalismus.
Oktober: Arbeiterkampagne gegen die Arbeitsnachweisbüros.

Erste Tour de France.
H. Becquerel, M. Curie und P. Curie erhalten den Nobelpreis für Physik.
Beginn des »Fauvismus«.
Gründung der Académie Goncourt.
Erste Nummer von *Festin d'Ésope*, der von G. Apollinaire gegründeten Literaturzeitschrift.

1903

März: nach einer langen öffentlichen Kampagne Revision des Dreyfus-Prozesses.
April: Unterzeichnung der Entente cordiale zwischen Frankreich und Großbritannien.
Abbruch der diplomatischen Beziehungen zwischen Frankreich und dem Vatikan.
Juli: Unterrichtsverbot auch für die Mitglieder zugelassener Orden.
Oktober: »Karteikartenskandal« (die Militärverwaltung hatte die republikanische Gesinnung der Offiziere überwacht).
Dezember: erster Kongress des christlichen Syndikalismus.

Schaffung des Prix Femina.
J. Jaurès lanciert *L'Humanité*.
F. Mistral erhält den Nobelpreis für Literatur.
Léon Frapié, *La Maternelle*.

1904

Januar: Combes tritt nach dem »Karteikartenskandal« zurück.
Februar: die Dauer des Militärdienstes wird auf zwei Jahre gesenkt.
März: während eines Besuchs in Tanger tritt Wilhelm II. für das Recht Marokkos auf Freiheit ein.
April: Gründung der SFIO (Section française de l'internationale ouvrière, »Französische Sektion der Arbeiterinternationale«).
Dezember: Gesetz über die Trennung von Kirche und Staat.

Beginn des Kubismus.
Tod von J. Verne.
Ch. Maurras, *L'Avenir de l'intelligence*.
M. Barrès, *Les Bastions de l'Est*.
H. Poincaré, *La Valeur de la science*.

1905

Zeittafel

1906 *Januar*: Fallières wird Präsident der Republik.
Februar: der Papst verurteilt das Gesetz über die Trennung von Kirche und Staat. Unruhen wegen der »Bestandsaufnahme« des Kirchenbesitzes.
April: Konferenz von Algeciras (im Gegenzug zur ökonomischen Öffnung wird die französische Vormachtstellung in Marokko anerkannt).
Juli: Rehabilitation von Dreyfus.
Oktober: »Charta von Amiens« der CGT (anarchosyndikalistisch geprägte Grundsatzerklärung: absolute Unabhängigkeit der Gewerkschaft gegenüber den Arbeiterparteien, Primat des ökonomischen Bereichs, Klassenkampf).
Bildung der Regierung Clemenceau.

H. Moissan erhält den Nobelpreis für Chemie.
Tod von É. Boutmy, Direktor und Gründer der École libre des sciences politiques.
Aufnahme von M. Barrès in die Académie française.
G. Hervé gründet die antimilitaristische Zeitung *La Guerre sociale*.
P. Claudel, *Partage de midi*.

1907 *März*: Gesetz über die freie Kultausübung.
April-Mai: Konflikt zwischen der Regierung und den gewerkschaftlich organisierten Beamten.
Juni: die Révolte des gueux (»Revolte des Lumpengesindels«, d.h. der verarmten Weinbauern und Landarbeiter) findet im Languedoc ihren Höhepunkt.
Juli: Gesetz über den Schutz der Frauenlöhne.
August: Unterzeichnung der britisch-französisch-russischen Entente.

C. Laveran erhält den Nobelpreis für Medizin.
A. Lumière erfindet die Farbfotographie.
L. Renault erhält den Friedensnobelpreis.
Tod von J.-K. Huysmans.
H. Bergson, *L'Évolution créatrice*.
P. Claudel, *Art poétique*.
M. Leblanc, *Arsène Lupin, gentleman-cambrioleur*.
Picasso, *Les Demoiselles d'Avignon*.

1908 *Juli-August*: Streiks in Draveil; Clemenceau lässt die Führer der CGT verhaften.
November: Gründung der Ligue des Camelots du Roi (Straßenverkäufer der monarchistischen Zeitung *L'Action française*, die gelegentlich als Ordnungsdienst der »Liga des französischen Vaterlandes« fungierten).

L. Blum, *Du mariage*.
Erste Lancierung von *La Nouvelle Revue française* durch A. Gide und seine Freunde (J. Copeau, H. Ghéon, J. Schlumberger, M. Drouin, A. Ruyters).
G. Lippmann erhält den Nobelpreis für Physik.
H. Poincaré wird in die Académie française gewählt.
Die sterblichen Überreste von É. Zola werden ins Panthéon überführt.
L'Action française wird Tageszeitung.
A. France, *Vie de Jeanne d'Arc* (Band 1).
H. Barbusse, *L'Enfer*.
G. Sorel, *Réflexions sur la violence*.
J. Romains, *La Vie unanime*.

1909

Februar: deutsch-französischer Vertrag über Marokko.
Juli: Briand wird Nachfolger von Clemenceau.
Jouhaux wird Generalsekretär der CGT.

P. d'Estournelle erhält den Friedensnobelpreis.
Nach seinem Bruch mit E. Montfort lanciert Gide eine neue erste Nummer der *NRF*.
Blériot überquert den Ärmelkanal mit dem Flugzeug.
Diaghilew zeigt zum ersten Mal die *Ballets russes* in Paris, im Châtelet.
M. Barrès, *Colette Baudoche*.
A. Gide, *La Porte étroite*.
F. Mauriac, *Les Mains jointes*.

1910

April: Gesetz über die Arbeiter- und Bauernrenten.
August: Pius X. verurteilt den Sillon.
Oktober: Eisenbahnerstreik.
November: Jaurès legt der Abgeordnetenkammer sein Projekt einer neuen Armee vor.

Tod von J. Renard.
Tod des Malers H. Rousseau, genannt der Zöllner.
C. Péguy, *Le Mystère de la charité de Jeanne d'Arc* und *Notre jeunesse*.

1911

Juni: J. Caillaux wird Ministerpräsident
Juli: das deutsche Kanonenboot *Panther* wirft Anker vor Agadir.
Joffre wird Generalstabschef.
November: deutsch-französischer Ausgleich (im Gegenzug zur Nichtintervention in die marokkanischen Angelegenheiten erhält Deutschland Gebiete im Kongo).

A. Gide, J. Schlumberger und G. Gallimard gründen die Éditions de la NRF.
M. Curie erhält den Nobelpreis für Chemie.
P. Claudel, *L'Otage*.
J. Jaurès, *L'Armée nouvelle*.
J. Guesde, *En garde*.
F. Mauriac, *L'Adieu à l'adolescence*.

1912

Januar: Bildung des Kabinetts Poincaré.
März: Protektoratsvertrag mit Marokko.

A. Carrel erhält den Nobelpreis für Medizin.
P. Sabatier und V. Grignard erhalten den Nobelpreis für Chemie.
Der Schriftsteller J. Rivière wird Sekretär der *NRF*.
Erste Nummer der von Apollinaire gegründeten Zeitschrift *Soirées de Paris*.
Gründung der Zeitschrift *Les Hommes nouveaux* durch B. Cendrars.
É. Durkheim, *Les Formes élémentaires de la vie religieuse*.
P. Claudel, *L'Annonce faite à Marie*.
A. France, *Les Dieux ont soif*.

1913

Januar: Poincaré wird Präsident der Republik.
März: Bildung der Regierung Barthou.
August: Gesetz der 3 Jahre (Militärdienst).
Dezember: Bildung der Regierung Doumergue.

C. Richet erhält den Nobelpreis für Medizin.
Tod von H. Rochefort, Journalist und Politiker.
Beginn der Mitarbeit von G. Bernanos an der Tageszeitung *L'Action française*.
Erste Nummern von *La Science et la Vie* und von *La Revue des livres anciens*, herausgege-

ben von P. Louÿs.
E. Psichari, *L'Appel des armes* und *Le Voyage du centurion*.
Alain-Fournier, *Le Grand Meaulnes*.
A. Apollinaire, *Alcools*.
M. Barrès, *La Colline inspirée*.
M. Proust, *Du côté de chez Swann*.
R. Martin du Gard, *Jean Barois*.
R. Rolland, *Tragédies de la foi*.
J. Maritain, *La Philosophie bergsonienne*.
G. Leroux, *Le Mystère de la chambre jaune*.

1914 *Januar*: Bildung der Fédération des gauches (»Linksbündnis«).
Februar: erneute russische Rüstungsanleihe.
März: Madame Caillaux ermordet Calmette, den Herausgeber von *Le Figaro*.
Juni: Bildung der Regierung Viviani.
Attentat von Sarajewo, das Frankreich in den Weltkrieg ziehen wird.
Juli: Abstimmung über die Einkommensteuer.
Deutschland richtet am 31. ein Ultimatum an Frankreich – am selben Tag wird J. Jaurès von R. Villain ermordet.
August: Deutschland erklärt Frankreich den Krieg.
September: die Regierung zieht sich nach Bordeaux zurück.
Schlachten an der Marne, Aisne und Somme.
Dezember: Offensiven in der Champagne. Außerordentliche Sitzung des Parlaments in Paris.

C. Péguy fällt an der Front.
H. Bergson wird in die Académie française gewählt.
Die *NRF* veröffentlicht Auszüge aus dem neuen Buch von M. Proust, *À l'ombre des jeunes filles en fleurs*.
A. Gide, *Les Caves du Vatican*.
H. Barbusse, *Nous autres*.
L. Feuillade, *Fantomas*.

1915 *Februar*: französischer Angriff in der Champagne.
Mai: alliierte Offensiven im Artois.
Der Sozialist A. Thomas tritt in die Regierung ein.
September: alliierte Offensiven in der Champagne.

R. Rolland erhält den Nobelpreis für Literatur.
P. Loti, *La Grande Barbarie*.
R. Rolland, *Au-dessus de la mêlée*.
A. Suarès, *Nous et eux*.
H. Massis, *Romain Rolland contre la France*.
D. Halévy, *La Vie de Friedrich Nietzsche*.

1916 *Februar*: Beginn der Schlacht von Verdun.
Juli: Schlacht an der Somme.
November: Ende der Schlacht an der Somme.
Dezember: Ende der Schlacht von Verdun.
General Joffre wird zum maréchal de France (»Marschall von Frankreich«) ernannt; Gene-

H. Barbusse erhält den Prix Goncourt für *Le Feu*.
Lancierung von *Le Canard enchaîné*.
M. Barrès, *L'Âme française et la Guerre: l'amitié des tranchées*.
A. France, *Ce que disent les morts*.

ral Nivelle löst ihn an der Spitze der französischen Armee ab.

J. Romains, *Europe*.
G. Apollinaire, *Lueurs des tirs* und *Le Poète assassiné*.
Ch. Maurras, *Quand les Français ne s'aimaient pas*.

Januar: Beginn einer ersten Streikwelle, die in der Pariser Haute Couture ihren Ausgang nimmt.
April: Beginn der Offensive am Chemin des Dames.
Erster Einsatz französischer Sturmpanzer.
Erste kollektive Aktion militärischen Ungehorsams.
Mai: Beginn der großen Meutereien in der Armee.
Beginn einer zweiten Streikwelle.
General Pétain löst General Nivelle an der Spitze der französischen Armee ab.
Juni: die Regierung Ribot verkündet den Beschluss, den Sozialisten, die an der internationalen sozialistischen Konferenz in Stockholm teilnehmen wollen, die Pässe zu verweigern.
General Pershing, Kommandant des amerikanischen Expeditionskorps, trifft in Frankreich ein.
August: Rücktritt der Regierung D. Cochin: die katholische Rechte hatte der Regierung Antiklerikalismus vorgeworfen.
September: die Sozialisten lehnen es ab, der Regierung Painlevé beizutreten. Ende der Union sacrée auf Regierungsebene.

Tod von L. Bloy und É. Durkheim.
Selbstmord des Anarchisten Almereyda, Herausgeber von *Le Bonnet rouge*, im Gefängnis.
P. Valéry, *La Jeune Parque*.
M. Barrès, *Les Diverses Familles spirituelles de la France*.
A. France, *Pour la liberté*.
P. Drieu La Rochelle, *Interrogation*.

1917

Januar: Inhaftierung von J. Caillaux
März: deutsche Offensive in der Picardie.
Beginn der deutschen Bombardierung von Paris mit der Kanone »dicke Bertha«.
April: General Foch erhält den Titel des Oberbefehlshabers der alliierten Streitkräfte in Frankreich.
Mai: große Streiks in der Rüstungsindustrie.
Deutsche Offensive am Chemin des Dames.
Juli: deutsche Offensive in der Champagne.
Französische Gegenoffensive, zweite Schlacht an der Marne.
Nationaler Parteirat der SFIO: die »Minderheit« um Jean Longuet siegt über die Mehrheit.

G. Apollinaire, *Calligrammes*.
P. Claudel, *Le Pain dur*.
P. Bourget, *Némésis*.
L. Daudet, *La Guerre totale*.
G. Duhamel, *Civilisation 14-17* (Prix Goncourt).
M. Genevoix, *Au seuil des guitounes*.

1918

August: Malvy wird zu fünf Jahren Verbannung verurteilt.
Foch wird zum Marschall von Frankreich ernannt.
Beginn der alliierten Generaloffensive.
Die Epidemie der spanischen Grippe erreicht ihren Höhepunkt.
Oktober: Kongress der Sozialistischen Partei. Die Minderheit übernimmt die Leitung der Partei.
November: am 8. erstes Treffen der deutschen und alliierten Bevollmächtigten in Rethondes.
Dezember: Präsident Wilson trifft in Frankreich ein, um an der Friedenskonferenz teilzunehmen.
Pétain wird zum Marschall von Frankreich ernannt.

1919 *Januar*: Eröffnung der Friedenskonferenz.
März: England stützt den Franc nicht mehr.
April: der Achtstundentag wird durchgesetzt.
Juni: am 28. Unterzeichnung des Friedensvertrages mit Deutschland im Spiegelsaal des Schlosses von Versailles.
Juli: am 14. Siegesumzug in Paris.
Oktober: die Abgeordnetenkammer ratifiziert den Versailler Vertrag.
November: Gründung der CFTC (Confédération française des travailleurs chrétiens, »Französischer Bund der christlichen Arbeiter«).
Wahlsieg des »Nationalen Blocks« bei den Parlamentswahlen.

L'Humanité veröffentlicht eine »Deklaration der Unabhängigkeit des Geistes«, die insbesondere H. Barbusse, A. de Châteaubriant, G. Duhamel, P. J. Jouve, R. Rolland, J. Romains und C. Vildrac unterzeichnet haben.
Manifeste du Parti de l'intelligence.
A. Breton, L. Aragon, P. Soupault und R. Hilsum gründen die Zeitschrift *Littérature*.
Die *NRF* veröffentlicht Auszüge aus M. Prousts *Le Côté de Guermantes*.
A. Gide, *La Symphonie pastorale*.
R. Dorgelès, *Les Croix de bois*.
H. Bergson, *L'Énergie spirituelle*.
H. Barbusse, *Clarté*.

1920 *Januar*: P. Deschanel wird zum Präsidenten der Republik gewählt.
Rücktritt Clemenceaus und Bildung der Regierung Millerand.
Februar: der Sozialistische Kongress von Straßburg bricht mit der II. Internationale.
Streikwelle (Eisenbahner, Bergarbeiter).
September: Rücktritt von P. Deschanel.
A. Millerand wird zum Präsidenten der Republik gewählt.
November: am 11. Ehrung des unbekannten Soldaten am Arc de Triomphe.
Dezember: Kongress der SFIO in Tours. Gründung der Kommunistischen Partei (SFIC).

L. Bourgeois erhält den Friedensnobelpreis.
Erste Nummer von *La Revue universelle*, die der Action française nahe steht; ihr Chefredakteur ist H. Massis.
M. Sangnier lanciert die katholische Wochenzeitung *La Jeune République*.
J. Cocteau und R. Radiguet gründen die Zeitschrift *Le Coq*.
Colette, *Chéri*.
H. de Montherlant, *La Relève du matin*.
M. Barrès, *Chronique de la Grande Guerre* (Band 1).
P. Claudel, *Le Père humilié*. Alain, *Propos*.
P. Valéry, *Odes* und *Le Cimetière marin*.

1921

Januar: Bildung der siebten Regierung Briand.
Februar: Eröffnung der Londoner Konferenz über die Reparationsfrage.
März: Besetzung von Düsseldorf, Ruhrort und Duisburg durch französische Truppen.
Mai: Wiederherstellung der diplomatischen Beziehungen zum Vatikan.
Spaltung der CGT: die anarchosyndikalistische und kommunistische Minderheit bildet die CGTU (CGTUnitaire).
August: deutsch-französische Verträge von Wiesbaden.

A. France erhält den Nobelpreis für Literatur.
Von T. Tzara und A. Breton organisierte *Dada*-Kundgebung in Paris, im Jardin Saint-Julien-le-Pauvre.
In der Pariser Salle des Sociétés Savantes veranstalten die Dadaisten einen parodistischen Prozess gegen Barrès wegen »Verbrechen gegen die Sicherheit des Geistes«.
Tod von G. Feydeau.
M. Proust, *Le Côté de Guermantes* (Band 2) und *Sodome et Gomorrhe* (Band 1).
Alain, *Mars ou la guerre jugée*.
P. Morand, *Tendres Stocks*.
A. Malraux, *Lunes en papier*.
M. Jacob, *Le Laboratoire central*.

1922

Januar: Bildung der zweiten Regierung Poincaré.
Februar: Hinrichtung von Landru.
Oktober: Gründung der *Ligue de la République*.

Tod von M. Proust und E. Lavisse.
Gründung der Presses universitaires de France.
Gründung der Literaturzeitschrift *Les Nouvelles littéraires*.
M. Proust *Sodome et Gomorrhe* (Band 2).
R. Martin du Gard, *Les Thibault* (Band 1).
F. Mauriac, *Le Baiser au lépreux*.
V. Margueritte, *La Garçonne*.
H. de Montherlant, *Le Songe*.
H. Bergson, *Durée et Simultanéité*.
P. Valéry, *Charmes*.
M. Jacob, *Le Cabinet noir*.

1923

Januar: Frossard tritt vom Generalsekretariat der Kommunistischen Partei zurück.
Besetzung des Ruhrgebietes durch französische Truppen.
Ermordung von M. Plateau, Generalsekretär der Action française.
April: Senkung des Militärdienstes auf 18 Monate.
Mai: Léon Bérard-Dekret zur Reform der Höheren Schulbildung.
Oktober: Rede A. Millerands in Évreux.
November: die Kommission für Reparationsfragen bildet ein Expertenkomitee.

Tod von M. Barrès, P. Loti und R. Radiguet.
Gründung der Tageszeitung *Paris-Soir*.
Gründung der Zeitschrift *Europe* unter der intellektuellen Schirmherrschaft von R. Rolland.
Definitiver Bruch zwischen T. Tzara, dem Begründer des Dadaismus, und den Surrealisten.
F. Mauriac, *Génitrix*.
R. Radiguet, *Le Diable au corps*.
J. Kessel, *L'Équipage*.

1924

Januar: die Sozialisten akzeptieren, mit den Radikalen das »Linkskartell« zu bilden.
Februar: Poincaré erhält finanzpolitische Vollmachten.
März: Anleihe der französischen Regierung

Tod von A. France.
Gründung der Wochenzeitung *Candide* durch A. Fayard.
Gründung der Zeitschrift *La Révolution surréaliste*.

Zeittafel

bei der Banque Morgan. Erholung des Franc (»finanzielles Verdun«).
April: Frankreich akzeptiert den Dawes-Plan.
Mai: Wahlsieg des »Linkskartells« bei den Parlamentswahlen.
Juni: Rücktritt Millerands. G. Doumergue wird zum Präsidenten der Republik gewählt. Bildung der ersten Regierung Herriot.
Oktober: Anerkennung der Sowjetunion durch Frankreich.
Überführung der sterblichen Überreste von Jaurès ins Panthéon.

Manifeste du surréalisme.
H. de Montherlant, *Les Olympiques* und *Chant funèbre pour les morts de Verdun.*
P. Valéry, *Variété I.*
É Durkheim, *Sociologie et Philosophie* (posthume Artikelsammlung).
L. Aragon, *Le Libertinage.*

1925 *Februar*: die Abgeordnetenkammer stimmt über die Schließung der französischen Botschaft im Vatikan ab.
April: Sturz der Regierung Herriot.
Rebellion Abd el-Krims in Marokko.
August: Marschall Pétain führt die Militäroperationen im Rifkrieg.
Oktober: Unterzeichnung des Vertrages von Locarno.
November: G. Valois gründet den Faisceau, die erste faschistische Partei in Frankreich.

A. Gide, *Corydon.*
Alain, *Propos sur le bonheur* und *Éléments d'une doctrine radicale.*
P. Drieu La Rochelle, *L'Homme couvert de femmes.*
M. Genevoix, *Raboliot.*
P.J. Jouve, *Paulina 1880.*

1926 *Juni*: Bildung der zehnten Regierung Briand.
Juli: französisch-britischer Vertrag über die Kriegsschulden.
Caillaux sucht um finanzpolitische Vollmachten nach.
Herriot provoziert den Sturz der Regierung Briand-Caillaux.
Bildung und sofortiger Sturz der zweiten Regierung Herriot.
Bildung der Regierung der »Nationalen Union« durch Poincaré.
Die Abgeordnetenkammer billigt die Finanzpläne Poincarés.
September: Briand und Stresemann treffen sich in Thoiry.
Oktober: M. Sarraut löst É. Herriot als Präsident der Radikalen Partei ab.
November: Stabilisierung des Franc.

A. Briand erhält den Friedensnobelpreis.
J.-B. Perrin erhält den Nobelpreis für Physik.
Verurteilung der Action française durch den Papst.
A. Artaud und P. Soupault werden aus der surrealistischen Gruppe ausgeschlossen.
A. Gide, *Les Faux-Monnayeurs.*
Alain, *Le Citoyen contre les pouvoirs.*
G. Bernanos, *Sous le soleil de Satan.*
F. Mauriac, *Le Jeune Homme.*
A. Malraux, *La Tentation de l'Occident.*
J. Giraudoux, *Bella.*
Colette, *La Fin de Chéri.*

1927 *Februar*: erneuter französisch-britischer Vertrag über die Kriegsschulden.
März: Räumung des Saargebietes durch die französischen Truppen.
April: Rede A. Sarrauts in Constantine: »Der

H. Bergson erhält den Nobelpreis für Literatur.
F. Buisson erhält den Friedensnobelpreis.
P. Valéry wird in die Académie française gewählt.

Kommunismus ist der Feind.«
Mai: Gesetz, das den Militärdienst auf ein Jahr senkt.
Oktober: Daladier wird zum Vorsitzenden der Radikalen Partei gewählt.
November: Gründung der Croix-de-Feu (»Feuerkreuzler«, ultrarechte Bewegung) durch Maurice d'Hartoy.

A. Breton, P. Éluard und L. Aragon treten der Kommunistischen Partei bei.
Le Populaire, Organ der SFIO, erscheint als Tageszeitung.
Erste Nummer der zweimal monatlich erscheinenden Literatur- und Politikzeitschrift *Les Derniers Jours*, gegründet von P. Drieu La Rochelle und E. Berl.
Gründung der *Revue française de psychanalyse*.
M. Proust, *Le Temps retrouvé* (posthum).
J. Benda, *La Trahison des clercs*.
A. Gide, *Voyage au Congo*.
F. Mauriac, *Thérèse Desqueyroux*.
L. Aragon, A. Breton und P. Éluard, *Lautréamont envers et contre tout*.
A. Artaud, *À la grande nuit ou le bluff surréaliste*.
C. Nicolle erhält den Nobelpreis für Medizin.

Januar: der PCF übernimmt die Taktik »Klasse gegen Klasse«.
Verhaftung mehrerer kommunistischer Abgeordneter.
März: Verabschiedung eines Gesetzes über die Sozialversicherung.
April: Wahlsieg der »Nationalen Union« bei den Parlamentswahlen.
Juli: Gesetz (Loi Loucheur) zum sozialen Wohnungsbau (HBM, Habitations à bon marché).
August: Ratifizierung des Briand-Kellogg-Paktes.
November: »Coup von Angers« – die Radikalen verlassen die »Nationale Union«.

Beginn der kommerziellen Nutzung des Tonfilms.
Lancierung der Wochenzeitung *Gringoire*.
Beginn einer Untersuchung von *Monde* über die proletarische Literatur.
F. Mauriac, *Le Roman* und *Souffrances du chrétien*.
A. Breton, *Nadja*.
A. Malraux, *Les Conquérants*.
P. Naville, *La Révolution et les Intellectuels*.
Prinz L. de Broglie erhält den Nobelpreis für Physik.

1928

Mai: Unterzeichnung des Young-Planes über die Reparationen.
Juli: Ratifizierung der französisch-alliierten Verträge über die Kriegsschulden.
Rücktritt von Poincaré und Bildung der elften Regierung Briand.
September: Briand ruft zur Bildung der »Vereinigten Staaten Europas« auf.
November: Tod von Clemenceau.
Dezember: der Bau der Maginot-Linie wird beschlossen.

Tod von G. Courteline.
Gründung von *La Revue marxiste*.
Lancierung der Zeitschrift *Les Annales d'histoire économique et sociale* durch M. Bloch und L. Febvre.
P. Claudel, *Le Soulier de satin*.
J. Cocteau, *Les Enfants terribles*.
J. Kessel, *Belle de jour*.
E. Berl, *Mort de la pensée bourgeoise*.
Erste Nummer von *Je suis partout*, herausgegeben von P. Gaxotte.

1929

Zeittafel

1930 *Februar:* Sturz der Regierung Tardieu.
März: Schulgeldfreiheit für den Sekundarunterricht in der Sexta.
Ratifizierung des Young-Planes.
April: Abstimmung über die Renten der Frontkämpfer des Ersten Weltkriegs.

Eröffnung des ersten deutsch-französischen Universitätskongresses in Mannheim.
Die aus der surrealistischen Gruppe Ausgeschlossenen bringen ein Pamphlet gegen A. Breton heraus mit dem Titel *Un cadavre*. Unter den Autoren des Textes: G. Bataille, R. Desnos, M. Leiris, J. Prévert und R. Queneau.
Gründung der Zeitschrift *Le Surréalisme au service de la Révolution* durch A. Breton.
M. Déat, *Perspectives socialistes*.
P. Valéry, *Variété II*.
P. Drieu La Rochelle, *Une femme à sa fenêtre*.
A. Malraux, *La Voie royale*.
G. Duhamel, *Scènes de la vie future*.
E. Berl, *Mort de la morale bourgeoise*.

1931 *Februar:* Weygand löst Pétain als Vizepräsidenten des »Obersten Kriegsrates« ab.
Mai: P. Doumer wird zum Präsidenten der Republik gewählt.
Eröffnung der Kolonialausstellung im Bois de Vincennes.
Juni: Hoover-Moratorium für Reparationen und Kriegsschulden.

Marschall Pétain wird in die Académie française aufgenommen.
J. Schiffrin gründet die Bibliothèque de la Pléiade.
P. Valéry, *Regards sur le monde actuel*.
G. Bernanos, *La Grande Peur des bien-pensants*.
P. Drieu La Rochelle, *Le Feu Follet* und *L'Europe contre les patries*.
P. Nizan, *Aden Arabie*.

1932 *Januar:* Gesetz über das Kindergeld.
Mai: Ermordung von P. Doumer. A. Lebrun wird zum Präsidenten der Republik gewählt.
Wahlsieg der Linken bei den Parlamentswahlen.
Juli: Ende der Konferenz von Lausanne über die Reparationen.
November: französisch-sowjetischer Nichtangriffspakt.
Dezember: Sturz der Regierung Herriot.

Gründung der den Kommunisten nahe stehenden AEAR (Association des écrivains et artistes révolutionnaires, »Vereinigung der revolutionären Schriftsteller und Künstler«).
Gründung der Zeitschrift *Esprit* durch E. Mounier.
H. Bergson, *Les Deux Sources de la morale et de la religion*.
Alain, *Propos sur l'éducation*.
F. Mauriac, *Le Nœud de vipères*.
J. Romains, *Les Hommes de bonne volonté* (Band 1).
L.-F. Céline, *Voyage au bout de la nuit*.

1933 *Februar:* Unterzeichnung des Pakts der »Kleinen Entente«.
Einrichtung der Staatslotterie.
Mai: Gründung der »Gemeinsamen Front« gegen den Faschismus durch G. Bergery.
Juni: auf dem europäischen antifaschistischen Kongress in der Pariser Salle Pleyel

F. Mauriac wird in die Académie française gewählt.
A. Breton, P. Éluard und R. Crevel werden aus dem PCF ausgeschlossen.
Zusammenkunft der AEAR in Paris unter dem Vorsitz von A. Gide.
Gründung der Zeitschrift *Commune*, Organ

wird das Komitee Amsterdam-Pleyel gegründet.
Juli: Unterzeichnung des Viererpakts in Rom (Frankreich, Deutschland, Großbritannien und Italien).
Oktober: nachdem Deutschland die Abrüstungskonferenz verlassen hat, verkündet É. Daladier in der Abgeordnetenkammer das Scheitern der Konferenz.
Sturz der Regierung Daladier.
November: Déat, Marquet, Montagnon und Renaudel werden aus der SFIO ausgeschlossen.
Dezember: Beginn der Stavisky-Affäre (Finanzskandal, in den radikale Abgeordnete verwickelt sind).

der AEAR, herausgegeben von L. Aragon und P. Nizan.
F. Mauriac, *Le Romancier et ses personnages*.
A. Malraux, *La Condition humaine*.

Januar: Tod von Stavisky.
Rücktritt des Kabinetts Chautemps.
Februar: am 6. antiparlamentarischer Tumult in Paris und Rücktritt des Kabinetts Daladier am folgenden Tag. Am 9. folgt eine kommunistische Demonstration und am 12. ein Generalstreik in ganz Frankreich.
Am 22. erhält Doumergue die Vollmacht, mit Hilfe von Gesetzesdekreten zu regieren.
Juni: Ausschluss J. Doriots aus dem PCF.
Juli: am 27. unterzeichnen die Kommunistische Partei und die SFIO einen Aktionspakt.
Oktober: Ermordung des Königs Alexander von Jugoslawien und des Ministers L. Barthou in Marseille.
November: Rücktritt des Kabinetts Doumergue.

Tod von M. Curie. 1934
Gründung von *La Flèche*, Organ der »Gemeinsamen Front« von G. Bergery.
Gründung der Wochenzeitung *La Lutte des jeunes* durch B. de Jouvenel.
Veröffentlichung des »Plans des 9. Juli«, der – von Intellektuellen um R. Rolland ausgearbeitet – sich für die Planwirtschaft ausspricht.
Gründung des »Wachsamkeitskomitees der antifaschistischen Intellektuellen«.
P. Drieu La Rochelle, *La Comédie de Charleroi*.
C. de Gaulle, *Vers l'armée de métier*.

Januar: Unterzeichnung des französisch-italienischen Vertrages in Rom.
Abstimmung im Saargebiet: die Mehrheit stimmt für die Rückgliederung an Deutschland.
Gamelin löst Weygand als Vizepräsident des »Obersten Kriegsrates« ab.
Mai: französisch-sowjetischer Beistandspakt.
Sturz der Regierung Flandin.
Juli: am 14. Umzug und Eid des Volksfrontbündnisses.
Beginn der von Laval geführten Deflationspolitik.
November: Zusammenstöße zwischen Croix-

F. und I. Joliot-Curie erhalten den Nobelpreis für Chemie. 1935
Tod von H. Barbusse.
»Internationaler Schriftstellerkongress für die Verteidigung der Kultur« in Paris.
Erste offizielle Fernsehübertragung.
A. Gide, *Les Nouvelles Nourritures*.
H. de Montherlant, *Service inutile*.
J. Giraudoux, *La guerre de Troie n'aura pas lieu*.
J. Giono, *Que ma joie demeure*.
Dr. A. Carrel, *L'Homme, cet inconnu*.

de-Feu und militanten Linken in Limoges.
Dezember: Auflösung der paramilitärischen Organisationen.

1936 *Januar*: Daladier löst Herriot an der Spitze des Parti radical ab.
Rücktritt des Kabinetts Laval.
März: Kongress gewerkschaftlicher Wiedervereinigung.
Mai: Wahlsieg der Volksfront bei den Parlamentswahlen. Beginn spontaner Streiks.
Juni: am 5. Bildung der Regierung Blum. Der Matignon-Vertrag wird am 7. unterzeichnet. Am 11. und 12. werden die Gesetze über die Tarifverträge, den bezahlten Urlaub und die 40 Stunden-Woche verabschiedet.
Auflösung der Ligen der extremen Rechten.
Gründung des PPF (Parti populaire français, rechtspopulistische Partei) durch J. Doriot.
Juli: Verlängerung der Schulpflicht bis zum Alter von 14 Jahren.
August: Blum schlägt die »Nichtintervention« im Spanischen Bürgerkrieg vor.
Verstaatlichung der Kriegsindustrie.
September: Abwertung des Franc.
Dezember: in der Abgeordnetenkammer enthalten sich die Kommunisten in Fragen der Außenpolitik.

Tod des monarchistischen Historikers J. Bainville.
Bildung eines interministeriellen Komitees für Freizeit und eines Unterstaatssekretariats für Sport.
Gründung der rechtsextremen Zeitschrift *Combat*, die von T. Maulnier herausgegeben wird und die die ehemaligen Mitarbeiter von *Réaction* (hg. von J. de Fabrègues) und von *La Revue française* (hg. von J.-P. Maxence) zusammenführt (letztere hatten zuvor an der *Revue du siècle* und der *Revue du XXe siècle* mitgearbeitet).
A. Gide, *Retour de l'URSS*.
P. Valéry, *Variété III*.
G. Bernanos, *Journal d'un curé de campagne*.
H. de Montherlant, *Les Jeunes Filles* (Band 1).
L.-F. Céline, *Mort à crédit*.
R. Aron, *La Sociologie allemande*.

1937 *Februar*: Blum kündigt eine »Pause« im Volksfrontprogramm an.
Mai: Eröffnung der Weltausstellung in Paris.
Juni: Sturz der Regierung Blum.
Erneute Abwertung des Franc.
August: Gründung der SNCF (»Staatliche Französische Eisenbahngesellschaft«).
Dezember: Verhaftung der wichtigsten Führer der Cagoule, des rechtsextremen Geheimbundes, der der Verschwörung gegen die Republik beschuldigt wird.

R. Martin du Gard erhält den Nobelpreis für Literatur.
Letzte Kämpfe des Luftgeschwaders A. Malraux' (das im Spanischen Bürgerkrieg auf Seiten der Republikaner eingegriffen hat).
J.-P. Maxence gründet mit T. Maulnier die Wochenzeitung *L'Insurgé*.
R. Brasillach wird Chefredakteur von *Je suis partout*.
Gründung der kommunistischen Tageszeitung *Ce soir*, deren Chefredakteur L. Aragon wird.
Gründung des Collège de sociologie durch G. Bataille, R. Caillois, J. Monnerot und P. Klossowski.
P. Claudel, *Les Aventures de Sophie*.
P. Drieu La Rochelle, *Rêveuse Bourgeoisie*.
A. Malraux, *L'Espoir*.
L.-F. Céline, *Bagatelles pour un massacre*.
A. Breton, *L'Amour fou*.

J. Giono, *Refus d'obéissance*.
A. Camus, *L'Envers et l'Endroit*.

März: Beginn einer Streikwelle.
April: Sturz der zweiten Regierung Blum, die auf das Kabinett Chautemps gefolgt war.
Die Abgeordnetenkammer spricht der Regierung Daladier ihr Vertrauen aus (keine Beteiligung der Sozialisten).
September: Frankreich und Großbritannien unterzeichnen mit Deutschland das Münchner Abkommen.
Oktober: die Kammer billigt das Münchner Abkommen.
November: die Radikalen ziehen sich aus dem Volksfrontbündnis zurück.

J. Paulhan, der es ablehnt, aus der Literatur ein Werkzeug der Politik zu machen, veröffentlicht in der *NRF* einen Artikel mit dem Titel: »Mit uns ist nicht zu rechnen«.
P. Valéry, *Variété IV*.
Alain, *Propos sur la religion*.
G. Bernanos, *Les Grands Cimetières sous la lune*.
H. de Montherlant, *L'Équinoxe de printemps*.
J.-P. Sartre, *La Nausée*.
R. Aron, *Introduction à la philosophie de l'histoire*.
R. Caillois, *Le Mythe et l'Homme*.

1938

April: Wiederwahl von Lebrun zum Präsidenten der Republik.
September: am 1. Sept. Einfall der deutschen Truppen in Polen; nach dem Ablauf eines Ultimatums erklären Großbritannien und Frankreich dem Deutschen Reich den Krieg.
Nach dem Einfall sowjetischer Truppen in Polen am 17. werden der PCF und seine Organisationen am 26. aufgelöst.
Die in deutsches Territorium vorgedrungenen französischen Divisionen kehren in ihre Ausgangsstellungen zurück.
Oktober: M. Thorez desertiert.

Ch. Maurras wird in die Académie française gewählt.
Duke Ellington feiert im Palais de Chaillot Triumphe.
Einführung der Zensur.
Beschlagnahmung von *L'Humanité* und *Ce soir*.
P. Claudel, *L'Épée et le Miroir* und *La Sagesse ou la Parabole du festin*.
P. Drieu La Rochelle, *Gilles*.
R. Brasillach, *Les Sept Couleurs*.
A. Camus, *Noces*.
A. de Saint-Exupéry, *Terre des hommes*.
R. Caillois, *L'Homme et le Sacré*.
M. Leiris, *L'Âge d'homme*.
N. Sarraute, *Tropismes*.
J.-P. Sartre, *Le Mur*.

1939

Januar: die Kammer enthebt die kommunistischen Abgeordneten ihrer Mandate.
März: Daladier tritt zurück. R. Reynaud wird sein Nachfolger.
Mai: am 10. Beginn der deutschen Offensive und Ende der »drôle de guerre« (»komischer Krieg«).
Am 18. wird P. Pétain zum stellvertretenden Ministerpräsidenten ernannt.
Juni: am 4. deutsche Einnahme des Kessels von Dunkerque. Am 5. wird General de Gaulle zum Unterstaatssekretär im Kriegsministerium ernannt.
Am 10. verlässt die Regierung Paris, am 16.

Tod P. Nizans an der Front.
Gründung der Tageszeitung *Les Nouveaux Temps* in Paris, die J. Luchaire herausgibt.
Die erste Nummer der Tageszeitung *Le Cri du peuple*, herausgegeben von J. Doriot, und die erste Nummer der Wochenzeitung *La Gerbe*, herausgegeben von A. de Châteaubriant, erscheinen in Paris.
Erste Nummer der Wochenzeitung *Au pilori*.
Gründung des Untergrundbulletins *Un homme libre*.
Erste Untergrundnummer von *Résistance*, die die Widerstandsgruppe des Musée de l'Homme verbreitet.

1940

tritt P. Reynaud zurück. Sein Nachfolger wird Pétain, der um Waffenstillstand nachsucht. Am 18. ruft de Gaulle von London aus zum Widerstand auf.
Am 22. Unterzeichnung des Waffenstillstandes in Rethondes.
Am 28. wird de Gaulle von den Briten als »Oberhaupt der Freien Franzosen« anerkannt.
Juli: am 3. bombardieren die Briten die französische Flotte bei Mers el-Kebir.
Am 10. erteilt die Nationalversammlung Pétain Vollmachten, um eine neue Verfassungsordnung herbeizuführen. Am 11. verkündet dieser die ersten drei Verfassungsakte, die den État français (»Französischer Staat«) begründen.
Schaffung der »Baustellen der Jugend«.
Auflösung der Geheimgesellschaften.
Gründung der Légion française des combattants (»Legion der Frontkämpfer«, Zusammenschluss der Veteranenverbände).
Oktober: ein Statut des Juifs (»Judenstatut«) wird erlassen, das Juden den Zugang u.a. zu öffentlichen Ämtern und zur Offizierslaufbahn versperrt sowie Beschränkungen ihres Zugangs zu den freien Berufen und zu solchen, die Einfluss auf die öffentliche Meinung ausüben (u.a. in Presse, Rundfunk, Film, Theater Unterrichtswesen), ankündigt.
Am 24. trifft Pétain Hitler in Montoire.
November: Auflösung der nationalen Berufsorganisationen.
In Lyon wird *France-Liberté*, Vorgängerin von *Franc-Tireur*, gegründet.
Dezember: am 13. wird Außenminister Laval entlassen und festgenommen. P.-É. Flandin ist sein Nachfolger.

Gründung des Untergrundbulletins *Libération* durch den Gewerkschafter C. Pineau.
G. Simenon, *Les Inconnus dans la maison*.
P. Pétain, *Appel aux Français* und *Reconstruction de la France*.
R. Dorgelès, *Retour au front*.
J.-P. Sartre, *L'Imaginaire*.
J. Rostand, *Pensées d'un biologiste*.

1941 *Januar*: die Mitglieder der Regierung müssen auf das Oberhaupt des »Französischen Staates« den Treueeid leisten.
Admiral Darlan löst Flandin ab und wird anstelle Lavals designierter Nachfolger des Marschalls.
März: Einführung des Altersruhegeldes (für Arbeiter).
X. Vallat wird zum »Generalkommissar für Judenfragen« ernannt.

Tod von H. Bergson.
Tod des Schriftstellers M. Leblanc.
Pariser Kinos zeigen *Le Juif Süss*.
Per Dekret wird der Conseil du livre (»Bücherrat«) geschaffen, der die Aufgabe hat, die geistige Orientierung der veröffentlichten Bücher zu überwachen (P. Drieu La Rochelle wird eines seiner Mitglieder sein).
A. Gide stimmt mit der von P. Drieu La Rochelle verfolgten Linie nicht überein und

Regelung des Scheidungsrechts.
Mai: Unterzeichnung der Protokolle von Paris.
Gründung des Front national, Organisation der Résistance.
Juli: Gründung der Légion des volontaires français contre le bolchévisme (»Legion der französischen Freiwilligen gegen den Bolschewismus«) durch die Kollaborationisten.
August: in einer Rede erwähnt Pétain den »ungünstigen Wind« und stellt indirekt das Scheitern der »nationalen Revolution« fest.
Einrichtung von Sondergerichtshöfen.
Der Treueeid wird den hohen Beamten, den Militärs und den Richtern auferlegt.
Eröffnung der Pariser Ausstellung »Der Jude und Frankreich«.
Oktober: »Charta der Arbeit«.
November: Gründung der Bewegung Combat.

bricht mit der *NRF*.
R. Brasillach kehrt aus der Gefangenschaft zurück und übernimmt die Leitung des »Generalkommissariats für den Film«. Er tritt bald zurück und nimmt wieder den Posten des Chefredakteurs von *Je suis partout* ein.
Verbot der katholischen Wochenzeitung *Temps nouveaux* sowie der Zeitschrift *Esprit*.
In Paris erste Nummer der Wochenzeitung *Le Pays libre,* herausgegeben von dem rechtsextremen Journalisten P. Clément.
Gründung der *Révolution nationale* in Paris, Organ des MSR (Mouvement social révolutionnaire, »Sozialrevolutionäre Bewegung«).
Gründung der Wochenzeitung *Le Rouge et le Bleu,* herausgegeben von C. Spinasse.
P. Drieu La Rochelle, A. Bonnard, R. Brasillach, J. Chardonne, M. Jouhandeau reisen nach Deutschland zum »Kongress der europäischen Schriftsteller«.
Beginn der surrealistischen Zeitschrift *La Main à plume* in Paris.
Gründung der Untergrundzeitschriften *Combat, Franc-Tireur, Libération-Sud* und *Défense de la France* in der freien Zone.
Erste *Cahiers du Témoignage chrétien*.
J. Luchaire, *Les Anglais et nous*.
P. Pétain, *La France nouvelle*.
P. Drieu La Rochelle, *Ne plus attendre* und *Notes pour comprendre le siècle*.
R. Brasillach, *Notre avant-guerre*.
L.-F. Céline, *Les Beaux Draps*.
H. de Montherlant, *Le Solstice de juin*.
P. Morand, *L'Homme pressé*.
P. Valéry, *Tel Quel* (Band 1).
M. Blanchot, *Thomas l'Obscur*.

Februar: Eröffnung des Prozesses von Riom (gegen die »Hauptverantwortlichen für die Niederlage«, u.a. L. Blum).
März: erste Deportationen »aus rassischen Gründen«.
Geburt der F.T.P.F. (Francs-Tireurs et Partisans français, »Französische Freischärler und Partisanen«).
April: Rücktritt Darlans.
Laval kehrt an die Macht zurück und wird Regierungschef.

Tod des Schriftstellers V. Margueritte.
Le Figaro, der seit Frühjahr 1940 in der freien Zone erscheint, stellt sein Erscheinen ein.
Eröffnung des zweiten »Kongresses der europäischen Schriftsteller« in Weimar, an dem P. Drieu La Rochelle, J. Chardonne, G. Blond, A. Fraigneau und A. Thérive teilnehmen.
In Paris erscheint im Untergrund die Zeitschrift *Les Lettres françaises,* das Organ der Schriftsteller im Widerstand.

1942

Mai: L. Darquier de Pellepoix wird zum »Generalkommissar für Judenfragen« ernannt.
Die Juden in der besetzten Zone werden von den Deutschen gezwungen, den gelben Stern zu tragen.
Sieg der FFL (Forces de la France libre, »Streitkräfte des Freien Frankreich«) bei Bir Hakeim (Libyen).
Juni: in einer Radioansprache kündigt Laval die Relève (Freikauf der französischen Kriegsgefangenen durch Entsendung von Facharbeitern nach Deutschland) an und verkündet, er wünsche den Sieg Deutschlands.
Juli: am 16. und 17. Razzia des Vel'd'Hiv' (fast 13.000 Juden werden festgenommen und in das Pariser Radsportstadion Vel'd'Hiv gesperrt, bevor sie deportiert werden.)
Die Büros der beiden Kammern müssen jede Aktivität einstellen.
November: nach der alliierten Landung in Nordafrika am 8. dringt am 11. die Wehrmacht in die bis dahin unbesetzte Südzone ein.
Selbstversenkung der französischen Flotte bei Toulon.

P. Drieu La Rochelle, *Chroniques politiques*.
L. Rebatet, *Les Décombres*.
Vercors, *Le Silence de la mer* (veröffentlicht in den während der Besatzungszeit gegründeten Éditions de Minuit).
A. Camus, *L'Étranger* und *Le Mythe de Sisyphe*.
R. Caillois, *Le Rocher de Sisyphe*.

1943 *Januar*: Schließung der École nationale des cadres d'Uriage (»Nationale Schule für Führungskräfte in Uriage«).
Geburt der MUR (Mouvements unifiés de la Résistance, »Vereinigte Bewegungen der Résistance«).
Gründung der Milice.
Beginn des STO (Service du travail obligatoire, »Zwangsarbeitsdienst«).
März: Gründung der ORA (Organisation de résistance de l'Armée, »Widerstandsorganisation der Armee«).
Mai: Gründung des CNR (Conseil National de la Résistance, »Nationaler Widerstandsrat«).
Juni: Gründung der Franc-Garde de la Milice (der bewaffneten Einheiten der Milice).
Gründung des CFLN (Comité français de libération nationale, »Französisches Komitee

Tod der Philosophin S. Weil.
Gründung des IDHEC (Institut des hautes études cinématographiques).
R. Brasillach und seine Freunde verlassen die Redaktion von *Je suis partout*.
A. de Saint-Exupéry veröffentlicht in New York *Le Petit Prince*.
P. Drieu La Rochelle, *L'Homme à cheval*.
M. Aymé, *Le Passe-Muraille*.
R. Barjavel, *Ravage*.
Alain, *Préliminaires à la mythologie*.
J.-P. Sartre, *L'Être et le Néant* und *Les Mouches*.
S. de Beauvoir, *L'Invitée*.
E. Triolet, *Le Cheval blanc*.
G. Bataille, *L'Expérience intérieure*.

für die nationale Befreiung«).
Juli: Tod von J. Moulin.
Oktober: General de Gaulle schließt Giraud vom Vorsitz des CFLN aus.
November: Eröffnungssitzung der »Konsultativen Versammlung« in Algier (die dort die Präsenz republikanischer Vichy-Gegner verstärkt).
Dezember: Geburt der FFI (Forces françaises de l'Intérieur, »Französische Streitkräfte des Inneren«).

Januar: J. Darnand wird zum Generalsekretär für die Aufrechterhaltung der öffentlichen Ordnung ernannt.
Die MUR nehmen gewisse Widerstandsgruppen aus der Nordzone auf und werden zum MLN (Mouvement de libération nationale, »Nationale Befreiungsbewegung«).
P. Henriot wird Staatssekretär für Nachrichtenwesen und Propaganda.
Die Milice dehnt ihre Aktionen auf die Nordzone aus.
Rede von General de Gaulle in Brazzaville.
Unterstützt von Mitgliedern der Milice, zerstören die deutschen Truppen den Maquis des »Plateau des Glières«.
Juni: Darnand wird Staatssekretär im Innenministerium.
Henriot wird von Widerstandskämpfern ermordet.
Aus dem CFLN wird der GPRA (Gouvernement provisoire de la République française, »Provisorische Regierung der französischen Republik«).
Am 6. Landung der Alliierten in der Normandie.
Am 10. Massaker von Oradour.
Juli: Vernichtung des Maquis du Vercors.
August: Streik der Pariser Polizei und von den Gewerkschaften initiierter Generalstreik.
Am 19. Beginn des Aufstands in Paris.
Am 24. und 25. Ankunft der 2. DB (Division blindée, »Panzerdivision«) unter General Leclerc.
Am 26. zieht General de Gaulle die Champs-Élysées hinunter.
Oktober: die Frauen erhalten das Wahlrecht.

Tod J. Giraudoux' und des Dichters M. Jacob.
A. de Saint-Exupéry kehrt von einem Fliegereinsatz nicht zurück.
Das CNE (Comité national des écrivains, »Nationalkomitee der Schriftsteller«) veröffentlicht eine Liste von Autoren, die unter Kollaborationsverdacht stehen.
Über die Exzesse der »Säuberungen« empört, verlässt J. Paulhan *Les Lettres françaises*.
In *Le Figaro* und *Combat* tragen F. Mauriac und A. Camus eine Polemik über die Exzesse der »Säuberungen« in der Presse und unter den Schriftstellern aus.
Hinrichtung von G. Suarez, des ehemaligen politischen Leiters der Tageszeitung *Aujourd'hui*, der wegen »Verbindung zum Feind« zum Tode verurteilt worden war.
Erste Nummer der Tageszeitung *Le Monde*.
L.-F. Céline, *Guignol's Band* (Band 1).
A. Camus, *Caligula* und *Le Malentendu*.
L. Aragon, *Aurélien*.
R. Peyrefitte, *Les Amitiés particulières*.
R. Barjavel, *Le Voyageur imprudent*.
J.-P. Sartre, *Huis clos*.
Im Dezember erscheint *Esprit* wieder.

1944

Zeittafel

1945 *Januar*: Verstaatlichung der Renaultwerke.
Februar: de Gaulle lehnt es ab, Roosevelt in Algier zu treffen.
Verordnung über die Betriebskomitees.
März: Unabhängigkeit Vietnams und Kambodschas.
April: Verstaatlichung von Air France.
Rückkehr Pétains nach Frankreich.
Mai: am 8.: Frankreich ist bei der Unterzeichnung der Kapitulation Deutschlands vertreten.
Rückkehr von Überlebenden der Deportationen und von Kriegsgefangenen.
Frankreich wird ständiges Mitglied des Sicherheitsrates der UNO.
Juni: Frankreich erhält eine Besatzungzone in Deutschland.
Aufhebung der Pressezensur.
Gründung der ÉNA (École nationale d'administration, »Nationale Verwaltungshochschule«).
Juli: Prozess gegen Marschall Pétain.
August: Ho Chi Minh ruft zu einer allgemeinen Erhebung auf.
Oktober: Prozess gegen Laval und Hinrichtung.
Verordnungen zur Sozialversicherung.
Referendum und Parlamentswahlen.
November: Bildung der Regierung de Gaulle.
Dezember: Verstaatlichung der Banque de France und der großen Kreditbanken.
Schaffung des Generalplanungskommissariats.
Abwertung des Franc.

Ch. Maurras wird wegen »Verbindung zum Feind« zu lebenslanger Haft verurteilt.
Hinrichtung von R. Brasillach.
Freilassung von J. Giono, der 1944 verhaftet worden war.
Tod von P. Valéry.
Gründung der Fondation nationale des sciences politiques (»Nationale Stiftung der Politischen Wissenschaften«). Aus der École libre des sciences politiques wird das Institut d'études politiques.
Erste Nummer – im Oktober – von *Les Temps modernes*, herausgegeben von J.-P. Sartre.
Gründung der Tageszeitung *La Croix*.
A. Camus, *Lettres à un ami allemand*.
J.-P. Sartre, *Les Chemins de la liberté* (Band 1, 2).
S. de Beauvoir, *Le Sang des autres*.
B. Cendrars, *L'Homme foudroyé*.
F. Mauriac, *La Rencontre avec Barrès*.
R. Gary, *Éducation européenne* (Prix des Critiques).

1946 *Januar*: am 20. Rücktritt von General de Gaulle.
Übereinkommensprotokoll von MRP (Christdemokraten)-SFIO-PC.
März: Sainteny-Ho Chi Minh-Abkommen.
April: Verstaatlichung der Gas- und Elektrizitätswerke.
Gesetz (Loi Marthe-Richard) über die Schließung der Bordelle.
Gesetz über die Personalvertretung in den Betrieben.
Abstimmung über den Verfassungsentwurf in der Nationalversammlung.
Verstaatlichung der wichtigsten Versiche-

L. Rebatet und P.-A. Cousteau, ehemalige Redakteure von *Je suis partout* werden zum Tode verurteilt. C. Jeantet wird zu lebenslänglicher Zwangsarbeit verurteilt.
P. Claudel, J. Romains, M. Pagnol, M. Genevoix und É. Gilson werden in die Académie française gewählt.
Eröffnung des ersten Festivals von Cannes.
Aragon behauptet die Existenz einer Ästhetik der Kommunistischen Partei: die des Realismus.
P. Claudel, *L'Œil écoute*.
A. Gide, *Thésée*.
J. Prévert, *Paroles et Histoires*.

rungsgesellschaften.
Mai: Ablehnung des Verfassungsentwurfs durch Referendum.
Blum-Byrnes-Abkommen (über die Einfuhr amerikanischer Filme).
Juni: Wahlen zur zweiten Verfassunggebenden Versammlung.
Gründung des CNPF (Conseil national du patronat français, »Nationalrat der französischen Arbeitgeber«).
Am 16. legt General de Gaulle in der »Rede von Bayeux« seine Konzeption einer neuen Verfassung dar.
September: G. Mollet wird Generalsekretär der SFIO.
Gesetz über die Altersversicherung.
Oktober: Annahme des neuen Verfassungsentwurfs durch Referendum.
November: Bombardierung von Haiphong.
Dezember: Bildung der Regierung Blum.
Gesetz über Tarifverträge.

J. Kessel, *L'Armée des ombres*.
J.-P. Sartre, *L'existentialisme est un humanisme*.
R. Aron, *L'Homme contre les tyrans*.
L. Aragon, *L'Homme communiste*.
S. de Beauvoir, *Tous les hommes sont mortels*.
Gründung der Zeitschrift *Critique*.

Januar: V. Auriol wird zum Präsidenten der Republik gewählt.
Die Regierung Ramadier löst die Regierung Blum ab.
März: französisch-britischer Bündnisvertrag.
Beginn des Aufstands in Madagaskar.
Einführung des Mindestlohns.
Mai: Ausscheiden der Kommunisten aus der Regierung.
Juni: Streikwelle.
Frankreich nimmt die Hilfe des Marshall-Plans an.
September: neue Streikwelle mit Zwischenfällen.
Oktober: Wahlsieg des – von de Gaulle gegründeten – RPF (Rassemblement du Peuple Français, »Sammlungsbewegung des französischen Volkes«) bei den Kommunalwahlen.
November: Streik- und Demonstrationswelle.
Der MRP tritt für die Bildung einer »Dritten Kraft« ein.
Tod von General Leclerc.
Dezember: Eröffnungssitzung der Union française (umfasste bis 1958 das Mutterland, die Überseegebiete und -départements sowie die assoziierten Staaten).

A. Gide erhält den Nobelpreis für Literatur. 1947
Tod des Dichters L.-P. Fargue.
L. Rebatet und P.-A. Cousteau werden vom Präsidenten der Republik begnadigt.
A. Camus verlässt die Leitung von *Combat*.
G. Bernanos, *La France contre les Robots*.
A. Malraux, *Le Musée imaginaire*.
J.-P. Sartre, *Qu'est-ce que la littérature* und *Situations, I*.
B. Vian, *L'Écume des jours*.
P. Klossowski, *Sade mon prochain*.
M. Merleau-Ponty, *Humanisme et Terreur*.

Scheitern der Viermächte-Konferenz über die deutsche Frage.
Die Minderheit »Force ouvrière« (FO) verlässt die CGT.

1948 *Januar*: Abwertung des Franc.
Februar: Gründung des RDR (Rassemblement démocratique révolutionnaire, »Revolutionärer demokratischer Zusammenschluss«) durch D. Rousset und J.-P. Sartre.
März: Laos tritt in die Union française ein. Unterzeichnung des Brüsseler Vertrages. Gründung der FEN (Gewerkschaft im Erziehungswesen).
April: Gründungskongress der CGT-FO. Geburt der OEEC (Europäische Organisation für ökonomische Zusammenarbeit) in Paris.
August: die französische Besatzungszone in Deutschland wird ökonomisch der (amerikanisch-britischen) Bizone angegliedert.
Oktober: Streikwelle, deren »aufrührerischer Charakter« von Queuille angeprangert wird.

Tod von G. Bernanos.
Tod von A. Artaud.
Erste Nummer von *La Nouvelle Critique*.
P. Claudel, *Sous le signe du dragon*.
J.-P. Sartre, *Situations, II*.
A. Soboul, *La Révolution française*.
R. Aron, *Le Grand Schisme*.

1949 *Januar*: Anleihe zum Wiederaufbau.
Erste Sitzung im Kravtschenko-Prozess.
Bildung des Europarates.
April: Dreimächtevertrag über Deutschland. Weltfriedenskongress in Paris.
Abwertung des Franc.
Juli: Ratifizierung des Nordatlantikvertrages durch Frankreich.
September: Abwertung des Franc.
November: französisch-kambodschanische Abkommen.
Die drei Westmächte integrieren die BRD in den Westblock.
Dezember: französisch-vietnamesische Abkommen.

Erste – von P. Sabbagh präsentierte – Nachrichtensendung im Fernsehen.
J.-P. Sartre, *Situations, III* und *Les Chemins de la liberté* (Band 3).
S. de Beauvoir, *Le Deuxième Sexe* (Band 1 u. 2).
L. Aragon, *Les Communistes*.
M. Blanchot, *La Part du feu*.
J. Genet, *Journal d'un voleur*.
E. M. Cioran, *Précis de décomposition*.
E. Levinas, *De l'existence à l'existant*.
G. Bataille, *La Part maudite*.

1950 *Februar*: Verabschiedung des SMIG (Garantierter Mindestlohn).
März: Tod von L. Blum.
August: Entsendung eines französischen Bataillons nach Korea.
Oktober: französische Niederlage bei Cao Bang in Indochina.
Evakuierung von Langson.

Tod von M. Sangnier.
F. Joliot-Curie wird aus dem Kommissariat für Atomenergie entlassen, nachdem er verkündet hat, als Wissenschaftler werde er nicht an der Vorbereitung eines Krieges gegen die Sowjetunion teilnehmen.
Prozess D. Roussets gegen *Les Lettres françaises* wegen übler Nachrede.

Pleven-Plan zur Schaffung einer europäischen Streitmacht.
Verlängerung der Militärdienstzeit von 12 auf 18 Monate.
Oktober: H. Martin, der sich gegen den Indochinakrieg engagiert hat, wird vom Militärtribunal in Toulon wegen Sabotage verurteilt.

Lancierung der Wochenzeitung *L'Observateur*.
A. Camus, *Les Justes* und *Actuelles I*.
A. Nimier, *Le Hussard bleu*.

Januar: Krise zwischen dem Sultan von Marokko und dem Marschall Juin.
Gesetz (Loi Deixonne) über Unterricht in den Regionalsprachen.
Februar: französisch-tunesische Abkommen.
Gründung des Centre national des indépendants et paysans (»Nationales Zentrum der Unabhängigen und Bauern«).
März: de Lattre fordert weitere Verstärkung für Indochina.
April: am 18. Unterzeichnung des Pariser Vertrages, mit dem die »Europäische Gemeinschaft für Kohle und Stahl« (Montanunion) aus der Taufe gehoben wird.
Juni: Wahlsieg der Rechten bei den Parlamentswahlen.
Juli: Tod von Marschall Pétain auf der Île d'Yeu.

Tod A. Gides und des Philosophen Alain. 1951
L. Jouhaux erhält den Friedensnobelpreis.
J. Vilar wird zum Direktor des TNP (Théâtre national populaire) ernannt.
Nachdem die gegen H. Martin verhängte Strafe (5 Jahre Gefängnis) als rechtskräftig anerkannt worden ist, protestieren die Kommunisten und zahlreiche Intellektuelle.
Gründung der *Cahiers du cinéma*.
Gründung der Wochenzeitung *Rivarol*.
A. Camus, *L'Homme révolté*.
A. Malraux, *Les Voix du silence*.
R. Aron, *La Philosophie critique de l'histoire*.
M. Yourcenar, *Mémoires d'Hadrien*.
J. Giono, *Le Hussard sur le toit*.

März: am 6. Investitur (Amtseinsetzung) von A. Pinay durch die Kammer.
Mai: Ausgabe der »Pinay-Anleihe«.
Unterzeichnung des Vertrags der CED (»Europäische Verteidigungsgemeinschaft«).
Kommunistische Demonstration in Paris gegen Ridgway.
Juni: Abspaltung von Abgeordneten des RPF, die für die Investitur von A. Pinay gestimmt hatten.
September: Sanktionen im PCF gegen A. Marty und Ch. Tillon.
Dezember: Rücktritt der Regierung Pinay.

F. Mauriac erhält den Nobelpreis für Literatur und A. Schweitzer den Friedensnobelpreis. 1952
Tod von Ch. Maurras und von P. Éluard.
Pariser Erstaufführung von *Structures I* für zwei Klaviere von P. Boulez.
Der Vatikan setzt alle Werke A. Gides auf den Index.
Die lange Polemik über *L'Homme révolté* endet mit dem definitiven Zerwürfnis zwischen Sartre und Camus.
J.-P. Sartre, *Saint Genet, comédien et martyr*.
G. Canguilhem, *La Connaissance de la vie*.
J. Dutourd, *Au bon beurre*.

März: Amnestiegesetz und Abschaffung der Haute cour de justice (1944 gebildeter, 1945 umstrukturierter Hoher politischer Gerichtshof zur Aburteilung der Mitglieder des Vichy-Regimes).
August: Absetzung des Sultans von Marokko.

Im Mai erste Nummer von *L'Express*, gegründet von F. Giroud und J.-J. Servan-Schreiber. 1953
Gründung von *La Nouvelle Nouvelle Revue française* unter der Leitung von J. Paulhan und M. Arland und der *Lettres nouvelles*.
M. Merleau-Ponty, *Éloge de la philosophie*.

November: Debatte über die »Europäische Verteidigungsgemeinschaft«.
Dezember: R. Coty wird zum Präsidenten der Republik gewählt.

R. Barthes, *Le Degré zéro de l'écriture*.
B. Vian, *L'Arrache-cœur*.
A. Robbe-Grillet, *Les Gommes*.
G. Deleuze, *Empirisme et Subjectivité*.

1954 *Februar*: Beginn der Hilfskampagne des Abbé Pierre, Gründer der »Compagnons d'Emmaüs« (Hilfsorganisation der »Bruderschaft der Gefährten von Emmaus«).
Plan zur Wirtschaftsankurbelung.
April: Eröffnung der Genfer Konferenz über Indochina.
Mai: französische Niederlage bei Dien-Bien-Phu.
Juni: am 18. Investitur von P. Mendès France.
Juli: Genfer Verträge.
Rede von Karthago.
August: Ablehnung der »Europäischen Verteidigungsgemeinschaft« durch die Nationalversammlung.
November: Beginn des Aufstands in Algerien.

Tod von A. Lumière, von Colette und Henri Matisse.
Beginn der »Nouvelle Vague« im französischen Film.
L.-F. Céline, *Normance*.
S. de Beauvoir, *Les Mandarins*.
C. de Gaulle, *Mémoires de guerre* (Band 1).
R. Rémond, *La Droite en France de 1815 à nos jours*.
F. Sagan, *Bonjour tristesse*.
A. Cohen, *Le Livre de ma mère*.

1955 *Januar*: J. Soustelle wird Gouverneur in Algerien.
Februar: am 6. Sturz der Regierung Mendès France.
April: Abstimmung über den Ausnahmezustand in Algerien.
September: die UNO debattiert über Algerien.
November: Wiedereinsetzung von Mohammed V.
Dezember: Auflösung der Nationalversammlung.
Bildung des Front républicain (Linksbündnis).

Tod P. Claudels und des Paters Teilhard de Chardin.
R. Aron, *L'Opium des intellectuels*.
M. Blanchot, *L'Espace littéraire*.
P. Teilhard de Chardin, *Le Phénomène humain* (posthum).
M. Merleau-Ponty, *Les Aventures de la dialectique*.
M. Druon, *Les Rois maudits* (Band 1).
C. Lévi-Strauss, *Tristes Tropiques*.
A. Robbe-Grillet, *Le Voyeur*.

1956 *Januar*: Wahlsieg des Front républicain bei den Parlamentswahlen.
In Algier Bildung eines »Aktions- und Verteidigungskomitees für das französische Algerien«.
Februar: Investitur von Guy Mollet.
Am 6. reist er nach Algerien.
Verlängerung des bezahlten Urlaubs auf drei Wochen.
März: Unabhängigkeit Marokkos.
Abstimmung über Sondervollmachten in

Tod von P. Léautaud und J. Benda.
Le Monde veröffentlicht den Chruschtschow-Bericht.
Erste Nummer der Zeitschrift *Psychanalyse*.
Gründung der Zeitschrift *Arguments*, um die sich insbesondere R. Barthes und E. Morin verdient machen.
A. Camus, *La Chute*.
R. Gary, *Les Racines du ciel*.
N. Sarraute, *L'Ère du soupçon*.

Algerien.
Unabhängigkeit Tunesiens.
Rahmengesetz (Loi-cadre Defferre) über die Überseegebiete und -départements.
September: Frankreich und Großbritannien wenden sich in der Suezkrise an die UNO.
Oktober: das Flugzeug Ben Bellas wird gekapert.
November: französisch-britisches Kommandounternehmen am Suezkanal und bei Port-Saïd, das auf sowjetischen und amerikanischen Druck hin abgebrochen wird.

Januar: General Massu wird die Verantwortung für die Aufrechterhaltung der öffentlichen Ordnung in Algier übertragen.
Bazooka-Attentat gegen den Generalstab von General Salan.
März: Unterzeichnung der Römischen Verträge (Europäische Wirtschaftsgemeinschaft und Europäische Atomgemeinschaft).
Mai: Sturz der Regierung Mollet.
Juli: Ratifizierung der Römischen Verträge durch das Parlament.

A. Camus erhält den Nobelpreis für Literatur.
Ausstrahlung der ersten französischen Fernsehserie: *Le Tour du monde par deux enfants* und Beginn von *La caméra explore le temps*.
A. Camus, *L'Exil et le Royaume*.
L.-F. Céline, *D'un château l'autre*.
A. Malraux, *La Métamorphose des dieux*.
R. Barthes, *Mythologies*.
G. Bataille, *La Littérature et le Mal*.
M. Blanchot, *Le Dernier Homme*.
M. Butor, *La Modification*.

1957

Januar: Verabschiedung des Rahmengesetzes über Algerien.
April: Demonstration in Algier für die »Algérie française«.
Mai: am 13. Investitur Pflimlins.
Am 15. bringt Salan den Namen de Gaulles auf dem Forum von Algier ins Spiel.
Am 19. Pressekonferenz von General de Gaulle.
Am 28. Rücktritt Pflimlins.
Am 29. wird de Gaulle von Staatspräsident R. Coty an die Spitze der Regierung gerufen.
Juni: am 1. Investitur von General de Gaulle.
Am 2. Abstimmung über außerordentliche Vollmachten für die Regierung.
Am 4. trifft de Gaulle in Algier ein. Es kommt dort zu dem berühmten Ausspruch: »Ich habe euch verstanden.«
September: am 28. wird die neue Verfassung durch ein Referendum angenommen.
Oktober: Ankündigung des Plans von Constantine. General de Gaulle schlägt dem FLN (Front de libération nationale, »Nationale

Tod von R. Martin du Gard.
Erste Nummer der *Internationale situationniste*.
S. de Beauvoir, *Mémoires d'une jeune fille rangée*.
J. Kessel, *Le Lion*.
J. Genet, *Les Nègres*.
C. Lévi-Strauss, *Anthropologie structurale* (Band 1).

1958

837

Befreiungsfront«) einen »Frieden der Tapferen« vor.
November: Parlamentswahlen.
Dezember: General de Gaulle wird zum Präsidenten der Republik gewählt.
Abwertung des Franc und Einführung des neuen Franc.

1959 *Januar*: Verlängerung der Schulpflicht bis zum Alter von 16 Jahren.
Bildung der Regierung Debré.
März: die französische Mittelmeerflotte zieht sich aus den integrierten militärischen Kommandobehörden der NATO zurück.
Juni: Beschlagnahmung des Buches *La Gangrène*, das die Folter in Algerien anprangert.
September: am 16. Rede de Gaulles über das Selbstbestimmungsrecht in Algerien.
Oktober: Attentat in der Avenue de l'Observatoire gegen F. Mitterrand.

Tod von B. Vian und Tod des Historikers und Geographen A. Siegfried.
Schaffung des Ministeriums für kulturelle Angelegenheiten.
Erste Ausstrahlung des Magazins *Cinq Colonnes à la une*.
Erste Nummer der Zeitschrift *Pilote*.
L. Aragon, *Elsa*.
R. Queneau, *Zazie dans le métro*.
M. Blanchot, *Le Livre à venir*.
E. Morin, *Autocritique*.
J.-P. Sartre, *Les Séquestrés d'Altona*.

1960 *Januar*: Woche der Barrikaden in Algier; die ersten Länder des frankophonen Afrika erlangen die Unabhängigkeit.
Februar: am 13. französischer Atomwaffenversuch in Reggane (Sahara).
April: Gründung des PSU (Parti socialiste unifié, »Vereinigte sozialistische Partei«).
J. Soustelle wird aus der UNR (Union pour la Nouvelle République, Partei de Gaulles) ausgeschlossen.
September: Eröffnung des Prozesses gegen das »Jeanson-Netz«, das den FLN unterstützt.
November: am 4. erwähnt General de Gaulle die »Algérie algérienne« und kündigt ein Referendum über das Selbstbestimmungsrecht der Algerier an.

Tod von Albert Camus bei einem Autounfall.
Saint-John Perse erhält den Nobelpreis für Literatur.
H. de Montherlant wird in die Académie française gewählt.
Gründung der Zeitschrift *Tel Quel*.
»Manifest der 121« (Intellektuellen) zum Recht auf Fahnenflucht.
Gründung des OuLiPo (Ouvroir de littérature potentielle, »Werkstatt potentieller Literatur«).
Erste Nummer von *Jeune Afrique*.
J.-P. Sartre, *Critique de la raison dialectique*.
R. Gary, *La Promesse de l'aube*.
H. de Montherlant, *Aux fontaines du désir*.
S. de Beauvoir, *La Force de l'âge*.

1961 *Januar*: am 8. Referendum über das Selbstbestimmungsrecht.
April: vom 22. bis zum 25. Putsch der Generäle in Algier.
Mai: Frankreichbesuch des Präsidenten Kennedy.
September: Attentat auf General de Gaulle in Pont-sur-Seine.
Oktober: Demonstrationen von Moslems in Paris; sie werden gewaltsam niedergeschlagen.

Tod von L.-F. Céline, M. Merleau-Ponty und B. Cendrars.
Sartre hält nach einer Demonstration gegen den Algerienkrieg eine Rede an die Menge.
F. Mauriac, *Bloc-Notes (1952-1957)*.
M. Foucault, *Histoire de la folie à l'âge classique*.
M. Duras, *Hiroshima mon amour*.

1962

Januar: zahlreiche Attentate der OAS in der Hauptstadt.
Februar: Demonstrationen gegen die OAS in Paris. Acht Tote an der Metrostation Charonne.
März: am 18. Unterzeichnung der Verträge von Évian.
April: am 8. Billigung der Verträge von Évian durch Referendum.
G. Pompidou löst M. Debré als Premierminister ab.
Juli: am 1. wird Algerien unabhängig.
August: am 22. Attentat am Petit-Clamart (bei Meudon-La-Forêt) auf de Gaulle.
September: de Gaulle kündet ein Referendum über die Direktwahl des Präsidenten der Republik an.
Oktober: am 5. stürzt die Nationalversammlung die Regierung Pompidou.
Am 10. Auflösung der Nationalversammlung.
Am 28. Referendum über die Direktwahl des Präsidenten der Republik.
November: aus den Parlamentswahlen gehen die Gaullisten gestärkt hervor.

Tod von G. Bataille und R. Nimier.
Tod des Philosophen G. Bachelard.
J. Kessel und J. Guéhenno werden in die Académie française aufgenommen.
R. Aron, *Dix-Huit Leçons sur la société industrielle* und *Paix et Guerre entre les nations*.
C. Lévi-Strauss, *La Pensée sauvage*.
M. Butor, *Mobile*.
S. de Beauvoir und G. Halimi, *Djamila Boupacha*.

1963

Januar: Gründung der Cour de sûreté de l'État (Staatssicherheitshof, Sondergericht z.B. gegen Terrorismus).
General de Gaulle spricht sich gegen die Aufnahme Großbritanniens in die EWG aus.
Am 22. Unterzeichnung des deutsch-französischen Freundschaftsvertrages.
März: Streik der Bergarbeiter.
Juni: Rückzug der französischen Seestreitkräfte des Ärmelkanals und des Atlantiks aus der NATO.

Tod von J. Cocteau und T. Tzara, dem Vater des Dadaismus.
J. Paulhan wird in die Académie française gewählt.
J. Vilar verlässt das Pariser Théâtre national populaire.
Erste Ausstrahlung der Fernsehserien *Janique aimée* und *Le Chevalier de Maison-Rouge*.
L'Express lanciert mit der Aktion »Monsieur X« (Entwurf eines »Phantombildes« des idealen Kandidaten der Linken) die Wahlkampagne zu den Präsidentschaftswahlen.
Simone de Beauvoir, *La Force des choses*.
E. Levinas, *Totalité et Infini* und *Difficile Liberté*.
A. Robbe-Grillet, *Pour un Nouveau Roman*.
J.-M. Le Clézio, *Le Procès-Verbal*.

1964

Januar: Anerkennung des kommunistischen Chinas.
Mai: J. Lecanuet wird Vorsitzender des MRP. Waldeck-Rochet wird Generalsekretär des PCF.

J.-P. Sartre lehnt den Nobelpreis für Literatur ab.
T. Maulnier wird in die Académie française gewählt.
Annahme des endgültigen Statuts des ORTF

Juni: Gründung der CIR (Convention des institutions républicaines, »Konvent der republikanischen Institutionen«) unter der Leitung von F. Mitterrand.
Juli: Tod von M. Thorez.
November: aus der CFTC wird die CFDT (Confédération française démocratique du travail, »Französischer demokratischer Bund der Arbeit«).
Generalstreik im öffentlichen Dienst.

(Office de radiodiffusion-télévision française, »Französisches Rundfunk- und Fernsehamt«) durch den Ministerrat.
Aus *France-Observateur* wird *Le Nouvel Observateur* unter der Leitung von J. Daniel.
J.-P. Sartre, *Les Mots*.
P. Bourdieu und J.-C. Passeron, *Les Héritiers*.
R. Ricœur, *Histoire et Vérité*.
M. Crozier, *Le Phénomène bureaucratique*.

1965 *Mai*: G. Defferre lanciert den Gedanken einer »Großen Föderation« der Linken.
Juli: französische Politik des »leeren Stuhls« in Brüssel.
September: F. Mitterrand kündigt seine Kandidatur für das Präsidentenamt an.
Gründung der FGDS (Fédération de la Gauche démocrate et socialiste, »Föderation der demokratischen und sozialistischen Linken«).
Oktober: Entführung des marokkanischen Politikers Ben Barka.
November: General de Gaulle kündigt seine Kandidatur für das Präsidentenamt an.
Dezember: de Gaulle siegt bei den Präsidentenwahlen.

F. Jacob, A. Lwoff und J. Monod erhalten den Nobelpreis für Medizin.
R. Aron, *Essai sur les libertés*.
J.-P. Sartre, *Situations, VII*.
L. Althusser, *Pour Marx*.
G. Deleuze, *Nietzsche*.
G. Perec, *Les Choses*.
J.-P. Vernant, *Mythe et Pensée chez les Grecs*.
A. Touraine, *Sociologie de l'action*.
J. Le Goff, *La Civilisation de l'Occident médiéval*.

1966 *Februar*: Bildung des Centre démocrate (»Demokratisches Zentrum«).
März: Frankreich zieht seine Truppen aus den integrierten militärischen Kommandobehörden der NATO zurück.
Streik der Hochschulen gegen den Fouchet-Plan (Projet Fouchet).
September: Rede de Gaulles in Phnom Penh.
Dezember: Wahlabsprachen zwischen PC und FGDS im Hinblick auf die Parlamentswahlen von 1967.

Tod von A. Breton.
A. Kastler erhält den Nobelpreis für Physik.
Erste Nummer von *La Quinzaine littéraire*.
M. Foucault, *Les Mots et les Choses*.
J. Lacan, *Écrits*.

1967 *Januar*: Pressekonferenz von V. Giscard d'Estaing. Er distanziert sich von den Gaullisten.
März: aus den Parlamentswahlen geht die Rechte gestärkt hervor.
Juni: G. Séguy löst B. Frachon an der Spitze der CGT ab.
Juli: Schaffung der ANPE (Agence nationale pour l'emploi, »Nationale Agentur für Stel-

Tod von M. Aymé.
R. Debray wird wegen seines Engagements an der Seite der Revolutionäre in Bolivien gefangen genommen.
R. Barthes, *Système de la mode*.
M. Tournier, *Vendredi ou les Limbes du Pacifique*.
R. Debray, *Révolution dans la révolution*.
J.-J. Servan-Schreiber, *Le Défi américain*.

lenvermittlung«).
In Montréal ruft de Gaulle aus: »Es lebe das freie Québec!«
Dezember: Verabschiedung eines Gesetzes (Loi Neuwirth) zur Empfängnisverhütung.

J.-M. Domenach, *Le Retour du tragique*.
A. Malraux, *Antimémoires* (Band 1).
G. Debord, *La Société du spectacle*.
J. Derrida, *L'Écriture et la Différence*.

Januar: Unruhen in Lycées und Zusammenstöße an der Universität Nanterre.
Mai: am 2. Schließung von Nanterre. Am 3. erste Studentenkrawalle im Quartier Latin. Am 10. und 11. Nacht der Barrikaden.
Vom 14. bis 18. offizieller Besuch von General de Gaulle in Rumänien.
Am 20. bis zu zehn Millionen Streikende.
Am 27. Unterzeichnung der Vereinbarungen von Grenelle.
Am 27. Kundgebung der Linken im Stadion Charléty.
Am 29. General de Gaulle ist verschwunden (er stattet dem Oberkommando der französischen Streitkräfte in Deutschland einen Besuch ab).
Am 30. Rede de Gaulles und Defilee der Gaullisten auf den Champs-Élysées.
Juni: Parlamentswahlen.
Juli: M. Couve de Murville löst G. Pompidou ab.

R. Cassin bekommt den Friedensnobelpreis. 1968
Tod von J. Paulhan.
Gründung der Zeitung *La Cause du Peuple*.
A. Glucksmann, *Le Discours de la guerre*.
M. Kundera, *La Plaisanterie*.
A. Cohen, *Belle du Seigneur*.
E. Morin, C. Lefort, C. Castoriadis, *Mai 68: la brèche*.

Januar: G. Pompidou kündigt in Rom seine Kandidatur im Fall vorgezogener Präsidentenwahlen an.
April: am 27. fällt das Referendum über die Senatsreform und die Regionalisierung negativ aus.
Am 28. Rücktritt von General de Gaulle.
Juni: G. Pompidou wird zum Präsidenten der Republik gewählt.
Er ernennt J. Chaban-Delmas zum Premierminister.
Juli: die SFIO wird auf dem Parteitag von Issy-les-Moulineaux zum Parti socialiste.
August: Abwertung des Franc.

P. Morand tritt in die Académie française ein. 1969
Erste Nummer von *L'Idiot international*, herausgegeben von J.-E. Hallier.
R. Aron, *D'une sainte famille à l'autre. Essai sur les marxismes imaginaires*.
M. Foucault, *L'Archéologie du savoir*.
G. Perec, *La Disparition*.
M. Blanchot, *L'Entretien infini*.
F. Braudel, *Écrits sur l'histoire*.
M. Wittig, Les Guérillères.

Januar: aus dem SMIG wird der SMIC (Dynamischer Mindestlohn).
Februar: Staatsbesuch G. Pompidous in den Vereinigten Staaten.
März: heftige Zusammenstöße an der Universität Nanterre.

Tod von F. Mauriac und J. Giono. Tod des 1970
monarchistischen Historikers H. Massis.
L. Néel erhält den Nobelpreis für Physik.
In Bolivien wird R. Debray auf freien Fuß gesetzt.
E. Ionesco wird in die Académie française

Mai: R. Garaudy wird aus dem PCF ausgeschlossen.
Die Regierung beschließt die Auflösung der gauchistischen und maoistischen Bewegung La Gauche prolétarienne von A. Geismar.
Verbot ihrer Zeitung *La Cause du Peuple*.
Juni: Verabschiedung des »Antirandalierer-Gesetzes« (Loi anticasseurs) durch das Parlament.
Juli: G. Pompidou, auf Staatsbesuch in Bonn, sichert der »Ostpolitik« W. Brandts die Unterstützung Frankreichs zu.
Ch. Tillon wird aus dem PCF ausgeschlossen.
Die Dauer des Militärdienstes wird auf ein Jahr gesenkt.
August: der MLF (Mouvement de libération des femmes, »Befreiungsbewegung der Frauen«) organisiert eine Demonstration in Paris.
Oktober: Staatsbesuch von G. Pompidou in der UdSSR.
November: am 9. Tod von General de Gaulle.
Dezember: in Kourou (Französisch-Guayana) wird die französische Rakete Diamant B abgefeuert.

aufgenommen.
J.-P. Sartre wird Herausgeber von *La Cause du Peuple*.
Aus der satirischen Wochenzeitung *Hara-Kiri* wird *Charlie hebdo*.
C. de Gaulle, *Mémoires d'espoir* (Band 1).
R. Barthes, *L'Empire des signes*.
M. Crozier, *La Société bloquée*.
J. Cazeneuve, *Les Pouvoirs de la télévision*.
J. Monod, *Le Hasard et la Nécessité*.
J.-M. G. Le Clézio, *La Guerre*.
M. Lebesque, *Comment peut-on être Breton?*
F. Mauriac, *Le Dernier Bloc-Notes (1969-1970)*.

1971 *Januar*: Einrichtung eines Umweltministeriums.
Februar: Generalstreik des ORTF.
April: E. Maire wird zum Generalsekretär der CFDT gewählt.
Juni: auf dem sozialistischen Parteitag von Épinay-sur-Seine schließt sich der CIR dem Parti socialiste von A. Savary an.
Unterstützt von den Clubs, von den Gemäßigten und vom CERES (Centre d'études, de recherches et d'éducation socialistes, »Zentrum für sozialistische Studien, Forschungen und Erziehung) wird F. Mitterrand zum Ersten Sekretär der neuen Partei gewählt.
Oktober: J.-J. Servan-Schreiber wird Vorsitzender des Parti radical.
November: Gründung des Mouvement réformateur (»Reformbewegung«) durch den Centre démocrate von J. Lecanuet und den Parti radical von J.-J. Servan-Schreiber.

R. Caillois und G. Izard, Mitbegründer der Zeitschrift *Esprit*, werden in die Académie française gewählt.
343 französische Persönlichkeiten veröffentlichen in *Le Nouvel Observateur* ein Manifest für die Straffreiheit bei Abtreibung und erklären, selbst abgetrieben zu haben.
J.-P. Sartre wird Herausgeber von *Révolution*, gegründet von Dissidenten der Ligue communiste révolutionnaire.
A. Malraux, *Les chênes qu'on abat*.
R. Boudon, *La Crise de la sociologie*.
G. Duby, *Des sociétés médiévales*.

Januar: das sozialistische Programm »Changer la vie« (»Das Leben verändern«) wird veröffentlicht.
April: Billigung der Erweiterung der EWG durch Referendum.
Juli: der PS und der PC unterzeichnen den Programme commun (»Gemeinsames Programm«).
Premierminister J. Chaban-Delmas tritt zurück.
P. Messmer wird sein Nachfolger.
September: A. Peyrefitte wird Generalsekretär der UDR (Union des démocrates pour la Ve République, »Union der Demokraten für die fünfte Republik«, gaullistische Partei).
Dezember: G. Marchais wird Generalsekretär des PCF.

Tod von J. Romains, H. de Montherlant und L. Rebatet.
A. Malraux stellt die Sendung »La Légende du siècle« (»Die Legende des Jahrhunderts«) vor.
Gründung der Wochenzeitung *Le Point*.
J.-P. Sartre, *Situations, VIII* und *IX*.
G. Deleuze und F. Guattari, *L'Anti-Œdipe*.
L. Althusser, *Lénine et la philosophie*.
R. Girard, *La Violence et le Sacré*.
J. Derrida, *Positions*.
S. de Beauvoir, *Tout compte fait*.
Robert O. Paxton, *La France de Vichy*.

1972

Februar: Aufnahme diplomatischer Beziehungen zur DDR.
März: Wahlsieg der rechten Mehrheit bei den Parlamentswahlen.
Juni: Auflösung der rechtsextremen Bewegung Ordre nouveau und der Ligue communiste révolutionnaire von Alain Krivine.
September: Staatsbesuch von G. Pompidou in der Volksrepublik China.
Oktober: A. Sanguinetti wird zum Generalsekretär der UDR gewählt.

Tod der Philosophen J. Maritain und G. Marcel (Begründer des christlichen Existentialismus) und Tod von R. Dorgelès.
C. Lévi-Strauss und J. d'Ormesson werden in die Académie française gewählt.
Erste Nummer der Tageszeitung *Libération* unter der Leitung von J.-P. Sartre.
A. Solschenizyn, *L'Archipel du Goulag* (russische Ausgabe).
C. Lévi-Strauss, *Anthropologie structurale* (Band 2).
M. Kundera, *La vie est ailleurs*.
J. Lacan, *Les Quatre Concepts fondamentaux de la psychanalyse*.
F. Mitterrand, *La Rose au poing*.
G. Halimi, *La Cause des femmes*.

1973

Januar: Frankreich lässt für sechs Monate den Franc floaten.
April: am 2. Tod von G. Pompidou. A. Poher übernimmt interimsweise das Amt des Präsidenten der Republik.
Mai: V. Giscard d'Estaing wird zum Präsidenten der Republik gewählt. J. Chirac wird zum Premierminister ernannt.
Juni: der Ministerrat nimmt den Plan einer »Abkühlung« der Wirtschaft an.
Juli: Schaffung eines Staatssekretariats für die »Situation der Frauen«.
Dezember: Abstimmung über das Abtreibungsgesetz.

Tod von M. Pagnol, Tod des Philosophen J. Wahl.
Gesetz über die Aufteilung des ORTF: vier Programmgesellschaften werden eingerichtet, TF1, A2, FR3 und Radio-France.
Letzte Nummer der Zeitung *Combat*.
Erste Nummer von *Le Quotidien de Paris*.
A. Malraux, *Le Miroir des limbes*.
É. Ajar (R. Gary), *Gros Câlin*.
A. Peyrefitte, *Quand la Chine s'éveillera*.
J. Monnerot, *Inquisitions*.
L. Irigaray, *Speculum. De l'autre femme*.
J. Kristeva, *La Révolution du langage poétique*.
A. Leclerc, *Parole de femme*.

1974

Zeittafel

	Tod von Saint-John Perse; Tod des Verlegers G. Gallimard.
1975 *April*: Staatsbesuch von V. Giscard d'Estaing in Algerien. *Oktober*: Tod von G. Mollet. *November*: Wirtschaftsgipfel der sechs wichtigsten westlichen Staaten in Rambouillet mit dem Ziel, eine »neue Weltwirtschaftsordnung« zu definieren; Vereinbarung über die Stabilisierung der Wechselkurse. Beginn des von Pol Pot in Kambodscha angeordneten Völkermords.	Erste Ausstrahlung der Fernseh-Literatursendung *Apostrophes*. R. Hersant kauft *Le Figaro*. R. Gary, *Au-delà de cette limite votre ticket n'est plus valable* und É Ajar, *La Vie devant soi*. M. Foucault, *Surveiller et Punir*. A. Glucksmann, *La Cuisinière et le Mangeur d'hommes*. F. Mitterrand, *La Paille et le Grain*. D. Desanti, *Les Staliniens*. H. Cixous und C. Clément, *La jeune née*.
1976 *Februar*: der PCF verzichtet darauf, die Diktatur des Proletariats anzustreben. *August*: J. Chirac tritt zurück. R. Barre wird Premierminister. *September*: Veröffentlichung des Barre-Plans zur Inflationsbekämpfung. *Dezember*: Gründung des gaullistischen RPR (Rassemblement pour la République, »Sammlungsbewegung für die Republik«).	Tod von A. Malraux, P. Morand, E. Berl und R. Queneau. Beginn des Farbfernsehens bei TF1. M. Kundera, *La Valse aux adieux*. E. Morin, *L'Homme et la mort*. E. Todd, *La Chute finale. Essai sur la décomposition de la sphère soviétique*. J.-F. Revel, *La Tentation totalitaire*. M. Legris, »*Le Monde« tel qu'il est*. Tod von J. Prévert.
1977 *Februar*: Besetzung der Pariser Kirche Saint-Nicolas-du-Chardonnet durch katholische Integristen. *März*: aus den Kommunalwahlen geht die linke Opposition gestärkt hervor. J. Chirac wird zum Bürgermeister von Paris gewählt. *Juli*: Annahme der »Umweltcharta« durch den Ministerrat. *September*: Bruch der Linksunion. *November*: erster Linienflug der Concorde auf der Strecke Paris-New York.	Gründung des Centre national d'art et de culture Georges-Pompidou in Paris (»Nationales Kunst- und Kulturzentrum G.-P.). R. Aron, *Plaidoyer pour l'Europe décadente*. P. Ariès, *L'Homme devant la mort*. A. Glucksmann, *Les Maîtres penseurs*. B.-H. Lévy, *La Barbarie à visage humain*. E. Morin, *La Méthode, I*. R. Barthes, *Fragments d'un discours amoureux*.
1978 *Januar*: Staatsbesuch von R. Barre in China. *Februar*: Bildung der UDF (Union pour la Démocratie française, »Union für die französische Demokratie) aus dem Zusammenschluss des Parti républicain, des Centre des démocrates sociaux und des Parti radical. *März*: bei den Parlamentswahlen siegt die regierende Mehrheit über die Linke. *Mai*: Eingreifen der französischen Fallschirmjäger bei Kolwezi in Zaire.	Tod von J. Guéhenno und von R. Caillois. M. Proust, *L'Indifférent* (unveröffentlichte Erzählung). Im Mai wird die Zeitschrift *L'Histoire* lanciert. G. Perec, *La Vie mode d'emploi*. F. Mitterrand, *L'Abeille et l'Architecte*. T. Zeldin, *Histoire des passions françaises* (Band 1). J. Le Goff, *La Nouvelle Histoire* und *Un autre*

August: zum ersten Mal seit 1793 wird die Bindung des Brotpreises aufgehoben.
Dezember: J. Chirac verurteilt in Cochin (»Appel de Cochin«) die Europapolitik von V. Giscard d'Estaing.

Moyen Âge.
F. Furet, *Penser la Révolution française*.

Januar: Gespräche von La Guadeloupe (V. Giscard d'Estaing, J. Carter, J. Callaghan und H. Schmidt).
Frankreich beteiligt sich wieder an der Genfer Abrüstungskonferenz.
März: die Pariser Europakonferenz der Neun führt das Europäische Währungssystem ein, dessen Währungseinheit der ECU ist.
September: Zusammenkunft der sieben großen Industriestaaten zur Frage des Einsparens von Energie.

Tod von J. Kessel. 1979
Aufhebung der Buchpreisbindung.
R. Gary, *Les Clowns lyriques* und É. Ajar, *L'Angoisse du roi Salomon*.
J. Fourastié, *Les Trentes Glorieuses*.
P. Bourdieu, *La Distinction, critique sociale du jugement*.
J.-F. Lyotard, *La Condition post-moderne*.
R. Debray, *Le Pouvoir intellectuel en France*.
J. Carrère d'Encausse, *L'Empire éclaté*.

Mai: Frankreichbesuch des Papstes Johannes Paul II.
September: E. Maire, Generalsekretär der CFDT, prangert die Unterwerfung der CGT unter die »sektiererische« Isolationspolitik des PCF an.
Oktober: Explosion einer Bombe vor der Synagoge der Rue Copernic in Paris.
November: Kandidatur Mitterrands für das Präsidentschaftsamt.
Dezember: Verabschiedung des Gesetzes »Sécurité et Liberté« (»Sicherheit und Freiheit«) durch das Parlament.

Tod von J.-P. Sartre, R. Gary, R. Barthes, 1980
M. Genevoix und L. Guilloux.
J. Dausset erhält den Nobelpreis für Medizin.
M. Yourcenar wird als erste Frau in die Académie française aufgenommen.
J.-M. G. Le Clézio, *Désert*.
F. Mitterrand, *Ici et maintenant*.

Mai: am 10. wird F. Mitterrand zum Präsidenten der Republik gewählt.
Am 22. Bildung der Regierung P. Mauroy.
Juni: sozialistische Stimmengewinne (»rosa Welle«) bei den Parlamentswahlen.
Juli: Abschaffung des Staatssicherheitshofes.
August: Amnestiegesetz für Delikte, die vor dem 10. Mai 1981 begangen wurden.
September: Aufhebung der Todesstrafe durch das Parlament.
Oktober: Abwertung des Franc.
November: die Nationalversammlung hebt das »Antirandalierer-Gesetz« (Loi anticasseurs) auf.
Dezember: die Abgeordneten verabschieden die Verstaatlichungen und bevollmächtigen die Regierung, Sozialgesetze auf dem Verord-

Tod von J. Lacan und von A. Cohen. 1981
Eröffnung des ersten Salon du livre (Buchmesse) im Pariser Grand Palais.
Neue Aufmachung von *Libération*.
Die Wochenzeitung *Charlie hebdo* wird eingestellt.
B.-H. Lévy, *L'Idéologie française* (das Buch löst eine heftige Polemik aus).
R. Debray, *Critique de la raison politique*.
P. Rosanvallon, *La Crise de l'État-providence*.
P. Bourdieu, *Questions de sociologie*.
P. Sollers, *Paradis*.
P. Soupault, *Mémoires de l'oubli*.
S. de Beauvoir, *La Cérémonie des adieux*.
Tod von G. Perec und L. Aragon.

Zeittafel

nungsweg zu erlassen.

1982 *Februar*: Verlängerung des bezahlten Urlaubs auf fünf Wochen.
März: Gesetz über den Sonderstatus Korsikas.
Am 3. Verkündung des Gesetzes »Droits et libertés des communes, départements et régions« (»Rechte und Freiheiten der Kommunen, Départements und Regionen«).
Juni: achtes Gipfeltreffen der Industriestaaten in Versailles.
Abwertung des Franc.
Juli: Aufhebung des Gesetzes »Sécurité et Liberté«.
Auflösung des SAC (Service d'action civique, ominöser, 1968 gegründeter Verband zur Bekämpfung der Gauchisten).
August: antisemitisches Attentat in der Rue des rosiers.
Auflösung der linksextremen terroristischen Bewegung Action directe.
Eintreffen des französischen Kontingents der multinationalen Eingreiftruppe in Beirut.
November: Amnestie für die französischen Generäle der OAS.
Dezember: Ende der Abstimmung über die Lois Auroux (Gesetze über die Freiheiten der Arbeiter in den Unternehmen).

Tod des Philosophen J. Beaufret, Übersetzer und Heidegger-Experte in Frankreich.
Bildung der Haute Autorité de l'audiovisuel (»Hohe Behörde für audiovisuelle Medien«) unter dem Vorsitz von M. Cotta.
P. Bourdieu, *Ce que parler veut dire*.
M. Éliade, *Les Dix-Neuf Roses*.
H. Hamon und P. Rotman, *La Deuxième Gauche*.
Autorenkollektiv, *Pour la Pologne*.
A. Memmi, *Le Racisme*.
E. Le Roy Ladurie, *Paris-Montpellier*.

1983 *März*: Abwertung des Franc.
Verabschiedung eines Sparprogramms.
April: das Rentenalter wird auf 60 herabgesetzt.
Mai: Zusammenstöße zwischen Ordnungskräften und Demonstranten gegen die geplante Hochschulreform.
August: Beginn der Operation »Manta« im Tschad.
September: Durchbruch des Front national (FN, äußerste Rechte) bei den Kommunalwahlen in Dreux.
Oktober: Beginn des »Marsches der Jugend gegen den Rassismus« von Marseille nach Paris.
Dezember: endgültige Abstimmung über den Entwurf eines Rahmenhochschulgesetzes.

Tod von R. Aron.
L.-S. Senghor und J. Soustelle werden in die Académie française gewählt.
Die Regierung kündigt die Bildung von Institutionen zur Unterstützug der Frankophonie an.
Der Ministerrat nimmt einen Gesetzentwurf zur Presse an, der insbesondere die Pressekonzentration begrenzen soll und sich in erster Linie gegen die Hersant-Gruppe richtet.
R. Aron, *Mémoires*.
G. Lipovetsky, *L'Ère du vide*.
E. Morin, *De la nature de l'URSS*.
P. Sollers, *Femmes*.

1984 *Januar*: Demonstrationen der Anhänger der

Tod von M. Foucault. Tod des Dichters

École libre (der nichtstaatlichen, meist katholischen Privatschulen).
April: in Paris Umzug der Anhänger der laizistischen Schulbildung.
Juni: Wahlsieg des RPR-UDF und Vormarsch des FN bei den Wahlen zum Europäischen Parlament.
Demonstration in Paris für die Unterstützung der École libre: eineinhalb Millionen Teilnehmer.
Auflösung des korsischen Regionalparlaments.
Juli: F. Mitterrand kündigt die Rücknahme des Gesetzentwurfs (Loi Savary) über das Bildungswesen an.
Rücktritt des Unterrichtsministers A. Savary.
Rücktritt des Premierministers P. Mauroy. Sein Nachfolger wird L. Fabius.
Der PCF lehnt eine Regierungsbeteiligung ab.
Französisch-libysches Abkommen über den Rückzug der französischen Truppen aus dem Tschad.
Zusammenstöße in Neukaledonien zwischen Anhängern und Gegnern der Unabhängigkeit.

H. Michaux und des Historikers P. Ariès.
Lancierung der Wochenzeitung *L'Événement du jeudi*.
M. Foucault, *Histoire de la sexualité* (Band 2 u. 3).
M. Kundera, *L'Insoutenable Légèreté de l'être*.
J. Lacouture, *De Gaulle* (Band 1).
J.-F. Lyotard, *Le Différend*.
P. Bourdieu, *Homo Academicus*.
P. Nora, *Les Lieux de mémoire*, I, *La République*.
P. Virilio, *L'Horizon négatif*.

Januar: J. Delors wird Vorsitzender der Europäischen Kommission.
Ausrufung des Ausnahmezustands in Neukaledonien.
April: Absprache zwischen RPR und UDF, im Jahre 1986 gemeinsam die Regierung zu bilden.
Einführung des Verhältniswahlrechts.
August: Verkündung eines neuen Gesetzes über den Status von Neukaledonien.
September: Rücktritt des Verteidigungsministers C. Hernu.
Oktober: per Dekret Gründung des Haut Conseil de la population et de la famille (»Hoher Rat für die Bevölkerung und die Familie«).
Fernsehduell zwischen L. Fabius und J. Chirac.
Dezember: endgültige Abstimmung über ein Gesetz zum Verbot der Häufung von mehr als zwei Wahlämtern.

C. Simon erhält den Literaturnobelpreis. 1985
Tod des Philosophen V. Jankélévitch.
A. Fontaine wird Nachfolger von A. Laurens an der Spitze von *Le Monde*.
L. Ferry und A. Renaut, *La Pensée 68*.
M. Gauchet, *Le Désenchantement du monde*.
S. Moscovici, *L'Âge des foules*.
C. Rosset, *Le Philosophe et les Sortilèges*.
R. Debray, *Les Empires contre l'Europe*.
A. Badiou, *Peut-on penser la politique?*

Zeittafel

1986 *Januar*: französisch-britisches Abkommen über den Bau des Tunnels unter dem Ärmelkanal.
Februar: Beginn der Operation »Sperber« im Tschad.
März: Wahlsieg des RPR und der UDF bei den Parlaments- und Regionalwahlen.
J. Chirac wird Premierminister.
Bombenattentat auf den Champs-Élysées.
Juli: ein Gesetz hebt die administrative Genehmigungspflicht bei Entlassungen auf.
F. Mitterrand verweigert die Unterschrift unter die Verordnung über Privatisierungen.
August: Veröffentlichung des am 31. Juli verabschiedeten Gesetzes über die Privatisierung von 65 Unternehmen im *Journal officiel* (Amtsblatt der französischen Regierung).
November: Ermordung des Generaldirektors der Renaultwerke, G. Besse, durch Action directe.
Aktionen von Schülern und Studenten gegen den Gesetzentwurf von A. Devaquet zur Hochschulreform.
Billigung des Gesetzes vom 23. Oktober über die Wahlkreisreform durch den Conseil constitutionnel (»Verfassungsrat«).
Dezember: Tod eines demonstrierenden Studenten, M. Oussekine, in Paris.
Rücktritt von A. Devaquet, Sonderminister für Forschung und Hochschule.

Tod von S. de Beauvoir, J. Genet und G. Dumézil.
Erste Gipfelkonferenz der Frankophonie in Paris.
Eröffnung des Musée d'Orsay.
Veröffentlichung des Gesetzes zur Beschränkung der Medienkonzentration (Loi Léotard) im *Journal officiel*.
G. Deleuze, *Foucault*.
M. Blanchot, *Michel Foucault tel que je l'imagine*.
F. Braudel, *L'Identité de la France* (Band 1).
R. Girardet, *Mythes et mythologies politiques*.
E. M. Cioran, *Exercices d'admiration*.
E. Badinter, *L'Un et l'Autre*.
E. Morin, *La Méthode*.
C. Lefort, *Essais sur le politique*.

1987 *Januar*: Inkrafttreten der Einheitlichen Europäischen Akte (Erweiterung der Kompetenzen der EWG im Hinblick auf einen gemeinsamen Binnenmarkt), die im *November* 1986 von den Abgeordneten ratifiziert wurde, sowie der Verordnung über die Freiheit der Preise und der Konkurrenz.
Einrichtung der Beratenden Kommission für Menschenrechte.
Auflösung des FLNC (Front de libération nationale de la Corse, »Korsische Befreiungsfront«).
Juni: Eröffnung der Generalstände der Sécurité sociale (Sozialversicherung).
Beginn der Zusammenkünfte der Commission des Sages (»Kommission der Weisen«) zum Staatsbürgerschaftsrecht.
Juli: Verurteilung des ehemaligen Gestapo-

Tod der Schriftstellerin M. Yourcenar und des Dramatikers J. Anouilh.
J.-M. Lehn erhält den Nobelpreis für Chemie.
B.-H. Lévy, *Éloge des intellectuels*.
P. Bourdieu, *Choses dites*.
A. Finkielkraut, *La Défaite de la pensée*.
H. Rousso, *Le Syndrome de Vichy*.
G. Lipovetsky, *L'Empire de l'éphémère*.
P. Vidal-Naquet, *Les Assassins de la mémoire*.
F. Jacob, *La Statue intérieure*.
A. Minc, *La Machine égalitaire*.
A. Besançon, *Une génération*.

Chefs von Lyon, K. Barbie.
Völlige Aufhebung der Währungskontrolle.
Abbruch der diplomatischen Beziehungen zum Iran.
September: Selbstbestimmungsreferendum, das zugunsten des Verbleibs Neukaledoniens in der Republik ausfällt.
November: die Abgeordneten verabschieden den neuen Status von Neukaledonien.

Februar: Abstimmung über zwei Gesetze zur Finanzierung des politischen Lebens (Parteien-, Wahlkampffinanzierung).
April: »Brief an alle Franzosen« von F. Mitterrand.
Ermordung von 4 Gendarmen und Geiselnahme von 27 weiteren durch ein Kommando von Kanaken in Ouvéa (Neukaledonien).
Durchbruch des Führers des FN, J.-M. Le Pen, beim ersten Wahlgang der Präsidentschaftswahlen.
Mai: die letzten 3 französischen Geiseln des Libanon werden in Beirut freigelassen.
Die Geiseln von Ouvéa werden unter Gewaltanwendung befreit.
Am 8. Wiederwahl F. Mitterrands zum Präsidenten der Republik.
Am 10. Rücktritt von J. Chirac.
M. Rocard wird sein Nachfolger.
Am 14. Auflösung der Nationalversammlung.
Am 17. Bildung der URC (Union pour le rassemblement au Centre, »Union für den Zusammenschluss in der Mitte«) durch den RPF und die UDF.
Juni: relative Mehrheit des PS und seiner Verbündeten bei den Parlamentswahlen.
Matignon-Abkommen zur Zukunft Neukaledoniens.
V. Giscard d'Estaing wird zum Vorsitzenden der UDF gewählt.
Juli: Abstimmung über das Amnestiegesetz.
F. Mitterrand verzichtet auf die Politik der Öffnung zur Mitte hin.
September: erste vorbehaltlose Verurteilung jeglichen Wahlbündnisses mit dem Front national durch den RPR.
November: Schaffung des RMI (Revenu

Der Historiker G. Duby wird in die Académie française aufgenommen. | 1988
Tod des Dichters R. Char.
G. Steiner, *Le Sens du sens*.
J.-F. Sirinelli, *Génération intellectuelle. Khâgneux et normaliens dans l'entre-deux-guerres*.
P. Birnbaum, *Un mythe politique: la »République juive«*.
M. Long, *Être Français aujourd'hui et demain*.
F. Furet, J. Julliard, P. Rosanvallon, *La République du Centre*.
H. Mendras, *La Seconde Révolution française*. Furet, M. Ozouf (Hrsg.), *Dictionnaire critique de la Révolution française*.
M. Vovelle, *L'État de la France pendant la Révolution française*.
R. Rémond (Hrsg.), *Pour une histoire politique*.
G. Debord, *Commentaires sur la société du spectacle*.
J. Kristeva, *Étrangers à nous-mêmes*.
Étiemble, *Lignes d'une vie*.

minimum d'insertion, Eingliederungs-Minimaleinkommen).

1989 *Februar*: M. Blondel wird Generalsekretär der Force ouvrière.
März: der Plan, bei den Wahlen zum Europaparlament eine gemeinsame Liste der jungen Reformer der Opposition (RPR-UDF-CDS) zu präsentieren, scheitert.
Mai: Ermordung der Führer des FLNKS (Front de libération nationale kanak socialiste, »Nationale kanakische sozialistische Befreiungsfront«), J.-M. Djibaou und Yeiwéné Yeiwéné.
Schuldenerlass für 35 afrikanische Länder auf dem Gipfel der frankophonen Länder in Dakar.
Juni: Wahlsieg des Bündnisses RPR-UDF bei den Wahlen zum Europaparlament.
August: J.-M. Le Pen wird wegen antisemitischer Äußerungen gerichtlich belangt.
Dezember: Bildung des Haut Conseil de l'intégration (»Hoher Rat für Integration«). Der Conseil d'État (»Staatsrat«, u.a. oberstes Verwaltungsgericht) verstärkt die Verantwortung der Schulen für die interne Disziplin (»Kopftuchaffäre«).

Tod von G. Simenon, H. Beuve-Méry, S. Dali und S. Beckett.
Bildung eines gemeinsamen Präsidiums der Fernseh-Programmgesellschaften A2-FR3.
Der Meereskundler J.-Y. Cousteau wird in die Académie française gewählt.
Zweihundertjahrfeiern zur Französischen Revolution.
J.-P. Sartre, *Vérité et Existence* (posthum).
M. Gauchet, *La Révolution des droits de l'homme*.
A. Finkielkraut, *La Mémoire vaine. Du crime contre l'humanité*.

1990 *April*: Selbstauflösung des PSU.
Juni: sechzehnter franko-afrikanischer Gipfel in La Baule.
Bildung des Bündnisses RPR-UDF »Union pour la France« (»Union für Frankreich«).
September: Beginn der Operation »Daguet« in Saudiarabien nach der Besetzung Kuwaits durch den Irak.
Deutsch-französischer Gipfel in München.
Oktober: Aufruhr jugendlicher Immigranten in Vaulx-en-Velin, einem Vorort von Lyon.
Januar: das Parlament stimmt über die Anwendung von Gewalt gegen den Irak ab. Erster französischer Angriff gegen die Iraker. Rücktritt des Verteidigungsministers J.-P. Chevènement.
P. Joxe wird sein Nachfolger.

Tod von L. Althusser, R. Antelme, M. Guy und M.-D. Chenu.
J. Rouaud, *Les Champs d'honneur* (Prix Goncourt).
M. Serres, *Le Contrat naturel*.
R. Chartier, *Les Origines culturelles de la Révolution française*.
Étiemble, *Le Meurtre du Petit Père*.

1991 *Februar*: blutige Unruhen in La Réunion.
Mai: Rücktritt von M. Rocard. É. Cresson wird Premierministerin.

Tod von Vercors, A. Blondin, H. de Lubac, C. Gallimard, F. Bourricaud, C.-A. Julien, H. Lefebvre und Y. Montand.

Juni: Frankreich beschließt, dem Atomwaffensperrvertrag beizutreten.
Oktober: Beginn der »Affäre der verseuchten Blutkonserven«, auch »Blutskandal« genannt (Zwischen 1983 und 1985 wurden im französischen Gesundheitswesen mit Aidsviren verseuchte Blutkonserven benutzt oder ausgegeben; die bereits verfügbare medizinische Technik zum Nachweis der Viren war nicht angewandt worden).
Dezember: die Dauer des Militärdienstes wird auf 10 Monate gesenkt.

H. Carrère d'Encausse wird in die Académie française aufgenommen.
P.-G. de Gennes erhält den Nobelpreis für Physik.
L. Dumont, *Homo aequalis II, L'Idéologie allemande*.
P. Nemo, *Pourquoi ont-ils tué Jules Ferry?*

Januar: L. Viannet löst H. Krasucki an der Spitze der CGT ab.
Februar: am 7. Unterzeichnung des Maastrichter Vertrages, der die »Union« begründet.
März: Wahlsieg des Bündnisses RPR-UDF bei den Regionalwahlen.
Schließung der Renaultwerke in Boulogne-Billancourt.
April: P. Bérégovoy wird zum Premierminister ernannt.
Die Atomwaffenversuche werden ausgesetzt.
Einstellung des Strafverfahrens gegen Paul Touvier, den ehemaligen Milice-Chef von Lyon, durch das Pariser Berufungsgericht.
September: die Verträge von Maastricht werden durch Referendum gebilligt.

G. Charpak erhält den Friedensnobelpreis für Physik. 1992
Erste Sendung von ARTE.
Tod von F. Guattari, H. Guillemin, A.-J. Greimas und J. Perret.
P. Bénichou, *L'École du désenchantement*.
R. Debray, *Vie et Mort de l'image*.
A. Touraine, *Critique de la modernité*.
L. Ferry, *Le Nouvel Ordre écologique*.
G. Duby und M. Perrot, *Histoire des femmes en Occident*.
P. Bourdieu, *Les Règles de l'art*.
M. Leiris, *Journal 1922-1989*.
C. Nicolet, *La République en France*.
F. Gaspard, C. Servan-Schreiber u. A. Le Gall, *Au pouvoir citoyennes! Liberté, égalité, parité*.

März: Inkrafttreten der neuen Strafprozessordnung.
Wahlsieg der UPF (Bündnis RPR-UDF) bei den Parlamentswahlen.
É. Balladur wird zum Premierminister ernannt.
Mai: Selbstmord P. Bérégovoys.
Juni: die Abgeordneten nehmen die Reform des Staatsbürgerschaftsrechts an.
Juli: Privatisierungsgesetz.
Oktober: Vereinbarung über die Senkung der Ausgaben im Gesundheitswesen.
November: Verfassungsreform zum Asylrecht.
Dezember: Fünfjahresgesetz zur Beschäftigung.

Tod von J. Cau, E. Borne, P. Naville, P. Hervé und R.P. Riquet. 1993
Der Richelieu-Flügel im Louvre wird fertiggestellt.
Gründung der BNF (Bibliothèque nationale de France).
Uraufführung des Films *Germinal* von Claude Berri.
P. Bourdieu, *La Misère du monde*.
R. Debray, *L'État séducteur*.
J. Attali, *Verbatim I*.

Januar: Demonstration in Paris gegen die Aufhebung der Loi Falloux (Gesetz von 1850

Tod von G. Debord, E. Ionesco, R. Doisneau, R. Stéphane, J.-L. Barrault, J. Ellul, 1994

über den Privatschulsektor).
Gesetz über die Förderung von Investitionen des Privatschulsektors (Loi Bourg-Broc).
R. Hue wird Generalsekretär des PCF.
März: Prozess gegen den ehemaligen Milice-Chef P. Touvier.
Rückzug des CIP (Contrat d'insertion professionnelle, »Vertrag zur beruflichen Eingliederung«), nachdem bedeutende Widerstände dagegen zutage getreten sind.
Mai: Feierliche Eröffnung des Tunnels unter dem Ärmelkanal durch F. Mitterrand und Elisabeth II.
Juni: Niederlage der Liste des PS bei den Wahlen zum Europaparlament.
Verabschiedung von drei Gesetzen zur Bioethik.
Beginn der humanitären Operation »Turquoise« der französischen Armee in Ruanda.
Juli: am 14. erstes Defilee des Eurokorps auf den Champs-Élysées.
September: die französische Armee verlässt Berlin.
November: Teilprivatisierung der Renaultwerke.
Abstimmung über fünf Gesetze zur öffentlichen Finanzierung des politischen Lebens.

B. Dort und M. Renaud.
Das unvollendete Manuskript *Le Premier Homme* von Albert Camus erscheint.
P. Péan, *Une jeunesse française. François Mitterrand, 1934-1947*.
D. Schnapper, *La Communauté des citoyens*.
A. Peyrefitte, *C'était de Gaulle*.
R. Rieffel, *La Tribu des clercs*.

1995 *Mai*: J. Chirac wird zum Präsidenten der Republik gewählt.
A. Juppé wird zum Premierminister ernannt.
Juni: der Front national siegt bei den Kommunalwahlen in drei Städten (Toulon, Orange und Marignane).
Die Wiederaufnahme der französischen Atomwaffenversuche wird angekündigt.
J. Tibéri wird zum Bürgermeister von Paris gewählt.
Juli: Verfassungsänderung, mit der die Anwendung von Referenden ausgeweitet und eine parlamentarische Sitzungsperiode von neun Monaten eingeführt wird.
Attentat auf der Place de l'Étoile in Paris.
September: erneute Attentate in Paris und in Lyon.
Oktober: Reform der Sozialversicherung.
November: Protestbewegungen unter den Studenten und der übrigen Bevölkerung.
Dezember: Streiks und Demonstrationen

Tod von G. Deleuze, E. Levinas,
 E.M. Cioran, A. Kriegel, Y. Congar,
A. Frossard, J. Tardieu, J. Berque, L. Malle.
M. Fumaroli und der Kardinal J.-M. Lustiger werden in die Académie française gewählt.
J. Bompard, Front national-Bürgermeister von Orange, streicht die kommunalen Subventionen für die beiden wichtigsten Kultur-Institutionen der Stadt.
M. Kundera, *La Lenteur*.
F. Furet, *Le Passé d'une illusion*.
J.-F. Kahn, *La Pensée unique*.
P. Rosanvallon, *La Nouvelle Question sociale*.
A. Glucksmann, *De Gaulle où es-tu?*

gegen den Juppé-Plan einer Reform der Sozialversicherung.

Januar: am 8. Tod von F. Mitterrand.
Februar: Verfassungsreform, mit der das Parlament in die Lage versetzt wird, sich jedes Jahr über die Finanzierung der Sozialversicherung auszusprechen.
Ankündigung einer Armeereform (Professionalisierung und Aufhebung der allgemeinen Wehrpflicht).
März: F. Léotard übernimmt den Vorsitz der UDF.
April: *Le Monde* veröffentlicht 16 Vorschläge von R. Fauroux, des Vorsitzenden der Studienkommission zur Schulbildung.
August: die Sans-papiers (Immigranten ohne gültige französische »Papiere«) müssen die Kirche Saint-Bernard in Paris räumen.
Tod von M. Debré.
Oktober: Gesetzentwurf des Justizministers J. Toubon gegen den Rassismus.

Tod von G. Duby, M. Duras, J. Piel, C. Mauriac, C. Bourdet, M. Robert, A. Papandréou, E. Wreff, R. Hersant, M. Carné.
Die sterblichen Überreste von A. Malraux werden ins Panthéon überführt.
Gründung einer Fondation du patrimoine (»Stiftung für das Kulturerbe«).
Buchhändler und Autoren boykottieren die Fête du livre (»Bücherfest«) in Toulon, nachdem der Front national das Rathaus – und diese Kulturveranstaltung – in die Hand genommen hat; sie protestieren gegen die Äußerungen des Bürgermeisters J.-M. Le Chevalier, der eine Ehrung des Schriftstellers M. Halter für »unangebracht« hält.
Die Kommission unter dem Vorsitz von R. Rémond übergibt ihren Bericht über den Fichier juif, die »Judenkartei« an Alain Juppé.
F. Mitterrand, *Mémoires interrompus*.
L. Ferry, *L'Homme-Dieu ou le Sens de la vie*.
R. Debray, *Loués soient nos seigneurs*.
J. Le Goff, *Saint Louis*.
O. Todd, *Camus*.
R. Garaudy, *Les Mythes fondateurs de la politique israélienne* (der Abbé Pierre erklärt in *Libération*, die Shoah sei ein Thema, »über das die Diskussion nicht abgeschlossen ist«).
Veröffentlichung des *Dictionnaire des intellectuels*, hg. von J. Julliard und M. Winock.

1996

Januar: Präsident Chirac bildet eine Studienkommission zur Justiz, die Maßnahmen zur Stärkung der Unabhängigkeit der Richter und Staatsanwälte vorschlagen soll.
Februar: Wahlsieg des Front national bei den Kommunalwahlen von Vitrolles.
April: Auflösung der Nationalversammlung durch den Präsidenten der Republik.
Mai: Wahlsieg der Linken. L. Jospin wird Premierminister.
August: Reueerklärung der Bischöfe zur Haltung der Kirche unter dem Vichy-Regime.
Oktober: Beginn des Prozesses gegen Maurice Papon. (Maurice Papon war als Generalsekretär der Präfektur der Gironde [1942–1944]

Aufruf von 66 Filmemachern zum zivilen Ungehorsam, um gegen den Gesetzentwurf (Loi Debré) zur Immigration zu protestieren.
F. Furet wird in die Académie française gewählt.
P. Bourdieu, *Sur la télévision. Méditations pascaliennes*.
R. Queneau, *Journal*.
J.-F. Revel, *Mémoires, Le voleur dans la maison vide*.
S. Courtois et al., *Le Livre noir du communisme*.
P. Ricœur, *L'Idéologie et l'Utopie*.
R. Debray, *Transmettre*.
O. Mongin, *La Violence des images ou com-*

1997

an der Deportation der Juden aus Bordeaux beteiligt. Die 1991 in den Archiven des »Staatssekretariats für die ehemaligen Frontsoldaten« entdeckte »Judenkartei« – »Symbol der Verfolgung der Juden durch das Vichy-Regime« – besteht de facto aus den Überresten mehrerer zwischen 1940 und 1944 angelegter Familien- und Einzelpersonenkarteien. Eine der vielen Kontroversen um den fichier juif betrifft die Frage, ob er absichtlich 45 Jahre lang geheim gehalten wurde).

ment s'en débarasser.
H. Mendras, *L'Europe des Européens*.
Tod von C. Castoriadis, J. Derogy, J.-M. Domenach, F. Furet, J.-E. Hallier, G. Mamy, G. Montaron, L. Pauwels, D. Rousset, C. Roy.

Glossar

Académie des sciences morales et politiques: eine der fünf Akademien, die das Institut de France bilden.
AEAR: Association des écrivains et artistes révolutionnaires, »Vereinigung der revolutionären Schriftsteller und Künstler«.
ARAC: Association républicaine des anciens combattants, »Republikanische Vereinigung der ehemaligen Frontkämpfer«.
Assisengericht: Schwurgericht.
Auditeur: erste Stufe der Beamtenlaufbahn u.a. im Conseil d'État (Staatsraat, Oberstes Verwaltungsgericht u. gleichzeitig Beratungsorgan der Regierung in Fragen der Gesetz- und Verordnungsgebung).
Baccalauréat: mehrstufige Prüfung zum Abschluss der höheren Schulbildung.
Boulangismus : nach General Boulanger (1838–1891) benannte nationalistische, republikfeindliche Bewegung.
CECA: »Europäische Gemeinschaft für Kohle und Stahl« (dt. »Montanunion«).
CFDT: Confédération française démocratique du travail, »Französischer demokratischer Bund der Arbeit«
CGE: Comité général d'études, »Allgemeines Studienkomitee«, war 1942 von Jean Moulin gegründet worden; seine treibende Kraft waren insbesondere Alexandre Parodi und François de Menthon; sein Ziel war es, über das Frankreich nach der Libération nachzudenken.
CGT: Confédération générale du travail, »Allgemeiner Arbeitsbund«, größte französische Gewerkschaft, gegründet 1895.
CIEL: Comité des intellectuels pour l'Europe des libertés, »Komitee der Intellektuellen für ein freies Europa«.
CNE: Comité national des écrivains, »Nationalkomitee der Schriftsteller«.
CNR: Conseil national de la Résistance, »Nationaler Widerstandsrat«.
CNRS: Centre national de la recherche scientifique, »Nationales Forschungszentrum«.
CNT: »Nationale Arbeitskonföderation«
Collège de France: renommierte Lehranstalt in Paris, deren Vorlesungen von jedem besucht werden können, die aber keine Diplome o.ä. vergibt.
Collège de sociologie: avantgardistische Gruppierung, die Soziologie nicht als »fragmentarische Tätigkeit«, sondern als Erkundung des »totalen so-

zialen Tatbestands« (vor allem auch der religiösen »Repräsentationen«) begriff; sie setzte ihre Aktivitäten – gleichsam ein Schlusskapitel der Zwischenkriegszeit – bis 1939 fort.

Compagnons de la Libération: »Gefährten der Befreiung« – eine Art gaullistischer Orden für die, die 1944 an der Libération teilnahmen.

Concours général: jährlicher Leistungswettbewerb der besten Lycéens der Abschlussklassen.

Concours: auf allen Ebenen des öffentlichen Dienstes sowie im Schul- und Hochschulwesen praktizierte einheitliche, anonyme Wettbewerbsprüfung.

Cours Désir: Renommierte katholische Privatschule für Mädchen.

Croix-de-Feu: »Feuerkreuzler«, ultrarechte Bewegung.

CRS: Compagnie républicaine de sécurité, »Republikanische Sicherheitskompanie«, Bereitschaftspolizei, auch Bereitschaftspolizist.

CVIA: Comité de vigilance des intellectuels antifascistes, »Wachsamkeitskomitee der antifaschistischen Intellektuellen«.

DEA: Diplôme d'études approfondies, »Diplom über vertiefte Studien«.

DST: Direction de la surveillance du territoire, Geheimdienst.

École centrale (»Centrale«): staatliche Hochschule zur Ausbildung von Ingenieuren.

École des beaux-arts: Pariser Kunsthochschule.

École des chartes: eine der Grandes Écoles; Hochschule zur Ausbildung von Archivaren, Bibliothekaren und Paläographen.

École normale supérieure, auch École normale de la rue d'Ulm, Normale sup usw.: Hochschule zur Ausbildung von Lehrern an Höheren Schulen.

École pratique des hautes études : 1868 gegründete forschungsorientierte Hochschule – abgekürzt auch »Hautes études« genannt –, die den universitätsunabhängigen Forschern eine Heimstatt geben sollte. Ursprünglich umfasste sie vier, später sechs Abteilungen; aus der sechsten ging 1974 die École des hautes études en sciences sociales (Sozialwissenschaften) hervor.

ÉNA: École nationale d'administration, staatliche Verwaltungshochschule.

Falange: antiparlamentarische, antiliberale, antimarxistische politische Organisation nach dem Vorbild des italienischen Faschismus.

Fédération de la Seine: Untergliederung im PCF; mit »Seine« ist das Département Seine gemeint, zu dem damals auch Paris gehörte.

FEN: Fédération de l'éducation nationale, »Bund der nationalen Erziehung«.

FEN: Fédération des étudiants nationalistes, »Bund der nationalistischen Studenten«.

FLN: Front de libération nationale, »Nationale Befreiungfront«.

Fondation nationale des sciences politiques: mit dem Institut d'études politi-

ques de Paris (IEP, Sciences po, s.o.), das der Lehre und Ausbildung dient, verbundene Forschungsstätte.
FTP oder F.T.P.F.: Francs-Tireurs et Partisans français, »Französische Freischärler und Partisanen«, Gruppe kommunistischer Widerstandskämpfer.
Gauchismus, Gauchisten: die aus der Maibewegung hervorgegangenen linksradikalen Gruppen bzw. Personen.
GIP: Groupe d'information sur les prisons, »Informationsgruppe für die Gefängnisse«.
GIS: Groupe d'information santé, »Informationsgruppe Gesundheit«).
GISTI: Groupe d'information et de soutien des travailleurs immigrés, »Informations- und Unterstützungsgruppe der Arbeitsimmigranten«.
GPU: politische Polizei der UdSSR, später KGB.
Grandes Écoles: Sammelbezeichnung für die von den Universitäten und untereinander unabhängigen öffentlichen und privaten (elitären) Hochschulen für bestimmte Fachrichtungen.
GRECE: Groupement de recherche et d'études sur la civilisation européenne; »Forschungs- und Studiengruppe zur europäischen Zivilisation«.
Haute Cour de justice: Hoher politischer Gerichtshof; in der 3. Republik konnte sich der Senat als Haute Cour konstituieren.
Hypokhâgne und Khâgne: Vorbereitungsklassen für den Concours zur Aufnahme in die École(s) normale(s) supérieure(s).
Institut de France: aus den fünf Akademien gebildete oberste Körperschaft für Wissenschaft und Kunst.
JEC: Jeunesse étudiante chrétienne, »Christliche studentische Jugend«.
La Cagoule: 1936 gegründeter rechtsextremer Geheimbund, der 40–50.000 militärisch organisierte Mitglieder hatte.
Légion des combattants: »Legion der Frontkämpfer«: im Jahr 1940 aus den Veteranenverbänden hervorgegangene Organisation, die zeitweilig eine Art Parallelverwaltung und ein weit verzweigtes Spitzelnetz ausbildete.
Ligue antisémitique: »Antisemitische Liga«.
Ligue des patriotes: »Liga der Patrioten«.
Ligue pour la défense des droits de l'homme: »Liga für die Verteidigung der Menschenrechte«.
LVF: Légion des volontaires français contre le bolchévisme, »Legion der französischen Freiwilligen gegen den Bolschewismus«.
Lycée: Sekundarstufe des Schulwesens; entspricht im Aufbau sowie in den Lehrmethoden nicht ganz dem Gymnasium.
Lycéens: Schüler und Schülerinnen eines Lycée.
Maître de conférences: Dozent, erste Stufe des Professorenamtes.

MLAC: Mouvement pour la libération de l'avortement et de la contraception, Bewegung für die Liberalisierung der Abtreibung und Empfängnisverhütung.
MLF: Mouvement de libération des femmes, »Bewegung für die Befreiung der Frauen«.
MLN: Mouvement de libération nationale, »Nationale Befreiungsbewegung«.
MRP: Mouvement Républicain Populaire, »Republikanische Volksbewegung«, die zur Familie des sozialen, ja sozialistischen Katholizismus gehörte und endlich den »Demokraten christlicher Prägung« die »Einheit und die Wirkungskraft geben sollte, die ihnen so lange gefehlt hatte« (Jacques Fauvet).
NEP: die »Neue Ökonomische Politik« (1921–1927), die in der UdSSR den sog. Kriegskommunismus ablöste, beschränkte den staatlichen Zugriff auf die Wirtschaft und stellte teilweise den Binnenmarkt und die Privatwirtschaft wieder her.
Normaliens: Studenten und Absolventen der École normale.
OAS: Organisation de l'armée secrète, bewaffnete Geheimorganisation, die in der Endphase des Algerienkrieges durch Terror die Unabhängigkeit des angeblich »französischen Algeriens« zu verhindern suchte.
Oflag : Abkürzung für »Offizierslager«, deutsche Kriegsgefangenenlager für Offiziere.
PMF: Pierre Mendès France.
Polytechnicien: Student oder Absolvent der École polytechnique; ursprünglich Ingenieurhochschule, bildet heute »Polytechnique« Kader für Wirtschaft und Staat aus.
Poujadisten: Anhänger von Pierre Poujade, dem demagogischen, rechtsradikalen Politiker, und seiner rechten Mittelstandsbewegung.
POUM: »Vereinigte Marxistische Arbeiterpartei«.
PPF: Parti populaire français, »Französische Volkspartei«.
PSFIO: siehe SFIO
PSU: Parti socialiste unifié, »Vereinigte sozialistische Partei«, im April 1960 durch den Zusammenschluss von UGS und PSA entstanden.
RDR: Rassemblement démocratique révolutionnaire, »Revolutionärer demokratischer Zusammenschluss«, kleine von Jean-Paul Sartre, David Rousset u.a. 1948 gegründete Partei, »in der sich zahlreiche Intellektuelle, Trotzkisten, linke Christen, linke Sozialisten, ehemalige Kommunisten zusammenfinden, die ein gemeinsamer, von der kommunistischen Herrschaft emanzipierter, revolutionärer Wille eint«.
Rhétorique supérieure oder Khâgne: die zweite der beiden – an bestimmte Lycées angeschlossenenen, aber dem postsekundären Unterricht zu-

gehörigen – Vorbereitungsklassen für den Concours zur Aufnahme in die École(s) normales(s) supérieure(s).
RPF: Rassemblement du Peuple Français, »Sammlungsbewegung des französischen Volkes«.
RUP: Rassemblement des Universitaires pour la paix, »Zusammenschluss der Universitätsangehörigen für den Frieden«.
Saint-Cyr: Militärschule, nach dem gleichnamigen Ort benannt.
Saint-Simonisten: franz. Sozialistenschule in der Nachfolge von Saint-Simon (1760–1825).
Sciences po: gängige Bezeichnung für das Institut d'études politiques (IEP, »Institut politischer Studien«); vor 1945: École libre des sciences politiques. Service d'ordre légionnaire.
SFIO: Section française de l'internationale ouvrière, »Französische Sektion der Arbeiterinternationale«, 1905 gegründete sozialistische Partei. Auf dem Kongress von Tours (1920) konstituierte sich die Mehrheit als Parti communiste français; die reformistische Minderheit behielt die Bezeichnung SFIO bei.
SGDL: Société des gens de lettres, »Verein der Literaten«, Schriftstellerverband.
SOE, Special Operations Executive: Dienststelle zur Koordinierung der britischen Unterstützung der Résistance; schleuste britische Agenten nach Frankreich ein, die mit Résistancemitgliedern und -gruppen Kontakt aufzunehmen und sie in Sabotagetechniken auszubilden hatten.
SOFRES: Société française d'enquête par sondage, »Französische Gesellschaft für Meinungsumfrage«.
SOL: Service d'ordre légionnaire »Ordnungsdienst der Legion«.
Stalag : Abkürzung für »Stammlager«.
STO: Service du travail obligatoire, »Zwangsarbeitsdienst«: etwa 650.000 Franzosen wurden ab Ende 1942 im Rahmen des STO zur Arbeit nach Deutschland deportiert.
UDCA: Union de défense des commerçants et artisans, »Union zur Verteidigung der Händler und Handwerker«.
UEC: Union des étudiants communistes, »Union der kommunistischen Studenten«.
UGS: Union de la Gauche socialiste, »Union der sozialistischen Linken«.
UNEF: Union des étudiants de France, »Union der Studenten Frankreichs«.
UNR: Union pour la Nouvelle République, »Union für die neue Republik«.

Personenregister

A

Abbas, Ferhat 660
Abellio, Raymond 315, 403
Abensour, Miguel 762
Abetz, Otto 405, 460, 466
Abraham, Pierre 311, 324, 345, 522, 587
Aczel, Gyorgy 764
Adam, G. 474
Adamov, Arthur 689
Adenauer, Konrad 619
Affre, Monsignore (Erzbischof von Paris) 546
Agathon (Henri Massis und Alfred de Tarde) 158 f.
Agulhon, Maurice 535, 541
Alain (Émile-Auguste Chartier, genannt) 13, 151, 175 f., 206, 245, 256, 309-311, 315, 317-319, 323, 335, 343, 345, 395, 399, 400-402, 407, 431, 461, 514, 516, 688, 697, 795
Alain-Fournier 150, 179
Albertini, Georges 603
Albouy, Serge 246, 377, 384
Albrecht, Bertie 443
Alexandre, Maxime 278
Alexandre, Michel 310, 318, 401
Alexandrian 225
Algren, Nelson 567-569, 572, 574 f.
Alleg, Henri 663, 673
Allégret (Pastor) 203
Allégret, André 204
Allégret, Marc 203, 282, 284, 509
Allemane, Jean 23, 41, 79, 103, 116
Almereyda 237
Alquié, Ferdinand 281
Althusser, Louis 697, 734, 737
Altmann, Georges 580, 620
Altschuler, Georges 528
Amalrik, Andreï 756
Amrouche, Jean 285, 507 f., 675
Anders (General) 597
Andler, Charles 23, 36, 72, 107, 116, 144, 168

André (General) 99
Andreu, Pierre 162, 180, 306, 418, 466
Andrieu (Kardinal) 243 f.
Andrieu, René 759
Angell, Norman 317
Anglès, Auguste 142, 144, 146, 150
Anissimov, I. 291
Anouilh, Jean 514
Antelme, Robert 539, 579, 627
Anthonioz, Bernard 479
Apparu, Jean-Pierre 752
Arafa, Moulay 652
Aragon, Louis 182, 188 f., 206, 225-230, 233, 269, 270 f., 275-280, 288 f., 321-324, 328, 334, 368 f., 371, 392, 405 f., 424 f., 427, 458, 469, 471-477, 479-481, 505, 507 f., 515, 521 f., 537 f., 540, 559, 579, 587, 604, 606 f., 628, 637, 646, 726 f., 734
Arban, Dominique 279
Arc, Jeanne d' 103 f., 135 f., 139 f., 142, 149, 165, 181, 185, 240 f., 246, 253, 259, 313, 478, 682, 721
Arconati-Visconti (Marquise) 60
Arcos, René 221 f., 345, 587
Ardenne de Tizac, Jean d' 346
Arendt, Hannah 767
Arfel, Jean 681
Argiolas, Sébastien 603
Ariès, Philippe 609, 692, 748
Arland, Marcel 206, 606, 608
Armand, Louis 696
Arnaud, Georges 661, 686
Arnauld, Michel 142, 144, 206
Arnoux, Alexandre 537
Aron, Raymond 259, 261, 265, 345, 399, 406 f., 434-436, 480, 512, 515, 528, 555, 562-567, 579, 581, 588, 614 f., 619-625, 631, 664 f., 673 f., 676, 682, 685, 710, 712-718, 721-726, 736, 745- 749, 761, 764, 767 f., 780-782, 787 f., 794

Aron, Robert 259, 262
Aron, Suzanne 399
Arp, Hans 227
Artaud, Antonin 228, 231, 272, 279
Asensio (General) 355
Asso, Pierre 617
Assouline, Pierre 151, 484
Astier de La Vigerie, Emmanuel d' 454, 467, 587, 592, 637, 644, 671, 705
Astier de La Vigerie, Henri d' 454
Astorg, Bertrand d' 441, 599
Aubernon 35, 59
Aubert, Claude 736
Aubrac, Lucie 587
Audiberti, Jaques 461, 608
Audin, Maurice 662 f., 694, 793
Audoin, Philippe 225
Audry, Colette 528, 569, 741
Augier, Marc 441
Aulard, Alphonse 158, 172, 175, 593
Auric, Georges 461
Auriol, Vincent 603, 629
Aury, Dominique 470, 537
Aveline, Claude 347, 522, 537, 560, 576, 585 f.
Avord, René 436
Axelos, Kostas 702
Aymé, Marcel 334, 461, 490- 492, 612, 710
Azéma, Jean-Pierre 13, 471

B

Baader, Andreas 744
Baal, Gérard 60
Babel, Isaak 324, 325, 364
Baby, Jean 592
Badie, Vincent 668
Badré, Frédéric 474, 605
Baechler, Jean 723, 724, 747
Bailby, Léon 320
Bainville, Jaques 100 f., 207, 238, 239, 266
Bair, Deirdre 567, 569
Bajot 241
Bakunin, Mikhaïl 727
Balandier, Georges 625
Ballard, Jean 476
Balvet, Marie 306
Balzac, Honoré de 26
Bancquart, Marie-Claude 84, 173
Barbé, Henri 305

Barbusse, Henri 176 f., 212, 214 f., 217-222, 233, 236, 269, 270 f., 275-278, 280 f., 288, 290 f., 313, 323 f., 326, 330, 339, 364, 366, 537
Bardèche, Maurice 259, 266, 605, 693, 751
Bardet, Jean 548
Barni, Jules 131
Baron, Jacques 228, 230
Barrat, Robert 645, 652, 661, 663 f., 688, 694, 705
Barrès, Maurice 13, 15, 17-25, 37, 41, 45, 49-56, 58, 60-65, 70-78, 80, 83, 90-92, 94-96, 98, 126-133, 135 f., 138, 139 f., 150, 157, 161-163, 165-171, 174, 178 f., 181-190, 201, 207, 211 f., 219, 227, 249, 251, 254, 285, 301, 328, 655, 703, 715, 788
Barrès, Philippe 665 f.
Barron, Marie-Louise 573
Barthes, Roland 734, 735
Barthou, Louis 167
Bartoli, Henri 551
Basch, Victor 173, 313
Bataille, Georges 329, 480, 623
Baudelaire, Charles 227, 265, 538
Baudouin, Charlotte 104
Baudouin, Marcel 103
Baudrillard, Jean 701
Baudrillart (Monseigneur) 333
Baverez, Nicolas 619, 625, 722 f., 725 f.
Bazalgette, Léon 345
Bazin, André 548, 618
Beatles (The 695
Beau de Loménie, Emmanuel 602
Beaumarchais 536
Beauvoir, Simone de 406 f., 435, 509, 511, 513, 515, 517-519, 566-575, 587, 626, 631, 636, 646, 688, 708, 720, 733, 741, 779
Becker, Jean-Jacques 158
Bedel, Jean 637
Begin, Menachem 712
Béguin, Albert 479, 480, 548 f., 599, 645
Beigbeder, Marc 440 f.
Bellais, Georges 104
Bellanger, Claude 410
Bellay, Joachim du 147
Bellon, Loleh 617
Belmondo, Paul 469

Ben Bella, Achmed 660, 662
Ben Gurion, David 641
Ben Youssef (Sultan) 652
Ben, Philippe 643
Benda, Julien 22, 63, 69 f., 248-259, 311, 316, 324, 330, 339 f., 347, 374, 404, 474, 537, 583, 605 f., 785, 787-789, 792
Benda, Pauline 251
Benedikt X (Papst) 243
Benjamin, René 484
Benoist, Alain de 750-752
Benoist-Méchin, Jacques 466, 484
Benoit, Pierre 538, 603, 615
Bénouville, Pierre Guillain de 454
Bérard, Léon 185, 603
Bérard, Victor 36
Béraud, Germaine 486
Béraud, Henri 206 f., 334, 346, 398, 417, 484-486
Berdiaeff, Nicolas 338
Bérégovoy, Pierre 650
Bérenger, Henry 118
Bergamín, José 382 f.
Bergery, Gaston 296, 298-300, 302
Bergès, Michel 441
Bergson, Henri 110 f., 173, 249, 253, 386, 516
Berl, Emmanuel 305, 334, 341, 344, 371, 390-392, 749
Bernanos, Georges 243-246, 320, 358, 375-378, 383-385, 405, 408 f., 432 f., 481, 486, 507 f., 538, 546-553
Bernanos, Jeanne 376
Bernanos, Yves 377
Bernard, Jacqueline 522, 528
Bernard, Marc 311
Bernard, Théo 596
Bernard, Tristan 21
Bernard-Lazare 17, 22, 33, 66, 89, 108, 112, 139
Bernier, Jean 212, 218, 220, 236, 279, 297
Bernis, de 40 f.
Bernoville, Gaëton 381
Bernstein, Henry 150
Berque, Jacques 712
Berth, Édouard 121 f., 137, 162, 219, 295
Berthelot, Marcelin 179
Berthézenne, Charles 343

Bertillon, Alphonse 42
Berton, Germaine 230, 237, 239, 241
Bertrand Dorléac, Laurence 469
Bertrand, Émile 65
Besançon, Alain 723, 746 f.
Besse (Dom, Leiter der Novizen von Notre-Dame in Ligugé) 243
Besse, Annie (später Annie Kriegel) 628
Besse, Guy 648
Bettelheim, Charles 711
Beuve-Méry, Hubert 443, 529, 561, 617, 671, 676, 764
Bevan, Aneurin 649
Beyme, von 726
Biaggi, Jean-Baptiste 667
Bianco, Lucien 736
Bidault, Georges 335, 521, 544, 616, 651, 680, 693
Billot (General) 26, 35
Billy, André 428
Birnbaum, Pierre 67
Bizet, Georges 59
Bizet, Jacques 59
Blanchard, Louis 441
Blanchot, Maurice 417, 441, 507, 516, 608, 719
Blandin, Claire 604, 606 f., 609
Blanqui, Auguste 141, 536
Blanzat, Jean 311, 347, 441, 459, 472, 476 f.
Blasco Ibáñez, Vicente 215
Blime, Laurent 758
Bloch, Jean-Richard 151, 156, 221 f., 297, 311, 321, 324, 328, 330, 345, 347, 528, 537 f.
Bloch, Marc 481
Bloch-Lainé, François 696
Bloch-Michel (genannt Jean Bloch) 528
Blond, Georges 415, 484, 538
Blondin, Antoine 612 f., 689, 693
Blot, Yvan 753 f.
Bloy, Léon 173, 208, 376, 385, 547
Blum, Léon 15, 17-22, 33 f., 44, 65 f., 83-85, 106, 115 f., 166, 186, 278, 283, 301, 305, 314, 318, 350, 352, 354 f., 359, 379, 401, 408, 411- 413, 419 f., 425, 429, 485, 488 f., 559, 571, 603, 620, 724
Blumel, André 590, 594
Bogart, Humphrey 528

863

Boggio, Philippe 770
Boiffard 230
Boisdeffre, Pierre de 42, 44, 144
Boisfleury, Robert de 101
Boissard, Maurice 206
Boissel, Jean 420
Bollardière, de (General) 661, 666
Bollier, André 522
Bonaparte, Louis Napoléon 677
Bondy, François 622
Boniface, Jean 701
Bonnard, Abel 22, 453, 459, 469, 484, 603
Bonnaud, Robert 660 f.
Bonnet, Georges 401, 408
Bonnet, Marguerite 225, 229, 235, 279
Bonte, Florimond 648
Bordeaux, Henry 333, 602 f., 689
Boris (König) 584
Borne, Étienne 335, 441
Boschetti, Anna 517
Bossuet 93
Bost, Jacques-Laurent 528, 567, 631
Bost, Pierre 341
Bouc, Alain 764
Bouchard, Henri 469
Boudon, Raymond 723, 747
Bouglé, Céleste 36
Bouisson, Fernand 301
Boulancy, de 29, 43
Boulanger (General) 50, 73, 93, 262, 319
Boulier, Jean (Abbé) 580
Boumendjel, Ali 661
Bourdet, Claude 380, 522, 528 f., 532, 578, 583, 618 f., 628, 632, 639, 645, 649, 663 f., 667, 671, 675, 680, 691, 700
Bourdieu, Pierre 702 f., 785, 796
Bourgeois, André 109
Bourges, Elémir 249
Bourgès-Maunoury, Maurice 660, 662 f., 667, 793
Bourget, Paul 21, 63, 68, 70, 98, 114, 124 f., 129, 162, 174, 178, 238, 249, 251, 254, 365, 463, 611
Bourgin, Hubert 106, 172
Bourgois, Christian 731
Bourricaud 723, 747, 754
Boutang, Pierre 441, 447, 452, 602, 609, 692
Boutmy, Émile 747

Boutroux, Émile 131
Brasillach, Robert 259, 266, 302, 333 f., 415-418, 436, 458, 469, 475 f., 484, 488-493, 538, 602, 715
Braspart, Michel 612
Brasseur, Pierre 626
Brazza, Savorgnan de 283
Bréal, Auguste 311
Brecht, Bertolt 324
Breschnew, Leonid 756
Breton, André 182, 186, 188, 206, 224-230, 232-235, 269-275, 278-282, 309, 311, 315, 321-323, 329, 352, 476, 481, 571, 585, 604, 688
Breton, Pierre 23, 103
Breuil, Roger 439, 441
Briand, Aristide 116, 178, 239, 318, 395, 423
Brinon, François de 405
Brisset, Jean 203
Brisson, Henri 41, 56
Brisson, Pierre 485, 545
Broche, François 184
Brochier, Jean-Jacques 426
Brod, Max 324
Brown, Frederick 28, 46, 88
Brown, Irving 620
Bruguier, Michel 590
Bruhat, Jean 267, 540, 593, 601, 747
Bruller, Jean (später Vercors) 474, 689
Brune, Jean 692
Brunetière, Ferdinand 35, 52-55, 59, 61-63, 81, 126, 131, 788
Brunhes Delamare, J. 663
Brunot, Ferdinand 313
Brunschvicg, Henri 620
Buber, Martin 594
Buber-Neumann, Margarete 594 f., 597, 599
Bucharin, Nicolai Iwanowitsch 274, 367
Buffet 98
Burdeau, Auguste 24, 126, 131
Buré, Émile 320
Burger-Roussenac, A. 288
Burham, James 620
Burke, Edmund 24
Burnier, Michel-Antoine 636
Burrin, Philippe 296, 438
Butor, Michel 697
Byron (Lord) 353 f.

C

Cabanes, Bernard 711
Cabanis, José 203
Cachin, Marcel 301, 537, 668
Cadart, Claude 736
Cahm, Éric 121, 133, 137
Caillaux, Joseph 167
Caillavet, Léontine Arman de 59, 85
Caillois, Roger 623
Calas (Affäre) 250, 283
Calinescu, Bogdan 734
Calmy, Christophe 689
Calvez, R. P. (Pater) 551
Calvin 65, 148
Cambon, Jules 185
Campesino, El 597
Camus, Albert 362, 372, 384, 458, 486 f., 491, 507 f., 514-531, 535, 549, 573, 613, 618, 620, 625, 631-635, 648, 658-660, 673, 684 f., 761
Camus, Catherine 527
Camus, Francine 520 f., 527
Camus, Jean 527
Capitant, René 661 f.
Caran d'Ache (Emmanuel Poiré) 63
Carco, Francis 150, 505
Cardonnel (Pater) 732
Carné, Marcel 615
Carnot, Hippolyte 131
Carrive 230, 272
Casanova, Danielle 472 f.
Casanova, Jean-Claude 746-749
Casanova, Laurent 425, 556, 578 f., 585 f., 615, 637
Casarès, Maria 522 f., 626
Cassou, Jean 311, 322-324, 335, 339, 341, 345, 353, 474, 522, 537, 540, 576, 579, 584-587
Castelot, André 522
Castoriadis, Cornélius 634, 646, 762, 767
Castro, Fidel 703
Catroux (General) 639
Cau, Jean 631, 710, 745, 749 f.
Cavaignac, Godefroy 40, 56, 57
Cavaillès, Jean 482
Caveing, Maurice 531
Cayrol, Jean 465, 480, 596
Cazalis, Anne-Marie 517
Cazes, Bernard 748

Cavaignac, Godefroy 56
Céline, Louis-Ferdinand 188, 392 f., 419 f., 484, 538, 540, 606, 715, 746
Cendrars, Blaise 227
Césaire, Aimé 580
Chaban-Delmas, Jacques 658, 729
Chabrol, Jean-Pierre 616
Chabrol, Véronique 441
Chack, Paul 592
Chagall, Marc 615
Chain, Anne-Laure 177
Chaine, Léon 48, 49
Chaintron, Jean 628
Chaliand, Gérard 711
Challaye, Félicien 290, 296, 317, 395, 431
Chamberlain, Neville 398 f., 406, 414, 422
Chambrun, Gilbert de 637
Champetier de Ribes, Jean 452
Chamson, André 335, 339, 341-348, 350, 405, 537, 576, 587, 603
Charbonneau, Henry 453
Chardonne, Jacques 431, 459, 461-463, 469, 484, 538, 612
Charle, Christophe 37, 67 f.
Charnay, Maurice 41
Charpentier, Georges 26, 88
Charpy, Pierre 686
Chartier, Émile (auch Alain) 175
Chastenet, Jacques (Michel Dacier) 602
Chateaubriand, François René 15
Chateaubriand, François René de 190, 655
Châteaubriant, Alphonse de 291, 466, 473
Châtelet, François 711
Chaulieu, Pierre (auch Cornélius Castoriadis) 646
Chaumié, Joseph 89
Chavardès, Maurice 757
Chenu (Präsident der Anwaltskammer) 185
Cherbuliez, Victor 21
Chéreau, Patrice 733
Chérier, André 441-443
Chevalier, Maurice 615
Chevrot (Monsignore) 543
Chiappe, Jean 297, 343
Chruschtschow, Nikita 637, 639 f., 642-644, 695, 756 f., 792
Churchill, Winston 430, 550, 577
Cisneros, Ignacio de 353 f., 356
Citrine 372

Claudel, Paul 142, 147-151, 201-204, 207 f., 231, 239, 285, 336, 377, 380 f., 423, 432, 477-480, 490, 518, 571
Clavel, Maurice 671, 675, 679, 710, 720 f., 728, 733, 742, 759, 768
Clemenceau, Albert 42 f., 46
Clemenceau, Georges 17, 32- 38, 42, 45 f., 52, 57, 59 f., 72, 75, 78, 85, 90, 119, 121, 134, 141, 171, 187, 238, 700
Clérissac (Pater) 243
Cloots, Anacharchis 657
Clotis, Josette 353, 434, 466
Clouard, Henri 150
Cochin, Denys 49
Cocteau, Jean 206, 284, 429, 455 f., 491, 628
Codreanu, Corneliu Zelea 415
Cogniet (Major) 682
Cogniot, Georges 267, 425, 536
Cohen, Francis 596
Cohen-Solal, Annie 513, 626, 635, 719, 721, 779
Cohn-Bendit, Daniel 720 f., 726, 727
Colette 161, 405, 453, 467, 528, 569, 741
Colin, André 544
Colin, Paul 28, 126, 221 f., 382
Combelle, Lucien 441, 465, 489
Combes, Émile 99, 100, 110 f., 119, 175
Compagnon, Antoine 53
Comte, Auguste 256, 376, 795
Comte, Bernard 440, 443
Copeau, Jacques 145 f., 204-206
Copfermann, Émile 598
Coppée, François 60, 62 f., 99
Coppet, Marcel 154 f., 387
Cormier, Aristide 456
Corneille, Pierre 106, 135
Cornélius 682
Coston, Henry 420
Cot, Pierre 355, 637
Coty, François 375
Coty, René 639, 669 f.
Courtade, Pierre 579, 582-585, 592
Courteline, Georges 41
Courtois, Stéphane 532, 766
Cousin, Victor 123
Cousteau, Pierre-Antoine 415
Coutrot, Aline 382
Coutrot, Jean 264

Crastre, Victor 220, 235
Crémieux, Albert 260
Crémieux, Benjamin 469 f., 520
Crevel, René 228, 230, 322
Croissant, Klaus 101, 744
Cromwell, Oliver 74
Crouzet, François 723
Crozier, Michel 702, 723
Cuénat, Hélène 687
Cuignet (Hauptmann) 57
Cunard, Nancy 279
Cunhal, Alvaro 767
Curtis, Jean-Louis 610
Czapski, Joseph 595, 597, 620
Czarnecki, J. 663, 689

D

D'Annunzio, Gabriele 249
Dabit, Eugène 288, 311, 323, 345, 365, 367, 392
Dacier, Michel 602
Daix, Pierre 182, 188, 270, 322, 474, 578, 586, 590, 596-598, 726
Daladier, Édouard 297, 343, 398 f., 401, 407 f., 418, 423, 425, 790
Dalai Lama 231
Dallin, David J. 595
Dalou, Jules 80
Dandieu, Arnaud 259, 261 f.
Daniel (Abbé) 544
Daniel, Jean 654, 664, 671, 686 f., 691, 700, 709, 712, 756-758, 763, 779
Danton, Georges 98
Daquin, Louis 617
Darlan (Admiral) 443, 488
Darlu, Alphonse 54, 125, 126
Darnand, Joseph 452-454, 506
Darquier de Pellepoix, Louis 420
Darwin, Charles 52
Dary, Jean 357
Daudet, Alphonse 21, 60, 100
Daudet, Léon 21, 33, 63, 84, 99, 100 f., 167 f., 171, 176, 237 f., 240-242, 245, 247, 249, 255, 334, 412-414, 433, 446
Daudet, Marthe 101, 415
Daudet, Philippe 241
Daumal, René 311
Dausset, Louis 62, 96
Dautry, Jean 540

Davenson, Henri (auch Henri-Irénée Marrou) 335
Davy, Georges 625
De Chirico, Giorgo 230
De Man, Henri 264, 287
Déat, Marcel 296, 299 f., 422, 603
Debray, Pierre 592
Debray, Régis 704, 785
Debré, Michel 674, 676, 695
Debû-Bridel, Jacques 472-475, 710
Decaux, Alain 758
Decour, Jacques (auch Daniel Decourdemanche) 469-473, 513, 537, 590, 605
Defferre, Gaston 704
Degas, Edgar 63
Degrelle, Léon 415
Deherme, Georges 113 f.
Delagrange, Marcel 301
Delahache, G. 150
Delange, René 464, 568
Delavignette, Robert 335, 666
Delbecque, Éric 14
Delbecque, Frédéric 101
Delcassé, Théophile 61
Déléage, André 482
Delebecque, Jacques 452, 455
Delegorgue 41, 43, 46
Deleuze, Gilles 718, 737, 743
Delivet, Françoise 389
Delmas, André 310, 312 f.
Delors, Jacques 729
Delpech 130
Delperrie de Bayac, Jacques 452
Delteil, Joseph 230, 272
Demange, Charles 130
Demarquet, Jean-Marie 667
Demeure, Fernand 476
Deneuve, Catherine 741
Denis, Henri 551 f.
Déon, Michel 612, 689
Derain, André 469
Déroulède, Paul 44, 49, 62 f., 71-75, 77, 79 f., 150, 184, 187
Derrida, Jacques 734
Desanti, Dominique 302, 580, 585, 741
Desanti, Jean-Toussaint 512
Descartes 84, 121 f., 536, 720, 750
Descaves, Lucien 249, 323
Deschanel, Paul 239

Desjardins, Paul 47, 96, 113, 311, 339, 342
Desnos, Robert 228, 230, 469 f., 538
Despiau, Charles 469
Devedjian, Patrick 748 F.
Devriese, Marc 745
Dhavernas, Henry 440
Diderot, Denis 536, 705
Digeon, Claude 131
Dimier, Louis 101
Dimitrow, George 289, 294, 312
Dioudonnat, Pierre-Marie 748
Dioujeva, Natascha 770
Dollfuss (österr. Bundeskanzler) 331
Domenach, Jean-Marie 548, 551, 574, 585 f., 628, 645, 661, 663, 675, 687, 691, 705, 736 f., 741, 765, 768
Dommanget, Maurice 217
Dorgelès, Roland 215, 433, 689, 710
Doriot, Jacques 296, 299-301, 303-307, 414, 418, 442, 465
Dormoy, Max 488
Dostojewski, Fedor M. 50
Doucet, Jacques 227 f., 230
Doumergue, Gaston 129, 297, 299, 301
Doumic, René 51, 63, 186
Drancourt, Michel 696
Dreiser, Théodore 262
Dresch, Jean 625, 663, 669, 711
Dreyfus, Alfred 13, 17, 20-23, 25-33, 35 f., 38-49, 51-53, 55-58, 60, 62 f., 65-87, 89, 90 f., 93, 95, 102-105, 108, 111, 113, 118, 120-122, 126, 130, 132, 137-139, 141, 144 f., 148, 153, 156 f., 158, 163, 187, 233, 250, 252-254, 292, 318, 331, 335, 338, 381, 394, 427, 456, 543, 584, 601, 663, 665 f., 693 f., 713, 786-788
Dreyfus, Lucie 42, 57 f.
Dreyfus, Mathieu 17, 26, 79
Drieu La Rochelle, Pierre 182, 188 f., 206, 213, 294- 309, 334, 341, 418, 419, 423, 457, 458, 459, 460, 461, 462, 463, 464, 465, 466, 467, 468, 469, 470, 477, 479, 484, 485, 505, 514, 521, 607, 608, 609, 715
Droit, Michel 749
Drouin, Marcel 142, 144 f., 206, 208, 285, 320
Dru, Gilbert 443, 482

Drumont, Édouard 37 f., 42, 48 f., 53, 56, 61, 65, 84, 93, 99 f., 136-138, 163, 244, 383, 419, 714, 715
Du Bos, Charles 188, 285, 342, 380
Dubois, Marcel 62
Duby, Georges 736
Duchamp, Marcel 227
Duchâtelet, B. 291, 786
Duché 151
Duclos, Jacques 314, 425, 470, 582 f., 617, 629, 648
Dudach, Georges 473
Dufrenne, Mikel 699
Duhamel, A. 765
Duhamel, Georges 215, 322, 464, 483, 537, 620
Dullin, Charles 514
Dumas, Alexandre (der Jüngere) 59 f., 71
Dumas, Roland 688
Dumont, René 663
Dumoulin, Jerôme 747
Dunoyer de Segonzac (Hauptmann) 440, 548
Dunoyer de Segonzac, André 469
Dupont, Frédéric 668
Dupuis, René 266
Duquesne, Jacques 432
Durand, Claude 704, 731
Durand, Lionel 620
Durand, Marguerite 566
Duranton-Crabol, Anne-Marie 693, 750
Duras, Marguerite 579, 627, 688, 709, 741
Duret, Cécile 342
Durkheim, Émile 36, 55, 105, 115, 129
Durruti, Buenaventura Domingo 359
Durtain, Luc 334
Duruy, Victor 124
Duthuron, Gaston 477
Dutourd, Jean 710, 749
Duveau, Georges 335
Duverger, Maurice 624 f., 641
Duvignaud, Jean 579, 702
Duclaux, Émile 36, 47, 81

E
Eco, Umberto 734
Eden, Anthony 414, 641
Effel, Jean 597
Ehni, René 749

Ehrenburg, Ilya 321 f., 325, 364, 368, 558
Einstein, Albert 164, 215
Eisenstein, Sergej Michailowitsch 370
Elgozy, Georges 701
Ellul, Jacques 749
Elster, Ion 747
Éluard, Paul 206, 226, 228, 230, 269, 271, 309, 323, 329, 469, 472, 480 f., 522, 537, 580, 585, 607, 628
Émery, Léon 395
Emmanuel, Pierre 441, 443, 479-481, 537, 644 f., 670, 705, 709
Encrevé, André 65
Erasmus 250
Ernst, Max 227 f., 232
Estang, Luc 537
Esterhazy, Walsin (Major) 26, 29, 31 f., 34 f., 43, 792
Estève, Michel 377
Estienne d'Orves, Honoré d' 454
Estier, Claude 618, 671
Étiemble, René 609, 631, 634 f., 709, 723

F
Fabrègues, Jean de 259, 266, 334, 417, 442, 609
Fabre-Luce, Alfred 305, 418, 459, 461, 463, 484, 538, 602, 725
Fadejew, Alexandr Alexandrowitsch 580
Faguet, Émile 63
Fajon, Étienne 583
Fanon, Frantz 690 f., 703, 780
Farge, Yves 585, 587
Fargue, Léon-Paul 150, 311, 477, 608
Farkas 583
Farrère, Claude 602
Faure, Edgar 658, 718, 729 f.
Faure, Élie 311, 323
Faure, Félix 34, 71-73, 520
Faure, Paul 602
Faure, Sébastien 74
Fauroux, Roger 785
Fauvet, Jacques 534, 734 f., 763-766
Favre, Pierre 617
Fayard, Arthème 57, 97, 189, 222, 238, 415, 443, 452, 484, 535, 541, 567, 579 f., 622, 723, 742, 749, 765, 769
Faye, Jean-Pierre 734
Feaugas (Oberstleutnant) 682

Febvre, Lucien 312, 565
Fejtö, François 291, 583-585, 749
Feltesse, Vincent 610
Fénéon, Félix 21, 36
Fernandez, Ramon 288, 291, 305, 307, 311, 338 f., 342, 418, 460 f., 469, 608
Fernet, André 165
Ferrand 649
Ferrat, André 454, 765 f.
Ferrer, Francisco 213
Ferrero, Guglielmo 180
Figuières, Léo 648
Fillères (Pater) 680
Finkielkraut, Alain 770
Fischer, Louis 358
Flamand, Paul 443, 548
Flandin, Pierre-Étienne 301
Flaubert, Gustave 60, 512, 570, 718, 746
Fleischmann, Eugène 747
Florein, Marcel 357
Foch (General) 185
Foerster, Wilhelm 214
Fontaine (Abbé) 203
Fontanier 283
Forain, Jean-Louis 63
Ford, Henry 262
Forez (François Mauriac) 474, 477
Forster, Edward 324, 326
Fortoul, Hippolyte 124
Foucault, Hélène 154
Foucault, Michel 697-699, 729, 734, 736-740, 743, 783 f.
Fouché, Pascal 484
Fouchet, Max-Pol 441, 476, 759
Fougeron, André 580
Fougeyrollas, Pierre 703
Fourastié, Jean 701, 710
Fourier, Charles 88, 536
Fourrier, Marcel 218, 220, 235 f.
Frachon, Benoît 532
Fraenkel, Théodore 225 f.
Fragonard 129
Fraigneau, André 469
Fraisse, Paul 548, 581
Frameries, Georges 762
France, Anatole 21, 36, 59-62, 67, 83-85, 89, 114-116, 121, 173, 178, 214 f., 219 f., 229, 236, 240, 269, 272, 386

Franco (General) 252, 352, 354, 381, 383, 412, 414, 449, 470, 479, 488, 607, 623, 632
Frank, Bernard 612
Franz I. (König) 717
Frenay, Henri 443, 521 f., 620
Freud, Sigmund 210, 229 f., 570, 573
Fréville, Jean 278, 280
Frey, Sami 733
Fried, Eugen 766
Friedmann, Georges 324, 345, 371-374, 426 f., 553, 576, 587, 628
Friedrich, Karl 767
Friesz, Othon 469
Froment, Roger 673
Frossard, André 625, 768
Fumaroli, Marc 749
Fumet, Stanislas 337, 380, 452, 480, 623
Furet, François 588, 625, 650, 742, 768, 785

G

Gagliardi, Jacques 683
Gaillard, Félix 660, 667-669
Galante, P. 356
Galard, Hector de 618
Galliffet, de (General) 79
Gallimard, Gaston 18, 25, 35, 45, 60, 67, 69, 84, 137, 142, 143, 150, 151, 153, 154, f. 155, 161, 170, 182, 188, 202-205, 211, 225, 227 f., 235, 245, 270, 279, 285 f., 307, 315, 334, 341 f., 346, 352, 354, 358 f., 361, 364-366, 368, 372 f., 388, 390, 395, 403, 405-407, 427, 431, 436, 455, 457, 458-463, 470, 472 f., 477 f., 482, 492, 508, 515, 518, 521, 524, 528, 530, 541, 546, 555, 606-609, 611, 621, 629, 635 f., 647 f., 663, 698, 738, 784
Gallimard, Michel 684
Gallimard, Raymond 341
Gallo, Max 769, 782
Galster, Ingrid 514, 568 f.
Galtier-Boissière, Jean 347
Galzy, Jeanne 311
Gambetta, Léon 20, 131
Gandhi, Mahatma 212, 220, 290
Gandillac, Maurice de 441
Garaudy, Roger 539 f., 560, 578, 580, 585, 593 f., 648, 695

Garcia Lorca, Federico 470
Garcin, Jérôme 482
Garçon, Maurice 666
Garet, Jean-Louis 405
Garric, Robert 441
Garrigou-Lagrange, Madeleine 682
Gary, Romain 480 f.
Gauchet, Marcel 762, 768
Gaudez, Pierre 690
Gaulle, Charles de (General) 189, 362, 430-432, 435 f., 444 f., 450, 455, 470, 485 f., 491 f., 506, 508, 528, 534-536, 543-545, 550 f., 559, 563, 592, 655, 661, 670-680, 683 f., 689, 692 f., 696, 704, 706, 708 f., 713-718, 722, 724 f., 729, 760, 793
Gault, Claude 759
Gaxotte, Pierre 334, 415, 417, 458, 603 f., 689
Gay, Francisque 333, 783
Geismar, Alain 720, 733, 744
Genet, Jean 626
Genette, Gérard 697, 734
George, F. 770
George, Pierre 540, 625, 747
Georges-Picot, Léone 654
Gérard, Francis 230
Gérard, Francis (auch Gérard Rosenthal) 270
Gérault-Richard, Albert 115
Gerö, Ernest 583, 643
Gérôme, Pierre (auch François Walter) 309-311, 317, 335, 345
Ghéon, Henri 144, 150, 184, 203 f., 206, 334
Gide, André 13, 21, 62, 65, 69, 142-156, 161, 171 f., 177, 199, 201-211, 226 f., 282-294, 308, 311, 321-324, 326-328, 330, 335 f., 339, 341 f., 346 f., 352, 358, 360 f., 363-377, 385-389, 393, 395 f., 401 f., 429 f., 439, 460-464, 475, 477, 480, 505-511, 517 f., 522, 530, 578, 606, 608, 620, 637, 733, 791
Gide, Catherine 284
Gide, Madeleine 143
Gide, Paul 143
Gil Robles, José Maria 376, 384
Gillois, André 535 f.
Gilson, Étienne 618
Ginsburg, Shaul 213

Ginzburger 427
Giono, Jean 311, 316-318, 323, 345, 347, 349, 371, 392, 399, 400 f., 431, 461, 484, 538, 540, 606
Girardet, Raoul 62, 134, 416, 609, 612, 689, 692, 748 f.
Giraud (General) 602
Giraudoux, Jean 150, 206 f., 423 f.
Giroud, Françoise 654-656
Giscard d'Estaing, Valéry 741, 760, 768 f., 779 f.
Glaeser, Ernst 278
Glaoui, El (Pascha) 652 f.
Glucksmann, André 759-762, 768 f., 780
Gobineau, Joseph Arthur, (Graf) 188, 751
Goded (General) 354
Goderville (capitaine) 482
Godin (Abbé) 544
Goebbels, Joseph Paul 289 f., 424, 427, 469
Goethe, Johann Wolfgang von 250, 505
Goguel, François 548
Gomulka, Wladislaw 642
Goncourt, Edmond de 27, 176 f., 207, 249, 325, 352, 407, 433, 485, 574, 636, 745
Gonnard, René 131
Gonse (General) 42, 44
Gorki, Maxime 277, 288, 326 f., 366
Gorz, André 719, 784
Gosnat, Georges 540
Gosset, Jean 482
Gottraux, Ph. 646
Gould, Florence 474
Gourmont, Remy de 149, 171
Goussault (Oberst) 682
Gramsci, Antonio 100, 750, 753, 795
Granet 34
Gras, Christian 404
Grasset, Bernard 33, 151, 153, 162, 249, 261, 342, 379, 400, 432, 474, 611, 629, 692, 758, 784
Gréco, Juliette 517
Green, Julien 206
Gregh, Fernand 22, 36
Gregori, Louis 90
Greilsammer, Ilan 17, 18
Greimas, Algirdas-Julien 697
Grémion, Pierre 622
Grenier, Jean 342, 372, 441, 519, 611
Groethuysen, Alix 368

Groethuysen, Bernard 206, 285, 368, 474
Gromaire, Marcel 615
Grosser, Alfred 724
Grover, Frédéric 306, 418, 466
Grumbach, Philippe 654
Gsell, Paul 311
Guattari, Félix 718, 743
Guéhenno, Jean 285 f., 288, 309, 311, 317, 321, 323 f., 335, 339, 341, 344-347, 349 f., 472, 474, 476, 491, 515, 710
Guérin, Jules 49, 80
Guesde, Jules 38, 56, 79, 106-108, 169, 536
Guevara, Che 703 f., 747
Guichard 242
Guieysse, Charles 110, 114, 117, 119
Guilbeaux, Henri 175
Guillaume (General) 652
Guillemin, Henri 336, 478
Guillevic, Eugène 464, 559
Guilloux, Louis 324, 335, 342, 365, 367 f., 392
Guingouin, Georges 470
Guissard, Lucien 658
Guitry, Sacha 484, 538
Guizot, François 145
Gurvitch, Georges 625
Gutman, Colette 701
Guyot, Yves 47
Gyp 63

H
Haas, Robert 358
Hacquin 89
Hadamard, Jacques 313
Haedens, Kléber 441, 612
Haile Selassie 331
Halbwachs, Maurice 482
Halévy, Bernard 66
Halévy, Bérnard 59
Halévy, Daniel 36, 59, 66, 104 f., 110, 114, 116, 137-139, 157, 689
Halévy, Élie 36
Halimi, Gisèle 741
Hallier, Jean-Edern 733 f., 740
Hamon, Hervé 686, 785
Hassner, Pierre 724, 768
Haussmann, Georges-Eugène (Baron) 702
Havez, Auguste 470
Hebey, Pierre 150, 205, 463 f.

Hegel, Georg Wilhelm Friedrich 199, 322, 722, 785
Heidegger, Martin 689, 782
Heiszmann, Georges 590
Heller, Gerhard 459-461, 463-467, 477, 521
Hemingway, Ernest 376
Henlein, Konrad 398
Hennique 249
Henri IV 129, 318, 486
Henriot, Philippe 453, 568
Henry (General) 44
Henry (Oberst) 56, 61, 85
Henry (Oberstleutnant) 42, 57 f., 65, 66, 74, 95, 100
Herbart, Pierre 284 f., 336, 364 f., 367 f., 371, 509
Heredia, José Maria de 63
Hermant, Abel 89, 116, 603
Héron de Villefosse, Louis 587, 597, 645 f.
Herr, Lucien 17, 22-24, 31, 36, 47, 79, 85, 103, 106 f., 115 f., 126, 140, 144, 232, 302, 384, 455, 510, 547
Herrand, Marcel 522
Herriot, Édouard 240 f., 296
Hersant, Robert 750
Hervé, Gustave 134, 140, 159, 173, 180
Hervé, Pierre 531, 545 f., 587, 632, 638, 644, 675
Herzog, Wilhelm 214
Hesnard (Doktor) 225
Hié, Simone 520
Hitler, Adolf 268, 289, 291, 293, 300, 312, 315-320, 323, 330-332, 345, 349, 359 f., 395 f., 398-403, 405-407, 411, 417, 420, 422-424, 430, 444, 447, 449, 454, 457, 465 f., 477, 479, 481, 488, 550, 559, 582, 589, 590, 594 f., 606, 621 f., 642, 692, 707, 714, 789-791
Hook, Sydney 620
Horace (auch Henri Van Zurk) 319
Hugo, Victor 106, 139, 185, 431, 506, 511, 536, 779, 781
Huguenin, Jean-René 734
Humbert, Agnès 585
Hussein von Jordanien 708
Hussenot, Olivier 441
Huxley, Aldous 324, 326
Hyppolite, Jean 675

871

I

Ibsen, Henrik 50
Indy, Vincent d' 63, 162
Ionesco, Eugène 710
Isaac, Jules 107
Isorni, Jacques 489 f.
Istrati, Panaït 273
Izard, Georges 259, 589, 591, 593

J

Jackson, A.B. 18
Jacob, Max 227, 258, 469, 548
Jacques (Baron) 39
Jacquet de La Verryere, Andrée (auch Andrée Viollis) 346
Jalée, Pierre 703
Jaloux, Edmond 150
Jamet, Claude 514
Jammes, Francis 142, 147, 149 f., 162, 203 f., 336
Jankélévitch, Vladimir 709
Jarry, Alfred 22, 225
Jaruzelski (General) 768
Jasienski, Bruno 275, 280
Jaspers, Karl 689
Jaurès, Jean 17 f., 23, 38-41, 47, 56, 59, 79 f., 85, 88, 105 f., 108- 112, 115-119, 121, 134, 136, 140 f., 166-169, 172, 212-214, 237, 241, 253, 295, 515
Jaurès, Madeleine 111
Jeanson, Colette 686
Jeanson, Francis 548, 567, 574, 631-633, 686-689, 691, 693 f.
Jelenski, Constantin 623
Jéramec, Colette 296, 465
Joliot-Curie, Frédéric 425, 471, 537, 587, 616 f., 637
Joliot-Curie, Irène 313, 580
Jonnart, Célestin 239 f.
Jouhandeau, Élise 474
Jouhandeau, Marcel 206, 419, 460 f., 469, 484, 492, 538, 605 f., 608, 610, 715
Jouhaux, Léon 169, 172
Jourdain, Francis 399
Jouve, Pierre Jean 479
Jouvenel, Bertrand de 264, 268, 294, 296 f., 302, 305, 418, 466, 602
Jouvenel, Henry de 116
Jouvet, Louis 626

Judet, Ernest 58
Juin (General) 652 f.
Julien, Charles-André 669
Jullemier 29
Julliard, Jacques 33, 285, 366, 435, 455, 473, 587, 622, 717, 731, 768, 786, 788
July, Serge 733, 779

K

Kádár, Janos 643
Kahn, Maurice 114
Kahn, Simone 228
Kahn, Zadoc 65
Kamenjew (auch Lev Borissowitsch Rosenfeld) 367
Kanapa, Jean 578, 580, 585, 637
Kant, Immanuel 20, 24, 55, 127, 131, 250
Kanters, Robert 610
Karol, K.S. 763
Kaufmann, Dorothy 473
Kayser, Jacques 342-344
Kende, Pierre 749
Kennedy, John F. 695
Kérillis, Henri de 412
Kessel, Joseph 480, 671
Keynes, John Maynard 238
Kibaltschisch (Victor Serge) 326
Kierkegaard, Sören 199, 689
Kim Il Sung 614
Kitchener (Marschall) 61
Klaus 326
Klossowsiki, Pierre 719
Knickerbocker 286
Koestler, Arthur 290 f., 560, 584 f., 620, 622
Kojève, Alexandre 722
Kostow, Kraitscho 584
Kouchner, Bernard 768
Krassin 756
Kravtschenko, Victor A. 589-595, 598 f., 601, 757
Kriegel, Annie 214, 531, 533, 540, 551, 617, 628, 723, 747, 749, 766
Kristeva, Julia 734 f., 768
Krivine, Alain 762
Kudaschewa, Maria Pawlowa 290
Kun, Bela 180
Kundera, Milan 727
Kupferman, Fred 366

L

La Boétie, Étienne de 69
La Gorce 603
La Rocque, François de 301, 314, 348, 418
Labarthe, André 436
Labin, Suzanne 620
Labori 42, 44- 46
Lacan, Jacques 697, 719, 734, 736
Lachelier, Jules 131, 144
Lachenal, F. 480
Lacordaire, Henri 546
Lacoste, Robert 603, 639 f., 665, 667 f.
Lacôte, René 469 f.
Lacouture, Jean 337, 359, 371, 434, 474, 486
Lacretelle, Jacques de 453
Lacroix, Albert 26
Lacroix, Jean 336, 437, 441, 443, 548-550, 560
Laffitte 59, 620
Lafont, Robert 589, 703
Lagaillarde, Pierre 686
Lagardelle, Hubert 117-120, 602
Lagerlöf, Selma 326
Lagrange, Léo 355
Laguerre, Bernard 344, 348, 371
Laichter, Frantiseck 109, 163
Lalou, René 311, 321, 324
Laloy, Jean 749
Lamennais 93
Lamirand, Georges 441
Lamour, Philippe 264
Landowski, Paul 469
Landsberg, Paul-Louis 689
Langevin, Paul 290, 297, 310, 313, 317, 335, 399 f., 425, 471, 537, 539 f.
Langlade, François-Régis 443
Langlois, Walter G. 358
Laniel, Joseph 652, 654, 656
Lanson, Gustave 158
Lanux, Pierre de 151
Lanza del Vasto 663
Lanzmann, Claude 575, 631, 688 f., 716
Laqueur, Walter-Z. 748
Larbaud, Valéry 150, 204, 206
Laroche, Fabrice (auch Alain de Benoist) 750
Lasky, Melvin 620
Lassaigne, Jacques 507
Lasserre, Pierre 136, 149
Last, Jef 365, 367 f., 401
Laubreaux, Alain 415, 447, 514
Laudenbach, Roland 610-612, 692
Laurent, Jacques (auch Jacques Laurent-Cély) 425, 556, 567, 578, 609-613, 615, 631, 637, 672, 692 f.
Lauth 42
Lautréamont (auch Isodore Ducasse) 225
Laval, Maurice 618
Laval, Pierre 301, 321, 328, 332 f., 337, 348, 435, 440, 453, 465 f., 488, 489
Lavau, Georges 667
Lavaud, Bernard 104
Lavisse, Ernest 140, 163
Lawrence, D.H. 571
Lazar, Marc 580
Lazareff, Pierre 520
Lazurick, Pierre 686
Le Bon, Sylvie 698
Le Bris, Michel 732
Le Clézio, Jean-Marie G. 517, 781
Le Dantec, Jean-Pierre 732 f.
Le Gallou, Jean-Yves 753 f.
Le Guennec 649
Le Pen, Jean-Marie 659, 667, 752, 754
Le Play, Frédéric 93
Le Roy Ladurie, Emmanuel 723
Le Savoureux (Doktor) 254
Léautaud, Paul 62, 171 f., 175, 206, 232 f., 254, 363, 374, 428 f., 455
Lebecq 313
Lebesque, Morvan 703
Leblois 28, 65
Lebovici, Gérard 731
Lecache, Bernard 297
Lecoin, Louis 431
Lecomte, Georges 537
Leduc, Violette 528
Leenhardt, Roger 441
Lefebvre , Raymond 213-215, 218, 221
Lefebvre, Henri 260, 267, 540, 580, 702, 719
Lefebvre, Raymond 212-216, 218
Lefèvre, Luc J. (Abbé) 682
Lefort, Claude 631, 634 f., 646, 721, 724, 761-763, 768 f.
Lefranc, Georges 169, 310
Léger, Alexis (auch Saint-John Perse) 423
Léger, Fernand 580

873

Léger, François 609
Legris, Michel 763-765
Legueult, Raymond 469
Leibniz, Gottfried Wilhelm 567
Leibowitz, René 441
Leiris, Michel 232, 234, 480, 514 f., 537, 623, 637
Lejeune, Louis 469
Lemaire, Pierre 682
Lemaître, Jules 59-64, 66, 72, 98 f., 101, 131
Lemarchand, Jacques 466
Lemonnier, Léon 392
Lenin (Vladimir Illich Oulianov) 179 f., 212, 215 f., 218 f., 222 f., 235, 266, 269, 273, 287, 427, 616, 634, 704, 723, 760 f.
Leo XIII. (Papst) 247
Lepage, Henri 749
Lepetit 218
Lépine (Präfekt) 80
Leroy, Géraldi 62, 106
Leroy, Raoul 225
Leroy, Roland 757, 759
Leroy-Beaulieu, Anatole 49
Lesca, Charles 415
Lescure, Pierre de 473 f., 480
Lesquen, Henry de 753
Lévis-Mirepoix, de (Herzog) 603 f.
Lévi-Strauss, Claude 697, 781
Levitsky, Anatole 459
Lévy, Albert 103
Lévy, Benny 733, 779 f.
Lévy, Bernard-Henri 367, 768, 785
Lévy-Bruhl, Lucien 17, 23, 116, 131, 313
Lewis, Sinclair 262, 326
Leyrac, Serge 756, 760
Leys, Simon 735 f., 764
Liébert, Georges 746-749
Liebknecht, Wilhelm 108
Liénart (Kardinal) 543
Lilar, S. 574
Limbour, Georges 230, 272, 473
Lindon, Jerôme 686, 688
Liniers, Antoine 742
Lipper, Elinor 597
Lloyd George, David 178
Lœwel, Pierre 606
Lohner, Émile 344
Loisy, Alfred 155

Longuet, Jean 117, 213
Lorrain, Jean 21
Loti, Pierre 61
Lotte, Joseph 103
Lottman, H.R. 527
Loubet del Bayle, Jean-Louis 259
Loubet, Émile 72 f., 77-79, 86 f., 132
Louis le Grand 129
Loustau, Robert 442
Louÿs, Pierre 62, 63
Louzon, Robert 48, 119 f.
Loynes, de (Graf) 60
Loynes, de (Gräfin) 60-63, 100 f.
Lucas, Prosper (Doktor) 26
Ludwig XV. 123
Lugné-Poe 232
Lukács, Georg 585
Lunatscharski, Anatol V. 269
Lur-Saluces, Henri 98
Luxemburg, Rosa 747
Luzzatto, Sergio 172
Lwoff, André 710
Lyautey 185
Lyons, Eugène 591 f.
Lyotard, Jean-François 782 f.
Lyssenko, Trofim Demissowitsch 555, 579

M

Mac Orlan, Pierre 453
MacArthur (General) 615
Macciocchi, Maria-Antonietta 733 f.
Machado, Antonio 470
Mac-Mahon (Marschall) 262, 658
Madaule, Jacques 336, 347, 380 f., 639
Madelin 603
Madiran, Jean (auch Jean Arfel) 681
Magnet (Abbé) 434
Maheu, René 567
Maistre, Joseph de 93, 746
Maitron, Jean 114
Majakowski, Vladimir Vladimirowitsch 274
Malaurie, Guillaume 589, 591
Malebranche, Nicolas 250
Malesherbes, Chrétien Guillaume de Lamoignon de 90
Malia, Martin 747
Malkine 230
Mallarmé, Stéphane 21, 46, 224
Mallet, Serge 677 f., 701

Malliavin, Paul 602
Malon, Benoît 105
Malraux, André 261, 285, 288-290, 294, 309, 321 f., 324-328, 330, 335, 339, 341 f., 346 f., 352-362, 364, 368, 371, 374, 376, 379, 391 f., 405, 434 f., 460, 466, 483, 486, 506, 508 f., 517, 521, 525 f., 560, 606, 608, 623, 671-674, 693, 709
Malraux, Clara 347, 579
Malraux, Claude 435
Malraux, Roland 435
Malthus, Robert 630, 647
Mandel, Georges 413
Mandizabal, Alfredo 382
Mandouze, André 443, 580, 688 f.
Manent, Pierre 747
Manet, Édouard 22, 143
Mann, Heinrich 215, 324, 326
Mann, Thomas 326
Mannoni, Maud 743
Mao Zedong 576, 622, 704, 727, 731, 735
Marat, Jean-Paul 98
Marc, Alexandre 259, 266, 553
Marceau, Félicien 612
Marcel, Gabriel 206, 255, 334, 337, 380, 515, 689
Marchais, Georges 769
Marchand (Kommandant) 61, 75
Marcou, Lily 322
Marcuse, Herbert 731
Margaritis, Pierre 174, 176 f.
Margoline, Jules 595, 596
Margueritte, Victor 290, 324, 395, 399, 401, 403, 431
Marie, André 668
Mariéton, Paul 76
Marin, Louis 413, 663
Marion, Paul 443, 453
Maritain, Jacques 208 f., 239, 244-247, 265, 336 f., 375, 380, 382 f., 385, 405, 452, 480 f.
Maritain, Raïssa 243
Markos (General) 577
Marrou, Henri-Irénée 335, 441, 443, 548, 625, 661, 663 f., 669
Marrus, M.R. 66
Marshall (-Plan) 557 f., 562 f., 576
Martin du Gard, Christiane 154 f., 387

Martin du Gard, Hélène 154 f., 386-389, 395, 483 f.
Martin du Gard, Maurice 229
Martin du Gard, Roger 153-157, 164 f., 174, 176 f., 204, 282, 308, 311, 328, 335 f., 338, 341-343, 363 f., 367-369, 371, 386-391, 394-399, 401 f., 430, 439, 461 f., 483, 503, 505 f., 521, 607, 673
Martin, Henri 628 f., 645
Martinaud-Déplat, Léon 652
Martin-Chauffier, Louis 346, 350, 472, 522, 537, 576, 586 f., 592, 596, 598, 605, 607
Martinet, Gilles 618, 645, 649, 667, 691, 700, 757 f., 760
Martinet, Marcel 213, 309, 328, 345, 371
Martschenko, Anatoli 756
Marty, André 309, 425, 627
Marx, Karl 108, 117, 199, 215, 235, 249, 266, 287, 292, 322 f., 373, 488, 550, 553 f., 564, 620, 630, 677, 697, 711, 737, 767, 785
Marx, Magdeleine 218
Mascolo, Dionys 522, 579, 627
Maspero, François 426, 687, 689 f., 703, 731, 743
Massignon, Louis 653, 663
Massis, Henri 158, 175, 184, 189, 207, 209 f., 215, 245, 258, 333-338, 410, 689
Masson, André 228
Masson, Loÿs 480, 537 f.
Massu (General) 669 f.
Matarasso, Léo 590, 593
Mathiez, Albert 103, 172, 216 f.
Maublanc, René 345
Maulnier, Thierry 258, 334, 417, 446, 454 f., 609 f., 613, 623, 689, 710
Maupas, Didier 753
Maupassant, Guy de 60
Maurer, R. 364, 368, 371
Mauriac, Claude 491
Mauriac, François 24 f., 154, 189, 203, 206, 210 f., 265 f., 322, 335-337, 352, 361, 377, 379-383, 393, 405, 408, 431, 455, 460, 463 f., 469, 472-477, 483, 485-487, 490, 492, 513, 517, 531, 537 f., 541, 544-547, 560, 573 f., 583, 608-611, 613, 620, 623, 627, 629, 639, 648,

651-660, 662-666, 670 f., 673, 677, 679, 693 f., 710, 716 f., 721, 734
Mauriac, Pierre 486
Maurois, André 544, 653
Mauroy, Pierre 769
Maurras, Charles 49, 52, 57-59, 62-64, 70, 74, 77, 83, 91-102, 122, 136-138, 140 f., 149 f., 157, 161 f., 165, 167, 171, 177, 186-189, 208, 233, 237-247, 251 f., 256, 258 f., 261 f., 264, 266, 332-334, 348, 375, 377, 383 f., 409-415, 417, 419, 433, 445-457, 467, 479, 484, 486, 488, 492, 602-604, 612, 651, 668, 703, 714 f., 751, 788
Maury, Lucien 394
Maxence, Jean-Pierre 188, 258 f., 261, 266, 334, 339
Maximow, Vladimir 756
May, Dick (auch Jeanne Weil) 108
Maydieu (Pater) 337, 472, 476
Mayer, Armand (Hauptmann) 65, 618
Mayeur, F. 382
Mayeur, Jean-Marie 49
Mayoux, J.-J. 663
Mazauric, Lucie 342 f., 346
Mazzini, Guiseppe 109
McCarthy, Joseph Raymond 576
Medwedew, Roy 756
Mégret, Bruno 754
Méline, Jules 31, 35, 40 f., 45, 55 f., 86
Ménard-Dorian 60
Mendès France, Pierre 631, 639 f., 654-659, 662, 674-676, 700, 704, 711, 721
Menthon, François de 443, 521, 544
Mérat, Louis 312
Meraud, Daniel 753
Mercier (General) 666
Mercier, L. 114, 372
Merle, Robert 711
Merleau-Ponty, Maurice 380, 513, 515, 528, 569, 599, 600 f., 626, 629, 631, 634-638, 648, 675, 737
Merrheim, Alphonse 213
Méry, Gaston 101
Metaxas 415
Meyer, Arthur 45, 66
Michaux, Henri 462, 506
Michel, Louise 747
Michelet, Edmond 432, 694

Michelet, Jules 103, 657
Michon, Georges 312
Millerand, Alexandre 79, 106, 115, 181, 185
Minc, Alain 785
Mirbeau, Octave 41, 42
Missika, Jean-Louis 780
Mistral, Frédéric 63, 92
Mitterand, H. 28
Mitterrand, François 610, 657 f., 674-676, 704, 706, 754, 758-760, 769
Mnouchkine, Ariane 741
Mocquet, Guy 482
Mohammed V. (Sultan) 653
Mola (General) 354
Molière, Jean Baptiste 536
Mollet, Guy 603, 639-642, 649, 659-661, 666 f., 671
Molotow, V.M. Scriabine 426
Monatte, Pierre 213, 221, 272, 316
Monet, Claude 22, 36
Monk (General) 74
Monnerot, Jules 623, 692
Monnet, Georges 296
Monnier, Adrienne 509
Monod, Gabriel 85
Monod, Jacques 741
Monod, Théodore 36, 65
Montaigne 84, 188
Montand, Yves 637
Montaron, Georges 645
Montéhus (auch Gaston Brunschwig) 173
Montesquieu 142
Montesquiou, Léon de 99-101
Montety, É. de 455
Montfort, Eugène 146
Montherlant, Henry de 170, 189, 206, 210, 404-406, 431, 484, 571, 608, 610
Morand, Paul 206, 227, 322, 423, 453, 461, 484, 602, 612
Moreau, Georges 114
Moreau, Jeanne 741
Moreau, Lucien 100 f.
Moreau, Yves 648
Morel, Jean-Pierre 270, 274, 276, 280
Morès (Marquis de) 65
Morgan, Claude 472-474, 507, 537 f., 590, 591 f., 595-598, 644
Morhange, Pierre 267

Morin, Edgar 533, 539, 578 f., 584, 627 f., 702, 709, 721, 725, 764 f.
Morise, Max 228, 230
Morizet, André 118
Mothé, Daniel 768
Moulin, Jean 443, 704
Moulin, Raymonde 747
Mouloudji 517
Mounier, Anne 443
Mounier, Emmanuel 259, 261-265, 324, 327 f., 335-338, 380, 382 f., 385, 406, 408, 434, 436-445, 452, 479, 543, 547-549, 551-554, 581, 583-586, 598- 600, 792
Moureau (Hauptmann) 661
Moureu, Charles 184
Moussinac, Léon (auch Jean Peyralbe) 278, 321, 324, 366, 427
Mugnier (Abbé) 174, 189, 207
Muller, Jean 660
Mun, Albert de 31, 35, 38, 137, 169
Münzenberg, Willi 280, 290-292, 321
Murphy, Noël 467
Musil, Robert 324
Mussolini, Benito 180, 300, 331-333, 335-337, 349, 384, 399, 410, 414, 418, 444, 449, 465, 488, 582, 677, 766, 789
Mutter, Alfred 605

N
Nadeau, Maurice 225, 232, 270, 404, 574, 643, 719
Nagy, Imre 643
Napoléon (Prinz) 60
Napoléon III. 56, 60
Naquet, Alfred 93, 694, 709, 712, 715
Nasser (Oberst) 641 f., 668, 708, 710
Natanson, Évelyne 17
Natanson, Alexandre 21
Natanson, Alfred 21
Natanson, Thadée 21 f.
Naud 485
Naville, Pierre 230, 270, 272 f., 279, 403, 711
Nédélec, Maurice 313
Negrín, Juan 383
Neill, A.S. 743
Nekrassow 756
Nenni, Pietro 649

Neumann, Heinz 594
Nguyen, Victor 57, 58
Nietzsche, Friedrich 249, 254, 554, 632, 689, 739
Nikon, Nikita Minin 759
Nimier, Roger 610, 612 f., 623, 689, 693
Nizan, Henriette 347
Nizan, Paul 261 f., 265-267, 321, 324, 328, 347, 371, 392 f., 424-428, 512, 566 f., 580, 636
Noailles, Anna de 76 f., 85, 183, 190
Noailles, Mathieu de (Graf) 76
Nocher, Jean 689
Noël, M. 329
Nolen, Désiré 131
Noll, Marcel 230, 235
Nora, Pierre 178, 591 f., 654, 724, 784
Nora, Simon 704, 729
Nordmann, Joë 590, 593, 595

O
Offenbach 319
Ogé, Frédéric 446, 449
Ollier, Claude 697
Ollivier (Hauptmann) 89
Ollivier, Albert 441, 515, 528
Ollivier, Émile 140
Ollivier, Marie 626
Ordinaire, D. 131
Orland, Claude (auch Claude Roy) 415
Orléans (Duc d') 74, 85, 93, 101
Orwell, George 358, 360 f., 767
Ory, Pascal 60, 426-428
Oudot, Roland 469
Ozanam, Frédéric 546
Ozouf, Mona 567

P
Pagat, Maurice 663, 687
Painter, George D. 60
Paléologue, Maurice 32, 35 f., 42, 57, 59
Papaïoannou, Kostas 723 f., 747
Papon, Maurice 692
Parain, Brice 516
Parodi, Alexandre 443
Pascal, Blaise 27, 121 f., 188, 518
Passeron, Jean-Claude 702 f.
Pasternak, Boris 324 f.
Pasteur, Louis 36, 47, 513, 536, 617

Patenôtre, Raymond 341
Paty de Clam, du (Colonel) 42
Paulhan, Jean 21, 206, 211, 226, 342, 352, 371, 458-461, 464 f., 468-474, 476 f., 483, 487, 491, 493, 508, 513-516, 521 f., 537, 604-612, 623, 635
Pauwels, Louis 750-752
Paz, Magdeleine 219, 316, 326-328
Paz, Maurice 219, 272
Péguy, Charles 22 f., 34 f., 40, 66, 80 f., 85, 88, 102-112, 116-121, 132-142, 144, 148, 152, 156, 158-165, 168, 172 f., 179, 249, 251, 253, 258 f., 261, 266, 345, 385, 432, 436, 439 f., 461, 547, 782
Péju, Marcel 637, 687 f., 691
Pellieux, de (General) 29, 42-44, 46
Pemjean, Lucien 420
Perdriel, Claude 700
Perec, Georges 701
Péret, Benjamin 182, 227 f., 230, 235, 269, 271, 481
Péri, Gabriel 471, 482, 649
Perrenx 35, 42, 45
Perret, Jacques 689, 692
Perrier, Léon 283
Perrin, Henri 544
Perrin, Jean 312 f., 335, 443
Perroux, François 705
Peslöuan, Charles Lucas de 107, 132
Pétain, Philippe (Marschall) 412, 430-435, 437, 443, 447-452, 454, 474, 478 f., 484, 489, 491 f., 544, 603, 653, 670
Peter der Große 759
Petit (General) 583
Petit, Henry-Robert 420
Petit, Paul 469 f.
Petitjean, Armand 347
Peyralbe, Jean 278
Peyrefitte, Alain 189
Peyrefitte, Roger 210, 405
Pflimlin, Pierre 669 f.
Philip, André 264, 620, 661, 663, 705
Philipe, Gérard 527, 615
Philippe, Charles-Louis 150 f.
Pia, Pascal 519, 521-523, 528
Picabia, Francis 227, 229
Picasso, Pablo 230, 537, 580, 615, 628
Picon, Gaëtan 230

Picquart (Oberst) 26, 28, 32, 42, 45, 57, 61, 86, 89 f., 94, 121, 666
Pieret-Girard, Émile 666
Pieyre de Mandiargues, André 608
Pignon, Édouard 472
Pike, D. W. 381, 382
Pilsudski (General) 180
Pinay, Antoine 671
Pineau, Christian 264
Pingaud, Bernard 602
Pinget, Robert 697
Pius X. 155, 242 f.
Pius XI. 242-244, 248
Pius XII. 247, 381, 559
Pivert, Marceau 296, 315 f., 403
Pivot, Bernard 780
Planck, Max 164
Plateau, Marius 230, 237, 241, 473
Pleven, René 737
Pleynet, Marcelin 735
Plisnier, Charles 326, 328
Pliuschtsch, Leonid 756
Plumyène, Jean 748
Poincaré, Raymond 140 f., 167, 169, 171, 184, 187, 237-240, 255, 260 f., 316, 318, 411, 423
Poisson, André 107
Pol Pot (Saloth Sar) 767
Poliakov, Léon 715
Polignac 98
Politzer, Georges 267, 469-472, 567
Pollonnais, Gaston 66
Pompidou, Georges 721, 729
Ponge, Francis 480, 516, 521, 540, 734
Pons, Maurice 688
Pontalis, Jibé 631
Poperen, Jean 650
Popgruppe) 695
Porché, François 103, 209
Porto-Riche, Georges de 59
Potemkin 327
Pouchin, Dominique 764
Pouillon, Jean 631, 663
Poujade, Pierre 631, 667
Poulaille, Henry 309, 316, 326, 392, 431
Poumarède, Géraud 162
Pozner, Vladimir 392
Pozzi 59, 60
Prenant, Marcel 540, 617

Pressensé, Francis de 116, 121, 140, 436
Prévert, Jacques 615
Prévost, Jean 335, 342, 347, 392, 482
Prévost, Marcel 28
Prezzolini, Guiseppe 136
Primo de Rivera, José Antonio 180, 377
Prochasson, Christophe 14, 115, 118, 162, 168, 174 f.
Prost, Antoine 471
Proudhon, Joseph 141, 162, 262, 295, 444
Proust, Marcel 22, 36, 44, 59 f., 67, 125 f., 151, 171, 206, 208, 429
Psichari, Ernest 140, 159, 161, 179
Psichari, Henriette 347
Psichari, Jean 159
Psichari, Lucien 311
Puaux, Frank 65
Pucheu, Jacques 661
Pucheu, Pierre 441 f.
Puget, C. L.-A. 506
Pujo, Maurice 96, 98, 100 f., 247, 450, 456
Purnal, Roland 461

Q
Queneau, Raymond 480, 517, 521
Quillard, Pierre 41, 62, 85
Quint, Léon-Pierre 151, 207

R
Rabi, Wladimir 548
Rachilde 182, 232
Racine, Jean 106
Racine-Furlaud, Nicole 212, 217, 220, 310, 346, 400, 471, 790
Radiguet, Raymond 186
Rajk, Laszlo 582-585, 642, 792
Rákosi, Matyas 583, 642
Ramadier, Paul 556
Ranc, Arthur 26, 28
Raoux, Philippe 173
Rasmussen, Anne 162, 174 f.
Rathenau, Walter 302
Rauline, Élisa 84
Rault, Catherine 753
Ravennes, Alain 768
Rebatet, Lucien 415, 419, 447, 463, 484, 514, 538, 603, 635, 681
Rebérioux, Madeleine 39, 661
Reboul, Marcel 489 f.

Reclus, Paul 47
Regel, François 447
Régis (Doktor) 225
Régis, Max 56
Régnier, Henri de 21, 334
Reinach, Joseph 22, 38 f., 60 f., 66
Rémond, René 379
Renan, Ernest 59 f., 93, 124, 126, 159, 179, 250, 256, 781
Renard, Jules 22, 36, 45, 61, 116
Renaudot, Théophraste 392, 700 f.
Renoir, Auguste 22, 63
Renoir, Pierre 615
Renouvier, Charles 131, 263
Resnais, Alain 688, 706
Reuter, Ernst 620
Revah, Louis-Albert 252
Réveillaud, Eugène 65
Revel, Jean- François 767
Revel, Jean-François 688, 763, 768
Reverdy, Pierre 226 f., 258
Reynaud Paligot, Carole 225, 234, 270, 277
Reynaud, Paul 225, 234, 270, 277, 346, 412 f.
Reynaud, Ph. 742
Rhee, Syngman 614
Ribemont-Dessaignes, Georges 182
Ricardou, Jean 697, 734
Richaud, A. de 311
Richir, Marc 768
Ricœur, Paul 548, 691, 699, 730
Ridgway (General) 617, 629
Rieffel, R. 785
Rimbaud, Arthur 224 f., 265, 323, 604
Rioux, Jean-Pierre 63, 471
Riquet (Pater) 597
Rivet, Paul 310, 313, 335, 402
Rivette, Jacques 705
Rivière, Isabelle 203
Rivière, Jacques 150, 203-206, 211, 243, 608, 612
Rivière, Marcel 121 f., 150
Robain, Paul 101
Robbe-Grillet, Alain 688, 697 f., 736
Robespierre, Maximilien 83, 98, 172
Robin, Armand 461
Roblès, Emmanuel 659
Robles, S. 533
Robrieux, Philippe 535

Rocard, Geneviève 701
Rocard, Michel 650
Roche, Denis 734
Roche, Émile 477
Rochefort, Christiane 701
Rochefort, Henri 38, 42, 49, 99
Rodays, Fernand de 31, 86
Rodinson, Maxime 711, 716
Roget (General) 74
Röhm, Ernst 466
Rojo, Ricardo 704
Rolin, Jean 733
Rolin, Olivier 733
Rolland, Jacques-Francis 636, 644
Rolland, Romain 104, 109, 156, 163 f.,
    175 f., 178, 181, 213-218, 220-222,
    224, 255, 280, 288, 290 f., 311, 314 f.,
    317, 324, 326, 328, 330, 335, 345, 347,
    349, 370, 399 f., 404, 425, 533, 536,
    538, 604, 606, 786
Romains, Jules 150, 206, 322, 330, 334 f.,
    391 f., 399, 405, 620, 689, 710
Romilly, Jacqueline de 723
Rondeaux, Jeanne 144
Rondeaux, Juliette 143
Roosevelt, Franklin Delano 350, 550
Roques, Mario 106, 115
Rosanvallon, Pierre 785
Rosenberg, Alfred 471
Rosenberg, Julius und Ethel 653
Rosenthal, Gérard 270, 272, 596 f.
Rosmer, Alfred 213, 272, 345, 402-404
Rossanda, Rossana 731
Rossi, Tino 406
Rossillon, Philippe 683
Rostand, Edmond 183, 214
Rostand, Jean 741
Rotman, Patrick 686, 785
Roubille, Paul 214
Rougemont, Denis de 263, 266, 371
Rougerie, Jacques 732
Roure, Rémy 521, 596, 620
Rous, Jean 645
Rousseau, Jean-Jacques 55, 94
Rousset, David 561, 581, 596-599, 620, 705,
    709
Rouvier, Maurice 133
Rovan, Joseph 548
Roy, Claude 415, 441, 454, 537, 628, 635,
    643 f., 647, 663, 688, 709, 723
Rozerot, Jeanne 27, 87 f.
Rudenko (General) 593
Russakow 273
Russell (-Tribunal) 711, 718, 742
Ruyer, Raymond 749
Ruyters, André 144, 146

S

Sa'adah, M.A. 381
Sacco, Nicolas 290
Sacharow, Andrei Dmitriewitsch 756 f.
Sade (Marquis de) 225
Sadoul, Georges 276-278, 483
Sadoun, Marc 532
Sagan, Françoise 688
Sainte-Beuve, Charles Augustin 21, 60
Saint-Exupéry, Antoine de 261, 481
Saint-John Perse (auch Alexis Léger) 150,
    476, 608
Saint-Laurent, Cécil (auch Jacques Laurent)
    610 f.
Saint-Pierre, Michel de 99, 689
Saint-Pol Roux (auch Paul Pierre Roux) 22,
    231, 469, 470
Saint-Simon 228, 256, 464, 785, 795
Saint-Victor, de 60
Salacrou, Armand 615, 705
Salazar, Antonio de Oliveira 414, 437, 447
Salengro, Roger 515
Saliège (Kardinal) 478, 489, 543
Salmon, André 206
Salomon, Ernst von 302
Salomon, Jacques 471, 473
Salvemini, Gaetano 326
Sand, George 570
Sand, Shlomo 180
Sangnier, Marc 240, 242, 337, 651
Sanjurjo, José 352, 354
Sanouillet, M. 228
Santelli, C. 356
Sarcey, Francisque 63
Sarraut, Albert 301, 417
Sarraute, Nathalie 688, 697, 710
Sartre, Jean-Paul 13, 85, 199, 261, 265,
    406 f., 424, 426, 435, 464, 486, 492 f.,
    503, 505, 509-519, 522, 526-528,
    530 f., 537-539, 548, 560 f., 566-569,
    572, 574 f., 578, 580 f., 587, 59 f., 602,

607, 610 f., 613, 617, 624, 626-638, 644, 646-648, 651, 663, 672-675, 684, 687-691, 697, 699, 700 f., 707, 709, 711 f., 714, 716, 718-721, 723-725, 727, 729-733, 736 f., 739, 742-746, 768, 779-784, 786 f., 792
Sauge, Georges 680 f.
Sauger, André 604
Saussier (General) 29, 31
Saussure, Ferdinand de 697
Sauvy, Alfred 630, 654, 669
Savignon, André 249
Scelle, Georges 241
Schaeffer, Pierre 440-443
Schdanow, Andrei Alexandrowitsch 556 f., 560, 580
Scheler, Max 263, 689
Scheurer-Kestner, Auguste 17, 26, 28, 32 f., 35, 38, 42 f., 47, 65, 78
Schiffrin, Jacques 365, 367 f.
Schlumberger, Jean 142, 145-147, 150 f., 153, 156, 204-206, 289, 335, 347, 387, 389, 396, 608
Schnapp, Alain 695
Schopenhauer, Arthur 131
Schostakowitsch, Dimitri Dimitriewitsch 620
Schuman, Robert 559
Schumann, Maurice 475, 544, 768
Schwartz, Laurent 663, 688, 709
Schwarzkoppen 26
Séailles, Gabriel 47, 113, 114
Secrétain, Roger 441
Seghers, Anna 278, 324
Seghers, Pierre 469
Segnaire, Julien 355
Seignobos, Charles 105, 140, 158
Sémard, Pierre 649
Sembat, Marcel 169
Semprun, Jorge 706
Sennep 337, 428
Serge, Victor 285, 287, 326-329, 363, 365, 371, 383, 438, 598 f., 761, 791
Sernin, André 175, 315, 319, 401, 431
Serrano Súñer, Ramon 382
Servan-Schreiber, Émile 654
Servan-Schreiber, Jean-Jacques 654, 658, 691, 700
Servin, Marcel 647
Seurat, Georges 22
Séverine 14, 63, 173
Sévigné (Marquise de) 608
Shaw, Bernard 215, 326
Siegfried, André 145
Sieyès (Abbé) 348
Signac, Paul 290
Signoret, Simone 637, 688
Simon, Claude 697, 768
Simon, Pierre-Henri 336, 661
Simone (auch Pauline Benda) 251
Simonin, Anne 14, 474
Simonnet, Maurice-René 544
Sinclair, Upton 215
Siniawski, Andrei 756
Sinowjew 270, 367
Sipriot, Pierre 189, 405
Sirinelli, J.-F. 60, 484, 768
Sisley, Alfred 22
Simiand, François 36, 106, 115
Slama, Alain-Gérard 13, 748
Slansky (-Prozess) 637
Smadja, Henri 528, 618, 692, 748
Soboul, Albert 540
Sokrates 110, 122, 601
Solages (Marquis de) 56
Sollers, Philippe 479, 734 f.
Solschenizyn, Alexandre 756-759, 761 f., 764 f.
Sorel, Albert 63
Sorel, Georges 36, 110, 117-122, 136-140, 157, 162, 180, 249, 251, 253, 295
Soupault, Philippe 182, 206, 225 f., 228, 230, 232, 272, 279, 345
Soury, Jules 50, 76, 78
Soustelle, Jacques 661, 665, 672, 674, 680, 689, 693
Souvarine, Boris 272, 363, 369, 372, 603, 761
Sperber, Manès 749
Spinoza 255, 320
Spire, André 311
Stalin, Joseph 272-275, 287, 292, 311 f., 316, 318 f., 321, 327-329, 354, 359 f., 363, 366 f., 370 f., 383, 400, 403, 411, 423, 425- 427, 533-535, 539, 550, 555-557, 561, 563, 565, 576-579, 587, 594 f., 597, 600, 607, 621 f., 630, 637, 640-643, 645, 647, 763, 766

Stavisky, Serge Alexandre 297, 332
Steel, James 426
Steinbeck, John 262
Stendhal (auch Henri Beyle) 482, 566, 571
Stéphane, Roger 454, 506, 526, 607, 618, 627, 645, 671, 705, 716
Stibbe, André 669
Stibbe, Pierre 663
Stil, André 591, 616, 648
Strauss 59
Sturzo (Don) 381
Suarès, André 150, 206 f., 320
Suarez, Georges 484, 602
Suffert, Georges 645, 667, 704
Supervieille, Jules 480
Syveton, Gabriel 96, 99 f.

T

Tagore, Rabindranath 215, 220
Taguieff, Pierre-André 750, 754
Tailhade, Laurent 41
Taine, Hippolyte 20 f., 93, 124, 126, 593
Tarde, Alfred de 158
Tati, Jacques 701
Tatu, Michel 759 f.
Tavernier, René 476, 623
Taylor 262
Teilhard de Chardin, Pierre 695
Teitgen, Pierre-Henri 521, 544
Terrée, Emmanuel 589
Tersen, Émile 540
Téry, Gustave 346
Téry, Simone 346
Tétart, Philippe 618, 669
Texcier, Jean 159
Thant, Sithu U 708
Tharaud, Jean 207
Tharaud, Jérôme 40
Théo 204, 284, 324, 336, 339, 388, 461, 507, 509
Théo Reymond de Gentile 506
Thérive, André 389, 602
Thibaud, Paul 687, 768
Thibaudeau, Jean 734
Thibaudet, Albert 20, 127, 206, 256
Thiers, Adolphe 92, 141, 181, 604
Thirion, André 270, 276, 278
Thomas, Albert 169

Thomas, Édith 347, 472 f., 513, 537, 586, 663
Thomas, Marcel 62, 69
Thorez, Maurice 267, 304, 311, 348, 427 f., 470, 535 f., 539, 541, 556, 559, 641, 648 f., 766
Thornberry, Robert S. 356
Tillion, Germaine 598
Tillon, Charles 470, 557, 586, 627
Tim 713
Tito (Marschall) 555, 561, 576-579, 582-586, 588, 649
Todd, Olivier 518, 521, 658, 685, 779
Todorov, Tzvetan 734
Tolstoi, Alexis 213
Tolstoi, Léon 50, 114
Torres, Camilo 704
Touchard, Jean 788
Touchard, Pierre-Aimé 408, 436, 441
Toulouse-Lautrec, Henri 22
Touraine, Alain 784
Tourbay, de 60
Trarieux, Ludovic 47 f., 65
Trebitsch, Michel 221
Treiner, Sandrine 702
Trémolet de Villers, Henri 668
Triolet, Elsa 276, 279, 458, 472, 521, 607, 646
Trotzki, Léon 222, 233, 270, 272-274, 294, 315, 345, 358-360, 371 f., 402 f., 577, 582 f., 634, 711, 727, 747
Troyat, Henri 527
Truffaut, François 688
Truman, Harry S. 582, 589, 615
Turgot 90
Tzara, Tristan 182, 226-228, 322, 537 f.

U

Ulloa, Marie-Pierre 686
Ulmann, André 346
Unamuno, Miguel de 322
Unik, Pierre 269, 271, 279

V

Vaché, Jacques 224-226
Vailland, Roger 617, 644
Vaillant, Édouard 79, 109, 169, 212-215, 218, 220, 236, 270, 288, 321, 366, 558, 597

Vaillant-Couturier, Marie-Claude 597
Vaillant-Couturier, Paul 212-215, 218, 220, 236, 270, 288, 321, 366
Valbert, Albert (auch Albert Mathiez) 217
Valéry, Paul 62, 65, 69, 150, 206, 224, 226-229, 235, 462-464, 477, 480, 483, 490, 518, 741, 760, 768 f., 779
Vallat, Xavier 439, 449, 603, 713
Valle-Inclán, Ramon del 326
Vallery-Radot, Robert 184
Vallette, Alfred 232
Vallotton, Félix 22
Valmont, Gustave 156 f., 164 f.
Valois, Georges 122, 162, 295 f., 301
Van Cassel (General) 42
Van Dongen, Cornelis 469
Van Rysselberghe, Élisabeth 284
Van Rysselberghe, Maria 284, 328, 335, 341, 368, 387
Van Zurk, Henri 319
Vandervelde, Émile 115
Vanetti, Dolorès 569
Vangeon, Henri 144
Vanzetti, Bartolomeo 290
Varda, Agnès 741
Variot, Jean 137, 162
Vassilienko 593
Vaugeois, Henri 62, 96-99, 101
Vaughan, Ernest 33
Vaulx, Bernard de 388
Veil, Simone 741-743
Vercel, Roger 453
Vercors (auch Jean Bruller) 434, 474, 482, 514, 576, 580, 584-587, 592, 605, 646, 663, 688
Verdès-Leroux, Jeannine 541, 579
Vergeat 218
Vergès, Jacques 661
Verhaeren, Émile 142, 150
Verlaine, Paul 21
Verne, Jules 63
Vesins, Bernard de 101
Vian, Boris 517
Vian, Michelle 719
Vianney, Philippe 667
Viansson-Ponté, Pierre 654
Victor, Pierre (auch Benny Lévy) 733, 738, 779
Vidal, Joseph 489

Vidal-Naquet, Pierre 662 f., 687 f., 693-695, 709, 712, 715, 737
Viénot, Pierre-André 663
Vigier, Jean-Pierre 711
Vignaux, Paul 380
Vigny, Alfred de 106
Vigo, Jean 237
Vilar, Jean 626
Vildé, Boris 459
Vildrac, Charles 311, 324, 335, 345, 347, 371
Villain, Raoul 166
Villey, Daniel 560
Villon, Pierre (auch Ginzburger) 427
Vincent, José 183
Violette, Maurice 240
Viollet, Paul 47-49
Viollis, Andrée 311, 324, 341, 346, 350
Vitrac, Roger 228, 230, 272, 342
Vittorini 585
Viviani, René 169
Vlady, Marina 741
Vlaminck, Maurice de 469
Voge (Pastor) 663
Vogüé, Eugène Melchior de 32, 56
Voltaire 15, 90, 92, 250 f., 485, 779
Voltaires 85, 250, 283
Vuillard, Édouard Jean 22

W

Wagner, Richard 254, 319
Wahl, François 735
Wallon, Henri 540
Walter, François 309, 317
Waldeck-Rousseau, Pierre 78 f., 112
Weber, Eugen 97, 171, 240, 446
Weber, Max 373
Weil, Jeanne 108
Weil, Simone 316, 348 f., 358, 361, 476, 528
Weiss, Louise 566
Wells, Herbert George 214 f.
Werth, Léon 311, 623
Weulersse, Georges 103
Weygand (Marschall) 603, 682
Wilde, Oscar 211
Wilhelm II. 133, 141
Willard, Marcel 289
Wilson (Präsident) 213, 222, 318

Wolton, Dominique 780
Worms, Pierre 454
Worms, Roger 454
Wurmser, André 311, 346, 371, 585, 587, 589, 591 f., 595, 608, 609, 711

Y
Yaeger Kaplan, A. 420
Yakir, Piotr 756
Yourcenar, Marguerite 347
Yvon 372

Z
Zay, Jean 389
Zola, Alexandrine 27, 46, 87-89
Zola, Émile 21, 25-32, 34-36, 38-42, 44-47, 49, 51-53, 68 f., 77, 80, 83, 86-90, 108, 121, 144, 156, 210, 251 f., 536
Zola, Émilie 27
Zola, François 27
Zweig, Stefan 215, 347
Zyromski, Jean 316

Bildnachweis

Einbandvorderseite
Bibliothèque Historique de la Ville de Paris

Die Ära Barrès (S. 191-198)
1. Archives du Seuil 2. oben: Bibliothèque nationale de France, unten: Archives du Seuil 3. oben: Roger-Viollet, unten: Edimedia 4. oben: Archives du Seuil, unten: Roger-Viollet 5. Edimedia 6. oben: Bridgeman, Mitte: Bibliothèque nationale de France, unten: Edimedia 7. oben: Edimedia, unten, links: Archives du Seuil, unten rechts: Bridgeman 8. oben links: Bibliothèque nationale de France, oben rechts: Archives du Seuil, unten: Edimedia.

Die Ära Gide (S. 495-502)
1. Archives du Seuil 2. Oben: Roger-Viollet , unten: Edimedia 3. Archives du Seuil 4. oben: Roger-Viollet, Mitte, unten: Archives du Seuil 5. oben: Roger-Viollet, Mitte, unten: Archives du Seuil 6. oben: Archives du Seuil, Mitte, unten: Magnum 7. oben: Bibliothèque nationale de France, unten: Bridgeman 8. oben: Roger-Viollet, unten links: Edimedia, unten rechts: Roger-Viollet.

Die Ära Sartre (S. 771-778)
1. Rapho 2. oben: Rapho, Mitte, unten: Archives du Seuil 3. oben: Agence Bernard, unten: Archives du Seuil 4. oben: Rapho, Mitte: Roger-Viollet, unten: Archives du Seuil 5. Edimedia 6. oben links, oben rechts: Roger-Viollet, unten: Rapho 7. oben links: Rapho, oben rechts: Archives du Seuil, unten: Edimedia 8. Oben: Magnum, unten: Roger-Viollet.

JEAN-CLAUDE KAUFMANN
in der édition discours

Jean-Claude Kaufmann lehrt an der Sorbonne.

Schmutzige Wäsche
Zur ehelichen Konstruktion von Alltag
1995, 318 Seiten, broschiert
ISBN 3-89669-831-1

Frauenkörper – Männerblicke
1996, 336 Seiten, broschiert
ISBN 3-89669-860-5

Mit Leib und Seele
Theorie der Haushaltstätigkeit
1999, 315 Seiten, broschiert
ISBN 3-89669-886-9

Das verstehende Interview
Theorie und Praxis
1999, 150 Seiten, broschiert
ISBN 3-89669-885-0

Singlefrau und Märchenprinz
Über die Einsamkeit moderner Frauen
2002, 272 Seiten, broschiert
ISBN 3-89669-944-X

Seit Jahren beschäftigt sich Jean-Claude Kaufmann mit Aspekten von Paarbeziehungen und Familienleben und hat dabei stets einen originellen, die Schemata sprengenden Zugriff gefunden. Das zeigen seine Bücher ›Schmutzige Wäsche‹ (wann wird das Bügelbrett zum Krisenherd?), ›Frauenkörper-Männerblicke‹ (wer darf sich ›oben ohne‹ sonnen?), ›Mit Leib und Seele‹ (warum waschen, ordnen, schrubben wir so und nicht anders?). Schon die treffsichere Wahl dieser Aspekte, mit der Kaufmann der conditio humana gehaltvoll auf die Schliche zu kommen sucht, demonstriert nicht nur den gebührenden Umfang an Lebenserfahrenheit, sondern läßt den Autor auch als einen Meister des verhalten-humorvollen Tons hervortreten, wie er für die genaue Beobachtung des Menschlichen nun einmal absolut erforderlich, in der Soziologie aber leider relativ selten zu finden ist. Nun wartet Kaufmann mit einem in der Tat bahnbrechenden Werk über das Single-Dasein auf: ›Singlefrau und Märchenprinz‹.
Frankfurter Allgemeine Zeitung

www.uvk.de

PIERRE BOURDIEU (1930 - 2002)
in der édition discours

Die Beschäftigung mit dem Leid ist in gewisser Hinsicht parallel zu seiner Kritik am intellektuellen Feld zu sehen. Und sie führte ihn, seit den neunziger Jahren, weiter zu politischen Handlungen und persönlich gefärbten Texten, auf die er sich noch einige Jahre zuvor nicht eingelassen hätte. Eine wesentliche Erfahrung war dabei das Interview, das er für »Das Elend der Welt« im Februar 1992 mit Lydia D., einer 35jährigen Arbeitslosen, im lothringischen Longwy führte. Dort waren kurz zuvor die Usinor-Stahlwerke geschlossen worden. Viele andere hätten hier eine übliche Fallstudie zum Thema sterbende Industrieregionen gemacht. Aber in Bourdieus Interview dominiert die subjektive Seite, das ganz persönliche Schicksal einer gewöhnlichen Frau, in dem sich alles so tragisch gefügt hat: Schulden, soziale Isolation, Krankheiten und Behinderungen der Geschwister, Ärger mit den Behörden, die Schulsorgen des Sohns und vieles mehr. Bourdieu hört sich das an, gibt manchmal zaghafte Hinweise, wie man die Lage verbessern kann, und beschränkt sich bald vor allem aufs Zuhören. Im Vorspann zu dem Interview heißt es dazu: »Alles an ihrem Auftreten und ihrem Blick drückt den Wunsch aus, verstanden zu werden, endlich einmal angehört zu werden, und umgekehrt bewirkt dieser Wunsch bei uns eine so starke Sympathie, daß diese Stück für Stück die Oberhand gewinnt und Fragen oder Vorschläge vorbringt, die in erster Linie der Hoffnung entspringen, ein wenig Ermunterung und Trost spenden zu können.« In kleinem Kreis hat er später, etwas verschämt, eingestanden, daß er hier zum ersten Mal in seinem Forscherleben einfach den Geldbeutel geöffnet und ihr all sein Bargeld dagelassen hat, bis auf das, was er für die Rückfahrkarte brauchte.
Frankfurter Allgemeine Sonntagszeitung

Die zwei Gesichter der Arbeit
Interdependenzen von Zeit- und Wirtschaftsstrukturen am Beispiel einer Ethnologie der algerischen Übergangsgesellschaft
2000, 184 Seiten, broschiert
ISBN 3-89669-920-2

Das Elend der Welt
Zeugnisse und Diagnosen alltäglichen Leidens an der Gesellschaft
1998, 848 Seiten, broschiert
ISBN 3-89669-867-2

Vom Gebrauch der Wissenschaft
Für eine klinische Soziologie des wissenschaftlichen Feldes
1998, 88 Seiten, broschiert
ISBN 3-89669-889-3

Das politische Feld
Zur Kritik der politischen Vernunft
2001, 140 Seiten, broschiert
ISBN 3-89669-984-9

Gegenfeuer
Wortmeldungen im Dienste des Widerstands gegen die neoliberale Invasion
1998, 120 Seiten, broschiert
ISBN 3-89669-903-2

Gegenfeuer 2
Für eine europäische soziale Bewegung
2001, 127 Seiten, broschiert
ISBN 3-89669-997-0

Das religiöse Feld
Texte zur Ökonomie des Heilsgeschehens
2000, 176 Seiten, broschiert
ISBN 3-89669-872-9

www.uvk.de